Vom Tellerwäscher zum Millionär: Der Mythos vom Land der unbegrenzten Möglichkeiten ist bis heute lebendig. Bernd Stöver geht den historischen Wurzeln des *American Dream* nach, aber auch den vielen Widersprüchen in der amerikanischen Geschichte: Sklaverei und Völkermord an den Indianern auf der einen Seite, Philanthropie auf der anderen, globale Massenkultur und subversive Gegenkulturen, Weltoffenheit und Patriotismus. Donald Trumps Wahl hat die Welt erstaunt: Bernd Stövers große Darstellung zeigt, dass überraschende Neuanfänge konstitutiv für die amerikanische Geschichte sind.

Bernd Stöver, geb. 1961, lehrt nach Stationen in Bielefeld und Washington D. C. als Professor Neuere Geschichte mit dem Schwerpunkt Globalgeschichte an der Universität Potsdam. Bei C.H.Beck erschienen von ihm u. a. «Der Kalte Krieg» (4. Auflage 2012), «Geschichte des Koreakriegs» (3. Auflage 2015), «Geschichte Kambodschas» (2015) und zuletzt «CIA. Geschichte, Organisation, Skandale» (2017).

Bernd Stöver

Geschichte der USA

Von der ersten Kolonie
bis zur Gegenwart

C.H.Beck

Mit 84 Abbildungen, 19 Karten und 15 Graphiken

Dieses Buch erschien zuerst 2012 in gebundener Form im Verlag C.H.Beck.
2., aktualisierte Auflage. 2013

Für die Neuausgabe in C.H.Beck Paperback wurde das Buch durchgesehen
und aktualisiert.

1. Auflage in C.H.Beck Paperback 2017

© Verlag C. H. Beck oHG, München 2012
Satz: Janß GmbH, Pfungstadt
Druck und Bindung: Druckerei C.H.Beck, Nördlingen
Umschlagentwurf: Geviert, Grafik und Typografie, Andrea Hollerieth
Umschlagabbildung: Mount Rushmore, © picture alliance/Bildagentur-
online
Printed in Germany
ISBN 978 3 406 71364 4

www.chbeck.de

Inhalt

I. **Der Amerikanische Traum** 9

II. **The City upon a Hill:**
Die Suche nach einer Neuen Welt
1585–1763 31
Die europäische Kolonisierung Nordamerikas 31
Wagenburg und Beispiel für die Welt:
God's Own Country 46
Ethnische Säuberung – Sklaverei – Genozid 57
Die Herausbildung einer amerikanischen Identität 73

III. **Das Experiment:**
Die Gründung der Vereinigten Staaten
1763–1815 85
Die Emanzipation: The Boston Tea Party 85
Der Erste Unabhängigkeitskrieg 94
Eine Verfassung für die Vereinigten Staaten 104
Eine Nation entsteht 113

IV. **Land der unbegrenzten Möglichkeiten:**
Die Erschließung des Kontinents
1815–1890 123
Clash of Civilizations: Indianerkriege 123
Zwischen Trail of Tears und Wounded Knee:
Die Vernichtung der Indianer 134
Der Wilde Westen: The Frontier 151
Eisenbahn, Industrialisierung, Urbanisierung 172
The West that never was: Legenden und Realitäten 184

**V. Katastrophe und nationale Sammlung:
Bürgerkrieg und Nachkrieg
1861–1917** 197
Der Sezessionskrieg 1861–1865 197
The Reconstruction: Die Wiedereingliederung
des Südens 1865–1876/77 217
«Das vergoldete Zeitalter» 1876/77–1917 231

**VI. Außenpolitik der begrenzten Möglichkeiten
1783–1918** 243
Die frühe Republik 243
The Manifest Destiny: Expansion – Intervention –
Imperialismus 250
Eintritt in die Weltpolitik: Der Erste Weltkrieg 1917/18 . 264

VII. Melting Pot: Kulturen der Neuen Welt 281
Literatur, Musik, Kunst 281
Think Big: Technik und Architektur 300
Amerikanische Demokratie: Wahlkämpfe und
Medienmacht 323
Ideologie des Erfolgs: Der Selfmademan 337
Kulturen der Ungleichheit: Race – Class – Gender 349

**VIII. Imperium wider Willen:
Der Beginn des amerikanischen Jahrhunderts
1919–1941** 363
Zwischen Isolationisten und Internationalisten 363
Die «Roten Dreißiger»: Wirtschaftsdepression und
New Deal 376
Unamerikanisches: Nationalsozialismus und
Kommunismus 389
Fluchtpunkt Amerika 807

**IX. Geburt einer Supermacht:
Die USA im Zweiten Weltkrieg
1941–1945** 411
Pearl Harbor und der Kriegseintritt 1941 411
The Good War 424
Demokratie und Diktatur: Das unnatürliche Bündnis . . . 438

Von Krieg zu Krieg: 1945 und der Beginn des
Kalten Krieges 448

X. **Am Rande des Abgrunds:**
Der Kalte Krieg
1945/47–1991 463
Ideologie und Atombomben: Ein radikales Zeitalter 463
Kommunistenverfolgung und Shelter Debate 477
Die USA und die Dritte Welt 493
Kosten und Nutzen des Kalten Krieges 505
Ein amerikanischer Sieg? 513

XI. **Superculture** 525
Überflussgesellschaft 525
Popkultur 549
Der Amerikanische Traum und seine Orte:
Das Beispiel Hollywood 565
Globalisierung und Amerikanisierung 581

XII. **Die einzige Supermacht mit neuen Gegnern:**
Die USA seit 1991 599
Eine Neue Weltordnung 599
Weltpolizei 608
Rückkehr eines alten Feindes: Der 11. September 2001 . . 618
Innen- und Wirtschaftspolitik nach 1991 635
Ende des American Dream? Das 21. Jahrhundert 652

Anhang 687
Karte «Siedlungsgebiete indigener Stämme» 688
Karte «Die Bundesstaaten der USA» 690
Abkürzungen 693
Präsidenten der USA 699
US-Bundesstaaten nach Gründungsdatum 701
Indianerkriege 703
Wichtige außenpolitische Interventionen der USA 707
Anmerkungen 715
Bildnachweis 765
Personenregister 767

Verzeichnis der Karten

Europäische Entdeckungsfahrten und Niederlassungen
im nordamerikanischen Südosten 32

Europäische Entdeckungsfahrten und Niederlassungen
im nordamerikanischen Südwesten 34

Die 13 Gründungskolonien 44

Britisches Territorium 1748 86

Der Frieden von Paris 1783 103

Der «Louisiana Purchase» 1803 119

Vertreibung indigener Stämme 1830–1855:
«Der Weg der Tränen» 136

Indianerkriege 1860–1890 140

Der Große Sioux-Krieg 1876 und die Schlacht von
Little Bighorn 146

Die «Trails» nach Westen 158

«Cattle Trails» 164

Eisenbahnnetz 1840 bis 1885 180

Das Zerbrechen der Vereinigten Staaten: Staaten der
Union und der Konföderation 1861 212

Der Verlauf des Amerikanischen Bürgerkriegs 1861–1865   215

US-Interventionen in der Karibik bis 1941 257

Imperiale Expansion der USA seit 1898 263

Protestdemonstrationen in den 1960er Jahren 558

Siedlungsgebiete indigener Stämme 688

Die Bundesstaaten der USA 690

I. Der Amerikanische Traum

Etwa fünfzig Millionen Einträge verzeichnet die Internet-Suchma-
schine Google 2017 unter dem Begriff «The American Dream». Dahinter
verbergen sich Reiseanbieter, Autofirmen, Sprachkurse, die berühmte
Green-Card-Lotterie, mit deren Hilfe man eine Aufenthaltsgenehmigung gewinnen und in den USA legal Arbeit aufnehmen kann, aber nicht
zuletzt auch Vieles, was von Enttäuschungen und dem Scheitern des
American Dream berichtet. Was der Amerikanische Traum überhaupt
beinhaltet, so legt die Bandbreite nahe, hängt eher von persönlichen Vorlieben und Notwendigkeiten ab, die sich im Laufe der Jahre gewandelt
haben. Worauf die Sehnsucht zurückgeht, bleibt dagegen unbestritten,
wenngleich die präzise Begriffsgeschichte im Dunkeln liegt: Es ist in erster Linie der Traum von Freiheit. Nicht zufällig stellte die 1776 veröffentlichte Unabhängigkeitserklärung der USA gerade das in den Mittelpunkt.

Der American Dream als Idee Populär wurde das Wort vom Amerikanischen Traum allerdings erst viel später, im 19. und vor allem im
20. Jahrhundert. James Truslow Adams' Bestseller *The Epic of America*
(1931) über den *Aufstieg Amerikas vom Land der Indianer zum Weltreich*, wie
der noch im selben Jahr vorgelegte deutsche Titel hieß, nahm es zum ersten Mal nachweisbar auf. Dann allerdings war die Zauberformel endgültig
etabliert. Besonders prominent erschien sie in der Washingtoner Rede zur
Gleichberechtigung amerikanischer Bürger, die Martin Luther King 1963
hielt und die in dem berühmten Satz gipfelte: «I have a Dream». Aber
gleichzeitig erschien die Verheißung auch immer wieder als zerstört: in
Theaterstücken, wie Edward Albees abendfüllendem Einakter *The American Dream* (1961), in populären Spielfilmen wie *Easy Rider* (1969) oder in
Romanen wie T. C. Boyles *The Tortilla Curtain* (*América*, 1995 / 98).

Ikonographisch beruht das Bild des Amerikanischen Traums, des
Strebens nach Freiheit – nicht des Geschenks der Freiheit – bis heute im
Wesentlichen auf zwei Figuren: Zum einen ist es die Freiheitsstatue, die
«Statue of Liberty» oder formeller: «Liberty Enlightening the World»,

«Erinnere Dich an Deine
Begeisterung über die
Amerikanische Freiheit»
«Liberty» als Werbemotiv
für Kriegsanleihen 1917

die seit 1886 und bezeichnenderweise als Geschenk der Franzosen die
Einfahrt zum Hafen von New York, das große Eingangstor für die Einwanderer, schmückt, symbolisiert durch Strahlenkrone, Fackel, Verfas-
sungstafel und gesprengte Ketten.[1] Die zweite allegorische Figur –
«Uncle Sam» – und Libertys männlicher Gegenpart ist dagegen ein
älterer hagerer Herr mit Bocksbart, der gewöhnlich in Anzug und Zylin-
der in den Farben der amerikanischen Flagge auftritt. Im Gegensatz zu
der Freiheit verheißenden und fürsorgenden Göttin fordert er ein oder
ermahnt zumindest. Uncle Sam stammt aus der Zeit des Zweiten Unabhängigkeitskriegs, als die Briten bis 1815 die Existenz der USA noch einmal grundsätzlich in Frage stellten. Aber er hatte auch deutliche Ähn-
lichkeit mit dem seit der Unabhängigkeitsbewegung als Verkörperung
der britenfeindlichen amerikanischen Patrioten (Patriots) auftauchenden
«Brother Jonathan». Beide zusammen, die Freiheit Verheißende und der
konkret Fordernde, fügen sich nicht nur zum öffentlichen Bild der USA,
sondern symbolisieren gleichzeitig die Möglichkeiten und Grenzen des
American Dream.

«**I want you**»
Das wohl bekannteste Motiv
von «Uncle Sam»

Lange vor der Unabhängigkeitserklärung bestimmten bereits große, wenngleich unterschiedliche Erwartungen den kolonialen Beginn der späteren Vereinigten Staaten. Das Mutterland, zumal die englische Krone, hoffte auf ertragreiche neue Gebiete, die meisten Siedler hofften wohl auf einen neuen Anfang, der immer mehr weit über weltliche Belange hinausging. Hinter der ersten erfolgreichen Niederlassung, dem 1607 von der Virginia Company of London gegründeten Jamestown, standen neben wirtschaftlichen schon starke religiöse Motive. In der Folgezeit wurde die Einwanderung evangelikaler Gruppen immer stärker. Die 1620 durch die «Pilgerväter» gegründete Siedlung Plymouth wie auch, neun Jahre später, die Puritaner-Kolonie Massachusetts Bay und die 1681 folgende Quäker-Kolonie Pennsylvania verstanden sich dann bereits ausdrücklich als Orte der Emigration, in denen vor allem diejenigen siedelten, die der religiös-politischen Bevormundung in Europa entgehen wollten. Ein Vorbild für die Welt sollte hier entstehen, ein neues Jerusalem, die biblische Stadt auf dem Hügel, von der bereits die Bergpredigt (Matthäus 5,14) sprach und auf die der Rest der Menschheit schauen sollte. Dass bis heute die Mehrheit der US-Bürger sich den Ideen der ersten Siedlergeneration verpflichtet fühlt, demonstriert die Langlebigkeit solcher religiöser Bindungen. Die

Zahl der Kirchgänger und Mitglieder von Kirchen jedenfalls stieg stetig an. Während 1776 etwa 17 Prozent der Einwohner der britischen Kolonien Gottesdienste besuchten, waren es 1980 rund 62 Prozent aller US-Bürger.[2] Als Mitglied einer Kirche bezeichneten sich in den 1950er Jahren sogar rund 95 Prozent der Amerikaner.

Als Staat hingegen zeigten sich die USA seit dem Inkrafttreten ihrer Verfassung 1788 als Kind der Aufklärung, der Millionen nach Übersee zog. Goethe formulierte:

Amerika, du hast es besser
Als unser Kontinent, der alte,
Hast keine verfallene Schlösser
Und keine Basalte.
Dich stört nicht im Innern
Zu lebendiger Zeit
Unnützes Erinnern
Und vergeblicher Streit.[3]

Doch waren diese Worte bereits zu ihrer Entstehungszeit 1827 ganz offensichtlich schon überholt. Zwischen dem Ende des Zweiten Unabhängigkeitskriegs, als London nach 1815 die Versuche der Rückeroberung der ehemaligen Kolonie endgültig abschloss, und dem Ende des 20. Jahrhunderts wanderten rund 66 Millionen Menschen in das Land ihrer Sehnsucht ein.[4] Es sind bis heute die über Jahrhunderte immer wieder neu belebten Erwartungen, an denen die USA, deren im 20. Jahrhundert aufgebaute Machtfülle sich historisch eigentlich nur noch mit der des Imperium Romanum zu seiner Zeit vergleichen lässt,[5] sich messen lassen müssen. Wie stark diese Hoffnungen sind, belegte nicht zuletzt die Verleihung des Friedensnobelpreises 2009 an den erst unmittelbar zuvor ins Amt gekommenen Präsidenten Barack Obama.

Widersprüchlichkeiten Die von den USA von Beginn an immer so misstrauisch verfolgte Kritik aus dem Rest der Welt, die man häufig sogar generell als schlichte Feindschaft und «Antiamerikanismus» verstand, galt zwar auch einer teils rigoros durchgesetzten Machtpolitik. Es wird aber häufig vergessen, dass sie ebenso aus Enttäuschung erwuchs. Viele Hoffnungen konnten die Vereinigten Staaten nicht einlösen. Die Realität verfehlte immer wieder – und wohl zwangsläufig – das Idealbild. Dies sahen Amerikaner oft nicht anders. Der scharfzüngige Mark Twain, der am Ende des 19. Jahrhunderts heftig gegen die weitreichenden imperialen Ambitionen der USA polemisierte, spottete: «Wunderbar war die

Entdeckung von Amerika. Noch wunderbarer wäre es gewesen, wenn man es nicht entdeckt hätte.»[6] Es war kein Zufall, dass innenpolitisch die großen Debatten seit der Kolonialzeit nicht selten blutig endeten.

Vieles passte und fügt sich bis heute kaum zusammen: So etwa die Erfahrung der ersten europäischen Siedler und vieler anderer Amerikaner als Verfolgte auf der einen Seite mit dem Willen, die indigene Bevölkerung bis hin zum Völkermord zu verdrängen, auf der anderen Seite. Genauso wenig ließen sich die Prinzipien der Aufklärung mit der über Jahrhunderte währenden Verschleppung von Afrikanern als billige Arbeitskräfte vereinbaren, woran selbst akademisch gebildete US-Präsidenten wie Thomas Jefferson beteiligt waren. Dass der Einsatz für Freiheit im 20. und beginnenden 21. Jahrhundert mit klaren Menschenrechtsverletzungen einherging, als deren sichtbarster Ausdruck seit 2002 das außerhalb des amerikanischen Rechts stehende Gefangenenlager Guantánamo auf Kuba bis heute existiert, bleibt nicht nur für die Außenwahrnehmung ein Problem.

Mentalitäten Viele dieser Widersprüche lassen sich natürlich erklären: Aus der historischen Entwicklung etwa, anthropologisch-«völkerpsychologisch», wie es Alexis de Tocqueville schon im 19. oder Geoffrey Gorer im 20. Jahrhundert versucht haben. Zu den auffallendsten Besonderheiten der «amerikanischen Gesellschaft», wie sie sich seit der Kolonialzeit allmählich herausbildete, gehörte die schon bei den ersten Siedlern und Gründervätern verwurzelte Lagermentalität. Man sah sich über Jahrhunderte wie auf einer Insel, abgetrennt von den Zumutungen und Gefahren Europas, aber auch umgeben von neuen Feinden, gegen die erneut nur der innere Zusammenhalt und die rigorose Abwehr wie zuvor in der Alten Welt zu helfen schienen. Damit verband sich die Sorge vieler, wenn nicht sogar der meisten Amerikaner, wie sie sich spätestens im 18. Jahrhundert nannten, das einmal Erreichte wieder zu verlieren. Auch dies kann man als eine Hypothek der Erinnerung an das Gefühl der Bedrohung verstehen, die niemals wirklich erlosch, seit die ersten englischen Siedler 1585 das spätere Territorium der USA erreicht hatten, aber ihre erste Gründung, der Ort Roanoke im heutigen North Carolina, aus bis heute ungeklärten Gründen scheiterte.

Auch in den folgenden Jahrhunderten brauchte man nicht lange nach Bedrohungen zu suchen. Dazu gehörten in erster Linie die europäischen «Despotien»: Das spanische Kolonialreich grenzte bis 1898 direkt an die USA. Bis zum Kauf Alaskas 1867 war auch das russische Zarenreich in

Nordamerika engagiert. Ungefähr zum selben Zeitpunkt versuchten europäische Monarchien unter der Führung des französischen Kaisers in Mexiko sogar wieder, ein Kaiserreich unmittelbar an der US-Südgrenze zu etablieren, an dessen Spitze der Habsburger Maximilian I. sich für einige Jahre halten konnte. Der Herrschaftsanspruch der Briten musste in zwei blutigen Kriegen zwischen 1775 und 1815 gebrochen werden. Auch wenn der Einzelne häufig kaum noch eine Idee von den historischen Zusammenhängen hatte: Die durch die Medien gestützte kollektive Erinnerung rief noch im 20. und beginnenden 21. Jahrhundert in den USA regelmäßig die traditionellen Bedrohungsszenarien erfolgreich auf. Als Feindbild konnte das Deutsche Reich im Ersten und Zweiten Weltkrieg ebenso dienen wie die Sowjets und ihre Verbündeten im Kalten Krieg oder der nicht mehr an Staaten gebundene islamistische Terrorismus, der 1991 zu dem Zeitpunkt auftauchte, als die USA mit dem Ende des Kalten Krieges den wohl größten Triumph ihrer Geschichte feierten.

Für den inneren Zusammenhalt haben sich solche Bedrohungen allerdings stets als positiv herausgestellt. So ist es nur konsequentes politisches Kalkül, dass bis zum heutigen Tag äußere Bedrohungen geradezu gesucht werden. Im Präsidentschaftswahlkampf 2012 war es kein Zufall, dass für die desolate Wirtschaftslage der USA auch oder sogar vornehmlich die Europäische Union verantwortlich gemacht wurde, die sich angeblich nicht genügend um die Lösung der Wirtschaftskrise seit 2007 gekümmert hatte.[7] Seit der erfolgreichen Verteidigung gegen die Briten 1815 war es allerdings zunehmend auch das gewachsene Selbstbewusstsein, das sich bis hin zu imperialen Ansprüchen steigerte und nun selbst Situationen schuf, die wiederum als neue Gefahren wahrgenommen wurden. Psychologisch gesehen handelte es sich um das Erlernen eines Angstverhaltens, das schließlich nur noch geringer Reize bedurfte, um Abwehrreaktionen und Verteidigungsmechanismen, bis hin zur Forderung nach Rückzug und Konzentration auf das eigene Land, auszulösen.[8] Der Waffenkult, aber auch die Tatsache, dass sich im 20. Jahrhundert die neuentstandene Werbeindustrie mit Erfolg darauf einstellte, zeugen von lange eingeübten Verhaltensmustern.

Auf dem breiten Landstreifen zwischen der kanadischen Grenze im Norden und der bis zum Bürgerkrieg festgelegten Grenze zu Mexiko konzentrierten sich die Amerikaner zunächst auf die Beseitigung der Gefahr, die aus ihrer Sicht von den Ureinwohnern ausging, denen sie ihr Land streitig machten. Blutig wurden die ersten Stämme, die man im 16. Jahrhundert traf, verdrängt, und seit 1820 radikalisierten sich die Indi-

«**For a Lifetime of Shooting**» Waffenkult in der Werbung der Winchester
Repeating Arms Company aus dem Jahr 1957

anerkriege noch einmal dramatisch. Sie führten bis 1890 zur weitgehenden Vernichtung der Ureinwohner. Außerhalb Nordamerikas erzwang die US-Regierung 1853/54 die Öffnung Japans und annektierte mit dem zwei Jahre später verabschiedeten und nahezu als Freibrief verstandenen Guano Island Act überall auf der Welt Territorien, die wie zuvor bereits das nordamerikanische «Indianerland» niemandem zu gehören schienen, aber langfristig ebenso blutige Konflikte nach sich zogen. Es war keine Überraschung, dass in den 1880er Jahren, als in allen aufstrebenden Industrienationen sozialdarwinistisch unterlegte imperiale Ideen Konjunktur feierten, auch die USA keine Ausnahme machten. Alfred Thayer Mahans Handbücher über den Aufbau eines Imperiums wurden zu Bestsellern.

Dass das Imperium sich auch als Last erweisen konnte, bemerkten die Amerikaner rasch selbst, als sie nach 1898 zunächst die Spanier, dann seit 1917 und 1945 immer deutlicher auch das krisengeschüttelte Britische Empire beerbten. Der sogenannte Isolationismus konnte sich in den USA nach dem Ersten Weltkrieg rund zwanzig Jahre halten, und er war vor allem dort tief verwurzelt, wo das Land im Mittleren Westen so unendlich groß erschien, dass man glaubte, auf den Rest der Welt gut verzichten zu können. Präsident Franklin D. Roosevelt musste vor allem in diesen «Heartlands», dem als Kernland der USA verstandenen Mittleren Westen, um Zustimmung kämpfen, als er einen Krieg gegen die europäischen Diktatoren Ende der 1930er Jahre für unvermeidbar hielt.

Daraus jedoch abzuleiten, dass das Imperium eigentlich ungewollt gewesen sei und nur gezwungenermaßen auf sich genommen wurde, geht an der Wirklichkeit vorbei.[9] Der Hegemonialstatus bietet bis heute unschätzbare Vorteile nicht nur in der Weltpolitik, sondern vor allem im Welthandel, auf den es den USA bereits unmittelbar nach ihrer Gründung in den 1790er Jahren besonders ankam. Auch wenn es heute hin und wieder so aussieht, als würde die Welt vor einer Art Zeitenwende stehen, in der Staaten wie China aufholen und sogar in der Lage scheinen, die Vereinigten Staaten zu überholen, ist es objektiv betrachtet nicht so. Die schlichten politisch-militärischen und ökonomischen Fakten sehen auch 2013 trotz aller Krisen noch anders aus. Nach dem Bruttoinlandsprodukt stehen die USA noch immer mit weitem Abstand vor dem allein durch die enorme Bevölkerungszahl und geringe Löhne wirtschaftlich starken Angstgegner China.[10]

Wie schreibt man also eine Gesamtgeschichte der USA?[11] Als im Rückblick globale Erfolgsgeschichte der ersten «Nation der Europäer in

Übersee»?[12] Als Geschichte der mit Kolumbus beginnenden Unterdrückung und durch die Konquistadoren wie die Siedler fortgesetzten Ausrottung derjenigen, die wahrscheinlich bereits zehntausende Jahre zuvor den Doppelkontinent bevölkert hatten?[13] Oder doch eher als eine von Furcht bestimmte Geschichte der vor allem von Außenseitern und Dissidenten begonnenen Vision einer «Neuen Welt», die sich mit der Westwanderung und wachsenden politischen wie ökonomischen Möglichkeiten sukzessive erweiterte und dabei heilsgeschichtliche Erwartungen mit politischem Realismus mischte, während das Gefühl, dank der Ozeane in einer insularen Sicherheit zu leben und nur wenig auf den Rest der Welt angewiesen zu sein, noch lange erhalten, aber stets bedroht erschien? Tatsächlich entstand das Wort von der «Splendid Isolation», der so ideal erscheinenden Abgeschiedenheit, das eigentlich der britischen Politik des 19. Jahrhunderts zugeschrieben wird, in Nordamerika.[14]

Phasen der amerikanischen Geschichte Angesichts der so unterschiedlichen Phasen der US-Geschichte bietet sich wahrscheinlich jede der Möglichkeiten ein wenig an. Die Nationalgeschichtsschreibung der USA jedenfalls hat seit dem 19. Jahrhundert erheblichen Wert darauf gelegt, eine möglichst einheitliche Geschichte zu schaffen, die in der Regel mit dem Blick vom heutigen Staatsgebiet aus beginnt.[15] Historiographisch gesehen ist das allerdings ungefähr so, als würde man versuchen, die gesamte deutsche Geschichte mit Blick vom Territorium der heutigen Bundesrepublik Deutschland aus zu interpretieren. Aber die Perspektive macht eben auch den grundsätzlichen Unterschied sichtbar, der in den USA bis heute wirkt. Selbst das Staatsbürgerrecht der Vereinigten Staaten pocht bis heute auf die Idee des Territoriums, nicht etwa auf die Abstammung, wie es in Deutschland üblich ist. Frauen, selbst wenn sie nur im Urlaub ihr Kind in den USA zur Welt bringen, übereignen ihm damit die amerikanische Staatsbürgerschaft, einerlei, ob sie dies wünschen oder nicht. Es ist damit bis heute das Territorium, genauer die Besiedlung von Raum, die für die Amerikaner die Interpretation ihrer Geschichte bestimmt. Kein Zufall daher, dass der sogenannte Spatial Turn, die Interpretation von Geschichte durch die Idee des Raums, in den USA seinen Ursprung fand und seit den 1980er Jahren insbesondere dort viele Anhänger gewonnen hat.

Verbindet man Struktur- und Mentalitätsgeschichte, so lassen sich folgende teilweise ineinander übergehende Phasen erkennen: (1.) *Die englisch-britische Kolonialzeit* (1585–1775), die 1585 mit der gescheiterten

Niederlassung Roanoke begann, 1607 mit Jamestown, der ersten erfolgreichen Gründung, sowie den schließlich insgesamt 13 Kolonien fortgesetzt wurde und ihren Höhepunkt 1759 mit der Eroberung Quebecs im heutigen Kanada erreichte. (2.) *Die Revolutionszeit* (1763–1815), die sich weit vor der Unabhängigkeitserklärung 1776 aus einer tiefen Unzufriedenheit mit dem britischen Mutterland entwickelte, wobei die Verabschiedung der diskriminierenden Stempelsteuer (Stamp Act) 1763 den Ausgangspunkt bildete. Erst 1815 konnte mit dem Ende des Zweiten Revolutionskriegs die Staatsgründung von 1788/89 als gesichert angesehen werden. (3.) Mit der *Erschließung des Kontinents* (1815–1890), die nach den Revolutionskriegen offensiv angegangen wurde und erst 1890 mit der Eroberung des Westens endete, ging nicht nur die endgültige Vertreibung und Vernichtung der Ureinwohner einher. Für die kollektive Identität wurde die Zeit der sogenannten Frontier mit dem Bau der transkontinentalen Eisenbahn und der gleichzeitig beginnenden Industrialisierung und verstärkten Urbanisierung zur besonders prägenden Epoche. Die bis heute fest im kollektiven Bewusstsein verankerten nationalen Mythen der USA entstanden vor allem in diesen Jahrzehnten. (4.) *Der Amerikanische Bürgerkrieg und sein Nachkrieg* (1861–1917), der bis zum Eintritt der USA in den Ersten Weltkrieg ausstrahlte, war nur der Kulminationspunkt der bereits nach den Revolutionskriegen spürbaren Gegensätze zwischen Nord- und Südstaaten, die bei Weitem nicht nur in der Sklaverei wurzelten. Der für diese Zeit extrem blutige Konflikt, nach dem sich Wiederaufbau und Versöhnung als sogenannte Reconstruction nur zögernd entwickeln konnten, war dann allerdings auch der Anfang eines zuvor nicht erlebten wirtschaftlich-politischen Aufschwungs. Es begann eine Zeit, die Mark Twain ironisch «gilded» (vergoldet) nannte. (5.) Mit dem Sieg im Ersten Weltkrieg endete auch die *Phase der Außenpolitik der begrenzten Möglichkeiten* (1783–1918). Das Eingreifen in den Konflikt auf der Seite Großbritanniens gegen die europäischen «Despoten» wurde gleichzeitig Höhepunkt und Wasserscheide zwischen der seit dem Ende des Ersten Unabhängigkeitskriegs 1783 geführten und mit wenigen Ausnahmen auf Nordamerika beschränkten Außenpolitik und der fortan betriebenen Weltpolitik. (6.) Der außenpolitische Machtzuwachs nach dem Sieg im Ersten Weltkrieg schuf aus der Sicht der meisten US-Bürger zunächst nur ein *Imperium wider Willen* (1919–1941). Im beginnenden «Amerikanischen Jahrhundert» stieg «Amerikanisches» zwar zum Inbegriff der Moderne auf. Die Jahre zwischen 1919 und dem Eintritt in den Zweiten Weltkrieg 1941 machten allerdings auch deutlich, wie schwer sich die US-Bevölkerung und auch die Politik mit internationalem Engagement noch tat. Der wachsende Isolationismus äußerte sich vor allem in einem dramatischen Aufschwung von diffusen Ängsten. Roosevelt brauchte Jahre und wohl auch den japanischen Angriff auf den amerikanischen Marinestützpunkt Pearl Harbor 1941, um die verbreitete Unlust der US-Bürger an der Weltpolitik zurückzudrängen. (7.) *Geburt einer Supermacht* (1941–1945): Der Zweite Weltkrieg ließ die USA nicht nur durch den militärischen Sieg über Deutschland und Japan, sondern auch durch die Erfindung der Atombombe zur ersten Supermacht werden. Gleichzeitig war es nach 1945 aber nicht mehr möglich, einen erneuten Rückzug in die politische Isolation anzutreten. (8.) Am Ende der *Epoche des Kalten Krieges* (1945/47–1991), die die USA zeitweilig an den Rand des Atomkriegs brachte und 1991 mit dem Untergang der Sowjetunion endete, verblieben die USA als (9.) *einzige Supermacht mit neuen Gegnern.* Nach 1991 zeigte sich rasch, dass die Vereinigten Staaten zwar auf politisch-militärischer Ebene keine ernstzunehmenden Feinde mehr hatten, dafür jedoch aufstrebende Wirtschaftsmächte wie China oder der supranational aktive Terrorismus massive Bedrohungen darstellten.

Bevölkerung, Sozialstruktur, Religion Zwar noch nicht politisch, aber territorial waren die USA bereits seit dem 18. Jahrhundert beeindruckend groß, zumal im Vergleich mit dem in Kleinstaaten zersplitterten Europa. Heute bestehen sie aus fünfzig Einzelstaaten, die sich seit der Aufnahme Hawaiis in die Union 1959 auch nicht mehr nur auf Nordamerika beschränken. Mit knapp 9,8 Millionen Quadratkilometern sind sie fast 27 Mal so groß wie Deutschland. Ihre Bevölkerungsdichte ist allerdings vergleichsweise gering: Ende 2016 wohnten in den USA offiziell rund 324 Millionen Menschen.[16] In der Europäischen Union (E 27) zählte man zur selben Zeit rund 510 Millionen Einwohner, wovon allein auf Deutschland etwa 82 Millionen entfielen.[17] Im Land des großen Konkurrenten China waren es allerdings zum gleichen Zeitpunkt bereits fast 1,4 Milliarden Menschen.[18] Die beiden größten Ballungszentren der USA sind nach wie vor New York City an der Ostküste, wo rund 8,5 Millionen Einwohner leben, und Los Angeles an der Westküste mit rund 3,9 Millionen Einwohnern.[19] Innerhalb der Bevölkerung bilden die Weißen (Whites/Caucasians) nach wie vor die Mehrheit (77,1 Prozent). Dahinter folgen Afroamerikaner (Black/African Americans), die rund 13,3 Prozent der US-Bevölkerung ausmachen, Asiaten (Asians) mit etwa 5,6 Prozent und rund 2,9 Millionen Ureinwohner (American

Indians/Alaska Natives, 0,9 Prozent) sowie 540 000 Pazifikinsulaner (Native Hawaiians/Pacific Islanders, 0,2 Prozent). Darüber hinaus rechnen sich rund 50,5 Millionen US-Bürger aus Lateinamerika übergreifend zu den Hispanics oder Latinos (17,6 Prozent). Die Weißen stammen mehrheitlich aus Europa, ein erheblicher Teil zählt sich ausdrücklich zur Gruppe der sogenannten White Anglo-Saxon Protestants (WASP), der weißen, aus England stammenden protestantischen Siedler. Seit der Kolonialzeit hat sich allerdings die Einwanderung deutlich verändert. Während bis weit in das 20. Jahrhundert die europäischen Immigranten dominierten, stammte kurz vor der Millenniumswende die Mehrheit der Einwanderer aus Mittelamerika (3,9 Mio.), an der Spitze Mexiko (2,3 Mio.), gefolgt von Asien (2,9 Mio.). Von hier kommen vor allem Filipinos (505 000), Chinesen (425 000) und Inder (383 000). Erst auf dem dritten Platz erscheint Europa (1,3 Mio.), aus dem heute vor allem Ukrainer (141 000), Briten (United Kingdom; 136 000) und Russen (128 000) in die USA einwandern.[20]

Aus der Geschichte der Immigration lässt sich auch die Verteilung der Religionen in den Vereinigten Staaten erklären. Zwar ist anders als etwa in Deutschland die statistische Erhebung über den Steuerbescheid nicht möglich, weil es keine staatlich eingezogene Kirchensteuer gibt und ohnehin die Einmischung des Staats in religiöse Belange – und sei es auch nur für eine Befragung – unerwünscht ist. Meinungsforschungen zeigen aber, dass der Protestantismus bis heute das Glaubensbekenntnis geblieben ist, zu der sich die Mehrheit der erwachsenen US-Bürger bekennt. 2008 bezeichneten sich rund 173 Millionen Menschen als christlich, davon etwa 116 Millionen als protestantisch und 57 Millionen als katholisch. Des Weiteren rechneten sich rund 2,7 Millionen Amerikaner dem Judentum zu, 1,4 Millionen dem Islam und 1,2 Millionen dem Buddhismus.[21] Da ein erheblicher Teil der gegenwärtigen Einwanderer aus den katholischen Gebieten vor allem Mittelamerikas stammt, ist abzusehen, dass sich der Anteil der Christen eher vergrößern wird.

Geographie Topographisch lässt sich das kontinentale Staatsgebiet der USA (mit Ausnahme Alaskas und Hawaiis) in vier Bereiche einteilen: (1.) Atlantikküste mit Golf von Mexiko, (2.) Appalachen, (3.) die Großen Ebenen sowie (4.) die Rocky Mountains als Teil der nordamerikanischen Kordilleren.[22] Klimatisch reicht die Bandbreite von polarer Kälte in Alaska bis zu subtropischem Klima etwa in Florida. Kulturell, wirtschaftlich, zum Teil auch politisch ist diese geomorphologische Einteilung natürlich viel komplizierter. Die Atlantikküstenregion, wo von einem englischen Schiff abgesetzte Siedler 1585 auf einer Insel zum ersten Mal und zunächst vergeblich versuchten, das Fort Roanoke zu errichten, bot befahrbare Flussmündungen am Chesapeake, Delaware oder Hudson. Einige der ersten Gründungen der ursprünglichen dreizehn Kolonien entwickelten sich hier zu den großen Ballungszentren der USA.

Im von den Puritanern maßgeblich bestimmten Siedlungsgebiet New England mit den Provinzen New Hampshire, Massachusetts, Rhode Island und Connecticut entstanden Zentren wie Boston und renommierte Universitäten wie die Harvard University in Cambridge. In den südlich davon liegenden sogenannten Mid-Atlantic States mit den Provinzen New York, Vermont (heute: New England), New Jersey, dem maßgeblich von den Quäkern bestimmten Pennsylvania, Delaware (ursprünglich ein Teil Pennsylvanias) und Maryland entwickelte sich nicht nur die unbestritten multikulturellste und globalisierteste Stadt der USA, wenn nicht sogar der Welt – New York –, aus deren hybrider Mischung unterschiedlichster Kulturen wohl die wichtigsten Anstöße etwa auch zur Popkultur des 20. und beginnenden 21. Jahrhunderts hervorgingen. Das heute von New Yorkern häufig eher abschätzig behandelte New Jersey beheimatet seit 1746 eine weitere der renommiertesten Universitäten der USA: An der Princeton University arbeitete Albert Einstein seit 1933 zunächst als Mitglied des Institute for Advanced Study. Das noch geschichtsträchtigere Philadelphia in Pennsylvania war nicht nur einer der Tagungsplätze des sogenannten Kontinentalkongresses und der Verfassunggebenden Versammlung 1787, sondern wurde 1790 für einige Jahre sogar die erste Hauptstadt der nun von Großbritannien unabhängigen Kolonien. Hier befindet sich bis heute auch die zur Legende gewordene, allerdings nicht mehr gebrauchsfähige «Liberty Bell», die man 1776 aus Anlass der Verkündung der Unabhängigkeitserklärung läutete.

Nur wenig südlich davon wurde seit 1792, beginnend mit dem Bau des Amtssitzes für den US-Präsidenten, des White House, eine ganz neue Hauptstadt wortwörtlich aus dem sumpfigen Boden gestampft: das auf dem Reißbrett geplante und zwischen dem Potomac und dem Anacostia River angelegte Washington D. C. Um die Unabhängigkeit von Regierung und Parlament auch symbolträchtig auszudrücken, waren dafür Teile der Bundesstaaten Maryland und Virginia abgetrennt worden, die man als District of Columbia (D. C.) direkt dem Senat unterstellte. Die Einwohner durften zunächst nicht einmal den Präsidenten mitwählen.

Dies änderte sich erst nach über anderthalb Jahrhunderten mit dem 21. Verfassungszusatz von 1961. Seit 1978, als die Bürger erstmals auch eigene Abgeordnete ins Parlament entsenden durften, ist «D. C.» sogar fast ein Bundesstaat. Als erster Präsident bezog noch für wenige Monate der Nachfolger von George Washington, John Adams, im Jahr 1800 Quartier in der neuen Stadt. Zum wirklichen Regierungssitz machte den Ort – Ironie des Schicksals – erst der 1801 angetretene dritte Präsident, Thomas Jefferson, der im Streit mit George Washington bereits 1793 aus dessen Kabinett ausschied. Nachdem die Stadt im Zweiten Unabhängigkeitskrieg 1814 von den Briten niedergebrannt worden war, entstand später unter anderem das Weiße Haus neu, aber auch das Kongressgebäude auf dem Capitol Hill. An dessen repräsentativem Ausbau konnte der Betrachter über die nächsten fast einhundert Jahre nicht zuletzt die Erweiterung des amerikanischen Imperiums nachvollziehen. So entstand die gigantische Kuppel des Kapitols erst nach 1851, zu einer Zeit, als man im Zuge der Ausdehnung nach Westen und im Konflikt mit dem katholischen Rivalen Mexiko mit der Rede von der Offenbaren Bestimmung der Amerikaner, der Manifest Destiny, nun auch eine Rechtfertigungsformel für die Expansion bis zum Pazifik gefunden hatte.

«D. C.» war bewusst als Verbindung auf der Grenze zwischen «Nordstaaten» und «Südstaaten» platziert worden, was der Besucher noch heute nachvollziehen kann, wenn er von «Downtown Washington» aus den nur wenige Kilometer entfernten Südstaatenort Alexandria in Virginia erreicht. Selbst das in den 1940er Jahren errichtete US-Verteidigungsministerium – das Pentagon – liegt bereits in Virginia. Zusammen mit West Virginia (Abspaltung 1863), North und South Carolina sowie Georgia war dies der Süden der ersten dreizehn Kolonien, den man später auch als «Alten Süden» (Old South) bezeichnete. Das Shennandoah Valley in Virginia gehörte neben Atlanta, der Hauptstadt von Georgia, zu den wohl am stärksten verwüsteten Gebieten im Amerikanischen Bürgerkrieg zwischen 1861 und 1865. Zu den gewöhnlich als «der Amerikanische Süden» bezeichneten Staaten zählen heute aber auch Florida, Kentucky, Tennessee, Alabama, Mississippi, Louisiana und Arkansas. Bis hinunter zum Golf von Mexiko, wo man zu Beginn der Kolonisierung im 16. Jahrhundert im ungünstigsten Fall bereits auf die mächtige Konkurrenz aus Spanien traf, was die zunächst vornehmlich englischen Siedler tunlichst vermieden, breitete sich fruchtbares Gebiet aus, das sich für große Anbauflächen hervorragend eignete. Hier entstanden aufgrund des insbesondere für Baumwolle günstigen tropisch-subtropischen Klimas bereits im 17. Jahrhundert die großen Plantagen, für die der Amerikanische Süden bekannt wurde. Es war nicht zuletzt die schiere Größe der Betriebe, die es erforderlich machte, billige Arbeitskräfte – vorzugsweise schwarzafrikanische Sklaven, aber auch schlecht entlohnte weiße Landarbeiter – einzusetzen, bevor man seit dem Ende des 18. Jahrhunderts begann, die riesigen Ländereien mit Maschinen zu bewirtschaften. Nicht zufällig befindet sich das älteste noch erhaltene Plantagengebäude der gesamten USA, die Shirley Plantation, in Virginia (1738, Bild Seite 200). Mit der Befreiung der Sklaven am Ende des Bürgerkriegs wurden viele der Güter aufgeteilt und nun auf kleineren, häufig allerdings unrentablen Parzellen bearbeitet. Von den seit dem 19. Jahrhundert entdeckten reichen Öllagerstätten im Küstengebiet, die dann allerdings wiederum nur wenige reich machten, war damals natürlich noch keine Rede.

Westlich des Küstensaums breitete sich für die ersten Siedler mit den Appalachen eine zwar gebirgige, aber für an Holzmangel gewöhnte europäische Verhältnisse des 16. und 17. Jahrhunderts unglaublich waldreiche Gegend aus. Deren Erz- und Kohlevorkommen, die sich bis nach Pennsylvania erstreckten, wurden aber auch die Grundlage für die erste Industrialisierungsphase seit dem ausgehenden 18. Jahrhundert. Die nördlichen und mittleren Atlantikstaaten, die auch den Kern der frühen europäischen Besiedlung Nordamerikas ausgemacht hatten, waren dann das erste Industriezentrum der USA. Hinter den Appalachen begannen große weite Ebenen, das zentrale Tiefland Nordamerikas, das im Norden an die Großen Seen stieß. Weiter westlich wurde es im Süden vom sogenannten Ozark-Plateau begrenzt, einer waldreichen Hügellandschaft, deren merkwürdiger Name wahrscheinlich aus der verballhornten französischen Bezeichnung (Aux Arks/Aux Arcs) hervorging.[23] Die Great Lakes im Norden, die sich die USA heute mit Kanada teilen, wurden nicht nur zur Bezeichnung der fünf gigantischen Seen, angefangen mit dem nördlich gelegenen Lake Superior und den sich nach Süden und Osten fortsetzenden Seen Michigan, Huron, Erie und Ontario. Sie erfassten als Sammelbezeichnung vielmehr auch die angrenzenden Bundesstaaten Ohio, Michigan, Indiana, Illinois, Wisconsin und Minnesota. Die Großen Seen mit den gigantischen Niagara-Fällen zwischen dem Erie- und Ontario-See als beeindruckendem landschaftlichen Höhepunkt bildeten seit dem ausgehenden 19. Jahrhundert zunächst auch den wichtigsten Standort für die zweite Industrialisierungsphase, als Elektrizität zum entscheidenden Energielieferanten wurde und sich vor allem Wasserkraft für die energiehungrige elektrochemische Industrie anbot.

Südlich und westlich davon fanden die Siedler die sogenannten Großen Ebenen, die im Süden mit Texas wieder auf den Golf von Mexiko, im Westen auf die bis zu 6000 Meter aufragende Hochgebirgskette der Rocky Mountains treffen. Die in der Mitte der USA liegenden Great Plains waren lange Zeit neben den Ureinwohnern nur jenen wenigen Weißen näher bekannt, die als Fallensteller oder Jäger die Gegenden auf eigene Faust durchstreiften, mit den Indianern Handel trieben oder hin und wieder sogar mit ihnen zusammenlebten. Das waren seit dem 16. Jahrhundert nicht zuletzt Franzosen, die das damals noch französische Kolonialgebiet Louisiane oder La Nouvelle-France besiedelten, das zunächst vom Golf von Mexiko im Süden bis hinauf zur heutigen kanadischen Grenze fast über die gesamten Great Plains reichte. Das noch heute als besonders lebenslustig und leichtlebig, wenn nicht sogar verrucht geltende New Orleans – «The Big Easy» – mit seinem ursprünglich katholischen Karneval «Mardi Gras» war 1718 eine französische Gründung. Nach der Entdeckungsreise von René Robert Cavelier de La Salle, der 1685 einen Teil des verzweigten Mississippi erkundet hatte, startete 1804 in St. Louis die berühmte Expedition von Meriwether Louis und William Clark, die vor allem auf dem Missouri die Großen Ebenen durchquerte und erstmals wissenschaftlich dokumentierte. Sie führte durch die Rocky Mountains 1806 zum Pazifik im heutigen Bundesstaat Washington, südwestlich des heutigen Seattle (Fort Clatsop). Ökonomisch wurden die zunächst noch von riesigen Büffelherden durchstreiften Gebiete dann vor allem im 20. Jahrhundert zur Fleisch- und Getreidekammer der USA. Mit der bereits im 19. Jahrhundert einsetzenden Industrialisierung der Landwirtschaft erschlossen sich hier immer größere Nutzflächen. Die zunehmenden ökologischen Katastrophen, wie sie sich vor allem in den Staubstürmen der 1930er Jahre zeigten, machten allerdings auch die Folgen der rücksichtslosen Bewirtschaftung sichtbar.

Erinnerungsgeschichtlich ist der in Teilen auch «Mittlerer Westen» genannte Raum der Great Plains, der die heutigen Bundesstaaten North und South Dakota, Iowa, Nebraska, Kansas, Missouri, Oklahoma und Texas umfasst, wohl einer der wichtigsten für die USA. Hier – und in den im allgemeinen Sprachgebrauch «The Southwest» genannten Bundesstaaten New Mexico, Arizona, Utah und Nevada und einigen bereits zum Gebiet der Rocky Mountains zählenden Bundestaaten wie Montana – sind die wohl größten Mythen der bis 1890 nach Westen wandernden Frontier, des «Wilden» oder «Alten Westens» zu finden. Am Little Bighorn (heute Montana), nicht weit westlich der Black Hills, der heiligen

Berge der Sioux in South Dakota, wurde 1876 General George Custer von den vereinigten Sioux-Stämmen unter den Häuptlingen Crazy Horse, Sitting Bull und Big Foot besiegt. Wenige Kilometer von dem wesentlich berühmteren Mount Rushmore National Memorial, wo seit 1941 vier in den Fels geschlagene Präsidentenporträts (Washington, Jefferson, Theodore Roosevelt, Lincoln) als «Heiligtum der Demokratie» (Shrine of Democracy) auf Touristenscharen herabschauen, wurde auch ein gigantisches Denkmal für Crazy Horse begonnen, das allerdings längst noch nicht vollendet ist. Hier im eigentlichen «Wilden Westen» lebten Billy the Kid, Wyatt Earp und Doc Holiday und lagen die «Cattle-» oder «Cow Towns» wie Abilene oder Wichita in Kansas, wo sich die Cowboys auf dem Weg über den «Cattle Trail» zu den großen Schlachthöfen in Chicago austobten. Weiter im Südwesten, wo Silbervorkommen im letzten Drittel des 19. Jahrhunderts Boomtowns wie das berüchtigte Tombstone, den «Grabstein», in Arizona fast über Nacht entstehen ließen, ging es ähnlich zu. Quer durch Southwest zog sich auch der «Outlaw Trail» von Montana im Norden bis hinunter nach Arizona, der Fluchtweg berühmter Gesetzloser wie Butch Cassidy und Sundance Kid. Die Big Horn Mountains in Wyoming waren ein ebenso legendäres Versteck ihrer «Hole-in-the-Wall-Bande» wie der «Robbers Roost» in Utah. Keine Überraschung also, dass hier viele der großen, von Hollywood bis in die weltweit bekannten Fernsehserien wie Bonanza, High Chaparral und Gunsmoke verfilmten Abenteuer der «Pionierzeit» spielten. Gerade die grandiosen Landschaften des Monument Valley in Utah mit seinen atemberaubenden Felstürmen wurden zum bevorzugten Schauplatz weltweit bekannter Western wie *Once upon a Time in the West (Spiel mir das Lied vom Tod)*. Nicht zuletzt sind Wyoming und Montana das Gebiet eines der größten «Supervulkane» der Welt, dessen Aktivitäten sich vor allem im Yellowstone National Park (Wyoming) mit beeindruckenden Geysiren wie dem Old Faithful zeigen.

Westlich davon, aber immer noch im Südwesten, schließt sich Nevada an, das seine größte Berühmtheit erst im 20. Jahrhundert erlangt hat. Las Vegas ist seit der Erteilung der Glücksspiellizenz 1931 wohl die bekannteste Spielerstadt der Welt und wegen ihrer im amerikanischen Vergleich liberalen Sittengesetze auch eine der verruchtesten: Nevada ist der einzige US-Bundesstaat, in dem man die Prostitution legalisierte. Mit den nicht weit entfernten militärischen Testgebieten wurde Nevada aber auch zur geheimnisumwitterten Geburtsstätte der ersten Atombombe, die die USA zur Supermacht werden ließ. Der Mythos um das hochgeheime

«In Las Vegas ist immer etwas los!» Werbung aus dem Jahr 1952 für das
ultimative amerikanische Vergnügungszentrum mit Spielbanken und Atombombe

Area 51, wo während des Kalten Krieges Waffen getestet wurden, beschäftigt die Phantasie nicht nur der Buch- und Filmautoren bis heute.
Auf der Grenze zu Arizona befindet sich aber auch der gigantische Boul-
der-Damm (Hoover Dam), dessen Stausee auch das energiehungrige Las

Vegas mit Elektrizität und Wasser versorgt. Der Bundesstaat Colorado, der das Quellgebiet des Colorado River, den man hier bändigt, beheimatet, gehört allerdings bereits zu der landschaftlich nicht weniger atemberaubenden geographischen Region der Rocky Mountains, zu der auch die Bundesstaaten Montana und Wyoming zählen. Spektakulär fräst sich der Colorado River in Arizona, nachdem er bereits Utah durchquert hat, tief in den weichen Sandstein des Grand Canyon, um schließlich aufgrund der enormen Wasserentnahme nur noch mehr oder weniger als Rinnsal in den Golf von Kalifornien zu münden.

Den nordwestlichen Abschluss des Gebiets der USA bildet die Region Pacific Northwest mit den Staaten Oregon und Washington, wo sich heute, nach dem Boom der Flugzeug- und Atomindustrie des Kalten Krieges, ebenso wie im südlich anschließenden Bundesstaat California, vor allem die Computerindustrie angesiedelt hat. Mit grandiosen Naturparks wie dem Yosemite National Park, Sehnsuchtsorten des American Dream wie Hollywood und San Francisco ist Kalifornien das ultimative Traumziel vieler Amerikaner gworden. Auch deswegen ist der Zuzug nur noch beschränkt möglich. Im Süden endet auch die wohl berühmteste Straße der USA, die von Chicago nach Los Angeles führende Überlandstraße Route 66, auf der Wirtschafts- und Umweltflüchtlinge der 1930er Jahre das schon damals gelobte Land Kalifornien erreichten.

Die beiden außerhalb des zusammenhängenden nordamerikanischen Staatsgebiets, der sogenannten Continental oder Contiguous (auch: Coterminous/Conterminous/CONUS/Lower 48) United States, liegenden Bundesstaaten, das 1867 von Russland erworbene Alaska und das 1898 im Verlauf des Kriegs mit Spanien besetzte Hawaii, wurden beide 1959 als Exklaven in die Union aufgenommen, wobei Alaska bis heute gleichzeitig die weltweit größte Exklave eines Staates ist. Hinter den «Lower 48» etwas in den Hintergrund gerückt, tauchte Alaska vor allem mit dem großen Goldrausch am Klondike River, der seinen Höhepunkt 1897/98 erreichte, in der öffentlichen Wahrnehmung auf. Ebenfalls eher in den Hintergrund rückte – zumindest bis zur Wahl des dort geborenen amtierenden US-Präsidenten Barack Obama – der Bundesstaat Hawaii. Nach wie vor ist er für die meisten Amerikaner wohl vor allem als pazifisches Urlaubs- und Surferparadies bekannt, wenngleich er von der US-Regierung bereits seit dem 19. Jahrhundert als unverzichtbare Flottenbasis betrachtet wurde. Aus diesem Grund erhielten die Inseln im Gegensatz zu vergleichbaren Gebieten – etwa Puerto Rico oder Guam – den vollen Mitgliedsstatus der Union. Durch den japanischen Angriff auf den ame-

rikanischen Stützpunkt Pearl Harbor 1941 ist Hawaii aber heute gleichzeitig einer der wichtigsten Erinnerungsorte der USA.

Neben den fünfzig Bundesstaaten verfügen die USA über Territorien,
die nicht oder noch nicht nach Artikel IV der US-Verfassung als Bundesstaaten aufgenommen worden sind, aber teilweise einen speziellen Status
besitzen. Dazu gehört vor allem Puerto Rico, das wie Hawaii während
des Kriegs mit Spanien 1898 besetzt wurde, aber als Freistaat nur eine
privilegierte Beziehung zu den USA erhielt. Seit dem Jones-Shafroth Act
von 1917 besitzen Puerto Ricaner sogar die amerikanische Staatsbürgerschaft, jedoch kein Stimmrecht bei den Präsidentschaftswahlen. Das gilt
nicht zuletzt für den einzigen Abgeordneten aus Puerto Rico, der zwar
im Repräsentantenhaus amtiert, aber eben ohne Votum. Puerto Rico gehört damit zu den privilegierten «Insular Areas of the United States»,
den Außen- oder Mandatsgebieten der Vereinigten Staaten. Politisch vergleichbar ist seit 1912 nur noch das Palmyra-Atoll, ein sogenanntes Inkorporiertes (nicht-organisiertes) Territorium (Incorporated Unorga-
nized Territory), dessen Einwohner ein eingeschränktes Wahlrecht bei
den Vorwahlen besitzen.

Zu den Außengebieten der USA in der Karibik zählen außerdem die
United States Virgin Islands (Amerikanische Jungferninseln, 1917 von
Dänemark gekauft) und die Insel Navassa als eine der sogenannten United States Minor Outlying Islands (Kleinere Außeninseln), die unter
Berufung auf den Guano Island Act 1857 in Besitz genommen worden
war. In unklarem internationalen Status befindet sich in der Karibik auch
ein von den USA genutzter Teil Kubas, auf dem die USA seit 1898 den
Stützpunkt Guantánamo betreiben, der von Washington als außerhalb
des amerikanischen sowie des internationalen Rechts stehend angesehen
und zur Umgehung etablierter völkerrechtlicher Regeln benutzt wird.

Alle weiteren nicht-inkorporierten Insular Areas der USA befinden
sich ausnahmslos im Pazifik. Dazu gehören neben Guam, das ebenfalls
1898 von Spanien an die USA gefallen war, Amerikanisch-Samoa, das
Washington 1899 als Kolonialgebiet in Besitz nahm, sowie die Nördlichen Marianen, die 1945 im Auftrag der UNO aus japanischer in die
US-Verwaltung übergegangen waren und seit 1978 als Außengebiet gelten. Hinzu kommen die «Minor Outlying Islands» im Pazifik. Dazu zählen die Baker- (1856), Howland- (1856), Jarvis- (1856) und Midwayinseln
(1867), das Johnston- (1859) und Wake-Atoll (1899) sowie das Kingman
Riff (1860). Mit Ausnahme des Wake-Atoll und des Kingman Riff, die
beide als Flotten- und Luftwaffenstützpunkte ohne besondere Begrün-

dung annektiert worden waren, hatte man alle unter der Rechtfertigung des Guano Island Act besetzt. Während so eine Reihe annektierter Inseln nur zum Abbau von Dünger gebraucht wurden, andere als Stützpunkte dienten und einigermaßen unbeschadet weiterexistierten, wurden andere als militärische Versuchsgebiete zum Teil stark zerstört. In der Karibik traf dies die zu Puerto Rico gehörende Insel Vieques, die bis 2003 noch als Manövergebiet genutzt wurde, im Pazifik jene Inseln und Atolle, die man zu Atomtestgebieten erklärte, so etwa das Johnston-Atoll. Die verheerendsten nuklearen Versuchsreihen führten die USA allerdings in jenen Teilen des Pazifik durch, die, wie die Marshall-Inseln – zu denen auch das berühmte Bikini-Atoll gehört – nicht zu den Außengebieten der USA zählen, sondern lediglich als Treuhandgebiete im Auftrag der UNO verwaltet werden.

Wo Amerika geographisch liegt, wie sich seine Bevölkerung zusammensetzt oder seine politische oder Wirtschaftsgeschichte verlief, ist eine Sache. Viel schwieriger, nicht zuletzt auch mehr denn je für die Amerikaner selbst, ist die Frage, was eigentlich amerikanische Identität ausmacht und die Bürger der Vereinigten Staaten verbindet. Eine Antwort ermöglicht nur der Blick auf die amerikanische Geschichte seit der Kolonialzeit.

II. The City upon a Hill:
Die Suche nach einer Neuen Welt 1585–1763

Die europäische Kolonisierung Nordamerikas

Das Gebiet der heutigen USA, in das Europäer seit dem 16. Jahrhundert vordrangen und das sie schließlich auch systematisch erkundeten und besiedelten, war nicht unbewohnt. Wann und woher die ersten Siedler gekommen waren, ist bis heute umstritten.[1] Die völlig unterschiedlichen Sprachen der indigenen Bevölkerung legen nahe, dass die ersten Siedler nicht nur in mehreren Wellen aus Nordasien und vielleicht sogar aus anderen Teilen der Welt gekommen waren, sondern ihre Zuwanderung weit früher stattgefunden haben muss als in den von der Forschung lange Zeit angenommenen 12 000 Jahren. Schätzungen gehen heute davon aus, dass die ersten Siedler vor bis zu 40 000 Jahren den Doppelkontinent erreichten.[2] Auf diese indigene Bevölkerung, die «Native Americans», «First Nations» oder «Indians» (Indios), wie man sie damals aufgrund des alten Missverständnisses nannte, das bereits auf Columbus und seinen Plan, den Seeweg nach Indien zu erkunden, zurückging, waren verschiedene europäische Entdecker gestoßen.[3]

Frühe Expeditionen und Besiedlungen Über fünfhundert Jahre vor den vor allem aus Süd- und Mittelamerika vordringenden spanischen Expeditionen hatten Wikinger unter anderem auf Neufundland ihr Lager aufgeschlagen. Zu einer dauerhaften Besiedlung war es jedoch ebenso wenig gekommen wie beim kurzfristigen Aufenthalt des Entdeckers Giovanni Caboto, der unter seinem englischen Namen John Cabot Ende des 15. Jahrhunderts den Norden der Neuen Welt erkundete und nun offiziell die Insel für die englische Krone in Besitz nahm. Die wenig später folgenden spanischen Erkundungsfahrten von Juan Ponce de León 1513 und Pedro Menéndez de Avilés 1565, die den Machtanspruch Madrids auf Nord- und Südamerika unterstreichen sollten, trafen im heutigen Florida neben indianischen Stämmen auch bereits auf Siedlungen französischer Hugenotten.[4] Geduldet wurde das nicht. 1565 vertrieben die Spanier die

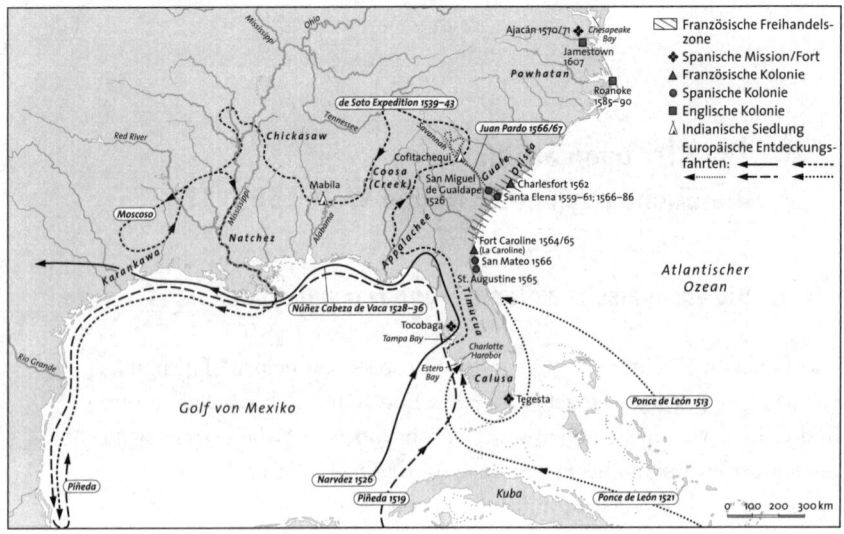

Europäische Entdeckungsfahrten und Niederlassungen im nordamerikanischen Südosten

Protestanten und machten die Orte dem Erdboden gleich. Aus dieser Zeit datieren auch die ersten Darstellungen der europäisch-indianischen Begegnungen in Nordamerika, die der französische Künstler Jacques Le Moyne de Morgue anfertigte. Auch Frankreich war schon früh in der Region aktiv und konnte bis ins 19. Jahrhundert sein Kolonialgebiet vom Golf von Mexiko bis ins heutige Kanada ausdehnen. Der französische König Franz I. war 1522 auch der Auftraggeber der besonders aufsehenerregenden Expedition von Giovanni da Verrazano. Sie traf 1524 im Gebiet des heutigen South Carolina auf weitere Ureinwohner, beschränkte sich dann aber auf den Seeweg entlang der Ostküste Richtung Neufundland. Zu groß war die Furcht vor einem Zusammenstoß mit den Spaniern. Verrazano hatte auch deshalb besonderen Einfluss auf die kommende europäische Besiedlung, weil er eine überaus positive Beschreibung der Neuen Welt hinterließ. Sie war dazu angetan, seine Nachfolger anzuspornen, weil er von freundlichen Ureinwohnern ebenso schwärmte wie von reizvollen Landschaften im Gebiet zwischen dem heutigen Virginia Beach und dem Hudson River.

Die erste dauerhafte, wenngleich nicht erfolgreichste europäische Ansiedlung auf dem Gebiet der späteren USA entstand 1565 mit dem spani-

Bilder aus der Neuen Welt   Die «Lost Colony» Roanoke in der Darstellung von
John White (um 1590)

schen Fort St. Augustine an der Nordostküste Floridas, das noch Menéndez nach der Vertreibung der Protestanten in Auftrag gegeben hatte, um
den Machtanspruch Madrids zu markieren. Das schloss den weiteren
Ausbau der katholischen Missionsgebiete ein, die von Mittelamerika her
auch den heutigen Südwesten und Westen der USA erfassten. Die Spanier beließen es dann allerdings bei einigen wenigen Außenposten, zumal
diese, wie Santa Fe im heutigen Bundesstaat New Mexico, nur mühsam
gegen die dort ansässigen Indianerstämme gehalten werden konnten. Als
Missionen nördlich des Rio Grande entstanden bis ins 18. Jahrhundert
unter anderem San Antonio im heutigen Bundesstaat Texas (1718) sowie
die im heutigen Kalifornien liegenden Städte San Diego (1769), San Francisco (1776) und Los Angeles (1781). Auch an der Westküste trafen Engländer und Spanier früh aufeinander, wenngleich eine direkte Konfrontation nicht stattfand. Francis Drakes Weltumsegelung, die sogenannte
Famous Voyage zwischen 1577 und 1580, führte ihn, nachdem er Kap
Hoorn umschifft hatte, auch an die Westküste der späteren USA. Der
Ort ist unbekannt, möglicherweise war es eine Bucht nordwestlich des
heutigen San Francisco, die man heute noch «Drake's Bay» nennt. Dort
begegnete er Angehörigen vom Stamm der Miwok (Miwuk) und legte
wohl eine kleine Befestigung an. Der zweite, dessen Expedition an die

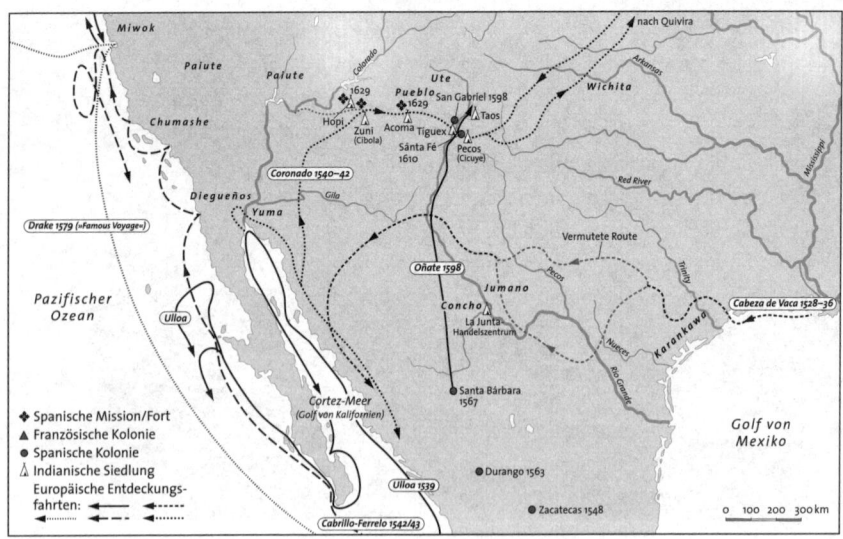

Europäische Entdeckungsfahrten und Niederlassungen im nordamerikanischen Südwesten

Westküste in die Annalen einging, war der Abenteurer Sebastián Vizcaíno, der 1602 die Gegend zwischen dem heutigen San Diego und Monterrey erreichte und auf den Karten verzeichnete.

Handelsniederlassungen Dort, wo Verrazano 1524 an der Ostküste entlang gesegelt war, gingen seit dem Ende des 16., dann aber vor allem seit Beginn des 17. Jahrhunderts andere europäische Nationen mehr oder minder zielgerichtet an die Gründung von dauerhafteren Handelsniederlassungen und Kolonien. Zu ihnen gehörten vor allem Engländer, Franzosen, Holländer und Schweden. Die Anschubfinanzierung übernahmen häufig sogenannte Colonizers, private Kolonisationsunternehmer, die für die vielen europäischen Handelsgesellschaften im Auftrag oder mit Genehmigung (Charters) europäischer Monarchen gezielt Stützpunkte auch in Nordamerika aufbauten. Sie brachten ihre Kolonisten (Colonists) in der Regel selbst mit oder siedelten sie später gezielt an, um den Ort am Leben zu halten, denn nur so konnte auch der Machtanspruch gegenüber den europäischen Konkurrenten begründet werden. Dass diese Kolonien keine wirklichen Sehnsuchtsorte waren, ist schon daran abzulesen, dass man dazu übergehen musste, auch Häftlinge zwangsweise zu verschiffen.

Der Mangel an Frauen blieb von Anfang an ein besonderes Problem. In den französischen Gebieten kamen Heiratsmärkte in Mode, auf denen die sogenannten Filles du Roi, «die Töchter des Königs», faktisch an den Meistbietenden verschachert wurden. Sie waren jenseits moralischer Erwägungen ein wichtiges Instrument, um mit mehr Geburten die Kolonien von der Zuwanderung unabhängiger zu machen. Nach und nach sammelten sich in den Kolonien eine Fülle von Siedlern weiterer Nationen, schließlich auch Finnen, Dänen, Deutsche und Polen. Neben diesen um Kolonien und Handelsplätze konkurrierenden Europäern waren vor der Küste Neufundlands im 16. Jahrhundert auch Portugiesen und Basken aktiv, die aber lediglich saisonweise die reichen Fischgründe aufsuchten.

Anwerbung und Einwanderung Über die Art, wie Anwerbungen von Kolonisten in Europa seit Ende des 16. Jahrhunderts verliefen, ist man durch viele Berichte informiert. Legal arbeitende, aber auch viele unredliche Agenten organisierten regelrechte Werbetouren quer durch Europa. Sie verstanden sich als Makler, die für jeden neuen Siedler eine Prämie erhielten und daher faktisch alles versprachen. Broschüren priesen die Neue Welt in den hellsten Farben an. Den häufig auf kleinen, unrentablen Gehöften als Knechte oder Lohnarbeiter tätigen Auswanderungswilligen versprach man in erster Linie ein leichteres und freieres Leben. Schriften wie *Der Nunmehro in der Neuen Welt vergnügt und ohne Heim-Wehe lebende Schweitzer* aus dem Jahr 1734 oder die im folgenden Jahr gedruckte *Neue Nachricht alter und neuer Merkwürdigkeiten, enthaltend ein vertrautes Gespräch und sichere Briefe von der Landschaft Carolina* zeichneten ein paradiesisches Land in Übersee: «Die Kühe wandern auf vollkommenen Weiden über das ganze Jahr und Honig findet sich über das ganze Jahr in hohlen Bäumen. Wilde Truthähne finden sich in Schwärmen von fünfhundert, Gänse – die einige Farmer in Herden von bis zu zweihundert halten – nutzt man, sofern man mag [,] für Federbetten. Wie zum Spiel stecken Bisons ihre Köpfe durch die Fenster der Blockhäuser und warten nur darauf, geschossen zu werden, Wölfe sind niemals so groß wie in Europa und können gezähmt werden», hieß es dann zum Beispiel.[5]

Nachdem bereits im 17. Jahrhundert immer mehr Kolonisten ihre Passage mit Krediten und durch die Verpflichtung, diese in der Neuen Welt als Schuldknechte, als «Intendured Servants», abzuarbeiten, erlangt hatten, wurde in den 1720er Jahren das sogenannte Redemptioner-System in den europäischen Ländern zum Standard, weil es selbst den

Ärmsten die Überfahrt erlaubte. Der Kredit des Schiffskapitäns wurde nach der Überfahrt mit der Ableistung eines Dienstes als Knecht, Magd, Handwerker oder Arbeiter, der in der Regel vier Jahre dauerte, zurückgezahlt. Bis zu zwei Drittel der deutschen Auswanderer erreichten im 18. Jahrhundert auf diese Weise die Neue Welt, wenn auch unter Qualen.[6] «Es werden die Menschen teils in Rotterdam, teils in Amsterdam in die großen Seeschiffe sehr nahe, bald so zu sagen wie Heringe zusammen geladen. Da wird einer Person kaum zwei Fuß breit und sechs Fuß lang Platz in der Bettstatt gelassen, weil so manches Schiff vier, fünf bis 600 Seelen fährt ... Wenn die Schiffe in Alt-England gemeiniglich bei der Stadt Kaupp ihren Anker das letzte Mal aufgehoben, da geht erst recht das Elend und die lange Seefahrt an. Denn von da müssen die Schiffe oftmals erst nach acht, neun, zehn bis zwölf Wochen nach Philadelphia fahren, wenn man nicht guten Wind hat. Aber auch bei dem besten Wind währt die Fahrt sieben Wochen. Während der Seefahrt aber entsteht in denen Schiffen ein jammervolles Elend, Gestank, Dampf, Grauen, Erbrechen, mancherlei Seekrankheiten, Fieber, Ruhr, Kopfweh, Hitzen, Verstopfungen des Leibes, Geschwulsten, Scharbock [Skorbut], Krebs, Mundfäule, und dergleichen, welches alles von alten und sehr scharf gesalzenen Speisen und Fleisch, auch von dem sehr schlimmen und wüsten Wasser herrührt, wodurch viele elendiglich verderben und sterben. Dazu kommt ferner Mangel der Lebensmittel, Hunger, Durst, Frost, Hitze, Nässe, Angst, Not, Anfechtung und Wehklagen nebst anderem Ungemach ... Dieser Jammer steigt alsdann aufs höchste, wenn man noch zwei bis drei Tag und Nacht Sturm ausstehen muss, dabei jedermann glaubt, dass das Schiff samt den Menschen werde zu Grunde gehen. ... Unter den gesunden Menschen wird manchmal die Ungeduld so groß und grausam, dass einer den andern oder sich und seine Geburt verflucht. ... Mancher seufzt und schreit: ‹Ach! wäre ich wieder zu Hause und läge nur in meinem Schweinestall.›»[7]

Die Reise nach Nordamerika konnte individuell oder im Rahmen einer organisierten Gruppe erfolgen. Ganze Dorfgemeinschaften begaben sich auf den Weg. Beliebt waren auch Kettenwanderungen, die den den schon ausgewanderten Bekannten folgten. Dies führte in der Neuen Welt bis weit in das 20. Jahrhundert dazu, dass ganze Stadtviertel oder Dörfer nicht nur aus einer europäischen Region stammten, sondern auch ihre Muttersprache pflegten. Selbst die berühmte Fahrt der «Mayflower» mit den sogenannten Pilgervätern (Pilgrims) 1620, die bis heute einen wesentlichen Teil des amerikanischen Mythos ausmacht, war nichts anderes als die organisierte Gruppenauswanderung einer religiösen Gemeinschaft. In größerem Stil fanden kollektive Auswanderungen dann im 18. Jahrhundert statt – befeuert durch Seuchen, Hungersnöte oder Kriege. Besonders große Wellen von Massenauswanderungen, speziell aus Deutschland, erreichten die Neue Welt etwa nach dem Ende des Pfälzischen Erbfolgekrieges, vor allem 1709, nach dem Österreichischen Erbfolgekrieg seit 1749 und nach dem Beginn des Siebenjährigen Krieges 1756, der weit nach Übersee ausstrahlte. Auch nach seinem Ende 1763 ging die Auswanderungswelle aus Europa weiter. Allein aus Deutschland erreichten in den knapp fünfzig Jahren zwischen 1727 und 1775 rund 330 Schiffe den zentralen Hafen für das überdurchschnittlich häufig von Deutschen angesteuerte Philadelphia in Pennsylvania.[8] Ein bis heute wenig beachtetes Kapitel blieb die gescheiterte Auswanderung, die bereits seit dem 18., dann vor allem aber im 19. und 20. Jahrhundert Zehntausende wieder zurück in ihre alte Heimat führte.

Trotz aller Bemühungen gelang der Erhalt der Kolonien nicht immer. Die Erfolge der mehreren Dutzend im 17. Jahrhundert bereits weltweit tätigen europäischen Handelsgesellschaften blieben unterschiedlich. In Nordamerika gingen allerdings mit New York, Virginia, Delaware und Massachusetts allein vier der legendären «13 Kolonien» aus solchen Gründungen hervor. Das Gebiet der Vereinigten Staaten entstand zwar letztendlich aus den Initiativen vieler europäischer Staaten, was sich bis heute in der teils merkwürdigen Grenzziehung der US-Bundesstaaten niederschlägt. Ohne die Durchsetzung der nachdrücklicher und aggressiver auftretenden englischen Interessen im nordamerikanischen Kolonialgebiet schon vor der Unabhängigkeitserklärung 1776 wäre allerdings die einheitliche Nationenbildung unmöglich gewesen.

Niederländische Niederlassungen Die Geschichte der einzelnen Kolonien zeigt das deutlich. Die niederländische Kolonie Nieuw Nederland (Neu-Niederlande) der Niederländischen Westindien-Kompanie mit dem Verwaltungssitz Nieuw Amsterdam, dem späteren New York, war zwar 1621 auf holländische Initiative entstanden. Zuvor hatten die Holländer bereits 1609 den erfahrenen englischen Kapitän Henry Hudson angeworben, der zuvor auch bereits für eine Londoner Handelsgesellschaft, die English Muscovy Company, versucht hatte, die berühmt-berüchtigte Nordwestpassage vom Atlantik zum Pazifik zu erschließen, um China von Europa aus leichter zu erreichen. Durch Eis und eine unwillige Mannschaft gehindert, war auch er schließlich umgekehrt und an den später nach ihm benannten Hudson River gekommen. Hier lebten zu diesem Zeitpunkt Stämme, deren Herkunft zwar heute nicht mehr einwandfrei geklärt werden kann. Vielleicht waren es die Munsee aus der Gruppe der Lenni Lenape (Delawaren), vielleicht aber auch die Algonkin. Hudsons Berichte aber hatten in Holland so vielversprechend geklungen, dass von dort nun verschiedene weitere Expeditionen auf den Weg geschickt wurden. Bis 1614 segelten unter anderen die holländischen Kapitäne Adriaen Block und Hendrick Christiaensen in diesem Gebiet und bauten nebenbei auch den Handel mit den dort ansässigen Indianerstämmen aus. Block war auch der erste, der die damals erkundeten und beanspruchten Gebiete kartographisch unter dem Namen Nieuw Nederland erfasste. Auf Blocks und Christiaensens Initiative ging auch die Gründung der «Compagnie van Nieuw Nederland» (Neu-Niederlande-Gesellschaft) kurz danach hervor. Ihre von den niederländischen Generalstaaten verliehene Konzession erlaubte Expeditionen und Handel zunächst bis 1617 und schuf damit auch die Grundlage für die vier Jahre später gegründete «Niederländische Westindien-Handelsgesellschaft» (Geoctroyeerde West-Indische Compagnie), die seit 1621 die Geschäfte besorgte.

Dass sich die Holländer für die Gründung einer eigenen Kolonie und eine dauerhafte Besiedlung entschieden, war jedoch nicht zuletzt auch eine Reaktion auf den wachsenden Druck von außen: Der Ausgang des seit 1568 andauernden Unabhängigkeitskampfes gegen die Spanier war ungewiss, und die in Nordamerika bereits aktiven Engländer drängten auch in die von den Holländern beanspruchten Gebiete. Die ersten niederländischen Kolonisten wurden Anfang der 1620er Jahre im Raum zwischen dem heutigen Delaware River im Süden und dem Hudson River und dem Connecticut River im Norden angesiedelt. Die nordwestliche Grenze bildete seit 1624 das Fort Oranje, das das 1614 gegründete Fort Nassau ersetzte. Im Norden der Festung entstand 1652 der Ort Beverwyck. Beide bildeten den Grundstock für das heutige Albany im Staat New York.

1625 baute man zusätzlich das Fort Nieuw Amsterdam, das rasch sicherheitstechnisch aufgerüstet wurde. Unter anderem richtete man noch im selben Jahr ein Polizeibüro (später: Sheriff's Office) ein, das so erfolgreich arbeitete, dass andere Kolonien ähnliche Einrichtungen etablierten. Nieuw Amsterdam stieg zum Verwaltungszentrum der Kolonie Nieuw Nederland auf. Die dazugehörige «hügelige Insel» Manna-hatta (englisch: Manhattan), auf der Gouverneur Willem Verhulst zunächst rund einhundert wallonische Protestanten ansiedelte, die aus den spanisch kontrollierten Gebieten der Vereinigten Niederlande ausgewiesen worden waren, erwarb man für einige Gebrauchsgegenstände im Wert von etwa sechzig Gulden vom dort lebenden Stamm der Wappinger. Dass diese allerdings davon ausgingen, dass das Land ohnehin niemandem gehöre und daher eigentlich auch nicht verkauft oder erworben werden könne, ließ bereits einen der gravierendsten Grundkonflikte zwischen Ureinwohnern und Neuankömmlingen erkennen, machte aber gleichzeitig klar, dass sich die Indianer keineswegs übervorteilt fühlten. Ob diese legendären Verhandlungen tatsächlich der dritte Gouverneur, Peter Minuit, führte, wie die Legende es will, ist historisch nicht mehr zu klären.

Sicher ist aber, dass Minuit ein außergewöhnlicher Mann und ein bemerkenswerter Pragmatiker war. Als er von der Westindischen Kompanie 1632 entlassen wurde, wechselte er zur schwedischen Handelskonkurrenz «Skeppskompaniet» und gründete nun für diese eine Kolonie direkt in jenem Gebiet, das Nieuw Nederland eigentlich für sich reklamierte. 1638 später gab es bereits die Kolonie Nya Sverige, Neu-Schweden, am Delaware. Angesiedelt wurden hier außer Schweden auch Finnen, Deutsche und nicht zuletzt Niederländer. Absehbarerweise führte die schwedische Machtdemonstration zum Konflikt mit dem benachbarten neuen niederländischen Gouverneur. Langfristig gesehen war Neu-Schweden, das in den 1640er Jahren auf etwa sechshundert Personen anwuchs, aber gegenüber den Holländern kaum konkurrenzfähig. Als es seit 1647 mit dem neuen Generaldirektor der Niederländischen Westindien-Kompanie in Nieuw Nederland, Peter (Petrus) Stuyvesant, zu ernsthafteren Konflikten kam, unterlagen die schwedischen Stützpunkte auch rasch. Das besiegelte gleichzeitig auch das Ende der Stockholmer Kolonialpläne in Amerika.

Aber auch das siegreiche Nieuw Nederland konnte sich nicht mehr lange gegen die noch dominanter auftretenden englischen Kolonialbestrebungen behaupten. Nieuw Amsterdam war zwar seit 1653 eine richtige Stadt mit Stadtrechten und Befestigungen. Knapp zehn Jahre später wurde es aber noch vor Beginn des entscheidenden Seekriegs zwischen England und den Niederlanden von einem englischen Expeditionskorps nahezu kampflos erobert. Fortan nannten es die Engländer demonstrativ New York, wenngleich der endgültige Sieg über die Niederländer und die Unterzeichnung des Vertrags von Westminster erst 1674 folgte. Warum Nieuw Amsterdam nicht oder kaum verteidigt wurde, blieb bis heute umstritten. Doch dürfte ein wichtiges Motiv für die Selbstaufgabe in der seit Jahren rasant gewachsenen Unbeliebtheit Stuyvesants zu finden sein. Der kompromisslose Gouverneur hatte nach und nach alles verboten, was seinen strengen calvinistischen Überzeugungen widersprach, und sich entsprechend viele Feinde gemacht. Die Einwanderung von Juden und Quäkern war ebenso untersagt worden wie der profitable Alkoholverkauf an die Ureinwohner. Vor allem aber verschärften die massiven Steuererhöhungen die Widerstände in der Bevölkerung, insbesondere bei den auch politisch mächtigen Großgrundbesitzern und im Rat der Stadt. Die enorm hohe Zahl von Abwanderungen in Richtung der benachbarten, englisch kontrollierten Gebiete wie Virginia, zeigt wohl am deutlichsten, wie unbeliebt Stuyvesant am Ende der Kolonie Nieuw Nederland geworden war.

Englische Kolonien   In Virginia, in die nach der «jungfräulichen Königin» Elisabeth I. benannte weitere erfolgreiche Kolonie der Engländer, die dann auch den Unabhängigkeitskrieg und die Gründung der USA seit 1776 entscheidend mittrug, waren die frühesten englichen Siedlungen bereits am Ende des 16. Jahrhunderts entstanden. Als Virginia bezeichnete man damals ein Gebiet, welches weit über den heutigen Bundesstaat hinaus West Virginia, South Carolina, Tennessee, Ohio und Kentucky umfasste. Auch bei den Engländern war es zunächst eher der Elan einzelner Persönlichkeiten, der die Besiedlung vorantrieb. Elisabeth I. hatte schon 1578 dem zuvor bei der Unterwerfung Irlands bewährten Offizier Humphrey Gilbert einen Freibrief ausgestellt, der nach rund zwölf Jahren endlich in die Erlaubnis mündete, eine eigene Expedition in die Neue Welt zu führen. Nachdem er zunächst wie so viele andere an ungünstigen Wetterverhältnissen gescheitert war, erreichte Gilbert 1583 Neufundland, das er nach John Cabot nun nicht nur noch einmal für die englische Krone in Besitz nahm, sondern ausdrücklich auf die Anglikanische Kirche verpflichtete. Auch die nach seinem Tod im selben Jahr von seinem Halbbruder Walter Raleigh 1584 begonnene Expedition zur Ostküste endete zunächst noch unbefriedigend. Erneut aber erreichten Europa vielversprechende Bilder, die die Exotik der Neuen Welt illustrierten. Der die Expedition begleitende Zeichner und Maler John White fertigte Skizzen vom Alltag der Indianer, aber auch zur europäisch-indianischen Begegnung.[9] Die Gründung der ersten Niederlassung, Roanoke, dagegen stand 1585 unter einem denkbar schlechten Stern. Nicht nur die Motivation der Siedler war diesmal extrem schwach, sondern auch der Ort ungünstig ausgewählt. Das Ende der später die «Verlorene Kolonie», «Lost Colony», genannten Ansiedlung kam wohl vor allem, weil es erst Jahre später gelang, Versorgung aus dem Mutterland zu schicken. Offi-

Bilder aus der Neuen Welt
Zusammentreffen von
Kolonisten und Indianern
nach John White

ziere und Mannschaften, die 1587 mit White noch einmal das Siedlungsgebiet aufsuchten, fanden statt der Siedler nur noch einen verlassenen
Ort, der offensichtlich sogar teilweise mutwillig zerstört worden war.
Tatsächlich hatten sich die sich selbst überlassenen Siedler schlicht da-
vongemacht. Es konnte nicht einmal mehr ermittelt werden, wo sie geblieben waren. Der in den Resten der Siedlung auf einem Holzstück entdeckte Hinweis «Croatoan» deutet wahrscheinlich auf eine Insel im
heutigen South Carolina hin, auf die die Siedler möglicherweise geflohen
waren. In der kollektiven Erinnerung der US-Amerikaner blieb Roanoke
allerdings nicht nur aus diesem Grund, sondern auch, weil Whites Tochter Eleanore Dare in Roanoke ihre Tochter Virginia und damit die erste
nachgewiesene europäische «Amerikanerin» zur Welt brachte. Bis heute
bietet das Geheimnis findigen Geschäftemachern ein breites Betä-
tigungsfeld und ist nicht zuletzt ein fruchtbares Thema für Literaten.
Jamestown, die 1607 auf einer Flussinsel in Virginia gegründete und
nach dem englischen König James I. benannte Siedlung, wurde als Nach-

folgerin Roanokes erfolgreicher und konnte sich als erste ständig bewohnte englische Kolonie in Nordamerika halten. Aber auch hier überlebten die Kolonisten das Gründungsjahr nur knapp.

Die Briten setzten sich bis zum Ende des Siebenjährigen Krieges 1763 auch gegen die seit damals über 150 Jahren sehr aktiven französischen Kolonialbestrebungen in Nordamerika durch. Den Franzosen war es seit der Gründung von Quebec 1608, einer Niederlassung für den Pelzhandel im heutigen Kanada, gelungen, allmählich ihr Einflussgebiet nach Süden auszudehnen und sich dort vorerst gegen die Engländer zu halten.[10] Zu dem ab 1663 etablierten Herrschaftsgebiet Nouvelle-France (Neu-Frankreich) gehörten zur Zeit seiner größten Ausdehnung 1712/13 die Kolonien Canada mit Quebec, das östlich davon gelegene Acadie, Terre-Neuve (Neufundland) sowie ein Territorium, das sich um ein 1610 von Henry Hudson erstmals beschriebenes Binnenmeer zog. Die dort lebenden Stämme der Inuit nannten es Kangiqsualuk Ilua, und es erhielt nun von den Europäern den Namen Hudson Bay. Nach Süden dehnte sich das französische Kolonialgebiet über die Großen Seen aus, Landschaften, die die Franzosen Pays d'en Hauts und Pays des Illinois nannten, und stieß erst weit im Süden mit dem Territorium Louisiane auf den Golf von Mexiko und damit an das spanische Herrschaftsgebiet.

Frankreich Das französische Imperium in Nordamerika erhielt im 18. Jahrhundert bereits einen gravierenden Schlag, als Großbritannien an der Seite Preußens mit dem Frieden von Paris 1763 siegreich aus dem «global» geführten Siebenjährigen Krieg hervorging. In den nordamerikanischen Siedlungsgebieten war dieser «Franzosenkrieg» als eine Art Stellungskrieg ausgetragen worden, in dem zwischen 1754 und 1763 sowohl Briten als auch Franzosen indianische Alliierte rekrutierten, die den Kämpfen eine so besondere Qualität verliehen, dass sie auch als «Indianerkriege» in die Annalen eingingen. Wie heftig diese Auseinandersetzung nicht nur militärisch, sondern auch ideologisch geführt wurde, zeigte sich, als die französische Niederlage absehbar schien. Um eine Stärkung des protestantischen Großbritannien in Nordamerika zu verhindern, trat Paris bereits 1762 vorsorglich alle Territorien westlich des Mississippi – das sogenannte West-Louisiana sowie das Gebiet um New Orleans – an das katholische Spanien ab. Aber auch das half nichts: Die übrigen französischen Kolonien auf dem späteren Staatsgebiet der USA und Kanadas fielen vorerst an die Briten, die nun ihrerseits sofort begannen, ihren Herrschaftsanspruch und den Protestantismus im ehemals französisch-katholischen Gebiet mit Deportationen und Zwangsassimilationen durchzusetzen. 1803 schließlich verkaufte Napoleon Louisiana, das er drei Jahre zuvor im Geheimvertrag von San Ildefonso von den Spaniern zurückerhalten hatte, für 60 Millionen Livres an die USA, deren Präsident Thomas Jefferson sich eigentlich zunächst nur um das Gebiet um New Orleans bemüht hatte. 1812 wurde dieser Teil als Louisiana zum 18. Bundesstaat der USA, das übrige ehemalige französische Gebiet Louisiane zum sogenannten Missouri-Territorium. Dieser Handel, der als «Louisiana Purchase» in die Geschichte einging, beendete endgültig die französische Kolonialgeschichte in Nordamerika. Kulturell allerdings hatten die Franzosen ihren ehemaligen Territorien bereits einen so deutlichen Stempel aufgedrückt, dass er nicht nur die für ausländische Besucher im 18. und insbesondere im 19. Jahrhundert unübersehbare Teilung der USA in Süd- und Nordstaaten vertiefte und damit auch mittelbar zum Bürgerkrieg 1861/65 beitrug, sondern bis heute wirksam ist. «Amerikaner» oder auch «Yankees» sahen europäische Besucher im 18. und 19. Jahrhundert vor allem im Norden. Der Süden blieb eigentümlich europäisch-aristokratisch.[11]

Jamestown Für die Engländer wurde die Kolonisierung mit der Gründung von Jamestown an der Chesapeake Bay 1607 durch die Virginia Company of London zur Erfolgsgeschichte. Jamestown überlebte aus zwei Gründen: Zum einen, weil ihr Mitgründer, John Smith, der allerdings schon 1609 die Siedlung verließ, sie militärisch straff führte und es ihm und seinen Nachfolgern damit gelang, sie langfristig trotz der härteren und zahlreicheren Angriffe der Ureinwohner zu verteidigen.[12] Zum anderen schuf der Tabakanbau eine starke ökonomische Grundlage. Es war der neben Smith ebenso legendäre John Rolfe, der 1614 schließlich auch die Häuptlingstochter Pocahontas heiratete, dem es gelang, die als sehr schwierig und arbeitsintensiv angesehene Kultivierung der Tabakpflanze zunächst noch ohne Sklavenhaltung zu einem wirtschaftlichen Rückgrat der Kolonie zu entwickeln. Damit konnte nicht zuletzt das Interesse der Geldgeber in London weiter aufrechterhalten werden. Der zunehmende wirtschaftliche Erfolg hatte wiederum erheblichen Einfluss auf den Arbeitskräftebedarf, so dass schließlich auch Sklaven eingeführt wurden. Diese Phase setzte allerdings erst über einhundert Jahre später ein, als nach dem Abebben des Systems der «Intendured Servants» in den Kolonien im letzten Drittel des 17. Jahrhunderts der Bedarf an anderen Arbeitskräften massiv anstieg. Zunächst trug der ökonomische Erfolg dazu bei, dass die Anwerbung von Siedlern überhaupt leichter wurde.

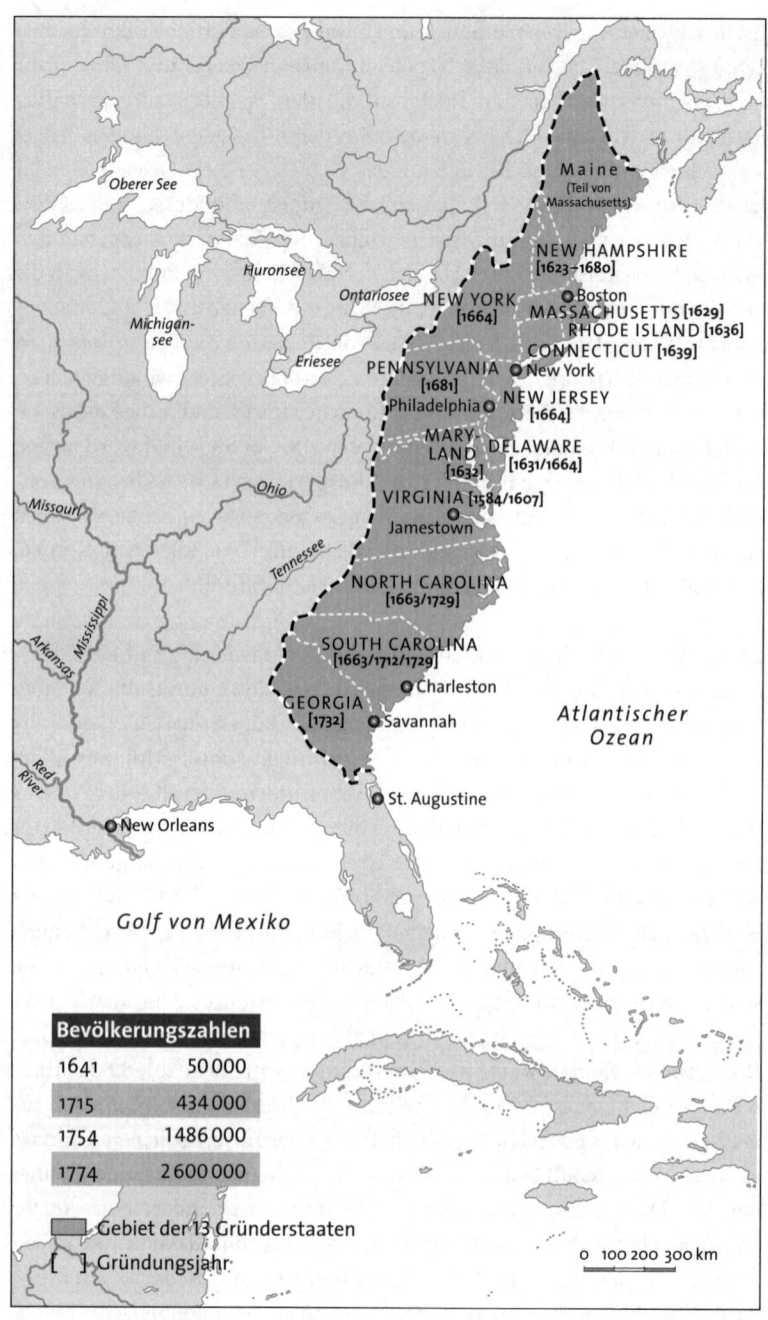

Die 13 Gründungskolonien

Neuankömmlingen stellte man nicht nur Arbeit, sondern – falls sie ihre Überfahrt selbst bezahlen konnten – auch rund zwei Hektar Farmland zur Verfügung.

Jamestown war so lukrativ, dass 1624, als die Virginia Company of London nach 18 Jahren bankrott ging, der englische König das Gebiet als sogenannte Kronkolonie direkt übernahm. Kronkolonien etablierten sich schließlich sogar als die übliche juristische Form der englischen Verwaltung im gesamten Empire. Dies lag natürlich nicht zuletzt daran, dass der König durch die Einsetzung eines Gouverneurs mehr Einfluss geltend machen konnte und es ihm sogar möglich war, sich durch die direkte Kontrolle auch über die in den Überseegebieten getroffenen Beschlüsse hinwegzusetzen. Darin lag allerdings gleichzeitig eine der wichtigsten Ursachen für die wachsende Unzufriedenheit der Kolonisten, die schließlich zum Ausgangspunkt des Amerikanischen Unabhängigkeitskriegs werden sollte.

Mit dem durch den Tabakanbau gestützten Erfolg von Jamestown, dem nun eine Fülle von weiteren Niederlassungen folgte, zeigte sich auch in Nordamerika ein Phänomen, das bereits Jahrzehnte vorher in Süd- und Mittelamerika zu beobachten gewesen war: der bis heute nicht abgeschlossene «Columbian Exchange», der häufig unbemerkte Austausch von Tieren, Pflanzen, Krankheiten sowie – ganz allgemein – von Kulturen zwischen der «Alten» und der «Neuen Welt».[13] Die Siedler brachten eine Vielzahl von bislang in Nordamerika nicht heimischen Nutztieren mit: Pferde, Esel, Hausschweine, Rinder, Ziegen, Schafe oder Bienen. Über Schiffsladungen wurden allerdings auch Ratten und andere Nagetiere eingeschleppt. Hinzu kamen Nutzpflanzen wie Birnen, Äpfel, Reis und Hafer. Sie alle veränderten das Ökosystem nachhaltig. Gravierenden Einfluss hatten nicht zuletzt die Krankheiten. In der Neuen Welt waren Typhus, Lepra, Gelbfieber, Cholera, Masern oder auch die Grippe unbekannt. Sie erwiesen sich jetzt als noch gefährlichere Bedrohungen für die indigene Bevölkerung als die direkte Verdrängung. Wie viele Indianer daran starben, ist allerdings nicht mehr zu rekonstruieren. Geht man jedoch davon aus, dass in überschaubaren Gebieten, etwa der Insel Hispaniola (heute: Dominikanische Republik und Haiti), allein die Pockenepidemie 1518 nahezu die Hälfte der damaligen Bevölkerung auslöschte, lässt sich die Dimension der Verluste zumindest tendenziell einschätzen.[14] Aber auch in der Gegenrichtung funktionierte der Columbian Exchange: Aus der Neuen in die Alte Welt reisten unter anderem die Kartoffel, die Tomate, der Mais, aber auch die Syphilis, die bereits die Spanier in den 1490er Jahren nach Europa gebracht hatten.

Wagenburg und Beispiel für die Welt: God's Own Country

Nordamerika blieb für Europäer nicht nur aus machtpolitischen und wirtschaftlichen Motiven interessant. Als die europäischen Monarchien seit dem späten 16. und beginnenden 17. Jahrhundert mit Handelsgesellschaften begannen, gezielt Kolonien aufzubauen, wurde das Gebiet auch für jene zum Ziel, die sich in erster Linie den politischen und vor allem religiösen Zumutungen ihres Heimatlandes entziehen wollten. Die Pilgerväter, die Pilgrim Fathers, gehörten nach den von den Spaniern bald schon aus dem späteren Florida vertriebenen Hugenotten mit zu den ersten, die sich vorwiegend aus politisch-religiösen Motiven in die Neue Welt verabschiedeten. Aber sie blieben keineswegs die letzten, die Nordamerika zum Sehnsuchtsort vor allem religiöser Selbstverwirklichung machten. Sie alle hatten in Europa, manchmal schon seit Jahrhunderten, erfahren müssen, dass ihnen ihre Art, möglichst buchstabengetreu nach dem Wort Gottes zu leben, nur Feindschaft und Verfolgung einbrachte. Die von ihnen beanspruchte wahre, die göttliche Gerechtigkeit als Lebensprinzip war den Evangelikalen, wie sie später genannt wurden, konsequent verwehrt geblieben. Vor allem die Bauernaufstände des 15. und 16. Jahrhunderts in Europa hatten gezeigt, dass alle Erhebungen, deren Forderungen auf der Bibel fußten, vor, aber auch nach der Durchsetzung der lutherischen Reformation blutig niedergeschlagen wurden.[15] Die überregional im Großen Bauernkrieg als Legitimation bekannten Zwölf Artikel der süddeutschen Bauern von 1525 erhielten sich wie auch andere politisch-religiöse Grundrechtskataloge der Frühen Neuzeit als eine entscheidende ideologisch-politische Traditionslinie der amerikanischen Neusiedler und der späteren USA. Der Adel und die Monarchen oder – wie sie die Emigranten in der Neue Welt dann nannten – die Despoten, gegen deren Ausbeutung sich die Aufständischen auf der Basis biblischer Aussagen wandten, blieben das zentrale Feindbild, das sogar die säkulare Wandlung der Vereinigten Staaten überstand.

Die Puritaner Die Pilgerväter, die als religiöse Dissidenten mit anderen Kolonisten ab 1620 in Neu-England zunächst den Ort Plymouth im heutigen Massachusetts aufbauten,[16] hatten in Europa zu jenen Anhängern der Reformation gehört, die man in England und Schottland despektierlich unter dem Sammelbegriff Puritaner zusammenfasste. Auf dem europäischen Festland nannte man sie ebenso feindselig Calvinisten.

Der calvinistische Zweig der Reformation, der sich im Europa des 16. Jahrhunderts ebenfalls erfolgreich ausbreitete, bestand an erster Stelle aus der von Johannes Calvin neu definierten Lehre des Evangeliums. Dazu gehörte insbesondere die von anderen Reformatoren abgelehnte Prädestinationslehre mit der Vorstellung, dass göttliche Gnade am privaten und sozialen, vor allem wirtschaftlichen Erfolg ablesbar sei. Der Soziologe Max Weber entwickelte daraus Anfang des 20. Jahrhunderts seine berühmte These, wonach diese frühe «protestantische Ethik» für den «Geist des Kapitalismus», den er auch als «Eigenart» der USA verstand, verantwortlich sei.[17] Ein weiterer zentraler und umstrittener Inhalt des puritanisch-calvinistischen Bekenntnisses war der Kongregationalismus. Die organisatorische Selbstständigkeit der Gemeinde schloss das in Europa verbreitete Prinzip von Staatskirchen, aber auch die Unterwerfung unter Bischöfe kategorisch aus und stand in der Tradition der Ur- wie der Basiskirchen, wie sie vor, aber auch nach der Reformation entstanden waren. Die Puritaner waren also mit den in Europa besonders heftig verfolgten Täufern ebenso verwandt wie mit den Baptisten oder der Pfingstbewegung. Ausdruck ihrer Radikalität in der Bibelauslegung, aber auch ihres Willens, der Urkirche möglichst nahe zu kommen, waren in Nordamerika nicht zuletzt ihre schlichten Gemeindehäuser (Meetinghouses), die nicht nur dem Gottesdienst, sondern auch der kommunalen Selbstverwaltung dienten.

Die fundamentalistischen «Dissenters», wie die Puritaner in England mit Blick auf die 1531 von Heinrich VIII. gegründete anglikanische Staatskirche auch genannt wurden, standen seit Ende des 16. Jahrhunderts in Europa nicht nur theologisch, sondern zunehmend auch politisch unter erheblichem Verfolgungsdruck. In England hatte Heinrichs Tochter Elisabeth I. 1583 einen eigenen Gerichtshof einrichten lassen, wo eine Kommission über die Separatisten urteilte, die sich ihrerseits immer mehr isolierten und in Abwehrhaltung begaben. Zunächst waren sie unter der Führung William Brewsters nach Scrooby in Nottinghamshire ausgewichen, wo sie sich allerdings auf Dauer auch nicht halten konnten. Der 1607 begonnene Exodus in die holländische Stadt Leiden, wo sich ein Zentrum des radikalen theologischen Reformismus gebildet hatte, aus dem auch der berühmt-berüchtigte «König» des 1535 durch die Gegenreformation blutig beseitigten «Wieder»-Täuferreichs von Münster, Jan van Leyden, hervorging, bot ebenfalls nur eine Zeitlang eine Lösung. Einige Jahre nach der Entscheidung, einen Neuanfang in Holland zu suchen, entschloss sich ein Teil der Auswanderer zu einer zweiten Emigration. Mit einer bunt zusammengewürfelten Gruppe von insgesamt 102 «Pilgern» und wenig mehr als zwei Dutzend Seeleuten startete man am 6. September 1620 (Datum nach dem damals in Kontinentaleuropa, aber noch nicht in England gültigen neuen gregorianischen Kalender) von Plymouth aus mit dem Segler «Mayflower» nach Virginia.[18] Die «Speedwell», ein zweites Schiff, das ursprünglich für die Überfahrt vorgesehen war, musste wegen Schäden zurückbleiben, so dass deren Passagiere ebenfalls mit der Mayflower reisten. Das nur etwa 28 Meter lange Schiff war daher hoffnungslos überfüllt, was die in der Regel ohnehin grauenvollen Atlantikreisen zu einer zusätzlichen Tortur machte. Erst über zwei Monate später erreichte die Mayflower schließlich nach dramatischer, für einige sogar tödlicher Überfahrt in den Herbststürmen auf dem Atlantik Cape Cod an der Ostspitze des heutigen US-Bundesstaats Massachusetts. Das war weit entfernt vom eigentlichen Ziel in Virginia und hatte zunächst zur Folge, dass die in England ausgestellte Charter für dieses Gebiet nicht galt. Wenige Wochen später entschied man sich deswegen, aber auch aufgrund des kargen Küstenbodens der hakenförmig in den Atlantik hineinragenden Halbinsel, nach einem anderen Siedlungsort zu suchen. Am 21. Dezember 1620 landete die Gruppe schließlich bei Plymouth, genauer bei Plymouth Rock, wie die Gegend seit John Smith hieß. «God's Own Country» nannten es die Pilgerväter.

Dass knapp dreihundert Jahre später in Provincetown, wie der Landungsort der Mayflower auf Cape Cod seit 1727 hieß, der bezeichnenderweise bis heute ein Ziel für Aussteiger geblieben ist, ein Pilgrim Monument als offizieller Erinnerungsort errichtet wurde, macht deutlich, welche zentrale politisch-ideologische Bedeutung der Ankunft der puritanischen Pilger in der amerikanischen Vergangenheitspolitik schließlich zugeschrieben wurde.[19] Warum die wenig spektakuläre, sogar illegale Landung zum fiktiven Gründungsdatum der späteren USA wurde, ohne das die amerikanische Nationalgeschichtsschreibung nicht auskommt, erschließt sich, wenn man die Besonderheiten gerade dieser Auswanderer genauer in den Blick nimmt. Neben ihrer christlichen Herkunft und ihrer Position als Dissidenten in der alten Heimat verschaffte ihnen insbesondere der noch auf dem Schiff geschlossene Vertrag, der «Mayflower Compact», nachhaltige Bedeutung, wenngleich er zu der Zeit seiner Entstehung wohl lediglich ein Schutzbündnis sein sollte.

Der Mayflower-Vertrag als Übereinkunft der Flüchtlinge stand einerseits ganz in der Tradition der auf Selbstständigkeit eingeschworenen Kirchengemeinden, die unter dem Druck von außen allerdings von jeher auch Manichäismus und Lagerdenken gefördert hatten. Er beinhaltete vor allem das Versprechen, in der als feindlich angenommenen neuen Heimat zusammenzuhalten und sich selbst zu verwalten. Aber das Bündnis ging andererseits weit darüber hinaus. Ausdrücklich wurde die Verbreitung des Christentums hier zum eigentlichen Motiv für die Auswanderung in die Neue Welt erklärt.[20] Damit wollten die Pilgrims nun weit mehr als das, was sie sich in ihren eher isolierten puritanischen Gemeinden in Europa bislang als Aufgabe gestellt hatten, und sie schlossen sich so einem mittlerweile gängigen Trend an. Bereits im ausgehenden 16. Jahrhundert waren selbst bei der vorwiegend aus merkantilen Gründen vorangetriebenen Expansion auf dem nordamerikanischen Kontinent religiöse Motive von Bedeutung gewesen. Die Notwendigkeit, ein protestantisches Kolonialgebiet als machtpolitisches Gegengewicht zum expansiven spanischen Katholizismus in Mittel- und Südamerika zu schaffen, war schon vor Raleighs Expeditionen nach Virginia in den 1580er Jahren immer wieder betont worden. Nach dem englisch-spanischen Showdown in der Schlacht von Gravelines im Ärmelkanal 1588 sowie der weitaus verlustreicheren spanischen Niederlage in der Schlacht von Gibraltar 1607 hatte die vage Idee dann immer mehr politisch-ideologische und strategische Bedeutung erhalten. Nicht zuletzt Calvin selbst hatte in seiner *Institutio Christianae Religionis (Unterricht in der christlichen Religion)* von der «Eroberung der Welt für Christus» gesprochen.[21]

Einfacher wurde die Ansiedlung in der Neuen Welt dadurch nicht. Wie andere Gründungen kämpfte auch das befestigte Dorf Plymouth mit seinen zunächst knapp einhundert, später etwa dreihundert Einwohnern in den ersten Jahren um das blanke Überleben. Auch dieser Kampf in einer erneut als feindlich verstandenen Umwelt wurde zu einem Teil des amerikanischen Gründungsmythos. Dass die Bedrohung in vielen Fällen ganz und gar nicht so dramatisch war, sondern die dort lebenden Stämme sich zunächst sogar sehr gastfreundlich verhielten, verhinderte nicht die Weiterentwicklung der aus Europa mitgebrachten Bedrohungsvorstellungen und Lagermentalitäten, die nun sogar noch strenger manichäisch in «Us» und «Them» unterteilte. Auch für die Siedler war jedoch klar, dass es der Kolonie nur mit Hilfe der dort lebenden Indianer gelang, den ersten Winter einigermaßen zu überstehen, wenngleich etwa die Hälfte der Neuankömmlinge starb. Das gemeinsam mit rund neunzig Ureinwohnern vom Stamm der Wampanoag im Herbst 1621 gefeierte dreitägige Erntedankfest, das Thanksgiving, zeigte, welche vitale Bedeutung diese Unterstützung hatte, und ging ebenfalls als festes Datum in die kollektive amerikanische Erinnerung ein. Ab 1789 war es ein inoffizieller, seit 1863 ein offizieller Feiertag. Das Treffen der Kulturen wurde allerdings auch hier bereits mehr für die Neuankömmlinge als für die Ureinwohner zum Erfolg. Von den Indianern übernahmen sie nicht nur ihnen bisher unbekannte Lebensmittel wie Mais, Bohnen oder Kürbis, sondern häufig auch die Art der Zubereitung, so etwa das Barbecue. An der grundsätzlichen Verachtung für «die Wilden» änderte das freilich nichts.

Unumstritten war die strenge puritanische Lebensart selbst unter den Einwohnern von Plymouth nicht. Der Fall Thomas Morton, eines Siedlers, der 1637 aus Frustration über das «Neue Englische Kanaan» *(New English Canaan)* seine Erlebnisse im Land der Pilgerväter sogar publizierte, zeigte, wie wenig die europäischen Religionsflüchtlinge selbst zu Kompromissen bereit waren. Auch Morton bekam das zu spüren. Er wurde mehrfach inhaftiert und ausgewiesen, bevor er 1647 im kolonialen Exil starb.[22]

Der nächste Schub strenggläubiger puritanischer Einwanderer um den Prediger John Winthrop d. Ä., der 1629 auch zum ersten Gouverneur der Massachusetts Bay Company gewählt wurde, verstärkte noch einmal die Abgrenzung, aber auch die Bedeutung der christlichen Mission. Beides erhöhte den Druck auf die Nachbarn, seien es die «heidnischen» Ureinwohner oder konkurrierende evangelikale Glaubensgemeinschaften. Dies hing nicht zuletzt damit zusammen, dass die Situation puritanisch-calvinistischer Gemeinden in England Mitte der 1620er Jahre noch schwieriger wurde. Unter Karl I. begann man dort, Abweichler von der anglikanischen Staatskirche noch stärker zu verfolgen und ihre Prediger im Zweifelsfall auszuweisen. Fundamentalistische Prediger waren damit quasi gezwungen, ins Exil abzuwandern, und verstärkten auch in Nordamerika vor allem den radikalen Flügel der Gemeinden. Aber nicht mehr nur religiöse Dissidenten erreichten nun die nordamerikanischen Kolonien. Als die englische Tuchindustrie mit dem Zusammenbruch des mitteleuropäischen Marktes im Dreißigjährigen Krieg in eine erhebliche Wirtschaftskrise geriet, stieg auch die Zahl der übrigen Auswanderungswilligen sprunghaft. Bis 1640 schifften sich rund 18 000 Menschen allein aus England nach Übersee in die Neue Welt ein. Parallel dazu geriet die in der Umgebung lebende indigene Bevölkerung zunehmend in eine Minderheitenposition.[23]

John Winthrop war mit seinen neuen Siedlern in unmittelbarer Nachbarschaft zu den Pilgervätern von Plymouth gelandet. Weil dort mit Salem bereits 1626 eine weitere puritanische Kolonie unter John Conant gegründet worden war, zog Winthrop weiter und ließ schließlich nahe dem heutigen Boston eine neue Siedlung errichten. Winthrop hatte zwar herausragende organisatorische Fähigkeiten, zu einer der wichtigsten Persönlichkeiten in der nun immer rascher fortschreitenden Besiedlung der Ostküste wurde er aber als politisch-ideologischer Stichwortgeber. Von ihm stammte vor allem die Metapher, nach der es sich bei der neuen Kolonie um das in der Bibel verheißene Gelobte Land handele, das Neue Jerusalem, von dem in der Offenbarung des Johannes die Rede ist. In seiner möglicherweise bereits vor der Abfahrt der Flotte in England gehaltenen Predigt mit dem programmatischen Titel *A Model of Christian Charity* wies Winthrop auf diesen umfassenden Anspruch hin: «Ihr seid das Licht der Welt. Eine Stadt, die auf einem Berg liegt, kann nicht verborgen bleiben» («Ye are the light of the world. A city that is set on a hill cannot be hid.»). Auf sie werde die gesamte Welt schauen.[24] Dass die Puritaner auserwählt seien und die von ihnen geschaffene Neue Welt Vorbildcharakter für die übrige Welt haben müsse – eine Vorstellung, die als Exzeptionalismus bekannt wurde –, war von nun an ein kontinuierliches Thema in der Selbstdarstellung. Auch wenn die von Winthrop beabsichtigte ideologische Konnotation über die Zeit nicht immer erkennbar blieb, die Vorstellung, dass Amerikaner für eine globale Mission ausersehen seien, lässt sich durch die Jahrhunderte bis in die Gegenwart als feststehende Formel politischer Rhetorik verfolgen.[25]

Puritanische Ideologie und Gesellschaft Die Puritaner verstanden sich als «Heilige» (Saints) in einer profanen und feindlichen Welt. Sie bekämpften deshalb konsequent alles, was ihnen als nicht gottgefällig erschien. Selbst kirchliche Instrumentalmusik blieb lange Zeit verpönt. Neben Winthrop wurden John Cotton, der 1633 in Boston eintraf, und sein Enkel Cotton Mather zu den einflussreichsten Ideologen der frühen Kolonialzeit. John Cotton, der ebenfalls vor der Verfolgung durch die Anglikanische Kirche in die Neue Welt geflohen war, gehörte wie Mather zu den Verfechtern einer besonders fundamentalistischen Form des Puritanismus. Auf ihn, der mit Recht als der Chefideologe der ersten Puritanergeneration bezeichnet werden kann, ging insbesondere die strenge inhaltliche Auslegung des puritanischen Kongregationalismus und der «Federal Theology» zurück. Auch sein Enkel Mather, der führende Dogmatiker der dritten Puritanergeneration, verstand sich vor allem als Bewahrer der reinen Lehre. Seine wichtigste Schrift, die 1702 erschienenen

Magnalia Christi Americana, wurde zu einer wirkungsmächtigen Rechtfertigung des ausgeprägten Lagerdenkens und des Manichäismus. Die
Kolonie sei, so predigte Mather, niemals nur von außen, sondern immer
auch im Innern durch die Sünde, insbesondere durch die Sexualität, bedroht.[26] Diese Auffassung vertraten auch andere, so Michael Wigglesworth, ein weiterer puritanischer Großprediger, dessen Gedicht *The Day
of Doom* – das Jüngste Gericht – zum wohl berühmtesten puritanischen
Text wurde.[27] Der tief verwurzelte Glaube an Satan, wie er in diesen
Schriften auftauchte, wurde 1692 einer der wichtigsten Ausgangspunkte
für die berüchtigte Hexenverfolgung in der nur wenige Kilometer von
Boston entfernten Ortschaft Salem, die schließlich zwanzig Menschen
das Leben kostete.[28]

Mit den zunehmend größeren und wesentlich offensiveren Einwanderungen – Winthrop kam bereits mit 21 gut gefüllten Schiffen – verschob sich dann auch die Struktur der Kolonien untereinander. Zwischen
den calvinistisch, aber auch durch das Exil auf dem europäischen Festland geprägten Pilgervätern und den englischen Puritanern gab es Unterschiede, doch es bildete sich auch etwas heraus, was bereits als gemeinsame koloniale Kultur der Neuen Welt erschien. Differenzen erklärten
sich vor allem durch radikalere Auslegungen der Bibel, wie sie auf Seiten
der Neuankömmlinge nun häufiger zu beobachten waren. In bestimmten
Fragen verhielten sich allerdings selbst die Pilgerväter nachsichtiger. Innerhalb der Kolonien wurde allerdings sowohl von den Alteingesessenen
als auch den Neuankömmlingen überall mit Strenge darauf geachtet,
dass die Auslegung der Heiligen Schrift die politische Verfasstheit der
Kolonien wie auch den Alltag bestimmte. Das ging zeitweilig bis zu der
Vorstellung, dass die Nahrung, aber auch der Dünger auf den Feldern nur
aus Fischen bestehen dürfe. Darüber hinaus hatten seit Winthrop alle
einschlägigen puritanischen Ideologen in ihren Reden und Texten darauf
verwiesen, dass soziale Gleichheit nicht das Ziel göttlicher Gerechtigkeit
sein könne, sondern im Gegenteil: Die Ungleichheit sei das göttliche Gesetz. Konsequent richtete sich die Zuweisung von Land in den Kolonien
nach dem sozialen Status und der öffentlichen Stellung. Elitäres Bewusstsein brachten insbesondere die Kleriker, die als «Teacher» bezeichneten
Dogmatiker, und die größtenteils akademisch ausgebildeten Rechtsge-
lehrten bereits aus England mit. Als ebenso erwählt verstanden sich die
Kaufleute. Am Ende der differenzierten Hierarchie standen die Besitzlosen, aber eben auch die Ungebildeten. Bildung – insbesondere die theolo-
gische – war der Schlüssel für den sozialen Aufstieg, weswegen etwa die

Harvard University in Cambridge bereits 1636 entstand. Zu den Besitzlosen und Ungebildeten gehörten vor allem Landarbeiter, Knechte,
Mägde und sonstige Dienstboten, die teilweise – unter anderem als
Schuldknechte – ebenso entwürdigend gehalten wurden wie schwarzafrikanische Sklaven und verspielt, verschenkt oder verkauft werden
konnten. Für den puritanischen Chefdogmatiker Cotton Mather waren
Dienstboten kaum mehr wert als ein Gegenstand.[29] Noch weniger wert
waren allenfalls Bettler und umherziehende Hausierer, weil sie keine feste
Bindung in den Kolonien vorweisen konnten, aber auch Siedler, die sich
ohne regelmäßige Arbeit in verschiedenen Kolonien durchschlugen.
Arbeit und die Bindung an die Gemeinschaft waren vor allem in den
puritanischen Gemeinden ethische Notwendigkeiten und standen auf der
gleichen Stufe wie der sonntägliche Kirchgang.

Die reine (pure) Gesellschaft, die sich Puritaner wie Winthrop oder
Cotton Mather vorstellten, war ohne Furcht vor Verfehlung und entsprechenden Strafen nicht vorstellbar. Auch in den nordamerikanischen Kolonien ging es im Kern um die Wiederherstellung der gestörten göttlichen
Ordnung, weswegen die Ahndung häufig selbst von den Betroffenen als
gerecht und notwendig angesehen wurde. Der religiös-moralische Fundamentalismus in den USA, der mit seiner «Auge-um-Auge»-Mentalität
weit in die säkularisierte Umgebung ausstrahlte, wurde zum klassischen
Erbe der evangelikal geprägten Kolonialepoche. In seiner Kompromisslosigkeit erstaunt er noch heute manchen Beobachter der US-Politik,[30]
wenn er wie nach dem Ende des Kalten Krieges etwa durch den 43. Präsidenten der USA, George W. Bush, offensiv vorgetragen, aber auch auf vielen Internetseiten vermarktet wird. Dahinter stand für die puritanischen
Glaubensflüchtlinge aber vor allem die Suche nach dem disziplinierten,
gottgefälligen Leben. Sie war häufig dann besonders radikal, wenn man
selbst zuvor gefehlt hatte. Auch das sollte vor allem ein Gegenentwurf zur
Alten Welt sein, jenseits der barocken Üppigkeit und der Sinnenfreude in
der europäischen Heimat.

Die eifernde Suche nach Verfehlungen und das Ausmerzen der Sünde
gehörten deshalb in den puritanischen Kolonien zum Alltag, mit allen
brutalen Folgen. Tatsächlich radikalisierte sich im Lauf des 17. Jahrhunderts der Puritanismus in den nordamerikanischen Kolonien noch einmal
deutlich, während er sich in England bereits abschwächte. So verstand
Increase Mather Alkoholkonsum ganz in der traditionellen Interpretation der europäischen Kirchen noch nicht als moralische Verfehlung. Sein
Sohn Cotton Mather hielt ihn dagegen bereits für eine Sünde. Von hier

aus führte eine mehr oder weniger direkte Linie zu den zahlreichen
«Kreuzzügen» (Crusades) gegen Alkoholmissbrauch in den USA, wie sie
im 19. Jahrhundert und in den Prohibitionsgesetzgebungen des frühen
20. Jahrhunderts immer wieder auflebten. Auch die Kleidungsvorschrif-
ten verschärften sich zwischen der ersten und dritten puritanischen Ein-
wanderergeneration unübersehbar, wobei allerdings deutlich mit zweierlei Maß gemessen wurde. Das Tragen von teuren Gewändern, Schmuck
und sonstigen Modeaccessoirs und Luxusartikeln blieb für die oberen
sozialen Schichten – vor allem auch für die Geistlichen – erlaubt. Den
Unterschichten verbot man es etwa in Massachusetts ab 1651 mit der
Übernahme der aus England bereits bekannten Sumtuar- oder Luxus-
gesetze ganz.[31] Als eitel galten in einigen puritanischen Kolonien auch
lange Haare bei Männern oder Perücken, wenn sie ihre Träger schmü-
cken und nicht nur kahle Stellen bedecken sollten. Humor blieb grundsätzlich verdächtig, ebenso Satire. Unerwünscht waren auch Lieder,
sofern sie nicht religiösen Zwecken dienten. Der bereits erwähnte Thomas Morton wurde nicht zuletzt deswegen so nachdrücklich verfolgt,
weil er sich über die Puritaner lustig machte.[32] Müßiggang, zu dem auch
der Sport und die Jagd zählten, war als Zeitverschwendung verpönt. Es
war üblich, dass Spitzel in die Gemeinden eingeschleust wurden und abweichende Meinungen sofort weitermeldeten. Wahrscheinlich lag die
akribische Verfolgung selbst minderer moralischer Vergehen auch daran,
dass die Puritaner in ihren Kolonien, die trotz ihres Eifers allerdings
niemals zu wirklichen Theokratien wurden, einer Vielzahl von Versu-
chungen ausgesetzt waren, denen sie selbst nicht immer widerstehen
konnten. Gerade Hafenstädte wie Boston besaßen einen hohen Freizeitwert, wie man heute sagen würde, und ihre Kneipen und Bordelle lockten
ein entsprechend gemischtes Publikum an. Spezifische Moral- und
Verhaltensgesetzgebungen – die «Blue Laws» – blieben selbst in den
USA der Gegenwart an vielen Orten erhalten, wenngleich sie nicht mehr
überall angewandt wurden.[33]

Die Geschichte der amerikanischen Kolonialzeit ist gefüllt mit Ereignissen, die die besondere Kompromisslosigkeit der Puritaner dokumentieren. Auch die puritanische Justiz orientierte sich strikt an der möglichst wörtlichen Auslegung des Alten Testament. In der Rechtsprechung
unterschieden sich die übrigen Kolonien – mit Ausnahme des Quäker-
staats Pennsylvania – allerdings kaum. Weitet man den Vergleich jedoch
aus, so erscheint die Vorgehensweise der Ermittlungsbehörden hin und
wieder und überraschenderweise geradezu als milde. Folter zur Geständ-

niserpressung wurde in den Kolonien anders als im frühneuzeitlichen Europa in der Regel nicht angewandt. Im Übrigen entsprach die Praxis dem, was in der Frühen Neuzeit auch in der Alten Welt üblich war. Dazu gehörte insbesondere die öffentliche Inszenierung der durch belehrende Predigten, die «Execution Sermons», eingeleiteten Hinrichtungen. Den Delinquenten wurden zu diesem Anlass ihre Verbrechen ausführlich vorgehalten, und von ihnen wurde Buße erwartet, durch die gleichzeitig die göttliche Ordnung in den Kolonien, als deren Verwalter und Verteidiger sich die Richter verstanden, wiederhergestellt werden sollte. Ungerechtfertigte Milde stellte in dieser Vorstellung eine ernsthafte Gefährdung der Kolonie dar, weil sie den Zorn Gottes heraufbeschwören konnte. Die Todesstrafe galt daher nicht nur für Kapitalverbrechen, sondern auch für bestimmte Sexualpraktiken, für Ehebruch, Vergewaltigung, Raub, Pferdediebstahl, Brandstiftung, Hochverrat und Spionage sowie schließlich auch für die Beteiligung an einem Sklavenaufstand.[34] Dass letztere mit dem besonders grausamen Rädern oder dem Scheiterhaufen bestraft werden konnte, verwies bereits damals darauf, dass sich die Siedler des 17. Jahrhunderts von der zunehmenden Zahl der ins Land verschleppten Zwangsarbeiter besonders bedroht sahen und sich auch von dieser Seite mehr und mehr in einem Verteidigungszustand wähnten.[35] Der erste bekannte Hinrichtungsfall, die Exekution des 1608 in Virginia wegen «Spionage» zum Tod durch Erschießen verurteilten George Kendall, zeigte bereits deutlich die Wagenburgmentalität der Kolonisten. Weniger gravierende Vergehen wie Alkoholgenuss oder körperliche Tätigkeiten am Sabbat ahndeten die Richter in der Regel durch Körperstrafen wie Auspeitschen oder den öffentlichen Pranger. Möglich war immer auch die Verbannung, die als weitere Form der inneren Säuberung der Kolonie galt und angesichts der sozialen Ausgrenzung und der feindlichen Umgebung als sehr harte Sühne betrachtet wurde.

Zur puritanischen Justiz gehörte nicht zuletzt die besondere Vergeltung gegenüber zuwandernden evangelikalen Konkurrenten, insbesondere den in Pennsylvania ansässigen Quäkern. Ihnen wurden auch schon einmal nach einem Gerichtsverfahren, das sich zunächst noch nach dem in Europa üblichen Strafkatalog mit seinen «spiegelnden Strafen» richtete, die Nase oder die Ohren abgeschnitten, um sie als «Unehrliche» zu kennzeichnen.[36] Quäker, gegen die 1657 sogar ein eigenes Gesetz erlassen wurde, das solche Strafen ausdrücklich auflistete, waren den Puritanern besonders verhasst, weil sie sich in zentralen Glaubensfragen liberaler zeigten. Sie verweigerten den Obrigkeiten unbedingten Gehorsam, traten für weitgehende Gewaltfreiheit ein und predigten überdies Religionstoleranz. Dennoch ließen sich führende Quäker wie der Initiator der Kolonie Pennsylvania, William Penn, oder der Gründer der Bewegung, George Fox, nicht davon abhalten, gerade in den puritanischen Kolonien zu missionieren. Bei aller Härte gegen die Quäker und andere protestantische Richtungen, zu denen auch Baptisten und Anglikaner gehörten, sahen jedoch alle, einschließlich der Puritaner, die Katholische Kirche als den eigentlichen religiösen und politischen Gegner. Entsprechend heftig fielen die zahlreichen verbalen Ausfälle nicht nur der Puritaner gegen die französischen «Papisten» im Norden aus, die sich schließlich bis an den Golf von Mexiko ausbreiteten und damit eine Verbindung zum ebenfalls katholisch geprägten spanischen Kolonialreich herstellten.

Salem   In das kollektive Gedächtnis der USA hat sich, wenn es um Misstrauen und religiösen Fanatismus der Kolonialzeit geht, wohl am tiefsten die Erinnerung an die bereits kurz angesprochene Hexenverfolgung von Salem in Neu-England eingebrannt.[37] Dazu trugen vor allem im 20. Jahrhundert zahlreiche Horrorgeschichten (u. a. von H. P. Lovecraft) und -verfilmungen, insbesondere aber Arthur Millers überaus erfolgreiches Drama *The Crucible (Hexenjagd)* bei, auch wenn es zu seiner Entstehungszeit 1953 eher ein politischer Kommentar zur Kommunistenjagd der McCarthy-Jahre sein sollte. Die Ereignisse in Salem zur Zeit Cotton Mathers waren ein klarer Ausdruck der gewachsenen Radikalität in den Kolonien. Mather, der in seiner Schrift *Wonders of the Invisible World* 1693 nachdrücklich die Notwendigkeit verteidigte, «Satan» und die Hexen als seine «Werkzeuge» zur Zerstörung des wahren Glaubens zu verfolgen, hat nachweislich zur harten Haltung der Richter in Salem beigetragen. Er gehörte allerdings nicht dem Kollegium an, das schließlich die Todesurteile sprach.

Die Ereignisse in Salem zwischen 1690 und 1693 wiesen alle Charakteristika einer ausgewachsenen Massenhysterie auf. Den Anfang der Verfolgung machten Beschuldigungen zweier Mädchen, der Tochter und der Nichte des Salemer Geistlichen Samuel Parris, die – neun und elf Jahre alt – plötzlich Sklaven der Hexerei bezichtigten. Für eine Anklageerhebung reichten damals zwei Zeugenaussagen, und binnen Kurzem wurden immer mehr Menschen beschuldigt oder konnten sich nur durch die Belastung anderer davor retten, verurteilt zu werden. Verteidiger der angeblichen Hexen und selbst Zweifler wurden zu Opfern der Verfolgung, die im günstigsten Fall nur vertrieben wurden. Am Ende waren zwanzig Menschen und zwei Hunde zum Tode verurteilt und hingerichtet worden. Die Salemer Vorgänge wurden zum Lehrstück für Denunziationsbereitschaft und Irrationalität in einer ideologisch aufgeputschten Gesellschaft. Die Verfolgung fand erst dann ihr Ende, als sie begann, sich gegen die örtlichen Honoratioren zu richten. Über 250 Jahre später waren nicht zuletzt aus diesem Grund die Parallelen zur Verfolgung von angeblichen oder tatsächlichen Kommunisten unter Joseph McCarthy in den 1950er Jahren so naheliegend. Zu den wichtigsten Kritikern des Salemer Verfahrens gehörte aber bereits im 18. Jahrhundert Benjamin Franklin. Schon 1711 wurde eine Generalamnestie für die Verfolgten erlassen, allerdings erst 2001 wurden die letzten Verurteilten offiziell durch die Regierung von Massachusetts für unschuldig erklärt.

Ethnische Säuberung – Sklaverei – Genozid

Angesichts der ideologisch-religiös und kulturell begründeten Überheblichkeit, aber auch der Furcht vor «den Wilden» blieben die Beziehungen zur indigenen Bevölkerung, den «Indianern», von denen wie in den spanisch kontrollierten Gebieten Süd- und Mittelamerikas auch nördlich des Rio Grande Millionen lebten, schon in der Kolonialzeit schwierig.[38] Wie viele überhaupt am Ende des 16. Jahrhunderts, als die ersten europäischen Siedlungen entstanden, in Nordamerika zu Hause waren, ist völlig ungewiss. Die Indianer Nordamerikas lebten anders als ihre südlichen Nachbarn in der Regel in vereinzelten, häufig nomadisch umherziehenden Stämmen. Schätzungen gehen weit auseinander und bewegen sich zwischen einer und zehn Millionen Menschen.[39] Die wahrscheinlichste Zahl liegt wohl etwa in der Mitte, wobei man von rund vier Millionen Angehörigen der sogenannten First Nations auf dem Gebiet der späteren USA und zwei Millionen auf kanadischem Gebiet ausgeht.[40] Schätzungen für den gesamten Doppelkontinent bewegen sich zwischen fünfzig und zweihundert Millionen für die Zeit, als die ersten europäischen Kolonien entstanden. Allein in Nordamerika waren wahrscheinlich 250, vielleicht sogar fünfhundert Sprachen und Dialekte vorhanden.[41] Für die gesamten Americas geht man sogar von rund 2000 und ebenso vielen indianischen Völkern («Indian Nations») aus.

Indigene Stämme   Die Gründe für die außergewöhnliche Differenzierung waren vielfältig. Einer der wichtigsten liegt darin, dass es unter den indigenen Kulturen erhebliche Konkurrenzen gab, die auch im voreuropäischen Nordamerika zu brutalen Kriegen der Stämme untereinander führten. Hier kamen mit Folterungen und dem berüchtigten Skalpieren bereits alle jene Grausamkeiten vor, die dann im 18. und vor allem im 19. Jahrhundert die in Trecks Richtung Westen vorrückenden Siedler besonders erschreckten. Zu den besonders blutigen innerindianischen Auseinandersetzungen in der ersten Kolonialzeit gehörten der Huronenkrieg zwischen 1648 und 1650 und die Kriege der Mohikaner 1626. Die Kolonisten gerieten dabei, wenn sie nicht selbst Anlass für die Kriege gaben, auch in bereits seit Langem bestehende Fehden. 1636/37 half etwa der Stamm der Narragansett den Kolonisten gegen die Pequot. Sechs Jahre später wurden die Narragansett wiederum von den Mohegan fast völlig aufgerieben. Solche Feindschaften selbst verwandter Stämme waren schon den spanischen Konquistadoren in Süd- und Mittelamerika entgegengekommen und von ihnen zum Teil virtuos instrumentalisiert worden. Nun erleichterten sie ungewollt auch die Landnahme der Europäer in Nordamerika. Ein weiterer wichtiger Grund für die reiche Differenzierung der nordamerikanischen Urbevölkerung lag in den ökologischen Gegebenheiten des Nordens. Gerade die ausgedehnten, nur wenig fruchtbaren Gebiete hatten zur Folge, dass viele Stämme weit voneinander entfernt lebten und sich isoliert entwickelten. Der wohl wichtigste Grund für die hohe Differenzierung ist jedoch in der traditionellen Lebensweise der Stämme zu finden. Vorwiegend waren sie Jäger, die dem Wild, vor allem den Büffeln, hinterherzogen. Auch als Bauern, die mittels Brandrodung ihre Felder bebauten, waren sie ständig auf neue Böden angewiesen, wenn die Erde vom Anbau ausgelaugt war. Selbst die eigentlich sesshaften Indian Nations sahen sich daher häufig gezwungen, nach neuen Lebensräumen zu suchen.

Vereinzelt fanden sich Stämme trotzdem zu Bündnissen zusammen. Auch dort, wo die Europäer an der Ostküste Nordamerikas im 16. Jahrhundert landeten, hatten sich zu dieser Zeit schon Allianzen gebildet. So gab es in dem Gebiet, das die Europäer in Virginia als Chesapeake Bay bezeichneten, unter der Führung des Häuptlings Wahunsonacock, den die Europäer wie den gesamten Stamm Powhatan nannten, ein selbstbewusstes Bündnis von etwa dreißig Stämmen, mit dem die Kolonisten dann auch prompt in den sogenannten Powhatan-Kriegen zusammenstießen.[42] In den Gebieten der ersten europäischen Kolonien an der Ostküste der späteren USA sollen damals schätzungsweise 150 000 Ureinwohner gelebt haben.

«Kommt und helft uns»
Die christliche Missionie-
rung als Auftrag im ersten
Siegel der Massachusetts
Bay Company

Die Missionierung der indigenen Bevölkerung – und das hieß stets
auch deren «Umerziehung» auf einen «europäischen Standard» – war
bereits integraler Bestandteil der ersten kolonialen Freibriefe. Die Charters für Virginia und Neu-England sahen dies ausdrücklich vor, und es
war kein Zufall, dass die Massachusetts Bay Company sogar ein angeblich
an die Europäer gerichtetes indianisches Hilfeersuchen, ihnen zum christlichen Glauben zu verhelfen, im Siegel präsentierte.[43] Man kann dies als
frühe Vorlage der späteren amerikanischen Idee der Offenbaren Bestimmung, der Manifest Destiny, verstehen. Die indigene Bevölkerung hul-
digte in der Regel animistischen Naturreligionen, in denen vor allem die
Erde als heilig verstanden wurde. Schöpfungsmythen waren weit verbreitet und wurden mündlich tradiert. Den Mittelpunkt bildete der Glaube an
das Übernatürliche, an die Welt der nicht sichtbaren Mächte und Geister,
die bei den Algonkin, mit denen die Europäer an der Ostküste zunächst
Berührung hatten, mit «Manitu» umschrieben wurde, was bei den Sioux
«Wakan» und bei den Crow «Maxpe» hieß und durchaus auch als ein einziges Wesen verehrt werden konnte.[44] Konflikte entstanden wie bei jeder
Missionierung vor allem mit den jeweiligen Priestern und Heilern, die bei
den nordamerikanischen Indianern Schamanen genannt wurden.

Missionierung Obwohl die Missionierung in den Freibriefen festgeschrieben war, begann sie spät. Selbst im puritanischen Massachusetts startete sie erst um 1644, und das auch nur mit mäßigem Erfolg, so dass nach drei Jahrzehnten lediglich etwa 1100 Ureinwohner zum Christentum bekehrt waren. Der schleppende Fortgang hatte mehrere Gründe. Zum einen waren die Siedlungen zunächst mit sich selbst beschäftigt. Zum anderen stand gerade die Prädestinationslehre im Wege, denn eine Vorbestimmung, die nach Calvin am Besitz überprüfbar war, ließ sich aus Sicht der Puritaner bei den Indianern nun gar nicht erkennen. Im Gegenteil: Sie erschienen als arbeitsunwillig und als ein Modernisierungshindernis. Die europäische Irritation beschrieb knapp zweihundert Jahre später der französische Reisende Alexis de Tocqueville so: «Es gibt keinen Indianer, und sei er noch so elend, der unter seiner Rindenhütte nicht eine stolze Vorstellung von seiner persönlichen Würde hegte; er vergleicht den Bauer mit dem Ochsen, der die Furche pflügt, und in allen unseren Handwerken sieht er nur Sklavenarbeit ... Allein die Jagd und der Krieg erscheinen ihm als menschenwürdige Beschäftigungen ... Wie seltsam!»[45] Ähnlich sahen es die im Südwesten der späteren USA missionierenden spanischen Orden, insbesondere die Franziskaner. Sie hielten – im Gegensatz zu den Jesuiten – die Pueblo-Indianer schlicht für Atheisten und versuchten erst gar nicht, an ihre Glaubenswelt anzuknüpfen. Drittens waren die Stämme zu dem Zeitpunkt, als die Puritaner ihre Missionstätigkeit begannen, schon extrem misstrauisch geworden, weil einerseits kriegerische Zusammenstöße mit den weißen Kolonisten kontinuierlich zunahmen und andererseits die Bekehrten für jedermann sichtbar zu Außenseitern ihrer eigenen Kultur wurden, ohne im Gegenzug wirklichen Eingang zur Welt der Weißen zu erhalten. Tatsächlich änderte der Übertritt zum Christentum auch aus puritanischer Sicht nichts an der angenommenen gottgegebenen Ungleichheit zwischen Europäern und Indianern.

Da die indigenen Stämme in der Regel zunächst keine Schriftsprache besaßen, kam die Christianisierung bis 1663, als die erste Bibel in einer indianischen Sprache erschien, ohne Übersetzung aus. Die sogenannte Eliot-Bibel war mit Hilfe eines Indianers entstanden. Der puritanische Prediger John Eliot (auch: Elliot) aus Roxbury (heute ein Teil von Boston) in Massachusetts hatte 1637 einen während der kriegerischen Auseinandersetzungen gefangenen Indianerjungen bei sich aufgenommen, der neben Algonkin bereits Englisch sprach. Eliot wurde auch sonst zum Pionier. Bereits 1650 wurden auf seine Veranlassung zum Christentum übergetretene Indianer in Natik angesiedelt, südwestlich, aber noch in der Nähe von Boston. Solche «Praying Towns» gründete man auch an anderer Stelle. Dahinter stand die Überlegung, dass nur dauerhaft sesshafte Indianer europäische Verhaltensweisen annehmen würden. Gleichzeitig sollten die bereits Assimilierten ihrerseits als Missionare tätig werden. Beides wurde zum Fehlschlag. Die europäisierten Indianer blieben nicht nur die Ausnahme, sondern gerieten auch zwischen die Fronten – auf beiden Seiten unbeliebt, verdächtig, ausgegrenzt. Dies verschärfte sich mit den immer zahlreicheren kriegerischen Konflikten weiter. Eine Chance, in die sie umgebende neue Sozialordnung aufzugehen, hatten sie in der Regel nicht. So wurden sie zu klassischen Außenseitern der indianischen und der prosperierenden kolonialen Gesellschaft. Im günstigsten Fall ignorierten die Weißen sie oder beschäftigten sie als Diener. Die wenigen verbleibenden Praying Towns gerieten in den folgenden Jahrzehnten bereits in die Rolle der späteren Indianerreservate. Bei Landbedarf wurde ihre Bevölkerung, wie auch in den dann gezielt und in großem Umfang eingerichteten Reservationen, kurzerhand umgesiedelt. Bereits im ersten Drittel des 19. Jahrhunderts waren selbst die Gebiete der assimilierten indigenen Bevölkerung an der Ostküste verkauft und mit ihnen zugleich die letzten Stämme verschwunden. Der damals das Land bereisende Alexis de Tocqueville vermerkte: «Sämtliche Indianerstämme, die ehemals das Gebiet von Neu-England bewohnten, die Naragansett, die Mohikaner, die Pecot [Pequot], leben nurmehr in der Erinnerung der Menschen. Die Lenap, die vor hundertfünfzig Jahren Penn am Ufer des Delaware empfingen, sind heute verschwunden. Ich traf die letzten Irokesen; sie bettelten. Alle genannten Stämme breiteten sich einst bis an die Meeresküste aus; jetzt muss man mehr als hundert Meilen ins Innere des Erdteils hineinreisen, um einem Indianer zu begegnen. Diese Wilden haben sich nicht nur zurückgezogen, sie sind ausgerottet.»[46] Wie wenig die weißen Amerikaner an der Ostküste bei der Staatsgründung der USA selbst noch über sie wussten und wissen wollten, machten nicht zuletzt Thomas Jeffersons 1781 vorgelegte *Notes on Virginia* deutlich, in denen der schon für seine Zeitgenossen ungewöhnlich wissensdurstige Plantagenbesitzer, der zwanzig Jahre später zum dritten Präsidenten der USA gewählt werden sollte, über Ausgrabungen auf einer indianischen Begräbnisstätte berichtete, die er auf seinem Land gefunden hatte. Jefferson gehörte zwar zu jenen, die trotz aller Konflikte mit den Indianern davon ausgingen, dass sich Ureinwohner und Weiße langfristig sogar vermischen würden, wie er 1808 in einem Schreiben an die Stämme der

Delawaren, Munrie und Mohikaner vermerkte, aber selbst sein Wissen war sehr begrenzt.[47] Im Grunde genommen hatte alles bereits schlecht angefangen. Sichtbar war die zunehmende Konfrontation von Europäern und Indianern seit Beginn der 1620er und dann vor allem seit den 1630er Jahren geworden, als mittlerweile Zehntausende die Kolonien bewohnten und immer mehr Raum beanspruchten. Jetzt wurde es für jene Ureinwohner, die in der Nachbarschaft der schnell wachsenden neuen europäischen Gemeinden lebten, zum ersten Mal ernsthaft bedrohlich. Der Mangel an Siedlungs- und Anbauflächen führte zu immer mehr Expeditionen, und die daraus entstehenden neuen Gründungen im Landesinneren hatten erneut und in immer kürzeren Abständen die Vertreibung und häufig auch die gezielte Tötung der dort Ansässigen zur Folge. Es spricht für sich, dass zur gleichen Zeit unter den Kolonisten der Begriff der Frontier für das Leben am Rand der Wildnis, an einer Kultur- und Zivilisationsgrenze, vor allem aber in Reichweite des Feindes allgemein üblich wurde.[48]

Aber auch vor 1620 war der Zusammenprall der Kulturen auf dem Gebiet der späteren USA kaum erfreulicher verlaufen. Bereits 1585 brannten Angehörige der Raleigh-Expedition in der Gegend der Chesapeake Bay aus Rache Felder der Indianer ab und töteten einige von ihnen, weil nach einem Besuch auf den Schiffen Diebstähle bemerkt worden waren.[49] Prinzipiell war das nicht ungewöhnlich für die Phase der europäischen Entdeckungen, nicht nur in den Americas. Die spanischen Konquistadoren hatten in Süd- und Mittelamerika nicht anders gehandelt, und auch der wesentlich berühmtere James Cook, der Mitte des 18. Jahrhunderts Teile des Pazifiks erkundete, reagierte selbst auf kleinere Diebstähle, die aus Sicht der Eingeborenen allerdings kein Vergehen waren, regelmäßig mit Härte. Eine solche Vergeltungsaktion besiegelte schließlich auch sein eigenes Ende, als ihn 1779 die Bewohner von Hawaii (damals: Sandwich Islands) bei einer solchen Gelegenheit töteten. Das frühe Beispiel der «Lost Colony», Roanoke, wo die Europäer bereits versuchten, die benachbarten Stämme ganz zu vertreiben, zeigt, dass die Zusammenstöße auch in Nordamerika am Anfang noch für die indigene Bevölkerung ausgingen, weil sie sich noch stark genug zeigte, sich zu wehren. Am Ende waren nicht die Indianer, sondern die Europäer vertrieben.

Zusammenprall der Kulturen   Auch unmittelbar nach der Entstehung der ersten erfolgreichen englischen Kolonie Jamestown in Virginia 1607 war es zu erheblichen Auseinandersetzungen mit der indigenen Bevölkerung gekommen. In deren Verlauf wurden nun ausgerechnet jene Indianer, deren Hilfe zunächst überhaupt das Überleben der europäischen Kolonien ermöglicht hatte, systematisch verdrängt. Den Beginn dieser aktiv und immer gezielter betriebenen ethnischen Säuberungen bildete die planmäßige Demütigung der Stämme unter der Führung des Häuptlings Powhatan und seines Nachfolgers Opechacasnough. Das führte zu mehreren blutigen Auseinandersetzungen, die als Powhatan-Kriege in die Geschichte der frühen europäischen Besiedlung eingingen und die Kolonien an den Rand der Vernichtung brachten.[50] Am Anfang des Zweiten Powhatan-Krieges 1622 waren rund ein Viertel der weißen Siedler – 347 Kolonisten – tot. Knapp ein Vierteljahrhundert später waren dann allerdings Virginias Indianer bereits weit ins Hinterland abgedrängt.

Auch in den anderen großen europäischen Siedlungsgebieten an der Ostküste verlief das Aufeinandertreffen der Kulturen nach ähnlichem Muster. Vorgewarnt von den kriegerischen Zusammenstößen an der Chesapeake Bay, verhielten sich die Ureinwohner in Neu-England schon bei der Ankunft der Puritaner seit 1620 weit weniger vertrauensselig. Hier kam es vor allem 1636/37 im sogenannten Pequot-Krieg und zwischen 1675 und 1677 in der Auseinandersetzung mit dem Häuptling Metacamet (Metacomet), der bei den Weißen King Philip hieß, zu heftigen Kämpfen. Am Ende des Pequot-Kriegs war auch dieser Stamm faktisch ausgelöscht. Nach dem King-Philip-Krieg fehlten in den Ostküstenkolonien bis auf die assimilierten Indianer bereits alle Ureinwohner.

Für das sich radikalisierende Verhältnis war gerade dieser besonders grausame Krieg ein Beleg. An seinem Ende waren mehrere Hundert Kolonisten und einige Tausend Indianer tot. Der Konflikt, der sowohl in Neu-England als auch in Massachusetts ausgetragen wurde, war aber noch mehr: Er war gleichzeitig der Scheitelpunkt der europäisch-indianischen Beziehungen. Metacamet hatte sich vermutlich bereits in den 1660er Jahren entschlossen, gegen den schier grenzenlosen Landhunger der Europäer vorzugehen. Damals hatte ihre Zahl mit rund 35 000 Menschen im Gebiet Neu-Englands, das heißt auf dem Gebiet der heutigen sechs Bundesstaaten Maine, New Hampshire, Vermont, Massachusetts, Rhode Island und Connecticut, schätzungsweise mehr als das Doppelte der Anzahl der Ureinwohner erreicht.[51] Besonders gefährlich erschien den indigenen Stämmen nun auch die strategisch eingesetzte christliche Missionierung, die begann, den inneren Zusammenhalt der Stämme nachhaltig zu schwächen. King Philip jedenfalls, so geht die Sage, äußerte bei Treffen mit dem Missionar John Eliot, ihn interessiere das Christentum ebenso wenig wie dessen Mantelknopf – ein Satz, der namentlich den puritanischen Chefideologen Increase Mather nachhaltig verärgerte.[52] Es war wohl auch diese demonstrative Verachtung für ihre Glaubenswelt, die die Weißen dazu brachte, Metacamets Leiche symbolisch noch einmal hinzurichten. Seine posthume Enthauptung und Vierteilung wies zudem darauf hin, dass die Europäer sein Verhalten sogar als Hochverrat betrachteten. Die seit Roanoke übliche Praxis der Verbrannten Erde, die gezielte Zerstörung der Lebensgrundlagen des Gegners, war im King-Philip's-Krieg bereits Routine, wobei planmäßig auch die Dörfer angegriffen und selbst die nicht in die Kämpfe verwickelten Frauen und Kinder getötet wurden. Der konsequenten Zerstörung der indianischen Landwirtschaft folgte bereits nach dem King-Philip's-Krieg eine lang anhaltende Hungersnot unter den Stämmen. Von hier aus zog sich eine direkte Linie zur systematischen Ausrottung der Büffelherden im 19. Jahrhundert, die durchgeführt wurde, um die Nahrungsquellen der Präriestämme zu vernichten.

Aber nicht nur die englisch dominierten Kolonien zeigten sich derart hemmungslos gegen die Ureinwohner. Die Franzosen gingen im sogenannten Tarrantiner-Krieg zwischen 1607 und 1615 ebenso massiv gegen Stämme in ihrem Gebiet vor. Seit 1663 das französische Kolonialgebiet Neu-Frankreich offiziell etabliert worden war, versuchte man im Zuge seiner Eingliederung in das merkantilistische Wirtschaftssystem vor allem, die besonders eigenwilligen Irokesenstämme (Iroquois) im Gebiet des Ontario-Sees und des Hudson River zu domestizieren. Doch auch die Gegenseite war nicht zimperlich, so dass sich die Gewaltspirale immer schneller drehte. Im sogenannten King William's War zwischen 1689 und 1697 massakrierten die Irokesen ihrerseits unter anderem die gesamte Besatzung von Fort Saint Louis im heutigen Bundesstaat Illinois. Erst nach weiteren blutigen Kämpfen konnte 1701 ein umfassenderer, vergleichsweise stabiler Frieden geschlossen werden, mit dem es den Irokesen sogar gelang, die Unterwerfung einstweilen abzuwenden. Mit dem Patt in der militärischen Entscheidung scheiterten dann die Franzosen ebenso wie zuvor die Engländer bei ihrem Versuch, die Indianer nach europäischem Muster sesshaft und für die eigene Wirtschaft nutzbar zu machen. Anfang des 18. Jahrhunderts waren im französischen Gebiet lediglich knapp 1500 Indianer dauerhaft angesiedelt. Erst mit dem britischen Sieg über die Franzosen im Siebenjährigen Krieg und dem folgenden Frieden von Paris 1763 wurde es auch für die Irokesen spürbar bedrohlicher.

Leben zwischen den Kulturen   Die allgemein negative Sicht der Europäer auf die Ureinwohner Nordamerikas hatte sich binnen weniger Jahre verfestigt. Für die meisten Siedler waren die Ureinwohner im günstigsten Fall eine unterentwickelte Bevölkerungsgruppe, die der wirtschaftlichen Entwicklung der Neuen Welt im Wege stand und deshalb in andere Gebiete vertrieben werden musste. Im schlechtesten Fall waren sie wie manches andere Störende – so etwa später die Büffelherden, die nicht nur die Nahrungsquelle für feindliche Indianerstämme bildeten, sondern vor allem auch den benötigten Weidegrund der Viehfarmen besetzten – schlicht zu beseitigen. Dass die ethnische Säuberung bereits in der Kolonialzeit offiziell gefördert wurde, lässt sich an den amtlichen Aufforderungen zur Tötung von Indianern zeigen, die in einigen Gebieten üblich waren und etwa mit Skalpprämien (u. a. 1744, 1749, 1756) belohnt wurden. Diese Praxis setzte sich auch nach der Gründung der USA bruchlos fort.

Ironischerweise hinderte dies die sich zum selben Zeitpunkt entwickelnde Europäische Aufklärung nicht, den «edlen Wilden» zum Ideal zu erheben. Die Vorstellung eines Jean-Jacques Rousseau, dass Kultur, Zivilisation und Bildung den eigentlichen Charakter zerstöre und allein die Nähe zur unverbildeten Natur das eigentliche Wesen des Menschen zeige, blieb allerdings auch in Nordamerika nur eine intellektuelle Vision, weitab vom wirklichen Leben.[53] Dennoch war es diese Verklärung, die sich parallel zur physischen Vernichtung der nordamerikanischen Urbevölkerung schließlich mit am weitesten durchsetzte. Selbst im fernen Deutschland wurden die Bücher eines Friedrich Gerstäcker und Karl May zu Bestsellern der Populärliteratur.

In den «wilden Regionen» jenseits der gedachten Zivilisationsgrenze der Frontier konnte allerdings tatsächlich die Begegnung zwischen Europäern und indigener Bevölkerung harmonischer verlaufen. Freiwillige sexuelle Kontakte waren zwar im 17. Jahrhundert auch in den als grundsätzlich liberaler angesehenen französisch dominierten Gebieten die Ausnahme. Etwas anderes wurde bedeutsamer: Unabhängig davon, welche Nation gerade das Gebiet beanspruchte, war allen, die etwas vom Land verstanden, auch bereits damals klar, dass die Indianer die weitaus größte Erfahrung besaßen, wie man in der rauen Wildnis (über)leben konnte. Die 1673 von den Franzosen in Angriff genommene Erforschung und Kolonisierung von Louisiane wäre wohl ohne die von Einheimischen unterstützten Entdeckungsreisen, wie sie der «Waldläufer» (Coureur de Bois) Louis Jolliett, der Jesuit Jacques Marquette oder René Robert

Cavelier de La Salle unternahmen, nicht möglich gewesen. Die «Waldläufer», denen James Fenimore Cooper mit seinen zwischen 1827 und
1841 veröffentlichten *Leatherstocking Tales*, aber auch Gabriel Ferry und
an ihn anschließend Karl May ein bleibendes Denkmal setzten, kamen
schlicht ohne die Kontakte mit den Einheimischen nicht aus. Allerdings
war auch der von Cooper beschriebene edle Indianer Chingachgook
bezeichnenderweise der letzte seines Stammes, der «letzte Mohikaner».

Tatsächlich waren so im Vergleich zu den evangelikalen englischen
Neusiedlern und den spanischen Konquistadoren die katholisch erzoge-
nen französischen Kolonisten, die das Territorium des heutigen Kanada
bis hinunter an den Golf von Mexiko zumindest beanspruchten, die nach-
sichtigeren. In den englisch dominierten Gebieten blieb die Indianerin
Pocahontas, die bis heute wegen ihrer 1614 geschlossenen Ehe mit dem
Jamestown-Gründer John Rolfe als zentrale Identifikationsfigur inter-
kultureller Verbindungen gilt, die absolute Ausnahme. Dies war natürlich auch deswegen so, weil gerade das puritanische Rechtsverständnis
sexuelle Kontakte mit Einheimischen, die dazu noch heidnischem Glauben anhingen, ausdrücklich als Straftat ansah.

Indianer und europäische Kulturen   Neben den Kriegen und der
gezielten Verdrängung durch Expeditionen, denen dann neue Siedler
folgten, entwickelte sich mit der Ankunft der Europäer eine Vielzahl
weiterer Bedrohungen für die nordamerikanischen Indianer. Auf die
verheerenden Auswirkungen von Krankheiten wurde bereits hingewiesen. Die wahrscheinlich durch die verheerende Expedition Hernando de
Sotos zwischen 1539 und 1543 zunächst in die Gebiete um den Mississippi und die Halbinsel Florida eingeschleppten Seuchen vernichteten
ganze Stämme – eine Entwicklung, die durchaus im Sinne der Kolonisten war, wie John Winthrop, der spätere Gouverneur der englischen
Kolonie Massachusetts, 1640 zynisch vermerkte. Gott schaffe «uns
Raum, indem er die Zahl der Eingeborenen verringerte und die unsere
erhöhte».[54] Ähnlich verheerend wirkte die Verbreitung von Alkohol.
Die Wirkung des «Feuerwassers», das bereits seit dem 16. Jahrhundert
auch als Mittel eingesetzt wurde, die Stammesführer gezielt zu Vertragsabschlüssen zu bewegen, zeigte sich früh. Dazu trug nicht zuletzt
bei, dass die Indianer beim sogenannten Binge Drinking selbst nach
Meinung der trinkfesteren Europäer Unmengen von Alkohol konsu-
mierten. Indianer seien, so fasste William Penn 1683 zusammen, seit
der Ankunft der Europäer «große Liebhaber starker Getränke gewor-

Alkohol und Indianer
Das Ende der 1830er Jahre
entstandene berühmte Bild
Going to Washington von
George Catlin zeigt
Häuptling Wi-jún-jon, alias
Pigeon's Egg Head
(1796–1872), vom Stamm
der Assiniboine vor und
nach seinem Besuch
in der Hauptstadt
Washington.

den; dafür tauschen sie die kostbarsten ihrer Häute und Felle. Einmal
von geistigen Getränken erhitzt, sind sie ruhelos, bis sie genug davon
haben, um schlafen zu können. Denn dies ist ihr einzig Geschrei: mehr
davon, damit ich schlafen kann! Denn wenn trunken, bieten sie eines der
nichtswürdigsten Spektakel der Welt.»[55] Bereits im 17. Jahrhundert gehörte das Bild des berauschten, zur Karikatur gewordenen Indianers
zur kollektiven Vorstellung europäischer Siedler.[56] Das hinderte die
Kolonisten freilich nicht daran, ihnen weiterhin Alkohol und Waffen zu
verkaufen, die auch die traditionellen Kämpfe zwischen den verfeindeten
Stämmen deutlich blutiger machten, aber im zynischen Kalkül auch die
Besiedlung des Landes erleichterten. Letztendlich waren es aber die
häufig so unscheinbaren Vertragsabschlüsse auf Basis des für die indigene Bevölkerung unverständlichen europäisch-amerikanischen Rechts-
verständnisses, die zur ethnischen Säuberung am effektivsten beitrugen. Dies sollte sich bis zum Ende der Indianerkriege im letzten
Jahrzehnt des 19. Jahrhunderts nicht mehr ändern. Alexis de Tocque-

ville vermerkte in den 1830er Jahren: «Sobald die europäische Bevölkerung sich der von einem Eingeborenenstamm bewohnten Wildnis zu nähern beginnt, entsendet die Regierung der Vereinigten Staaten gewöhnlich eine feierliche Abordnung zu diesem; die Weißen versammeln die Indianer auf einer großen Ebene, und nachdem sie mit ihnen gegessen und getrunken haben, erklären sie ihnen: ‹… Jenseits der Berge, die ihr am Horizont seht, auf der andern Seite des Sees, der im Westen an euer Gebiet grenzt, stößt man auf weite Gegenden, wo es wilde Tiere noch im Überfluss gibt, verkauft uns euren Boden und geht dorthin, um glücklich zu leben.› Nach dieser Rede breitet man vor den Augen der Indianer Waffen aus, Wollkleider, Branntweinfässer, Halsschmuck aus Glasperlen, Armspangen aus Zinn, Ohrgehänge und Spiegel. Falls sie beim Anblick all dieser Schätze noch zögern, gibt man ihnen zu verstehen, dass sie die verlangte Zustimmung nicht verweigern können und dass die Regierung selbst bald außerstande sein werde, ihnen den Genuss ihrer Rechte zu gewährleisten … Halb überzeugt, halb gezwungen entfernen sich die Indianer, sie ziehen in unbewohnte Gebiete, wo die Weißen sie keine zehn Jahre in Frieden lassen werden. So erwerben die Amerikaner zu einem Spottpreis ganze Provinzen …»[57]

Legt man die UN-Konvention gegen Völkermord von 1948/51 zugrunde, liegt es im Rückblick und vor dem Hintergrund der weitgehenden physischen und kulturellen Vernichtung der Ureinwohner Nordamerikas nahe, neben dem Begriff der ethnischen Säuberung auch den des Genozid zu gebrauchen. Ein Völkermord liegt vor, wenn die Absicht zu einer der folgenden Taten erfüllt ist: (1.) Die Tötung von Angehörigen einer nationalen, ethnischen, rassischen oder religiösen Gruppe, (2.) das Zufügen schwerer körperlicher oder seelischer Schäden, (3.) das absichtliche Herbeiführen von Lebensbedingungen, die die physische oder psychische Vernichtung zur Folge haben, (4.) die Verhinderung von Geburten und (5.) die Verschleppung der Nachkommen dieser Gruppe.[58] Vor diesem Hintergrund erfüllt der Untergang der nordamerikanischen Indianer zumindest partiell die Charakteristika eines Völkermords.

Entwicklung der Sklaverei   Die in der Literatur häufig als Folge der europäischen Besiedlung verstandene Sklavenhaltung in den nordamerikanischen Kolonien und den USA hingegen hatten nicht die Europäer in die Neue Welt eingeführt.[59] Sklaverei gehörte auf dem amerikanischen Doppelkontinent lange vor der europäischen Besiedlung zum Wirtschaftssystem und zum Alltag. Auch die iberischen Kolonialmächte

Spanien und Portugal setzten diese Traditionen nur fort und hielten in ihren süd- und mittelamerikanischen Kolonien, zumal auf den Karibischen Inseln, Indios, aber auch verschleppte Schwarzafrikaner als Arbeitssklaven für ihre Plantagen. Selbst in Nordamerika bis weit in den Raum des späteren Kanada war die Sklavenhaltung bei Indianerstämmen üblich. Dort waren es Gefangene, die man als Beute von Kriegszügen mitbrachte, in der Siedlung hielt und gelegentlich auch als Geschenke weiterverteilte. Tatsächlich beteiligten sich in der Kolonialzeit auch die Europäer an dieser Praxis.

Der entscheidende Schub zur Sklavenwirtschaft kam allerdings dann doch mit den Europäern, als im 17. Jahrhundert die großen, arbeitsintensiven Tabak-, Baumwoll- und Reisplantagen im Süden Nordamerikas entstanden. Einige Dutzend Schwarzafrikaner hatten zwar bereits vor 1621 in den Kolonien gearbeitet, doch erst die in diesem Jahr an die Westindische Kompanie vergebene Lizenz für den Sklavenhandel nach Nordamerika führte zur großangelegten Sklavenwirtschaft. Deren eigentliche Hoch-Zeit begann, als die Plantagenbesitzer im letzten Drittel des 17. Jahrhunderts dazu übergingen, weiße Schuldsklaven gegen schwarzafrikanische Sklaven auszutauschen. Hintergrund war, dass sich nicht wenige der fast rechtlosen Intendured Servants der «Bacon's Rebellion», einem 1676/77 von dem Pflanzer Nathaniel Bacon gegen den Gouverneur von Virginia, William Berkeley, geführten und kurz danach niedergeschlagenen Aufstand, angeschlossen hatten und nun als unzuverlässig galten. Um die Wende zum 18. Jahrhundert stiegen neben den Holländern, Spaniern und Franzosen auch die Engländer in das lukrative und zunächst keineswegs als ehrenrührig angesehene Geschäft ein. Sklaven wurden vielmehr als eine reguläre Handelsware betrachtet. Interessanterweise konzipierte Daniel Defoe sogar die Hauptfigur seines 1719 erschienenen Bestsellers *Robinson Crusoe* – ein Buch, das als erster englischer Roman überhaupt gefeiert wurde – als einen durchaus integren Sklavenhändler. Weitere Nationalitäten beteiligten sich bereits im 17. Jahrhundert an diesem «Atlantischen Dreieckshandel» zwischen Europa, Nordamerika und Afrika. Dazu gehörte selbst ein so kleines Territorium wie Kurbrandenburg, das allerdings bevorzugt die Karibik ansteuerte. In grausamer Enge von durchschnittlich einem Quadratmeter pro Person wurden die Afrikaner vor allem aus Guinea und Angola nach Nordamerika verschifft. Eine Todesrate von bis zu 25 Prozent war nicht nur üblich, sondern einkalkuliert. Häufig lag sie weit darüber.[60]

Maßgeblicher Hintergrund des bis zum Verbot durch den US-Kongress 1808 in Nordamerika frei florierenden Handels mit schwarzafri-

Sklavenhandel Afrika – Amerika 1519–1867 (in Tausend)[61]

	Senegal	Sierra Leone	Liberia	Goldküste	Benin	Biafra	West-Zentral-Afrika	S-O-Afrika	Summe
1519–1600	10,7	2,0	–	10,7	10,7	10,7	221,2	–	266,0
1601–1650	6,5	–	–	5,2	25,5	25,5	461,9	2,0	503,5
1651–1675	17,7	0,4	0,1	35,4	58,6	58,6	104,3	1,2	239,8
1676–1700	36,5	3,5	0,7	50,3	223,5	51,5	132,6	10,9	509,5
1701–1725	39,9	7,1	4,2	181,7	408,3	45,8	257,2	14,4	958,6
1726–1750	69,9	10,5	14,3	186,3	306,1	166,0	552,8	5,4	1311,3
1751–1775	130,4	96,9	105,1	263,9	250,5	340,1	714,9	3,3	1905,2
1776–1800	72,4	106,0	19,5	240,7	264,6	360,4	816,2	41,2	1921,1
1801–1825	91,7	69,7	24,0	69,0	263,3	260,3	700,9	131,8	1610,6
1826–1850	22,8	100,4	14,4	–	257,3	191,5	770,6	247,5	1604,5
1851–1867	–	16,1	0,6	–	25,9	7,3	155,0	26,8	231,7
Summe	498,5 (=4,5%)	412,7 (=3,7%)	183,0 (=1,7%)	1043,2 (=9,4%)	2034,6 (=18,4%)	1517,9 (=13,7%)	4887,5 (=44,2%)	484,5 (=4,4%)	11032,0 (=100%)

kanischen Sklaven blieb der schier unendliche Arbeitskräftebedarf. Plantagen mit «Besonderer Einrichtung» (Peculiar Institution), wie man die sklavenhaltenden Betriebe offiziell nannte, entstanden zunächst in Virginia und South Carolina und erhielten schließlich in den tropischen Südstaaten der USA ihre größte Bedeutung. Hier entstand parallel auch die spezifische Südstaatenaristokratie der «Gentry», deren Lebensweise sich über lange Zeit eher am europäischen Adel und seiner absoluten Macht gegenüber ihren leibeigenen oder gutsuntertänigen Landarbeitern orientierte als an der Demokratie oder an den rasch industrialisierten Nordstaaten mit ihren Fabrikherren und Lohnarbeitern. Keine der frühen europäischen Ostküstenkolonien – weder Nieuw Nederland noch New England, noch New York, New Jersey, Pennsylvania, Delaware oder Maryland – war auf Sklaven als Rückgrat der Wirtschaft angewiesen. Im Gegenteil: Schwarze Sklaven galten dort schon in der Kolonialzeit als unproduktiv, wenig widerstandsfähig und weißen Arbeitern, die allerdings kaum weniger erschöpft und abhängig waren, weit unterlegen. Interessanterweise gewann auch Alexis de Tocqueville genau diesen Eindruck, als er in den 1830er Jahren die USA bereiste.[62] Auch in der zunächst französischen Kolonie Louisiane waren Sklaven noch nicht üblich. Dies galt auch für Florida, das erst, als es 1763 von Spanien an die englische Krone fiel, allmählich in die Sklavenhaltung einbezogen wurde. Zuvor war das Gebiet unter den Spaniern, die im Übrigen natürlich auch am lukrativen Menschenhandel beteiligt waren, ein Zufluchtsort für entflohene Sklaven. Madrid erlaubte allerdings den Aufenthalt nur, wenn der Übertritt zum Katholizismus erfolgte. Als 1819 Florida amerikanisch wurde, zogen es viele der ehemaligen Sklaven vor, Florida in Richtung der noch bis 1898 spanischen Insel Kuba zu verlassen.

Soweit man das rekonstruieren kann, wurden 1619, also noch zwei Jahre bevor die niederländische Westindische Kompanie die Lizenz für den Sklavenhandel nach Nordamerika erhielt, die ersten Schwarzafrikaner in die Neue Welt deportiert. Solche «Charter Slaves», wie diese frühe Sklavengeneration genannt wurde, blieben allerdings nicht selten noch Halbfreie. Im Grad der Abhängigkeit unterschieden sie sich kaum von den lohnabhängigen oder in Schuldknechtschaft arbeitenden Weißen. Als die Engländer 1664 schließlich Nieuw Nederland übernahmen, waren dort bereits rund 20 Prozent Freigelassene, die ihre Arbeitsschuld beglichen hatten. Mit der im Laufe des 18. Jahrhunderts einsetzenden Gründung neuer Kolonien für die Plantagenwirtschaft im Süden wie Georgia (1776) änderte sich dann allerdings der Status der Sklaven gravierend.[63] Aus den «Charter Slaves» wurden die «Plantation Slaves». Zu den eigentlichen «Sklavenstaaten», die Mitte des 19. Jahrhunderts im Amerikanischen Bürgerkrieg erbittert um die Erhaltung ihrer Südstaatenkultur, einschließlich der Sklaverei kämpfen werden, gehörten schließlich Virginia (noch einschließlich des dann im Bürgerkrieg abgespaltenen West Virginia), North und South Carolina, Georgia, Florida, Kentucky, Tennessee, Alabama, Mississippi, Louisiana, Missouri, Arkansas und Texas.

Wie viele Sklaven in der Kolonialzeit überhaupt eingeführt wurden, blieb in der historischen Forschung umstritten. Insgesamt sind wohl vom 16. bis zum 19. Jahrhundert in beide Americas mindestens 9,5 Millionen Sklaven verschleppt worden.[64] Zur Zeit der Staatsgründung lebten 1790 rund 700 000 versklavte Schwarzafrikaner in den USA.[65] Davon befanden sich in Virginia 290 000, in North Carolina, in Maryland und South Carolina jeweils rund 100 000, im Staat New York etwa 25 000, in New Jersey, Pennsylvania, Connecticut, Massachusetts und Rhode Island zusammen rund 57 000 (s. Tab. S. 204 f.). Das Verhältnis erreichte bereits damals eine Quote von einem Afrikaner auf fünf Europäer. Rückblickend wurde hier bereits eine Vorentscheidung für die Zusammensetzung der amerikanischen Gesellschaft getroffen.

Die Rechtfertigung des auf Sklaverei beruhenden Wirtschafts- und Sozialsystems fiel bis ins späte 18. Jahrhundert weder in Nordamerika noch im englischen Mutterland wirklich schwer. Die Überzeugung von der Ungleichheit der Rassen, von der auch der berühmte englische Philosoph John Locke 1690 in seinem *Second Treatise of Civil Government* ausging,[66] vertraten in Nordamerika Plantagenbesitzer ebenso wie US-Präsidenten, die ihre Besitzungen auch von Sklaven bewirtschaften ließen. Sklaven hielten George Washington, Thomas Jefferson, James Madison, James Monroe und Andrew Jackson. Von Thomas Jefferson ist sogar bekannt, dass er eine langjährige Beziehung zu seiner Sklavin Sally Hemings unterhielt und mit ihr sechs Kinder zeugte.[67]

Viele weiße Kolonisten empfanden allerdings die zunehmende Zahl von Sklaven, die in Gebieten mit großen Plantagen wie etwa Carolina schon Mitte des 18. Jahrhunderts rund zwei Drittel der Bevölkerung ausmachten, als Bedrohung, wie auch Tocqueville 1835 unterstrich.[68] Die sogenannten Slave Codes, Gesetze, die man für die Kontrolle der Sklaven zu benötigen glaubte, hatten deshalb früh an Schärfe zugenommen. Brutale Strafen zur Ahndung selbst kleinerer Vergehen wurden zum

Normalfall, während Übergriffe des Eigners in der Regel keinerlei Konsequenzen hatten.

Die Herausbildung einer amerikanischen Identität

Dissidenten gehörten nicht nur zur Gesellschaft der Neuen Welt, sondern eigentlich war diese Gemeinschaft in vielem zunächst auf der Abweichung von den Normen des Heimatlandes gegründet. Puritaner, Quäker, Adventisten und viele andere evangelikale Gruppierungen waren ursprünglich Rebellen, die hier Zuflucht vor staatlicher Verfolgung in Europa suchten. Dies schloss natürlich nicht aus, dass auch innerhalb ihrer auf religiösem Konsens beruhenden Gemeinschaft Abweichungen konpromisslos verfolgt wurden. Die innere Verfasstheit der orthodoxen puritanischen Gemeinden der Kolonialzeit ist ein drastisches Beispiel dafür, wie wenig Toleranz letztendlich blieb. Gestritten wurde in den Gemeinden natürlich trotzdem. Ein puritanischer Glaubensrebell wie Roger Williams der sich schließlich mit seinen Schriften *The Bloudy Tenent* (1644) und *The Bloudy Tenent yet more Bloudy* (1652) gegen die Vermischung von Religion und Politik wandte, besaß allerdings keinerlei Chance, sich durchzusetzen. Williams hatte argumentiert, eine Obrigkeit sei für Gläubige wie Nichtgläubige zuständig und könne daher nicht religiöse Verhaltensnormen für alle aufstellen. Konsequenterweise stand er auch auf dem Standpunkt, dass Andersgläubigen – seien es nun Heiden, Juden oder Muslime – ebenfalls die freie Religionsausübung zugestanden werden müsse. Wie Thomas Morton musste sich auch Williams der Verfolgung durch Flucht entziehen. Mit Providence in Rhode Island gründete er 1636 seine eigene Siedlung.

Dissidenz als Problem Auch der berühmt-berüchtigte Fall einer Dissidentin, der Hebamme Anne Hutchinson aus Boston, die 1638 aus der Stadt verwiesen wurde, wies ähnliche Züge auf.[69] Wie im Fall Williams war der Prediger John Cotton als einer der einflussreichsten puritanischen Meinungsführer der Zeit die treibende Kraft gewesen. Hutchinson, die mehr noch als Williams eine wirkliche Krise in der Stadt auslöste, hatte nicht nur selbst gepredigt, sondern der puritanischen Elite vorgeworfen, sie stelle sich sogar gegen die Grundideen des Calvinismus. Tatsächlich konnte Hutchinson damit eine Reihe von Verbündeten hinter sich scharen, die von den «Saints» deswegen «Antinomier» genannt wurden – Menschen, die sich nicht nur gegen die Gemeinschaft, sondern damit auch gegen das biblische Gesetz auflehnten. Furcht hatten die Kritiker indes nicht. Sie störten die Predigten, protestierten in den Versammlungen oder stellten öffentlich unbequeme Fragen. Genutzt hat dies allerdings auch Mrs. Hutchinson nichts. Die Folgen waren absehbar: Sie wurde exkommuniziert und verbannt. Ihr Einfluss blieb allerdings noch längere Zeit spürbar. «Ihr Geist», das heißt der Widerspruch und damit «Satan», lebten in der Gemeinde fort, vermerkte John Winthrop in seinem Tagebuch.[70]

Opposition und Dissidenz war so auch in der Kolonialzeit selbst in den besonders autoritär verwalteten Niederlassungen keine Ausnahme. Doch nicht nur das durch tatsächliches oder angebliches Fehlverhalten erzwungene Ausscheiden aus den Gemeinschaften wurde zum Problem. Klagen über die freiwillige Abwanderung von Einwohnern der Kolonien, die mehr persönliche Freiheit suchten, gab es schon im 17. Jahrhundert zuhauf. Dahinter stand der zunehmende Konflikt zwischen Kollektiv und Individualismus, zwischen Gemeinschaftszwang und persönlichem Freiheitsdrang, aber häufig auch nur die Frustration über die erhoffte, aber nicht verwirklichte Basisdemokratie in den Kolonien. Deshalb hatten die Quäker als nicht minder leidenschaftliche Glaubensgemeinschaft, aber mit deutlich größerem Verständnis für das Individuum, die Gewissensfreiheit, religiöse Toleranz, politische Liberalität, Antimilitarismus und mehr Partizipation in den Gemeinden schließlich erheblichen Zulauf. Ihr Aufstieg begann, als William Penn, der weltläufige Sohn eines englischen Admirals mit besten Beziehungen zum Königshaus und Parlament in London, 1681 ein gewaltiges Gebiet südlich von New York als Lehen erhielt und es zur Kolonie der Quäker erklärte, zu deren Gemeinschaft er seit einigen Jahren gehörte.[71] Hauptstadt wurde Philadelphia, die «Stadt der brüderlichen Liebe», von der bereits die Offenbarung gesprochen hatte (Offb. 3,7–13). Im folgenden Jahr wurde das Gebiet sogar noch einmal erweitert. Demonstrativ gestand Penn den Siedlern, die unterschiedlichsten Glaubensrichtungen angehörten, mit der 1701 erlassenen «Charter of Liberties» politische Freiheiten zu. Die ostentative Liberalität schloss 1704 sogar ein, einem Teil des neuen Gebiets, den drei sogenannten Lower Counties, unter dem Namen Delaware politische Eigenständigkeit einzuräumen. All dies ermöglichte ein relativ komplikationsfreies Miteinander in Pennsylvania, entlastete aber nicht gerade das kontinuierlich angespannte Verhältnis zu den Puritanern in Massachusetts.

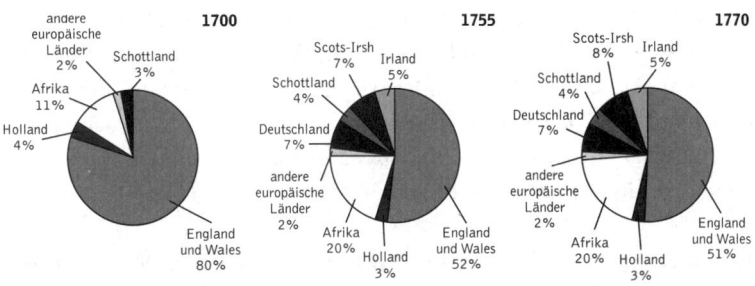

Herkunft der Siedler in den Kolonien 1700–1770[72]

Mit Recht konnte man bereits im 17. Jahrhundert sagen, dass sich in den Kolonien die Welt traf. Außer für europäische Kaufleute, die hier auf gute Geschäfte hofften, und Glaubensflüchtlinge, die ihre Idee von der Gemeinschaft verwirklichen wollten, waren die nordamerikanischen Kolonien bereits im 17. und 18. Jahrhundert Ziel vieler Individualisten. Sie lebten nicht nur in den großen Zentren, von denen sich einige – so etwa New York – schon damals zu wirtschaftlichen und intellektuellen Sammelpunkten entwickelten. Nicht wenige von ihnen lebten jedoch direkt an oder schon jenseits der Frontier, wo sie als Pelztierfänger (Trapper) oder Jäger ihren Lebensunterhalt fanden. Mit ihrem engen Kontakt zur indigenen Bevölkerung wurden sie häufig zu Brücken der Kulturen. Hinter ihnen folgten frei siedelnde Bauern, die «Squatters». Diese Landbesetzer warteten nicht auf die offizielle Genehmigung, sondern ließen sich in der wilden Grenzregion unter primitivsten Bedingungen nieder, weil ihnen entweder kein Agrarland in der Nähe der Siedlungen zur Verfügung gestellt werden konnte oder weil sie frei von Bevormundung leben wollten. Sie waren die eigentlichen Pioniere, die jenseits der geschützten Zivilisation die Wildnis urbar machten und sich häufig auch als erste in die «Unorganisierten Territorien», die Verstufen zu den US-Bundesstaaten, niederließen.[73] Dass auch dies nur auf Kosten der einheimischen Stämme geschah, war auch damals allen Beteiligten klar.

Bereits die Bevölkerung, die sich bis zur Gründung der USA ansiedelte, bestand aus einer Vielzahl von Nationalitäten, die gleichzeitig die verschiedenen Einwanderungsphasen widerspiegelten. Um 1700 war mit 83 Prozent noch der weit überwiegende Teil der nichtindigenen Bevölkerung englischer, walisischer oder schottischer Herkunft. Aus afrikanischen Staaten stammten 11 und aus sonstigen europäischen Staaten – vor allem den Niederlanden – 6 Prozent.[74] Knapp fünfzig Jahre später war der britische Anteil (England, Schottland, Wales) auf 63 Prozent (zusammen mit den Iren: 68 Prozent) zurückgegangen, während der Anteil derjenigen Einwohner mit afrikanischer Herkunft auf 20 und der anderer europäischer Nationen auf 12 Prozent gestiegen war. Die Deutschen stellten darin mit 7 Prozent die größte Gruppe.

Bevölkerung, Sprache, Kultur   Mitte des 19. Jahrhunderts sollte sich aufgrund der schwierigen wirtschaftlich-sozialen Situation in Europa der deutsche, aber auch der irische Anteil noch deutlicher erhöhen. Innerhalb der einzelnen Kolonien blieb freilich die nationale Zusammensetzung höchst unterschiedlich. Während in Massachusetts der englische Anteil Ende des 18. Jahrhunderts etwa bei 80 Prozent lag, betrug er in Pennsylvania nur noch knapp ein Drittel der Bevölkerung. Ebenso viele Siedler stammten bereits aus Deutschland. Dies hatte zur Folge, dass sich in solchen Regionen schnell deutschsprachige Zeitungen etablieren konnten. Auch Debatten und Sitzungsprotokolle führte man hier in deutscher Sprache und Gesetze wurden zweisprachig veröffentlicht. Eine ernsthafte Erwägung der immer noch englischsprachigen Mehrheit, in diesen Kolonien Deutsch als Amtsprache einzuführen, gab es jedoch nicht – auch wenn man das in Deutschland seit der Gründung des Kaiserreichs 1871 gerne glauben wollte und manchmal noch heute sogar in der wissenschaftlichen Literatur lesen kann. Dies ist ebenso eine Legende wie die Vorstellung, dass in den Verfassungsdebatten zwischen 1787 und 1789 die Entscheidung für eine deutschsprachige USA an nur einer Stimme Mehrheit gescheitert sei.

Die englische Sprache und Kultur blieb der Standard, an dem sich das öffentliche Leben ausrichtete. Im privaten Bereich konnte sich allerdings die jeweilige Heimatsprache noch über Jahrhunderte halten. Dies zeigten nicht zuletzt die deutschen Einwanderer, deren gemeinsame Identität sich nicht nur in den Städten, sondern schließlich auch in den Weiten des Mittleren Westens behauptete, bevor sie sich unter dem politischen Druck im Ersten, dann aber vor allem im Zweiten Weltkrieg weitgehend auflöste. In manchen Gebieten blieb der Zusammenhalt der ersten Siedler und ihrer Kultur aber noch bis heute erhalten. Ein frappierendes Beispiel dafür sind die sogenannten Amish (oder auch Alt-Amishen), eine Glaubensbewegung, die sich schon im 16. Jahrhundert von den Mennoniten abspaltete und zunächst im ländlichen Pennsylvania heimisch wurde. Da sie weitgehend den Kontakt mit der Umgebung, insbesondere der englischsprachigen Bevölkerung, mied, konnte der frühneuhochdeutsche Dialekt der Einwanderungszeit, das vor allem mit dem Pfälzischen verwandte sogenannte Pennsylvania Dutch, nebst Kleidung und Infrastruktur bis heute weitgehend bewahrt werden, obwohl manche englische Wörter trotzdem einflossen. Die Besonderheiten blieben auch deswegen erhalten, weil man im Wesentlichen untereinander heiratete, sofern nicht neue Einwanderer in die Gemeinschaft aufgenommen wurden. Heute sind vor allem die Orte um die Stadt Lancaster in Pennsylvania, die geradezu in der Vergangenheit stehen geblieben erscheinen, zu wahren Touristenmagneten geworden. Dies gilt insbesondere, seit sich 1966 die als liberaler geltenden «Neu-Amishen» abgespalten haben, die mehr Kontakt nach außen zulassen und auch Telefon und andere moderne Kommunikationsmittel nutzen.

Während auf diese Weise kulturelle Unterschiede in den Regionen überall zu spüren blieben, speiste sich die politische Identität der Kolonien insgesamt ganz zweifelsfrei aus der Verbundenheit mit dem englischen Mutterland, wenngleich die Bindung 1776 schließlich zunächst im Konflikt endete. Im Verband des britischen Kolonialreiches waren die Kolonien auf dem nordamerikanischen Kontinent zunächst relativ pflegeleicht. Die englische Krone schätzte ihren Wert, nicht zuletzt weil sie sich nach und nach auch wirtschaftlich als lukrativ erwiesen. Für England waren die unterentwickelten Gebiete in Nordamerika nicht nur Rohstoffproduzenten, sondern auch Markt für eigene Waren. Der sogenannte Navigation Act, der seit 1651 den Handelsverkehr protektionistisch regelte, verbot den Überseekolonien deswegen schlicht die Produktion von Gütern, die eine Konkurrenz für die englische Wirtschaft darstellen könnten. Produkte aus den Kolonien wie Tabak, Reis oder Pelze durften zudem nur exklusiv auf den englischen Markt kommen. Dennoch wurden die Kolonien immer produktiver. Kurz vor der Unabhängigkeitserklärung war im Stichjahr 1760 das Bruttosozialprodukt aller 13 Kolonien schon auf knapp 40 Prozent der Wirtschaftsleistung Englands gestiegen.[75] Das war immerhin eine Steigerung um das Achtfache im Vergleich zum Jahr 1700.

Im Kontext dieser wirtschaftlichen Überlegungen standen dann auch die weiteren Versuche, die nordamerikanischen Besitzungen nicht nur ökonomisch, sondern auch politisch-institutionell stärker an das Mutterland zu binden. Die «Glorious Revolution» 1688/89, in der sich die Anglikaner endgültig gegen den Katholizismus in England durchsetzten und der englische Staat gestärkt aus der Konfrontation hervorging, verzögerte nur kurzfristig den Plan, Nordamerika als Dominion zu verwalten und zu zentralisieren. Verhindert wurde die Entwicklung aber nicht. Dreißig Jahre später, nach einer Periode, die man in Anlehnung an einen späteren Satz des Philosophen Edmund Burke als «Heilsame Vernachlässigung» (Salutary Neglect) Nordamerikas bezeichnete, vereinheitlichte das Parlament in London 1720 zunächst die bislang gültige Rechtsform der Kolonien. Aus den «Charter Colonies» und den «Proprietory Colonies», also jenen, die als Gründung der großen Handelsgesellschaften oder als Lehen für königliche Favoriten entstanden waren und deswegen auch erhebliche Handlungsfreiheit genossen, wurden nun nach und nach «Royal Colonies». Sie wurden zu unmittelbar von London abhängigen Gebieten, auf die das Parlament und der König über die nun direkt ernannten Gouverneure weitgehenden Einfluss nahmen. Auch die Administration wurde nun eng an den Londoner Wünschen ausgerichtet. Das reichte bis zur Kontrolle der Gesetzgebung und Rechtsprechung. Bis auf die Gebiete Connecticut, Rhode Island, Maryland und Pennsylvania, die davon zunächst verschont blieben und dank der Unabhängigkeit auch niemals davon berührt wurden, sah sich der Großteil der nordamerikanischen Kolonien nun zum ersten Mal direkt von England aus geführt.

Weniger jedoch die im 17. und 18. Jahrhundert zunehmende administrative Kontrolle als vielmehr die Dominanz der englischen Sprache und Rechtsnormen (Common Law) in den Kolonien steigerte die Bedeutung anderer Bereiche der englischen Kultur. Dies wiederum wurde zur Grundlage für die Entstehung der anglo-amerikanischen Kultur, die im 20. Jahrhundert zu einer global verbreiteten «Superculture» wuchs. Die politische Nähe führte nun bald auch ohne direkten Druck aus London dazu, dass die politischen Institutionen in den Kolonien sich an diesem Vorbild orientierten.[76] Das schließlich auf zwei Kammern, einem «Repräsentantenhaus» (House of Representatives, auch: Assembly) als Vertretung der Kolonisten und einem «Senat» (Senate) als Repräsentation der englischen Oberhoheit über die Kolonien aufgebaute parlamentarische System war zumindest in Anlehnung an den englischen Parlamentarismus mit seinem Unter- und Oberhaus entstanden.

Bei genauerem Hinsehen blieben die Unterschiede allerdings trotzdem beträchtlich. Der englischen Kolonialverwaltung gelang es zum Beispiel niemals, die gewünschte Trennung in einen vom Adel und einen von den Repräsentanten der übrigen Bevölkerung gestellten Teil des Parlaments zu etablieren, weil eine Übertragung der europäischen Adelsgesellschaft in die Neue Welt fast von Beginn an misslang. Dies lag zu einem nicht geringen Teil am Unwillen des englischen, aber auch des sonstigen europäischen Erbadels, sich in Übersee niederzulassen, trotz der zum Teil enormen Vergünstigungen. Die Kolonien blieben aus dieser Perspektive, ungeachtet ihres wirtschaftlichen Erfolgs und obwohl sich in den südlichen Teilen so etwas wie ein Adelsnimbus unter den Plantagenbesitzern zu etablieren begann, unzivilisiertes Entwicklungsland, weit entfernt von den damaligen Zentren kultivierten Lebens. Auch der Versuch, einen Erbadel (Landgraves, Cacique) zu schaffen, der sich über den Großgrundbesitz von mehr als 12 000 Acres definieren und gleichzeitig so etwas wie die Speerspitze der europäischen Zivilisation an der Frontier sein sollte, misslang gründlich. Die Folge war, dass stattdessen eine kleine Gruppe von im Verhältnis ungewöhnlich reichen bürgerlichen «Freeholders» und bürgerliche Familiendynastien die nordamerikanische Gesellschaft prägten.[77] Damit war das politische System zwar nicht von Geburtsprivilegien frei, aber da das passive wie das aktive Wahlrecht lediglich Landbesitz forderte und die Zahl der landbesitzenden erwachsenen Weißen bis zu 80 Prozent betrug,[78] blieb es für eine Partizipation der Mehrheit offen. Die Praxis zeigte, dass sich sogar der in den Kolonien ansässige englische Adel den Verhältnissen beugte und die politischen Entscheidungen – etwa bei der Abstimmung über die Verfassung der Kolonie Carolina – akzeptierte.

Bindung an Europa Wie nah die Kolonien in der Neuen Welt allerdings trotzdem dem englischen und europäischen Raum blieben, ließen insbesondere die kulturellen Bindungen kontinuierlich erkennen. Zumindest die Gebildeten in den Überseekolonien verstanden sich als Teil einer über den Atlantik bis in die Alte Welt reichenden Gemeinschaft, die begierig und interessiert auch die neuesten intellektuellen Entwicklungen aufnahm. Wohlhabende Bürger der Kolonien schickten bereits damals ihre Kinder zur Ausbildung vorzugsweise in die Zentren Westeuropas. In Philadelphia, der Stadt, die in den Kolonien früh zu einer Art kulturellen Mittelpunkt avancierte, fand dadurch sowohl die Europäische Aufklärung als auch der seit 1660 aufblühende Reformierte Pietismus, der in Nordamerika wiederum auf die Entwicklung zahlreicher protestantischer Erweckungsbewegungen (Great Awakening) wirkte, besonders starken Widerhall. Die Stadt war nicht zuletzt auch ein wesentliches Zentrum der aus Europa stammenden und insbesondere in England früh etablierten Bewegung der Freimaurer (Freemasonry), eines aus der Phase des

Freimaurer-Symbolik
Das Auge Gottes (des
«Großen Baumeisters»)
oder der Vorsehung (Eye of
Providence) über der Pyra-
mide auf der Ein-Dollar-Note

europäischen Kathedralenbaus hervorgegangenen transnationalen Zu-
sammenschlusses von Experten – vor allem Baumeistern und Steinmet-
zen – mit mündlich weitergegebenem Wissen. In dieser übernationalen
und zwangsläufig liberalen Tradition des Expertentums verstanden sich
die im ersten Drittel des 18. Jahrhunderts auch in den USA etablierten
Logen. 1730 gründete man die erste amerikanische Provinzialloge.[79]
Frühe Logenhäuser (Tempel) entstanden außer in Philadelphia (Pennsylvania) und in Savannah (Georgia) auch in Indianapolis (Indiana) oder –
besonders beeindruckend – in Detroit (Michigan). Der Erfolg der Freimaurer in den Kolonien und dann in den USA erklärt sich nicht zuletzt
daraus, dass sich bedeutende amerikanische Politiker wie Benjamin Franklin (1731) oder George Washington (1752) der Bewegung anschlossen.
Dass auf der ersten (Ein Drittel-)Dollar-Note der Kontinentalstaaten
1776 bereits ein zentrales Symbol der Freimaurer dargestellt war, nämlich das im Dreieck abgebildete Auge Gottes (des «Großen Baumeisters»)
oder der Vorsehung (Eye of Providence), und dass dieses zusammen mit
dem Symbol der Pyramide auf dem ungefähr gleichzeitig entstandenen
Großen Siegel (Great Seal) der USA auftauchte, das wiederum seit 1935
auf der Ein-Dollar-Note der Vereinigten Staaten erschien, ist zumindest
ein Hinweis auf die starke Präsenz des Freimaurer-Gedankenguts in der
Gründergeneration der USA – zumal Benjamin Franklin Mitglied des
Komitees war, das das sogenannte Große Siegel entwarf.

Gerade der Einfluss von Benjamin Franklin, des im puritanischen
Boston in Neu-England geborenen Multitalents – Naturwissenschaftler,

Verleger, Philosoph, Erfinder, Freimaurer und natürlich nicht zuletzt Politiker –, war frappierend, insbesondere, wenn man über die Ausbildung eines amerikanischen Bewusstseins in der Kolonialzeit, aber auch über die Entwicklung einer «amerikanischen Mentalität» spricht. Gleichzeitig macht der Blick auf Franklin klar, dass eine enge Verbindung nach London keinesfalls die Kritikfähigkeit gegenüber dem Mutterland schmälern musste. Als junger Mann war er bereits Mitte der 1720er Jahre nach England gereist und stieg dort dreißig Jahre später zum Repräsentanten von Pennsylvania, schließlich auch von New Jersey, Massachusetts und Georgia auf. In London profilierte er sich rasch als kämpferischer Anwalt amerikanischer Interessen in der sogenannten Stamp-Act-Krise, der berüchtigten Auseinandersetzung um die Einführung weiterer Steuern für die nordamerikanischen Kolonien, die dann geradewegs in den Unabhängigkeitskrieg führte. Aber es war nicht nur seine Beteiligung an der amerikanischen Unabhängigkeitsbewegung, die seinen Ruhm begründete. Seine naturwissenschaftlichen Forschungen wirkten nachhaltig auf die amerikanische Gesellschaft und ihr Interesse für technischen Fortschritt. Darüber hinaus lieferte er mit seiner Schrift *Poor Richard's Almanack* auch eine der Grundlagen für die amerikanische Selfmademan-Mentalität.[80]

Mit Sicherheit war Franklins Wirken auch für die Durchsetzung der Ideen der Aufklärung in Nordamerika verantwortlich. Die auf seine Anregung hin entstandene American Philosophical Society wie auch das College of Philadelphia oder die Library Company hatten maßgeblichen Einfluss auf die intellektuelle Entwicklung der Kolonien und prägten nicht zuletzt die Amerikanische Revolution entscheidend mit. Selbst in den benachbarten puritanischen Kolonien wuchs das Interesse an der Aufklärung. In Massachusetts wurde John Adams, der nach George Washington zum zweiten US-Präsidenten aufstieg, 1780 zum Gründer der berühmten American Academy of Arts and Sciences.

Spannungen mit London   Trotz aller Bindungen blieb das Verhältnis der nordamerikanischen Kolonien zu London ambivalent. Seit dem 17. Jahrhundert kämpften Kolonialtruppen in den verschiedenen Kriegen Englands in Nordamerika zwar regelmäßig auf Seiten Londons mit. Dies war im King William's War zwischen 1689 und 1697, der als Teil des Pfälzischen Erbfolgekrieges in die Geschichte eingegangen ist, nicht anders als im nordamerikanischen Teil des Spanischen Erbfolgekrieges, dem sogenannten Queen Anne's War zwischen 1701 und 1713, oder dem in den Österreichischen Erbfolgekrieg eingeordneten King George's War (1740–1748). Hier war noch eher eine Loyalität zu England als eine gemeinsame nordamerikanische Identität zu spüren. Eine Idee gemeinsamer Interessen kam in den nordamerikanischen Kolonien erst langsam auf, nachdem die Briten die Auseinandersetzung mit den Franzosen 1763 für sich entschieden hatten. Erst jetzt wurde die verstärkte Präsenz britischer Truppen in den Kolonien zum Reizthema, genauso wie die nun von London noch gezielter betriebene Zentralisierungspolitik, die das Empire für kommende Auseinandersetzungen – man dachte vor allem an Frankreich – sturmsicherer machen sollte. Die Bewohner der Kolonien antworteten auf diese neuen Verschärfungen zunächst nur mit dem Hinweis auf frühere Abmachungen, auf die «Alten Rechte», ganz so wie es die Dissidenten des 16. Jahrhunderts in Europa regelmäßig getan hatten.

Der jetzt durch die Anwesenheit von weiteren Truppen intensiver gewordene Kontakt mit dem Mutterland brachte zudem Spannungen zum Vorschein, an die kaum jemand zuvor gedacht hatte. Die aus dem hoch entwickelten England stammenden Soldaten, insbesondere die traditionell aus dem Adel rekrutierten Offiziere, machten unmissverständlich deutlich, dass sie die Kolonialbevölkerung für kaum kultivierter hielten als «die Wilden», die hinter der Frontier in den Weiten des nordamerikanischen Kontinents lebten. Die britische Verachtung oder zumindest Missachtung kollidierte nun immer häufiger mit dem wachsenden Selbstbewusstsein nicht nur der Intellektuellen im kolonialen Nordamerika. Gerade die gebildeten «Amerikaner» aber sahen sich im Besitz der höheren moralisch-religiösen Tugenden, der sogenannten Virtue. Wenig später, als die heiße Auseinandersetzung mit den Briten begann, nannten sich die Siedler «Patrioten» (Patriots), aber eben auch stolz «Whigs», nach dem alten englischen Spottnamen Whiggamore – Viehtreiber. Jetzt verband sich das manichäische Lagerdenken der evangelikalen Dissidenten der frühen Siedlungen mit der zivilreligiösen Sendungsidee und dem tief sitzenden Misstrauen gegen autoritäre Staatsformen. Auch George Washington, der erste Oberbefehlshaber der amerikanischen Kolonistenarmee schöpfte sein Selbstverständnis aus einem moralischen Überlegenheitsgefühl. Man weiß, dass er insbesondere die Werke Viscount Bolingbrokes las, eines der bekanntesten Vertreter der sogenannten Country-Ideologie im frühen 18. Jahrhundert. In diesen Schriften fanden sich die Kritik an der barocken Eitelkeit und Korruption des englischen Hofes ebenso wie das Wunsch- und

Stein gewordener Machtanspruch über den Kontinent Das 1793 bis 1823 gebaute und zwischen 1851 und 1863 in seiner heutigen Form erweiterte Kapitol in Washington D. C., Foto von 1866

Gegenbild, das Washington für sich adaptierte: das Ideal des gerechten «Patriot King».[81]

Allmählich wuchs auch der geographische Horizont der Amerikaner. Es war auch die Weite des nordamerikanischen Kontinents, die die Identitätssuche wie die politischen Visionen beeinflusste. Selbstbewusst erhielt das Gremium, das seit 1774 fünfzehn Jahre als Versammlung der Delegierten der dreizehn Kolonien den Weg zwischen Revolution und Staatsgründung bestimmte, den programmatischen Namen «Kontinentalkongress» (Continental Congress), obwohl er nur zwei Mal zusammentrat (5.9.–26. 10. 1774 und 10. 5. 1775–2. 3. 1789) und in keiner Weise Einfluss über den Kontinent hatte. Die amerikanische Miliz wurde seit 1776 unter der Bezeichnung Kontinentalarmee geführt, und das erste Papiergeld hieß Kontinentaldollar. Auch der vom Zweiten Kontinentalkongress angeordnete Bau eines nun amerikanischen Kongressgebäudes, das Capitol heißen sollte und nach den Plänen des Architekten William Thorton 1793 als ständiger Sitz des Parlaments auf der sprichwörtlichen Grünen Wiese in einer nur wenige Kilometer vom provisorischen Tagungsort New York entfernten Planstadt (später: Washington, D. C.) errichtet wurde, verwies im Zuge der bis zur Mitte des 19. Jahrhunderts vorgenommenen Umbauten und Erweiterungen immer deutlicher auf die kontinentale Vision der USA.

Eine Einigung zwischen den selbstbewussten Kolonien und dem als «Despoten» angesehenen britischen König George III. wurde noch dadurch erschwert, dass man jene, die sich dem zunehmenden Druck nicht beugen wollten, auch nicht in andere Regionen ausweichen ließ. Nachdem sich 1763, im Anschluss an den britischen Sieg über die Franzosen, Indianerstämme bei den Großen Seen im sogenannten Pontiac-Krieg gegen die britischen Truppen erhoben hatten, verfügte London per königlicher Order einen vorläufigen Siedlungsstopp in diesen Gebieten. Darüber hinaus bürdete London den Kolonisten nun auch die Unterhaltung neuer Forts an der Frontier auf. Auch das ließ die Situation noch brisanter werden. Das Fass zum Überlaufen brachten aber erst die als extrem ungerecht und despotisch wahrgenommenen phantasievollen Versuche des britischen Königs, die nach jahrzehntelangen Kriegen weitgehend leeren Kassen des Empires durch neue, auch ungewöhnliche Steuern zu füllen.

III. Das Experiment:
Die Gründung der Vereinigten Staaten
1763–1815

Die Emanzipation: The Boston Tea Party

Zur Sanierung des enormen Staatsdefizits von rund 133 Millionen Pfund Sterling, für die Großbritannien jährlich allein rund 5 Millionen Pfund Zinsen bezahlen musste,[1] erließ London bereits 1764 zwei Gesetze. Während der Sugar Act den Zoll für die Einfuhr von Zucker in die Kolonien endlich organisiert eintreiben sollte, richtete sich der Currency Act dagegen, dass die Kolonien auf höhere Abgaben einfach mit der Vergrößerung des Papiergeldumlaufs antworteten. Außerdem wurden die Kolonien nun zusätzlich mit dem sogenannten Beherbergungsgesetz, dem Quartering Act, verpflichtet, den britischen Kolonialtruppen unentgeltlich Unterkünfte zur Verfügung zu stellen, was das ohnehin problematische Verhältnis zu den gewöhnlich arrogant auftretenden Soldaten zusätzlich belastete.

Die «Sons of Liberty» Zum eigentlichen Auslöser und langlebigen Brennstoff der nun folgenden Auseinandersetzung, die am Ende in der Emanzipation der nordamerikanischen Kolonien vom britischen Mutterland und in der Gründung der USA gipfelte, wurde allerdings das Stempelsteuergesetz, der Stamp Act. Er erhob eine neue Abgabe auf die Ausstellung von amtlichen Dokumenten, aber auch auf Zeitungen, Karten und sogar Würfelspiele. All dies musste von nun an mit einer teuren Gebührenmarke versehen werden. Es war wohl nicht allein der Umstand, dass es sich um die erste Abgabe handelte, die direkt bei den Kolonisten eingetrieben wurde, der den Unmut steigerte. Als besonders ärgerlich empfanden es viele, dass die Motive dafür nur allzu offensichtlich waren: Haushaltssanierung, gepaart mit stärkerer Kontrolle der Kolonien. Letztere zeigte sich besonders deutlich im Ausbau der königlichen Verwaltung, mit der diese Steuern eingetrieben werden sollten.

Der ohnehin unbeliebte königliche Finanzbeamte wurde zu einer

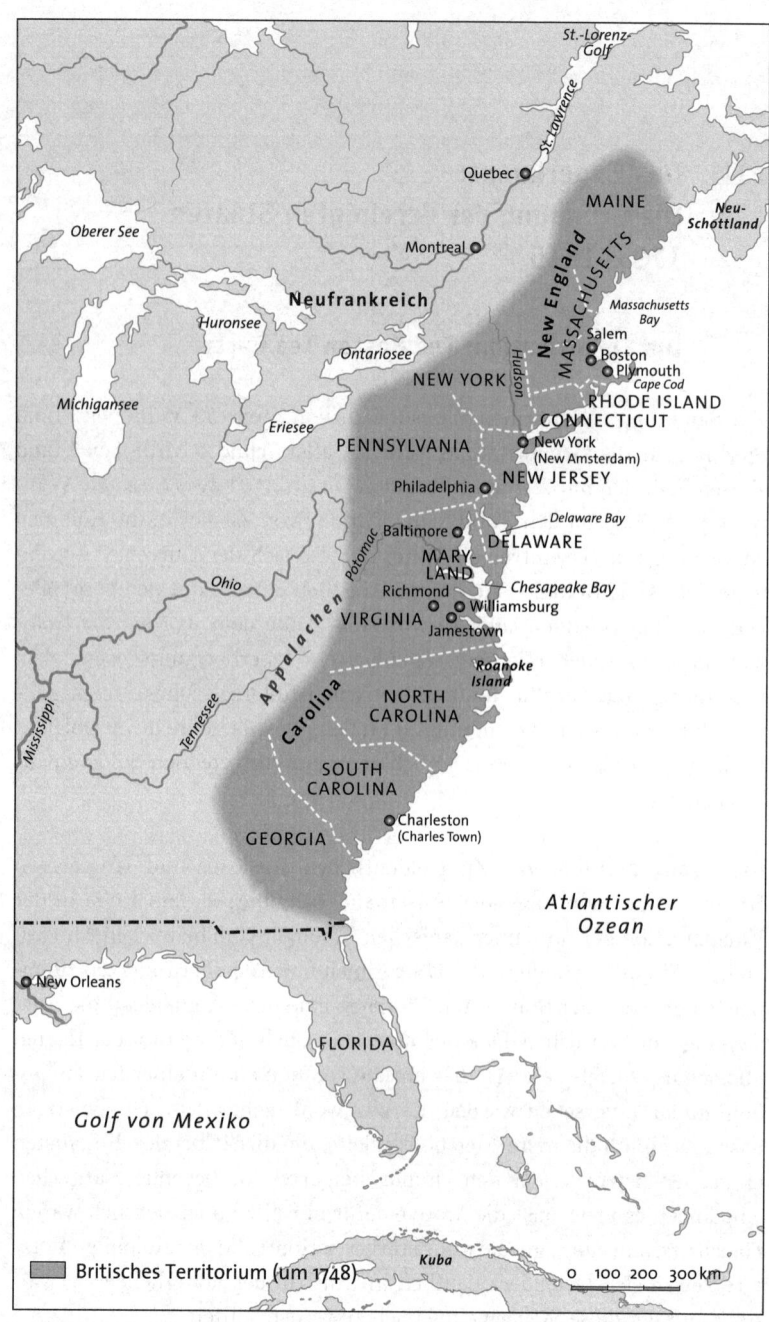

St.-Lorenz-Golf

Oberer See

Neufrankreich

Huronsee

Michigansee

Ontariosee

Eriesee

Quebec

Montreal

St.-Lorenz

MAINE

Neu-Schottland

New England

MASSACHUSETTS

Massachusetts Bay

Salem

Boston

Plymouth

Cape Cod

RHODE ISLAND

CONNECTICUT

NEW YORK

Hudson

PENNSYLVANIA

New York
(New Amsterdam)

NEW JERSEY

Philadelphia

Delaware Bay

Baltimore

Potomac

DELAWARE

MARY-LAND

Ohio

Richmond

Williamsburg

Chesapeake Bay

VIRGINIA

Jamestown

Appalachen

Tennessee

Roanoke Island

NORTH CAROLINA

Carolina

SOUTH CAROLINA

Mississippi

GEORGIA

Charleston
(Charles Town)

Atlantischer Ozean

New Orleans

FLORIDA

Golf von Mexiko

Britisches Territorium (um 1748)

Kuba

0   100   200   300 km

Britisches Territorium 1748

«Die Bostoner zahlen es dem Steuereintreiber heim» «The Bostonians Paying the Excise-man, or Tarring and Feathering» lautet der offizielle Titel des wohl bekanntesten und in verschiedenen Versionen verbreiteten Bilds zur Boston Tea Party (1774), das allerdings in England gedruckt wurde. In betont drastischer Weise wird die Misshandlung der Bostoner Sons of Liberty am Steuerbeamten und bekannten Loyalisten John Malcolm unter einem «Freiheitsbaum» dargestellt. Er wird nicht nur geteert und gefedert, sondern ihm wird auch noch englischer Tee eingeflößt.

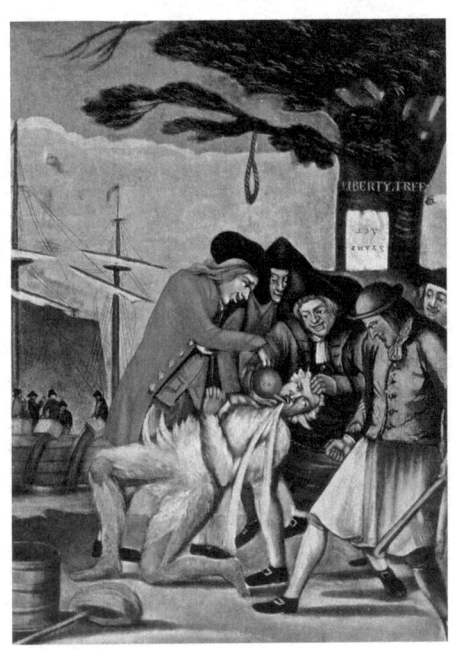

der meistgehassten Personen in den Kolonien, und sein Bild bestimmte zu einem Gutteil die nun folgende Propagandaschlacht der Kolonialbevölkerung gegen London. Die weit verbreiteten Bilderserien machten in drastischer Weise deutlich, dass die Siedler sich auch nicht scheuten, die Steuereintreiber unter den bald überall gepflanzten sogenannten Freiheitsbäumen, den Liberty Poles, zu teeren und zu federn, einer zwar nicht tödlichen, aber extrem unangenhmen Prozedur. Im rückblickenden Jubel über die Patrioten, wie sie sich nun nannten, wurde allerdings häufig zu rasch vergessen, dass viele Kolonisten tief mit dem Kolonialsystem verbunden waren. Pikanterweise hatte selbst ein Samuel Adams, der eigentliche Kopf des 1773 veranstalteten Protests der «Boston Tea Party» und spätere Mitunterzeichner der Unabhängigkeitserklärung, in den 1750er und 1760er Jahren zeitweilig als königlicher Steuereintreiber gearbeitet. Angeheizt wurde die Psychologische Kriegsführung der Kolonialbevölkerung durch den Ärger der Zeitungsverleger und -drucker seit der Einführung der Stempelsteuer. Aber auch andere Handwerker und Händler, deren Waren nun mit einer Zusatzabgabe versehen worden waren, sahen es als ihre patriotische Pflicht an, nur noch «amerikanische» Waren aus den Kolonien zu verkaufen und britische Importgüter zu boykottieren. Es war daher kein Zufall, dass sich die Zusammenschlüsse in der Protestbewegung, etwa die «Sons of Liberty», die für viele der drastischen Pamphlete und teils gewalttätigen Demonstrationen verantwortlich zeichneten, vor allem aus diesen Kreisen rekrutierten.

Trotz aller Empörung suchte die Mehrheit der Patriots oder Whigs oder schlicht der Amerikaner, wie sie sich jetzt immer häufiger in Abgrenzung zu den Briten nannten, durchaus noch nach Einigungsmöglichkeiten. Zu dem Entschluss, dass man aus dem Empire ausscheiden müsse, wenn man seine Rechte verteidigen wolle, kamen sie nur sehr langsam. Der erste Schritt war der offizielle Protest der Kolonialparlamente. Er unterstrich insbesondere ihre verbriefte Souveränität und ihr alleiniges Recht, Abgaben zu erheben. Der Aufbau einer schon weitgehend organisierten gemeinsamen Front gelang im Herbst 1765, als sich Abgeordnete aus zunächst neun Kolonien in New York zum sogenannten Stamp Act Congress zusammenfanden. Hier wurden die zentralen Argumente nun zur offiziellen Protestresolution: Das britische Parlament, das der seit 1763 amtierende Premier George Grenville zum Repräsentationsorgan für alle von Großbritannien beherrschten Gebiete erklärt hatte, könne, so hieß es dort, gar nicht für alle die gemeinsame Vertretung bilden und zudem einen Konsens voraussetzen. London sei nur berechtigt, übergreifende Regelungen zu erlassen, nicht aber direkt in die Kolonialgebiete einzugreifen. «No taxation without representation» – keine Abgaben ohne Mitsprache: Dieser wohl auf den puritanischen Prediger Jonathan Mayhew aus Boston zurückgehende Satz («Taxation without representation is tyranny») wurde nun durch den Juristen James Otis, der nicht nur zu den Sons of Liberty, sondern auch zu den wichtigsten Wortführern des New Yorker Stempelgesetzkongresses gehörte, zum gemeinsamen Schlachtruf. Übereinstimmende Meinung war, dass die bisherige Praxis, einzelne Lobbyisten, wie beispielsweise Benjamin Franklin, nach London zu schicken, nicht mehr ausreiche.

Die Situation eskalierte in der aufgeheizten Stimmung rasch. Zwar wurde 1766 das Stempelgesetz ersatzlos vom Londoner Parlament kassiert. Als im folgenden Jahr aber mit der Einführung einer Reihe von Importzöllen, den sogenannten Townshend Acts, die erneut viele Alltagsgüter wie Tee, Farben, Leder oder Papier betrafen, die Proteste massiv wieder aufflammten, gab es zum ersten Mal Tote. Während des sogenanntes Boston-Massakers, wie der blutige Zusammenstoß von Bürgern mit britischen Truppen am 5. März 1770 genannt wurde, der danach zum zentralen, mit übertriebenen Details ausgeschmückten Propagandamotiv avancierte, starben fünf Menschen. Ausgangspunkt war eigentlich ein simpler Streit zwischen dem Bostoner Handwerker Edward Garrick und dem britischen Offizier John Goldfinch um eine Rechnung gewesen. Dass die Situation fast augenblicklich eskalierte, als der erboste Garrick mit einigen anderen begann, vor der Kaserne britische Soldaten zu beschimpfen, zeugte aber von der explosiven Stimmungslage. Zur Katastrophe kam es, als die Gruppe sich durch Zulauf aus den Straßen und vor allem dem nahen Hafen rasch vergrößerte. Nach Beleidigungen kam es zu ersten Handgreiflichkeiten, in deren Verlauf ein Soldat zu Boden ging. Im Fallen hatte dieser noch seine Muskete abgefeuert, vielleicht sogar noch «Feuer» gerufen, wie später die Ermittlungen ergaben. Die Folgen waren verheerend, als danach fast alle Soldaten in die Menge schossen. Zurück blieben neben drei Toten auch acht Verletzte, von denen zwei später ebenfalls verstarben. Schüsse aus einem anderen Gebäude, etwa dem benachbarten Zollhaus, das daraufhin in der Patrioten-Propaganda zur «Butcher's Hall» avancierte und auf den weit verbreiteten Bildern von Henry Pelham, Paul Revere oder John Bufford dargestellt wurde, hatte es dagegen wohl nicht gegeben. Legende war vermutlich auch der von den Demonstranten zur Tatsache erklärte Feuerbefehl.

Wie tragisch und eher zufällig das Zusammentreffen von einigen Hitzköpfen mit ebenso unbesonnen handelnden Soldaten auch immer gewesen war: In den Köpfen blieb das blutige Geschehen als «Boston Massacre», um dessen politische Instrumentalisierung zum zentralen Ereignis und damit kollektiven «Erinnerungsort» der Unabhängigkeitsbewegung sich nun namentlich Samuel Adams persönlich kümmerte. Entscheidend in dieser Inszenierung wurde, dass die Bewegung nun ihre ersten Märtyrer erhalten hatte. Bereits die Beerdigung der Opfer wurde zur politischen Demonstration, die sich als Gedenkveranstaltung in den folgenden Jahren regelmäßig wiederholte. Auch die Väter der Unabhängigkeitserklärung ließen es sich nicht nehmen, den Zwischenfall als wichtiges Argument für die Notwendigkeit der Loslösung von Großbritannien anzuführen. Geschlossen war die Patriot-Bewegung allerdings noch längst nicht. Dies wurde spätestens in der Gerichtsverhandlung deutlich. Zum einen verlief sie ausgesprochen fair gegenüber den Soldaten und endete damit, dass man diesen ausdrücklich eine Notwehrsituation zugestand. Zum anderen war es ausgerechnet Samuel Adams' Cousin John Adams der die Soldaten selbst in der aufgeheizten Stimmung erfolgreich verteidigen konnte. Die Radikalen in der Bewegung hatten noch nicht die Oberhand gewonnen.

Der Zeitpunkt, die britische Politik in Nordamerika grundsätzlich in Frage zu stellen, war eigentlich nicht schlecht gewählt. Politisch war London in den 1760er und 1770er Jahren durch zahlreiche Skandale und Regierungswechsel geschwächt. Eine Mehrheit für die Verfechter einer harten Linie gab es auch hier noch nicht. Die zahlreichen Probleme, unter denen das Verhältnis zu den renitenten nordamerikanischen Kolonien nur eines war, führten allerdings zu sprunghaften Reaktionen, die die Kolonialpolitik wohl eher ungewollt mehr anheizten als notwendig. Es zeichnete sich jedoch ab, dass auch in London die Befürworter der harten Linie auf dem Weg waren, die Oberhand zu gewinnen. Nachdem 1766 der Stamp Act bereits zurückgenommen worden war – allerdings wohl eher wegen der Beschwerden englischer Exportfirmen –, folgte nach den Vorfällen vor den Quartieren der britischen Garnison in Boston nun zunächst auch die weitgehende Rücknahme der sechs Jahre zuvor erlassenen Townshend-Gesetze. Die Teesteuer blieb allerdings bestehen, was die Bevölkerung in den Kolonien deswegen besonders verärgerte, weil Tee zu den Grundnahrungsmitteln gerechnet wurde und man mit gutem Recht argwöhnte, dass auf diesem Wege die damals fast bankrotte, in London ansässige East India Company saniert und amerikanische Händler benachteiligt werden sollten. Zwar waren in den Jahren zuvor die Einfuhrzölle speziell für Tee weitgehend durch Schmuggel und den Import von holländischem Tee umgangen worden. Daher hatten sich in der Vergangenheit die Verluste in Grenzen gehalten. Aber wiederum genügte ein Symbol.

Die «Boston Tea Party»   In der Nacht vom 16. auf den 17. Dezember 1773 enterten daraufhin als Indianer verkleidete radikalisierte Patriots das britische Handelsschiff «Dartmouth» im Hafen von Boston. Vorausgegangen waren erneut heftige Debatten, an denen neben dem mittlerweile einschlägig bekannten Samuel Adams auch der ebenso radikale und bei den Sons of Liberty aktive Kaufmann John Hancock beteiligt war. Hancock leitete wenig später nicht nur den Zweiten Kontinentalkongress, der die Unabhängigkeitserklärung initiierte. Er wurde von George Washington auch zum ersten Oberbefehlshaber der Kontinentalarmee ernannt. Es war aber vor allem Adams, der sich bei den Debatten im Old South Meeting House in Philadelphia mit seiner Auffassung durchsetzte, dass man keinesfalls das Löschen von englischen Waren hinnehmen dürfe. «Die Frage ist, ob die Zerstörung dieses Tees notwendig war? Ich glaube, es war ... unumgänglich ... Ihn löschen zu lassen, hätte bedeutet, ... dass ... unsere seit zehn Jahren geleistete Arbeit umsonst gewesen wäre und man uns und unsere Nachkommen zu ägyptischen Sklaven gemacht hätte», notierte er am 17. Dezember 1773 in sein Tagebuch.[2]

Die Operation auf der Dartmouth verlief so spektakulär wie irgend möglich. Etwa fünfzig bis sechzig Amerikaner in Mohawk-Verkleidung waren unter lautem Gejohle zum Hafen marschiert, hatten das Schiff geentert und rund 45 Tonnen Ostindientee, dessen Wert man später auf immerhin rund 10 000 Pfund Sterling schätzte, ins Wasser geworfen.[3] Da der Zug zum Hafen nicht unbemerkt geblieben war, verfolgten Tausende von Schaulustigen die symbolträchtige Szene, die sich über mehrere Stunden hinzog. Für die Patrioten war es ein voller Erfolg. «Dies ist die bisher großartigste Maßnahme», vermerkte Adams. «Dieses ... Unternehmen der Patrioten hat eine Würde ..., die ich bewundere. Das Volk sollte sich nie erheben, ohne etwas Erinnerungswürdiges zu tun – etwas Beachtenswertes und Aufsehen Erregendes. Die Vernichtung des Tees ist eine so kühne, entschlossene, furchtlose und kompromisslose Tat, und sie wird notwendigerweise so wichtige und dauerhafte Konsequenzen haben, dass ich sie als epochemachendes Ereignis betrachten muss.»[4]

Warum die Rebellen allerdings ausgerechnet als Mohawk-Indianer verkleidet waren, blieb umstritten. Die Maskerade verwies wohl am ehesten auf den Freiheitswillen der Ureinwohner, aber auch auf ihren Status als Außenseiter. Immerhin hatte sich selbst die Londoner Regierung 1763 nach den Indianeraufständen dazu durchgerungen, gegen die bereits weit ins Inland abgedrängte indigene Bevölkerung in ihren neuen Siedlungsgebieten westlich der Appalachen zunächst nicht weiter vorzugehen, sondern eine Art Reservat einzurichten. Dass die Rebellen als Mohawks auftauchten, mag man allerdings auch als einen Hinweis darauf verstehen, dass ein endgültiger Bruch mit Großbritannien einschließlich des Ausscheidens aus dem Empire zu diesem Zeitpunkt noch nicht wirklich beabsichtigt war. Die Mohawks waren gerade in dieser Hinsicht ein exzellentes Symbol: Sie hatten seit 1710 kontinuierlich zu den Briten gestanden und in zahlreichen Indianerkriegen und vor allem gegen die Franzosen auf Londons Seite gekämpft. Die Patriots blieben jedenfalls auch nach der «Boston Tea Party» dabei, weitere Aktionen gegen die britische Bevormundung in dieser Verkleidung durchzuführen. Eine wirkliche Sympathie zu den Ureinwohnern Nordamerikas kann allerdings angesichts der nach dem Sieg der Amerikanischen

Revolution fortgesetzten Vernichtungspolitik gegenüber den Indianern kaum daraus geschlossen werden. Das Ergebnis der Boston Tea Party 1773 war nicht nur aus Sicht der Rebellen überraschend. Zwar initiierte man in London sofort Gegenmaßnahmen, die in den Kolonien bis Mitte des Jahres 1774 als die fünf «Unerträglichen Gesetze», Intolerable Acts oder auch Coercive Acts, bekannt wurden. Sie bezogen sich aber vorwiegend auf das besonders renitente Massachusetts. Während mit dem Boston Port Act der Hafen, in dem die Tea Party stattgefunden hatte, quasi stillgelegt wurde, entzog der Massachusetts Government Act und der Impartial Administration of Justice Act der Kolonie wichtige Rechte. Verboten waren nun selbst Versammlungen. Gleichzeitig entzog die Londoner Regierung die aus Großbritannien in die Kolonie entsandten offiziellen Vertreter der dortigen Justiz, indem man ihnen demonstrativ Immunität verlieh. Beides traf das Selbstverständnis der Amerikaner nicht nur in Massachusetts erneut an empfindlicher Stelle. Der Höhepunkt war allerdings der Government Act, der 1774 die Kolonie Massachusetts für aufgelöst erklärte.

Das Selbstbewusstsein aller 13 Kolonien sah sich darüber hinaus durch die Neuauflage des verhassten Quartering Acts von 1765 getroffen, der die Zwangsunterbringung britischer Truppen betraf. Eher indirekt und längerfristig wurde der Quebec Act zum Ärgernis. Grundsätzlich wollten die Briten damit nicht nur der angespannten Situation im Osten Herr werden, sondern gleichzeitig nach den Franzosen- und Indianerkriegen das gesamte Kolonialgebiet neu ordnen. Dazu sollte im Mittleren Westen das Louisiana-Territorium, das London 1763 nach dem Sieg über die Franzosen in Besitz genommen hatte, Teil der Provinz Quebec werden. Die Siedler in den Ostküstenkolonien betraf das insofern, als gleichzeitig beschlossen worden war, dort die neuen Indianerreservate einzurichten, was die Ausdehnung der Siedlungsgebiete nach Westen behinderte. Aber der Quebec Act war auch deshalb «unerträglich», weil er demonstrativ den Katholiken Gleichberechtigung einräumte und damit die puritanisch-protestantische Kultur schwächte, die einen wesentlichen Teil des gewachsenen amerikanischen Selbstverständnisses ausmachte. Er erlaubte nicht nur die freie Wahl des Glaubensbekenntnisses und der Religionsausübung in den vormals französisch-katholischen Kolonialgebieten, sondern stellte es auch allen Staatsbediensteten frei, welcher Richtung sie folgen wollten. Das ärgerte die Patriots dermaßen, dass sie bereits 1775 planten, die neuaufgestellten Milizen der 13 amerikanischen Kolonien, aus denen die heutige

Nationalgarde (United States National Guard) hervorging, zur Eroberung dieser Gebiete einzusetzen. Der Plan zerschlug sich unter den Herausforderungen, die der wenig später beginnende Unabhängigkeitskrieg an die militärisch unerfahrenen Siedlermilizen stellte, sehr schnell. Die Schlacht von Quebec am 31. Dezember 1775 beendete dieses Kapitel endgültig.

Solidarisierung der Kolonien In den Ostküstenkolonien führte die harte britische Linie zum exakten Gegenteil dessen, was man sich in London versprochen hatte: Statt Einschüchterung bewirkten die Zwangsmaßnahmen sofort eine übergreifende Solidarisierung. Schon im September 1774, also nur knapp ein Vierteljahr nach dem Quebec Act als dem letzten der Unerträglichen Gesetze, konnte in Philadelphia der sogenannte Erste Kontinentalkongress eröffnet werden. Er versuchte, mit 55 Abgeordneten aus immerhin zwölf der 13 Kolonien (ohne Georgia) eine gemeinsame Linie für den weiteren Weg zu finden. Wie kaum anders zu erwarten, triumphierten nach dem Propagandakrieg der vergangenen Jahre, der kaum Spielraum für Entspannungspolitik gelassen hatte, die Radikalen der Bewegung, unter ihnen Samuel und John Adams. Die Gemäßigten aus den Mittleren Atlantikkolonien – zu ihnen zählten Joseph Galloway und John Dickinson aus Philadelphia – konnten sich angesichts der aufgeputschten Stimmung nicht mehr durchsetzen, obwohl sie eindringlich vor dem Chaos warnten, das eine mögliche Niederlage der Siedler im Konfliktfall nach sich ziehen würde. Galloway hatte auf Verhandlungen mit London gesetzt, die nach seiner Meinung auch verhindern konnten, dass die Briten die Kolonien aus ihrem Empire ausschlossen. Doch alle Aufrufe zur Beruhigung fanden kein Gehör mehr. Am Ende einigte man sich nur noch auf eine Art Minimalkonsens, der die direkte Forderung nach Unabhängigkeit zwar vermied, aber erneut ausdrücklich die «Alten Rechte» einforderte. Die «Declaration of Colonial Rights and Grievances» stellte sich ohne Einschränkung auf die Seite des besonders von den Unerträglichen Gesetzen betroffenen Massachusetts. Ihm sollten jetzt die vereinigten Kolonien – die «Continental Association» – helfen. Dahinter stand die vielleicht sogar bereits reale Furcht, in Versklavung zurückzufallen, wie es Thomas Jefferson, ein aus angesehener Familie stammender walisisch-deutscher Anwalt und Abgeordneter aus Virginia, in seiner noch im selben Jahr erschienenen Schrift *A Summary View of the Rights of British America* den Amerikanern als Szenario ausmalte. Es war daher kein Zufall, dass sich der Begriff der

Versklavten Nation (Enslaved Nation) langfristig zu einem weiteren zentralen Topos politischer Identität in den USA entwickelte, mit dem sich die Amerikaner nach ihrer Staatsgründung bis ins 21. Jahrhundert als Schutzmacht und Helfer jener Nationen weltweit empfahlen, die nach Freiheit strebten. Großbritannien und sein «despotischer König» übernahmen im traditionell manichäischen Weltbild der Siedler die Rolle einer dunklen Macht, die die eigene Welt, die Welt der Freiheit und «des Lichts», bedrohte. Unabhängig von jedem Wirklichkeitsgehalt war dies nun die Basis, auf der sich religiöse Fundamentalisten und politische Radikale in der Unabhängigkeitsbewegung zusammenfinden konnten. In diesem Bild wurden zuletzt alle Gegner zu universalen Feinden einer politischen und religiösen Erneuerung der Welt, wie sie in den Kolonien über einhundert Jahre zuvor begonnen worden war. Zu speziellen Verrätern im eigenen Land erklärte man die sogenannten Loyalisten oder Tories, die als Parteigänger der Briten die Rechte Großbritanniens verteidigten.

Für London war dies nicht zuletzt deshalb eine gravierende Herausforderung, weil die Ideen der Patriots zunehmend auch die politisch weniger aktiven Bürger in den Kolonien überzeugten. In den traditionellen, oft in Kirchen stattfindenden Treffen der Gemeinden unterstützte man schon längst deren Forderungen. Für die notwendige Kommunikation zwischen den Gemeinden sorgte ein ausgebautes Nachrichtenwesen mit Korrespondenzkomitees, die auch in den letzten Winkel der Kolonien Nachrichten und Flugblätter brachten. Nun wurde neben den gebildeten Eliten zunehmend die einfache Bevölkerung, die städtischen Handwerker ebenso wie die Farmer auf dem Land, zur treibenden Kraft, die sich in den Milizen gegen die Briten organisierte. In dieser Atmosphäre lief schließlich alles immer deutlicher auf eine Entweder-oder-Position hinaus.

Der Erste Unabhängigkeitskrieg

Der Zweite Kontinentalkongress, der seit dem 10. Mai 1775 tagte und sich erst am 2. März 1789 selbst auflöste, um als Kongress der Vereinigten Staaten institutionalisiert zu werden, nahm zur Kenntnis, dass die Befürworter einer radikalen Lösung auch außerhalb der politischen Gremien tonangebend geworden waren. Während die politische Elite noch darüber debattierte, ob Unabhängigkeit vom Britischen Empire tatsächlich das erstrebenswerte politische Ziel sein solle, und viele trotz aller Probleme immer noch auf König George III. setzten, schuf die öffentliche Meinung bereits Tatsachen. Dabei trug weiterhin die unduldsame Londoner Politik am meisten zur Radikalisierung bei. Bereits Ende 1774, unverkennbar dann aber im Februar 1775 ging man in London davon aus, dass die 13 Kolonien in Nordamerika bereits im offenen Aufruhr und verloren seien, wenn nicht energisch eingeschritten würde. Seit November 1774 schickten die Briten immer mehr Truppen, deren Befehl schlicht lautete, die Rebellion zu beenden, die Anführer zu verhaften und die aufmüpfigen Kolonisten ein für allemal in die Schranken zu weisen. Dabei ging es um rund 2,5 Millionen Menschen, darunter eine halbe Million afrikanische Sklaven.

Lexington und Concord Zur zentralen Zäsur auf der Stufenleiter immer neuer Eskalationen zum offenen Krieg, dem eigentlichen Revolutionskrieg, wurde der 19. April 1775. An diesem schon damals als schicksalhaft verstandenen Tag befahlen britische Kommandeure zum ersten Mal, die amerikanischen Milizen anzugreifen. Beim Angriff auf ein Versorgungslager bei den Dörfern Lexington und Concord in der Nähe von Boston starben bereits 368 Menschen, was als eine unvorstellbar große Zahl von Opfern verstanden wurde. Das Scharmützel zeigte bereits die Rücksichtslosigkeit beider Seiten, vor allem aber auch die Entschlossenheit der amerikanischen Milizen: Unter den 368 Toten befanden sich 273 britische Soldaten und nur 95 Milizionäre.[5]

Das blutige Gefecht in Massachusetts sorgte in den Kolonien endlich auch für die Geschlossenheit, um die man zuvor so lange vergeblich gerungen hatte. Am 10. Mai 1775 konnten sich zum ersten Mal die Delegierten aller 13 Kolonien den Forderungen der radikalen Fraktion anschließen und erklärten nun offiziell den Kriegszustand gegenüber London. Der aus Virginia stammende, damals 43-jährige George Washington, ein Plantagenbesitzer aus Virginia, wurde nun Oberbefehlshaber der Kontinentalarmee. Zugleich gab der Zweite Kontinentalkongress in Philadelphia die Gelder frei, um die Armee auszurüsten. Als man 15 Jahre später die Kriegskosten zusammenrechnete, kam man auf die damals gigantische Summe von 357 476 541 Dollar, wobei das weitaus teuerste das Kriegsjahr 1779 gewesen war.[6] Das für die Finanzierung des Unabhängigkeitskriegs 1776 eingeführte Papiergeld, der sogenannte Kontinentaldollar, erwies sich allerdings als grandioser Flop, weil selbst die Amerikaner ihm so sehr misstrauten, dass der Kongress harte Strafen für diejenigen androhen musste, die mit der Währung spekulierten. Vier Jahre später enteignete die notwendige Währungsreform Gutgläubige wie Zweifler gleichermaßen.[7] Seit 1781 wurde mit Hilfe der Bank of North America, dem damals einzigen gemeinsamen Geldinstitut der Kolonien, ein diesmal besser vorbereiteter Versuch zur Einführung einer vor allem fälschungssichereren Währung unternommen. Seit 1787 konnten neue Münzen ausgegeben werden, und mit dem fünf Jahre später gestarteten sogenannten Coinage Act wurde das neue Geld zentral von der in Philadelphia ansässigen und direkt dem neu eingerichteten Außenministerium unterstellten Münze, der United States Mint, geprägt. Die USA wurden damals ganz nebenbei zur ersten Nation, die ihre Währung dauerhaft auf das Dezimalsystem umstellte, bei dem ein US-Dollar einhundert Cents entsprach. Die übrigen Maßeinheiten blieben allerdings erhalten, so dass Gewichte, Entfernungsangaben oder Geschwindigkeiten bis heute in für europäische Ohren ungewöhnlichen Maßen von Ounce, Inch, Mile, Yard oder Miles per hour angegeben werden. Eine Vereinheitlichung ist nach wie vor in weiter Ferne.

In den Entscheidungen, die der Zweite Kontinentalkongress 1775/76 traf, war auf diese Weise bereits lange vor der eigentlichen Gründung der Vereinigten Staaten 1788/89 bereits ein Bewusstsein für einen Nationalstaat zu erkennen. Der Kontinentalkongress handelte schon wie der Vertreter eines souveränen Staates und nicht mehr wie der Sachwalter einer abhängigen Kolonie. Dass der Kongress angesichts seiner ihm zur Verfügung stehenden Ressourcen zu solchen weitreichenden Bestimmungen eigentlich gar nicht in der Lage war, macht deutlich, dass das Bewusstsein der europäischen Siedler, für eine gerechte Sache zu kämpfen, eine deutlich größere Rolle spielte als die Realitäten. Dies muss vor allem auch mit Blick auf die amerikanischen Milizen festgestellt werden, die der Militärmaschinerie Großbritanniens, die im 18. Jahrhundert zur weltweit schlagkräftigsten aufgestiegen war, hoffnungslos unterlegen schienen.

Strategien Die Briten ihrerseits machten daher auch keinen Hehl aus ihrer Verachtung für die aus Bauern und Bürgern bunt zusammengewürfelte «Rebellenarmee». In einer offenen Feldschlacht mit einer in Linie diszipliniert vorrückenden und von Artillerie und Kavallerie unterstützten Infanterie, einem symmetrischen Krieg, hatten die kolonialen Amateurkrieger zu Beginn des Unabhängigkeitskriegs tatsächlich zunächst kaum eine Chance. Auch in der Ausbildung blieben sie in der ersten Zeit weit hinter den Briten zurück. Die Kontinentalarmee Washingtons konnte zudem nur mit Mühe zwischen 15 000 und 18 000 Milizionäre bei der Fahne halten – und auch dies nur in den guten Monaten.[8] Während der Wintermonate, in denen viele Operationen ohnehin geradezu einfroren und auch die britischen Truppen im Lager verharrten, schmolz die amerikanische Truppenstärke regelmäßig auf wenige Tausend zusammen. Zur Kompensation entschloss man sich 1777 dazu, rund 5000 Schwarzafrikaner auf der Seite der Revolution kämpfen zu lassen. Eine größere Zahl ehemaliger Sklaven zu bewaffnen, wäre zwar möglich gewesen, ein entsprechender Beschluss wurde aber von den südlichen Kolonien verhindert. Deren Sorge bestand darin, dass die halbe Million versklavter Schwarzafrikaner, die sich damals in den Kolonien aufhielten, einmal militärisch ausgebildet, möglicherweise einen Aufstand wagen könnten. Einige Tausend Sklaven stellten sich tatsächlich den Briten zur Verfügung, von denen sie ihre Befreiung erhofften. Im Rückblick betrachtet konnten die amerikanischen Milizen so trotz ihres Idealismus niemals mehr als ungefähr ein Drittel der erwachsenen weißen Amerikaner in den Kolonien aktivieren. Die Mehrheit blieb als Pazifisten, Loyalisten oder Unpolitische den Revolutionstruppen fern.

Die Briten konnten sich so 1775/76 zunächst darauf konzentrieren, die besonders renitenten Gebiete, zu denen neben Massachusetts auch Neu-England gehörte, von den anderen Kolonien zu trennen und einzeln gegen sie vorzugehen. Die Stärke der Amerikaner zeigte sich erst, als die Milizen auf die Kriegsführung der Briten mit einem Guerillakrieg antworteten, in dem die ortskundigen Farmer, Handwerker und Arbeiter einen Vorteil gewannen.[9] Mit diesem Wandel vom symmetrischen zum asymmetrischen Krieg wuchsen die Erfolge. Der militärisch wenig erfahrene Washington holte sich zudem entsprechenden Sachverstand von außen. Mit Hilfe des Marquis de Lafayette, des Barons von Steuben oder auch Alexander Hamiltons lernte er in den Kämpfen bis 1781, offenen Entscheidungsschlachten gezielt auszuweichen. Die Gefechte, die dann zum Frieden von 1783 führten, erwiesen sich jedoch als kaum weniger mörderisch.

Wie blutig der Krieg werden sollte, zeigte sich bereits im Sommer 1775 in der Schlacht von Bunker Hill vor dem von Amerikanern belagerten britischen Stützpunkt Boston, das sich wie ganz Massachusetts im militärischen Ausnahmezustand befand. Am 17. Juni 1775 war die Stadt von den britischen Truppen unter General William Howe, der später auch den Oberbefehl über das ganze britische Heer erhielt, erfolgreich entsetzt worden, wobei die auf den Hügeln (dem «Bunker Hill» sowie

dem «Breed's Hill») verschanzten Milizionäre allerdings nur nach ver-
lustreichen Kämpfen aus ihren Stellungen vertrieben worden waren.
Trotz der Niederlage der amerikanischen Truppen wurde die Schlacht
auf diese Weise für die Amerikaner zu einem Erfolg. Ein Bunker-Hill-
Monument, an dem lange Zeit jährlich der Ereignisse gedacht wurde,
entstand bereits 1827, als in Charlestown auf dem ehemaligen Breed's
Hill – heute ein Stadtteil von Boston – ein Denkmal eingerichtet wurde.
Ähnliche Bedeutung erhielten später die Schlachten von Saratoga oder
Valley Forge.

Dass die Strategie Washingtons, Entscheidungsschlachten auszuweichen und damit den Krieg in die Länge zu ziehen, zum Erfolgskon-
zept wurde, erklärt sich vor allem aus dem Zeitdruck, unter dem sich die
Briten sahen. Sie hatten aufgrund der internationalen Lage, aber auch
durch ihre Entscheidung, ein relativ kleines Truppenkontingent in
Übersee bereitzustellen, nur ein schmales «strategisches Fenster» zur
Verfügung. Militärisch war ihre gesamte Operationsplanung in Nordamerika daher auf eine Art «Blitzkrieg» ausgerichtet. International war
nach der Niederlage Frankreichs in Nordamerika damit zu rechnen,
dass über kurz oder lang Paris eine Revanche für 1763 suchen würde.
Im Juni 1778 war es dann so weit: Ludwig XVI. trat in den Unabhän-
gigkeitskrieg ein, nachdem zwei Jahre zuvor bereits Franzosen wie der
Marquis de Lafayette auf eigene Faust mit französischen Freiwilligen
zu den Amerikanern gestoßen waren. Schon 1776 zuvor hatten die
Franzosen über eine fingierte Handelsgesellschaft, die «Hortalez &
Cie», die der berühmte französische Skandalautor und Geheimagent
Pierre-Augustin Cardon de Beaumarchais betrieb, Munition geliefert.
Aber das britische Expeditionskorps in Nordamerika musste vor allem
auch fürchten, dass der König und das Parlament in London die Geduld
verlieren würden, wenn sich nicht rasch ein Erfolg einstellte. Die Bereitschaft, einen Krieg in Übersee zu führen, wurde ohnehin immer geringer. Die Strategie der verschiedenen britischen Befehlshaber vor Ort
lief daher darauf hinaus, möglichst viele Truppen zusammenzuziehen,
um eine Entscheidungsschlacht zu erzwingen.

Söldner im Unabhängigkeitskrieg Die britischen Truppen umfassten
zu Beginn des Revolutionskriegs rund 15 000 Mann. Auf dem Höhepunkt
der Auseinandersetzung standen bei ihnen rund 20 000 Loyalisten, mehrere Tausend Schwarzafrikaner und eine unbekannte Zahl von Indianern,
denen die Briten durch den 1763 verfügten Schutz der Indianergebiete als

weniger feindlich erschienen, unter Waffen. Seit 1775 wurden zudem nahezu 30 000 ausländische Söldner aus Europa in die Neue Welt geschickt – fast ausschließlich Deutsche.[10] Die erste Gruppe bestand aus einigen Tausend «Hessen», die von den Werbeoffizieren des britischen Königs in verschiedenen deutschen Territorien angeworben worden waren.[11] Solche Zwangsrekrutierungen hielten aufgrund des sich hinziehenden Kolonialkriegs noch über viele Jahre an, wobei sich die Methode der «Freiwilligenwerbung» ständig verschärfte.

Soldatenhandel 1777–1783
(Beispiele Waldeck u. Anhalt-Zerbst)[12]

Waldeck		Anhalt-Zerbst	
Subsidien	670	Subsidien	600
Rekruten April 1777–ᅠApril 1782	555	Rekruten und Vermehrung April 1779–April 1781	552
Summe	1225	Summe	1152
Zurückgekehrt 1783	505	Zurückgekehrt 1783	984
Verlust	720	Verlust	168

Der später nicht zuletzt durch seine Gedichte über die Bevölkerung Nordamerikas berühmt gewordene Dichter Johann Gottfried Seume fiel als Student noch im Sommer 1781 Werbern in die Hände, und das, obwohl er nur wenig über 1,50 Meter maß. «Man brachte mich als Halbarrestanten nach der Festung Ziegenhayn, wo der Jammergefährten aus allen Gegenden schon viele lagen, um mit dem nächsten Frühjahr … nach Amerika zu gehen. Ich ergab mich in mein … Schicksal, und suchte das Beste daraus zu machen, so schlecht es auch war … Meine Kameraden waren noch ein verlaufener Musensohn aus Jena, ein banquerotter Kaufmann aus Wien, ein Posamentierer aus Hannover, ein abgesetzter Postschreiber aus Gotha, ein Mönch aus Würzburg, ein Oberamtmann aus Meiningen, ein preußischer Husarenwachtmeister, ein kassierter hessischer Major von der Festung und andere von ähnlichem Stempel.»[13]

Den zweitgrößten dieser «Leihverträge» konnten die Briten mit dem überschuldeten Herzog von Braunschweig abschließen. Rund 4300 Soldaten verlieh Karl I. für rund 11 500 Pfund Sterling im ersten Jahr, wobei die Überlebenden dann zurückkehren und – falls notwendig – zum doppelten Preis noch einmal in den Krieg ziehen sollten. Für jeden Toten – oder entsprechend für drei Verletzte – waren von den Briten zusätzlich dreißig Kronen zu bezahlen. Der Landgraf von Hessen-Kassel, Friedrich II., übergab im größten Leihvertrag, der überhaupt im Amerikanischen Unabhängigkeitskrieg abgeschlossen wurde, noch einmal rund 17 000 seiner Landeskinder für rund 21 Millionen Taler, so dass zusammen mit den in anderen Territorien (etwa Ansbach und Anhalt) Zwangsverpflichteten die Zahl der deutschen Söldner im Amerikanischen Unabhängigkeitskrieg schließlich fast 30 000 Menschen erreichte. Das war selbst bei den nicht gerade zartbesaiteten deutschen Fürsten keineswegs unumstritten. Kritik daran äußerte sogar Friedrich II. von Preußen, der zuvor allein drei Kriege mit enormen Verlusten vom Zaun gebrochen hatte und außerdem am globalen Siebenjährigen Krieg beteiligt gewesen war. 1777 verweigerte er eine Zeitlang sogar die Verschiffung der Verschleppten aus preußischen Häfen, wie auch Seume in seiner Autobiographie betonte, was allerdings die Überfahrt nur unwesentlich verzögerte.[14] Nicht zuletzt wurde die Geschichte um den Verleih von Landeskindern zum Reizthema der Aufklärung. Neben Friedrich Schiller, der in seinem «Bürgerlichen Trauerspiel» *Kabale und Liebe* 1784 den «Menschenschacher» wohl am eindrücklichsten der Öffentlichkeit präsentierte, prangerten auch Lessing, Herder, Klopstock, Arndt und Mirabeau den unwürdigen Handel an.

Da die in den Dienst gepressten «Freiwilligen» zudem nur ein kleines Handgeld erhielten, konnte die Kampfkraft solcher Verbände allerdings nicht sonderlich hoch sein, was namentlich auch den amerikanischen Milizen schnell klar wurde. Bereits Weihnachten 1776 wurden bei einem Angriff der Truppen Washingtons neunhundert der deutschen Freiwilligen in der berühmten Schlacht bei Trenton in New Jersey gefangen genommen. Gezielt hatten die Strategen der Kontinentalarmee damals versucht, die Deutschen zum Überlaufen zu bewegen, und gleichzeitig bei den Amerikanern um Verständnis für deren Situation geworben. «Sie hegen keine Feindschaft gegen uns. Nach den willkürlichen Gebräuchen despotischer deutscher Fürsten wurden sie ihrem Vaterland entrissen und an einen fremden Monarchen verkauft, ohne dass ihre Neigungen berücksichtigt oder sie selbst in Kenntnis gesetzt worden wären.»[15] Tatsächlich wurden die Kriegsgefangenen gut behandelt und schließlich in den schon von Deutschen besiedelten Kolonien wie Pennsylvania als Landarbeiter und Gehilfen untergebracht. Man geht davon aus, dass rund 5000 deutsche Söldner, die in die Hände der Amerikaner geraten waren oder sich als Deserteure durchgeschlagen hatten, in der Neuen Welt blieben.[16]

Mythos Unabhängigkeitskrieg Das Gemälde *Washington Crossing the Delaware* von Emanuel Gottlieb Leutze (1851) entstand 75 Jahre nach dem hier dargestellten Ereignis, der Überquerung des Delaware am Vorabend der Schlacht von Trenton 1776. Das Hauptaugenmerk der Komposition liegt auf dem Pathos, nicht auf der historischen Genauigkeit. Auf dem Bild erscheint daher als Fahnenträger der «Stars and Stripes» – die es damals noch nicht gab – auch James Monroe, der zukünftige Präsident und Erfinder der «Monroe-Doktrin».

Auf den ausbleibenden militärischen Durchbruch und die überraschend hohen Verluste in der Schlacht von Trenton antworteten die Briten mit einer grundlegend neuen Strategie. Statt auf Isolierung der als besonders renitent angesehenen Kolonien setzten sie nun auf die Spaltung der 13 Kolonien. Ziel war, die gegenüber London loyalen Siedler in den südlichen Kolonien durch eine Trennung von den «Rebellen» auf die eigene Seite zu ziehen. Ein Keil sollte durch einen kombinierten Angriff von der Küste und von Norden aus zwischen die Kolonien getrieben werden. Tatsächlich gelang dem Oberbefehlshaber Howe die Besetzung New Yorks und Philadelphias, von wo der Zweite Kontinentalkongress nach Baltimore fliehen musste. New York ging dabei weitgehend in Flammen auf. Der zweite Zangengriff misslang dagegen spektakulär, wobei die Guerillataktik der amerikanischen Milizen eine besonders wichtige Rolle spielte. Der aus dem Norden vorrückende britische General Lord John Burgoyne war bei seinem Versuch, die Truppen von Howe zu erreichen, kontinuierlich aus dem Hinterhalt angegriffen worden und hatte dadurch seine Nachschublager und Transportmittel verloren, so dass er sich schließlich nach Saratoga (das heutige Saratoga Springs im Staat New York) zurückziehen musste. Dort erreichten die seit der Schlacht von Trenton in ihrer Kampfmoral gestärkten Revolutionstruppen schließlich sogar einen weiteren spektakulären Sieg, der im Rückblick zum Wendepunkt des gesamten Krieges wurde. Genau betrachtet handelte es sich dabei um eine Serie von einzelnen Gefechten zwischen dem 19. September und dem 17. Oktober 1777, bei denen erneut Scharen von deutschen Söldnern desertierten.[17]

Kapitulation der Briten Auch der nächste Strategiewechsel der Briten misslang. Mitte 1778, parallel zum französischen Kriegseintritt, verlagerte das britische Oberkommando, das im Mai den glücklosen General Howe durch General Henry Clinton ersetzt hatte, die Offensive in die südlichen Kolonien. Im Norden wurde das besetzte Philadelphia geräumt; New York blieb allerdings in britischer Hand. Hintergrund des britischen Rückzugs war der im Februar 1778 geschlossene amerikanisch-französische Freundschafts-, Bündnis- und Handelsvertrag, der die vorher bestehende Unterstützung für die Amerikaner massiv verstärkte und dem sich später selbst Spanien anschloss. Der danach zum Nachfolger Clintons ernannte Lord Charles Cornwallis blieb langfristig ebenso glücklos. Den letzten Schlag versetzte den immer mehr unter Zeitdruck operierenden britischen Kräften die Ankunft der französischen Flotte unter Admiral de Grasse, die im Sommer 1780 militärische Verstärkung im Mündungsgebiet des Chesapeake an Land brachte. Damit war die Entscheidung gefallen: Cornwallis, der mit seinen Truppen zu diesem Zeitpunkt einen militärischen Schwerpunkt in Virginia und dort vor allem in Yorktown gebildet hatte, kapitulierte am 19. Oktober 1781 mit noch etwa 10 000 Mann, als die Stdt von amerikanischen Milizen und französischen Truppen eingeschlossen wurde. Einen gewichtigen politischen Hintergrund bildete dabei allerdings die mittlerweile aufgebrauchte Geduld des britischen Parlaments, den glücklosen Kolonialkrieg weiterzuführen. Faktisch war das bereits das Ende des (Ersten) Unabhängigkeitskriegs, obwohl die Briten damals noch die wichtigen Küstenstädte New York und Charleston, aber auch die gesamte Kolonie Georgia sowie die kanadischen Besitzungen im Norden hielten. Der Krieg hatte allein in den 13 Kolonien rund 25 000 Todesopfer gefordert.[18]

Die im April 1782 begonnenen Verhandlungen, die schließlich im Frieden von Paris (Versailles) endeten, verliefen trotzdem erstaunlich

Spanisches Gebiet
Britisches Gebiet
Russisches Gebiet
Umstrittenes Gebiet
Nicht beanspruchtes Territorium

Der Frieden von Paris 1783

komplikationslos, auch wenn bei den Briten ein Gefühl der Demütigung nicht zu übersehen war, das 1812 in den Zweiten Unabhängigkeitskrieg führte. Beide Seiten, sowohl die Amerikaner und ihre Verbündeten als auch die Briten, drängten auf einen raschen Abschluss. Nicht mehr umstritten war, dass die Amerikaner nun ihre Unabhängigkeit erhalten würden. Für sie verhandelten in Versailles neben dem offiziellen Bevollmächtigten, John Adams, der fünfte Präsident des Kontinentalkongresses, John Jay, sowie Benjamin Franklin. Im Friedensvertrag vom September 1783 konnten seitens der Amerikaner fast alle Ziele erreicht werden, die sie sich gesetzt hatten. Großbritannien behielt Kanada, musste aber Gebiete zwischen dem Mississippi und den Appalachen den Amerikanern überlassen. Diese erhielten zudem Rechte auf kanadischem Gebiet, so bei Neufundland, Neu-Schottland sowie auf dem Sankt-Lorenz-Strom. Florida blieb unter spanischer Herrschaft. Erst 1819 erwarben es die USA. Bedeutsam war zudem die weitgehende Festlegung der Grenze gegenüber Kanada. Sie verlief nun im Norden der Staaten Maine, New Hampshire, Vermont und New York bis zu den Großen Seen und folgte von dort dem 49. Breitengrad.

Eine Verfassung für die Vereinigten Staaten

Mitten in den ersten Gefechten mit den Briten, zwischen der Schlacht von Bunker Hill in Massachusetts 1775 und dem noch folgenreicheren amerikanischen Sieg bei Trenton in New Jersey im Dezember 1776, entschieden sich die Aufständischen zur Formulierung einer Unabhängigkeitserklärung. Am 7. Juni 1776 wurde in der Sitzung des Kontinentalkongresses in Philadelphia vom Abgeordneten Richard Henry Lee der Antrag gestellt, die Unabhängigkeit der 13 Kolonien offiziell zu erklären. In dieser «Lee-Resolution» wurde der Kongress zudem aufgefordert, ein Verteidigungsbündnis zu schaffen sowie Alliierte zu suchen. Erst einen Monat später wurde Lees Antrag dann mit 12 von 13 Stimmen angenommen.

Debatten um die Unabhängigkeit   Dass die Entscheidung für die Unabhängigkeit nicht unumstritten war, konnte man allerdings nicht nur an der doch sehr späten Abstimmung und der Enthaltung New Yorks erkennen. Auch South Carolina und Maryland zeigten sich zunächst wenig interessiert. Das einstimmige Votum kam erst zustande, als ihre beiden Vertreter überzeugt worden waren und die Abgeordneten von New York zur am 4. Juli 1776 angesetzten nächsten Abstimmung nicht mehr erschienen. Das waren jedoch nicht die einzigen Probleme. Gerade Richard Henry Lee, der später immerhin zum sechsten Präsidenten des Kontinentalkongresses bestellt wurde und ohne den die Unabhängigkeitserklärung wohl kaum so zielgerichtet vorangetrieben worden wäre, zeigte sich als erbitterter Gegner einer starken Zentralregierung und lehnte eine für alle verpflichtende Verfassung konsequenterweise ab. Als über die genaue Formulierung der Unabhängigkeitserklärung abgestimmt wurde, nahm er jedoch wegen der Erkrankung seiner Ehefrau nicht mehr teil. So setzten sich in der Abstimmung nicht nur die Befürworter einer starken Zentralregierung durch, sondern der damals erst knapp 33-jährige Thomas Jefferson, der für Lee in den Kongress einzog, wurde zum Verfasser der Gründungsurkunde der USA. So ungerecht kann die Geschichte sein.

Immerhin wurde dem so unsanft beiseite geschobenen Lee zugestanden, dass der US-Verfassung später ein Zusatzartikel – das sogenannte Tenth Amendment – angehängt wurde, der bis heute der Zentralregierung alle jene Rechte abspricht, die nicht ausdrücklich in der Verfassung erwähnt sind. «Die Machtbefugnisse, die von der Verfassung weder den Vereinigten Staaten übertragen noch den Einzelstaaten entzogen werden», so heißt es dort, «bleiben den Einzelstaaten oder dem Volke vorbehalten.»[19]

Die von Lee schon in den frühen 1770er Jahren geäußerten Bedenken waren tatsächlich weit verbreitet und seit fast dreißig Jahren ein nahezu fester Bestandteil der öffentlichen Debatte gewesen. Populärer Bezugspunkt war die von dem französischen Richter und Erfolgsautor Charles de Montesquieu verfasste, 1748 anonym erschienene Schrift *De L'Esprit des Loix (Vom Geist der Gesetze)*, die schon drei Jahre später auf den vatikanischen Index der verbotenen Bücher gesetzt wurde. Montesquieu hatte dort, ausgehend von seiner Analyse über die Gründe, die zum Untergang des Römischen Reiches geführt hatten, dargelegt, dass Zentralregierungen eher kontraproduktiv seien und Freiheiten langfristig eher behindern und zerstören würden.[20] Bei den Verfassungsdebatten ab 1776 waren seine Thesen bereits ein heftig diskutiertes Thema im Kontinentalkongress. Als sich dennoch unter George Washingtons Führung, der ab 1787 den Verfassungskonvent leitete, die Verfechter der Zentralregierung durchsetzten, geschah das vor allem aus machtpolitischem Kalkül. Sie glaubten, ein starkes Machtzentrum werde im beginnenden Zeitalter der

Nationalstaaten die amerikanischen Wünsche am besten sichern, aber auch die Partikularinteressen beherrschen können. Gerade Washington konnte sich deshalb auch niemals wirklich mit den in der späteren Verfassungsdebatte unter anderem von James Madison in den sogenannten Federalist Papers 1787/88 vorgelegten Thesen anfreunden. Er argumentierte vor allem aus seiner militärischen Erfahrung. Nur zu genau kannte er aus dem Krieg die Probleme, die aus einer schwachen Führung resultierten. Dies bedeutete aber nicht, dass die Zentralregierung in der Geschichte der USA von nun an gewillt gewesen wäre, alle Probleme der Bundesstaaten zu lösen. Im Gegenteil: Bis heute zögert die jeweilige Regierung in der Bundeshauptstadt Washington zum Beispiel nicht, Einzelstaaten, die ihren Finanzhaushalt überschritten haben, auch tatsächlich in den Staatsbankrott gehen zu lassen.

Jefferson   Thomas Jefferson war wie Washington ein Kind aus einer typischen Aufsteigerfamilie Virginias. Damals seit knapp einem Jahrzehnt Anwalt, saß er seit 1769 als Vertreter der Farmer und Plantagenbesitzer in der zweiten Kammer des Parlaments von Virginia, dem sogenannten House of Burgesses. Washington war durch die Eheschließung mit seiner zweiten Frau, Martha Dandridge Custis, zu größerem Landbesitz gekommen und damit in die Pflanzeraristokratie aufgestiegen. Jefferson erbte bereits von seinem Vater eine stattliche Farm von etwa 2000 Hektar, bevor er eine vermögende Witwe heiratete.[21] Beide Aufsteiger, Washington wie Jefferson, schufen sich zudem den architektonischen Ausdruck ihrer politischen Ideen: Washingtons Anwesen in Mount Vernon, aber insbesondere Jeffersons Besitz Monticello wurden in dem damals gerade bei liberalen Großgrundbesitzern beliebten palladianischen Stil entworfen, einer klassizistischen Bauform mit klarer Gliederung, die bezeichnenderweise auch die französischen Revolutionäre bevorzugten.[22] Aufklärung und Rationalismus sollten sich sichtbar gegen die von der Monarchie bevorzugte überladene barocke Schwülstigkeit abgrenzen. Wie sich das Interesse an der Aufklärung und die Tatsache, dass auf Washingtons Besitzungen rund 150, auf Jeffersons Plantagen rund zweihundert Sklaven arbeiteten, miteinander vertrug, blieb allerdings immer erklärungsbedürftig. Ein Schlüssel zum Verständnis liegt in der damals auch von vielen Evangelikalen wie in den boomenden Naturwissenschaften vertretenen Idee von der naturgegebenen Ungleichheit der Rassen.[23]

Jefferson war, als er Lee ersetzte, allerdings auch kein Unbekannter. Vor der Unabhängigkeitserklärung konnte er mit einigen aufsehenerregenden Arbeiten an die Öffentlichkeit treten, so 1774 mit dem bereits erwähnten, allerdings nicht namentlich gekennzeichneten Pamphlet *A Summary View of the Rights of the British America.*[24] Nun nahm er diese Argumentation wieder auf und formulierte ähnlich prägnant in der *Unanimous Declaration of The Thirteen United States of America,* wie die Unabhängigkeitserklärung offiziell hieß, die Motive für die Loslösung der Kolonien von Großbritannien. Da die Rebellen, wie sie von den Briten genannt wurden, mittlerweile die Propaganda als eine ihrer wichtigsten Waffen im Krieg um die Öffentliche Meinung erkannt hatten, erschien sie unmittelbar nach ihrer Verabschiedung auch auf Flugblättern und in Zeitungen, unter anderem am 9. Juli 1776 auch in deutscher Sprache. Das Grundsatzpapier der Amerikanischen Revolution begann mit einer Präambel, die sich selbstverständlich zentral auf die Prinzipien der Aufklärung, des Naturrechts, des Liberalismus und der Demokratie berief. Alle Menschen, so hieß es dort, seien von Geburt mit den gleichen Rechten ausgestattet, «wozu Leben, Freiheit und das Streben nach Glück» («Pursuit of Happiness») zählten. Gerechte Regierungsgewalt könne nur durch die Einwilligung der Regierten entstehen. Daraus ergebe sich, dass eine Regierungsform, die despotisch handele, vom Volk verändert oder abgesetzt werden müsse. Die Macht und die Gewalt müssten dann so ausgestaltet sein, «wie es ihnen zur Erhaltung ihrer Sicherheit und Glückseligkeit am schicklichsten zu seyn dünket».[25]

Mit diesen Forderungen berief sich Jefferson auf die vor allem in der englischen Opposition der Whigs seit der «Glorreichen Revolution» 1688 verbreitete Vorstellung eines Gesellschaftsvertrags, der die Herrschaft ausschließlich zum Wohle aller ausgeübt sehen wollte, wenngleich offensichtlich war, dass dies weder die Rechte der indigenen Bevölkerung, noch die Rechte der Sklaven einschloss. Der britischen Regierung warf Jefferson insbesondere eine Verweigerungshaltung bei wichtigen Reformen und Gesetzen für die Kolonien vor, die Behinderung der Parlamente und Gerichte sowie eine unnötige Aufblähung der königlichen Bürokratie und des Heeres, was alles zu Lasten der Siedler gehe. Darüber hinaus habe die Krone nun sogar einen Krieg gegen ihre eigenen Untertanen begonnen, bei dem sich der König nicht einmal scheue, fremde Söldner gegen das eigene Volk einzusetzen. Die Erklärung endete mit der schlichten Feststellung, dass von diesem Tag an daher die «vereinigten Colonien Freye und unabhängige Staaten sind …, dass sie von aller Pflicht und Treueergebenheit gegen die Britische Krone frey- und losgesprochen sind, … dass alle Politische Verbindung zwischen ihnen und dem Staat von Großbritannien hiermit gänzlich aufgehoben ist … und dass als Freye und Unabhängige Staaten sie volle Macht und Gewalt haben, Krieg zu führen, Frieden zu machen, Allianzen zu schließen, Handlung zu errichten, und alles und jedes andere zu thun, was Unabhängigen Staaten von Rechtswegen zukömmt.» Die feierliche Schlussformel enthielt unter der Berufung auf Gott nicht nur die Selbstversicherung ganz im Sinne der Gründungsidee der Kolonien, sondern verwies gleichzeitig auf den gemeinsamen Nenner, dem sich die Mehrheit der Amerikaner verpflichtet fühlte.

Die heute im Nationalarchiv in Washington D. C. liegende Originalurkunde ist die von 56 Gründungsvätern der USA unterschriebene Version. Ganz unverändert war Jeffersons Text allerdings nicht durch die Beratungen gekommen. Unter anderem hatte man ihm die Passage gestrichen, in der der Londoner Regierung vorgeworfen wurde, sie dulde die Haltung von Sklaven in ihren nordamerikanischen Kolonien. Angesichts der eigenen, auf Sklavenarbeit beruhenden Plantagenwirtschaft Jeffersons und anderer Beteiligter an der Unabhängigkeitserklärung erschien das wohl als zu gewagt. Immerhin entstand daraus eine umfängliche Debatte, inwieweit sich das amerikanische Freiheitsideal überhaupt mit der Sklaverei vereinbaren lasse, ohne seine Glaubwürdigkeit zu verlieren. An ihr beteiligten sich neben Gruppen, die sich zu grundsätzlichen Gegnern der Sklaverei entwickelten – etwa den Quäkern, Baptisten oder Methodisten –, auch Wirtschaftsexperten wie der schottische Moralphilosoph Adam Smith, und selbst Plantagenbesitzer. Während Smith in seinem 1776 vorgelegten Werk *An Inquiry into the Nature and Causes of the Wealth of Nations (Der Wohlstand der Nationen. Eine Untersuchung seiner Natur und seiner Ursachen)* die Sklaverei zu einem grundsätzlich volkswirtschaftlich kontraproduktiven Instrument erklärte, weil sie zu Bequemlichkeit bei den Sklavenhaltern und Hass bei den Unterdrückten führe und deshalb den Fortschritt hemme, sahen einige Großgrundbesitzer mit zunehmender Sorge, dass sie sich nicht nur von Monokulturen, sondern auch von großangelegter Sklavenarbeit abhängig machten. Darüber hinaus mischten sich in die beginnende Debatte zum ersten Mal auch Schwarze selbst ein, unter ihnen Prominente einer beginnenden afroamerikanischen Kultur, wie Phillis Wheatley.

Auch wenn man eine langfristige Wirkung dieser Debatte nicht bestreiten kann, die schließlich fast einhundert Jahre später im Amerikanischen Bürgerkrieg gipfelte: In der Realität änderte sich dadurch zunächst kaum etwas. Zwar hob der Kontinentalkongress bereits 1774 die Genehmigung auf, Sklaven einzuführen, da sie als «englische Waren»

Beginnende Emanzipation
Phillis Wheatley (ca. 1753–1784), die erste afroamerikanische Lyrikerin, deren Arbeiten auch gedruckt wurden; hier auf dem Frontispiz ihrer *Poems on Various Subjects, Religious and Moral* (1773)

galten, aber nach dem amerikanischen Sieg über die britischen Truppen 1783 wurde die Sklaveneinfuhr in großem Umfang und unter eigener Kontrolle fortgesetzt. Seit 1793, als nach der Erfindung der Baumwollentkörnungsmaschine der industrielle Bedarf an Cotton weiter anstieg, benötigten die Plantagen zunächst sogar noch weitaus mehr billige Arbeitskräfte – ein Bedarf, der nur durch verstärkte Einfuhr von Sklaven gedeckt werden konnte.

Verfassungen der Einzelstaaten und die Grundrechtsdebatte Die Amerikanische Revolution entwickelte unterdessen rasch eine Eigengesetzlichkeit, die zuweilen selbst den Kontinentalkongress erschreckte. Um einen einigermaßen reibungslosen Übergang zu gewährleisten und revolutionäre Eruptionen zu vermeiden, hatten die einzelnen Kolonien bereits seit Januar 1776 damit begonnen, republikanische Verfassungen zu entwickeln und eine eigene Verwaltung zu etablieren. Für einige Jahre bestand nun parallel zu den königlichen Institutionen und ihren Anordnungen eine eigene Administration. Für diesen Versuch, einen evolutionären Wandel herbeizuführen, kristallisierten sich unterschiedliche Wege heraus. So ergänzten einige Kolonien, wie Rhode Island oder Connecticut, nur die entsprechenden Passagen in den bestehenden Verfassungen. Andere, so etwa Massachusetts, Virginia oder New Hampshire, gingen an eine radikale Neukonzeption. Verfassunggebende Versammlungen wurden einberufen, die neuen Ordnungen zu beraten, um sie schließlich durch die Wahlberechtigten bestätigen zu lassen. Die Country-Ideologie und die Oppositionsliteratur mit ihren klaren Feindbildern der ungerechten Despoten, aber vor allem die aktuellen Kämpfe der Revolutionszeit prägten insbesondere diese Debatten. Die neuen republikanischen Verfassungen sollten einen Schutz vor den Repressionen der Londoner Regierung bieten, aber eben auch vor zukünftigen Obrigkeiten, von denen angenommen wurde, dass auch sie sich im Zweifelsfall «despotisch» entwickeln könnten. «Wir glauben», hieß es in einer solchen Entschließung, «dass eine Verfassung in ihrer ureigensten Idee ein System von Prinzipien beinhaltet, das dem Bürger ermöglicht, seine Rechte und Privilegien gegen Eingriffe der Regierung zu bewahren und zu nutzen».[26]

Grundrechtskataloge der freien, demokratischen Republiken wurden zunächst nur von einigen Kolonien zusammengestellt. Ein Vorreiter war wiederum Virginia. Wichtigster Autor der am 12. Juni 1776 verabschiedeten und dann zum Vorbild für andere Kolonien gewordenen «Virginia Declaration of Rights» wurde George Mason, der wie so viele Wortführer der Revolution zwar ebenfalls aus der sklavenhaltenden Großgrundbesitzeraristokratie stammte. Seine Vorstellungen von prinzipiellen Rechten wurden aber schließlich sogar Blaupause für die 1789 in Kraft getretene Verfassung der gesamten Vereinigten Staaten und insbesondere ihrer sogenannten Bill of Rights, das heißt, der ersten zehn Zusatzartikel (Amendments). Masons Liste der unveränderlichen (unalienable), fundamentalen (fundamental) oder naturgegebenen (natural) Rechte sowie sein Begriff der begrenzten Herrschaft (Limited Government) umfasste wie die von ihm mit beeinflusste und parallel formulierte Unabhängigkeitserklärung Jeffersons das Recht auf Leben, Freiheit, Eigentum, freie Meinung und Religion sowie Verteidigung vor Gericht, aber auch das Streben nach Glück, den Schutz vor Folter, Verhaftung und grausamen Strafen.[27] Fehlen durfte angesichts der Bedrohung durch die britische Armee natürlich auch nicht das Recht zur Aufstellung eigener Milizen. Auf dieser Basis entstand schließlich die reinste Form einer republikanischen Verfassung in Pennsylvania, die hohe Bürgerbeteiligung einschloss. Die wohl konservativste Version entwickelte 1780 Massachusetts, ausgerechnet unter der Ägide von John Adams.[28]

Seit 1777 wurden die Verfassungsrechte der Kolonien dann auch auf der Ebene der vereinigten Kolonien formuliert. Die Artikel der Konföderation (Articles of Confederation), wie sie offiziell hießen, konnten am 15. November des Jahres vom Kontinentalkongress verabschiedet werden, traten aber offiziell erst am 1. März 1781 in Kraft, weil zunächst noch Streitigkeiten bestanden. In diesen Artikeln fand vor allem Montesquieus These, dass eine zu straff organisierte Föderation für gemeinsame Ziele und die Freiheit eher hinderlich sei, Zustimmung. Hier entstand das Modell einer Verfassung, in der jeder Teil einer Konföderation seine Souveränität behalten sollte. Die gemeinsame Vertretung sollte nur Ermächtigungen erhalten, die den Einfluss der einzelnen Mitglieder nicht schmälerten. Der Kontinentalkongress, der diese Funktion zunächst bis zur Gründung der Vereinigten Staaten an verschiedenen Orten noch wahrnahm, konnte daher nur auf wenige Befugnisse zurückgreifen. Ebenso war ein in dieser frühen Periode der US-Geschichte gewählter Präsident ein auf nur ein Jahr entsandter Vertreter mit repräsentativen Rechten. Einer der gefürchteten «Despoten» konnte ein solcher Präsident mit Sicherheit niemals werden. Dasselbe Prinzip galt auch für die Delegierten, die zunächst lediglich für drei Jahre abgeordnet wurden. Weitreichende Entscheidungen konnten zudem nur mit mindestens zwei Dritteln der Stimmen zustande kommen. Die eigentlichen Articles of Confederation durften sogar nur einstimmig verändert werden. Mehr Misstrauen gegenüber der eigenen Regierung war wohl kaum möglich.

Es lohnt sich, die besondere Stellung des gemeinsamen Kongresses unter dieser Maßgabe genauer anzuschauen. Auf den ersten Blick konnte er alle jene Rechte ausüben, die auch in der Unabhängigkeitserklärung als außenpolitische Befugnisse souveräner Staaten aufgeführt worden waren. Dazu gehörte das Recht, über Krieg und Frieden zu entscheiden, internationale Verträge zu schließen, diplomatische Vertretungen einzurichten und auch ansonsten eine eigenständige Politik zu betreiben. Darüber hinaus aber wurde dem Kongress innenpolitisch nur noch die Befugnis erteilt, die gemeinsame politische Infrastruktur der Föderation zu regeln, eine eigene Währung zu schaffen, den Briefverkehr zu organisieren und als Schiedsrichter bei internen Streitigkeiten – etwa über Grenzverläufe – aufzutreten. Ausdrücklich wurde ihm verweigert, Steuern, Abgaben oder Zölle zu erheben. Die Verabschiedung eines gemeinsamen Haushalts durfte nur über die Unionsmitglieder erfolgen. Dennoch entstanden aus diesen kleinen Anfängen die späteren Ministerien der USA, die allerdings in ihrer Bezeichnung lediglich Departments, also Abteilungen, blieben. Das Department of State, das Außenministerium, übernahm 1790 Thomas Jefferson persönlich. Aber auch er war wie alle anderen Minister nur ein Sekretär des Präsidenten, ein Secretary of State.

Washington   Anders als die Französische Revolution, die relativ rasch «ihre Kinder fraß», nachdem sich die Protagonisten gegenseitig zerfleischt hatten und schließlich sogar die autokratisch-despotische Herrschaft eines Napoleon folgte, hinterließ die Amerikanische Revolution zunächst ein Machtvakuum. Man weiß, dass an George Washington sogar der Wunsch herangetragen wurde, zentrale Befugnisse zu übernehmen und vielleicht so etwas zu werden wie ein Diktator auf Zeit. Washington widerstand diesem Angebot ebenso wie später der Idee, das Präsidentenamt länger als zwei Legislaturperioden auszuüben. Vielleicht ahnte er, dass eine solche «despotische Herrschaft» alles, wofür gekämpft worden war, wieder hätte aus den Angeln heben können. Erst über 150 Jahre später blieb – bezeichnenderweise ebenfalls in einer Krisensituation – ein US-Präsident ungewöhnlich lange im Amt. Franklin D. Roosevelt wurde als erster US-Präsident aufgrund der Bedrohung der USA im Zweiten Weltkrieg auch ein drittes Mal in sein Amt wiedergewählt. Wie sehr dies trotz der unbestreitbaren Verdienste Roosevelts auf Misstrauen stieß, zeigte die bereits 1947 beschlossene Begrenzung auf zwei Amtszeiten. Seitdem werden US-Präsidenten nur noch für maximal zwei Amtszeiten gewählt, sofern sie nicht durch ein Amtsenthebungsverfahren («Impeachment») vorzeitig ihres Amtes enthoben werden.

Washington beendete 1783 seine Funktion als Oberbefehlshaber der Revolutionsstreitkräfte unspektakulär und zog sich auf sein Gut nach Mount Vernon zurück, wo er schlicht die weitere Entwicklung abwartete. Die Situation der siegreichen Kolonien blieb brisant. Drei Jahre später erhoben sich in Massachusetts Farmer, weil sie sich nicht mehr in der Lage sahen, die verlangten Abgaben zu entrichten. Die sogenannte Shay's Rebellion, die unter der Führung des ehemaligen Hauptmanns der Kontinentalarmee, Daniel Shay, um die Jahreswende 1786/87 Massachusetts erschütterte, rekrutierte sich aus verdienten Kämpfern des Unabhängigkeitskriegs, die sich aber durch den Nachkrieg verraten fühlten. Im Besonderen waren sie über die Landverteilung und die Armut der Veteranen erbost. Shay und seine aus rund achthundert Mann bestehende Miliz, die «Shaysites», die auf eine Kompensation durch den Kontinentalkongress gehofft hatten, wurden allerdings relativ rasch durch die amerikanischen Truppen besiegt. Shay selbst konnte fliehen und kehrte erst 1788 nach seiner Begnadigung nach New York zurück.

Für George Washington bedeutete Shay's Rebellion allerdings mehr als einen begrenzten Aufstand von Unzufriedenen. Er sah sich in seiner pessimistischen Meinung bestätigt, dass die Amerikanische Revolution bei weitem noch nicht gefestigt sei. Daher entschied er sich 1787, selbst den Vorsitz der Verfassungskommission in Philadelphia zu übernehmen, die das Grundgesetz der zukünftigen Vereinigten Staaten beraten und beschließen sollte. Washingtons Konzept der starken Zentralgewalt, die er auch bei den Beratungen über die Verfassung durchsetzte, konnte schließlich auch in der Bevölkerung eine Mehrheit finden. Im Staat New York war immerhin rund die Hälfte der Wahlberechtigten an der Abstimmung interessiert. Anderswo war es nur jeder Fünfte.[29] Es zeigte sich hier, welcher Einfluss dem Wähler, dem Common Man, und dem daraus abgeleiteten, wenngleich nicht garantierten Common Sense, in den Vereinigten Staaten zukommen würde.

Eine Nation entsteht

Der Unabhängigkeitskrieg hatte die Sozialstrukturen der britischen Kolonien weitgehend zerstört. Seit seinem Beginn waren viele der englandtreuen Loyalisten, aus deren Mitte sich nicht zuletzt auch die staatlichen Eliten rekrutiert hatten, außer Landes gegangen. Insgesamt verließen bis zu 100 000 Menschen die USA mehr oder minder freiwillig, darunter bis zu 70 Prozent der Amtsträger.[30] Was auf den ersten Blick aus Sicht der Rebellen wie eine erfreuliche Abwanderung von Kritikern erscheinen konnte, erwies sich auf den zweiten als gravierendes Problem für die Zukunft des neuen Staates. Entsprechend rigoros ging die US-Regierung der nun sogenannten Vereinigten Staaten, ganz in der manichäischen Tradition gegen die «Verräter» vor. Wer das Land verließ, riskierte zwar nicht das Leben, aber die Enteignung. Der Manichäismus der frühen Kolonialzeit hatte bereits Spuren hinterlassen und wurde gegen politische Abweichler rigoros angewandt, zumindest dann, wenn diese das neue System grundsätzlich in Frage stellten oder gar völlig ablehnten. Thomas Paine, der Kämpfer gegen die Sklaverei, der 1774 unter anderem im *Pennsylvania Journal* mit geharnischten Anklagen gegen die amerikanische Version afrikanischer Sklaverei aufgetreten war und dessen Schrift *Common Sense* zwei Jahre später wohl der Funke war, der zum Unabhängigkeitskrieg führte, empfahl damals, die Gelegenheit zu nutzen und alles wieder zurück auf Anfang zu setzen, um die «Welt neu zu beginnen».[31]

Innere Staatsgründung   Trotz aller Streitigkeiten und internen Probleme katapultierte der 1783 siegreich beendete Kampf gegen die anfangs übermächtig erscheinende Kolonialmacht Großbritannien die Amerikaner in die Rolle von «Revolutionsspezialisten» und Mentoren von Freiheitsbewegungen. Deutlich wurde dies nach dem Beginn der Französischen Revolution am 14. Juli 1789. Grundsätzlich sahen die Revolutionäre in den USA zunächst die Erstürmung der Bastille durch Aufständische in Paris als nahezu logische Fortsetzung ihrer eigenen Freiheitsbewegung. Auch danach blieben Bewegungen, die sich gegen «Despoten» auflehnten, zumindest rhetorisch immer eine der ersten Adressen für amerikanische Sympathiebekundungen. Dies betraf im 19. Jahrhundert unter anderem Polen (1830) und Ungarn (1848), im 20. Jahrhundert etwa die Aufstände gegen die kommunistischen Machthaber in der DDR (1953), in Ungarn (1956) oder der Tschechoslowakei (1968). In allen diesen Fällen blieb es allerdings bei der Rhetorik. Direkte Unterstützung gab es im 19. Jahrhundert aufgrund fehlender Möglichkeiten nicht. Im 20. Jahrhundert war nach 1945 die Gefahr, durch offenes militärisches Engagement im kommunistischen Machtbereich einen Nuklearkrieg auszulösen, viel zu groß. Auch 1789 waren die Amerikaner zu einer direkten Intervention gar nicht in der Lage. Aber jeder Erfolg der Franzosen wurde von ausgiebigen Solidaritätsfeiern begleitet. Namentlich Thomas Jefferson, der damals noch als Diplomat in Paris weilte, bevor er 1790 für einige Jahre US-Außenminister wurde, sah sich in der Rolle des Ratgebers und Mentors. 110 Jahre nach der Unabhängigkeitserklärung der USA revanchierten sich die Franzosen dafür. Die am 28. Oktober 1886 auf der Insel Bedloe's Island (dann: Liberty Island) vor New York eingeweihte Freiheitsstatue des Bildhauers Frédéric-Auguste Bartholdi war nicht nur ein Geschenk an die Sympathisanten der Revolution, sondern auch ein Dank für diese Unterstützung.

In den USA war allerdings die Freude über die Französische Revolution geteilt. Die negativen Stimmen mehrten sich, als immer mehr Nachrichten über brutale Säuberungen eintrafen und schließlich im Januar 1793 die öffentliche Hinrichtung Louis XVI. bekannt wurde. Zu den Kritikern gehörten namentlich John Adams, der damals als Vizepräsident Washingtons amtierte, sowie sein ältester Sohn John Quincy. Kern der Ablehnung war die Sorge der US-Regierung vor «französischer Anarchie». Deren

Fernwirkungen glaubte man bereits im eigenen Land, etwa in der sogenannten Whiskey Rebellion, einem 1791 beginnenden Steueraufstand in
Pennsylvania, zu erkennen. Entsprechend hart war die Reaktion. Seit 1794
wurde die Einziehung der drei Jahre zuvor eingeführten Bundessteuer für
das Brennen von Alkohol (Whiskey Act) auch militärisch durchgesetzt.[32]
Die Farmer wiederum betrachteten den Whiskey Act als eine Art Neuauflage des britischen Stamp Act und neuerliche Unterdrückung durch eine
nun amerikanische Zentralregierung, die 1792 bereits die Selbstständigkeit der Milizen beschnitten hatte. Mit den beiden Militia Acts vom Mai
1792 waren sie fortan direkt dem Präsidenten unterstellt.

Die innere Gründung der USA verlief auch sonst eher schwierig. Dies
galt nicht zuletzt für die von Washington geführte Bundesregierung
selbst. Sie geriet 1794 in Turbulenzen, als der ehemalige Oberste Bundesrichter John Jay im Auftrag Washingtons einen Vertrag mit den Briten
unterzeichnete, der einige elf Jahre zuvor im Friedensschluss von Paris
unklar gebliebene Festlegungen endlich regeln sollte. So wurden im
Nordwesten noch verbliebene britische Militärposten, aber auch Pelz-
jägerstationen geräumt sowie Schuldenvereinbarungen geschlossen. Da
dies aber parallel zum Krieg Londons gegen das revolutionäre Frankreich, dem sogenannten Ersten Koalitionskrieg, stattfand, sahen selbst
einige von Washingtons Kabinettsmitgliedern darin eine unzulässige
außenpolitische Parteinahme. Außenminister Thomas Jefferson, aber
auch seine Vertrauten James Madison und James Monroe hielten es sogar
für einen eklatanten Widerspruch zur von Washington versprochenen
Neutralität. Jefferson schied schließlich im Streit ganz aus dem Kabinett
aus. Der Jay-Vertrag hatte aber noch weiter reichende Wirkungen. Washington lehnte damals eine detaillierte Information des Kongresses mit
dem Hinweis auf die ihm zugebilligten Kompetenzen als Präsident ab.
Fast zweihundert Jahre später sollte der 37. Präsident der USA, Richard
Nixon, dasselbe Argument nutzen, um die Aufklärung von geheimen Abkommen und Maßnahmen der US-Regierung zu verhindern.

Drei Jahre nach dem Ausscheiden Jeffersons gab auch Washington,
dessen Pflichtbewusstsein schon damals eigentlich nahezu legendär war,
sein Amt auf. Zu einer dritten Amtszeit erklärte er sich nicht mehr bereit.
In seiner bereits damals als programmatisch verstandenen Abschiedsbot-
schaft wies er außer auf die Bedeutung der öffentlichen Meinung insbesondere auf den negativen Einfluss der Parteipolitik hin. Als Nachfolger
setzte sich John Adams, sein bisheriger Vizepräsident, gegen Thomas
Jefferson und die oppositionellen «Democrat-Republicans», wie diese sich

nun in Abgrenzung von den «Federalists» um Washington und Adams nannten, durch. Aus ihnen ging später die Partei der Republikaner hervor. Die letzten Jahre seines Lebens, das am 14. Dezember 1799 endete, verbrachte Washington zurückgezogen auf seinem Landsitz Mount Vernon. Sein Testament rief unter anderem noch einmal einen der zentralen Widersprüche der Union ins Gedächtnis, den die US-Verfassung allerdings zunächst noch konserviert hatte: die Unvereinbarkeit von Sklavenwirtschaft und freiheitlicher Demokratie.

Der Nachfolger John Adams, der zweite Präsident der USA, stammte aus dem puritanischen Neu-England und galt wie Washington als Federalist, was die Probleme der inneren Staatsgründung nicht verringerte. Vizepräsident wurde ausgerechnet sein parteipolitischer Rivale Jefferson, mit dem sich Washington zuvor überworfen hatte, und er sollte auch Adams' Nachfolger werden. Die vier Jahre der Adams-Präsidentschaft blieben durch die Streitigkeiten zwischen den Fraktionen geprägt. Bei der nächsten Präsidentschaftswahl, in der der bereits amtsmüde Adams nicht mehr antrat, konnte sich Jefferson durchsetzen. Am 4. März 1801 zog er, der zum ersten Mal auch die republikanische Opposition an die Macht brachte, in die neue Hauptstadt ein. Washington war nach der Entscheidung, einen neuen Regierungssitz zu suchen, bereits 1792 zur Hauptstadt der USA erklärt worden, wenngleich der Name erst später verliehen wurde. 1791 war dafür der sogenannte District of Columbia (D. C.) von den Bundesstaaten Maryland und Virginia abgetrennt worden. Etwa zur gleichen Zeit begann der Bau des White House als Wohnsitz des Präsidenten. Bezogen wurden die ersten Regierungsgebäude, die der Architekt Pierre L'Enfant und sein Nachfolger Andrew Ellicott geplant hatten, erst ab dem Jahr 1800. John Adams war damit zwar in seinen letzten Regierungsmonaten der erste US-Präsident, der in die neue Hauptstadt einzog, Jefferson aber der erste, der hier längere Zeit (bis 1809) wirkte.

Entstehung von Parteien   Im Wahlkampf des Jahres 1800 standen sich zum ersten Mal die beiden Parteien gegenüber, die von nun an das politische Leben der USA bestimmen sollten und sich seit der Verfassunggebenden Versammlung 1787 vor allem im Streit um die Machtbefugnisse der Regierung allmählich herausgebildet hatten: Auf der einen Seite die Federalists des starken Zentralstaats um Washington, auf der anderen die Anti-Federalists, die im Wahlkampf bereits als Democrat-Republicans oder kurz Republicans auftraten und nach Jeffersons Sieg im Jahr 1800 bis etwa Mitte der 1820er Jahre, als die Demokratisch-Republikanische Partei zerbrach, kontinuierlich den Präsidenten stellen konnten. Der Bruch von 1824 hatte seine Ursache im Wahlduell zwischen John Quincy Adams, dem Sohn des zweiten US-Präsidenten John Adams, der bereits 1803 von den Federalists zu den Democrat-Republicans gewechselt war, und dem aus derselben Partei stammenden Andrew Jackson. Aus den Adams-Anhängern entwickelten sich nun die Nationalen Republikaner (National Republican Party). Die Parteifreunde Jacksons sammelten sich weiterhin unter dem Namen Democrat-Republicans, die wiederum zur Keimzelle der Demokratischen Partei wurden. Sie lieferte sich vor allem in den 1830er Jahren harte innenpolitische Schlachten mit der sogenannte Whig Party, wie sich die Nationalen Republikaner damals kurzzeitig nannten. Der Name Whigs blieb allerdings ebenso wie die 1848 folgende Bezeichnung «Free Soil Party» eine Ausnahme, obwohl letztere der eigentliche Grundstock der Republikanischen Partei wurde. In den 1850er Jahren etablierte sich das bis heute bestehende Zweiparteiensystem. Neben ihm existierten jedoch auch immer wieder kleinere Zusammenschlüsse.

Obwohl der Wahlkampf des Jahres 1800 die politischen Gräben noch vertieft hatte – bis hin zum 1804 geführten Duell zwischen Alexander Hamilton und Jeffersons Vizepräsidenten Aaron Burr, das für Hamilton tödlich ausging – und auch Jefferson zuvor keineswegs ausgleichend wirkte, versuchte der neue Präsident nun zu schlichten und zu konsolidieren. Jeffersons Inaugurationsrede 1801 war ein klassischer Versöhnungsversuch, der in dem Ausruf gipfelte: «Wir sind alle Republikaner, wir sind alle Federalists.»[33] Jeffersons Motive für die Abkehr von der Konfrontation lagen auf der Hand: Die gerade gegründeten USA brauchten schlicht eine Erholungspause, um sich zu konsolidieren. Die wichtigsten Themen waren die gesellschaftliche Aussöhnung und der innere Aufbau, aber auch die Expansion nach Westen. Sie griff nun auch in jene Gebiete aus, die seit dem Friedensschluss 1783 und dem Jay-Vertrag nicht mehr von Großbritannien blockiert werden konnten. 1792 wurde Kentucky Unionsmitglied, vier Jahre später Tennessee. 1803 erwarb man von Napoleon nicht nur Louisiane, das riesige Gebiet zwischen den Großen Seen im Norden und dem Golf von Mexiko im Süden, sondern konnte mit Ohio auch den ersten Unionsstaat im sogenannten Nordwestterritorium westlich des Ohio River bilden.

Innenpolitisch hatte das erhebliche Vorteile. Die Abwanderung nach Westen verringerte den Bevölkerungsdruck in den bereits besiedelten Gebieten, nicht zuletzt in den größeren Städten. Um die Wende vom 18.

Erforschung und Eroberung des Westens Die Lewis-und-Clark-Expedition
(14. 5. 1804–23. 9. 1806), hier in der idealisierten Darstellung von Charles
Marion Russell *Lewis and Clark on the Lower Columbia* (1905)

zum 19. Jahrhundert zählten die USA bereits 5,3 Millionen Einwohner,
bis 1815 erhöhte sich die Zahl auf 8,4 Millionen (s. a. Tab. S. 156).[34] Jefferson schickte ein Jahr nach dem Abschluss des mit Napoleon ausgehandelten sogenannten Louisiana Purchase am 14. Mai 1804 die erste großangelegte wissenschaftliche Westexpedition auf den Weg, die unter der
Leitung der Offiziere Meriwether Lewis und William Clark dem Mississippi bis in die Rocky Mountains folgte, um im äußersten Westen den
Pazifik zu erreichen. Erst über zwei Jahre später kehrte der Trupp am
23. September 1806 wieder zum Ausgangslager in der Nähe des heutigen
St. Louis zurück.[35] Auch diese neue Siedlungsoffensive fand nur mit Hilfe
ortskundiger indianischer Pfadfinder ein glückliches Ende, während parallel dazu die forcierte Landnahme den Konflikt mit den Ureinwohnern
dramatisch anheizte. Mit ihnen kam es immer regelmäßiger zu blutigen
Zusammenstößen, an denen maßgeblich auch die US-Armee beteiligt
war, die man jetzt gezielt zum Schutz der neuen Siedlungsgebiete einsetzte.

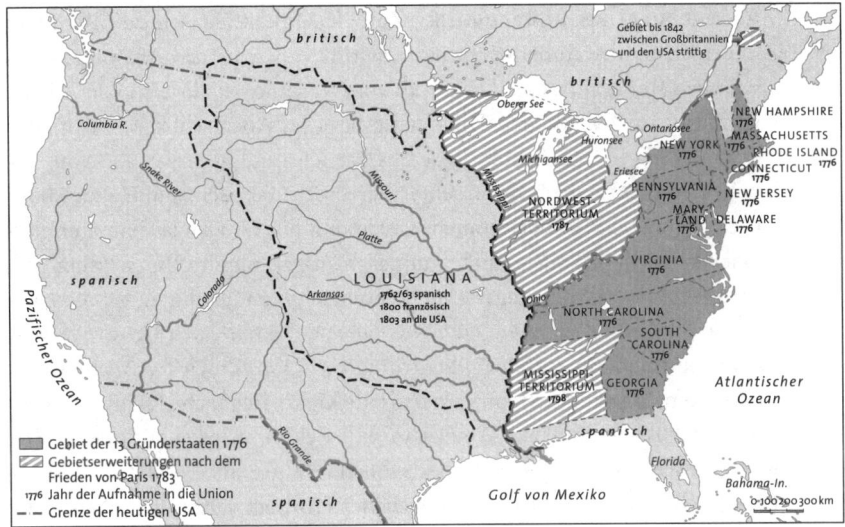

Der «Louisiana Purchase» 1803

Es war diese Expansion nach Westen, aber auch die erfolgreiche US-Außenwirtschaftspolitik, die man durch eine von Adams begonnene und durch Jefferson weitergeführte Strategie der weitgehenden außenpolitischen Nichteinmischung abgesichert glaubte, die zunächst nur zu einzelnen Komplikationen, dann aber schließlich in einen erneuten Krieg mit den Briten führte. Mittelbarer Ausgangspunkt für den nach jahrelangem Streit beginnenden Zweiten Unabhängigkeitskrieg zwischen 1812 und 1815 war neben den amerikanischen Wirtschaftsinteressen, die tendenziell bereits global definiert wurden, auch der mit Frankreich zur Erwerbung Louisianas geschlossene Vertrag, den man bei einigem Geschick auch zu einer antibritischen Verschwörung erklären konnte. Die amerikanisch-britischen Interessen in Nordamerika kollidierten zunächst besonders deutlich im Grenzgebiet bei Oregon, wo amerikanische Pelzjäger zunehmend als Konkurrenz der britischen Hudson Bay Company auftraten. London ließ es sich im Gegenzug nicht nehmen, Indianerstämme zu unterstützen, um die weiteren amerikanischen Expeditionen in den Westen zu stören. Am Pazifik wurden darüber hinaus auch die Spanier, die hier zuletzt 1775/76 mit der großen Expedition von Juan Bautista de Anza ihre Ansprüche auf das nördliche Kalifornien (Alta California) bekräftigt hatten, wegen der ausgreifenden amerikanischen Interessen langsam nervös.

Außenhandel als Außenpolitik   Zum Hauptkonflikt wurde allerdings unversehens die Außenwirtschaft. Seit 1793 wuchs das Außenhandelsvolumen stetig an, wozu die sowohl von Washington als auch von Adams verfolgte zurückhaltende Diplomatie beitrug. Aber schon seit dem Beginn der englischen Seeblockade Frankreichs und der seit 1806 von Napoleon angeordneten «Kontinentalsperre», die faktisch zum Handelsboykott gegenüber Großbritannien wurde und bis 1814 andauerte, gerieten amerikanische Handelsschiffe immer häufiger ungewollt zwischen die Fronten. Das seit der siegreichen Seeschlacht von Trafalgar 1805 enorm gestärkte Großbritannien jedenfalls behandelte nun auch US-Schiffe auf dem von London weitgehend kontrollierten Atlantik wie feindliche Kombattanten. Das konnte man durchaus als kleine Revanche für die Niederlage von 1783 verstehen. Amerikanische Schiffe wurden auf offener See aufgebracht und die Seeleute bezeichnenderweise als Deserteure festgenommen – was wiederum ein deutlicher Hinweis darauf war, dass London die Staatsgründung der USA trotz Friedensvertrag noch immer als illegalen Akt betrachtete. Ein besonders krasser Fall war die Kaperung der «USS Chesapeake» durch die britische «HMS Leopard», bei der 1807 sogar mehrere Amerikaner ums Leben kamen.

Die britische Politik des «Matrosenpressens», wie das Kidnapping amerikanischer Seeleute auch genannt wurde, brachte in den USA nun auch die öffentliche Meinung zum Kochen. Schon Jefferson hatte dies zu spüren bekommen. Sein Nachfolger James Madison, der 1809 antrat, nachdem auch Jefferson schon zwei Jahre zuvor eine erneute Kandidatur dankend abgelehnt hatte, beugte sich drei Jahre später der aufgeputschten Stimmung und erklärte den Briten offiziell den Krieg. Aber auch er glaubte, dass es nur eine Entscheidung zwischen offenem Kampf oder fortdauernder nationaler Erniedrigung geben könne. Ausdrücklich begründete Madison vor dem Kongress die am 19. Juni 1812 erfolgte Kriegserklärung mit der andauernden Missachtung der amerikanischen Souveränität und Neutralität durch die Briten.

Der Zweite Unabhängigkeitskrieg   Der amerikanisch-britische Konflikt zwischen 1812 und 1815, der auch als Zweiter Unabhängigkeitskrieg in die Geschichte einging, entwickelte sich als unübersichtlicher und teilweise chaotisch verlaufender Land- und Seekrieg, wobei beide Seiten erneut von indianischen Verbündeten unterstützt wurden. Im ersten Abschnitt wurden zu Land vor allem Gefechte an der kanadisch-amerikanischen Grenze geführt. Die Briten verhängten darüber hinaus eine

Seeblockade über die amerikanische Ostküste, um Hilfen für die USA wie im Ersten Unabhängigkeitskrieg zu unterbinden. Von amerikanischer Seite wurde in dieser Phase vor allem versucht, in Kanada eine schnelle Entscheidung herbeizuführen, was aber bereits nach den Niederlagen bei Queenston Heights am 13. Oktober, bei Frenchman's Creek am 28. November 1812 sowie bei Frenchtown am 22. Januar 1813 scheiterte. Die US-Marineoperationen verliefen dagegen erfolgreicher. Am 10. September 1813 konnten die Amerikaner in einer Seeschlacht auf dem Eriesee britische Streitkräfte zum ersten Mal vernichtend schlagen, was zunächst auch deren weitgehenden Abzug aus den USA zur Folge hatte.

In der folgenden blutigen Landschlacht am Thames River in Kanada wurden zudem die indianischen Hilfstruppen unter Tecumseh durch die US-Armee besiegt. Die Kämpfe wurden auch deshalb bedeutsam, weil damit die Unterstützung durch die indigene Bevölkerung, die den Briten zunächst erhebliche Erfolge auf dem Gebiet des heutigen Bundesstaates Indiana gebracht hatte, weitgehend am Ende war. Allerdings gelang es den Briten nach weiteren, wiederum zum Teil äußerst blutigen, aber letztendlich militärisch wenig entscheidenden Schlachten – unter anderem in Lacolle Mills am 30. März, in Chippewa am 5. Juli und in Lundy's Lane am 25. Juli 1814 – bis zum Sommer 1814 von Norden kommend, Teile der Ostküste zu besetzen. Am 24./25. August 1814 fiel schließlich auch die Hauptstadt Washington, die die britischen Truppen wohl vor allem aus Rache weitgehend niederbrannten. Zum Opfer wurden vor allem die wichtigsten Regierungsgebäude, die als Symbole der nicht anerkannten Staatsgründung gezielt dem Erdboden gleichgemacht wurden. Zerstört wurden unter anderem das Kapitol und das Weiße Haus. Benachbarte Städte wie Baltimore konnten dagegen von den Amerikanern erfolgreich verteidigt werden.

Das Ende des Zweiten Unabhängigkeitskriegs kam eher überraschend. Wie schon der Siebenjährige Krieg in gewisser Weise als «Weltkrieg» geführt worden war, zeigte sich nun auch hier die globale Perspektive politischer Entscheidungen. Die britische Regierung suchte nach dem weitgehenden Ende der Napoleonischen Kriege 1814 auch an anderen Fronten Ruhe zu erreichen. Im europäischen Gent, das die Franzosen Jahre zuvor erobert hatten und das im selben Jahr den Niederlanden zugeschlagen wurde, erreichten die Kriegsparteien am 24. Dezember 1814 einen Friedensschluss. Wahrscheinlich durch die verspätete Übermittlung des Friedens von Gent, der erst am 17. Januar 1815 ratifiziert wurde, kam es zwei Wochen später noch einmal zu einem blutigen Aufeinandertreffen amerikanischer und britischer Einheiten im Süden der USA. Die Schlacht von New Orleans am 8. Januar 1815, in der Milizgeneral Andrew Jackson, der später für die Demokratischen Republikaner, dann für die Demokraten antrat und schließlich 1829 zum siebten US-Präsidenten gewählt wurde, die britischen Truppen vernichtend schlug, war allerdings militärisch nicht mehr entscheidend. Stattdessen wurde sie nun einerseits für Jackson zur wichtigen Etappe zur Präsidentschaft 1828. Andererseits nahm man sie zum Anlass, die längst noch nicht geeinte amerikanische Bevölkerung national stärker zu binden. Wie die Schlacht von Baltimore 1812, mit der der Zweite Unabhängigkeitskrieg begonnen hatte, wurde auch die Schlacht von New Orleans zum zentralen Teil früher amerikanischer Vergangenheitspolitik. Beide Stätten wurden zum offiziellen Erinnerungsort der nationalen Einigung erklärt. Der Rechtsanwalt und Poet Francis Scott Key, der 1812 an Bord eines britischen Schiffes Augenzeuge der Belagerung Baltimores und des dortigen Fort McHenry geworden war, verarbeitete seine Eindrücke vom Kampf in der patriotischen Dichtung *The Defense of Fort McHenry*. Unterlegt durch die bereits im 18. Jahrhundert bekannte Erkennungsmelodie der Anacreontic Society von John Stafford Smith wurde sie 1931 unter dem Titel *The Star-Spangled Banner* zur Nationalhymne der USA.

Im Jahr 1815 war auf diese Weise die Entwicklung seit 1776 zu einem Ende gekommen. Man hatte die äußere Bedrohung der USA beseitigt. Gleichzeitig und für die weitere Entwicklung der Vereinigten Staaten mindestens ebenso entscheidend war der nationale Zusammenhalt sichtbar gestärkt worden. Nicht zuletzt lieferte die Beteiligung der Indianer auf Seiten der Briten nun jenen weitere Argumente, die deren systematische Verdrängung forderten.

IV. Land der unbegrenzten Möglichkeiten: Die Erschließung des Kontinents 1815–1890

Clash of Civilizations: Indianerkriege

Im Verlauf der für die Amerikaner glücklich endenden Revolution hatten die Indianer nur sehr am Rande eine Rolle gespielt. Einzelne Stämme waren als Verbündete der Amerikaner oder Briten in die Kriege gezogen. Mit dem Abschluss der Staatsgründung nach dem Zweiten Unabhängigkeitskrieg 1815 begann nun eine Phase der amerikanischen Geschichte, in der parallel zur Westwanderung der Europäer die systematische Verdrängung der Indianer fortgesetzt wurde, um nach wenigen Jahrzehnten in der gezielten Vernichtung der Reste der indianischen Kultur zu münden. Absehbar war diese Entwicklung schon vorher. Tecumseh, der am 5. Oktober 1813 auf Seiten der Briten gefallene Häuptling der Shawnee, der seit den 1790er Jahren an den Kriegen mit den Amerikanern beteiligt war – so 1791 an der berühmt-berüchtigten Schlacht am Wabash, wo eine Föderation indianischer Stämme zum ersten Mal amerikanischen Truppen unter General Arthur St. Clair eine vernichtende Niederlage bereitete –, hatte wie andere Indianerführer den drohenden Untergang der indigenen Kultur schon früh geahnt und versucht, ihr durch eine möglichst geschickte Bündnispolitik entgegen zu wirken. Kampflos sollte das Indianerland nicht aufgegeben werden.[1] «Wo sind heute die Pequot? Wo sind die Narragansett, die Mohicans, die Pokanoket und viele andere einst mächtige Stämme unseres Volkes? Habgier und Gewalt des Weißen Mannes haben sie dahinschwinden lassen wie Schnee in der Sommersonne. Werden auch wir uns ohne Kampf vernichten lassen, unsere Heimstätten aufgeben, unser Land, das uns der Große Geist verliehen, die Gräber unserer Toten und alles, was uns teuer und heilig ist? Ich weiß, ihr werdet mit mir rufen: ‹Niemals! Niemals!›.»[2]

Erstaunlicherweise hatte selbst ein so überlegt handelnder Stratege wie Tecumseh geglaubt, ausgerechnet im Bündnis mit den Briten das Vordringen der Weißen nach Westen aufhalten oder gar stoppen zu können. Tatsächlich blieb Kanada, das bis zur Mitte des 19. Jahrhunderts weitgehend unabhängig war und seit 1867 in Form einer sogenannten Dominion im britischen Empire existierte, für die bedrängten indigenen Stämme auf dem Gebiet der USA in einigen Fällen ein Zufluchtsort, wenngleich sie auch dort ihre angestammte Lebensweise nicht beibehalten durften. Dies zeigte 1877 die Flucht von Sioux-Kriegern unter ihrem Häuptling Sitting Bull, die 1881 enttäuscht zurückkehrten, weil ihnen auch dort kein Asyl gewährt worden war.

Die Geschichte der europäisch-indianischen Begegnung war auch in Nordamerika die Geschichte einer kontinuierlichen Eskalation, an deren Ende die Indianer und ihre Kulturen fast verschwunden waren. Der bereits mehrfach erwähnte französische Diplomat Alexis de Tocqueville formulierte aus einem Abstand von etwa zweihundert Jahren nach den ersten erfolgreichen europäischen Gründungen an der Ostküste der heutigen USA: «Das Unglück der Indianer aber ist es, dass sie mit dem gesittetsten Volk in Berührung kommen, das, wie ich beifüge, das habgierigste der Welt ist, während sie selbst noch Halbwilde sind … Das Leben des Indianers Nordamerikas in der Freiheit war elend, aber er fühlte sich niemandem unterlegen; sobald er in die soziale Hierarchie der Weißen eindringen will, kann er in ihr nur den untersten Rang einnehmen …»[3]

De Soto und das Ende der Mississippi-Kultur   Die meisten Einheimischen, die seit dem Ende des 16. Jahrhunderts in Nordamerika in Kontakt mit den schier unaufhörlich anwachsenden Siedlergruppen gerieten, ahnten wohl lange bevor die eigentlichen «Indianerkriege» in Nordamerika Anfang des 17. Jahrhunderts begannen, was ihnen bevorstand. Schließlich kannten die meisten der Stämme, die nach und nach in Süd- und Mittelamerika unter spanische und portugiesische Kontrolle gerieten, schon zuvor die Herrschaftspraxis auch indianischer Großreiche, die, wie die Maya oder die Azteken, auf ähnlich gewalttätige Weise ihr Herrschaftsgebiet sicherten und erweiterten. Die Informationen über die Europäer verbreiteten sich nur langsam nordwärts. Einhundert Jahre allerdings genügten bei Weitem, um die Brutalitäten der europäischen Kolonisation bis in die Gegend der ersten von ihnen erfolgreich besiedelte Kolonie, Virginia, vordringen zu lassen. Bereits vor dem Eintreffen der ersten englischen Siedler auf dem Gebiet der späteren USA hatten zudem verschiedene spanische Expeditionen, die für die Ureinwohner fast regelmäßig ebenso katastrophal endeten, ein prägendes Bild hinterlassen. Seit 1528 waren Abenteurer von den karibischen Kolonien der Spanier aus auf der Suche nach Edelmetallen, vor allem Gold, in den spä-

teren Süden der USA vorgestoßen. Besonders dramatisch wurde die ab
1539 geführte Expedition Hernando de Sotos, die von Kuba und dem
späteren Florida aus nach Westen vordrang. De Soto erschien damals
mit einer Meute von einigen Hundert Soldaten, Indianersklaven, rund
zweihundert Pferden und einer Wildschweinherde, die man für die
Schlangenbekämpfung mitführte. Fast vier Jahre schlug de Sotos Horde
bis 1543 auf der Suche nach dem Gold der sagenhaften «Sieben Städte
von Cibola» einen weiten Bogen nordwestwärts zum Savannah- und Ar-
kansasfluss und folgte dann dem Mississippi südwärts wieder zum Golf
von Mexiko.[4] Ohne de Soto, der 1542 an Fieber starb, aber auch ohne das
legendäre Goldland im Norden entdeckt zu haben, erreichte etwa die
Hälfte der Truppe wieder das spanisch kontrollierte Mittelamerika. Für
die indigene Bevölkerung in diesen Gebieten war de Sotos Expedition
aber dennoch eine der folgenreichsten: Die sogenannte Mississippikultur
war nicht nur durch Massenexekutionen, sondern vor allem durch die
eingeschleppten Krankheiten ausgelöscht.

De Sotos eigentlich erfolglose Expedition wurde rückblickend zum
eigentlichen Beginn der systematisch betriebenen Zerstörung der indianischen Kultur Nordamerikas. De Soto prägte zum einen maßgeblich das
über Jahrhunderte tradierte Bild des «typischen Indianers». Zum anderen ist der besondere Charakter der Indianerkriege im 19. Jahrhundert
ohne sein Wirken nicht zu verstehen. Freigelassene, entkommene oder
auch gestohlene Pferde wurden zum Grundstock der legendären wilden
Mustangherden, die dann im Laufe des 17. Jahrhunderts von Indianerstämmen gezähmt und weitergezüchtet wurden. Vor allem die Präriestämme in den großen amerikanischen Ebenen, den Plains, nutzten seitdem das Pferd. Es revolutionierte die Büffeljagd und veränderte die
Wanderungen der nomadischen Stämme. Die gesamte Habe eines Stammes wurde nun mit seiner Hilfe transportiert. Dass die Nachwelt aber
mit de Soto den Beginn der blutigen Indianerkriege in Nordamerika verbindet, die sich dann noch 350 Jahre hinzogen, lag vor allem daran, dass
seine Expedition allein in der sogenannten Schlacht von Mavilla im heutigen US-Bundesstaat Alabama (Mobile County) am 18. Oktober 1540
gezielt rund 2500 Indianer vom Stamm der Mobile tötete.[5] Bis zum Massaker am Wounded Knee 1890, das als Ende der Indianerkriege angesehen wird, wurden rund neunzig solcher besonders opferreichen Auseinandersetzungen geführt.

Allerdings unterschied sich die Eroberung der Americas unter dem
Zeichen der Christianisierung und der obsessiven Suche nach Edelmetal-

len, wie sie die iberischen Konquistadoren bevorzugten, zunächst von jener der übrigen Europäer. Wie die Spanier waren aber auch die anderen europäischen Nationen von der Rechtmäßigkeit ihres Anspruchs auf das Indianerland von Beginn an überzeugt. Anders als diese versuchten sie allerdings, zunächst mit Verhandlungen und Verträgen, die jedoch in der Regel nicht das Papier wert waren, auf dem sie standen, sowie mit dem gezielten Ausnutzen der traditionellem Feindschaften und Konkurrenzen zwischen den Stämmen ans Ziel zu kommen. Der 1607 beginnende, fast achtjährige Tarrantinerkrieg, in dem die Franzosen den Konflikt um Jagdgründe zwischen den Stämmen der Tarrantiner (oder Micmac) sowie den Maliseet auf der einen und den Penobscot auf der anderen Seite förderten, ist dafür ein klassisches Beispiel. Im Ergebnis allerdings waren beide Strategien ähnlich verheerend.

Die Powhatan-Kriege   Der erste größere der Indianerkriege begann 1608, knapp ein Jahr nach der Gründung von Jamestown. Den Powhatan-Krieg in Virginia zeichnete vor allem aus, dass er ein typischer Zusammenstoß unterschiedlicher Kulturen mit spezifischen Erwartungshaltungen war. Er entwickelte sich, seit Häuptling Powhatan zunächst zugestimmt hatte, die knapp einhundert Siedler von Jamestown mit Nahrungsmitteln zu versorgen. Als Gegenleistung erwartete er nützliche Gegenstände, etwa Metallwerkzeuge oder auch die immer wieder gern genommenen Glasperlen. Kurze Zeit später kam es bereits zu Reibereien zwischen dem selbstbewussten Häuptling und den sich als kulturell «den Wilden» überlegen gebenden Engländern. 1609 war sogar John Ratcliff, der damalige Kommandant des befestigten Dorfs Jamestown, getötet worden. Sein Nachfolger Thomas Gates versuchte es mit einer neuen Strategie, der systematischen Nutzung von Konkurrenzen und persönlichen Bindungen. Als Powhatans Tochter Pocahontas 1613 mit John Rolfe verheiratet wurde, legten die Siedler Wert darauf, dass es sich dabei lediglich um eine diplomatisch begründete Verbindung handele; «nicht aus Fleischeslust», sondern «zum Wohl der Pflanzung, zur Ehre meines Landes und zum Ruhme Gottes», wie damals versichert wurde.[6]

Dass unter Powhatans Nachfolger Opechacasnough die indianische Seite die Auseinandersetzung forcierte und 1622 347 Siedler, das waren rund 30 Prozent der damaligen Bevölkerung Jamestowns, tötete,[7] legt die Vermutung nahe, dass die Powhatan annahmen, die Engländer würden nach diesem grausamen Erlebnis wie ihre Vorgänger in der Lost Colony, Roanoke, ihre Siedlung aufgeben und ihr Gebiet verlassen. Die Indianer konnten nicht ahnen, dass das Beharrungsvermögen der Siedler nun zusätzlich dadurch gestärkt war, weil sich mit dem Tabakanbau sehr große Gewinne erwirtschaften ließen. Seit etwa 1618 vervielfachte sich die Anbaufläche. Da gerade der Anbau von Monokulturen wie dem Tabak, später auch der Baumwolle, zudem ständige Neurodungen erforderte, weil sie die Böden rasch erschöpften, nahm der Verdrängungsdruck kontinuierlich weiter zu. Noch über Jahrhunderte blieb dies die Regel: Neuerschließung von Land und die damit verbundene Vertreibung von Ureinwohnern war lukrativer als der in Europa betriebene Fruchtwechsel oder auch nur die Düngung des Bodens.

Den Endpunkt der aktiv betriebenen Verdrängung und schließlichen Vernichtung der Powhatan bildete das Jahr 1644. Nach über einer Generation permanenter europäischer Zuwanderung versuchte Opechacanough, die verhassten Weißen endgültig zu vertreiben. In dem blutigen Gemetzel, das sich über rund zwei Jahre hinzog, wurden etwa fünfhundert Europäer, aber 8000 Powhatan getötet. Das waren fast 90 Prozent des Stammes. Opechacanough wurde nach seiner Gefangennahme 1646 von einem seiner Wächter erschossen. Ob das ein Zufall war oder ob die Tötung von indianischen Führungspersönlichkeiten schon Teil einer langfristig angewandten Strategie geworden war, lässt sich nicht nachweisen. Jedenfalls wurde auch der lange Zeit im Krieg gegen die Weißen erfolgreiche Sioux-Häuptling Sitting Bull unter ebenso ungeklärten Umständen 1890 von einem Reservatspolizisten getötet.

Der Pequot-Krieg Auch der nächste größere Indianerkrieg, der 1636 noch parallel zum Powhatan-Krieg in Virginia beginnende Pequot-Krieg in Neu-England, verlief ähnlich, und auch er endete zwei Jahre später mit der Auslöschung des Stammes. Selbst die Vorgeschichte war vergleichbar, da auch die Puritaner zunächst auf die Hilfe der Ureinwohner angewiesen waren. 1621 war zwischen ihnen und dem Stamm der Wampanoag unter Häuptling Massasoit sogar ein Friedensvertrag vereinbart worden, der allerdings bereits in dem Moment platzte, als die Siedler begannen, Lebensmittelvorräte der Indianer schlicht zu requirieren. Auch damit begann eine bewusst weiter geschürte Gewaltspirale. Den Höhepunkt erreichte der Konflikt, als zwischen 1634 und 1636 zwei englische Kapitäne von Einheimischen getötet wurden. Die folgende, von den Pilgervätern beschlossene Strafexpedition wurde zum einstweiligen Schlusspunkt der Verdrängung in der unmittelbaren Umgebung der europäischen Siedlungen. Die Gewalttaten der bewaffneten Horde von achtzig Europäern unter John

Endecott, die Gouverneur John Winthrop auf den Weg schickte, führte zu Racheakten der Pequot. Den Höhepunkt der Gewaltspirale bildete das von Siedlern begangene Massaker am Mystic River im heutigen Connecticut nahe der Atlantikküste am 1. Mai 1637, das im Rückblick geradezu exemplarisch für die weitere Strategie wurde. In der sich vorwiegend gegen Frauen und Kinder richtenden Operation starben bis zu siebenhundert Bewohner des Pequot-Dorfes Mystic. Einige Historiker gehen davon aus, dass es zuvor sogar einen direkten Befehl gegeben hatte, in dieser Weise die Pequot und ihre Verbündeten zu vernichten.[8] Im Juni 1637 folgte ein weiteres Massaker in einem Sumpfgebiet in der Nähe des heutigen Fairfield, südlich von Mystic, dem wiederum vor allem Frauen und Kinder zum Opfer fielen. Die überlebenden und nach und nach gefangenen Pequot wurden von den Siedlern als Sklaven an andere Indianerstämme verkauft. Dazu gehörten unter anderem die Narragansett, die vierzig Jahre später im sogenannten King-Philip's-Krieg von den Siedlern Neu-Englands ebenfalls in ein Sumpfgebiet getrieben und massakriert wurden.

Die Versuche der Stämme, in dieser ersten Phase der Indianerkriege ein neues gemeinsames Bündnis gegen die Europäer zu schmieden, verhinderte immer wieder die Uneinigkeit, wie insbesondere Mohawk-Häuptling (Sachem) Sassacus erfahren musste. Seine früheren Mitkämpfer ermordeten ihn bei Guilford (heute ein Erholungsgebiet mit dem sinnigen Namen «Sachem's Head») und schickten seinen Kopf den Kolonisten in die Siedlung Hartford. Sie glaubten, nur damit einen längeren Frieden mit den Siedlern zu erhalten. Langfristig geholfen hat dies auch den Mohawk nicht. Allerdings konnten sie zunächst von dem am 21. September 1638 geschlossenen «Ersten Vertrag von Hartford» profitieren: Den mit den Weißen verbündeten indianischen Stämmen wurden nicht nur die überlebenden Pequot als Sklaven geschenkt, sondern deren Land zur allgemeinen Nutzung freigegeben.

Der Esopus-Krieg Auch die Zeiten zwischen den großen Konflikten blieben nur Atempausen. In den Jahren bis zum nächsten großen Indianerkrieg, der 1675/76 zwischen den Siedlern auf der einen und den Stämmen der Wampanoag und Narragansett auf der anderen Seite geführt wurde, fanden vor allem Zusammenstöße zwischen holländischen Siedlern und benachbarten Stämmen im Raum der heutigen US-Bundesstaaten New York und New Jersey statt. Die heftigsten gingen als «Esopus-Kriege» zwischen 1659 und 1664 in die Annalen ein. Die Esopus gehörten zur Gruppe der Lenni-Lenape- oder Delaware-Indianer, die zu diesem

Zeitpunkt versuchten, die Siedler in Nieuw Nederland, die ebenso wie die Engländer in Virginia immer weiter vorrückten, zu stoppen. Zum blutigen Konflikt kam es hier vor allem aus zwei Gründen: Zum einen zerstörten die Stämme wiederholt den damals kaum befestigten Stützpunkt Kingston (heute: Ulster County). Erst als 1658 das besser geschützte Fort Wiltwijk gebaut wurde, erklärten sich die Ureinwohner gezwungenermaßen bereit, einen der berüchtigten Landnutzungsverträge zu vereinbaren. Zum anderen waren die dortigen Siedler schon davor dazu übergegangen, den Alkohol taktisch einzusetzen, um die indigene Bevölkerung dadurch gefügiger zu machen. Dies gelang häufig, hatte aber auch Nachteile, wie sich im Vorfeld des Esopus-Krieges zeigte. Als 1659 indianische Landarbeiter mit Schnaps entlohnt wurden, geriet die Situation völlig außer Kontrolle. Auch die Entsendung von Truppen des Gouverneurs Stuyvesant konnte den Guerillakrieg nicht mehr stoppen, dem 1663 auch Wiltwijk zum Opfer fiel. Erst die Rekrutierung der mit den Esopus verfeindeten Mohawk änderte das Kriegsglück. Den Holländern nutzte dies allerdings nur noch wenig. Im selben Jahr verloren auch sie mit der Übernahme von Nieuw Amsterdam durch die Engländer ihre Selbstständigkeit.[9]

Der König-Philip-Krieg Auch der nächste Aufstand von Stämmen gegen die europäische Landnahme in Neu-England 1675/76, der in die Siedlerannalen als der schon erwähnte King Philip's War einging, endete mit der Vernichtung der beteiligten Stämme. Für die Geschichte der Indianerkriege war er insofern etwas Neues, als die Kolonisten jetzt zum ersten Mal gezielt auf die Kollaboration christianisierter Einheimischer setzten, was wiederum zu «Fememorden» unter den Indianern führte. Aber der Existenzkampf der indigenen Bevölkerung löste auch die mühsam von den Siedlern aufgebauten Loyalitäten wieder auf, weil zahlreiche Konvertierte nun wieder zu ihren Stämmen zurückkehrten. Den Höhepunkt bildete die grausame Verwüstung eines indianischen Dorfs in einem Sumpfgebiet bei Kingston auf Rhode Island, was als das «Great Swamp Massacre» vom 19. Dezember 1675 in die Geschichte einging. In ihm starben bis zu sechshundert Ureinwohner, die Hälfte von ihnen wieder Frauen und Kinder.[10] Der König-Philip-Krieg 1675/76 wurde an der Ostküste zum endgültigen Sieg der Kolonisten über die Ureinwohner. Der Preis war allerdings auch für die Europäer hoch: Man geht davon aus, dass einige Hundert Siedler getötet und rund ein Dutzend ihrer Siedlungen zerstört wurden.

Aufstand der Pueblo-Indianer　Dass speziell der Widerstand gegen die Christianisierung bereits im Laufe des 16. Jahrhunderts auch in anderen Teilen Nordamerikas größer wurde, zeigte der zwischen 1680 und 1692 geführte Krieg der Pueblo-Indianer auf dem Gebiet der heutigen US-Bundesstaaten New Mexico und Arizona gegen die dort missionierenden Spanier, die sich vor allem aus den Reihen der Franziskaner rekrutierten. Sie begannen im letzten Drittel des 17. Jahrhunderts, nicht nur rigoros gegen «Heiden» im Allgemeinen, sondern auch gegen die Reste des alten Glaubens, der sich dort mit dem Christentum zu einer hybriden Glaubenswelt verschmolzen hatte, vorzugehen. Dies führte 1680 zu einer der größten Erhebungen der Pueblo im Raum des heutigen Bundesstaats New Mexico. Anders als an der Ostküste gelang es hier der indigenen Bevölkerung, alle Europäer entweder zu töten oder zu vertreiben. Die meisten spanischen Einrichtungen, insbesondere auch die Kirchen und Klöster, wurden niedergebrannt. In der Folge brach auch hier die Zahl der Konversionen dramatisch ein. Selbst die getauften Indianer kehrten wieder zu ihrer traditionellen Glaubenswelt zurück. Genützt hat dieser Erfolg auch den Pueblo allerdings nicht. 1696 eroberten die Spanier die Gebiete zurück.

«Zivilisierungsprogramme»　Was während des gesamten 18. und im ersten Drittel des 19. Jahrhunderts bis zum Erlass des besonders einschneidenden Indian Removal Act 1830 stattfand, der die Vertreibung erstmals zum amerikanischen Bundesrecht erklärte, war im Wesentlichen die Fortsetzung der Anfang des 17. Jahrhunderts begonnenen Politik. Die nun immer häufiger – vor allem seit der Expedition von Lewis und Clark zwischen 1804 und 1806 – in Konflikt geratenen Stämme verlegten sich im 18. Jahrhundert zunächst auf den Versuch, nicht mehr nur durch Kampf oder Assimilation, sondern durch eine geschickte Bündnispolitik ihre Traditionen und Siedlungsgebiete zu bewahren. Beispiele dafür finden sich im sogenannten Franzosen- und Indianerkrieg bis 1763 ebenso wie im Zweiten Unabhängigkeitskrieg zwischen 1812 und 1815. Wie kompliziert sich diese Bündnispolitik in der Realität gestaltete und wie unterschiedlich sie selbst in derselben Stammesgruppe sein konnte, zeigte sich insbesondere im sogenannten Creek-Krieg 1813/14. Die Stämme der Creek oder Muskogee, deren Siedlungsgebiet etwa in den heutigen Bundesstaaten Alabama, Georgia und Mississippi lag, entschieden sich völlig unterschiedlich. Während die «Lower Creeks» zunächst neutral blieben und schließlich zusammen mit den US-Truppen kämpften, gingen die «Upper Creeks» mit den Briten ein Bündnis ein, wohl nicht zuletzt, weil sie der Shawnee-Häuptling Tecumseh überzeugt hatte. In die antiamerikanische Fraktion hatten sie allerdings bereits zuvor die weißen «Zivilisierungsprogramme» getrieben, deren «Indianeragenten» – in diesem Fall der berüchtigte Benjamin Hawkins – größtenteils rücksichtslos die Politik der US-Regierung exekutierten.

Für die mit den Briten verbündeten Creek wurde der Sieg der Amerikaner in dem Moment zur Katastrophe, als im Laufe des Jahres 1814 der in den Südstaaten operierende General Andrew Jackson zu «Säuberungsaktionen» gegen probritische Kollaborateure überging. Die verbliebenen Reste der Creek-Stämme waren in der Folgezeit nach Florida abgedrängt worden. Bezeichnenderweise hatten aber alle, unabhängig auf welcher Seite die einzelnen Stämme gestanden hatten, zuvor im Vertrag von Fort James Jackson ihre Siedlungsgebiete abtreten müssen, was noch einmal klar macht, dass unabhängig vom Kollaborationswillen die Vertreibung der gesamten indigenen Bevölkerung eine zuvor beschlossene Sache war. Auch der Weg nach Florida, das seit 1783 wieder unter spanischer Kontrolle stand und nicht nur für Indianer, sondern auch für geflohene afrikanische Sklaven zur Zuflucht geworden war, brachte daher keine Rettung. Im Jargon der Zeit waren sie unterschiedslos Cimarrónes – Entflohene. Die Creek-Stämme wurden daher sogar noch nach dem Ende des Zweiten Unabhängigkeitskriegs von den Truppen Jacksons selbst im spanischen Florida verfolgt. Deren Operationen mündeten dann in einen der längsten Indianerkriege, der überhaupt jemals von den Amerikanern geführt wurde, den Seminolen-Krieg. Sein erster Teil fiel in die Jahre 1817/18.[11] Nach der gezielten Zerstörung ihrer Dörfer und dem ungehemmten Zustrom weißer Siedler in Florida wurden die Seminolen nach 1830 in das sogenannte Indianerterritorium, westlich der Frontier verschleppt. Der Versuch, in ihre Heimat zurückzukehren, gipfelte in zwei weiteren Seminolen-Kriegen (1835–1842 und 1855–1858). Am Ende stand auch hier die weitgehende Vernichtung dieses Stammes.

«Wanderer zwischen den Welten» Mit den Indianerkriegen schienen vermittelnde Positionen oder gar «Wanderer zwischen den Welten» ganz zu verschwinden. Trotzdem gab es sie weiterhin, wenngleich sie von der Mehrheit der weißen Amerikaner noch misstrauischer verfolgt wurden. Weit außerhalb der weißen Siedlungen lebten trotz der heftigen Auseinandersetzungen nach wie vor Waldläufer, Fallensteller, Farmer, Goldgräber oder auch Verwaltungsbeamte. Seit 1799 wurden auch

Eine schwarze Kiowa
Diane Fletcher

immer mehr offizielle Regierungsvertreter entsandt, die als Indianeragenten im Grenzland als Beobachter, aber auch für die Versorgung von
Reservaten eingesetzt wurden. Gelegentlich kam es zu indianisch-europäischen Lebensgemeinschaften. Die Ehemänner galten allerdings aus
Sicht der weißen Gesellschaft als abschätzig betrachtete «Squaw Men»,
von Stämmen verschleppte weiße Frauen, die mit einem Indianer zusammenlebten, als gleichermaßen verachtete «White Squaws».[12] Eine
der berühmtesten wurde Cyntia Ann Parker, genannt Quanah Parker,
die bei den Komantschen lebte.[13] Parker zog unter anderem auch das in
den 1870er Jahren berühmt gewordene deutschstämmige Entführungs-
opfer Hermann Lehmann, genannt Montechema, auf, der zuvor bereits
bei den Apachen gelebt hatte.[14] Darüber hinaus gab es nicht nur india-
nisch-weiße, sondern auch indianisch-afrikanische Verbindungen. In
der Regel wurden alle diese «Wanderer zwischen den Welten» als für

die Herkunftsgesellschaft verloren und «verdorben» betrachtet. Dies galt ebenso für ihre Nachkommen, die als «Mixed-Races» oder «Half-Bloods» («Halbblut») bezeichnet wurden. Die Ausgrenzung traf aber auch jene Weiße, die zwar in den amerikanischen Siedlungen lebten, aber nach Meinung der dortigen Mehrheit zu engen Kontakt zu den Indianern suchten. Dazu gehörte in der Frühzeit der Kolonien der bereits erwähnte Thomas Morton, der auch ausgiebige Feste mit ihnen feierte und schließlich – wenngleich nicht nur deshalb – verbannt wurde. Ob Morton allerdings tatsächlich zum Ideologen einer Gegenkultur taugt, zu dem ihn im 20. Jahrhundert etwa Autoren der «Beat Generation» wie William Carlos Williams machten, ist zu bezweifeln. Die Wahrheit lag wie so häufig wohl in der Mitte. Morton gehörte viel eher zu jenen Auswanderern, die im «Outback» der nordamerikanischen Wildnis siedelten, um ihr persönliches Verständnis von Freiheit zu verwirklichen. Mit Ideologie hatte das wenig zu tun. Beispiele für gerade diesen Typus des Aussteigers aus der weißen Gesellschaft finden sich viele: Zu ihm gehören französische «Überläufer» des 17. Jahrhunderts wie Étienne Brûlè oder Baron de Saint-Castin ebenso[15] wie der weiße Scout Thomas Laforge, genannt Horse Rider, der seit den 1870er Jahren bei den Crow lebte und unter anderem die Schlacht am Little Bighorn miterlebte.[16] Im 19. Jahrhundert lebten dann auch Maler wie Rudolph Friedrich Kurz oder der Ethnologe Frank Hamilton Cushing unter Indianern.[17]

Dass dieser anfangs eher punktuelle Zusammenstoß der Kulturen zu einem tödlichen Desaster zunächst für einzelne Stämme, dann für Völker einer Region, dann für die gesamte indianische Kultur in Nordamerika wurde, bestreitet niemand. Ob es allerdings eine bewusste Entscheidung war oder eine Eskalationskette, die sich schrittweise radikalisierte und schließlich in gezielten Vernichtungsfeldzügen kumulierte, gehört noch immer zu den strittigen Fragen der Forschung. Was man aber mit Sicherheit sagen kann, ist, dass in den letzten großen Schlachten im ausgehenden 19. Jahrhundert, bei Little Bighorn und Wounded Knee, selbst auf elementare Gebote der Menschlichkeit keine Rücksicht mehr genommen wurde.

Zwischen Trail of Tears und Wounded Knee: Die Vernichtung der Indianer

1830 wurde mit der Verabschiedung des Indian Removal Act der US-Regierung zum entscheidenden Jahr für die indigene Kultur in den USA. Gemäß Bundesgesetz war es nun ganz offiziell erlaubt, die Siedlungsgebiete der Ureinwohner westlich des Mississippi zu okkupieren und die dort ansässigen «Stämme oder Nationen», wie es im Text hieß, in die von den weißen Siedlern noch nicht beanspruchten Gebiete umzusiedeln. Vorgesehen war dafür das sogenannte Indianerterritorium im heutigen US-Bundesstaat Oklahoma. Das Gesetz, das viel von Recht und Sicherheit, aber auch von Versorgung der «Emigranten», von der «Wahlfreiheit, ihr Land zu tauschen», und der Verteidigung ihrer Ansprüche und ihres Landbesitzes im neuen Siedlungsgebiet sprach, war sicherlich eines der moralisch verwerflichsten, das eine US-Regierung jemals auf den Weg gebracht hat. Das war bereits den Zeitgenossen klar.[18]

Der Indian Removal Act   Einer der wichtigsten Gegner des Gesetzes, der auch für die National Republican Party antretende David «Davy» Crockett, zerstritt sich darüber sogar mit dem für die Democrat-Republicans kandidierenden Andrew Jackson. Dieser war 1813 sein Vorgesetzter im Zweiten Unabhängigkeitskrieg gewesen und machte sich nun als gnadenloser Verfolger von Indianerstämmen einen Namen, weswegen er bei ihnen auch als «Sharp Knife» bekannt wurde.[19] Gegnern wie Befürwortern war klar: Es ging schlicht um weiße Interessenpolitik, und es lief auf Raub von Indianerland und Vertreibung hinaus. Betrachtet man es aus dem Blickwinkel der bereits erwähnten Debatten um den Völkermord nach dem Zweiten Weltkrieg, in denen die «Konvention über die Verhütung und Bestrafung des Völkermords» 1948 ausdrücklich «die absichtliche Herbeiführung von Lebensbedingungen, die die physische oder psychische Vernichtung zur Folge haben», in den Kriterienkatalog zur Definition eines Genozids aufnahm,[20] so wird man nicht umhin kommen, den Indian Removal Act nicht nur als ethnische Säuberung, sondern als den am deutlichsten sichtbaren Übergang zum bewussten Völkermord zu begreifen. Allen oder zumindest den meisten Beteiligten war klar, dass der Verlust der traditionellen und die Ansiedlung in neuen, in der Regel schlechteren Siedlungsgebieten eine gravierende Schwächung der umgesiedelten Stämme, wenn nicht sogar den Weg in ihren Untergang bedeuten musste. Noch dramatischer erscheint die Entscheidung, wenn man berücksichtigt, dass sogar der Oberste Gerichtshof der USA 1832 das von Präsident Andrew Jackson unterzeichnete Gesetz ausdrücklich für Unrecht erklärte.

Das Gesetz, das daher auch nur im äußerst knappen Verhältnis von 102 zu 97 Stimmen durch das Repräsentantenhaus kam, bezog sich darüber hinaus ausgerechnet auf jene «Fünf zivilisierten Stämme» (Five Civilized Tribes), die versucht hatten, ihr Überleben mit der größtmöglichen Assimilation europäisch-amerikanischer Lebens- und Verhaltensweisen zu sichern. Zu ihnen zählten neben den Choctaw, Cherokee und Chickasaw bezeichnenderweise auch die Creeks (Muskogee) und die Seminolen, also jene Stämme, gegen die der amtierende US-Präsident Jackson als US-Milizgeneral jahrelange erbitterte Kämpfe gefochten und die er bis ins spanische Florida verfolgt hatte. Aber auch sein Vorgänger, James Monroe, hatte die Umsiedlung bereits ins Auge gefasst. Die offensichtliche Sinnlosigkeit der Assimilation wurde für andere Stämme nun zum weiteren Beweis, dass nur noch der Kampf gegen die Weißen eine Lösung sei. Dass das Gesetz dennoch mehrheitlich Zustimmung fand, lag daran, dass die indigene Bevölkerung bei weißen Siedlern auch deswegen verhasst blieb, weil sie sich in den Unabhängigkeitskriegen bis 1815 auf die Seite Großbritanniens gestellt hatte. Auch war 1829 zum ersten Mal Gold im Siedlungsgebiet der Indianer in Georgia entdeckt worden; ein Sachverhalt, der von nun an immer häufiger neben dem «Squattering», also der illegalen Landbesetzung durch Weiße, die Siedlungsgebiete von Indianerstämmen bedrohte. Bis 1838 wurden daher auch die Cherokee «freiwillig» auf den Weg geschickt.[21]

Deportationen und Entrechtung Die für alle beteiligten Stämme extrem verlustreiche Deportation ging als sogenannter «Weg der Tränen», der Trail of Tears, in die Geschichte der amerikanischen Indianerpolitik ein.[22] Der Begriff wurde bereits damals von Indianerstämmen verwandt. Auch danach wurde er immer wieder im Zusammenhang mit weiteren Vertreibungen der nordamerikanischen Ureinwohner benutzt, so unter anderem bei der Deportation der Navajos und der Mescalero-Apachen in den 1860er Jahren. Wie viele als organisiert und staatlich kontrolliert angekündigte Vertreibungen danach verlief die Ausweisung der Indianer aus ihren Siedlungsgebieten katastrophal und forderte eine bis heute unbekannt hohe Zahl an Opfern. Man geht davon aus, dass etwa ein Viertel der Deportierten starb und die im neuen, völlig unterentwickelten Sied-

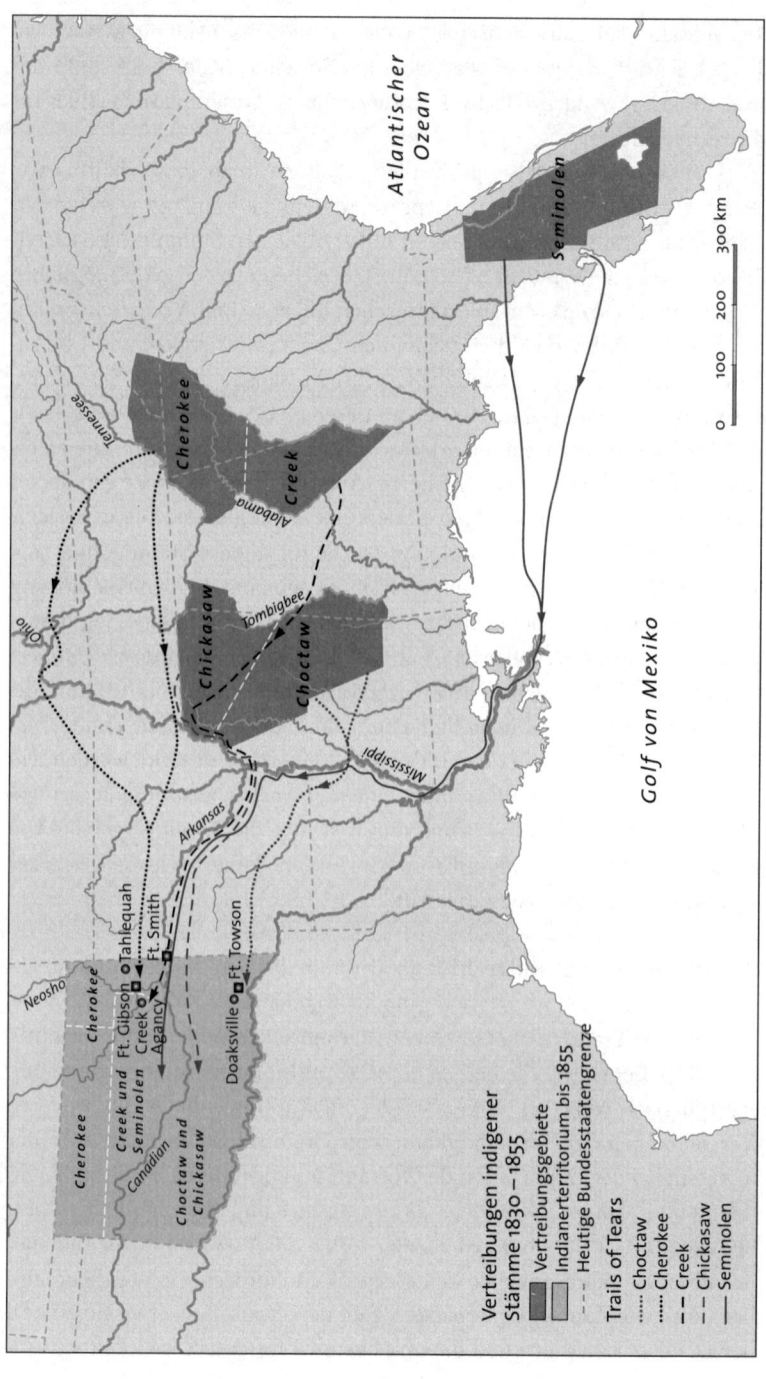

lungsgebiet Ankommenden nicht nur ihre geographischen, sozialen und politischen, sondern vor allem ihre religiösen Wurzeln verloren. Der von Soldaten begleitete Treck geriet damit zu einer humanitären Katastrophe, bevor überhaupt das neue Siedlungsgebiet erreicht wurde. Alexis de Tocqueville, der als Augenzeuge den Abtransport von Choctaws miterlebte, schrieb: «Es war damals mitten im Winter, und es herrschte in jenem Jahre eine ungewöhnlich scharfe Kälte; der Schnee auf der Erde war hart gefroren, und im Strom trieben mächtige Eisschollen. Die Indianer führten ihre Familien mit; sie schleppten Verwundete, Kranke, Neugeborene und sterbende Greise nach. Sie hatten weder Zelte noch Karren, lediglich einige Vorräte und Waffen. Ich sah, wie sie in das Schiff stiegen, um den großen Strom zu überqueren, und dieses feierlich ernste Schauspiel wird immer in meiner Erinnerung haften bleiben. Man vernahm in dieser versammelten Menge weder Schluchzen noch Klagen; sie schwiegen. Ihr Unglück war alt, und sie fühlten, dass es kein Heilmittel dagegen gab.»[23]

Ein Teil der für die Deportation vorgesehenen Indianer floh vor dem Abmarsch und während des Transports in die Wälder. Ein weiterer, kleiner Teil wurde im alten Siedlungsraum noch eine Zeitlang geduldet, aber nur, wenn sie zuvor die amerikanische Staatsbürgerschaft erworben hatten und nicht ohne Weiteres ausgewiesen werden konnten. Dieses Verfahren hatte dann schließlich noch ganz andere, ebenso dramatische Folgen. Die Probleme der nun zwischen Oklahoma, Arkansas, Mississippi, Alabama, Georgia und Florida verstreuten Stämme der Cherokee entluden sich in den folgenden Jahrzehnten in Unruhen, vor allem aber auch in der für viele Beobachter unverständlichen Parteinahme einzelner indigener Stämme für die Südstaaten im Amerikanischen Bürgerkrieg. Nach dem Sieg des Nordens wurde diese Entscheidung für sie nun endgültig zum Verhängnis. Knapp 25 Jahre nach dem Bürgerkrieg verloren die Verschleppten auch ihr Anrecht auf das Indianerterritorium. Zunächst wurde der westliche Teil Oklahomas mit offizieller Genehmigung im Zuge des «Oklahoma Land Runs» 1889 von Weißen besiedelt. 1907 wurde das Gebiet mit dem Indianerterritorium zusammen zum US-Bundesstaat Oklahoma vereinigt. Kurzzeitig auftauchende Pläne, einen eigenen Indianerstaat zu gründen, blieben folgenlos.

Eine mehr oder minder negative Rolle spielten sowohl in der juristisch

Vertreibung indigener Stämme 1830–1855: «Der Weg der Tränen»

durch Verträge abgesicherten Entrechtung der Ureinwohner als auch bei der Vertreibung in Reservate die Indianeragenten. Grundlage für ihre Tätigkeit war das wiederholt geänderte und erweiterte «Gesetz zum Handel und Umgang mit Indianerstämmen und für Frieden an den Grenzen» (Act to Regulate Trade and Intercourse with the Indian Tribes, and to Preserve Peace on the Frontiers). Seit 1824 waren die Amtsträger, die häufig direkt aus der Armee kamen und ihre Erfahrungen nicht zuletzt in den Indianerkriegen gesammelt hatten, dem Bureau of Indian Affairs unterstellt, das zunächst dem Kriegs-, seit 1849 dem Innenministerium zugeordnet war. Dass sie unter anderem auch als Umsiedlungsbeauftragte (Removal Agents) eingesetzt wurden, verbesserte ihren Ruf nicht. Trotz der zwielichtigen Rolle behielten sie jedoch in der amerikanischen Erinnerungskultur ein eher positives Andenken. So erhielt die 1858 gegründete spätere Hauptstadt des US-Bundesstaates Nevada den Namen Carson City, nach dem Indianeragenten Christopher Houston «Kit» Carson, der 1864 einen blutigen Feldzug gegen die Dine-Apachen führte. Andere Indianeragenten wurden später Politiker und in hohen Staatsämtern tätig. Zu einem Karrieresprungbrett wurde das Amt etwa für den berühmten Expeditionsleiter William Clark, der zum ersten Gouverneur des Missouri-Territoriums aufstieg. Pierce Mason Butler wurde später Gouverneur von South Carolina, Robert Furnas Gouverneur von Nebraska. Als besonders zwielichtiger Indianeragent gilt bis heute neben dem bereits erwähnten Benjamin Hawkins Thomas J. Galbraith. Sein Verhalten führte 1862 zum großen Aufstand der Dakota-Sioux (Santee).

Siedlerströme Parallel zur formaljuristisch abgesicherten Entrechtung der Indianerstämme, die auch Tocqueville in seinen Beobachtungen zur amerikanischen Demokratie scharf kritisierte,[24] wurde das Leben der indigenen Stämme auch im 19. Jahrhundert vor allem durch den unkontrollierten Zustrom von weißen Siedlern eingeschränkt. Der Plan der US-Regierung, eine «ewige Indianergrenze» zunächst am Mississippi, dann weiter westlich zu etablieren, erwies sich angesichts des Drucks Land suchender Weißer als völlig illusorisch, wenn er denn jemals ernst gemeint gewesen sein sollte. Eine zweite Auffanglinie sollte an der Grenze Kanadas zum heutigen Bundesstaat Minnesota (gegr. 1858) beim Lake of the Woods beginnen, sich an den Grenzen der Bundesstaaten Iowa (gegr. 1846), Missouri (gegr. 1821), Arkansas (gegr. 1836) und Louisiana (gegr. 1812) entlang ziehen, um schließlich am Golf von Mexiko, etwa bei Galveston, zu enden.

Diese Demarkationslinie, die über einige Zeit trotz des Vordringens weißer Siedler und Händler die offizielle Frontier bildete, war gleichzeitig eine Militärgrenze, auf deren teils völlig abgelegenen Posten halb vergessene Soldaten Wache schoben. Der bekannte Spielfilm *Dances with Wolves (Der mit dem Wolf tanzt)* zeigte 1990 bei aller historischer Ungenauigkeit einen wichtigen Aspekt dieser besonders für Weiße verstörenden Einsamkeit.[25] Spätestens mit dem Sieg der US-Truppen über Mexiko 1847, der im folgenden Jahr mit dem Vertrag von Guadalupe Hidalgo formal abgesichert wurde, und der damit verbundenen Öffnung des weitläufigen spanischen Kolonialgebiets westlich der «ewigen Indianergrenze» sowie der wenig später bekannt werdenden Goldfunde in Kalifornien waren allerdings alle diese willkürlich gezogenen geographischen Linien bereits wieder Makulatur. Während der Rio Grande nun die Grenze von Texas (gegr. 1845) zu Mexiko bildete, ging rund die Hälfte des von Mexiko ursprünglich beanspruchten Gebiets an die Amerikaner. Nach dem massiven Zustrom von Siedlern, Goldsuchern und anderen Abenteurern entstanden hier die Bundesstaaten Kalifornien (gegr. 1850), Nevada (1864), Colorado (1876), Wyoming (1890), Utah (1896) und Neu-Mexiko (1912). Zusammen mit dem durch den Kauf von mexikanischem Gebiet im sogenannten Gadsen Purchase 1853 erworbenen Land betrafen sie ein Territorium, das wenig südlich der heutigen Stadt Phoenix in Arizona begann und sich bis zur heutigen Südgrenze der USA zog. Seit 1853 verlief nun wie mit dem Lineal gezogen die Grenze vom Pazifik, südlich des 1769 gegründeten San Diego, und folgte ab El Paso (Ciudad Juárez) dem Rio Grande bis zum Golf von Mexiko.

Seit den 1840er Jahren strömten weiße Siedler unaufhaltsam bis an die Küsten des Pazifik, um neue Räume zu erschließen. Der Eisenbahnbau, auf den noch ausführlich zurückzukommen sein wird, hatte Ende der 1820er Jahre an der Ostküste begonnen und bis 1850 den Mississippi erreicht. Kolonisten, Händler, Goldsucher, Abenteurer kamen jetzt nicht mehr nur mit Wagentrecks, sondern auch mit dem Zug oder sogar mit dem Schiff. Es war vor allem die Eisenbahn, die von nun an die Landnahme und die Siedlungsgründung maßgeblich mitbestimmte. Dies zeigte bereits der Gadsen Purchase, der 1854 auch vom Kongress bestätigt wurde. Der Kauf war ursprünglich vorgesehen, um Gebiete für eine weitere Eisenbahntrasse an die Westküste zu erhalten, die allerdings in dieser Form doch nicht genutzt wurde. Dampflokomotiven konnten jetzt zwar immer schneller abgelegene Landstriche erschließen, aber sie waren auch zwingend auf Wasser angewiesen, so dass

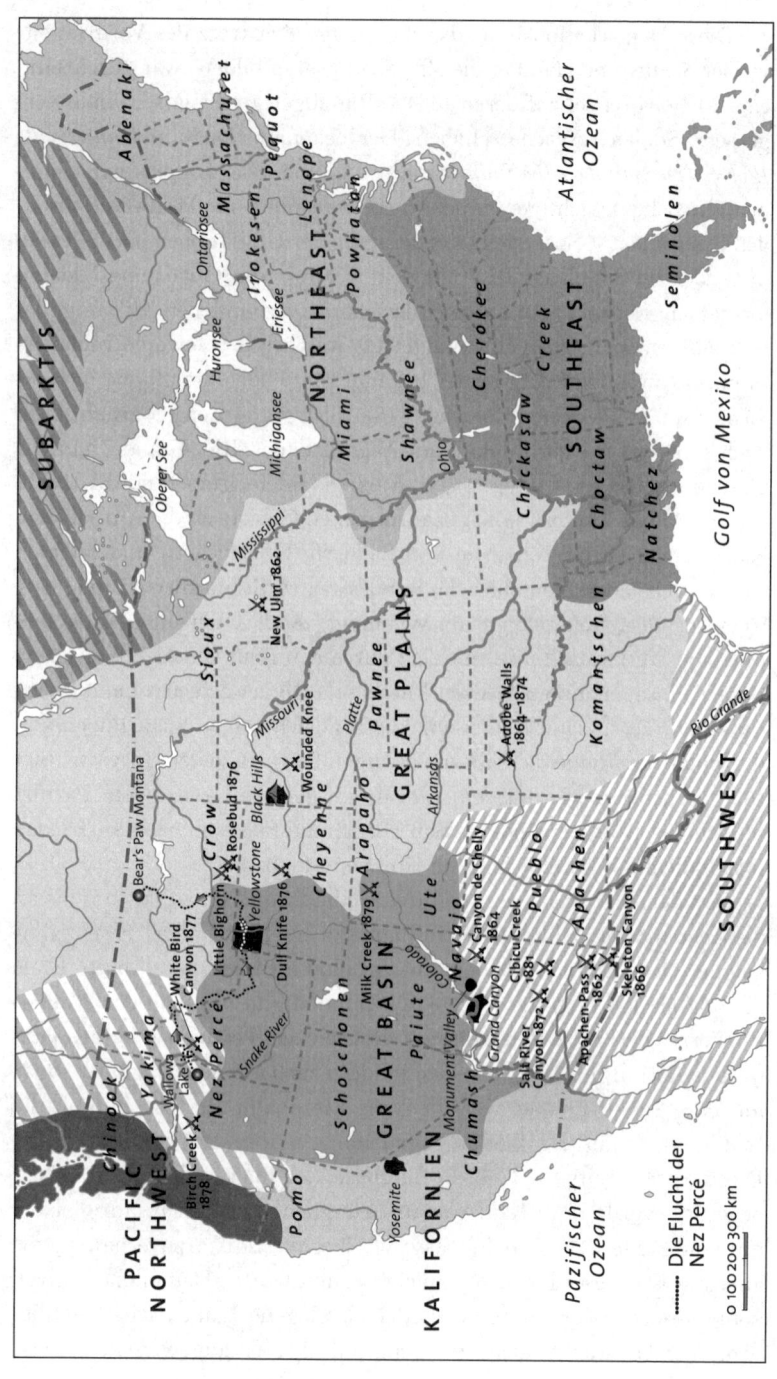

Eisenbahnlinien häufig den traditionellen Trails entlang von Wasserreservoiren folgten.

Im «Westen» kam es jetzt zu den wohl dramatischsten Kämpfen zwischen den vordringenden Weißen und jenen Stämmen, die sich nach den Erfahrungen im Osten nicht mehr ohne Weiteres verdrängen lassen wollten. Es waren die Konflikte, die nachhaltig nicht nur die Mentalität der Zeit prägten, sondern auch die amerikanische Erinnerungskultur bis heute bestimmen. Nicht zufällig wurde das Ende der Frontier und des «Wilden Westens» schließlich 1890 von der US-Regierung erklärt, in jenem Jahr, als mit dem Massaker von Wounded Knee im heutigen South Dakota der letzte der Indianerkriege abgeschlossen worden war und die wenigen Überlebenden endgültig in Reservaten verschwanden. Davor waren die Kämpfe bei Weitem nicht immer, aber überwiegend erfolgreich für die Weißen ausgegangen. Die Schlacht von Little Bighorn im heutigen Bundesstaat Montana am 25. Juni 1876, in der eine US-Kavallerieeinheit unter General George Custer gegen Krieger der Sioux, Cheyenne und Arapaho unter der Führung der berühmten Häuptlinge Sitting Bull und Crazy Horse eine vernichtende Niederlage erlitt, markierte einen der wenigen großen indianischen Siege.

Der Black-Hawk-Krieg Die ersten Stämme, die sich nachhaltiger gegen die Vertreibungen wehrten, waren die Sauk (Sac)- und Fox-Indianer unter Häuptling Black Hawk (Makataimeshekiakiak). Der sogenannte Black-Hawk-Krieg 1832 war gleichzeitig der letzte Indianerkrieg auf dem Gebiet der USA östlich des Mississippi. Er begann als charakteristischer Streit um einen der berüchtigten Verträge, mit dem Stämme ihr Land abtreten sollten. In diesem Fall handelte es sich um ein bereits 1804 geschlossenes Abkommen mit dem Gouverneur des damaligen Indiana-Territoriums (US-Bundesstaat seit 1816), William H. Harrison, der 1841 auch deshalb zu einiger Berühmtheit kam, weil er nur einen Monat die US-Präsidentschaft ausüben konnte und als erster Präsident im Amt verstarb. Als 1828 die Umsiedlung aus dem Gebiet, das mittlerweile zum 1818 entstandenen US-Bundesstaat Illinois gehörte, beginnen sollte, weigerten sich die Sauk und Fox trotz des Vertrags, das Land aufzugeben. Dies half ihnen zwar zunächst nichts, weil auch sie der Übermacht der US-Armee weichen mussten und 1830 nach der Unterzeichnung eines neuen Vertrags in Prairie du Chien (heute US-Bundesstaat Wisconsin) ins Gebiet des späteren US-Bundesstaats Iowa (gegr. 1846) abgeschoben wurden. Teile der Stämme weigerten sich aber, dort zu bleiben, und kehrten schließlich unter der Führung Black Hawks wieder in ihr altes Siedlungsgebiet zurück, was erhebliche Panik unter den bereits nachrückenden weißen Siedlern auslöste. Die Heimkehr in die Vertreibungsgebiete war auch deshalb bemerkenswert, weil der mit den amerikanischen Gepflogenheiten vertraute Black Hawk diesmal eine juristische Begründung lieferte, gegen die nur schwerlich etwas vorzubringen war: Das alte Siedlungsgebiet sei nur zum Teil verkauft worden, und daher könnten auf den freien Gebieten wieder Indianer siedeln. Aber auch der sich daraus entwickelnde Black-Hawk-Krieg endete in einer Niederlage der Indianer, als am 27. August 1832 ein massiver Militäreinsatz der Illinois-Miliz und der US-Armee die endgültige Vertreibung erzwang.

Im Fall dieses Krieges kann man die indianische Position sogar genauer kennenlernen, weil Black Hawk zu den wenigen Indianerführern der Zeit gehörte, die ihre Memoiren hinterließen. Seine bis 1833 verfasste Autobiographie, die im Kern eine einzige Anklage gegen die Weißen ist, konnte allerdings erst fast fünfzig Jahre später erscheinen.[26] Für Black Hawks Volk war die Vertreibungsgeschichte damit noch nicht beendet. Nachdem es 1832 erneut einen Landabtretungsvertrag mit den Weißen hatte abschließen müssen, der als «1. Black Hawk Purchase» bekannt wurde und fünf Jahre später durch einen Landverkauf in der neuen Heimat Iowa wieder für nichtig erklärt worden war, zwang man die Stämme der Sauk und Fox 1843 mit dem nunmehr 3. Black Hawk Purchase, ganz aus Iowa abzuziehen und sich im Gebiet des späteren US-Bundesstaats Kansas (gegr. 1861) niederzulassen, das bis 1854 noch als Auffangbecken für vertriebene Stämme diente.

Die Sioux und die Sioux-Kriege   Mit der Besiedlung westlich des Mississippi gerieten nun auch immer massiver die nomadisch lebenden und als besonders kriegerisch geltenden Präriestämme unter Druck. Dazu zählten im 19. Jahrhundert insbesondere die Stämme der bereits von den Franzosen als Sioux bezeichneten drei ethnischen Großgruppen der Dakota, Nakota und Lakota, die sich wiederum in viele Untergruppen unterteilten. Die zahlreichen Stämme hatten wohl ursprünglich auf dem Gebiet des heutigen US-Bundesstaats Minnesota (gegr. 1858) im Quellgebiet des Mississippi gelebt. Von dort waren sie aber bereits zu der Zeit, als die

Franzosen im 17. Jahrhundert in dieses Gebiet eindrangen, von anderen Stämmen – wahrscheinlich von den Assiniboin und Cree – verdrängt worden. Ihr neues Siedlungsgebiet hatten sie bis auf wenige Ausnahmen im Gebiet der Großen Ebenen gefunden, wo nun eine völlig neue indigene Kultur entstand.[27] Die Sioux, mit denen die Weißen nun immer gewaltsamer zusammentrafen, lebten als Jäger und Sammler. Ihre Hauptnahrungsquelle aber war die Bisonjagd. Daher richtete sich ihre Lebensweise insbesondere nach den Routen der Büffelherden, die jahreszeitlich dem Weidegrund hinterherzogen. Ursprünglich unberitten, hatten die Sioux die von den Spaniern eingeführten Pferde früh für die Jagd, aber auch für ihre Beutezüge domestiziert. In ihrem riesigen Revier, das die späteren US-Bundesstaaten Kansas, Nebraska, North und South Dakota, Wyoming und Montana zumindest in Teilen beanspruchte, hatten die Sioux zunächst die dort lebenden Stämme verdrängt, was nachhaltig zu ihrem schlechten Image schon bei ihren indianischen Nachbarn beitrug. Ihre in der Prärie entstandene mobile und kriegerische Kultur, die den Kampf um Ruhm und Beute, aber auch die Gefahr als Selbstzweck in den Mittelpunkt stellte, stieß nun auf die europäisch-amerikanische Mentalität der sesshaften Bauern- und Händlergesellschaft. Die Weißen reagierten in diesem erneut sehr heftigen Zusammenstoß der unterschiedlichen Kulturen mit dem mittlerweile seit 250 Jahren erprobten Instrumentarium. Da die Sioux nicht nur kriegerisch, sondern auch zahlreich waren – man rechnet um das Jahr 1850 mit etwa 25 000 Menschen, davon rund 10 000 Kriegern[28] –, versuchte man, auch mit ihnen zunächst Verträge zu schließen. Zum vorerst wichtigsten wurde 1851 der Vertrag von Fort Laramie, der Einflussgebiete festschreiben und den Tauschhandel organisieren sollte.

Nur drei Jahre später allerdings endete der Versuch einer halbwegs friedlichen Koexistenz bereits in einem blutigen Gemetzel, dem berüchtigten Grattan-Massaker. Wie so häufig zuvor in der Geschichte der amerikanisch-indigenen Begegnung eskalierte auch hier ein zunächst harmloser Zwischenfall. Eine vor Fort Laramie lagernde Sioux-Gruppe hatte eine wohl entlaufene und damit aus der Sicht der Indianer besitzlose Milchkuh geschlachtet.[29] Als am 19. August 1854 etwa dreißig Soldaten, die unter der Führung ihres knapp 24-jährigen, unerfahrenen Offiziers John Lawrence Grattan die Schuldigen festnehmen sollten, von Sioux-Kriegern getötet wurden, ergriff die US-Regierung die Gelegenheit, eine Strafexpedition durchzuführen. Angeheizt von einer breiten Pressekampagne machte eine etwa sechshundert Mann starke US-Kavallerieeinheit am 3. September 1855 wahllos etwa achtzig Bewohner eines Dorfes der Brulé-Sioux am Bluewater Creek in Nebraska nieder. Wie üblich, wurden dabei auch Frauen und Kinder getötet. Die Schlacht von Ash Hollow, wie man das erbarmungslose Massaker euphemistisch nannte, erhielt aber ihre besondere Bedeutung, weil sie zum ersten Mal unter dem Beifall oder zumindest unwidersprochen vor den Augen einer großen publizistischen Öffentlichkeit stattfand. Dies wurde gewissermaßen zum Beleg für die US-Regierung, dass die ethnische Säuberung mit Zustimmung oder zumindest mit Duldung der Bevölkerung stattfand. Tatsächlich blieb nicht nur die Brutalität des Kommandierenden Generals William Harney folgenlos. Politisch wurde die Schlacht sogar zur Begründung für die geplante Vergrößerung der US-Armee. Nicht zuletzt aber beseitigte gerade dieses Massaker auch die noch auf indianischer Seite vorhandenen Rücksichtsnahmen. Der über zwanzig Jahre später an der erbarmungslosen Vernichtung einer US-Kavallerieeinheit unter General Custer beteiligte Häuptling Crazy Horse war als Jugendlicher Augenzeuge sowohl des Grattan- als auch des Bluewater-Creek-Massakers.

Im Unterschied zu den Stämmen im Osten, die nach solchen Erfahrungen häufig rasch aufgegeben hatten, lieferten sich die selbstbewussten Präriestämme von nun an einen kontinuierlichen Krieg mit den Weißen, bei dem über die nächsten fast vierzig Jahre bis 1890 der Erfolg teils auf dieser, teils auf jener Seite zu verbuchen war. Zunehmend genügten kleinere Funken, um größere Aufstände auszulösen. Im folgenden Minnesota Indian War 1862, dem bislang größten der Sioux-Kriege, bei dem die Gruppe der Santee die entscheidende Rolle spielte, war es wiederum die Situation im Reservat, die zum Zündfunken wurde.[30] Die indigene Bevölkerung war im 1858 gegründeten Bundesstaat Minnesota durch den ungebremsten Zuzug von Weißen, deren Zahl sich bis dahin auf 150 000 gegenüber rund 12 000 Indianern erhöht hatte, schon lange zur Minderheit geworden.[31] Das Reservat war nicht nur beständig verkleinert worden, sondern auch die nach Missernten notwendigen staatlichen Hilfen kamen nur noch mit Verspätung an. Für die Verzögerungen waren allerdings einerseits die wirtschaftlichen Probleme verantwortlich, die der beginnende Amerikanische Bürgerkrieg verursachte, andererseits aber auch die arrogante Amtsführung des zuständigen Indianeragenten Thomas J. Galbraith. Die Legende besagt, dass am Anfang des Minnesota Indian War aber ein provozierender Satz des von der US-Regierung beauftragten Händlers Andrew Myrick stand, der wohl den stolzen Santee ausrichtete, dass sie bei fehlender Versorgung dann eben «Gras oder ihre eigene Scheiße essen» müssten.[32]

Nach der Ermordung weißer Siedler durch Jugendliche aus dem Reservat am 16. August 1862, die sich anscheinend auf einem der Beutezüge befanden, die zum traditionellen Ritual der Mannwerdung gehörten, erhob sich der gesamte Stamm. Kurz darauf waren bereits vierhundert weiße Siedler getötet worden, darunter auch der verhasste Myrick, den man mit grasgefülltem Mund auffand. Mehrere Tausend Siedler flohen, und bis zum Ende der Gefechte wurden bis zu achthundert Weiße getötet.

Der Einsatz der US-Armee auf Befehl des Präsidenten, Abraham Lincoln, der in Bezug auf die indigene Bevölkerung weitaus weniger Sensibilität zeigte als etwa in der Sklavenfrage, führte bis zum 26. September zur Niederschlagung des Aufstands. Den Abschluss des Indianerkriegs in Minnesota bildete ein Gerichtsverfahren, in dem über dreihundert Sioux angeklagt und zum Tod durch Erhängen – einer in der indianischen Wahrnehmung besonders ehrenrührigen Todesart – verurteilt wurden. Schließlich wurden die meisten zwar durch Lincoln begnadigt und nur 38 Todesurteile tatsächlich öffentlich vollstreckt sowie das Reservat aufgelöst. Die geflohenen überlebenden Indianer wurden allerdings weiter blutig verfolgt. Wer bislang bezweifelt hatte, dass es sich um eine zielgerichtete ethnische Säuberung unter dem Vorwand der inneren Sicherheit handelte, wurde jetzt eines Anderen belehrt. In gezielten Strafaktionen zerstörten US-Truppen in der Schlacht von Whitestone Hill am 3. September 1863 zunächst ein Indianerlager und systematisch alle Vorräte sowie alle Gegenstände, die das Überleben im Winter erst ermöglichten. Im folgenden Jahr wurden in derselben Weise weitere Sioux-Dörfer im Dakota-Territorium in der Schlacht am Killdeer Mountain dem Erdboden gleichgemacht.

Im Gegenzug gelang es den Sioux-Stämmen unter Red Cloud, einem Häuptling der Oglala-Sioux seit 1866, den von Siedlern, aber insbesondere auch von Goldsuchern vielgenutzten Bozeman Trail durch Angriffe zu unterbrechen. Die wichtige Route verlief durch das ungesicherte Montana- und Wyoming-Gebiet, das erst 1889 und 1890 zu US-Bundesstaaten erklärt wurde und erst dann unter den Schutz Washingtons fiel. Mit seinem Anschluss an den bekannteren Oregon Trail, der ersten großen Route für Siedler, die zwischen Missouri im Mittleren Westen und Kalifornien am Pazifik reisten, gehörte er zu den besonders intensiv genutzten Verbindungen. Wie überall an der Frontier hatte die US-Armee zwar auch hier Forts errichtet, die allerdings beständig gefährdet waren und bisweilen sogar aufgegeben werden mussten. Genau dies ereignete sich nach dem sogenannten Fetterman-Massaker am 21. Dezember 1866, bei

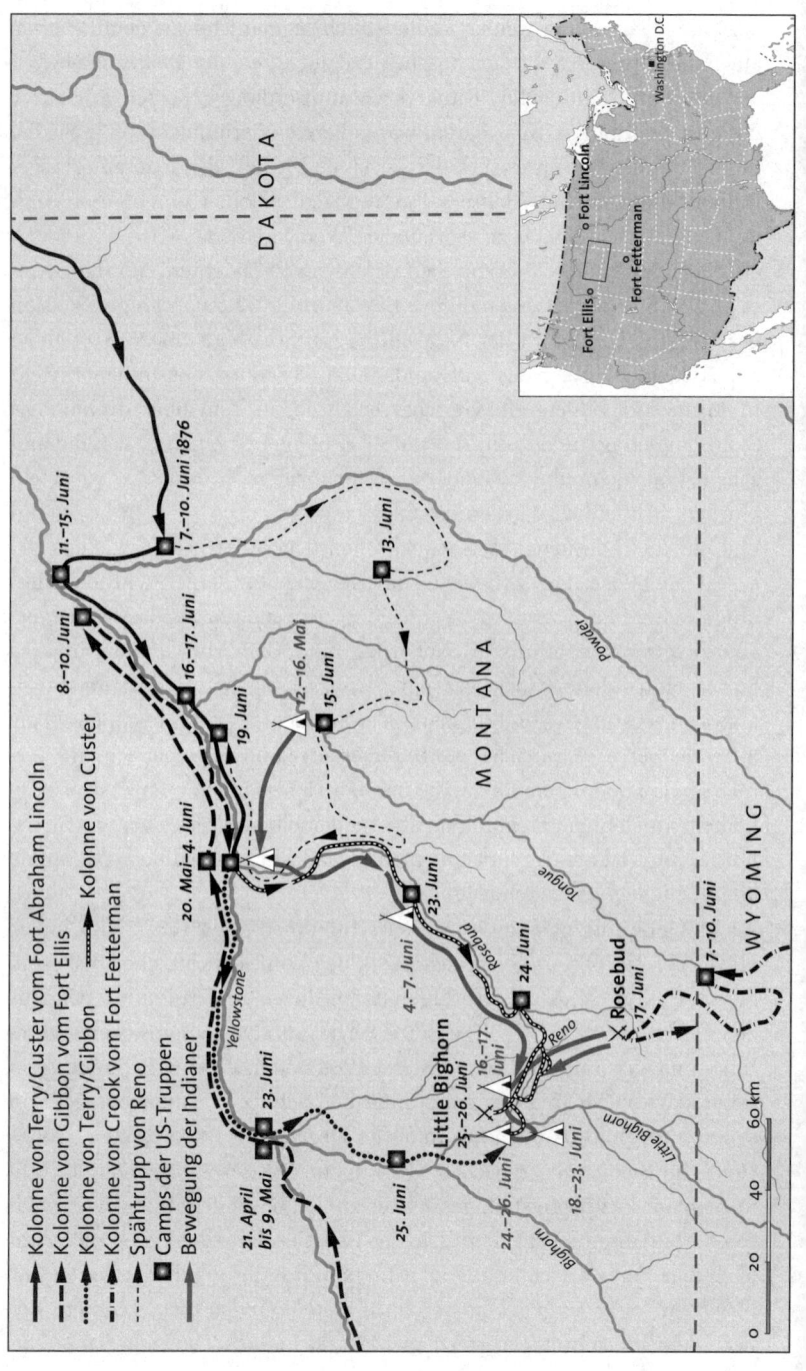

Büffelknochen in den 1870er Jahren Der Abschuss der Büffel war nicht nur die Voraussetzung für die Entstehung der Weidewirtschaft, sondern wurde auch als militärische Notwendigkeit in den Indianerkriegen deklariert, um die Lebensmittelversorgung der Präriestämme zu unterbinden.

dem Krieger der Lakota, Arapaho und Cheyenne rund einhundert Soldaten töteten. Nach weiteren indianischen Erfolgen verließ die US-Armee für einige Zeit das Gebiet sogar ganz. Mit einem weiteren, erneut in Fort Laramie geschlossenen Vertrag im Jahr 1868 wurde den Indianern dann selbst ihr Siedlungsgebiet zunächst wieder zugestanden, was allerdings nicht das Vordringen der Weißen verhinderte.

Wie wenig auch dieses Abkommen wert war, erfuhren die Sioux sechs Jahre später, als eine US-Kavallerieeinheit unter der Führung des dann berüchtigten Generals Custer in den Black Hills (heute zwischen den US-Bundesstaaten South Dakota und Montana), den heiligen Bergen der Lakota, Gold entdeckte. Auch dieser Goldrausch brachte eine Invasion von weißen Abenteurern, die sich wenig um die Vertragsregelung von

Der Große Sioux-Krieg 1876 und die Schlacht von Little Bighorn

Trophäensammlung am blutigen Ende der Indianerkriege I Auf dem winterlichen Schlachtfeld am Wounded Knee Creek photographierte die Armee am 29. Dezember 1890 auch den gefrorenen Körper von Big Foot (Spotted Elk, Si Tanka). Er gehörte neben Sitting Bull und Crazy Horse zu den Häuptlingen, die 1876 in der Schlacht von Little Bighorn der US-Armee die größte Niederlage der gesamten Indianerkriege zugefügt hatten.

1868 scherten und weit in das Sioux-Gebiet vordrangen, was erneut zu weiteren blutigen Zusammenstößen führte. Der Versuch Custers im Juni 1876, den Widerstand wie gewohnt mit Gewalt zu brechen, führte diesmal allerdings zur weitgehenden Vernichtung seiner Einheit am Little Bighorn. Die Schlacht wurde rückblickend zum größten Sieg der nordamerikanischen Ureinwohner in den gesamten Indianerkriegen.

Die US-Armee begann nach der Custer-Katastrophe noch gezielter, die Sioux-Dörfer anzugreifen. Parallel dazu hatte man in den 1870er Jahren mit einer neuen Strategie begonnen, die ethnische Säuberung zum Abschluss zu bringen. Statt der Zerstörung einzelner Dörfer sollte nun der systematische Abschuss der großen Büffelherden in den Great Plains die gesamte Lebensgrundlage der Präriestämme vernichten. «Büffeltöter» wie der berühmt-berüchtigte Buffalo Bill, William F. Cody, und viele seiner Mittäter schossen die Tiere jetzt auch von ihrem bequemen Eisenbahnabteil aus ab. Die Kadaver wurden in keiner Weise mehr verwertet. Bis 1894 waren die Büffelherden verschwunden. Von den geschätzten ursprünglich sechzig Millionen Tieren waren nach knapp zwanzig Jahren ganze achthundert verblieben.

Dass die Strategie aufging, zeigte das Verschwinden der freien Stämme. Auch das letzte Gefecht der Sioux am 29. Dezember 1890 wurde erneut zum Massaker. Am Wounded Knee in South Dakota vernichtete die US-Armee diesmal sogar unter Einsatz von Artillerie rund dreihundert weitgehend unbewaffnete Indianer um ihren Häuptling Big Foot (Spotted Elk, Si Tanka) – einem Veteranen der Schlacht am Little Bighorn –, darunter wiederum mehrheitlich Frauen und Kinder.[33] Bei den Leichen fanden die Soldaten ganze zwei Gewehre. Vorausgegangen war eine vor allem für die Weißen beängstigende und innerhalb der Sioux-Stämme enorm wirkungsmächtige spirituelle Renaissance indianischen Selbstbewusstseins, die sogenannte Geistertanz-Bewegung. Die Schamanen verhießen unter anderem die Rückkehr in die angestammten Siedlungsgebiete. Die Bewegung hatte zwar bereits in der großen Krise der Stämme im Westen der USA in den 1860er Jahren begonnen, wuchs aber mit den immer neuen und verheerenderen indianischen Niederlagen zu bislang unbekannter Größe. Bei den Sioux stand bis 1890 Sitting Bull als Häuptling und Schamane im Mittelpunkt. Seine Ermordung durch einen weißen Aufseher im Reservat war wohl ausschlaggebend dafür, dass sich Tausende von Indianern in South Dakota zur Geistertanzzeremonie versammelten und Alarmstimmung bei der US-Regierung und der Armee auslösten, was wiederum als eine der Begründungen für das Massaker am Wounded Knee diente.[34]

Die Apachen und die Apachen-Kriege   Fast ebenso lange wie den Sioux gelang es nur noch den Stämmen der Apachen, sich gegen die Vertreibung zu wehren. Die im Südwesten der heutigen USA beheimateten Stämme hatten längere Erfahrung mit Widerstandsaktionen gegen die Weißen. Bereits im 16. und 17. Jahrhundert waren sie mit den spanischen Konquistadoren zusammengestoßen, die vor allem die Pueblo-Indianer, dann aber immer häufiger auch die Apachen bekämpften, weil diese sich neben ihren indianischen Feinden – dazu zählten vor allem die Komantschen – zunehmend weiße Siedlungen als Beute suchten. Mit der Eingliederung mexikanischer Gebiete in die USA nach dem Amerikanisch-Mexikanischen Krieg 1848 gerieten die Apachen in den Fokus der US-Armee, was zu einem der längsten Indianerkriege überhaupt führte, verbunden

Trophäensammlung am blutigen Ende der Indianerkriege II Nach dem Ende der Apachen-Kriege wurde 1886 der gefangene Geronimo in Fort Sam Houston (Texas) photographiert.

mit den Namen berühmter Häuptlinge wie Mangas Coloradas, Cochise und Geronimo.[35] Er begann 1850 und endete erst 1890. Die Auseinandersetzung mit den Apachen war neben dem Bürgerkrieg in den 1860er Jahren zudem der teuerste kriegerische Konflikt der USA im 19. Jahrhundert. Der Krieg wurde auch deshalb so langwierig, weil die kriegserfahrenen Apachen sich auf den asymmetrischen Krieg verlegten. Der seit 1884 verstärkt geführte Guerillakampf wurde nicht nur in der unwirtlichen Gegend der Sierra Madre, sondern auch von Mexiko aus geführt, wohin sich die Kämpfer immer wieder zurückzogen und wohin ihnen die US-Truppen nur schwer folgen konnten, ohne einen internationalen Konflikt auszulösen. 1886 kapitulierte aber schließlich auch Geronimo.

Im Rückblick erstaunt es, dass in der Erinnerung an die Indianer ausgerechnet die außergewöhnlich kriegerischen und gefürchteten Stämme die Hauptrolle spielten. Tatsächlich aber wurden die Sioux, Komantschen und Apachen neben den weißen Jägern, Siedlern und Cowboys zum unverzichtbaren Teil der legendenhaft verklärten Geschichte der Eroberung des amerikanischen Westens. Die Wirklichkeit war wie immer profaner. Nachdem der Indian Removal Act 1830 die durch weiße Gesetze abgesicherte Vertreibung auch bereits assimilierter Stämme geregelt hatte und 1871 mit dem Indian Appropriation Act sogar die Autonomie der in Reservaten internierten Stämme aufgehoben worden war, waren Indianer schon seit 1887 mit der Unterwerfung unter das amerikanische Steuerrecht nur noch eine von vielen ethnischen Gruppen in den USA. Erst fast einhundert Jahre später schuf in den 1970er Jahren die verbindliche Zusicherung einer «Self-determination without Termination» eine weitgehende Autonomie in den Reservaten, die allerdings bis heute als nicht ausreichend kritisiert wird.

Der Wilde Westen: The Frontier

Die Frontier als das Grenzland zwischen der weißen, «zivilisierten» Besiedlung und der Wildnis war wie alle Zivilisationsgrenzen eigentlich immer nur eine Imagination: Eine Erzählung über «das Andere» und «die Anderen», die «Zivilisierten» in Konfrontation mit dem Chaos.[36] Die Idee der Frontier diente daher den Weißen immer auch der Selbstvergewisserung. Die Grenzlinie verschob sich allerdings immer höchst real und kontinuierlich durch den sich ständig steigernden Raumbedarf der permanent einreisenden neuen Siedler, die schon seit dem 16. Jahrhundert mit gezielten Expeditionen auch ihr Wissen über das Land jenseits des Bekannten erweiterten. Mit dem Vorrücken der Grenze wurden fortlaufend neue Gebiete erschlossen, die man seit der Staatsgründung der USA 1788/89 als

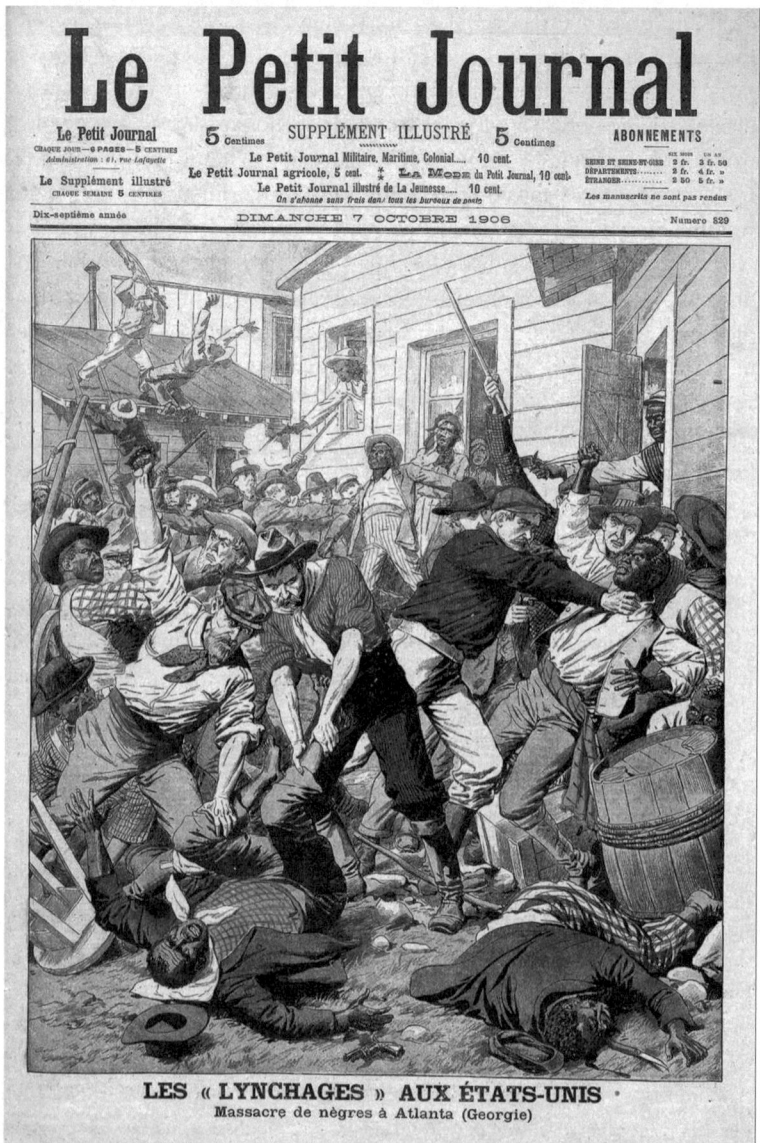

Lynchmorde als Markenzeichen der USA Das in Paris erscheinende *Petit Journal* widmete 1906 sein Titelblatt einem Massaker an Schwarzen in Atlanta, Georgia.

«Territorien» bezeichnete. Nach und nach wurden diese Hoheitsgebiete dann zu offiziellen US-Bundesstaaten erklärt. Die Territorien waren «wild» im Sinne von noch nicht vollständig erschlossen und den weiter im Osten gültigen Gesetzen unterworfen. Sie befanden sich damit auch teilweise außerhalb bürgerlicher Normvorstellungen. Hier versammelte sich neben mehr oder minder seriösen Siedlern und Geschäftsleuten eine bunte Gesellschaft von Abenteurern, Jägern und Händlern. Die neu gegründeten Orte waren nicht zuletzt deshalb problematisch, weil sie nur zum Teil und häufig mit Mühe von einer zahlenmäßig völlig unterlegenen Obrigkeit kontrolliert werden konnten. Selbstjustiz, das Lynchen, war in solchen Gebieten nicht nur an der Tagesordnung, sondern wurde teilweise sogar als demokratisches Recht im Rahmen einer «Volksjustiz» verstanden. Eine besonders markante Rolle spielten dabei die später in Romanen – etwa von Friedrich Gerstäcker (1846) – vielfach verklärten sogenannten «Regulatoren» (Regulators), die etwa seit 1830, als der große Zug nach Westen begann, in den Territorien im Mittleren Westen, aber auch in den Südstaaten aktiv wurden. Sie fühlten sich in der Regel nicht demokratischer Tradition verpflichtet, agierten sie doch gleichzeitig als Legislative, Exekutive und Jurisdiktion. Bürgerwehren, aber auch kriminelle Gruppen wie die Lincoln County Regulators, zu denen zeitweilig auch der berüchtigte Outlaw Billy the Kid zählte, und nicht zuletzt der rassistische Ku Klux Klan hielten sie bezeichnenderweise für ein Vorbild.

Gewaltkultur Es ist nicht verwunderlich, dass Waffen, insbesondere Schusswaffen, die schließlich wie der «Colt», dessen weitverbreitetes Modell bezeichnenderweise «Peacemaker» hieß, häufig als Notwendigkeit im Alltag begriffen wurden. Der amerikanische Gesetzgeber hatte bereits 1791 im Zweiten Verfassungszusatz das Recht auf Schusswaffenbesitz festgeschrieben, worauf sich bis heute Lobbygruppen wie die National Rifle Association (NRA) berufen. In manchen Streitfragen kam es zu tödlichen Schießereien, die allerdings allein schon wegen der fehlenden Treffgenauigkeit und Übung der meisten Schützen bei Weitem nicht so ritterlich verliefen wie die Legenden vor allem des Hollywood-Western im 20. Jahrhundert erzählen. Wie viele Todesopfer allein die Selbstjustiz in den Frontier-Gebieten kostete, ist ungewiss. Seit 1850 bis zum Ende der Pionierzeit um die Jahrhundertwende wurden vermutlich etwa fünfhundert Weiße ohne formelles Gerichtsurteil hingerichtet. Afroamerikaner und Opfer aus der indigenen Bevölkerung wurden gar nicht erst mitgezählt.[37] Insbesondere Indianer galten gerade in den Territorien nahezu als Freiwild. In der Phase der besonders blutigen späten Indianerkriege zwischen den 1860er Jahren und 1890 wurden allerdings schätzungsweise rund neunhundert Indianer gehängt. Aber auch gegen Sklaven oder freigelassene Schwarze sowie gegen die hispanische Bevölkerung, vor allem Mexikaner, ging man ähnlich brutal vor.

Eine blühende Gewaltkultur kennzeichnete allerdings keineswegs nur die neuerschlossenen amerikanischen Territorien. Überall in den von den Europäern kolonisierten Gebieten, sei es in Lateinamerika, Afrika oder Asien, gehörten ausufernde Gewalt und Schusswaffengebrauch zum Alltag. Das Leben in den neuerschlossenen Territorien in Nordamerika war jedoch nicht grundsätzlich gewalttätiger als in anderen Pioniergebieten der Welt. Außergewöhnliche Gewalt erlebten nur wenige Orte, die durch Zeitungen und Trivialromane bereits zur Zeit der Erschließung des amerikanischen Westens bekannt wurden. Etwas später entdeckte auch der Film 1903 «den Westen». Der «Old West» wie er hier in Duellen zwischen Revolverhelden gezeigt wurde, war allerdings nur ein bewusst ausgewählter Aspekt. Schießereien gehörten allenfalls in den «Mining Towns», die aufgrund von Silber- oder Goldfunden quasi über Nacht aus dem Boden schossen, zum Alltag. In solchen Orten wurde etwa jeder Tausendste erschossen – was allerdings in etwa auch dem Durchschnitt amerikanischer Städte des 20. und 21. Jahrhunderts entspricht.[38] Auch in den Orten am Cattle Trail, wie Wichita, über die seit der weitgehenden Vertreibung und Vernichtung der Bisons und Indianer die Viehherden zu zentralen Schlachthöfen in Chicago getrieben wurden, ging es hoch her, wenn die Cowboys, die davor monatelang von den Annehmlichkeiten der größeren Siedlungen abgeschnitten waren, den Aufenthalt ausgiebig nutzten. Wirtshäuser, Spielcasinos und Bordelle boten vieles von dem, was sie während der vergangenen Zeit entbehrt hatten. Die Zahl der Morde war allerdings auch hier mit statistischen 1,5 pro Jahr entgegen der landläufigen Vorstellung eher durchschnittlich.[39]

Die Sheriffs oder «Town Marshals», die auf Zeit gewählt wurden und häufig zuvor ganz anderen Berufen nachgegangen waren, standen in solchen Regionen häufig auf verlorenem Posten und hatten in der Regel nur wenig Chancen, für Ruhe zu sorgen, wenn ganze Gruppen von Cowboys oder sogar kriminelle Outlaws in eine Stadt einfielen. Auch deswegen gehörten kommunale Bürgerwehren zeitweilig zum Bild des «Wilden Westens». Professioneller dagegen arbeiteten häufig die U.S.- oder Federal Marshals, die – anders als die Regulatoren – als Verfolgungsinstanz direkt einem Richter zugeordnet waren und als Ordungsmacht in den wilden

Territorien große Bedeutung gewannen. Die ersten 13 wurden 1789 noch direkt von George Washington ernannt.[40] Ihr Aufgabenbereich beinhaltete zunächst weitere Pflichten. So waren sie zwischen 1790 und 1870 sogar für die Durchführung der amerikanischen Volkszählungen zuständig. Eingesetzt wurden sie aber auch für die Niederschlagung von Streiks im 19. Jahrhundert. Ihre Hauptaufgabe bildete jedoch die Vollstreckung von Bundesgesetzen, gerade auch der umstrittenen. Dazu gehörte im 20. Jahrhundert die Durchsetzung der Prohibition sowie der Rassentrennung. Auch den Schutz des Präsidenten nahmen die U.S. Marshals zunächst wahr. Der heutige, seit 1969 bestehende United States Marshals Service ist als Teil des Justizministeriums für eine Vielzahl noch ganz anderer Aufgaben zuständig, so etwa die Abschiebungen von illegal eingereisten Personen. Nach wie vor wird allerdings der politische Leiter vom Präsidenten ernannt.

Territorien und Bevölkerungsentwicklung «Wilde» Gebiete waren bereits das Nordwestterritorium, das zwischen 1789 und 1803 bestand und zum US-Bundesstaat Ohio wurde, und das Südwestterritorium (1790–1803), aus dem Tennessee hervorging. Darüber hinaus gehörten das Mississippi-Territorium (1789–1817) dazu, das Indiana- (1800–1816), Orleans- (1804–1812), Michigan- (1805–1837), Louisiana- bzw. Missouri-Territorium (1805–1821) sowie das Illinois-Territorium (1809–1818). Weiterhin gab es das Alabama- (1817–1819) und das Arkansas-Territorium (1819–1836), das Wisconsin- (1836–1848), Iowa- (1838–1846), Oregon- (1848–1859) und Minnesota-Territorium (1849–1858), das New Mexico- (1850–1912), Utah- (1850–1896), Washington- (1853–1889), Kansas- (1854–1861) und Nebraska-Territorium (1854–1867). Seit 1861 entstanden dann das Colorado- (1861–1876), Nevada- (1861–1864) und Dakota-Territorium (1861–1889); wenig später das Arizona- (1863–1912), Idaho- (1863–1890), Montana- (1864–1889) und Wyoming-Territorium (1868–1890). Darüber hinaus gab es das erwähnte Indianerterritorium (1890–1907), das schließlich zum Bundesstaat Oklahoma wurde, sowie die Nachzügler Hawaii (seit 1898) und Alaska (ab 1912), die beide sogar bis 1959 als Territorium galten. Als Mindesteinwohnerzahl eines Staates, den man in die Union aufnehmen konnte, wurde 1787 in der sogenannten Northwest Ordinance (Nordwestverordnung) 60 000 vorgeschrieben.[41]

Wo nach dem Verständnis der Amerikaner der «Wilde Westen» begann, blieb somit variabel, zumal bereits seit dem 16. Jahrhundert jenseits dieser Linie zahlreiche Weiße als Jäger, Händler oder vielleicht sogar als Squatter im mehrheitlich von Indianern beherrschten Gebiet lebten und überlebten. Die Geschichte der territorialen Expansion begann so zwar bereits Ende des 16. Jahrhunderts,[42] die Geschichte der amerikanischen Pionierzeit als Kern der Erzählung über den «Wilden Westen» jedoch eigentlich erst, als die formale Staatsgründung der USA mit dem Zweiten Unabhängigkeitskrieg 1815 abgeschlossen war. Die berühmte Expedition von Lewis und Clark über den Mississippi bis an den Pazifik zeigte zunächst vor allem die Möglichkeiten der dahinter liegenden Welt. Genutzt wurden diese weit von der Zivilisationsgrenze entfernten Gebiete zunächst nur von den besonders Wagemutigen, die das Sich-Messen mit der Natur genauso wenig fürchteten wie «die Wilden». Wo im rückblickenden amerikanischen Selbstverständnis der Wilde Westen begann, ist vielleicht am besten dort zu erkennen, wo seine «offiziellen» Erinnerungsorte errichtet wurden. Der eindrucksvollste findet sich mit der 1965 vollendeten «Gateway Arch», dem «Gateway to the West», in St. Louis, der 1764 gegründeten und heute größten Stadt des Staates Missouri.

Bevölkerung und Raum 1790–2010[43]

Datum der Erhebung	Bevölkerungs- zahl	Staatsgebiet in Quadratmeilen	Bevölkerungs- wachstum	Prozent
2.8.1790	3 929 214	891 364	k.A.	k.A.
4.8.1800	5 308 483	891 364	1 379 269	35,1
6.8.1810	7 239 881	1 722 685	1 931 398	36,4
7.8.1820	9 638 453	1 792 552	2 398 572	33,1
1.6.1830	12 866 020	1 792 552	3 227 567	33,5
1.6.1840	17 069 453	1 792 552	4 203 433	32,7
1.6.1850	23 191 876	2 991 655	6 122 423	35,9
1.6.1860	31 443 321	3 021 295	8 251 445	35,6
1.6.1870	39 818 849	3 612 299	8 375 128	26,6
1.6.1880	50 189 209	3 612 299	10 370 760	26,0
1.6.1890	62 979 766	3 612 299	12 790 557	25,5
1.6.1900	76 212 168	3 618 770	13 232 402	21,0
15.4.1910	92 228 496	3 618 770	16 016 328	21,0
1.1.1920	106 021 537	3 618 770	13 793 041	15,0
1.4.1930	123 202 624	3 618 770	17 181 087	16,2
1.4.1940	132 164 569	3 618 770	8 961 945	7,3
1.4.1950	151 325 798	3 618 770	19 161 229	14,5
1.4.1960	179 323 175	3 618 770	27 997 377	18,5
1.4.1970	203 302 031	3 618 770	23 978 856	13,4
1.4.1980	226 542 199	3 618 770	23 240 168	11,4
1.4.1990	248 718 302	3 717 796	22 176 103	9,8
1.4.2000	281 422 509	3 794 083	32 704 207	13,1
1.4.2010	308 745 538	3 794 101	27 323 632	9,7

Geographisch nahm damit die Erzählung vom Wilden Westen am Mississippi ihren Ausgang, chronologisch begann sie 1815 und endete 1890. Der 1893 publizierte und berühmt gewordene Aufsatz des amerikanischen Historikers Frederick Jackson Turner mit dem Titel *The Significance of the Frontier in American History* hielt «den Westen» bereits für den eigentlichen Ausdruck der US-Gesellschaft, der sich darin zeigen konnte, dass jeder die gleichen sozialen Chancen gehabt habe, wenn er nur als starke Persönlichkeit aufgetreten sei.[44]

Voraussetzung auch der Besiedlung des Westens blieb die kontinuierliche Einwanderung. Seit 1815 schoben sich verschiedene Immigrationswellen Richtung Pazifik. Den umherziehenden Abenteurern folgten erneut die wild siedelnden Farmer, die sich – häufig unterstützt von einzelnen Politikern wie etwa dem berühmten Davy Crockett – nicht darum scherten, wem die Wildnis gehörte. Sie wiederum wurden von den Farmern oder Pflanzern abgelöst, die das angeblich herrenlose Land nun mit Erlaubnis der US-Regierung den unter ärmlichen Bedingungen in mit Grassoden gedeckten Blockhäusern lebenden «Frontiermen» abkauften und regulär bewirtschafteten. Zwischen dem Zweiten Unabhängigkeitskrieg und 1850 verdreifachte sich so bereits die Bevölkerung westlich der Appalachen. Auch nach Süden drangen die Pflanzer, die zum Teil zunächst auf Sklavenarbeit, dann im Laufe des 19. Jahrhunderts auf industrialisierte Bewirtschaftung setzten, systematisch weiter vor.[45] 160 Acres, also etwa 64 Hektar, veranschlagte die US-Regierung für eine funktionierende und sich selbst tragende Farm im 1820 erlassenen Public Land Act. Auch der über vierzig Jahre später verabschiedete Homestead Act, das Gesetz für die «Familienfarmen» aus dem Jahr 1862, unterstrich noch einmal, dass dies die reguläre Größe sein sollte. Dennoch konnten Farmen auch ganz andere Dimensionen erreichen, manchmal kleiner, aber nicht selten auch bedeutend größer. Rinderbarone nutzten die von der indigenen Bevölkerung freigeräumte Prärie, so der berühmte John Chisum, der 1854 einer der ersten war, der im gerade eroberten New Mexico auf dem sogenannten Llano Estacado eine Herde mit der unglaublichen Größe von 100 000 Tieren weiden ließ. Seine Geschichte, die eng mit dem berüchtigten Lincoln-County-Rinderkrieg (Lincoln County War) um Weidegründe und dem daran beteiligten Revolverhelden Billy the Kid verwoben war, wurde schließlich sogar zur Grundlage für einschlägige Hollywood-Streifen, so den Film *Chisum* (1970) mit John Wayne.

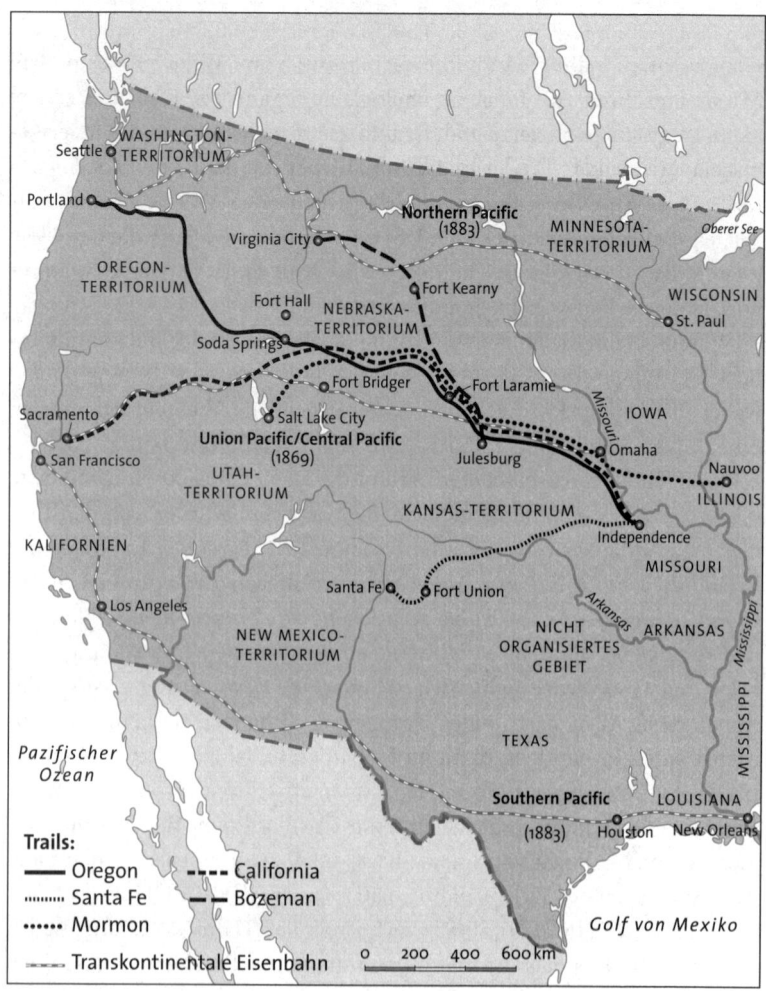

Die «Trails» nach Westen

Mit der beginnenden Industrialisierung und dem Ausbau der Verkehrswege waren ab 1830 immer mehr Menschen auch per Schiff und vor allem ab 1865 per Eisenbahn in den Westen geschafft worden. Bezahlbare Transportmöglichkeiten für Familien, die sich mit ihrem Hausrat auf den Weg machten, blieben indes die Trecks, die über die berühmten, wenngleich noch lange Zeit durch Angriffe von Indianern gefährdeten Trails gen Westen fuhren (s. Karte S. 158). Aber nicht nur der Weg, sondern vor allem die Besiedlung des Landes erwies sich in der Wirklichkeit alles andere als einfach. Die Siedler waren in den neuen Gebieten nicht nur Angriffen von wilden Tieren und Indianern, die um ihr Land kämpften, ausgesetzt, sondern für Europäer nahezu unbekannten Naturgewalten. Dabei zeigten sich vor allem die im Mittleren Westen regelmäßig auftretenden Wirbelstürme als eine besonders tödliche Gefahr. Das umgangssprachlich «Tornado Alley» genannte Gebiet mit den meisten «Twisters» umfasste vor allem die heutigen US-Bundestaaten Oklahoma, Kansas, Missouri, Nebraska und South Dakota. Dagegen halfen nur die in die Erde gegrabenen «Storm Shelters». Auch deswegen bewahrte sich in den weit auseinanderliegenden Siedlungen und Einzelgehöften, wo man auf enge Nachbarschaftshilfe angewiesen blieb, noch jahrzehntelang die traditionelle Sozialstruktur und vor allem die Muttersprachen und Dialekte der Herkunftsgebiete.

Goldrausch Einen besonderen Beitrag steuerten die Gold- und Silberfunde zum abenteuerlichen Bild des Wilden Westens bei. Die verschiedenen Phasen des «Goldrauschs» ließen häufig geradezu über Nacht neue Siedlungen aus Zelten und eilig zusammengezimmerten Holzhütten entstehen, die – euphemistisch «Towns» genannt – beim Versiegen der «Claims» ebenso schnell wieder verlassen wurden und vielfach als Geisterstädte wie in einer Zeitkapsel erhalten blieben.[46] Die meisten Goldsucher wurden jedoch nicht wohlhabend, dafür aber viele Händler, die ihnen Werkzeuge und Lebensmittel zu häufig überhöhten Preisen verkauften. Und nicht zuletzt verdienten die Saloons, Hotels und Bordelle, aber auch die Banken prächtig an erfolgreichen wie erfolglosen Glücksrittern. Bezeichnenderweise eröffneten die großen Westernlegenden wie Wyatt Earp lieber selbst Saloons, als sich zum Schürfen zu begeben. Für die Abstinenzler-Bewegung, aber auch andere christliche Gruppen wurden schon in der ersten Hälfte des 19. Jahrhunderts die zwielichtigen Saloons zu einem zentralen Feindbild, während die zum selben Zeitpunkt sich entwickelnde «Temperance Novel» phantasievoll anrüchige Szenen ausmalte. Der 1854 erschienene Roman *Ten Nights in a Barroom and what I saw there* des der Abstinenzler-Bewegung nahestehenden Autors Timothy Shay Arthur wurde zum Bestseller. Später widmeten sich auch die zur Weltliteratur aufgestiegenen Romane und Kurzgeschichten eines Jack London (etwa *The Call of the Wild*, 1903, oder *To Build a Fire*, 1908), der auch selbst am Goldrausch im Klondike-Gebiet 1897 beteiligt gewesen war, oder frühe Spielfilme wie Charlie Chaplins *The Gold Rush* von

Goldrausch 1850 dokumentierte ein Photograph die von den Mannschaften
verlassenen Schiffe in der San Francisco Bay.

1925 dem Thema. Bezeichnenderweise zeigten aber beide vor allem die
Härte der Anforderungen, denen sich die Goldsucher ausgesetzt sahen,
weniger den Erfolg. Vergleichbar in der Dimension der innergesellschaft-
lichen Umwälzung waren wenig später nur noch die verschiedenen Phasen des Ölbooms. Die Erdölsuche erstreckte sich allerdings anders als
der Gold- oder Silberrausch, der vor allem im Westen stattfand, über fast
die gesamten USA und erfasste beispielsweise auch Ostküstenstaaten wie
Pennsylvania, wo bereits seit dem Ende der 1850er Jahre systematisch
die ersten Erdölfelder erschlossen wurden.

Echte «Gold Rushes» fanden in der Geschichte des Westens mehrfach statt. Besonders eruptiv verlief einer seit 1848/49 in Kalifornien, wo

im Januar 1848 auf dem Gelände einer Sägemühle, der dadurch berühmten Sutter's Mill am American River im Cullomah Valley nordwestlich der heutigen Hauptstadt Sacramento, ein erster Goldklumpen entdeckt wurde. Das Auftauchen eines großen «Nugget» war nicht zu verheimlichen. Durch die Medien, die den sensationellen Fund in den leuchtendsten Farben schilderten, verbreitete sich die Nachricht wie das sprichwörtliche Lauffeuer. Nachdem am 19. August 1848 der *New York Herald* an der Ostküste darüber berichtet hatte und vier Monate später sogar der amtierende Präsident James K. Polk in seiner Kongressrede zur Rechtfertigung des Krieges gegen Mexiko auf den Fund hingewiesen hatte, machten sich zunächst Zehntausende, bis 1854 wahrscheinlich 300 000 Menschen auf den beschwerlichen Weg.[47] Sie kamen auf dem Landweg, manche auch auf dem langen Seeweg um Kap Hoorn. Es waren nicht nur die klassischen Glücksritter, sondern auch in völlig normalen Lebensumständen und Berufen lebende Menschen wurden zu «Forty-Niners», wie man sie nun nannte. Stephen Fosters Banjo-Song *Oh! Susanna* mit der Zeile «Oh, Susannah / Oh, don't you cry for me / I'm going to California with my washpan on my knee» entwickelte sich zur Erkennungsmelodie der «49er», die über Nacht ihre Existenz aufgaben und in den Westen fuhren.[48] Selbst Schiffe, die im Hafen von San Francisco mit Goldsuchern landeten, konnten nach dem Löschen der Ladung nicht wieder auslaufen, weil sogar die Matrosen mit zu den Goldfeldern zogen. Ein Teil der Schiffe musste deswegen tatsächlich aufgegeben werden und verrottete schließlich vor der Stadt. Knapp 150 Jahre später fand man zufällig einige davon bei Bauarbeiten unter dem Pflaster San Franciscos wieder. Die Siedlungen Kaliforniens platzten binnen Kurzem aus allen Nähten, obwohl sich selbst ihre angestammten Einwohner auf den Weg machten. Der Sog des Goldes reichte sogar bis nach Ostasien und Südamerika. Auch rund 60 000 Chinesen wurden zu «49ern».[49] Die Ausnahme bildeten schließlich nur noch schwarze Sklaven, denen man das Schürfen aus Konkurrenzgründen nicht erlaubte. Diese Diskriminierung hatte schließlich sogar einen positiven Effekt: Der 1850 gegründete Bundesstaat Kalifornien blieb von der Sklaverei frei. Seine Einwohnerzahl wuchs bis zu diesem Zeitpunkt auf rund 200 000 Menschen, was einer Steigerung mehr als 300 Prozent entsprach. Selbst die eilig in der Nähe von Sutter's Mill errichteten Zeltstädte erreichten mit Einwohnerzahlen von bis zu 25 000 Personen die Größe von Kleinstädten. Entsprechend chaotisch ging es dort zu. Allein San Francisco brannte in den ersten drei Jahren des Goldrausches sechs Mal. Allerdings bescherten die enormen Reichtümer der Stadt auch einen unerwarteten Boom des Kulturlebens. Zu den größten Verlierern zählte auch hier die indigene Bevölkerung, die zuerst verdrängt und schließlich durch eingeschleppte Krankheiten, vor allem durch die 1851 beginnende Choleraepidemie, sowie durch Gewalttaten massiv dezimiert wurde.[50] Kurz danach endete der Goldrausch auch schon wieder. Von nun an übernahmen zunehmend Gesellschaften den Goldabbau und verdrängten viele der privaten Schürfer.

Der kalifornische Goldrausch blieb kein Einzelfall. Seit 1858 wurde der Mittlere Westen mit dem späteren Bundesstaat Colorado (gegr. 1876) für etwa zwanzig Jahre zum Ziel von Glücksrittern. Damals war im South Platte River Gold, später auch Silber gefunden worden. Wie in Kalifornien strömten Tausende zu den Abbaugebieten, wo ebenfalls in rascher Folge Mining Towns entstanden. Einige blieben auch nach dem Boom erhalten, so etwa Denver, die spätere Hauptstadt Colorados, die aber vor allem vom Anschluss an die Eisenbahn 1870 profitierte. Ähnlich hektisch verlief in den 1890er Jahren der Goldrausch am Klondike und Yukon im wenige Jahrzehnte zuvor von Russland erworbenen Alaska, der sich auch im angrenzenden Kanada fortsetzte. Hier war bereits zu Beginn der 1870er Jahre Gold gefunden worden und die Siedlung Dawson entstanden. Auch hier setzte eine Art Völkerwanderung ein, die man damals bezeichnenderweise auch «Klondike Stampede», den Klondike-Wahnsinn, nannte.[51]

Prärie, Cowboys, «Cattle Trails»   Eine weitere zentrale Entwicklung, die das Bild der Frontier ebenso beeinflusste wie die Erzählung über sie, war die ökonomische Umnutzung der Prärie, als man Millionen Büffel innerhalb kurzer Zeit durch Millionen von Hausrindern ersetzte. Gleichzeitig wurde die ehemals freie Prärie, durch die die Jäger seit Jahrtausenden gezogen waren, nach und nach mit Stacheldraht eingezäunt. Cowboys bewachten nun teils gigantische Rinderherden. Die Hoch-Zeit der Cowboys – der Begriff selbst ging auf den Beginn des 18. Jahrhunderts zurück – setzte Mitte der 1860er Jahre ein, als nach dem blutigen Amerikanischen Bürgerkrieg die letzte Phase der Eroberung des Westens begann. Als Cowboys, Cowhands, Cowpokes oder Cowpunchers bezeichnete man vorher auch Viehhändler oder «Pferdeflüsterer», die sich insbesondere auch mit der Psyche und den Krankheiten der Tiere auskannten. Jetzt aber waren es die professionellen Viehtreiber in den Great Plains, der Prärie zwischen dem Mississippi und den Rocky Mountains, die diesen Namen exklusiv und mit zunehmendem Stolz trugen. Wichtigste Voraussetzung für ihre wachsende Bedeutung war der steigende Bedarf

Professionalisierung des Weidebetriebs Cowboys waren notwendig, um die riesigen Rinderherden zu bewachen und zu den Schlachthöfen zu bringen. Ihre weitgehend unkontrollierte Tätigkeit lockte nicht zuletzt Outlaws und begründete einen weiteren amerikanischen Mythos. Hier eine Aufnahme aus den 1880er Jahren im Dakota-Territorium

an schnell produzierbarem Rindfleisch, der mit der wachsenden Bevölkerung, den verschiedenen Wellen des Goldrauschs, der Urbanisierung, dem Eisenbahnbau und nicht zuletzt der Industrialisierung geradezu explodierte.

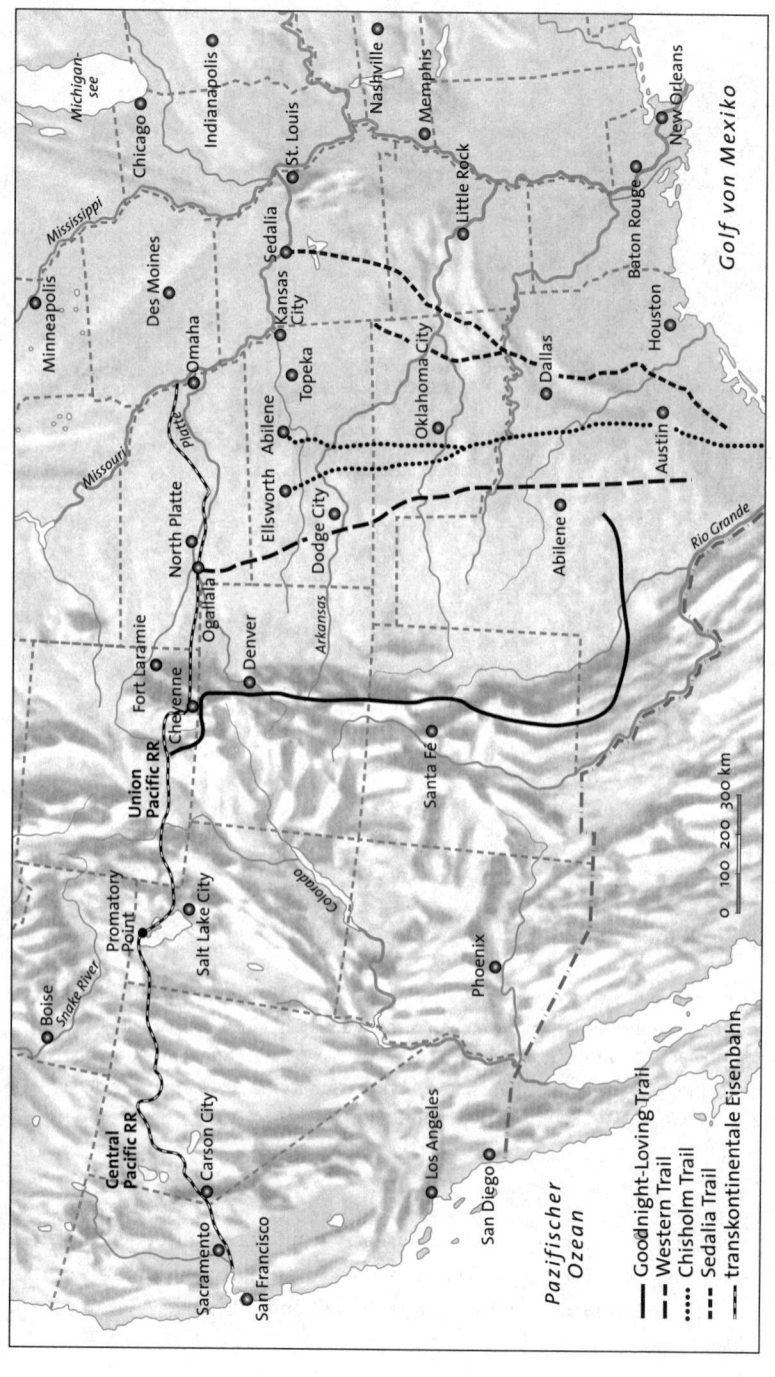

Den typischen Cowboy gab es niemals. Die harte, aber teilweise noch selbstbestimmte Arbeit auf den weitläufigen Ranches und Farms zog höchst unterschiedliche Charaktere an. Ihnen gemeinsam war, dass sie zunächst keine andere Beschäftigung fanden und daher die äußerst schlecht bezahlte Tätigkeit eines Viehtreibers annahmen. Hier sammelten sich nach dem Bürgerkrieg beschäftigungslose Soldaten genauso wie weitere Randgruppen der US-Gesellschaft, Indianer, Mexikaner oder freigelassene Sklaven. Nicht zuletzt zog das weitgehend unkontrollierte Leben auch Outlaws jeglicher Art an. Cowboys besaßen daher zunächst einen denkbar schlechten Ruf, der sich eigentlich erst mit der durch den Spielfilm forcierten Mythologisierung seit Anfang des 20. Jahrhunderts allmählich ins Gegenteil verkehrte. Sie selbst trugen zu ihrem schlechten Image bei. Die langen Cattle Trails zu den zentralen Verladebahnhöfen und Schlachthäusern, so nach Sedalia (Sedalia Trail) oder Abilene (Chisholm Trail), die den ebenso langwierigen Viehauftrieben (Roundups) folgten, führten durch und endeten in «Cow Towns» – Kleinstädten, in denen die Cowboys sich nach der Arbeit austobten.

Der bekannteste war der Chisholm Trail, der nach seiner Einführung durch den Händler Jesse Chisholm seit Mitte der 1860er Jahre von Texas durch Oklahoma zur Eisenbahnverladung nach Abilene führte, von wo es weiter in die Schlachthöfe nach Chicago ging. Hier entstand eine für die Zeit gigantische Fleischindustrie, die Meat Packing Industry. Zu den größten gehörte die 1865 gegründete Firma Armour and Company, die das Rindfleisch bereits in riesigen Mengen verarbeitete und in Kühlhäusern lagern konnte. Voraussetzung dafür war die im Jahrzehnt zuvor gelungene Erfindung des Kunsteises. Wie unwürdig die Situation in solchen Großbetrieben war, machte 1906 der Journalist Upton Sinclair in seinem Roman *The Jungle* publik, in dem er zum ersten Mal über die dort herrschenden katastrophalen Arbeits- und Hygienebedingungen berichtete. Sinclairs Buch wurde zu einem wichtigen Meilenstein für den investigativen Journalismus.

Cow Towns Die Cow Towns entwickelten sich rasch zu Vergnügenszentren, in denen allerlei Probleme entstanden, derer man sich schließlich nur noch mit dem Einsatz massiver Polizeigewalt erwehren konnte. Dodge City war angeblich die verrufenste, Abilene die wildeste. Beide

«Cattle Trails»

Städte in Kansas standen sich einander in der Zahl der Saloons und Bordelle nicht nach, aber mit Sicherheit hatte Abilene als letzte Entladestation der Bahn die größten «Corrals», in denen die Herden bis zum Weitertransport untergebracht wurden. Dies bedeutete gleichzeitig, dass hier die meisten Cowboys ihren Lohn erhielten und nach Wochen in der Einsamkeit der Prärie Abwechslung suchten. Es spricht für sich, dass gerade hier häufig bekannte Revolverhelden als Ordnungshüter ihren Dienst taten.[52] Ihr durchschnittlicher Aufenthalt blieb allerdings trotzdem häufig kurz. Town Marshal Tom «Bear River» Smith, den man nach schlechten Erfahrungen mit zwei regulären Polizisten, die nach Inspizierung der Stadt noch vor Amtsantritt das Weite gesucht hatten, einstellte und der die Gewalttäter vorzugsweise noch mit bloßen Händen in die Flucht zu schlagen suchte, überlebte zwar einige Attentate, endete aber nach kurzer Dienstzeit 1870 zusammen mit seinem Deputy nach einer wilden Schießerei in den Straßen von Abilene, wo er schließlich mit einer Axt geköpft wurde.[53] Das Beunruhigende daran war gewesen, dass Smith keineswegs ein Anfänger gewesen war, sondern sich zuvor in dem fast ebenso verrufenen Carson City in Colorado seine Meriten verdient hatte. Der Nachfolger von Smith in Abilene wurde ein Mann, der danach in vielen Western auftauchen sollte: «Wild Bill» Hickok, bürgerlich: James Butler Hickok, der es schließlich sogar zu einem Deputy U.S. Marshal brachte.[54] Auch er starb 1876 standesgemäß. In der Goldgräberstadt Deadwood in South Dakota, mitten in den legendären Black Hills, wurde er schließlich von Jack McCall, einem nachtragenden Pokerspieler, im Saloon No 10, der bis heute ebenso wie sein letztes Blatt (das «Dead Man's Hand») eine Touristenattraktion geblieben ist, hinterrücks erschossen.

In den anderen Cow Towns ging es kaum beschaulicher zu. In Wichita und Dodge City, beides ebenfalls Bahnstationen an den Trails, wurde der ebenso berühmte Revolverheld Wyatt Earp zeitweilig zum Ordnungshüter berufen.[55] Auch er war ein Getriebener, der entlang der Frontier die unterschiedlichsten Jobs ausübte, bevor man ihn ebenfalls aufgrund seiner Schießkünste zum Gesetzeshüter machte. Earp war gleichzeitig einer der wenigen, denen es gelang, über die Zeit des Wilden Westens hinaus am Leben zu bleiben. Er starb erst 1929 im hohen Alter von achtzig Jahren friedlich in Los Angeles, nachdem er alles getan hatte, seine eigene Legende zu fördern.[56] Tom Mix, der damals wohl berühmteste Cowboy-Darsteller der wachsenden neuen Filmhochburg Hollywood und einer, der durch seine Rollen die Legende des Wilden Westen auch weltweit erfolgreich vermarktete, wurde einer seiner Sargträger. Der geschäftstüchtige

Earp hatte zuvor selbst noch gezielt Kontakte zur boomenden Hollywood-Filmwirtschaft gesucht, unter anderem auch zum jungen John Wayne.

Wyatt Earp Sein Leben bot für Legenden tatsächlich genügend Stoff, genauso wie das seiner Kollegen, des berühmten gescheiterten Zahnarztes John Henry «Doc» Holliday[57] und William «Bat» Mastersons. Legendär wurde die von Earp geleitete Suche nach dem Mörder der damals berühmten Schauspielerin Dora Hand, weil Earp es nicht versäumte, die Verfolgungsjagd von Kansas bis ins ferne Kalifornien von den Zeitungen minutiös begleiten zu lassen, wobei er die Legenden mit Exklusivinformationen selbst gestalten durfte. Langfristig wurde Masterson darin allerdings erfolgreicher, weil er ab 1883 selbst als Journalist, dann sogar als Romanautor aktiv wurde. Seine schriftstellerische Tätigkeit erstreckte sich über einschlägige Polizeiberichte, die er in den Lokalzeitschriften des Mittleren Westens, wie dem *Daily Kansas State Journal* veröffentlichte, bis hin zu Sportkolumnen im *New York Morning Telegraph*. Später gab er sogar selbst eine Zeitschrift heraus und verfasste politische Kommentare. Sein Tod hingegen war nicht mehr spektakulär: Der legendäre Gunfighter starb am Schreibtisch, wo er 1921 beim Verfassen seiner letzten Kolumne für den *Telegraph* einen Herzinfarkt erlitt.

Vielleicht noch berühmter wurden Earps Auseinandersetzungen an seinem nächsten Dienstort, der «gesetzlosen» Mining Town Tombstone in Arizona, wo man reichhaltige Silbervorkommen entdeckt hatte. In Tombstones Fremont Street kam es 1879 zu einem der berühmtesten Showdowns des Old West überhaupt, zur Schießerei am «O. K. Corral», in der mehrere Menschen starben. Der banale Hintergrund der mörderischen Auseinandersetzung – Earp war mit der Eröffnung eines Saloons mit den lokalen Unterweltgrößen in Konflikt geraten – verschwand allerdings schon in den damaligen Dime Novels und erst recht in den großen Hollywood-Verfilmungen, wie John Fords *My Darling Clementine (Faustrecht der Prärie)* aus dem Jahr 1946 oder in George Pan Cosmatos 1993 uraufgeführten Streifen *Tombstone*. In ihnen wurde die banale Schießerei um Einflusssphären und geschäftliche Interessen zu einem klassischen Drama zwischen Gut und Böse, zwischen Recht und Gesetz.

Earps schillernder Lebenslauf zwischen «Lawman» und «Outlaw» war nicht ganz ungewöhnlich, wenngleich es normalerweise eher klarere Unterscheidungen in systemkonforme und kriminelle Karrieren gab. Es wirft aber ein bezeichnendes Bild auf die Mentalitäten der US-Gesellschaft, dass manche Outlaws noch im Rückblick weitaus mehr Anerkennung fanden als die Gesetzeshüter im Wilden Westen. Dies zeigen drei berühmte Beispiele. Zum einen die Geschichte des Serienmörders Henry McCarty, genannt Billy the Kid, und seines Verfolgers, des Sheriffs Pat Garrett, zum anderen die Geschichte der sogenannten James-Younger-Bande um Jesse James sowie die Geschichte von Harry Alonzo Longabaugh, genannt Sundance Kid, und seinem kriminellen Kollegen, Robert Leroy Parker, genannt Butch Cassidy.

Billy the Kid   Billy the Kid, der mit den unterschiedlichsten Namen (William H. Bonney, William, Henry oder Kid Antrim) durch den Westen zog, wurde berühmt, weil er bereits in seiner Jugend in zahlreichen Gangs des Westens aktiv war, die sich ihren Lebensunterhalt in der Regel durch Raubüberfälle beschafften.[58] Möglicherweise stammte er eigentlich aus der damaligen Bandenhochburg New York. Mit 17 Jahren tötete er in einer Bar in Fort Grant (Arizona) seinen ersten Menschen, einen Iren, der ihn wohl lediglich geschlagen hatte. Belegt sind vier Morde, zugeschrieben wurden ihm bis zu 21. Vorwiegend hielt er sich in den folgenden Jahren in Kansas, Colorado, New Mexico, aber auch jenseits der Grenze in Mexiko auf. Nachdem er sich Mitte der 1870er Jahre kurzzeitig der Bande des ebenfalls berüchtigten Gangsters Jesse Evans angeschlossen hatte, sammelte er danach eine eigene Gang. Dass in ihr schon bekannte Revolverhelden wie James McDaniels, William Morton und Frank Baker auftauchten, belegt zweifellos das Ansehen, das McCarty in dem Milieu bereits genoss. Die größte öffentliche Aufmerksamkeit erreichte Billy the Kid durch seine Teilnahme am berüchtigten Rinderkrieg im Lincoln County 1878, wo er nacheinander für die Rinderbarone John Chisum und John Tunstall als «Mann fürs Grobe» eingestellt worden war und sich an einschlägigen Schießereien beteiligte. Amnestiert schlug er sich danach als Vieh- und Pferdedieb durch. Der von Chisum bei seiner Wahl zum Sheriff von Lincoln unterstützte Pat Garrett erschoss ihn schließlich am 14. Juli 1881 in Fort Sumner im Bundesstaat New Mexico.

Jesse James   Während Billy the Kid wohl schon durch Herkunft und Sozialisation auf die schiefe Bahn geriet, warf Jesse James erst der Amerikanische Bürgerkrieg aus der Bahn. James stammte eigentlich aus einer gläubigen Baptistenfamilie, die eine Farm in Missouri bewirtschaftete. Der Sezessionskrieg, in dem er sich zusammen mit seinem Bruder Frank als Mitglied der «Quantrill Raiders» am besonders hasserfüllten Guerillakrieg gegen die Union in den Nordstaaten beteiligte, warf ihn aus seiner geordneten Welt. Die Beteiligung am blutigen Guerillakrieg galt auch nach 1865 weiterhin als Straftat und war mit zeitweiliger Verbannung aus Missouri geahndet worden. Die weiteren Angehörigen dieser Partisanen-einheit, die nach dem Krieg ebenfalls nicht mehr in die Normalität zurück-fanden, so Thomas Coleman «Cole» Younger, sammelten sich 1868 in der James-Younger-Bande, die die nächsten acht Jahre quer durch den Mitt-leren Westen zog, Banken, Postkutschen- und Zugreisende um Bargeld erleichterte und dabei mit massiver Brutalität vorging.

Auch Jesse James und Cole Younger arbeiteten früh an ihrer eigenen Legende. Der Durchbruch gelang mit dem Banküberfall in Gallatin in Missouri am 7. Dezember 1869, bei dem James den Inhaber, John W. Sheets, erschoss.[59] Wie er dem Herausgeber der *Kansas City Times* später berichtete, geschah dies nicht deswegen, weil Sheets dem Überfall im Weg stand, sondern weil er ein ehemaliger Offizier der Nordstaaten gewesen sei.[60] Der kaltblütige Mord brachte James unglaubliche Popula-rität in der durch den Bürgerkrieg tief gespaltenen amerikanischen Ge-sellschaft. Mit seinem quasi-politischen Argument stach er nun aus der Masse der Kriminellen heraus, was wiederum seiner Gruppe andere ehe-malige Konföderierte, die auf eine neue Rebellion hofften, zutrieb. Dass die James-Younger-Bande hin und wieder Zugreisende nicht ausraubte, sondern nur das Geld der Eisenbahngesellschaft mitnahm, förderte zu-sätzlich das Image des politischen Kriminellen, dem es angeblich um den Kampf «gegen das System» ging.

Wie auch für berühmte andere Outlaws läuteten allerdings die Überfälle der James-Younger-Gruppe auf die Eisenbahn das Ende ein. Die Gesellschaften beauftragten 1874 den damals bereits einschlägig bekannten Detektiv Allan Pinkerton, einen der ehemaligen Leibwäch-ter Abraham Lincolns, mit der Festnahme. Dieser begann, mit seinen Mitarbeitern nach einigen erfolglosen und sogar tödlichen Zwischen-fällen einen blutigen persönlichen Rachefeldzug gegen die Gruppe zu führen, der die Legendenbildung allerdings noch zusätzlich verstärkte. Jenseits ihrer vorgeschobenen politischen Ambitionen blieb allerdings auch die James-Younger-Bande eine Gruppe von rücksichtslosen Krimi-nellen, wie zuletzt der gemeinsame Überfall auf die First National Bank in Northfield/Minnesota am 7. September 1876 zeigte, als Jesse James aus Rache den unbewaffneten Kassierer, der die Öffnung des Safes ver-weigert hatte, erschoss. Die vor der Bank wartenden Youngers wurden wenig später gefasst. Cole Younger fristete die nächsten 27 Jahre in

Selbstinszenierung für die Nachwelt   Butch Cassidys «Wild Bunch» in Fort Worth, Texas, im Jahr 1900. Sitzend von links nach rechts: Harry A. Longabaugh (Sundance Kid), Ben Kilpatrick (Tall Texan), Robert Leroy Parker (Butch Cassidy). Stehend von links nach rechts: Will Carver (News Carver) und Harvey Logan (Kid Curry)

einem Gefängnis, wo er an seiner politischen Legende weiterarbeitete. In seiner 1903 erschienenen Autobiographie behauptete er schließlich sogar, selbst der letzte Überfall habe ebenfalls politische Motive gehabt. Auch diese Bank habe enge Kontakte zu ehemaligen Generälen der Unionsarmee und radikalen Feinden der Konföderierten wie Adelbert Ames und Benjamin Butler unterhalten und sei deshalb ein politisches Ziel gewesen.[61] Kaum notwendig zu erwähnen, dass auch der Tod von Jesse James die Legende weiter stärkte. Ihm wurde zum Verhängnis, dass die Eisenbahngesellschaften die damals unerhörte Summe von 10 000 US-Dollar auf ihn aussetzten. 1882 wurde er in St. Joseph in Missouri erkannt und erschossen. Sein Bruder Frank stellte sich danach den Behörden, wurde aber erstaunlicherweise für unschuldig befunden und starb 1915 eines friedlichen, natürlichen Todes.

Der Alte Westen ist tot
Sundance Kid mit Freundin
Etta Place auf der Flucht nach
Südamerika, 1901

Butch Cassidy und Sundance Kid Überraschend ähnlich verlief die kriminelle Karriere der beiden ebenso legendenumwitterten Bank- und Eisenbahnräuber Harry Alonzo Longabaugh, genannt Sundance Kid, und Robert Leroy Parker, genannt Butch Cassidy, die dem großen Publikum wahrscheinlich vor allem durch den erfolgreichen Hollywood-Film *Butch Cassidy and the Sundance Kid (Zwei Banditen)* aus dem Jahr 1969 bekannt wurden. Die Verfilmung war gleichzeitig die Verarbeitung des Outlaw-Themas durch die Beat Generation und Hippie-Bewegung als Roadmovie. Butch Cassidy stammte aus einer Mormonenfamilie in Utah.[62] Der Legende nach begann er ebenfalls mit politisch motivierten Straftaten, als eine Art «Robin Hood» des Wilden Westens. Belegt ist hingegen nur, dass er um 1880 zunächst einen banalen Ladendiebstahl beging und ansonsten das Leben eines Cowboys führte, der der Arbeit nachreiste. Erst 1889, im Alter von 23 Jahren, begann er seine eigentliche kriminelle Karriere, die jedoch keinerlei politische Ambitionen zeigte. Mit der Beute aus einem Überfall auf die San Miguel Valley Bank in Telluride (Colorado), die er um 12 000 Dollar erleichterte, kaufte er sich eine Farm. Schon zu dieser Zeit versteckte sich auch Cassidy, wie viele andere notorische Bank-, Post- und Eisenbahnräuber oder Viehdiebe – so etwa Harvey Logan («Kid Curry»)[63] oder Thomas Edward «Black Jack» Ketchum[64] –, in den unzugänglichen Bergregionen des Outlaw Trail, vorzugsweise aber in den Big Horn Mountains in Wyoming, dem legendären Versteck «Hole-in-the-Wall», das der Bande ihren Namen gab. 1896, nach einer anderthalbjährigen Haft, kam es zu jener schicksalhaften Begegnung mit Harry Longabaugh.[65] Auch er hatte zunächst als Cowboy gearbeitet, konnte aber bereits mit seinen knapp dreißig Jahren ebenfalls auf eine langjährige kriminelle Karriere zurückblicken. Er ergänzte Cassidys gerade gegründete «Wild Bunch» perfekt, die für die nächsten fünf Jahre die Verfolger auch aus der Pinkerton-Detektei in Atem hielt. 1901 entkamen beide nach Südamerika, wo sie für weitere sieben Jahre in Bolivien mehr oder minder erfolgreich als Bankräuber tätig blieben. Man geht davon aus, dass sie 1908 in der kleinen Minenstadt San Vincente von Truppen der bolivianischen Armee erschossen wurden.

Mehr als viele andere Erzählungen über Outlaws des «Wilden Westens» sagt die Geschichte von Butch Cassidy und Sundance Kid wohl am meisten darüber aus, warum diese Zeit mehr als andere verklärt wurde. Historisch-soziologisch betrachtet waren die Outlaws eher Vertreter einer archaischen Reitergesellschaft in einer mehr und mehr bürgerlich-zivilisierten Umgebung, die sich höchst unbürgerlich ihren Lebensunterhalt durch Raub verdienten. Vor allem aber waren sie die Gegenbewegung zu einer sich seit der Mitte des 19. Jahrhunderts in den USA rasend schnell entwickelnden industrialisierten Gesellschaft, die immer weniger individuelle Freiheiten zuzulassen schien. Der Takt der Maschinen gab an der Ostküste schon den Lebensrhythmus vor, als sich im Westen erst langsam, aber genauso unaufhaltsam die Industrialisierung ausbreitete. Vor diesem Hintergrund war es eben kein Zufall, dass auch diese Outlaws letztendlich am technischen Fortschritt, speziell an den besseren Sicherheitsstandards der Banken und der Geschwindigkeit der Nachrichtenübertragung, scheiterten. Das Ende der Frontier 1890 war damit zugleich auch der Abgesang auf den Old West, in dem sich bereits damals Abenteurer und Freiheitssuchende nach neuen unberührten Gegenden sehnten, wie man sie eventuell noch in Bolivien fand. Auch dies blieb ein Topos, der die Erzählung über «den Westen» kontinuierlich in Büchern, vor allem aber Spielfilmen weiter begleitete.

Eisenbahn, Industrialisierung, Urbanisierung

Die Frühindustrialisierung seit dem Ende des Zweiten Unabhängigkeitskriegs 1815 beruhte auf der Baumwollproduktion und -verarbeitung.[66]
Bereits 1793 hatte die berühmte Cotton Gin, die Baumwollentkörnungsmaschine, deren Erfindung dem von der Ostküste stammenden Fabrikanten Eli Whitney zugeschrieben wird, die Verarbeitung grundlegend verändert. Die arbeitsintensive Reinigung der Pflanzen, die zuvor Sklaven
erledigt hatten, wurde auf einen Bruchteil der bisherigen Zeit verkürzt.
Dass sich damit im Zuge der fortschreitenden Automatisierung in nicht
allzu ferner Zukunft auch die Sklavenhaltung erübrigen sollte, ahnten
wohl nur die wenigsten Farmer. Whitneys Beitrag zur amerikanischen
Industrialisierung wie zur Entstehung der Massenproduktion und damit
letztendlich der Überflussgesellschaft, der People of Plenty des 20. Jahrhunderts, wie man sie seit den 1950er Jahren nannte, umfasste allerdings
noch weit mehr. Auf ihn ging auch die Erfindung des Fließbands und die
Standardisierung in der Produktion zurück, die er zunächst in der Waf-
fenherstellung einsetzte. Erst über einhundert Jahre später adaptierte sie
Henry Ford für die Massenproduktion von Automobilen.

Wirtschaftsentwicklung Gegen ihre eigentliche Intention hatte bereits
die britische Embargopolitik vor 1815 die Produktion und den Absatz
von amerikanischen Waren in den USA gefördert. Einige Jahre musste
die US-Wirtschaft zumindest hier keinerlei ausländische Konkurrenz
mehr fürchten. Mit dem Ende der Embargopolitik nach dem Zweiten Unabhängigkeitskrieg stiegen die Konkurse zunächst stark an und veranlassten den US-Kongress sogar, ein Zollgesetz zu verabschieden, das die
amerikanischen Waren gegen ausländische Konkurrenz, vor allem aus
Großbritannien schützen sollte. Tatsächlich zeigten sich die eigenen Waren zu diesem Zeitpunkt kaum konkurrenzfähig. Dies änderte sich erst
im Lauf des 19. Jahrhunderts.

Die ersten industriellen Zentren der USA entwickelten sich dort, wo
Rohstoffe vergleichsweise einfach zu erschließen waren. In Connecticut,
Massachusetts und New Jersey entstanden vor allem Textilfabriken. In
Pennsylvania rückten Schwerindustrien und mit ihnen die Kohle in den
Mittelpunkt. In anderen Regionen der Ostküste schlossen sich nach und
nach die unterschiedlichsten Zulieferbetriebe, vor allem Maschinenfabri-
ken an, aber auch Werke für Waffen und nicht zuletzt Werften. Die schier

unerschöpflich erscheinenden Rohstoffe Nordamerikas ließen zudem auch die Holz- und Lederproduktion schnell wachsen. Allerdings war es vor allem die Baumwolle, die die USA in der Zeit zwischen dem Zweiten Unabhängigkeitskrieg und dem Bürgerkrieg im Innern verband. In den Südstaaten mit Hilfe von Hunderttausenden von Sklaven angebaut, im Norden von teilweise extrem schlecht bezahlten Arbeitern weiterverarbeitet, wurde die Baumwolle der zentrale Motor der frühen Industrialisierung des Kontinents. Dies zeigte sich nicht zuletzt in ihrem berühmtesten Produkt: den Hosen aus Denim, den «Blue Jeans», wie sie seit 1920 hießen, die 1853 der deutschstämmige Levi Strauss zum ersten Mal als Arbeitsbekleidung für Goldsucher anfertigte. 1873 als Muster patentiert, wurden sie zur idealen Alltagskleidung der Arbeiter und Cowboys. Ihren Kultstatus als revolutionäres Kleidungsstück erreichten sie freilich erst seit der Mitte des 20. Jahrhunderts, wobei auch hier die gezielte Vermarktung, insbesondere im Spielfilm, eine zentrale Rolle spielte.[67]

Die Wirtschaftsentwicklung der USA zwischen 1815 und 1860, die den amerikanischen Binnenmarkt, dann auch den Außenhandel revolutionierte, beruhte somit auf mehreren unterschiedlichen, aber letztendlich zusammenwirkenden Entwicklungen. Sie zogen schließlich eine Marktrevolution nach sich, die damit begann, dass seit den 1840er Jahren erfolgreiche Kaufleute ihr Kapital immer häufiger in prosperierende Industrieunternehmen einbrachten. Langfristig vollzogen die USA damit, wie auch andere Staaten zu diesem Zeitpunkt, den entscheidenden Wandel vom Handels- (Merchant Capitalism) zum Industriekapitalismus (Industrial Capitalism).[68]

Die Modernisierung der US-Wirtschaft wie der gesamten Gesellschaft im 19. Jahrhundert beruhte damit auf fünf entscheidenden Faktoren. (1.) *Die Notwendigkeiten der Landwirtschaft* standen am Beginn des amerikanischen Wirtschaftswunders. Die Steigerung ihrer Produktivität war zu einem guten Teil eine Folge des (2.) *Wachstums der US-Bevölkerung*, das nicht nur einen ständigen Zustrom für die unterschiedlichsten Wirtschaftszweige und Innovationen, sondern auch steigende Konsumwünsche garantierte. (3.) *Die Entwicklung der mechanisierten Produktion und der Industrien* ging ebenfalls zunächst aus den Bedürfnissen der Landwirtschaft hervor, wirkte aber gleichzeitig auf sie zurück und verselbstständigte sich zunehmend. (4.) Notwendig wurde für den Austausch der kontinuierliche *Ausbau der Infrastruktur,* was im 19. Jahrhundert vor allem Eisenbahn- und Schifffahrtswege umfasste, aber auch (5.) eine *forcierte Urbanisierung.* Alles dies förderte gleichzeitig Modernisierungen im

politisch-sozialen Bereich. Teilweise als Hemmschuh, teilweise als Beschleunigung wirkten die Krisen, die zwischen 1819 und 1823, 1837 und
1843 sowie zwischen 1857 und 1858 die US-Wirtschaft trafen. Im Einzelnen lässt sich das folgendermaßen aufschlüsseln:

(1.) Die Produktivität der amerikanischen Landwirtschaft fußte in der
ersten Hälfte des 19. Jahrhunderts auf der arbeitsintensiven, aber durch
Sklaven unschlagbar günstigen Baumwollproduktion. Sie hatte im
17. Jahrhundert begonnen und trug bereits im 18. Jahrhundert auch durch
den Export massiv zum Wirtschaftswachstum bei, wie nicht zuletzt der
kontinuierliche Anstieg der Sklavenpopulation deutlich machte. Bis zum
Beginn des Bürgerkriegs 1861 stellten Sklaven in manchen Südstaaten
fast die Hälfte der Bevölkerung.[69] Schon vor dem dem Verbot der Sklaverei am 13. Dezember 1865 ersetzte die Mechanisierung zunehmend die
menschliche Arbeitskraft. In welchem gigantischen Umfang dies geschah, zeigen nicht zuletzt die Reiseberichte ausländischer Ingenieure,
die kurz nach dem Bürgerkrieg Dampfpflüge in den USA anboten.[70] Dass
zur Erhöhung der Produktivität in der Landwirtschaft auch die Verbesserung der Anbaumethoden beitrug, liegt auf der Hand. Die Weiterentwicklung des selbstreinigenden Pflugs, der Dresch- oder der Mäh-
maschine seit den 1840er Jahren war ebenso wie die Einführung des
künstlichen Düngers, für dessen Sicherung 1856 auch der Guano Island
Act erlassen wurde, für die bald weltweit legendäre Produktivität der
amerikanischen Wirtschaft von großer Bedeutung.

Auch in der Fleischproduktion profitierten die häufig riesigen Farmen und Ranches von einschlägigen Erfindungen. Die am Ende der Pro-
duktionskette stehenden Fleischverarbeitungsbetriebe – der erste 1845 in
Cincinnati (Ohio) – wuchsen ebenfalls kontinuierlich. Seit der Einführung der Eisenbahnkühlwaggons 1880 endete auch die kurze, aber für die
Erinnerungskultur so wirkungsmächtige Geschichte der Cattle Trails,
die ihre Hoch-Zeit nur zwischen 1867 und den frühen 1880er Jahren hatten. Ohnehin war der Viehtrieb durch die Einzäunung landwirtschaftlich
genutzter Flächen mit Stacheldraht (Erfindung 1874 durch J. F. Glidden)
schwieriger geworden, zumal sich viele Farmer dagegen wehrten, ihr
Land durch Rinderherden regelmäßig verwüsten zu lassen. Die Einführung von Kühlwaggons erlaubte es zudem, das Schlachtfleisch über große
Strecken schnell zu transportieren. Dies wiederum gewährleistete die
alltägliche Verfügbarkeit des damals in Europa noch als Luxusgut
gehandelten Fleischs, das zum unverzichtbaren Teil der amerikanischen
Massenkonsumgesellschaft wurde. Nicht zufällig war die Anregung dazu

von einem Viehhändler, Gustavus Franklin Swift, ausgegangen, der in Chicago zu den «Großen Fünf» («The Big Five») der Fleischverarbeitungsbetriebe gehörte.[71] Wichtig wurde, dass die großen Schlachthöfe des Mittleren Westens in Chicago nach der Fertigstellung der ersten transkontinentalen Bahnlinie 1869 ebenso kostengünstig erreicht werden konnten wie die der Ostküste. Dies wiederum führte zu einer zunehmenden Konzentration von Betrieben, so dass die Big Five bereits am Ende des 19. Jahrhunderts den US-Markt beherrschten.

(2.) Dass die Prosperität der amerikanischen Wirtschaft trotz Mechanisierung auch auf einem ständigen Zustrom von Arbeitskräften beruhen musste, war bereits früh klar. Durch die einige Jahre nach dem Zweiten Unabhängigkeitskrieg eingeführte zentrale Überwachung der Einwanderung weiß man heute, dass sich die Bevölkerungszahl zwischen 1815 (8,5 Mio.) und 1860 auf rund 31,5 Millionen Menschen mehr als verdreifachte.[72] Vor allem ab 1840 erreichten große Einwanderungswellen die USA. Allein in diesem Jahrzehnt wurden über 1,7 Millionen neue Immigranten gezählt, was allerdings vornehmlich der dramatisch schlechten wirtschaftlichen und politischen Entwicklung in Europa geschuldet war. Das waren zehnmal so viele, wie in den 1820er Jahren.[73] Bis 1880 kam die Mehrzahl der 4,7 Millionen nach wie vor überwiegend von den britischen Inseln und aus Irland, wobei die Iren mit 2,8 Millionen Zuwanderern die Majorität bildeten. Die zweitgrößte Gruppe blieben die Deutschen, deren Zahl in diesem Zeitraum 3,1 Millionen erreichte. Mit der Zuwanderung änderte sich auch die Bevölkerungsverteilung in den USA. Die Mehrzahl der Amerikaner – nach fünf Jahren konnte sich jeder Einwanderer gemäß dem 1802 verabschiedeten Naturalization Act als solcher bezeichnen – hatte 1815 noch östlich der Appalachen gewohnt. Knapp 45 Jahre später lebten 1861 westlich davon bereits ebenso viele Menschen. Der Mittlere Westen, wo sich der Großteil der neuankommenden Deutschen, aber auch der Iren ansiedelte, profitierte am meisten von der Binnenwanderung. Hier siedelten die Deutschen vor allem in den ländlichen, die Iren häufiger in den städtisch geprägten Gegenden, wo sich auch die Industrien befanden. So wurde das «Tor zum Westen», St. Louis, ebenso wie andere zunächst eher agrarisch geprägte Städte, etwa Milwaukee in Wisconsin oder Cincinnati in Ohio, mehr durch deutsche Zuwanderer geprägt, während Chicago, das eigentliche Zentrum des Mittleren Westens, wesentlich mehr von irischer Zuwanderung lebte. In den traditionellen Eingangstoren zu den USA wie New York mischten sich alle Nationalitäten, wenngleich hier und in den angrenzenden Gebieten wie

New Jersey vor allem englischstämmige US-Bürger ihre Heimat fanden. Extrem unattraktiv für Neubürger blieb hingegen bis weit nach dem Bürgerkrieg der Süden. Der Hauptgrund lag in der Tatsache, dass die Südstaaten wegen des vorherrschenden Großgrundbesitzes kein oder kaum Siedlungsgebiet für Neuankömmlinge vergaben. Schlecht bezahlte Lohnarbeit, die auf den großen Plantagen trotzdem verbreitet war, mieden viele Immigranten. Die Ausnahme in den Südstaaten bildete das 1845 zum Bundesstaat erklärte Texas. In den westlich davon gelegenen Gebieten, wo 1850 Kalifornien zum Bundesstaat erklärt wurde, lebten nur knapp eine halbe Million Menschen, wenngleich auch hier die weiteren, etwa durch den Goldrausch verursachten temporären Einwanderungsschübe nach und nach für einen erheblichen Bevölkerungszuwachs sorgten.[74] Dass der Zustrom von unterschiedlichen Ethnien zu Konflikten führen musste, liegt auf der Hand. In den mehrheitlich protestantisch geprägten USA sorgte vor allem die Zuwanderung von Katholiken, zu denen unter anderem die Iren zählten, für erheblichen Sprengstoff. Dennoch stellten auch die Iren mehrere US-Präsidenten, so Andrew Jackson oder John F. Kennedy.

(3.) Der Boom der Industrien im Osten betraf zunächst vor allem die Textil- und Metallbranche. Bereits 1831 waren in Philadelphia auch die ersten Lokomotivwerke entstanden, die Baldwin Locomotive Works, die bis zum Ende des Zweiten Weltkriegs zum größten Eisenbahnhersteller der Welt wuchsen. Seit 1840 erreichte die Industrie bislang ungeahnte Produktionshöhen, als allein in der Textilindustrie Neu-Englands annähernd anderthalb Millionen Spindeln in Betrieb waren.[75] Bis 1860 wuchs die Zahl der Industriebetriebe auf rund 140 000, wobei ungefähr die Hälfte davon in den nordöstlichen Staaten blieb. Dort waren nicht nur über 70 Prozent aller in den USA tätigen Arbeiter beschäftigt, sondern hier wurden auch über 50 Prozent der gesamten Investitionen getätigt. Mit dem Industrieboom entstand eine neue Klasse der Industriearbeiter, aber auch eine Schicht von wirtschaftlich und damit bald politisch einflussreichen Industriekapitänen, die sich zum Teil höchst erfolgreich etwa für den Schutz ihrer eigenen Produkte gegenüber Importen einsetzen konnten.

Das Arbeitskräftereservoir blieb riesig. Nicht nur Neuankömmlinge drängten kontinuierlich in die Industrien, sondern auch in den Krisen gescheiterte Amerikaner, vor allem Farmer und junge Frauen. Man geht davon aus, dass damals 50 Prozent Frauen, aber auch Minderjährige in den US-Industriebetrieben beschäftigt wurden, teils unter erbärmlichen Bedingungen, wie der Großbrand in der New Yorker Textilfabrik Triangle Shirt-

Promontory Summit, 10. Mai 1869 Offizielle Präsentation des Schienenschlusses zwischen der Union Pacific, die von Omaha, Nebraska, gestartet war, und der Central Pacific, die im kalifornischen Sacramento mit dem Bau der transkontinentalen Eisenbahn begonnen hatte

waist Factory am 25. März 1911 schlagartig auch der US-Öffentlichkeit deutlich machte. Damals waren 146 Menschen, vor allem Mädchen und junge Frauen, gestorben, weil die Türen verschlossen worden waren, um Pausen zu verhindern. Gleichzeitig schrumpfte in diesem Zeitraum die Gruppe der Farmer und der in der Landwirtschaft Tätigen von über drei Vierteln auf knapp die Hälfte der Beschäftigten in der US-Gesellschaft. Trotzdem entwickelte sich die kollektive Vertretung von Arbeiterinteressen nur wenig erfolgreich. Gewerkschaften hatten es aufgrund des starken Drucks von Arbeitssuchenden und der wiederkehrenden Wirtschaftskrisen, aber auch aufgrund der verbreiteten Selfmademan-Mentalität sehr schwer.

(4.) Die anhaltende Konjunktur aller Wirtschaftszweige in den USA im 19. Jahrhundert ermöglichte auch den Ausbau einer modernen Infrastruktur mittels Eisenbahn und Dampfschifffahrt, was gleichzeitig

Grundlage für die Revolution der Nachrichtenübermittlung war. Der amerikanische Eisenbahnbau hatte 1826 klein, aber bezeichnenderweise schon als kommerzielles Projekt begonnen, als in Massachusetts eine kurze Strecke zwischen einem Steinbruch und einem Flusshafen der Stadt Quincy eröffnet wurde (s. Karte S. 180).[76] In den folgenden Jahrzehnten, als auch die Bundesregierung immer stärker auf den Bau langer Strecken und schließlich in den 1860er Jahren auf die transkontinentale Verbindung drängte, wurde der Eisenbahnbau zu einer wahren Geldmaschine. Für die Geschichte der USA, aber auch für die Geschichte der Weltwirtschaft und der Durchsetzung der «Amerikanisierung» in vielen Teilen der Welt lag hier der Anfang des Booms des privaten Kapitalmarkts und der Beteiligungsgeschäfte (Private Equity / Venture Capital) mit allen seinen auch negativen Folgen. Aufgabe der 1827 gegründeten ersten US-Eisenbahngesellschaft, der Baltimore and Ohio Railroad, war ausdrücklich bereits die Erschließung von Transportwegen nach Westen. Mitte des 19. Jahrhunderts hatte man schon die Ostküste mit dem Mississippi und den Großen Seen bei Chicago verbunden, was gleichzeitig auch den Anschluss an die Viehverwertungsbetriebe des Mittleren Westens schuf. Der große Durchbruch gelang dann mit der militärischen Nutzung während des Amerikanischen Bürgerkriegs, als Lincoln 1862 den Bau der transkontinentalen Eisenbahnverbindung anordnete, der allerdings erst bei Kriegsende ernsthaft begonnen werden konnte. Die Union Pacific Railroad, die sich bis zum Anfang des 20. Jahrhunderts gegen die Central Pacific Railroad durchsetzte, begann ausdrücklich als militärische Einrichtung (U.S. Military Railroad). 1869 trafen sich die von Osten kommende Union Pacific mit der von Westen sich voranarbeitenden Central Pacific im US-Bundesstaat Utah am Promontory Summit in der Gegend des Großen Salzsees nahe Salt Lake City (heute: Golden Spike National Historic Site, 10. 5. 1869). Damit verkürzte sich die Reisedauer zwischen der Ost- und der Westküste auf die damals atemberaubende Zeit von etwa einer Woche. Gleichzeitig hatten nun die meisten anderen Transportmöglichkeiten zumindest in den erschlossenen Gebieten weitgehend ausgedient. Dies betraf auch den erst 1860 eingerichteten Ponyexpress, mit dem Post über den Kontinent trotz fliegendem Pferdewechsel in der Regel noch etwa zehn Tage gebraucht hatte.

Der Bau der Eisenbahn war eine technische Meisterleistung, die aber wie so viele andere mit hohen Opferzahlen erkauft werden musste. Während die Öffentlichkeit die Bilder des Triumphs der Technik über die Natur – etwa die Überwindung der Sierra Nevada über den Donner-

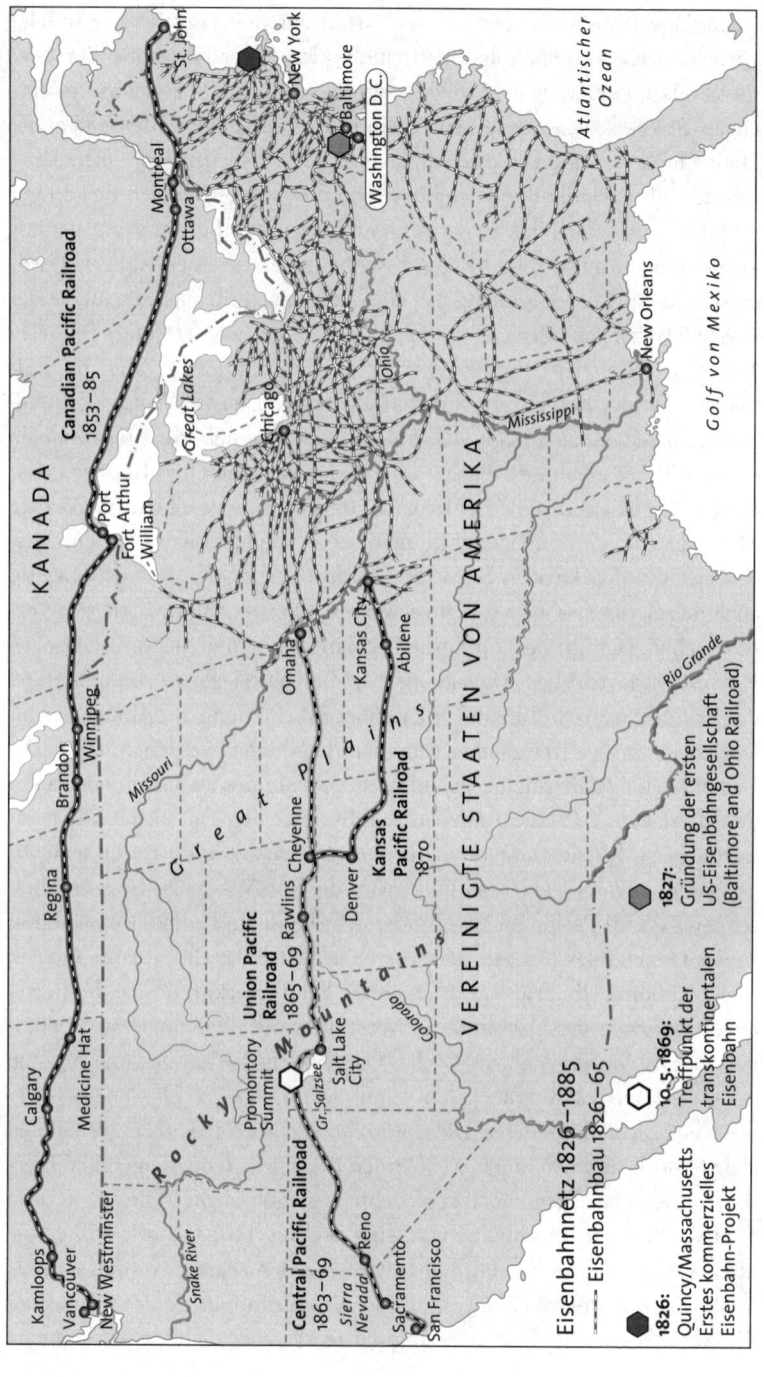

Eisenbahnnetz 1826–1885

— — — Eisenbahnbau 1826–65

1826:
Quincy/Massachusetts
Erstes kommerzielles
Eisenbahn-Projekt

1827:
Gründung der ersten
US-Eisenbahngesellschaft
(Baltimore and Ohio Railroad)

10.5.1869:
Treffpunkt der
transkontinentalen
Eisenbahn

pass oder das gefeierte Zusammentreffen der Bahnlinien bei Salt Lake City – in den Zeitungen verfolgen konnte, blieben die meisten Opfer des Wettkampfes der Eisenbahngesellschaften ungenannt. Vor allem für die besonders gefährliche Überquerung der großen Gebirgsketten in Kalifornien warb die Central Pacific Tausende von Chinesen an. Sie galten als besonders widerstandsfähig und anspruchslos, und viele hatten in den Jahren zuvor bereits in Goldminen gearbeitet. Sie wurden aber auch direkt in Übersee rekrutiert. Ihre Toten verscharrte man in der Regel direkt an der Bahnlinie. Aber nicht nur sie wurden zu Opfern. Da es beim Eisenbahnbau eben auch um riesige Gewinne und Verluste ging, wurden Widerstände gegen den Bahnbau teilweise rigoros gebrochen. Auch dies wurde erst viel später ein Thema der Erinnerungskultur, dem sich nicht zuletzt der Film, so Sergio Leones berühmter Western *Once Upon a Time in the West (Spiel mir das Lied vom Tod)* widmete.

Die Beseitigung bestehender Widerstände bezog sich schließlich auch auf bislang für unmöglich gehaltene Eingriffe in das US-Rechtssystem, das eigentlich dem Privateigentum höchste Priorität einräumte. Bei Projekten, denen eine wichtige nationale Bedeutung zugeschrieben wurde, griffen Bundesregierung, vor allem aber die Einzelstaaten teils massiv in das private Eigentumsrecht ein. In Einzelfällen zog der Oberste Gerichtshof aber auch Monopole mit Hinweis auf die verletzte Volkssouveränität ein, wie zum Beispiel schon 1824 der berühmte Fall Thomas Gibbons gegen Aaron Ogden zeigte.[77]

Korruption und andere Behinderungen des freien Wettbewerbs blieben zentrale Themen, vor allem, als in der Zeit nach dem Bürgerkrieg ein neues Wirtschaftswunder einsetzte, in dem Eisenbahnmagnaten wie Edward Henry Harriman von der Union Pacific oder Cornelius Vanderbilt von der New York Central alles taten, um sich gegenseitig zu schaden. Zur Regulierung der gröbsten Ungerechtigkeiten und Preisabsprachen wurde 1887 sogar eine eigene Behörde geschaffen, die Interstate Commerce Commission, die über einhundert Jahre aktiv blieb. Aufgrund der Monopole kam tatsächlich eine bundesweite Eisenbahngesellschaft für den Personen- und Güterverkehr niemals zustande, zumal spätestens nach dem Zweiten Weltkrieg andere Verkehrsmittel wie das Flugzeug oder der private Kraftfahrzeugverkehr bereits begannen, die Eisenbahnen zu verdrängen. Als letzten Ausweg, um einen einigermaßen akzepta-

Eisenbahnnetz 1840 bis 1885

blen Bahnverkehr zu gewährleisten, gründete die US-Regierung schließlich 1971 die Gesellschaft Amtrak, die zumindest den Personenverkehr garantieren sollte.

Nach der Ost-West-Verbindung über den Kontinent wurden im 19. Jahrhundert andere wichtige Strecken fertiggestellt. Dazu gehörte in den 1880er Jahren die Linie von Abilene nach Los Angeles mit Anschluss an Chicago und New Orleans. Sie folgte ebenso den traditionellen Trails. Andere Strecken wurden gezielt als Anschlüsse an die Seehäfen gebaut, so nach Duluth (Minnesota) mit Verbindung über den Sankt-Lorenz-Strom zum Atlantik. Bis etwa zum Ende des Ersten Weltkriegs umfasste das Streckennetz rund eine Viertelmillion Kilometer.

Im Schatten der häufig spektakulären Eröffnungen neuer Bahnstrecken blieb der Ausbau von Wasserwegen, obwohl gerade sie im 18. und 19. Jahrhundert wichtige Teile der Infrastruktur bildeten und selbst nach dem Bau der Eisenbahn entscheidende Teilstrecken zu den Seehäfen schlossen. Bereits 1807 konnte ein Dampfschiff, Robert Fultons berühmter Raddampfer «Clermont», das nordwestlich von New York gelegene Albany auf dem Hudson in etwa einem Tag erreichen (32 Stunden). Zu den ersten künstlichen Wasserstraßen gehörte der Eriekanal (heute: New York State Barge Canal), dessen Bau 1817 nach über einhundert Jahren Planung begonnen und nach acht Jahren fertiggestellt wurde. Er verband die Großen Seen, an denen wiederum wichtige Umschlagplätze zum Mittleren Westen wie Chicago oder Buffalo lagen, mit dem Hudson River und damit auch mit New York und dem Atlantik. Er spielte daher nicht zuletzt bei der raschen Besiedlung des Mittleren Westens eine wichtige Rolle. Andere Wasserstraßen folgten, so der Ohio-Erie-Kanal, der etwa zur gleichen Zeit entstand und wiederum den Eriesee mit dem Ohio River verband sowie den Anschluss zu weiteren Kanalsystemen und vor allem zu den Flüssen bot.

Dennoch blieben die Landwege, nicht zuletzt aus Kostengründen, von Anfang an eine wichtige Alternative. «Turnpikes», gezielt angelegte Überlandstraßen, die ebenfalls häufig den alten Trails folgten, boten viel genutzte Verbindungen – lange bevor Mitte des 20. Jahrhunderts die Motorisierung ein Straßensystem von Routes, Highways oder Parkways etablierte. Ökologie spielte dabei eine untergeordnete Rolle, aber Naturparks entstanden dennoch bereits seit 1872. Im Bundesstaat Wyoming wurde eine Gegend, die man nach dem dortigen Fluss Yellowstone nannte, zum ersten Nationalpark der USA. Den Ausschlag dafür gab allerdings, wie so oft, die Stimme eines mächtigen Bankiers. Jay Cooke,

«Strotzend von Schmutz und Kot» Five Points in New York wurde für viele zur ersten und für manche auch zur letzten Station in der Neuen Welt. Armut und Kriminalität fanden sich hier, aber auch der Ausgangspunkt von wichtigen Teilen der amerikanischen Kultur. Darstellung aus *Frank Leslie's Illustrated Newspaper* vom 12. August 1882

der Finanzier des Sezessionskriegs wie der erfolgreichen Northern Pacific Railway, hielt den Schutz des Gebietes vor allem aus ökonomischen Gründen für eine blendende Idee.

(5.) Der gezielte Ausbau der Transportwege war die Voraussetzung für die forcierte Urbanisierung der USA. Insbesondere die im 17. Jahrhundert entstandenen ersten Siedlungen an der Ostküste, die in der Regel Hafenstädte waren, platzten im 19. Jahrhundert mittlerweile aus allen Nähten. Zwischen der Gründung der USA 1788/89 und dem Beginn des Bürgerkriegs 1861 vergrößerte sich die Bevölkerungszahl New Yorks von 33 000 auf 814 000 (mit Brooklyn: 1 081 000) Menschen, Bostons von 18 000 auf 178 000, Philadelphias von 44 000 auf 566 000.[78] Selbst Metropolen des Mittleren Westens wuchsen, so erreichte das mit der Fleischindustrie wachsende Cincinnati bereits 1860 die beeindruckende Einwohnerzahl von 161 000 Menschen. Allerdings betraf diese Entwicklung längst nicht alle Regionen. Nahezu 80 Prozent der Amerikaner lebten noch zu Beginn des Bürgerkrieges 1861 auf dem Land – was letztendlich auch zur Konkurrenz zwischen den Nord- und den Südstaaten beitrug.

Hafenstädte waren seit dem 17. Jahrhundert zu den eigentlichen Sammelpunkten geworden. Hier blieben viele der Immigranten hängen, orientierten sich an den dort bereits lebenden Landsleuten, so dass relativ rasch eigene, ethnisch fast homogene Viertel entstanden. Nach Nationalitäten gegliederte Stadtteile wie Little Italy, German Quarter oder Chinatown gehörten zu vielen amerikanischen Städten des 19. Jahrhunderts. Häufig lagen sie in den wenig begehrten Gebieten mit einer charakteristischen sozialen Segregation. Five Points, ein Viertel in New York, war ein Sammelbecken der Unterprivilegierten, ebenso wie bestimmte Quartiere in San Francisco. Die Romane Jack Londons wie *The Cruise of the Dazzler* (1902, *Frisco Kid*) oder *Sea-Wolf* (1904, *Der Seewolf*) haben diesen Orten ein bleibendes literarisches Denkmal gesetzt. Five Points in New York, zwischen Anthony Street (heute Worth St.), Cross Street (jetzt Mosco St.), Orange Street (heute Baxter St.), war wohl auch deswegen eine der verrufensten Gegenden, weil es um 1820 nach einer Einwanderungswelle aus Irland nahezu über Nacht aus dem Boden gestampft wurde. Auch das benachbarte Bowery blieb Slumgebiet. Mitte des 19. Jahrhunderts war jeder zweite Einwohner von Five Points ein Ire.[79] In diesem Klima der Armut entwickelte sich rasch eine von Gangs beherrschte Gewaltkultur, in der wie bei den späteren Mafiafamilien Straßen und Viertel von Gruppen wie den Chichesters, Roach Guards oder Dead Rabbits als ihre Territorien verteidigt wurden. Immer wieder kam es hier sogar zu dramatischen Straßenschlachten. Zu ihnen gehörten 1834 und 1863 die blutigen «Draft Riots», in denen die bereits Ansässigen, die sogenannten Nativisten, gegen die Neuankömmlinge kämpften.[80] Charles Dickens hat in seinen *American Notes (Aufzeichnungen aus Amerika)*, die während einer USA-Reise entstanden, ein plastisches Bild der grauenhaften Zustände in Five Points gezeichnet, das wegen der Verwahrlosung schon gegen Ende des 19. Jahrhunderts der Spitzhacke zum Opfer fiel. «Die nächsten links und rechts abzweigenden Gassen stinken und strotzen von Schmutz und Kot. Leben, die hierher geführt werden, gebären hier die gleiche Frucht wie überall. Die groben und aufgedunsenen Gesichter in den Türen haben ihr Gegenstück in ihrer Heimat und überall auf der Welt. Vernachlässigung ließ diese Häuser vorzeitig verfallen. Sieh nur, wie die verfaulten Balken bereits herunterstürzen und wie die zusammengeflickten und geborstenen Fenster einen böse anzuschauen scheinen, wie Augen, die in einer Wirtshausschlägerei zerschlagen wurden. Viele Schweine leben hier. Fragen sie sich vielleicht manchmal, warum ihre Besitzer aufrecht gehen anstatt auf allen Vieren und warum sie sprechen, anstatt zu grunzen?»[81]

Helden und Heldinnen des Wilden Westens Ohne die trivialen Geschichten der Dime Novels wäre wohl die Mythologisierung des Westens kaum so schnell vonstatten gegangen. Hier eine der ersten Ausgaben der zwischen 1885 und 1892 erscheinenden *Beadle's Pocket Library*, die auch «Calamity Jane» bekannt machte

Aus dem Blickwinkel der Kulturgeschichte betrachtet, war allerdings selbst ein Slum wie Five Points nicht nur abstoßend. Der Schmelztiegel der unterschiedlichen Ethnien wurde unter anderem zum Geburtsort des «Tap Dance», des Stepptanzes aus afrikanischen (Shuffle), irischen (Jig, Step Dance), schottischen und englischen Einflüssen, der es im 20. Jahrhundert sogar in den Hollywoodfilm schaffte.

The West that never was: Legenden und Realitäten

Die Frontier, die von den Amerikanern damals als weitgehend offen betrachtete Grenze zwischen Zivilisation und Wildnis, hatte 1890 ausgedient. Ihr Ende kam nach der ungestümen Geschichte der weißen Eroberung vergleichsweise unspektakulär. Die Leitung der Volkszählung 1890 erklärte schlicht das Ende der Expansion und damit auch das Verschwinden der Frontier: «Bis und einschließlich 1880 hatte das Land eine Siedlungsgrenze, aber heute sind die unbewohnten so von bewohnten Gebieten umgeben, dass man nur noch schwer von einer Grenzlinie (Frontier Line) sprechen kann. In der Debatte über ihre Ausdehnung, ihr Vorrücken nach Westen etc. kann man das nicht mehr, also hat dies auch keinen Platz mehr im Zensusreport.»[82] Von nun an sollte die Energie auf andere Gebiete gelenkt werden, wie es auch in der Öffentlichkeit nun immer häufiger betont wurde.

Die mehr oder minder gezielt betriebene Mythologisierung der Geschichte der Eroberung des «wilden» Nordamerika und insbesondere der Pionierzeit des Old oder Great West, wie der Wilde Westen in den USA offiziell genannt wurde, hatte indes lange zuvor begonnen und dauert bis heute an. Beteiligt waren daran keineswegs nur Amerikaner. Das Genre des verklärenden Western entwickelte sich auch in Europa, wo zahlreiche Romane schon in der ersten Hälfte des 19. Jahrhunderts vor diesem Hintergrund spielten und wo seit den 1960er Jahren mit dem sogenannten Italo-Western eine ganz eigene Interpretation entwickelt wurde. In den USA produzierten die Medien, insbesondere die Zeitungen, aber schließlich seit der Mitte des 19. Jahrhunderts auch die Dime- oder Nickel Novels kontinuierlich Heldenfiguren. In den millionenfach verkauften Trivialromanen – allein die *Beadle-and-Adams*-Reihe verkaufte bis zum Ende des Bürgerkriegs 1865 vier Millionen Hefte – wurden auch reale Persönlichkeiten, die Revolverhelden, Sheriffs, Cowboys zu Prominenten, deren Name und Taten fast jedem geläufig waren.[83] Outlaws wie Jesse James gelang es sogar noch zu Lebzeiten, ihren eigenen Mythos durch gezielte Nutzung der öffentlichen Medien zu installieren. Ohne die Journalisten und Herausgeber von Zeitungen wie John Newman Edwards von der *Kansas City Times*, der die Legende von Jesse James kontinuierlich weiterspann, wäre aber wohl weder er, noch mancher andere Held des Wilden Westens im öffentlichen Gedächtnis geblieben. Dass gerade sie selbst sich insbesondere der Wirkung von Bildern bewusst waren, verraten vor allem ihre Porträtphotos, die sie nicht selten nach eigenen Vorstellungen als öffentliche Präsentation anfertigen ließen. In der Erinnerung blieben sie so häufig nicht als die brutalen Mörder und skrupellosen Verbrecher, die sie eigentlich waren, sondern als moderne, politisierte Versionen eines Robin Hood.

Der Western Alle Formen des «Westerns» orientieren sich an drei Perioden der US-Geschichte.[84] Zum einen am Beginn der europäischen Besiedlung. In ihnen geht es primär um die Darstellung der Eroberung des Landes und der Kämpfe gegen die Natur, zu der auch die Ureinwohner

Plakat zu Buffalo-Bills-Western-Zirkus in New York (1886/87)

gerechnet wurden. Zum anderen und weit häufiger wurde die Zeit nach der Vertreibung der indigenen Bevölkerung, mit dem Aufbau einer europäisch-amerikanischen Zivilisation zum Thema, wobei die Herstellung von Recht und Ordnung sowie die Urbanisierung, Industrialisierung, Modernisierung und Pazifizierung des Landes zentrale Topoi bilden. Der dritte Themenbereich befasst sich mit den Problemen, die mit diesen Entwicklungen einhergingen. Dabei geht es unter anderem um Weidekriege als Konflikt zwischen Ranchern und Farmern, um Spannungen zwischen Besitzenden und Besitzlosen, zwischen Etablierten und Zuspätgekommenen sowie allgemein um den Gegensatz von Modernisierung und Tradition.

Die traditionellen Helden des Westens, wie sie sowohl in den Romanen als auch in den seit 1903 gezeigten Filmen auftauchen, waren zunächst durchgängig positive Kämpfer, ungebrochen, unerschrocken, wenn auch mit einer Anzahl (zumeist liebenswerter) Marotten. Der «Westerner» war typischerweise ein Einzelgänger, nur in besonders gefährlichen (Entscheidungs-)Situationen – etwa bei der Verfolgung von Verbrechern oder im Kampf gegen gemeinsame Gefahren zum Beispiel während des Trecks nach Westen – trat er im Kollektiv auf. In dieser Situation bewährte er sich dann auch als Führer und Helfer, als «Pale

Rider». Darüber hinaus war er hart gegenüber sich selbst und gegenüber dem Bösen, aber auch ein gewandter Gentleman. Frauen kamen in dieser Welt ebenfalls nur in bestimmten Klischees vor, als treusorgende Mutter, als Kameradin in der Gefahr – im Zweifelsfall mit dem Gewehr in der Hand – oder aber auch als verführerischer Vamp in den einschlägigen Etablissements der Cow Towns am Cattle Trail. Auch die berühmte Pocahontas war ein frühes Thema der Dime Novels. 1860 erschien *Malaeska: The Indian Wife of the White Hunter* in der Reihe der *Beadle and Adams Novels*. Nur selten waren Frauen so aktive Tatmenschen wie Martha Burke, die berühmt-berüchtigte Calamity Jane, die ebenfalls bereits zu ihren Lebzeiten mit Hilfe einer Autobiographie (erschienen 1895) an ihrer eigenen Legende strickte.[85] Die Basis dafür bildete ihre nachgewiesene Tätigkeit als Scout für den nicht minder berühmten General Custer, als Goldgräberin, als Postkutschenfahrerin, aber nicht zuletzt auch im einschlägigen Milieu der Saloons. In ihrer letzten Lebensphase arbeitete sie unter anderem als Kunstschützin im berühmten Westernzirkus von William «Buffalo Bill» Cody, der als erster weltweit alle Klischees professionell vermarktete. Aber auch ihr wurden vor allem maskuline Qualitäten zugeschrieben, für die der Westen immer besonders stand: Sie soff bis zur Alkoholabhängigkeit, rauchte und kaute Tabak. Feminin war etwas anderes, auch wenn sie selbst in ihrer Autobiographie vor allem die (nicht nachgewiesene) Liebesgeschichte zu James «Wild Bill» Hickok in den Mittelpunkt stellte. Neben ihm wurde sie in Deadwood nach ihrem frühen Tod schließlich auch beerdigt.

Buffalo Bill und Ned Buntline   Neben den einschlägigen Romanen hat wohl keiner den Mythos des Wilden Westens so charakteristisch, aktiv und nachhaltig gestaltet wie William Frederick Cody, der legendäre Buffalo Bill. Auch Cody arbeitete zunächst in den entsprechenden Berufen: Er war Postkutschenfahrer, Goldsucher, Reiter für den Pony-Express, Soldat im Bürgerkrieg, Lieferant beim Eisenbahnbau, Scout, aber auch «Indianerkämpfer», als der er unter anderem die Niederlage Custers am Little Bighorn miterlebte. Aber er spielte auch eine zentrale Rolle bei der nachfolgenden Rache der Weißen, als er 1876 in der Schlacht von Warbonnet Creek den Sioux-Häuptling Yellow Hair tötete und skalpierte. Nicht zuletzt war er Büffeltöter – der Beruf, der ihn berühmt machte und an dessen Ende es fast keine Büffel mehr gab.

Auch Codys Prominenz war aber letztendlich ein Erfolg der Pressearbeit, genauer des von der Ostküste stammenden Journalisten und

Selbstinszenierung für die Nachwelt Ned Buntline, Buffalo Bill und Texas Jack, vor 1880

Dime-Novel-Autors, Edward Judson, genannt Ned Buntline, der wiederum auch selbst zu einer Legende des Wilden Westens avancierte und nach dem noch zu Lebzeiten sogar eine Handfeuerwaffe der Firma Colt benannt wurde, der Colt Buntline Special.[86] Auch Buntline hatte an Indianerkriegen, vor allem dem zweiten der Seminolen-Kriege teilgenommen, allerdings an dessen Ende 1842 bereits seinen Dienst quittiert, um sich ganz der Schriftstellerei widmen zu können. Schon seit 1838 arbeitete er hin und wieder als Autor für angesehene Zeitschriften wie den *Knickerbocker*, für den unter anderem auch James Fenimore Cooper, der Autor der *Leatherstocking*-Romane, schrieb. Buntline wurde Herausgeber von eigenen, mehr oder minder zweifelhaften Magazinen, wie dem Ende der 1840er Jahre wöchentlich erscheinenden *Ned Buntline's Own*.[87] Er blieb allerdings ein Grenzgänger. Parallel war er immer noch zeitweilig als Kopfgeldjäger tätig und in tödliche Schießereien verwickelt. Berüchtigt waren auch seine engen Beziehungen zu New Yorker Gangs. Man geht davon aus, dass er 1849 selbst einer der Anstifter der Astor-

Place-Unruhen in Manhattan war, die sich zu den schlimmsten Straßenschlachten zwischen Einwanderern und Nativisten auswuchsen und an deren Ende 23 Tote zu beklagen waren.[88] Als Nativist war Buntline auch in ähnliche Straßenschlachten in St. Louis verwickelt. Nicht zuletzt hatte er deswegen auch persönliche Erfahrungen mit amerikanischen Gefängnissen.

Buntlines Thema war daher nicht nur der «Wilde Westen». Damit unterschied er sich von anderen Pulp-Autoren. Ihn beschäftigte auch das ungezügelte urbane Leben, vor allem in den Slums von New York. Nicht so sehr Five Points, sondern der benachbarte Stadtteil Bowery an der Südspitze Manhattans, war mit seinen heruntergekommenen Wohnungen, Bordellen und hoher Kriminalität zentraler Schauplatz seiner Dime Novels. Hier spielten Gangsterkarrieren ebenso wie alltägliche menschliche Tragödien, etwa die des berühmten Komponisten Stephen Foster, der Ende der 1840er Jahre unter anderem mit seinem Goldrauschsong «Oh! Susanna» berühmt geworden war und 1864 erst 37-jährig vergessen in einer Absteige in Bowery starb.[89] Buntline verarbeitete dies unter anderem in *The Mysteries and Miseries of New York*.[90]

Auch im 20. Jahrhundert blieb die Gegend mit ihren Flop Houses oder Bowery Bums – heruntergekommenen Hotels, in denen häufig auch Obdachlose und Drogenabhängige hausten – lange Zeit Fluchtpunkt für Gescheiterte, dann aber auch für Außenseiter und bewusste Aussteiger der bürgerlichen Gesellschaft. Der britische Autor und Filmemacher Quentin Crisp, einer der ersten, die sich in den 1950er Jahren öffentlich zu ihrer Homosexualität bekannten,[91] konnte sich hier über viele Jahre ebenso einrichten wie die amerikanische Subkultur und Independent-Szene.

Buntlines schriftstellerische Arbeit, seine Vortragsreisen – als schwerer Alkoholiker hielt er ironischerweise Vorträge über Abstinenz –, aber auch sein politisches Engagement für die Republikanische Partei brachten ihn dann auch in Kontakt zu den Westernlegenden «Wild Bill» Hickok und William «Buffalo Bill» Cody.[92] Hier lag der Anfang der dann berühmten Wild West Show mit dem Titel *The Scouts of the Prairie*, die, von Buntline inszeniert, 1872 zum ersten Mal in Chicago aufgeführt wurde. Cody war vom Erfolg so begeistert, dass er seinen Freund, Texas Jack Omuhundro, eine weitere Frontier-Legende, und schließlich 1873/74 auch Hickok überzeugen konnte, in der nachfolgenden Show *Scouts of the Plains* mitzuspielen. In den 1890er Jahren hatte auch Buntlines Dime-Novel-Serie mit Buffalo Bill als Titelfigur durchschlagenden Erfolg.

Mit den 1872 gestarteten Veranstaltungen begann ein zunächst zehn-jähriger Auftrittsmarathon, der schließlich 1883 in der Show *Buffalo Bill's Wild West* gipfelte, dem berühmten Western-Zirkus, der unter ähn-lichen Namen bis ins 20. Jahrhundert fortgeführt wurde. Mehrere Male gastierte Cody seit den 1880er Jahren auch in Deutschland, zuletzt 1906. Was hier präsentiert wurde, war bereits – wie alle wussten – die klassi-sche Legende vom Wilden Westen: Indianer, unter ihnen der berühmte Sioux-Häuptling Sitting Bull, wurden ebenso gezeigt wie Cowboys, Kunstschützen oder Kunstreiter. Cody lebte davon eine Zeitlang gut. Später geriet er in erhebliche finanzielle Probleme, die allerdings seinen Ruhm kaum schmälerten. Anfang 1917, kurz vor dem Eintritt der USA in den Ersten Weltkrieg, starb Cody in Denver.

Eine Reihe weiterer ehemaliger Helden des Wilden Westens geriet dagegen fast völlig in Vergessenheit. Dazu gehörte insbesondere Daniel Boone, der einflussreiche Pionier und Landvermesser, den manche als eigentlichen Gründer Kentuckys betrachten, oder auch der Trapper Jede-diah Smith, der als erster Weißer den Landweg über die Rocky Moun-tains nach Kalifornien erkundete. Sie hatten darauf verzichtet, ihr Leben zu vermarkten.

Wie groß das Bedürfnis nach Legenden war, zeigte nicht nur der Er-folg von *Ned Buntline's Own* und seinen Dime Novels, sondern auch das Erscheinen einer Vielzahl von Konkurrenten auf dem expandierenden Markt der Mythologisierung des Westens. Dazu gehörten unter anderem *Beadle's Dime Novels* oder die *Deadwood Dick Library* (s. Abb. S. 185). Wie schon Buntline nahmen die Verlage rasch auch andere Themen, insbe-sondere großstädtische Kriminal- und Abenteuergeschichten, ins Pro-gramm, so die *New York Detective Library* oder die Reihe *Secret Service*. Seriöser, wenn auch nicht in jedem Fall realitätsnäher waren die in der Tradition der europäischen Abenteuerliteratur stehenden historischen Romane über die Pionierzeit. Sie verstanden sich ausdrücklich als ernst-haftes Genre, auch wenn sie von anderen amerikanischen Autoren der Zeit nicht unbedingt als Literatur betrachtet wurden.

Literatur: James Fenimore Cooper

Auch ein James Fenimore Cooper, der in der Literaturgeschichte heute als erster Vertreter einer seriösen Western Fiction genannt wird,[93] hatte nicht nur für seine ersten schrift-stellerischen Versuche, die er zunächst noch anonym publizierte, erheb-liche Rüffel einzustecken. Massive Kritik kam später namentlich von Mark Twain, der in einer 1895 veröffentlichten Rezension speziell den

Roman *The Deerslayer* von 1841 *(Der Wildtöter)* «ein literarisches delirium tremens» und ein «Verbrechen an der Sprache» nannte.[94] Berühmt war Cooper trotzdem geworden, und zwar ausgerechnet mit den von Twain so arg verrissenen *Leatherstocking Tales (Lederstrumpf)*, die er zwischen 1823 und 1841 veröffentlichte. Darunter fand sich auch der Bestseller *The Last of The Mohicans* (1826, *Der letzte Mohikaner*). Cooper nahm nicht nur das Verhalten der Weißen allgemein in den Blick, sondern insbesondere die für ihn moralisch verwerfliche Verdrängung der Ureinwohner, die er wie viele andere seiner Schriftstellerkollegen für zwar «wild», aber «edel» hielt. Das moralische Prinzip dominierte auch in seinen weiteren Werken, in denen er sich anderer Themen der US-Geschichte annahm. So handelte sein erster historisch-patriotischer Roman *The Spy* (1821) vom Unabhängigkeitskrieg und von der Zerstörung der nationalen Einheit.

Cooper wurde stilbildend. Als begeisterter Schüler verstand sich im deutschsprachigen Raum vor allem Friedrich Gerstäcker, der im Anschluss an Coopers große Erfolge und nach einer Reise durch Nordamerika in den Jahren 1837 bis 1843 zwei Bestseller über das Pionierthema verfasste. Zu großen Erfolgen wurden 1846 *Die Regulatoren von Arkansas* und die zwei Jahre später vorgelegte Fortsetzung unter dem Titel *Die Flusspiraten des Mississippi*. Während Gerstäcker tatsächlich auf eigene Erlebnisse und Erfahrungen zurückgreifen konnte, wenngleich er stark von den Schilderungen des österreichisch-amerikanischen Schriftstellers Charles Sealsfield (d. i. Karl Anton Postl) profitieren konnte, fußten die «Reiseromane» seines Landsmanns Karl May, der Gerstäckers Erzählungen sogar häufig unverkennbar als Blaupause nutzte, nahezu vollständig auf blühender Phantasie. May konnte erst 1908 nach Nordamerika reisen, auch wenn er hartnäckig behauptete, alles selbst erlebt zu haben. Und wie die realen Westerners inszenierte er sich unter anderem in Trapper-Kleidung.

Wahrscheinlich aber war es das, was die exotischen Gegenwelten des notorischen Aufschneiders May im immer stärker industrialisierten Deutschland zu großen Erfolgen machte. In insgesamt 33 Sprachen wurden seine regelmäßig mit dem Sieg des Guten endenden, pathetischen Romane schließlich übersetzt. Das erfolgreichste Fortsetzungsabenteuer wurde die zwischen 1876 und 1893 erschienene Trilogie (ursprünglich vier Bände) *Winnetou* um einen edlen Apachenhäuptling, dessen Freundschaft mit dem weißen Trapper Old Shatterhand und ihren gemeinsamen Kampf gegen weiße Verbrecher und feindliche Indianer. Warum ausge-

Little Bighorn, 25. Juni 1876, in der Darstellung Charles M. Russells Beim größten Sieg der Indianer über die US-Armee wurde das 7. US-Kavallerieregiment unter General George A. Custer durch die vereinigten Stämme der Lakota, Arapaho und Cheyenne fast völlig aufgerieben. Das Gemälde mit dem Titel *The Custer Fight* entstand fast dreißig Jahre später (1903).

rechnet die um ihre Freiheit ebenso verbissen wie die Apachen kämpfenden Sioux in den Romanen Mays zum Feindbild wurden, ist umstritten. Am wahrscheinlichsten ist, dass er ursprünglich die Komantschen als traditionelle Feinde der Apachen als Gegenbild wählte, die aber bereits in Romanen anderer Schriftstellerkollegen auftauchten. Da die Sioux durch die jahrelangen Kämpfe mit den Amerikanern ohnehin eine denkbar schlechte Presse erhalten hatten, boten sie sich geradezu an.

Landschaftsmalerei, Photographie, Film Parallel zu den literarischen Mythologisierungen der Pionierzeit trug bereits im frühen 19. Jahrhundert die beginnende Landschaftsmalerei, ausgehend etwa von der Idee des «gelobten Landes», ihren Teil zur Verklärung des Westens bei. Ihr Realismus wird häufig als Beginn und «Erfindung» einer spezifisch amerikanischen Malerei begriffen.[95] Bereits 1844 entstand dafür in Hartford in Connecticut mit dem Wadsworth Atheneum Museum of Art das erste öffentliche Museum der USA. Noch zu den Hoch-Zeiten der Eroberung des Westens waren Maler wie Albert Bierstadt unterwegs,[96] während zwei der heute bekanntesten Künstler erst nach dem offiziell erklärten

Ende der Frontier den Westen zum Thema machten: der Maler Charles M. Russell und der Bildhauer Frederic Remington. Es spricht für sich, dass später auch die großen Westernregisseure wie John Ford oder Howard Hawks die von Russell oder Remington bereits popularisierten Bildwelten in ihre Filme übernahmen. Auch die Motive der Photographie, wie sie William Henry Jackson zum Teil zusammen mit dem Landschaftsmaler Thomas Moran entwickelte, wurden schnell zu einem Teil der nostalgisch-romantischen Verklärung der Pionierzeit, ebenso wie die Photos und später die Dokumentarfilme eines Edward S. Curtis. Berühmt wurden vor allem dessen Porträtaufnahmen hochrangiger Indianerhäuptlinge.[97]

Von Anfang an nicht als Dokumentation, sondern als bewusst fiktionales Bild der Pionierzeit konzipiert, entstanden dagegen seit 1903 in Anlehnung an die Dime Novels die ersten Spielfilme. Als erster Kino-Western gilt der bereits erwähnte, nur zwölf Minuten lange Stummfilmstreifen *The Great Train Robbery*, dem einige Hundert ähnliche folgten. Frühe Filmhelden waren Gilbert M. Anderson, der allein in fast 150 Filmen den draufgängerischen Broncho Billy als Phänotypus des Cowboys verkörperte, oder Tom Mix, der im Übergang vom Stumm- zum Tonfilm die Cowboy-Rolle spielte. John Wayne wurde schließlich zum wichtigsten Darsteller des Westerners in den 1940er und 1950er Jahren. Es waren aber nicht zuletzt die von ihm verkörperten Figuren, die bereits damals das bislang ungebrochen positive Bild des amerikanischen Westens brüchig und doppeldeutig werden ließen. In *The Searchers* (*Der schwarze Falke*, 1956) war die Fiktion eines grundsätzlich positiven Helden bereits weitgehend in Frage gestellt. In Waynes letztem Western, *The Shootist* (*Der letzte Scharfschütze*, 1976), in dem er einen frustrierten alternden Revolverhelden nach dem Ende der Frontier spielte, war das Klischee bereits zerstört. Die Entzauberung betraf schließlich auch das noch von Wayne positiv dargestellte Bild der Ordnungsmacht im Wilden Westen. Der von Marlon Brando dargestellte «Regulator» zeigte sich in Arthur Penns *The Missouri Breaks (Duell am Missouri)* von 1975 nur noch als zynisch-brutaler Killer.

In der Zeit dazwischen entstanden mit den sogenannten Italo- und den Revisionist-Western im Zuge der in den 1960er Jahren allgemeinen Umdeutungen bisheriger Bilder und Werte radikale Interpretationen des Themas. Der bis heute wohl bekannteste Titel in einer langen Reihe war 1968 Sergio Leones *Once Upon a Time in the West*, der schon stilistisch und ästhetisch einen völligen Bruch mit den Bildwelten der meisten zuvor gedrehten Western markierte. Schmutzige, gelangweilte und zynische Revolverhelden, die im Auftrag eines Eisenbahnmagnaten private Grundstücke durch die Ermordung ihrer Besitzer freiräumen, und Gegenspieler, die eigentlich ebenfalls keine Werte mehr besitzen und nur für ihre Rache leben, waren schon allein durch Typus und Äußerlichkeit das Gegenbild zu den damals populären Fernsehserien: In *Gunsmoke* (*Rauchende Colts*, 1955–1975), *The Virginian* (*Die Leute von der Shiloh Ranch*, 1962–1971) oder *Bonanza* (1959–1973) pflegte man bis in die 1970er Jahre noch das Western-Idyll mit herausgeputzten kleinen Towns und Farmen und den innerlich wie äußerlich sauberen, und vor allem wertebewussten Protagonisten.

Noch radikaler, weil er auch den Mythos der sauberen Armee zerstörte und insbesondere die gezielte Vertreibung wie die Brutalität des Völkermords an der amerikanischen Urbevölkerung thematisierte, war 1970 *Soldier Blue*, in dem ein naiver Soldat und eine von Indianern verschleppte, aber assimilierte Weiße Augenzeugen von Verbrechen an der indigenen Bevölkerung werden. Nach und nach gerieten auch andere Mythen ins Wanken: Im bereits angesprochenen Film *Dances with Wolves* (1990) wurde der zuvor wahlweise zum edlen Wilden stilisierte oder zum hinterhältigen Mörder verzerrte Ureinwohner in seinem sozialen Verhalten als ganz normaler und mit «weißen» Gewohnheiten durchaus vergleichbarer Zeitgenosse dargestellt. Aber auch neue Mythen wurden geschaffen. Manche zu Lebzeiten blutig verfolgte indianische Führer erschienen jetzt als verklärte «amerikanische Legenden», so im Streifen *Geronimo: An American Legend* (1993), wie ohnehin die indigene Bevölkerung plötzlich zu Vorreitern einer «grünen Bewegung» erklärt wurde, die sie allerdings in der Realität niemals gewesen war. Traditionelle amerikanische Helden der Pionierzeit wurden dagegen jetzt regelmäßig als selbstsüchtige Kapitalisten dargestellt, die auch nicht davor zurückschrecken, neu einwandernde Konkurrenten schlicht zu ermorden (*Heavens's Gate*, 1980; *Open Range*, 2003). Und so reiste in Filmen wie *Dead Man* (1995) von Jim Jarmusch der von positiven Westernmythen durchdrungene Ostküstenbewohner dann auch nur noch traumatisiert durch zerstörte, mit Büffelknochen und niedergebrannten Indianerdörfern gespickte Prärielandschaften. Diese «Revision» betraf schließlich nicht nur die Bilder und Mythen der Frontier-Zeit, sondern zunehmend auch die anderen großen Themen der Nationalgeschichte, nicht zuletzt auch das Trauma des Amerikanischen Bürgerkriegs.

V. Katastrophe und nationale Sammlung: Bürgerkrieg und Nachkrieg 1861–1917

Der Sezessionskrieg 1861–1865

Der Amerikanische Bürgerkrieg oder auch Sezessionskrieg zwischen 1861 und 1865 hatte eine lange, qualvolle Vorgeschichte. Sie gipfelte schließlich in erbarmungslosen Vernichtungsfeldzügen, die zur «Auslöschung» des Gegners führen sollten und die der Nordstaatengeneral Philip Sheridan, der 1864 für die völlige Verwüstung («The Burning») des Shenandoah Valley verantwortlich zeichnete, damals nicht anders als seine prominenteren Kollegen Sherman oder Grant ausdrücklich anordnete. «Ich will, dass Sie kühn, entschlossen und zu jeder Zeit voll Energie sind [, und] wenn Sie beginnen, lassen Sie es einen Feldzug der Vernichtung, Trümmer und vollständigen Zerstörung sein.»[1] Seine Truppen hinterließen tatsächlich wie bereits in den Indianerkriegen nichts anderes als «Verbrannte Erde». Dies empfahl Sheridan im Übrigen auch seinen deutschen Kollegen, bei denen er als Gast des Generalstabs im deutsch-französischen Krieg 1870/71 weilte: Je mehr man zerstöre, desto mehr Frieden habe man danach.[2] Dem entsprach die eingesetzte Waffentechnik, die nun ausdrücklich die massenhafte Tötung ermöglichte. Zum ersten Mal wurde das vom Mediziner Richard Gatling weiterentwickelte zehnläufige Repetiergewehr verwendet. Gatling war ansonsten vor allem für zivile Erfindungen, etwa den Dampfpflug, bekannt geworden. Gatling Guns konnten bis zu zweihundert Schuss pro Minute feuern, was angreifende Infanterie in Massen niedermähte.[3] Beides, strategische Planung und technische Entwicklung, ließ den Bürgerkrieg im Rückblick eher wie einen Vorläufer der Maschinen- und Vernichtungskriege des 20. Jahrhunderts erscheinen denn als einen der davor bekannten Kabinettskriege, in denen auf abgezirkelten Gebieten Schlachten nach mehr oder minder klaren Regeln ausgetragen wurden. Allerdings war der Vernichtungsgedanke natürlich seit langem bereits in den Indianerkriegen, in denen die Bürgerkriegsgeneräle sonst tätig wurden, nicht unbekannt. Sheridan jedenfalls wurde schon 1869 der seitdem berüchtigte Satz zugeschrieben, nach dem nur ein toter Indianer ein guter Indianer sei.[4] Der Mann war aber dann auch wegen seiner öffentlich gezeigten Kompromisslosigkeit für bestimmte Posten in der Nachkriegszeit, als es wieder um Versöhnung ging, nicht mehr zu gebrauchen.

Nord-Süd-Konkurrenz   Die Konkurrenz und Feindschaft zwischen den Nord- und den Südstaaten, die schließlich mit der Einnahme des von Truppen des Nordens gehaltenen Fort Sumter vor Charleston in South Carolina durch Truppen des Südens am 12. April 1861 in einen vier Jahre dauernden blutigen Konflikt mit Hunderttausenden von Toten mündete, hatte viele Ursachen, die zum Teil erbittert bis heute diskutiert werden. Beide Teile der USA hatten seit der ersten Besiedlung Nordamerikas Sonderwege beschritten.[5] Vieles unterschied 1861 bereits seit Jahrhunderten den Norden vom Süden. Dabei war die ungleiche Besiedlung nur eine der Spezifika. Mit seinen bei Kriegsbeginn rund 22 Millionen Menschen war der Norden wesentlich bevölkerungsreicher als der Süden, in dem nur neun Millionen Menschen lebten.[6] Vor allem aber war er weit leistungsfähiger. Die Industrie entwickelte sich zunächst im Norden, und seine Infrastruktur war wesentlich besser ausgebaut.

Darüber hinaus gab es weitere wirtschaftlich-soziale, politische und vor allem kulturelle Unterschiede, deren Anfänge ebenfalls bereits in die Kolonialzeit zurückreichten. Wo diese unsichtbare Trennlinie verlief, blieb kulturell, nicht geographisch festgelegt, obwohl die 1767 im Streit um Grenzen der einzelnen Kolonien vermessene sogenannte Mason-Dixon-Linie ($39° 43'$ N, $75° 47'$ W bis $38° 28'$ N, $75° 42'$ W) in etwa dieser Trennlinie entsprach und auch der 1850 vereinbarte Missouri- oder Sklaverei-Kompromiss sich in etwa daran hielt. Schon im 18., spätestens aber im ersten Drittel des 19. Jahrhunderts war jedenfalls für jene auswärtigen Besucher, die wie Alexis de Tocqueville ihre Eindrücke auch schriftlich für die Nachwelt festhielten, unübersehbar, dass sich die Staaten im «Süden» und die des «Nordens» der USA völlig unterschiedlich entwickelt hatten. Das Innovative, das «Amerikanische», den Yankee, wie seit langem der im Süden verbreitete Spottname für den calvinistisch-puritanischen Einwanderer im Norden lautete, der ursprünglich den ungebildeten Landbewohner meinte, entdeckten gerade die Ausländer nur im Norden. Dagegen schien der Süden mit seinen Gentlemen und Cavaliers merkwürdig zurückgeblieben zu sein, geradezu museal in seinem europäisch-aristokratischen Gehabe.[7] Seit etwa 1830 wurde der unterschiedliche Weg auch zum Thema der öffentlichen Debatten. Im Nordosten, der auch den Ausgangspunkt der Industrialisierung bildete, so die vorherrschende Erklärung, habe sich das Erbe der calvinistisch-puritanischen Einwanderer in der Idee verfestigt, dass nur Leistung gottgefällig sei. Die Entwicklung der Wirtschaft des Nordens war für den 1864 geborenen deutschen Nationalökonomen Max Weber in seiner 1901 vorgelegten Schrift zur sogenannten protestantischen Ethik und dem «Geist des Kaptialismus» dann kaum überraschend: Hier erwies sich offensichtlich das protestantische Pflicht- und Leistungsideal als idealer Nährboden für den Industriekapitalismus. Im Süden hingegen, so die Erklärung, seien Lebensart und Gesellschaft deswegen völlig anders gewachsen, weil aufgrund der auf Sklavenarbeit gestützten Plantagenwirtschaft sich statt eines Industriebürgertums eher eine Landadelsschicht entwickelt habe. Sie fühle sich der europäischen Aristokratie viel näher als den Stadtbewohnern, den Arbeitern oder auch den Viehzüchtern – und zwar unabhängig davon, ob sie im Süden oder Norden wohnten. Entsprechend wenig Interesse fänden daher soziale Fragen, insbesondere, wenn dies die Gefahr förderte, dass sich die weiße Unterschicht, der «Poor White Trash», wie man sie hier auch nannte und von der man in der Regel genauso wenig hielt wie von den Afroamerikanern, politisch zu emanzipieren begann.[8] Schon Jahrzehnte vor dem Beginn des Bürgerkriegs waren nicht nur die Verbreitung und das Lesen von Schriften zur Sklavenbefreiung im Süden verboten. Lehrer etwa, die als Anhänger des Abolitionismus verdächtigt wurden, verloren ihre Stelle und wurden sogar ausgewiesen.[9] Daher war es auch keine Überraschung, dass das Schulwesen des Südens hinter dem des Nordens ebenso zurückblieb wie andere Teile der Gesellschaftsordnung.

Die gefühlte Südstaatenaristokratie konzentrierte sich stattdessen darauf, den europäischen Standard des Adels, der «Gentry», zu erreichen. Dazu zählte nicht zuletzt ein entsprechendes Herrenhaus im, wie man es später nannte, kolonial-klassizistischen Antebellum-Stil mit Säulenportikus, Säulenfront oder sogar umlaufender säulengesäumter Veranda, zu dem eine breit angelegte Auffahrt ebenso gehörte wie ein Park, aber eben auch Sklavenunterkünfte. «Ein Reisender aus der Alten Welt – einer aus den besseren Klassen», resümierte der britische Journalist William Hepworth Dixon in seinem 1867 publizierten Reisebericht *New America*, «fühlte sich in den Herrenhäusern ausgesprochen zu Hause. Sie waren

Das älteste noch erhaltene Plantagengebäude der USA Die Shirley Plantation, eine Tabakplantage am James River, Charles City County in Virginia, wurde bereits im ersten Drittel des 17. Jahrhunderts angelegt. Das heutige Hauptgebäude entstand zwischen 1723 und 1738.

solide geplant und gebaut, luxuriös möbliert; Küche und Keller gut; Bücher, Bilder und Musik waren so, wie man es aus Europa kannte. Er sah eine Menge Pferde und Diener, großzügige Grundstücke, ausgezeichnete Wälder … Die Männer waren offen, kühn, gastfreundlich … Der Norden bot einem solchen Lotusesser [hingegen] wenig Reiz. Die Landhäuser … waren nicht so geräumig und so angenehm wie im Süden; das Klima war viel kälter …»[10]

Nicht zuletzt wirkte sich alles dies nach Meinung der Beobachter auf das gesellschaftliche Klima und das Sozialverhalten aus. Im Norden, mokierte sich Dixon, denke man nur an seine Geschäfte. Der Besucher fühle sich dort vernachlässigt, weil «die Männer allein an ihre Unternehmen denken, weder an der Jagd noch am Angeln noch am Tanz interessiert waren, sondern ihren einzigen Gesprächsstoff in ihren Mühlen, ihren Minen, ihren Straßen, ihren Fischfangflotten fanden; [außerdem] waren sie stets in Eile und angespannt, so als ob das Schicksal des Universums in ihren Händen liege und sie fürchteten, es fallenzulassen. Selbst die Frauen waren mit irgendetwas beschäftigt und kümmerten sich [nur] um ihre eigenen Sachen.» Dass der sich als Gentleman verstehende Großgrundbesitzer des Südens sich an den gängigen Schablonen des Sozialverhaltens des europäischen Adels orientierte, zeigte nicht zuletzt die Karriere des Duells in den USA, das sich in anderer, proletarischer und egalitärer Version später allerdings auch an der Frontier, in den Cow Towns und Mining Towns des Nordens und Westens, etablierte. In der Südstaaten-Gentry war wie in Europa hingegen nur jener «satisfaktionsfähig», der als Ebenbürtiger anerkannt war. Das konnte keinesfalls ein Arbeiter und erst recht kein Afroamerikaner oder Angehöriger der indigenen Bevölkerung sein. Bezeichnenderweise gehörte es zum Selbstbild der Gentry, das Recht wie im europäischen Mittelalter und der Frühen Neuzeit auch in die eigene Hand nehmen zu dürfen, wenn es angemessen erschien. Dies war etwas völlig anderes als die Gunfighter-Mentalität an der Frontier, wo die Selbstjustiz in teilweise völlig rechtsfreien Räumen quasi ein Vakuum füllte, verhinderte allerdings nicht, dass man sich faktisch überall auf ein angeblich demokratisches Recht zur Selbstjustiz berief.

Insofern war es wohl kein Zufall, dass sich das Lynchen – euphemistisch auch «Lynch Law» genannt – speziell in den Südstaaten bis weit ins 20. Jahrhundert hielt. Gegenüber Schwarzen wurde es zeitweilig geradezu als Gewohnheitsrecht wahrgenommen. Hintergrund war neben tief verwurzelten rassistischen Einstellungen und der Tatsache, dass Morde an Afroamerikanern im Süden lange Zeit in der Regel straffrei blieben, die bereits seit dem 17., dann insbesondere im 18. Jahrhundert grassierende Furcht vor der wachsenden Sklavengesellschaft. Von den geschätzten insgesamt rund 5000 schwarzen Opfern des Lynching insgesamt kam die Mehrzahl aus den Südstaaten.[11] Auffallend war immer wieder die schnell um sich greifende Hysterie, die häufig in einer kollektiven Strafaktion gipfelte, wenn es um tatsächliche oder angebliche Aufstandsbeteiligung sowie sexuelle Gewalt gegen Weiße ging. Widerstand gegen das um sich greifende Lynch Law, wie ihn sich die Journalistin Ida B. Wells seit den 1890er Jahren auf die Fahnen schrieb, führte erst in den 1920er Jahren zu einem Rückgang der illegalen Hinrichtungen, um allerdings mit den Erfolgen der schwarzen Emanzipationsbewegung in den 1950er und 1960er Jahren noch einmal anzuwachsen.[12]

Dass sich sofort nach dem Bürgerkrieg, in der sogenannten Reconstruction oder auch Gilded Age, 1865 der Ku Klux Klan als Terrororganisation der Sklavereibefürworter in den Südstaaten gründete, war unter diesen Voraussetzungen kein Zufall, ebenso wenig, dass er sich auf die Regulatoren der einstigen Unorganisierten Gebiete berief. Im Rückblick belegt vor allem der große Erfolg von Margaret Mitchells 1936 erschienenem Roman *Gone with the Wind (Vom Winde verweht)*, wie auch dessen drei Jahre später folgende Verfilmung, die in großen Teilen eine «heile» Südstaatenwelt vor dem Bürgerkrieg und ihren Zusammenbruch im und nach dem Konflikt zeigten, wie eigentümlich attraktiv die Kultur des Old South in den USA noch lange nach dem Sezessionskrieg blieb. Bis heute machen selbst amerikanische Konsumprodukte den Nord-Süd-Unterschied deutlich. Die 1874 in New Orleans erfundene süße Likörmarke «Southern Comfort» war von Beginn an nichts anderes als ein kulinarischer Gegenentwurf des südlichen «Lost Paradise» zum zwanzig Jahre vorher im Nordstaat Ohio erfundenen frugalen «Quaker Oat Meal».

Sklaverei Das markanteste Problem, das alle diese Besonderheiten berührte, war die Frage, wie ein gemeinsamer Bundesstaat funktionieren könnte, wenn dessen eine Hälfte Sklaven für seine Wirtschaft hielt, während die andere auf Lohnarbeit setzte. Insofern ging es in der Diskussion, die seit den 1830er Jahren geradezu mit Gewalt losbrach, sofort und zentral um die Einheit der Nation. Interessanterweise beriefen sich beide Seiten in ihren dazu verbreiteten öffentlichen Positionsbestimmungen auf die US-Verfassung. Während sich der Norden bei der Ablehnung der Sklaverei in der Regel auf deren Freiheitsformeln und die Deklaration der Menschenrechte berief, ging man im Süden davon aus, dass die Bundesregierung nicht in die Rechte der Einzelstaaten eingreifen dürfe, wenn es um die Ausgestaltung ihrer Gesellschaftsordnung, vor allem aber auch um das in der Verfassung ebenfalls garantierte Recht auf Eigentum gehe. Die später als Begründung für die Abspaltung von der Union verfassten offiziellen Erklärungen der Konföderierten, so etwa die am 11. März 1861 publizierte Verfassung der Konföderierten Staaten von Amerika, betonten deshalb, wie auch andere Papiere dieser Art zuvor (South Carolina, Georgia, Mississippi), das Recht auf Sklavenhaltung, aber auch das Verbot der Neueinfuhr.[13] Da die rund dreieinhalb Millionen schwarzafrikanischen Sklaven als Besitz galten, war damit ein Grundsatzkonflikt ausgebrochen, der umso gravierender wurde, je mehr sich die fast völlig agrarisch und zunehmend statisch ausgerichtete Wirtschaft des Südens mit dem industriell in großen Schritten nach vorne schreitenden Norden, dessen Industrien auch untereinander in teils scharfer Konkurrenz standen, messen musste. Tatsächlich war die Wirtschaft der Südstaaten in der Vorkriegszeit nicht einmal in der Lage, etwa eine eigene Maschinenproduktion aufzubauen. Erntemaschinen wie die Cotton Gin, für die sich die großen Pflanzungen schließlich entschieden, um den Gewinn zu erhöhen, mussten ebenso eingeführt werden wie viele andere Investitions- und Konsumgüter.

Umgekehrt sahen die nicht sklavenhaltenden Staaten einen nicht hinnehmbaren Wettbewerbsnachteil darin, dass im Süden Arbeitskräfte ohne Lohnkosten eingesetzt werden konnten. Dieses Argument wurde umso gravierender, als seit den 1820er Jahren die weltweite Nachfrage nach Baumwolle massiv anstieg. Für Kleinbauern machte es allerdings keinen Unterschied, ob ihre Existenz durch nahezu kostenfreie Sklavenarbeit oder durch zunehmend automatisierte Produktion in Frage gestellt wurde. Dies wurde zum weiteren Argument der Sklavereibefürworter. Sklaverei, so die von George Fitzhugh, einem prominenten Sozialtheoretiker der Südstaaten, formulierte und schon damals häufig als zynisch empfundene These, sei gegenüber der freien Lohnarbeit schon deshalb im Vorteil, weil sie den Sklaven im Gegensatz zu Kleinbauern Schutz und Sicherheit biete.[14] Dies entsprach in etwa der Argumentation, die zur gleichen Zeit auch in Europa zur Rechtfertigung der Leibeigenschaft oder leibeigenschaftsähnlicher Gutsuntertänigkeit üblich war.

Gegner der Sklaverei Gegner der Sklaverei hatte es schon im 17. und 18. Jahrhundert aus verschiedenen Motiven gegeben. Auch die 1787 von der US-Regierung erlassene, wegweisende Verordnung für das Nordwestterritorium (Northwest Ordinance) untersagte dort bereits die Sklaverei und beschränkte sie damit auf die Südstaaten, wo auch die Einfuhr noch zwanzig Jahre erlaubt blieb. Den Abschluss dieser Phase bildete das Sklavenimportverbotsgesetz vom 2. März 1807, nach dem es vom 1. Januar des folgenden Jahres an untersagt war, «irgendeinen Neger oder Mulatten oder eine farbige Person als Sklaven-, Dienst- oder Arbeitspflichtigen einzuführen …».[15] Trotz des vom Kongress ausgesprochenen Importverbots stieg die Zahl der Versklavten in den Vereinigten Staaten jedoch allein durch Geburten kontinuierlich weiter an. 1790 lebten in den USA rund 717 000 Sklaven, 1810 annähernd 1,2 Millionen, 1820 nahezu 1,5 Millionen, 1840 fast 2,5 Millionen und kurz vor dem Bürgerkrieg 1860 befanden sich zirka vier Millionen Menschen in Sklaverei.[16]

Sklavenpopulation in den amerikanischen Kolonien und den USA 1680–1860[17]

Region/Kolonie/Staat	1680	1700	1720	1750	1770	1790	1810	1820	1840	1860
«Nordstaaten» insgesamt	1 895	5 206	14 081	30 172	47 735	40 420	27 081	19 108	1 113	64
New Hampshire	75	130	170	550	654	158	0	0	1	0
Vermont	k.A.	k.A.	k.A.	k.A.	25	16	0	0	0	0
Massachusetts	170	800	2 150	4 754	0	0	0	0	0	0
Connecticut	50	450	1 093	3 010	5 698	2 764	310	97	17	0
Rhode Island	175	300	543	3 347	3 761	948	108	48	5	0
New York	1 200	2 256	5 740	11 014	19 062	21 324	15 017	10 088	4	0
New Jersey	200	840	2 385	5 345	8 220	11 423	10 851	7 557	674	18
Pennsylvania	25	430	2 000	2 822	5 561	3 787	795	211	64	0
Ohio	k.A.	k.A.	k.A.	k.A.	k.A.	k.A.	0	0	3	0
Indiana	k.A.	k.A.	k.A.	k.A.	k.A.	k.A.	k.A.	190	3	0
Illinois	k.A.	k.A.	k.A.	k.A.	k.A.	k.A.	k.A.	917	331	0
Maine	k.A.	k.A.	k.A.	k.A.	k.A.	k.A.	k.A.	0	0	0
Michigan	k.A.	k.A.	k.A.	k.A.	k.A.	k.A.	k.A.	0	0	0
Minnesota	k.A.	k.A.	k.A.	k.A.	k.A.	k.A.	k.A.	k.A.	k.A.	0
Iowa	k.A.	k.A.	k.A.	k.A.	k.A.	k.A.	k.A.	k.A.	k.A.	0
Wisconsin	k.A.	k.A.	k.A.	k.A.	k.A.	k.A.	k.A.	k.A.	11	0
Kansas	k.A.	k.A.	k.A.	k.A.	k.A.	k.A.	k.A.	k.A.	k.A.	2
Oregon	k.A.	k.A.	k.A.	k.A.	k.A.	k.A.	k.A.	k.A.	k.A.	0
California	k.A.	k.A.	k.A.	k.A.	k.A.	k.A.	k.A.	k.A.	k.A.	0
Nebraska	k.A.	k.A.	k.A.	k.A.	k.A.	k.A.	k.A.	k.A.	k.A.	15
Colorado	k.A.	k.A.	k.A.	k.A.	k.A.	k.A.	k.A.	k.A.	k.A.	0
Dakota	k.A.	k.A.	k.A.	k.A.	k.A.	k.A.	k.A.	k.A.	k.A.	0
Nevada	k.A.	k.A.	k.A.	k.A.	k.A.	k.A.	k.A.	k.A.	k.A.	0
New Mexico	k.A.	k.A.	k.A.	k.A.	k.A.	k.A.	k.A.	k.A.	k.A.	0
Utah	k.A.	k.A.	k.A.	k.A.	k.A.	k.A.	k.A.	k.A.	k.A.	29
Washington	k.A.	k.A.	k.A.	k.A.	k.A.	k.A.	k.A.	k.A.	k.A.	0

«Südstaaten» insgesamt	5 076	23 753	55 962	216 476	422 141	676 601	1 165 405	1 519 037	2 486 326	3 953 696
Delaware	55	135	700	196	1836	8887	4177	4509	2605	1798
Maryland	1611	3227	12499	43450	63818	103036	111502	107397	89737	87189
Virginia	3000	16390	26550	107100	187600	292627	392518	425153	449087	490865
North Carolina	210	1000	3000	19800	69600	100572	168824	205017	245817	331059
Kentucky	k.A.	k.A.	k.A.	k.A.	k.A.	12430	80561	126732	182258	225483
Missouri	k.A.	k.A.	k.A.	k.A.	k.A.	k.A.	3011	10222	58240	114931
Tennessee	k.A.	k.A.	k.A.	k.A.	k.A.	3417	44528	80107	183059	275719
District of Columbia	k.A.	k.A.	k.A.	k.A.	k.A.	k.A.	5395	6377	4694	3185
South Carolina	200	3000	11828	39000	75178	107094	196365	258475	327038	402406
Georgia	k.A.	k.A.	k.A.	600	15000	29264	105218	149654	280944	462198
East Florida	k.A.	k.A.	k.A.	300	2000	574	1651	k.A.	k.A.	k.A.
Florida	k.A.	k.A.	k.A.	k.A.	k.A.	k.A.	k.A.	k.A.	25717	61745
Louisiana	k.A.	k.A.	1385	4730	5600	18700	34660	69064	168452	331726
West Florida	k.A.	k.A.	k.A.	k.A.	1500	k.A.	k.A.	k.A.	k.A.	k.A.
Alabama	k.A.	k.A.	k.A.	k.A.	k.A.	k.A.	k.A.	41879	253532	435080
Mississippi	k.A.	k.A.	k.A.	k.A.	k.A.	k.A.	17088	32814	195211	436631
Arkansas	k.A.	k.A.	k.A.	k.A.	k.A.	k.A.	k.A.	1617	19935	111115
Texas	k.A.	k.A.	k.A.	k.A.	k.A.	k.A.	k.A.	k.A.	k.A.	182566
Summe	6971	28958	70043	246648	469867	717021	1192486	1538145	2487439	3953760

Dass die Forderung nach Abschaffung der Sklaverei und der Zusammenschluss von Abolitionisten, wie zuvor in England, auch in den USA keine Massenbewegung wurde, sondern zunächst nur einer unter vielen innenpolitischen Streitpunkten war, hing auch mit der höchst unterschiedlichen Anzahl von Sklaven in den einzelnen Bundesstaaten zusammen. 1860 lebten die meisten in Virginia (490 865), Georgia (462 198), Mississippi (436 631), Alabama (435 080), South Carolina (402 406), Louisiana (331 726), South Carolina (331 059), Kentucky (225 483) und Tennessee (275 719), aber auch in Texas, Missouri und Arkansas wohnten jeweils weit über 100 000 Sklaven. Viel weniger waren es beispielsweise in den ebenfalls sklavenhaltenden Bundesstaaten Maryland, Florida, Delaware, im District of Columbia der Hauptstadt Washington und im benachbarten New Jersey, wo 1860 ganze 18 Sklaven gezählt wurden. Nur in den bis 1860 etablierten anderen Bundesstaaten, also Pennsylvania, New York, Massachusetts, Connecticut, New Hampshire, Rhode Island, Vermont, Ohio, Illinois, Maine, Michigan, Iowa, Wisconsin, California, Minnesota und Oregon, gab es gar keine Sklaven.

In den USA waren die Gegner der Sklaverei zum ersten Mal im Zuge der Unabhängigkeitsbewegung offensiv an die Öffentlichkeit getreten, aber ihre Wirkung blieb zunächst begrenzt. 1775 veröffentlichte Thomas Paine, der erst im Jahr zuvor aus England in die USA eingereist war, in der von ihm mitherausgegebenen Zeitschrift *Pennsylvania Journal and the Weekly Advertiser* einen Artikel zur *African Slavery In America*, der zum Brandbrief für eine breit angelegte Debatte in den USA wurde.[18] Im selben Jahr entstand eine erste, noch sehr begrenzte Vereinigung, die sich die Abschaffung der Sklaverei zum Ziel setzte. Später entwickelte Paine, nicht zuletzt unter dem Einfluss der Französischen Revolution, die er im wahrsten Sinne des Wortes hautnah erlebt hatte, wobei er nur knapp der Hinrichtung entgangen war, seine Vorstellung über das Zeitalter der Vernunft, des «Age of Reason», und die Menschenrechte.

In Nordamerika waren seit den 1780er Jahren ansonsten eher die Quäker in der Sklavenfrage in die Offensive gegangen, die in den folgenden Jahrzehnten immer wieder mit aufsehenerregenden Befreiungsaktionen auffielen. Die sogenannte Underground Railroad ermöglichte vor der 1865 erklärten endgültigen Befreiung der Sklaven die Flucht von etwa 50 000 Schwarzen in das seit 1834 sklavenfreie Kanada.[19] Ein zuvor gestarteter weiterer radikaler Versuch der amerikanischen Abolitionisten, begangenes Unrecht wiedergutzumachen und freigelassene und geflohene Sklaven nach Afrika zurückzubringen, endete allerdings in einem dramatischen

Fehlschlag. Das 1822 von der fünf Jahre zuvor gegründeten und unter anderem mit den ehemaligen Präsidenten James Madison und Thomas Jefferson hochrangig besetzten American Colonization Society (ACS) gekaufte Gebiet in Westafrika, das 25 Jahre später unter dem Namen Liberia zum Freistaat erklärt werden konnte, wurde nur für wenige Tausend Afroamerikaner zur neuen Heimat. Dies hatte auch damit zu tun, dass sich die dortige Bevölkerung massiv zur Wehr setzte.

Uncle Tom's Cabin Den eigentlichen Durchbruch in der öffentlichen Wahrnehmung erreichten die Abolitionisten in den USA dagegen auf unspektakuläre Weise: durch einen Roman. *Uncle Tom's Cabin; or, Life Among the Lowly (Onkel Toms Hütte)* der Sklavereigegnerin Harriett Beecher Stowe erschien 1851/52 zunächst als Fortsetzungsroman in *The National Era*, einer Zeitung der Abolitionistenbewegung. Als schließlich im März 1852 das Buch vorgelegt wurde, stieg es nicht nur in den USA, sondern auch in Europa sofort zum Bestseller auf und konnte darüber hinaus als Bühnenstück große Erfolge feiern. Wie der bereits rund 150 Jahre vorher publizierte Roman Samuel Sewalls *The Selling of Joseph* hatte auch der Inhalt von *Uncle Tom's Cabin* einen überprüfbaren realen biographischen Kern. Es handelte sich dabei um die Geschichte des durch die Underground Railroad 1830 nach Kanada entkommenen ehemaligen Sklaven Josiah Henson, wie Beecher Stowe in ihrem 1853 erschienenen zweiten Werk *A Key to Uncle Tom's Cabin* verriet. Dass sie mit dem Buch einen wunden Punkt der US-Gesellschaft getroffen hatte, zeigte aber auch die massive Front der Gegner. Sie traten schon im Laufe der 1850er Jahre mit zahlreichen Gegenschriften an. Dazu gehörte zum Beispiel Mary Henderson Eastmans *Aunt Philli's Cabin; or, Southern Life as it is* (1852), in dem das Verhältnis zwischen Herr (Master) und Sklave (Slave) in Anlehnung an die Schriften George Fitzhughs als sozialharmonisches Miteinander beschrieben wurde.

Nach Beecher Stowes Roman verhärteten sich aber nicht nur die Propagandafronten zwischen Abolitionisten und Befürwortern der Sklaverei spürbar. Immer häufiger fanden nun Überfälle und sogar Mordanschläge statt. Den wohl spektakulärsten Angriff gab es in der Nacht vom 24. auf den 25. Mai 1856, als ein Trupp radikaler Sklavereigegner um den aus Neu-England stammenden John Brown fünf Sklavereibefürworter aus Rache für einen Überfall in Kansas ermordete. Dieses sogenannte Pottawatomie-Massaker wurde noch durch Browns drei Jahre später verübten Handstreich auf ein Waffendepot in Virginia überboten. Mit den Waffen sollte ein Sklavenaufstand ausgelöst werden. Der Plan scheiterte, Brown selbst wurde von einer Einheit der US-Armee unter dem späteren Südstaatengeneral Robert E. Lee gefangen und später hingerichtet. Er selbst sah sich wohl bereits damals wie so viele in der Bewegung als Märtyrer. Der von der Abolitionistin Julia Ward Howe betextete Marsch *John Brown's Body* wurde danach zu einer der berühmtesten Melodien der Bewegung. Aber selbst die Tollkühnheit radikaler Abolitionisten wie John Brown brachte ebenso wenig den Durchbruch wie die über zweihundert Sklavenaufstände, die man bis zum Sezessionskrieg 1861 verzeichnete. Bekannte größere Unruhen entstanden 1712 und 1741 in New York, 1739 bei Charleston (Stono Rebellion), 1811 (German Coast Uprising) und vor allem 1831 in Virginia (Nat Turner Slave Rebellion).

Schon während des Prozesses gegen John Brown war die Stimmung in den USA nahe an einem Bürgerkrieg, wie auch ausländische Beobachter, etwa der französische Schriftsteller Victor Hugo, bemerkten. Abraham Lincoln selbst soll später bei einem Treffen mit Beecher Stowe ihren Roman als den Auslöser des Sezessionskriegs bezeichnet haben («So you're the little woman who wrote the book that made this great war!»).[20] Die eigentlichen Kriegsgründe lagen natürlich viel tiefer, wie alle wussten. Zum wichtigsten Problem wurde die Frage, ob neu beitretende Bundesstaaten sklavenfrei oder sklavenhaltend sein sollten. 1820 wurde dafür zum ersten Mal ein Kompromiss ausgehandelt, nachdem in den zwei Jahren zuvor mit Illinois (1818) und Alabama (1819) ein sklavenfreier und ein sklavenhaltender neuer Bundesstaat der Union beigetreten waren. Zwar war damit das Gleichgewicht von elf zu elf Bundesstaaten wiederhergestellt, so dass im US-Senat eine Parität bestand. Doch aufgrund der höheren Bevölkerungszahl im sklavenfreien nördlichen Illinois hatte sich das Verhältnis im Repräsentantenhaus diesmal zu Ungunsten des Südens verschoben.

Der Missouri-Kompromiss   Die Folge war der sogenannte Missouri-Kompromiss (Missouri Compromise), der maßgeblich vom späteren Außenminister Henry Clay ausgehandelt wurde. Ihn rief man dann auch bei folgenden, ähnlichen Verhandlungen zu Hilfe. Dem Kompromiss vorausgegangen war der Antrag des (unorganisierten) Missouri-Territoriums zur Aufnahme in die Union, worauf die nicht-sklavenhaltenden Nordstaaten befürchteten, dass damit eine Vorentscheidung für die angrenzenden anderen aus dem 1803 geschlossenen Louisiana Purchase stammenden Gebiete gefallen sein könnte. Der Kompromiss legte nun fest, dass nach der Aufnahme Missouris nördlich des 36. Breitengrades – dies war der nördliche Teil des alten Louisiana-Territoriums und entsprach in etwa der erwähnten Mason-Dixon-Linie – in Zukunft keine Sklavenhaltung mehr möglich sein sollte.

Wie stark dies die Trennung vertiefte, ist an einer Vielzahl von Indizien abzulesen. Wahrscheinlich wurde sie auch zum Ursprung des Begriffs «Dixieland» oder «Dixie» für den Old South. Er wurde dort in einer für die Konföderierten schließlich umgetexteten Version Teil einer Hymne («I wish I was in the land of cotton ... / In Dixie Land where I was born in»), die bis heute ähnlich wirkungsmächtig ist wie die aus einem populären Abolitionistenlied entstandene *Battle Hymn of the Republic* («John Brown's body lies a-mouldering in the grave ...»), die der Norden während des Bürgerkrieges sang. Hier wurde zudem der ursprünglich lange zuvor als Spottlied auf den Norden verbreitete *Confederate Yankee Doodle* zu einer Art inoffizieller Nationalhymne.[21]

Auch der angebliche Kompromiss über Missouri hatte so, wie alle wussten oder zumindest ahnten, eher die Differenzen unterstrichen. Es war daher keine Überraschung, dass die Probleme in den folgenden Jahren nur noch größer wurden. Zu einer Art Eklat wurde 1846 dann der Vorschlag, alle zukünftigen Unionsgebiete grundsätzlich sklavenfrei zu halten. Dem wollte der Süden nicht zustimmen. Solche Auseinandersetzungen wiederholten sich nun bis zum Kriegsbeginn fast regelmäßig. 1850 versuchte man erneut und wiederum mit Hilfe Clays, eine für beide Seiten akzeptable Vereinbarung dauerhaft festzuschreiben. Der neue Kompromiss («Compromise of 1850») war aber noch komplizierter als sein Vorgänger und hinterließ nun vor allem im Norden Unzufriedenheit. Aber er setzte durch, dass der gerade gegründete Bundesstaat California sklavenfrei werden sollte und New Mexico sowie Utah selbst entscheiden konnten, auf welche Seite sie gehen wollten. Für Washington D. C. legte man fest, dass zwar die Sklaverei erlaubt bleiben sollte, nicht aber der Handel mit Sklaven.

Dies alles zeigte, dass jede Seite versuchte, die Kompromisse vor allem zum eigenen Vorteil zu nutzen. Besonders offensichtlich wurde das kurz danach, als über die nördlichen Teile des 1803 erworbenen Louisiana-Territoriums entschieden werden musste. Der 1854, diesmal mit Hilfe der demokratischen und damit dem Süden eher verbundenen Senatoren Stephen A. Douglas und Lewis Cass, auf den Weg gebrachte und von dem ebenfalls aus der Demokratischen Partei stammenden Präsidenten Franklin Pierce unterzeichnete Kompromiss, der schließlich als sogenannter Kansas-Nebraska Act verabschiedet wurde, lautete, dass Kansas im sklavenhaltenden Süden und Nebraska im sklavenfreien Norden liegen solle. Darüber hinaus legte er gleichzeitig fest, dass eigentlich die Bevölkerung zu entscheiden habe. Die Stärkung der «Popular Sovereignty» machte den Einfluss der jeweiligen Gruppen und ihrer Propaganda noch größer. Der Streit um diesen Kompromiss führte diesmal tatsächlich zu einer Art Schisma, bei dem nicht nur alle Seiten glaubten, dass solcherlei Halbheiten in Zukunft ausgeschlossen sein sollten, sondern darüber sogar eine neue Partei entstand. Im Streit um den Kansas-Nebraska Act liegen die Anfänge der Republican Party, die sich zunächst vor allem als Anti-Sklaverei- und gleichzeitig den Werten des Nordens verpflichtete Partei etablierte. In der Republikanischen Partei sammelten sich nun auch die radikalen Abolitionisten unter dem Schlachtruf: Free Soil, Free Labor, Free Speech, Free Men.[22] Die Demokratische Partei wurde damit noch deutlicher zur Interessenvertreterin der Südstaaten und deren Werten und hielt diese Basis bis weit ins 20. Jahrhundert. Nach dem offiziellen Ende der Reconstruction genannten Wiedereingliederung der 14 ehemals Konföderierten Staaten im Jahr 1877 konnten die Demokraten in ihrem «Solid South» bis 1964 kontinuierlich Mehrheiten verbuchen.

Die Sezession Den Ausschlag zur Sezession gab schließlich der Sieg des extrem polarisierenden Kandidaten Abraham Lincoln bei der Präsidentenwahl 1860.[23] Nur wenige Monate später war die reale Trennung da, als sich am 4. Februar 1861 die Südstaaten als Confederate States of America für selbstständig erklärten. Mit Jefferson Davis wählten sie nicht nur einen neuen Präsidenten, sondern mit Montgomery in Alabama auch eine neue Hauptstadt, die später nach Richmond in Virginia und ganz am Ende des Bürgerkriegs im April 1865 ins dortige Danville verlegt wurde. Am 11. März 1861 folgte eine neue Verfassung.[24] Zur Gruppe der Rebellen, wie sie im Norden genannt wurden, zählten 1860/61 folgende Staaten: Nach South Carolina (20.12.1860) verließen bis zum Mai 1861 Mississippi (9.1.), Florida (10.1.), Alabama (11.1.), Georgia (19.1.) Louisiana (26.1.), Texas (1.2.), Virginia (17.4.), Arkansas (6.5.), Tennessee (6.5.) und North Carolina (20.5.) die Union. Aber die Front blieb uneinheitlich, weil auch sklavenhaltende Bundesstaaten in der Union verharrten. Neben Maryland, Kentucky, Missouri und Delaware verließ 1863 ein Teil Virginias den Bund der Konföderierten wieder und etablierte sich in der Union als neuer Bundesstaat unter dem Namen West Virginia.

**Abraham Lincoln, Porträtauf-
nahme, 1864**

Nach dem offenen Ausbruch der Gegensätze stellten die Sezessionsstaaten Lincoln sofort unter weiteren Entscheidungsdruck. Bereits am
12. April 1861 zeigten sie mit der Beschießung des im Süden liegenden,
aber mit Unionstruppen besetzten Fort Sumter in South Carolina, dass es
nun keine Bindungen mehr gab. Damit war der Bürgerkrieg quasi offiziell eröffnet. Für Lincoln ging es jetzt um zweierlei: Neben der Abschaffung der Sklaverei, die für ihn bedeutsam war, aber zunächst nicht so
wichtig, dass er zu diesem Zeitpunkt für sie die Einheit der Vereinigten
Staaten aufs Spiel gesetzt hätte, stand jetzt die Erhaltung der Union im
Vordergrund. Diese Trennung der Ziele fiel erst mit der sogenannten
Emanzipationserklärung (Emancipation Proclamation), die in einer ersten Fassung bereits am 22. September 1862 erschien und offiziell am
1. Januar 1863 verkündet wurde und alle Sklaven ab Jahresbeginn 1863
für frei erklärte.[25] Ironischerweise betraf dies auch die fünf sklavenhaltenden Bundesstaaten, die sich auf Unionsseite befanden, also Missouri,
Kentucky, Maryland und Delaware sowie das von Virginia abgespaltene
West Virginia. Sie galten aber als spezielle Grenzländer (Border States),
die Lincoln vorsichtshalber zunächst von der Emanzipationserklärung
ausgenommen hatte. Man geht davon aus, dass der Präsident diesen
Schritt nur tat, weil der militärische Erfolg der Unionsarmee bis dahin
höchst bescheiden geblieben war. Allerdings wuchsen nun auch wieder

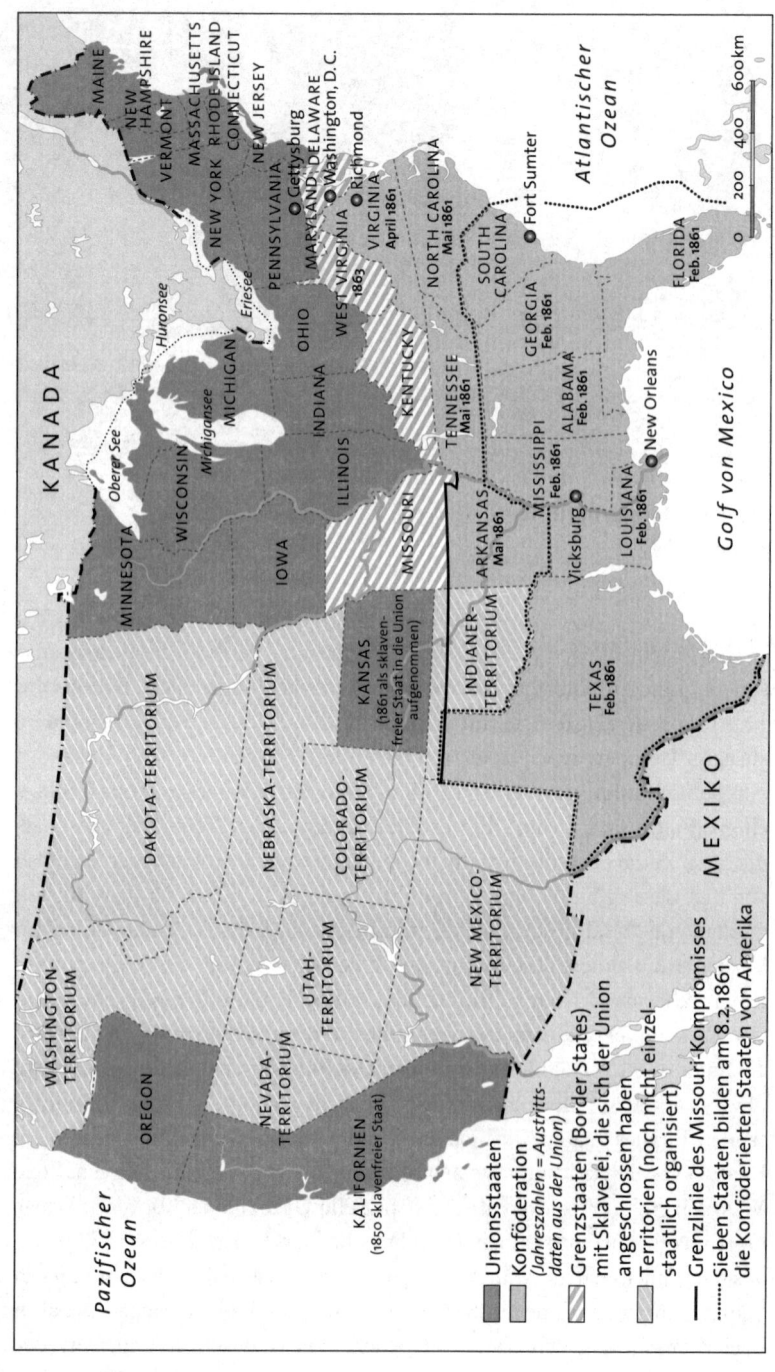

KANADA

Pazifischer Ozean

Atlantischer Ozean

Golf von Mexico

MEXIKO

MAINE

NEW HAMPSHIRE

VERMONT

MASSACHUSETTS

NEW YORK

RHODE ISLAND

CONNECTICUT

NEW JERSEY

PENNSYLVANIA

Gettysburg

MARYLAND

DELAWARE

Washington, D.C.

Richmond

VIRGINIA April 1861

WEST VIRGINIA 1863

NORTH CAROLINA Mai 1861

SOUTH CAROLINA

Fort Sumter

FLORIDA Feb. 1861

OHIO

INDIANA

MICHIGAN

WISCONSIN

MINNESOTA

IOWA

ILLINOIS

MISSOURI

KENTUCKY

TENNESSEE Mai 1861

GEORGIA Feb. 1861

ALABAMA Feb. 1861

MISSISSIPPI Feb. 1861

New Orleans

LOUISIANA Feb. 1861

Vicksburg

ARKANSAS Mai 1861

INDIANER-TERRITORIUM

TEXAS Feb. 1861

KANSAS (1861 als sklaven-freier Staat in die Union aufgenommen)

DAKOTA-TERRITORIUM

NEBRASKA-TERRITORIUM

COLORADO-TERRITORIUM

NEW MEXICO-TERRITORIUM

UTAH-TERRITORIUM

NEVADA-TERRITORIUM

WASHINGTON-TERRITORIUM

OREGON

KALIFORNIEN (1850 sklavenfreier Staat)

Oberer See

Michigansee

Huronsee

Eriesee

0 200 400 600 km

Unionsstaaten

Konföderation *(Jahreszahlen = Austritts-daten aus der Union)*

Grenzstaaten (Border States) mit Sklaverei, die sich der Union angeschlossen haben

Territorien (noch nicht einzel-staatlich organisiert)

Grenzlinie des Missouri-Kompromisses

Sieben Staaten bilden am 8.2.1861 die Konföderierten Staaten von Amerika die Sympathien in Europa, womit nicht zuletzt die Gefahr gebannt wurde, dass Großbritannien und Frankreich sich möglicherweise auf Seiten der Konföderierten an den Kämpfen beteiligen würden.

Verlauf des Bürgerkriegs Die Ereignisgeschichte des bis 1865 dauernden und überaus blutigen Sezessionskriegs ist relativ schnell erzählt, doch blieben die Wunden noch lange offen – für manche bis heute. Nachdem Lincoln am 15. April 1861 offiziell den Kriegszustand erklärt und unter anderem die Aufstellung einer Freiwilligenarmee und die Blockade der Häfen im Süden befohlen hatte, war schon bald abzusehen, dass ein schneller Sieg kaum erreichbar sein würde. Nicht nur das: Am 27. Juli wurden die Unionstruppen in der Schlacht von Bull Run bei Washington D. C. zum ersten Mal geschlagen. Bis zum Sommer 1862 gelang es allerdings den Nordstaaten, ihren «Anaconda Plan» umzusetzen und mit einem schnellen Vormarsch längs des Mississippi (Einnahme v. New Orleans, 28. 4.; Besetzung Vicksburg, 4. 7.) die Südstaaten zu teilen. Mit der Niederlage der Konföderierten in der Schlacht von Gettysburg vom 1. bis zum 3. Juli 1863 ging die militärische Initiative weitgehend auf den Norden über.

Die einige Monate später, am 19. November 1863, von Lincoln gehaltene Rede zur Einweihung eines Soldatenfriedhofs, seine berühmte «Gettysburg Address», war dann schon der Versuch, aus der brutalen Kriegswirklichkeit mit ihren tiefen Feindschaften eine Zukunftsperspektive für eine wiedervereinte Nation zu entwickeln. Zumindest im Rückblick gelang dies und die Gettysburg-Rede fand einen zentralen Platz im Mythen-Arsenal der US-Geschichte. Bis in die Gegenwart berief man sich auf sie und ihre Visionen eines friedlichen Zusammenlebens, wie unter anderem die zentrale Rede des schwarzen Bürgerrechtlers Martin Luther King in Washington D. C. 1963 zeigte, die in dem Satz gipfelte: «I have a dream.» Dennoch wurde das folgende Kriegsjahr, 1864, noch einmal um vieles härter, insbesondere auch für die ohnehin bereits schwer geprüfte Zivilbevölkerung, die nun gezielt Objekt der Kriegshandlungen wurde. Mit dem von Unions-General William Sherman im Herbst 1864 begonnenen Feldzug zur Vernichtung der Infrastruktur der Südstaaten und zur Demoralisierung der dortigen

Das Zerbrechen der Vereinigten Staaten: Staaten der Union und der Konföderation 1861

Bevölkerung, der gezielt «Verbrannte Erde» zunächst in Georgia, dann in South Carolina hinterließ, erreichten die Zerstörungen und die Schrecken des Krieges eine bislang nicht gekannte Steigerung. Eine Schneise der Vernichtung zog sich bis an den Atlantik bei Savannah. In Georgia wurde die Hauptstadt Atlanta ebenso dem Erdboden gleichgemacht wie andere Südstaatenstädte, unter anderem Columbus. Einen weiteren Höhepunkt erreichten die Zerstörungen im Shenandoah-Tal, das am 19. Oktober 1864 durch Truppen Sheridans verwüstet wurde. Aber auch die Konföderierten waren bereits mit den Niederlagen des Jahres 1863 zu einem brutalen Guerillakrieg übergegangen. Die «Hit-and-Run»-Operationen betrafen vor allem Missouri und Kansas und hinterließen tiefe Rachegefühle, wie etwa die Geschichte der James-Younger-Bande belegte. Beim Massaker von Lawrence in Kansas, einer Stadt, die schon vor dem Bürgerkrieg eine Hochburg der Abolitionisten gewesen war und bereits im Grenzkrieg («Border War») zwischen 1855 und 1859 immer wieder unter Überfällen aus dem Süden zu leiden hatte – weswegen man auch vom «Bleeding Kansas» sprach –, töteten am 21. August 1863 einige Hundert Südstaatenguerillas, die «Quantrill Raiders» unter William Clark Quantrill, zu denen auch Jesse James und Cole Younger gehörten, mindestens 122 Menschen und brannten den Ort weitgehend nieder.[26] Die Nordstaatenarmee antwortete darauf mit einer großangelegten Vertreibung von Sympathisanten der Südstaaten aus ihrem Gebiet. Parallel dazu blieb aber noch genügend Zeit, auch die Indianerkriege weiterzuführen. Besonders blutig verlief das Massaker am Bear River in Idaho (auch: Boa-Ogoi-Massaker), bei dem knapp ein halbes Jahr vor den Ereignissen in Lawrence am 29. Januar 1863 mehrere Hundert Angehörige des Stammes der Schoschonen (darunter wieder Frauen und Kinder), die man für Überfälle verantwortlich machte, von Einheiten der Unionsarmee erschossen wurden.

Anders als in den Unabhängigkeitskriegen brachte die asymmetrische Kriegsführung diesmal allerdings kaum Vorteile. Die Konföderierten waren bereits seit 1863 massiv angeschlagen und setzten ihre Hoffnungen darauf, dass Lincoln die Wahl 1864 politisch nicht überstehen würde und durch seinen demokratischen Herausforderer, den ehemaligen Oberbefehlshaber der Unionsarmee, George Brinton McClellan, ersetzt werden könnte. Man nahm an, dass er dann einem Verständigungsfrieden zustimmen würde. Auch Lincoln war damals noch längst nicht von einem Sieg überzeugt. Allgemein wird angenommen, dass erst der erfolgreiche Feldzug Shermans nach Atlanta im September 1864 und der

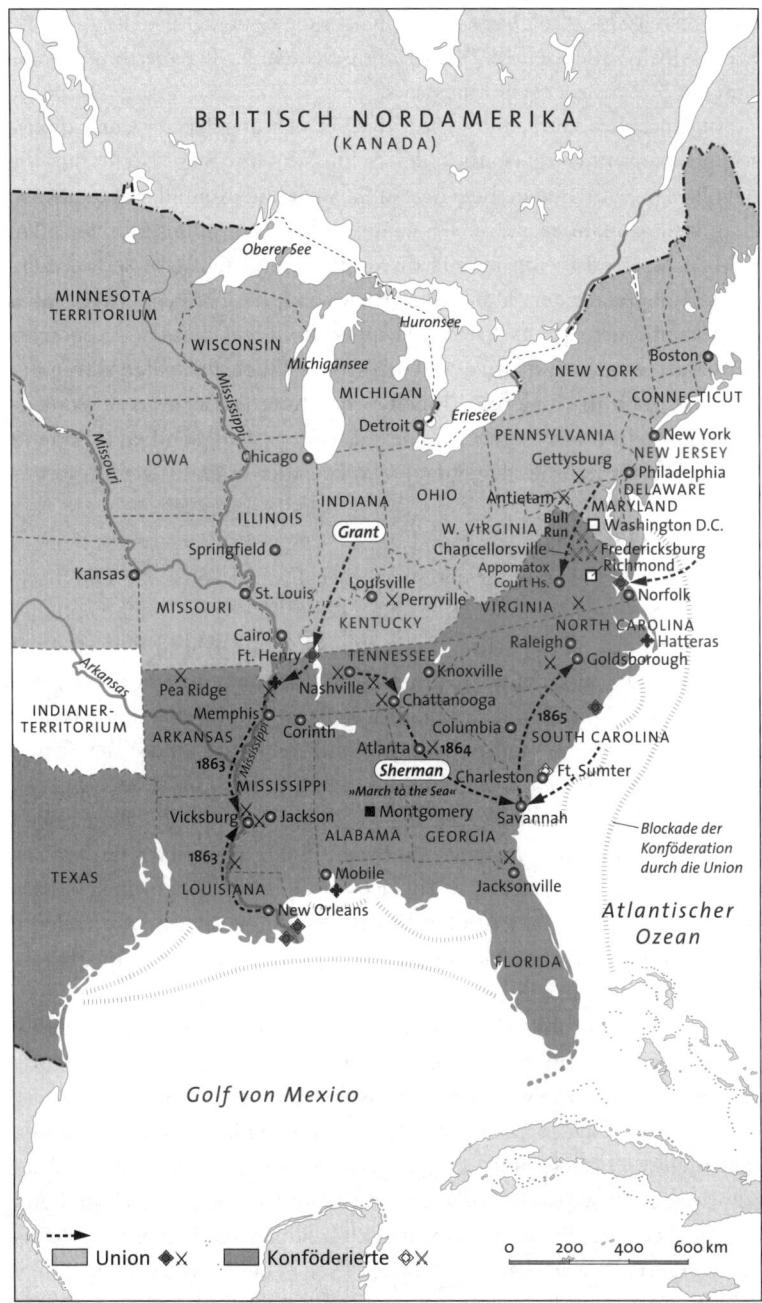

BRITISCH NORDAMERIKA
(KANADA)

Oberer See

MINNESOTA
TERRITORIUM

WISCONSIN

Huronsee

Michigansee

MICHIGAN

Boston O

NEW YORK

CONNECTICUT

Detroit O

Eriesee

PENNSYLVANIA   O New York

NEW JERSEY

IOWA   Chicago O

Gettysburg   O Philadelphia
×   DELAWARE

MARYLAND

INDIANA   OHIO   Antietam ×

ILLINOIS   W. VIRGINIA   Bull   □ Washington D.C.
Run

Springfield O   Chancellorsville   Fredericksburg

Grant

Kansas O   Appomatox   ☐ Richmond
Court Hs. O

St. Louis   Louisville   O Norfolk

MISSOURI   × Perryville   VIRGINIA ×

KENTUCKY

Cairo O   Raleigh O   NORTH CAROLINA

Ft. Henry ◆   ✦ Hatteras

Arkansas   TENNESSEE   × O Goldsborough

×   × Knoxville

Pea Ridge   Nashville O

INDIANER-
TERRITORIUM   Memphis O   × O Chattanooga

ARKANSAS   Corinth   Columbia O   1865

Atlanta O × 1864   SOUTH CAROLINA

1863   *Sherman*   Charleston O ✦ Ft. Sumter

MISSISSIPPI   »March to the Sea«

Vicksburg × O Jackson   ■ Montgomery   Savannah

ALABAMA   GEORGIA

1863   ×   Blockade der
Konföderation
durch die Union

TEXAS   O Mobile   Jacksonville

LOUISIANA

New Orleans ✦   *Atlantischer
Ozean*

FLORIDA

Golf von Mexico

○   200   400   600 km

�▬ Union ◆×   ▬▬ Konföderierte ◇×

Der Verlauf des Amerikanischen Bürgerkriegs 1861–1865

im nächsten Monat folgende Triumph über die Konföderiertentruppen im Shenandoah Valley seinen Wahlerfolg brachten. Er fiel allerdings trotzdem mit 55 Prozent recht knapp aus.[27] Im Rückblick betrachtet, wurde der Vernichtungsfeldzug der Unionstruppen von 1864 tatsächlich der Schlüssel zum Sieg. Nicht nur die Bevölkerung im Süden begehrte auf, auch die Konföderiertenarmee löste sich allmählich auf, als Soldaten scharenweise desertierten. Am 5. April konnte Lincoln bereits die eroberte und teilweise schwer zerstörte Hauptstadt der Südstaaten, Richmond, besichtigen. Am 9. April 1865 kapitulierten zunächst die Truppen Robert E. Lees bei Appomattox Courthouse in Virginia, und knapp zwei Wochen später waren am 26. April auch die anderen Einheiten der Konföderierten zur Waffenübergabe bereit. Der Gegenpräsident Lincolns, Jefferson Davis, kam in Haft. Der Verratsprozess gegen ihn wurde allerdings 1869 eingestellt.

Ermordung Lincolns Abraham Lincoln erlebte das Ende seines Krieges und die Wiederherstellung der staatlichen Einheit sowie die Durchsetzung der Sklavenbefreiung nicht mehr. Beim Besuch des noch heute bestehenden Ford Theatre in Washington D. C. am Abend des 14. April 1865 wurde er nur wenige Tage nach der Kapitulation Lees in Virginia von dem Schauspieler und ehemaligen Südstaatenmilizionär John Wilkes Booth in den Hinterkopf geschossen.[28] Lincoln starb einen Tag später. Sein endgültiges Grab fand er im Mai in Springfield in Illinois.

Dass das Attentat ausgerechnet an einem Karfreitag stattgefunden hatte, bestimmte zunächst auch die Rhetorik der Trauerfeier, in der Lincoln als der Erlöser gefeiert wurde. Erst nach und nach wurde klar, dass es sich nicht um die Tat eines Einzelnen, sondern um eine groß angelegte Verschwörung handelte. Sie hatte ursprünglich auch andere einbezogen, die durch Zufall dem Attentat entgingen oder überlebten. Weder Vizepräsident Johnson, der schon am 15. April als Nachfolger Lincolns vereidigt wurde, noch Außenminister Seward, noch General Grant waren wie geplant im Theater gewesen. Seward wurde zwar in seinem Haus schwer verletzt, aber auch er überlebte. Booth selbst entkam zunächst, wurde jedoch später gestellt und ohne Prozess erschossen. Vier weitere Verschwörer, der Seward-Attentäter Lewis Powell sowie David Herold und George Atzerodt, die wohl ursprünglich beide für die Ermordung Johnsons vorgesehen waren, und die einzige Frau in der Verschwörung, Mary Surrat, deren Mittäterschaft allerdings nicht wirklich geklärt werden konnte, wurden am 7. Juli 1865 nach einem hektisch durchgeführten Prozess hingerichtet. Samuel Mudd, der Arzt, der das gebrochene Bein von Booth auf dessen Flucht medizinisch versorgt hatte, wurde mit zwei weiteren Verschwörern zu einer langjährigen Gefängnisstrafe verurteilt. Er entging nur knapp dem Todesurteil.

The Reconstruction:
Die Wiedereingliederung des Südens 1865–1876/77

Das am deutlichsten erkennbare Ergebnis dieses ersten «total» geführten Krieges, in dem nicht nur die Zivilbevölkerung zu Kombattanten erklärt worden war und die Eisenbahn strategische Bedeutung erhielt, sondern auch eine Vielzahl neuartiger Waffen eingesetzt wurde – angefangen von Panzerschiffen über U-Boote und Maschinengewehre –, war eine für die Zeit erschreckend hohe Zahl von Toten. Weit über eine halbe Million Menschen – 360 000 im Norden, 275 000 im Süden – waren getötet[29] und große Teile der USA verwüstet worden. Die Todesrate lag bei etwa 2 Prozent der amerikanischen Gesamtbevölkerung, wobei der Süden mit rund 5 Prozent der weißen Bevölkerung insgesamt und 20 Prozent der Männer prozentual mehr Verluste erlitten hatte als der Norden, wo insgesamt 1,8 Prozent der Bevölkerung getötet worden waren.[30] Hinzu kam auf beiden Seiten eine ebenso hohe Zahl Verwundeter. Dauerinvaliden gehörten nach 1865 für viele Jahre zum alltäglichen Bild.

Die brutalen Schlachten einschließlich grausamer Grabenkämpfe, die man ansonsten vor allem mit dem Ersten Weltkrieg verbindet, hatten sich zwischen dem Mississippi im Westen und der Atlantikküste im Osten, im Norden bis nahe an Washington D. C. und im Süden bis an den Golf von Mexiko abgespielt. Weite Landstriche, Städte und Fabriken, kleine Farmen ebenso wie große Plantagen waren zerstört. Insgesamt ging man von der damals gigantischen Summe von acht Milliarden Dollar Kriegskosten aus.[31] Aber auch die wirtschaftlichen Folgeschäden waren enorm. Vor allem die Wirtschaft in der ehemaligen Konföderation lag völlig am Boden. Spekulation und Inflation hatten schon vorher die Preise in astronomische Höhen getrieben. Darüber hinaus wurden mit der Freilassung aller Sklaven rund vier Milliarden Dollar Kapitalwert «enteignet».[32] Viel dramatischer aber waren die psychologischen Folgen für das gesamte Land, insbesondere für die Südstaaten. Dabei ist mit zu berücksichtigen, dass der Sezessionskrieg der erste photographisch do-

Schlacht von Antietam (Maryland), 17. September 1862 Tote konföderierte Soldaten werden auf dem Schlachtfeld nach dem Sieg der Unionstruppen zur Beerdigung zusammengetragen.

kumentierte militärische Konflikt überhaupt war und auch die Massaker und Zerstörungen akribisch im Bild festgehalten worden waren.

Die Reconstruction Die bezeichnenderweise nur Wiederherstellung – Reconstruction – genannte Nachkriegszeit, die etwa von Mitte 1865 bis zum Abzug der Besatzungstruppen der Union aus den Südstaaten 1876/77 dauerte, stand von Beginn an vor gigantischen Herausforderungen. Dass sie unter den gegebenen Voraussetzungen in einem Kompromiss und in einer weitgehenden Restauration, die im Süden auch «Redemption» – Erlösung – genannt wurde, endete, die schließlich sogar viele schwarze Bürgerrechte wieder zurücknahm und stattdessen die Privilegien weißer Pflanzer stärkte, war eigentlich absehbar. Zu den zentralen Aufgaben gehörte zunächst die Sicherung der militärischen Ergebnisse des Krieges. Der «total» geführte Sezessionskrieg endete mit der bedingungslosen Kapitulation des Südens, was den siegreichen Nordstaaten zumindest potenziell den Weg zur juristischen Umsetzung der Kriegsziele öffnete. Das erste Ziel war die schlichte Rücknahme der Sezession und Wiederherstellung der Einheit sowie die juristische Durchsetzung der Sklavenbefreiung. Dazu gehörte noch im Jahr 1865 die Verabschiedung des 13. Verfassungszusatzes, in dem die Abschaffung der Sklaverei verordnet wurde. Ein Jahr später garantierte der 14. Verfassungszusatz allen Freigelassenen die amerikanischen Bürgerrechte. Der erst 1870 verabschiedete 15. Verfassungszusatz verbot schließlich alle Benachteiligungen aufgrund von Rasse, Hautfarbe oder früherer Sklaverei. Dass all dies noch nicht die reale Gleichberechtigung bedeutete, stellte sich schnell heraus.

Das zweite Ziel sollte die strafrechtliche Ahndung des aus der Sicht des Nordens begangenen Verrats an der Union sein, die man gleichzeitig als einen wesentlichen Teil der gesamten «Umerziehung» des Südens verstand. Sie verlief ebenfalls vergleichsweise glimpflich. Anders als der radikale Flügel der Republikaner im Norden gehofft hatte, gab es keine generellen Hochverratsprozesse, sondern nur sehr spezifische Anklagen. Sie führten zu einigen Tausend Verurteilungen, die aber von Lincolns Nachfolger Andrew Johnson bereits seit Mitte 1865 kassiert und in rund 13 000 Begnadigungen umgewandelt wurden.[33] Bestehen blieb allerdings die bereits im Mai 1865 getroffene Entscheidung, offizielle Repräsentanten der Südstaaten sowie alle Konföderierten, die vom Krieg profitiert hatten, vom politischen Leben der Nachkriegszeit auszuschließen. Der Einfachheit halber wurden dazu alle gerechnet, die über 2000 Dollar Privatvermögen und mehr verfügten. Ihnen wurden alle politischen Rechte für die Zukunft abgesprochen.

Der gesamte Prozess der Reconstruction stand dabei immer wieder auf der Kippe, weil im Süden wie im Norden die Proteste nicht verstummten. Im Süden hielt man sich für zu hart bestraft, im Norden war man mit dem vermeintlich zu milden Vorgehen unzufrieden. Es ist bezeichnend für das politische Klima der Zeit, dass Andrew Johnson 1868 sogar nur knapp dem Impeachment, dem Amtsenthebungsverfahren, entging, das der radikale Flügel seiner eigenen Republikanischen Partei gegen ihn wegen angeblich zu nachsichtiger Politik gegenüber dem Süden angestrengt hatte. Als man 1876/77 nach vielen Kämpfen zu einem Kompromiss fand, der dann die Restauration erst einmal festschrieb, geschah dies nicht zuletzt aus Erschöpfung und in dem dringenden Wunsch, endlich wieder zu sicheren politischen und wirtschaftlichen Verhältnissen zu finden. Tatsächlich läutete er eine der größten und wichtigsten Phasen der amerikanischen Wirtschaftsgeschichte ein.

Phasen der Reconstruction Der Zeitraum zwischen 1865 und 1876/77 lässt sich in drei Phasen einteilen.[34] Im Mittelpunkt der *ersten Phase* in den Jahren zwischen 1865 und 1867 stand der schließlich grandios gescheiterte Versuch der gemäßigten Republikaner um ihren Präsidenten Johnson, im Anschluss an die von Lincoln bereits während des Krieges gestartete Versöhnungspolitik möglichst reibungslos die alte Union zu rekonstruieren. Dabei sollten zwar nicht die wesentlichen Ergebnisse des Sieges über den Süden verloren gehen, aber die allgemeine Unzufriedenheit eingedämmt werden. Schon Lincoln hatte sich deswegen bereits 1864 sogar gegen das sogenannte Wade-Davis-Wiederaufbaugesetz (Wade-Davis Reconstruction Bill) gestemmt, das der radikale Flügel der Republikaner in den Kongress eingebracht hatte und das noch mitten im Krieg das Verbot der Sklaverei festschreiben sollte. Nun war Lincoln natürlich kein Freund der Sklaverei, doch Pragmatiker genug, um zu wissen, dass veröffentlichte Vorfestlegungen nicht nur den Sieg, sondern vor allem die Nachkriegsordnung unnötig erschweren würden. Johnson hatte sich Lincolns Entscheidung ausdrücklich verbunden gefühlt und sich bereits 1865 entschlossen, gewissermaßen stillschweigend den Krieg aus dem Gedächtnis zu löschen. Es sei ausreichend, wenn sich 10 Prozent der Wahlberechtigten in den ehemaligen Sezessionsstaaten mit einem Schwur zur Loyalität gegenüber der Union verpflichten würden. Wichtiger sei es nun, die Abschaffung der Sklaverei durchzusetzen.[35]

Als zentrales Instrument zur Umsetzung der Reconstruction in dieser Phase wurde bereits im Mai 1865 das dem Kriegsministerium unterstellte «Bureau of Refugees, Freedmen, and Abandoned Land», kurz «Freedmen's Bureau», geschaffen Es blieb offiziell bis 1872 bestehen, wenngleich es bereits drei Jahre zuvor faktisch aufhörte zu arbeiten. Mit seinen Ablegern war es als Mittler- und Schlichtungsstelle zwischen Freigelassenen und Weißen, aber auch unter ehemaligen Sklaven vorgesehen. Von Anfang an war die Behörde allerdings völlig überfordert. Sie sollte Arbeitsverhältnisse der Freigelassenen überprüfen, Übergriffe zwischen Schwarzen und Weißen verhindern, begangene Gewalttaten aufklären, die Freigelassenen mit Nahrungsmitteln versorgen und ihre medizinische Behandlung sowie ihre Schulausbildung sichern, die Übergabe der landwirtschaftlichen Fläche an Freigelassene, die jeweils bis zu vierzig Acres (cirka 16,2 Hektar) von Großgrundbesitzern erhalten sollten, überwachen, und nicht zuletzt sollten sich die Mitarbeiter um die loyalen Südstaatler kümmern. Faktisch saß das Freedmen's Bureau damit zwischen allen Stühlen, was sich nicht zuletzt in der Fülle von Beschwerden zeigte.[36] Verschärfend kam hinzu, dass auch die Gegner im Süden nicht untätig blieben, sondern bereits seit Kriegsende versuchten, jede Maßnahme der Besatzungsbehörden zu sabotieren. Mit der Einführung von diskriminierenden lokalen Verordnungen, den sogenannten Black Codes, die quasi die Sklavenhaltung und ihre Slave Codes fortsetzten, konnten sie einen Erfolg verbuchen. Nicht nur die harte, weitgehend unbezahlte Arbeit auf den Baumwollplantagen schien sich für die Schwarzen fortzusetzen, als sei nichts geschehen, sondern auch die bekannte Diskriminierung im Alltag.

Angesichts dessen verzichteten die Abgeordneten der ehemaligen Nordstaaten auf die Teilnahme der Kongressabgeordneten des Südens, als im Dezember 1865 der Kongress in Washington, D. C. zu seiner neuen Legislaturperiode zusammentrat. Die Delegierten des Südens wurden aufgefordert, das Kapitol zu verlassen. In den Kongresswahlen 1866, die nun ohne Beteiligung der ehemaligen Südstaaten stattfanden, setzten sich nicht nur die Republikaner, sondern ihr radikaler Flügel im Repräsentantenhaus und Senat durch. Sie hatten nun jede Möglichkeit, Johnsons Versöhnungskurs abzublocken.

Eine der ersten Folgen waren die seit 1867 gegen Johnsons Veto verabschiedeten insgesamt vier sogenannten Rekonstruktionsgesetze, die die *zweite Phase* der Reconstruction einleiteten, die bis 1871/72 dauern sollte. Es waren Besatzungsgesetze, die den Süden nun vor allem veranlassen sollten, die Niederlage überhaupt anzuerkennen. Das am 7. März 1867 vom US-Kongress verabschiedete erste Gesetz erzwang die Umbildung der amtierenden Regierungen in den einzelnen Sezessionsstaaten. Niemand, der die Abspaltung unterstützt hatte, sollte in Zukunft wieder politische Macht ausüben dürfen. Darüber hinaus wurden nun auch Militärgouverneure in den ehemals Konföderierten Staaten stationiert, um endlich die Reconstruction durchzusetzen. Mit Ausnahme der Region Tennessee, die bereits am 22. Februar 1865, also noch weit vor dem Kriegsende, als einer der Border States in die Union zurückgekehrt war (nachdem es zuvor am 8. Mai 1861 als letzter Staat zur Sezession gestoßen war), wurden Militärgouverneure für Virginia (John Schofield), North und South Carolina (Daniel E. Sickles), Georgia, Alabama und Florida (John Pope), Mississippi und Arkansas (Edward Ord) sowie für Texas und Louisiana (Philip H. Sheridan) eingesetzt.

In dieser zweiten Phase, als die Radikalen zwischen 1867 und 1871/72 ihre Vorstellungen der Reconstruction durchzusetzen versuchten, wurden tatsächlich zunächst viele Forderungen der Nordstaaten unter dem

Öffentliche Parade des Ku Klux Klan in Washington D. C., 1928

Druck der Besatzungsbehörden verwirklicht. Dazu gehörten vor allem die Aufhebung der Slave Codes, aber auch die Förderung schwarzer Repräsentanten. Gegen den Willen vieler Südstaatler konnten nun sogar Afroamerikaner als Abgeordnete ins Repräsentantenhaus gewählt werden. Spektakulär wurde die Entsendung des Pfarrers Hiram R. Revels, der als erster schwarzer Abgeordneter überhaupt in den Kongress in Washington einzog. Nicht weniger kritisch wurde der Bau von Kirchen für schwarze Gemeinden verfolgt, die nun Namen trugen wie Colored Methodist Episcopal Church. Sie fügten sich jedoch über die Jahrzehnte nahezu bruchlos in den strenggläubigen Teil des amerikanischen Christentums, den Bible Belt, ein. 2012 waren es gerade diese, die besonders heftig das Eintreten Barack Obamas – des «ersten schwarzen US-Präsidenten» – für die gleichgeschlechtliche Ehe missbilligten.

Massiv ging der Norden nun auch gegen die organisierte Gegenwehr aus dem Süden vor, so etwa gegen den bereits Ende 1865 in Tennessee von sechs frustrierten Südstaatenoffizieren gegründeten Ku Klux Klan, der 1871 mit einem vom Kongress unter dem bezeichnenden Namen Force Act verabschiedeten Gesetz für aufgelöst erklärt wurde.[37] Der vor allem auf lokaler Ebene auftretende, aber rasch auf eine halbe Million Mitglieder anwachsende Klan, deren Mitglieder in der Regel inkognito unter Gesichtsmasken oder Kapuzen, später in weißen Kutten selbst an öffentlichen Veranstaltungen teilnahmen, hatte im Süden relativ erfolgreich Terror gegen Schwarze, aber auch bekannte Abolitionisten, Bürgerrechtler oder Vertreter der Nordstaaten verbreiten können. Selbst vor Morden wurde nicht haltgemacht.[38] Zum besonderen Feindbild wurden auch die Kriegsgewinnler, tatsächliche oder angebliche Kollaborateure und natürlich die Angehörigen der Besatzungstruppen sowie allgemein zugewanderte Nordstaatler, für die sich im Süden rasch diffamierende Bezeichnungen wie «Scalawags» oder «Carpetbaggars» einbürgerten. Der Klan traf sich 1867, als nach den Wahlen die radikalen Republikaner sichtbar die Oberhand gewannen und mit der Besetzung der ehemaligen Sezessionsstaaten der Druck höher wurde, sogar zu einem «Bundeskongress» in Nashville/Tennessee. Hier verabschiedete man nicht nur die politischen Grundsätze, sondern versuchte vor allem, sich mit der Wahl des ehemaligen Südstaatengenerals Nathan B. Forrest zum Anführer eine größere öffentliche Wirkung zu verschaffen. Mit der erzwungenen Auflösung des Klan durch den Force Act 1870/71, der die Terroranschläge eindämmen und die Bürgerrechte effektiver durchsetzen sollte, war dann zwar die Organisation vorerst verboten. Die Mentalitäten indes, die er verkörperte, bestanden weiter und wurden noch dadurch gestärkt, dass die Vertreter des «Alten Südens» ab 1874 im US-Kongress wieder auf eine Mehrheit bauen konnten. 1915 konnte der Klan daher nahezu problemlos zum zweiten Mal offiziell gegründet werden und trotz weiterer Auflösungsverfügung 1944 faktisch bis heute fortbestehen. Vor allem in den 1950er und 1960er Jahren erhielt er mit dem Wachsen der schwarzen Bürgerrechtsbewegung wieder größeren Zulauf.

Der Klan war aber nur die besonders abstoßende Verkörperung eines auch in anderen Teilen der USA verbreiteten Rassismus, dem nun in der letzten, *dritten Phase* zwischen 1871/72 und dem Kompromiss von 1876 wieder mehr Raum gegeben wurde. Seit 1871 waren alle ehemaligen «Rebellenstaaten» wieder in der Union, und die neuen Mehrheiten im US-Kongress eröffneten der Restauration ungeahnte Möglichkeiten, die im Süden als «Erlösung», als Redemption, gefeiert wurden. Seit 1871 waren dann auch wieder Rassengesetze in allen Staaten des Old South gültig. Dem Kompromiss von 1876 folgte wenig später wieder eine ganz offizielle Rückkehr zur Politik der Rassentrennung, die fast einhundert Jahre gültig blieb. Es überrascht nicht, dass sich solche Auffassungen selbst im Obersten Bundesgericht der USA durchsetzten, wo in den 1890er Jahren in zwei aufsehenerregenden Grundsatzurteilen von 1896 (Plessy vs. Ferguson) und 1899 (Cumming vs. Richmond Board of Education) an höchster staatlicher Stelle festgestellt wurde, dass Rassentrennung verfassungskonform sei. Dem Gleichheitsgrundsatz widerspreche die Trennung der Rassen nicht. Farbige, so hieß es 1896, seien «separate but equal». Drei Jahre später wurde vom Gericht selbst die Einmischung des Bundes in Fragen der Rassentrennung auf Bundesstaatsebene grundsätzlich untersagt.

Parallel dazu steigerten sich die Gewalttaten bis hin zu öffentlichen Gewaltexzessen, an denen sich «ganz normale» Durchschnittsamerikaner ebenso beteiligten wie eingefleischte Gegner der Sklavenbefreiung. Lynchmorde wurden niemals gezählt. Wenn die bereits erwähnte Zahl von 5000 Lynchings zutrifft, dann wurden allein über 50 Prozent davon zwischen 1889 und 1913 verübt (2522), wobei die Zahlen differieren.[39] Unbestritten ist hingegen, dass die Mehrzahl im Süden stattfand. Ein besonders brutales Beispiel, wenngleich nicht singulär, war der aufsehenerregende öffentliche Lynchmord an einem 17-jährigen Schwarzen am 1. Februar 1893 in der Kleinstadt Paris in Texas vor Hunderten von Schaulustigen, der ganz in der Tradition puritanischer Strafvollstreckung stattfand. Wie die *New York Times* am folgenden Tag unter der bezeichnenden Überschrift *Another Negro Burnt* berichtete, hatte der Junge die Vergewaltigung und den Mord an einer Dreijährigen gestanden, war öffentlich brutal gefoltert und schließlich lebendig verbrannt worden.[40] Dass dies bei Weitem kein Einzelfall war, zeigte der ebenso aufsehenerregende und fast genauso verlaufene Lynchmord an dem ebenfalls 17-jährigen Schwarzen Jesse Washington im Juni 1916 im texanischen Waco. Auch er war wegen der Vergewaltigung und Ermordung einer Weißen verurteilt worden. Der Mord ist auch deshalb so bemerkenswert, weil gerade dieser Fall die öffentliche Dimension des Geschehens zeigt – es waren bis zu 15 000 Zuschauer anwesend – und diesmal sogar Ansichtskarten mit stolzen Kommentaren über das Ereignis verbreitet wurden.[41]

Als es in den folgenden Jahrzehnten gelang, in den Südstaaten die Rassentrennung als Staatsaufgabe auch im Gesetzgebungsverfahren durchzusetzen, erfasste die Trennung von Farbigen und Weißen schließlich wieder das komplette öffentliche Leben. Sie betraf Schulen und Universitäten ebenso wie Restaurants und Toiletten. Bezeichnenderweise überlebte die «Racial Segregation» selbst den Ersten und den Zweiten Weltkrieg, obwohl Afroamerikaner ihren Teil zum Sieg der Alliierten beitrugen. Noch über die Mitte des 20. Jahrhunderts hielten sich Rassentrennungsbestimmungen selbst in den öffentlichen Verkehrsmitteln der USA. Ein erstes Signal des Umbruchs setzte am 2. März 1955 die

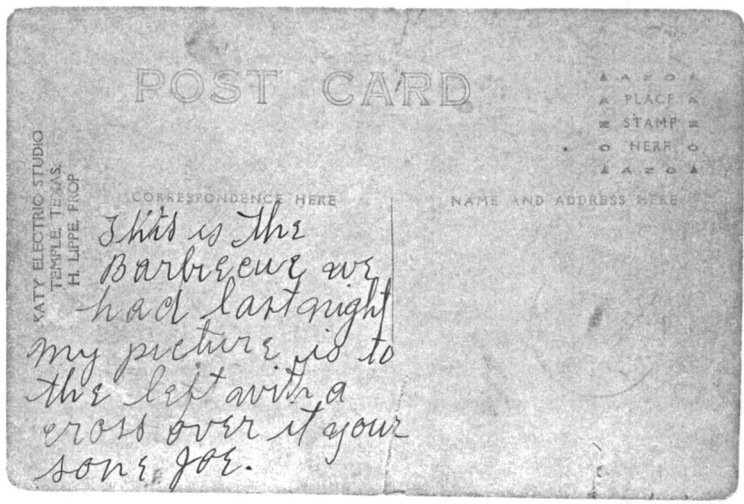

Lynchmord vor aller Augen Im Juni 1916 wurde der geistig zurückgebliebene Jesse Washington im texanischen Waco öffentlich gelyncht. Die Ansichtskarte vermerkt zynisch: «Das ist das Barbecue, das wir gestern Abend hatten. Ich bin links mit dem Kreuz darüber. Euer Sohn Joe.»

schwangere Claudette Colvin. Sie weigerte sich, ihren den Weißen vorbehaltenen Sitzplatz in einem öffentlichen Bus zu räumen und löste damit, nachdem die Aktion unter anderen von Rosa Parks, einer Mitarbeiterin der National Association for the Advancement of Colored People (NAACP), als bewusste politische Aktion fortgesetzt worden war, einen der wichtigsten und spektakulärsten Bürgerrechtsproteste in der Geschichte der USA aus, an dessen Spitze dann Martin Luther King bekannt wurde. 1957 gipfelte das, nachdem auch das Oberste Bundesgericht im Jahr zuvor von seiner bisherigen Rechtsprechung abgerückt war, in der Entscheidung, dass Rassentrennung gegen den 14. Zusatzartikel der US-Verfassung verstoße. Dazu beigetragen hatte der weltweit Aufsehen erregende Zwischenfall in der Central High School von Little Rock in Arkansas, wo Präsident Dwight D. Eisenhower schließlich sogar reguläre Militäreinheiten gegen eine wütende Menschenmenge einsetzte, um neun schwarzen Schülerinnen den Zutritt zu ermöglichen. Damit war ein Damm gebrochen. Das Selbstbewusstsein der schwarzen Bürgerrechtsbewegung erhielt von nun an neuen Auftrieb. An dessen Ende stand nach vielen weiteren Akten des zivilen Ungehorsams 1964 das offizielle Ende der Rassentrennung. Ein Schlussstrich unter die Kultur der Ungleichheit war damit allerdings nicht gezogen, wie auch zu Beginn des 21. Jahrhunderts etwa noch die unterschiedlichen Standards in der Strafverfolgung zeigen. Ebenso deklassiert blieben die indigenen Ethnien, die damals bereits in die Reservate abgedrängten Indianer sowie die hispanischen Gemeinden, aber häufig auch andere zugewanderte Gruppen, so Einwanderer aus Asien.

Die Great Migration Langfristig sozial- und kulturgeschichtlich besonders folgenreich wurde, dass in diesem Klima von latenter Diskriminierung, offener Unterdrückung bis hin zu brutalem Terror, verschärft noch durch eine ökonomische Krise in den 1890er Jahren geradezu eine Fluchtbewegung von Schwarzen aus dem Old South einsetzte. Sie führte zunächst Tausende, seit etwa 1910 Millionen von Schwarzen in die ehemaligen Nordstaaten. Ziel der ersten sogenannten Great Migration, die bis in die Rezession der 1930er Jahre anhielt, waren vor allem die Großstädte im Norden. Dort suchten die Industrien gerade kurz vor, im und in den ersten Jahren nach dem Ersten Weltkrieg teils händeringend Arbeitskräfte. Selbst Ghettobildung und Armut konnten den Zustrom nicht aufhalten. In New York entstanden damals die schwarzen Ghettos im lange Zeit weißen bürgerlichen Harlem und später in der Bronx, die in

Josephine Baker, 1926

den 1950er Jahren dann auch für Einwanderer aus Lateinamerika, insbesondere aus Puerto Rico und der Dominikanischen Republik, als Spanish Harlem zur Heimat wurden. Hier etablierte sich 1909 mit der bereits erwähnten NAACP unter ihrem langjährigen Wortführer William E. B. DuBois zudem eine der erfolgreichsten Pressure Groups für die ethnische Gleichberechtigung.[42] In der Nachfolge entwickelten sich weitere, weit radikalere Organisationen, wie die 1930 gegründeten Black Muslims (Nation of Islam bzw. The Lost-Found Nation of Islam in the Wilderness of North America). Protagonisten der Bürgerrechtsbewegung wurden in der zweiten Great Migration, die etwa 1940 begann und ungefähr bis 1970 anhielt, Martin Luther King und sein radikaler Gegenspieler Malcom X (bürgerlich: Malcolm Little). Dass beide in den 1960er Jahren Attentaten zum Opfer fielen, zeigte nicht zuletzt die Virulenz der radikalen Bewegung gegen die Gleichberechtigung.

Mit den inneramerikanischen Migrationen verbreitete sich die in den Südstaaten entstandene afroamerikanische Musik mit ihren Worksongs, Spirituals und Gospels weit über ihre Entstehungsgebiete. Bereits in den 1920er Jahren erreichte sie einen ersten Höhepunkt mit der Popularisierung des Jazz. Es war kein Zufall, dass der erste Tonfilm aus der aufstrebenden Filmmetropole Hollywood 1927 den Titel *The Jazz Singer* erhielt. Die 1920er Jahre wurden damit auch zur ersten Hoch-Zeit schwarzer Musik in den USA. In der Folge gelang nicht nur ihre erfolgreiche Implementierung in die öffentliche US-Kultur, sondern ein globaler Siegeszug. Schwarze Musik war nicht nur die Grundlage für Jazz, Blues, Soul, Disco und alle verwandten Stilrichtungen, sondern auch für den vorwiegend weißen Rock 'n' Roll und seine Ableger und Weiterentwicklungen bis hin zum Rap der Gegenwart. Die schwarze Südstaatenkultur wurde damit zum zentralen Bestandteil der global erfolgreichen amerikanischen Pop- und Superculture. Mit dem Siegeszug afroamerikanischer Musik wuchsen dann auch farbige Künstler zu Stars der Szene. Die in St. Louis geborene Josephine Baker (bürgerlich: Freda Josephine McDonald) feierte mit ihrer «Revue Nègre» Mitte der 1920er Jahre sensationelle Erfolge auch in Paris und Berlin.

Ende der Reconstruction   Dass das Ende der Reconstruction weit vor der Redemption absehbar war, hatte bereits 1868 die Drohung, ein Impeachment-Verfahren gegen Johnson zu eröffnen, gezeigt. Als im selben Jahr Ulysses Grant, jener ehemalige Oberbefehlshaber der Unionsstreitkräfte im Bürgerkrieg, der entscheidende Siege über die Südstaatenarmee errungen hatte, während des republikanischen Parteitags zum Präsidentschaftskandidaten ernannt wurde, stellte selbst er die Versöhnung in den Vordergrund. Sein Satz «Lasset uns Frieden haben» knüpfte deutlich an Lincolns Gettysburg-Rede an.[43] Im November des Jahres gewann Grant haushoch mit 214 Wahlmännerstimmen gegen den demokratischen Herausforderer aus dem Süden, Horatio Seymour, der nur achtzig Stimmen auf sich vereinigen konnte. Als Grant 1872 seine zweite Amtszeit antrat, die mit einer weltweiten Wirtschaftskrise, der «Panik von 1873» begann und die US-Wirtschaft bis zum Ende des Jahrzehnts schwer behinderte, galten die Sorgen der Regierung tatsächlich nur noch wenig den Themen der Reconstruction oder der Durchsetzung der sonstigen Kriegsziele. Viel bedrohlicher erschien nun zum Beispiel die beginnende politische Radikalisierung der amerikanischen Arbeiter.

Auch die eigene Republikanische Partei machte Probleme. 1872 hatten sich die sogenannten Liberalen Republikaner von der Partei abgespalten. Als 1874 der Süden über die Mehrheit im Repräsentantenhaus verfügte, war klar, dass beides faktisch das Ende einer vom Norden bestimmten Politik in den ehemaligen Südstaaten bedeutete. Geschwächt und nicht zuletzt, um für die nächsten Präsidentschaftswahlen 1876 eine bessere Ausgangsposition zu erreichen, sagten die Republikaner nicht nur weitere wirtschaftliche Hilfen für die ehemaligen Sezessionsstaaten zu, sondern auch den Abzug der Besatzungstruppen. Am 24. April 1877 verließ der letzte Besatzungssoldat des Nordens das Gebiet der ehemaligen Konföderierten Staaten. Mit dem «Kompromiss von 1877» war allerdings nicht nur die Rekonstruktionspolitik am Ende, sondern vor allem auch die Wahrung der Rechte der Schwarzen im Süden gegen radikale Südstaatler. Dennoch konnte die Republikanische Partei mit ihrem Präsidentschaftskandidaten Rutherford Hayes diese Wahl noch einmal für sich entscheiden.

Insgesamt ergab sich so 1877 eine komplizierte Lage. Die ursprünglichen Ziele der Reconstruction waren weitgehend gescheitert. Gleichzeitig war im Zuge der Redemption erfolgreich die Sklavenbefreiung und überhaupt die Emanzipation der Schwarzen zurückgedrängt worden. Bürgerrechte für die schwarze Bevölkerung in den Südstaaten wurden nach wie vor nur selten wirklich respektiert. Darüber hinaus hatten die ehemaligen Konföderiertenstaaten erfolgreich eine geschichtspolitische Revision vorantreiben können, so dass sie am Ende der Rekonstruktionszeit in der Öffentlichkeit – zum Teil bis heute – vielfach als die eigentlichen moralischen Sieger des Bürgerkrieges erschienen. An diesem vergangenheitspolitischen Meisterstück hatten verschiedene Akteure mitgewirkt. Den Rest hatte die in erheblichen Teilen misslungene Wiedervereinigungspolitik des Nordens besorgt.

Geschichtsrevisionen: Der «Lost Cause» Die geschichtspolitische Revision fußte auf mehreren Behauptungen, aber vor allem auf dem vagen Gefühl ungerechter Behandlung.[44] Die wichtigsten politischen Mythen wurden bald mit dem Begriff «The Lost Cause» (etwa: der aussichtslose Fall oder auch der verlorene Prozess) umschrieben. Ursprünglich der Titel einer bereits 1866 erschienenen Südstaatengeschichte des Bürgerkrieges von Edward A. Pollard, einem Journalisten und Veteran der Konföderiertenarmee, erreichte die Formel im Süden sofort Popularität, weil sie eine Art Sinngebung für die nach der Niederlage vergebens erscheinenden Kriegsopfer zu liefern schien.[45] Für Pollard, der 1868 seine Revisionsthesen mit einem weiteren Band mit dem Titel *The Lost Cause Regained* noch einmal unterstrich, war die Schuld für die Niederlage greifbar zuzuordnen: Sie lag für ihn in erster Linie in der Unfähigkeit der eigenen Regierung und einzelner militärischer Führer, die es nicht geschafft hatten, die Kultur des Südens zu verteidigen, sowie der Brutalität des Nordens. Am Ende aber stand für ihn trotzdem ein eindeutiges «Wir haben doch gesiegt». «Die Niederlage», hieß es in *The Lost Cause*, «hat die uns heiligen Güter nicht profan werden lassen. Was dem Süden bleibt, sind seine Erinnerungen, seine Helden, seine Tränen, seine Toten. In ihrer Stille werden unsere Söhne aufwachsen und zu Männern werden, und was die Witwen-Mütter sie lehren, wird sich ihnen unvergesslich einprägen. Es wäre die schlimmste Folge der Niederlage, wenn der Süden durch sie seine moralische und geistige Identität verlöre und aufhörte, sich seiner überlegenen Zivilisation bewusst zu sein.»[46]

Aus dieser «Paradise-Lost»-Mentalität entwickelte sich im Anschluss ein ganzes Lost-Cause-Genre und schließlich auch eine entsprechende Filmwelt, die in ihren Interpretationen noch einmal weit über das hinausging, was Pollard an Argumenten gebracht hatte.[47] In dieser Welt, zu der die Likörmarke *Southern Comfort* ebenso zählte wie *Gone with the Wind* oder eine als besonders luxuriös-aristokratisch angepriesene Automarke aus Kentucky, verewigte sich nicht nur eine Plantagenromantik des Old South. Hier wurde über die Jahre ein kollektives und wenig hinterfragtes Rechtfertigungsmuster entwickelt, das im Wesentlichen auf wenigen Argumenten beruhte. Der notwendige Kampf um die Rechtsansprüche der Südstaaten wurde zum eigentlichen Auslöser und zur Begründung der Entscheidung erhoben, sich vom Norden zu trennen. Das betraf nicht zuletzt die Eigentumsrechte der Sklavenhalter, die mit einer Vielzahl von juristischen, rassistischen, ökonomischen aber auch religiös-moralischen Begründungen unterlegt wurden. Dies war auch die Verbindung zum zweiten Argument, in dem die Abspaltung als Notwehr vor ökonomischer und kultureller Überfremdung durch den puritanischen Norden interpretiert wurde. Der Verlauf des Krieges selbst wurde drittens zum Beleg der eigenen Tapferkeit, der sauberen, ritterlichen Kriegsführung sowie der militärischen Fähigkeiten, die schließlich nur am Verrat scheitern konnten. Als Galionsfiguren erschienen darin die Cavaliers.[48] An der Spitze der Heiligenverehrung stand Südstaatengeneral Robert E. Lee, der faktisch für die nächsten einhundert Jahre über jegliche Kritik erhaben blieb. Sein Glanz ließ sich auch deswegen so strahlend erhalten, weil militärische Fehlentscheidungen nun konsequent seinen Untergebenen, den sogenannten Lieutenants, vor allem dem Lee bei Gettysburg untergeordneten Generalleutnant James Longstreet, zugeschrieben wurden. Longstreet war angreifbar, weil er für den blutig gescheiterten Infanterieangriff der Südstaaten bei Picketts Charge verantwortlich gemacht wurde. Weil Longstreet sich zudem nach dem Krieg nicht nur dem siegreichen Norden zur Verfügung gestellt hatte, sondern sogar in die Republikanische Partei eingetreten war und überdies mit dem ehemaligen Nordstaatengeneral und späteren Präsidenten Grant Freundschaft schloss, wurde er für die Verfechter des Lost Cause nicht nur zum Sündenbock einer als unverschuldet und ungerecht interpretierten Niederlage, sondern sogar zum Inbegriff des Verräters.

Als eigentliches Gegenbild des Südens entstand allerdings das Zerrbild des brutalen und damit moralisch minderwertigen Nordens. Als Beleg dafür galten in erster Linie die Vernichtungsfeldzüge Shermans und Sheridans, aber auch die Nachkriegspolitik im Süden. Die Niederlage selbst wurde damit zur unabwendbaren, aber ehrenhaften und damit aristokratischen Kapitulation vor der militärisch-ökonomischen und damit «gewöhnlichen» Übermacht der Unionsstaaten und ihrer unritterlichen und unerbittlichen Kriegsführung. Die vergiftete Atmosphäre der Debatte löste auch nicht der Kompromiss von 1877 auf. Auch deshalb wurde das «Vergoldete Zeitalter» nach dem Ende der Rekonstruktion nicht wirklich golden, sondern bot nur den Schein der Normalität und des neuen Glanzes.

«Das vergoldete Zeitalter» 1876/77–1917

Vergoldetes Zeitalter war der Name, den der scharfzüngige Mark Twain der Nachkriegszeit verpasste, als er 1873 zusammen mit Charles Dudley Warner den Roman *Gilded Age. A Tale of Today* veröffentlichte. Aus einem Shakespeare-Stück *(The Life and Death of King John)* entliehen, wurde die Bezeichnung zum langlebigen Markenzeichen für eine Epoche der US-Geschichte, in der der wirtschaftlich-politische Aufschwung bis zum Beginn des Ersten Weltkriegs eine leuchtende Zukunft verhieß, aber gleichzeitig die politischen und sozialen Schattenseiten kaum zu übersehen waren.[49]

Korruption und Robber Barons   Einen auffälligen Höhepunkt erreichten jetzt Korruptionsskandale, die bereits zwischen 1869 und 1877, also noch in den letzten Phasen der Reconstruction-Zeit, massiv anstiegen. Grant ging geradezu als Skandalpräsident in die US-Geschichte ein, wenngleich seine Nachfolger in den 1880er und 1890er Jahren mit kaum weniger politischen Problemen zu kämpfen hatten. Seit dem tödlichen

Anschlag auf Präsident James Garfield 1881 wurden allerdings die Bemühungen um ernsthafte politische Reformen stärker, auch wenn sie zum Teil wegen der Widerstände im Kongress oder auch aufgrund der in den 1890er Jahren wieder durchschlagenden Wirtschaftsdepression nicht vollständig durchgeführt werden konnten. Der Wahlkampf 1884 ging jedenfalls als einer der skandalösesten in die US-Geschichte ein, in dem nicht nur Korruptionsvorwürfe, sondern wie schon zu Beginn des Jahrhunderts vor allem die Frage nach der moralischen Integrität der Kandidaten eine erhebliche Rolle spielten. Diesmal aber ging es weit über das bekannte Maß hinaus. Es war wohl das erste Mal in der US-Parteiengeschichte, dass einem Präsidentschaftskandidaten – in diesem Fall dem späteren Sieger von der Demokratischen Partei, Grover Cleveland – insbesondere sexuelle Hemmungslosigkeit vorgeworfen wurde, weil er der Vater eines unehelichen Kindes war. Als 1889 sein Nachfolger, der Republikaner Benjamin Harrison, als 23. Präsident ins Amt kam, waren Beobachter dann wenig überrascht, dass auch er es nur mit illegalen Spenden ins Weiße Haus geschafft hatte.[50]

Gerade die 1870er Jahre boten allerdings ein besonders reiches Sortiment korrupter Politiker und Industriekapitäne. «Robber Barons» nannte sie der Volksmund, wobei sich der Begriff vor allem auf die Wirtschaftsskandale bezog. Überregionale Berühmtheit unter den Politikern erreichte William Tweed von der Demokratischen Partei.[51] Der 1823 geborene Tweed stammte eigentlich aus der berüchtigten Welt der New Yorker Gangs. Mit 29 Jahren hatte er es aber bereits zum Stadtrat der Demokraten in New York gebracht, wo er 1863 zum Vorsitzenden der Partei und vier Jahre später zum Senator des Bundesstaats im Kongress von Albany aufstieg. Mit dreißig Jahren war er dann bereits Kongressabgeordneter in Washington, so dass er nun an den politischen Schaltstellen saß. Bis zur Verhaftung Tweeds 1874 mobilisierten die Demokraten unter seiner Führung vor allem die unpolitischen Wähler. Insbesondere aber bauten sie das Korruptionssystem im Bundesstaat New York geradezu vollendet aus. Man nimmt an, dass Tweed persönlich einen zweistelligen Millionenbetrag zur Seite schaffte; allein die 1875 verhängte Kaution, um die Untersuchungshaft zu verhindern, betrug drei Millionen Dollar.[52] Aber auch andere profitierten; so nicht zuletzt Baufirmen. Ein gerne zitiertes Beispiel wurde die Fertigstellung des New Yorker Bezirksgerichts (County Court), dessen Baukosten sprunghaft um mehrere Millionen anstiegen. Zu zwölf Jahren Haft wegen Korruption verurteilt, starb Tweed 1878 im Gefängnis. Interessanterweise scheiterte Tweed schließlich an der Presse, die sich immer häufiger tatsächlich als investigative und schlagkräftige Vierte Gewalt erwies. Es war der deutsch-amerikanische Zeichner Thomas Nast, den man als den Vater des politischen Cartoons in den USA ansieht, der in der seit 1850 erscheinenden *Harper's Weekly* kritische Karikaturen zu Tweed veröffentlichte, die eine unerwartete Wirkung entfalteten. Anders als die kritische Artikelberichterstattung erreichten solche Bilder auch die Analphabeten New Yorks, auf die sich lange Zeit Tweeds politische Macht gestützt hatte. Besondere Exemplare von Robber Barons zeigten sich in der korrupten Eisenbahnindustrie. Landesweit bekannt wurde 1872 die Crédit-Mobilier-of-America-Affäre. Dabei handelte es sich um eine Baufirma, die von der Union Pacific Railway eigens gegründet worden war, um Zuschüsse aus Washington nicht teilen zu müssen. Auch dieser, mit zwanzig Millionen Dollar allerdings nicht besonders hoch dotierte Bestechungsskandal, bei dem Kongressabgeordnete mit Vorzugsaktien geschmiert worden waren, um für Aufträge zu stimmen, flog schließlich auf. In diesem Fall wartete die Öffentlichkeit allerdings auf politisch-juristische Konsequenzen ebenso vergeblich wie 1875 im Fall des sogenannten Whiskey Ring, als herauskam, dass sogar Präsident Grants Sekretär Schmiergelder eingesteckt hatte. Nur ein Jahr später wurde 1876 der sogenannte Belknap-Skandal öffentlich. Diesmal wurde bekannt, dass Grants Kriegsminister William Belknap illegal Waffen aus den nationalen Reserven an Frankreich verkauft hatte. Er wurde damit der einzige Kriegsminister, der jemals in den USA durch den Kongress seines Amts enthoben wurde.[53]

Viele dieser Skandale gingen in der massiven Prosperität der US-Wirtschaft nach dem Bürgerkrieg unter, als der Ausbau der Infrastruktur nicht nur durch die Notwendigkeiten des Wiederaufbaus, sondern auch durch die verstärkten Anstrengungen zur Besiedlung des Westens vorangetrieben wurde. Bereits die schlichten Zahlen waren beeindruckend. Zwischen 1860 und 1870 hatte sich die Zahl der Fabriken in den USA mit rund 80 Prozent Zuwachs fast verdoppelt.[54] Auch alles andere schien mehr denn je nahezu grenzenlos zu sein: die Ausbeutung von Bodenschätzen und anderen Ressourcen der Natur, die Möglichkeiten der Wirtschaft und der Technik und nicht zuletzt die Mobilität. Eisenbahn-, Straßenbahn- und Schiffsverkehr wuchsen nahezu ungebremst. Auch die Kommunikation wurde immer schneller, nachdem 1877 erste Telefone eingeführt worden waren. In den Industriegebieten im Nordosten profitierte vor allem die Schwer-, Montan- und zunehmend die Erdölindustrie. Die Ölförderung boomte aber rasch auch in anderen Bundesstaaten. Die Landwirtschaft profitierte nach der Vertreibung der Ureinwohner massiv von der technischen Entwicklung. Seit 1881 konnten Mähdrescher die zunehmend größeren Anbauflächen in der ehemaligen Prärie bearbeiten. Die Binnenmärkte profitierten nach wie vor vom schier unendlichen Zustrom der Zuwanderer aus Europa.

Zu Beginn des 20. Jahrhunderts konnten sich die USA bereits als eine der führenden Industriemächte der Welt bezeichnen. Zum Inbegriff ihrer schier grenzenlos wachsenden wirtschaftlichen Kraft wurden Namen wie John D. Rockefeller, der seit 1870 mit dem Auf- und Weiterverkauf von Erdöl ein gigantisches Vermögen anhäufte – man geht von 100 Millionen Dollar aus[55] –, oder auch der Finanzier und Bankier John Pierpont Morgan, der als J. P. Morgan zunächst mit der Eisenbahn-, Stahl- sowie mit der rasch expandierenden Automobilindustrie reich wurde. Dem Railroad Tycoon Cornelius Vanderbilt gelang es, die Eisenbahnverbindung in den Mittleren Westen zu monopolisieren. Bis zum Ende des 19. Jahrhunderts waren sagenhafte 300 000 Meilen, fast 500 000 Kilometer Eisenbahnstrecke fertiggestellt.[56] Karl Marx, der deutsche Philosoph und später so wirkungsmächtige Theoretiker der Gesellschaftsgeschichte, hielt damals mit Blick aus seinem Londoner Exil die Vereinigten Staaten für das Land, in dem sich die Eigenheiten des Kapitalismus besonders schnell und besonders deutlich zeigten.[57]

Twain und Warner hatten in ihrer Streitschrift gegen den Boom des Gilded Age vor allem die Eisenbahn im Blick gehabt. Tatsächlich sah auch der Volksmund vor allem deren Eigentümer als Inbegriff der Robber Barons. Allein der amerikanische Kongress übereignete den Eisenbahngesellschaften offiziell nach und nach wohl insgesamt die gigantische Summe von über 700 Millionen US-Dollar und übertrug ihnen kostenlos Grundstücke im Wert von über 330 Millionen Dollar.[58] Öffentliche Ausschreibungen wurden kaum als notwendig erachtet. Der hemmungslose Gebrauch des sogenannten Vorkaufsrechts für öffentliches Land spielte eine besonders problematische Rolle, ebenso gefälschte oder wertlose Aktien, die nur deshalb ausgegeben wurden, um Konkurrenten auszustechen oder das Geld der Aktionäre einzusammeln. Nicht zuletzt beschaffte sich ein Teil der Tycoons unter Androhung massiver Gewalt Land von Siedlern, um eine gewünschte Streckenführung entlang der Wasserquellen bauen zu können. Auch dies war zumindest teilweise staatlich geduldet, um den Bau möglichst schnell voranzubringen.

Wirtschaftsdepression und Börsencrash Dass der Aufschwung von den Ungerechtigkeiten und Skandalen ebenso wie von weltweiten Wirtschaftsdepressionen nur so wenig behindert wurde, lag daran, dass die Aufbruchsstimmung mindestens ebenso groß blieb wie die Probleme. Dennoch wurden Tausende amerikanischer Betriebe zahlungsunfähig, als sich mit Beginn der 1870er Jahre eine erste tiefe wirtschaftliche Depression entwickelte, der 1873 ein massiver weltweiter Börsencrash folgte. Eine wirkliche wirtschaftliche Erholung setzte auch in den USA erst 1878 ein. Die Überzeugung, dass das amerikanische Modell der individuellen Leistung des Selfmademan und des gesellschaftlichen Wettbewerbs der richtige Weg sei, wurde dadurch aber nicht in Frage gestellt. Für die meisten Amerikaner bewies nicht nur jeder Aufschwung, sondern auch jede Krise, dass das eigene System funktionierte. Nicht zuletzt hielten viele den wirtschaftlichen Erfolg in der puritanisch-calvinistischen Tradition für die sichtbare Bestätigung der Liebe Gottes. Davon war auch Eisenbahn-Tycoon Cornelius «Commodore» Vanderbilt überzeugt.[59] Er gehörte zu jenen, die immer wieder die alten puritanischen Texte zitierten, so etwa John Bunyans 1678 erschienenen Klassiker *The Pilgrim's Progress from this World to That Which Is to Come*, der auch im 19. Jahrhundert zum Kanon der Allgemeinbildung gehörte, wie selbst ein Blick in Mark Twains Bestseller *Huckleberry Finn* deutlich macht.[60] Aber auch die anderen geistigen Väter der politisch-wirtschaftlichen Ideen der USA, John Locke ebenso wie Thomas Malthus oder Adam Smith, taugten hervorragend als Zeugen, dass es in erster Linie auf die individuelle Leistung ankomme.

Wachsen von Vorurteilen Die Debatte sparte genauso wenig wie in Europa die seit den 1850er Jahren losgebrochene Diskussion um den sogenannten Sozialdarwinismus aus. Auch in den USA begann schon vor dem Gilded Age eine heftige Kontroverse um angeblich biologisch begründete Ursachen von Reichtum und Armut. Mit Recht ist immer wieder darauf hingewiesen worden, dass gerade in den Vereinigten Staaten Herbert Spencers Theorien von der biologisch begründeten Ungleichheit der Rassen und den gesellschaftlichen Differenzierungen geradezu schulbildend wurden.[61] Der in England geborene Spencer hatte 1851 in seinem Band *Social Statics, or The Conditions essential to Happiness specified, and the First of them Developed* gefordert, die Unterstützung von Armen einzustellen, da dies gegen die Gesetze der Natur verstoße und nur die evolutionär zwangsläufige und notwendige Durchsetzung der Stärkeren verzögere. Die Ideen der Sozialdarwinisten erwiesen sich schließlich auch in den USA als so wirkungsmächtig, dass auch dort die Eugenik erheblichen Rückhalt fand und bis weit in das 20. Jahrhundert Euthanasiegesetze gefordert wurden, um die Gesellschaft für den globalen Wettbewerb zu stärken.

Historisch betrachtet war das allerdings nicht überraschend, insbesondere nicht, dass gerade die Tycoons der amerikanischen Wirtschaft solche Ideen begeistert aufnahmen und verteidigten. Die alten, aus der Kolonialzeit des frühen 17. Jahrhunderts stammenden Vorstellungen eines John Winthrop von der Auserwähltheit der amerikanischen Siedler, ihrem Exzeptionalismus und von der gottgewollten Ordnung der Welt, die wie selbstverständlich eine Teilung in Reiche und Arme, in Starke und Schwache einschloss, fanden hier in den Augen des erfolgreichen Bürgertums über die biblischen Regeln hinaus endlich ihren «modernen» naturwissenschaftlichen Beweis, wobei Bibel und Naturwissenschaft hier noch nicht als Gegensatz, sondern als Einheit verstanden wurden.

Für die Verbreitung der Ideen und ihre Verankerung vor allem in der bürgerlichen Gesellschaft, aber auch weit darüber hinaus, spielten Zeitschriften wie *Popular Science Monthly* ebenso wie Romane eine wichtige Rolle. Jack Londons Bestseller von 1904, *The Sea-Wolf (Der Seewolf)*, gehört im Rückblick zu den wichtigsten literarischen Resümees der Denkwelten dieser Zeit, lieferte er doch unübersehbare Hinweise auf den Sozialdarwinismus und die Arbeiten von Herbert Spencer und Charles Darwin, auch wenn der Autor eigentlich das Scheitern des simplifizierten Recht-des-Stärkeren-Konzepts an der Person des brutalen Kapitäns Wolf Larson zeigte. Wesentliche weitere Teile der Lehre Darwins, insbesondere der mit der Evolutionstheorie verbundene faktische Ausschluss eines Schöpfergottes, wurden erst später zu einem politischen Reizthema.[62] Den sogenannten Kreationisten, die die wortwörtliche Auslegung der Bibel in den Mittelpunkt ihres Weltbilds stellten, gelang es 1925 mit dem in der Kleinstadt Dayton im Staat Tennessee stattfindenden aufsehenerregenden «Monkey Trial» (auch: Scopes Trial), wie er in den Medien genannt wurde, einen öffentlichkeitswirksamen Erfolg zu erringen. Das Gerichtsverfahren wurde sogar zu einer Art Musterprozess zwischen Bürgerrechtlern, die sich in der American Civil Liberties Union (ACLU) zusammengeschlossen hatten, und christlich-fundamentalistischen Kritikern der Evolutionslehre, den sogenannten Kreationisten, die sie auf der Basis der Bibel zu widerlegen hofften. Obwohl am Ende der angeklagte Lehrer John Thomas Scopes, der Darwins Ansichten im Unterricht the-

matisiert hatte, zu einer Geldstrafe von 100 Dollar verurteilt wurde –
was damals eine nicht unerhebliche Summe darstellte –, hielt die öffentliche Meinung die Kreationisten, die im Prozess eine eher schlechte Figur
gemacht hatten, für nachhaltig geschwächt.[63] Dennoch hielt sich der Kreationismus in den USA bis heute, obwohl der der Verurteilung 1925 zu-
grundeliegende sogenannte Butler Act schließlich 1967 aufgehoben wurde.
Mit den republikanischen Präsidenten Ronald Reagan und George
W. Bush erreichte der Kreationismus sogar wieder eine unerwartete
Renaissance. Lehrer Scopes suchte bereits nach dem Prozess das Weite,
schied aus dem Schuldienst aus und verdingte sich stattdessen lieber in
der boomenden Ölindustrie.[64]

Mit den politischen Skandalen und wirtschaftlichen Unsicherheiten
wuchs auch in den USA der traditionelle, zunächst religiös, dann politisch verankerte Antisemitismus. Dies schwächte langfristig sogar die
grundsätzliche Offenheit der amerikanischen Gesellschaft, auch wenn die
Gründung von eigenen Antisemitenparteien, die in verschiedenen europäischen Ländern schon längst im öffentlichen Leben angekommen
waren, noch in den 1890er Jahren scheiterte. Antisemitische Publikationen mit einschlägigen Feindbildern und Verschwörungstheorien gab es
dagegen auch hier reichlich. Ein besonders markantes Beispiel war das
1895 von dem Historiker Brooks Adams vorgelegte Buch *The Law of
Civilization and Decay*, das die Juden an der New Yorker Börse speziell für
die Wirtschaftskrise 1893 verantwortlich machte.

Solche Feindbilder erhielten nach dem Ende des Ersten Weltkriegs
einen neuen Schub, als sich Wirtschaftskapitäne wie der Automobil-
Tycoon Henry Ford einschalteten. Seine 1920 begonnene Kampagne gegen den angeblich zu großen Einfluss von Juden in den USA spielte für
die öffentliche Akzeptanz des Antisemitismus in den USA und darüber
hinaus eine wichtige Rolle. Seit 1921 wurden sogar in einigen Bundesstaaten Einwanderungsquoten für Juden eingeführt. Vier Jahre später
ließen selbst angesehene Universitäten wie Yale Quoten für jüdische Studenten zu. Ford allerdings wollte schon seit 1927 von seinen eigenen
Kampagnen nichts mehr wissen. Einen landesweit organisierten Antisemitismus in den USA gab es seitdem nicht mehr, wohl aber eine latente
Judenfeindlichkeit.

Parallel dazu wuchsen seit dem letzten Drittel des 19. Jahrhunderts
auch die allgemeinen Vorbehalte gegenüber anderen Gruppen. Gerade in
den Krisenjahren gab es wieder massive Ausschreitungen insbesondere
gegen asiatische Einwanderer. 1880 folgte eine Einwanderungsbeschrän-

kung für Chinesen, wobei die entsprechende «Regulierung» sogar glaubte, ausdrücklich festschreiben zu müssen, dass «persönliche Misshandlung oder Beschimpfung» der Einwanderer zu verhindern seien.[65] Fünf Jahre später folgte eine solche Regelung für alle Vertragsarbeiter, 1906 eine weitere besondere Beschränkung für japanische Immigranten.

Stiftungen und Gewerkschaften   Das Vergoldete Zeitalter war aber trotz aller Krisen und gesellschaftlichen Verwerfungen nicht zuletzt der Startschuss für die amerikanische Überflussgesellschaft.[66] Stimmen, die vom allgemeinen Loblied zum ungebremsten Kapitalismus abwichen, waren allerdings bereits zu hören und fanden zumindest teilweise auch Resonanz in Washington. Der Sherman Act verbot 1890 nach den Erfahrungen mit den Eisenbahngesellschaften die Bildung von Monopolen, auch wenn im letzten Jahrzehnt des 19. Jahrhunderts nur zwei Kartelle wegen Behinderung des freien Wettbewerbs zur Rechenschaft gezogen wurden. Wichtiger am Sherman Act wurde die im ersten Paragraphen formulierte Forderung, die generell untersagte, freien Handel und Gewerbe zu behindern oder zu verbieten. Entscheidend sollte allein die Durchsetzungsfähigkeit am freien, nicht durch Kartelle beeinträchtigten Markt sein.

Gerade einige der erfolgreichsten amerikanischen Unternehmer empfanden allerdings zunehmend ein Dilemma zwischen der im Christentum propagierten Nächstenliebe und dem Wunsch, den eigenen Reichtum im Sinne Calvins als Ausdruck der gottgefälligen Leistungsfähigkeit zu vermehren. Andrew Carnegie, der mit seinen Eisen- und Stahlwerken nach Rockefeller und Vanderbilt zum drittreichsten Unternehmer der USA seiner Zeit aufstieg, wurde zum Inbegriff philanthropischen Umdenkens in der US-Wirtschaft, dessen Wirkungen bis heute zu erkennen sind. Carnegie war einerseits davon überzeugt, dass Reichtum auch soziale Verantwortung beinhalte, wie er 1889 mit seinem Buch *The Gospel of Wealth (Das Evangelium des Erfolges)* erläuterte. Andererseits hielt er es für unklug, den Reichtum unkontrolliert und ungezielt weiterzuverteilen. Auch er vertrat die Überzeugung, dass auf diese Weise nur die weniger Leistungsfähigen und Asozialen profitieren würden, was die Entwicklung der amerikanischen Gesellschaft eher behindere. Die Lösung sah Carnegie allein in der kontrollierten Verteilung von Kapital mittels Stiftungen, die etwa Bibliotheken finanzierten oder den absehbar vielversprechenden Nachwuchs unterstützten.[67]

Nicht zuletzt wurde das Gilded Age zur Geburtsstunde der Gewerkschaften, die auch in den USA von den Unternehmen und im Bürgertum zunächst sehr misstrauisch beobachtet wurden. Sie entstanden, als sich die Soziale Frage nach dem Bürgerkrieg durch ungehemmtes Wirtschaftswachstum und den Kult um freien Wettbewerb massiv verschärfte. Vor allem die ungebremste Zuwanderung – von 1861 bis 1910 waren rund 17 Millionen Menschen neu in die USA gekommen – machte es Unternehmern leicht, die Arbeitsbelastung zu erhöhen und gleichzeitig den Lohn zu drücken.[68] Auf die unhaltbaren Zustände in vielen Fabriken, in denen nicht nur die Arbeitsbedingungen, sondern zum Teil auch die Sicherheitsstandards erbärmlich waren, machte insbesondere der Großbrand in der Triangle Shirtwaist Factory am 25. März 1911 in New York mit 146 Toten aufmerksam.

Bereits seit den 1860er Jahren organisierten sich auch in den USA die Arbeiterinteressen.[69] Nachdem unmittelbar nach dem Bürgerkrieg eine kleine, aber schließlich gescheiterte Arbeitnehmervertretung entstanden war, konnte 1878 mit den Knights of Labor eine erste erfolgreiche Gewerkschaft in den USA aufgebaut werden. In ihr wurde nicht nur das Selbstbewusstsein der Arbeiter demonstrativ zur Schau getragen. Aufsehenerregend war damals nicht zuletzt, dass sogar Afroamerikaner und Frauen aufgenommen wurden und selbst kleine Ladenbesitzer vertreten waren. Eine eigene Gewerkschaft für weibliche Arbeiter und Angestellte entstand erst 1903. Dass in der Satzung der Knights ausdrücklich die Ungerechtigkeiten des amerikanischen Wirtschaftslebens noch einmal detailliert aufgeführt wurden, bis hin zur ungerechtfertigten Verweigerung des Arbeitslohns, macht deutlich, wie weit verbreitet sie im Alltag waren.[70] Der Erfolg sprach dann auch für sich: Die Knights konnten schon 1885 rund 700 000 Mitglieder vorweisen.[71] Die Größe der Gewerkschaft machte es dann auch einfacher, den Streik als Mittel der Interessendurchsetzung zu nutzen, auch wenn er zunächst noch umstritten blieb. Eine noch schlagkräftigere Gewerkschaft entstand bereits drei Jahre nach den Knights. Die 1881 gegründete American Federation of Labor (AFL) trat wesentlich radikaler auf und wurde schließlich zur wichtigsten Arbeitnehmervertretung in den USA. Mit der AFL nahm nun nicht nur die Streikbereitschaft signifikant zu. Bis zur Jahrhundertwende wuchs sie bereits auf über eine Million und bis 1920 auf rund vier Millionen Mitglieder.[72] Zwar kleiner, aber wesentlich radikaler waren die Industrial Workers of the World (IWW), die 1905 in Chicago entstanden und durch ihre sozialistischen Forderungen schnell zum zentralen Feindbild der Unternehmer wie der Politik wurden.[73] Die «Wobblies» vertra-

Kundgebung der Wobblies Demonstration der Industrial Workers of the World
auf dem Union Square in New York am 11. April 1914

ten damals zum ersten Mal auch die asiatischstämmigen Arbeiter und
zudem die vielen Tagelöhner, die unter anderem als «Hobos» illegal auf
den Güterzügen quer durch die USA zogen und aus deren Reihen einige
der radikalsten Forderungen kamen. Aus diesem Milieu stammte auch
der aus Schweden eingewanderte, später berühmte Joe Hill, der sich 1911
an der Mexikanischen Revolution beteiligte und danach als Arbeiter-
funktionär nicht nur in den USA, sondern auch in Kanada engagierte. In
Utah allerdings, wo Hill versuchte, eine Einzelgewerkschaft mit aufzubauen, wurde er 1913 in einen Mordfall verwickelt und im folgenden Jahr
nach einem fragwürdigen Prozess und einem Skandalurteil hingerichtet.
Seine politischen Lieder überdauerten ihn allerdings und wurden sogar
zu zentralen Referenztexten der amerikanischen Protestbewegung, die
sich etwa in den 1960er Jahren, unter anderem beim Woodstock-Musik-
festival 1969 auf ihn berief. Heute engagiert sich die IWW, die jedoch
bereits in den 1920er Jahren durch die Gründung der Kommunistischen
Partei der USA signifikant geschwächt wurde und nach dem Zweiten
Weltkrieg nur noch wenige Tausend Mitglieder mobilisieren konnte, vor
allem für die schwierig zu organisierenden Niedriglohn- und Leiharbei-

tergruppen, wie sie etwa bei der amerikanischen Kaffee-Fastfood-Kette Starbucks beschäftigt sind. Hier sind es wie im 19. Jahrhundert häufig nur die Öffentlichkeit und der drohende Imgageverlust, die Unternehmen gegenüber Forderungen zum Einlenken bringen.

Mit den Gewerkschaften wurden bereits gegen Ende der 1870er Jahre und im folgenden Jahrzehnt Arbeitsniederlegungen häufiger. Bis zur großen Krise der 1890er Jahre verzeichnete man in den USA eine erste Hoch-Zeit der Streikbewegung. Die große Arbeitsniederlegung der Eisenbahnbediensteten im Jahr 1877 machte den Anfang. Sie zeigte, dass in einigen Branchen und Regionen übergreifende Solidaritätsbewegungen auch in der auf individuelle Leistung ausgerichteten US-Gesellschaft möglich waren. Obwohl die Eisenbahngesellschaften, unterstützt durch die Bundesregierung, sofort mit massivem Einsatz von Streikbrechern, mit Bespitzelung der Beteiligten, Massenentlassungen und brutaler Gewalt, die zu regelrechten Schlachten mit am Ende rund einhundert Toten führten, antworteten, war die Bewegung lange Zeit nicht zu brechen. Die Aktionen radikalisierten sich sogar seit den 1880er Jahren gravierend. Auf deren Höhepunkt kam es am 4. Mai 1886 zu einem bis heute nicht geklärten Bombenanschlag in Chicago, bei dem sieben Polizisten starben und im Anschluss vier «Anarchisten» hingerichtet wurden. Langfristig schadete dies der amerikanischen Arbeiterbewegung in ihrer öffentlichen Akzeptanz erheblich, was sich auch an den sinkenden Mitgliederzahlen der Gewerkschaften ablesen ließ. Dennoch fanden mit dem großen Streik in den Carnegie-Stahlwerken 1892 in Pennsylvania und zwei Jahre später mit der Arbeitsniederlegung beim Waggonproduzenten Pullman in Chicago noch zwei weitere große und aufsehenerregende Ausstände statt. Auch wenn sie ihre eigentlichen Ziele nicht mehr erreichten, konnten die Streiks doch die Möglichkeiten der organisierten Interessenvertretung demonstrieren. Nicht zuletzt die amerikanischen Schriftsteller fanden darin ein neues und fast unerschöpfliches Thema.

VI. Außenpolitik der begrenzten Möglichkeiten 1783–1918

Die frühe Republik

Die amerikanische Außenpolitik, nicht nur der frühen Republik, war lange Zeit alles andere als wirklich handlungsfähig. Das Selbstbewusstsein wurde dadurch allerdings nicht eingeschränkt. Lässt man die Verträge, die bereits die ersten europäischen Siedlungen im 16. Jahrhundert mit der indigenen Bevölkerung abschlossen und die man durchaus als diplomatische Beziehungen werten kann, außer Acht, so kann man von einer eigenständigen Außenpolitik seit der Unabhängigkeitserklärung 1776 ausgehen. Nicht nur die Erklärung selbst, sondern insbesondere auch die kurz danach folgende Bündnisdiplomatie der sich gerade von Großbritannien emanzipierenden Kolonien war im Verständnis der aufmüpfigen Kolonisten eine eigene Außenpolitik. Am wichtigsten wurde der am 6. Februar 1778 nach dem Sieg der Aufständischen über die britische Armee bei Saratoga geschlossene Bündnisvertrag mit Frankreich, der sich vor allem der militärischen Unterstützung versicherte.[1] Vorausgegangen war bereits 1776 die Entsendung einer eigenen Amerikanischen Kommission nach Paris, die in den Jahren danach unter anderen mit den Abgeordneten des Kontinentalkongresses Silas Deane, Benjamin Franklin und John Adams kontinuierlich weiter um materielle und ideelle Unterstützung des amerikanischen Freiheitskampfs warb.

Frühe Lobbyisten Es war der heute eher unbekannte Deane, der sich rasch einen Namen als erfolgreicher politischer Netzwerker hinter den Kulissen erwarb und damit als der erste US-Diplomat im Ausland gilt. Er organisierte nicht nur den geheimen Transport von Kriegsmaterial nach Übersee, sondern überzeugte wohl auch die dringend benötigten ausländischen Militärexperten von der Sache der Aufständischen. So gewann er Friedrich von Steuben als Generalinspekteur, der die Kontinentalarmee erst disziplinierte und kriegsfähig machte. Auch der Marquis de Lafayette, der den militärisch unerfahrenen George Washington in Strategiefragen beriet, und Casimir Pulaski (Kazimierz Pułaski), den man später als Begründer der Kavallerie in den USA feierte, wurden von ihm angeworben. Deane war zudem maßgeblich an der weiteren diplomatischen Stimmungsmache gegen England in Frankreich beteiligt, bei der vor allem der seit 1774 als französischer Außenminister tätige Comte de Vergennes, Charles Gravier, eine entscheidende Rolle spielte. Gedankt hat ihm das in den USA allerdings zunächst niemand. Als er im November 1777 – wohl aufgrund einer politischen Intrige – wieder in die Kolonien zurückbeordert wurde und mit Benjamin Franklin und John Adams zwei Diplomaten aufrückten, die später sogar ins Präsidentenamt gelangten, war er bereits politisch ausgebootet. Deane wurde erst 1841, fast siebzig Jahre später, vom Vorwurf des Verrats an der Amerikanischen Revolution freigesprochen und rehabilitiert.

Mit Benjamin Franklin machte nun ein zentraler Repräsentant amerikanischer Außenpolitik als Gesandter der Kolonien in Europa Karriere. Die Jahre bis 1786 wurden gleichzeitig die Grundlage für seinen politischen Aufstieg zum Gouverneur in Pennsylvania und in andere Ämter.[2] Die erste amerikanische Vertretung entstand in der Pariser Rue Raynouard im heutigen 16. Arrondissement (Stadtteil Passy). Mit Franklin, der bereits 1731 in Pennsylvania zu den Freimaurern gestoßen war und nun in Paris der dortigen lokalen Loge Neuf Sœurs beitrat, die die Amerikaner unterstützte und in der auch der greise Voltaire sowie der Marquis de Lafayette Mitglieder waren, wurde die Idee der Freimaurerei in Übersee noch populärer. Franklin stieg dort bereits 1779 zum Logenmeister auf.

Im selben Jahr hatten die teils konspirativ verlaufenden diplomatischen Verhandlungen in Europa auch Spanien und die Niederlande auf die Seite der aufständischen Kolonien gebracht. Sie traten nun ebenfalls gegen Großbritannien in den Unabhängigkeitskrieg ein. Als 1783 in Paris der Frieden mit London vereinbart wurde, waren mit John Adams, Benjamin Franklin, John Jay und Henry Laurens, der allerdings den Vertrag nicht mit unterzeichnete, erstmals Amerikaner zu gleichberechtigten Verhandlungspartnern der europäischen Großmächte aufgestiegen. Der Pariser Vertrag wurde faktisch zur Eintrittskarte der wenige Jahre später gegründeten USA in die Weltpolitik. Der wirkliche Einstieg, der wesentlich mehr Kapazitäten erforderte, wie die US-Politik jenseits ihrer selbstbewussten Rhetorik schließlich auch selbst feststellen sollte, dauerte dagegen noch über einhundert Jahre.

Neben Franklin geriet der eigentlich nicht weniger bedeutsame John Adams für einige Zeit und für ihn persönlich verletzend, in den Hinter-

grund. Er nutzte die fünf Jahre zwischen 1778 und 1782, als er für fast
drei Jahre als Diplomat in Paris wirkte, um die für die konstitutionelle
Entwicklung der späteren USA so bedeutsame neue Verfassung von
Massachusetts auszuarbeiten. Als er 1782 wieder nach Frankreich zurückkehrte, hatte er im Gepäck den Auftrag, zusammen mit Franklin,
Jay und Laurens den Frieden mit den Briten auszuhandeln. Der Lohn
dafür war 1785 ein Posten als Botschafter in London. Als er drei Jahre
später wieder er in die Heimat zurückkehrte, konnte hier nun endlich
seine so ersehnte politische Laufbahn beginnen, die ihn zunächst in die
Vize-, dann von 1797 bis 1801 auch in die Präsidentschaft führte.

John Jays weitere diplomatische Karriere endete dagegen nach 1792 in
einem Skandal, als er im Rang des Obersten Richters (Chief Justice of the
Supreme Court) der Vereinigten Staaten nach London entsandt wurde, um
mit den Briten nach dem Ende des Unabhängigkeitskriegs und der Gründung der USA noch schwelende Streitpunkte auszuräumen.[3] Hintergrund
der Verhandlungen war Washingtons berechtigte Furcht vor einer künfti-
gen Revanche Londons. Der 1794 schließlich von Jay und dem britischen
Außenminister William Wyndham Grenville geschlossene und in den
USA abfällig als «Jay's Treaty» bekannt gewordene Vertrag löste in der
Öffentlichkeit deswegen heftige Verärgerung aus, weil offensichtlich war,
dass die Briten den neugegründeten Staat USA in keiner Weise ernst nahmen. London hatte sogar abgelehnt, die nach wie vor praktizierte Zwangs-
rekrutierung amerikanischer Seeleute zu beenden. Der entscheidende Beleg amerikanischer Souveränität war damit verweigert worden. Jay konnte
allerdings für sich verbuchen, dass er andere Streitpunkte geklärt hatte.
So konnte man sich über Entschädigungen ebenso einigen wie über die
endgültige Übergabe der noch durch britische Truppen besetzten Forts
Oswego und Niagara oder den Grenzverkehr. Auch war eine Kommission
eingesetzt worden, die den neuen Grenzverlauf zwischen den USA und den
britischen Besitzungen im Norden, im zukünftigen Kanada, festlegen
sollte. Auch über Handelsbeziehungen konnte eine Einigung erzielt werden. Trotz aller Kritik war der Vertrag deswegen schließlich doch noch
vom Kongress ratifiziert worden.

Warum der Jay-Vertrag angesichts der vorhandenen Erfolge derart
umstritten blieb, dass man seine amerikanischen Unterstützer, wie Alexander Hamilton, in New York sogar mit Steinen bewarf und Jay selbst
wohl zum unbeliebtesten Politiker der damaligen Zeit wurde, wird erst
verständlich, wenn man die politisch aufgeheizte Stimmung nach der
Staatsgründung mit berücksichtigt. Sie wurde von dem damals amtieren-

den ersten US-Außenminister Thomas Jefferson, einem bekennenden und vor allem profranzösischen Gegner Hamiltons und Jays, gezielt angeheizt und politisch instrumentalisiert. Jefferson beklagte sich nicht über die offensichtlich verweigerte Anerkennung amerikanischer Souveränität, sondern hielt den Vertrag im Ganzen für probritisch und antiamerikanisch. Die Jefferson-Hamilton-Rivalität zeigte sich nicht nur in der Außenpolitik, sondern vielleicht noch ausgeprägter in den unterschiedlichen Auffassungen zur inneren Struktur der USA. So wollte Jefferson primär die Landwirtschaft fördern, während für Hamilton die Industrie an erster Stelle stand. Auch diese unterschiedlichen Auffassungen führten letztendlich mit zur Trennung in der Parteienlandschaft der USA.

Der «Quasi-Krieg»   In den ersten Jahren nach der Gründung der USA war auf außenpolitischem Gebiet – neben der Haltung zu London – vor allem die Frage von Bedeutung, wie sich die Amerikanische zur Französischen Revolution stellen sollte, wenngleich Klarheit darüber herrschte, dass jede Hilfe nur rhetorisch sein konnte. Jeffersons Demokratisch-Republikanische Partei und ihre Anhänger, zu denen nicht zuletzt die ihm nachfolgenden US-Präsidenten James Madison und James Monroe gehörten, plädierten für eine Unterstützung, während die Federalists um Hamilton eine Einmischung kategorisch ablehnten. Die Auffassung Jeffersons, die USA müssten sich aufgrund ihrer eigenen Geschichte grundsätzlich schützend hinter Revolutionen und Freiheitsbewegungen stellen, die «Despoten» bekämpften und für Demokratie eintraten, setzte sich langfristig bis heute durch, selbst wenn ein aktives Eingreifen bis ins 20. Jahrhundert hinein nicht möglich war. Daher wurde sowohl 1830 den Polen, die für einen eigenen Staat stritten, als auch 1848 den um ihre Freiheit vom Habsburger Reich kämpfenden Ungarn Sympathie zugesichert. Die Begeisterung für den Freiheitsdrang der Ungarn war damals so groß, dass innerhalb der Demokratischen Partei die Gruppe Young America sogar eine Intervention erzwingen wollte. Erst 1898 auf Kuba und dann insbesondere nach der Russischen Oktoberrevolution 1917 jedoch mischte sich Washington zum ersten Mal aktiv ein. Im Russischen Bürgerkrieg entsandte Washington ein amerikanisches Truppenkontingent zur Unterstützung der antikommunistischen Verbände, hatte sich doch in der Interpretation der US-Regierung die ursprünglich positive Freiheitsbewegung gegen den Zaren durch die Bolschewiki in eine Neuauflage der Despotie gewandelt.

Als wohl wichtigster Außenpolitiker der ersten Republik leitete Thomas Jefferson zwischen 1790 und 1793 das mit der Staatsgründung entstandene Department of State. Jefferson hatte seine politische Karriere ebenfalls als Diplomat in Frankreich begonnen, wo er sich in der Rolle eines Ratgebers der Französischen Revolution fand, bevor deren blutige Radikalisierung sein positives Bild zerstörte. Der Einfluss seiner Sozialisation in Europa zeigte sich nicht zuletzt in seinem Kunst- und Architekturverständnis. Sein Landsitz Monticello, auf den er sich nach dem großen Eklat mit Washington 1793 zunächst zurückzog, war nur ein Beispiel. Als Jefferson 1796 zum Vizepräsidenten an der Seite von John Adams gewählt wurde, hatte sich das Verhältnis zu Frankreich bereits so gravierend verschlechtert, dass es zwei Jahre später zum sogenannten Quasi-War kam. Dieser unerklärte Seekrieg mit Frankreich dauerte über zwei Jahre und nahm, im Rückblick betrachtet, sogar einige Charakteristika des Kalten Krieges in der zweiten Hälfte des 20. Jahrhunderts vorweg.[4] Jeffersons Sicht auf die Französische Revolution wurde dabei nicht zuletzt durch die brutale Behandlung Thomas Paines beeinflusst, den er 1802 nach Washington zurückholte.

Aus französischer Perspektive ging es im Quasi-War seit 1796 unter anderem um die Kredite, welche die USA durch den Beistandsvertrag von 1778 erhalten hatten und deren Rückzahlung nun von amerikanischer Seite mit dem Argument verweigert wurde, Frankreich habe sich zu einer Revolutionsdiktatur gewandelt. Dass gleichzeitig aufgrund des Vertrags, den John Jay 1794 mit den Briten abgeschlossen hatte, mit dem Kaperkrieg gegen Frankreich gewissermaßen die Geschäfte Londons erledigt wurden, verschärfte die Situation zusätzlich. Erst mit dem Vertrag von Mortefontaine (Convention of 1800) endete dieser merkwürdige Konflikt, der die eigentlichen Fronten umgedreht, zugleich aber die ideologische Komponente der US-Außenpolitik für jeden sichtbar gemacht hatte. Noch ein weiterer Aspekt deutete bereits weit in die Zukunft. Mit den sogenannten Alien and Sedition Acts, den ab 1798 vom Kongress verabschiedeten, von Präsident John Adams unterzeichneten, später allerdings teilweise für verfassungswidrig erklärten Gesetzen wurden feindliche Ausländer, aber auch Publikationen – dabei handelte es sich vornehmlich um französische, zum Teil auch irische Schriften, Artikel und Briefe – für unerwünscht erklärt. Schon im teilweise aggressiv und hysterisch geführten Präsidentschaftswahlkampf des Jahres 1800 waren diese umstrittenen, von der damaligen Federalist-Mehrheit gegen die Demokratischen Republikaner um Jefferson durchgedrückten Sicherheits-

gesetze ein zentrales Thema. Inhaltlich verlängerten sie die Überprüfung jener Ausländer, welche die Staatsbürgerschaft beantragen wollten,
erheblich (Naturalization Act), erlaubten deren rasche Abschiebung (Alien
Friends Act und Alien Enemies Act) und verboten eben auch Schriften
(Sedition Act). Bis auf den Alien Enemies Act, der heute noch herangezogen werden kann, waren die Vorschriften allerdings von kurzer Dauer.
Sie endeten schon 1802, kurz nach Jeffersons Amtsantritt.

Die «Barbareskenkriege» Jeffersons Außenpolitik bis 1809 war aber eigentlich durch die Devise bestimmt, sich aus den europäischen Angelegenheiten, so gut es ging, herauszuhalten. Tatsächlich waren die USA
natürlich nach wie vor überhaupt nicht in der Lage, ihre Position ernsthaft, das heißt auch militärisch, nach außen durchzusetzen, auch wenn es
sich nur um den Schutz der eigenen Handelsschiffe handelte. Dies machte
bereits der sogenannte Erste Barbareskenkrieg zwischen 1801 und 1805
deutlich, dessen Vorgeschichte weit in die 1780er Jahre zurückreichte.
Zum Konflikt mit den Barbareskenstaaten, zu denen neben Marokko
auch Algier, Tripolis und Tunis gehörten, war es durch Angriffe auf amerikanische Handelsschiffe gekommen, die seit dem Frieden von Paris
1783 verstärkt auf den Weltmeeren unterwegs waren. Die Entscheidung
der US-Regierung, sich wegen der fehlenden militärischen Möglichkeiten mit einer Tributzahlung freizukaufen, hatte wenig genutzt. Stattdessen waren angesichts der offensichtlichen Schwäche der Amerikaner die
Begehrlichkeiten der eigentlich dem Osmanischen Reich untertanen, aber
in der Realität weitgehend unabhängigen Piraten gestiegen, wie die folgenden Geiselnahmen und Lösegeldzahlungen bewiesen. Die Mitte der
1790er Jahre mit dem Osmanischen Reich geschlossenen Verträge erwiesen sich alle als nutzlos. Man geht davon aus, dass schließlich sogar bis
zu einem Fünftel des US-Haushalts in solche Zahlungen flossen, was
namentlich Jefferson schon in den 1780er Jahren scharf kritisiert hatte.[5]
Der sich jahrelang hinziehende erste Krieg schien 1805 mit einem Waffenstillstand halbwegs erfolgreich beendet worden zu sein. Die Wieder-
aufnahme der Piraterie zwei Jahre später machte allerdings solche Hoffnungen zunichte. Erst mit dem erfolgreicheren Zweiten Barbareskenkrieg
1815 und dem darauf folgenden Einsatz einer britisch-holländischen
Flotte gegen die Piraten in Nordafrika wurde das Problem langfristig
gelöst.
Rückblickend forcierte die Hilflosigkeit der USA vor dem Piraterie-
problem nicht nur den Aufbau einer schlagkräftigen eigenen Marine, der

US Navy, sondern bildete gleichzeitig die Grundlage für die Entscheidung, Handelsrouten auch außerhalb der USA militärisch zu sichern.

Dass die militärische Unterstützung der Handelspolitik rasch eine feste Einrichtung wurde, die nicht mehr nur defensiv war, zeigte die im Rückblick so umstrittene gewaltsame Öffnung japanischer Häfen mit Hilfe einer amerikanischen Flotte im Auftrag der US-Regierung unter Präsident Fillmore 1854. Die Möglichkeiten der militärisch unterfütterten Außenpolitik nahmen allerdings erst zu, als die USA Ende der 1880er Jahre begannen, eine Schlachtschiffflotte zu bauen. Die politisch-ideologische Begründung dafür reichte in den 1890er Jahren der amerikanische Marinestratege Alfred Thayer Mahan mit seinen Schriften *The Influence of Sea Power upon History, 1660–1783* und *The Interest of America in Sea Power, Present and Future* nach.

Der Entschluss, die Verbindungen nach Übersee militärisch zu schützen, weist darauf hin, welche Bedeutung die Handelsschifffahrt für die erste Republik bereits gewonnen hatte. Seit der Unabhängigkeit von Großbritannien erlebten die USA eine geradezu explosionsartig aufblühende Außenhandelskonjunktur, die das Volumen fast verdoppelte und nicht zuletzt auf den Beziehungen nach China beruhte.[6] Neben den traditionellen Produkten Baumwolle, Tabak und Leder exportierte man nun aber auch Nahrungsmittel, insbesondere Getreide, per Schiff nach Europa, wo sich seit dem Beginn der 1790er Jahre die Großmächte Österreich-Ungarn, Frankreich und Großbritannien in den Koalitionskriegen bis 1815 zunehmend auch im Handel behinderten. Neutralität hieß das Zauberwort, das den US-Außenhandel in dieser Situation anschob, gleichzeitig aber auch gefährdete. Nicht nur die Piraten, sondern auch britische wie französische Kapitäne ließen US-Handelsschiffe aufbringen und durchsuchen. Die amerikanischen Handlungsmöglichkeiten blieben begrenzt, weil die US-Regierung, zunächst unter Jefferson, dann unter Madison noch lange versuchte, die militärische Eskalation zu verhindern. Die von 1806 bis 1810 verabschiedeten und wiederholt verschärften US-Embargogesetze (15. 11. 1806: Non-Importation Act; 22. 12. 1807: Embargo Act) schädigten auch die amerikanische Wirtschaft und erwiesen sich letztendlich sogar als völlig nutzlos.[7] Erst zwei Jahre nach dem Ende der Präsidentschaft Jeffersons konnten die USA im Zweiten Unabhängigkeitskrieg auch dieses außenpolitische Dilemma militärisch zu ihren Gunsten lösen.

Jeffersons Außenpolitik fand aber ihren eigentlichen Höhepunkt in der für die USA historisch weitaus wichtigeren und außenpolitisch ungefähr-

lichen Entscheidung, den Franzosen ihr nordamerikanisches Kolonialgebiet abzukaufen. James Monroe, der 1803 zum US-Botschafter in Paris
ernannt wurde, konnte noch im selben Jahr den sogenannten Louisiana
Purchase erfolgreich abschließen. Zu diesem Zeitpunkt – wie über fünfzig Jahre später beim Kauf Alaskas – war allerdings nicht klar, ob sich die
Investition von damals 22,5 Millionen US-Dollar wirklich lohnen würde.
Selbst innerhalb seiner Demokratisch-Republikanischen Partei, vor allem vom Flügel der sogenannten Tertium Quid, hagelte es Proteste.
Trotzdem passierte der Kaufvertrag den US-Senat sechs Monate später
ohne nennenswerte Probleme. Die Geschichte bestätigte Jeffersons Kauf-
entscheidung. Sie wurde zur entscheidenden Stufe für die Eroberung des
amerikanischen Westens.

The Manifest Destiny:
Expansion – Intervention – Imperialismus

Jeffersons Einfluss prägte auch nach dem Ende seiner Präsidentschaft
1809 das außenpolitische Denken weiter. Sein Nachfolger James Madison
handelte bis 1817 in seinem Sinne, was nicht zuletzt dadurch gefördert
wurde, dass er die Außenpolitik schließlich selbst übernahm, da der
eigentlich dafür vorgesehene Außenminister Robert Smith nicht sein
Vertrauen besaß. So wurden auch die folgenden acht Jahre durch die bereits eingeführten zwei Leitlinien bestimmt. Zum einen galt es, die amerikanische Souveränität, wenn nötig mit militärischer Gewalt, zu verteidigen und durchzusetzen. Dass es Madison damit ernst war, bewies der
Zweite Unabhängigkeitskrieg gegen Großbritannien zwischen 1812 und
1815, den er als Verteidigung der Freiheit der USA verstand. Mit dieser
eigentlich eher defensiven Position verband sich der Wille, die Freiheit
im Welthandel zu schützen und im Zweifelsfall militärisch durchzusetzen, wie der 1815 geführte zweite Krieg gegen die Piraten aus den Barbareskenstaaten zeigte.

Die auf dem Kontinent stattfindende Westexpansion zum anderen
war dagegen klar offensiv. Nachdem der Louisiana Purchase 1803 gewissermaßen den Startschuss für die Erschließung des Westens, genauer für
die endgültige Eroberung der restlichen Indianergebiete sowie der von
Spanien beherrschten Territorien hinter dem Mississippi gegeben hatte,
konnte bis 1819 unter Madisons Nachfolger Monroe und seinem Außen-

minister John Quincy Adams auch die Erwerbung Floridas abgeschlossen werden. Der mit dem spanischen Bevollmächtigten, Luis de Onís abgeschlossene Vertrag (Treaty of Amity, Settlement, and Limits between
the United States of America and His Catholic Majesty; auch: Transcon-
tinental Treaty oder Adams-Onís-Vertrag) schien zumindest an dieser
Front die Konfrontation mit Spanien zu beenden, auch wenn sie ansonsten weitergärte.

Seinen wohl wichtigsten außenpolitischen Erfolg konnte Madison mit
dem Sieg über Großbritannien im Zweiten Unabhängigkeitskrieg erringen, obwohl der Kampf gegen England in den USA zunächst nicht wirklich populär war, wie die knappe Wiederwahl Madisons im Kriegsjahr
1812 bewies, bei der er 89 Gegenstimmen von den probritischen Federalists einstecken musste.[8] Mit seiner schließlich erfolgreichen Außenpolitik gegen Großbritannien im Rücken gelang es Madison allerdings,
seinen Wunschnachfolger durchzusetzen, von dem er überzeugt war,
dass dieser den eingeschlagenen Weg weitergehen würde. Auch James
Monroe war bereits Jefferson eng verbunden gewesen und hatte als Gesandter und Sonderbotschafter des Präsidenten bereits 1803 maßgeblich
bei der Erwerbung Louisianas mitgewirkt. Auf ihn ging sogar eigentlich
die Zustimmung zum Angebot Napoleons zurück, das gesamte französische Kolonialgebiet westlich der bereits bestehenden amerikanischen
Staaten für 80 Millionen Francs zu kaufen. Dafür hatte er nicht einmal
die Zustimmung Jeffersons eingeholt.

James Monroe und die Monroe-Doktrin Mit Monroes Amtsantritt
begann 1817 eine achtjährige Periode, die man im Rückblick auch als
«Era of Good Feeling» bezeichnet hat, weil der neuen Nation vieles
glückte und deswegen auch zeitweilig der innenpolitische Streit nachzu-
lassen schien. In Wirklichkeit gärte er jedoch heftig weiter, wenngleich
es noch Jahrzehnte bis zum Bürgerkrieg dauern sollte. Zum außenpolitisch brisantesten Thema wurde die Auseinandersetzung mit europäischen Mächten, insbesondere mit der Heiligen Allianz um Russland,
Preußen, Österreich und Frankreich, aber auch mit Spanien, dessen
Dauerkonflikt mit den USA fast achtzig Jahre später im Amerikanisch-
Spanischen Krieg 1898 gipfelte.

Monroes Name ist bis heute vor allem mit seiner «Doktrin» verbunden, die gleichzeitig ebenfalls deutlich machte, wie nachhaltig Jefferson
seine außenpolitische Handschrift hinterlassen hatte. Sie tauchte 1823
zunächst eher unscheinbar – und von der Öffentlichkeit kaum wahr-

genommen – in seiner Jahresbotschaft auf, um sich dann bis in die 1840er Jahre zu einer Art außenpolitischem Grundsatzkatalog der USA zu entwickeln, der bis heute seine Gültigkeit behalten hat. Monroes Jahresbotschaft vom 2. Dezember 1823 waren Drohgebärden Spaniens, aber eben auch die erfolgreichen Verhandlungen mit Madrid um Florida vorausgegangen, das die USA 1819 für die Übernahme von fünf Millionen Dollar spanischer Schulden erhielten und 1845 in die Union aufnahmen. Zum Vergleich: Das riesige Gebiet, das 1803 Louisiana genannt wurde und vom Golf von Mexiko bis hinauf zur kanadischen Grenze reichte, hatte insgesamt nur etwa das Dreifache gekostet. Beides machte es den Amerikanern nun zum ersten Mal möglich, eine Art Grenze zwischen ihrem neuen Staat und den Ambitionen der alten europäischen Mächte auch nach Süden festzulegen. Monroes Botschaft von 1823 vor beiden Häusern des US-Kongresses knüpfte direkt daran an und machte gleichzeitig darauf aufmerksam, dass nach dem glücklich beendeten Zweiten Unabhängigkeitskrieg gegen die Briten die aktuelle Bedrohung nun außer von Spanien auch vom zaristischen Russland ausgehe.[9] In diesem Bedrohungsszenario spielten die russischen Expeditionen nach Alaska, die damals bereits seit fast siebzig Jahren stattfanden, eine wichtige Rolle. Sie schienen ebenso beunruhigend wie das seit fast dreihundert Jahren andauernde systematische Vordringen der Spanier von Süden. Eine Einkreisung durch antidemokratische Despotien schien gar nicht so weit entfernt.

Der eigentliche Auslöser für die amerikanischen Befürchtungen gegenüber Madrid waren allerdings die antispanischen Unabhängigkeitsbestrebungen, die mittlerweile Mexiko erreichten. Dort hatte 1810 zunächst ein Aufstand unter der Führung des katholischen Priesters Miguel Hidalgos y Costilla begonnen, der sich bis 1821 hinzog, aber eine erste von Spanien unabhängige mexikanische Republik folgen ließ. Beides, russische Expansion und spanische Wiedereroberungsversuche, verstärkten nun kontinuierlich die Furcht vor einer Bedrohung durch europäische Monarchien. Dabei spielte immer auch die Überlegung eine Rolle, dass ein noch auf Revanche drängendes Großbritannien in Europa seine alten ideologischen Vorbehalte gegenüber Spanien und Frankreich beiseite schieben könnte, um alte Rechnungen mit den USA zu begleichen. Auf solche oder ähnliche Szenarien war das kollektive Bewusstsein in den USA seit dem 16. Jahrhundert ohnehin eingestellt. Als diplomatische Lösung präsentierte bereits Monroe die Idee der «Zwei Sphären» (Two Spheres), die in etwa dem Prinzip der Friedlichen Koexistenz des 20. Jahr-

hunderts entsprach und die Nichteinmischung (Non-Intervention) der
«alten Mächte» Europas in der Neuen Welt garantieren sollte.

Dies alles hielt die US-Regierung indes während der Westexpansion
nicht davon ab, mit dem katholischen, aber von der spanischen Kolonial-
herrschaft gelösten republikanischen Mexiko um das Grenzgebiet, das
sogenannte Tejas, zu streiten. 1845 wurde schließlich die seit den 1820er
Jahren zwischen amerikanischen Siedlern und der mexikanischen Zentralregierung umkämpfte Region unter dem Namen Texas als Bundesstaat in die USA eingegliedert. In dem darauf folgenden Amerikanisch-
Mexikanischen Krieg zwischen 1846 und 1848 fielen auch bereits weitere
ehemals spanisch kontrollierte Gebiete in den heutigen Bundesstaaten
Utah, Nevada, New Mexico, Arizona und California an die Vereinigten
Staaten. Insgesamt ging durch den folgenden Friedensvertrag von Guadalupe Hidalgo 1848 und den sogenannten Gadsen-Vertrag 1853, der
weitere Erwerbungen einschloss, etwa die Hälfte des damaligen mexikanischen Staatsgebiets in den Besitz der USA über. Mit der Erweiterung
des Territoriums wuchs gleichzeitig die hispanische, aber auch die indigene Bevölkerung der USA, was wiederum andere Probleme nach sich
zog. Dass trotz des Angebots des in Geldnöten befindlichen mexikanischen Präsidenten Antonio López de Santa Anna keine weiteren Territorien angekauft wurden, lag dann in erster Linie an den Streitigkeiten innerhalb der USA. Die Nordstaaten befürchteten dadurch eine Stärkung
sklavenhaltender Bundesstaaten.

Zum Höhepunkt amerikanischer Befürchtungen vor einer Bedrohung durch die europäischen Großmächte wurde eine zunächst durch
mexikanische Schulden begründete Invasion in Mexiko, die ausgerechnet parallel zum Beginn des Amerikanischen Bürgerkriegs 1861 stattfand. Rasch erwies sie sich als kaum verdeckter Versuch einer europäischen Rekolonisierung ehemals spanischer Gebiete. Mit Spanien,
Großbritannien und Frankreich war zudem ausgerechnet eine Koalition
jener europäischen Großmächte zustande gekommen, die die US-Politik
so fürchtete. Als nach der vernichtenden Niederlage der mexikanischen
Armee gegen ein französisches Expeditionskorps Kaiser Napoleon III.,
dessen politische Ambitionen in Lateinamerika nur allzu bekannt
waren, 1864 den Habsburger Erzherzog Ferdinand Maximilian zum
Kaiser von Mexiko ausrufen ließ, war das amerikanische Horrorsze-
nario fast perfekt. Da jedoch die Macht Maximilians I. allein auf französischer Präsenz beruhte und die USA sich bereits als genügend stark
erwiesen, die Eindringlinge zum Rückzug zu zwingen, endete die Herr-

schaft des Habsburgers schon 1867. Kurz darauf wurde der gescheiterte Kaiser standrechtlich erschossen.

Fast unabhängig von diesen Ereignissen, die wie eine nachträgliche Bestätigung der über vierzig Jahre zuvor geäußerten Befürchtungen Monroes wirkten, hatten dessen Sätze über die Bedrohung der amerikanischen Republik durch europäische Despotien bereits ihren ganz eigenen Siegeszug angetreten. Dabei war das Bedrohungsgefühl der ersten Generationen puritanisch-calvinistischer Siedler und ihre Idee, eine besondere, gottgewollte Mission zu erfüllen, mit den Ängsten der Republik geradezu verschmolzen. Es hinterließ seit Monroe die eher vage formulierte, dennoch nun offizielle außenpolitische «Lehre», dass Amerika nur den Amerikanern gehören dürfe und keine andere Nation das Recht habe einzugreifen.[10] Gleichzeitig verstanden sich die USA immer mehr auch als das säkulare Vorbild für Demokratien und Freiheitsbewegungen überall auf der Welt. Sucht man nach den Anfängen dieser Umformulierung zu einer anwendbaren außenpolitischen Doktrin, so findet man einerseits die Diskussion um die Auserwähltheit der ersten Siedler, wie sie am Ende der 1830er Jahre besonders heftig auftauchte. Vor allem aber trifft man andererseits auf die ebenso aufgeregte öffentliche Debatte zur bevorstehenden weiteren Expansion nach Westen. Sie wurde speziell im Präsidentschaftswahlkampf 1844 vor dem Beginn der Erschließung des riesigen Oregon-Gebiets und der spanisch-mexikanischen Territorien geführt. Die Erfindung des Begriffs Manifest Destiny ging allerdings auf einen Journalisten zurück. John O'Sullivan, der damals die in New York erscheinende Zeitschrift *United States Magazine and Democratic Review* herausgab, gilt als Urheber des so wirkungsmächtigen Schlagworts. Von hier aus verbreitete es sich über über die Publizistik. Es sei unbestreitbar, führten die ebenfalls in New York erscheinenden *Morning News* 1845 aus, dass sich «ein Recht aus unserer offenkundigen Bestimmung ableite, uns über den ganzen Kontinent zu verbreiten und ihn zum Eigentum zu erklären, wie es uns die Vorsehung zur Entwicklung des großen Experiments von Grundrechten und Freiheit und föderaler Selbstverwaltung gegeben hat».[11]

Die Monroe-Doktrin mit ihrem (weitgehend unausgesprochenen) Hinweis auf die christliche Tradition der Manifest Destiny war spätestens im Wahlkampf 1844 als Erfolgsmodell geboren und blieb es, wohl auch, weil sie inhaltlich vage erschien. Zu ihrer Akzeptanz in den USA, aber auch ihrer weltweiten Außenwirkung trugen allerdings vor allem die imperiale Rhetorik und schließlich reale Politik des politischen Ziehsohns von Andrew Jackson, James Polk, bei, der sein Präsidentenamt in eben jenem Jahr antrat, als die Besiedlung des Oregon-Gebiets und damit die Aufkündigung der mit den Briten gemeinsam getragenen Verwaltung zum zentralen Thema wurde. Für Polk spielte allerdings die Expansion nach Südwesten Richtung Mexiko eine wichtigere Rolle, die er kalkuliert in die Eskalation des amerikanisch-spanischen Kriegs führte. Für beide Ziele gab ihm der amerikanische Sendungsgedanke die nötigen Argumente. Der Erfolg gab ihm Recht. Die Briten akzeptierten 1846 die amerikanische Besiedlung Oregons südlich des 49. Breitengrads, und auf die von Polk kühl kalkulierte Provokation Mexikos durch die Entsendung einer Armee an den Rio Grande reagierte die ohnehin zerstrittene und aufgrund kontinuierlicher Wechsel schwache mexikanische Staatsführung im April geradezu wunschgemäß. General Mariano Paredes, der nach dem Verlust von Texas im Januar 1846 seinen Vorgänger José Joaquín de Herrera abgesetzt hatte, startete einen überstürzten Angriff, der 1848 die endgültige Einbeziehung des mexikanischen Territoriums bis zum Rio Grande in das amerikanische Bundesgebiet zur Folge hatte.

Die weitere Ausgestaltung der nun offiziell mit der Manifest Destiny verbundenen Monroe-Doktrin ergab sich erst mit dem wachsenden politischen, vor allem auch außenpolitischen Selbstbewusstsein der USA. Insofern konnten die politischen Ideen, die eigentlich in der Monroe-Rede mit enthalten gewesen waren, aber aus politischer Vorsicht gestrichen wurden, erst viel später und unter ganz anderen Voraussetzungen wieder aufgenommen werden. Dazu gehörte, wie bereits an anderer Stelle erwähnt, unter anderem die Unterstützung für die griechische Befreiungsbewegung, die damals gegen das Osmanische Reich kämpfte. Ebenfalls entfernt worden war eine von Monroes Außenminister John Quincy Adams, dem ältesten Sohn des ehemaligen Präsidenten John Adams, vorgeschlagene Botschaft an die europäischen Kolonialmächte, dass eine Übertragung von eigenen Kolonien auf andere Nationen verboten sei. Dies richtete sich mit Blick auf Alaska namentlich an den russischen Zaren. Erst 1830 war eine erste, eher vorsichtige Erklärung zur Unterstützung der polnischen Freiheitsbewegung ergangen, und während der Ungarischen Revolution 1848/49 waren die Vereinigten Staaten bereits die einzige Nation, welche die Unabhängigkeitserklärung der neuen Regierung unter Lajos Kossuth diplomatisch anerkannte. Wenn in der Praxis solche Erklärungen im 19. Jahrhundert auch ohne weitere Folgen blieben – im 20. Jahrhundert waren es genau diese Traditionen, die als Begründung für Unterstützung oder Interventionen herangezogen wurden. Aber auch dann konnten die politischen Realitäten noch Hilfe verhindern; so geschehen im Ungarischen Aufstand 1956 oder im Prager Frühling 1968.

Neben den Monarchien Österreich-Ungarn, Spanien und dem wieder zur Monarchie zurückgekehrten Frankreich war es immer deutlicher das zaristische Russland, das bereits im 19. Jahrhundert in Washington als vitale Bedrohung wahrgenommen wurde. Dazu gehörten das bereits von Monroe befürchtete Ausgreifen Russlands nach Nordamerika ebenso wie die Drohungen Zar Alexanders I., gegen die demokratischen Republiken in Europa Krieg zu führen. Nur deshalb war es schließlich innenpolitisch überhaupt durchzusetzen, dass Alaska 1867 von den Russen erworben wurde. Ökonomisch schien das Gebiet zu diesem Zeitpunkt wenig interessant, da die begehrten Pelztiere bereits weitgehend ausgerottet worden waren. Der Alaska Purchase rentierte sich langfristig indes nicht nur strategisch, sondern schließlich auch wirtschaftlich, wie sich allerdings erst seit der zweiten Hälfte des 20. Jahrhunderts zeigte.

Interventionen   Den eigentlichen Höhepunkt der Debatte um die Inhalte und Ziele der von Monroe formulierten und in den folgenden Jahrzehnten immer weiter entwickelten «Doktrin» erreichte die US-Außenpolitik erst zu dem Zeitpunkt, als die Ausdehnung der USA auf dem nordamerikanischen Kontinent 1890 als abgeschlossen angesehen wurde. Offizielle Einsätze außerhalb dieses Territoriums gab es davor nicht. Weder die erwähnten Barbareskenkriege im Mittelmeer zum Schutz des US-Handels bis 1815 noch die gewaltsame Öffnung japanischer Häfen für die US-Außenwirtschaft durch eine kleine amerikanische Flotte 1853/54 noch die Intervention einer Privatarmee in Nicaragua 1854 waren als offizielle US-Außenpolitik begriffen worden, auch wenn sie im Auftrag oder zumindest mit Billigung der US-Regierung stattfanden.[12] Aber bereits zu diesem Zeitpunkt verstand man in Washington Mittel- und Südamerika als eigenes Einflussgebiet im Sinne der Monroe-Doktrin. Als Grund für ein Eingreifen konnte dann schon, wie im Juli 1854 in Nicaragua, die angebliche Beleidigung des US-Botschafters ausreichen oder auch der Schutz einer US-Botschaft wie in Honduras 1903. Für andere Interventionen genügten wirtschaftspolitische Erwägungen. So wurden zum Beispiel unter Berufung auf den am 16. August 1856 verabschiedeten Guano Island Act Teile Puerto Ricos in Besitz genommen.[13] Das Gesetz, das faktisch nicht weniger war als das selbstverliehene Recht der USA, Territorien in Besitz zu nehmen, wenn sie zum Guanoabbau geeignet waren und von keiner anderen Macht beansprucht wurden,

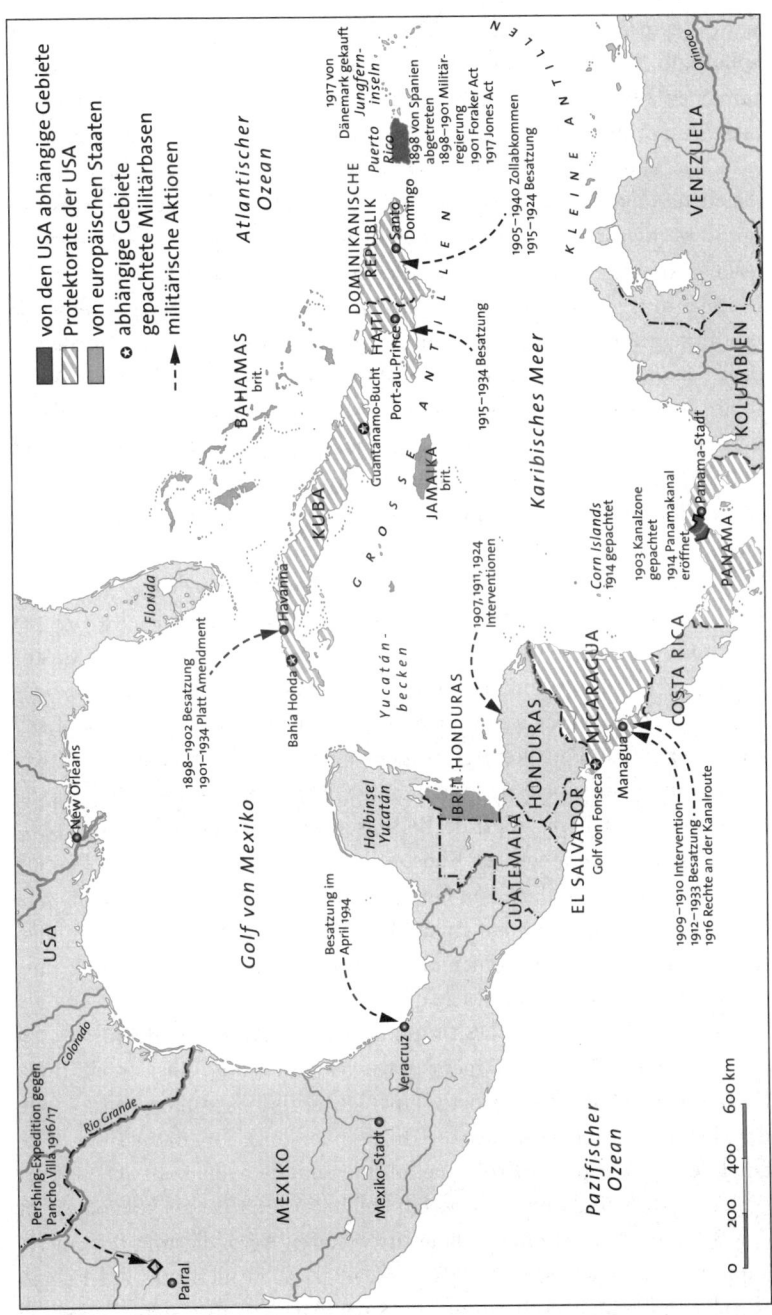

US-Interventionen in der Karibik bis 1941

wurde zum Hebel für den Aufbau eines eigenen Quasi-Kolonialreichs außerhalb der Monroe-Doktrin in einer Zeit, in der die politisch-militärischen Möglichkeiten noch nichts anderes zuließen. Die letzten aus dem Gesetz abgeleiteten Ansprüche stammen aus den 1980er Jahren.

Dass neben dem Pazifik gerade Mittel- und Südamerika immer deutlicher als imperiale Verfügungsmasse galten, die rücksichtslos genutzt werden durfte, zeigten sowohl die im 20. Jahrhundert kontinuierlich weitergeführten Interventionen als auch wirtschaftspolitische Maßnahmen, welche die sogenannten «Bananenrepubliken» teilweise wie Eigentum von Privatfirmen behandelten. Im Jahr 2010 wurde zudem bekannt, dass zwischen 1946 und 1948 rund siebenhundert Menschen – vorwiegend Indios – in Guatemala sogar für geheime Medizinexperimente der US-Armee benutzt und ohne deren Einwilligung mit Syphiliserregern infiziert worden waren.[14] Dies erinnert nicht nur an den rücksichtslosen Umgang mit der indigenen Bevölkerung in Nordamerika, sondern auch mit der im pazifischen Raum, die bei den Nukleartests teilweise ebenso als Versuchsopfer benutzt wurden.

Als eigentlicher Start einer US-Außenpolitik außerhalb des eigenen Territoriums – so sah es jedenfalls die US-Regierung trotz aller vorangegangenen kleinen Interventionen – galt daher der Krieg gegen Spanien 1898, der auf Kuba und im Pazifik geführt wurde.[15] Innenpolitisch wirkte er nach allen vorangegangenen Halbherzigkeiten wie eine Erlösung und löste einen Schub nationaler Begeisterung aus, wohl gerade auch, weil er mehrere zentrale Bedingungen amerikanischer Außenpolitik erfüllte. Zum einen lag Kuba, wie die gesamte Karibik, im Bereich «der Americas» und damit im Geltungsgebiet der Monroe-Doktrin, zum anderen hatten die USA auf Kuba klare Wirtschaftsinteressen, die umso mehr an Bedeutung gewannen, als deutliche Stagnationsphasen die einheimische Ökonomie beeinträchtigten.

Seit 1893 war in den USA eine deutliche Wirtschaftsdepression zu spüren, deren Folgen umso mehr in der öffentlichen Diskussion ein Echo fanden, je mehr die Befürworter einer «energischen Außenpolitik», wie der Historiker Frederick Jackson Turner oder der US-Senator Henry Cabot Lodge, die inneren Probleme auf ungenutzte außenpolitische Chancen zurückführten. Kuba war bereits seit 1809 zunächst als Kaufobjekt in den Blick geraten. Ähnliche Pläne zur weiteren Arrondierung des amerikanischen Interessengebietes gab es damals auch in Bezug auf Puerto Rico.[16] Spanien hatte allerdings 1848 das Angebot Präsident Polks, die Insel für 100 Millionen US-Dollar zu kaufen, schlicht abgelehnt. Was

Kuba anging, gipfelten die Überlegungen schon 1854 in einem Strategie-papier, dem sogenannten Ostend Manifesto, das klar machte, dass die USA sogar mit dem Gedanken spielten, die Insel gewaltsam zu übernehmen. Hinter solchen Plänen standen damals US-Außenminister William L. Marcy und der amerikanische Botschafter in Spanien, Pierre Soulé. Je mehr jedoch das spanische Kolonialreich im 19. Jahrhundert schwächelte, desto stärker rückte die militärische Option in den Vordergrund.

Gleichzeitig richtete sich die Aufmerksamkeit immer mehr auf die außerhalb des eigentlichen Interessengebietes der USA liegenden spanischen Kolonien. Neben Kuba vor der Ostküste sprangen den Verfechtern einer fortgeführten Westexpansion außerhalb der USA die pazifischen Kolonialgebiete Madrids ins Auge, insbesondere die Philippinen. Dort konnte man immerhin für sich verbuchen, dass Washington seit 1856 mit Hilfe des Guano Island Act schon Territorien in Besitz genommen hatte, die in gewisser Nachbarschaft zu den spanischen Kolonien lagen, ohne dass dies zu Gegenreaktionen Madrids geführt hatte. Zum amerikanischen Besitz im Pazifik gehörten damals bereits mehrere Dutzend zumeist kleinere Inseln, so die 1857 okkupierten Baker- und Howland-Inseln, das im folgenden Jahr besetzte Jarvis Island sowie das Johnston-Atoll und die 1867 in US-Verwaltung übernommenen Midway-Inseln.

Nach dem Amerikanischen Bürgerkrieg schien das Thema Kuba für die US-Politik angesichts der eigenen Probleme für längere Zeit in den Hintergrund getreten zu sein. Nachdem Carlos Manuel de Céspedes 1868 die Unabhängigkeitserklärung der Insel veröffentlicht hatte, lieferten sich die Kubaner einen zehnjährigen Kampf mit Spanien, der durch den Frieden von Zanjón 1878 zunächst beendet wurde. Die Unabhängigkeit Kubas war damit zwar nicht erreicht worden, wohl aber eine signifikante Stärkung der Nationalbewegung, die in dem Schriftsteller José Martí ihren Sprecher fand und nun auch in den anderen lateinamerikanischen Staaten gehört wurde. Als 1895 der seit Zanjón schwelende Guerillakrieg durch einen erneuten offenen Unabhängigkeitskrieg abgelöst wurde, war Martí neben den militärischen Führern Máximo Gomez und Antonio Maceo zum Führer der Bewegung aufgestiegen, dessen Ruhm durch seinen Tod in den Kämpfen im selben Jahr nur noch gesteigert wurde.

Der amerikanisch-spanische Krieg Das wichtigste offizielle Argument für die 1898 schließlich beginnende amerikanische Intervention auf Kuba wurde – für Beobachter wenig überraschend – die Idee der Manifest Destiny. Zum ersten Mal konnte eine Freiheitsbewegung nicht nur rhetorisch, sondern auch militärisch unterstützt werden. Die Zustimmung der US-Bevölkerung war von Anfang an beträchtlich. Dies war auf die mittlerweile aufgebaute eigene Stärke zurückzuführen, vor allem aber darauf, dass die spanischen Truppen rigoros vorgingen. Mit seinen rund 150 000 Soldaten und enormer Brutalität versuchte der spanische General Valeriano Weyler, den Aufstand möglichst rasch zu unterdrücken. Die Strategie Weylers, den die amerikanischen Medien bald den «Schlächter» (The Butcher) nannten, bestand unter anderem darin, Internierungslager einzurichten, in denen unter den harten klimatischen Bedingungen auf der Insel Tausende elend starben.

Bereits seit 1896 drohte die US-Regierung unter Präsident Cleveland und seinem Nachfolger William McKinley Madrid mit Konsequenzen. An der Stimmungsmache in den USA für einen Krieg beteiligte sich nicht zuletzt der damals als Staatssekretär im Marineministerium wirkende Theodore Roosevelt, ein langjähriger Freund Alfred Thayer Mahans, der das Zögern des nachdenklichen McKinley für Schwäche hielt. Als unmittelbarer Anlass für den Eintritt in den Krieg 1898, der in den USA wahlweise als «herrlicher kleiner Krieg» («Splendid Little War») oder sogar bereits als «Eintritt in die Weltpolitik» gefeiert wurde,[17] diente eine Explosion auf dem vor Havanna liegenden amerikanischen Kreuzer «Maine» mit Hunderten von Toten, die wahrscheinlich durch eine der nicht seltenen Kesselexplosionen, vielleicht aber auch durch die ebenfalls nicht ungewöhnliche Entzündung von Kohlevorräten erfolgt war, in keinem Fall aber durch eine Mine.[18] Für die US-Regierung, die Medien und damit auch für die amerikanische Öffentlichkeit wurde jedoch der Verdacht, die Spanier hätten das Schiff durch einen Sprengsatz zerstört, zum eigentlichen Kriegsgrund. Insbesondere die Boulevardblätter der Verleger William Hearst und Joseph Pulitzer mit ihrem damals bereits enormen Einfluss erwiesen sich als erfolgreiche Stimmungsmacher für eine militärische Intervention.[19]

Der politische Druck ließ schließlich selbst den nachdenklichen McKinley einknicken. Am 25. April wurde Spanien der Krieg erklärt. Eine Angliederung Kubas als US-Bundestaat sollte allerdings ausgeschlossen bleiben, wie das nach dem US-Senator Henry M. Teller benannte sogenannte Teller Amendment vorher noch durchsetzen konnte. Den Krieg führte man nun auch nicht mehr allein um Kuba, sondern um die weiteren schon ins Auge gefassten spanischen Kolonialgebiete im Pazifik, die immerhin einige Tausend Kilometer vor der Westküste der USA lagen und beim besten Willen nicht mehr mit der Monroe-Doktrin als amerikanisches Interessengebiet begründet werden konnten.[20] Tatsächlich begann der Krieg am 1. Mai 1898 auch nicht auf Kuba, sondern auf den Philippinen, wo die gerade modernisierte amerikanische Flotte die spanischen Schiffe vor Manila zur Kapitulation zwang. Erst im Juni folgte der Angriff auf Kuba, im Juli auf Puerto Rico. Parallel dazu beschloss der US-Kongress am 7. Juli 1898 auch die Annexion von Hawaii, das zwar nicht zu Spanien gehört hatte, aber aufgrund der enormen strategischen Bedeutung keinesfalls einer anderen Macht zufallen sollte. Die entscheidende Niederlage erlitten die Spanier in der Karibik, womit auch der pazifische Krieg faktisch beendet war. Der Pariser Frieden von 1898, der von Spanien am 19. März des folgenden Jahres ratifiziert wurde, schloss das vorerst wichtigste Kapitel amerikanischer Außenpolitik mit weitreichenden Auswirkungen. Die USA gewannen Puerto Rico in Mittelamerika sowie im Pazifik die Philippinen und die Insel Guam, deren Wert sich erst in den Kriegen des 20. Jahrhunderts beeindruckend zeigen sollte. Kuba wurde wie ausgehandelt nicht besetzt und auch nicht Teil der USA. In dem nach US-Senator Orville H. Platt benannten Platt Amendment, das erst 1904 durch Spanien endgültig ratifiziert wurde, ließ man aber das Recht der USA festschreiben, zur Wahrung der kubanischen Freiheit auch zukünftig auf der Insel eingreifen zu können. Gleichzeitig enthielt es die Erlaubnis, von den nun aus spanischer Herrschaft befreiten Kubanern Territorien zu pachten. Langfristig blieb davon nur der Passus über Guantánamo Bay erhalten, das fast einhundert Jahre später vielen erst durch die Nutzung als Lager für Gefangene aus dem «Krieg gegen den Terror» seit 2001 bekannt wurde. Langfristig wichtiger, aber auch politisch problematischer waren die umfassenden Maßnahmen, amerikanische Wirtschaftsinteressen auf der Insel zu wahren. Als die Kubanische Revolution 1959 sie beendeten, war das wiederum Ausgangspunkt für US-Pläne, die Insel erneut militärisch zu erobern. Eine 1961 versuchte Invasion mit Exilkubanern in der Schweinebucht scheiterte allerdings, weil die US-Regierung sich kurzfristig entschieden hatte, keine Luftunterstützung zu leisten.

Dass es den USA bereits jetzt ernst war mit dem Aufbau eines weltweiten Stützpunktsystems aus annektierten Gebieten, wie es der mittlerweile prominente Marinestratege Mahan in den 1890er Jahre immer wieder gefordert hatte, zeigte sich unmittelbar nach dem Krieg mit Spanien. Auf Hawaii entstand der Flottenstützpunkt Pearl Harbor. Puerto Rico wurde im Dezember 1898 sogar zu einem mit den USA eng verbundenen assoziierten Freistaat erklärt. Auf den Philippinen verlief die Inbesitznahme dagegen entgegen den Erwartungen schwierig, da sich die Unabhängigkeitsbewegung einen erbitterten Krieg mit den Amerikanern lieferte, der nach der vollständigen Besetzung im Zweiten Weltkrieg erst 1946 in die Unabhängigkeit mündete, ohne allerdings wirklich zum Frieden zu führen.

Nun folgten weitere Interventionen Schlag auf Schlag. Allein bis zum Eintritt in den Ersten Weltkrieg 1917 griffen die USA über ein Dutzend Mal auf Kuba (1903, 1906–1909, 1912), in Honduras (1903, 1907, 1911), in Panama (1903) und in Nicaragua (1909, 1916) ein, um nur einige Beispiele zu nennen. Zu einer wesentlich umfangreicheren Operation wurde die Punitive Expedition genannte Intervention gegen die Mexikanische Revolution unter Pancho Villa 1916/17, die auch auf US-Territorium vorgedrungen war.

Der Panama-Kanal Für die US-Außenpolitik langfristig ebenso wichtig wurde 1902 die Übernahme des französischen Plans, einen Kanal durch Mittelamerika zu bauen. Die US-Regierung hatte sich zu jener Zeit bereits über ein halbes Jahrhundert in diesem Gebiet engagiert. Unter anderem war 1846 mit dem Bidlack-Mallarino-Vertrag nicht nur der Bau einer Eisenbahnstrecke vereinbart worden, sondern seitdem gab es auch das verbriefte Recht der USA, im Zweifelsfall militärisch eingreifen zu dürfen. Die 1855 vollendete Strecke verlief zwischen Panama City und Colón (Aspinwall). Eben dort lag auch der Ausgangspunkt für viele folgende Interventionen, vor allem auch jene im berüchtigten Panamakonflikt des Jahres 1903. Zum Eingreifen führte diesmal die fehlende Zustimmung der kolumbianischen Regierung, obwohl die USA auch die sogenannte Wyse-Konzession mit übernommen hatten, mit der die französische Société Civile Internationale du Canal Interocéanique sich bereits 1878 alle Rechte zum Bau des Kanals sicherte. 1903 besetzten US-Truppen das Baugebiet und im Jahr danach wurde mit dem Hay-Bunau-Varilla-Vertrag 1904 sogar das gesamte benötigte Territorium auf unbestimmte Zeit an die USA übertragen. Washington bezahlte dafür zunächst zehn Millionen US-Dollar sowie eine jährliche Pacht von 250000 Dollar. Seit dem 15. August 1914 war es dann für Schiffe möglich, Mittelamerika im Kanal zu durchfahren. Damit war die wichtigste Verbindung zwischen Atlantik und Pazifik geschaffen worden. Für die USA bedeutete dies gleichzeitig eine schnelle Verbindung ihrer Häfen an der Ost- und Westküste. Erst Ende 1999 wurde das Gebiet durch die Torrijos-Carter-Verträge an Panama zurückübertragen.

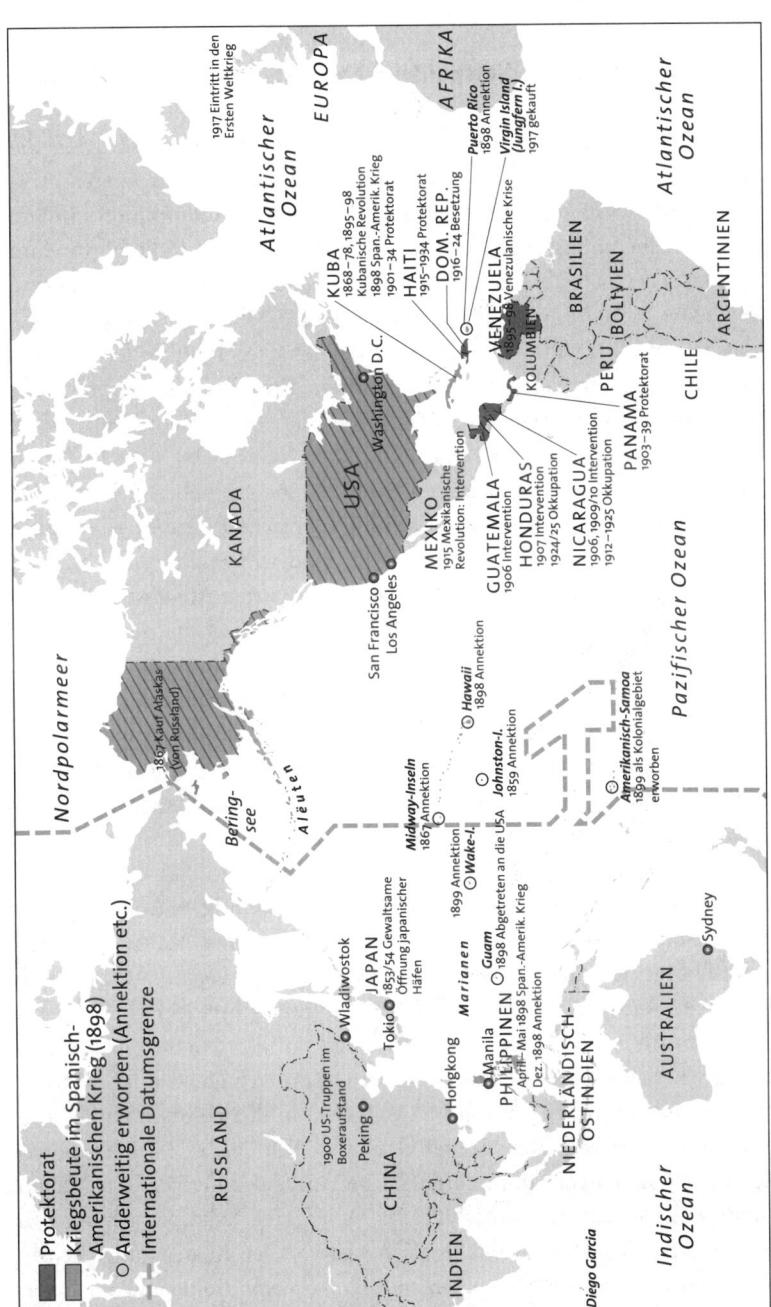

Imperiale Expansion der USA seit 1898

Eintritt in die Weltpolitik: Der Erste Weltkrieg 1917/18

Dem Kriegseintritt der USA 1917 – dem eigentlichen Eintritt in die Weltpolitik – waren drei zentrale Veränderungen vorausgegangen: Erstens wurde 1890 offiziell das Finale der inneren Kolonisation erklärt, dem nun eine umfassende Debatte um ein eigenes Imperium folgte. Zum zweiten war spätestens im Gilded Age unübersehbar, dass die enorme Produktivität der unaufhörlich wachsenden US-Wirtschaft neue Absatzgebiete brauchen würde. Zum dritten standen nach 1890 die technischen Möglichkeiten zur Verfügung, um politische Entscheidungen erfolgreich militärisch durchzusetzen. Der Bau von modernen Schlachtschiffen, aber auch der Ausbau von Transportkapazitäten kamen erst jetzt in Gang. Der «glänzende kleine Krieg» mit Spanien 1898 ging eben auch deshalb glücklich für die USA aus, weil sich die spanische Flotte in so erbärmlichem Zustand befand, dass nur zwölf moderne Schiffe der US Navy ausreichten, um eine Entscheidung herbeizuführen. Ansonsten war die Marine im Vergleich zu den Flotten der europäischen Mächte (noch) nicht konkurrenzfähig. Acht Jahre nach dem Krieg mit Spanien standen die USA 1906 allerdings bereits weltweit an zweiter Stelle der Seestreitmächte.[21] Ein gewisses Manko blieb die Tatsache, dass der Panamakanal nur eine bestimmte Breite aufwies. Amerikanische Schlachtschiffe konnten daher noch zur Zeit des Zweiten Weltkriegs nur bis zu der Größe gebaut werden, die durch die Schleusen passte.

Mahan, Roosevelt und der Imperialismus   Die wichtigste Änderung war im Rückblick aber wohl die Neubestimmung der eigenen Außenpolitik. Alfred Thayer Mahans *Influence of Sea Power Upon History*, hatte 1890 die Notwendigkeit von ziviler Handels- und militärischer Schlachtflotte mit einem entsprechenden weltweiten Netzwerk an Flottenstützpunkten besonders herausgehoben und diese Forderung in den folgenden Jahren nicht nur in weiteren Schriften, sondern vor allem in den politisch einflussreichen Kreisen Washingtons weiter verfolgt. «Wenn man … keine kolonialen oder militärischen Einrichtungen im Ausland unterhält», so Mahan 1890, «werden die Schlachtschiffe der Vereinigten Staaten im Krieg wie flugunfähige Vögel sein, unfähig, sich weit von den Küsten zu entfernen. Das Sichern von Nachschubbasen zum Bunkern von Kohle und zur Reparatur muss die erste Pflicht der Regierung sein, wenn sie eine Seemacht werden will.»[22] Gerade ein Imperium, das auf Handel basiere wie das amerikanische, brauche den Schutz seiner Seewege. Diese Idee war nicht neu, aber sie war neu für die USA, die sich bislang vornehmlich und bis auf wenige Ausnahmen auf ihr Festland konzentriert hatten. Von zentraler Bedeutung für Mahan wurde seine Bekanntschaft mit Theodore Roosevelt, der vor seiner politischen Karriere als Gouverneur von New York und US-Präsident als Unterstaatssekretär im Washingtoner Marineministerium gearbeitet hatte. Auch Roosevelt meinte, wenn er davon sprach, Politik treibe man am erfolgreichsten, wenn man gelassen bleibe, aber immer einen großen Knüppel mitführe («Speak softly and carry a big stick, and you will go far»),[23] vor allem militärische Macht in den internationalen Beziehungen. Dafür war eine schlagkräftige Marine zunächst am besten geeignet. Als McKinley im September 1901 an den Verletzungen starb, die ihm ein Attentäter während einer Ausstellungseröffnung in Buffalo zugefügt hatte, stieg der damals erst knapp 42-jährige Roosevelt noch im selben Jahr zum 26. Präsidenten der USA auf. Damit war gleichzeitig ein Befürworter der außenpolitischen Expansionspolitik im Amt, der nicht nur selbst am «herrlichen Krieg» gegen Spanien teilgenommen hatte, sondern auch in seinen öffentlichen Äußerungen als mindestens ebenso temperamentvoll galt wie der deutsche Kaiser Wilhelm II.

Eine der ersten Amtshandlungen des neuen US-Präsidenten auf außenpolitischem Gebiet bestand daher – für die Öffentlichkeit wenig überraschend – in einer Ergänzung zur Monroe-Doktrin, die als sogenannte Roosevelt Corollary in die Geschichte der USA einging. In der Jahresbotschaft an den Kongress vom 6. Dezember 1904 räumte Roosevelt zwar ein, dass die USA «Hunger auf Land» besäßen, interpretierte die neue Außenpolitik aber gleichzeitig als Notwendigkeit für die «Wohlfahrt» der gesamten Staatenwelt und als Eingreifen zugunsten einer globalen «gerechten Ordnung». «Wenn eine Nation zeigt, dass sie weiß, wie man mit angemessener Tüchtigkeit und Anständigkeit soziale und politische Angelegenheiten anfasst, wenn sie für Ordnung sorgt und ihre Schulden bezahlt, braucht sie kein Eingreifen der Vereinigten Staaten zu befürchten. Chronisches Fehlverhalten oder Schwäche, die auf eine allgemeine Lockerung der Bindungen einer zivilisierten Gesellschaft hinauslaufen, kann in Amerika wie überall schließlich die Intervention einer zivilisierten Nation erfordern, und in der westlichen Hemisphäre kann die Bindung der Vereinigten Staaten an die Monroe-Doktrin die Vereinigten Staaten zwingen, in besonders schlimmen Fällen von Fehlverhalten oder Schwäche, wenn auch widerstrebend, eine internationale Polizeigewalt auszuüben.»[24]

Der relativ problemlose Übergang von der inneren Kolonisation zur globalen außenpolitischen Militärintervention schöpfte seine theoretische Begründung nun immer deutlicher aus der traditionellen Idee der «Mission» und des «gerechten Krieges», einer Vorstellung, die in der US-Außenpolitik über das 20. Jahrhundert hinaus gültig blieb.[25] Mit Imperialismus, wie sie die europäischen Nationen betrieben, die sich gegenseitig mit Weltmachtansprüchen zu übertrumpfen suchten, sollte das allerdings nichts zu tun haben. Dass Roosevelt sich dabei, wie viele andere Machtpolitiker, einschlägiger Autoren bediente, mit denen er zum Teil sogar persönlich bekannt war, zeigt freilich ein ganz anderes Bild. John Burgess, der vor allem mit rassistischen Thesen von der Überlegenheit der «Arier» zur Rechtfertigung der Besiedlung Nordamerikas hervorgetreten war,[26] gehörte ebenso zu den Referenzen wie der Prediger Josiah Strong, der gleichfalls von der «Besonderheit» (Exclusiveness) der Amerikaner sprach.

Kritiker des Imperialismus   Hinter der großen Zustimmung zu Expansion und imperialer Mission, wie sie auch in den Medien präsent war, fielen abweichende Meinungen häufig nur noch als lästiges Nebengeräusch auf. Dabei war auch das gegnerische Lager durchaus prominent besetzt und scharfzüngig. Zu ihm gehörten ehemalige Präsidenten aus beiden Parteien, der Republikaner Benjamin Harrison ebenso wie der Demokrat Grover Cleveland. Es gab bekannte Industrielle wie Andrew Carnegie und nicht zuletzt berühmte Schriftsteller, unter ihnen Ambrose Bierce und Mark Twain. Twain war sogar Mitgründer der «Antiimperialistischen Liga» (American Anti-Imperialist League), deren Vorsitz er von 1901 bis zu seinem Tod 1910 inne hatte. Die Hauptargumente der Antiimperialisten, wie sie sich selbst nannten, fanden sich ebenfalls in den Traditionen der amerikanischen Geschichte. Sie sahen vor allem die Grundideen der amerikanischen Verfassung durch eine Expansionspolitik verletzt. Carnegie fürchtete zudem ein negatives Image im Ausland, das den Erfolg amerikanischer Waren behindern könnte. Die Gewerkschaften, allen voran die mächtige AFL, glaubten dagegen, dass der Annexion von Gebieten eine ungezügelte Einwanderung von Billigarbeitskräften und billige Importe folgen würden, die langfristig ebenfalls den Wohlstand in den USA gefährden könnten. Dies wurde in der ohnehin angespannten Situation, in der das sogenannte Progressive Movement versuchte, mit Reformen die schwierige Situation von Arbeitern, gerade auch der Unterschicht in den Städten, zu verbessern, zum zentralen

"CIVILIZATION BEGINS AT HOME."

«Die Zivilisation beginnt zu Hause» Karikatur der *New York World* zu den imperialen Plänen im Pazifik, 1898

Thema. Dass es allerdings selbst einer so prominent besetzten Gruppe wie der Antiimperialistischen Liga kaum gelang, nennenswerten Einfluss auf die amerikanische Außenpolitik zu nehmen, macht klar, wie tief verankert die Idee der politischen Mission und wie aufgeputscht die öffentliche Meinung war.[27] Der zunehmend verbitterte Mark Twain hielt die Stimmung gegenüber «unserem Diebstahl der Philippinen und gegenüber unserem Anschlag auf die Freiheit der Menschen des Archipels» sogar für eine «allgemeine Herrschaft des Terrors». Der den Antiimperialisten bereits damals vorgeworfene «Isolationismus» konnte nur mit dem für die US-Öffentlichkeit enttäuschenden Ausgang des Ersten Weltkriegs wieder eine Mehrheit hinter sich bringen. Dann war er allerdings so stark, dass er erst mit dem Angriff der Japaner auf Pearl Harbor 1941 wieder aus der Außenpolitik verdrängt werden konnte.

Die Jahre vor dem Eintritt der USA in den Krieg auf Seiten der Entente gegen die Mittelmächte Deutschland und Österreich-Ungarn blieben so innenpolitisch erfolgreich. Nach Theodore Roosevelt konnte 1909 mit William Taft wieder ein republikanischer Präsident sein Amt antreten. Taft wurde zum eigentlichen Begründer einer Außenpolitik, die nicht nur mit Gewalt, sondern auch mit Geld ihre Ziele zu erreichen suchte. Die vielgescholtene Dollar-Diplomatie hatte vielfach sogar mehr Erfolg als der Einsatz von Soldaten. Das letzte Jahr der Präsidentschaft Tafts war allerdings bereits von einer neuen Wirtschaftskrise überschattet, in der das Geld knapp wurde und unter deren Zeichen auch die Wahlen 1912 stattfanden. An dieser Krise scheiterte Taft und machte Platz für den seit 1897 ersten Präsidenten der Demokratischen Partei, Woodrow Wilson, dem die amerikanischen Wähler nun die Lösung innenpolitischer Probleme eher zutrauten als den Republikanern, die sich in den vorangegangenen Jahrzehnten mehr außenpolitischen Fragen zugewandt hatten. Wilson sah sich tatsächlich vor allem als ein dem Progressivismus verpflichteter Innenpolitiker, dem es beim Amtsantritt undenkbar schien, in seiner zweiten Amtszeit mit dem größten auswärtigen Krieg konfrontiert zu sein, den die USA jemals geführt hatten.

Wilson Allerdings schaltete sich auch Wilson trotz seiner innenpolitischen Prioritäten bereits vor 1917 intervenierend im Ausland ein, was im Rückblick eher zur Außenpolitik seiner Vorgänger zu passen schien als zu einem Neubeginn. Wilson unterstrich dies zudem ganz im Sinne der Monroe-Doktrin und seiner Vorgänger, insbesondere Theodore Roosevelts, mit dem Satz, er werde es den Ausländern – in diesem Fall den Südamerikanern – schon beibringen, die den USA genehmen Politiker zu wählen.[28] Die Interventionen richteten sich vor allem gegen den mexikanischen Präsidenten General Victoriano Huerta, der sich an die Macht geputscht hatte und dem Wilson nun die Anerkennung durch die USA verweigerte, obwohl aus Großbritannien und von der amerikanischen Ölindustrie Kritik kam. Als am 15. Juli 1914 Huerta tatsächlich gestürzt wurde, übernahm eine US-freundliche Regierung um Venustiano Carranza die Amtsgeschäfte, die in der Folge vor allem gegen mexikanische

Antideutsches Schild in Chicago: «Gefahr für Parteigänger des Feindes», 1917

Aufständische unter dem schon zu Lebzeiten verklärten Emiliano Zapata vorging. Zapata starb schließlich 1919 in einem Hinterhalt der Regierungstruppen. Dass das kaiserliche Deutschland mit der amerikanischen Haltung gegenüber Mexiko nicht einverstanden war, hielt man in Washington eher für den Hinweis, dass man sich im Sinne der Monroe-Doktrin richtig entschieden habe. Nur wenig später wurde in der Affäre um die sogenannte Zimmermann-Depesche ein ähnliches Argument zum Ausgangspunkt für den amerikanischen Kriegseintritt gegen Deutschland. Kurz vor dem Eintritt in den Ersten Weltkrieg griff Wilson 1915 auch auf Haiti und 1916 in Nicaragua sowie der Dominikanischen Republik ein. Haiti blieb bis 1934, die Dominikanische Republik bis 1924 amerikanisch besetzt. In Nicaragua wurden Militärstützpunkte eingerichtet.

Aus der 1914 überraschend losbrechenden militärischen Eskalation in Europa, die sich durch die Balkankrisen allerdings schon länger angekündigt hatte, hielten sich die USA vorläufig heraus. Der US-Bevölkerung wurde sogar auferlegt, unparteiisch zu bleiben. Die Wahlen 1916 gewann Wilson nicht zuletzt mit dem Versprechen, die Vereinigten Staaten neutral zu halten: «He Kept us Out of War».[29] Allerdings wandte sich die Bevölkerungsmehrheit in den USA trotz des großen deutschstämmigen Anteils, der sich um die Jahrhundertwende bei etwa zehn Prozent der Gesamteinwohnerzahl bewegte, rasch gegen die Mittelmächte.[30] Dazu trugen das britische Erbe der Mehrheitsbevölkerung ebenso bei wie die zahlreichen kulturellen, politischen und wirtschaftlichen Verbindungen nach Großbritannien und dem Commonwealth. Durchschlagend negativ wurden die in den USA ankommenden Nachrichten über die deutsche Kriegsführung aufgenommen, zumal die britische Propaganda die Informationen über die beim Einmarsch in Belgien verübten deutschen Gräuel zusätzlich dramatisierte. Eine aufgeputschte Kriegsstimmung entstand dennoch nicht, obwohl eine ernsthafte antideutsche Atmosphäre bereits in bestimmten Gegenden der USA zu beobachten war, die zudem kontinuierlich wuchs und mit der Kriegserklärung an Deutschland 1917 geradezu hysterische Höhepunkte erreichte. Gleichzeitig fanden sich in den USA aber auch erhebliche antibritische Stimmungen, die besonders zunahmen, als sich London im April 1916 entschied, den Aufstand in Irland blutig niederzuschlagen.

U-Boot-Krieg und Zimmermann-Depesche   Zu einem wichtigen Argument beim amerikanischen Kriegseintritt wurde die deutsche Entscheidung, den Uneingeschränkten U-Boot-Krieg im Januar 1917 wieder aufzunehmen, mit dessen Hilfe die Deutschen insbesondere hofften, die Hungerblockade der Entente zu durchbrechen, aber auch den alliierten Nachschub zu stören. Im folgenden Monat war ihm bereits der von den Briten gecharterte amerikanische Frachter «Housatonic» zum Opfer gefallen. In den USA waren die Emotionen bereits knapp zwei Jahre zuvor durch die Versenkung des britischen Passagierschiffs «Lusitania» am 7. Mai 1915 hochgekocht, das auf der Rückfahrt von New York vor der irischen Küste ebenfalls von einem deutschen U-Boot torpediert worden und gesunken war. 128 US-Bürger hatten dabei ihr Leben verloren. Wilson hatte es damals jedoch geschafft, die Gemüter zu besänftigen. Einen Kriegsgrund sah er vermutlich auch deshalb darin nicht, weil er bereits damals wusste, dass die «Lusitania» entgegen der Neutralitätsregeln, aber wohl mit Kalkül der Regierung in London, Munition nach England transportierte.[31] Allein im Jahr 1916 hatte die US-Wirtschaft der Entente schon Waren im Wert von 2,75 Milliarden Dollar geliefert.[32] Die Entscheidung zum Kriegseintritt fiel daher nicht wegen des U-Boot-Kriegs.

Wichtiger für den amerikanischen Entschluss, in den Krieg einzutreten, wurde die Zimmermann-Depesche, die massiv die Grundängste der US-Gesellschaft seit der Kolonialzeit und insbesondere seit dem Unabhängigkeitskrieg bediente. Das verschlüsselte Fernschreiben, das der im Berliner Auswärtigen Amt tätige Staatssekretär Arthur Zimmermann am 19. Januar 1917 über die deutsche Botschaft in Washington an den Gesandten des Deutschen Reiches in Mexiko geschickt hatte und das vom britischen Geheimdienst abgefangen und entziffert worden war, ließ in der US-Regierung alle Alarmglocken schrillen. In dem Schreiben wurde der mexikanischen Regierung von den Mittelmächten für den Fall, dass die USA nach Beginn des Uneingeschränkten U-Bootkriegs in den Konflikt offiziell einträten, ein Bündnis angeboten. Als Lohn für die Beteiligung winkte nicht nur «reichlich finanzielle Unterstützung», wie es dort hieß, sondern überdies die Berücksichtigung mexikanischer Interessen beim Friedensschluss. Nach Zimmermann bedeutete das das «Einverständnis unsererseits, dass Mexiko in Texas, Neu Mexico, Arizona früher verlorenes Gebiet zurückerobert».[33] Zugleich boten die Mittelmächte Japan, das sich seit der gewaltsamen Öffnung seiner Häfen für den amerikanischen Handel 1854 ebenfalls als Opfer, nun aber in erster Linie als machtpolitischen Konkurrenten der USA sah, ein Bündnis an.

Kriegseintritt Vor dem Hintergrund des fünfzig Jahre zurückliegenden Versuchs, einen Ableger der europäischen Monarchien in Mexiko zu installieren, und der damit verbundenen Einkreisungsängste der USA wurde das Bekanntwerden des Telegramms zum ultimativen Argument für Wilson, auf Seiten der Entente in den Weltkrieg einzutreten. Am 1. März 1917, nach längerem Zaudern der Briten, die nicht ohne Not zu erkennen geben wollten, dass sie im Besitz des deutschen Geheimcodes waren, ließ das US-Außenministerium den Inhalt des Telegramms über die Zeitungen veröffentlichen. Viele Blätter druckten es in voller Länge ab, und am Tag darauf bat Wilson den US-Kongress um die Zustimmung zum Kriegseintritt. «Ich stelle fest», hieß es in seiner emotional gefärbten Rede, die mit mehrheitlicher Zustimmung und nur wenig Kritik aufgenommen wurde, «dass die in jüngster Zeit von der deutschen kaiserlichen Regierung verfolgte Politik nichts weniger ist als ein Krieg gegen die Regierung und das Volk der Vereinigten Staaten. Der Kongress möge formell den uns aufgezwungenen Kriegszustand akzeptieren.»[34] Faktisch war das zwar der Bankrott seiner Außenpolitik, die sich

US-Kongress, 2. April 1917   Die USA erklären Deutschland den Krieg.

bis zuletzt zum Ziel gesetzt hatte, die USA aus dem Konflikt herauszuhalten.

Kern der weiteren außenpolitischen Bemühungen Wilsons blieb nun die Idee, diesen Krieg wenigstens mit einem «Frieden ohne Sieg» abzuschließen und ihn damit im glücklichsten Fall zum letzten der Menschheit zu machen, wodurch die Welt demokratischer und damit sicherer werden würde. Dahinter stand der feste Glaube des US-Präsidenten, dass Demokratisierung Friedenssicherung sei. Für die Bedrohung von Frieden und Freiheit waren in dieser Wahrnehmung allein autokratische Regierungen verantwortlich. «Demokratische Nationen», so Wilson, «schicken keine Spione in ihre Nachbarstaaten oder intrigieren gegen sie, um einen Kriegsgrund oder eine Möglichkeit zu finden, sie zu erobern.» Mit dem Sieg über die Despoten werde die Welt sicherer. «The world must be made safe for democracy», hieß es programmatisch in seiner Rede vom 2. April 1917.

Noch stärker als in seiner Kongressrede zum Kriegsbeginn 1917 wies Wilson in den darauffolgenden öffentlichen Botschaften auf die religiösmoralische Basis seiner Außenpolitik hin. Der Krieg gegen die Mittelmächte erschien nun immer deutlicher als Kampf gegen das Böse schlechthin, der bereits bei den Gründervätern zum zentralen Motiv geworden war. «Peace by the Overcoming of the Evil» war das zentrale Thema der Wilson-Botschaft an den Kongress vom 4. Dezember 1917, in der der Präsident ausführlich auf die Gottgewolltheit der Schlacht gegen die «Dunklen Mächte» («Sinister Forces») einging.[35] Dieser Kampf sei nicht nur «gerecht und heilig», sondern erfülle alle Bedingungen für einen «gerechten Krieg». Nirgends wurde Wilsons außenpolitische Linie schließlich so deutlich wie in seinen berühmten Vierzehn Punkten, die er am 8. Januar 1918 erneut vor dem Kongress darlegte.[36] In dieser Ansprache, die noch mehr als alle anderen auch an die Kriegsgegner gerichtet war, betonte er, dass das Ergebnis des alliierten Sieges nicht allein die militärische Vernichtung des Gegners sein könne, sondern vor allem die «Befreiung» der Welt von Unrecht und ungerechter Herrschaft nach sich ziehen müsse. «Freiheit» bedeutete gemäß seinen Vierzehn Punkten: öffentliche Verhandlungen, Friedensverträge ohne Geheimabkommen, freie Schifffahrt und unbeschränkter Handel, Berücksichtigung der betroffenen Bevölkerung bei der Lösung von Kolonialfragen, Rückgabe besetzter Gebiete mit Regelung bisher ungeklärter Grenzfragen, Autonomie für die befreiten Völker des Habsburger und des Osmanischen Reiches und nicht zuletzt die Einrichtung eines gemeinsamen Völkerbundes, in dem all dies in Zukunft gemeinsam geregelt werden sollte. Ideengeschichtlich wurzelten die meisten dieser Überlegungen in den Vorstellungen der puritanisch-christlichen Mission.[37]

In den USA waren die kritischen Stimmen weitgehend verstummt, seit im März 1917 drei weitere US-Frachter von deutschen U-Booten auf den Grund des Atlantiks geschickt worden waren. Wie vor dem Konflikt mit Spanien 1898 sorgte nun vor allem die Berichterstattung der Massenmedien, insbesondere der Boulevardpresse, für wachsende Kriegsstimmung. An dieser Stimmungsmache waren bereits viele der Journalisten beteiligt, die auch während des Zweiten Weltkriegs und im anschließenden Kalten Krieg zu wichtigen Meinungsmachern der US-Presse werden sollten. Zu ihnen gehörte auch Herbert Swope, der 1946 den Begriff «Cold War» erfand. 1917 wurde er mit seinen Reportagen über Deutschland im Krieg bekannt, die er zunächst in der zu Pulitzers Zeitungsimperium gehörenden *New York World* veröffentlichte.[38] Die wie viele andere Blätter der Yellow Press reißerisch aufgemachte *World* brach schon vor dem amerikanischen Kriegseintritt 1917 durch einen niedrigen Preis und schnelle Reaktionen auf Ereignisse alle bisherigen Verkaufsrekorde. Nicht nur bei außen-, sondern auch bei innenpolitischen Themen stand bei ihr der Begriff «Krieg» überproportional häufig im Mittelpunkt. Es war kein Zufall, dass Kritiker der *World* ihren Sensationsjournalismus sogar hin und wieder dafür verantwortlich machten, dass in der US-Bevölkerung überhaupt eine Kriegsstimmung entstand. Immerhin wurde sie aber auch in Regierungskreisen in Washington gelesen.[39] Dass die Kriegsstimmung von rechts bis links reichte, belegte Swopes Berufskollege Walter Lippmann von der 1914 als eher linke Zeitschrift gegründeten *New Republic.* Wie viele andere Intellektuelle – unter anderen auch der berühmte Philosoph John Dewey – glaubte Lippmann, dass eine Beteiligung an der militärischen Auseinandersetzung nicht zuletzt zur inneren Reinigung und Neuorientierung der USA beitragen könnte. Lippmann stieg schließlich sogar in das 125-köpfige Gremium auf, das Wilson für die Beratung der Vierzehn Punkte zusammengestellt hatte.

Obwohl zu den Befürwortern des Kriegseintritts auch eine ganze Riege illustrer Namen des amerikanischen Kulturlebens gehörte – unter ihnen Ernest Hemingway, Malcom Cowley und Edward Cummings –, die sich sogar alle freiwillig meldeten, verstummten die Gegenstimmen im Kongress bis zum Schluss nicht. Fünfzig Angehörige des Abgeordnetenhauses und sechs Senatoren votierten selbst am 2. April 1917 noch gegen den amerikanischen Kriegseintritt. Neben den generellen Kriegsgegnern, zu denen sich etwa die Sozialisten oder auch die Quäker zählten, waren die irischen und deutschen Bevölkerungsgruppen gegen eine Beteiligung der USA am Kriegsgeschehen. Sie äußerten sich allerdings häufig nicht öffentlich, um keine Probleme zu bekommen. Tatsächlich verstärkten sich nach dem Kriegseintritt die antiirischen, vor allem aber die antideutschen Ressentiments. Sie gipfelten in einzelnen Gebieten der USA sogar in körperlichen Attacken, die sich im Einzelfall sogar bis zum Lynchmord steigerten. Im April 1918 wurde in Illinois der deutschstämmige US-Bürger Robert Prager als angeblicher Spion von einer wütenden Menge aufgehängt.[40]

Kriegspropaganda   Aber es war Wilsons Initiative, auf die mit der Executive Order 2594 am 13. April die Einrichtung eines ersten offiziellen Büros für Kriegspropaganda zurückging. Das sogenannte Committee on Public Information, kurz Creel Committee, entwickelte sich in kurzer Zeit zu einer derart effektiven Waffe, dass ihre Wirkungen zum Teil bis heute in den USA spürbar geblieben sind. Sein Leiter, George Creel – auch er eigentlich Journalist –, konzentrierte sich insbesondere auf die antideutsche Propaganda, in deren Mittelpunkt vor allem der deutsche Kaiser stand. Es sei ihm bei seiner Arbeit für das Komitee niemals um Fakten, sondern um die erfolgreiche Vermittlung von «Glauben» («Propagation of Faith») gegangen, schrieb Creel später in seinen Erinnerungen.[41] Unter seiner Führung produzierte das Committee nicht zuletzt so bekannte Plakate wie «I want You For the US Army», «Wake up America» oder «Destroy this Mad Brute», die bis heute in kaum einem Souvenirshop in den Vereinigten Staaten fehlen dürfen und weit über die USA hinaus bekannt sind (s. Abb. S. 11). Sie waren allerdings in ihrer drastischen Bildsprache damals in erster Linie für jene Amerikaner konzipiert, die sich kaum durch Zeitungen, Radio oder Bücher informierten.

Dass der an sich eher unauffällige Creel-Ausschuss zu einer Schnittstelle der Entscheidungsträger wurde, zeigte sich daran, dass in ihm die wichtigsten US-Institutionen versammelt waren: das Kriegs-, Marine- und vor allem das Außenministerium. Außenminister Robert Lansing, der 1919 der amerikanischen Delegation während der Pariser Friedenskonferenz vorstand, wurde nicht zuletzt auch deswegen zu einem wichtigen Vorreiter zukünftiger amerikanischer Außenpolitik, weil er ein Gebiet beschritt, das bislang fast völlig unbekannt geblieben war. Lansing gilt als Erfinder der modernen amerikanischen Geheimdienste, wenngleich erste Ansätze bereits auf George Washington zurückgehen.[42] 1916 rief er das Bureau of Secret Intelligence ins Leben, das als Vorläufer des 1942 entstandenen, ungleich berühmteren Office of Strategic Services (OSS) im Zweiten Weltkrieg und erst recht der 1947 für die Aufgaben des Kalten Krieges entstandenen Central Intelligence Agency (CIA) gilt. Lansings Neffen John Foster und Allen Dulles wurden wichtige Förderer der Geheimdienstarbeit bis in die 1960er Jahre.

Fast schon normal erschien in dieser Atmosphäre die traditionell vorhandene Lagermentalität, die sich nun in einem verstärkten Druck auf Deutsch-Amerikaner zeigte, obwohl sich diese nun häufig besonders intensiv bemühten, ihre Verbundenheit mit den USA zu demonstrieren, so etwa durch den Kauf von Kriegsanleihen. Dies war bereits nach der Torpedierung der «Lusitania» am 7. Mai 1915 zu beobachten gewesen und führte nun tatsächlich zu Auflösungserscheinungen in den klassischen Milieus, den kleinen «German Towns» oder «German Quarters», wie sie in vielen Großstädten existierten. Deutsch als öffentliche Sprache verlor an Bedeutung, und auch in den ländlichen Gebieten des Mittleren Westens, wo Niederdeutsch noch üblich war, avancierte das Englische nun zur Alltagssprache. Deutschsprachige Zeitungen verschwanden, häufig für immer. Viele

«Entfernt den Bindestrich.
Nun muss es das Eine oder das
Andere sein» Die Versenkung
der «Lusitania» erhöhte den
Druck auf die Deutsch-Amerikaner, «Amerikaner» zu
werden, und verstärkte auch
allgemein den Manichäismus
und das Lagerdenken.

Deutschstämmige zogen sich in ihre private Nische zurück, amerikanisierten ihre Namen oder gaben sogar eine andere Herkunft an, wie der 1920
durchgeführte US-Zensus ergab. Darüber hinaus sorgten neue, aber auf
alte Vorbilder zurückgreifende Gesetze wie der Alien Enemies Act dafür,
dass verdächtige oder auch nur renitente Deutsch-Amerikaner, wie zum
Beispiel der Chefdirigent des Boston Symphony Orchestra, Karl Muck, sogar in Lager eingeliefert wurden, bevor man sie ganz aus den USA verwies.[43] Solche Internierungslager für «Feindliche Ausländer» fanden sich
damals in vielen Gebieten der USA, unter anderem in South Carolina,
Georgia oder Utah. Langfristig allerdings konnte selbst dies die deutsch-
amerikanischen Verbindungen nicht zerstören. Insofern war es keine
Überraschung, dass bereits kurz nach dem Ersten Weltkrieg wieder eine
vergleichsweise umfangreiche deutsche Immigration erlaubt wurde. Freilich befanden sich unter den Immigranten jener Zeit unglücklicherweise
auch solche, die schon Mitte der 1920er Jahre damit begannen, in den USA
nationalsozialistische Organisationen aufzubauen. Aus diesen entstand

nach 1933 der größte nationalsozialistische Zusammenschluss, der 1936 gegründete German American Bund, dessen Führungsriege auffallend viele neue deutsche Einwanderer aufwies. Der ultimative Loyalitätsbeweis für die Deutsch-Amerikaner war die Beteiligung am Krieg. Bis die Vereinigten Staaten indes überhaupt in der Lage waren, Truppen nach Übersee zu bringen, dauerte es einige Zeit. Zudem war die US-Armee mit ihren damals knapp 120 000 Soldaten nicht nur klein, sondern für die kommenden Materialschlachten an der Westfront Europas auch viel zu unerfahren und zu schlecht ausgerüstet. Die Munitionsvorräte reichten bei Kriegsbeginn nur für etwa zwei Tage. Das amerikanische Kriegsministerium war zwar 1916 mit dem National Defense Act bereits in Teilen modernisiert worden. Zudem hatte es Bemühungen um den Aufbau eines koordinierenden Generalstabs gegeben, aus denen schließlich die Joint Chiefs of Staff hervorgingen. Dennoch sollte selbst dieses zentrale Gremium bis zum Bau eines eigenen War Department Building (heute: Harry S. Truman Building) in Washington in den späten 1930er Jahren noch kein eigenes Gebäude erhalten, sondern auf über ein Dutzend Häuser verteilt bleiben, was seine Effektivität massiv einschränkte. Das Hauptgebäude des Kriegsministeriums befand sich seit 1888 als State, War, and Navy Building nahe dem White House an der Pennsylvania Avenue (heute: Old Executive Office Building). Erst der Bau des sogenannten Pentagon im benachbarten Arlington in Virginia löste 1941 langfristig die Raumprobleme. Dies alles macht deutlich, dass die USA 1917 eigentlich in keiner Weise auf den Krieg in Europa vorbereitet waren, der als Maschinenkrieg und ohne Rücksicht auf Menschenleben so ganz anders geführt wurde als alles, was man bisher gekannt hatte. Entsprechend hoch waren die amerikanischen Verluste. Es war daher keine Überraschung, dass Wilson schließlich einen eigenen Berater für die Kriegswirtschaft berief. Bernard Baruch bewährte sich bis weit in die Amtszeit Franklin D. Roosevelts und Harry S. Trumans und führte 1946/47 als Leiter einer amerikanischen Kommission sogar die Verhandlungen mit den Sowjets in der UNO um die Atomwaffen.

Kriegsverlauf und der Frieden von Versailles   Ende des Jahres 1917 hatten trotz aller Schwierigkeiten bereits rund 176 000 Soldaten der American Expeditionary Forces (AEF) unter ihrem Oberbefehlshaber John J. Pershing Europa erreicht. Ihre Zahl wuchs bis zum Ende des Krieges im November 1918 auf rund zwei Millionen Soldaten.[44] Der amerikanischen Kriegserklärung im Ersten Weltkrieg folgte, wie auch im

Zweiten ab 1941 und erst recht im Kalten Krieg ab 1947, ein gewaltiges Neuorganisations- und Aufrüstungsprogramm. In den USA kam dies ab 1917 wie schon im Amerikanischen Bürgerkrieg zunächst vor allem den Nordstaaten zugute, wo in den traditionellen Industriegebieten auch die nun auf die neuen Anforderungen eingestellte modernisierte Kriegsindustrie entstand. Erst in den kommenden Kriegen profitierten auch die Südstaaten mehr.

Die größtenteils militärisch unerfahrenen Soldaten des amerikanischen Expeditionskorps in Westeuropa bezahlten in den Materialschlachten des letzten Kriegsjahres zwar im Vergleich mit Briten, Franzosen und Deutschen einen eher niedrigen Blutzoll von 112 432 Gefallenen und 230 074 Verwundeten,[45] zu denen noch rund 60 000 Tote durch Krankheiten kamen. Eine hohe Todesrate forderte vor allem die bis 1920 grassierende Spanische Grippe.[46] Gemessen am kurzen Kampfeinsatz jedoch hielt das die US-Öffentlichkeit für viel zu viel. Militärisch allerdings brachten die Materialüberlegenheit und der psychologische Schub des amerikanischen Kriegseintritts die Entscheidung.[47] Als die Deutschen ab dem Frühjahr 1918 noch einmal alles auf eine Karte setzten und mit einer letzten Offensive den Sieg herbeizuzwingen suchten, war es der amerikanische Einsatz, der den Durchbruch verhinderte, wie der am 18. Juli 1918 geführte Gegenangriff zeigte, der mit dem Panzereinsatz bei Amiens am 8. August einen seiner entscheidenden Höhepunkte erreichte.

Am Ende des Krieges wurde die neue Bedeutung der USA und ihres Präsidenten Wilson in der Weltpolitik dadurch für alle sichtbar, dass sich das Deutsche Reich bei seinem Ersuchen um einen Waffenstillstand am 3. Oktober 1918 persönlich an Wilson wandte und sich ausdrücklich auf dessen Vierzehn Punkte berief. Am 11. November 1918 unterzeichneten die deutschen Vertreter im Wald von Compiègne den Waffenstillstand. Die harten Bedingungen des 1919 folgenden, den Deutschen faktisch aufoktroyierten Friedens von Versailles machten dann allerdings rasch deutlich, dass die Vierzehn Punkte den Realitäten nicht standhielten, obwohl Wilson mit ganzem Einsatz für sie kämpfte. In seiner Eröffnungsrede vor der Versailler Friedenskonferenz 1919 legte er noch einmal ausführlich dar, dass für die Amerikaner der Sinn des Kriegseintritts niemals darin gelegen habe, sich in die europäische Politik einzumischen. Das Ziel sei vielmehr, uneigennützig Frieden und Demokratie in Europa als Grundlage für einen dauerhaften Frieden zu schaffen. Es ging für den amerikanischen Präsidenten unzweifelhaft um eine «Befreiung» Europas von den «undemokratischen Herrschern»; und dies betraf gerade auch die Verlierer. Die Soldaten der Vereinigten Staaten, so formulierte Wilson in unüberhörbarer Anlehnung an die Werte der ersten englischen Siedler in Nordamerika, noch einmal ausdrücklich, «kamen als Kreuzfahrer, nicht allein, um den Krieg zu gewinnen, sondern um die Ursache zu beseitigen, und ich muss wie sie ein Kreuzfahrer für diese Ziele sein, was immer es kosten mag».[48]

Der Friedensvertrag von Versailles, wie er schließlich verabschiedet wurde, kostete ohne Zweifel zumindest einen Teil des Renommees, das sich Wilson erarbeitet hatte. Nicht nur die Deutschen waren enttäuscht, dass die Vierzehn Punkte für sie keinen Bonus abwarfen. Wilsons Überzeugungen hatten zwar deutliche politische Folgen, die bis über den Kalten Krieg hinausreichten, aber sie wurden zunächst kaum honoriert. Gesundheitlich angeschlagen und resigniert zog sich der US-Präsident schließlich zurück. Wenngleich das Versailler Vertragswerk in dem zu diesem Zeitpunkt bereits republikanisch dominierten Senat auch nicht ratifiziert wurde (Ablehnung 53 zu 38 Stimmen), langfristig orientierten sich auch die Republikaner an Wilson. Der 1953 als Außenminister in die republikanische Regierung Dwight D. Eisenhowers berufene John Foster Dulles, der damals als Mitglied der amerikanischen Delegation an der Konferenz in Versailles teilnahm, berief sich später nicht nur immer wieder ausdrücklich auf Wilson, sondern beklagte zudem stets die Unfähigkeit der USA, in Versailles eine gerechte Lösung realisiert zu haben. Dies, so glaubte nicht nur er, sei bereits der Anfang vom Weg in den Zweiten Weltkrieg gewesen.

VII. Melting Pot: Kulturen der Neuen Welt

Literatur, Musik, Kunst

Spricht man über die Entstehung und Produktion einer genuinen amerikanischen Kultur in Literatur, Bildender Kunst und Musik, die sich intentional von anderer, zunächst vor allem von der europäisch-britischen, absetzen sollte, wenngleich sie sich zunächst noch an ihr orientierte und von ihr partizipierte, so wird man sie vor und in den ersten Jahrzehnten nach der Amerikanischen Revolution erst in einigen Anfängen finden. Seit der Kolonialzeit aber und besonders stark nach der Gründung der USA mischten sich bereits viele, nicht nur europäische Kulturen, so dass das, was schließlich als amerikanische Kultur bezeichnet wurde, zwangsläufig hybride Züge hatte, obwohl die Mehrheitssprache bis heute Englisch ist und die besondere Verbundenheit mit dem englisch-britischen Kulturkreis unverkennbar blieb.[1] Darüber hinaus und zeitweise auch eher unbemerkt profitierte diese Mischung sowohl in der Hoch- als auch in der Populärkultur zudem von den indigenen indianischen Kulturen Nordamerikas. Auch diese hatten sich wiederum bereits seit der Zeit der ersten europäischen Besiedlung im späten 16. Jahrhundert in einigen Gebieten der späteren USA mit der der spanischen Kolonialherren vermischt. Hinzu kamen Verbindungen mit der afrikanischen Kultur der Sklavengesellschaft, die sich insbesondere in den vier südlichsten der 13 ersten Kolonien ausprägte, und hier schließlich mit der englischen und der französischen Tradition einen Teil der spezifischen Südstaatenkultur bildete.

Weg in die Hybridkultur So entstand das, was man schließlich als amerikanische Kultur verstand, in einem Schmelztiegel der unterschiedlichen Kulturen, die sich über Jahrhunderte willentlich oder auch zufällig miteinander verwoben hatten. Diese Entwicklung, die durch das 1782 entworfene offizielle Siegel mit seinem «E Pluribus Unum» euphemistisch zur Basis der Vereinigten Staaten erklärt worden war und im 20. Jahrhundert nicht weniger blumig als Melting Pot oder American

Kaleidoscope[2] mit New York als Zentrum umschrieben wurde, kann rückblickend tatsächlich als das eigentliche Erfolgsgeheimnis der US-Kultur und ihrer Durchsetzung zur globalen Superculture des 20. und 21. Jahrhunderts betrachtet werden.

Der Weg zur Hybridkultur – nicht bereits ihr kommender Erfolg – zeichnete sich schon beim ersten intensiveren europäisch-indianischen Aufeinandertreffen im 17. Jahrhundert ab. Die frühen europäischen Siedler kamen mit einem relativ festgefügten Kulturverständnis auf der Basis der Bibel, das selbstverständlich und trotz der Ablehnung des «Alten Europa» von der europäischen Überlegenheit und dem festen Willen ausging, das eigene Kultur- und Lebensmodell in der «Neuen Welt» zu etablieren. In der Regel zeigten sie sich darin nicht kompromissbereit, auch wenn selbst innerhalb der weißen Kultur tiefe Bruchlinien verliefen. Die tiefste zeigte sich wohl am deutlichsten zwischen dem sich industriell schließlich rasch entwickelnden Norden mit seiner protestantischen Arbeitsethik und dem ökonomisch eher rückständigen Old South mit seinen sich aristokratisch gebenden Plantageneignern.

Die gefühlte europäische Kulturdominanz bekamen zunächst jene indigenen Stämme zu spüren, die nach und nach mit den Siedlern in Berührung kamen. Ihre teils hochdifferenzierten Kulturen spielten in deren Wahrnehmung keine Rolle. Indianer wurden im Allgemeinen als Teil der feindlichen Wildnis verstanden, ihre Lebensweise und Sozialstruktur als barbarisch, ihre Sprachen als ebenso unverständlich wie ihre Musik, in der insbesondere Trommeln und Gesänge von Beginn an gleichbedeutend für Gefahr standen. Als «zivilisiert» galten sie nur, wenn sie, wie die Stämme in den sogenannten Praying Towns des 17. Jahrhunderts oder die schließlich ebenfalls vertriebenen «Fünf Zivilisierten Stämme» im 19. Jahrhundert, europäische Lebensweisen und Kulturformen übernahmen.

Über eine eigene Zeichenschrift verfügten die Stämme nicht, wohl aber über Bildschriften, mit deren Hilfe etwa die Delaware an der Ostküste ihre Wahrnehmung der indianisch-europäischen Begegnung dokumentierten. Erst 1809 entwickelte der aus einer indianisch-europäischen Verbindung stammende Sequoya (auch George Gist oder George Guess genannt) mit Hilfe lateinischer und neu erfundener Buchstaben eine europäisierte indianische Schrift. In dieser erschien ab 1828 bis zu ihrem Verbot 1834 auch die erste indianische Zeitung in Nordamerika, der *Cherokee Phoenix, and Indians' Advocate*, die zum Vorbild für andere indianische Periodika wurde. Gewöhnlich aber gab die indigene Bevölkerung ihre

Erfahrungen mündlich weiter. Die Verständigung der Stämme untereinander erfolgte in der Regel durch Zeichensprache, die «transnational» auch bei Vertragsabschlüssen mit den Europäern funktionierte. Da eine eigene literarische Überlieferung fehlte und ihre Kultur einer organisierten Vernichtung anheimfiel, bleibt es bis heute so schwierig, die Geschichte der Indianer aus ihrer Sicht zu rekonstruieren.

Bereits bei den frühen Begegnungen, die häufig als Clash of Civilizations, jedoch keinesfalls ausnahmslos feindlich verliefen, übernahmen beide Seiten Gewohnheiten der jeweils anderen. Der Anbau von Mais, des Indian Corn, aber auch die einheimische Art der Zubereitung von Speisen über dem offenen Feuer beim Barbecue wurde rasch Teil der Kolonialkultur. Noch intensiver gestaltete sich, wie ebenfalls an anderer Stelle bereits kurz angedeutet, die interkulturelle Begegnung in der Welt der Waldläufer (Coureur du Bois) und Fallensteller (Trapper), der «weißen Indianer», die außerhalb der Siedlungen noch zwingender auf die Hilfe der Einheimischen angewiesen waren. Dass der Kontakt nicht einseitig verlief, sondern die indigene Bevölkerung auch europäische Eigenarten, Waren und Verhaltensweisen, gerade in der Alltagskultur, annahm, ergab sich schon allein aus dem Handel, durch den jedoch auch der besonders verheerend wirkende Alkohol, das «Feuerwasser», in die indianische Welt eindrang.[3]

Transkultureller Austausch Darüber hinaus wirkte dieser transkulturelle Austausch, den man wahrscheinlich besser als Einsickern oder Diffusion beschreibt, schnell bis in die Sprache und Literatur der Siedler.[4] So wurden von den Kolonisten rasch einige indianische Bezeichnungen übernommen. Dies betraf Tier-, Pflanzen- und Ortsnamen ebenso wie Begriffe aus dem Sozialleben der indigenen Bevölkerung. Die Esskastanie, die die Einheimischen an der Ostküste Chechinquamen nannten, wurde für die Europäer Chinkapin. Hominy, hervorgegangen aus dem Wort Ustatahamen der dortigen Powhatansprache, benutzten die Neuankömmlinge als weiteren englischen Begriff für Mais. Das Oppossum, das «Tier, das wie ein Hund aussieht», wie es wörtlich aus der Powhatan-Sprache übersetzt hieß, und das die Europäer niemals vorher gesehen hatten, wurde weltweit unter diesem Namen geläufig, ebenso wie das Stinktier, der Skunk, den die Powhatan als das Tier bezeichneten, «das pisst». Das Wort «Mississippi», das in der Algonkin-Sprache der «große Fluss» bedeutet, der sich aus dem Norden kommend schließlich in den Golf von Mexiko ergießt, behielten die Neuankömmlinge ebenso bei wie indigene Flurnamen. So wurde «Michigan» (Meehcakamiwi/Mishigami), das Ojibwe-Wort für «großer See», sogar zum Namen eines ganzen Bundesstaates. Für die den Siedlern völlig unbekannte Sozialstruktur der Stämme wurden gleichfalls die indigenen Begriffe übernommen. Ihre Oberhäupter, die die Einheimischen an der Ostküste nach Rang und Aufgaben abgestuft etwa als Weroance, Sachem oder Sagamore bezeichneten, hießen auch bei den Europäern zunächst auch so. Der pauschale englische Begriff «Chief» wurde hingegen mehr und mehr zu einer abwertenden Bezeichnung, ebenso wie der Begriff der Squaw, der in Algonkin schlicht «Frau» bedeutete. Viele Ausdrücke, die das amerikanische Englisch übernahm und die von dort teilweise einen globalen Siegeszug antraten, hatten vorher erst den Umweg über das Holländische, Französische und vor allem das Spanische genommen. Beispiele hierfür waren in den Grenzregionen zum spanischen Kolonialreich etwa der Chili, aber auch die Schokolade, der Tabak oder der Hurrikan. Aus dem Norden des Doppelkontinents, dem 1867 von den Russen erworbenen Alaska, gingen ebenfalls Begriffe der dortigen Stämme wie zum Beispiel Kajak oder Iglu in das amerikanische Englisch ein.

Dass rückblickend die transkulturelle Begegnung für die Indianer zur Katastrophe wurde, das heißt von den geschätzten vier Millionen Angehörigen der indigenen First Nations auf dem Gebiet der späteren USA (ohne Alaska) zu Beginn der europäischen Besiedlung nach der offiziellen Zählung im Jahr 1890 nur noch 248 253 Menschen übrig blieben, hatte auch dramatische Folgen für ihre Kulturen.[5] Die harte Assimilationspolitik der US-Regierungen, die der Leiter des Bureau of Indian Affairs, Thomas Morgan, 1889 mit dem Satz umschrieb: «Die Indianer müssen sich der weißen Lebensweise anpassen, … sie ist die einzige, die den Indianern zur Verfügung steht»,[6] änderte sich ebenso wie gegenüber anderen zurückgesetzten Bevölkerungsgruppen erst ab den 1960er Jahren grundlegend, als die erfolgreiche schwarze Bürgerrechtsbewegung auch anderen Minderheiten mehr Rechte und eine gewisse Rückbesinnung auf ihre Kultur brachte.

Das 1974 entstandene International Indian Treaty Council (IITC) betrieb eine teilweise sehr erfolgreiche Lobbyarbeit. Die US-Regierung kam den Stämmen mit verschiedenen Gesetzen zur Selbstverwaltung und mit sozialer Unterstützung entgegen: so 1988 mit der gesetzlichen Erlaubnis zum Betrieb von Spielcasinos in den etwa dreihundert Reservaten, die bis heute allerdings nur ausgewählten Regionen zugute kommt, sowie zwei Jahre später mit dem ebenso wichtigen Indian Arts and Crafts

Act, der indianisches Kunsthandwerk zum ersten Mal unter den Urheberrechtsschutz stellte. Dies konnte die seit fast vierhundert Jahren systematisch verdrängte Kultur zwar nicht wieder rekonstruieren. Doch ein gewisser kultureller Einfluss der amerikanischen Ureinwohner in den USA, nicht zuletzt auch über die hispanisch-lateinamerikanische Kultur, ließ sich damit bis heute zumindest teilweise erhalten, was sich insbesondere in der amerikanischen Populärkultur nachweisen lässt. Trotzdem waren nur wenige indianische Künstler im finanziell attraktiven nordamerikanischen und globalen Musikmarkt erfolgreich. Eine Ausnahme blieb die Country- und Popsängerin Rita Coolidge.

Der heute weit größere Einfluss der hispanisch-lateinamerikanischen Traditionen in den USA entstand durch die Eroberung ehemals spanischer oder mexikanischer Gebiete sowie durch die kontinuierlich hohe Zuwanderung aus den ehemaligen spanischen Kolonialgebieten. Der Begriff Hispanic führt jedoch eigentlich in die Irre, weil die in den 1970er Jahren von der US-Zensusbehörde eingeführte Kategorie eher unklar geblieben ist und völlig unabhängig von bestimmter ethnischer Zugehörigkeit individuell gewählt werden kann. Auf diese Weise ist die Gruppe zur größten «Minderheit» der Vereinigten Staaten geworden.[7] Unter den Begriff Hispanic oder Latino fallen daher in den heutigen Statistiken nicht nur Angehörige der indigenen Bevölkerung, sondern teilweise auch Afroamerikaner. Als Latino bezeichneten sich nach dem US-Zensus 2000/2010 genau 31 569 576 US-Amerikaner, was damals rund 16,3 Prozent der Gesamtbevölkerung entsprach.[8] Davon sprechen nach eigenen Angaben 28 101 052 Menschen (= 10,7 Prozent der US-Bevölkerung) zu Hause Spanisch oder Spanisch-Kreolisch.[9] Der kulturelle Einfluss ist entsprechend hoch und umfasst neben dem Alltäglichen, zu dem etwa die Esskultur gehört, die mittlerweile als «Tex-Mex» in die amerikanische Küche eingegangen ist, vor allem die Musik, die unter derselben Bezeichnung vielfach enorme Popularität erlangt hat. Lateinamerikanische Musik hat vor allem seit Beginn des 20. Jahrhunderts den Jazz, Rhythm and Blues sowie die Pop- und Rockmusik beeinflusst. Traditionelle Gitarren-Ohrwürmer wie das aus der Zeit der Mexikanischen Revolution von 1910 stammende *La Cucaracha* gehören genauso zu diesem Erbe wie der argentinische Tango der 1930er Jahre, der in den 1940er Jahren in den USA populäre Samba, Paso Doble, Rumba oder Mambo, der besonders in den 1950ern populäre Cha-Cha, Popmusikklassiker wie Spanish Harlem von Ben E. King (1960) oder aktuelle Southern-Rock-Hits der Gruppe ZZ Top aus Texas.

Der Einfluss der French- oder Franco Americans auf die gesamte US-Kultur erscheint zwar verglichen mit dem hispanischen eher gering. In bestimmten Gebieten der Vereinigten Staaten ist er aber unübersehbar. Laut der Volkszählung im Jahr 2000 sprechen nur 2 097 206 Menschen (= 0,8 Prozent der US-Bevölkerung) zu Hause Französisch, einschließlich der Dialekte Cajun, Patois oder French Creole. Rund 13 Millionen jedoch geben an, französische Vorfahren zu haben.[10] Siedler aus Frankreich hatten insbesondere in dem riesigen Gebiet Louisiane, das die USA 1803 von Napoleon erworben hatten, eine neue Heimat gefunden. Außer im heutigen Bundesstaat Louisiana, in dem sie neben Englisch Amtssprache ist, ist die französische Sprache aufgrund der Einwanderung aus Kanada in den Bundesstaaten Maine, New Hampshire und Vermont, wo heute ungefähr ein Viertel der Bevölkerung französischstämmig ist, verbreitet. Der Bundesstaat Louisiana ist kulturgeschichtlich aber wohl der interessanteste, weil er eine spezifische Mischung aus französischer Tradition mit teils starker Präsenz des Katholizismus und der Geschichte des Old South bewahrt hat. Es ist daher kein Zufall, dass der in Europa traditionell in katholischen Gebieten beliebte Karneval mit dem Höhepunkt Mardi Gras, dem Faschingsdienstag, besonders in New Orleans gefeiert wird. Zwar ist er an anderen Orten ebenfalls Brauch, etwa in Mobile in Alabama, aber New Orleans, wo vor allem auch die afroamerikanische Kultur der Neuen Welt einbezogen wurde, blieb der eigentliche Mittelpunkt.

Der Begriff «Cajun» bezeichnete ursprünglich jene Franzosen, die 1755 aus der nun britischen Acadie (Acadia, später: Nova Scotia, Kanada) vertrieben wurden und sich daraufhin im Süden des französischen Kolonialgebiets niederließen. «Creoles» wurde zur Bezeichnung für die Nachkommen der Franzosen und verschiedener, auch afrikanischer Ethnien, die zwischen 1791 und 1810 aus der französischsprachigen Karibik in die USA kamen. Die Cajun-Musik blieb wie die Cajun-Küche in ihrer besonderen kulturellen Mischung ein zentrales Merkmal der Region, selbst als die gesamte Cajun-Kultur seit den 1930er Jahren zunehmend unter Amerikanisierungsdruck geriet. Die einfach gehaltenen Weisen im Walzer-, Polka- oder Two-Step-Takt mit Akkordeon, Geige, Bass und Gitarre behandeln bis heute in der Regel Fragen des alltäglichen Lebens. Auch die Cajun-Küche mit Jambalaya, einer Art Reispfanne, und Gumbo, einer typischen französischen Fischsuppe, ist ebenfalls eher bodenständig.

Viele weitere Kultureinflüsse in den USA, seien es deutsche, irische, russische, polnische oder auch asiatische, zeigen sich vor allem in bestimmten Regionen. Zur deutschsprachigen Bevölkerung rechnen sich in den Vereinigten Staaten laut der im Jahr 2000 durchgeführten Volkszählung 1 383 442 Menschen (= 0,5 Prozent der US-Bevölkerung), wobei Deutsch in North und South Dakota bis heute sogar die wichtigste Zweitsprache im Alltag blieb. Als deutschstämmig bezeichnen sich rund fünfzig Millionen Amerikaner.[11] Der kulturelle Einfluss der ironischerweise auch «Dutch» genannten Deutschen ging zwar seit dem Ersten Weltkrieg kontinuierlich zurück. Sucht man heute nach den deutsch-amerikanischen Traditionen, so findet man aber neben den vielen amerikanischen Varianten des Oktoberfests oder der berühmten Steuben-Parade, insbesondere den Verweis auf deutsche Persönlichkeiten in Politik und Wirtschaft: etwa auf Politiker wie Eisenhower oder Kissinger und Industrielle wie Studebaker, Boeing, Firestone, Heinz, Rockefeller, Steinway, Strauss, Singer, Miller oder Budweiser.[12] Zudem stößt man auf Ingenieure wie den Konstrukteur der Brooklyn Bridge in New York, Johann (John) August Roebling, auf Wissenschaftler wie Albert Einstein oder J. R. Oppenheimer, auf Maler wie Emanuel Leutze, der durch sein Bild *Washington crossing the Delaware* einen wichtigen Baustein zur Meistererzählung der Revolutionszeit beitrug, auf Komponisten wie Arnold Schoenberg, auf Schriftsteller wie John Steinbeck oder auf Regisseure wie Fritz Lang oder Billy Wilder, um nur einige zu nennen. Dass gerade viele deutschstämmige Einwanderer als religiöse oder politische Flüchtlinge Nordamerika erreichten − von Peter Minuit, dem dritten Gouverneur von Nieuw Amsterdam, bis zu Albert Einstein, der sich kurz vor der Machtübernahme der Nationalsozialisten entschied, von einer Reise nicht wieder nach Deutschland zurückzukehren, macht besonders deutlich, wie stark die USA in ihrer Entwicklung von der verfehlten Politik anderer Nationen profitierten.

Asiatischer Herkunft sind laut Volkszählung 2010 rund 14,6 Millionen US-Bürger (= 4,8 Prozent der Bevölkerung).[13] Dazu gehören an erster Stelle Chinesen, gefolgt von Vietnamesen und Koreanern. Der asiatische Anteil stieg mit dem Bau der transkontinentalen Eisenbahn in den 1860er Jahren kontinuierlich an, blieb aber in seiner Zusammensetzung für die Europäer eher verdeckt, weil viele der Neuankömmlinge in ihren eigenen Vierteln, die gewöhnlich China Towns genannt wurden, besonders abgeschieden lebten, und die Amerikaner ohnehin wenig zwischen den einzelnen Nationen differenzierten.[14] Mit der ab 1912 verstärkt einsetzenden Assimilation, aber auch durch das von der amerikanischen Literatur, insbesondere von Pearl S. Buck in ihrem Roman *The Good*

Earth (*Die gute Erde*, 1931, Verfilmung 1937), maßgeblich mitgestaltete positive Bild Chinas traten die asiatischen US-Bürger zunehmend ins alltägliche Bewusstsein. Tiefe Einschnitte bedeuteten der japanische Angriff auf Pearl Harbor 1941, in dessen Folge nicht nur Japaner, sondern auch andere Ostasiaten interniert wurden, sowie die Chinesische Revolution 1949, nach der die «Gelbe Gefahr» häufig in den drastischsten Farben geschildert wurde. Seit den 1950er Jahren verbesserte sich die Lage jedoch insgesamt. Der Immigration and Nationality Act von 1952 war der endgültige Wendepunkt hin zur Normalisierung, nicht zuletzt weil Taiwan und Südkorea seit 1949/50 als wichtiger Teil des US-Verteidigungskonzepts im Kalten Krieg galten. Auch die asiatische Emanzipation profitierte erheblich vom Erfolg der schwarzen Bürgerrechtsbewegung in den 1960er Jahren und gipfelte 1969 in der Organisation Chinese for Affirmative Action. Engagierte chinesische Autoren wie die 2004 tragisch verstorbene Iris Chang, aber auch bekannte Schauspieler wie Bruce Lee (Lǐ Xiao-lóng) oder Jackie Chan (Chéng Lóng) gehören inzwischen unverzichtbar zur US-Kultur. In erster Linie ist es jedoch die chinesische und insgesamt die asiatische Küche, die ihren Siegeszug durch die USA angetreten hat. In einigen Städten haben sich jenseits der bereits amerikanisierten und teilweise von Touristen eingenommenen China Towns allerdings auch bereits wieder ganz neue, eher traditionelle chinesische Viertel entwickelt. Zu ihnen gehört in New York heute etwa das im Stadtteil Queens gelegene Flushing. Hier zeigt sich die Einwanderungskultur noch ganz wie im Herkunftsland.

Den entscheidenden Einfluss auf die amerikanische Superculture, wie sie sich nach dem Zweiten Weltkrieg entwickelte, hat aber wohl die afrikanische Kultur ausgeübt. Angesichts der Dominanz der weißen Europäer blieb sie lange Zeit zwar ebenso wenig beachtet, wirkte langfristig jedoch umso weitreichender. Das auf Sklavenarbeit beruhende Wirtschaftssystem des Südens brachte eine spezifische afroamerikanische Kultur hervor, die sich bis zur Sklavenbefreiung 1865 insbesondere im Old South zeigte. In den ab 1777 sukzessiv für sklavenfrei erklärten Gebieten im Norden gab die seit 1910 einsetzende und mehr als zwanzig Jahre andauernde sogenannte First Great Migration dieser Kultur weitere Verbreitung. Rund zwei Millionen Afroamerikaner versuchten damals vor allem in den Großstädten der ehemaligen Nordstaaten, der direkten Verfolgung und alltäglichen Diskriminierung im Süden zu entgehen, und wurden dadurch im Rückblick zu den wichtigsten «Agenten» der in den Südstaaten entstandenen schwarzen Kultur. Sie zeigte sich damals öffentlich insbesondere in der Musik der Worksongs, Gospels, des Blues und schließlich des Jazz. Das multikulturelle New Orleans wurde eine ihrer Hochburgen.[15] In New York, aber auch anderen Ostküstenmetropolen im Nordosten sowie im Mittleren Westen und nicht zuletzt an der Westküste entstanden jetzt starke schwarze Kommunen. Seit dem Abschluss der sogenannten Second Great Migration, die zwischen 1940 und 1970 noch einmal rund fünf Millionen Afroamerikaner aus dem Süden in den Nordosten und den Mittleren Westen der USA brachte, leben fast 50 Prozent Afroamerikaner außerhalb des Old South, auch wenn zeitweilig aufgrund von Wirtschaftskrisen eine gewisse Rückwanderung nach Süden zu verzeichnen war.

Zentrales Ergebnis dieser rund einhundert Jahre andauernden Binnenwanderungen war die Urbanisierung der afroamerikanischen Kultur mit weitreichenden Folgen. Die spezifischen Viertel, die innerhalb der Städte entstanden, etwa in Harlem oder der Bronx in New York, wurden zum Geburtsort der schwarzen Bürgerrechtsbewegung ebenso wie zum Schwerpunkt der afroamerikanischen Musik und Kultur, die nach den USA den gesamten Globus eroberte. Black Music war die Grundlage des Blues, des Jazz, aber auch des wieder eher «weißen» Rock 'n' Roll und der vielen damit verwandten Stilrichtungen, die schließlich bis in die Disco- und Rap-Kultur und sogar in die Klassische Musik und den Protestsong Eingang fanden. Kein anderer Teil der hybriden Kultur in den USA wirkte damit weltweit so nachhaltig wie die schwarze Musik.

Wirkung der kolonialen Kultur Dennoch hat sich die amerikanische Kultur nur zögernd und teilweise von ihren evangelikalen Wurzeln in der Kolonialzeit emanzipiert. Den Pilgervätern galt barocker Prunk überall – in der Literatur, der Musik oder in der Kunst – als eitle Selbstdarstellung, die zu vermeiden war. Dies führte in der frühen Kolonialzeit dazu, dass selbst geistliche Instrumentalmusik als anmaßende, «römisch-papistische» Selbstdarstellung abgelehnt wurde.[16] Choräle hingegen galten auch den Puritanern als gottgefällig, wie nicht zuletzt Cotton Mather betonte, als «Melodie des Herzens für Gott».[17] Die erste Orgel Nordamerikas wurde daher auch nicht in Neu-England, sondern im liberaleren Quäkerstaat Pennsylvania aufgestellt. Die erste Opernaufführung in den Kolonien fand 1735 in Charleston in South Carolina statt, und das erste professionelle Orchesterkonzert 1736 in New York. Erst zu dieser Zeit entwickelte sich, ausgehend von den politischen Eliten, nicht zuletzt den besonders kulturinteressierten ersten Präsidenten der USA, auch ein größeres öffentliches Interesse. Zum ersten kulturellen Zentrum wurde Philadelphia, wo in der Chestnut Street ein repräsentatives Theater entstand. Thomas Jefferson machte sein Anwesen Monticello schon lange vor seinem Amtsantritt zu einem Mittelpunkt europäischer Kultur mit Hauskonzerten und einer Bibliothek, die nach der Zerstörung von Washington D. C. im Zweiten Unabhängigkeitskrieg 1814 zum Grundstock der heutigen Library of Congress wurde. Das Multitalent Benjamin Franklin komponierte sogar selbst, schuf damit erste Ansätze einer «amerikanischen Klassik» und entwickelte überdies eigene Musikinstrumente wie die Glass Harmonica (Armonica).[18] In den 1790er Jahren lohnte es sich bereits, Institute für Gesangs- oder Instrumentalunterricht an der Ostküste zu eröffnen.

In der Literatur der Kolonialzeit des 17. und frühen 18. Jahrhunderts bestimmten ebenfalls zunächst noch die puritanischen Großprediger den Ton, so Increase Mather mit seiner Predigtsammlung *Ichabod, or the Glory Departing* (1702), dessen Sohn Cotton Mather mit seiner im selben Jahr veröffentlichten und ähnlich konzipierten *Magnalia Christi Americana* oder Michael Wiggleworth mit seinem 1662 publizierten Gedicht *The Day of Doom*.[19] Als erstes in den nordamerikanischen Kolonien gedrucktes Buch gilt das sogenannte *Bay Psalm Book*, eine in Cambridge (Massachusets) 1640 vorgelegte Psalmensammlung. Eine besondere Rolle spielten autobiographische Aufzeichnungen. Viele Angehörige der ersten Puritanergenerationen zeichneten ihren Tagesablauf auf, womit sie in erster Linie ihr gottgefälliges Leben zu dokumentieren suchten. Heute gehören diese Tagebücher, unter ihnen das des Richters Samuel Sewall, der bei den berüchtigten Hexenprozessen in Salem eine entscheidende Rolle spielte, zu den wichtigsten literarischen wie sozialhistorischen Quellen zur Kolonialgeschichte der USA.[20] Aber auch ein Sewall begnügte sich nicht damit, sondern produzierte darüber hinaus eine ganze Reihe von heilsgeschichtlichen Werken, so etwa die 1697 vorgelegte Schrift *Phaenomena quaedam Apocalyptica ad aspectum Novi Orbis configurata*, die literaturgeschichtlich sogar viel größere Wirkung entfaltete als etwa die Arbeiten eines Increase oder Cotton Mather. Vor allem der amerikanische (Neo-)Idealismus nahm in der ersten Hälfte des 19. Jahrhunderts unter dem Einfluss des sogenannten Tranzendentalismus (Trancendentalism) diese Ideen wieder auf. Aus der Quäkerbewegung stammende Autoren wie John Greenleaf Whittier schätzten im 19. Jahrhundert Sewall allerdings auch als frühen Gegner der Sklaverei, hatte dieser doch bereits 1700 mit *The Selling of Joseph* eine der ersten

Schriften des knapp achtzig Jahre später aufkommenden Abolitionismus veröffentlicht. Sewall hatte noch auf der Basis der Bibel argumentiert, die an keiner Stelle die Versklavung von Menschen rechtfertigte. Auch dieser Roman war wirkungsmächtig. Außerdem prozessierte Sewall über Jahre mit einem Sklavenhändler namens John Saffin, dessen Machenschaften ihn zu seinem Buch veranlasst hatten und der 1701 mit *A Brief and Candid Answer* eine öffentliche Rechtfertigung der Sklaverei publizierte. Nicht zuletzt gehörte Sewalls Geschichte zu den Vorbildern von Harriet Beecher Stowes weitaus folgenreicherem Werk *Uncle Tom's Cabin,* das wohl der wichtigste identitätsbildende amerikanische Roman des 19. Jahrhunderts war.

Unter den frühen Verfassern von Selbstzeugnissen der Kolonialzeit findet sich auch der Jamestown-Mitgründer John Smith. 1608 legte er mit *A True Relation of Occurences and Accidents in Virginia* eine Geschichte der ersten erfolgreichen Kolonie in Nordamerika vor. Von besonderem sozialgeschichtlichem Interesse sind zudem die Erlebnisberichte von europäischen Händlern, die Kontakte zu Indianern hielten. Berühmt und zum ersten Bestseller Nordamerikas wurde im 19. Jahrhundert der 1704 von Sarah Kemble Knights teils humorvoll verfasste Erlebnisbericht *The Journal of Madam Knight,* der noch heute eine Quelle ersten Ranges zur Geschichte der Kolonien und zu den ehemaligen Indianerstämmen der amerikanischen Ostküste bildet.[21]

Dass es sich insbesondere bei der Kolonialliteratur eigentlich um Dissidentenliteratur handelte, zeigte sich nicht zuletzt in dem Bemühen, einen anderen Sprachstil zu finden als jenen, den man aus der Alten Welt kannte. Der asketische «Plain Style», den die politisch ambitionierten Kolonisten einforderten, war als Gegenentwurf zur opulenten barocken Sprache der europäischen Höfe auch ein politisches Statement. Tatsächlich verwendeten selbst Autoren, die sich wie etwa John Cotton zuvor noch einer barocken Tradition verpflichtet sahen, nach ihrer Ankunft in den Kolonien den völlig neuen Sprach- und Schreibstil. Dass diese Grundeinstellung neben der Literatur und Musik auch die Malerei und Architektur betraf, liegt auf der Hand. Auch sie emanzipierten sich nur sehr langsam vom europäischen Vorbild.

Als erstes noch von Europa mitgeprägtes Werk amerikanischer Malerei gilt das Frauenporträt *Elizabeth Eggington* eines unbekannten Künstlers aus dem Jahr 1664.[22] Blickt man über die englischen Kolonien hinaus, finden sich noch frühere Beispiele, so Bilder der die europäischen Expeditionen im 16. Jahrhundert begleitenden Künstler Jacques Le

Amerikanische Kunst I Die «Bermuda-Gruppe» von John Smibert. Das
Gemälde *Dean Berkely and His Entourage* (1729) war das erste bedeutende
Gemälde, das in der Neuen Welt entstand. Ganz links im Gemälde findet sich
wahrscheinlich ein Selbstporträt Smiberts.

Moyne oder John White. Als aufgrund der verschärften Verfolgung in
Europa Mitte des 17. Jahrhunderts deutlich mehr und auch besonders
talentierte Maler in den Kolonien eintrafen, begann die Hoch-Zeit der
Porträts im zunächst elisabethanischen, dann barocken Stil, die bis weit
in das 18. Jahrhundert die Malerei bestimmten. Aber erst die 1729 fertiggestellte sogenannte Bermuda-Gruppe von John Smibert, das Gemälde
Dean Berkely and His Entourage, gilt als das erste bedeutende Gemälde,
das in den nordamerikanischen Kolonien geschaffen wurde. Als größter
Künstler der Kolonialzeit überhaupt gilt dagegen John Singleton Copley,
der 1774 allerdings angesichts der zunehmenden Spannungen mit England, die seinen finanziellen Erfolg schmälerten, Nordamerika für immer
verließ. Eines seiner letzten dort geschaffenen Bilder war ein 1772 fertig-
gestelltes Porträt von John Adams.

Patriotismus und nationale Identitätsbildung In den unmittelbaren Jahren vor der Amerikanischen Unabhängigkeitserklärung 1776 und während des folgenden Aufstands gegen die Briten bis zum Ende des Zweiten Unabhängigkeitskriegs 1815 setzten sich zunehmend politisch-patriotische Inhalte in der Literatur, dem Theater, der Musik und der Bildenden Kunst durch. 1776 erschien mit John Leacocks Tragikomödie *The Fall of British Tyranny* die erste öffentliche Abrechnung mit der «despotischen» britischen Herrschaft auf den Theaterbühnen. Zu diesem Zweck wurden sogar europäische Werke auf das amerikanische Modell passend umgeschrieben, so etwa die Geschichte des Tyrannenmörders Wilhelm Tell, die James Hewitt 1794 zu einer patriotischen Oper umarbeitete. In der populären Musik hatten patriotische Lieder und Schlachtgesänge ohnehin Konjunktur, so etwa der bereits erwähnte *Yankee Doodle* oder Thomas Paines *The Liberty Tree*. Da gerade die Folkmusik häufig noch auf traditionellen englischen Weisen beruhte, wurden schließlich ironischerweise einige Melodien sogar auf beiden Seiten des Unabhängigkeitskriegs gesungen, dann aber selbstverständlich mit unterschiedlichen Texten. Den ersten Höhepunkt erreichte die patriotische Phase 1812 mit dem in anderem Zusammenhang bereits erwähnten Gedicht von Francis Scott Key *The Defense of Fort McHenry*, das, von John Stafford Smith vertont, 1931 zur US-Nationalhymne *The Star-Spangled Banner* wurde. Es war daher kein Zufall, dass gerade Marschmusik schnell ein Millionenpublikum erreichte, vor allem als die USA seit dem ausgehenden 19. Jahrhundert begannen, eine imperiale Außenpolitik zu betreiben. John Philip Souzas *Stars and Stripes Forever* von 1897 wurde seither nicht nur für die Amerikaner neben der Nationalhymne zur Erkennungsmelodie, sondern ist heute so bekannt, dass es wie selbstverständlich überall auf der Welt für amerikanische Konsumprodukte werben kann.

Auch die patriotische Malerei hatte ihre Blütezeit während der Revolution und nach dem Zweiten Unabhängigkeitskrieg. John Trumbulls *The Declaration of Independence* von 1795 oder sein Gemälde *Surrender of Lord Cornwallis* von 1820 waren für Selbstverständigung der Amerikaner über ihre frühe Geschichte von erheblicher Bedeutung. Beherrscht wurde die amerikanische kulturelle Entwicklung in dieser Phase weiterhin vom Freund-Feind-Schema. So war Britisches jetzt grundsätzlich verdächtig, selbst wenn die Werke, wie Shakespeares Drama *Othello*, bei der Staatsgründung bereits über 150 Jahre alt waren. Als viele Theaterbühnen während des Krieges schlossen, wurden stattdessen fahrende Schauspielgruppen, die vorwiegend «Pamphlet Plays» mit prägnanter politischer

Meinung aufführten, zu Multiplikatoren der nationalen Selbstverständigung. Die Versuche nationaler Identitätsbildung durch Literatur, Musik, Bildender Kunst und Theater setzten sich nach 1815 verstärkt fort. Eine wichtige Rolle spielten dabei die wachsende Bevölkerung vor allem an der Ostküste, die technische Weiterentwicklung der Druckindustrie, das Aufkommen des Verlagswesens sowie die Einführung eines internationalen Urheberrechts. Allerdings waren die ersten kommerziell erfolgreichen Buchproduktionen eher auf den Massengeschmack ausgerichtet, so zum Beispiel der als Bestseller gehandelte, 1789 erschienene Roman *The Power of Sympathy* von William Hill Brown. Der Erfolg solcher simplen Verführungsgeschichten setzten später die Dime- oder Nickel Novels, die Groschenromane, fort. Der Stoff für eine identitätsbildende Nationalliteratur dagegen fand sich in den großen «amerikanischen Themen» der Gründerzeit. Dazu gehörten die Idee des Gelobten Landes, die Vorbildfunktion des «Neuen Jerusalem», das Erbe des Puritanismus und der calvinistisch-protestantischen Ideale, der Zusammenprall der Kulturen, die Sklaverei als gesellschaftliches Grundproblem, der Bürgerkrieg, die Erschließung des Westens sowie der Mythos vom individuell erreichbaren Erfolg. In Einzelfällen waren solche Inhalte schon in den 1760er Jahren verarbeitet worden, etwa in der Tragödie *Ponteach* (1766). Robert Rogers, ein durch seine Überlegungen zum Partisanenkrieg berühmter Veteran des sogenannten Franzosen- und Indianerkriegs, räsonierte hier über die zurückliegenden Kämpfe, vor allem aber über die indigene Bevölkerung Nordamerikas.[23] Seine Arbeit eröffnete die lange Reihe von «Indianerdramen» und -romanen, die im 19. Jahrhundert besondere Popularität erlangten. Als erste amerikanische Autoren, die von ihren Produkten leben konnten, gelten James Fenimore Cooper mit seinen zwischen 1823 und 1841 publizierten *Leatherstocking*-Romanen sowie Washington Irving, dessen 1819 erschienene Umarbeitung europäischer Sagenstoffe in seinem *Sketch Book of Geoffrey Crayon, Gent* gleichzeitig den Beginn der amerikanischen Short Story markiert.

Auch Cooper und Irving waren noch immer stark von europäischen Vorbildern geprägt, insbesondere von den historischen Romanen Walter Scotts. Dieser Einfluss zeigte sich selbst noch in der Amerikanischen Romantik, der sogenannten American Renaissance, die in den dreißig Jahren vor dem Beginn des Bürgerkriegs etwas zeitversetzt der europäischen folgte und außer in der Literatur vor allem in der Musik und der Bildenden Kunst ihre Spuren hinterließ.[24] Bedeutende US-Autoren dieser

Amerikanische Kunst II Thomas Coles Landschaftsmalerei gilt als Erfindung eines genuinen «amerikanischen Stils». Hier sein Gemälde *Landscape Scene from the Last of the Mohicans* (1827)

Zeit wie Ralph Waldo Emerson oder Walt Whitman sahen sich selbst allerdings schon losgelöst von solchen Bindungen. Tatsächlich wurden Emersons erste Essaysammlung *Nature* von 1836, in der er seine Gedanken über das harmonische Zusammenleben von Mensch und Umwelt wiedergab, sowie Whitmans Gedichtsammlung *Leaves of Grass* von 1855, die parallel zur ebenso stilprägenden amerikanischen Landschaftsmalerei eines Thomas Cole entstand, bereits als besonderer «amerikanischer Stil» gefeiert, der auch Europa, insbesondere den Symbolismus in Frankreich, beeinflusste.

Einer größeren Leserschaft bekannter sind heute wohl jene amerikanischen Autoren, die damals weniger Erfolg als Emerson oder Whitman hatten. Herman Melville thematisierte 1851 mit seinem Roman *Moby Dick* nicht nur den Kampf mit der Natur, sondern vor allem die Vergeblichkeit der Bemühungen, das Unheil zu verhindern, womit er sich ganz in der Tradition der allegorischen Romane Nathaniel Hawthornes befand, dem er das Buch auch widmete. Gleichzeitig lieferte er damit eine literarische Miniatur zur Sozialgeschichte des amerikanischen Walfangs, der damals an der Ostküste, besonders auf der Insel Nantucket, sein Zentrum hatte. Ebenso erfolglos wie Herman Melville war zu dieser Zeit auch der bereits 1849 verstorbene Edgar Allan Poe, der nicht nur den schon bekannten Schauerroman zur Phantastischen Erzählung weiterentwickelte, sondern mit Arbeiten wie *The Murders in the Rue Morgue* von 1841 auch zum Vater der Detektivgeschichte wurde und ganz nebenbei die Science-Fiction-Literatur erfand, als deren Beispiel die 1835 veröffentlichte Erzählung *The Unparalleled Adventure of One Hans Pfaall* gilt.

Gilded Age, Industrialisierung, Moderne   Mit dem Bürgerkrieg und der nachfolgenden Zeit des Wiederaufbaus, der Reconstruction, deren Prosperität bis 1917 anhielt, entwickelte sich einerseits das Genre der Lost-Cause- und Lost-Paradise-Literatur. Andererseits rückte im Gilded Age die Industrialisierung in den Mittelpunkt des Interesses. Das Lost-Paradise-Thema eröffnete zunächst ein breites Spektrum von Südstaatenprodukten in Literatur, Musik und Alltagskultur. Dazu gehören viele der Werke Mark Twains wie zum Beispiel seine berühmten, Anfang der 1880er Jahre entstandenen *Mississippi Writings* mit *Life on the Mississippi* (1883) und *Huckleberry Finn* (1884). Lost Cause war eigentlich ein weißes Thema, das die Nostalgie der Südstaatenwelt in den Mittelpunkt stellte, aber gleichzeitig rückten auch schwarze Künstler deutlicher ins öffentliche Bewusstsein. 1871 trat die A-Capella-Formation Fisk Jubilee Singers mit Stücken wie *Swing Low, Sweet Chariot*, die bereits auf Schallplatten erfolgreich vermarktet werden konnten, einen unvergleichlichen Siegeszug an, der bis heute anhält.[25]

Auch in den klassischen, von der europäischen Spätromantik und dem Impressionismus beeinflussten Kompositionen eines Edward MacDowell oder Henry Gilbert und einer Reihe anderer Komponisten fanden sich nun verstärkt Anleihen aus den afroamerikanischen, aber auch den indigenen Kulturen Nordamerikas, wie überhaupt nach 1900 die hybriden Musikstile unübersehbar waren. George Gershwins Erfolgsstücke wie *Swanee* (1919), *Rhapsody in Blue* (1924) oder seine Oper *Porgy and Bess* (1935) waren gespickt mit Anleihen aus der afroamerikanischen Kultur. *Porgy and Bess* gilt zu Recht als die erste genuin amerikanische Oper.

Parallel dazu entwickelte sich jetzt auch eine blühende Musikindustrie, die in eigens errichteten, teils pompösen Veranstaltungshäusern in erster Linie leichte Unterhaltung bot. Zu den frühen Zentren der nun kommerziell immer erfolgreicheren Unterhaltungsindustrie zählte insbesondere New Yorks Broadway, wo bereits 1852 die skandalumwitterte

Amerikanische Kunst III Frederic Remingtons Gemälde produzierten das populäre Bild des «Old West». Hier *The Hunters' Supper*

europäische Tänzerin Lola Montez große Erfolge feiern konnte. Seit 1893 wurden in der Stadt am Hudson River aber auch großzügige neue Veranstaltungsorte für die Ernste Musik eröffnet, etwa das Empire Theatre oder die Metropolitan Opera, die schnell weltweite Bedeutung erlangten. Die nur wenige Straßen davon entfernte Radio City Music Hall begann seit 1932 mit Konzertübertragungen über das Radio, das nun ein Millionenpublikum erreichte. Die sich seit der Jahrhundertwende rasant entwickelnde Kunstform Film verließ dagegen rasch New York und richtete sich aufgrund der besseren Lichtverhältnisse am anderen Ende der USA, an Kaliforniens Westküste, ihr neues Zentrum ein.

In einer ganz anderen Weise wurde das Lost-Paradise-Thema seit dem ausgehenden 19. Jahrhundert durch die nostalgische Verklärung «des Westens» fortgesetzt. Die Entwicklung hatte zu Beginn des Jahrhunderts begonnen, wobei insbesondere Maler wie Charles M. Russell und Bildhauer wie Frederic Remington das Thema so popularisierten, dass bereits wenig später der Film ihre Ästhetik übernahm. Jetzt – nach

Sammler der verlorenen Welten Edward Curtis' Dokumentation vom Alltag der Indianer

seinem Untergang – begann auch die akribische Dokumentation des Old West als verlorene Welt. Die frühen Photodokumentare des Westens wie William Henry Jackson und insbesondere Edward S. Curtis zeigten neben dem «weißen» Alltag vor allem Indianer. Zur selben Zeit versuchte Theodore Baker als erster, mit wissenschaftlichen Methoden die in großen Teilen bereits vergessene indigene Musik Nordamerikas zu sammeln und zu sichern. 1882 veröffentlichte er die Ergebnisse dieser Feldstudien in seiner als Dissertation in deutscher Sprache vorgelegten Schrift *Über die Musik der nordamerikanischen Wilden*.[26] Auch der Ingenieur und Musiker Arthur Farwell reiste um die Jahrhundertwende durch die Indianerreservate, um die Musik der Ureinwohner zu dokumentieren. Später verarbeitete er sie in einer ganzen Serie von Kompositionen, die unter anderem 1900 als *American Indian Melodies* erschienen. Nicht zu vergessen ist die seit 1883 zunächst in den USA, seit der Jahrhundertwende auch international tourende Buffalo Bill's Wild West Show, in der zeitweilig sogar berühmte Häuptlinge wie Sitting Bull auftraten.

Jenseits dieser nostalgischen Verklärung und musealer Dokumentation wurde die Industrialisierung mit allen ihren positiven, zunehmend aber auch negativ wahrgenommenen Seiten, wie sie Mark Twain in seinem 1873 erschienenen gleichnamigen Roman beschrieb, zum eigentlichen amerikanischen Thema der Zeit. Der Realismus entdeckte die durch die Industrialisierung völlig veränderte soziale Welt als literarisches Sujet, das man keinesfalls allein den Dime Novels und den Vertretern harter sozialdarwinistischer Konzepte überlassen wollte.[27] Vor allem William Dean Howells Stadtromane wie *The Rise of Silas Lapham* (1885), der die Welt der cleveren amerikanischen Geschäftsleute beschrieb, oder *Annie Kilburn* (1889), der die brutale Arbeitswirklichkeit in den Fabriken thematisierte, sind hier zu nennen. Howells Bücher berührten bereits das Genre der sogenannten Social-Gospel-Romane, die unter Berufung auf das Christentum Reformen der amerikanischen Gesellschaft einforderten. Die positiv verstandenen Energien der US-Gesellschaft wurden dagegen unter anderem zum Thema der Romane von Henry B. Fuller wie *The Cliff-Dwellers* (1893). Er gilt als der erste Roman, der die «Wolkenkratzer», die Skyscrapers, als literarisches Thema entdeckte und sie als Inbegriff der amerikanischen Gesellschaft interpretierte. In dieselbe Kategorie gehörten auch die Wirtschaftsromane, die Economic Novels, die Erfolgsbiographien in den Mittelpunkt stellten, wie sie angeblich nur in den USA zu finden waren.

Parallel dazu entdeckten auch die Malerei, etwa in John Ferguson Weirs *Forging the Shaft* von 1877, und die Dokumentarphotographie die industrielle Moderne als Thema. Jacob A. Riis und Lewis Hine gelten als wichtige Pioniere der sozial engagierten Photographie. Neben der Feier oder Verdammung der Moderne wurde weiterhin das schlichte, häufig puritanische Landleben präsentiert. In den ersten beiden Jahrzehnten des 20. Jahrhunderts entstand sogar ein ausdrücklicher «Regionalismus» als Antwort auf die Moderne. Als deren bekanntestes Bild gilt bis heute Grant Woods *American Gothic* aus dem Jahr 1930. Ein weiterer berühmter Vertreter des Amerikanischen Realismus war Edward Hopper, der geradezu zum Chronisten des Alltags in den USA wurde. Die International Exhibition of Modern Art, die berühmte Armory Show, in New York zeigte 1913 die Bandbreite, aber auch die Unterschiede amerikanischer und europäischer Kunst.[28] Mit Edward Hoppers *Sailing* (1911), Julian Alden Weirs *The Red Bridge* (1916) oder John Marins *Brooklyn Bridge* (1912) wurden unter anderem die Werke zentraler Vertreter unterschiedlicher Kunstrichtungen zwischen Realismus, Impressionismus und Expressionismus in den USA präsentiert, deren Hauptthema die technische Moderne war.

Dass die amerikanische Gesellschaft trotz aller Begeisterung für den Fortschritt mit der Moderne in der Kunst ihre Schwierigkeiten hatte, zeigte allerdings zum selben Zeitpunkt die Kritik des ehemaligen Präsidenten Theodore Roosevelt, der pauschal die gesamte Armory Show für «keine Kunst» hielt. Zum Skandal wurde insbesondere das Bild des Franzosen Marcel Duchamp *Nu Descendant un Escalier No. 2* aus dem Jahr 1912.[29] «Gebrauchte Golfschläger», vermuteten Besucher, oder auch «eine Explosion in einer Schindelfabrik». Andere hielten Leute seines Schlages schlicht «für Terroristen». Duchamp hatte damals, wie später auch Vertreter des industriellen Readymade, des Dadaismus, Surrealismus, der Konzeptkunst und damit nicht zuletzt Wegbereiter der dann insbesondere in den USA populären Pop Art, eindeutig das Publikum überfordert. Dennoch wurde die Armory Show im Rückblick als eine Art Durchbruch der künstlerischen Moderne in den USA betrachtet.

Think Big: Technik und Architektur

Tatsächlich blieb die mehrheitlich positive Haltung zu einzelnen Erscheinungsformen «der Moderne», wie das auch politisch gemeinte Schlagwort gegen den als verstaubt angesehenen «Viktorianismus» um die Wende zum 20. Jahrhundert lautete, selbst in den USA vielfach gebrochen. Von außen gesehen allerdings galten die Vereinigten Staaten bereits als Musterland der Moderne, in dem sich wichtige Kriterien wie Bürokratisierung, industrielles Wachstum, globale Vernetzung, Urbanisierung, Verwissenschaftlichung und Medialisierung sowie nicht zuletzt Individualisierung und Säkularisierung am weitesten durchgesetzt hatten. Wenn auch bei einzelnen Punkten berechtigte Zweifel anzumelden waren – eine Säkularisierung war eben gerade nicht zu verzeichnen[30] –, so konnte man die weiteren Kriterien häufig nahezu lehrbuchartig beobachten. Die Amerikaner selbst ließen in der Regel keinen Zweifel daran, dass sie den größten und ungebrochensten Fortschrittsoptimismus besaßen. Bezeichnenderweise boomte seit den 1880er Jahren auch die utopische Science-Fiction-Literatur, in der Zukunftsvisionen beschrieben wurden, die im 20. Jahrhundert zur Normalität gehörten. Insbesondere eine Arbeit wie Edward Bellamys *Looking Backward (Ein Rückblick aus dem Jahr 2000)*, die 1887 entstand, oder sein zehn Jahre später erschienener Roman *Equality* gaben mehr oder minder präzise Voraussagen zu kommenden Entwicklungen. Unter anderem stellte Bellamy hier schon die Kreditkarte vor.[31] Dass seine Bücher zu Bestsellern wurden, zeigte gleichzeitig, wie groß das grundsätzliche Interesse der Amerikaner an der Moderne war.

Fortschrittsoptimismus In der Tat nahm kein anderes Land der Neuzeit gerade technische Innovationen so rasch und vor allem so widerspruchslos auf, und das häufig unter Beibehaltung eines tiefverwurzelten Konservativismus. Pragmatismus hieß das dafür um die Jahrhundertwende auftauchende Schlagwort, als dessen Schöpfer John Dewey, Charles S. Peirce und William James gelten. Menschliches Handeln müsse sich, so ihre in den 1890er Jahren in Auseinandersetzung mit dem Idealismus entwickelte empirisch-rationalistische Sicht, an den Notwendigkeiten, Möglichkeiten und praktischen Folgen orientieren. Gut sei, was getan werden müsse.[32] Die ideengeschichtlichen und psychologischen Ursprünge für den Fortschrittsoptimismus und die Technikaffinität der Amerikaner lagen freilich in der Kolonialzeit. Sie fanden sich in der Vorstellung eines von Gott zugewiesenen Paradieses, das sich der Mensch nach den Worten des Alten Testaments untertan zu machen hatte. Die Beherrschung der als feindlich verstandenen Natur konnte langfristig, so das zunächst mehrheitliche Verständnis, nur mit ihrer Unterwerfung gelingen. Kultur hieß hier in erster Linie Verdrängung der Natur. Technischer Fortschritt, zunächst durch bessere Werkzeuge und Waffen sowie höheres Arbeits- und Leistungsethos, geriet zum Instrumentarium, mit dem nicht nur die Natur, sondern auch die indigene Bevölkerung, die man als Teil der Natur sah, rasch dezimiert wurde. «Jetzt durchfurcht das Dampfboot die Gewässer, der Dampfwagen eilt auf den Eisenschienen durch die Thäler, die Axt lichtet die mächtigen Wälder und das Werk der Kultur schreitet mächtig vorwärts», hieß es in einer deutschsprachigen Beschreibung über «Vorzüge und Vortheile» des wenige Jahre zuvor gegründeten Bundesstaats Minnesota aus dem Jahr 1872.[33] Tatsächlich war der Holzeinschlag, wie überhaupt der Rohstoffverbrauch, bereits in der frühen Kolonialzeit so erheblich, dass im Laufe des 17. Jahrhunderts Gebiete an der Ostküste bis zu den Appalachen weitgehend entwaldet waren und manche Gegenden nach dem Kahlschlag (Clearcut) nahezu baumlos hinterlassen wurden. Dieser Trend setzte sich mit der Westwanderung im 18. und 19. Jahrhundert bis in die Urwälder an der Westküste fort, wo selbst jahrhundertealte Redwood Trees gnadenlos der Axt zum Opfer fielen. Als eine Art Notbremse gegenüber der hemmungslosen Ausbeutung der Natur galt daher der am 1. März 1876 auf Anordnung Präsident Grants eingerichtete erste Nationalpark der

USA im Yellowstone-Gebiet in Wyoming. Knapp vierzig Jahre zuvor schon hatte die amerikanische Romantik, allen voran der Maler George Catlin, zum ersten Mal die Erhaltung der ursprünglichen Natur gefordert, was er ausdrücklich auch auf die indigene Bevölkerung bezog.[34] Bis zum Eintritt der USA in den Ersten Weltkrieg 1917 konnten 14 weitere Gebiete zu National Parks erklärt werden. Um die öffentliche Akzeptanz zu erhöhen, führte man nun vermehrt ökonomische Begründungen an, etwa die Notwendigkeit, Gebiete wie den Grand Canyon als «nationale Waldreserve» zu schützen. Zuvor hatten auch Eisenbahngesellschaften den lukrativ erscheinenden Trend erkannt, abgelegene und eigentlich wirtschaftlich wenig attraktive Gebiete für den Fremdenverkehr zu öffnen. Erst im letzten Drittel des 20. Jahrhunderts bildeten sich im Anschluss an die Proteste der 1960er Jahre auch in den USA größere und effektivere Gegenbewegungen, die nicht nur mit mehr Skepsis gegenüber dem technischen Fortschritt auftraten, sondern auch für einen behutsameren Umgang mit den Ressourcen auf dem gesamten Globus plädierten. Der Earth Day am 22. April 1970 mit Zehntausenden von Demonstranten in der Hauptstadt Washington und in anderen US-Städten markierte eine Art Zäsur, nachdem Präsident Richard Nixon schon am 1. Januar des Jahres ein erstes Nationales Umweltgesetz (National Environmental Policy Act, NEPA) unterzeichnet hatte. Es sollte laut Präambel «eine produktive ... Harmonie zwischen dem Menschen und seiner Umwelt fördern» und Schaden von ihr abwenden.[35]

Mechanisierung, Taylorismus, Fordismus Eine weitere Erklärung für die Technikbegeisterung in den USA bietet der Blick auf die enorme Größe des Landes, dessen für europäische Verhältnisse gigantische Anbauflächen den Einsatz von Maschinen zwingend erforderlich erscheinen ließen. Kein Zufall also, dass auch aus diesem Grund technische Innovationen besonders starke Verbreitung fanden. Dazu gehörten die dampfbetriebenen Dresch- und Baumwollentkörnungsmaschinen im 18. ebenso wie die Eisenbahn oder die Ringspinnmaschinen im 19. Jahrhundert oder die computergesteuerten Erntemaschinen des 20. und 21. Jahrhunderts, um nur einige Beipiele zu nennen. Zudem litt insbesondere die amerikanische Industrie bereits seit dem Ende des 19. Jahrhunderts an einem gravierenden Mangel an qualifizierten Arbeitskräften. Hier lag nun eine weitere Wurzel der fortschreitenden Automatisierung, die nun auch die Verwaltungen erfasste. Dazu gehörte die Einführung von Rechenmaschinen, die den menschlichen Fehlerfaktor reduzieren sollten, aber auch von Geräten, die die Lagerhaltung, Bestellung und Distribution von Waren erleichterten. Die mittels Lochkarten gesteuerte Informationsverarbeitung nach dem Prinzip des amerikanischen Statistikers Herman Hollerith fand bereits bei der Auswertung der Volkszählung von 1890 Anwendung. 1892 produzierte der größte amerikanische Hersteller von Registrierkassen, die Firma National Cash Register (NCR), jährlich 15 000 Stück.[36] Seit den 1880er Jahren wurden zudem immer mehr Schreibmaschinen eingesetzt, mit denen gleichzeitig überproportional viele weibliche Angestellte in die Büros einzogen. Die Firma Remington, die nach dem Ende des Bürgerkriegs in ihrem eigentlichen Kerngeschäft, der Waffenproduktion, erhebliche Einbrüche zu verzeichnen hatte, sanierte sich mit der Herstellung von Schreibmaschinen und verkaufte 1890 mit 65 000 Stück sogar mehr als der Marktführer NCR. Der Ausbau der Verwaltung in privaten Firmen, Banken, Versicherungen, aber auch in staatlichen Institutionen ließ die weitere Automatisierung der Büroarbeit zum Selbstläufer werden. Nun folgten auch rasch die ersten Diktiergeräte, die zeitversetztes Arbeiten ermöglichten. Auch die Kommunikationstechnik verbreitete sich rasch.[37] Nachdem 1877 in den USA der erste Fernsprecher eingeführt worden waren, zählte man bereits 1890 etwa eine halbe Million, fünfundzwanzig Jahre später schon neun Millionen Telefone. Seit 1915 war es sogar möglich, Telefonate über fast 5000 Kilometer zwischen Ost- und Westküste zu führen. Auch damit erhöhte sich das Arbeits- und Lebenstempo merklich.

Die Zerlegung in einzelne, voneinander abhängige Arbeitsschritte betraf aber insbesondere das produzierende Gewerbe. Hier ging es neben der Effektivität vor allem um die Reduzierung der Herstellungskosten, um die Waren für alle erschwinglicher zu machen und gleichzeitig den Gewinn zu steigern. Das Fließband, das Assembly Line, das ursprünglich durch den amerikanischen Fabrikanten Eli Whitney in der Landwirtschaft eingeführt worden war, übernahm als einer der ersten Henry Ford für seine Automobilfabrikation. Frederick W. Taylor begründete 1911 mit seiner berühmten Schrift *The Principles of Scientific Management* die wissenschaftlich mit Arbeitsstudien begleitete und auf einer akribischen Untersuchung von Arbeitsabläufen fußende Einführung einer getakteten und optimierten Produktion, in der mit Vorgabezeiten alle überflüssigen Handlungen ausgeschaltet waren. Das «Scientific Management» oder «Taylorismus» genannte Konzept beinhaltete zudem ein nach Leistung differenziertes Prämienlohn-, aber auch ein detailliertes Kontrollsystem. Die Kritik an diesem Prinzip, das den Arbeiter nur noch als Teil der

Charlie gefangen in der Maschine Szene aus *Modern Times* von 1936

Maschine verstand, ließ daher nicht lange auf sich warten. Schon 1920 erschien Jewgenij Samjatins *Wir*, in dem mit dem Taylorismus ebenso kritisch abgerechnet wurde wie in dem 1932 erschienenen Roman *Brave New World* des damals noch in England lebenden Autors Aldous Huxley, der ihn als Horrorvision der Zukunft geißelte. Auch Charlie Chaplin zeigte 1936 in seinem Film *Modern Times*, in dem er selbst einen Arbeiter spielte, der nur noch für ihn unverständliche Arbeitsschritte ausführt, die Automatisierung vor allem als Katastrophe.

Tatsächlich war auch in den Fabriken selbst die Kritik an dem durch Monotonie, Effizienzkriterien und Stoppuhren definierten System von Anfang an erheblich. Henry Fords Automobilwerke, in denen sein «Fordismus» geboren wurde, waren bekannt für gigantische Fluktuationsraten; nur jeder zehnte Arbeiter blieb längere Zeit.[38] Ford konnte sie nur mit vergleichsweise hohen Löhnen, sozialen Vergünstigungen, der Einführung des damals sensationellen Achtstundentags bei drei Schichten, einer Gewinnbeteiligung, aber auch einer strikten Überwachung seiner Arbeiter auffangen. Schließlich führte Taylors System sogar zu einer Kongressanhörung, der sich der Erfinder persönlich zu stellen hatte. Die eigens eingesetzte U.S. Commission on Industrial Relations unter dem Vorsitz des Ökonomen Robert Hoxie kam in ihrem 1915 vorgelegten Bericht *Scientific Management and Labor* zu dem Ergebnis, dass das Taylor-System durch die Art, wie es den Arbeiter als Teil des Fließbands instrumentalisiere, sogar die Demokratie unterhöhle. Im folgenden Jahr unterband man zumindest in staatlichen Betrieben den Einsatz von Stoppuhren und der Prämienlohnsysteme. Nach und nach wurden auch in den Arbeitswissenschaften selbst die Gegenstimmen lauter, ermittelten doch in den 1930er Jahren Untersuchungen in den Hawthorne-Elektrowerken bei Chicago, wie viel Verlust Betriebe erlitten, die auf Arbeitszufriedenheit wenig Wert legten (Hawthorne Effect). Der erste, der eine Humanisierung der Arbeitswelt forderte, war der amerikanische Psychologe George E. Mayo, der auch das «Human Relations Movement» ins Leben rief. In *The Human Problems of an Industrialized Civilization* analysierte er bereits 1933 die Probleme des Taylorismus wissenschaftlich. Der eigentliche Durchbruch seiner Ideen kam allerdings ebenfalls erst in den 1960er Jahren, als sich neben Bürgerrechts- auch Reformbewegungen in den USA stärker durchsetzten.

All dies änderte jedoch wenig an der technikbegeisterten Grundeinstellung in den USA und an der Lust, Neues zu beginnen und Altes rigoros zu entsorgen. Es spricht für sich, dass gerade europäische Architekten des 20. Jahrhunderts, deren Entwürfe in ihren Herkunftsländern als zu gewagt galten, in den USA zumeist mit offenen Armen empfangen wurden. Dies galt in den 1930er Jahren insbesondere für den emigrierten Bauhaus-Gründer, Walter Gropius, und seinen Kollegen Ludwig Mies van der Rohe. Die rigorose Entsorgung des Alten prägte Amerika allerdings schließlich so gründlich, dass man heute nur noch selten historische Profanbauten findet. Auch in diesem Bereich wurde erst in den 1960er Jahren durch das US-Innenministerium eine gewisse Wende vollzogen, als man 92 sogenannte National Historic Landmarks (NHL) unter staatlichen Schutz stellte. Diese werden seit 1966 im neu angelegten National Register of Historic Places aufgelistet, das bis heute rund 80 000 Einzelobjekte enthält.[39] Schutzwürdig sind neben archäologischen Stätten, Erinnerungsorten der US-Geschichte und Denkmälern insbesondere auch Beispiele aus der Architektur. Als erstes wurde zwar ein typischer Erinnerungsort, nämlich das in Sioux City (Iowa) 1901 errichtete Denkmal für Charles Floyd, einen der Teilnehmer der berühmten Lewis-und-Clark-Expedition 1804/1806, unter Schutz gestellt. Doch zu den mittlerweile über 2400 NHL gehören heute auch außergewöhnlich viele architektonische Bei-

**Für kurze Zeit das höchste
Gebäude der Welt**   Innenansicht des 1908 als Firmensitz
des damals weltweit größten
Nähmaschinenproduzenten
Singer Manufacturing
Company fertiggestellten
Singer Building

spiele. In New York City, wo besonders zahlreiche zu finden sind, wurden
vor allem historische Hochhäuser wie das Empire State Building unter
Denkmalschutz gestellt, was gleichzeitig darauf hinweist, dass Skyscrapers als besonders «amerikanisch» gelten. Verhindert hat das den Abriss
wertvoller historischer Gebäude allerdings nicht. 1968 gerieten das kurz
nach der Jahrhundertwende gebaute Singer-Building und das etwa zur
selben Zeit errichtete City Investing Building unter die Abrissbirne, um
dem im Vergleich phantasielosen Hochhaus One Liberty Plaza des Stahlgiganten U.S. Steel Platz zu machen.

Schaut man zurück auf die Phasen der Industrialisierung in den
USA, so lässt sich tatsächlich eine gewisse Hektik und Rastlosigkeit
bemerken, die nur wenig Raum für Museales ließen. So wie die Metropolen an der Ostküste häufig im rationalen Schachbrettmuster angelegt
wurden, entstanden auf dem Weg nach Westen auch die schnell errichteten Towns und sonstigen Planstädte nach dem gleichen Muster. Sogar
in ungünstigem Gelände blieb man bei dem nach Quadraten eingerichteten Verlauf, so dass die Straßen von San Francisco heute ebenso atemberaubend steil hinauf wie wieder hinunter führen. In der hektischen

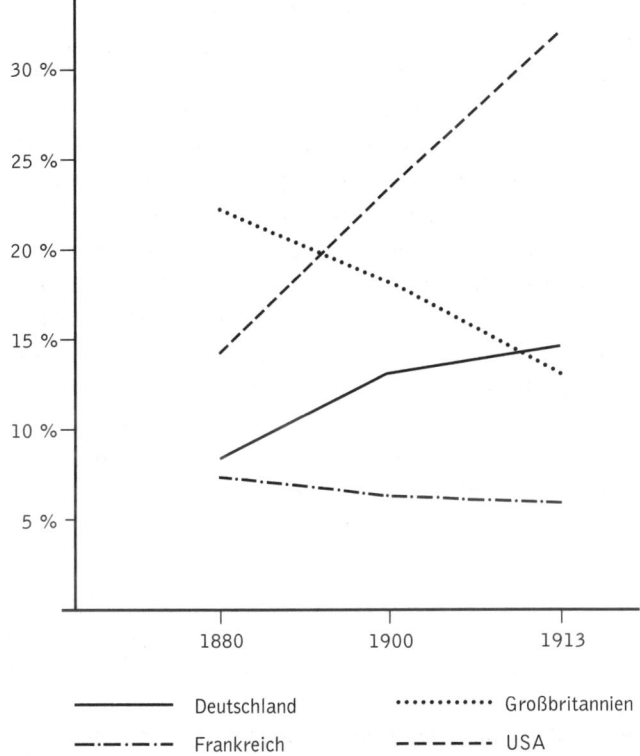

Anteil der USA an der Weltindustrieproduktion 1880–1913 (in Prozent)[40]

Zeit der Westwanderung galten Orte zunächst nur als Unterkunft: schnell gebaut und häufig – wie etwa die Mining Towns – ebenso rasch wieder verlassen, wenn sie keinen Nutzen mehr brachten. Eine Ausnahme bildete die im Jahr 1800 bezogene neue Hauptstadt Washington D. C., die ausdrücklich als Ort nationaler Repräsentation geschaffen wurde, obwohl man auch hier nicht auf das traditionelle eintönige Straßenmuster verzichten mochte. Zumeist erst im Laufe des 20. Jahrhunderts leisteten sich andere Städte repräsentative staatliche Bauten wie die State Capitol Buildings, zwischen denen zuweilen geradezu Wettbewerbe ausgetragen wurden. Prächtig waren darüber hinaus die Bahnhöfe, die wie die 1871 eröffnete Grand Central Station in New York oder die 1908 in Betrieb genommene Union Station in Washington D. C., die wie in Europa als repräsentatives Eingangstor und Visitenkarten der Städte verstanden wurden. Ansonsten wurden Repräsentativbauten vor allem von reichen Einzelpersönlichkeiten, der Plantagenaristokratie oder aber Tycoons aus Industrie und Eisenbahn in Auftrag gegeben. Die erste Phase der Industrialisierung, die in den USA mit der Staatsgründung 1790 noch zögernd begann, sich 1815 in rasanten Schritten weiterentwickelte und bis zum Bürgerkrieg anhielt, war noch durch das europäische Vorbild und die Übernahme vor allem britischer Innovationen in der Landwirtschaft und den verarbeitenden Industrien geprägt gewesen. Die Zweite Industrielle Revolution nach dem Bürgerkrieg, die bereits auf den rasanten Ausbau der Infrastruktur zurückgreifen konnte, hatte die Voraussetzungen für die Hochindustrialisierung geschaffen, die die USA zum Land der technischen und ökonomischen Superlative werden ließ, was wiederum eine Notwendigkeit für den Aufstieg zur wirtschaftlichen und schließlich politischen Weltmacht wurde.[41]

Elektrizität   Seit den 1880er Jahren veränderte die Elektrizität nicht nur die Industrien, sondern vor allem die Städte. Zum weltweit größten Hersteller von Bogenlampen, die damals für die elektrische Straßenbeleuchtung das Modernste waren, stieg die Firma Brush in Cleveland auf. Seit den 1880er Jahren erleuchteten Bogenlampen auf hohen Masten auch bereits viele Städte im Mittleren Westen, so auch Detroit, wo ab 1909 Henry Ford seine Automobilwerke errichtete. In New York ging 1882 das weltweit erste öffentliche Elektrizitätswerk, geplant von Thomas Edison, in Betrieb. Edison, der 1879 die Glühlampe erfunden hatte, verkaufte damals seine Anlagen schon bis nach Europa. Die Produktion von Energie war allerdings teuer, so dass sich die besonders energieintensiven Industrien – etwa die Elektrochemie – häufig dort ansiedelten, wo Wasserkraft effizient zur Herstellung von Elektrizität eingesetzt werden konnte. In den 1890er Jahren entstanden deshalb auch an den Niagarafällen gewaltige Kraftwerke, die durch Edisons wichtigsten Konkurrenten George Westinghouse gebaut worden waren und in deren Nachbarschaft sich ernergieintensive elektrochemische Betriebe, wie die Pittsburgh Reduction Company ansiedelte. Ein weiterer Ausbau dieses Standorts, wo der US-Unternehmer William T. Love bei Lewisham am Niagara River 1894 sogar eine gigantische «Model City» für über eine halbe Million Arbeiter errichten wollte, misslang allerdings. Neben finanziellen Problemen, die die Wirtschaftskrise der

Die Niagara-Fälle als Stromlieferant Anlagen der 1888 von Charles Martin
Hall gegründeten Pittsburgh Reduction Company (seit 1907: Aluminum
Company of America; Alcoa), des damals größten und heute noch zweitgrößten
Aluminiumproduzenten der Welt

1890er Jahre mit sich brachte, verhinderte insbesondere die Umstellung
von Gleich- auf Wechselstrom die ehrgeizigen Pläne, womit auch der
große, öffentlich unter anderem mit der Diskussion um die Einführung
des Elektrischen Stuhls geführte «Stromkrieg», der sogenannte War of
Currents, zwischen Edison und Westinghouse entschieden war. Die direkte Ansiedlung von Produktions- und Wohnanlagen an den Wasser-
fällen erübrigte sich nun, weil elektrische Energie mit Wechselstrom
auch an weit entfernte Standorte übertragen werden konnte. Übrig
blieb am Niagara River der später berüchtigte Love Canal, den William
Love zwischen Erie- und Ontariosee bereits auf anderthalb Kilometern
hatte ausheben lassen. Das verlassene Kanalteilstück wurde bereits ab
1920 zur Sondermülldeponie der lokalen Chemischen Industrie. Seit
1942 lagerte auch die US-Armee Reste aus der Entwicklung des Man-
hattan-Atomwaffenprojekts dort ein, bevor das Teilstück in den 1950er
Jahren in Vergessenheit geriet und schließlich überbaut wurde.[42] Die
Folgen zeigten sich erst Jahrzehnte später. Nachdem 1978 die US-Regierung aufgrund kontinuierlicher Gesundheitsschäden der Bevölkerung schließlich den gesamten Ort zum Katastrophengebiet erklärt
hatte und damit einen der unglaublichsten Umweltskandale öffentlich

einräumen musste, wurde der Bereich in den 1980er Jahren schließlich saniert. Der «Love Canal» blieb als eines der größten Umweltverbrechen der USA in Erinnerung.

Großstädte Gigantisch im Verhältnis zu ihren europäischen Pendants entwickelten sich jetzt auch die amerikanischen Großstädte. Schon bis zum Bürgerkrieg hatte die Einwohnerzahl New Yorks (mit dem 1898 eingemeindeten Brooklyn) die Millionengrenze überschritten. Im benachbarten Philadelphia lebten über 500 000 Menschen, und selbst Städte im Mittleren Westen wie Cincinnati hatten damals bereits weit über 100 000 Einwohner. Hier wurden nun auch der Ausbau der Infrastruktur, die Ver- und Entsorgung und nicht zuletzt die Errichtung von Unterkünften für die ständig wachsende Bevölkerung zu zentralen Aufgaben. Auch die Beseitigung der Slums, die gerade in New York noch immer erhebliche Teile der Stadt umfassten, wurde nach den sozialen und gesundheitlichen Problemen im 19. Jahrhundert nicht nur als städtebauliche und epidemiologische Ordnungsmaßnahme verstanden, sondern war auch Thema des philanthropischen Diskurses.

New York blieb in vielerlei Hinsicht die Ausnahme. Hier zeigten sich nicht nur die Gegensätze zwischen Arm und Reich besonders deutlich. New York war überdies die Stadt mit den meisten Immigranten aus den unterschiedlichsten Ländern, die nach dem erfolgreichen Durchlaufen der seit 1892 eingerichteten zentralen Einreisekontrolle auf Ellis Island auf einen Aufstieg im Land der scheinbar «unbegrenzten Möglichkeiten» hofften. Wenn man sich im als besonders hart verschrienen Big Apple, wie der Spitzname der Stadt bereits um 1900 lautete, durchsetzte, so die verbreitete Ansicht, dann würde man es überall schaffen. Tatsächlich machte auch die Architektur in New York sichtbar, was «in Amerika» möglich war. Nicht zufällig ist die Stadt bis heute der Inbegriff «großen amerikanischen Bauens», des Think Big. Dies galt lange auch in der inneramerikanischen Debatte, in der der Wettbewerb um das höchste Gebäude Chicago immer wieder zur Second City degradierte, wie die hämische Bezeichnung seit einem Artikel in der Zeitschrift *The New Yorker* von 1949 lautete. Die ikonographische Bedeutung New Yorks verleitete offensichtlich auch die islamistischen Terroristen in den 1990er Jahren und dann wieder am 11. September 2001 dazu, gerade hier große Anschläge zu verüben.

Architektur Die Architektur in den USA hat sich als eine der letzten Disziplinen vom kulturellen Erbe Europas emanzipiert.[43] Das Bauen blieb in den nordamerikanischen Kolonien, wenn es mehr sein sollte als eine Behausung, wie sie für die Mehrheit lange Zeit üblich war, am europäischen Vorbild orientiert. Dies konnte je nach Region das britische, skandinavische, deutsche, niederländische oder französische sein. Im 17. Jahrhundert handelte es sich zumeist um primitive einräumige Häuser mit Schleppdach, sogenannte Salt Box Houses, oder Blockhäuser, die Log Cabins. Nicht selten waren es an der Frontier auch nur mit Grassoden bedeckte Hütten. Selbst öffentliche Steingebäude wirkten zunächst sehr schlicht oder zeichneten sich, wie das 1707 fertiggestellte McIntire Garrison House, lediglich durch eine besondere Befestigung gegen Indianerangriffe aus (s. Abb. S. 313). Aus Stein waren zudem einige Kirchen errichtet. In Nieuw Amsterdam, dem späteren New York, orientierte man sich lange am Vorbild des steinernen holländischen «Stadthuys». Repräsentativer zeigten sich schon im 17. Jahrhundert die französischen Bauten in den späteren amerikanischen Südstaaten mit ihrer Plantagenarchitektur sowie die spanischen Vorposten etwa in Florida oder California. Erst das nachfolgende Jahrhundert ließ auch die britisch-amerikanische Architektur repräsentativer werden, wobei der klassizistische palladianische Stil, in dem ab 1768 etwa Thomas Jeffersons Landsitz Monticello und ab 1793 das Kapitol in Washington errichtet wurden, mit seiner vergleichsweise schlichten Bauart damals schon als «amerikanischer» verstanden wurde, wenngleich er sich noch deutlich an den europäischen Vorbildern orientierte. Diese Abhängigkeit blieb faktisch bis weit in das 20. Jahrhundert bestehen, nicht zuletzt, weil sich die US-Regierungen nahezu verzweifelt darum bemühten, einen zum gewachsenen politischen Selbstvertrauen passenden eigenen Baustil zu finden. Der französische Second Empire Stil bestimmte im 19. Jahrhundert vor allem die Regierungsgebäude in Washington, so auch das in den 1880er Jahren für drei Ministerien fertiggestellte State, War, and Navy Building in der Pennsylvania Avenue. Vor dem Zweiten Weltkrieg wurden zentrale öffentliche Gebäude in der Hauptstadt dagegen vorzugsweise im neoklassizistischen Stil errichtet, was dazu führte, dass bis heute gerade diese Gebäude aus den 1930er Jahren fatal an die zum selben Zeitpunkt in Deutschland und Italien fertiggestellten Repräsentationsbauten erinnern. Die bürgerliche Wohnarchitektur in größeren Städten an der Ost- und Westküste orientierte sich dagegen im 19. und bis weit in das 20. Jahrhundert weiterhin an den typischen britischen viktorianischen Townhouses.

Eine Wende zu einer genuin amerikanisch verstandenen Architektur brachte erst die Technik, durch Verwendung von Eisen-, dann Stahlrahmenskeletten Hochhäuser zu errichten. Den Anfang machte auch hier New York, dann folgte Chicago. Als Erfinder des Prinzips der Skyscraper gilt neben James Bogardus, der 1828 eigentlich mit der Entwicklung der Ringspinnmaschine bekannt wurde, Daniel Badger. In den 1840er und 1850er Jahren konnten auf diese Weise bereits fünfstöckige Gebäude errichtet werden wie das 1857 fertiggestellte, von Badger geplante und noch heute erhaltene E. V. Haughwout Building in Manhattan (488–492 Broadway). Als besondere Innovation galt seine Ausstattung mit einem Fahrstuhl, ohne den in Zukunft kein Wolkenkratzer mehr auskommen konnte. Der erste genuine Skyscraper entstand allerdings dann doch in Chicago. Das Home Insurance Building von William LeBaron Jenney war nach seiner Fertigstellung 1885 damals beeindruckende 42 Meter hoch. Erhalten blieb es jedoch nur bis 1931. Beide Gebäude markieren den Beginn des für amerikanische Städte typischen Hochhausgebirges, der Skyline. Der nächste Durchbruch im Hochbau gelang wieder in New York, wo von 1910 an in dreijähriger Bauzeit das zu der Zeit sagenhafte 241 Meter hohe Woolworth Building als Firmenzentrale des gleichnamigen Kaufhausimperiums am Broadway 233 errichtet wurde. Die Stahlkonstruktion wurde damals mit einer verspielten neugotischen Fassade ummantelt. Auch das Privatbüro des damaligen Firmenchefs, Frank W. Woolworth, hatte man in europäisch-repräsentativem Empire-Stil gestaltet. In anderen Städten ging man auf die gleiche Weise vor. Das 1890 in Cleveland (Ohio) erbaute Einkaufszentrum Cleveland Arcade war im Wesentlichen eine Kopie des Mailänder Kaufhauses Galleria Vittorio Emanuele II.

Was stilistisch an diesen Gebäuden genuin amerikanisch sein sollte, blieb auch in den USA umstritten. Unübersehbar ist, dass es zunächst weniger ein unverwechselbarer Stil war als ein Stilmix, der sich eklektisch aus allen Richtungen bediente, sei es aus der griechisch-römischen Antike, der mittelalterlichen Romanik und Gotik, der Renaissance, dem Revolutionsstil oder dem Art Deco, deren Formelemente beliebig vervielfältigt oder vergrößert wurden. Viele dieser Riesengebäude schlossen sogar mit einem historisierenden Walm- oder Spitzdach ab, wie es auch das Woolworth Building krönte, oder verbauten in gigantischer Höhe Skulpturen. Aber nicht nur stilistische Kritik kam rasch auf. Die Riesenbauten ließen Straßen und Nachbarhäuser teilweise schon am Tag im Dunkel versinken. Deshalb wurden 1916, nach der Fertigstellung des gi-

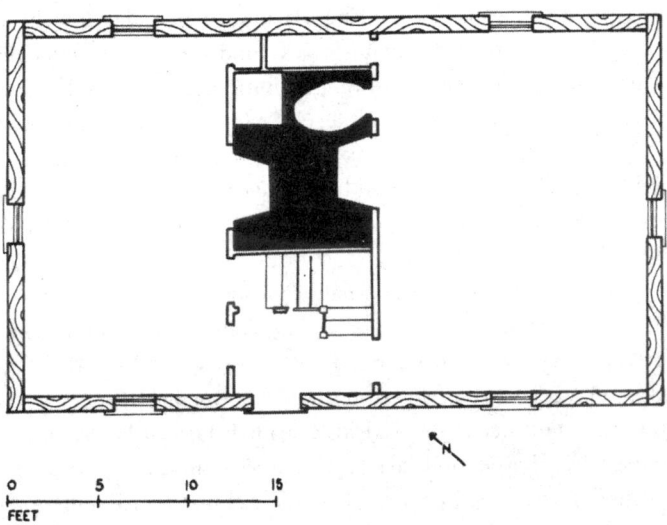

Schmucklose Nüchternheit Das McIntire Garrison House von 1707 in Scotland / Maine, das im Fall von Indianerangriffen auch für die Gemeindemitglieder als Schutzraum diente

«The Cathedral of Commerce»
Das Woolworth Building des Kaufhausmagnaten Frank W. Woolworth wurde von Cass Gilbert geplant und 1913 als höchstes Gebäude der Welt fertiggestellt. Woolworth bestand ausdrücklich darauf, dass es nicht nur an Größe und Ausstattung das Singer Building übertrumpfen, sondern vor allem als positives Monument des Konsums und des American Way of Life erkennbar sein sollte.

gantischen Blocks des Second Equitable Building (120 Broadway), sogar in New York Höhen- und Abstandsbegrenzungen zu anderen Gebäuden erlassen. Als Vorbild für die Nutzung von Grundstücken galt seitdem das bereits erwähnte, 1909 eröffnete Singer Building, das vorbildlich nur 25 Prozent des Grundstücks in Anspruch nahm. Dennoch bestimmten weiter Höhenwettbewerbe das Bauen. Zu den höchsten Gebäuden der Welt gehörte nach dem Singer Building – welches 1968 auch das höchste jemals abgerissene Bauwerk wurde – das bis 1931 ebenfalls in New York errichtete Empire State Building (350 Fifth Avenue). Es behielt diesen Titel sogar bis 1972. Danach übernahm ihn der im selben Jahr fertiggestellte Nordturm des New Yorker World Trade Center mit seinen 417 (bzw. 527) Metern. Sein Nachfolger, das 2014 fertiggestellte «One World Trade Center», ist mit 541 Metern nun das höchste der USA.

Es waren somit neben der Eklektik des hybriden Stils, den man bezeichnenderweise bereits seit den 1930er Jahren «internationaler», nicht etwa «amerikanischer Stil» nannte, eher die technische Leistung und der Wettbewerb um Austattung und Höhe, die zur Besonderheit der amerikanischen Architektur wurden. Insofern war es kein Zufall, sondern Prinzip, dass New York und Chicago während des gesamten 20. Jahrhunderts und bis heute den Wettstreit um den höchsten Skyscraper ausfochten. Er blieb unentschieden, weil der Sears Tower (heute: Willis Tower) in Chicago 1973 mit 442 Metern bis zum obersten Stockwerk zwar höher war als der Nordturm des World Trade Center in New York (415 Meter). Dessen Antennen aber, die das Gebäude auf knapp 527 Meter erhöhten, sorgten dafür, dass die Konkurrenz unentscheiden ausging. Das Wettbewerbsdenken betraf auch die politische Architektur in den USA, beispielsweise die Parlamentsgebäude, die State Capitols der einzelnen Bundesstaaten, von denen zwischen 1886 und 1936 allein 24 entstanden. Sie orientierten sich zwar alle am Vorbild in Washington D. C., konkurrierten aber in Höhe und Ausstattung. Das nach zehnjähriger Bauzeit 1932 fertiggestellte Abgeordnetenhaus in Lincoln, der Hauptstadt Nebraskas, trug schließlich seine goldene Kuppel auf einem gigantischen neogotischen Turm von 122 Metern Höhe.

Eine ganz andere Art der architektonischen Konkurrenz entwickelten die Vororte der großen Städte, die seit dem Ausbau des Individualverkehrs seit den 1930er und vor allem in den 1950er Jahren entstanden. Das Eigenheim in den «Suburbs» galt seitdem genauso wie das Auto als Beleg des sozialen Aufstiegs, der gleichzeitig allerdings die Innenstädte, die Downtowns, als Büroviertel am Wochenende nahezu veröden ließ. Die Architektur der meisten Vororte galt zwar als gleichförmig, insbesondere wenn sie wie die berühmt-berüchtigten Levittowns nach dem Vorbild der Fließbänder Fords auf dem Reißbrett entstanden und als Fertigbauten aufgestellt wurden. Wo jedoch mehr Kapital vorhanden war, entwickelte sich eine lebhafte Konkurrenz um Ausstattung und Lebensstil.

Verkehr Mindestens ebenso deutlich wie die Architektur veränderte und prägte die rasante Entwicklung des Verkehrs, insbesondere des Individualverkehrs, das Bild amerikanischer Städte und machte sie zum Inbegriff «des Modernen». Der spezifische äußere Eindruck vor allem kleinerer Towns wurde zwar in erheblichem Maße durch die oberirdisch an Masten verlegten Telefon- und Stromleitungen bestimmt. Aber die Verbreitung von Automobilen und die damit verbundene Schaffung einer autogerechten Infrastruktur griffen noch tiefer ein. Alle drei Phänomene – Licht in geradezu maßloser Verschwendung, Skyscraper und Individualverkehr mit allen seinen Nebenerscheinungen – wurden zu zentralen Symbolen «Amerikas». Dass das Auto einen so überragenden Stellenwert erhielt, war im Rückblick gesehen eigentlich nicht zwangsläufig. Die USA waren im 19. Jahrhundert ein Land, in dem die Pferdebahn, dann die elektrische Straßenbahn und vor allem die Cable Cars, die mit Hilfe

Ikonographie der Moderne
Telephonleitungen in
Philadelphia am Ende des
19. Jahrhunderts, Holzschnitt
aus dem Jahr 1897

von zentral angetriebenen Stahlseilen unter der Straße gezogen wurden, weite Verbreitung fanden. Dies hatte zum Teil ganz pragmatische Gründe. Elektrische Straßenbahnen waren schneller als das Auto technisch zuverlässig geworden. Sie waren auch, anders als die Pferdebahnen, die 1872 wegen einer Pferdeseuche sogar längere Zeit stillstanden, nicht besonders anfällig und hinterließen keinen Unrat auf den Straßen. Überdies konnten sie auch weiter entfernte Außenbezirke verbinden. Als Cable Cars blieben sie sogar bei ungünstigen Straßenführungen, wie zum Beispiel in den Hügeln San Franciscos, ein perfektes Nahverkehrsmittel. In Verbindung mit den Überlandbahnen, für die gleichzeitig in den Metropolen immer repräsentativere Bahnhöfe gebaut wurden, bildeten sie das Tor zur Mobilität. Wer das Geld nicht aufbringen konnte, nutzte diese landesweiten Verbindungen trotzdem häufig, wie zum Beispiel die als Hobos bezeichneten Wanderarbeiter, die seit dem Ende des Amerikanischen Bürgerkriegs mit Hilfe der Güterzüge kostenlos, wenn auch illegal und unter Lebensgefahr, kreuz und quer durch das Land fuhren. Jack London hat in seiner Autobiographie *The Road* von 1907 ein Zeugnis seiner eigenen Erlebnisse als Hobo hinterlassen.

Dennoch war in den USA die weitgehende Abschaffung der lokalen und regionalen Straßenbahnen, dann der Überlandbahnen, nur noch eine

Der öffentliche Verkehr als Verlierer Zur Verschrottung bereitgestellte
Straßenbahnwaggons der Pacific Electric Railway in Kalifornien, 1956

Frage der Zeit, nachdem von Europa aus die Verbreitung des Automobils
begonnen hatte. In deren Folge nahm nicht nur der Individualverkehr zu,
sondern auch der öffentliche Nahverkehr mit Bussen. Bis heute hält sich
zu Recht die Meinung, dass insbesondere der Autogigant General Motors (GM / GMC) gezielt die Zerstörung des Schienen-, insbesondere des
Straßenbahnverkehrs, betrieb, um stattdessen Buslinien einzurichten.
Tatsächlich konnten 1956 durch ein Gerichtsverfahren vor dem Obersten
Gerichtshof der USA der seit den 1930er Jahren unter anderem durch
General Motors verdeckt betriebene systematische Erwerb und die folgende Stilllegung von Straßenbahnunternehmen in 45 Städten – darunter Los Angeles, Oakland, San Diego, Detroit, St. Louis und New York –
belegt und auch untersagt werden. Schon 1950 waren aufgrund dieses
Tatbestands ebenso Unternehmen wie der Reifenhersteller Firestone und
der Miniralölproduzent Standard Oil verurteilt worden. Genützt hat das
freilich wenig. Der bis in 1960er Jahre anhaltende sogenannte Great
American Streetcar Scandal (auch: General Motors Streetcar Conspiracy), der 1974 sogar noch einmal die US-Regierung beschäftigte, belegte, dass tatsächlich rund einhundert elektrische Nahverkehrsunter-
nehmen stillgelegt und durch Buslinien ersetzt worden waren.[44]

Autos Bis 1904 hatte Europa, insbesondere Frankreich und Großbritannien, den Automobilbau dominiert.[45] Drei Jahre später rollten in den USA aber bereits mehr als doppelt so viele Kraftfahrzeuge wie in Großbritannien, dreimal so viele wie in Frankreich und fast zehnmal so viele wie in Deutschland, wo der Automobilbau mit Verbrennungsmotoren mit dem Patent von Carl Benz 1886 eigentlich seinen Anfang genommen hatte.[46] Dass 1903 zum Schlüsseljahr des amerikanischen Automobilbaus und damit des Individualverkehrs wurde, lag wohl auch daran, dass es in diesem Jahr zum ersten Mal gelang, die USA mit einem Kraftfahrzeug zu durchqueren. Entscheidender aber war, dass damals mit Henry Ford ein Unternehmer in das Automobilgeschäft einstieg, der mit dem auf dem Fließband produzierten Model T nicht nur ein preiswertes und gleichzeitig robustes Kraftfahrzeug herstellen konnte, sondern auch in der Lage war, die meisten seiner Konkurrenten vom Markt zu drängen. Ford gelang es, insbesondere die kritischen Farmer des Mittleren Westens zu überzeugen, dass ein Kraftfahrzeug ein alltagstauglicher Ersatz für eine Pferdekutsche sein konnte. Hier entstand daher auch das erste Zentrum der US-Automobilindustrie. Zum Erfolg trug nicht zuletzt Fords Entscheidung bei, Benzinmotoren einzusetzen, die sich für weite Entfernungen viel besser eigneten als andere Antriebsarten. Und noch etwas unterschied die Entwicklung in den USA von derjenigen in Europa: Regelungen zum Fahrzeugbau, zur Vergabe von Führerscheinen, zu Höchstgeschwindigkeiten oder zu Anmeldungen stießen in den auf Freiheitsrechte eingestimmten USA auf viel größeren Widerstand und sicherten auch eine ungebremste Entwicklung des Individualverkehrs.

Von Fords Model T wurden Hunderttausende verkauft. 1908 konnte seine Firma 6000 Exemplare, acht Jahre später bereits 577 000 im Jahr absetzen.[47] Neben dem unschlagbaren Preis lag dies nicht zuletzt daran, dass Ford schon 1911 beschlossen hatte, Varianten anzubieten, die sein einziges Modell an den Alltag und die Wünsche der Käufer anpassten. Zum Erfolg Fords, dem neben vielen anderen das Bonmot zugeschrieben wurde, Autos würden keine Autos kaufen, trug schließlich auch bei, dass er nicht nur auf eine «Corporate Identity» mit damals vorbildhaften Sozialleistungen, sondern früh auf den Konsum seiner eigenen Arbeiter setzte. Sie wurden deshalb bei ihm weit besser entlohnt als bei anderen Firmen. Er entließ sie allerdings auch sofort, wenn sie ein Automobil der Konkurrenz erwarben. Ford zahlte vor dem Ersten Weltkrieg seinen Fließbandarbeitern etwa 130 US-Dollar im Monat,

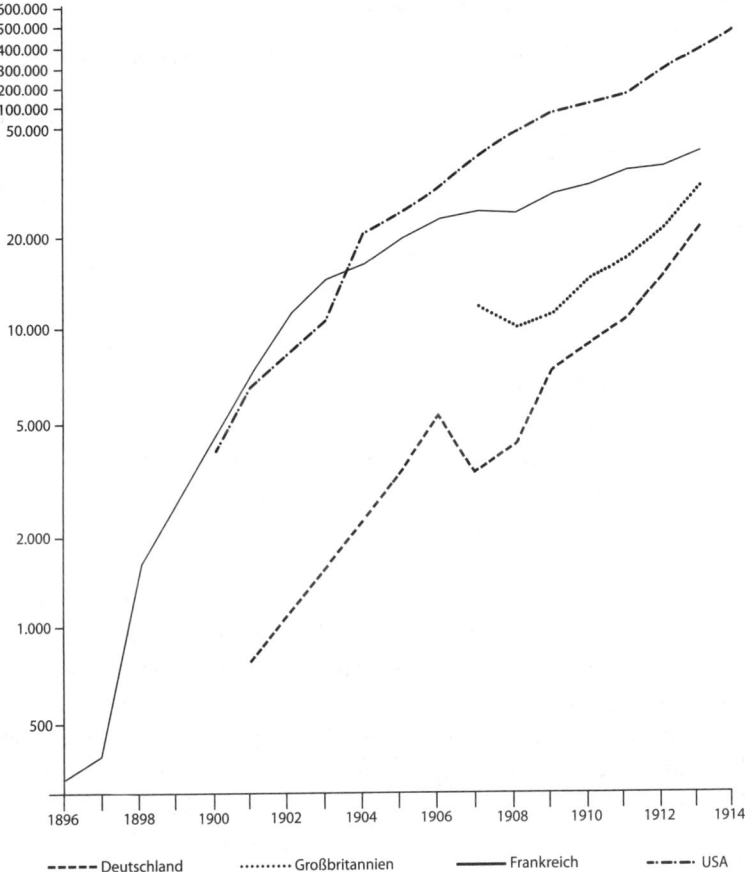

600.000
500.000
400.000
300.000
200.000
100.000
50.000

20.000

10.000

5.000

2.000

1.000

500

1896   1898   1900   1902   1904   1906   1908   1910   1912   1914

‒ ‒ ‒ ‒ Deutschland   ·········· Großbritannien   ⸻ Frankreich   ‒·‒·‒· USA

Automobilproduktion in den USA, Frankreich, Großbritannien und Deutschland im Vergleich 1896–1914[48]

während der Preis für sein Standardfahrzeug kontinuierlich sank. Hatte der Käufer 1908 für das Model T noch 850 US-Dollar hinlegen müssen, waren es 1916 nur noch 350 US-Dollar. Bei Einstellung des Model T, das 1927 nach 15 Millionen Exemplaren zum ersten wirklichen Volkswagen der USA geworden war und in einer Vielzahl von Filmen popularisiert wurde, war der Preis auf ganze 250 Dollar gefallen. Dies lag durchaus in der Reichweite eines Durchschnittsarbeiters nicht nur bei den Ford-Werken.

Preisentwicklung und Verkaufszahlen Ford Model T 1908–1916[49]

	Preis in US-Dollar	Verkaufte Exemplare (gerundet)
1908	850	6 000
1909	950	12 300
1910	780	19 300
1911	690	40 400
1912	600	78 600
1913	550	182 800
1914	490	260 700
1915	440	355 300
1916	360	577 000

Zu diesem Zeitpunkt hatte der Firmengründer bereits damit angefangen, auch Konkurrenten aufzukaufen. Zu ihnen gehörte 1922 die Luxusmarke Lincoln, die sich seitdem mit den Oberklassen anderer Hersteller, etwa Cadillac von General Motors, einen jahrzehntelangen Kampf um die Käufergunst lieferte. Darüber hinaus begann Ford, den Markt in Übersee zu erobern. 1926 war ein Werk für das T-Modell in Berlin eröffnet worden, und ab 1931 lief die Produktion in Köln an, wo zunächst das Model A in verschiedenen Varianten und – anders als das Modell T – in verschiedenen Farben entstand. Auch in Südamerika eröffneten Ford-Werke, und selbst an die Sowjetunion, mit der private US-Firmen bis zur Weltwirtschaftskrise 1929 trotz der Machtübernahme der Bolschewiki noch Geschäfte machten, wurde eine Lizenz zum Bau des Model A verkauft. Die 1932 gegründete Automobilfabrik Gorki (Gorkowskij Awtomobilnyj Sawod, GAS) produzierte es unter dem Namen GAS-A. Das entsprechende Lastwagenmodell hieß dort Model AA (GAS-AA). Auch mit anderen Diktatoren hatte Ford – genau wie General Motors – keine Berührungsängste.[50] Erst 1941, als die Ford-Werke in Berlin nach der deutschen Kriegserklärung an die USA unter staatliche Verwaltung gestellt wurden, musste das Geschäft unter anderem Namen betrieben werden. Während in der DDR die Ford-Werke nicht weiterproduzieren durften, entwickelte sich Westdeutschland nach Kriegsende wieder zu einem bedeutenden Absatzgebiet.

Dass solche hohen Stückzahlen, wie sie Ford ab 1912 / 13 produzierte, nicht mehr mit der üblichen Handarbeit am Fließband zu erreichen waren, war selbstverständlich. In der 1910 eröffneten neuen Fabrik in Highland Park konnte Ford Produktionsfehler bereits mit präzisen Werkzeugmaschinen, die jeweils nur ein bestimmtes Teil herstellten, zeit- und kostenintensive Nacharbeiten weitgehend ausschalten. Die Ra-

Volksautos am Fließband Fords Highland-Park-Fabrik in seiner Heimatstadt
Dearborn (Michigan) 1914

tionalisierung betraf am Anfang auch die Farbauswahl. Jeder Kunde
habe, ließ Ford später seinen Grundsatz in seinen Memoiren verewigen,
die Möglichkeit, sein Modell T in seiner Lieblingsfarbe anstreichen zu
lassen, sofern diese nur schwarz sei.[51] Massenproduktion, Massenmotorisierung und Massenkonsum trugen nun unverwechselbar seinen Namen.

Ford hatte mit der Politik des «Volksautos» bereits vor dem Ersten
Weltkrieg einen Marktanteil von über 50 Prozent erobert und damit tatsächlich eine gewisse Demokratisierung der automobilen Mobilität erreicht – lange bevor in Deutschland vom Volkswagen gesprochen wurde.
Schon 1930 fuhren 20 Prozent der Amerikaner ein Auto, wenngleich der
Straßenbau erst ab den 1950er Jahren weitflächig einsetzte.[52] Der 1907
in New York begonnene Bronx River Parkway gilt als die erste exklusiv
für Automobile gebaute Straße der USA, dem 1938 – ebenfalls an der
Ostküste – der Long Island Parkway und der Merritt Parkway folgten.

Viele der großen Konkurrenten der Ford Motor Company, die den
Anfang des 20. Jahrhunderts einsetzenden Konzentrationsprozess der
Automobilindustrie als selbstständige Unternehmen überlebten – in den

USA vor allem General Motors und die Chrysler Motor Corporation –, hatten anders als Ford von Anfang an stärker auf das Auto als Statussymbol gesetzt. Tatsächlich wurde das Auto auch in der US-Gesellschaft zum öffentlichen Gradmesser des wirtschaftlichen Erfolgs. Walter Chrysler begann als Vizepräsident bei General Motors, hatte sich 1925 selbstständig gemacht und war drei Jahre später mit dem Kauf der eigentlich viel größeren Firma Dodge Brothers mit seiner Chrysler Motor Corporation zum drittgrößten Automobilhersteller in den USA aufgestiegen. Der größte Automobilproduzent war allerdings nicht Ford, sondern General Motors, der unter dem ab 1923 amtierenden Präsidenten Alfred Sloan das Auto konsequent als Beleg des individuellen sozialen Aufstiegs verkaufte. «GM» oder «GMC», die wie Ford erst spät in den boomenden Automobilmarkt eingestiegen waren, hatten ebenfalls zunächst kleinere Konkurrenten wie Oldmobile, Buick, Chevrolet oder Cadillac aufgekauft, um dann unter diesen Namen weitere Modellreihen anzubieten. Während die Chevrolet – oder kurz Chevy – genannte Modellreihe seit 1918 in erster Linie auf die Bedürfnisse der Arbeiter und der Mittelschicht zugeschnitten war, wurde die Marke Cadillac zur Luxussparte ausgebaut und galt schließlich unbestritten als das Auto jener Amerikaner, die den amerikanischen Traum «From Rags to Riches» – «Vom Tellerwäscher zum Millionär» – verwirklicht hatten. Die Konkurrenz aus den Ford-Werken mit ihren Lincoln-Modellen Zephyr aus den 1930er Jahren, insbesondere aber mit den Continental-Reihen der 1940er Jahre, blieb im Prestige weit dahinter zurück. Es war eben kein Zufall, dass Elvis Presley als einer der großen Aufsteiger der 1950er Jahre ausdrücklich Cadillacs kaufte und verschenkte. Dennoch war auch GM wie Ford wenig wählerisch, was die Geschäftsbeziehungen anging. Über die GM-Tochter Opel war das Unternehmen zum Beispiel zentral an der Ausrüstung der deutschen Wehrmacht im Dritten Reich beteiligt. Ende 1955 avancierte GM zum ersten Unternehmen der USA, das die magische Grenze von einer Milliarde US-Dollar Umsatz pro Jahr überschritt. Anfang der 1980er Jahre stieg er sogar auf über 60 Milliarden US-Dollar.[53] Bevor GM 2007 angesichts der weltweiten Wirtschaftskrise Insolvenz anmelden musste, war der Umsatz sogar auf über 180 Milliarden US-Dollar gestiegen.

Dass der wirtschaftliche und vor allem der gigantische technische Boom der Vereinigten Staaten seit dem Bürgerkrieg nicht zuletzt auf dem Bewusstsein beruhte, über nahezu unbegrenzte, gesicherte Energievorräte zu verfügen, liegt auf der Hand. Zum Zauberwort neben Elektrizität war Mineralöl geworden. Seine Lagerstätten wurden in den USA seit dem Ende der 1850er Jahre gezielt ausgebeutet. Die erste Bohrung, die kommerziell zum Erfolg führte, konnte 1859 von Edwin Drake am sogenannten Oil Creek in Pennsylvania durchgeführt werden und markierte den Beginn des Ölbooms. Es war dann Fords Erfolg mit dem Model T, der den Bedarf erheblich steigerte. Bereits Ende der 1920er Jahre waren die USA zum größten Erdölverbraucher der Welt geworden und ihre Bevölkerung wurde damals bereits durch fast 143 000 Tankstellen versorgt.[54] Heute stehen die USA nach wie vor an der Spitze des Weltverbrauchs, auch wenn China rasant aufholt.[55] Die Sicherung der Energie war und blieb daher bis heute eines der wichtigsten Themen in den Wahlkämpfen.

Amerikanische Demokratie: Wahlkämpfe und Medienmacht

Ihre Vorstellung von Selbstbestimmung hatten die evangelikalen Dissidenten, die im 17. Jahrhundert die Kolonien bevölkerten, bereits aus Europa mitgebracht. Gemeinden sollten organisatorisch selbstständig sein und über die sie betreffenden Angelegenheiten frei entscheiden können. Die regelmäßigen Versammlungen in den Meetinghouses waren daher nicht nur ein Abbild dessen, was man sich als Urkirche vorstellte, sondern so etwas wie eine Basisdemokratie, die allerdings rigoros gegen Abweichler, Antinomier, vorging.

Seit 1787 nahm die Verfassungsdebatte ebenfalls solche Vorstellungen auf. Sie legte unter anderem fest, dass die Einzelstaaten zwar selbstständig in der praktischen Ausgestaltung des Wahlrechts sein sollten, aber dennoch auf die Bundesverfassung verpflichtet. Gleichzeitig stellte sie die Volkssouveränität und insbesondere die öffentliche Meinung – Thomas Paines *Common Sense* – in den Mittelpunkt, wollte aber zugleich dafür sorgen, dass «das Volk» keinesfalls «Volkstribunen» zum Opfer fiel oder das Land unregierbar sein würde. Das Ergebnis war ein klassisches Sowohl-als-auch, in dem zwar der «Common Man» wählte, die eigentliche Auswahl des Regierungschefs jedoch nach den aufwändigen Vorwahlen, den Primaries, in denen man die Kandidaten der Parteien bereits aussiebte, einem Gremium aus gebildeten und politisch erfahrenen Wahlmännern, den «Elektoren», überlassen wurde. Diese sollten eine zusätz-

liche Sicherung gegenüber dem möglicherweise unvernünftigen Volks-
willen bilden, der durch populistische Forderungen, aber auch durch
Demagogen in die Irre geleitet werden könnte, welche sich erst später als
Diktatoren oder «Pharaonen», wie Paine sie nannte, zeigten. Tatsächlich
hatte bereits 1787 die erste Abstimmung der kurz vor ihrer Gründung
stehenden USA mit George Washington im Mittelpunkt unmissverständlich klar gemacht, welche enorme Bedeutung Einzelpersönlichkeiten und Wahlwerbung zukam, aber auch, wie schwierig es war, die Bevölkerung zu mobilisieren. Nur knappe 20 Prozent der Wahlberechtigten
beteiligten sich damals.

Hinter der schwachen Wahlbeteiligung stand bereits damals neben
schlichtem Desinteresse die Tatsache, dass zahlreiche Amerikaner Analphabeten waren, die nicht einmal einen Stimmzettel lesen konnten.
Bei den niedrigen Beteiligungen blieb es bis auf wenige Ausnahmen bis
heute. Selbst bei den Präsidentschaftswahlen 2008, in denen der demokratische Kandidat Barack Obama gegen den Republikaner John McCain
siegte, betrug die Wahlbeteiligung nur 56,8 Prozent.[56] Auch bei den Präsidentschaftswahlen 2012 verzeichnete man eine sehr geringe Wahlbeteiligung, die sogar noch 9 Prozent darunter lag.[57]

Parteienentwicklung 1776–1861[58]

1776	Tories (königstreue Loyalisten)	Patrioten
1791	Federalists (A. Hamilton, J. Adams)	Republikaner (Th. Jefferson)
1825	Nationale Republikaner (J. Quincy Adams, H. Clay)	Demokratische Republikaner (A. Jackson)
1834	Whigs (H. Clay, D. Webster)	Demokraten (A. Jackson, M. Van Buren)
1848	Free Soil Party	
1854/56	Republikaner (A. Lincoln)	Demokraten (St. A. Douglas, J. Buchanan, J. C. Brecken-ridge)

Parteien Die verfassunggebende Versammlung hatte 1787 eigentlich
gar keine Parteien vorgesehen. Dass sie dennoch entstanden, hatte ihre
Ursache in dem bereits erwähnten Konflikt zwischen den Vertretern
einer starken Zentralgewalt, den Federalists, zu denen zuerst federfüh-
rend neben Washington sein späterer Finanzminister Alexander Hamilton gehörte, und ihren Gegnern, die sich zunächst als Anti-Federalists,
Republicans oder auch Democratic Republicans bezeichneten und auf
mehr Souveränität der Einzelstaaten pochten. Ihr wichtigster Vertreter,

der 1790 zum ersten Außenminister der USA bestellte Thomas Jefferson, war drei Jahre später im Streit mit Washington aus dem Kabinett ausgeschieden. Mit dem Amtsantritt Jeffersons als Präsident 1801 allerdings wurde die Demokratisch-Republikanische Partei für Jahrzehnte die führende Kraft, die mit James Madison und James Monroe die nächsten US-Präsidenten stellte.

Seit Mitte der 1820er Jahre trat ein grundlegender Wandel ein, der den Weg in das bis heute bekannte Zweiparteiensystem öffnete. Bei den Präsidentschaftswahlen 1824 hatte Andrew Jackson, einer der Helden des Zweiten Unabhängigkeitskriegs, zwar die meisten Wähler-, aber nicht die überwiegende Zahl der Elektorenstimmen gewonnen. Daraufhin wurde entschieden, das US-Abgeordnetenhaus den Sieger bestimmen zu lassen. Viele hielten ein solches Verfahren bereits damals für eine eklatante Missachtung des Wählerwillens. Schließlich legte man fest, dem Unterlegenen, John Quincy Adams, dem Sohn des zweiten US-Präsidenten John Adams, das Amt zu verleihen. Dieser war 1803 nach seinem Bruch mit den Federalists der Demokratisch-Republikanischen Partei beigetreten. Eine solche durch das Elektorensystem ausgelöste Konstellation, in der der dann amtierende Präsident weniger Stimmen erhielt als der gescheiterte Gegenkandidat, kam danach nur noch drei Mal vor: 1876 wurde der Republikaner Rutherford Hayes zum Gewinner gegen den demokratischen Kandidaten Samuel Tilden erklärt, 1888 Benjamin Harrison gegen Grover Cleveland, und im Jahr 2000 schließlich der Republikaner George W. Bush gegen den Demokraten Al Gore.

1824 zerbrach die Demokratisch-Republikanische Partei allerdings darüber, was langfristig enorme Folgen für das Parteiensystem der USA hatte. Aus den Adams-Anhängern entwickelte sich die National Republican Party, während die Parteifreunde Jacksons sich weiterhin als Democratic Republicans sammelten. Als Jackson es 1828 ein zweites Mal versuchte, konnten die Elektoren nicht mehr ablehnen (178 zu 83 Stimmen). Zu offensichtlich war, dass Adams nur noch an der Ostküste, in einigen der alten Gründerstaaten der USA, Rückhalt gefunden hatte. Gleichzeitig wurde hier noch in einer anderen Weise US-Wahlgeschichte geschrieben. Die Abstimmung 1828 wurde von nie zuvor gesehenen Versuchen der Jackson-Gegner begleitet, dessen Privatleben zu diskreditieren. Jackson hatte seit 1790 mit seiner späteren Ehefrau Rachel zusammengelebt, obwohl diese sich erst drei Jahre später von ihrem ersten Ehemann offiziell trennte und Jackson heiratete. Dieser Umstand erwies sich nun als eine politische Steilvorlage in der evangelikal geprägten Gesellschaft. Jackson jedenfalls hielt Rachels Tod 1828 für eine Folge der ständigen Angriffe.[59] Auch solche Skandalisierungen etablierten sich als wiederkehrendes Merkmal der modernen Demokratie in den USA.

«Jacksonian Democracy»   Mit dem Sieg Jacksons begann für die USA das, was man «Jacksonian Democracy» oder auch «The Era of the Common Man», das «Zeitalter des Kleinen Mannes», nannte. Sie beinhaltete neben der fortgesetzten Westexpansion einschneidende ökonomische Veränderungen, die man heute mit den Begriffen «Marktrevolution», «Jacksonian Capitalism» und «Urban Revolution» umschreibt, verursachte aber zudem einen tiefgreifenden Umbruch in der politischen Landschaft.[60] In den folgenden acht Jahren schliffen sich Eigenarten ein, die man schließlich als geradezu charakteristisch für das politische System der USA betrachtete. Dazu gehörte an erster Stelle die Berufungspraxis für politische Ämter. Jackson stellte von Beginn an vor allem Kandidaten ein, die er – wie sich selbst – als «Selfmademen» begriff, deren persönlicher Loyalität er fast bedingungslos vertraute und an denen er in der Regel auch festhielt, wenn der öffentliche Druck sich erhöhte. Zu dieser Riege zählte sein erster Außenminister und Stellvertreter Martin Van Buren, der sich zuvor insbesondere als Helfer in der Schlacht gegen John Quincy Adams erwiesen hatte und 1836 auch die Nachfolge Jacksons im Präsidentenamt antrat. Van Buren wurde darüber hinaus der erste Präsidentschaftsbewerber, der 1848 mit der neugegründeten Free Soil Party in den Wahlkampf zog, die 1854 den Grundstock der eigentlichen Republican Party bildete.[61] Auch der zum Kriegsminister ernannte John H. Eaton, der mit 25 Jahren bereits Abgeordneter in Tennessee geworden und mit nur 28 Jahren in den US-Senat eingezogen war, konnte sich als sein enger Freund bezeichnen. Er rückte deswegen gleichfalls in den engeren Beraterkreis von Jacksons «Küchenkabinett» ein, das der Präsident gewöhnlich dem großen Kabinett vorschaltete. «Spoils System» nannte man in der Öffentlichkeit schließlich spöttisch-verärgert dieses undurchsichtige Verfahren, in dem der Wahlsieger «seine Beute» (Spoil), also in der Regel Posten, an seine Freunde und Unterstützer verteilte. Ein Virtuose dieser Art von Personalpolitik war namentlich Van Buren. Er hatte seit 1817 gezielt solche nützlichen Verbindungen aufgebaut, die zu seiner Zeit als Senator des Staates New York unter den Bezeichnungen «Albany Regency» oder «Bucktails» bekannt wurden. In Jacksons Spoils System, das dann auch sehr erfolgreich politische Beschlüsse durchsetzte, wurde der auch «Magician» genannte Van Buren damit fast zwangsläufig zu einer Schlüsselfigur, während er für seine Gegner als Inbegriff der Korruption galt. Mit seinem exaltierten Auftreten machte er es diesen freilich leicht, ihn als Feindbild aufzubauen.[62]

Unter den Präsidenten, die auf Jackson und Van Buren folgten, gehörte es bereits zum Tagesgeschäft, Parteifreunde und Sympathisanten, selbst wenn sie nur wenig Vorbildung für die Ämter mitbrachten, in politische Positionen zu hieven. Nach William Harrisons Wahlsieg gegen Van Buren 1841 sollen bereits Zehntausende in die Hauptstadt Washington gereist sein, um eine Stelle zu erhalten. Genauso verhielt es sich bei anderen Präsidenten, selbst bei Abraham Lincoln. Das System wurde zudem dadurch gestärkt, dass die Zahl der Staatsbediensteten immer wieder angehoben wurde. Paradoxerweise geschah dies – wie unter der Präsidentschaft Grover Clevelands in den 1880er Jahren – zum Teil gerade, um die durch das Spoils System rasant gewachsene Korruption zu bekämpfen.

Trotz vieler Reformversuche, zu denen etwa der Pendleton Act von 1883, der Hatch Act von 1939 oder auch die Einführung des durchaus doppeldeutig gemeinten pflaumenfarbigen *Plum Book* (offiziell: *United States Government Policy and Supporting Positions*) 1952 zählten, hielt sich das System. Es verzeichnet bis heute die durch den Präsidenten direkt – insbesondere an Großspender – verteilten Stellen. Der amtierende US-Präsident Obama vergab seit 2009 etwa zweihundert solcher hochrangiger Regierungsposten.[63] Dadurch wurde unter anderem der US-Investmentbanker und Schatzmeister der Demokratischen Partei, Philip D. Murphy, Botschafter in Berlin.

Zu den langfristig wirksamen Veränderungen, die durch die Jacksonian Democracy angestoßen wurden, gehörte zudem die Instrumentalisierung der Medien, bei der es nicht nur um klassische Politikdarstellung, sondern um die Mobilisierung des «Kleinen Mannes» ging. Jackson präsentierte und zelebrierte sich als das, was man seit Max Weber mit dem Begriff der Charismatischen Persönlichkeit beschreibt. Tatsächlich konnte er auf Verdienste verweisen, die heute zwar teilweise zwiespältig gesehen werden, damals aber durchaus Anerkennung fanden. Dazu gehörte insbesondere seine Zeit als General im Zweiten Unabhängigkeitskrieg sowie als «Indianerkämpfer», der schließlich noch als Präsident dafür sorgte, dass die bereits geschlagenen und entwurzelten «Fünf Zivilisierten Stämme» durch den berüchtigten Indian Removal Act von 1830 in das Gebiet des späteren Bundesstaats Oklahoma vertrieben wurden. In den Augen des «Kleinen Mannes» aber punktete Jackson in erster Linie mit seiner harten Haltung im sogenannten Bankenkrieg 1832, in dem er gegen den Kandidaten der National Republican Party, Henry Clay, Front machte. Die im Kongress verhandelte Verlängerung der Konzession für die 1816 gegründete Second Bank of the United States nutzte Jackson damals geschickt für seine Selbstdarstellung als Sachwalter des Kleinen Mannes gegen das «Monster» der großen Bank.[64]

Macht der Zeitungen Jackson war zwar nicht der erste, der sich die erst wenige Jahrzehnte zuvor entstandenen Zeitungen dienstbar machte, aber einer, der es verstand, sie virtuos zu nutzen. Als erste Tageszeitung der USA gilt der 1794 gegründete *Pennsylvania Packet and Daily Advertiser*, ein Anzeigenblatt mit gelegentlichen Neuigkeiten, das vor allem um Konsumenten warb. Kurz danach begann die Zeit, als mit dem *American Minerva*, der *Porcupine's Gazette*, dem *Federal Republican* oder der *Evening Post* auch bereits die «meinungsstarken» Journalisten antraten, denen es nicht mehr so sehr auf Abwägung ankam und die sich nicht scheuten, direkt Partei zu ergreifen.[65] Seit 1827, inmitten der Schlacht zwischen Adams und Jackson um die Präsidentschaft, erschien dann die erste Zeitung, die sich direkt an die amerikanischen Arbeiter, den «Common Man», wandte, den Jackson für sich entdeckt hatte. Nach Jacksons zweitem Amtsantritt 1833 kamen in den USA schon dreimal so viele Zeitungen wie in England heraus. Kurz vor dem Bürgerkrieg waren es bereits rund 450 Tages- und 4000 Wochenzeitungen.[66] In den Fokus der Massenblätter, die nun für einige Cents auf den Straßen ihre Käufer fanden, rückten nun unverhältnismäßig häufig politische Skandale, detaillierte Beschreibungen von Verbrechen, Hinrichtungen und Katastrophen, aber auch für das evangelikal geprägte Amerika gewagte Darstellungen nackter Körper. Doch auch seriöse Zeitungen hatten ihren Platz, so die 1851 gegründete *New York Times*, die noch heute zu den wichtigsten Zeitungen der USA zählt. Darüber hinaus erschienen jetzt Periodika für jene US-Bürger, die Zeitungen in ihrer Herkunftssprache bevorzugten, so auch die in New York erscheinende deutschsprachige *Staatszeitung*. Dort gab es mit dem *Freedom's Journal* auch die erste Zeitung für Afroamerikaner. Parallel dazu wurden seit den 1820er Jahren Dutzende von Zeitschriften für andere Leser- und Interessengruppen gegründet, so für Frauen (*Godey's Ladies Book*, 1830), für Spieler (*American Turf Register*, 1829), für religiöse Gruppen (*The Jew*, 1823) oder für Kulturinteressierte (*Harper's Monthly*, 1850). Für das reich bebilderte *Harper's Magazine* arbeiteten später sehr angesehene Künstler, etwa der für seine Darstellungen des Old West bekannt gewordene Frederic Remington. Der Boom der Publizistik erreichte nun die entferntesten Ecken der USA, die Kleinstädte des Wilden Westens ebenso wie die Indianerreservate.

Die Zeit nach dem Bürgerkrieg, insbesondere als die USA seit den 1880er Jahren allmählich eigene außenpolitische Pläne entwickelten und schließlich 1898 gegen Spanien ihren ersten wirklich internationalen Krieg führten, verstärkte diese Tendenzen noch einmal. So wuchs nicht nur die Zahl der Zeitungen insgesamt, sondern gerade der auflagenstarke Sensationsjournalismus. Es war kein Zufall, dass der Begriff der Yellow Press, der Regenbogenpresse, genauso wie der des Yellow Journalism im Gilded Age entstand, als mit großen Überschriften und bunten Bildern auf der Titelseite besonders heftig um den Common Man auf der Straße geworben wurde.[67] Charles A. Dana, der 1868 die einige Jahrzehnte zuvor gegründete *Sun* erwarb, gilt heute als Erfinder der sogenannten Human Interest Story, jene erfundenen oder halbwahren sentimentalen Geschichten, mit deren Protagonisten Leser glaubten, sich identifizieren zu können. Zeitgleich wuchsen andere auf Sensationsjournalismus spezialisierte Presseimperien. Zu den bekanntesten Pressezaren gehörten die Verleger Edward Scripps, William Hearst und Joseph Pulitzer. Letztere lieferten sich in der zweiten Hälfte der 1890er Jahre mit ihren Massenblättern *New York Journal* (Hearst) und *New York World* (Pulitzer) einen kontinuierlichen Pressekrieg.

Öffentliche, über die Tageszeitungen ausgetragene Debatten, insbesondere jedoch Skandalgeschichten, wurden nun zu einem der wichtigsten Aspekte des täglichen Pressegeschäfts, mit dem sich nicht nur die Auflagen erhöhen, sondern auch die Politik manipulieren ließ.[68] Selbst Andrew Jackson bekam das zu spüren, als ihn die «Wilde Ehe» mit seiner früheren Geliebten und späteren Ehefrau im Wahlkampf einholte. Ohnehin waren die Jackson-Jahre skandalumwittert. Die angesprochene Eaton-Affäre mit dem nachfolgenden Selbstmord des Beschuldigten führte zu einer deutlichen Spaltung der Öffentlichkeit, wobei sich Jackson natürlich auf die Seite seines Kriegsministers stellte. Selbst er konnte aber damals nicht verhindern, dass der Skandal das Ansehen des gesamten Kabinetts beschädigte, als Eaton und andere Mitglieder schmachvoll abtreten mussten. Weitere Skandale schlossen sich an, in denen vor allem Van Buren immer wieder auftauchte. Die nächsten großen Skandalserien erschütterten die USA dann vor allem in den 1870er und 1880er Jahren. Dass dies bis heute so geblieben ist, hängt wohl auch damit zusammen, dass seit der Kolonialzeit moralische Verfehlungen zum Teil deutlich bigott, fast immer jedoch besonders intensiv und in der Regel öffentlich angeprangert werden. Dies ist im Besonderen so, wenn es Personen des öffentlichen Lebens, nicht zuletzt Politiker, betrifft. Hier haben gezielte Skandalisierungen moralischer Verfehlungen häufig die leicht zu durchschauende politische Funktion, den Amtsinhaber zu schwächen. Dies wurde zuletzt in den 1990er Jahren nach der Aufdeckung der Affäre des demokratischen US-Präsidenten Bill Clinton mit einer Praktikantin des Weißen Hauses deutlich.

Ob in der systematisch betriebenen öffentlichen Skandalisierung der Politik auch eine Ursache für die hohe Zahl politischer Attentate in den USA zu sehen ist, der veröffentlichte Skandal also als Brandsatz fungiert, ist umstritten.[69] Allein vier US-Präsidenten starben bei Attentaten: Abraham Lincoln wurde am 14. April 1865 von John Wilkes Booth wegen seiner Haltung zur Sklaverei erschossen. Am 2. Juli 1881 starb James A. Garfield nach einem Pistolenattentat; der Attentäter Charles J. Guiteau glaubte offensichtlich, er sei für seinen Wahlkampfeinsatz nicht genügend gewürdigt worden. Ebenfalls durch eine Pistolenkugel getötet wurde William McKinley am 5. September 1901; der Attentäter Leon Czolgosz hielt ihn nach eigener Aussage für einen Feind der Arbeiter. Die genauen Motive und Hintergründe für den am 22. November 1963 verübten Mord an John F. Kennedy sind bis heute unklar. Möglicherweise war es die Rache für seinen Versuch, gegen die Mafia vorzugehen.

Andere Attentate misslangen. Es gab Mordversuche an den Präsidenten Andrew Jackson (30. 1. 1835), Theodore Roosevelt (14. 10. 1912), Gerald Ford (5. 9. und 22. 9. 1975) und Ronald Reagan (30. 3. 1981), am Präsidentschaftskandidaten Robert F. Kennedy (6. 6. 1968), an Gouverneuren (George Wallace, 15. 5. 1972) und Bürgermeistern (George Moscone, 27. 11. 1978), an Bürgerrechtlern (Martin Luther King, 4. 4. 1968) und an anderen Personen des öffentlichen Lebens, so auch 1978 am Pornofilmproduzenten Larry Flynt und zwei Jahre später an dem in New York lebenden ehemaligen «Beatle» John Lennon. Darüber hinaus wurden immer wieder politisch motivierte Bombenattentate auf öffentliche Einrichtungen verübt. Ein besonders verheerender Anschlag gelang am 19. April 1995 Timothy McVeigh aus dem Dunstkreis rechtgerichteter Milizen auf ein Regierungsgebäude in Oklahoma City. Er wollte damit offensichtlich gegen das blutige Ende der sogenannten Davidianer-Sekte in der Stadt Waco in Texas durch die US-Regierung protestieren.[70] 168 Menschen starben damals. Der als «Unabomber» bekannt gewordene Chicagoer Mathematikprofessor Theodore J. Kaczynski, der seine

Sprengsätze seit 1978 vornehmlich an Universitätsangehörige und Fluggesellschaften, aber auch an kleine Computerfirmen verschickte, wollte dagegen nach eigener Aussage mit seinen Anschlägen die Industrialisierung beenden.[71] Ihm fielen mindestens drei Menschen zum Opfer. Viel häufiger als politische Motive waren allerdings persönliche Demütigungen oder auch der Versuch, öffentliche Aufmerksamkeit über die Medien zu erreichen. Dass Morde und Mordversuche überproportional häufig mit Schusswaffen ausgeführt wurden, hängt aber vor allem mit deren leichter Verfügbarkeit in den USA zusammen.

Trotz der immer größeren Verbreitung von Zeitungen und Zeitschriften waren Journalisten in der Regel nicht beliebt, sondern eher gefürchtet. «Muckrakers», Schmutzfinken, nannte der cholerische Präsident Theodore Roosevelt sie, weil sie sich immer wieder gezielt auf die Suche nach privaten und politischen Skandalen machten. Dass zu diesem Zweck sogar populäre Magazine wie *McClure's Magazine* um die Wende zum 20. Jahrhundert auf den Markt kamen, machte die Sache umso verdächtiger. Die journalistische Arbeit war jedoch in vielen Bereichen nicht ungerechtfertigt, entsprang sie doch häufig der Notwendigkeit, Machtmissbrauch und Korruption aufzudecken. Sensations- und Enthüllungsjournalismus gingen teilweise Hand in Hand und unterschieden sich nur im Grad der handwerklich sauberen Recherche und anhand der Intentionen des jeweils Verantwortlichen. Ohne Muckrakers wie Ray Stannard Baker wären wohl viele der Korruptionsskandale nicht publik geworden. Ohne die Bemühungen investigativer Journalisten, zu denen auch der mehr als Romancier bekannt gewordene Upton Sinclair mit seinem bereits erwähnten Roman *The Jungle* (1906) gehörte, hätte die amerikanische Öffentlichkeit kaum etwas über die üblen Machenschaften in den Fleischverarbeitungsbetrieben des Mittleren Westens erfahren. Die Artikel eines «Schmutzfinken» wie David Graham Phillips, der über das Verschachern von Senatorenstellen recherchiert hatte, führten 1913 sogar zur Verabschiedung des 13. Zusatzartikels zur US-Verfassung, mit dem die Besetzung jener beiden Senatorensitze, die jedem Einzelstaat zustanden, zum ersten Mal verbindlich geregelt wurde.

Dennoch setzte sich auch in der amerikanischen Gesellschaft erst langsam die Einsicht durch, dass in der Demokratie dem investigativen Journalismus die Rolle zukam, als «Fourth Estate», als «Vierte Gewalt», Machtmissbrauch Schranken zu setzen. Spätestens seit der Aufdeckung der gravierendsten Fälle im Watergate-Skandal, den ab 1972 die Journalisten Bob Woodward und Carl Bernstein von der *Washington Post* ans

Licht brachten und der schließlich 1974 zum Rücktritt Richard Nixons führte, hat sich dies wohl mehrheitlich in der Öffentlichkeit durchgesetzt. Den einstweiligen Höhepunkt erreichte die Macht der Zeitungen allerdings bereits im Zusammenhang mit dem Spanisch-Amerikanischen Krieg 1898. Die Titel der Hearst-Presse berichteten schon seit 1895, als der seit 1878 schwelende Guerillakrieg in einen mehr oder weniger offenen Unabhängigkeitskrieg umschlug, in den grellsten Farben über die Auseinandersetzung. Bekannte Künstler wie Frederic Remington, der sich für Hearst damals in Kuba aufhielt, lieferten die entsprechenden skandalträchtigen Bilder, die unter anderem verbreiteten, dass sich junge Amerikanerinnen vor spanischen Kontrolleuren entblößen mussten. Der aggressive Ton der Berichterstattung steigerte sich noch einmal deutlich, als die den Aufständischen haushoch überlegenen spanischen Truppen unter General Weyler rücksichtslos gegen die Befreiungsbewegung vorgingen, wahllose Erschießungen vornahmen und schließlich sogar Internierungslager einrichteten, in denen die gefassten Rebellen unter elenden Bedingungen dahinvegetierten.

Als die vor allem von Hearst und Pulitzer getragene Pressekampagne nach dem Untergang der «USS Maine» im Februar 1898 ihren Höhepunkt erreichte, war für die Sensationspresse klar, dass der Verlust des Schiffes nur auf das Konto der Spanier gehen konnte, obwohl sich die genauen Umstände nicht klären ließen. «Maine Explosion Caused By Bomb Or Torpedo» titelte Pulitzers *World* zwei Tage später.[72] Ob Hearst tatsächlich jemals zu seinem Bilderkorrespondenten Remington sagte: «Kümmere Dich um die Bilder. Ich kümmere mich um den Krieg», oder sogar «Sie liefern die Bilder, ich liefere den Krieg», wie eine der Legenden um den politischen Einfluss des Zeitungstycoons wissen will, ist zwar ungewiss.[73] Sicher ist hingegen, dass nach dem demokratischen Präsidenten Grover Cleveland auch dessen republikanischer Nachfolger McKinley dem kontinuierlich gesteigerten öffentlichen Druck der Medien und seinen innerparteilichen Kritiker nicht mehr standhielt. Mit in den Krieg zogen zahlreiche Zeitgenossen, unter ihnen auch der damalige Stellvertretende Marineminister Theodore Roosevelt, dem sogar eine eigene Einheit unterstellt wurde, für die er Freunde und Bekannte aus der Ostküstenoberschicht begeistern konnte, aber vorsichtshalber auch Berufssöldner rekrutierte. Seine bunt zusammengewürfelten Truppen, die «Rough Riders», die zuvor wenig glamourös als «Wood's Weary Walkers», die «Müden Fußgänger», bekannt geworden waren, stellten eher ein militärisches Himmelfahrtskommando mit enorm hohen Verlusten dar – vor allem durch Krankheiten, aber auch einige Kampfeinsätze – als eine professionell geführte Abteilung. Gleichwohl geriet Roosevelt durch den geschickten Einsatz vor allem der Yellow Press, die er jeweils persönlich über den Fortgang seines Unternehmens informierte, in den Ruf des Kriegshelden, der ihm nun den Weg in das Präsidentenamt ebnete. Ob Medienmacht die Politik tatsächlich dazu bringen konnte, einen Krieg auszulösen, blieb ungewiss. Sicher war, dass die öffentliche Meinung in den 1890er Jahren von ihr bereits virtuos gelenkt werden und im Zweifelsfall auch einen Kandidaten ins Präsidentenamt führen konnte.

Zweiparteiensystem und Interessengruppen Spätestens seit dem Bürgerkrieg und mit der Wahl des so stark wie niemals zuvor polarisierenden Kandidaten Abraham Lincoln 1860 war das Zweiparteiensystem vollends etabliert worden, und die Amerikaner hatten sich damit arrangiert. Dazu gehörte, dass die Demokraten bis weit in das 20. Jahrhundert hinein als Partei des Südens und die Republikaner als Vertreter der Nordstaaten wahrgenommen wurden, beide jedoch in bestimmten Fragen, so etwa der Expansion der USA nach Westen bis 1890 oder der außenpolitischen Interventionen, in der Regel eine überparteiliche (bipartisan) Übereinstimmung finden konnten. Der Konsens in der Außenpolitik, der sich seit den 1840er Jahren als «Doktrin» präsentierte, hielt sich bis zum Vietnamkrieg in den 1960er Jahren, in dem er zumindest teilweise zerbrach. Erst seit dem für die USA glücklichen Ende des Kalten Krieges 1991 ist er wieder zu erkennen.

Dass das Zweiparteiensystem beibehalten oder – wie der gescheiterte Versuch des Progressive Movement nach der Jahrhundertwende zeigte – nur noch schwer zu ändern war, lag wohl nicht allein an den Gräben, die die Schismen der 1820er und 1850er Jahre und der Bürgerkrieg hinterlassen hatten. Seine klaren Fronten kamen dem Wählergeschmack durchaus entgegen. Bestimmte Reformen waren jedoch möglich, wie ohnehin das politische System der USA seit der Staatsgründung immer wieder durch die Rechtsprechung des Obersten Gerichtshofs verändert wurde. Den sogenannten Progressiven aus der Oregon Populist Party unter der Führung des Abgeordneten William Simon U'Ren gelang es in den 1890er Jahren zwar nicht, das Verhältniswahlrecht zu etablieren, wohl aber die Möglichkeit von Volksbefragungen (Referenda) und Einzelinitiativen (Initiatives) sowie von «Recalls», das heißt Abberufungen von Amtsinhabern, durchzusetzen. Eine Besonderheit im Wahlsystem der Einzelstaaten bis hinunter auf Kreis- und Gemeindeebene ist bis heute die direkte Wahl von

Verwaltungsbeamten, die in der Regel mit den «Midterms», den zwei Jahre vor den Präsidentenwahlen stattfindenden Abstimmungen zum US-Senat und zum Repräsentantenhaus in Washington, zusammenfallen. Dabei werden bis heute außer den vom jeweiligen Bundesstaat entsandten Senatoren und Abgeordneten unter anderem die Positionen des Generalstaatsanwalts (Attorney General), verschiedener Richter und der jeweiligen Polizeichefs besetzt. Parallel dazu erfolgen häufig Abstimmungen über Investitionen oder Steuererhöhungen in der Gemeinde, über Satzungs- oder Verfassungsänderungen und vieles mehr.

Dennoch hat man in den USA den Eindruck, als seien selbst die beiden großen Parteien für die meisten Amerikaner schon zu viel. Außerhalb der Wahlkämpfe sind sie kaum sichtbar, und das Interesse der Wahlbevölkerung konzentriert sich unverkennbar auf die Kernzeiten der jeweiligen lokalen, regionalen oder bundesweiten Abstimmungen. Die bis heute nicht wenigen Versuche, eine dritte Partei zu etablieren, die auch Chancen gegen die beiden großen haben konnte, scheiterten. Die Gründe dafür zeigten sich beispielhaft im Populist Movement, in dem sich seit den 1880er Jahren verschiedene bäuerliche Interessengruppen sammelten, so die im Mittleren Westen aktive Farmers' Alliance. Die Populisten verschwanden schon bei den Präsidentschaftswahlen 1892, bei denen sie unter dem Namen People's Party antraten, mit 9 Prozent nahezu im politischen Nichts, und seit 1908 spielten sie überhaupt keine Rolle mehr.[74] Zum Misserfolg trug neben ihrer Zerstrittenheit maßgeblich bei, dass die großen Parteien – in diesem Fall die Demokratische Partei – begannen, einen Teil ihrer Forderungen zu übernehmen, so dass die Wählerstimmen abgeschöpft wurden. Zudem sorgte – und das ist vielleicht noch wichtiger – das bereits eingebürgerte Zweiparteiensystem dafür, dass in den Südstaaten weiße Farmer fürchteten, mit der Wahl der Populisten die weißen Demokraten zu schwächen. Dabei blieben ihre Themen, etwa die Abhängigkeit der Farmer von Banken, Transportunternehmen und Zwischenhändlern oder die nationale und globale Konkurrenz, weiter aktuell.

Ähnliche Probleme bei der Bildung anderer Interessenvertretungen verweisen noch auf eine weitere Besonderheit der politischen Landschaft in den USA. Insgesamt gesehen zeigte sich der Individualismus kontinuierlich stärker als kollektive Interessengruppen. Zwar sammelten sich zeitweilig insbesondere auch Arbeiter in kraftvollen Gemeinschaften. Obwohl die Knights of Labour 1885 rund 700 000 und die AFL um die Jahrhundertwende über eine Million Mitglieder zählten, war selbst bei diesen der in anderen Ländern schon übliche Streik als zentrale Waffe zur Vertretung kollektiver Interessen zunächst heftig umstritten. Solche Vorbehalte trafen erst recht sozialistische Gruppen. Sowohl die 1877 entstandene Socialist Labor Party als auch die 1905 folgende sozialistische Gewerkschaft Industrial Workers of the World scheiterten ebenso wie die 1919 gegründete Kommunistische Partei der USA (CPA/CPUSA). Sie hatten überdies mit dem öffentlichen Makel zu leben, dass sie geradezu als ideologische Gegner des American Way of Life galten. Daher waren sie selbst in den wirtschaftlichen Depressionsjahren, in denen ihre Chancen zumindest theoretisch am höchsten hätten sein müssen, wenig erfolgreich, obwohl die öffentliche Meinung häufig das Gegenteil vermutete.[75] Dies betraf die gesamte Zeit des Ost-West-Konflikts von der Russischen Oktoberrevolution 1917 bis 1991 und galt insbesondere für seine radikalste Phase während des Kalten Krieges seit 1947.

Wie schwer es war, sich erfolgreich zu organisieren, merkten auch die vielen weiteren Reformbewegungen im 19. Jahrhundert. Sie gingen häufig aus zunächst spontanen, dann aber gezielt geführten Kreuzzügen (Crusades) hervor, die gegen Armut, Obdachlosigkeit, Alkohol, häusliche Gewalt oder für eine christliche Lebensweise, die Bedürfnisse von Minderheiten und Frauenrechte kämpften. Vielfach vermischten sich die Ziele auch. Alkohol, der mit der Industrialisierung, vor allem aber mit der Eroberung des Westens geradezu zum Alltagsgetränk geworden war,[76] war seit den 1820er Jahren das zentrale Feindbild der sozialen Reformer in den USA, das sogar einen eigenen Romantyp, die «Temperance Novels», hervorbrachte. Zu den Gruppen gehörten unter anderem die 1828 entstandene American Temperance Society, die 1869 gegründete Prohibition Party, die 1874 ins Leben gerufene Women's Temperance Union und die 1893 gebildete Anti-Saloon League. Letztere konnte 1920 mit dem umstrittenen und aufgrund seiner kontraproduktiven Folgen wenige Jahre später wieder aufgegebenen bundesweiten Prohibitionsgesetz einen großen, wenngleich nur kurzen Erfolg feiern. Viele dieser Bewegungen blieben unter veränderten Namen bis heute aktiv. So firmiert die Anti-Saloon League heute als American Council on Alcohol Problems. Auch ihre Wirkung blieb in der US-Gesellschaft allerdings sehr begrenzt.

Als besonders anstößig für die dezidiert christlichen Gruppen galt neben den mit dem Alkoholkonsum verbundenen Gewalttätigkeiten der Verlust sozialer und moralischer Disziplin. Aus diesem Grund gerieten vor allem die Saloons in den Fokus der «Mäßigungs-Bewegung», wie sie wörtlich übersetzt hieß, weil hier nicht nur Alkohol getrunken und dem Glücks-

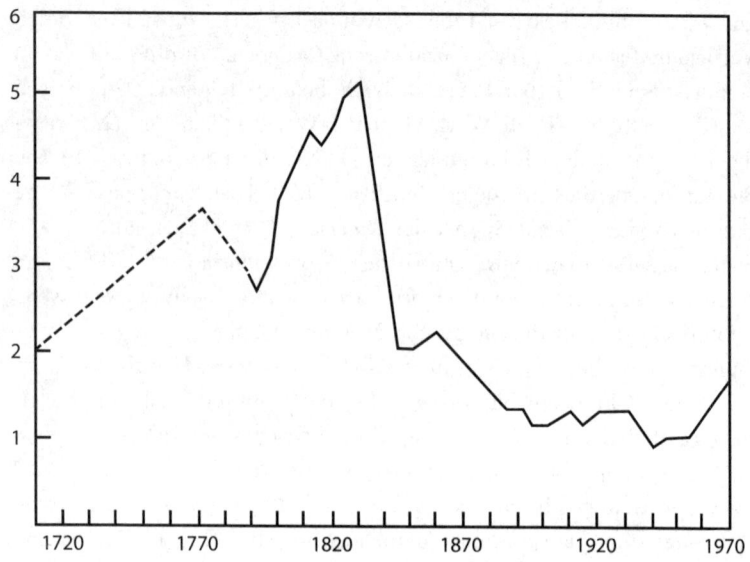

Die Eroberung des Westens unter Alkohol: Jährlicher Pro-Kopf-Verbrauch an gebranntem Alkohol 1710–1970 (in Gallonen; eine Gallone = 3,8 Liter)[77]

spiel gefrönt wurde, sondern moralisch anstößige Vorstellungen an der Tagesordnung waren, die wiederum als Animation für die häufig angeschlossenen Bordelle dienten. Wie weit dies insbesondere auch an der Frontier verbreitet war, konnte man beispielsweise daran erkennen, dass selbst bekannte Westernhelden und Ordnungshüter ihrer Zeit, wie etwa Wyatt Earp, über Jahre nicht nur als Barbesitzer, sondern auch als Zuhälter arbeiteten. Nicht zuletzt galt Whiskey als medizinisches Allheilmittel.

Die mit den Abstinenzlern in wesentlichen Teilen eng verbundene Frauenrechtsbewegung hatte sich 1848 zum ersten Mal öffentlich Gehör verschafft. Gut zwanzig Jahre später entstand in New York mit der National Women Suffrage Association ihre erste Interessenvertretung. Bei den «Suffragetten» mischten sich zwar auch die unterschiedlichsten Themen, das wichtigste Ziel blieb allerdings das Frauenwahlrecht. Obwohl bereits 1872 mit der Schauspielerin und späteren Journalistin Victoria Claflin Woodhull Martin die erste Frau publikumswirksam die Präsidentschaft beanspruchte, gelang erst 1920 die Einführung des Frauenwahlrechts in den USA. Zuvor hatte 1875 der Oberste Gerichtshof in dem berühmten Fall Minor gegen Happersett noch einmal einstimmig

Verruchter Ort Western Saloon in der Darstellung der auf Polizeiberichte spezialisierten *National Police Gazette* von 1886

bestätigt, dass das aktive Wahlrecht nicht zwangsläufig mit dem Bürgerrecht verbunden sei.

Ideologie des Erfolgs: Der Selfmademan

Die Wahlen 1828 hatte Andrew Jackson mit dem Image eines erfolgreichen amerikanischen Selfmademan für sich entscheiden können. Dies war aber nur gelungen, weil sich das Bild des Tat- und Erfolgsmenschen bereits über zweihundert Jahre als eines der festen Ideale in der US-Gesellschaft verankert hatte. Es ging auf Calvins Idee zurück, dass göttliche Prädestination, die Erwähltheit des Einzelnen, sich aus seinem individuellen Erfolg ablesen lasse. Die zentralen puritanischen Ideologen des 17. Jahrhunderts wie Cotton Mather oder John Winthrop hatten den Gedanken weiter ausgebaut und begründet. Im 19. Jahrhundert war er bereits so verbreitet, dass auch Alexis de Tocqueville 1835 begeistert den seiner Meinung nach tatsächlich besonders ausgebildeten persönlichen Erfolgswillen «der Amerikaner» feierte, die sogar den Staat, so glaubte er, eigentlich gar nicht mehr benötigten.[78] «Furchtlos vertraut er seinen eigenen Kräften, die ihn allem gewachsen zu sein scheinen … Auf die Dauer … übertrifft das Ergebnis all dieser persönlichen Unternehmungen bei Weitem das, was der Staat auszurichten vermöchte.» Dies funktioniere, so Tocqueville weiter, aber nur deshalb so gut, weil dahinter die Überzeugung stehe, dass sich aus individuellem Nutzen letztendlich das Wohl der Gemeinschaft entwickle. «In ihren Erfolgen glaubt er sein eigenes Werk zu erkennen, und er ist stolz darauf; und er freut sich über das allgemeine Wohlergehen, das ihm zugute kommt.»

Das «American System» Appelle an den Leistungswillen des Einzelnen und der Versuch, den ökonomischen Egoismus zu mobilisieren, zeichneten dieses «American System» aus, wie es der Außenminister im Kabinett Adams, Henry Clay, in den 1820er Jahren nannte. Gleichwohl war auch damals der Staat ganz und gar nicht so untätig, wie Tocqueville es unterstellte. Immerhin verschenkte die Bundesregierung unter anderem in erheblichem Umfang öffentliches Land, mit dem private Unternehmer die Infrastruktur ausbauen sollten. Darüber hinaus lockten Subventionen, die das unternehmerische Risiko weiter verringerten. Im Rückblick gesehen war dies wohl tatsächlich der schnellste Weg, das weite Land verkehrstechnisch zu erschließen.

Beispiele für den Erfolg des Amerikanischen Systems gab es schon vor dem Vergoldeten Zeitalter reichlich. In der Zeit nach dem Bürgerkrieg wurde die Idee allerdings besonders stark ausgereizt, was Max Weber schließlich zu seiner 1904/05 veröffentlichten These brachte, «die protestantische Ethik» sei Voraussetzung für die Entwicklung des ‹Geist[s]› des Kapitalismus», den man in den USA am deutlichsten beobachten könne.[79] Weber hatte seine Überlegungen zwar bereits in den 1890er Jahren begonnen und war durch Arbeiten Werner Sombarts und anderer Autoren, die ebenso vom amerikanischen Aufbauwunder beeindruckt waren, in seiner Auffassung bestärkt worden. Die persönlich-empirische Bestätigung seiner These von der säkularisierten, aber auch asketischen protestantischen Wirtschaftsethik fand Weber indes wohl erst 1904, als er unter anderem auf der Weltausstellung in St. Louis weilte.[80] Als besonders prägnantes Beispiel für den personifizierten «Geist des Kapitalismus» galt ihm Benjamin Franklin, aus dessen Schriften er zahlreiche einschlägige Zitate, wie etwa «bedenke, dass die Zeit

Geld ist», als Belege zusammentrug.[81] Franklin hielt er für einen frühen zentralen Vertreter eines «modernen Kapitalismus», bei dem der «Erwerb von Geld und immer mehr Geld, unter strengster Vermeidung alles unbefangenen Genießens ..., rein als Selbstzweck gedacht» sei. Im «Erwerb» sah Weber gerade auch bei Franklin die Tradition des Calvinismus und gleichzeitig den Motor der USA zur ständigen Expansion.

In den Vereinigten Staaten schien es tatsächlich viel einfacher als in anderen Teilen der Welt, den wirtschaftlichen und sozialen Aufstieg zu schaffen – und dies im Wesentlichen unabhängig von der Herkunft, die in Europa und Asien bis weit ins 20. Jahrhundert hinein bestimmte Aufstiegsmöglichkeiten erst gar nicht zuließ. Die Zugehörigkeit zum Adel etwa, die auch zu Lebzeiten Webers in Deutschland noch rigoros den Zugang zu bestimmten gesellschaftlichen Positionen regelte, war in den USA zumindest keine generelle Privilegierung, es sei denn, der Adlige war vor der Staatsgründung der USA etwa von London oder Paris mit Ländereien belehnt worden. In den Südstaaten hatte sich, wie gezeigt, über den Landbesitz tatsächlich so etwas wie eine Gentry herausgebildet, die, mit finanziellen Möglichkeiten ausgestattet und einen besonderen Lebensstil pflegend, als privilegierte «Südstaatenaristokratie» auftrat und sich noch bis weit in die Zeit nach dem Bürgerkrieg in gesellschaftlich-moralischer Hinsicht dem industrialisierten und «asketisch» verstandenen Norden überlegen fühlte. Doch auch dort war so etwas wie ein «Adel» entstanden. Tocqueville hatte, wie er in seinem 1840 erschienenen zweiten Band der *Démocratie en Amérique* zeigte, bereits vermutet, dass die amerikanische Form der Demokratie nicht nur «den Aufstieg der Industrie begünstigt und die Zahl der Industriellen ins Maßlose vermehrt», sondern sogar eine eigene Form der Aristokratie schaffen wird.[82] «Der Herr und Arbeiter haben hierin demnach nichts Ähnliches, und jeden Tag werden sie verschiedenartiger ... Im Ganzen genommen ist, glaube ich, die Aristokratie der Fabrikanten, die wir vor unseren Augen entstehen sehen, eine der härtesten, die auf Erden erschienen ist ...».

«From Rags to Riches» Empirische Belege für den wirtschaftlichen Erfolg, auch für den geradezu sprichwörtlich in den USA möglichen Aufstieg «vom Tellerwäscher zum Millionär», gab es tatsächlich nicht wenige, und man findet sie bis heute, wie der Aufstieg des Computerentwicklers Bill Gates im späten 20. Jahrhundert besonders deutlich zeigt. Im 19. Jahrhundert gehörten zu dieser Art Heroen insbesondere John D. Rockefeller, Cornelius Vanderbilt und Andrew Carnegie, die, aus ärmlichsten Verhältnissen kommend, es schafften, zu den drei reichsten Männern ihrer Zeit zu werden. Insbesondere Rockefeller wurde zum sprichwörtlichen Synonym für Reichtum. Sein Vater musste sich noch zeitlebens in verschiedenen schlecht bezahlten Berufen, wie etwa als Holzfäller oder fahrender Händler bemühen, seine achtköpfige Familie zu ernähren.[83] Carnegies Vater trat, nachdem er in Schottland als Weber kein Auskommen mehr gefunden hatte, 1848 die Reise in die USA an.[84] Vanderbilts Vater konnte als Fährunternehmer seine Familie ebenfalls nur mehr schlecht als recht ernähren.[85] Ihnen allen war zudem gemeinsam, dass sie frühzeitig berufstätige «Selfmademen» wurden: Vanderbilt verließ die Schule mit elf Jahren, um mit 16 Jahren ein kleines Transportunternehmen im New Yorker Hafen zu besitzen. Carnegie startete mit 13 Jahren in einer Weberei und war zwei Jahre später schon zum Angestellten in einer Telegraphengesellschaft aufgestiegen. Rockefeller begann mit 16 Jahren als Hilfsbuchhalter und konnte sich 19-jährig bereits Teilhaber einer Maklerfirma nennen.

Zum Erfolgsgeheimnis aller drei gehörte, dass sie neben Fleiß, Risikofreude, Glück und einem Gefühl für den richtigen Moment ein gerütteltes Maß an Skrupellosigkeit besaßen. Vanderbilts Satz an seinen damaligen Geschäftspartner Charles Morgan: «Mein Herr! Sie haben es gewagt, mich zu betrügen. Ich werde nicht klagen, denn die Justiz ist zu langsam. Ich werde Sie ruinieren. Hochachtungsvoll, Ihr Cornelius Vanderbilt», ist immer als Hinweis auf seinen Charakter gewertet worden.[86] Vanderbilt erweiterte sein Transportgeschäft kontinuierlich und stieg 1817 auch in die Dampfschifffahrt ein, wobei ihm die Common-Man-Rhetorik der Jackson-Zeit entgegenkam, die er auch für die Werbung seiner People's-Schifffahrtslinie verwendete. Deren niedrige Preise waren tatsächlich unschlagbar. Die dominierende Stellung in der Dampfschifffahrtsbranche an der Ostküste und schließlich im Mittelamerikageschäft, die ihm den Einstieg ins noch lukrativere Eisenbahngeschäft erlaubte, machte ihn wirklich reich.

Rockefeller entdeckte für sich etwa zur gleichen Zeit eine andere Goldgrube. Seit 1858 kaufte, verarbeitete und transportierte er Erdöl, das andere förderten. 1870 gründete er dafür seine Standard Oil Company, die sich mit dem zunehmenden Energiebedarf der US-Gesellschaft in kurzer Zeit so weit in andere Geschäftsfelder ausdehnte, dass die US-Regierung sich schließlich veranlasst sah, dagegen mit eigens für Rockefeller entwickelten Anti-Monopol-Gesetzen vorzugehen. 1911 wurde sein Firmenimperium in Einzelunternehmen zerlegt. Trotzdem wurde sein

Vermögen bei seinem Tod 1937 auf rund 1,4 Milliarden US-Dollar geschätzt, was ihn, nach aktueller Kaufkraft berechnet, bis heute zum reichsten Menschen macht, der jemals gelebt hat.[87]

Andrew Carnegie, der zu seiner Zeit drittreichste Mensch der Welt, häufte sein Vermögen in der Eisen- und Stahlindustrie an, obwohl auch er zunächst im Eisenbahngeschäft tätig war. Bei der Eisenbahn war er schnell zum Chef der Westküstenabteilung der Pennsylvania Railroad aufgestiegen. Im boomenden Gilded Age entschied er sich 1873, sein erstes eigenes Eisen- und Stahlwerk zu errichten, das zum Kernstück seines Wirtschaftsimperiums wurde, bis er Ende der 1880er Jahre beschloss, sich zurückzuziehen, und 1901 sein Geschäft komplett an den Bankier John Pierpont Morgan verkaufte. Dessen damals als gigantisch empfundenes Investment von rund 480 Millionen Dollar gilt heute neben der Finanzierung der transkontinentalen Eisenbahn durch private Geldgeber als der Beginn des seit den 1980er Jahren besonders boomenden Markts des Risikokapitals, des Private Equity. Für Carnegie ging damit zwar ein Teil seines Lebenswerks in dem neuen Giganten U.S. Steel auf. Er selbst hatte allerdings zu diesem Zeitpunkt den Schwerpunkt seiner Aktivitäten bereits auf ein anderes Gebiet gelenkt, das er als eigentliche Hinterlassenschaft seines Lebens betrachtete: auf den Einsatz eines wesentlichen Teils seines Vermögens zum Nutzen der Allgemeinheit.

Leistungsideologie Mit dieser Entscheidung Carnegies begann ein bis heute andauernder gesellschaftlicher Trend unter den wohlhabendsten Bürgern in den USA, den man in Anlehnung an klassische antike Vorbilder Philanthropie nannte und dessen zentraler Inhalt darin bestand, Stiftungen für unterschiedlichste Zwecke zu gründen oder in das Erziehungswesen zu investieren. Wie bereits Carnegies 1889 vorgelegte Schrift *The Gospel of Wealth (Das Evangelium des Reichtums)* deutlich machte, stand dahinter eine komplexe Weltsicht, die die traditionellen christlich-sozialen Werte der US-Gesellschaft mit den harten sozialdarwinistischen Thesen verknüpfte, wie sie auch sein Freund, der englische Philosoph Herbert Spencer, vertrat, der in den USA damit geradezu schulbildend wurde. Carnegie ging davon aus, dass die Bildung von Vermögen ein legitimes Recht sei. Es gebe, so Carnegie, eine schichten- und klassenübergreifende «Heiligkeit des Eigentums».[88] Die Bildung von Vermögen müsse jedem erlaubt sein, weil dies außer privatem auch gesellschaftlichen Nutzen bringe. Aber darüber hinaus erzeuge ein großes Vermögen automatisch soziale Verantwortung. Carnegies Kernsatz lau-

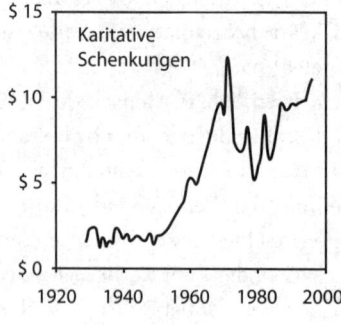

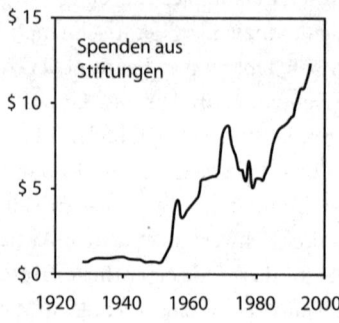

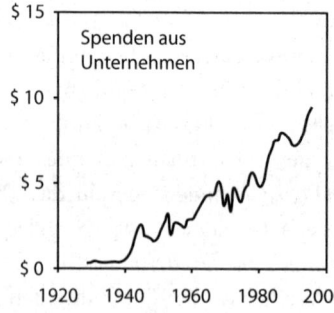

**Spenden in Milliarden Dollar
1920–2000, aufgeschlüsselt nach
Spendenart**[89]

tete: «Wer reich stirbt, stirbt in Schande.» Die Verbindung von beidem
hieß leistungsabhängige Unterstützung.

Die Revolution, die Carnegie damit im gesellschaftlichen Denken des
Gilded Age in der amerikanischen Oberschicht auslöste, ist nur dann in
seiner Bedeutung zu verstehen, wenn man sich vor Augen hält, dass er
nicht nur die gängige christliche Nächstenliebe in Frage stellte, die Unterstützung ohne Ansehen der Person vergeben wollte. Darüber hinaus

lenkte er den Blick auf die für die gesellschaftliche Anerkennung und die Weiterentwicklung der Gesellschaft produktive Verwendung von Kapital, die bislang eher vernachlässigt worden war. Carnegies Ideen wurden zum Einstieg in das professionelle Stiftungswesen, das sich nach und nach auch global durchsetzte. War die gängige Repräsentationsform beruflichen Erfolgs wie auch des gesellschaftlichen Ansehens zu Zeiten Carnegies vor allem die ungehemmte Darstellung von Reichtum, die die demonstrative Zurückhaltung eines Thomas Jefferson beim Bau seines Landsitzes Monticello als Ausdruck amerikanischer Identität weit hinter sich gelassen hatte, so öffnete Carnegie nun einen neuen Weg. Er zeigte, dass Hilfe weit mehr sein konnte als selbstloser Altruismus, zumal wenn dem misstrauten Staat, der die Einrichtung von Stiftungen steuerrechtlich belohnte, zusätzliche Gelder entzogen werden konnten. Es war daher kein Zufall, dass rasch andere Wohlhabende seinem Beispiel folgten. John D. Rockefeller investierte 1907 in den Kampf gegen den gefährlichen Hakenwurm, der damals nicht nur in weit entfernten Gebieten, sondern auch unter amerikanischen Arbeitern wütete, sowie 1915 in den Kampf gegen das Gelbfieber, das in Mittel- und Südamerika, insbesondere beim Bau des Panamakanals, erhebliche Opfer forderte. Heute gibt es in den USA rund 70 000 Stiftungen.

Carnegie selbst startete seine Stiftungsarbeit 1904 mit den in den folgenden Jahren weltweit kopierten Carnegie Hero Trust Funds, die Opfern und Helfern bei Unglücksfällen zur Seite standen. Sechs Jahre später wurde die Carnegie Endowment for International Peace ins Leben gerufen. Die Friedensstiftung, deren Präsidentschaft der ehemalige Kriegs- und Außenminister sowie spätere Nobelpreisträger Elihu Root übernahm, folgte gleichzeitig einer der besonderen politischen Interessen Carnegies, der sich zuvor als einziger Industrieller für die American Anti-Imperialist League engagiert hatte. Zu Carnegies Erbe gehörte darüber hinaus die weltweite Einrichtung von wissenschaftlichen Institutionen, die den alten evangelikalen Gedanken einer möglichst breiten Volksbildung weiterverfolgten. Besonders sichtbar wurden die für Jedermann zugänglichen Bibliotheken, von denen bis heute rund 2500 entstanden. Außerdem hatte Carnegie bereits im Jahre 1900 sein eigenes Institute of Technology gegründet, um für seine Arbeiter eine eigene Ausbildungsstätte zu schaffen. Aus dieser Einrichtung und dem 1913 auf Initiative des Industriellen Richard Beatty Mellon ins Leben gerufenen Institute of Industrial Research in Pittsburgh (Pennsylvania) entstand

1967 die dortige Carnegie Mellon University. 1902 war schon die Carnegie Institution of Washington (heute: Carnegie Institution for Science) gegründet worden, die vor allem auf den Gebieten der Naturwissenschaften – auch der Eugenik – aktiv wurde. Am bekanntesten wurde allerdings Carnegies Engagement für die Musik. So finanzierte er bereits 1890 den Bau eines Konzerthauses in New York City, das als Carnegie Hall bis heute wegen seiner weltweit besten Akustik geschätzt wird. Das verbliebene Vermögen des Industriemagnaten floss 1911 in die ebenfalls als gemeinnützig angelegte Carnegie Corporation of New York.

Der wirtschaftliche Erfolg und die Entdeckung des Erfolgsmenschen erregten auch in der Öffentlichkeit ein derartiges Interesse, dass man damit eine ganze Literaturgattung ökonomisch am Leben halten konnte.[90] Die Economic Novel, die im Gilded Age aufkam, pries die Möglichkeiten des Kapitalismus ebenso wie sie auch die Ungerechtigkeiten thematisierte. *The Western Boy or, The Road To Success* von 1878 ließ einen Schuhputzer durch Protektion sozial aufsteigen. Der zwei Jahre später vorgelegte Roman *Stillwater Tragedy* zeigte wiederum die Macht eines Fabrikanten gegenüber Arbeitern, denen sogar Streiks nichts nutzten. In anderen Geschichten wurden renitente Arbeiter nicht nur entlassen, sondern, wie in *The Breadwinners* von 1884, sogar ihre Gewerkschaftsvertreter ermordet. Noch deutlicher fiel das Urteil der sozialkritischen Romane nach der Jahrhundertwende aus, wie sie Stephen Crane oder Jack London über die Ungerechtigkeiten des amerikanischen Erfolgsmodells vorlegten. Dies verhinderte indes nicht den Erfolg der Economic Novels, die eine Zeitlang ebenso reißenden Absatz fanden wie jene, die die Helden des Old West verklärten. Gerade die Bücher Horatio Algers, der im Wesentlichen den Aufstieg von benachteiligten Jungen beschrieb, wurden früh zu Bestsellern.

Carnegies Modell des Erfolgsmenschen, der dieses Ziel durch Bildung, Erziehung und Durchsetzungsvermögen, nicht durch Protektion erreicht, folgte in den USA eine bis heute andauernde Debatte über die Frage, was die Pädagogik dazu beitragen könne.[91] Wenn die US-Verfassung das aktive Streben nach Glück, nicht das Warten auf Erfolg als Grundsatz postulierte und Leistungsfähigkeit zum Merkmal gesellschaftlichen Erfolgs erklärt wurde, dann musste dies die Form und den Inhalt von Erziehung maßgeblich beeinflussen. Eine solche Vorstellung zog allerdings auch zwingend nach sich, dass der Misserfolg nur persönliches Versagen sein konnte. Dass es gerade an amerikanischen Bildungseinrichtungen immer wieder zu besonders blutigen Amokläufen kommt, die als «Schulmassaker» dann die Titelseiten der Zeitungen dominieren, hat zwar viel mit der leichten Verfügbarkeit von Waffen zu tun, aber nicht zuletzt auch mit diesem Bild.

Evangelikale Tradition und Selfmademan-Ideologie beeinflussen die Erziehung in den USA bis heute maßgeblich. Die US-Gesellschaft ist in ihrem Kern überraschend autoritär geblieben. Erwerbsarbeit von Kindern und Jugendlichen galt vor allem im 19. Jahrhundert als harte, aber notwendige «Schule des Lebens». Strenge, bisweilen außergewöhnlich brutale körperliche Strafen für Kinder und Jugendliche, gelten mehrheitlich sogar bis heute als gerechtfertigte Ahndung von «Disobedient Behaviour» (Ungehorsam) – etwa gegenüber Autoritäten oder den Anforderungen der Leistungsgesellschaft – und sollen dazu dienen, sie wieder auf den «rechten Weg» zu führen. Nicht zuletzt unter Berufung auf einschlägige Bibelstellen blieb dieser Brauch in den USA im Vergleich etwa zu westeuropäischen Ländern länger üblich und sozial anerkannt.[92] Der gesellschaftliche Umbruch seit den 1960er Jahren veränderte dies erstaunlicherweise ebenso wenig wie zuvor die Menschenrechtscharta von 1948, die millionenfach verkauften Erziehungsratgeber des berühmten Benjamin Spock (*The Common Sense Book of Baby and Child Care*, 1946) oder aktuelle internationale Debatten um Kinderrechte. Als man 2010 eine repräsentative Umfrage unter Eltern durchführte, gaben noch immer 79 Prozent zu Protokoll, ihre Kinder zwischen drei und elf Jahren gewohnheitsmäßig körperlich zu bestrafen, womit die Zahl seit 1975 immerhin zurückgegangen war. Damals hatten dies noch 97 Prozent mitgeteilt.[93] So hatte sich eigentlich seit der Gallup-Umfrage von 1946, als sich 74 Prozent aller Amerikaner dafür aussprachen, nichts geändert.[94] Tatsächlich ist körperliche Züchtigung in den USA mit Ausnahme des Bundesstaats Minnesota nicht nur Eltern erlaubt, sondern in rund zwei Dutzend Bundesstaaten sogar in öffentlichen und Privatschulen zulässig. An der Tagesordnung sind körperliche Strafen im gesamten Bible Belt, wobei in den Südstaaten Texas und Mississippi besonders häufig und überwiegend farbige Kinder und Jugendliche geschlagen werden, wie eine im August 2008 veröffentlichte Studie ergab.[95] Auch die anhaltende Konjunktur sogenannter Boot Camps, Lagern, in denen versucht wird, renitente Jugendliche mit militärischem Drill zu brechen, zeigt, dass repressive Erziehungsmethoden nach wie vor anerkannt sind. Nicht zuletzt belegt dies auch der gigantische Erfolg des Buchs *Battle Hymn of a Tiger Mother* (*Die Mutter des Erfolgs. Wie ich meinen Kindern das Siegen beibrachte*) der chinesischstämmigen Autorin Amy Chua im Jahr 2011, in dem die angeblich besseren Erfolgsquoten repressiver Pädagogik in der Kindererziehung beschrieben werden.

Bildungssystem Das institutionalisierte Bildungssystem in den USA hat dennoch zunächst viel von den Evangelikalen, insbesondere den Puritanern, profitiert, setzten diese doch bereits in der Kolonialzeit die Pflicht durch, Lesen und Schreiben zu lernen. Dies hing natürlich mit der Bedeutung der eigenständigen Bibelinterpretation zusammen, für die die Reformation schon in Europa gekämpft hatte. Seit den 1790er Jahren wurden – begründet von dem Fabrikbesitzer Samuel Slater in Rhode Island – Bibel- und Sonntagsschulen (Sunday Schools) zum Angebot vor allem für jene, denen ein regulärer Schulbesuch nicht möglich war. Sie haben sich bis heute mit zum Teil prominenten Lehrern, wie dem ehemaligen US-Präsidenten Jimmy Carter, auch für Erwachsene erhalten. Bereits in der Kolonialzeit wurde es zudem in bildungsbürgerlichen Haushalten Brauch, den Nachwuchs in teils weit entfernte, sogar ausländische Bildungseinrichtungen, insbesondere auf Militärakademien, zu schicken – auch, um die Loslösung vom Elternhaus zu lernen, die in den USA im Vergleich zu Europa traditionell spät stattfindet. Bis zur Einrichtung von Colleges durch den Morrill Act 1862 waren die beiden militärischen Ausbildungsstätten West Point (1802) und Naval Academy in Annapolis (1845) auch die einzigen Institutionen, die von der Bundesregierung finanziert wurden. Nicht nur Edgar Allan Poe allerdings verzweifelte dort. 1830 erzwang er nach nur einem halben Jahr seine Entlassung aus der Enge von West Point.[96] Mit Harvard in Massachusetts (1636) brachten die kolonialen Puritaner zudem die erste Universität der Neuen Welt auf den Weg. Mit der Westexpansion verbreitete sich nach und nach das Schul- und Universitätssystem über die gesamten Vereinigten Staaten.

Was die USA eigentlich als nationale Bildungspolitik anstrebten, blieb dagegen von Anfang an weitgehend vage. Ein übergreifendes «nationales Curriculum» gibt es bis heute nicht. «Republikanisch» und «amerikanisch» sollte freilich nicht nur die Erziehung, sondern vor allem auch die Bildung sein. Das europäische Bildungsideal lehnten Pädgogen wie Benjamin Rush, der seine Ideen in den *Thoughts upon the Mode of Education in a Republic* (1786) veröffentlichte, ebenso vehement ab wie eine zu theoretische Ausbildung. Zwar änderte sich die Einstellung zu Europa immer wieder, und französische oder deutsche Bildungsideale hatten gerade im 19. Jahrhundert immer wieder Konjunktur. Das heutige Bildungssystem der USA spiegelt jedoch eher die historisch entstandene Differenzierung.[97] Die Bundesregierung hat nach wie vor keinen Einfluss auf die Curricula. Einig ist man sich indes in der Überzeugung, dass mindestens Grundfertigkeiten vermittelt werden müssen. Zudem müssen staatliche Bildungseinrichtungen, das heißt die «Public Schools», die von 90 Prozent der Kinder und Jugendlichen durchlaufen werden, einen kostenfreien Schulbesuch von wenigstens elf Jahren bieten – unabhängig von Religion, Ethnie, eventueller Behinderung, Staatsangehörigkeit oder Geschlecht. Die Schulpflicht kann allerdings auch in teils extrem kostspieligen Privatschulen oder unter bestimmten Bedingungen als «Home Schooling» erfüllt werden. Letzteres ist als ein Zugeständnis gegenüber jenen christlichen Gruppen zu verstehen, die schon das öffentliche Schulsystem für eine Gefährdung ihres Glaubens halten.

Das auch K-12 (Kindergarten bis zur 12. Klasse) genannte heutige öffentliche System startet nach einer als «Preschool» bezeichneten Phase mit der «Primary (Elementary) School», deren erste Stufe der Kindergarten ist. Mit dem erfolgreichen Abschluss der «High School», das heißt der «Secondary School», einer in eine Junior- und Senior-Phase unterteilten Gesamtschule zwischen dem 11. und dem 18. Lebensjahr (bis zum «12th Grade»), steht der Weg in ein «College» offen. Die Colleges sind bereits den Universitäten angegliedert und schließen mit einem Bachelor Degree ab. Die eigentlichen Universitäten sind nur denen vorbehalten, die ein Master-Diplom oder eine Promotion (Doctoral Thesis) anstreben. Insbesondere der Eintritt in diese dritte Bildungsphase ist mit erheblichen Kosten verbunden, die jedoch zumindest teilweise durch ein im Vergleich mit Europa weitgespanntes Stipendiensystem abgefedert werden können.

Dennoch gilt der Kernsatz der amerikanischen Gesellschaft, nach dem jeder den sozialen Aufstieg schaffen kann, wenn er sich nur genügend leistungsbereit zeigt, mittlerweile als überholt. Als 2003 von einem US-Forscherteam der Federal Reserve Bank in Boston die Einkommensmobilität der vorangegangenen dreißig Jahre, darunter der konjunkturstarken 1980er und 1990er Jahre, genauer unter die Lupe genommen wurde, stellte sich heraus, dass die Aufstiegsmöglichkeiten signifikant abgenommen hatten. Parallel dazu war die ungleiche Verteilung von Vermögen rasant angestiegen, was manchen an den Raubtierkapitalismus des Gilded Age denken ließ. Nur ein Prozent der US-Bevölkerung hielt zur Jahrtausendwende etwa 34 Prozent des Nettovermögens aller Haushalte in den Vereinigten Staaten.[98] Das eigentlich Erstaunliche bestand allerdings darin, dass dies selbst nach der globalen Finanzkrise 2008 zunächst nicht zum öffentlichen Protest führte – im Gegenteil. Der Regisseur Jamie Johnson, der 2003 und

2006 mit *Born Rich* und *The One Percent* zwei aufsehenerregende Dokumentarfilme über das Problem gedreht hatte, stellte 2011 überrascht fest, dass die Schmerzgrenze für die Ungleichverteilung in den USA nicht nur besonders hoch liege, sondern die amerikanische Bevölkerung – unabhängig von der Einkommenslage – häufig auch nur eine bessere Kontrolle der Finanzmärkte fordere. «In dieser Frage gibt es keinen Klassenkampf», war sein Resümee.[99] Seit der Entstehung der vor allem von jüngeren Amerikanern getragenen Occupy-Wall-Street-Bewegung, die seit Herbst 2011 eine grundsätzliche Reform des globalen Finanzmarkts fordert, schien das zunächst nicht mehr ganz so sicher. Auch sie blieb allerdings bis heute die Debatte einer Minderheit, wenngleich sie in vielen Ländern Nachahmer fand. Dass sich mit Mitt Romney 2012 schließlich ein republikanischer Präsidentschaftskandidat durchsetzte, der sein Millionenvermögen mit Spekulationsgeschäften erworben hatte, belegt ebenso Johnsons Beobachtung.

Weniger Einigkeit besteht bis heute in der Frage, welche staatliche Unterstützung weniger Leistungsfähige erhalten sollen und inwiefern der Staat sich in soziale Absicherungen, etwa die Krankenversicherung, einzuschalten habe. Die Anfänge des Wohlfahrtsstaats lagen in den USA bezeichnenderweise erst in den 1930er Jahren – nach dem bislang größten Einbruch der US-Wirtschaft in der Großen Depression. Damals hatten viele europäische Staaten schon vor Jahrzehnten Sozialversicherungen eingeführt. Aber selbst die beschränkten Maßnahmen, die Präsident Franklin D. Roosevelt im Rahmen seines «New Deal» mit einer staatlichen Arbeitslosen- und Rentenversicherung einführte, wurden als «sozialistisch» und «unamerikanisch» massiv bekämpft. Auch die weiteren Anläufe in dieser Sache gingen von den Demokraten aus. Präsident Lyndon B. Johnsons Great-Society-Projekt blieb aufgrund der Kosten für den Vietnamkrieg in den Anfängen stecken, wenngleich bestimmte Erweiterungen in der staatlichen Unterstützung von Bedürftigen, etwa Gesundheitsfürsorge (Medicaid), Lebensmittelmarken (Food Stamps) und Sozialwohnungen (Public Housing), durchgesetzt wurden. Seit dem Welfare Reform Act of 1996 unter der Präsidentschaft Bill Clintons wurde zwar auch die Sozialhilfe ausgeweitet, jedoch reicht sie bei Weitem nicht an die Leistungen westeuropäischer Staaten heran. Erst der 2010 unter Barack Obama nach mehreren Gesetzgebungsanläufen in beiden Häuser des Kongresses verabschiedete Health Care and Education Affordability Reconciliation Act soll jedem Amerikaner eine Krankenversicherung ermöglichen. Nach wie vor ist aber die von vielen als «sozialistisch» angesehene Reform in der US-Gesellschaft umstritten.[100]

Kulturen der Ungleichheit: Race – Class – Gender

Ungleichheit in den USA bezog sich traditionell nicht nur auf die Einkommensverteilung, obwohl sie hier – ausgehend vom Leistungsprinzip – besonders erwünscht war. Sie zeigt sich bis heute auch in signifikanter gesellschaftlicher Benachteiligung, insbesondere in der unterschiedlichen Behandlung ethnischer Gruppen und sozialer Schichten. Tatsächlich findet sich in den afro- und ibero-amerikanischen sowie indigenen Bevölkerungsgruppen nicht nur eine überdurchschnittliche Armut, die in den letzten fünfzig Jahren, was Einwanderer aus Lateinamerika angeht, noch angestiegen ist, sondern auch eine deutliche gesellschaftliche Diskriminierung.[101] Da die US-Regierung seit 1790 systematisch Daten sammelt, kann heute ein relativ vollständiges Bild dazu erstellt werden.

Die Tatsache, dass bestimmte Ethnien besonders benachteiligt wurden, ist nicht neu. Die Sklavenbefreiung 1865 hatte den Afroamerikanern keine Gleichberechtigung gebracht, genauso wenig wie das Ende der Indianerkriege oder der Frontier zur Gleichstellung der American Indians führte. Im Gegenteil. Besonders zeigte sich die fortdauernde Diskriminierung der afroamerikanischen Bevölkerung in der Ära der sogenannten Jim Crow Laws, der Rassentrennungsgesetze zwischen 1876 und 1964. Sie betrafen alle Bereiche des öffentlichen Lebens, vor allem aber das Bildungs- und Rechtssystem. In einigen Orten in den Südstaaten wurde die staatlich durchgesetzte Rassentrennung im öffentlichen Bereich besonders drastisch erkennbar, so in den Schulen und Universitäten oder in öffentlichen Verkehrsmitteln. Als sie 1964 offiziell aufgehoben wurden, nach aufsehenerregenden Akten des zivilen Ungehorsams – wie Claudette Colvins berühmter Weigerung am 2. März 1955, in einem öffentlichen Bus die Sitzplätze für Farbige zu benutzen –, hieß das nicht, dass die alltägliche Diskriminierung damit beendet war. Es änderte sich auch wenig, als der Oberste Gerichtshof der USA 1957 die «Racial Segregation» als Verstoß gegen den 14. Zusatzartikel der amerikanischen Verfassung bewertete und damit auch die berüchtigten Jim-Crow-Gesetze für illegal erklärte. Als hinderlich erwies sich, dass in der US-Gesellschaft der Vorbehalt tief verwurzelt war, und zwar im Süden wie im Norden. Jene Viertel in den Städten des Nordens, in denen sich seit den 1890er Jahren und dann vor allem in den Wellen der beiden Great Migrations bis zum Zweiten Weltkrieg die aus den Südstaaten zu Millionen abgewanderten Schwarzen niederließen, entwickelten sich rasch zu Ghet-

JIM CROW.

NEW YORK.

Published by Firth & Hall, No.1 Franklin Sq

Ikonographie des Rassismus
Die Figur des Jim Crow, der
in den bei Weißen beliebten
Minstrel Shows auftrat, wurde
zum Synonym für die
Diskriminierung der Afro-
amerikaner (Darstellung von
1835).

tos. Aus ihnen zog vor allem die weiße Bevölkerung fort, ein Trend, der sich Mitte des 20. Jahrhunderts mit dem Bau von Einfamilienhaussiedlungen in den Vorstädten und der Umwandlung der Wohn- in Büroviertel in den Innenstädten noch verstärkte. Die Folge war, dass die Innenstädte an den Wochenenden regelmäßig verwaisten. Bis zum Ersten Weltkrieg blieb es sogar bei der gesetzlichen Regelung, Minderheiten nur bestimmte Wohngebiete zuzuweisen, und bis zum Zweiten Weltkrieg galt die Linie, sie vom Immobilienerwerb auszuschließen.

Ethnische Segregation Grundsätzlich war die ethnische Segregation, das heißt die bewusste räumliche Trennung, bereits im Zuge der Einwanderungswellen vielfach zur Normalität geworden. Es gab zwar auch Viertel mit deutschen, irischen oder italienischen Einwohnern, die zu Slums wurden, wie das New Yorker Quartier Five Points belegte. Der massenhafte Zuzug der noch im 19. Jahrhundert mehrheitlich auf dem Land lebenden Afroamerikaner, später auch der Hispanics und anderer, vor allem arabischer Nationalitäten, ließ hingegen ursprünglich gutbürgerliche, wohlhabende Bezirke zu Problemvierteln werden, aus denen die besserverdienende, in der Regel weiße Bevölkerung nach und nach ganz wegzog. Das einst bürgerliche Harlem und die Bronx in New York oder die Viertel West Englewood, Oakland und Lawn in Chicago, um nur einige Beispiele zu nennen, wurden zu Bezirken, in denen Arbeitslosigkeit und eine hohe Kriminalitätsrate zur Regel wurden. Eine Vermischung der Ethnien fand auch hier kaum statt, so dass etwa in Harlem seit den 1950er Jahren durch den Zuzug hispanischer Einwanderer ein eigenes «Spanish Harlem» entstand, das von den afroamerikanischen Teilen des Bezirks separiert blieb. In einigen Städten wie San Francisco hielten sich zwar bis heute eigene Viertel mit ostasiatischer Bevölkerung, die sogenannten China Towns. Doch grundsätzlich verließen Chinesen, Japaner, Koreaner und andere ostasiatische Gruppen genauso wie weiße Bevölkerungsgruppen, die es sich finanziell leisten konnten, Stadtviertel, in die verstärkt etwa Afroamerikaner oder Hispanics zuzogen.

Diese nicht wegzudiskutierende Tatsache zeigt drastisch, dass sich in der US-Gesellschaft über die Jahrhunderte so etwas wie eine ethnische Hierarchisierung ausgebildet hatte, deren Grenzziehung nicht allein zwischen «Schwarz» und «Weiß» verlief. Zur typischen Struktur gehörten die unter den Ethnien und Einwanderergruppen ausgehandelten Status- und Prestigehierarchien. Die sozialwissenschaftlichen Studien von William Lloyd Warner, wie *The Social Life of a Modern Community* von 1941, *The Status System of a Modern Community* von 1942 oder *The Social Systems of American Ethnic Groups* von 1945, konnten dies bereits nachweisen. Warner beobachtete dafür in unterschiedlichen Regionen der USA – im Old South ebenso wie in Chicago im Mittleren Westen, vor allem aber in seinem wichtigsten Untersuchungsobjekt «Yankee City», der Kleinstadt Newburyport in Massachusetts – die Mechanismen bei der Entstehung von sozialen Rangordnungen.[102] Die Ergebnisse dieser Arbeiten zur «Hackordnung» unter den Ethnien, an deren unterem Ende sich damals nicht nur Schwarze und Puerto Ricaner, sondern immer noch auch die Iren wiederfanden, wurden schließlich auch Thema in Hollywoodstreifen wie dem 1955 uraufgeführten *Blackboard Jungle (Die Saat der Gewalt)*, in dem ein Lehrer mit diesen – vielfach auch unausgesprochenen – Hierarchien an einer Schule konfrontiert wird.

Insbesondere Afroamerikaner trafen überall in der weißen Mehrheitsgesellschaft, selbst in den Gewerkschaften, auf alltägliche Feindlichkeit. Die größte Organisation, die AFL, forderte zwar die kollektive Interessenvertretung. Jedoch wurden Schwarze auch von ihr noch während des Ersten Weltkriegs nur in Ausnahmefällen als Mitglieder aufgenommen. Besonders problematisch wirkte die Diskriminierung in jenen Bereichen, in denen weiße und schwarze Amerikaner gemeinsam hoheitliche Aufgaben wahrzunehmen hatten. Dazu gehörte zunächst die Armee, später auch die Polizei. Schwarze hatten bereits vor der Staatsgründung der USA unter anderem an den Kämpfen mit Indianern und an den Kriegen gegen die Franzosen, aber auch am Unabhängigkeitskrieg teilgenommen. 1755 hatte bereits der sogenannte Hancock-und-Warren-Ausschuss festgelegt, dass nur freie Schwarze, nicht jedoch Sklaven, als amerikanische Soldaten für den Norden kämpfen dürften, auch wenn unklar ist, ob diese Regel bei der Anwerbung konsequent eingehalten wurde.[103] Wie umstritten selbst diese eingeschränkte Verwendung war, zeigte eine Verfügung Washingtons, nach der «keine Landstreicher, Schwarzen oder Vagabunden» anzuwerben waren. Die bereits eingezogenen schwarzen Soldaten kämpften allerdings schon 1775 in den blutigen ersten Schlachten gegen die Briten bei Concord, Lexington und Bunker Hill. Sie nahmen am Sezessionskrieg teil – für die Nordstaaten ebenso wie in Einzelfällen für die Südstaaten – und schließlich auch an den sogenannten Indianerkriegen. Bei der indigenen Bevölkerung wurden sie wegen ihrer Haare auch «Buffalo Soldiers» genannt. Die Verluste waren bei den schwarzen Einheiten insbesondere im Bürgerkrieg sehr hoch, weil die Konföderierten sie zeitweilig besonders nachdrücklich bekämpften. Bekannt ist das sogenannte Massaker von Fort Pillow, bei dem am 12. April 1864 von Südstaateneinheiten gefangengenommene afroamerikanische Soldaten ermordet wurden.[104] Auch in den folgenden militärischen Konflikten wurden schwarze Soldaten eingesetzt, unter anderem im Spanisch-Amerikanischen Krieg 1898, bei Interventionen in Mittelamerika sowie insbesondere im Ersten und Zweiten Weltkrieg. Auf der Basis des sogenannten Selective Service Act von 1940 waren schließlich rund 900 000 Afroamerikaner, darunter auch einige Tausend Frauen, in die US-Streitkräfte einberufen worden.[105] Aber dennoch gab es erst 1945 die ersten gemischten Einheiten.

Der Dienst in der Armee schützte zwar nicht vor Diskriminierungen, ebenso wenig wie die abgeleistete Dienstzeit im folgenden Zivilleben. Aber er bedeutete für die Afroamerikaner einen erheblichen Schub an neuem Selbstbewusstsein, und für einige wurde er sogar zum Türöffner. Ein Aufstieg in die Offiziersränge blieb ihnen dennoch lange Zeit verwehrt, sei es aufgrund mangelnder Schulbildung, sei es aufgrund gesellschaftlicher Hürden. Als erster schwarzer, in West Point ausgebildeter Offizier gilt Henry Ossian Flipper, der 1877 seinen Lehrgang erfolgreich abschloss, aber 1881– vermutlich aufgrund einer Intrige, wie Flipper 1889 in seinen bitteren Erinnerungen *The Colored Cadet at West Point* erläuterte – unehrenhaft entlassen wurde. Fast einhundert Jahre später wurde 1976 das Verfahren neu aufgerollt und empfohlen, das damalige Urteil aufzuheben, was jedoch noch einmal fast 20 Jahre dauerte. Als erfolgreicheres Beispiel gilt Charles Young, der als schwarzer Amerikaner bis zum Colonel (Oberst) der US-Armee aufstieg. Aber auch ihm blieb eine weitere Karriere verwehrt. Bis in die 1960er Jahre bildete der Aufstieg in hohe Offiziersränge die Ausnahme. Der erste afroamerikanische US-General überhaupt war 1940 Benjamin Davis, und mit Daniel James wurde 1975 der erste Schwarze zum Vier-Sterne-General befördert.

Aber nicht nur der militärische Aufstieg wurde lange Zeit behindert. Noch weit bis ins 20. Jahrhundert gehörten Angriffe auf afroamerikanische Soldaten auf der Straße oder zumindest verbale Attacken zur Normalität. Besonders brutal verliefen vor dem Ersten Weltkrieg Ausschreitungen gegen schwarze Armeeangehörige in den texanischen Gemeinden von Rio Grande City 1899, von Brownsville 1906 und in Houston 1917. Dies hatte schließlich eine derart breite Außenwirkung, dass sogar die deutsche Kriegspropaganda darauf einstieg und Präsident Wilson sich gezwungen sah, den verbreiteten Rassismus als ernsthafte Schwächung der Nationalen Sicherheit zu brandmarken. Vermutlich war es auch die brutale Misshandlung eines schwarzen Soldaten durch weiße Polizisten in South Carolina 1946, die Präsident Truman dazu veranlasste, mit der berühmten Executive Order 9981 vom Juli 1948 die Rassentrennung in der Armee endgültig zu verbieten. Sieben Jahre zuvor war allerdings von seinem Vorgänger Roosevelt bereits die Rassendiskriminierung unter Strafe gestellt worden, womit eigentlich sämtliche Verbände einschließlich des bislang exklusiv weißen Marine Corps nun allen offenstanden. Erst 1954 allerdings wurde die letzte ausschließlich schwarze Einheit aufgelöst.

Bis heute gibt es immer wieder eindeutig rassistisch motivierte Übergriffe. 1992 mündete ein solcher Vorfall, die berüchtigte Misshandlung von Rodney King durch Polizisten während einer Verkehrskontrolle in Los Angeles, sogar in schwere Unruhen, in deren Verlauf über fünfzig Menschen getötet, rund 2000 verletzt wurden und Sachschaden in Milliardenhöhe entstand.[106] 2014 tobten Rassenunruhen in Ferguson und Baltimore, nachdem ein schwarzer Jugendlicher von einem Polizisten erschossen worden war. Auch deshalb ist der Aufstieg von Afroamerikanern im militärischen oder im zivilen Bereich bis in die höchsten Ränge, wie er Ende des 20. Jahrhunderts etwa Colin Powell gelang, nicht nur eine Normalisierung, sondern eine bemerkenswerte Neujustierung in der amerikanischen Gesellschaft. Powell konnte als Sohn einfacher afroamerikanischer Immigranten aus Jamaika nicht nur zum General der US-Armee und zum Vorsitzenden der Vereinigten Stabschefs aufsteigen, sondern schließlich sogar zum Außenminister. Diese Normalisierung betrifft nicht zuletzt das Präsidentenamt, in das mit Barack Obama 2009 der erste Afroamerikaner einziehen konnte. Zuvor schon war er bereits als erster schwarzer Senator (sog. Junior Senator für Illinois) in den US-Kongress gewählt worden.

Die Rassendiskriminierung betraf zwar vor allem die Afroamerikaner, aber auch Asiaten, Indianer und hispanische Bevölkerungsgruppen, in denen die Mexikaner bis heute die größte Gruppe stellen, hatten darunter zu leiden. Die Einwanderer aus Ostasien, die insbesondere im Zuge des Goldrauschs der 1840er Jahre die USA erreicht hatten und in der Folgezeit vor allem als genügsame Arbeiter angeworben wurden, erfuhren eine ähnlich erbärmliche Behandlung. Zu den eindeutig rassistischen Einstellungen gegenüber den «Gelben» (Yellows), unter denen auch andere ostasiatische Ethnien zu leiden hatten, so dass der Begriff «yellow» schließlich sogar zum Synonym für «falsch» oder «hinterlistig» wurde, gesellte sich der politische Vorbehalt.[107] Der am 7. Dezember 1941 verübte Überfall der Japaner auf den US-Flottenstützpunkt Pearl Harbor wurde in den USA geradezu zum Inbegriff des Verrats. Bezeichnenderweise traf der politische Vorbehalt keine deutsch- und italienischstämmigen Amerikaner, obwohl sich sowohl Deutschland als auch Italien seit dem 11. Dezember 1941 im Kriegszustand mit den USA befanden. In Kalifornien wurden im Oktober 1942 sogar rund 52 000 Italiener ohne US-Staatsbürgerschaft ausdrücklich von der Liste der «Enemy Alien» gestrichen.[108] Roosevelt bemerkte dazu, sie seien doch wohl eher «ein Haufen von Opernsängern» («a bunch of opera singers»). Insgesamt waren vermutlich über 100 000 japanischstämmige US-Bürger von der Internierung, die der U.S. Supreme Court 1944 ausdrücklich für Recht erklärte, betroffen.[109] Eine partielle Wiedergutmachung erfolgte erst in den 1980er Jahren. Zum vollständigen Bild gehört allerdings auch, dass viele christliche Gruppen in den USA schon während des Krieges nicht nur scharfe Kritik an diesen Maßnahmen übten, sondern darüber hinaus versuchten, vor allem Kinder und Jugendliche aus den Camps zu befreien. Ähnliche Vorbehalte, diesmal erneut gegenüber Chinesen, beförderte ab 1949 für Jahrzehnte Maos Revolution, zumal bereits am Koreakrieg im darauffolgenden Jahr «rotchinesische» Truppen beteiligt waren und gegen Amerikaner kämpften.

Ausgrenzung der indigenen Bevölkerung und der Hispanics Die indigene Bevölkerung, das heißt sowohl die verbliebenen indianischen Stämme als auch die durch die Ausweitung des US-Territoriums hinzugekommenen hispanischen Bevölkerungsgruppen, unterlag ähnlichen Diskriminierungen. Bis zur ernsthaften Erklärung der Autonomie in den 1970er Jahren wurde ihre Verdrängung vor allem über Gesetze geregelt. Seit dem berüchtigten Indian Removal Act von 1830, in dem die Vertreibung zum amerikanischen Recht erklärt worden war, betraf dies selbst die besonders angepassten Stämme. Die Rede vom Minderheitenschutz, wie sie zentralen Gesetzen zugrundelag, verschleierte eher die staatlich gewollte Diskriminierung. Dazu zählten etwa der 1871 verabschiedete Indian Appropriation Act, der freie Verträge für die Zukunft ausschloss und dem Kongress völlige Verfügungsgewalt über indianische Angelegenheiten gab, der Major Crimes Act (1885) und der zwei Jahre später folgende Dawes-Severalty Act (General Allotment Act), die Polizeiaufgaben den US-Behörden übergaben und alle indianischen Bräuche verboten. Erst seit den 1920er Jahren wurden «Indianerrechte» überhaupt zum Thema, unter anderem in den offiziell erstellten Meriam Reports.

Die Debatte verhinderte jedoch nicht, dass bis 1934 vor allem über juristische Klauseln zwei Drittel des ohnehin bereits beschränkten Territoriums in den Reservaten ebenfalls weißen Siedlern übergeben wurden.[110] Auch hier zeigten US-Gerichte sich häufig eher als Erfüllungsgehilfen der Diskriminierung. Entsprechend kritisch sahen die Stämme das amerikanische Rechtssystem. Bezeichnenderweise betraf dies schließlich sogar gutgemeinte Ansätze wie die sogenannte Termination-Politik (House Concurrent Resolution 108), die beim Amtsantritt der Regierung Eisenhower 1953 nach langer Debatte schließlich eingeleitet wurde. Sie sprach den indigenen Bevölkerungsgruppen volle Staatsbürgerschaft zu, stoppte aber gleichzeitig fast alle staatlichen Unterstützungen. Außerdem übertrug sie die Zuständigkeit für alle Zivil- und Strafrechtsangelegenheiten auf die Bundesstaaten. Die Folge der dann rund zwanzig Jahre durchgehaltenen Termination-Politik war generell eine Zunahme ökonomisch-sozialer Probleme. In den 1960er Jahren folgten weitere gutgemeinte, aber in der Praxis häufig untaugliche Gesetze wie der Indian Civil Rights Act, der faktisch amerikanisches gegen das in den Reservaten praktizierte Stammesrecht stellte.

Als ebenso schwierig erwiesen sich die USA für viele der Hispanics, die neben den europäischen Weißen (Caucasians) bis heute die größte Bevölkerungsgruppe in den USA stellen. Die meisten von ihnen stammen nach wie vor aus Mexiko. Chicanos, wie eine weitere Bezeichnung für sie lautet, haben sich heute vor allem in den südwestlichen und westlichen Bundesstaaten Arizona, Colorado, Nevada, New Mexico und Texas angesiedelt. Bis zum Ende des 19. Jahrhunderts gab es in Südtexas und im Süden Arizonas, wo bis dahin die American-Mexicans die Mehrheit stellten, sogar noch eine hispanische Verwaltung. Größere Gemeinden aus anderen Teilen Lateinamerikas entstanden zudem an der Ostküste. In New Yorks Spanish Harlem siedelten sich seit den 1950er Jahren in erster Linie Puerto Ricaner (auch: Boricua, Boriqueño), in Florida insbesondere Kubaner (auch: Cubanos) an. Größere Gruppen aus Kuba erreichten die USA vor allem nach Fidel Castros Revolution 1959.

Schon durch den Mexikanisch-Amerikanischen Krieg 1846/48 und den nachfolgenden Kauf von mexikanischem Staatsgebiet für die geplante südliche transkontinentale Eisenbahnstrecke fand sich urplötzlich eine große Zahl von Mexikanern auf US-Territorium wieder. Sie wurden rasch zu einer besonders diskriminierten Gruppe, die sich insbesondere nur schwer gegen den seit dem Goldrausch der 1840er Jahre massiv anwachsenden Druck weißer Zuwanderer wehren konnte. Bezeichnenderweise wurden in den ersten drei Jahrzehnten nach der Eingliederung mexikanischen Territoriums auch die meisten Lynchmorde an Mexikanern verübt. Bis 1928 wurden 597 gezählt.[111] Wie im Falle der Indianerstämme spielten auch hier die US-Gerichte im Kampf um mexikanischen Landbesitz eine eher unrühmliche Rolle. Und auch hier wirkten sich die eigentlich zum Schutz der Mexikaner verabschiedeten US-Gesetze wie der California Land Act von 1851 häufig negativ aus. Ähnlich wie im Falle der afroamerikanischen Bevölkerung wurden seit der Mitte des 19. Jahrhunderts zudem rasch Gesetze zur Ausgrenzung der American-Mexicans erlassen. Allerdings durften sie in weißen Einheiten der US-Armee dienen.

Die Vertreibung vom ursprünglichen Siedlungsgebiet schuf in der Folge ein Heer von mexikanischen Landlosen, die sich nach teils gewalttätigem, letztendlich aber ergebnislosem Kampf vor allem als Tagelöhner in der Landwirtschaft, aber auch in der boomenden Fleischindustrie des Mittleren Westens verdingen mussten. Trotz der diskriminierenden Verhältnisse stieg bereits im 19. Jahrhundert die Immigrationsrate stetig an, und mit ihr nahmen die sozialen Probleme zu. Die bislang größte mexikanische Einwanderungswelle erreichte die USA zwischen der Jahrhundertwende und 1930. Sie fand parallel zur gleichzeitigen Abwanderung von Afroamerikanern in die Industriemetropolen des Nordens statt. Einen Höhepunkt erreichte sie seit dem Beginn der Mexikanischen Revolution 1910, deren Kämpfe sich noch weit in die 1920er Jahre hinzogen und in die schließlich auch US-Truppen eingriffen. Damals entstanden zwar auch neue Ansiedlungen, vielfach aber handelte es sich nur um Niederlassungen von Wanderarbeitern, die mit ihren Familien den Beschäftigungsmöglichkeiten hinterherzogen. Vor allem sie wurden während der Weltwirtschaftskrise seit 1929 zu Hunderttausenden wieder nach Mexiko abgeschoben.

Die legale wie illegale mexikanische Arbeitsmigration erlebte seit dem Zweiten Weltkrieg immer wieder Höhepunkte. Allein mit dem durch die Kriegswirtschaft forcierten «Bracero-Programm» seit 1942 durften bis 1964 wieder etwa zwei Millionen mexikanische Arbeiter legal einreisen.[112] Auch sie wurden jedoch in Zeiten schwächerer Konjunktur regelmäßig ebenso wieder zurückgeschickt wie die illegalen Arbeitsmigranten aus Lateinamerika. Auf der Grundlage der berüchtigten Operation «Wetback» schob der United States Immigration und Naturalization Service (INS), der Vorgänger der heutigen U.S. Citizenship and Immigration Services, 1954 rund 1,3 Millionen hispanische, vorwiegend mexikanische Arbeiter, die ohne gültige Papiere aufgegriffen worden waren, aus den südwestlichen Bundesstaaten nach Mexiko ab.[113] Dieser sogenannte Swing hält bis heute an, wobei die Zahl der illegalen Einwanderungen nach Schätzungen allein in den 1990er Jahren mit der heftigen Währungskrise in Mexiko auf über neun Millionen stieg.[114] Dass all dies in den USA nicht ohne den privaten Markt für illegale Arbeitskräfte funktionieren kann, ist offensichtlich, wird von mexikanischer Seite, aber auch von Menschenrechtsorganisationen immer wieder beklagt und ist nicht zuletzt ein Thema der Literatur geworden, wie T. C. Boyles Roman *The Tortilla Curtain* 1995 zeigte. Diese Kritik hat insbesondere seit dem Bau eines Grenzzauns 2006 sowie dem verstärkten Einsatz von Grenzpolizei, Nationalgarde und privaten Milizen massiv zugenommen. Dennoch ist nicht zu bestreiten, dass die besser gesicherte Grenze, die zugleich die nordamerikanische Wohlstandsgrenze nach Süden markiert, auch für Drogen- und Menschenhändlernetze eine deutliche Barriere bildet. Aufhalten kann der Zaun aber weder dies noch den von Norden nach Süden fließenden Waffenhandel.

Antidiskriminierungsgesetze Die offensichtlichen Zurücksetzungen haben die USA seit dem Civil Rights Act 1964 bis heute zu einer Fülle von Antidiskriminierungsgesetzen geführt. Sie richten sich nicht nur gegen die Ungleichbehandlung der Ethnien, Religionen, Geschlechter, sondern auch etwa gegen Altersdiskriminierung. Erst 2008 wurde allerdings ein Gesetz gegen die Ungleichbehandlung aufgrund von Krankheit oder Behinderung und gegen die unbeschränkte Nutzung von Gentests auf den Weg gebracht. Eine Bewegung zur Durchsetzung von Frauenrechten war zwar schon seit 1848 tätig, konnte aber erst 1920 mit der Einführung des Frauenwahlrechts einen wichtigen Teilerfolg erringen. In dieser Sache wurden auch Teile der Gewerkschaftsbewegung aktiv, so die bereits erwähnten Knights of Labor, die früh Frauen und Afroamerikaner aufnahmen. Antisemitenparteien, wie sie in Europa im letzten Drittel des 19. Jahrhunderts entstanden, hatten jedoch in den USA keine Chance.

Dass trotz verbreiteter evangelikaler Grundeinstellungen selbst Homosexualität in bestimmten Teilen der USA bereits im ausgehenden 19. Jahrhundert mehr oder minder offen gelebt werden konnte, zeigte, wie tolerant man in Teilen der USA gegenüber abweichendem Verhalten und Subkulturen sein konnte. Ein Nischendasein war zumindest in bestimmten Gegenden, etwa in New Yorks Stadtteil Bowery, dann auch in Harlem oder Greenwich Village möglich, wo gleichzeitig die frühen Hochburgen der Bewegung entstanden.[115] Ein weiterer Mittelpunkt entwickelte sich seit den 1930er Jahren im durch die Filmwirtschaft boomenden Kalifornien, wo San Francisco in den 1970er Jahren zum eigentlichen Zentrum der «Gay-Bewegung» aufstieg. Mehr oder weniger offen lebten Filmstars wie Edgar Montillion Woolley (alias Monty Woolley) oder Rudolpho Valentino hier ihre Homosexualität aus, wenngleich selbst hier der gesellschaftliche Druck erheblich blieb. Die Geschichte des mittlerweile fast weltweit gefeierten Christopher Street Day, der 1969 aus den Stonewall Riots, der Gegenwehr gegen kontinuierliche Polizeirazzien in New Yorker Homosexuellen-Lokalen, hervorging, zeigt dies und macht gleichzeitig deutlich, dass sexuelle Liberalität in der amerikanischen Mehrheitsgesellschaft bis weit in das 20. Jahrhundert nicht nur als ein moralisches, sondern auch als ein sicherheitspolitisches Problem verstanden wurde.[116] Tatsächlich erlaubte selbst New York erst 2011 die gleichgeschlechtliche Ehe.

Diskriminierung im Strafrecht   In vielerlei Hinsicht sind die USA auf diese Weise tatsächlich zur globalen Vorreiterin in der Antidiskriminierung geworden. Dennoch zeigen bestimmte Bereiche bis heute eine teils eklatante Ungleichbehandlung. Besonders auffällig ist dies in der Rechtsprechung. Das Justizsystem der USA, wie es sich seit der Staatsgründung mit bundes- und einzelstaatlichen Einrichtungen und teilweise

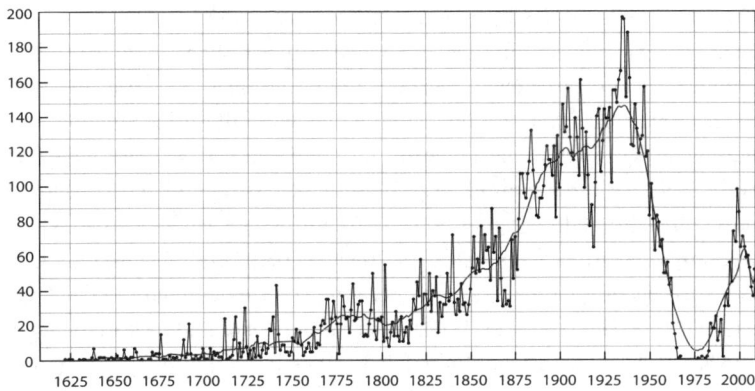

Exekutionen in den USA 1608–2000[117]

höchst unterschiedlichen Zivil- und Strafgesetzen entwickelt hat, zeigt in
der Praxis die wohl auffallendsten Unterschiede zu Kontinentaleuropa in
drei Aspekten: Die Staatsanwaltschaft wird gewählt und ist damit gezwungen, sich mit ihrem jeweiligen Vorgehen gegenüber der Öffentlichkeit viel stärker als in Europa zu rechtfertigen. Das Geschworenenge-
richt (Jury), das in der Regel mit Nichtjuristen besetzt ist, verlangt
ebenfalls eine starke Berücksichtigung der öffentlichen Meinung, obwohl
der Angeklagte formal das Recht auf eine unvoreingenommene Jury hat.
Es ist nach dem 6. Zusatzartikel von 1791 als Teil der Bill of Rights zwar
nicht für mindere Straftaten oder Prozesse gegen Jugendliche zwingend
vorgeschrieben, bei allen anderen aber schon. Zudem hat es in vielerlei
Hinsicht den Charakter einer dramatischen Inszenierung.[118] Der wohl
gravierendste Unterschied zu Kontinentaleuropa jedoch liegt bis heute –
zumindest für 16 der 50 Staaten – in der Möglichkeit, die Todesstrafe zu
verhängen. Sie wird in der Regel auch wahrgenommen.[119] Untersuchungen gehen davon aus, dass von 1608, als die ersten Register eingerichtet
wurden, bis heute (2017) etwa 15 800 Menschen im staatlichen Auftrag
hingerichtet worden sind.[120]

Rund 95 Prozent aller Verfahren im Zivil- und Strafrecht finden
heute vor Gerichten der Bundesstaaten statt, wobei der jeweilige Supreme Court die letzte Berufungsinstanz auf Einzelstaatsebene ist. Der
Bundesgerichtshof der USA als letzte Instanz beschäftigt sich hingegen
hauptsächlich mit ausgewählten übergreifenden verfassungsrechtlichen

Fragen und Streitigkeiten zwischen Einzelstaaten. Da den Anklage- und Ermittlungsbehörden in den USA außergewöhnlich weite Entscheidungsspielräume zustehen, spielt bereits die Entscheidung, welcher Staatsanwalt die Anklage übernimmt und wie sehr dieser glaubt, sich durch das Strafmaß in der Öffentlichkeit profilieren zu müssen, eine zentrale Rolle. Hinzu kommt, dass nahezu 90 Prozent aller Strafsachen durch die Aushandlung eines Schuldbekenntnisses beendet werden – eine Reminiszenz an das puritanische Rechtsverständnis der Kolonialzeit. Genauso wichtig ist die Frage, ob der Angeklagte überhaupt in der Lage ist, sich einen auf seinen Fall spezialisierten und womöglich kostspieligen Anwalt zu leisten, oder ob ihm ein beliebiger Pflichtverteidiger zugeteilt wird. Ein dritter Unsicherheitsfaktor liegt in der Zusammensetzung der Jury, deren persönliche Vorlieben und Vorurteile eine nicht zu unterschätzende Rolle beim Urteil spielen.

Nach den aktuellen, 2011 publizierten Angaben des U.S. Bureau of Justice Statistics waren 2008, als letztmalig völlständige Erhebungen ausgewertet wurden, in den USA insgesamt knapp 21,3 Millionen Straftaten begangen worden.[121] Davon waren etwa ein Viertel «Personal Crimes» wie Raub, Mord oder Vergewaltigung. Der Rest war Eigentumsdelikten («Property Crimes») zuzuordnen, wobei Beschaffungs- und Drogenkriminalität einen großen Raum einnahmen. Zwar war damit die Kriminalitätsstatistik seit Jahren rückläufig, wie insbesondere das FBI betonte.[122] Allerdings befanden sich 2008 mit 2,32 Millionen Personen auch so viele wie noch niemals zuvor hinter Gittern; statistisch gesehen also fast jeder 160. Amerikaner.[123] Prozentual gesehen ist das der höchste jemals in der US-Justizgeschichte gemessene Anteil, und mit rund 49 Milliarden Dollar jährlich auch der kostspieligste. Bis Anfang 2017 ging die Zahl auf etwa 2,1 Millionen Insassen zurück.[124] Damit sind die USA immer noch die Nummer Eins in der weltweiten Gefängnisstatistik.

Aussagekräftiger im Zusammenhang mit der Frage nach der Ungleichbehandlung ist allerdings die überdurchschnittlich hohe Zahl von Afroamerikanern und Hispanics unter den Häftlingen. Von den schwarzen Amerikanern zwischen 20 und 34 Jahren saß 2008 jeder Neunte hinter Gittern. Bei den Weißen in dieser Altersgruppe war es nur jeder dreißigste. Was die allgemeine Kriminalitätsstatistik bereits andeutet, belegt die Verurteilungspraxis. Wie einschlägige wissenschaftliche Studien, etwa von Amnesty International, seit Jahren regelmäßig zeigen, ist auch heute die Wahrscheinlichkeit für einen Afroamerikaner oder für einen Hispanic, zum Tod verurteilt zu werden, signifikant höher als für andere

Ethnien.[125] Für den Umstand sind unterschiedliche Ursachen verantwortlich gemacht worden. Neben dem immer wieder erhobenen Vorwurf, dass rassistische Motive der mehrheitlich weißen Richter eine große Rolle spielen, was nicht zu belegen ist, zeigt sich in der Realität vor allem, dass neben dem Bildungsstand die finanzielle Ausstattung des Beklagten und die daraus resultierenden Möglichkeiten einer angemessenen Verteidigung eine maßgebliche Bedeutung haben. Zum Hauptargument gegen die Todesstrafe, das zuletzt im April 2011 zu ihrer Abschaffung im Bundesstaat Illinois und im April 2012 in Connecticut führte, wurde allerdings die hohe Fehlerquote in allen Verfahren, und zwar unabhängig von «Rasse, Klasse und Geschlecht». Seit 1989 bis 2012 wurden nach einer Studie der University of Michigan Law School allein 891 rechtskräftig Verurteilte wegen nachgewiesener Unschuld wieder entlassen, davon 101 aus der Todeszelle.[126] Zum ersten Mal in der Justizgeschichte der USA konnte auch zweifelsfrei nachgewiesen werden, dass ein Unschuldiger hingerichtet worden war.

Eindrucksvolle Belege für Fehlurteile in Verfahren, die mit der Todesstrafe endeten oder berechtigte Zweifel an der Rechtmäßigkeit von Todesurteilen auslösten, hat es immer wieder gegeben. Öffentliche Bekanntheit durch Verfilmungen und Vertonungen erlangte der Prozess gegen den Boxer Rubin «Hurricane» Carter, der 1966 zu einer dreifachen lebenslänglichen Strafe verurteilt wurde. Nach erheblichen öffentlichen Protesten, an denen sich unter anderem Prominente wie der Folksänger Bob Dylan beteiligten, musste er 1985 wieder aus der Haft entlassen werden. Trotz erheblicher Zweifel hingerichtet wurden dagegen 1927 Ferdinando «Nicolo» Sacco und Bartolomeo Vanzetti, bei deren Verurteilung vermutlich politische Vorbehalte eine ebenso wichtige Rolle spielten wie bei dem zwölf Jahre zuvor ergangenen Urteil gegen den Gewerkschafter Joe Hill. Alle drei wurden für die Arbeiterbewegung, vor allem aber auch für die Gegner der Todesstrafe, zu Ikonen. Bislang der Letzte, der trotz beträchtlicher Zweifel und massiver öffentlicher Proteste hingerichtet wurde, war der Afroamerikaner Troy Davis im September 2011, für dessen Begnadigung sich sogar der ehemalige US-Präsident Jimmy Carter eingesetzt hatte.

VIII. Imperium wider Willen:
Der Beginn des amerikanischen Jahrhunderts
1919–1941

Zwischen Isolationisten und Internationalisten

Die amerikanische Politik, wie sie Wilson vertrat, hatte sich 1917 mit ihren Kriegszielen, «die Grundsätze von Frieden und Gerechtigkeit im Leben der Welt ... gegen eigensüchtige und autokratische Macht zu verteidigen», weit vorgewagt, und vor allem der Präsident wurde nun an diesem Anspruch gemessen.[1] Im Selbstverständnis der US-Regierung kämpften die USA dabei nicht gegen die Bevölkerung der Feindstaaten, sondern allein gegen undemokratische Führungseliten, deren «Despotie» man traditionell als ständige Gefahr für die Freiheit der gesamten Welt verstand. Dass Wilsons Vorstellung eines für alle «gerechten Friedens» nicht durchzusetzen war, wurde nicht erst klar, als die Franzosen 1919 darauf bestanden, dass die Deutschen nicht in der Weise an der neuen Weltordnung teilnehmen sollten, wie sie nach der Verkündung von Wilsons Vierzehn Punkten gehofft hatten. Der Versailler Vertrag erklärte die Deutschen stattdessen zu den Alleinschuldigen des Krieges und bürdete ihnen, nachdem zunächst keine endgültige Summe festgelegt worden war, 1921 eine exorbitant hohe Reparationsschuld von damals unvorstellbaren 269 Milliarden Goldmark auf, die das Deutsche Reich in 42 Jahren zurückzahlen sollte, was sich aber bereits damals als illusorisch erwies.[2] Auch die USA erhielten Reparationen, wenngleich mehr in symbolischer Form. Unter anderem wurde 1924 das «Amerikaluftschiff» LZ 126, das nachfolgend als «USS Los Angeles» seinen Dienst tat, übergeben.

Das Scheitern Wilsons Das Komitee, das Wilson zur Vorbereitung des Friedensprozesses in Europa ausdrücklich berufen hatte, das sogenannte Inquiry, erwies sich als genauso unfähig, die amerikanischen Wünsche für einen «positiven Frieden» durchzusetzen, wie der Präsident selbst, der zu keinen Abstrichen an seinen Vorschlägen bereit war. Wilson blieb allerdings nicht nur in Europa, sondern vor allem in seiner Heimat umstritten. «Desillusionment», die politische Ernüchterung über die realen Möglichkeiten des bislang größten außenpolitisch-militärischen Engagements, wurde für viele Amerikaner zum bestimmenden Gefühl. Dies auch und gerade, weil es der US-Regierung nicht gelungen war, die siegreichen Ententemächte Frankreich und England, die ohne die USA kaum in der Lage gewesen wären, die Mittelmächte überhaupt oder so rasch in die Knie zu zwingen, in ihren Ansprüchen zu mäßigen. Sowohl der französische Premier Georges Clemenceau als auch der britische Premierminister David Lloyd George drängten darauf, die Deutschen nicht nur kollektiv zur Verantwortung zu ziehen. Zentrale Persönlichkeiten, allen voran Wilhelm II., sollten vor Gericht gestellt und wenn möglich zum Tode verurteilt werden.[3] «Hang the Kaiser» war neben der Forderung «Make Germany Pay» das populäre Schlagwort des Jahres 1918, das auch in den USA zunächst noch überzeugte.

Darüber hinaus erwiesen sich die Inhalte der Vierzehn Punkte als extrem problematisch, selbst wenn man sie nur auf die europäischen Verhältnisse anwenden wollte. Wie sollte man ein Selbstbestimmungsrecht der Völker in Europa durchsetzen, wenn dessen Staaten zum großen Teil ethnisch gemischt waren und einige gewünschte Nationalstaaten – etwa aus den zerfallenen Resten der österreichisch-ungarischen Monarchie – kaum lebensfähig erschienen. Gleichzeitig wurde klar, dass selbst bei jenen Lösungen, die man im Fall der Tschechoslowakei, Jugoslawiens und Polens fand, automatisch neue Minderheiten entstehen würden, die ihrerseits wieder Revanchegefühle entwickeln könnten. Extrem widersprüchlich war auch der Umgang mit den deutschen Kolonien. Da hier das Selbstbestimmungsrecht ausdrücklich nicht gelten sollte, weil Frankreich und England selbst die größten Kolonialreiche besaßen, wurden die deutschen Kolonien unter französische, britische (einschließlich des Commonwealth), japanische, belgische und portugiesische Verwaltung gestellt. Interessanterweise stärkte man mit Japan zumindest psychologisch auch einen der kommenden Gegner. Dessen imperiale Pläne entwickelten sich nun erst recht rasant weiter, um nach Feldzügen in den 1930er Jahren ab dem 7. Dezember 1941 in einem Krieg gegen die USA zu gipfeln.

Die Unfähigkeit Wilsons, den Widerspruch zwischen idealistischer Planung und realpolitischen Anforderungen aufzulösen und einen Kompromiss mit seinen Gegnern zu finden, stärkten innenpolitisch den Isolationismus. Hinzu kam, dass der amerikanische Einsatz im Ersten Weltkrieg einen aus Sicht der US-Bevölkerung unverhältnismäßig hohen

Blutzoll von über 160 000 Toten und über 230 000 Verwundeten gefordert hatte, was nun angesichts der Ergebnisse nur schwer zu vermitteln war. Wie schwach Wilsons Position innenpolitisch bereits am Ende des Krieges war, zeigte schon der Sieg der Republikaner bei den Kongresswahlen im November 1918. Hinzu kamen gesundheitliche Probleme des Präsidenten, der 1919 einen schweren Schlaganfall erlitt. Halbseitig gelähmt, wurde er faktisch handlungsunfähig. Aber auch sein Parteifreund James M. Cox konnte mit dem Vizepräsidentenkandidaten Franklin D. Roosevelt in den Präsidentschaftswahlen 1920 die Demokraten nicht gegen den republikanischen Herausforderer Warren G. Harding bestehen lassen. Als vor diesem Hintergrund 1919 bereits die Ratifizierung des Versailler Vertrags genauso wie die mit ihm verbundene Satzung des Völkerbunds im Kongress auf der Strecke blieb, war unübersehbar, dass beide Prestigeprojekte Wilsons gescheitert waren; und mit ihnen kippte auch das Konzept des «Internationalismus» (Internationality). Die USA traten nun nicht einmal mehr dem Völkerbund bei, den sie selbst initiiert hatten, womit als ständige Mitglieder nur Großbritannien, Frankreich, Italien, Japan sowie ab 1926 das Deutsche Reich (ausgetreten 1933) und die 1934 aufgenommene UdSSR (ausgeschlossen 1939) übrig blieben. Die Schwäche des Völkerbunds, die sich gegenüber den Diktaturen in Europa in den 1920er und 1930er Jahren zeigte, wurde allerdings auch zum Anstoß für die USA, sich nach dem Zweiten Weltkrieg 1945 in den nachfolgenden Vereinten Nationen mehr zu engagieren. Auch die UNO verwirklichte allerdings nicht die ursprünglich geplante «Weltregierung».

Durchsetzung des «Isolationismus» Mit Hardings Sieg, dessen Wahlkampf gegen die Demokraten mit dem Slogan «Return to Normalicy» (eigentlich «Normality), also «Zurück zur Normalität» geführt worden war, hatte sich nicht nur der außenpolitische Isolationismus in den USA durchgesetzt. Das Gefühl der Desillusionierung fand nun weitere Stichwortgeber. Vor allem in der amerikanischen Literatur wurde das Gefühl gepflegt, einen hohen Einsatz für wenig Gewinn gewagt zu haben. Schriftsteller, die sich zuvor noch wie selbstverständlich als Freiwillige für den Kriegseinsatz gemeldet hatten, sahen sich wie Ernest Hemingway in seinem Roman *Farewell to Arms* (1929) als Angehörige einer «Lost Generation». Für den eigentlich Schuldigen an der Misere hielten viele Autoren das alte idealistische evangelikale Amerika. Dessen Werte standen, wie bei Sinclair Lewis (*Main Street,* 1920) oder Theodore Dreiser (*An American Tragedy,* 1925) im Mittelpunkt der Kritik. In Frage gestellt wurde damit schließlich sogar die gesamte bisherige, häufig eschatologisch verstandene Interpretation der US-Geschichte, als deren wichtigstes Werk damals noch immer George Bancrofts 1878 abgeschlossene zehnbändige *History of the United States* galt, eine Heilsgeschichte von immerwährendem Aufstieg der Vereinigten Staaten auf der Basis von Freiheit und Patriotismus. Den Gegenentwurf legte bis 1930 Vernon L. Parringtons *Main Currents in American Thought* vor. Parrington argumentierte, dass die amerikanische Geschichte eigentlich von jeher durch den Widerspruch zwischen wirklicher Demokratie für «die kleinen Leute» und oligarchischem Elitenstaat gelitten habe. Im Ergebnis seien immer nur die Privilegierten geschützt und die Unterprivilegierten von der Macht ferngehalten worden. Der Erste Weltkrieg wurde in dieser Erzählung zum Elitenprojekt, und seine Opfer eben zur «Verlorene Generation».

Als gemeinsamer Nenner der Kritiker galt schnell, Europa und die Welt in den internen Streitigkeiten sich selbst zu überlassen, was wieder ganz im Sinne der eigentlich kritisierten puritanisch-calvinistischen Traditionen der Kolonialzeit und der Außenpolitik des 19. Jahrhunderts war. In keinem Fall sollte militärisch wieder interveniert werden. Erst seit Franklin D. Roosevelts berühmter «Quarantäne-Rede» von 1937 gelang es mühsam, aber schließlich erfolgreich, den vor allem in den amerikanischen «Heartlands», dem Mittleren Westen zwischen North Dakota im Norden und Missouri und Kansas im Süden, verbreiteten Isolationismus wieder zurückzudrängen, der bis dahin bereits fest in Gesetzen wie den Neutrality Act von 1935 verankert worden war. «Wir streben keine Beteiligung daran an, die Schicksale der Welt zu lenken», verkündete Präsident Harding in seiner Antrittsrede 1921 programmatisch.[4]

Harding konzentrierte sich folgerichtig in der Außenpolitik nur noch auf das, was ihm als zwingend notwendig erschien. Selbst die im November 1921 von ihm selbst einberufene Flottenkonferenz, die Washington Naval Conference, die seit dem 6. Februar 1922 in der Hauptstadt tagte, interessierte ihn nur noch mäßig. Dabei sollte sie dazu dienen, die Flotten der fünf größten Seemächte (USA, Großbritannien, Frankreich, Italien, Japan) einheitlich zu begrenzen, um das Wettrüsten zu begrenzen und vor allem dem aufstrebenden Japanischen Kaiserreich Grenzen zu setzen. Darüber hinaus wurde Harding nur im durch die Monroe-Doktrin definierten unmittelbaren Interessengebiet der USA aktiv, das heißt vor allem in Lateinamerika. Aber auch hier plädierte er im Wesentlichen für ein Ende der Interventionspolitik, was insbesondere Mexiko, der Karibik sowie einigen kleineren mittelamerikanischen Staaten zugute kam, wo zum Teil seit Jahrzehnten kontinuierlich amerikanische Militäreinsätze stattgefunden hatten. Kolumbien wurde nun 1921 mit dem Thomson-Urrutia-Vertrag für den territorialen Verlust entschädigt, der ihm mit dem Bau des Panamakanals und der Gründung des Staates Panama entstanden war. Die Regierung in Bogotá erhielt 25 Millionen Dollar für die Anerkennung der befristeten Abtretung des Kanalgebiets. Auch die Mittelmächte, Deutschland und das ehemalige Österreich-Ungarn, profitierten vom neuen, aber eigentlich tradionellen amerikanischen Isolationismus insofern, als die USA schließlich einen separaten Friedensvertrag mit ihnen abschlossen. Die letzten amerikanischen Truppen wurden 1923 aus Deutschland abgezogen.

Nicht zuletzt betraf Hardings Neutralitäts- und Nichteinmischungskurs die amerikanische Innenpolitik. Insbesondere in der Wirtschafts- und Sozialpolitik war man bestrebt, nach den Auseinandersetzungen der vorangegangenen Jahre zu mehr politischem Konsens und gesellschaftlichem Ausgleich zu kommen. Dazu gehörte auch, dass unter Hardings Präsidentschaft zum ersten Mal ein Bureau of Veterans Affairs eingerichtet wurde, das bis heute für jene sorgt, die für die USA in den Krieg gezogen waren.

Prohibition Eher zufällig wurde Harding allerdings auch zu dem Präsidenten, der das Alkoholverbot, die berühmt-berüchtigte Prohibition, durchzusetzen hatte. Die Prohibition war der 1920 errungene Erfolg der Mäßigungsbewegung des 19. Jahrhunderts, und sie verwirklichte gleichzeitig einen wichtigen evangelikalen Programmpunkt, der nun sogar zum 18. Verfassungszusatz erhoben wurde. Harding war aber nur der Erbe eines Gesetzes, das bereits gegen den Widerstand seines Vorgängers Wilson durch den Senat gegangen war. Am 16. Januar 1920 hatte der Volstead Act (auch: National Prohibition Act) den Kongress passiert, der bis 1933, als der 21. Zusatzartikel ihn wieder aufhob, bestehen blieb.[5]

Im Alltag verursachte die Prohibition letztendlich das genaue Gegenteil dessen, was die Mäßigungsbewegung beabsichtigt hatte. Neben den Plätzen für den illegalen Ausschank, den sogenannten Speakeasys, den «Flüsterbars», die häufig getarnt hinter den Räumen der legalen Restaurants lagen und für die dezent unter der Hand geworben wurde, wuchs die Organisierte Kriminalität nahezu ungebremst und zog zahlreiche weitere unerwünschte Folgen nach sich. Schon unter Hardings Präsidentschaft war das schier unaufhaltsame Wachstum der «Mobsters»

Gangsterboss im Urlaub   Al Capone erholt sich beim Angeln.

absehbar, der Gang-Szene um die Mafia, die Cosa Nostra und ähnliche Organisationen.

Diese Entwicklung erreichte unter Hardings Nachfolgern Coolidge und Hoover traurige Höhepunkte. Von 1922 bis 1927, so schätzt man, versechsfachte sich die Zahl der Speakeasys allein in New York von etwa 5000 auf rund 30 000.[6] Auch in anderen Hochburgen des Organisierten Verbrechens, so auch in Chicago, der legendären amerikanischen Mafiametropole der 1920er und 1930er Jahre, der erst nach dem Zweiten Weltkrieg Las Vegas den Rang ablief, wuchs die Kriminalität mit der Prohibition besonders rasant.[7] Zu den bekannten Namen zählte in New York der deutschstämmige Arthur Flegenheimer, besser bekannt als Dutch Schultz, der 1928 im Schatten einer weiteren Mafiagröße, Joe Noe, seine Karriere begonnen hatte und den man schließlich «The Beer Baron of the Bronx» nannte. In Chicago wurde der wohl noch berühmtere Alphonse «Al» Capone geradezu zum Inbegriff des Organisierten Verbrechens. Beiden gelang es, in der Prohibitionszeit bedeutende Gang-Imperien aufzubauen und gleichzeitig das erworbene Vermögen in legale Geschäfte zu investieren. Schon ab 1929 allerdings und erst recht seit dem Ende der

Prohibition 1933 wurde die Verfolgung schärfer. In New York wurde im selben Jahr mit dem Republikaner Fiorello LaGuardia ein Bürgermeister gewählt, der es sich zusammen mit seinem Chefankläger Thomas Dewey zum Ziel setzte, die Organisierte Kriminalität einzudämmen. Der Erfolg ließ Dewey sogar später zum republikanischen Präsidentschaftskandidaten aufsteigen, der allerdings 1948 nicht gegen den amtierenden Präsidenten, Harry S. Truman, bestehen konnte. Während Schultz 1935 in Folge von Bandenkonflikten von einem Auftragskiller ermordet wurde, konnte man Capone 1931 nur mit Hilfe des Steuerrechts für elf Jahre aus dem Verkehr ziehen. Nach seiner Haftstrafe, die er unter anderem im berüchtigten Hochsicherheitsgefängnis auf der Insel Alcatraz vor San Francisco verbüßte, war er allerdings kaltgestellt und starb schließlich einflusslos 1947. Ein ähnlicher Erfolg gelang Dewey gegen den nicht minder berüchtigten Charles «Lucky» Luciano (eigentlich Salvatore Lucania), der mit organisiertem Menschenhandel zu Geld gekommen war. 1936 wurde dieser zu «dreißig bis fünfzig Jahren» Haft verurteilt und schließlich 1946 ausgewiesen. Danach konnte er seine Karriere nur in Italien fortsetzen. Mit Hilfe eines erhöhten Verfolgungsdrucks versuchte Dewey darüber hinaus, die nach dem Ende der Prohibition entstandenen weiteren lukrativen Geschäftsfelder der Organisierten Kriminalität einzuschränken, zu denen zunächst Prostitution und Glücksspiel gehörten, bevor sich danach der Rauschgifthandel zum neuen zentralen Betätigungsgebiet entwickelte. Todesurteile waren nicht selten.

In der amerikanischen Populärliteratur avancierten Dutch Schultz, Al Capone, Lucky Luciano und andere – wie zuvor die Outlaws des Old West – allerdings zu Helden. Als Repräsentanten der Unterwelt der «Roaring Twenties», die den Staat herausforderten, stiegen sie nur wenige Jahre nach ihrem Tod – oder manchmal sogar noch zu Lebzeiten – zu Leinwand- oder zumindest Fernsehhelden auf. Im Filmgeschäft wurde die Prohibitionszeit mit Kinostreifen wie *Der große Gatsby* (1926/1949/1974/2001), *The Cotton Club* (1984), *The Godfather* (1972) oder *Once Upon A Time in America* (1984) zum Kassenschlager. Auch die frühe und wiederholt neu aufgelegte amerikanische Fernsehserie *The Untouchables* (1987) war ein Erfolg. Bezeichnenderweise entstanden viele Komödien, so 1959 *Some Like It Hot (Manche mögen's heiß)* von Billy Wilder. Sie spielt unter anderem in den Speakeasys Chicagos und lässt auch das berüchtigte «Saint Valentine's Day Massacre» vom 14. Februar 1929 nicht aus, bei dem aus St. Louis bestellte Killer für Capones South Side Gang Teile der Führung der irischen North Side Gang um George «Bugs» Moran in

Das Saint Valentine's Day Massacre am 14. Februar 1929 Zurück blieben sieben Tote und schließlich das vage Gefühl in der Öffentlichkeit, mit der Prohibition ein Tor für die Organisierte Kriminalität geöffnet zu haben.

einer Autogarage nahe dem Lincoln Park auslöschte. Rückblickend war es wohl vor allem diese brutale Hinrichtung im Maschinenpistolenfeuer, die das Ende der Prohibition einläutete.

Red Scare Innenpolitisch hatten sich zu diesem Zeitpunkt allerdings andere Themen schon mit in den Vordergrund geschoben. Dazu gehörte die Sorge vor einer unbeherrschbaren Wirtschaftskrise und die vielleicht sogar noch weiter verbreitete Furcht, dass die Revolutionen aus Europa – insbesondere die bolschewistische – auf die USA übergreifen könnten. Der gesellschaftliche Konsens während des Krieges, als die Gewerkschaften nach erfolgreicher Umwerbung den Krieg an der Homefront weitgehend mittrugen, während pazifistische Gruppen zurückgedrängt werden konnten, war nach 1918 schnell zerbrochen. Die mächtige American Federation of Labor als wichtigste Arbeitnehmervertretung unter ihrem damaligen Gründer und Vorsitzenden Samuel Gompers hatte nach ihrem Dafürhalten lange genug stillgehalten und im Ersten Weltkrieg auf Streiks verzichtet, obwohl es genug Gründe dafür gegeben hätte. Kürzungen beim alltäglichen Bedarf wie der «Meatless Monday» und der «Wheatless Wednesday» hatten vor allem die Versorgung der US-Truppen in Übersee garantieren sollen, waren aber wie die Rationalisierung des privaten Erdöl- und Kohlekonsums weitgehend freiwillig geblieben. Die Steuererhöhungen hatten jedoch tiefe Löcher in die Haushalte gerade der unteren und mittleren Einkommensschichten gerissen. So erlebten die USA nach dem Krieg eine Streikwelle, die als «Red Scare» in die Geschichte einging. Bombenanschläge von Anarchisten, aber auch Rassenunruhen lösten teilweise hysterische Reaktionen aus. Die Antwort der US-Behörden war hart und nahm im Rückblick bereits die Kommunistenhysterie der 1930er, aber vor allem der 1940er und 1950er Jahre vorweg. Tausende von angeblichen Kommunisten wurden bereits nach 1919/20 von den US-Behörden wegen angeblicher Staatsgefährdung festgesetzt.

Außenpolitik Der Wunsch nach außenpolitischer Ruhe und die Beschäftigung mit innenpolitischen Problemen, aber nicht zuletzt die starken deutschen Traditionen in den USA, die auch der Erste Weltkrieg nur teilweise hatte überdecken können, wurden für die großen Verlierer des Krieges, die Deutschen, zum Glücksfall. So unbeliebt der deutsche Kaiser gewesen war, so langlebig sein Negativbild in den USA wurde und so tief manche der von der Creel Commission gesetzten Bilder über die grausamen Deutschen auch saßen: das Deutschland nach 1918 hielt man gerade auch offiziell in den USA schnell für politisch unbedenklich. 1927 erklärte Washington die Weimarer Republik zu einem der vertrauenswürdigsten Staaten in Europa. Niemals zuvor, so erklärte US-Botschafter Jacob G. Schurman beim traditionellen Steuben Day, hätten die politischen Institutionen und die internationalen Ideale beider Länder so übereingestimmt. «Beide Nationen glauben an die Regierung des Volkes, durch das Volk und für das Volk. Beide sind instinktiv und unabänderlich Gegner der Diktatur, ohne Rücksicht darauf, ob der Diktator ein Einzelner oder eine Klasse ist.»[8]

Diese grundsätzlich positive Einschätzung bestimmte schließlich auch die amerikanische Haltung zu den deutschen Reparationen. Der Dawes-Plan, benannt nach dem US-Finanzexperten Charles Gates Dawes, der bis 1929 als Vizepräsident von Calvin Coolidge amtierte, brachte 1924 eine gewisse Stabilität in das durch die Hyperinflation von 1923 arg gebeutelte und politisch wacklige Deutschland. Dawes erhielt 1925 für seine Verdienste, die auch zur Grundlage für die Aufnahme

Deutschlands in den Völkerbund 1926 wurden, den Friedensnobelpreis. Der Dawes-Plan sollte mit Hilfe amerikanischer Anleihen die deutsche Währung und Wirtschaft stabilisieren, um endlich Beruhigung in den Welthandel zu bringen. Davon konnte die US-Regierung schließlich sogar die Briten und Franzosen überzeugen. Darüber hinaus wurde der Young-Plan, der nach dem Mitstreiter Dawes, dem US-Industriellen und legendären Gründer der Radio Corporation of America (RCA) Owen D. Young benannt war, ein weiterer Schritt zur finanziellen Sanierung Deutschlands. 1929 in Kraft getreten, reduzierte er die Kriegsfolgekosten auf nur noch rund zwei Milliarden Reichsmark für die folgenden fünfzig Jahre. Er hätte bis 1988 gegolten, wäre er nicht schon 1931 durch das von der Weltwirtschaftskrise angeschobene Hoover-Moratorium und den 1932 folgenden Vertrag von Lausanne wieder aufgehoben worden. Auch dafür hatten die Amerikaner viel Zeit und Energie investiert, um erneut die Franzosen zu überzeugen. Faktisch allerdings waren alle Verträge zur Sanierung der Weltwirtschaft bereits in dem Moment gescheitert, als die Große Depression seit 1929 viele der als Grundlage dienenden US-Kredite hinfällig machte. Dieser Umstand wurde mittelbar über die Notverordnungen zum Sprungbrett für die Machtübernahme der Nationalsozialisten in Deutschland.

Die in der Rückschau so naiv anmutende Politik Washingtons gegenüber Berlin war wohl am meisten von der Tatsache beeinflusst, dass bereits unmittelbar nach dem alliierten Sieg 1918 das ursprünglich fast allein auf die Deutschen fokussierte Negativbild sich schnell auf die anderen Diktaturen konzentrierte, die in Europa nach dem Ersten Weltkrieg entstanden waren. Es war vor allem das bolschewistische Russland, das zum Feindbild wurde.[9] Nach dem Sturz der noch als rechtmäßig anerkannten «Provisorischen Regierung» verweigerte schon Wilson 1917 der neuen bolschewistischen Staatsführung jede Anerkennung. Auf welcher Seite die westlichen Alliierten – vor allem Frankreich, Großbritannien und die USA – standen, war spätestens in dem Moment klar, als sie im Verlauf des nun rasch eskalierenden und bis 1921 andauernden Russischen Bürgerkriegs zugunsten der antikommunistischen «weißen» Truppen eingriffen. Die treibende Kraft hinter den Interventionen war allerdings Frankreich, das 1918 hoffte, damit die Ostfront gegen Deutschland reaktivieren zu können. Nach ersten kleineren Einheiten, die bereits im Frühjahr 1918 in russischen Häfen gelandet waren, wurden am 2. August des Jahres britische Marineverbände in Archangelsk und wenig später 35 000 amerikanische Soldaten im sibirischen Wladiwostok ausgeschifft.

Auch japanische und tschechoslowakische Einheiten beteiligten sich an den bis 1920 fortgesetzten Interventionen. Zur selben Zeit starteten auch westliche Geheimdienstoperationen gegen die Bolschewiki. Britische Nachrichtendienste standen 1918 hinter einer Reihe von Attentaten und Putschversuchen. Am bekanntesten wurde das sogenannte «Lettische Komplott», bei dem der britische Geheimdienst MI 6 und das Außenministerium in London mit Hilfe der lettischen Wachmannschaften im August 1918 den Versuch starteten, Lenin und Trotzki zu ermorden.[10]

Während die 1922 gegründete «Union der sozialistischen Sowjetrepubliken» (UdSSR) von Deutschland, dem großen Verlierer des Ersten Weltkrieges, schnell diplomatisch anerkannt wurde, entschieden sich die USA erst 1933 unter dem als «rot» verschrienen Franklin D. Roosevelt zur Aufnahme offizieller Beziehungen. Im August 1920 hatte ein noch von Präsident Wilson abgezeichnetes Memorandum die Gründe für die Skepsis Washingtons zusammengefasst: «Es ist für die Regierung der Vereinigten Staaten nicht möglich, die gegenwärtigen Machthaber in Russland als eine Regierung anzuerkennen, mit der Beziehungen wie zu anderen befreundeten Regierungen fortgesetzt werden können … Entgegen ihrem Willen ist die Regierung der Vereinigten Staaten davon überzeugt worden, dass das gegenwärtige Regime in Russland auf der Negation aller Prinzipien von Ehre und gutem Glauben aufbaut ….»[11] Die Republikaner, insbesondere der ehemalige Kriegsminister Elihu Root, forderten im April 1921 sogar, Russland müsse ganz aus der Gemeinschaft zivilisierter Staaten ausgeschlossen werden, wenn es sich nicht seiner undemokratischen Regierung selbst entledige.[12] Zur Washingtoner Flottenkonferenz 1921 waren Vertreter aus Moskau konsequenterweise gar nicht mehr eingeladen worden.

Die Ablehnung der Bolschewiki wurde von Wilsons Nachfolgern, den Präsidenten Harding, Coolidge und Hoover, trotz aller sonstigen Kritik an Wilson unverändert mitgetragen. Sie folgten ihm auch in seiner Auffassung, dass die Diktatur in der Sowjetunion wie alle undemokratischen Regierungen im Grunde genommen schwach sei, da ein tiefer Gegensatz zwischen Führung und Bevölkerung bestehe, der sie verwundbar mache. Hintergrund des Misstrauens in Washington war allerdings nicht allein die Oktoberrevolution von 1917. Bereits im 19. Jahrhundert waren die politischen Vorbehalte und Ängste erheblich gewesen. Seit den 1880er Jahren hatte sich der ideologische Gegensatz noch einmal erkennbar verschärft, als nach der Ermordung des Zaren Alexander II. die Unterdrückung oppositioneller Bewegungen in Russland zunahm. Unbestreitbarer Höhepunkt war dann die Russische Oktoberrevolution, die aus der Sicht Washingtons statt des Zaren nur eine andere Despotie an die Macht brachte. Die «Vierzehn Punkte» im Friedensprogramm Wilsons vom Januar 1918 waren daher nicht nur ein amerikanisches Konzept gegen die Monarchien der Mittelmächte, sondern auch gegen die Bolschewiki und ihre «Diktatur des Proletariats». Ideologischer Konflikt, globaler Anspruch und Ansätze zur Blockbildung verwiesen bereits deutlich auf den späteren Kalten Krieg. Auch die Bolschewiki kannten nach der Kapitulation vor den Deutschen in Brest-Litowsk im März 1918 nur noch Gegner oder Verbündete. Weitere Schwierigkeiten ergaben sich aus der von ihnen verweigerten Kredittilgung und der fehlenden Entschädigung für die Enteignung amerikanischer Firmen.

Seit der sowjetischen Staatsgründung 1922 unterhielt Washington trotzdem eine kleine Gesandtschaft in der lettischen Hauptstadt Riga, die regelmäßig über die Sowjetunion berichtete. Die Meldungen der sogenannten Rigaer Sektion, die bis zur sowjetischen Annexion Lettlands 1940 fortgeführt wurden, zeigten geradezu minutiös das wachsende Misstrauen.[13] Hier entstanden die Anschauungen des dort seit 1931 tätigen Botschaftssekretärs George Kennan über den Kommunismus, die zusammen mit den Erfahrungen in seiner Moskauer Zeit ab 1933 zur Grundlage für seine 1945/46 vorgelegten Ideen zur «Eindämmungspolitik» (Containment Policy) der USA gegenüber der UdSSR im Kalten Krieg wurden. Kennan hielt die Kommunisten im Kreml nicht nur für ebenso expansiv ausgerichtet wie zuvor die Zaren, die für die USA seit James Monroe ein zentrales Bedrohungsszenario dargestellt hatten,[14] sondern riet seinem Vorgesetzten, Botschafter Averell Harriman, noch während des Zweiten Weltkriegs, die Amerikaner zumindest psychologisch auf die UdSSR als den für die Zukunft entscheidenden Feind der Vereinigten Staaten vorzubereiten.[15] «Heimgekehrt in die komfortablen Westgrenzen des guten Zaren Alexej», hieß es auch in Kennans Memorandum vom Mai 1945, «konnte der Bolschewismus gefahrlos die russischen politischen Überlieferungen des siebzehnten Jahrhunderts wiederaufleben lassen: den uneingeschränkten autokratischen Zentralismus, die byzantinische Schule des politischen Denkens, die selbstgenügsame Absonderung von der westlichen Welt und sogar die mystischen Träume vom ‹Dritten Rom›… In der kurzen Zeitspanne von zwei Dekaden hat der Sowjetstaat inzwischen ein gut Teil der Geschichte des Zarentums der letzten zwei Jahrhunderte nachvollzogen … Bei Kriegsende ähnelte seine Stellung ganz erstaunlich der Alexanders I. am Ende der napoleonischen Ära.»[16] Bei genauerem Hinsehen konnte man in diesen Ausführungen bereits damals jene Befürchtungen wiedererkennen, die auch US-Präsident Monroe gegenüber der Heiligen Allianz gehegt hatte. Die UdSSR als Nachfolger des ehemals zur Heiligen Allianz gehörenden Zarenreiches trat in dieser Vorstellung dessen imperiales Erbe an.

Die amerikanischen Sorgen wurden auch nicht dadurch gemildert, dass die sowjetische Regierung seit 1922 zwischen revolutionärem Anspruch und Arrangement mit den großen Mächten lavierte. Wichtiger als die USA waren für Moskau in den 1920er Jahren zunächst die Europäer, und hier insbesondere England, Frankreich und nicht zuletzt Deutschland. Während mit London und Paris der Annäherungsversuch misslang, nahmen Moskau und Berlin bereits mit dem Vertrag von Rapallo 1922 diplomatische Beziehungen auf. Die Kooperation erstreckte sich später auch auf eine enge geheime militärische Zusammenarbeit von «Schwarzer Reichswehr» und «Roter Armee». Aber nicht nur dies verstärkte die Distanz der übrigen Mächte. Für tiefes Misstrauen sorgte zudem die von Lenins Nachfolger Stalin öffentlich immer wieder betonte sowjetische Vorreiterrolle für die Weltrevolution.

Parallel zu den Bemühungen, diplomatisch anerkannt zu werden, machte der sowjetische Diktator bereits in den 1920er Jahren unmissverständlich deutlich, dass die UdSSR alles tun werde, um die «gesetzmäßigen Widersprüche des Kapitalismus» zu ihren Gunsten zu verstärken.[17] Stalin blieb zeitlebens von dieser «Regel» überzeugt, wie der als generös verstandene Vorschlag seines Außenministers Molotow an die US-Regierung im Januar 1945 deutlich macht. Darin wurde angeboten, die Überschüsse der amerikanischen Wirtschaft abzunehmen, um die nach dem alliierten Sieg im Zweiten Weltkrieg absehbare Überproduktionskrise des Westens zu verhindern.[18] Seit den 1920er Jahren war es die «Kommunistische Internationale» (Komintern bzw. KI), die unter anderem auch Streiks in westlichen Staaten unterstützte. Die Spendensammlung der Komintern für englische Bergleute am 1. Mai 1926, die kurz danach in einen langen Ausstand traten, führte damals sogar zum Abbruch der britisch-sowjetischen Beziehungen.

Die «Roten Dreißiger»: Wirtschaftsdepression und New Deal

Die 1930er Jahre waren in den Vereinigten Staaten vor allem durch die globale Wirtschaftsdepression geprägt, die seit 1929 alle Industrieländer schwer traf. Sie war umso verstörender, als die Zeit seit dem Ende des Ersten Weltkriegs zunächst von einer schier unzerstörbar erscheinenden wirtschaftlichen Prosperität und einem entsprechenden Selbstbewusstsein gekennzeichnet gewesen war. Augenscheinlich erlöst von den außenpolitischen Zwängen, die viele US-Bürger ohnehin als fruchtlos ansahen, konzentrierte man sich auf das Eigene. Die 1920er Jahre waren, nachdem die kurze Rezession von 1920/21 weitgehend problemlos durchschritten worden war, wohl das Jahrzehnt, das neben den 1950er Jahren weltweit zum Inbegriff des American Way of Life wurde. Auf den Fortschrittsglauben ihrer eigenen Bevölkerung konnten sich die auf Wilson folgenden republikanischen Regierungen bis zum überraschenden ökonomischen Einbruch 1929 weitgehend verlassen. Der auch nach außen weit ausstrahlende Erfolg der USA in den Roaring Twenties beruhte in weiten Teilen auf dem Konsumwillen und -bedürfnis der US-Bürger selbst. Dahinter standen die Möglichkeiten einer bereits in vielen Bereichen entstandenen Überflussgesellschaft. Auch die gesellschaftlichen Reformen, die noch während der Präsidentschaft Wilsons in Angriff genommen worden waren, zeigten jetzt ihre positiven Wirkungen. Was schon damals die Zeitgenossen mit den Schlagwörtern Taylorismus und insbesondere Fordismus bezeichneten und neben der Massen- und Fließbandproduktion auch eine fortschreitenden Standardisierung von industriellen Abläufen umfasste, machte den Massenkonsum möglich.

Prosperität und Wirtschaftskrise Die 1920er Jahre waren auch das Jahrzehnt, in dem versucht wurde, über die Beteiligung der Beschäftigten am Wohlstand Arbeitskämpfe zu minimieren, die nur die Produktivität behinderten. Insofern war die Entwicklung des Wohlfahrtstaats und der Idee der Sozialpartnerschaft ganz im Sinne ökonomischer Rationalität. In der Realität waren es vor allem die Einzelstaaten, die die Sozialreformen durchführten. In Washington beschränkte man sich dagegen eher darauf, die allgemeinen Bedingungen für die Wirtschaftsentwicklung möglichst günstig zu gestalten. Unter anderem regelten Bundesgesetze die für die Wirtschaft maßgeblichen Zollbestimmungen. Schutzzölle verbilligten die eigenen Produkte, während die ausländischen verteuert wurden. Der Fordney-McCumber Act vom 19. September 1922 wurde dafür eines der wichtigsten Instrumente. Dass dies im krassen Gegensatz zur liberalen «Open Door Policy» stand, war klar, wurde aber zum Schutz der eigenen Wirtschaft in Kauf genommen. Erst 1929 sah man, dass die Schutzzölle sich als kontraproduktiv erwiesen. Der 1930 trotzdem unterzeichnete Smoot-Hawley Tariff verursachte mit seinen weiteren Zollerhöhungen noch einmal einen drastischen Rückgang des internationalen Handels und feuerte die katastrophale Situation sogar noch an.

«Autos kaufen keine Autos» war einer der markigen Kernsätze Henry Fords gewesen, mit denen der Großmeister der Massenproduktion die These begründete, dass man seine Beschäftigten ordentlich zu entlohnen habe, um die Binnenkonjunktur zu stimulieren. Tatsächlich wuchs von 1921 bis zur Weltwirtschaftskrise das durchschnittliche Einkommen der Beschäftigten in den USA um real etwa 30 Prozent und lag damit nur wenig unter der generellen Wachstumsrate, die zwischen 1921 und der Weltwirtschaftskrise 1929 pro Jahr um etwa 5 Prozent zulegte.[19] Das Bruttosozialprodukt erreichte 1929 100 Milliarden Dollar und lag damit etwa 30 Milliarden über dem Wert, den die Vereinigten Staaten zu Beginn der 1920er Jahre verzeichnet hatten. Zum wichtigsten Motor der Gesamtwirtschaft war damals bereits die Automobilindustrie geworden, weil sie über die Zulieferer auch andere Wirtschaftszweige, etwa die Glas-, Elektro-, Gummi-, Öl- sowie Chemieindustrie und nicht zuletzt die Baubranche, mitzog. Mit ihr entwickelte sich der autogerechte Umbau der USA, einschließlich der Überlandverbindungen zum großen Geschäft, das bis heute anhält.

Diese ungeheure Wirtschaftskraft der Vereinigten Staaten war dann auch der Hintergrund, vor dem der Dollar zu einer der globalen Leitwährungen aufstieg. Der offensichtlichen politischen Macht der USA wurde nun die finanzpolitische hinzugefügt. Zwar gaben die USA am 19. April 1933 aufgrund der mit der Weltwirtschaftskrise in Zusammenhang stehenden Probleme den Goldstandard auf, was der gerade gewählte Präsident Franklin D. Roosevelt damals in seiner berühmt-berüchtigten Bombshell Message verkündete. Am Ende des Zweiten Weltkrieges jedoch war der Dollar durch den faktischen Bankrott aller anderen kriegführenden Nationen zur einzigen globalen Leitwährung geworden, was die Konferenz von Bretton Woods 1944 auch festschrieb. Erst zu Beginn der 1970er Jahre büßte er unter anderem durch die gigantischen Aus-

Hausgemachte Umweltkatastrophe   Staubsturm über der Stadt Lamar in
Colorado, 1934

gaben des Vietnamkriegs seinen bis dahin unbestrittenen Rang weitgehend ein.

Allerdings konnten nicht alle Teile der US-Bevölkerung von der
boomenden Wirtschaftskraft profitieren. Angestellte, die «White Collar Workers», zu denen in den 1920er und 1930er Jahren bereits jeder
vierte Amerikaner gehörte,[20] partizipierten in der Regel so gut, dass
sich ein immer breiterer Mittelstand entwickelte, auf den auch die Kon-
sumwirtschaft bauen konnte. Die Arbeiter, die «Blue Collar Workers»,
konnten allerdings, wenn man sie in ihrer Gesamtheit betrachtet, viel
weniger profitieren. Man geht davon aus, dass rund 60 Prozent von ihnen nur etwa 2000 Dollar Jahreseinkommen erreichten. Am problema-
tischsten allerdings war schon vor 1929 die Lage der Landwirtschaft.
Die immer rascher fortschreitende Industrialisierung der Agrarbe-
triebe und der zunehmende Einsatz chemischer Mittel erhöhte zwar seit
Mitte des 19. Jahrhunderts ihre Produktivität um etwa 300 Prozent.[21]
Gleichzeitig benötigte aber der gesamte Agrarsektor immer weniger
Arbeitskräfte, die zudem immer geringer bezahlt wurden, da die Betriebe kaum noch ihre Kredite, die sie unter anderem für die Anschaf-
fung der Maschinen und Dünger aufnehmen mussten, tilgen konnten.
Ein zusätzliches Problem, das erst nach und nach in das Bewusstsein
der Öffentlichkeit drang, wurde – vor allem im Mittleren Westen – die

weitverbreitete Erschöpfung des Bodens. Hier waren in den 1930er Jahren viele Farmer aufgrund der immer häufiger auftretenden schweren Staubstürme, mit denen die fruchtbare, aber dünne Erdschicht der aus der Prärie gewonnenen Felder verschwand, gezwungen, ihre Betriebe in der nun sprichwörtlichen Dustbowl der Great Plains aufzugeben.[22] Die hausgemachte Naturkatastrophe war in bestimmten Regionen so massiv, dass, wie im besonders stark betroffenen Oklahoma, fast jeder Siebente das Land nach Westen verließ, vor allem in Richtung Kalifornien. Die von Chicago nach Los Angeles führende zentrale Überlandstraße «Route 66» wurde dafür ebenso zum Synonym wie der Begriff des «Okie» für den Umweltflüchtling. Trotz aller positiven Entwicklungen öffnete sich in den Roaring Twenties daher die Schere zwischen Arm und Reich immer weiter. 1929 hielten die oberen 5 Prozent der US-Bevölkerung bereits rund ein Drittel des Gesamteinkommens. Vor allem sie waren es, die zwischen Kriegsende 1918 und Weltwirtschaftskrise 1929 profitieren und ihr Vermögen um fast 10 Prozent steigern konnten.[23] Auch diese Entwicklung hält bis heute an.

The Great Depression Wie über die gesamte globale Ökonomie brach die Weltwirtschaftskrise auch über die USA wie eine Naturkatastrophe herein. Ausgangspunkt war am 24. Oktober 1929, dem sogenannten Black Thursday, ein überraschender Kurssturz an der New Yorker Börse, mit dem der bisherige atemlose Aufschwung, der nicht zuletzt durch gigantische Spekulationsgeschäfte angefeuert worden war, schlagartig beendet wurde. Am folgenden Tag, der wegen der Zeitverschiebung dann als «Schwarzer Freitag» bekannt wurde, misslang der Versuch von Banken und Finanzmaklern an der Wallstreet wie in Europa, die Panik angesichts fallender Kurse aufzuhalten und die Verkäufe wieder in geordnete Bahnen zu lenken. Das Wochenende änderte nichts, sondern ließ die Aufregung noch wachsen, so dass am Dienstag, dem 29. Oktober 1929, dem «Black Tuesday», noch einmal besonders massive Verluste zu verzeichnen waren. Damit begann die schwerste Wirtschaftskrise der USA und der gesamten Welt, die gleichzeitig ungeahnt weitreichende politische und psychologische Konsequenzen hatte. Zwischen 1929 und 1933 verbrannte die «Große Depression» rund 80 Prozent des Börsenkapitals. Die Ursachen der Krise waren vielfältig. Die wichtigsten Ausgangspunkte fanden sich allerdings in den USA, sieht man einmal davon ab, dass der Erste Weltkrieg die europäischen Staaten grundsätzlich finanziell schwer angeschlagen oder bankrott hinterlassen hatte. Da die Regierung in Washington sich trotz der politisch-ökonomischen Macht der Vereinigten Staaten eher unwillig erwies, eine tatkräftige Führungsrolle zu übernehmen, entwickelte sich von Harding bis Hoover eine höchst widersprüchliche, eher neomerkantilistische Wirtschaftspolitik, die zwar die globale Vorrangstellung der USA sicherte, aber wenig zur internationalen Stabilität oder zur Lösung der globalen Schuldenkrise beitragen wollte.[24] Schon bei Kriegsende waren die USA das größte Gläubigerland der Welt. Nicht zuletzt machte aber wohl der Erfolg der eigenen Wirtschaft in gewisser Weise blind für die ökonomischen und politischen Gefahren der konjunkturellen Überhitzung, die massiv bereits am 13. Mai 1927, dem ersten «Black Friday», erkennbar geworden waren.

Die wirtschaftlichen, politischen, aber auch psychologischen Folgen der Krise waren schließlich in den USA ebenso verheerend wie in Deutschland oder Japan.[25] Bis zu ihrem Höhepunkt 1933 halbierte sich die Industrieproduktion fast (40 Prozent), ebenso wie die Großhandelspreise (50 Prozent) und das Nationaleinkommen (50 Prozent). Auch die Beschäftigung fiel im selben Zeitraum um fast ein Drittel, und die Löhne sanken um fast zwei Drittel. Das Durchschnittseinkommen der Beschäftigten nahm bis 1933 um fast 60 Prozent ab, und nicht zuletzt katapultierte die Krise aufgrund der zwischen 1929 und 1933 offiziell verzeichneten über 100 000 Konkurse (davon allein mehrere Tausend Banken) die Arbeitslosigkeit in den USA bis 1933 auf bislang unvorstellbare 25 Prozent. Etwa jeder Vierte bislang Beschäftigte wurde erwerbslos, das waren etwa 15 Millionen Menschen.[26] Mit ihnen versanken nicht nur Familien, sondern ganze Landstriche in Armut, und in einigen Gebieten war wie im 19. Jahrhundert sogar eine Nahrungsmittelknappheit zu registrieren. Auch das Bildungswesen traf es hart. Hunderttausende Lehrer wurden entlassen und über zwei Millionen Schulkinder gingen Mitte 1933 nicht mehr zum Unterricht. Ganze Schulen, Colleges und sogar Universitäten stellten ihren Betrieb ein.

Hunderttausende schlugen sich mit Wanderarbeit, aber auch halblegalen Tätigkeiten oder Kriminalität durch. «Bonnie und Clyde», die von verschiedenen Schriftstellern, Musikern und Filmemachern aufgegriffene Geschichte eines Pärchens, das auf dem Höhepunkt der Great Depression 1932 beginnt, Banken und Geschäfte zu überfallen, und in diesem Zusammenhang wahrscheinlich dreizehn Morde begeht, war auch ein Drama über Menschen, die in der Weltwirtschaftskrise völlig den Halt verloren. Die ökonomische Krise brachte damit gleichzeitig Verbrecherkarrieren hervor, obwohl es den meisten in der Krise Gestrauchelten

Bonnie & Clyde Bonnie
Elizabeth Parker und Clyde
Chestnut Barrow – zwei der
wohl berühmtesten Outlaws
der Weltwirtschaftskrise

gelang, auch ohne illegale Tätigkeiten wieder Fuß zu fassen. Die großen, vielleicht noch berühmteren Verbrecherkarrieren, die man gewöhnlich auch mit der Krise verbindet, wie die eines John Dillinger, der als «Public Enemy No 1» schließlich 1934 erschossen wurde, hatten in der Regel schon lange vor 1929 begonnen.

Dokumentarphotos, wie von Dorothea Lange, die in den 1930er Jahren gezielt Wanderarbeiter, Fürsorgeempfänger, Streiks und Demonstrationen festhielten, zeigen noch heute ein plastisches Bild vom alltäglichen Leben in der Katastrophe. Auch in der Literatur wurde die Weltwirtschaftskrise zum großen Thema, ebenso wie im Spielfilm, der in den 1920er Jahren seine erste große Glanzzeit erlebte. Charlie Chaplins *City Lights* (*Lichter der Großstadt*, 1931) zeigte die sozialen Verwerfungen der US-Gesellschaft besonders eindringlich.

Obwohl die republikanische Regierung seit 1929 mit verschiedenen Maßnahmen versuchte, der Situation Herr zu werden, scheiterte davon vieles, weil auch Präsident Hoover lange auf die Selbstheilungskräfte des Marktes vertraute. Erst 1931 bemühte sich Washington, mit der Verlängerung von Krediten Europa und damit der Weltwirtschaft wieder Luft zu verschaffen. Im folgenden Jahr versuchte man mit der Reconstruction

Finance Corporation, dem Relief and Reconstruction Act sowie mit der ausdrücklich für private Haushalte eingerichteten Federal Home Loan Bank zudem gezielt, die eigene Binnenwirtschaft wieder anzukurbeln. Nicht zuletzt psychologisch sollten dabei die von Hoover bereits 1930 in Gang gesetzten öffentlichen Arbeiten wirken: Der sprichwörtliche amerikanische Optimismus sollte wieder zurückkehren. Zu den größten Vorhaben gehörte der Bau des Boulder-Staudamms (ab 1947: Hoover Dam) zwischen Nevada und Arizona, der die mitten in der Wüste liegende Stadt Las Vegas mit Elektrizität und Wasser versorgen sollte. 1935 fertiggestellt, verschaffte er Tausenden auf dem Höhepunkt der Großen Depression wieder für einige Jahre Arbeit, die allerdings auch extrem gefährlich war. Fast einhundert Menschen verloren dabei ihr Leben. Die von dem US-Ökonomen John Maynard Keynes entwickelte Vorstellung, dass eine staatlich vorangetriebene Förderung der Nachfrage zur Heilung des Markts zentral beitrage, die als sogenannter Keynesianismus in die Geschichte der Wirtschaftspolitik einging, hielt man nach der Großen Depression für das entscheidende Instrument zur Beherrschung von ökonomischen Krisen.

Außenpolitisch schien es bereits unter Hoover, als befände sich der Isolationismus auf dem Rückzug. Das 1931 verkündete Hoover-Moratorium, das die Schuldentilgung für internationale Gläubiger ein Jahr aussetzte, war allerdings in erster Linie innenpolitisch motiviert und wollte gerade kein neues außenpolitisches Engagement zeigen. Auch die am 7. Januar 1932 folgende Stimson-Doktrin, mit der die Regierung Hoover auf den Einmarsch japanischer Truppen in der Mandschurei reagierte, verkündete lediglich, dass die USA keinerlei Verträge anerkennen würden, die die Unabhängigkeit und territoriale Unversehrtheit Chinas sowie die eigene Open Door Policy beeinträchtigten.[27] Das war weit entfernt davon, die damals beginnende Expansion des Japanischen Kaiserreichs zu verhindern.

Roosevelt und der «New Deal»   Tatsächlich wandelte sich erst mit dem Amtsantritt Franklin D. Roosevelts, der die Präsidentenwahl im November 1932 gegen Herbert Hoover für sich entscheiden konnte, sowohl die amerikanische Innen- als schließlich auch die Außenpolitik. Mit ihm zog der erste Demokrat seit Wilson in das Weiße Haus ein. Roosevelt hatte seine politische Karriere 1910 als Senator für den Staat New York begonnen, war 1913 als Staatssekretär ins Marineministerium gewechselt, für die Wahlen 1920 sogar als Vizepräsident nominiert worden und verbrachte schließlich die Jahre bis zu seiner Präsidentschaft als Gouverneur des Staates New York.[28] Schon der Wahlkampf machte den Amerikanern deutlich, dass Roosevelt eine radikale Wende plante. Hoover hatte zwar ebenfalls staatliche Programme zur Beseitigung der Krise auf den Weg gebracht, doch Roosevelt plante erheblich größere Staatsinterventionen, die dann auch den Kern seines «New Deal» bildeten.[29] Wie beim Pokerspiel, aus dem das Wort entliehen war, sollten die Karten neu gemischt werden und jeder Amerikaner nach dem Absturz in der Weltwirtschaftskrise eine neue Chance erhalten. Manchem erschrockenen Beobachter in den USA erschien dies bereits wie der leibhaftige Kommunismus, und exakt gegen diesen Vorwurf hatte sich Roosevelt in den kommenden Jahren immer wieder zu wehren. Dies lag nicht zuletzt daran, dass amerikanische Intellektuelle und insbesondere die literarische Elite, wie zum Beispiel Ernest Hemingway, nicht nur den New Deal verteidigten, sondern einen geradezu schwärmerischen Umgang mit dem Marxismus pflegten und keine Berührungsängste mit eindeutig linken Zeitschriften hatten. Nicht zuletzt wetterte selbst der Berater Roosevelts und eigentliche «Vater des New Deal», der prominente Jurist Louis Brandeis, gegen Monopole und Kapitalisten.[30] Gleichzeitig kursierten auch weit radikalere Programme, an denen sich ebenfalls Prominente beteiligten: Der linke Schriftsteller Upton Sinclair bewarb sich für den Gouverneursposten in Kalifornien mit dem Slogan «End Poverty in California» («Beendet die Armut in Kalifornien»).[31] Konservative Unternehmer fanden sich angesichts dessen 1934 sogar in einer teils prominent besetzten «American Liberty League» zusammen, um den «roten» New Deal als Angriff auf die Verfassung zu bekämpfen. In ihr sammelten sich sogar einige Größen der US-Wirtschaft, so etwa Vertreter von Goodyear, Standard Oil oder General Motors, die später, nach dem Beginn des Kalten Krieges, auch zu den entscheidenden Finanziers und Lobbyisten des antikommunistischen Kreuzzugs wurden.[32]

Dabei war eigentlich klar, dass die US-Bundespolitik schon unter Präsident Hoover nicht mehr ausschließlich dem freien Spiel des Marktes vertraut hatte. Roosevelt konterte auf die teils harsche und unfaire Kritik in den folgenden Jahren mit einer neuen Art der Kommunikationspolitik. Zu den neuen Instrumenten zählte vor allem das Radio, und hier insbesondere die «Fireside Chats», die berühmten Kamingespräche, in denen der Präsident dem gesamten Land die US-Politik erläuterte. Zu einer weiteren wichtigen Plattform des immer medienbewusster auftretenden

Roosevelt wurden seine gezielten Hintergrundgespräche mit ausgewählten Journalisten. Der bereits seit 1921 vermehrt auf den Rollstuhl ange-
wiesene Präsident, der allerdings seine Polioerkrankung so weit wie
möglich vor der Öffentlichkeit verheimlichte, lud über die Jahre Hunderte
von Journalisten zu sich ein, um Fragen zu beantworten. Die bewusst
antiintellektuellen und in simplem Englisch gehaltenen Kaminplaude-
reien begannen am 12. März 1933 mit einer Ansprache über die Wirtschaftsdepression und die Bankenkrise. In den folgenden Jahren blieb es
bei mehrheitlich innenpolitischen, häufig auch wirtschaftspolitischen
Fragen, bis seit dem 3. September 1939, dem Beginn des deutschen Über-
falls auf Polen, außenpolitische Themen in den Vordergrund rückten. Am
12. Juni 1944, wenige Tage nach der angloamerikanischen Invasion in
der Normandie, endeten sie allerdings mehr oder minder abrupt mit einer
Ansprache zu Kriegsanleihen.

Wie wirkungsmächtig Roosevelt auch auf diesem Feld war, lässt sich
daraus ersehen, dass nach ihm kein US-Präsident mehr ohne regelmäßige
Radioansprachen oder Journalistentreffen auskommen wollte, obwohl
sich die Medien natürlich änderten. Während seit Dwight D. Eisenhower
und John F. Kennedy auf das Fernsehen nicht mehr verzichtet wurde,
stellt der seit dem 20. Januar 2009 amtierende 44. Präsident der USA,
Barack Obama, seine regelmäßigen Ansprachen auch ins Internet. Allerdings gelang es keinem von Roosevelts Nachfolgern mehr, drei Amtszeiten durchzuhalten. Nach Roosevelts Tod wurde 1947 (ratifiziert: 1951)
mit dem 22. Zusatzartikel zur US-Verfassung die maximale Präsidentschaft auf acht Jahre begrenzt.

Roosevelt, der nach dem Niedergang der vorangegangenen Jahre
nahezu wie ein Messias begrüßt worden war, wartete nach seinem Amtsantritt im Januar 1933 nicht lange, um sein erstes umfassendes Gesetzes-
und Verordnungspaket auf den Weg zu bringen. Es wurde in den
folgenden Jahren kontinuierlich erweitert, womit der New Deal mehrere
Phasen durchlief. Den Hintergrund bildete die zunächst weiterhin schwache ökonomische Entwicklung, die noch fast die gesamten 1930er Jahre
anhielt. Selbst 1938 waren noch etwa zehn Millionen Menschen ohne
Beschäftigung, und entsprechend groß waren die sozialen Probleme.[33]
Tatsächlich blieb der New Deal sogar so lange ohne durchschlagende
Wirkung, bis im Vorfeld des Zweiten Weltkriegs und vor allem nach dem
Eintritt der USA in den Krieg 1941 die öffentliche Nachfrage sprunghaft
anstieg. Als man am Ende des New Deal zurückschaute, waren es insbesondere acht Maßnahmen, die ihn ausgezeichnet hatten: Neben der (1.)

notwendigen Überwachung der Börsen durch staatliche Institutionen war (2.) ein Arbeitsdienst (Civilian Conservation Corps; CCC) eingeführt worden, der die Massenarbeitslosigkeit reduzierte. Er erledigte zwar bereits öffentliche Aufträge, zur Ankurbelung der Wirtschaft jedoch waren wie in vielen anderen von der Krise betroffenen Staaten (3.) großangelegte öffentliche Arbeitsbeschaffungsmaßnahmen notwendig, die in den USA durch die Civil Works Administration (CWA) und andere Institutionen initiiert wurden. Zu den bedeutenden Maßnahmen zählten in erster Linie Staudammprojekte. Außer am Colorado River gehörten dazu auch die Wasserregulierungen der Tennessee Valley Authority (TVA). Für die Landwirte setzte man (4.) einen Mindestpreis für Agrarprodukte durch, der zwar einen Teil von ihnen ruinierte, aber zumindest den größeren Farmen das Überleben sicherte. Ein begleitender ökonomischer Effekt aus dem Niedergang kleinerer Betriebe war die Verringerung der ohnehin vorhandenen landwirtschaftlichen Überproduktion. Für die Ausfälle wurden bereits 1933 Ausgleichszahlungen über den Agricultural Adjustment Act (AAA) bereitgestellt. Für Arbeiter stellte man unter anderem nun (5.) das Streikrecht auf eine gesetzliche Grundlage und verbot (6.) die noch immer existierende und konkurrierende Kinderarbeit endgültig. Zum ersten Mal in der amerikanischen Geschichte initiierte man zudem (7.) die Einführung einer gesetzlichen Versorgung für Arbeitnehmer mit Arbeitslosen- und Rentenversicherung. Gleichzeitig wurden Mindestlöhne eingeführt. Nicht zuletzt brachte Roosevelt (8.) Änderungen im Steuersystem auf den Weg, nach denen Vermögende prozentual mehr Steuern zu entrichten hatten. Gleichzeitig wurde die Flucht in andere Währungen, insbesondere in Edelmetalle, erschwert.

Die *erste Phase* des New Deal bis 1935 eröffnete Roosevelt mit den berühmten «Bankferien», die vier Tage dauerten und den Finanzmarkt, vor allem aber die Bankkunden beruhigen sollten. Als Begleitmaßnahme folgte am 9. März 1933 der Emergency Banking Relief Act, der der US-Regierung weitreichende Eingriffe in den Bankverkehr erlaubte. Der Federal Emergency Relief Act und der Agricultural Adjustment Act vom 12. Mai 1933 waren dazu gedacht, der besonders stark in Mitleidenschaft gezogenen Landwirtschaft mit regulierten Preisen, Beschränkungen des Ausbaus und Ausgleichszahlungen wieder auf die Beine zu helfen. Auch beim National Industrial Recovery Act vom 16. Juni 1933 handelte es sich um ein Gesetz, das die Möglichkeit schuf, in die Mechanismen des freien Markts aktiv einzugreifen. Unter anderem sollten die Unternehmer auf freiwilliger, korporativer Basis mit ihren Arbeitern und der US-Regierung zu einer gemeinschaftlichen Lösung der Probleme kommen. Dies erinnerte stark an den Fordismus, aber auch an die Versuche der Nationalsozialisten in Deutschland, mit Hilfe einer «Betriebsgemeinschaft» die unterschiedlichen Interessen von Unternehmern und Arbeitnehmern zu überbrücken und damit den ideologisch aufgeladenen Klassenkampf aus den Betrieben hinauszudrängen.[34] Dabei ging es nicht nur darum, den in Roosevelts Augen zum Teil kontraproduktiven Wettbewerb einzuschränken, sondern endlich auch den Lohnabhängigen gerechte Bedingungen zu gewähren. Neben den Festlegungen zu maximalen Arbeitszeiten, zu Mindestlöhnen sowie zu überbetrieblichen Tarifverhandlungen konnte die reguläre Arbeitszeit auf eine 40- (Angestellte) bzw. 35-Stunden-Woche (Industriearbeiter) begrenzt werden. Diese Vereinbarungen, die sogenannten Codes, wurden von einer neuen Behörde, der National Recovery Administration (NRA), überwacht. Dies alles stärkte nicht zuletzt die Gewerkschaften, allen voran die AFL und den Congress of Industrial Organization (CIO). In der *zweiten Phase* des New Deal seit 1935 wurden dann ergänzende soziale Reformen auf den Weg gebracht. Die wichtigsten waren die mit dem Social Security Act von 1935 eingeleiteten Regelungen zur Sozialversicherung und Altersversorgung sowie das mit dem sogenannten Wagner Act legalisierte Koalitionsrecht für Arbeitnehmer. Auch hier überwachte eine neue Behörde, das National Labor Relations Board, die Praxis in den Betrieben. Die auf den New Deal zurückgehende Kombination einer durch Arbeitnehmer und Arbeitgeber gemeinsam getragenen Sozialversicherung (Social Security) mit Arbeitslosenversicherung und Altersversorgung und einer von der Allgemeinheit durch Steuern finanzierten Sozialhilfe (Social Welfare), die es so niemals zuvor in den USA gegeben hatte, wurde trotz aller Kritik zum Erfolgsmodell, das bis heute weiterbesteht. Die eigentlich ebenso notwendige staatliche Krankenversicherung für alle konnte indes erst im Jahr 2009/10 eingeführt werden. Ab 2014 soll sie jene rund fünfzig Millionen Amerikaner schützen, die sich wegen eines zu geringen Einkommens bislang keine Krankenversicherung leisten konnten. Der Oberste Gerichtshof erklärte sie jedenfalls 2012 für verfassungsmäßig.[35]

Vermutlich fanden rund 25 Millionen Menschen durch die öffentlichen Arbeitsaufträge zumindest zeitweilig und mit teils sehr niedrigen Löhnen wieder zurück in das Erwerbsleben. Alles in allem wurden etwa 415 000 Kilometer Straßen mit rund 77 000 Brücken gebaut, dazu 285 Flugplätze.[36] Nicht zuletzt wurde der New Deal aber auch eine gigantische Arbeitsbeschaffungsmaßnahme, weil er den Öffentlichen

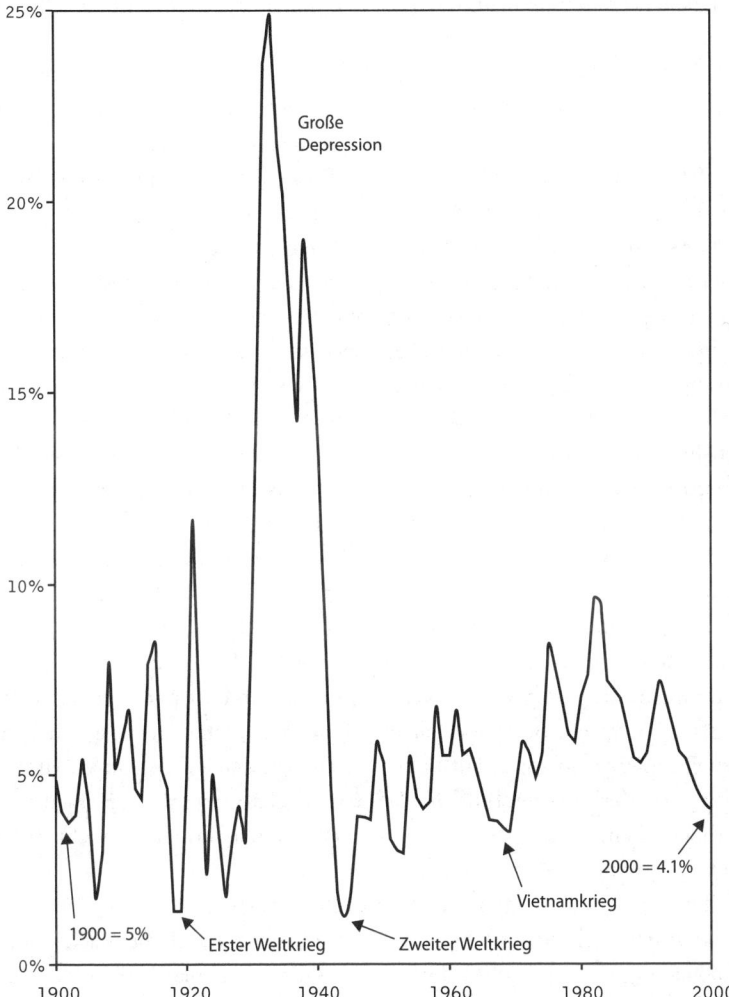

Arbeitslosenrate 1900–2000 (in Prozent der arbeitsfähigen Bevölkerung)[37]

Dienst massiv ausbaute. Die Exekutive wuchs unter Roosevelt geradezu gigantisch: Während 1933 ungefähr 600 000 Bundesbeamte im Dienst Washingtons standen, hatte sich 1939 die Zahl bereits auf 920 000 erhöht. Sie wuchs bis Ende 1941, als die Amerikaner nach dem Angriff der Japaner auf Pearl Harbor in den Krieg eintraten, auf etwa 1,5 Millionen

Staatsbedienstete allein in der Bundesregierung.[38] Der Anstieg hält bis heute an.

Wie der New Deal letztendlich bewertet wird, hängt vor allem von der Perspektive ab. Auf der negativen Bilanzseite steht, dass ein Teil der Maßnahmen relativ rasch für illegal erklärt wurde. Der Oberste Gerichtshof der USA schritt bereits am Ende der ersten Phase des New Deal rigoros ein, indem er im Mai 1935 zentrale Regulierungen der Arbeitswelt für rechtswidrig erklärte, eine Entscheidung, der Roosevelt allerdings mit dem Wagner Act noch wirksam entgegentreten konnte. Nicht wegzudiskutieren war hingegen die Tatsache, dass die Arbeitslosigkeit bis zum Kriegseintritt und der damit verbundenen Vollbeschäftigung nicht verschwand. Bis dahin kam es insbesondere 1938, als die Zahl der Erwerbslosen noch einmal auf etwa zehn Millionen anstieg, zu erheblichen Auseinandersetzungen. Ein Untersuchungsausschuss des Kongresses kam damals zu dem Schluss, dass die Maßnahmen des New Deal dem amerikanischen Wettbewerbsrecht und dem Verbot der Bildung von Monopolen widersprachen. Das gesamte Programm war eindeutig eine diametrale Wende der Werte, auf die seit über dreihundert Jahren gebaut worden war. Die USA, die so viel auf ihre Selfmademan- und Pionier-Mentalität gaben, hatten unter dem Druck der Wirtschaftskrise mehr oder minder eine Wende zur Plan- und Staatswirtschaft vollzogen. Tiefgreifende Veränderungen waren trotzdem ausgeblieben, manche Reformen sogar auf halber Strecke steckengeblieben. Nicht zuletzt hatten erhebliche Teile der US-Gesellschaft, vor allem Frauen und Minderheiten, unter ihnen insbesondere Afroamerikaner, nicht oder kaum davon profitieren können.

Die Stimmung gegenüber Roosevelt änderte sich daher in seiner zweiten Amtszeit ab 1937 bereits so erheblich, dass viele Beobachter davon ausgingen, dass er ohne die von ihm souverän gemanagte Herausforderung durch das nationalsozialistische Deutschland und vor allem das kaiserliche Japan eine dritte Amtszeit wohl kaum erreicht hätte. Was die Rooseveltsche New-Deal-Politik auch im Rückblick positiv erscheinen lässt, sind in erster Linie die psychologischen Aspekte. Mit ihr erhielten die in ihrem Selbstvertrauen angeschlagenen Amerikaner neues Selbstbewusstsein. Das Einzige, was die Amerikaner zu fürchten hätten, so hatte Roosevelt bereits am 4. März 1933 in seiner Antrittsrede ausgerufen, sei die Furcht selbst.[39]

Unamerikanisches: Nationalsozialismus und Kommunismus

So stark wie die innenpolitischen Probleme die Amerikaner seit dem Beginn der Weltwirtschaftskrise 1929 beschäftigten, war es keine Überraschung, dass das außenpolitische Interesse der US-Gesellschaft in den 1930er Jahren weiterhin begrenzt blieb. Wie viel gesellschaftlichen Rückhalt der Isolationismus tatsächlich hatte, konnte man daraus ersehen, dass Franklin D. Roosevelt, der angesichts der großen Erfolge von diktatorischen Regimen in Europa von der Notwendigkeit eines größeren außenpolitischen Engagements überzeugt war, große Schwierigkeiten hatte, das den Amerikanern zu vermitteln. Daher blieb es seit 1933 zunächst beim überparteilich getragenen außenpolitischen Neutralitäts- und Nichteinmischungskurs. Schon in seiner Inaugurationsrede, in der es vor allem um Furchtlosigkeit und Gottvertrauen ging, hatte Roosevelt eine «Politik des guten Nachbarn» angekündigt, «der gerade aus Selbstachtung auch den Rechten der anderen Achtung zollt».[40] Interventionen sollten nicht erlaubt sein, aber Aggressoren wollte man gemeinsam entgegentreten.

Außenpolitik unter Roosevelt Tatsächlich wurden in den Jahren bis 1940 sogar in dem Raum, der seit der Monroe-Doktrin als Hinterhof der USA definiert worden war, keine Interventionen mehr durchgeführt. Hatten unter seinen drei republikanischen Vorgängern 1924 und 1925 Eingriffe in Honduras, 1926 in Nicaragua und 1930 in der Dominikanischen Republik stattgefunden, so beschränkte sich Roosevelt vor dem Eintritt in den Zweiten Weltkrieg auf einen einzigen indirekten Eingriff, der allerdings unerwartet weitreichende Wirkungen hatte: 1940 unterstützte Washington die Wahl General Fulgencio Batista Zaldívars zum kubanischen Präsidenten. Dieser baute in der Folge nicht nur eine harte, an der US-Politik orientierte Diktatur auf, sondern öffnete die Insel so vollständig der amerikanischen Wirtschaft, dass es einem Kolonialstatus nahe kam. Dadurch wurden gleichzeitig die Grundlagen der Kubanischen Revolution von 1959 unter Fidel Castro gelegt.[41] Angesichts dieser Einflussmöglichkeiten war es dann auch weniger entscheidend, dass Roosevelt schon 1933 das Platt Amendment als Ergebnis des amerikanisch-spanischen Konflikts von 1898 bis auf den Passus gestrichen hatte, nach welchem die USA den Stützpunkt in

Guantánamo weiter betreiben durften. Offiziell wurde die neue Linie Roosevelts insbesondere auf den Konferenzen von Montevideo und Buenos Aires 1933 und 1936 sowie in Lima 1938 festgelegt. Auch die Philippinen, wo die US-Wirtschaft vergleichbar großen Einfluss genoss, erhielten ab 1934 mit dem sogenannten Tydings-McDuffie Act eine begrenzte Selbstverwaltung, die allerdings erst ab 1946 und nach blutigen Kämpfen in die Unabhängigkeit münden sollte. Danach behielten die USA auch hier noch Sonderrechte.

Das eigentliche und unverkennbar mittel- bis langfristig gefährlichere Problem für die US-Außenpolitik hatte sich hingegen zum Teil schon vor Roosevelts Amtsantritt in Ostasien und Europa abgezeichnet. Unübersehbar löste sich die europäische Nachkriegsordnung, aus der sich die USA als aktiver Part bereits 1921 weitgehend verabschiedet hatten, sukzessive auf. In Ostasien hatte sich seit dem Amtsantritt des neuen japanischen Kaisers Hirohito (1926) der imperiale Kurs Tokios unter dem Druck eines wachsenden Nationalismus merklich verstärkt. Mit der Schwäche des parlamentarischen Systems wuchs auch hier zunehmend die Macht der Militärs. Spätestens mit der Ermordung von Premier Inukai Tsuyoshi im Zuge eines Putschs 1932 entwickelte sich Japan zur Militärdiktatur. Zuvor hatte bereits die 1930 geleistete Unterschrift der japanischen Regierung unter den Londoner Flottenbegrenzungsvertrag, der als Zurücksetzung berechtigter Interessen verstanden wurde, zu nationalistischen Krawallen geführt. Knapp ein Jahr später war Premier Hamaguchi Osachi einem Attentäter zum Opfer gefallen. In Japan war das nur der erste in einer ganzen Reihe politisch motivierter Anschläge. Gleichzeitig begann die forcierte Expansion, als japanische Truppen nach einem inszenierten Zwischenfall die Mandschurei besetzten, die am 18. Februar 1932 als Staat Mandschukuo (Manshûkoku) faktisch zur Kolonie Tokios wurde. Als Staatsoberhaupt setzten die Japaner 1934 den 1912 abgesetzten letzten chinesischen Kaiser ein.

Wie schwach die amerikanische Stimme in dem Raum bereits war, konnte man daraus ersehen, dass die sogenannte Stimson-Doktrin, die eigentlich den japanischen Vormarsch aufhalten sollte, keinerlei Eindruck mehr auf die Japaner machte.[42] Ebenso wenig Einfluss hatte der Völkerbund, der verbliebene Teil der noch von Wilson geprägten Nachkriegsordnung, aus dem sich Tokio wenig später, wie das nationalsozialistische Deutschland, ganz verabschiedete. Seitdem eskalierte die politische Lage in Ostasien kontinuierlich. Nachdem sich Japan 1936 mit dem nationalsozialistischen Deutschland und dem faschistischen Italien im sogenannten Antikominternpakt verbündet hatte, ging es im folgenden Jahr, am Beginn der zweiten Amtszeit Roosevelts, zum offenen Krieg gegen China über. Die Brutalität japanischer Truppen, wie sie sich etwa bei der Eroberung von Nanking 1937 zeigte, lieferte schon eine Vorstellung von der «Neuen Ordnung in Ostasien», die Tokio schließlich am Ende des Jahres 1938 verkündete. Roosevelts scharfe diplomatische Note vom 31. Dezember 1938, in der er auf der Politik der Offenen Tür und der Einhaltung chinesischer Grenzen bestand, machte ebenfalls keinerlei Eindruck mehr.[43] Auch in Europa waren autoritäre Regime scheinbar nicht aufzuhalten. Lediglich in den skandinavischen Ländern, den Benelux-Staaten, in Frankreich und Großbritannien sowie in der Tschechoslowakei blieben bis 1939 noch parlamentarische Systeme bestehen. Zu den besonders expansiven Diktaturen in den 1930er Jahren zählten das faschistische Italien, das nationalsozialistische Deutschland, aber auch das bolschewistische Russland. In der amerikanischen Wahrnehmung entwickelte sich aber eine bezeichnende Differenzierung. Grundsätzlich galten alle drei Staaten als antidemokratische Despotien. Bis zum Jahr 1933, in dem Roosevelt diplomatische Beziehungen zu Moskau aufnahm, stand die Sowjetunion in der offiziellen Wahrnehmung unangefochten an der Spitze der angenommenen Bedrohungsskala. Im amerikanischen Diplomatischen Korps blieb dies auch danach eine wichtige, wenn auch nicht überall gleichermaßen vertretene Grundhaltung. George Kennans alarmierende Berichte und Memoranden aus Moskau muss man auch als Versuch betrachten, die sowjetische gegenüber der deutschen Diktatur nicht in Vergessenheit geraten zu lassen.

Tatsächlich blieben in den USA kommunistische Ideen trotz zeitweilig anderslautender Ansichten immer ein Außenseiterphänomen. Zwar wurde die New-Deal-Politik der Demokraten und insbesondere Roosevelt persönlich zeitweilig von den Republikanern als Türöffner für den Kommunismus und die Zerstörung des American Way of Life verstanden. Die 1919 gegründete amerikanische Kommunistische Partei zählte allerdings niemals mehr als etwa 100 000 Mitglieder, obwohl sie sich weniger auf Moskau als auf die amerikanischen Gründerväter, die Tradition der Unabhängigkeitserklärung und die Verfassungsrechte berief. Bereits vor dem Hintergrund der Red-Scare-Hysterie nach dem Ersten Weltkrieg mussten Kommunisten in den USA im Vergleich zu nationalsozialistischen Gruppen in der Regel mit einer schärferen Verfolgung rechnen. Auch die Landesverratsbestimmungen des sogenannten Smith Act

(Alien Registration Act) wurden von 1940 bis 1945, das heißt, auch während des angloamerikanisch-sowjetischen Bündnisses, weit häufiger gegen «kommunistische Bestrebungen» angewandt als gegen Nationalsozialisten. Im Rückblick hat man darin eine der wichtigsten Grundlagen des McCarthyism der 1950er Jahre gesehen.

Nationalsozialismus in den USA   Roosevelt selbst sah die eigentliche Bedrohung eher im Nationalsozialismus. Hitler, so weiß man aus vielen seiner Äußerungen, rückte für ihn sogar in die Position eines persönlichen Gegners.[44] Isolationistische oder gar deutschfreundliche Strömungen im Land verurteilte er lange vor der deutschen Kriegserklärung an die USA 1941 als Illoyalität. Auch seinen einflussreichsten innenpolitischen Gegner, den Atlantikflieger und amerikanischen Volkshelden Charles Lindbergh, hielt Roosevelt für einen «Nazi».[45] Mit der Nähe Lindberghs zum NS-Regime lag er wohl auch nicht ganz falsch. Zumindest ließ der berühmte Flieger es sich 1936 und 1938 nicht nehmen, auf Einladung Hermann Görings nach Deutschland zu reisen und von ihm Orden entgegenzunehmen. Auch andere prominente Amerikaner verhehlten in den 1930er Jahren keineswegs ihre Sympathie für den italienischen Faschismus, den deutschen Nationalsozialismus und allgemein für Antisemitismus, Rassismus oder Euthanasie. Zu den ausgesprochenen Hitler-Verehrern gehörten auch einflussreiche Presse-Tycoons wie William Randolph Hearst oder Henry Luce, der Herausgeber der großen Publikumszeitschriften *Life* und *Time*. Auf Henry Fords ausgeprägten Antisemitismus wurde bereits hingewiesen. Ford hatte bereits Anfang der 1920er Jahre ein vierbändiges Werk herausgebracht, dessen Inhalt nicht zuletzt aus den damals schon als Fälschung des russischen Geheimdienstes bekannten antisemitischen *Protokollen der Weisen von Zion* schöpfte, die eine jüdische Weltverschwörung zu belegen suchten.[46]

Anders als die Kommunisten, die trotz ihrer Berufung auf die Verfassung besonders mit ihrem Internationalismus und ihren gegen das Privateigentum, gegen die Kirche und Religion gerichteten Parolen auf massiven Widerstand in der amerikanischen Gesellschaft stießen, erschienen die Nationalsozialisten in den USA zunächst gar nicht so fremd. Die berüchtigte Silver Legion of America, die Silver Shirts, die der Hollywood-Schauspieler und Journalist William Pelley nach SS-Vorbild neben seiner Christian Party in den Vereinigten Staaten aufbaute, zeigte sich nicht nur patriotisch, sondern berief sich ausdrücklich auf den Protestantismus.

Die eigentliche NS-Bewegung in den USA war dagegen eher überschaubar, obwohl zu ihr nicht nur Deutsche, sondern auch Iren, Italiener
und Russen stießen.[47] Vermutlich zählte sie nur rund 25 000 Personen,
wenngleich die US-Behörden angesichts ihrer öffentlichen Präsenz und
ihres angenommenen Gefährdungspotenzials schließlich von weit höheren Zahlen ausgingen. Die Bewegung reichte in ihren ersten Anfängen
bis in die 1920er Jahre zurück, als 1924 der politisch einschlägig vorbe-
lastete deutsche Einwanderer Walter Kappe, ein Alter Kämpfer der NS-
DAP, eine erste NS-Organisation unter dem Namen Free Society of
Teutonia (Nationalsozialistische Vereinigung Teutonia) mit Sitz in Chicago gründete. Sie schloss sich 1933, diesmal bereits auf direkte Anordnung der NS-Führung in Deutschland, mit ähnlichen Gruppen zu den
Friends of New Germany zusammen. Zur Koordination reiste der Partei-
funktionär Frank Spanknöbel pesönlich aus Deutschland ein, der auf Betreiben der US-Einwanderungsbehörden allerdings bereits im Oktober
1933 das Land wieder verlassen musste. Die «Friends» bildeten bereits
die unmittelbare Vorgängerorganisation des 1936 gegründeten, weitaus
bekannteren German American Bund (auch: German American Federation, Amerikadeutscher Bund oder kurz Bund) unter Fritz Julius Kuhn.
Auch Kuhn war als Alter Kämpfer der NSDAP schon in den 1920er Jahren über Mexiko in die USA eingewandert. Anders als Spanknöbel hatte
er allerdings die amerikanische Staatsbürgerschaft erhalten und konnte
nun nicht mehr ohne Weiteres ausgewiesen werden. Die Neuorganisation
der NS-Bewegung in den Vereinigten Staaten war bereits von Untersuchungen der Einwanderungskomitees des Kongresses begleitet. Dazu
gehörte in erster Linie die sogenannte Dickstein Commission sowie eine
auf deren Vorschlag (Dickstein-Resolution, H. R. 198) 1934 eingerichtete
Sonderkommission unter dem demokratischen Abgeordneten John
W. McCormack. Sie wurde der eigentliche Vorläufer des ab 1938 unter
dem demokratischen Abgeordneten Martin Dies arbeitenden ständigen
Komitees für Unamerikanische Umtriebe (House Un-American Activities Committee, HUAC, bzw. House Committee on Un-American Activities, HCUA).[48] Anders als Samuel Dickstein, der wie man seit 1990 weiß,
gleichzeitig als KGB-Agent in den USA arbeitete,[49] konzentrierte sich
Dies allerdings bereits vorwiegend auf die Kommunisten in den USA.

Unter Kuhn entstanden nun auch nach deutschem Vorbild «Gaue» in
den USA, die sich von New York im Osten über Milwaukee in Mittleren
Westen bis an die Westküste mit Los Angeles erstreckten, sowie andere
Parteiorganisationen wie zum Beispiel die an die Hitler-Jugend angelehnte

Höhepunkt des Nationalsozialismus in den USA Der Deutsch-Amerikanische Bund inszenierte am 22. Februar 1939 im New Yorker Madison Square Garden eine Kundgebung mit 22 000 Besuchern.

German-American Youth. Der Bund berief sich allerdings weiterhin auf amerikanische Werte und amerikanischen Patriotismus. So waren einschlägige US-Symbole üblich, insbesondere bei Versammlungen und Aufmärschen. Beim unbestrittenen Veranstaltungshöhepunkt am 22. Februar 1939 mit 22 000 Besuchern im New Yorker Madison Square Garden hing demonstrativ ein überlebensgroßes Bild von George Washington auf der Bühne. Kuhns antisemitische Angriffe auf Roosevelt erreichten zwar eine gewisse Resonanz in den einschlägigen rassistisch-antikommunistischen Kreisen, brachten jedoch mittelfristig auch das Ende des Bunds, der sich schon 1941 endgültig auflöste. Kuhn wurde wenige Monate nach Kriegsbeginn unter anderem wegen Betrugs verurteilt, und 1945 als Enemy Alien, als Feindlicher Ausländer, ausgewiesen.

Kampf gegen den Isolationismus Vor diesem Hintergrund war der Kampf gegen den Isolationismus schon 1933 für Roosevelt immer entscheidender geworden. Der Präsident glaubte zwar früh, dass sich das Land mit seinen globalen Interessen ohnehin aus dem sich abzeichnenden Konflikt nicht würde heraushalten können. Tatsächlich war er jedoch nicht nur durch die öffentliche Meinung, sondern seit 1935 durch ein

Neutralitätsgesetz gebunden. Gleichgesinnte, die wie er glaubten, aktiv gegen die Diktaturen, vor allem gegen die deutsche, vorgehen zu müssen, fanden sich zunächst nur wenige. Im März 1937 ermittelte George Gallup, der kurz zuvor mit Umfragen unter den Amerikanern begonnen hatte und 1936 mit der richtigen Voraussage, Roosevelt werde die Präsidentschaftswahlen gewinnen, einen wahren Coup der noch jungen Meinungsforschung gelandet hatte, dass rund 94 Prozent der US-Bürger eine militärische Beteiligung der USA an Kriegen strikt ablehnten.[50] Eine Ausnahme bildeten jene teils prominenten Amerikaner, die sich in den freiwilligen sogenannten Abraham-Lincoln-Brigaden auf Seiten der Republik am Spanischen Bürgerkrieg gegen den Putsch Francos beteiligten,[51] der wiederum mit der Legion Condor Hilfe vom nationalsozialistischen Deutschland erhielt. Wichtigster Bündnispartner der Spanischen Republik wurde allerdings die Sowjetunion, so dass die Konfrontation in Europa gewissermaßen schon die Konstellation von 1941 vorwegnahm. Die amerikanischen Kämpfer in den Internationalen Brigaden auf republikanischer Seite rekrutierten sich damals insbesondere aus der CPUSA sowie weiteren linken Organisationen, aber auch aus der Gewerkschaft IWW. Prominenter Freiwilliger war der Schriftsteller Ernest Hemingway, der seit 1937 auch aus dem Bürgerkrieg berichtete. Sein 1940 vorgelegter Roman *For Whom the Bell Tolls (Wem die Stunde schlägt)*, der vier Tage eines amerikanischen Freiwilligen in Spanien Revue passieren lässt, weichte wohl auch deshalb in den USA die Stimmung gegen eine Beteiligung an Kriegen auf, weil er als authentische Beschreibung des Dramas in Europa galt.

Roosevelts Versuch, die Stimmung im Lande aufzubrechen, begann mit seiner «Quarantäne-Rede» am 5. Oktober 1937. Auch wenn dieser Ankündigung zunächst keine Taten folgten und der Isolationismus sogar noch zunahm, wies seine Vorstellung vom Umgang mit antidemokratischen Diktaturen in die Zukunft. Die zehn Jahre später durch Truman in einer Rede verkündete Containment-Politik der Demokraten als Strategie für den Kalten Krieg zeigte prinzipiell in dieselbe Richtung. Roosevelts Ansprache, die bezeichnenderweise in Chicago, dem Zentrum des besonders isolationistisch geprägten Mittelwestens der USA, gehalten wurde, kreiste um den Leitgedanken, man müsse die despotischen expansiven Nationen wie ansteckende Kranke unter Quarantäne stellen, um eine weitere Ausbreitung zu verhindern. Insbesondere knüpfte Roosevelt aber an die Gedankengänge Wilsons an. Ebenso wie dieser in seiner Botschaft an den Kongress zum Kriegseintritt 1917 betont hatte, dass Neutralität im Kampf gegen die undemokratischen Mächte nicht möglich sei, unterstrich Roosevelt 1937, dass man im Kampf gegen die «Epidemie der weltweiten Gesetzlosigkeit», nicht abseits stehen könne.[52] Eine Gesellschaft, die Frieden wolle, sei gezwungen, diese Art von Aggressoren zu isolieren, um sich zu schützen. Explizit genannt wurden allerdings weder Deutschland noch Japan oder Italien.

Das von Roosevelt in den Vordergrund gerückte ideologische Argument zeigte natürlich nicht die ganze Wahrheit. Verschwiegen wurde die ökonomische Konkurrenz, die bereits lange vor dem Kriegseintritt 1941 den Charakter einer «potenziellen Kriegsursache» erhielt. Aus der Sicht der USA bestand durchaus die Gefahr, dass die undemokratischen Mächte auf Dauer abgeschlossene und autarke Märkte etablieren könnten, deren Zugang sie selbst kontrollieren könnten. Ein freier Weltmarkt, auf den die Vereinigten Staaten geradezu zwingend angewiesen waren, würde dann nicht mehr zur Verfügung stehen.[53] In Südamerika kollidierten die ökonomischen Interessen bereits seit 1934, als das Deutsche Reich dort vor allem zu Lasten der Vereinigten Staaten und Großbritanniens erhebliche Handelsbilanzüberschüsse erwirtschaftete. Ähnliche Verluste waren zum gleichen Zeitpunkt gegenüber Italien und – mit anderen Vorzeichen – gegenüber Japan absehbar.[54] Auch Roosevelt befürchtete, dass solche wirtschaftliche Einbußen sich früher oder später auch auf das gesellschaftliche System der USA auswirken würden.

Um das abzuwenden, ging Roosevelt einen für die Neutralität der Vereinigten Staaten nicht ungefährlichen Weg, der sich sogar als noch brisanter erwies als die offensiven Maßnahmen der Wilson-Administration vor dem offiziellen Kriegseintritt 1917. Insbesondere das gegenüber dem äußerst rohstoffarmen Japan 1939 verhängte Wirtschaftsembargo war auf Dauer gleichbedeutend mit einer Erpressung, wenn nicht sogar mit einer Kriegserklärung. Gegenüber Deutschland und seinen Verbündeten stellte Roosevelt ebenfalls bereits vor 1939 klar, dass die USA im Falle einer drohenden Niederlage der Westmächte Unterstützung für diese leisten würden.[55] Erst recht widersprach die Lieferung von Zerstörern an Großbritannien im September 1940 eindeutig den in der Haager Konvention von 1907 festgelegten völkerrechtlichen Neutralitätspflichten. Der ehemalige britische Kriegspremier Churchill räumte 1948 dann auch ganz freimütig ein, dass dies die deutsche Regierung eigentlich bereits zur Kriegserklärung an die USA berechtigt habe.[56] Ähnlich problematisch war der Lend-and-Lease Act vom März 1941, der den Präsidenten dazu ermächtigte, Waffen an kriegführende Nationen zu liefern. Zwischen März 1941 und 1. August 1945 wurden allein durch ihn militärische Güter im Wert von 46 Milliarden Dollar, das waren 13 Prozent der amerikanischen Militärausgaben, geliefert.[57] Weitere Verstöße waren die Beschlagnahmung von deutschen und italienischen Handelsschiffen in US-Häfen im selben Monat, das Einfrieren von Guthaben der Achsenmächte im Juni des Jahres und die Shoot-On-Sight Order, die drei Monate vor der offiziellen Kriegserklärung sogar Kampfhandlungen zwischen amerikanischen Schiffen und Einheiten der Achsenmächte zuließ. US-Marineminister Knox räumte bereits im September 1941 vor einem Senatsausschuss freimütig ein, dass eigene Kriegsschiffe auch ohne Angriff der Gegenseite Wasserbomben auf deutsche U-Boote warfen.[58]

All dies waren Maßnahmen Washingtons, die immerhin erkennen ließen, dass man einen Krieg mit Deutschland zumindest billigend in Kauf nahm und die bereits damals von publizistischen Vertretern des Isolationismus (zum Beispiel der *Chicago Tribune*) und den traditionell englandfeindlichen Teilen der US-Presse, also insbesondere den Zeitungen William Hearsts, als Betrug an den Amerikanern scharf kritisiert wurden. Trotzdem lässt die Interpretation, Roosevelt habe den Krieg gegen Deutschland, Italien und Japan kompromisslos gewollt oder sogar darauf gezielt, völlig außer Acht, dass den USA außer einer formellen Kriegserklärung auch die Möglichkeit offengestanden hätte, durch wirtschaftliche und politische Maßnahmen Druck auf die Achsenmächte auszuüben, zumal gerade das Deutsche Reich lange Zeit auf Rohstoffe aus Übersee angewiesen blieb. Einige solcher Versuche gab es tatsächlich. Sechs Monate vor der deutschen Kriegserklärung stellten die Vereinigten Staaten im Juni 1941 «Schwarze Listen» der mit Deutschland kooperierenden lateinamerikanischen Firmen zusammen. Sie wurden vom Handel mit den USA ausgeschlossen.

Fluchtpunkt Amerika

Im Rückblick ist auffallend, dass die amerikanischen Nationalsozialisten, gegen die die Roosevelt-Administration ihren Kampf führte, den entscheidenden personellen Zuwachs über die liberalen Einwanderungsgesetze erhielten. Die wichtigsten Führer der NS-Organisationen in den USA seit 1924 waren neue deutsche Einwanderer. Sie profitierten davon,

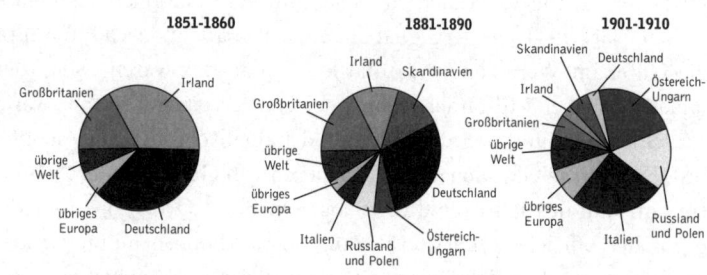

«A Nation by Design» Immigration nach Herkunftsländern 1851–1910[59]

dass Washington schon kurz nach dem Ersten Weltkrieg wieder hohe Einwanderungsquoten zuließ, in denen Mittel- und Nordeuropäer bevorzugt wurden. Politisch-juristische Grundlage dafür war ein 1921 erlassenes Quotengesetz, der Emergency Quota Act.[60] Zusammen mit dem Immigration Act (National Origins Act oder Johnson-Reed Act) von 1924 sollte die darin vermerkte «National Origins Formula» garantieren, dass angesichts des erheblichen Zuzugs aus Ost- und Südeuropa und Asien eine weiße Bevölkerungsmehrheit in Nordamerika erhalten blieb, weswegen auch keine Einwanderungskontingente aus Lateinamerika vorgesehen waren.[61] Indianische Ureinwohner wurden ohnehin nicht gezählt, und die Einwanderung aus Afrika war seit 1870 sowieso untersagt.

«A Nation by Design» Die Quotenregelungen wurden regelmäßig weiter verschärft. So fanden mit dem Einwanderungsgesetz 1921 noch 350 000 Immigranten im Jahr Aufnahme, drei Jahre später durften noch 165 000, wiederum drei Jahre später nur noch 150 000 einwandern. Diese Festlegung blieb auch bei der folgenden Änderung 1929 erhalten. Zwar fiel gleichzeitig die tatsächliche Einwanderungszahl aus Europa von rund 800 000 auf rund 150 000.[62] Doch allein die Quote für den westeuropäisch-skandinavischen Raum einschließlich Deutschlands umfasste zwischen 1925 und 1927 jährlich rund 127 000 Menschen, was bereits etwa 87 Prozent der Immigration insgesamt entsprach.[63] Die außerdem noch zugelassenen 23 000 Einwanderer kamen zum Großteil aus Ost- und Südosteuropa (cirka 18 000 Personen). Aus anderen, außereuropäischen Regionen der Welt durften dagegen nur rund 4000 Immigranten kommen. Die rechnerische Grundlage dafür bildete zunächst der Zensus von 1890, wobei jeweils zwei Prozent einer Nationalität als neue Einwanderer zugelassen wurden. Seit 1927 legte man die Volkszählung von 1920 zugrunde. Da der Bevölkerungsanteil der Deutschstämmigen relativ hoch war, garantierte das Quotengesetz, dass allein aus Deutschland jährlich rund 51 000 Menschen einwandern durften. Ab 1929 wurden pauschal 70 Prozent Immigranten aus Nord-, West- und Mitteleuropa aufgenommen, aus Ost- und Südeuropa die übrigen 30 Prozent. Diese Quotenregelung nach Nationalitäten wurde erst 1965 mit dem Immigration and Nationality Act (Hart-Cellar Act) abgeschafft, obwohl Teile davon noch bis 1978 gültig blieben.[64] Mit ihrer Aufhebung veränderte sich dann auch fast schlagartig die Zusammensetzung der bis heute allerdings noch mehrheitlich weißen US-Bevölkerung. Die Zahl der europäischstämmigen amerikanischen Bürger ging bis zur Jahrtausendwende auf etwa 15 Prozent zurück, während sich gleichzeitig die Gesamteinwanderung seit 1950 etwa vervierfachte.[65]

Quotenregelung Einwanderung 1925–1927[66]

Land	Quote	Land	Quote	Land	Quote
Deutschland	51 227	Polen	5 982	Afrika (außer Ägypten)	1 100
Großbritannien und		Italien	3 845	Armenien	124
Nordirland	34 007				
Irland	28 567	Tschechoslowakei	3 073	Australien	121
Schweden	9 561	UdSSR	2 248	Palästina	100
Norwegen	6 453	Jugoslawien	671	Syrien	100
Frankreich	3 954	Rumänien	603	Türkei	100
Dänemark	2 789	Portugal	503	Ägypten	100
Schweiz	2 081	Ungarn	473	Neuseeland/ Pazifische Inseln	100
Niederlande	1 648	Litauen	344	Weitere	1 900
Österreich	785	Lettland	142		
Belgien	512	Spanien	131		
Finnland	471	Estland	124		
Freie Stadt Danzig	228	Albanien	100		
Island	100	Bulgarien	100		
Luxemburg	100	Griechenland	100		
Gesamt	142 483 (= 86,5%)		18 439 (= 11,2%)		3 745 (= 2,3%)

Die Einwanderungsbestimmungen von 1924 waren aber nicht nur proeuropäisch, sondern vor allem antiasiatisch, weswegen sie auch die Bezeichnung Asian Exclusion Act erhielten.[67] Aus Asien, vor allem Ostasien – und hier speziell China und Japan – sowie Süd- und Südostasien einschließlich der pazifischen Inseln, sollte eine Zuwanderung vehement verhindert werden. Unerwünscht waren zudem Einwanderer aus den britischen Kolonien Indien, Ceylon, Burma, Malaysia und Singapur sowie aus dem französischen Kolonialgebiet Indochina mit Kambodscha, Laos und Vietnam. Auch aus den noch immer amerikanisch kontrollierten Philippinen sowie aus Siam, das sich seit 1939 Thailand nannte und nicht unter der direkten Kontrolle der beiden angrenzenden britischen und französischen Kolonialreiche stand, sollte die Einwanderung möglichst ganz vermieden werden. Ganz im Jargon der Zeit scheute man auch nicht vor jenen eindeutig rassistischen Argumenten zurück, die bereits im 19. Jahrhundert üblich gewesen waren. Eine besondere Rolle spielte dabei die in den USA damals weithin kursierende Eugenikdebatte, die kurz zuvor durch Madison Grants 1916 erschienene Arbeit *The Passing of the Great Race* angeheizt worden war.

Die ohnehin harten Bundesgesetze wurden insbesondere in den westlichen Bundesstaaten, so etwa in Kalifornien, noch durch Sonderregelungen wie die Alien Land Acts ergänzt, die vor allem asiatischen Einwanderern den Erwerb von Grund und Boden verwehrten.[68] Das 1913 in Kraft getretene und sieben Jahre später noch einmal massiv verschärfte Californian Alien Land Law (Webb-Heney Bill), eines der drastischsten Gesetze gegen aus Asien stammende Einwanderer, fußte sogar auf den einschlägigen Formulierungen des ersten Einwanderungsgesetzes der USA überhaupt, des vom damaligen Kongress verabschiedeten Naturalization Act von 1790.[69] Dieses hatte in erster Linie das Ziel gehabt, die Einbürgerung freigelassener afrikanischer Sklaven zu verhindern, denen damals eine Staatsbürgerschaft mit dem Hinweis verwehrt wurde, sie seien keine «freien weißen Bürger», keine «free white citizens». Zwar war mit dem 14. Verfassungszusatz 1868 die US-Staatsbürgerschaft dann auch vielen der zweiten, bereits in den USA geborenen Generation von Einwanderern zugestanden worden. Ausnahmen betrafen indes neben der indigenen Bevölkerung, gegen die die Regierung zu diesem Zeitpunkt wahre Vernichtungsfeldzüge führte, immer die asiatischen Einwanderer. In dem berühmten Verfahren Vereinigte Staaten gegen Wong Kim Ark, das dreißig Jahre später vor dem Obersten Gerichtshof stattfand, konnten die in den USA geborenen asiatischstämmigen Einwanderer jedoch durchsetzen, dass die Ausreise und Wiedereinreise in die USA einem ständigen Aufenthalt nicht entgegenstanden. Hintergrund des Verfahrens war der 1882 verabschiedete Chinese Exclusion Act, der vorsah, dass Chinesen, selbst

Unsicheres Warten auf den Eintritt in die Neue Welt
Eine Frau, die einen Teil ihres Gepäcks verloren hat, wartet mit ihren Kindern in der zentralen Kontrollstelle auf Ellis Island, 1905.

wenn sie in den USA geboren waren, nicht wieder einreisen konnten, wenn sie das Land erst einmal verlassen hatten. Erst 1943 wurden die Einwanderungsbeschränkungen für chinesische Immigranten endgültig aufgehoben.

Neben dieser auf Regionen und Ethnien – im zeitgenössischen Jargon auf Rassen – zugeschnittenen Einwanderungspolitik bestimmten strenge Nützlichkeitserwägungen die Debatte. Schon das Einwanderungsgesetz von 1790 sah eine Bewährungszeit von zwei Jahren bis zur Einbürgerung vor. Seit den Wirtschaftskrisen des Gilded Age wurden 1875 zum ersten Mal ganze Gruppen wie Prostituierte und Straftäter ausgeschlossen. 1882 kam ein Einwanderungsverbot für geistig und körperlich Behinderte sowie für alle anderen Menschen, von denen man annahm, dass sie ihren Lebensunterhalt nicht bestreiten könnten, hinzu. Diese auch als Sozialhygiene bezeichnete Linie zog sich dann konsequent durch die folgenden Bestimmungen. 1903 betraf es ausdrücklich Epileptiker und gewerbsmäßige Bettler, 1907 Personen mit Tuberkulose. Seit 1910 hielt man explizit Mittellose von der Einreise ab, nachdem man drei Jahre zuvor bereits eine Einwanderungssteuer erhoben hatte. Nicht zufällig wurde daher schon 1891 die erste offizielle Einwanderungsbehörde der USA, das Office of Immigration, dem Finanzministerium unterstellt. In der ein Jahr später auf Ellis Island vor New York eröffneten zentralen Einwanderungsstelle wurden entsprechend akribisch neben beruflichen Fähigkeiten auch körperliche Eigenschaften untersucht. Seit 1907 konnten zudem Jugendliche unter 16 Jahren, die nicht in Begleitung waren, zurückgeschickt werden. Zehn Jahre später forderte das amerikanische Einwanderungsgesetz bei Einreise bereits Kenntnisse der englischen Sprache, die mit Hilfe eines Lese- und Rechtschreibtests bei Personen über 16 Jahren geprüft wurden. Ellis Island war zwar eine wesentliche Hürde, aber nicht so berüchtigt wie Angel Island vor San Francisco an der Westküste, wo insbesondere Immigranten aus Asien ankamen. Unter den diskriminierenden Gesetzen für asiatischstämmige Einwanderer wurden hier zwischen 1910 und 1940 Tausende interniert, bevor eine Entscheidung über ihren Antrag fiel. Unter dem Alien Enemies Act im Zweiten Weltkrieg diente die Insel dann geradezu folgerichtig als Internierungslager für japanischstämmige Amerikaner.

Den kontinuierlich steigenden Anforderungen entsprechend sanken die Einreisegenehmigungen, was wiederum zu einer Erhöhung der sogenannten Rückwanderungsquote führte. Die Gründe für die Rückwanderung lagen allerdings nicht nur in einer Ablehnung bei der Einreise. Erfolglosigkeit in den USA oder sogar umgekehrt der sehr große Erfolg konnten Gründe für die Entscheidung zur Rückreise sein. Der Rückwandereranteil der Deutschen soll von 1899 bis 1924 bei durchschnittlich etwa 20 Prozent gelegen haben, womit er niedriger war als etwa bei Italienern (50 Prozent) und Spaniern (45 Prozent), aber weitaus höher als bei Iren (12 Prozent). Ausschläge nach oben fanden sich regelmäßig in den amerikanischen Krisenjahrzehnten, so etwa in den 1870er Jahren, als die deutsche Rückwanderungsquote allein 1875 fast 50 Prozent erreichte.[70] Als man zwischen 1908 und 1957 in den USA die endgültige Ausreise auch systematisch erfasste, kam man insgesamt auf eine durchschnittliche Quote von rund 33 Prozent. Jeder Dritte der 15,7 Millionen Eingereisten, also rund 4,8 Millionen, hatte die USA wieder verlassen.[71] Bei dieser Quote ist es bis heute geblieben.[72]

Letztendlich passierte der Immigration Act von 1924 mit großer Zustimmung beide Häuser des Kongresses. Nur wenige Abgeordnete und Senatoren wandten sich gegen die Bestimmungen, obwohl sie eindeutig gegen einige der bedeutendsten Grundsätze der Verfassung verstießen.

Zu den Kritikern zählte vor allem der gerade in das Repräsentantenhaus gewählte demokratische Abgeordnete Emanuel Celler, der ursprünglich aus einer jüdischen Familie stammte und später zum Katholizismus übergetreten war. Von ihm kam ab 1933 dann auch scharfe Kritik an Roosevelts Einwanderungspolitik. Tatsächlich wurde erst 1952 mit dem Immigration and Nationality Act (INA, auch: McCarran-Walter Act) der Begriff der «Rasse» (Race) aus der Immigrationsgesetzgebung gestrichen. Der Hintergrund zeigte jedoch, dass es hier weniger um den Versuch der Zurückdrängung des Rassismus ging als vielmehr um die Notwendigkeit, die strategisch wichtige Pazifikinsel Guam mit ihrer mehrheitlich asiatischstämmigen Bevölkerung als sogenanntes inkorporiertes Insular Area an die USA zu binden. Seit Dezember 1952 erhielten die Bewohner Guams dann sogar durch Geburt die US-Staatsbürgerschaft, allerdings – genauso wie später die Bevölkerung der Nördlichen Marianeninseln, Puerto Ricos und der Virgin Islands – ohne Votum bei den Präsidentschaftswahlen.

Einwanderung seit 1933 Cellers seit 1923 immer wieder vorgetragenes Argument, dass die USA ihrer selbstgestellten Rolle als Fluchtpunkt für die Verfolgten der Welt nur in unzureichender Form nachkämen, bestätigte sich zumindest in Teilen nach 1933, als in Deutschland die Nationalsozialisten in großem Stil mit der Verdrängung und Ausweisung von politisch oder «rassisch» Unerwünschten begannen. Dennoch fand von den etwa 500 000 Menschen, die die deutsche Regierung zwischen 1933 und 1945 aus dem Land vertrieb, rund ein Viertel Zuflucht in den Vereinigten Staaten. Unter diesen etwa 130 000 Menschen befanden sich allein etwa 100 000 Juden.[73]

Warum nicht noch mehr Menschen in den USA aufgenommen wurden, war angesichts des Holocaust eine der großen Fragen nach 1945. Als besonders hinderlich erwiesen sich nicht nur die 1929 erneut bestätigte Quotenregelung von 150 000 Immigranten pro Jahr, sondern auch politische und ideologische Vorbehalte. Die Wirtschaftskrise der 1930er Jahre ließ zudem schnell zusätzliche Gegner einer liberalen Einwanderungspolitik auf den Plan treten, unter anderem die mächtige amerikanische Gewerkschaft AFL, die in erster Linie die bereits im Land lebenden Arbeitnehmer schützen wollte. Christliche Rundfunkprediger wie der berüchtigte Charles Coughlin nutzten verbreitete antisemitische Vorurteile und forderten – teils mit Unterstützung aus dem politischen Isolationismus, vor allem aber aus dem rechtsextremen Milieu – die Ghettoisierung, zumindest jedoch eine Beschränkung jüdischer Einwanderung.[74] Charles Lindberghs America First Committee sowie Henry Fords Schriften spielten dabei eine unrühmliche Rolle. Wie weit der Antisemitismus vor Kriegsbeginn in den USA tasächlich verbreitet war, belegen die zeitgenössischen Meinungsumfragen, in denen zeitweilig fast die Hälfte der Befragten tiefsitzende Vorurteile gegen Juden äußerten. Zwischen 1942 und 1944 stieg die Zahl derjenigen, die glaubten, Juden hätten grundsätzlich zu viel Macht und Reichtum, von 52 auf 65 Prozent.[75] Gleichzeitig sahen sich im selben Zeitraum allerdings nur 12 Prozent der US-Bürger als Antisemiten.

Aber nicht nur außerhalb der Regierungsstellen saßen mehr oder minder bekennende Antisemiten. Der 1940 zum Unterstaatssekretär im Außenministerium berufene Breckinridge Long war für seine Sympathien für autoritäre europäische Regime bekannt, und so war es kein Zufall, dass unter seiner Leitung die Visaerteilung spürbar zurückging. Dies geschah ausgerechnet zu einer Zeit, in der die Nationalsozialisten zur großangelegten Ermordung der europäischen Juden ansetzten. Lediglich jeder siebte Einwanderungswillige konnte im Frühjahr 1941 noch in die USA einreisen, zum Teil auch nur mit illegalen Visa. Zu einem besonders aufsehenerregenden Zwischenfall kam es Mitte 1939, als über neunhundert jüdische Flüchtlinge ohne Einreisegenehmigung auf dem Passagierschiff St. Louis sogar nach Europa zurückgeschickt wurden, wo ein Teil von ihnen den Holocaust nicht überlebte. Im Rückblick wird deutlicher, dass nicht nur die US-Regierung, sondern auch die öffentliche Meinung in den USA lange die Nachrichten über die Ermordung der europäischen Juden ignorierten, weil die Wahrheit einfach zu unglaublich war.[76] Viele Amerikaner wollten mehr Beweise, insbesondere wenn die Berichte aus sowjetischen Quellen stammten. Die Informationen über die Ermordung Zehntausender Juden bei Babi Yar 1941 erklärte ein Bericht der *New York Times* damals schlicht für unwahr.[77]

Die problematische Einwanderungspolitik wurde mittelbar zum Ausgangspunkt für den 1948 verabschiedeten Displaced Persons Act, auf dessen Grundlage nun jüdische Verfolgte, aber auch andere Flüchtlinge und Vertriebene in die USA einreisen durften. Durch dieses Gesetz konnten rund 400 000 Einwanderer zusätzlich aufgenommen werden.[78] In den folgenden Jahrzehnten ermöglichten dessen Nachfolger weiteren Hunderttausenden die Einreise, die dann bald nicht mehr nur aus Europa, sondern auch aus anderen Krisengebieten, etwa aus China, Ungarn, Kuba und Vietnam, stammten.

Nicht wegzudiskutieren blieb, dass die US-Politik weit hinter den Erwartungen der aus Deutschland und Österreich, schließlich mit dem Beginn des Zweiten Weltkrieges auch aus anderen europäischen Ländern in die USA drängenden Flüchtlinge zurückgeblieben war.[79] Hunderttausende hatten vergeblich auf ein Visum gewartet. Dass dennoch eine erhebliche Menge von Flüchtlingen in die USA kommen konnte, lag an den zeitweilig immer wieder offenen Grenzen. Namentlich Roosevelt setzte sich nach dem deutschen Sieg über Frankreich 1940 dafür ein, dass zusätzlich ein sogenanntes Emergency Visitor's Visa Program geschaffen wurde, mit dem außerhalb der Quoten einige besonders gefährdete Personen in die USA einreisen durften. Knapp 1000 Flüchtlinge erhielten dadurch ein Visum, wenngleich selbst diese kleine Liberalisierung durch das State Department und dessen Vorbehalte gegen Emigranten aus Europa immer wieder konterkariert wurde. Einige wenige Glückliche wie der jüdische Psychoanalytiker Bruno Bettelheim durften noch 1939 dank des direkten Drucks aus dem Weißen Haus einreisen. Bettelheim kam direkt aus einem Konzentrationslager.

Besonders aktiv in der Flüchtlingspolitik wurden viele private Hilfsorganisationen. Dazu gehörten jüdische Vereinigungen, so etwa das American Jewish Joint Distribution Committee, aber auch wieder christliche Gruppen wie das durch die Quäker aufrechterhaltene American Friends Service Committee. Auch Gewerkschaften und Stiftungen wie das Carnegie Endowment oder die Rockefeller Foundation sowie übergreifende Netzwerke von Wissenschaftlern halfen nicht nur bei der Einreise, sondern häufig auch bei der Integration der Geflohenen. Allein die Rockefeller Foundation sorgte für die berufliche Wiedereingliederung von rund dreihundert Wissenschaftlern. Eine wichtige Auffangstation wurde ferner die Exiluniversität in der New School for Social Research in New York, die bereits 1933 besonders gefährdete deutsche Professoren aufnahm. Allein sie konnte bis 1945 über 170 Gelehrte aus Europa unterbringen. Insgesamt erreichten mehr als zwei Drittel der etwa 2000 aus Europa geflohenen, besonders hochqualifizierten europäischen Wissenschaftler die USA. Dieser erzwungene Brain Drain geriet zum Glücksfall für das Land, das damit auf bestimmten Gebieten – zu nennen sind vor allem die Theoretische Physik und Mathematik, die Psychoanalyse und die Empirische Sozialforschung – Spitzenkräfte bekam. Sie bildeten einen unverzichtbaren Grundstock für den rasanten Aufstieg der USA nach dem Zweiten Weltkrieg. Insbesondere auch die kleinen Universitäten und Colleges profitierten vom Zuzug. Hinzu kamen Tausende von teils bereits sehr prominenten Künstlern, Schriftstellern, Schauspielern oder Politikern, die nach 1945 häufig in den Vereinigten Staaten blieben. Einer der ersten prominenten Neubürger war der Physik-Nobelpreisträger Albert Einstein, der 1934 aus Deutschland offiziell ausgebürgert wurde. Er hielt sich schon seit Ende 1932 in den USA auf und lehrte seit 1933 in Princeton. Es war Einstein, der Roosevelt am 2. August 1939 darüber informierte, dass Deutschland möglicherweise in der Lage sei, eine Atombombe zu bauen, und damit den Startschuss für die amerikanische militärische Nuklearforschung gab.[80] Nach Einstein folgten noch 29 weitere Nobelpreisträger und 27 Mitglieder des Ordens Pour le Mérite für Wissenschaft und Künste, von denen sich ebenfalls ein erheblicher Teil in den USA niederließ. Weitere illustre Namen aus der deutschen Emigration waren die Schriftsteller Thomas Mann, Lion Feuchtwanger, Emil Ludwig, Bertolt Brecht, Carl Zuckmayer, Erich Maria Remarque und Stefan Heym. Aus der Philosophie und den aufstrebenden Sozialwissenschaften, die mit ihren Untersuchungen zur Psychologie und Soziologie während des Zweiten Weltkriegs und vor allem im folgenden Kalten Krieg auch für die US-Politik und das US-Militär besondere Bedeutung bekamen, waren es unter anderen Siegfried Kracauer, Herbert Marcuse, Hannah Arendt, Max Horkheimer und Theodor Adorno.

Als bereits berühmter Architekt gelangte 1937 der Weimarer Bauhaus-Gründer Walter Gropius in die Vereinigten Staaten. Ein Jahr später erreichte auch sein Kollege Ludwig Mies van der Rohe, der sich weitaus länger der Illusion hingegeben hatte, in Deutschland bleiben zu können, die USA. Ihre Arbeiten wurden geradezu zum Inbegriff der Moderne, so das in den 1950er Jahren von Gropius für New York entworfene PanAm Building (heute: MetLife Building) oder das dort zur gleichen Zeit von Mies van der Rohe geplante Seagram Building. Auch aus dem europäischen Theater- und Filmgeschäft emigrierten damals weltberühmte oder aufstrebende junge Regisseure und Drehbuchautoren wie Fritz Lang und Billy Wilder in die Vereinigten Staaten. Mit ihnen kamen berühmte Schauspieler wie Marlene Dietrich oder Fritz Kortner. Marlene Dietrich stellte sich, nachdem sie 1939 die US-Staatsbürgerschaft angenommen hatte, wie viele andere der amerikanischen Kriegspropaganda zur Verfügung und kehrte nach Deutschland sogar im Rang eines amerikanischen Offiziers zurück.

Eine wichtige Rolle spielten zudem die geflohenen Angehörigen der ehemaligen deutschen und österreichischen Parteien, die eine ganz eigene Emigration in den USA bildeten, wo sie sich als Treuhänder für den Wiederaufbau der Demokratie in ihren Heimatländern sahen. Auch bei ihnen reichten die Verbindungen teilweise bis weit in die amerikanischen Parteien und Organisationen. Besonders aktiv wurde die zum sozialistischen Exil zählende Gruppe Neu Beginnen mit dem Leiter ihrer New Yorker Niederlassung Karl Frank.[81] Frank, der in den USA unter dem Namen Paul Hagen auftrat, war einer der wichtigsten Netzwerker der deutschen sozialistischen Emigration, in dessen American Association for a Democratic Germany auch Namen wie Thomas Mann, Paul Tillich oder Reinhold Niebuhr zu finden waren. Gerade an der Geschichte von Neu Beginnen lässt sich allerdings auch zeigen, wie zerstritten das deutsche politische Exil in den USA war. Es gelang ihm nicht einmal, sich mit den dortigen Sozialdemokraten, der sogenannten Sopade um Friedrich Stampfer und Rudolf Katz, zu einigen und eine gemeinsame Politik zu vertreten. Karl Frank war es aus diesem Grund nach 1945 nicht mehr möglich, nach Deutschland zurückzukehren. Er blieb als Psychoanalytiker bis zu seinem Tod in den Vereinigten Staaten.

Eine Reihe deutscher Emigranten rückte sogar bis in die Spitze der US-Regierung, so etwa Robert Kempner, der bis zu seiner Entlassung 1933 beim Preußischen Innenministerium als Justitiar gearbeitet hatte. 1945 wurde er zum stellvertretenden Hauptankläger beim Nürnberger Prozess gegen die Hauptkriegsverbrecher ernannt, vor dem dann unter anderen auch Hermann Göring als ehemaliger Reichskommissar für das Preußische Innenministerium abgeurteilt wurde. Der Ökonom Gerhard Colm stieg zum Berater Roosevelts auf. Beim Aufbau des amerikanischen Geheimdienstes OSS, auf dessen Grundlagen 1947 die ungleich bekanntere CIA entstand, halfen geflohene deutsche Soziologen wie Otto Kirchheimer, Franz Neumann und Hans Herz.[82] Blickt man auch hier über das Jahr 1945 hinaus, so zeigt sich, welche langfristigen Wirkungen damit verbunden waren. Henry Kissinger (Heinz Alfred Kissinger), der mit seinen Eltern 1938 aus Deutschland geflohen war, wurde US-Außenminister unter Richard Nixon und Gerald Ford, Michael Blumenthal, dessen Familie nach einer Flucht über China erst 1947 die USA erreichte, stieg zum Finanzminister unter Jimmy Carter auf. Für viele weniger prominente Geflohene allerdings standen im günstigsten Fall neue Examina, im schlechtesten Fall der Absturz in fachfremde Berufe an. Dies galt insbesondere, wenn sie sich, etwa als Schriftsteller und Schauspieler, schon längst auf ihre Muttersprache festgelegt hatten.

Einwanderung seit 1945   Die insgesamt eher positiven Erfahrungen mit den Emigranten führten nach dem Zweiten Weltkrieg zu einer deutlich aktiveren Politik gegenüber Gruppen, die das Exil in den USA suchten, eine Entwicklung, die bis heute anhält. Angesichts des 1945 beginnenden und 1947 offiziell erklärten Kalten Krieges konnten sehr schnell selbst politisch belastete Experten sofort und manchmal unter Umgehung bestehender Gesetze einreisen. Zu ihnen gehörte auf der einen Seite die wissenschaftlich-technische Elite, in deren Reihen sich auch die Raketenexperten des Dritten Reichs wie Wernher von Braun befanden. Auf der anderen Seite standen politische Experten, die nicht selten bereits seit der Russischen Oktoberrevolution 1917, vor allem aber während des deutschen Krieges gegen die UdSSR in antikommunistischen Organisationen tätig gewesen waren. Vom State Department gefördert wurden zudem einschlägige private und vor allem mit Hilfe von Emigranten betriebene Organisationen wie das National Committee for a Free Europe (NCFE), das unter anderem seit 1949 von New York aus den Sender Radio Free Europe (RFE) betrieb, die westliche Propaganda Richtung Ostmitteleuropa schickten.[83] Anfang der 1950er Jahre stellte man diesem eine weitere Station, die man zunächst Radio Liberation (später zusammen mit RFE Radio Liberty) nannte, als Propagandasender für die Sowjetunion und schließlich noch den für Ostasien zuständigen Sender Radio Free Asia (RFA) zur Seite. Alle diese Sender wurden von den USA aus mit amerikanischem Kernpersonal und antikommunistischen Emigranten betrieben. Darüber hinaus existierte eine Fülle weiterer antikommunistischer Organisationen in den USA, die wie der Antibolshevik Bloc of Nations (ABN) nationenübergreifend die Gegner der Sowjetunion sammelten und – wie zuvor die antinationalsozialistische Emigration – Fundraising-Organisationen wie die American Friends of ABN in den USA aufbauten. Ähnliche Vereinigungen existierten auch für Mittel- und Südamerika (Inter-American Confederation of Continental Defense, ICOC/IACCD) oder Asien (Asian Peoples' Anti-Communist League, APACL). Zahlreichen dieser Organisationen gelang es, bis zum Ende des Kalten Krieges insbesondere für den US-Geheimdienst CIA tätig zu werden.[84]

Neben dieser gewünschten politischen Emigration wuchs seit 1945 erneut der allgemeine Einwanderungsdruck. Wieder wurden politische Einschätzungen bedeutsam, was neben dem bereits klar antikommunistischen Internal Security Act insbesondere der McCarran-Walter Act von 1952 zeigte. Er behielt ausdrücklich die Quoten auf Basis der Volkszählung von 1920 und – vor dem Hintergrund des Kalten Krieges – die ideologischpolitischen Begründungen und deren Ausnahmeregelungen bei. Der Mc-Carran-Walter Act kannte noch drei Typen von Immigranten:[85] (A) die gewöhnlichen Einwanderer, von denen jährlich nicht mehr als 270 000 aufgenommen werden sollten; (B) Immigranten mit für die USA besonders nützlichen Fähigkeiten, die außerhalb der Quoten einreisen durften; und (C) Flüchtlinge, die unabhängig von Quoten und Fähigkeiten durch Einzelfallentscheidung ins Land gelassen werden durften. Mit dem im folgenden Jahr, am Ende des Koreakriegs 1953 in Kraft gesetzten Refugee Relief Act wurde der Flüchtlingsstatus angesichts der humanitären Katastrophe in Ostasien zudem auf nicht aus Europa stammende Personen ausgedehnt. Nach der Ungarischen Revolution 1956 mit Hunderttausenden von Flüchtlingen wurde die Regelung zugunsten dieser Gruppe noch einmal erweitert. Rund 30 600 Ungarn, unter ihnen viele Akademiker, konnten unter dem 1958 verabschiedeten Gesetz in die USA einreisen.[86] Ähnliche Lösungen fand man für die ab 1959 aus Kuba kommenden rund 400 000 Flüchtlinge.[87] Der Abzug der USA aus Vietnam 1973 und der zwei Jahre später folgende Sieg des kommunistischen Nordens sowie die danach vollzogenen kommunistischen Machtübernahmen in Laos und Kambodscha erforderten ebenfalls neue Programme. Bis etwa zum Ende des Kalten Krieges wurde allein rund eine halbe Million Vietnamesen in den USA aufgenommen.[88] Erst 1980 kam es mit dem neuen Refugee Act auch zur formalen Streichung des Antikommunismus als Pluspunkt für die Einreisegenehmigung, wenngleich er bis zum Ende des Kalten Krieges ein wichtiges Argument blieb. Auch die Quotierungen nach Nationen wurden 1965 formal abgeschafft, blieben aber trotzdem bis etwa 1978 noch von Bedeutung. Danach erfolgten die Kontingentierungen nach absoluten Zahlen, wobei die Quote von Zeit zu Zeit, wie etwa im Immigration Act von 1990, angeglichen wurde.

Von ihrer Anziehungskraft sowohl als Fluchtpunkt als auch als Traumziel büßten die USA bis heute trotz aller Einschränkungen nichts ein. In den letzten Jahren verzeichneten die U.S. Citizenship and Immigration Services (USCIS) kontinuierlich Einwanderungszahlen über 1,1 Millionen, allerdings fast ebenso hohe Schätzungen für illegale Immigranten, wenn auch mit abnehmender Tendenz. Blickt man zurück, hat sich die Einwanderung in die Vereinigten Staaten, deren Einwohnerzahl 2006 die Grenze von dreihundert Millionen Bürgern erreichte, nicht erst seit der Liberalisierung des Immigrationsgesetzes von 1965 massiv verändert. Während die legale Immigration in den 1930er Jahren bei knapp einer Viertel Million Menschen lag, erreichte sie bereits in den 1950er Jahren die zehnfache

Größe, verdreifachte sich bis in die 1980er Jahre und wuchs in den 1990er Jahren auf die Summe von über zehn Millionen Menschen. Damit verringerte sich auch der prozentuale Anteil der Zuwanderung.[89] Deutlich überrepräsentiert sind im Augenblick außereuropäische Zuwanderergruppen. An der Spitze steht Mexiko, gefolgt von den Philippinen, China und Vietnam. Das U.S. Census Bureau geht heute davon aus, dass im Jahr 2050 rund ein Viertel der US-Bürger über eine hispanische Herkunft verfügen werden. Dieses Szenario hat gleichzeitig die alte Debatte einer möglichen Überfremdung des weißen Amerika wiederbelebt.

Einwanderung in die USA 1981–2001[90]

Kontinent	1981–1990	1991–1999	2000	2001	Summe
Nord- und Mittelamerika	3 125 000	3 917 400	344 800	407 900	7 795 100
Asien	2 817 400	2 892 200	265 400	349 800	6 324 800
Europa	705 600	1 311 400	132 500	175 400	2 324 900
Südamerika	455 900	539 900	56 100	68 900	1 120 800
Afrika	192 300	383 000	44 700	53 900	673 900
Summe	7 338 100	7 732 500	849 800	1 064 300	16 984 700
Einzelne Staaten					
Mexiko	1 653 300	2 251 400	173 900	206 400	4 285 000
Philippinen	495 300	505 600	42 500	53 200	1 096 600
China	388 800	424 600	45 700	56 400	915 500
Vietnam	401 400	421 100	26 700	35 500	884 700
Korea	338 800	171 300	15 800	20 700	546 600
Indien	261 900	383 300	42 000	70 300	757 500
Dominikanische Republik	251 800	340 900	17 500	21 300	631 500
El Salvador	214 600	217 400	22 600	31 300	485 900
Jamaica	213 800	173 500	16 000	15 400	418 700
Kuba	159 200	180 900	20 800	27 700	388 600

Für die US-Regierungen seit den 1990er Jahren ist aber nicht die legale Einwanderung aus Lateiamerika das entscheidende Problem geworden, sondern der massenhafte illegale Grenzübertritt an der amerikanisch-mexikanischen Grenze, bei dem sich Arbeitsmigration mit Drogenkriminalität mischt. Der heute fertiggestellte Grenzzaun, der bereits 1996 von der Clinton-Administration geplant wurde, ist die radikalste Maßnahme, um der Situation Herr und vor allem den Ängsten der dortigen US-Bevölkerung gerecht zu werden. Parallel dazu versucht man der illegalen Einwanderung von Zeit zu Zeit auch mit einer nachträglichen Legalisierung von Illegalen in den USA zu begegnen.

IX. Geburt einer Supermacht: Die USA im Zweiten Weltkrieg 1941–1945

Pearl Harbor und der Kriegseintritt 1941

Obwohl in dem allgemeinen Katastrophenszenario, das Roosevelt in seiner Quarantäne-Rede ausgebreitet hatte, weder Deutschland noch Italien noch Japan ausdrücklich erwähnt worden waren, hatten wohl die meisten verstanden, dass für Roosevelt immer stärker Hitler in den Fokus geriet. Dass Japan daneben eher an den Rand rückte, verhinderte vermutlich eine ernsthafte Auseinandersetzung der US-Politik mit der Gefahr, die sich im Pazifik für die Vereinigten Staaten entwickelte. Im Rückblick ist offensichtlich, dass die Japaner schon im Juli 1937 vor ihrem Angriff auf China davon ausgingen, dass das Weiße Haus sich vor allem auf Europa konzentrierte, und in der Tat blieben die Reaktionen Washingtons eher verhalten.[1]

Reaktionslosigkeit Washingtons Auch nach den erschütternden Berichten über die Massaker, die die Japaner in Nanking seit Ende 1937 wochenlang verübt hatten, sah sich Roosevelt nicht in der Lage, ernsthafte Reaktionen einzuleiten. Zwar wurden per Geheimbefehl Roosevelts erneut Freiwillige für den Krieg angeworben, aus denen seit April 1941 die American Volunteer Group (auch: Flying Tigers) unter Claire Lee Chennault in Kumming entstand, und zusätzlich ein Warenembargo gegen Japan verhängt. Die zudem begonnene Unterstützung national-chinesischer Verbände unter General Tschiang Kai-schek geschah ebenfalls nur halbherzig, und dessen antikommunistische Truppen wurden bis zum Ende der japanischen Herrschaft in China weitgehend in die Randgebiete abgedrängt. Schließlich musste sich das Gros 1949, nach dem Sieg der von Moskau unterstützten Revolution unter Mao Tse-tung, sogar auf die östlich vorgelagerte Insel Formosa absetzen, wo unter dem Namen Taiwan ein separater chinesischer Staat unter Tschiang entstand, den die USA als antikommunistischen Frontstaat bis in die 1970er Jahre fast vollständig finanzierten.

Als weitere Bestätigung der Schwäche Washingtons in Ostasien und im pazifischen Raum erschien es Tokio, dass die US-Regierung Mitte 1940 den Großteil ihrer Pazifikflotte vom amerikanischen Marinestützpunkt Pearl Harbor auf Hawaii, der seit 1887 eingerichtet und seit 1898 ausgebaut worden war, abzog. Bis zur endgültigen französischen Niederlage gegen die deutschen Truppen im Juni 1940 war für die USA hier der unbestrittene sicherheitspolitische Schwerpunkt gewesen. Jetzt wurden vor allem die besonders schlagkräftigen neuen Schlachtschiffe und Flugzeugträger in den Atlantik verlegt, wo sie als sogenannte «Neutralitätspatrouillen» den Briten zur Seite stehen sollten, aber dann schnell in Kampfhandlungen verwickelt wurden. Dass aus amerikanischer Sicht die militärische Schwerpunktbildung im Atlantik durchaus Sinn machte, um der als größer empfundenen deutschen Gefahr entgegenzutreten, bestätigte die japanische Führung in ihren immer fester gefügten Vorstellungen. Am 12. Juni 1940 skizzierte Tokio das weitere Vorgehen: Für den weiteren Vormarsch, der nun zunächst in Richtung Südostasien führen sollte, wurde ein Bündnis mit Thailand geschlossen, womit die Möglichkeit, weiter nach Westen in Richtung der britischen Kolonie Indien vorzudringen, offen lag. Die mit den deutschen Siegern kollaborierende und ohnehin kaum handlungsfähige französische Regierung unter Henri Pétain in Vichy erklärte sich mit der Einrichtung von japanischen Stützpunkten im ehemaligen französischen Kolonialgebiet Indochina wohl oder übel einverstanden. Das politisch ebenso instabile Thailand (bis 1939: Siam), das bereits länger mit den Franzosen über Grenzfragen im Streit lag und daher die aktuelle Lage als Chance begriff, eigene Planungen zu verwirklichen, ermöglichte den Japanern Anfang 1942 den Durchmarsch in das seit Jahrhunderten verfeindete westliche Nachbarland Birma. Als Belohnung für ihr Entgegenkommen erhielten die Thais von Tokio die Erlaubnis, benachbarte Gebiete zu okkupieren. Dies betraf vor allem Kambodscha. Die hier besetzten Landstriche mussten sie allerdings nach der japanischen Niederlage – wenn auch widerwillig – wieder zurückgeben. Als weit in die US-Erinnerungskultur reichendes Ereignis erwies sich die brutale Behandlung von britischen Kriegsgefangenen, die auf thailändischem Gebiet bei Kanchanaburi Zwangsarbeit an der Bahnstrecke über den Kwai (Khwae Noi) leisten mussten. Der 1957 uraufgeführte britisch-amerikanische Spielfilm *The Bridge over the River Kwai* von David Lean rückte insbesondere den im Zweiten Weltkrieg nahezu üblichen Verstoß gegen die unter anderem in Den Haag 1907 vereinbarten Kriegsregeln ins Blickfeld.

Angesichts der zunächst nur langsam voranschreitenden japanischen Expansion glaubten die USA nach der französischen Niederlage 1940 noch immer, genügend Zeit zu haben, ihre Schiffe zum Schutz der Besitzungen im Pazifik von der amerikanischen Westküste aus in Richtung der Philippinen auslaufen zu lassen. Tatsächlich stach noch 1940 ein Teil der in San Diego stationierten US-Flotte mit dem Ziel Pearl Harbor in See. Im Übrigen beschränkte sich Roosevelt aber darauf, die Japaner auf die Verletzung internationaler Verträge hinzuweisen und vor einem weiteren Vormarsch in das nun weitgehend schutzlose französische, aber auch niederländische und britische Kolonialgebiet in Südostasien zu warnen. Dass das ebenso wenig ernst genommen werden würde wie die vorangegangenen Einsprüche, lag auf der Hand. Seit Juli 1940 rückten japanische Truppen in den Norden des französischen Kolonialgebiets ein. Bis zum Ende des Jahres 1941 waren Vietnam, Laos und Kambodscha weitgehend in die am 1. August 1940 von Tokio proklamierte «Großostasiatische Wohlstandssphäre» eingegliedert.

Der japanische Versuch, eine geostrategische Neuordnung im ostasiatisch-pazifischen Raum zu schaffen, baute nicht zuletzt auf den Hass der Unterworfenen gegen die europäischen Kolonialherren. Das Experiment, die antikolonialen Befreiungsbewegungen zu instrumentalisieren, misslang zwar gründlich, weil die Truppen des japanischen Kaisers teilweise noch brutaler auftraten als die Europäer, aber mit ihrer Propaganda legten die Japaner bereits die Grundlagen für die an den Zweiten Weltkrieg unmittelbar anknüpfende Entkolonisierung in der Region. Um die «Großostasiatische Wohlstandssphäre» weiter zu sichern, leistete Japan am 27. September 1940 seine Unterschrift unter dem sogenannten Dreimächtepakt mit Deutschland und Italien. Dieser enthielt nun dezidiert einen Passus zu militärischer Hilfeleistung, der zwar während des Zweiten Weltkrieges hin und wieder in den Hintergrund geriet, tatsächlich aber bis über die italienische und deutsche Niederlage hinaus eingehalten wurde. Die bei Kriegsende in Deutschland vorrückenden Amerikaner fanden Belege dafür, dass noch im März 1945 japanische Spezialisten in den Dessauer Junkers-Werken Pläne für Flugzeugturbinen eingesehen hatten.[2] Zudem waren bei Kriegsende im Atlantik immer wieder deutsche U-Boote mit dem Ziel Japan aufgebracht worden, die Pläne für Raketen und Düsenjäger sowie die dazugehörigen Techniker an Bord hatten.[3] Tatsächlich machten nicht zuletzt die in Japan produzierten Flugzeugtypen, wie Nakajima J9Y Kikka oder Nakajima Ki-201, unmissverständlich klar, dass selbst die modernsten deutschen Düsenjäger wie die Messerschmidt Me 262 dort bereits angekommen waren.

Embargopolitik und die «Vier Freiheiten» Das von der US-Regierung im Herbst 1940 gegenüber Japan verhängte umfassende Embargo, das neben Erdöl und Flugbenzin auch Eisen- und Stahlschrott betraf und bis Mitte 1941 auf 100 Prozent ausgedehnt wurde, verstand Tokio angesichts der bisherigen US-Politik, vor allem aber aufgrund der eigenen Rohstoffarmut bereits als indirekte Kriegserklärung. Die japanische Wirtschaft hatte vor dem Einfuhrverbot über drei Viertel seines Erdöls aus den Vereinigten Staaten bezogen.[4] Verschärft wurde das amerikanische Embargo noch dadurch, dass sich die britischen und niederländischen Kolonialgebiete in Süd- und Südostasien, das heißt eigentlich der gesamte Raum zwischen Indien und Indonesien, anschlossen. Als Washington schließlich auch alle US-Bürger aus Ostasien evakuieren ließ, war klar, dass Roosevelt nun zeitnah mit einem Konflikt rechnete und kaum Wert darauf legte, sich mit den Japanern zu einigen. Heute weiß man aus den internen Gesprächen Roosevelts, dass es ihm nicht zuletzt um prinzipielle Fragen ging. Schon die Appeasement-Politik der britischen Regierung unter Premier Chamberlain war 1938 von Roosevelt nicht nur als politische Zumutung, sondern insbesondere als Einladung an die Despotien in Berlin, Rom und Tokio verstanden worden. Kaum ein politischer Begriff wurde in der US-Politik danach zu einem so klaren Unwort wie der des «Appeasers». Das setzte sich nach dem Zweiten Weltkrieg bruchlos fort und wurde zu einer zentralen Grundlage der US-Politik im Kalten Krieg und darüber hinaus.

Die zentralen Vorstellungen der amerikanischen Politik, die immer wieder den Bezug zu den Traditionen und Grundsätzen der Amerikanischen Revolution und der Kolonialzeit suchten, machte die US-Regierung noch vor Kriegseintritt in zwei Deklarationen öffentlich. Zum einen stellte Roosevelt im Rahmen seiner alljährlichen Botschaft zur Lage der Nation am 6. Januar 1941 die sogenannten Vier Freiheiten (Four Freedoms) vor. Zum anderen folgte am 14. August 1941 die mit den Briten vereinbarte sogenannte Atlantik-Charta (Atlantic Charter), die ebenfalls den Gedanken der unabänderlichen Freiheiten als Zielvereinbarung festschrieb.

Als die vier unabänderlichen Freiheiten definierte Roosevelt die «Freiheit der Rede» (Freedom of Speech and Expression), die «Freiheit der Religion» (Freedom of Worship), die «Freiheit von Not» (Freedom from Want) und die «Freiheit von Furcht» (Freedom from Fear). Da auch die «Four Freedoms Speech» sprachlich und inhaltlich bewusst simpel gehalten war, wies das darauf hin, dass der Präsident als Adressaten erneut vor allem die Befürworter des Isolationismus im bäuerlichen Mittleren Westen im Sinn hatte. Nichtsdestoweniger konnte jeder, der es wollte, aus ihr auch die zentralen Traditionen der ersten europäischen Siedler des 16. und 17. Jahrhunderts sowie den Bezug zum Ersten Zusatzartikel der US-Verfassung von 1789/91, der die Meinungs-, Religions-, Presse- und Versammlungsfreiheit sowie das Petitionsrecht zu den unabänderlichen Grundrechten der Bürger erklärt hatte, heraushören.[5] Wie schwer es selbst für den populären Roosevelt zu diesem Zeitpunkt war, den noch immer starken Isolationismus zu überwinden, der sich nur wenige Monate zuvor im prominent besetzten America First Committee noch einmal öffentlich markant und provokant positioniert hatte, ist auch daran zu erkennen, dass der Präsident es für zwingend hielt, gleichzeitig eine großangelegte öffentliche Werbekampagne für das amerikanische Engagement in der Welt zu starten. Noch 1941 gab er zusätzlich das «Four Freedoms Monument» in Auftrag, das von dem Bildhauer Walter Russell bis 1943 fertiggestellt und im New Yorker Madison Square Garden zu Ehren des drei Tage nach dem japanischen Angriff auf Pearl Harbor im Pazifik gefallenen Fliegers Colin P. Kelly eingeweiht wurde. Darüber hinaus war es aber vor allem die 1943 von Norman Rockwell geschaffene Bildserie *Four Freedoms*, die Roosevelts außenpolitische Grundsätze für die Öffentlichkeit deutlich machen sollte. Rockwells Arbeiten erschienen im traditionsreichen und gerade auch in ländlichen Gebieten populären Magazin *The Saturday Evening Post* und konnten aufgrund der weiten Verbreitung und Akzeptanz schließlich auch erfolgreich in der Werbung für Kriegsanleihen verwendet werden (s. Abb. S. 416).[6]

Die Atlantic Charter, die am 14. August 1941, ein halbes Jahr nach der Rede zu den Vier Freiheiten und kurz nach dem deutschen Angriff auf die Sowjetunion, gemeinsam von Roosevelt und Churchill vereinbart wurde, war in etwa die Übertragung der zuvor von Roosevelt dargelegten Grundsätze auf die gemeinsame angloamerikanische und internationale Politik. Gleichzeitig gab die Atlantik-Charta eine derart überzeugende Zielvorgabe, dass die USA bis 1945 nicht nur fast alle Mächte zum Beitritt bewegen konnten, die nicht im Bündnis mit Deutschland oder Japan standen – einschließlich der Sowjetunion –, sondern sie zudem zur Grundlage der Charta der Vereinten Nationen wurde. Ideengeschichtlich standen auch hier Roosevelts politisches Vorbild, Woodrow Wilson, und

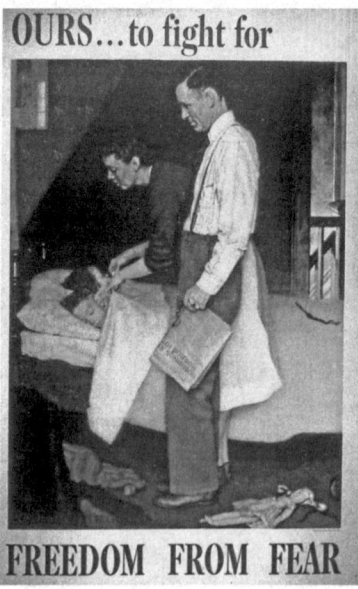

Norman Rockwell: Die «Vier Freiheiten» (1943)

seine Vierzehn Punkte Pate. Es ging um den Verzicht auf gewaltsame Expansion sowie überhaupt um die Lossagung von der Gewalt als Mittel der internationalen Politik, um den freien Welthandel verbunden mit der Freiheit der Seewege, um den ungehinderten Zugang zu Rohstoffen, das Selbstbestimmungsrecht der Völker, aber ganz besonders um die endgültige Ausschaltung der von Deutschland ausgehenden Gefahr.[7] Vieles widersprach diametral dem britischen Kolonial- und Commonwealth-Modell. Dennoch stimmte Churchill in Anbetracht der für Großbritannien noch immer prekären Kriegslage vorbehaltlos zu. Dass die Atlantic Charter erhebliches öffentliches Interesse in der Welt hervorrief, ist nicht zuletzt an der Reaktion in Deutschland zu erkennen. Als die Abmachung bekannt wurde, löste sie «einiges Aufsehen» und böse Verahnungen aus.[8]

Aus der Sicht der Japaner, die mit dem alliierten Boykott schließlich rund 90 Prozent ihrer Öleinfuhren verloren hatten, entstand Mitte 1941 bereits eine Art Ultimatum. Tokio musste entweder um die Aufhebung des Embargos bitten, was die Aufgabe der Pläne für ein Großjapanisches Reich bedeutet hätte, oder den Entschluss fassen, sich die als notwendig angesehenen Rohstoffe zu erobern. Die Entscheidung fiel aus mehreren Gründen nicht schwer. Das Einschwenken auf die Forderungen der amerikanischen Regierung und der ihr nahestehenden Staaten hätte einerseits einen schwerwiegenden Gesichtsverlust bedeutet, der schon aus psychologischen, aber auch aus politischen und militärischen Gründen unbedingt zu vermeiden war. Andererseits fühlten sich die Japaner, ebenso wie die Deutschen, gerade auch deshalb im Recht, weil sie glaubten, seit Jahrhunderten bei der Verteilung der Welt zu kurz gekommen zu sein. Darüber hinaus sah ihre strategische Situation zu diesem Zeitpunkt nicht ungünstig aus. Deutschland hatte zwischen September 1939 und Mitte 1941 fast ganz Europa mit Ausnahme Großbritanniens unter Kontrolle gebracht und war sogar mit der Sowjetunion verbündet, jener Macht, die Tokio bei den Plänen in Ostasien ebenfalls gefährlich werden konnte. Die knapp 35 Jahre zurückliegenden Streitigkeiten, die 1905 in der für Tokio glücklich ausgegangenen Seeschlacht von Tsushima ihren Höhepunkt hatten, waren noch in guter Erinnerung. Aus diesem Grund hatte sich Japan schon am 13. April 1941 durch ein Neutralitätsabkommen mit Stalin rückversichert.

Am 12. Mai 1941 gingen die Japaner noch einmal in die diplomatische Offensive und forderten die USA erneut auf, in Verhandlungen zur Bereinigung der Situation in Ostasien einzutreten. Da Tokio jedoch als Conditio sine qua non von Washington forderte, die neue japanische Ordnung in Ostasien ebenso zu akzeptieren wie die Eroberung weiterer Rohstoff-gebiete, waren die Erfolgsaussichten von Anfang an denkbar gering. Washington lehnte das ab, ebenso wie alle anderen japanischen Angebote in den folgenden Monaten. Stattdessen überreichten die Amerikaner am 26. November 1941 den Japanern ein eigenes Grundsatzpapier, die berühmte *Outline of Proposed Basis for Agreement Between the United States and Japan*, die nach Außenminister Cordell Hull benannte Hull-Note. Darin wurde die japanische Regierung nochmals und aus Sicht Tokios nun ultimativ aufgefordert, ihre Truppen aus China und Südostasien abzuziehen. Obwohl noch eine Zeitlang weiterverhandelt wurde, deutete Tokio dieses Papier als das endgültige Ende der diplomatischen Runde vor dem militärischen Schlagabtausch. Nachdem bereits etwa drei Wochen zuvor der Angriffsplan auch von Kaiser Hirohito genehmigt worden war, stach noch am Tag der Hull-Note ein japanischer Flotten-verband in Richtung des größten amerikanischen Flottenstützpunkts Pearl Harbor in See. Am 1. Dezember 1941 fiel im Kabinett offiziell die Entscheidung für den Krieg gegen die USA.

Pearl Harbor Der japanische Plan für die weitere ungestörte Expansion sah zu Beginn die Vernichtung der amerikanischen Pazifikflotte vor, insbesondere die Zerstörung der in Pearl Harbor liegenden Schlachtschiffe. Pearl Harbor war auch deshalb für Washington von überragender Bedeutung, weil sich im gesamten pazifischen Raum nur hier die für Großkampfschiffe geeigneten Werften und Docks befanden. Zudem lagerten dort große Treibstoffvorräte, und nicht zuletzt gab es Flugplätze, die in den Weiten des Pazifiks sonst eher rar waren. Der völlige Ausfall von Pearl Harbor, so die berechtigte japanische Kalkulation, würde die US-Marine zwingen, beschädigte Schiffe zurück an die amerikanische Westküste zu bringen. Damit wären sie für lange Zeit nicht mehr in Kampfhandlungen einsetzbar. Weitere, allerdings kleinere US-Einheiten lagen auf den Philippinen, insbesondere auf Luzon, wo neben U-Booten auch etwa drei Dutzend schwere Bomber stationiert waren, sowie auf verschiedenen kleineren Inseln wie dem den Philippinen nördlich vorgelagerten Bataan. Guam, die größte Insel der Marianen, und die Midway und Wake Islands, die sich etwa auf halber Strecke zwischen Hawaii und den Philippinen befanden, waren bei Weitem nicht so ausgebaut wie Pearl Harbor und wurden vor allem als Zwischenstopp für Flugzeuge und als kleinere Militärbasen genutzt. Unter anderem unterhielt auch die US-Fluggesellschaft PanAm ebenso wie in Pearl Harbor auf Midway, Wake, Guam und den Philippinen Flugplätze.

Nach der Zerstörung von Pearl Harbor und anderer Basen, so nahm man in Tokio in völliger Verkennung der mittlerweile in Washington vorherrschenden Entschlossenheit an, würden sich die Amerikaner angesichts der eigenen Opfer aus dem Pazifik zurückzuziehen. Übrig bleiben würden die ohnehin geschwächten Briten auf der Malaiischen Halbinsel, die aber auf keinerlei Hilfe mehr hoffen könnten. Ihre Gebiete würden ebenso wie die amerikanischen rasch erobert werden. Wo die Grenze der Eroberung eines Großjapanischen Wirtschaftsraums sein würde, war wie bei den deutschen Plänen in der Sowjetunion nur vage festgelegt und betraf neben dem bereits seit 1910 kolonisierten Korea und dem seit 1932 abhängigen Gebiet Mandschukuo vor allem die zwischen Hawaii im Osten und Indien im Westen liegenden amerikanischen und europäischen Besitzungen.[9]

Der japanische Angriff auf Pearl Harbor am 7. Dezember 1941, den US-Präsident Roosevelt in seiner Kongressrede am folgenden Tag als «Datum ewiger Schande» («A date which will live in infamy») bezeichnete und der bis heute tiefe Spuren in der kollektiven Erinnerung der amerikanischen Gesellschaft hinterlassen hat, war allerdings weniger überraschend als gemeinhin angenommen.[10] Zwar blieb das genaue Datum unbekannt, aber es hatte für Washington klare Hinweise gegeben. Neben der Tatsache, dass seit Ende November die Diplomatie zwischen beiden Ländern faktisch zusammengebrochen war, gab es die von den Amerikanern nicht unentdeckt gebliebenen japanischen Truppenbewegungen in Richtung Philippinen, Britisch-Malaysia (Malaya) und Niederländisch-Indien (Indonesien). Vor allem aber existierte ein reger Funkverkehr, den die Amerikaner zumindest in Teilen mitverfolgen konnten, seitdem ihre Kryptographen seit 1940 nach und nach den japanischen Nachrichtencode der PURPLE genannten Chiffriermaschine entschlüsseln konnten, was im Übrigen auch ermöglichte, die aus der japanischen Botschaft in Berlin nach Tokio gesandten Meldungen mitzulesen. Eine Ausnahme bildete lediglich der Funkverkehr der Flugzeugträger, denen die japanische Führung vor dem Angriff auf Pearl Harbor absolute Funkstille verordnet hatte, seit sie von den japanischen Kurilen aus in Richtung Hawaii ausgelaufen waren. Fälschlicherweise nahmen die Amerikaner wie auch die Briten deswegen an, die Trägerflotte halte sich noch in Japan auf. Die entschlüsselten Informationen aber gingen an zahlreiche US-Befehlshaber im Pazifik, nicht zuletzt auch an die später besonders betroffenen Kommandeure auf Hawaii, Husband Kimmel und Walter Short, sowie an Douglas MacArthur, den US-Kommandeur auf den Philippinen. Kimmel und Short wurden später zu den Hauptverantwortlichen für das am 7. Dezember über Pearl Harbor hereinbrechende Desaster erklärt – eine Schuldzuweisung, die erst 1999 revidiert wurde.[11] Die Mehrheit vor allem der amerikanischen Historiker stimmt heute noch der These zu, der japanische Überfall auf Pearl Harbor sei nicht vorauszusehen und nicht zu verhindern gewesen. Warnungen des Stabschefs der US-Admiralität, Harold R. Stark, waren allerdings schon Ende November 1941 an alle US-Garnisonen im Pazifik gegangen. Darin war zwar insbesondere von Südostasien die Rede, aber auch von Guam und den Philippinen. Immerhin reichten die Informationen für die Briten aus, ihre Einheiten in Singapur mit weiteren Seestreitkräften zu verstärken. Man weiß heute auch, dass andere verdächtige Aktivitäten weit im Vorfeld entdeckt wurden, so dass japanische Agenten auf Honolulu detaillierte Informationen über Pearl Harbor nach Tokio übermittelten und selbst die Deutschen in Berlin ihre Spione exakt auf diesen Ort ansetzten.[12] Noch am 6. Dezember, dem Tag vor dem japanischen Angriff, wurde von den Amerikanern ein Datenpaket abgefangen und entschlüsselt, in dem zwar ebenfalls keine genauen japanischen Angriffsziele erwähnt wurden, das aber vom Gesamtinhalt her so brisant erschien, dass Roosevelt und seine Berater nun annahmen, eine japanische Operation stehe unmittelbar bevor. Da aber Außenminister Hull, Kriegsminister Stimson und Marineminister Knox noch nicht überzeugt waren, wurde eine Entscheidung noch aufgeschoben.

Der Luftangriff auf Pearl Harbor am nächsten Morgen, dem 7. Dezember 1941 um 7.55 Uhr Ortszeit (Ortszeit Washington: 12.55 Uhr), blieb unter diesen Voraussetzungen für die dort stationierten US-Truppen zwangsläufig eine Überraschung. Weitergehende Vorsichtsmaßnahmen waren nicht ergriffen worden. Die Schäden, die von den japanischen Jägern und U-Booten an den im Hafen liegenden Schiffen, aber auch auf den Docks und Flugplätzen verursacht wurden, waren verheerend, jedoch nicht so dramatisch, wie die japanische Führung angenommen hatte. Es fielen über 2400 Amerikaner und fast 1200 wurden verwundet.[13] 21 Schlachtschiffe waren völlig oder teilweise zerstört, allerdings mussten später nur zwei von ihnen, die «Arizona» und die «Oklahoma», als Totalverlust verbucht werden. Alle anderen konnten nicht nur repariert werden, sondern wurden sogar noch im Pazifikkrieg sowie während der alliierten Invasion in der Normandie am 6. Juni 1944 wieder eingesetzt. Zwei Flugzeugträger, mit denen die Japaner im Hafen gerechnet hatten, die «USS Lexington» und die «USS Enterprise», befanden sich

«Ein Datum ewiger Schande» Japanische Aufnahme vom Angriff auf Pearl
Harbor am 7. Dezember 1941

mit den begleitenden Schweren Kreuzern auf einer Überführungsfahrt
nach Midway und Wake. Darüber hinaus wurden allerdings 323 Flugzeuge zerstört oder beschädigt.

Auf japanischer Seite waren lediglich 65 Soldaten gefallen, dazu
kamen Verluste von 29 Flugzeugen und fünf kleineren U-Booten. Einen
dritten, zur völligen Zerstörung der Werften und der Treibstofflager
eigentlich notwendigen Angriff hatte die japanische Führung nicht mehr
befohlen, da nach den ersten beiden Wellen bereits eine weitgehende
Ausschaltung der amerikanischen Pazifikflotte angenommen wurde und
man eine unnötige Gefährdung der für die weitere Kriegsführung in
Südostasien unverzichtbaren Trägerflotte vermeiden wollte. Zudem begannen die weiteren Angriffe parallel zum Überfall auf Hawaii. Hier
waren die amerikanischen Stützpunkte aufgrund der Zeitverschiebung
vorgewarnt. Eine ernsthafte Möglichkeit zur Verteidigung blieb aber
auch hier nicht.

Kriegsverlauf in Asien Washington antwortete am 8. Dezember
zunächst mit der offiziellen Kriegserklärung. Das japanische Schreiben
zum Abbruch der diplomatischen Verhandlungen hatte Tokio noch zu

dem Zeitpunkt verlassen, als die Torpedobomber bereits in Richtung Pearl Harbor auf dem Weg waren, aber ihr Ziel noch nicht erreicht hatten. Nach Roosevelts Kongressansprache am 8. Dezember, in der das berühmte Wort vom «Tag der andauernden Schande» fiel,[14] verabschiedeten die amerikanischen Abgeordneten eine gemeinsame Erklärung, in der «der Kriegszustand zwischen den Vereinigten Staaten und der Kaiserlichen Regierung von Japan ... formell erklärt» wurde. Der Präsident erhielt die Ermächtigung, «See- und sonstige militärische Kräfte ... sowie die sonstige Regierungsgewalt in den Krieg gegen die Kaiserliche Regierung von Japan zu schicken, um den Krieg zu einem erfolgreichen Ende zu führen ...». Vorangegangen waren zu diesem Zeitpunkt bereits weitere japanische Angriffe, unter anderem auf Guam, die Philippinen, Wake und Midway, aber auch auf die britischen Kolonialgebiete Hongkong und Malaya. Als drei Tage später die durch den Dreimächtepakt mit Japan verbündeten Achsenmächte Deutschland und Italien am 11. Dezember 1941 den USA den Krieg erklärten, war auch der Kriegszustand mit Berlin und Rom da. Der europäische Krieg, in den die USA bislang nur indirekt über Lieferungen von militärischem Gerät involviert gewesen waren, hatte sich zu einem Weltkrieg ausgeweitet, in den schließlich nahezu alle Staaten der Erde eintraten.

Nicht nur im Kongress, in dem die Kriegserklärung vom 8. Dezember mit nur einer Gegenstimme verabschiedet wurde, sondern auch in der amerikanischen Öffentlichkeit brach mit dem japanischen Angriff auf Pearl Harbor und die anderen pazifischen Stützpunkte endgültig der Isolationismus zusammen, der vorher sogar dem seit 1939 andauernden Krieg in Europa getrotzt hatte. Er machte einem kollektiven Patriotismus Platz, und die Rekrutierungsbüros waren kaum in der Lage, die vielen Freiwilligen aufzunehmen. Innenpolitisch richtete sich die Aggression besonders gegen die Amerikaner japanischer Herkunft. Die deutschstämmigen US-Bürger, die im Ersten Weltkrieg für die Politik ihrer ehemaligen Heimat verantwortlich gemacht wurden, waren davon viel weniger betroffen. Rund 100 000 japanischstämmige Amerikaner, von denen rund 96 Prozent in Kalifornien lebten, internierte man schließlich.[15] In solchen Lagern war es sogar verboten, über den Krieg mit Japan zu sprechen. Selbst der Gebrauch der japanischen Sprache war in Versammlungen unerwünscht. Erst nach Kriegsende verschwanden die Lager wieder. Noch einmal fast dreißig Jahre dauerte es, bis eine US-Regierung offiziell ihr Bedauern über das Vorgehen ausdrückte.

Dass sich der Hass zunächst auf die aus Japan Stammenden konzentrierte, hing in erster Linie damit zusammen, dass sich die US-Truppen im Pazifik nach Pearl Harbor erst einmal in der Defensive befanden und mit den Deutschen noch nicht gekämpft wurde. Kampfkräftige US-Truppen befanden sich kaum im Pazifik, und auch die Zahl der Überwasserstreitkräfte und U-Boote lag zunächst noch weit hinter den japanischen. Insofern war es keine Überraschung, dass die vorhandenen amerikanischen Truppen geradezu überrannt wurden. Die Philippinen fielen nahezu kampflos, und auch die britischen Kolonien in Malaya konnten nur wenig Gegenwehr leisten. Nachdem das französische Kolonialgebiet erobert worden war, setzten die Japaner ihren Vormarsch in Südostasien auch in Thailand nahezu ungehindert fort. Als besonderes Desaster wurde in Washington zwei Tage nach der amerikanischen Kriegserklärung der Verlust des britischen Schlachtschiffs «Prince of Wales», auf dem noch im August öffentlichkeitswirksam die Atlantik-Charta unterzeichnet worden war, sowie der «Repulse» bei Kuantan empfunden. Militärisch waren die britischen Besitzungen danach fast schutzlos.

Die US-Führung setzte angesichts der fehlenden Möglichkeiten bereits wenige Wochen nach dem japanischen Angriff auf militärisch zwar fragwürdige, aber an der Heimatfront dankbar aufgenommene Nadelstiche gegen Japan. Der von Flugzeugträgern aus gestartete Luftangriff auf Tokio am 18. April 1942 richtete zwar kaum Schäden in der Kriegsindustrie an, hinterließ aber mehrere Dutzend Tote und zerstörte vor allem das bis dahin in der japanischen Führung gepflegte Bild der Unverwundbarkeit der Hauptinseln. Die meisten amerikanischen Luftangriffe folgten erst 1944/45, als die Amerikaner von den bereits wiedereroberten Inseln – vor allem von Guam aus – schwere Zerstörungen in japanischen Großstädten, insbesondere auch Tokio, anrichteten. Allein in der Hauptstadt starben bei einem einzigen Angriff am 10. März 1945 etwa 100 000 Menschen.[16]

Die Wende im Pazifik zugunsten der USA begann sich schon Mitte 1942 abzuzeichnen, als es amerikanischen Seestreitkräften am 5. Juni gelang, in der Schlacht von Midway vier japanische Flugzeugträger zu versenken und danach mit Hilfe der Taktik des «Inselspringens» (Leapfrogging, Island Hopping) allmählich japanische Stützpunkte zurückzudrängen. Einen Monat später landeten US-Truppen bereits auf den japanisch kontrollierten Salomonen östlich von Papua-Neuguinea, nur wenig entfernt vom niederländischen Kolonialgebiet Indonesien. Nach einem weiteren halben Jahr konnten die Amerikaner im Februar 1943 in einer

überaus blutigen Schlacht Tokios Truppen von der zu den Salomonen gehörenden Insel Guadalcanal vertreiben. Am Ende des Jahres drängten
britische Truppen die Japaner auch aus Birma zurück. Die alliierte Serie
setzte sich 1944 fort, als in der berühmt-berüchtigten Flugzeugträger-
schlacht bei der Marianeninsel Saipan nördlich Papua-Neuguineas ein so
grandioser Sieg errungen wurde, dass sogar das japanische Kriegskabi-
nett unter Premier Hideki Tojo zurücktreten musste. Seit dem 25. Juni
1944 reagierte das militärisch in die Defensive gedrängte Japan eine
Zeitlang mit den aus den Mongolenkriegen bekannten Kamikaze-An-
griffen. Die Niederlage des Kaiserreichs konnte damit freilich nicht mehr
aufgehalten werden. Dennoch entwickelten sich die Schlachten vor den
japanischen Hauptinseln, insbesondere die Eroberung von Okinawa seit
dem 1. April 1945, zu besonders verlustreichen Unternehmen.

Okinawa wurde für die amerikanische Regierung deswegen zu einem
wichtigen Argument für die am Ende des Krieges getroffene Entscheidung zum Abwurf der beiden ersten und bis heute einzigen Atombomben.
Sie allein kosteten nach heutigem Kenntnisstand schon bis Ende 1945
rund 200 000 Tote. Die Zahl der langfristig an Strahlungskrankheiten
Verstorbenen oder von anderen Spätfolgen Betroffenen ist unbekannt,
soll aber dreimal höher liegen.[17]

The Good War

Die für die USA und nicht zuletzt Roosevelt wichtigere Auseinandersetzung mit dem nationalsozialistischen Deutschland und seinen europäischen Verbündeten ergab sich dagegen eher zufällig, als Hitler und
Mussolini am 11. Dezember 1941 ihren Verpflichtungen aus dem im Jahr
zuvor geschlossenen Dreimächtepakt nachkamen und offiziell in den
Krieg gegen die USA eintraten. Es ist fraglich, ob Roosevelt die Auseinandersetzung mit Hitler ohne die gegnerische Kriegserklärung innenpolitisch hätte durchsetzen können. Hitler jedenfalls hatte wiederholt
betont, dass für ihn der «Krieg der Kontinente», das heißt vor allem gegen
die USA, eher ein Programm der Zukunft sein sollte.

Für die USA hatte die deutsche Kriegserklärung den Vorteil, dass
damit gleichzeitig der seit dem Ende des Ersten Weltkriegs ausgetragene
Kampf zwischen Isolationisten und Internationalisten entschieden war.
Die Isolationisten, die insbesondere in der Republikanischen Partei ver-

sammelt waren, hatten eigentlich nur die unmittelbaren außenpolitischen, militärischen und wirtschaftlichen Interessen der USA in der
Region des westlichen Atlantiks und des östlichen Pazifiks anerkennen
wollen und waren daher 1939 vehement gegen eine Einmischung in den
europäischen Krieg aufgetreten. Bezeichnenderweise hatte Roosevelt
noch 1940 in den Staaten des Mittleren Westens nicht gegen seinen republikanischen Gegenkandidaten Wendell Wilkie bestehen können.[18]
Demgegenüber hielten die Internationalisten um Roosevelt in der Demokratischen Partei ein grundsätzliches Interesse der USA in allen Teilen
der Welt zusammen mit der Bereitschaft, im Zweifelsfall zu intervenie-
ren, für zwingend notwendig. Dabei spielte für den Präsidenten eine entscheidende Rolle, dass spätestens seit 1936 versucht wurde, in Europa
und Ostasien autarke Wirtschaftsräume zu entwickeln.

Roosevelt und Hitler Dass die Fronten ohnehin klar waren, hatte Roosevelt seit seinem Amtsantritt 1933 immer wieder betont; so sendeten sein
Kampf gegen die Neutralitätsgesetzgebung, aber auch seine wirtschafts-
und militärpolitischen sowie außenpolitischen Entscheidungen und nicht
zuletzt sein Vorgehen gegen die nationalsozialistischen Gruppen in den
USA unmissverständliche Botschaften. Nach der berühmten Quarantäne-
Rede 1937 gehörten dazu insbesondere die seit dem 17. Mai 1938 bis zum
23. Dezember 1941 verabschiedeten vier Naval Expansion Acts, die mit
Milliardenaufwand den globalen Einsatz der Marine langfristig gewährleisten sollten. Sie schufen das, was ab 1940 als die «Zwei-Ozeane-Flotte»
(Two-Oceans Naval Expansion Act) bezeichnet wurde. Zum Rückgrat entwickelten sich neben den Schlachtschiffen immer deutlicher die Flugzeugträger, die einen weltweiten Einsatz von Kampfflugzeugen zuließen. Im
Zweiten Weltkrieg verwies die amerikanische Marine schließlich sogar die
britische auf den zweiten Platz. Dieser Umstand wurde gleichzeitig zu
einem der wichtigsten Ausgangspunkte für den Aufstieg der USA zur «Supermacht» nach 1945, der neben Nuklearwaffen insbesondere die Fähigkeit zu schnellen weltweiten Einsätzen voraussetzte.

Die «Annual Message», die Roosevelt am 4. Januar 1939 vor dem
Kongress hielt, gehört in diesem Zusammenhang wohl zu den pro-
grammatischsten. Deutlicher als in der Quarantäne-Rede begründete
der Präsident hier in klarer Abgrenzung von der damals noch aktuellen
britischen Appeasement Policy die Notwendigkeit eines größeren Engagements der Vereinigten Staaten mit den Traditionen der amerikanischen
Geschichte seit der Kolonialzeit. «Wir haben gelernt», so Roosevelt,

«dass die gottesfürchtigen Demokratien auf der Welt, die die Heiligkeit von Verträgen beachten und die den Abmachungen mit anderen Staaten vertrauen, nicht mehr gleichgültig gegenüber der überall zu beobachtenden internationalen Gesetzlosigkeit sein können. Sie können es nicht ohne wirkungsvollen Protest durchgehen lassen, dass Aggressionen gegen verwandte Nationen durchgeführt werden, die automatisch auch bei uns alles in Frage stellen.»[19] Die Einstellung, dass die USA als eine auf Religiosität gegründete und von Gott auserwählte Nation aufstehen müssten, das Recht wiederherzustellen, wurde zum entscheidenden Stichwort, das bis in die Nachkriegspolitik, etwa in den in Nürnberg 1945/46 stattfindenden «Prozess gegen die Hauptkriegsverbrecher» in Deutschland oder das 1946 in Tokio beginnende Militärgerichtsverfahren gegen die japanischen Verantwortlichen ausstrahlte.

Inwieweit neben der grundsätzlichen Annahme, die Deutschen seien eine besondere Gefahr für den Weltfrieden, die Furcht vor einer deutschen Atombombe in Roosevelts Politik eine entscheidende Rolle spielte, ist nur zu vermuten. Dass Albert Einstein am 2. August 1939 glaubte, den amerikanischen Präsidenten darauf direkt hinweisen zu müssen, zeigt allerdings, wie groß die generelle Besorgnis unter denjenigen war, die sich die Zerstörungskraft einer solchen Waffe überhaupt vorstellen konnten. Roosevelt brauchte sicherlich keinen weiteren Anstoß, um die Gefahr, die von Hitler ausging, zu erkennen, aber seine Reaktion auf Einsteins Brief, der ihm von dem amerikanischen Bankier Alexander Sachs überstellt wurde, macht klar, dass er sich zumindest die Option für die Herstellung solcher Waffen offenhalten wollte. Kurz danach wurde in Roosevelts Auftrag ein erstes Beratergremium, das Advisory Committee on Uranium, zusammengestellt, und daraufhin auch verstärkt die Atomforschung, allerdings noch keine direkte Waffenforschung finanziert. Diese begann erst mit dem eigentlichen Manhattan-Projekt 1942.

Auch für Churchill war klar, dass die Deutschen zuerst bekämpft werden müssten. Die wichtigste Aufgabe, so hatte der britische Premier wenige Tage vor dem japanischen Angriff auf den US-Marinestützpunkt Pearl Harbor und der folgenden deutschen Kriegserklärung an die USA betont, bestehe darin, «ein für alle Mal die deutsche Gefahr zu beseitigen».[20] Als sich Roosevelt und Churchill zwischen Weihnachten 1941 und dem folgenden Jahreswechsel in Washington zur sogenannten Arcadia-Konferenz trafen, wurde deshalb als Ziel vereinbart, den Krieg gegen Deutschland mit Priorität zu führen. «Europe First» und «Germany

First» hieß das Programm, das dafür gleichzeitig einen länger andauernden Pazifikkrieg in Kauf nahm. Es war kein Zufall, dass auf der selben Konferenz die «Deklaration der Vereinten Nationen» (Declaration by United Nations) unterzeichnet wurde, die nach dem Sieg über die Achsenmächte 1945 zur Gründung der Vereinten Nationen führen sollte.[21] Die Botschaft der Arcadia-Konferenz war eindeutig: Hier führten die moralisch integren Nationen für eine bessere Welt Krieg gegen eine Achse bösartiger Staaten.

Der Zweite Weltkrieg war für die Amerikaner nicht nur im Rückblick der «Gute Krieg» – «The Good War».[22] Hitler war ein Gegner, der alles das negierte, was tief im kollektiven Bewusstsein der USA verankert war, zudem passte er perfekt in das lange eingeübte Feindschema. Er war antidemokratisch, antireligiös, er verfolgte Minderheiten und entsprach damit dem Bild des Despoten, das auch Wilhelm II. im Ersten Weltkrieg ausgefüllt hatte. Der italienische Faschismus und sein Duce Benito Mussolini traten dahinter weit zurück. Nicht zuletzt forderte Hitler die gesamte angelsächsische Welt heraus, mit der sich die amerikanische Nation trotz aller Konflikte mit dem Mutterland mehrheitlich eng verbunden fühlte. Vor diesem Hintergrund war es dann auch kein Zufall mehr, dass Roosevelt in seinen populären Fireside Chats ein weiteres zentrales Bild der Amerikaner bemühte. In seiner abendlichen Ansprache am 29. Dezember 1940 unterstrich er ausdrücklich die seit James Monroe kontinuierlich öffentlich präsentierte Rolle der USA als Schutzmacht der Freiheit gegen die Despoten, sie seien das «Arsenal der Demokratie».[23] Dasselbe Argument hatte der Präsident bereits im Zusammenhang mit der Lieferung von Zerstörern an Großbritannien und dem «Leihen» von Waffen nach dem Lend-and-Lease Act vom März 1941 gebraucht. Auch die Wasserbombenattacken der amerikanischen «Neutralitätspatrouillen» auf deutsche U-Boote im Atlantik oder die Besetzung Islands durch US-Truppen am 7. Juli 1941 wurden so legitimiert.

Das «unnatürliche Bündnis» Der Beginn des «Guten Krieges» verlief allerdings trotz aller US-Hilfe, die Roosevelt 1939 zunächst den Briten, dann 1940 den Franzosen und schließlich 1941 auch den Sowjets zukommen ließ, eher enttäuschend. Zwischen dem 1. September 1939 und Ende Juni 1940 hatten die deutschen Truppen nahezu kampflos Polen, dann Dänemark und Norwegen, schließlich die Benelux-Staaten und sogar Frankreich überraschend leicht erobern können. Seit Mitte 1940 führte die deutsche Luftwaffe einen verstärkten Bombenkrieg gegen Großbritannien, der nur deshalb für die Briten einigermaßen glimpflich verlief, weil die deutsche Führung sich von den militärischen auf zivile Ziele verlegte und schließlich im September sogar die eigentlich geplante Invasion der Inseln zugunsten des Engagements in Südost- und Osteuropa sowie Nordafrika aufgab. Im Februar 1941 hatte Hitler zunächst einen kleinen Verband zur Unterstützung der in die Defensive geratenen italienischen Truppen nach Nordafrika entsandt, wenig später war diese Unterstützung für Mussolini auf Jugoslawien, Albanien und Griechenland ausgedehnt worden. Mitte 1941, kurz vor dem deutschen Angriff auf die Sowjetunion am 22. Juni, beherrschte «die Achse» unangefochten das Gebiet zwischen Norwegen und dem Mittelmeer. Hitlers diplomatischer Coup, der Abschluss eines Nichtangriffsvertrags mit dem ideologischen Erzfeind Sowjetunion am 19. August 1939, schien zudem alle politischen Voraussagen über den Haufen zu werfen. In den USA führte das Bündnis von Hitlers nationalsozialistischer und Stalins bolschewistischer Diktatur vor allem zu einem Aufblühen der sogenannten Totalitarismustheorie, die faktisch das alte Despotie-Modell der Kolonialzeit nun wissenschaftlich begründete. Obwohl diese erst nach dem Beginn des Kalten Krieges vor allem durch den seit 1926 an der Universität Harvard lehrenden Carl Joachim Friedrich – und insbesondere durch das 1956 mit Zbigniew Brzeziński vorgelegte Buch *Totalitarian Dictatorships und Autocracy* – populär gemacht wurde, entsprach die Idee nach dem August 1939 doch der allgemeinen Stimmung in den USA. Noch 1940 veröffentlichte Franz Borkenau, ein aus Deutschland vertriebener Historiker und Soziologe, der sich schon 1928/29 vom Stalinismus abgewandt hatte und deshalb aus der KPD ausgeschlossen worden war, sein Werk *The Totalitarian Enemy*. Für Roosevelt wurde es damit allerdings schwierig, nach dem deutschen Überfall auf die Sowjetunion das Bündnis mit Stalin glaubwürdig zu legitimieren.

Noch im Juli 1941, als die deutschen Truppen scheinbar unaufhaltsam Richtung Osten stürmten, sandte Roosevelt einen seiner engsten Mitarbeiter, Harry Hopkins, nach Moskau, um Unterstützung anzubieten. Es war ein «unnatürliches Bündnis», wie alle wussten, und es kam nur deshalb zustande, weil man Hitler zu diesem Zeitpunkt für die größere Gefahr hielt. Schon bis Ende des Jahres 1941, als der Winter die deutschen Truppen vor Moskau stoppte, hatten die USA rund 350 000 Tonnen Güter geliefert, um den Zusammenbruch der UdSSR zu verhindern. Insgesamt stellten die Amerikaner den Sowjets bis 1945 Kriegsmaterial im Wert von rund 2,6 Milliarden Dollar zur Verfügung.[24] Dies bedeutete selbst für außenpolitische Pragmatiker, die nicht nur die Anti-Despoten-Rhetorik im Ohr hatten, sondern sich zudem noch gut an die nur knapp zwanzig Jahre zurückliegende amerikanische Intervention in Russland auf Seiten der Weißen Truppen nach dem Ersten Weltkrieg erinnern konnten, eine grundlegende Änderung der amerikanisch-sowjetischen Beziehungen. Bis zum Zweiten Weltkrieg waren diese aus politischen Gründen außerordentlich schwach geblieben. Vor der Weltwirtschaftskrise hatte es zwar private amerikanische Geschäftsbeziehungen gegeben, weil die Sowjets an westlicher Technologie interessiert waren. Die Bolschewiki importierten insbesondere Maschinen für die forciert angegangene Industrialisierung ihres Landes – nicht zuletzt Ableger der US-Automobilindustrie – und exportierten dafür Nahrungsmittel, Roh- und Brennstoffe, die zunächst auch in den USA abgenommen wurden. Dem Börsenkrach 1929 war dann aber ein Handelsembargo gefolgt, und mit dem zweiten sowjetischen Fünfjahresplan ab 1933 war es kaum besser geworden.[25]

Schon im September 1941 erreichten die ersten amerikanischen Flugzeuge die UdSSR, danach steigerten sich die Lieferungen kontinuierlich. Nachdem das Deutsche Reich den USA am 11. Dezember 1941 den Krieg erklärt hatte, brachten amerikanische Transportschiffe ihre Hilfsgüter über mehrere Routen nach Murmansk und Archangelsk an der sowjetischen Nordküste sowie nach Wladiwostok an der Ostküste. Eine weitere Route für Hilfsgüter führte über Nome in Alaska nach Anadyr in Sibirien. Diese wurde vor allem für die Überführung von Flugzeugen in die Sowjetunion genutzt. Auf dem südlichen Landweg erreichten amerikanische Güter die Sowjetunion über den Persischen Golf und den seit August 1941 von britischen und sowjetischen Truppen gemeinsam besetzten Iran, sowie über Indien. Im Iran eröffneten die USA deswegen noch im Spätsommer 1941 eine eigene Militärmission sowie 1942 ein eigenes U.S. Persian Gulf Command und bauten zielstrebig die Hafenstädte Basra und Chorramschahr aus. Insgesamt wurden weit über 14 000 Flugzeuge, etwa 7000 Panzer, über 400 000 Militärjeeps und -lastwagen, etwa 13 000 Eisenbahnwaggons und Lokomotiven, knapp 300 U-Boot-Jäger und Torpedoboote sowie 90 Frachtschiffe von den USA geliefert.[26] Hinzu kam britische und kanadische Unterstützung.

Lieferungen der USA an die UdSSR 1941–1945 (Auswahl)[27]

Flugzeuge	14 795
Panzer	7 056
Jeeps	51 503
Lastwagen	375 883
Motorräder	35 170
Traktoren	8 071
Geschütze	8 218
Maschinengewehre	131 633
Güterwagen	11 155
Lokomotiven	1 981
Frachtschiffe	90
U-Boot-Jäger	105
Torpedoboote	197

Rüstung in den USA   Die großzügigen US-Lieferungen an die Sowjetunion, aber auch an die Briten und andere Verbündete konnten nur durch die enorme Leistungsfähigkeit der amerikanischen Wirtschaft erreicht werden, die nach der Depression der 1930er Jahre während des Zweiten Weltkriegs zeigte, wozu sie imstande war.[28] Vom Beginn des europäischen Krieges 1939 bis zum Ende des global geführten Zeiten Weltkriegs wuchs die amerikanische Industrieproduktion um rund das Doppelte. Auf die USA entfielen 1943/44 rund 40 Prozent aller der auf dem Globus geschaffenen Kriegsgüter. Das Bruttosozialprodukt, das zu Beginn der Präsidentschaft Roosevelts 1933 auf 56 Milliarden Dollar eingebrochen war, vervierfachte sich bis 1945 fast und erreichte rund 211 Milliarden Dollar. Mit der Verdoppelung der Industrieproduktion zwischen 1939 und 1945 verringerte sich auch endlich die Arbeitslosigkeit von knapp zehn auf etwa eine Million gemeldete Erwerbslose. Der Preis war allerdings hoch: Die Verschuldung des Bundes stieg bis 1945 auf gigantische 258 Milliarden Dollar, wobei allein 50 Milliarden Dollar in die Lieferungen für die Verbündeten flossen.

Die enorme Produktivität der amerikanischen Kriegswirtschaft beruhte zwar unter anderem auf den enormen Ressourcen und der weit fortgeschrittenen Automatisierung. Dass sie aber so reibungslos verlief, hatte ihre Ursache in dem gesamtgesellschaftlichen Konsens, der an Wilsons Vorbild im Ersten Weltkrieg anknüpfte. Auch Roosevelt baute auf die Einbindung der Gewerkschaften, um Streiks und ähnliche Verzögerungen in der Produktion zu verhindern. Darüber hinaus setzte er der Wirtschaft, in der seit 1942 Großkonzerne die tragende Rolle spielten, klare Ziele, die zum Beispiel lauteten, 60 000 Flugzeuge im Jahr zu

Zusammenrücken für den Endsieg Werbung für die 7. Kriegsanleihe im Mai 1945. Das von C. C. Beal gemalte Bild zeigt die Flaggenhissung im Februar 1945 auf der eroberten japanischen Insel Iwo Jima. Beal orientierte sich dabei am Photo *Raising the Flag on Iwo Jima,* für das Joe Rosenthal mit dem Pulitzer-Preis ausgezeichnet wurde. Die berühmte Szene wurde zum Vorbild für das 1954 in Washington eingeweihte *US Marine Corps War Memorial.*

fertigen.[29] Die Finanzierung knüpfte ebenfalls an Bewährtes an. Zumindest ein Teil der gigantischen Produktion konnte durch die bekannten Kriegsanleihen (War Loans) bestritten werden. Für sie organisierte man umfassende und ganz auf die Mentalität der Amerikaner abgestimmte Werbekampagnen, mit deren Hilfe bis 1945 rund 186 Milliarden Dollar, das heißt fast das Bruttosozialprodukt eines Kriegsjahres, eingesammelt werden konnten.[30]

Die Atombombe Zum erheblichen Kostenfaktor für die US-Wirtschaft wurde insbesondere die Entwicklung der Atombombe.[31] Nach Einsteins Warnung 1939 und den von Otto Hahn und Fritz Strassmann im selben Jahr publizierten Erkenntnissen zur Urankernspaltung hatten unter anderem auch die aus Ungarn in die USA emigrierten Atomphysiker Leó Szilárd und Edward Teller die Befürchtung geäußert, dass die Deutschen tatsächlich in der Lage sein könnten, eine Bombe mit nuklearer Kettenreaktion und unvorstellbarer Zerstörungskraft zu entwickeln. Roosevelt hatte daraufhin noch im August 1939 die Entscheidung getroffen, weitere Forschungen in der Atomphysik zu finanzieren. Auf Basis dieser Vorarbeit wurde seit 1942 dann das nun eindeutig militärisch ausgerichtete Manhattan-Projekt gestartet. An der Spitze stand ein General. Leslie R. Groves versammelte die für die USA erreichbaren besten Wissenschaftler der internationalen Nuklearforschung unter der Leitung von J. Robert Oppenheimer, um die «Superbombe» zu bauen.[32] Was alle antrieb, war nicht zuletzt die Furcht. Nicht nur die deutschen Forschungen wurden als Gefahr angesehen, sondern auch die Japaner waren unter der Führung des Physikers Yoshio Nishina bereits in der Lage, einen Kernfusionsreaktor herzustellen.

Seitdem ab 1939 auf Roosevelts Anweisung mehr Gelder in die Atomforschung flossen, hatten bereits Spezialisten wie der an der New Yorker Columbia University forschende italienische Nobelpreisträger Enrico Fermi, der 1938 vor den italienischen Faschisten in die USA geflohen war, verstärkt an ihren Projekten arbeiten können. Vier Jahre später fuhr Fermi tatsächlich den ersten funktionierenden Kernreaktor – «Fermi's ‹pile› at Stagg Field» – an der Universität von Chicago an. Schon ab 1940, als die unterschiedlichen Forschungsanstrengungen unter der Ägide der Carnegie Institution und seines Direktors Vannevar Bush neu organisiert worden waren, nahm das Tempo sichtbar zu. Der Durchbruch als kriegswichtiges Projekt kam indes erst mit dem Angriff auf Pearl Harbor. Seit Anfang 1942 entstanden die ersten zentralen Anlagen zum

Bau der Bombe als «Site X» im Oak Ridge National Laboratory im Bundesstaat Tennessee. Hier wurden der Graphit-Reaktor, die Gasdiffusionsanlagen und schließlich die «Y-12 Beta-3 Racetracks» für die Isotopentrennung gebaut, die schließlich das Material für die erste Uranbombe, «Little Boy», bereitstellten, welche am 6. August 1945 Hiroshima traf. In Hanford, der «Site W», die später auch als «Atomstadt» («Atomic City») bekannt wurde, errichtete man ab 1944 den ersten Plutoniumreaktor der Welt. Der berühmte «B Reactor» lieferte den Stoff für die Nagasaki-Bombe «Fat Man». Hanford blieb für die Nuklearwaffenproduktion im Kalten Krieg noch viele Jahrzehnte unverzichtbar. Darüber hinaus entstand die «Site Y», das Los Alamos National Laboratory in New Mexico, wo die Endmontage stattfand. Der erste Versuch, der «Test Trinity», bei dem die Verantwortlichen nicht einmal wussten, ob möglicherweise die Atmosphäre Feuer fangen würde, startete am 16. Juli 1945 auf dem dazugehörigen Testgelände Alamogordo. Obwohl alles hochgeheim war, wurde beträchtliches Wissen schon seit 1943 durch den in Los Alamos beschäftigten deutschstämmigen Atomwissenschaftler Klaus Fuchs ausgespäht und an die UdSSR weitergegeben, die Fuchs in ihrem Kampf gegen Deutschland, aber wohl auch in ihrer Konkurrenz zu den USA unterstützen wollte.[33]

Kriegsverlauf in Europa Im Gegensatz dazu gingen die USA im Dezember 1941 geradezu unbekümmert in die militärische Auseinandersetzung mit Deutschland. Im von der deutschen Seekriegsleitung unmittelbar nach der Kriegserklärung auf den Weg gebrachten U-Boot-Unternehmen «Paukenschlag» vor der damals völlig ungeschützten amerikanischen Ostküste wurden innerhalb von sechs Monaten 397 amerikanische Schiffe mit rund zwei Millionen BRT versenkt.[34] Die enormen Verluste waren nicht nur der Ausgangspunkt für den Übergang zu Konvois, sondern auch für eine nochmalige Steigerung des Schiffbaus in den USA. Mit ihren verkürzten Produktionszeiten überstieg die Fertigstellung der nun standardisierten «Liberty-» und «Victory»-Schiffe rasch den Verlust durch feindliche U-Boote.

Im Laufe des Jahres 1942 waren die USA schließlich in der Lage, in Europa aktiv zu werden. Die Luftangriffe, die nicht nur von Großbritannien aus geflogen wurden, sondern sich auch in das britische Konzept des Area Bombing deutscher Städte mit dem Ziel einpassten, das Durchhaltevermögen der Deutschen aufzuweichen, erreichten 1943 einen ersten Höhepunkt. Mit ihnen wiederholten sich in Washington allerdings die Fehler, die bereits im Atlantik zu hohen Verlusten geführt hatten. Da die US-Luftwaffe sich in Verkennung der Lage nicht nur für Tagesangriffe entschieden hatte, sondern im Vertrauen auf die schwere Bewaffnung der eigenen Bomber, vor allem des Typs Flying Fortress, zunächst auch auf ausreichenden Jagdschutz verzichtete, erlitt sie in diesem Jahr massive Verluste. Dazu trug bei, dass die Amerikaner sich für die mit London während der Konferenz von Casablanca im Januar 1943 vereinbarte Combined Bomber Offensive darauf verständigt hatten, selbst die besonders stark gesicherten Industrieanlagen der Achsenmächte bei Tag anzugreifen.[35] Die im August 1943 gegen das rumänische Erdölfeld Ploieşti geflogenen Angriffe führten zum Verlust von rund zwei Dritteln der eingesetzten Bomber. Bei der im selben Monat gegen Schlüsselwerke der deutschen Kriegsindustrie in Regensburg und Schweinfurt durchgeführten Operation «Double Strike» wurden ebenfalls über 230 US-Bomber abgeschossen oder so schwer beschädigt, dass sie als Totalverlust galten. Allein bei diesem Angriff starben zudem etwa sechshundert amerikanische Soldaten. Auch der zweite Einsatz über Schweinfurt im Oktober des Jahres geriet zu einem ähnlichen Desaster mit über zweihundert abgeschossenen oder beschädigten Bombern. Erst der massive Einsatz von Begleitjägern brachte zusammen mit den zunehmenden Problemen der Deutschen bei der Treibstoffversorgung ab Februar 1944 die Wende.

Der Krieg am Boden begann zunächst an der Peripherie des deutschen Machtbereichs. Die zusammen mit britischen Truppen am 8. November 1942 in Nordafrika begonnene Operation «Torch» zwang bis Mai 1943 die gesamten Streitkräfte der Achse in Nordafrika zur Kapitulation. Die amerikanische Entscheidung für den Angriff in Nordafrika war aufgrund der britischen Sorgen gefallen, dass die von Washington bevorzugte Invasion an der europäischen Westküste zu risikoreich sein würde. Tatsächlich hatte eine bereits im August 1942 auch von amerikanischen Soldaten mitgetragene Landungsoperation im Hafen von Dieppe, die Operation «Jubilee», ein unvermutet blutiges Ende genommen. Das wiederholte Verschieben der sogenannten Zweiten Front, auf die namentlich Stalin, dessen Truppen die größte Last zu tragen hatten, drängte, wurde schließlich zu einem wichtigen Punkt in der zunehmenden Entfremdung zwischen den Westalliierten und Moskau. Nach dem militärischen Erfolg in Nordafrika folgte als nächste Stufe der alliierten Landungsoperationen im Mittelmeer am 10. Juli 1943 die Invasion auf Sizilien. Die – wie man heute weiß – mit Hilfe der örtlichen Mafiafamilien vorbereitete Operation «Husky»[36] bildete wiederum den Auftakt für die Landung auf dem italienischen Festland. Erneut zeichnete dafür der Kommandierende General des amerikanischen Mediterranean Theater of Operations, Dwight D. Eisenhower verantwortlich, der bereits die Operation Torch geführt hatte.

Wie stark die US-Truppen unter Druck standen, zeigte sich schon bei der Eroberung Siziliens, während der sich die beteiligten Generäle eine Art Prestigewettkampf lieferten. In einem späteren Kriegsgerichtsverfahren gegen zwei US-Soldaten, die an der Erschießung von deutschen und italienischen Kriegsgefangenen in Biscari beteiligt gewesen waren, beriefen sich die Angeklagten auf entsprechende Befehle des als Draufgänger bekannten Generals George Patton.[37] Der ebenfalls als schwierig angesehenen Besetzung des italienischen Festlands schien zunächst ein glücklicher Zufall entgegenzukommen. Nach der Einnahme von Palermo wurde Mussolini am 24. Juli 1943 gestürzt und sein Nachfolger, Pietro Badoglio, nahm danach sofort Verhandlungen mit den Westalliierten auf. Gegen die als Reaktion darauf verstärkten deutschen Truppen kamen die alliierten Invasionseinheiten allerdings nur noch schrittweise voran, zumal sich die Deutschen schließlich auf der sogenannten Gustav-Linie eingruben. Die dortigen blutigen Kämpfe, die unter anderem um das Kloster Monte Cassino geführt wurden, zogen sich noch bis in den Mai 1944 hin.

Die erwartete große angloamerikanische Invasion an der Westküste Europas, nach der Stalin so dringend und immer misstrauischer verlangt hatte, begann schließlich unter Eisenhowers Oberbefehl als Operation «Overlord» am 6. Juni 1944. Der D-Day, der Decision Day, führte die Alliierten nach blutigen Kämpfen bis zum 25. August zunächst nach Paris, das trotz anderslautender Befehle weitgehend unzerstört übergeben wurde. Zehn Tage zuvor war mit der Operation «Dragoon» auch eine weitere Landung in Südfrankreich zwischen Toulon und Cannes erfolgreich verlaufen.

Die Invasionstruppen arbeiteten sich in den folgenden Monaten von drei großen Brückenköpfen in Richtung Deutschland mit dem Ziel Berlin vor. Dessen Eroberung war allerdings den Sowjets zugestanden worden, die sich bis Mitte 1944 bereits an die Weichsel und nach Warschau sowie weiter südlich bis nach Bulgarien und Rumänien herangekämpft hatten. Vor allem im Dezember 1944 und Januar 1945 trafen die amerikanischen Truppen in den Ardennen noch einmal auf eine unverhofft geballte Gegenwehr deutscher Truppen, die tatsächlich einige Geländegewinne verzeichnen konnten, aber dann wegen Treibstoffmangels und besserer Einsatzbedingungen der US-Luftwaffe endgültig steckenblieben.

Germany First Die Landung in der Normandie am 6. Juni 1944

Die deutsche Führung konzentrierte sich danach vor allem auf die Ostfront, die mittlerweile bedrohlich nahe an Berlin heranrückte, aber auch auf die Hoffnung, dass die alliierte Koalition nach dem Tod Roosevelts am 12. April 1945 auseinanderfallen werde. Die Hoffnung erfüllte sich nicht, war doch der Sieg über Hitler der Nenner, der das Bündnis zusammenhielt. Darüber hinaus aber war allen klar, dass mit Roosevelt nun der eigentliche Motor des ungleichen Bündnisses der westlichen Demokratien mit dem sowjetischen Diktator fehlte. Sein Vizepräsident und Nachfolger Harry Truman sah das «unnatürliche Bündnis» bereits wesentlich kritischer. Die amerikanischen Militäroperationen in Europa gelangen allerdings nun geradezu mit leichter Hand, zumal die deutsche Zivilbevölkerung die Amerikaner fast überall mit offenen Armen empfing. Nachdem am 7. März die später berühmte Brücke von Remagen nahezu unzerstört den US-Truppen in die Hände gefallen war, rückten sie umso schneller vor. Man hatte zwar noch immer gegen den zum Teil heftigen Widerstand der Wehrmacht zu kämpfen, aber der von der US-Führung befürchtete Partisanenkrieg, zu dem der deutsche Propagandaminister Goebbels noch aufgerufen hatte, blieb aus. In Italien ergaben

Das Treffen bei Torgau Die berühmte Inszenierung des Treffens von Soldaten der amerikanischen 69. Infanteriedivision mit Soldaten der sowjetischen 58. Gardeschützendivision am 25. April 1945 auf der Ostseite der zerstörten Elbbrücke bei Torgau.

sich die deutschen Truppen bereits am 28. März 1945 den Amerikanern. Ausgehandelt worden war die aufsehenerregende Kapitulation zwischen dem SS-General Karl Wolff, der immerhin zuvor lange Jahre Chef des Persönlichen Stabes von SS-Chef Heinrich Himmler gewesen war und nun als Bevollmächtigter General der Deutschen Wehrmacht in Italien amtierte, dem Schweizer Geheimdienst und dem US-Geheimdienst OSS. Dass diese Konstellation zu einer massiven Belastung der ohnehin angespannten amerikanisch-sowjetischen Beziehungen führen würde, lag auf der Hand.

Am 18. und 19. April 1945 erreichten US-Truppen Magdeburg und Leipzig, und sechs Tage später trafen die amerikanischen und sowjetischen Einheiten bei Torgau an der Elbe zum ersten Mal in Europa direkt aufeinander. Das weit verbreitete Bild der freudig aufeinandertreffenden Alliierten war, wie alle wussten, allerdings nur noch Propaganda. Als sich wenige Tage später Hitler in seinem Berliner Bunker erschoss, wurde das eigentliche Motiv des gemeinsamen angloamerikanisch-sowjetischen Engagements endgültig hinfällig und der Bruch für alle augenfällig. Die amerikanischen Truppen erlebten allerdings mit der Befreiung der Konzentrationslager – das letzte wurde am 5. Mai 1945 im österreichischen Mauthausen durch die 11. US-Panzerdivision geöffnet – noch einmal hautnah, wofür sie auch in den Krieg gezogen waren. Nachdem zwei Tage später bereits eine deutsche Delegation im westalliierten Hauptquartier SHAEF in Reims die bedingungslose Kapitulation unterzeichnet hatte, schwiegen am 8. Mai 1945, dem in der US-Diktion sogenannten VE-Day (Victory in Europe Day), alle Waffen.

Demokratie und Diktatur: Das unnatürliche Bündnis

Das «unnatürliche Bündnis» der USA mit dem sowjetischen Diktator war von Anfang an nur als Zweckbündnis bei gegenseitiger ideologisch-politischer Zurückhaltung zu erhalten. Beide Seiten wussten das und vermieden nach Möglichkeit während des Krieges alles, was zu einem politischen Sprengsatz werden konnte. Man wollte Kompromisse. «Wir müssen Hitler schlagen, jetzt ist nicht die Zeit, sich zu streiten und Anklagen zu erheben», versicherte Churchill dem sowjetischen Botschafter Iwan M. Maisky im April 1943, als die deutsche Propaganda teilweise erfolgreich versuchte, mit Hilfe der durch den NKWD begangenen Morde an 4000 polnischen Offizieren bei Katyn einen Keil in die alliierte Koalition zu schlagen.[38] Dieser Wille, die Koalition fortzuführen, zeigte sich nicht zuletzt während der Kriegskonferenzen. In der Liste der Gegner blieb Deutschland an erster Stelle, selbst als das zunächst erfolgreiche japanische Ausgreifen im ostasiatisch-pazifischen Raum die dortige amerikanische Position, dann auch das britische Empire ernsthaft zu bedrohen schien.

Kriegskonferenzen und Nachkriegsordnung   Am 30. September 1943 konnten sich die Engländer und Amerikaner in der sogenannten Deklaration von Moskau mit Stalin auf das zu Beginn des Jahres in Casablanca vereinbarte wichtigste Ziel, die Achsenmächte zur Bedingungslosen Kapitulation («Unconditional Surrender») zu zwingen, einigen. Als zwei Monate später während der Konferenz von Teheran (28. 11.–1. 12. 1943) Stalin zum ersten Mal persönlich mit Roosevelt zusammentraf, war ihm die Eröffnung einer Zweiten Front in Europa für Mai 1944 zugesagt worden. Der sowjetische Diktator stimmte im Gegenzug zu, etwa drei Monate nach dem Kriegsende in Europa in den Krieg gegen Japan einzutreten, von dem die Amerikaner zunehmenden fanatischen Widerstand erwarteten. Den Alliierten schien es damals sogar möglich, dass die Japaner selbst im Falle der alliierten Besetzung ihrer Hauptinseln den Widerstand fortsetzen könnten. Schätzungen gingen von einer Verlängerung des Krieges in Asien bis 1949 aus. Während des Treffens in Jalta im Februar 1945 wurde deshalb ein großzügiges Paket für den sowjetischen Einsatz in Ostasien geschnürt.[39] Die UdSSR sollte für ihr Engagement die bereits 1905 nach dem russisch-japanischen Krieg an Japan abgetretenen Kurilen und den Süden von Sachalin zurückerhalten. Zusätzlich wurde Stalin die Kontrolle der Mongolischen Volksrepublik sowie von Teilen der Mandschurei und von Korea zugestanden, und auch der Hafen von Port Arthur sollte wieder von der Sowjetunion als Flottenstützpunkt genutzt werden dürfen. Die westalliierte Kompromissbereitschaft ging so weit, dass die USA es sogar vermieden, die damals nahezu verzweifelt gegen Mao kämpfende, strikt antikommunistische Kuo-Min-Tang-Regierung (KMT) mit ihrem Führer Tschiang Kai-schek über die Abmachungen zu informieren. Als die KMT die Jalta-Absprachen dann ablehnte, hielt man es sogar für geboten, Tschiangs Zustimmung zu erzwingen und ihm damit einen empfindlichen Gesichtsverlust zuzufügen. Er wurde sogar dazu veranlasst, einen demütigenden offiziellen Freundschafts- und Bündnisvertrag mit Stalin abzuschließen. Der Pakt wurde am 14. August 1945, knapp eine Woche nach dem sowjetischen Eintritt in den Krieg gegen Japan, unterzeichnet.[40] Auch darin fanden die sowjetischen Interessen vollständige Berücksichtigung. Ob Truman ahnte, dass die hier von Stalin unterzeichnete Verpflichtung, sich nicht in die inneren Angelegenheiten Chinas einzumischen, bereits zu diesem Zeitpunkt das Papier nicht wert war, auf dem sie geschrieben wurde, ist nicht überliefert, aber anzunehmen. Wie in den Vereinbarungen für Europa war auch in denen für Ostasien schon der Kern des Konflikts für den kommenden Kalten Krieg enthalten.

Für die politische Nachkriegsordnung war ebenfalls soweit wie möglich Übereinstimmung gesucht worden. Roosevelt und Churchill akzeptierten schon Ende 1943 während der Konferenz von Teheran selbst die sowjetischen Gebietsgewinne in Osteuropa, die Stalin mit Hitler 1939 ausgehandelt hatte. Der sowjetische Diktator durfte die Baltischen Staaten und das damals noch im Pakt mit Hitler besetzte Ostpolen behalten, während Polen dafür mit den deutschen Ostgebieten entschädigt werden sollte. Auf einer späteren Besprechung in Moskau – diesmal ohne Roosevelt – konnte man sich im Oktober 1944 sogar auf genauer bestimmte Einflusssphären in Ost- und Südosteuropa einigen. Churchill hatte dafür Prozentangaben handschriftlich auf einem Zettel notiert, die von Stalin einzeln abgehakt worden waren. Der sowjetische Einfluss sollte in Rumänien 90, in Bulgarien 75, in Ungarn und Jugoslawien 50 und in Griechenland 10 Prozent betragen.[41] Auch in anderen Fragen war gerade dieses Treffen für Stalin sehr erfreulich. Unter anderem wurde ihm bei der Gelegenheit die Auslieferung sowjetischer Staatsbürger zugesagt, die sich als Kriegsgefangene, Verschleppte, aber zum Teil auch freiwillig in Deutschland befanden und die Stalin unterschiedslos als Verräter ansah. Die geheimen Absprachen dazu während der sogenannten Tolstoi-Konferenz wurden in ihren Einzelheiten erst in den 1970er Jahren öffentlich bekannt und lösten noch damals erbitterte Debatten aus. Die Ausgelieferten waren zum großen Teil hingerichtet worden oder im GULag-System verschwunden.

Auch in der Deutschlandfrage hatten sich die interalliierten Abmachungen zunächst nicht fundamental unterschieden: Die Teilung des Deutschen Reiches – das Dismemberment – schien seit 1941 eine tragfähige gemeinsame Basis zu bieten, die für alle Alliierten Vorteile bereithielt. In Jalta wurde diese Option 1945 noch als Konsens der Konferenzteilnehmer behandelt, um allerdings kurz danach zum ernsthaften Streitpunkt zu werden. Amerikaner und Briten entdeckten bei näherer Betrachtung doch mehr Nach- als Vorteile in der Aufteilung Deutschlands in Kleinstaaten. Man fürchtete unter anderem eine Stärkung des Nationalismus, aber auch die Gefahr, solche Reststaaten ständig wirtschaftlich unterstützen zu müssen. Die misstrauischen Sowjets vermuteten in der Kehrtwendung der Westmächte allerdings eine neue antisowjetische Verschwörung. Man wolle, argwöhnte Molotow in einem Bericht, die UdSSR in der Öffentlichkeit gezielt als Verantwortliche für die Teilung Deutschlands diffamieren.[42]

Besonders stolz war Roosevelt persönlich darauf, in Jalta die Zustimmung Stalins zur Gründung der Vereinten Nationen am 25. April 1945 im kalifornischen San Francisco sowie sein Einverständnis zur Zusammensetzung des sogenannten UN-Sicherheitsrats erreicht zu haben, was ihm ein besonderes Anliegen war. Aber auch Stalin war den Westmächten während des Krieges demonstrativ in einigen wesentlichen Punkten entgegengekommen. Im Mai 1943 hatte er die vom Westen seit 1919 misstrauisch als Zentrale der Weltrevolution beargwöhnte Komintern offiziell aufgelöst, die freilich verdeckt weiterbestand. Auch der Atlantic Charter vom August 1941, die unter anderem das Selbstbestimmungsrecht der Völker, die freie Wahl der Regierungsform, eine Ablehnung von Annexionen, Gewaltverzicht und freien Handel als Prinzipien der Nachkriegsordnung festgeschrieben hatte, schloss sich der sowjetische Diktator im September 1941 an. Er stimmte darüber hinaus während der Konferenz in Jalta im Februar 1945 auch der inhaltlich ähnlichen «Erklärung über das befreite Europa» zu.[43] Es war der Bruch dieser «Jalta-Deklaration» im Zuge der sowjetischen Besetzung Ostmitteleuropas, der dann aus westlich-amerikanischer Sicht zu einem der zentralen Gründe für das Zerwürfnis der Siegermächte 1944/45 wurde.

Amerikanisch-sowjetische Differenzen Das wohl wichtigste Zeichen dafür, dass bei aller nach außen demonstrierten Einheit die Amerikaner und wohl selbst Roosevelt Stalin eigentlich nicht trauten, war aber das Atomwaffenprojekt. Die aufgedeckten Spionageaktivitäten während des Krieges hatten Roosevelt nachhaltig alarmiert. Stalin war seit 1943 durch sowjetische Spione immerhin so gut über das Manhattan-Projekt informiert, dass ihn Trumans Andeutungen während der Potsdamer Konferenz 1945, man habe eine neue Waffe entwickelt, nicht mehr beeindrucken konnten. «Bei der Gelegenheit», bemerkte Truman später zu diesem denkwürdigen Gespräch vom 24. Juli 1945, «erwähnte ich gegenüber Stalin, wir hätten eine neue Waffe mit ungewöhnlicher Zerstörungskraft. Der russische Premier zeigte keinerlei besonderes Interesse. Alles, was er sagte, war, dass er froh sei, das zu hören, und er hoffe, man werde sie ‹erfolgreich gegen die Japaner einsetzen›».[44] Das Misstrauen war durchaus gegenseitig. Wichtige Geheimdienstnachrichten übermittelte Stalin seinen Verbündeten nur in Ausnahmefällen. Dies betraf selbst Fragen der militärischen Kooperation, wie der Chef der US-Militärmission in der Sowjetunion, General John Deane, später beklagte.[45] Als besonders ärgerlich empfand es namentlich Roosevelt, dass die sowjetische Regierung offensichtlich den enormen Umfang westlicher Hilfen gegenüber ihrer Bevölkerung bewusst verschwieg. Mittlerweile weiß man natürlich auch, dass die als großes Zugeständnis Stalins gefeierte Auflösung der Komintern 1943 faktisch nicht umgesetzt wurde. Sie blieb als eine eher unscheinbare «Abteilung für Internationale Information» (OMI) unter dem Dach des Zentralkomitees der KPdSU bestehen, bis sie 1947 als Kominform wieder auftauchte. Unter der Leitung Georgi Dimitrows gab die

«Paul W. Tibbets Col. USAF Pilot: The Enola Gay» Ein Foto des nach dem Abwurf der ersten Atombombe völlig zerstörten Hiroshima wurde von Paul Tibbets, dem Piloten der «Enola Gay», eigenhändig signiert.

Abteilung während des Zweiten Weltkrieges kontinuierlich Instruktionen an die kommunistischen Parteien im gesamten besetzten Europa weiter.[46] Der vermutlich massivste Zusammenstoß zwischen westlichen und sowjetischen Interessen ereignete sich jedoch 1944 im Zusammenhang mit der Befreiung Polens und bildete eine wichtige Stufe jener grundsätzlichen Krise, die die «Großen Drei» bis 1947 in den offiziell erklärten Kalten Krieg führte.

Als sich am 1. August 1944 die polnische Untergrundarmee, die sogenannte Heimatarmee (Armia Krajowa), in Warschau gegen die deutschen Truppen erhob, zeigten sich Stalins Intentionen nur zu deutlich, als er die Spitzen seiner Armee bis zur Niederschlagung des Aufstands durch die deutschen Truppen am 2. Oktober 1944 nicht nur anhalten, sondern zum Teil sogar umkehren ließ. Außerdem versagte er jede Hilfestellung bei den Versuchen der Westalliierten, den Aufständischen Hilfe zukommen zu lassen. Den Hintergrund dieses Eklats bildete nicht nur das traditionell problematische sowjetisch-polnische Verhältnis. Wie man heute weiß, fürchtete Stalin vor allem eine Stärkung der polnischen Widerstandsbewegung, die die von ihm geplante Nachkriegsordnung hätte verkomplizieren können. Kurz vor dem Aufstand hatte er im Juli 1944 ausdrücklich klargestellt, dass er für die Nachkriegszeit nur das prosowjetische «Lubliner Komitee» akzeptieren werde, keinesfalls aber die seit 1940 in London weilende bürgerliche Exilregierung unter Stanislaw Mikołajczyk. Sie wurde zwar von den USA und den Briten vorgezogen, war aber ihrerseits zu fast keinem Zugeständnis gegenüber Moskau bereit. Im Exil hatten vor allem die 1943 auftauchenden Nachrichten über das sowjetische Massaker an polnischen Offizieren bei Katyn die Ablehnung verschärft.

Das Anti-Hitler-Bündnis zerbrach durch die Umstände der Niederschlagung des Warschauer Aufstands 1944 zwar nicht, aber es wurde nachhaltig negativ beeinflusst. Die Illusionen, politischen Einfluss in Polen zu erreichen, schwanden, wie ein Memorandum von US-Außenminister Edward Stettinius am 31. Oktober 1944 deutlich machte: «Nachkriegspolen wird unter starkem sowjetischem Einfluss stehen», lautete sein Kommentar für Roosevelt. In dieser Situation könnten die Vereinigten Staaten eigentlich nur noch darauf hoffen, ein wenig auf Handel, Investment und Information einwirken zu können.[47] Roosevelt selbst äußerte «tiefste Enttäuschung». Stalin hatte in der Zeit danach deshalb verstärkt den Kontakt zu den Westmächten gesucht. Seine Zustimmung zur Jalta-Erklärung im Februar 1945 und seine dort demonstrativ gezeigte Gesprächsbereitschaft über Polen mag auch der Einsicht entsprungen sein, den Verbündeten wieder etwas entgegenkommen zu müssen.

Neben den Problemen um Polen wuchs seit Mitte 1944 bis zum Kriegsende das gegenseitige Misstrauen, die Verbündeten könnten sich doch noch mit den Deutschen auf einen Separatfrieden einigen. Dabei spielte einerseits das Attentat auf Hitler am 20. Juli 1944 insofern eine wichtige Rolle, als die deutsche Propaganda danach vor allem die Beziehungen der Verschwörer zum Westen, insbesondere zu den USA, publik machte. Andererseits hatte in dieser Phase auch die deutsche Regierung eine Reihe von Geheimkontakten zu den Westmächten, die bei Bekanntwerden für erhebliche zusätzliche Spannungen zwischen den Westalliierten und Stalin sorgten. Den Höhepunkt erreichten sie im Frühjahr 1945, nachdem sich deutsche Truppen am 28. März 1945 in Italien den Amerikanern ergeben hatten. Die von den Amerikanern «Sunrise» genannte Geheimoperation belastete die Anti-Hitler-Koalition auch deshalb aufs Heftigste, weil die USA die von den Sowjets zuvor geforderte Beteiligung an Verhandlungen abgelehnt hatten. In teils wütenden, teils höhnischen Briefen warf Stalin den Amerikanern ein antisowjetisches Komplott vor.[48] Er selbst hatte allerdings wenige Monate zuvor die Verhandlungen mit Rumänien, die am 12. September 1944 zum Waffenstillstand führten, ebenfalls vor den Westmächten geheim gehalten. Ein nicht weniger aufgebrachter und seit Jalta gesundheitlich noch schwerer angeschlagener Roosevelt wies noch kurz vor seinem Tod am 12. April 1945 die sowjetischen Vorwürfe erneut energisch zurück. In der Tat scheiterten danach alle weiteren deutschen Friedensbemühungen gegenüber den Westmächten, auch jene, die Außenminister Ribbentrop mit Wissen Hitlers im Februar/März 1945 über den Vatikan lancierte. Deutlich hatte insbesondere Ribbentrop noch einmal auf die bekannten Sorgen der Westmächte gesetzt. «Stalin», hieß es in seinem Schreiben vom 16. Februar 1945, «wird sich mit dem, was er bisher erreicht hat, nicht begnügen. ... Nach deutscher Meinung ist es naiv und unrealistisch zu glauben, dass es den Engländern und Amerikanern – wenn Deutschland mit ihrer Zustimmung vom Bolschewismus niedergeworfen wäre – gelingen könnte, die Pläne Stalins durch Abmachungen über die Verteilung von Besatzungszonen in Deutschland usw. zu blockieren. Selbst wenn Stalin auf solche Abmachungen auf der Konferenz der Großen Drei eingegangen ist, so ist das reine Taktik, die nichts an seinem Plan ändert, die Bolschewisierung Europas und seine vollständige Unterwerfung unter die Herrschaft des Kremls zu erreichen. ... Nur die Zusammenarbeit der Weltmächte, welche die Kriegsbündnisse ersetzen muss und an der Deutschland aktiv teilzunehmen wünscht, wird imstande sein, einen dritten Weltkrieg zu verhindern.»[49]

Die Konferenz von Potsdam Die Konferenz von Potsdam – offiziell eigentlich Konferenz von Berlin –, die am 17. Juli begann und am 2. August 1945 mit einem gemeinsamen «Kommuniqué», bezeichnenderweise allerdings nicht mehr mit einem völkerrechtlich verbindlichen «Abkommen», endete, war daher noch deutlicher als alle vorangegangenen gemeinsamen Verhandlungen vom interalliierten Konflikt gekennzeichnet. Es war das Abschlusstreffen der bereits sichtbar angeschlagenen Anti-Hitler-Koalition. Auf amerikanischer Seite nahm zum ersten Mal Truman teil, der durch seinen am 1. Juli neu berufenen Außenminister James Byrnes unterstützt wurde. Dieser galt in Washington als alter Hase, der sich aufgrund seiner langen Erfahrung auch von Stalin nichts mehr vormachen lassen würde. Truman war zwar von seinem Vorgänger nicht über alles informiert worden, seinem großen Ärger über das sowjetische Vorgehen in Ostmitteleuropa machte er jedoch schon kurz nach seinem Amtsantritt gegenüber

Stalins Außenminister Molotow Luft. Auch in Potsdam hielt Truman mit seinem Missfallen nicht hinter dem Berg. Anlässlich der Konferenzeröffnung war eines seiner ersten Themen die Missachtung der Jalta-Deklaration durch die Sowjets. Auch Stalin zeigte sich in Potsdam verärgert. Er verstand den unmittelbar nach dem Kriegsende in Europa am 8. Mai 1945 verfügten Stopp amerikanischer Lieferungen an die UdSSR als besonderen Affront. Tatsächlich war das Ende aber wohl lediglich die bürokratische Folge des überflüssig gewordenen Leih-und-Pacht-Abkommens für Europa gewesen, wenngleich mit wenig psychologischem Gespür. Die Lieferungen für den sowjetischen Bedarf in Ostasien betraf das ohnehin nicht, und auch die anderen wurden etwas später wieder aufgenommen.

Die Missverständnisse wurden noch dadurch verstärkt, dass auch der erfahrene britische Premier Churchill und sein Außenminister Eden nur noch zeitweilig an der Konferenz teilnahmen und durch die wenig international versierten Nachfolger, den neuen Premierminister aus der Labour Party, Clement Attlee, und seinen Außenminister Ernest Bevin ersetzt wurden. Die vierte westliche Siegermacht, Frankreich, durfte in Potsdam noch nicht dabei sein. Paris hatte aber am 1. Mai bereits dem alliierten Kontrollsystem in Deutschland zugestimmt und erkannte am 4. August auch das «Potsdamer Kommuniqué» an. In eine eigene Besatzungszone im Norden Berlins rückten die Franzosen Mitte August 1945 ein, nachdem bereits im Juli das Saarland wirtschaftlich an Frankreich angeschlossen und ein Teil von Rheinland-Pfalz übergeben worden war. Erst am 10. September 1945 wirkte Frankreich offiziell an der ersten Konferenz des Alliierten Rates der Außenminister mit.[50]

Wie problematisch das Verhältnis zwischen Amerikanern und Sowjets bereits im Vorfeld der Potsdamer Konferenz war, machte auch die Antwort Trumans auf den Vorschlag Churchills vom 12. Mai 1945 deutlich, zunächst miteinander ohne Stalin zusammenzukommen. Truman hatte zwar dem Treffen zugestimmt, aber ausdrücklich betont, angesichts des ohnehin vorhandenen Misstrauens sei es wichtig, nicht zusätzlich den Verdacht von vorherigen westlichen Absprachen zu erregen. Deshalb war von Truman der ehemalige Sonderbeauftragte Roosevelts, Harry Hopkins, im Mai 1945 ein weiteres Mal nach Moskau entsandt worden. Bis zu seiner Rückkehr in die USA am 6. Juni gelang es dem bereits krebskranken Hopkins, wichtige Probleme im Vorfeld zu lösen, so dass Stalin schließlich einer gemeinsamen Abschlusskonferenz zustimmte. Selbst Hopkins hatte Stalin allerdings darauf hingewiesen, dass die öffentliche Meinung in den USA sich gegen ihn wende, was den Diktator offensichtlich überzeugte.[51]

Wo die einzelnen Streitpunkte lagen, fasste ein gemeinsames anglo-
amerikanisches Memorandum im Juni 1945 zusammen. Die zehn Pro-
blemfelder, die sich in verschiedene Einzelfragen aufgliederten, zeigten
anschaulich die weit über Europa hinausweisende Dimension des Konflikts der Siegermächte: 1. Polen: Modalitäten der Übernahme deutscher
Gebiete; 2. Deutschland: Besatzungszonen, Verwaltung, Reparationen,
Heimatlose Personen (Displaced Persons), Versorgung; 3. Österreich:
Einrichtung von Besatzungszonen, Regierungsbildung, Versorgung;
4. Jugoslawien: Regelung der Grenzfragen zu Österreich und Italien;
5. Balkan: Verhalten der Sowjets in Rumänien, Bulgarien und Ungarn;
6. Persien: Truppenabzug der Sowjets und Briten; 7. Italien, Griechenland, Türkei: Neufestlegung westalliierter Interessen, Friedensvertrag
mit Italien; 8. Sowjetische Forderungen nach Zugang zum Meer: Ostsee,
Dardanellen, Persischer Golf; 9. Sowjetische Verletzung der Jalta-Deklaration; 10. Palästinafrage.[52]

Da Potsdam keine Friedenskonferenz für Gesamtdeutschland darstellte und eine solche auch bis 1990 nicht mehr stattfand, als schließlich
durch die «Zwei-Plus-Vier-Verhandlungen» der beiden Hauptsieger-
mächte mit den zwei deutschen Staaten ein Vertrag geschlossen wurde,
entwickelten sich alle Fragen, die in Potsdam offen blieben oder unzu-
länglich geklärt wurden, zum Problem im folgenden Kalten Krieg. In der
Deutschlandfrage einigte man sich nach langen Diskussionen auf fünf
offizielle Beschlüsse, die als die «vier Ds» – Demilitarisierung, Denazifizierung, Dezentralisierung und Demokratisierung – zum Schlagwort
wurden. Dazu gehörten: (1.) Beseitigung von Nationalismus und Militarismus; (2.) Aufteilung Deutschlands bis zum endgültigen Friedensvertrag in vier Besatzungszonen, wobei die Gebiete jenseits der Oder-Neiße-
Linie unter sowjetische bzw. polnische Kontrolle fallen sollten; (3.)
Umsiedlung der Deutschen aus Polen, der Tschechoslowakei und Ungarn; (4.) Etablierung örtlicher deutscher Selbstverwaltung und von Zen-
tralbehörden unter Aufsicht des alliierten Kontrollrats; (5.) Wirtschaftliche Einheit, aber Kontrolle der Industrie sowie Auflösung der Kartelle,
Syndikate und Trusts. Reparationen sollten aus den jeweiligen Zonen
entnommen werden, wobei die UdSSR wegen der besonders großen
Verwüstungen zusätzlich weitere Industrieanlagen requirieren durfte.

Wesentlich mehr blieb allerdings offen: Schon über «welches Deutschland» man überhaupt sprach, war unklar. Trumans pragmatisch gemein-
ter Vorschlag, das «Deutschland von 1937» zur Grundlage zu machen,
um den «Anschluss Österreichs» und die weiteren deutschen Gebiets-

aneignungen von 1938/39 auszuschließen, wurde als nicht verbindlich angesehen. Ohne Rechtskraft war zudem die Festlegung auf die Oder-Neiße-Grenze als polnische Westgrenze sowie die Abtretung Ostpreußens an die UdSSR. Auch die Einigung auf eine «ordnungsgemäße Überführung deutscher Bevölkerungsteile» aus Ostmitteleuropa erwies sich bereits in Potsdam als Makulatur, hatte doch die Vertreibung der Deutschen in den geräumten Gebieten bereits eingesetzt. Wirkliche Anteilnahme an der humanitären Katastrophe, die damit verbunden war, kam in Potsdam nicht auf. Ähnlich emotionslos verhielten sich die Westmächte in Bezug auf die vom sowjetischen Außenminister Molotow erneut angeschnittene Frage, wie mit den noch im Westen weilenden sowjetischen Staatsbürgern umzugehen sei, die die UdSSR zurückführen wollte. Die Mehrheit dieser knapp 5,5 Millionen Menschen wurde mit Hilfe der Westmächte zurückgebracht, teils gegen ihren ausdrücklichen Willen. Die Vereinigten Staaten, so hatte das US-Außenministerium schon im Januar 1945, also vor der Konferenz in Jalta, den Sowjets mitgeteilt, hätten kein Verlangen, sowjetische Staatsbürger vor ihrer Rückführung in die Sowjetunion zu schützen.[53] Stalin sah sie unterschiedslos als Kollaborateure, und entsprechend wurde mit ihnen verfahren. Rund 20 Prozent der Ausgelieferten wurden zum Tod verurteilt, ungefähr 60 Prozent zu teilweise hohen Haftstrafen im GULag; nur etwa 20 Prozent blieben unbehelligt.[54] Ein Teil derjenigen, die sich aus Zufall oder mit einer Portion Glück der «Repatriierung» entziehen konnten – und dies waren nicht zuletzt die aktiven Kollaborateure –, organisierte sich in den folgenden Jahren als antikommunistische Emigration und gestaltete etwa über Rundfunkstationen maßgeblich die amerikanische Propaganda im Kalten Krieg mit.[55]

In Potsdam wurde nur noch wenig über den noch immer verbissen geführten Krieg in Ostasien gesprochen. Allerdings verabschiedeten die drei Siegermächte am 26. Juli einen gemeinsamen Aufruf an Japan, sich bedingungslos zu ergeben. Auch hier war es als ein deutliches Zeichen für den Zerfall der Kriegskoalition zu werten, dass die Sowjets an der Ausarbeitung dieser «Potsdamer Erklärung» schon nicht mehr beteiligt waren. Die sowjetische Forderung nach einer eigenen Besatzungszone in Japan wurde von Truman nun allerdings schlicht abgelehnt. Angesichts dessen, was die Sowjets an vollendeten Tatsachen in Ostmitteleuropa geschaffen hatten, konnte man dies als ein klares Bekenntnis dafür werten, zumindest diesen Raum für den kommenden Konflikt mit den Sowjets zu sichern.

Vor allem Churchill hatte im Vorfeld der Potsdamer Konferenz immer wieder gegenüber Washington seine Besorgnis über die Gefahr der Sowjetisierung Europas zum Ausdruck gebracht. Vieles entsprach wortwörtlich dem, was er am 5. März 1946 in seiner berühmten Rede im amerikanischen Fulton ausführte. «Die Lage in Europa» schrieb der britische Premier an Truman am 12. Mai 1945, «beunruhigt mich zutiefst … Ich habe mich stets um die Freundschaft der Russen bemüht; aber ihre falsche Auslegung der Jalta-Beschlüsse, ihre Haltung gegen Polen, ihr überwältigender Einfluss auf dem Balkan bis hinunter nach Griechenland, … die von ihnen inspirierte kommunistische Taktik in so vielen anderen Ländern und vor allem ihre Fähigkeit, lange Zeit große Armeen im Felde stehen zu lassen, beunruhigen mich ebenso sehr wie Sie … Ein Eiserner Vorhang ist vor ihrer Front niedergegangen. Was dahinter vorgeht, wissen wir nicht. Es ist kaum zu bezweifeln, dass der gesamte Raum östlich der Linie Lübeck-Triest-Korfu schon binnen kurzem in ihrer Hand sein wird … Die Aufmerksamkeit unserer Völker aber wird sich mit der Bestrafung Deutschlands, das ohnehin ruiniert und ohnmächtig darnieder liegt, beschäftigen, so dass die Russen, falls es ihnen beliebt, innerhalb sehr kurzer Zeit bis an die Küsten der Nordsee und des Atlantik vormarschieren können.»[56] Dass eine geographisch-politische Teilung der gesamten Welt 1944/45 im Gespräch war, machten auch andere deutlich. In einem Brief an den späteren amerikanischen Botschafter Charles Bohlen in Moskau stellte der damals noch unter Averell Harriman als Gesandter in Moskau arbeitende George Kennan kurz vor der Konferenz in Jalta zur Diskussion, ob es nicht viel sinnvoller sei, gerade Europa ganz offen in Einflusssphären aufzuteilen – «wobei wir uns aus der russischen Sphäre und die Russen sich aus unserer heraushalten».[57]

Von Krieg zu Krieg:
1945 und der Beginn des Kalten Krieges

In den von den USA und ihren Verbündeten befreiten oder besetzten Gebieten Europas ging es bereits 1944/45 ebenso wie «hinter dem Eisernen Vorhang» um aktuelle Geo- und Sicherheitspolitik. Das geostrategische Interesse der Amerikaner richtete sich auf die Sicherung von Territorien und die Verhinderung kommunistischer Machtübernahmen. Dies betraf in erster Linie Griechenland, Italien, Frankreich und natürlich Deutschland.

Krisenherde in Europa und Vorbereitung auf den Kalten Krieg In
Griechenland griffen die Briten mit Einverständnis Washingtons bereits
im Dezember 1944 aktiv ein. Ihr Ziel war es, die griechische Regierung
unter Georgios Papandreou und die Monarchisten der EDES (Griechische Nationale Befreiungsarmee) gegen die als kommunistisch angesehenen Verbände der EAM (Nationale Befreiungsfront) und der ELAS
(Griechische Volksbefreiungsarmee) zu unterstützen. An der Eskalation
des Griechischen Bürgerkriegs zwischen 1946 und 1949, der weniger
von Moskau als aus dem benachbarten Jugoslawien von Josip Broz Tito
angefeuert wurde, änderte das allerdings nichts. Aber die von den Anglo-
amerikanern geleistete Unterstützung konnte die Region im Sinne des
Westens schließlich stabilisieren.[58]

Auch die Situation in Italien war seit der umstrittenen Kapitulation
der deutschen Truppen 1945 aus amerikanischer Sicht politisch kompliziert und gefährlich geblieben.[59] Das Land stand 1945 nach Meinung
vieler Beobachter vor dem offenen Bürgerkrieg. Tatsächlich war die italienische Linke, die Kommunisten (PCI) wie die Sozialisten (PSI), außergewöhnlich stark. Unter der Führung Palmiro Togliattis bekamen allerdings die Kommunisten in Italien, ähnlich wie in Deutschland, die klare
Anweisung aus Moskau, zunächst mit den bürgerlichen Parteien zusam-
menzuarbeiten, vor allem mit den Christdemokraten unter Alcide De
Gasperi. Die unentschiedene Situation erreichte ihren Höhepunkt 1947 in
jenem berühmten, von den Sowjets wie den Amerikanern finanzierten
Wahlkampf, den beide Seiten zu einer Art Schlacht zwischen den Gesell-
schaftssystemen hochstilisierten. Im April 1948 ging daraus schließlich
die von den USA unterstützte Democrazia Cristiana als Sieger und dauerhafte Regierungspartei der italienischen Nachkriegszeit hervor, die bis
1981 ununterbrochen den Ministerpräsidenten stellte.

Die Situation in Frankreich war ähnlich.[60] Auch hier wurde ein
Bürgerkrieg zunächst als wahrscheinlich angesehen. Die Lage konnte
allerdings entschärft werden, weil die Kommunisten unter Maurice Thorez die 1944 an den vormaligen Chef der Exilregierung, Charles de
Gaulle, übertragene Führung der Zivilverwaltung akzeptierten. Wie
stark die Linke auch hier war, zeigte sich in den ersten freien Wahlen zur
Verfassunggebenden Versammlung am 26. Oktober 1945, aus denen die
kommunistische PCF, die sozialistische SFIO und die linkskatholisch-
christdemokratischen Volksrepublikaner (MRP) als die drei stärksten
Parteien hervorgingen. Die 1945/46 zunächst vereinbarte Koalition
platzte allerdings schon Mitte 1947, als die Kommunisten aus der Regie-

rungsverantwortung ausgeschlossen wurden. Als danach eine Streikwelle durch das Land rollte, die eindeutig von Moskau gesteuert war,
votierte allerdings auch die Mehrheit der Franzosen für den Westen.

In Deutschland, dem Ausgangspunkt des Zweiten Weltkriegs, trafen
die geostrategischen Interessen der Siegermächte am deutlichsten aufeinander.[61] Dies zeigte sich bereits während der noch laufenden Besetzung
des Reichsgebiets. Amerikaner wie Sowjets begannen, nicht nur ihre
Interessenssphären abzustecken, sondern – im Hinblick auf die möglicherweise nah bevorstehende Auseinandersetzung mit dem Noch-Ver-
bündeten – auch nach militärisch oder politisch nutzbarem Wissen zu
fahnden. Schon in den ersten beiden Nachkriegsjahren beliefen sich die
von den Westmächten offen, häufig jedoch auch verdeckt abgezogenen
technischen Reparationen auf rund zwei Milliarden Dollar.[62]

Rekrutierung von Spezialisten   Anders als die Sowjets, die aufgrund
ihres Rückstands verstärkt auf der Suche nach Nukleartechnik waren,
konzentrierten sich die Amerikaner hauptsächlich auf deutsche Raketen-
spezialisten sowie weitere militärische und wissenschaftliche Eliten.
Atomwissenschaftler wurden zwar ebenfalls von US-Stellen ausfindig
gemacht und interniert. Dies geschah aber angesichts der viel weiter fortgeschrittenen amerikanischen Nukleartechnik häufig nur, um sie nicht
an die Sowjets zu verlieren. Zu Werner Heisenberg, der ebenso wie seine
Kollegen Otto Hahn, Max von Laue, Carl Friedrich von Weizsäcker oder
Walter Gerlach durch Zielfahnder des Pentagon im Rahmen der sogenannten Alsos Mission aufgespürt und interniert worden war, vermerkte
der für das Manhattan-Projekt zuständige US-General Leslie Groves
später in seinen Memoiren: «Heisenberg war einer der führenden Physiker auf der Welt, und zur Zeit des Zusammenbruchs Deutschlands war
er uns mehr wert als zehn Divisionen Deutscher. Wäre er in russische
Hand gefallen, hätte er sich als unschätzbar für sie erwiesen.»[63]

Spätestens als die Briten in der Operation «Epsilon» internierte deutsche Atomwissenschaftler abhörten, war allerdings klar, dass die Elite
der Atomphysik in Deutschland, entgegen allen Befürchtungen, niemals
in der Lage gewesen war, eine einsatzfähige Atombombe für Hitler zu
konstruieren.[64] Offensichtlich hatte es den Deutschen aufgrund der alliierten Bombardements vor allem an Schwerem Wasser gemangelt. Mittlerweile sind allerdings Hinweise aufgetaucht, die nahelegen, dass es
möglicherweise doch einer kleineren separaten Forschungsgruppe um
den SS-General Hans Kammler und die Physiker Kurt Diebner und

Walther Gerlach gelungen war, einen nuklearen Sprengkörper herzustellen, der wie eine Art Neutronenbombe gewirkt haben soll. Das unterkritische Material scheint 1944 auf Rügen und noch einmal im April 1945 auf dem Truppenübungsplatz Ohrdruf in Thüringen zur Explosion gebracht worden zu sein. Außer Zeitzeugenberichten weisen unter anderem amerikanische Aktennotizen und ein vom Leiter des sowjetischen Atomprogramms, Igor V. Kurtschatow, für Stalin verfasster Bericht vom März 1945 darauf hin.[65] Das Interesse der Amerikaner daran hielt sich jedoch in Grenzen. Eine bombenfähige Kettenreaktion, wie sie die US-Physiker im Test Trinity am 16. Juli 1945 erzeugten, war den Deutschen nachweislich nicht gelungen.

Für die Amerikaner blieb daher die deutsche Raketentechnik am wichtigsten. Zum einen galt diese nach den Angriffen auf England, ebenso wie auch ihr technischer Leiter, Wernher von Braun, schon damals als eine Art Mythos. Zum anderen bestand in den letzten Kriegsmonaten die Sorge, die noch nicht besiegten Japaner könnten Technik zur Weiterführung des Krieges aus Deutschland erhalten. In Thüringen jedenfalls fanden die Amerikaner Belege dafür, dass kurz zuvor noch japanische Spezialisten in den Dessauer Junkers-Werken gewesen waren, und im Atlantik tauchten in aufgebrachten deutschen U-Booten immer wieder Pläne für Raketen und Düsenjäger mitsamt den dazugehörigen Technikern auf.[66] Bis 1950 wurden deshalb in den amerikanischen Geheimoperationen «Overcast» und «Paperclip» gezielt Tausende deutscher Fachleute in die USA gebracht.[67] Bevor Ende Juni 1945 gemäß alliierter Vorabsprachen die US-Truppen aus Mitteldeutschland abzogen, sorgten sie noch dafür, dass rund 1500 Techniker und Wissenschaftler nach Westen abtransportiert wurden, um sie nicht den Sowjets zu überlassen.[68] Darüber hinaus nahmen die Amerikaner auch rund einhundert noch fertiggestellte Raketen des Typs V-2 mit, die in den USA die Grundlage für die ersten Kurz- und Mittelstreckenraketen bildeten. Die ebenfalls abtransportierten Fliegenden Bomben des Typs V-1 wurden zum Ausgangspunkt für die Entwicklung von Marschflugkörpern (Cruise Missiles). Zusammen mit einer Unzahl von Einzelteilen und Tonnen von wissenschaftlichen Unterlagen wurde alles in die USA geschafft, wo schon im November 1944 im Rahmen des «Hermes»-Programms die Auswertung begonnen hatte. Dort befanden sich schließlich auch die 118 Personen aus dem engeren Kreis der deutschen Raketenproduktion.[69]

Neben dem Fall Wernher von Braun, der am 19. September 1945 in die USA gebracht wurde und dort später mit der aus der V-2 weiterent-

wickelten «Redstone»-Rakete zum Vater der amerikanischen Raketen-
programme und schließlich der bemannten Raumfahrt avancierte, ist die
Geschichte des deutschen Artilleriegenerals Walter Dornberger typisch
für die Vorgehensweise der USA in diesem Zeitraum.[70] Aus seiner Karriere erschließt sich zudem noch deutlicher, wie wichtig für die USA schon
damals die Sicherung von Fachleuten für den kommenden Kalten Krieg
war. Dornberger, der bezeichnenderweise erst 1947 ausgeflogen wurde,
war durch seine Tätigkeit im Zwangsarbeitersystem des NS-Staats ein
viel größeres politisches Problem als von Braun. Seine führende Stellung
im thüringischen Werk Dora-Mittelbau bei Nordhausen, in dem Tausende von Häftlingen in der Raketenproduktion gestorben waren, geriet
allerdings in dem Moment zur Nebensache, als mit dem offiziellen Beginn
des Kalten Krieges 1947 politische Rücksichtnahmen noch deutlicher beiseite geschoben wurden als zuvor. In den 1950er Jahren war Dornberger
bereits maßgeblich an der Entwicklung der Interkontinentalraketen
(ICBM) beteiligt. Wie gravierend sich in dieser Zeit die öffentliche
Meinung dazu in den USA änderte, zeigt ein Vergleich. Als man Ende
1946 US-Bürger fragte, ob man auch «Nazis» rekrutieren solle, um für
den Kampf gegen die Sowjetunion gerüstet zu sein, hielt dies noch über
die Hälfte der Befragten angesichts des von den Deutschen verursachten
Weltkrieges für eine «schlechte Idee».[71] Elf Jahre später – auf einem der
Höhepunkte des Kalten Krieges, als die Sowjets 1957 mit dem Sputnik
den ersten Satelliten ins All geschickt hatten – nahmen dagegen die
meisten Amerikaner an, die Sowjets seien deswegen erfolgreicher auf
dem Gebiet der Raketentechnik, weil sie mehr deutsche Techniker rekrutiert hätten.[72]

Wie stark die Entscheidungen schon 1944/45 von Überlegungen um
die zukünftigen Fronten des Kalten Krieges diktiert waren, erschließt
sich zudem aus den amerikanischen Bemühungen um militärisches Expertenwissen. Auch Wernher von Braun war bereits zwischen Kriegsende und seiner Übersiedlung in die USA im September 1945 die Gelegenheit gegeben worden, für das Hermes-Programm seine Vorstellungen
über die militärische Verwendung von Raketen niederzuschreiben. In den
USA präzisierte er dies im April 1946 durch den Vorschlag, eine Rakete
zu entwickeln, die in der Lage sein sollte, einen atomaren Sprengkopf zu
tragen (Project Comet).[73] Militärisches Expertenwissen wurde aber vor
allem von den einschlägigen deutschen Offizieren abgefragt, die insbesondere über die UdSSR Auskunft geben sollten, war diese doch für
den US-Geheimdienst und die unterschiedlichen Planungsgruppen weit-

gehend unbekanntes Gebiet geblieben. Befragt wurden Generäle wie Franz Halder, der bis September 1942 Generalstabschef des Heeres gewesen war, Erich von Manstein, der bis zum Frühjahr 1944 als Oberbefehlshaber der 11. Armee ausschließlich in der Sowjetunion Verwendung gefunden hatte, und Walter Warlimont, der ehemalige stellvertretende Leiter des Wehrmachtsführungsstabs. Noch größere Bedeutung hatte für die Amerikaner der Chef der ehemaligen Generalstabsabteilung «Fremde Heere Ost» (FHO), Reinhard Gehlen, der sich ebenfalls unmittelbar nach Kriegsende im Mai 1945 den Amerikanern zur Verfügung stellte. Auch er wusste bereits, wonach die US-Stellen fahndeten. Seine mitgebrachten Dienstunterlagen lieferten nicht nur die so dringend erforderlichen Informationen über die Sowjetunion, die dann, wie Insider versicherten, bis zu 70 Prozent des amerikanischen Wissens über die UdSSR zu Beginn des Kalten Krieges ausmachten.[74] Darüber hinaus verstärkten sie das negative Bild über die Sowjets bei den US-Stellen weiter. Dazu trug bei, dass Gehlen nicht müde wurde zu versichern, dass der deutsche Angriff 1941 ein Präventivkrieg gewesen sei und Stalins Plänen nur um kurze Zeit zuvorkam.

Zu den wohl geheimsten, weil politisch anrüchigsten Tätigkeiten der Amerikaner in dieser Konstituierungsphase des Kalten Krieges gehörte die Rekrutierung von mutmaßlichen Kriegsverbrechern. Der berüchtigte Fall des Ukrainers Mikola Lebed wies sogar deutliche Parallelen zu den Fällen Dornberger und Gehlen auf. Lebed stammte aus der Führung der antikommunistischen «Organisation Ukrainischer Nationalisten» (OUN), die mit den Deutschen im Zweiten Weltkrieg kollaborierte.[75] Zugleich war er Mitgründer ihres militärischen Arms, der «Ukrainischen Aufständischen Armee» (UPA), und wurde – politisch am brisantesten – verdächtigt, aktiv an der Ermordung der europäischen Juden beteiligt gewesen zu sein. Angesichts dieser Biographie stellte sich auch Lebed erst dann den US-Stellen zur Verfügung, als der Kalte Krieg offiziell geworden war. Mitte des Jahres 1947 übergab er seine Geheimdienstunterlagen, und zwei Jahre später wurde auch er unter Umgehung der Einwanderungsbestimmungen anonym in die USA gebracht. Lebed gehörte damit zu jener Gruppe antikommunistischer Spezialisten aus deutschen Diensten, die im Rahmen der von George Kennan geführten Operation «Bloodstone» seit 1948 gezielt aufgespürt und für eine Verwendung in der Sowjetunion vorbereitet wurden. Tatsächlich rückte Lebed schließlich zu einer der wichtigsten Verbindungsstellen zwischen antikommunistischen Emigrantenorganisationen und der US-Regierung auf.

Darüber hinaus wurde auch anderes OUN-Personal einschlägig weiter-
verwendet. Ihr ehemaliger Chef, Stepan Bandera, aus dessen Initiative in
der Bundesrepublik der radikale und in den USA gleichfalls bekannte
«Antibolschewistische Block der Nationen» entstand, eine der lang-
lebigsten antikommunistischen Lobby-Gruppen im Kalten Krieg, wurde
später von Gehlen für den westdeutschen Bundesnachrichtendienst
(BND) angeworben.

Trotz dieser offensichtlichen Vorbereitungen in West wie Ost auf
einen möglichen Konflikt war eine politische Teilung Deutschlands, wie
sie 1949 dann durch die «doppelte Staatsgründung» erfolgte, 1945
keineswegs eine ausgemachte Sache.[76] Das Sicherheitsinteresse auch der
Amerikaner erforderte ein Deutschland, das nach zwei Weltkriegen keine
Gefahr mehr sein durfte. Während in der Sowjetischen Besatzungszone
(SBZ) im Sommer 1945 drei direkt aus Moskau entsandte kommunistische Kadergruppen begannen, das Gebiet politisch in eine der mittlerweile aus Osteuropa bereits bekannten Volksdemokratien unter sowjetischer Kontrolle umzuorganisieren, forcierten die Westmächte in ihren
Zonen den Aufbau von Institutionen, die am westlichen Demokratie-
verständnis orientiert waren. Zuviel politische Eigenständigkeit der
Deutschen wollten 1945 allerdings weder die Sowjets noch die Angloamerikaner oder die Franzosen. «Revolution wird nicht geduldet» – diesen Satz eines Vertreters der Militärregierung aus den Westzonen konnten auch die Amtskollegen im Ostteil Deutschlands unterschreiben.[77]

Umerziehung und Bestrafung   Um die «vier Ds», Demilitarisierung,
Denazifizierung, Dezentralisierung und Demokratisierung, in der eigenen
Besatzungszone durchzusetzen, stützten sich die Amerikaner auf den
institutionellen Umbau, insbesondere aber auch auf eine personelle Säuberung und allgemeine Umerziehung (Reeducation) der Deutschen. Ziel
war, wie es während des Krieges in Anlehnung an die traditionelle
Rhetorik seit der Kolonialzeit hieß, sie aus dem Status der Gesetzlosigkeit
(Lawlessness) zurückzuführen. Wie lange die Rückführung der «Outlaws» indes dauern würde, war unklar. Die Fehler der Jahre nach 1918
wollte man jedenfalls vermeiden. Diesmal sollten sich der verantwortliche «Despot» und seine Helfer vor Gericht verantworten müssen.[78] So
war es ausdrücklich am 30. Oktober 1943 bei einem Treffen von US-
Außenminister Cordell Hull mit seinen britischen und sowjetischen
Amtskollegen Eden und Molotow in Moskau beschlossen worden. Während offizielle Verlautbarungen aus Furcht vor deutschen Vergeltungs-

maßnahmen an alliierten Kriegsgefangenen zunächst unterblieben, bildeten die Angloamerikaner jedoch intern bereits eine United Nations War Crimes Commission (UNWCC), die auch eine Liste von mutmaßlichen Kriegsverbrechern zusammenstellte. Dass dennoch Vergeltungspläne in die Öffentlichkeit gelangten – so zum Beispiel der wesentlich von US-Finanzminister Henry Morgenthau formulierte Plan zur Reagrarisierung Deutschlands, der zeitweilig sogar von Roosevelt unterstützt wurde –, hatte seine Ursache vor allem in der Empörung über deutsche Verbrechen. Letztendlich brachten solche Publikationen aber nur Vorteile für die deutsche Propaganda, unterstützten sie doch die Phrase von der Schicksalsgemeinschaft, die tatsächlich die deutsche Front bis «fünf Minuten nach zwölf» zusammenhielt.[79] Bestürzt und empört standen auch die amerikanischen Truppen, die seit 1944 von Westen aus auf das Reichsgebiet vordrangen, vor Bergen von Toten in den Konzentrationslagern und vor der für sie unverständlichen Auskunft der Deutschen, sie hätten von alledem nichts gewusst. In einer Welle der Empörung zwangen die Amerikaner die Einwohner umliegender Orte, sich die Schrecken der Konzentrationslager mit eigenen Augen anzuschauen. Wo dies schon aus geographischen Gründen nicht möglich war, sollten Filme, Broschüren oder Zeitungen eine Auseinandersetzung mit den Verbrechen einleiten.

Die für den Prozess gegen die Kriegsverbrecher notwendigen Grundsatzfragen verabschiedeten die vier Siegermächte erst am 8. August 1945 mit dem sogenannten Londoner Viermächte-Abkommen (offiziell: «London Charter of the International Military Tribunal»). Die London-Charta diente als Grundlage für das Statut des Internationalen Militärgerichtshofs (IMT)[80] und – über das Kontrollratsgesetz Nr. 10 vom 20. Dezember 1945 – auch für die weitere Verfolgung. «Kriegsverbrechen», «Verbrechen gegen den Frieden» und «Verbrechen gegen die Menschlichkeit» sollten untersucht und die «Hauptkriegsverbrecher der europäischen Achse» bestraft werden.[81] In der endgültigen Anklageschrift, die am 18. November 1945 im Berliner Saal des ehemaligen Volksgerichtshofs verlesen wurde, war schließlich der Anklagepunkt «Verschwörung» (Conspiracy), der ursprünglich als Passus im Punkt «Verbrechen gegen den Frieden» untergebracht war, zu einem vierten aufgewertet worden und sogar an die erste Stelle gerückt. Die Prominenz des im angloamerikanischen Justizwesen üblichen, im deutschen Rechtsverständnis aber völlig unbekannten Anklagepunkts machte den Deutschen klar, dass die Westmächte das Verfahren eher in der Tradition der

Die USA im Zweiten Weltkrieg 1941–1945

Mafia-Prozesse sahen, wie sie in den USA vor allem in den 1930er Jahren geführt worden waren. Am 14. November 1945 begann der erste dieser Prozesse in Nürnberg, der nationalsozialistischen «Stadt der Reichsparteitage». Er dauerte bis zum 1. Oktober 1946 und endete für die Deutschen mit zwölf Todesurteilen, sieben Freiheitsstrafen und drei Freisprüchen. Das in Japan zwischen dem 29. April 1946 und dem 12. November 1948 nach etwa dem gleichen Muster durchgeführte «International Military Tribunal for the Far East» (IMTFE), das auch als «Tokyo Trial» in die Geschichte einging, endete mit sieben Todesurteilen, 18 Freiheitsstrafen und keinem Freispruch.[82] Sechs Verurteilte starben in Gefangenschaft. Ähnliche Prozesse gegen die Japaner führten auch die Australier in Neu-Guinea durch.

Die Verfahren in Nürnberg und Tokio waren ebenfalls erheblich vom Streit zwischen den Siegermächten gekennzeichnet. Für Nürnberg belegt dies die protokollarisch festgehaltene «abweichende Meinung des sowjetischen Mitglieds des Internationalen Militärgerichtshofs». Der von Stalin entsandte Vertreter war vor allem nicht mit den drei Freisprüchen einverstanden, aber auch nicht mit der Höhe der Haftstrafen sowie der Tatsache, dass das Reichskabinett und das Oberkommando der Wehrmacht nicht zu verbrecherischen Organisationen erklärt worden waren. Dass die USA hingegen den Prozess sehr wohl als Erfolg sahen, zeigte sich daran, dass bereits am 9. Dezember 1946 eine drei Jahre dauernde Serie von insgesamt zwölf sogenannten Nürnberger Nachfolgeprozessen begann. Sie richtete sich gegen Militärs, Ärzte, Juristen, das Personal von NS-Dienststellen und Ministerien, gegen Industrielle und Manager. Diese Gerichtsverfahren, in denen statt des amerikanischen Bundesrichters Robert Jackson nun mit Telford Taylor ein General die Anklage als Chief Counsel for War Crimes under Military Government vertrat, endeten mit 24 Todesurteilen, 118 Freiheitsstrafen und 35 Freisprüchen.[83] Auch die Nachfolgeprozesse folgten auf der Grundlage der OMGUS-Verordnung Nr. 7 vom 26. Oktober 1946 der angloamerikanischen Rechtstradition. Sie wurden allerdings deshalb besonders berüchtigt, weil sie – entgegen ihrer noblen Absicht – noch stärker als das vorangegangene Verfahren gegen die Hauptkriegsverbrecher in den Sog der Streitigkeiten der Siegermächte gerieten. Der amerikanische Hochkommissar für das besetzte Deutschland, John J. McCloy, setzte 1951 aus politischen Erwägungen nach der Gründung der Bundesrepublik Deutschland einige Strafen so drastisch herab, dass am Ende nur noch die Hälfte der Todeskandidaten – zwölf – hingerichtet wurden. Elf Verurteilte wurden zu Haftstrafen begnadigt und zum Teil später amnestiert. Ähnlich verhielt es sich in Japan. Douglas MacArthur hatte als Oberbefehlshaber der Besatzungstruppen bereits zuvor darauf gedrängt, den japanischen Kaiser Hirohito nicht anzuklagen, weil er glaubte, dass eine Anklage mit Verurteilung die Ziele der amerikanischen Besatzungspolitik konterkarieren würde. Daran hielten die Amerikaner fest, obwohl der ehemalige Premier Tojo zunächst ausgesagt hatte, auch der Kaiser habe dem Krieg zugestimmt. Die schließlich ergangenen Urteile blieben dennoch heftig umstritten, insbesondere, weil die beiden ehemaligen Ministerpräsidenten Tojo und Hirota ausschließlich wegen Verschwörung angeklagt und trotzdem 1948 hingerichtet wurden. Die weiteren Todesurteile gegen die Generäle Doihora, Itagaki, Kimura, Matsui und Mutō wurden dagegen wegen ihrer Verantwortung für Kriegsverbrechen gefällt. Drei alliierte Richter hatten daher das Urteil von Tokio nicht unterschrieben. Auch in Japan wurden aber bereits seit 1950 sogar die zu lebenslanger Freiheitsstrafe verurteilten Täter wieder entlassen. Bis 1958 waren die letzten begnadigt.

Für die amerikanische Seite waren sowohl die Nürnberger als auch die Tokioer Verfahren ein wesentlicher Teil der Umerziehung. Sie sollten damit ebenfalls eine Versicherung für eine friedlichere Zukunft sein. Für die Umerziehung aller Deutschen, die dem Nationalsozialismus mehr oder minder eilfertig gedient hatten, wie der Japaner, entwickelten die US-Planer jeweils ein Programm, das umfassend angelegt war und am Ende auch deswegen von vielen als gescheitert betrachtet wurde. Am Anfang stand jedoch noch die Hoffnung auf einen grundlegenden Austausch der gesellschaftlichen Eliten, die den Krieg verursacht und getragen hatten.

In Deutschland gab sich die entscheidende amerikanische Besatzungsdirektive JCS 1067, die für die vorrückenden US-Truppen am 26. April 1945, noch zwei Wochen vor der endgültigen Kapitulation des Deutschen Reiches, vom amerikanischen Oberkommando der Streitkräfte erlassen wurde, kompromisslos. Zu den amerikanischen Zielen in Deutschland hieß es dort: «Es muss den Deutschen klargemacht werden, dass Deutschlands rücksichtslose Kriegsführung und der fanatische Widerstand der Nazis die deutsche Wirtschaft zerstört und Chaos und Leiden unvermeidlich gemacht haben ... Deutschland wird nicht besetzt zum Zwecke seiner Befreiung, sondern als besiegter Feindstaat ... Das Hauptziel der Alliierten ist es, Deutschland daran zu hindern, je wieder eine Bedrohung des Weltfriedens zu werden.»[84] Die «Entnazifizierung» sollte durch die Entlassung aller «Nazis» aus «Schlüsselstellungen» erfolgen. Dass der gutgemeinte

Plan am Ende nicht nur in der amerikanischen Zone zu einer «Mitläufer-fabrik» verfiel, in der die meisten Deutschen als willen-, aber weitgehend schuldlose Masse erschienen, hing ebenfalls mit dem Beginn des Kalten Krieges zusammen.[85] Seit 1947 waren die Vorgaben Trumans, die Verfahren möglichst rasch abzuschließen, so eindeutig, dass es dem amerikanischen Militärgouverneur Lucius D. Clay nur noch mit Mühe gelang, besonders gravierende Fälle nach dem offiziellen Schlussdatum für die Entnazifizierung am 8. Mai 1948 verhandeln zu lassen. In der US-Zone wurden am Ende 130 198 Deutsche überhaupt als Belastete eingeordnet, wobei schließlich nur 1654 als Hauptschuldige galten.[86] In der amerikanischen Besatzungszone im ebenfalls vierfach geteilten Österreich, die neben einer Zone in der Hauptstadt Wien das Gebiet Oberösterreich südlich der Donau und Salzburg nebst dem steirischen Salzkammergut umfasste, war dies kaum anders. Ein Unterschied, der sich allerdings nicht in einem positiveren Endergebnis niederschlug, war, dass die als Kriegsverbrecher angesehenen Personen von österreichischen Volksgerichten, nicht von alliierten Sondergerichten verurteilt wurden.[87]

Wie in Europa setzten die Amerikaner auch in Japan, wo sie allerdings nicht auf die Sowjets Rücksicht nehmen mussten, auf die Umerziehung der Bevölkerung. Sie wurde in Teilen sogar rigoroser umgesetzt als im besetzten Deutschland. Während man im deutschen Fall grundsätzlich von einer gewissen Offenheit gegenüber dem Westen und den USA ausging, versuchte man Japan per Verordnung dem Westen zu öffnen. Anders als die am amerikanischen Beispiel orientierte Schulreform in Westdeutschland, die schlicht am hinhaltenden Widerstand verschiedenster Gruppen – unter anderem auch der Kirchen – scheiterte und schließlich von alliierter Seite auch nicht weiterverfolgt wurde, erlebte das japanische Schulsystem eine rigorose Umgestaltung. Bis 1945 am deutschen Beispiel ausgerichtet, wurde es jetzt auf das US-Modell mit Junior- und Senior High School umgestellt. Auch die Hochschulen wurden in ähnlicher Weise reformiert. Als eine weitere Maßnahme erging bereits am 15. Dezember 1945 die sogenannte Shinto-Direktive, welche die bisherige Staatsreligion faktisch verbot, weil die US-Behörden ihre Inhalte und Riten als mitverantwortlich für den japanischen Nationalismus und Militarismus betrachteten. Zur Umerziehung Japans gehörte darüber hinaus eine rigorose Zensur, die – anders als in Deutschland – beispielsweise nicht nur die militaristisch-nationalistische Literatur unter Kontrolle stellte, sondern auch mittelalterliche Traditionen wie das Kabuki- oder Samurai-Theater einschließlich ihrer literarischen Überlieferungen.

Streitpunkte mit den Sowjets außerhalb Europas Außerhalb Europas kollidierten die geostrategischen Interessen der Westmächte und der Sowjetunion im Nahen und Mittleren Osten, speziell in der Türkei und im Iran, schließlich auch in der Palästinafrage. Das Interesse Stalins an einer Revision der türkischen Ostgrenze (Kars/Ardahan) und einer Änderung des 1936 geschlossenen Meerengenvertrags von Montreux, der es der Türkei erlaubt hatte, die Ausgänge des Schwarzen Meeres, den Bosporus und die Dardanellen, wieder mit Verteidigungsanlagen zu sichern, war 1945 kein Geheimnis. Als aus Moskau 1946 die Forderungen drängender wurden, reagierten die USA angesichts der strategischen Lage und der ohnehin durch den Griechischen Bürgerkrieg angespannten Situation sofort entschlossen mit der Entsendung eines amerikanischen Flottenverbands ins östliche Mittelmeer. Auch die Türkei, so machte eine entsprechende US-Note an die UdSSR deutlich, werde gegen Moskau notfalls mit Waffengewalt verteidigt.[88]

Nur wenig weiter südöstlich prallten die Interessen im Iran noch direkter aufeinander.[89] Der Iran war seit 1941 von britischen und sowjetischen Truppen gemeinsam besetzt worden, um den westalliierten Nachschub in die Sowjetunion zu gewährleisten, insbesondere jedoch, um die Ölfelder am Persischen Golf zu sichern. Auch die Amerikaner signalisierten schon seit den 1930er Jahren ein zunehmendes Interesse an diesem Raum. Roosevelt hatte deswegen noch kurz vor seinem Tod 1945 mit dem saudi-arabischen König Ibn Saud konferiert. Garant für die Sicherung des Iran für den Westen sollte Schah Mohammed Reza Pahlewi sein, den man bereits 1941 anstelle seines aus alliierter Sicht zu deutschfreundlichen Vaters eingesetzt hatte. Bis zum Ende der 1970er Jahre hielt ihn vor allem US-Unterstützung an der Macht. Ende 1945 verschärfte sich allerdings die Situation, weil Stalin auch hier begann, Druck auszuüben. Die iranische Regierung sollte gezwungen werden, Ölfördergenehmigungen auszustellen. Dafür nutzte Moskau die marxistische Tudeh-Partei im Iran und eine eigens gegründete «Demokratische Partei». Im Dezember gelang es iranischen Separatisten mit dieser Unterstützung tatsächlich, im Norden, dem aserbaidschanischen Teil Irans, eine autonome kommunistische Regierung zu bilden. Die iranische Zentralregierung in Teheran betrachtete dies verständlicherweise als illegale Teilung ihres Staatsgebiets und rief im Januar 1946 mit Unterstützung der Briten die Vereinten Nationen an. Stalin hatte den Druck dennoch schrittweise weiter erhöht. Sowjetische Truppen marschierten schließlich ins Landesinnere und erzwangen schließlich von Premier Ahmad Qavam die Zustimmung für eine sowjetisch-iranische Ölgesellschaft und für eine Teilautonomie des Nordens, wo die sowjetfreundliche Volksrepublik Gilan ausgerufen wurde. Der alarmierte Truman sah für dieses Vorgehen überhaupt «keine Rechtfertigung».[90] In Potsdam sei man gezwungen gewesen, den sowjetischen Forderungen zuzustimmen, schrieb er an Byrnes, hier sei man es aber nicht. Tatsächlich beugte sich Stalin noch einmal dem gemeinsamen Druck der Westmächte. Ab dem 25. März 1946 zog sich seine Armee aus dem Land zurück, und auch der Autonomiestatus des Nordiran wurde rückgängig gemacht.

Auch die Palästinafrage, welche bereits das angloamerikanische Memorandum im Juni 1945 als ernsthaftes Sicherheitsproblem angesprochen hatte, zeigte rasch ihre Brisanz. In Potsdam hatte man auf Wunsch der USA die Probleme im Nahen Osten nicht mehr erörtert, weil die Amerikaner ohne französische Beteiligung und ohne Vertreter der dortigen Staaten nicht diskutieren wollten. Erst nachdem die Briten der UNO 1947 die Lösung dieser Frage übertragen hatten, beschloss man am 29. November des Jahres mit 33 gegen 13 Stimmen und zehn Enthaltungen die Teilung Palästinas. Kurz darauf erfolgte am 14. Mai 1948 bereits die Gründung des Staates Israel. Das geteilte Palästina entwickelte sich sofort zum permanenten Konfliktherd, in dem sich nicht zuletzt die Fronten des Kalten Krieges spiegelten. Der Westen, insbesondere die USA, unterstützte Israel, der Ostblock die Palästinenser und die arabischen Staaten. Anfängliche Moskauer Sympathien für Israel traten zugunsten der Beziehungen zu den arabischen Staaten zurück.[91]

Außer in Europa und im Nahen sowie Mittleren Osten trafen die USA und die UdSSR im Sommer 1945 auch in Ostasien als direkte Konkurrenten aufeinander.[92] Der Eintritt der Sowjetunion in den Krieg gegen Japan, der schon in Jalta vereinbart und während der Potsdamer Konferenz – trotz zunehmender amerikanischer Bedenken – noch einmal bestätigt worden war, war angesichts der fanatischen japanischen Kriegsführung 1944/45 von Washington eigentlich als unverzichtbar betrachtet worden. Stalin stellte noch im Sommer 1945 rund 1,5 Millionen Soldaten zur Verfügung. Nachdem die UdSSR gemäß der Absprachen vom 8. August 1945 zunächst in der japanisch besetzten Mandschurei, dann zudem im Norden des von Tokio annektierten Korea einmarschiert war und schließlich auch die 1875 verlorenen Kurilen und die 1905 abgetretene Insel Sachalin wieder in Besitz genommen hatte, standen sich Amerikaner und Russen wie in Europa direkt und zunehmend feindlich gegenüber.

Während in Europa die Animositäten schon lange spürbar waren, änderte in Ostasien die Kapitulation der Japaner nach dem Einsatz der beiden amerikanischen Atombomben am 6. und am 9. August 1945 die Situation schlagartig. Als Tokio am 14. August die «Potsdamer Erklärung» akzeptierte und zwei Tage später die Kampfhandlungen einstellte, entfielen für die Amerikaner auch die Gründe für den sowjetischen Beistand auf dem ostasiatischen Festland und erst recht bei der Besetzung Japans. «Ich muss sagen», vermerkte Stalin in einem kurzen, wütenden Schreiben an Truman, «dass ich und meine Kollegen nicht erwartet hatten, dass Ihre Antwort so aussehen würde». So behandele man allenfalls Besiegte. Den von den USA gewünschten Stützpunkt auf den sowjetisch besetzten Kurilen werde man unter diesen Voraussetzungen jedenfalls nicht zur Verfügung stellen.[93]

Im machtpolitischen Vakuum nach der japanischen Niederlage setzte sich der Wettlauf zwischen Amerikanern und Sowjets vor allem im geopolitisch wichtigen China fort. Das Land war zwar nach der japanischen Besetzung verarmt und zerstört. Der bereits in den 1930er Jahren tobende Bürgerkrieg jedoch setzte 1945 unmittelbar wieder ein. Strategisch gesehen befanden sich die von Moskau unterstützten Kommunisten um Mao Tse-tung dabei im Vorteil, da sie während der japanischen Besatzung hinter der Front operiert hatten. Die von den USA geförderten Truppen der KMT um Tschiang Kai-schek waren dagegen fast ganz in den Westen abgedrängt worden. Zusätzlich wurde Mao durch die sowjetische Okkupation der Mandschurei begünstigt. Da dessen 1949 gegründete Volksrepublik China sich zunächst weiter eng an Moskau orientierte, war für die Amerikaner das chinesische Festland seitdem verloren, was in den USA insbesondere in den Wahlkämpfen heftige Debatten darüber auslöste, wer am «Loss of China» Schuld trage. Washington konzentrierte sich im Folgenden vor allem auf Taiwan, wohin die Masse der KMT-Kämpfer Tschiang Kai-scheks ausgewichen waren und wo sie am 1. März 1950 die eng an die USA angelehnte Republik China (Nationalchina) gründeten. Mit Maos China gerieten die USA dann bereits Ende 1950 aneinander, als Peking den auf dem Rückzug befindlichen Nordkoreanern im Koreakrieg zu Hilfe kam.

Die ohnehin komplizierte geopolitische Lage in Ostasien wurde 1945 noch zusätzlich verschärft, weil mehrere Kolonialmächte – Briten, Franzosen und schließlich sogar die Niederländer – begannen, ihre durch den Zweiten Weltkrieg verlorenen Kolonien wiederzubesetzen. Diese militärischen Interventionen und politisch-geographischen Entscheidungen verstärkten ihrerseits bereits bestehende Konflikte. Dies zeigte sich ab 1945/46 in Französisch-Indochina, dann auch im britisch kontrollierten Malaya und ebenso in Niederländisch-Indonesien. In allen diesen Fällen gingen die zunächst als verspätete Kolonialkriege geführten Konflikte nahezu ansatzlos in blutige «Kleine Kriege» an der Peripherie des globalen Kalten Krieges über.[94] Zum größten und blutigsten wurde neben dem Koreakrieg 1950/53 der seit 1945/46 mehr oder minder über dreißig Jahre dauernde Vietnamkrieg.

X. Am Rande des Abgrunds: Der Kalte Krieg 1945/47–1991

Ideologie und Atombomben: Ein radikales Zeitalter

Der Kalte Krieg, wie man den Konflikt bereits 1946 zunächst in den USA, dann weltweit nannte, führte die Vereinigten Staaten nicht nur in den Status einer Supermacht, neben der bisherige Großmächte wie Großbritannien und Frankreich auf den Stand von mittleren Mächten hinabsanken.[1] Mit der Entwicklung von immer mehr, immer größeren und immer schneller einsetzbaren Nuklearwaffen rückte die Sorge, dass die USA und mit ihnen die Welt, wie man sie kannte, tatsächlich vernichtet werden könnten, über Jahrzehnte in den Mittelpunkt aller politischen Überlegungen.

Ursprung des Begriffs «Cold War» Entstanden war das Wort vom «Cold War» während der gemeinsamen Verhandlungen, die Amerikaner und Sowjets im Zusammenhang mit der am 24. Januar 1946 eingerichteten «Kommission zum Studium internationaler Kontrolle der Atomenergie» der Vereinten Nationen in New York führten. Aus US-Sicht sollte es ihre Aufgabe sein, auszuhandeln, ob und inwieweit sich Moskau, das früher oder später ebenfalls im Besitz von Nuklearwaffen sein würde, sich in eine globale Abmachung zur Nichtverbreitung von Atomwaffen einbinden lassen würde. Der Plan beruhte auf einer von Großbritannien, den USA und Kanada bereits seit längerer Zeit diskutierten und im November 1946 schließlich verabschiedeten Atomcharta.[2] Eine internationale Kontrolle sollte alle Vorhaben überwachen, die auf der neuen Kerntechnik fußten. Es waren diese teils heftig geführten Debatten am Grünen Tisch, die Herbert Swope, ein Mitarbeiter des schon unter Wilson bewährten US-Verhandlungsführers Bernard Baruch, schließlich zu der Aussage führten, dies sei bereits die Vorstufe zum Dritten Weltkrieg. Er werde nur deshalb noch «kalt», das heißt unterhalb der Schwelle zum «heißen» militärischen Konflikt, geführt, weil die Gegenseite zu einem Waffengang mit den USA noch nicht in der Lage sei. Dahinter stand bereits die Furcht, dass ein zukünftiger Krieg früher oder später ein nuklearer sein werde, wie Baruch später in seinen Memoiren ausdrücklich bestätigte.[3] So war es tatsächlich «die Bombe», die den seit der Oktoberrevolution 1917 noch einmal ideologisch aufgeladenen Ost-West-Konflikt auf die nächste Stufe hob. Der Kalte Krieg wurde nun zum permanenten und aktiv betriebenen «Nicht-Frieden», in dem alles eingesetzt wurde, was man bisher nur aus militärischen Auseinandersetzungen kannte – mit Ausnahme der Nuklearwaffen. Bezeichnenderweise führte man in den USA bereits seit dem letzten Drittel der 1940er Jahre auch eine lebhafte Debatte darüber, ob der «Zwischenzustand» des Kalten Krieges als eigener Sachverhalt in das Völkerrecht aufgenommen werden müsse.[4]

Das gesamte Jahr zwischen den Atombombenabwürfen auf die japanischen Städte Hiroshima und Nagasaki im August 1945 und den von Baruch am 14. Juni 1946 vorgelegten amerikanischen Vorschlägen war von apokalyptischen Szenarien geprägt, die auch vor der Öffentlichkeit detailliert ausgebreitet wurden. US-Präsident Truman sprach bereits in seiner Rundfunkansprache am 9. August 1945, als die zweite Atombombe gerade Japan getroffen hatte, ausdrücklich von der Gefahr eines nuklearen Dritten Weltkriegs.[5] US-Zeitschriften wie *Life* breiteten unmittelbar danach entsprechende Nuklearkriegsszenarien aus.[6] Auch die Elite amerikanischer Atomphysiker, die zuvor im Manhattan-Projekt die erste US-Atombombe entwickelt hatte, entwarf schon 1946 in ihrer Broschüre unter dem Titel *One World or None* eine apokalyptische Zukunft, falls es nicht gelänge, das gegenseitige Misstrauen zwischen «Ost» und «West» zu überwinden. Die Wissenschaftler leiteten aus der Erfindung «der Bombe» die Überzeugung ab, dass alle Kriterien bisheriger Nationalstaatspolitik dadurch aufgehoben seien. Vor der nuklearen Vernichtung könne nur der radikale Austausch aller Geheimnisse dieser Waffentechnik und die internationale Zusammenarbeit schützen.[7] Der noch immer in Princeton lehrende Albert Einstein, dem später das Bonmot zugeschrieben wurde, er wisse zwar nicht, wie der Dritte Weltkrieg geführt, wohl aber, wie der Vierte ausgetragen werden würde, nämlich mit Stöcken und Steinen,[8] gehörte ebenso dazu wie J. Robert Oppenheimer, der wissenschaftliche Kopf hinter der Entwicklung der Atombombe, der wie kaum ein zweiter zwischen Forschungswillen und moralischen Skrupeln zerrissen wurde.[9] Dem psychologischen Klima entsprach auch der apokalyptische Tenor der Rede, mit der Baruch 1946 den amerikanischen Vorschlag zur Atomwaffenkontrolle präsentierte.

Aus Sicht der UdSSR, die seit 1943 nicht zuletzt mit Hilfe zugespielter Informationen aus den amerikanischen Labors an der Entwicklung eigener Kernwaffen arbeitete, war der Baruch-Plan, wie er genannt wurde, indes nicht nur unannehmbar, sondern eine schlichte Provokation. Die Zustimmung hätte nicht nur das Vorhaben, waffentechnisch mit den USA gleichzuziehen, gefährdet. Eine Ablieferung der bisherigen Ergebnisse «an die Amerikaner» wäre darüber hinaus einer Selbstentwaffnung gleichgekommen, wie Dimitri Skolbetsin, einer der sowjetischen Unterhändler, später betonte.[10] Schon seit Mitte des Krieges befürchtete Stalin, der Westen werde ihn mit «der Bombe» politisch erpressen können. Trumans Verhalten seit Kriegsende, nicht zuletzt während der Potsdamer Konferenz, erschien ihm als eine klare Bestätigung. Deswegen war es kein Zufall, dass der sowjetische Diktator bereits elf Tage nach dem Abwurf der zweiten Atombombe auf die japanische Stadt Nagasaki am 20. August 1945 das offizielle Dekret unterschrieb, das den amtierenden Geheimdienstchef, Lawrentij Berija, zum Leiter des Nuklearwaffenprogramms machte. Mit entsprechendem Druck auf alle Beteiligten gelang es fast auf den Tag genau vier Jahre später, 1949, die erste sowjetische Atombombe zu zünden. In der Zwischenzeit spielten die Sowjets am New Yorker Verhandlungstisch auf Zeit. Sie präsentierten in den monatelangen Gesprächen mit den Amerikanern diverse Gegenvorschläge, die wiederum den USA als unannehmbar erschienen. «Wir sollten unter keinen Umständen unsere Waffe wegwerfen», hatte Truman Baruch eingeschärft, «solange wir nicht sicher sind, dass der Rest der Welt nicht gegen uns rüsten kann».[11] Die amerikanische Ablehnung seiner Vorschläge bot wiederum Moskau weitere Argumente gegen Washington. Am 17. September 1946 schließlich teilte ein frustrierter Baruch Truman mit, er sehe überhaupt keine Möglichkeit mehr, die amerikanischen Ansichten mit denen der Sowjets in Einklang zu bringen. Am 30. Dezember des Jahres nahm die UNO-Atomenergiekommission ohne die Stimmen der UdSSR und Polens den Baruch-Plan zwar an. Die Stimmenthaltung Moskaus machte den Konsens der anderen Staaten allerdings wirkungslos. Wenige Tage später reichte Baruch am 4. Januar 1947 seinen endgültigen Abschied ein. Drei Monate danach folgte seine Rede, die als erste öffentliche Präsentation des Begriffs «Kalter Krieg» gelten darf. Im Abgeordnetenhaus von Columbia, der Hauptstadt des

US-Bundesstaats South Carolina, verwendete er zum ersten Mal öffentlich den Begriff Swopes, um den Konflikt mit den Sowjets als «eine neue Art von Krieg» zu beschreiben.[12] «Wir sollten uns nicht täuschen», so hatte Baruch unter anderem ausgeführt, «wir sind heute inmitten eines Kalten Krieges. Unsere Feinde sind sowohl außerhalb als auch innerhalb des Landes.»[13] Das sei bereits eine Vorstufe des militärischen Konflikts. Nur wenig später erschien im Herbst 1947 dann die für die Verbreitung des Begriffs folgenreichste Veröffentlichung: die 62-seitige Broschüre des prominenten New Yorker Journalisten Walter Lippmann, die nun zum ersten Mal auch den Titel *The Cold War* trug.[14] Der politisch den Republikanern nahe stehende Lippmann, der sich publizistisch in einer Art Dauerfehde mit den Demokraten und speziell der Truman-Administration befand, hatte zuvor in der *New York Herald Tribune* eine Serie von kritischen Artikeln gegen die Außenpolitik der Demokraten veröffentlicht, die dieser Band jetzt versammelte. Den Begriff des Kalten Krieges suchte der Leser jedoch vergeblich. Dass er im Titel auftauchte und in gewisser Weise wohl auch als Verkaufsargument eingesetzt wurde, machte allerdings deutlich, wie bekannt er in der Öffentlichkeit bereits war. Über den Charakter des Kalten Krieges, den Lippmann in seinem Text als «speziellen» oder auch «besonderen Krieg» (Particular War) bezeichnete, bestand kein Dissens. Er bestehe aus gegnerischer Obstruktionspolitik, diplomatischem Krieg, Propaganda und geheimer Infiltration.[15] Und auch Lippmann betonte das revolutionär Neue an dieser Auseinandersetzung: Der Kalte Krieg werde geführt, weil ein militärischer Konflikt – «ein ausgewachsener Weltkrieg mit Atombomben und dem ganzen Rest», wie er schrieb – für die Sowjetunion noch nicht machbar sei.

Ein «totaler Konflikt» 1947 wurde nicht nur für die Amerikaner, sondern global zum Schlüsseljahr eines Konflikts, der immer umfassendere, «totale» Formen annahm und erst mit dem Zusammenbruch des Gegners, der Auflösung der Sowjetunion und ihres «Ostblocks», im Dezember 1991 endete. In der Auseinandersetzung kam mit Ausnahme der atomaren Waffen auf beiden Seiten tatsächlich alles materiell und immateriell Verfügbare zur Anwendung oder wurde zumindest bereitgestellt, um in diesem Konflikt zu bestehen und ihn am Ende zu gewinnen. Dabei besetzte der Kalte Krieg direkt oder indirekt sogar Bereiche, die auf den ersten Blick wenig mit ihm zu tun hatten. Er wuchs zu einem entgrenzten politisch-ideologischen, ökonomischen, technologisch-wissenschaftlichen und kulturell-sozialen Konflikt, dessen Auswirkungen bis in den Alltag reichten. Sein zentrales Paradoxon wurde die Vorstellung, sich zwar in einem «totalen Krieg» zu befinden, diesen aber im Gegensatz zu den bisher bekannten Phasen «totaler Kriegsführung» nicht mit Aufbietung *aller*, das heißt auch militärischer Mittel führen zu können und den die Mehrheit auf diese Weise auch nicht führen wollte. Gleichzeitig sahen sich jedoch die USA ebenfalls genötigt, sich auf den Eventualfall des großen Schlagabtauschs umfassend vorzubereiten. Dazu gehörten die Suche und Anwerbung von Bündnispartnern, die Reklamierung von tatsächlichen oder prospektiven Interessengebieten, die Fabrikation, Erweiterung und ständige Modernisierung von wirtschaftlichen, technischen, militärischen, zivilen und politischen Ressourcen und nicht zuletzt die Herstellung oder Erzwingung innerer Geschlossenheit.

Mit der North Atlantic Treaty Organization (NATO) stellten die USA schon 1949 den ersten Teil eines weltweit gedachten Bündniskonzepts auf die Beine, das die Sowjetunion wie ein Wall umgeben und an einer weiteren Ausbreitung hindern sollte, letztendlich aber unvollständig blieb. Die Parallelorganisationen zur amerikanisch dominierten NATO für den asiatischen Raum entstanden zwischen 1951 und 1955 mit dem ANZUS-Pakt (Australien, Neuseeland, USA), der SEATO (Australien, Frankreich, Großbritannien, Neuseeland, Pakistan, Philippinen, Thailand, USA, Südvietnam, Kambodscha, Laos) und dem Bagdad-Pakt (Großbritannien, Pakistan, Iran, Irak, USA), der schließlich 1959 in einer allerdings ebenfalls nur eingeschränkt funktionierenden Central Treaty Organization (CENTO) für den Mittleren Osten mündete. Als Ersatz für die zerstrittene SEATO diente der 1967 gegründete – eigentlich nichtmilitärische – ASEAN-Pakt, der bis 1989 über Südostasien hinaus bis nach Südkorea erweitert wurde. Milliarden wurden investiert, um auch die Funktionsfähigkeit einer politischen und militärischen Führung in einem möglichen Atomkrieg zu gewährleisten. Nicht nur in den USA stellten die Bunkeranlagen des Kalten Krieges in Qualität und Quantität alles in den Schatten, was der Zweite Weltkrieg hervorgebracht hatte. Bis weit in die Bündnisstaaten hinein wurde eine Debatte um das Überleben im Atomkrieg geführt, die nachhaltig auch die Mentalität des Kalten Krieges bestimmte.[16]

Besonders anschaulich ließ sich die Totalität und Ubiquität des Konflikts überall dort nachvollziehen, wo er angeblich unpolitische Bereiche berührte oder sogar besetzte, so etwa das Kulturleben. In den einzelnen

Gesellschaften führte der Kalte Krieg darüber hinaus zu deutlichen Polarisierungen. Annäherungen an die jeweils andere Seite oder Neutralität blieben nicht nur in den USA bis zum Schluss verdächtig. Auch hier kannte der Kalte Krieg eigentlich nur Kombattanten – Teilnehmer auf dieser oder jener Seite. Für dieses Phänomen eines «inneren Belagerungszustands» unter dem angenommenen Druck von außen, der in den USA zudem in vielem an das Lagerdenken seit der Kolonialzeit erinnerte, wurde bereits in den 1950er Jahren der Begriff des «Kalten Bürgerkriegs» geläufig.[17]

Strategien für den Kalten Krieg   Für die USA formulierte Truman am 12. März 1947 – gleichsam als Abschluss einer seit 1945 geführten Debatte, an der insbesondere George Kennan maßgeblich beteiligt gewesen war – die zentrale amerikanische Strategie für den Kalten Krieg, die als Truman-Doktrin bekannt wurde. In deutlicher Anlehnung an die Quarantäne-Rede seines Vorgängers Roosevelt forderte Truman nicht nur die weltweite Eindämmung des Kommunismus, sondern stellte dafür auch allen Ländern, die sich von Moskau und seinen Verbündeten bedroht fühlten, amerikanische Unterstützung in Aussicht. «Im gegenwärtigen Augenblick der Weltgeschichte», so Truman, «muss fast jede Nation ihre Wahl in bezug auf ihre Lebensweise treffen. Nur allzu oft ist es keine freie Wahl. Die eine Lebensweise gründet sich auf den Willen der Mehrheit und zeichnet sich durch freie Einrichtungen, freie Wahlen, Garantie der individuellen Freiheit, Rede- und der Religionsfreiheit und Freiheit von politischer Unterdrückung aus. Die zweite Lebensart gründet sich auf den Willen einer Minderheit, der der Mehrheit aufgezwungen wird ... Ich bin der Ansicht, dass es die Politik der Vereinigten Staaten sein muss, die freien Völker zu unterstützen, die sich der Unterwerfung durch bewaffnete Minderheiten oder durch Druck von außen widersetzen.»[18] Die zentrale Bedeutung der Truman-Rede erkannte auch die sowjetische Führung, die im September 1947 durch das offizielle Sprachrohr Stalins, Andrej Schdanow, direkt mit ihrer «Zwei-Lager-Theorie», der Ankündigung eines globalen Klassenkampfs, antwortete. Im Rückblick wurden beide, Truman-Doktrin und Schdanows Zwei-Lager-Rede, zu den Quasi-Kriegserklärungen für den Kalten Krieg. Trumans Rede gewann darüber hinaus für die Außenpolitik der USA eine derart zentrale Bedeutung, dass sie nicht nur im 20. Jahrhundert immer wieder aufgerufen wurde. Sie gilt, wie Barack Obama in seiner Ansprache zur Verleihung des Nobelpreises 2009 gezeigt hat, auch als Grundlage für die Auseinandersetzung mit den Diktaturen des 21. Jahrhunderts.[19] Die Rede Trumans war in den langen Monaten seit Kriegsende, in denen sich das Verhältnis zur Sowjetunion immer weiter verschlechterte, auch der Höhepunkt und einstweilige Abschluss einer nur teilweise öffentlich ausgetragenen inneren Vorbereitung der USA auf den Kalten Krieg. In der Strategiedebatte hatte das «Lange Telegramm» vom 22. Februar 1946 des in der Moskauer US-Botschaft tätigen, aber in der politischen Welt Washingtons eher unbekannten George Kennan einen ersten Einschnitt gebildet. Sein insbesondere vom State Department zur Lenkung der Debatte gezielt eingesetzter Brandbrief enthielt im Kern die damals noch aufsehenerregende These, dass es mit der sowjetischen Führung ebenso wenig wie mit den Zaren im 18. oder 19. Jahrhundert einen «Modus Vivendi» geben könne.[20] Kennan konnte seine Auffassungen mit der Zustimmung wichtiger Minister der Truman-Administration im Juli 1947 sogar in einem der wichtigsten Diskussionsforen der US-Außenpolitik, der Zeitschrift *Foreign Affairs*, veröffentlichen.[21]

Zur Präzisierung und Radikalisierung der amerikanischen Strategie für den Kalten Krieg trugen bis 1947 nicht nur die immer stärker als vitale Bedrohung wahrgenommenen Zusammenstöße mit Moskau bei, sondern vor allem die innenpolitischen Auseinandersetzungen mit den Republikanern in den Wahlkämpfen. Deren außenpolitischer Experte John Foster Dulles, der 1953 auch zum Außenminister der auf Truman folgenden republikanischen Regierung Dwight D. Eisenhowers bestellt wurde, forderte seit den Kongresswahlen 1946 eine offensivere Haltung gegenüber den kommunistischen Diktaturen. Er nannte sie – nicht zuletzt unter Berufung auf James Monroe – «Liberation Policy» oder «Rollback Policy». Unabhängig davon, dass sich beide Parteien in den folgenden sechs Jahren Untätigkeit und eine zu lasche Haltung gegenüber dem Kommunismus vorwarfen, flossen nach dem Amtsantritt Eisenhowers vor dem Hintergrund gemeinsamer traditioneller Überzeugungen die Vorstellungen der Eindämmungs- und der Befreiungspolitik in einer parteiübergreifenden Vereinbarung – genannt: Operation «Solarium» – zusammen. 1953 war damit eine integrierte Containment-Liberation-Strategie entstanden. Sie beinhaltete, überall dort den Kommunismus einzudämmen, wo es nötig war, aber jeweils offensiver an den Orten vorzugehen, wo es möglich erschien. Dies bezog auch die Sowjetunion und ihre Bündnisstaaten ein. Die Grenze der gezielten Auseinandersetzung sollte dort sein, wo der Nuklearkrieg in gefährliche Nähe rücken würde. Dies wurde auch unter dem Begriff «Brinkmanship» bekannt.

Vor allem in Europa erzeugte die Strategie erhebliche Hoffnungen, wie sich schon bei den ostmitteleuropäischen Aufständen in der DDR 1953 und in Polen und Ungarn 1956 zeigte. Wahrscheinlich noch größer waren allerdings die dadurch hervorgerufenen Ängste. Organisatorisch waren freilich beide Richtungen sogar noch lange vor 1953 verschmolzen. George Kennan, dessen Brandbrief im Februar 1946 alles angestoßen hatte, war als Verfechter der angeblich zu defensiven Containment Policy bekannt, wurde aber schon bis 1949 in der zentralen Strategiekommission der US-Regierung, dem Policy Planning Staff (PPS), eingesetzt. Hier war er nicht nur daran beteiligt, Personal, das durch den Nationalsozialismus teils politisch hoch belastet war, für die Offensive gegen den Kommunismus zu rekrutieren. Unter seiner Leitung wurden auch die damals geheimsten Angriffe auf den sowjetischen Machtbereich geplant – klassische Rollback-Operationen. Auf Kennans Arbeit im PPS gingen unter anderem die seit Oktober 1949 gestarteten, aber spektakulär gescheiterten Putschversuche der CIA in Albanien und Jugoslawien zurück.[22] Solche Kommandounternehmen führte man – zum Teil mit Hilfe von angeworbenen Emigranten – unter anderer Leitung in Europa bis weit in die 1950er Jahre, unter anderem auch in der Sowjetunion fort. James Angleton, der aus der OSS stammende Chef des Stabes der Counterespionage/Counterintelligence-Division der CIA, sagte 1976 zudem aus, die USA hätten nach dem Beginn der Entstalinisierungskampagne im Ostblock 1956 begonnen, «Hunderte» von osteuropäischen Freiwilligen auszubilden, um sie in Aufständen einzusetzen.[23] Ab den 1960er Jahren verlagerte sich der Schwerpunkt des Rollback in die Dritte Welt.

Zur Praxis der Eindämmungspolitik gehörte 1947 schon das Europäische Wiederaufbauprogramm (ERP), das nicht nur den Hunger bekämpfen, sondern Optimismus verbreiten sollte. Sein durchschlagender psychologischer Erfolg ließ die Amerikaner noch im selben Jahr ein ähnliches Programm für Tschiang Kai-scheks Taiwan zusammenstellen.

1947 als Schlüsseljahr   1947 wurde aber auch zu dem Jahr, in dem die Amerikaner – wie auch die Sowjets – begannen, ihren gesamten militärisch-politischen und geheimdienstlichen Apparat auf den Kalten Krieg auszurichten. Mit dem National Security Act wurde der grundlegende Versuch unternommen, den gesamten Komplex der Verteidigung für die aktuellen Bedürfnisse umzustellen und neu zu strukturieren. Dazu gehörten beispielsweise die Koordination der politischen und militärischen Institutionen, der Neuaufbau der Geheimdienste, die Einbeziehung der noch in den Kinderschuhen steckenden Psychologischen Kriegsführung, aber auch die Heranziehung diverser fremder und privater «Dienste». Unter anderem entstanden daraus zwei der wichtigsten Institutionen des Kalten Krieges, die bis heute weiterbestehen: das NSC (National Security Council) als Beratergremium für den Präsidenten und die CIA als global tätiger Nachrichtendienst, der auch einen wesentlichen Teil der «schmutzigen Seite» dieses Krieges übernahm.

Mit dem verdeckt durch die Amerikaner geförderten Sieg der Christdemokraten bei den italienischen Wahlen 1947/48 hatte die CIA bereits ihre erste Feuertaufe bestanden, womit das Jahr 1947 auch zur eigentlichen Geburtsstunde des US-Geheimdienstes im Kalten Krieg wurde. In der CIA, die kontinuierlich erweitert wurde, entstanden nun auch spezielle Abteilungen zur Vorbereitung von Umstürzen und Revolutionen wie etwa das Office of Policy Coordination (OPC), das in den ersten Jahren durch Frank Wisner, einen der überzeugtesten Vertreter der Befreiungspolitik geleitet wurde.[24] Insgesamt 17 Geheimdienste sind heute in der «Intelligence Community» vertreten.[25] So unterhielten die Streitkräfte zum Teil bedeutende Spionageabteilungen. Dazu gehörte in der Frühzeit des Kalten Krieges vor allem in Europa das wichtige CIC (Counter Intelligence Corps), das 1961 in der Defence Intelligence Agency (DIA) des US-Verteidigungsministeriums aufging. Mindestens ebenso bedeutend, aber weitaus geheimnisumwitterter war die 1952 neu geschaffene National Security Agency (NSA) als zentrale Behörde für das Abhören des Gegners und zur Entschlüsselung von Informationen. Wie die konkurrierende CIA war die am Ende des Kalten Krieges auf die doppelte Größe angewachsene NSA global tätig und betrieb ihre Einrichtungen insbesondere auch in den Frontstaaten des Konflikts. Im Westteil Berlins wurde von der NSA auf dem sogenannten Teufelsberg der berühmte und durch seine Radarkuppeln weithin sichtbare Abhör- und Beobachtungsposten für Ostmitteleuropa installiert. Weitere spezielle US-Spionagedienste entstanden aufgrund der rasanten Entwicklung der Technik im Kalten Krieg, so das 1970 gegründete NRO (National Reconnaissance Office), das ausschließlich für den Betrieb von Spionagesatelliten zuständig wurde.

1947 war auch das Schlüsseljahr für die Umstellung der Teilstreitkräfte. Dies betraf zunächst vor allem die Luftwaffe, in der nun verstärkt atomwaffenfähige Bomber mit Strahltriebwerk gefordert waren, wenngleich nach und nach auch Heer und Marine nuklear ausgerüstet wur-

den.[26] Bis Mitte 1947 gelang es, mit der Convair B-36 den ersten Düsen-
bomber in Dienst zu stellen. Zusammen mit der Boeing B-47 Stratojet
oder der Boeing B-52 Stratofortress, die beide ebenfalls 1947 geplant und
nach ersten Prototypenauslieferungen 1952 im letzten Drittel der 1950er
Jahre in Dienst gestellt wurden, bildeten diese Maschinen das Rückgrat
der neu geschaffenen Strategischen Bomberflotte im bereits 1946 aufgebauten Strategic Air Command (SAC).[27] Ihr permanenter Einsatz wurde
ab 1958 kontinuierlich geübt und endete erst 1968. In diesem Zeitraum
befand sich eine Bomberflotte von sechzig B-52 mit ihren jeweils acht A-
oder vier H-Bomben pro Flugzeug und damit rund 3000 Megatonnen
Sprengkraft permanent in der Luft, um bei entsprechenden Einsatzbe-
fehlen sofort die Ladung über vorbestimmten Zielen, den «Fail Safe
Points», in der Sowjetunion abzuwerfen. Parallel dazu wurden Tankflug-
zeuge entwickelt, die für die notwendige Betankung in der Luft sorgten.
Da die Produktion eines Nachfolgers der B-52 seit den 1960er Jahren
kontinuierlich verschoben wurde, blieb dieser Flugzeugtyp der Standard-
bomber der USA im Kalten Krieg und damit gleichzeitig eines der
bekanntesten Symbole für den globalen Konflikt.

Ebenfalls im Schlüsseljahr 1947 gelang es sowohl den USA (Aerobee)
als auch der UdSSR (Pobeda), eine auf der deutschen V-2 basierende
Rakete zu starten, die das Zeitalter des atomaren Raketenkriegs endgültig eröffnete, auch wenn erst ab 1959 Interkontinentalraketen zur
Verfügung standen. Ein Meilenstein in der Entwicklung dieses Raketen-
typs war die amerikanische SM-62 (B-62) Snark. Für die Raketentechnik
des Kalten Krieges genauso wie für die Technikgeschichte insgesamt
waren «Snarks» bahnbrechend, weil man für ihre Entwicklung und Steu-
erung zum ersten Mal Computertechnik systematisch nutzte. Mit der
parallel entwickelten, 1960 in Dienst gestellten amerikanischen Atlas-
Rakete (SM-65), die bereits über 14 000 km Reichweite verfügte und
bereits 3,75 Megatonnen auf vier Kilometer genau ins Ziel bringen
konnte, verkürzten sich zum ersten Mal auch die Vorwarnzeiten erheblich. Da die Raketen der Atlas-Serie zudem nicht mehr in Bunkern ge-
lagert wurden, sondern stationär und aufrecht in Silos eingebaut waren,
brauchten sie nicht mehr umständlich herausgefahren und betankt zu
werden. Trotzdem waren diese ersten ICBM-Generationen im Vergleich
zu späteren noch extrem langsam. Dies änderte sich mit den ab 1962 in
Dienst gestellten Versionen der Minuteman-Serie (LGM-30), von der
allein 2400 Exemplare produziert wurden. In späteren Varianten war
dieser Raketentyp mit rund 11 500 km Reichweite nicht nur in der Lage,

binnen einer halben Stunde an jedem Punkt der Erde zu sein, mit seiner ab 1959 begonnenen Entwicklung war auch der endgültige Übergang von der Transistor- zur Mikrochip-Technologie vollzogen. Das hatte nicht nur Auswirkungen auf die Treffgenauigkeit, die schließlich bei etwa 200 Metern lag. Möglich wurde nun überdies die Verwendung von Mehrfachsprengköpfen. Mit der ab 1970 in Dienst gestellten Minuteman III war es möglich, drei Sprengköpfe mit je 335 Kilotonnen separat ins Ziel zu bringen. Darüber hinaus wurde mit jeder neuen Generation von Raketen – dies betraf auch die Kurz- und Mittelstreckenvarianten – die Zerstörungskraft um ein Vielfaches gesteigert. Die in der letzten Phase des Kalten Krieges 1986 als Nachfolger der Minuteman III eingeführte Peacekeeper MX (LGM-118) konnte zehn Sprengköpfe von je 500 Kilotonnen auf 100 Meter genau ins Ziel bringen.

Es waren damit vor allem die Nuklearwaffen, die militärische Strukturänderungen notwendig machten. Diese betrafen auch den bislang völlig unbekannten Schutz vor Atomwaffen. Da «das SAC» zwangsläufig zu den bevorzugten Zielen eines gegnerischen Angriffs gehörte, wurde seine Zentrale bereits 1948 von der Andrews Airforce Base (AFB) in der unmittelbaren Umgebung Washingtons in den Mittleren Westen der USA auf die Offutt AFB verlegt. Doch selbst die tief verbunkerte Führungsstelle galt bald nicht mehr als sicher, weswegen seit 1961 bis zum Ende des Kalten Krieges zusätzlich ein fliegendes Operationszentrum namens Looking Glass eingerichtet worden war. Darüber hinaus entstand ein Taktisches (TAC) sowie ein tief in den Fels der Rocky Mountains in Colorado versenktes Luftverteidigungskommando (ADC). In dieser «Strategischen Triade» blieb das SAC bis zum Ende des Kalten Krieges für die Interkontinentalbomber und -raketen verantwortlich.

Verlauf des Kalten Krieges Der 1947 quasi-offiziell eröffnete globale Konflikt durchschritt bis zu seinem Ende 1991 in einer Berg-und-Tal-Fahrt kontinuierlich Eskalations- und Entspannungsphasen. Abschwächung und Konfrontation überschnitten sich regelmäßig und erschwerten nicht zuletzt schon den Zeitgenossen den Überblick. Sechs Phasen des Kalten Krieges lassen sich im Rückblick erkennen. Nach der *Formierung*, die 1945 begann und mit der Truman-Doktrin 1947 ihren Höhepunkt erreichte, schloss sich eine *erste Phase* an, die mit der Ersten Berlinkrise 1948/49 begann, mit dem letztendlich frustrierenden amerikanischen Engagement im Koreakrieg 1950/53 ihre Richtung erhielt und mit der Blockbildung 1955 endete. Spätestens nach der gigantischen Hilfeleistung der

USA durch eine über Monate aufrechterhaltene Luftbrücke nach Westberlin 1948/49, die zumindest rhetorisch den Willen einschloss, die Freiheit der Stadt und der Bundesrepublik auch mit einem Nuklearkrieg zu schützen, und Trumans Entschluss am 25. Juni 1950, Südkorea gegen den Angriff des stalinistischen Nordkorea zu verteidigen, waren alle Fronten klar. Das 1950 vom Präsidenten abgezeichnete Strategiepapier des National Security Council, NSC-68, enthielt die unmissverständliche Botschaft, dass im Kalten Krieg kein Unterschied mehr gemacht werden dürfe zwischen militärischem Konflikt und formalem Frieden.[28] Tatsächlich eskalierte parallel zum Koreakrieg seit 1953 auch die Situation in Europa, was bis zum Mauerbau in Deutschland 1961 anhielt. In dieser *zweiten Phase* des Kalten Krieges zeigte sich deutlich, dass die USA trotz kontinuierlicher Befreiungsrhetorik weder beim blutigen Aufstand in der DDR am 17. Juni 1953 noch bei der mit wesentlich mehr Gewalt verbundenen Revolution in Ungarn 1956 eingreifen konnten, ohne einen Nuklearkrieg zu riskieren. Entsprechend harte Kritik an der Liberation Policy bestimmte den Präsidentschaftswahlkampf 1960 zwischen John F. Kennedy und Eisenhowers Vizepräsidenten Richard Nixon, was danach zur weitgehenden Stilllegung des besonders brisanten Schauplatzes Mitteleuropa führte.

Stattdessen verlagerten sich die Aktivitäten auch der USA seit 1961 in einer *dritten Phase* des Kalten Krieges sichtbar auf die Entwicklungsländer, die sogenannte Dritte Welt, die bis 1991 der eigentliche Kriegsschauplatz blieb. Unter Kennedy und nach seiner Ermordung im November 1963 unter Lyndon B. Johnson engagierten sich die Vereinigten Staaten massiv vor allem in Südostasien, von wo aus man eine schrittweise kommunistische Expansion Richtung Indien besonders fürchtete, bei der die einzelnen Länder wie Dominosteine nacheinander dem Kommunismus zufallen könnten. Der ab 1965 deswegen mit großem Aufwand geführte Vietnamkrieg endete 1973 allerdings in der ersten wirklich großen Niederlage der USA. In den 1980er Jahren standen dann vor allem Afghanistan und Mittelamerika im Mittelpunkt. Im Schatten der Eskalation des Kalten Krieges in der Dritten Welt hatte allerdings lange zuvor schon eine gewisse Entspannungspolitik eingesetzt, wenngleich eher zu bezweifeln ist, ob die 1952 von Stalin noch in Auftrag gegebenen Noten zur Wiedervereinigung Deutschlands wirklich als Detente gemeint waren. Erst die 1953 verfassten Folgenoten, die vermutlich aufgrund des Aufstands in der DDR am 17. Juni nicht mehr abgeschickt wurden, machen heute klar, dass damals eine parallel verlaufende *vierte Phase* des Kalten Krieges begann, die bis zum Einmarsch der Sowjets in Afghanistan 1979 reichte und in der in den 1960er und 1970er Jahren zentrale Erfolge der Entspannungspolitik zu verzeichnen waren. Diese waren zwar nicht unbedingt auf die politische Einsicht der Beteiligten zurückzuführen, sondern eher auf Umweltbelastungen durch die Rüstung, die nicht zuletzt den Geheimdiensten Sorgen machten, oder die beträchtlichen Kosten für die nationalen Volkswirtschaften. So hatte schon der Abschluss des sogenannten Partial Test Ban Treaty (PTBT) 1963 deutliche ökologische Gründe, da die Belastung durch den radioaktiven Niederschlag erhebliche Dimensionen angenommen hatte. Die USA und die UdSSR einigten sich darauf, keine Atomversuche im Weltraum, in der Atmosphäre und unter Wasser durchzuführen. Aber auch die Erfahrungen der Kubakrise 1962, in der die Welt nur knapp an einem Nuklearkrieg vorbeigekommen war, verstärkten den Willen zur Entspannung.

Eine völlige Abrüstung wollten allerdings auch die Amerikaner nicht, weil die Nuklearwaffen und die gegenseitige Abschreckung blockübergreifend als friedenssichernd galten. Den Höhepunkt erreichten die Bemühungen um eine Annäherung der Blöcke mit dem KSZE-Vertrag, den die USA und die UdSSR schließlich 1975 unterzeichneten. Auch hier waren die Intentionen indes gemischt und ein Ende des Kalten Krieges keineswegs erreicht. Stattdessen wurde nun die Menschenrechtsfrage zu einer Waffe der USA im Kalten Krieg, wie Präsident Jimmy Carter unumwunden auf einer berühmt gewordenen Pressekonferenz am 24. März 1977 erklärte.[29]

Die mit der Rückkehr zur Konfrontation 1979 beginnende *fünfte Phase* des Kalten Krieges startete mit dem Einmarsch der Sowjetunion in Afghanistan am 24. Dezember 1979, auch wenn die Amerikaner das internationale Klima bereits zuvor für zerstört hielten. Dazu hatten nicht allein das imperiale Gehabe Moskaus beigetragen, sondern auch die Probleme der US-Außenpolitik im Mittleren Osten, die in der Irankrise 1979 eskalierten. Diese Phase der erneuten Konfrontation im Kalten Krieg fand ihr Ende erst mit dem endgültigen Abzug der Sowjets 1989. Schon 1985 begann parallel dazu die *sechste Phase* des Kalten Krieges, in der sich der Ostblock bis 1991 sukzessiv auflöste. An ihrem Beginn stand der Amtsantritt des neuen und im Vergleich zu seinen Vorgängern ungewöhnlichen sowjetischen Generalsekretärs Michail Gorbatschow. Zum ersten Mal setzte die Moskauer Führung klare Zeichen der Entspannung, die allerdings in den USA unter ihrem seit 1981 amtierenden Präsidenten Ronald Reagan zunächst ebenso wenig auffielen wie bei den europäischen Verbündeten. Gorbatschow zeigte seine historische Größe, als klar wurde, dass er die Erwartungen, die durch die versuchte Umgestaltung der Sowjetunion (Perestroika) und die neue Offenheit (Glasnost) geweckt worden waren, nicht einhalten konnte, er aber dennoch seine Reformen fortführte. 1991 zerfiel die UdSSR endgültig. Der Kalte Krieg war zu Ende.

Die aus der Rückschau offenbare Einheit der Epoche des Kalten Krieges war für die Zeitgenossen allerdings kaum sichtbar. So beteiligten sich auch amerikanische Zeitungen regelmäßig an dem globalen Spiel, jede tatsächliche oder scheinbare Abflachung des Konflikts zum endgültigen Ende des Kalten Krieges zu erklären, um sich kurz danach wieder korrigieren zu müssen. Einer jener amerikanischen Autoren, die bereits 1947 drastisch die Globalität und Totalität des Konflikts beschworen und dazu eine überdurchschnittlich große und andauernde Wirkung erreichten, war der Chicagoer Soziologe James Burnham. Er hatte sich, obwohl er wie eine Reihe anderer einschlägiger Antikommunisten des Kalten Krieges zunächst ein überzeugter Marxist gewesen war, schockiert durch die Moskauer Schauprozesse in den 1930er Jahren vom Sozialismus abgewandt. Mit *The Struggle for the World (Der Kampf um die Welt)* erschien 1947 seine erste programmatische Arbeit zum Kalten Krieg. Hier malte er seine These, man befinde sich in einem realen «Dritten Weltkrieg», detailliert aus.[30] «Wir leben in etwas, was Lenin korrekt als das ‹Zeitalter der Kriege und Revolutionen› beschrieben hat, in der Mitte einer großen Weltrevolution.» Aus diesem Blickwinkel erschienen ihm alle sowjetischen Maßnahmen als Stufen eines großangelegten «Planes». Einzelereignisse fügten sich bruchlos ein. Die These des begonnenen Dritten Weltkriegs war für Burnham so zentral, dass er ab 1955 in der von ihm mitherausgegebenen Zeitschrift *National Review* sogar eine gleichnamige Kolumne einrichtete, die die Leser regelmäßig über die neuesten Entwicklungen des Konflikts auf dem Laufenden hielt. Wie weit die politische Wirkung Burnhams tatsächlich reichte, wurde vielen erst im letzten Jahrzehnt des Kalten Krieges bewusst, als US-Präsident Ronald Reagan ihm 1983 in der letzten, nun erneut heißen Phase die höchste zivile Auszeichnung der USA, die Medal of Freedom, verlieh und sich in der Laudatio ausdrücklich zu seinen Thesen bekannte.[31]

Kommunistenverfolgung und Shelter Debate

1947 begann in den USA auch die innergesellschaftliche Auseinandersetzung mit den angeblichen oder tatsächlichen Parteigängern des jeweils anderen Lagers. Dieser «Cold Civil War», der Kalte Bürgerkrieg, zog sich von nun an über vierzig Jahre quer durch die Gesellschaft und erreichte insbesondere in den 1950er Jahren dramatische Höhepunkte.

McCarthy und der «Kalte Bürgerkrieg» Für die antikommunistische Hysterie, die sich nun unter anderem in bizarren Spielfilmen und einer in der amerikanischen Bevölkerung zeitweilig weit verbreiteten Sorge um eine Invasion aus dem All widerspiegelte,[32] stand in den USA zunächst vor allem der Name des republikanischen Senators Joseph McCarthy. Der McCarthyismus zwischen 1947 und 1954 fußte in erster Linie auf der These, dass ein falsch verstandener Liberalismus die kommunistische Unterwanderung des Westens im Kalten Krieg erst möglich gemacht habe. Kommunisten und Liberale im eigenen Lager seien für außenpolitische Niederlagen wie etwa den «Verlust» Chinas und Osteuropas verantwortlich. Er konnte auf eine lange Tradition zurückgreifen, die mit den geradezu ins kollektive Bewusstsein übergegangenen Bedrohungsgefühlen der Siedler auf dem nordamerikanischen Kontinent angesichts der feindlichen Natur und der «Wilden» genauso zu tun hatte wie mit den politischen Sorgen des 19. Jahrhunderts, einer Invasion despotischer Großmächte ausgeliefert zu sein. Bezeichnenderweise war seine Vorgeschichte vor allem mit den großen außenpolitischen Engagements im 20. Jahrhundert verbunden. Nach dem Eintritt der USA in den Ersten Weltkrieg war es das berüchtigte Committee on Public Information gewesen, das innenpolitische Mobilisierung mit starkem Druck auf vermeintliche Abweichler verknüpfte.[33] Die 1917/18 verabschiedeten Spionage- und Aufruhrgesetze machten bereits die willkürlich vorgenommene Verfolgung fast jeder Art von «Zersetzung» und «Verrat» möglich. Neben Deutsch-Amerikanern, die zu dieser Zeit fast grundsätzlich in den Verdacht der Spionage gerieten, waren es auch damals schon vor allem Linke, gleich welcher ethnischen Zugehörigkeit, die sich massiver Verfolgung ausgesetzt sahen und zum Teil zu hohen Haftstrafen verurteilt wurden. Ähnlichen psychologischen Bedingungen entsprang die Verfolgung «unamerikanischer» Tendenzen in den 1930er und 1940er Jahren. Angesichts dieser Vorgeschichte war es kein Zufall, dass die öffentlichen Anhörungen, die im Kalten Krieg die Freunde von den Feinden trennen sollten, in den USA bereits 1947 mit erheblicher Schärfe begannen. Das hing allerdings auch damit zusammen, dass 1946 die Republikaner im Kongress eine Mehrheit gewonnen hatten und sie nun das 1938 entstandene House Committee on Un-American Activities als Bühne für Angriffe gegen die Truman-Administration nutzten. Als im selben Jahr das bislang umfassendste Programm zur Überprüfung politischer Loyalität von Staatsangestellten startete, war dann auch eine erhebliche Zahl betroffen. Freilich endete die Überprüfung von fast drei Millionen Menschen nur für etwa 3000 mit der Entlassung aus dem Staatsdienst, und das auch nur, weil sehr enge Kriterien angelegt wurden. McCarthy selbst heizte die Stimmung kontinuierlich mit weiteren Beschuldigungen und Verschwörungsvorwürfen an, so mit der im Februar 1950 verbreiteten Behauptung, er wisse, dass genau 205 Kommunisten im US-Außenministerium tätig seien.[34] Spektakuläre Fälle wie der des im amerikanischen Außenministerium tätigen linksliberalen Beamten Alger Hiss waren zwar selten, förderten aber ebenso wie die entdeckten tatsächlichen Spionagefälle die wachsende Hysterie. Nachgewiesen werden konnte zwar auch Hiss nichts, trotzdem wurde er 1950 wegen Meineids zu 44 Monaten Haft verurteilt.[35] Der republikanische Abgeordnete Richard Nixon, der durch die Befragung von Hiss bekannt wurde, konnte auf dieser Welle zum Vizepräsidenten von Trumans Nachfolger Eisenhower aufsteigen. Andere Mitarbeiter des Außenministeriums wurden wegen ihrer angeblich unkritischen Haltung gegenüber Moskau entfernt. Wo Beweise fehlten, versuchte man, anderes belastendes Material zu finden. Charles Thayer, ein Mitarbeiter der US-Botschaft in Bonn, trat im April 1953 zurück, nachdem ihm Homosexualität vorgeworfen und eine öffentliche und durch das Fernsehen übertragene McCarthy-Anhörung angedroht worden war.[36]

Die «Hexenjagd» betraf zunehmend auch Bibliothekare, Lehrer, Wissenschaftler, Künstler und Schauspieler. Neben unliebsamen politischen Werken wurden sozialkritische Arbeiten und schließlich sogar politisch völlig harmlose Werke als «unamerikanisch» entlarvt, aus den Büchereien entfernt und teilweise sogar öffentlich verbrannt. Einer der bekanntesten Wissenschaftler, der in die Mühlen des HUAC geriet, war der Atomphysiker J. Robert Oppenheimer, der aus seinen zeitweiligen Sympathien für die Linke niemals einen Hehl gemacht hatte. Genauso wenig hielt er sich mit seiner Kritik an der Wasserstoffbombe zurück. Jetzt, im «Bürgerkrieg der Wissenschaftler»,[37] wie ihn bereits die Zeitgenossen nannten, wurde er mit tatkräftiger Hilfe seines politisch rechts stehenden Rivalen Edward Teller und trotz nachgewiesener Loyalität als Sicherheitsrisiko ausgebootet. Immerhin erfolgte seine Rehabilitierung schon 1963 unter Präsident Kennedy. Manche mussten weit länger warten, oder eine Wiedergutmachung wurde ihnen ganz versagt. Unter den Schauspielergrößen aus dem McCarthy besonders verdächtigen Hollywood war es unter anderem Charlie Chaplin, der 1952 vom HUAC eine Verwarnung erhielt. Der aus Großbritannien stammende Chaplin zog es angesichts der unverhüllten Drohung, ihn vor Gericht zu stellen, vor, von einer Europareise nicht in die USA zurückzukehren. Seit 1953 lebte er in der Schweiz und kam erst 1972 wieder in die USA zurück – allerdings nur besuchsweise. Sein 1956/57 in Großbritannien gedrehter Film *A King in New York (Ein König in New York)* in dem ein in die Vereinigten Staaten emigrierter Monarch als Kommunist verdächtigt wird, wurde zu einer autobiographischen Abrechnung mit dem Amerika der McCarthy-Zeit. Aber selbst im vergleichsweise liberalen Hollywood fand McCarthy Überzeugte. Der spätere US-Präsident Ronald Reagan war in diesen Jahren als Chef einer Schauspielervereinigung einer der wichtigsten Informanten des FBI.

Die Freunde und die Feinde McCarthy war nur ein – wenn auch zentrales – Aushängeschild der heftigen antikommunistischen Stimmung während des Kalten Krieges in den USA. Wie umfassend die Furcht vor einer Unterwanderung die US-Gesellschaft erfasste, zeigte auch die 1951 verkündete Entscheidung des Obersten Gerichtshofs im berühmten Revisionsverfahren Dennis gegen die Vereinigten Staaten. Darin befanden sogar die Bundesrichter, dass die Verfolgung von Kommunisten nicht gegen die Verfassung verstoße, weil es dem Staat nicht zugemutet werden könne, auf einen Umsturz zu warten, womit die von den Sicherheitsbehörden verbreitete Auffassung, dass die Linke in den USA die Revolution plane, gleichsam amtlich wurde.[38] Der Antikommunismus und die Furcht vor der Sowjetunion entwickelten schließlich eine so starke innenpolitische Eigendynamik, dass selbst Eisenhower es als Präsident zunächst nicht wagte, gegen McCarthy vorzugehen. Erst als dieser begann, die US-Armee anzugreifen, jene Institution, der die amerikanische Öffentlichkeit im Kalten Krieg letztendlich doch am meisten vertraute, wurde er 1954 mit Hilfe einer vom Senat ausgesprochenen Standesrüge aus dem politischen Leben entfernt.

Allerdings war auch danach der Kampf gegen Abweichler aus der Front des Kalten Krieges nicht zu Ende. In den 1960er Jahren wurde die

Arbeit des republikanischen Senators McCarthy von seinem demokratischen Kollegen Patrick McCarran fortgesetzt. Nun war es insbesondere der Vietnamkrieg, der neue tiefe Gräben aufriss. Die Behörden blieben dabei, besonders massiv gegen «Linke» vorzugehen, wozu vor allem die 1962 gegründete Hochschulgruppe Students for a Democratic Society (SDS) zählte. Trauriger Höhepunkt wurde die Erschießung von vier Studenten bei einer Antikriegsdemonstration auf dem Gelände der Kent State University im US-Bundesstaat Ohio am 4. Mai 1970. Aber auch danach schauten die US-Behörden vor allem nach links und auf eine ihrer Meinung nach zu weite Auslegung von Liberalität und Demokratie. Ex-Beatle John Lennon war zwar auch wegen eines Drogendelikts in das Visier des FBI geraten, aber eine größere Rolle spielte 1971 das angeblich pornographische Cover seiner Schallplatte *Two Virgins*. In den folgenden Jahren erklärte man ihn wegen seines öffentlich vertretenen Pazifismus, seiner Nähe zur Linken innerhalb und außerhalb der USA und insbesondere wegen der Vorbereitung einer politischen Kampagne gegen Präsident Nixon zum nationalen Sicherheitsrisiko. Der von den Republikanern vorangetriebene Versuch, ihn mit den einschlägigen Paragraphen der Ausländergesetzgebung auszuweisen, scheiterte allerdings. Erst Jahre später, nach dem Ende der Präsidentschaft Nixons und dem absehbaren Wechsel zu den Demokraten, erhielt Lennon 1976 eine dauerhafte Aufenthaltsgenehmigung.

Mit einem ähnlichen Automatismus im Freund-Feind-Schema rekrutierten die USA kontinuierlich sogar terroristische Gruppierungen, auch wenn der Begriff höchst schillernd blieb.[39] Ob jemand, der sich die gewaltsame Veränderung von Machtverhältnissen zum Ziel gesetzt hatte, von den US-Behörden den positiven Titel «Freiheitskämpfer» oder die negative Bezeichnung «Terrorist» verliehen bekam, hing auch im Kalten Krieg eher vom Blickwinkel des Betrachters ab. Zu den Freiheitskämpfern zählten die USA in den 1950er Jahren etwa die «Kampfgruppe gegen Unmenschlichkeit» (KgU), die sich die Beseitigung des kommunistischen Regimes in der SBZ/DDR – auch mittels Sabotage, Brandstiftung und Mordanschlägen – zum Ziel gesetzt hatte.[40] Aus Sicht der Sowjets und der SED war die KgU hingegen ohne Zweifel eine terroristische Organisation. Die Gruppe selbst verstand sich als antitotalitäre Befreiungsorganisation, die ihre Legitimation aus der Tatsache bezog, dass ihre Gründer bereits im Widerstand gegen den Nationalsozialismus gestanden hatten. Auch der rechtsextreme «Bund deutscher Jugend» (BDJ) und eine Vielzahl ähnlicher Organisationen wurden von den USA finanziert und ausgebildet. Speziell der BDJ war bis zu seiner 1953 durch die Bundesrepublik erzwungenen Auflösung ein wichtiger Teil des über Westeuropa reichenden NATO-Netzwerks von Stay-Behind-Gruppen für den militärischen Ernstfall, das den Decknamen «Gladio» trug. Unter dessen Dach wurden allein in Europa bis zum Ende des Kalten Krieges weitere speziell aus dem rechtsextremen Spektrum rekrutierte Gruppen in insgesamt 16 Staaten geführt.[41] Auch in Mittel- und Südamerika, in Asien und Afrika unterhielten die USA solche Verbindungen zu klassischen Terrorgruppen, die ebenfalls als Freiheitskämpfer gegen den Kommunismus angesehen wurden.[42] Zwar war bereits vor 1991 durch Enthüllungen, etwa im Rahmen der berüchtigten «Iran-Contra-Affäre», ansatzweise der Umfang dieser hochgeheimen Aktivitäten erkennbar geworden, aber bis heute ist das gesamte Ausmaß nicht bekannt. Einige gravierende Folgen allerdings, die sich aus der zeitweiligen Unterstützung von radikalen Islamisten vor allem während der sowjetischen Besetzung Afghanistans ergaben, wurden jedoch schon nach dem Ende der Blockkonfrontation sichtbar. Selbst der Al-Qaida-Gründer Osama Bin Laden, der dann hinter den Anschlägen vom 11. September 2001 stand, gehörte in den 1980er Jahren zu den Nutznießern der weitgestreuten Finanzierung.[43]

Wie stark die Bedrohung im Kalten Krieg empfunden wurde, zeigt auch die Wahl der Mittel zu ihrer Bekämpfung. So fing die CIA bereits in den 1950er Jahren an, darüber nachzudenken, wie man Aussagen erzwingen könne. Mit dem sogenannten MKUltra-Programm sowie der Operation «Bluebird» begannen erste Versuche, Lügendetektoren, bewusstseinserweiternde «Wahrheitsdrogen» und schließlich sogar Folter einzusetzen.[44] Den einstweiligen Höhepunkt erreichten diese Maßnahmen 2001 nach den Anschlägen von Islamisten auf New York und Washington in den US-Gefängnissen von Guantánamo auf Kuba, Bagram in Afghanistan und Abu Ghraib im Irak. Bezeichnenderweise gerieten mit der Bedrohung durch islamistische Gruppen erneut selbst harmlose US-Bürger ins Visier der Sicherheitsbehörden. Nicht nur die allgemeine Furcht vor muslimischen, arabischen oder arabisch aussehenden Amerikanern erreichte ihren Höhepunkt, sondern auch die Maßnahmen gegen Künstler, die sich dem Islam verbunden fühlten. 2004 wurde dem amerikanischen Popstar Cat Stevens, der 1977 zum Islam konvertiert war und seitdem unter dem Namen Yusuf Islam lebte, die Einreise in die USA wegen Sicherheitsbedenken verweigert und sein Flug von London sogar umgeleitet. Statt bei Washington durfte er nur auf einem abgelegenen Flugfeld in Maine landen.[45]

Der Kalte Krieg als Alltag   Der Kalte Krieg mit seinem kontinuierlichen Bedrohungsszenario war 45 Jahre lang nicht nur für US-Bürger, sondern für einen Großteil der Weltbevölkerung Alltag und Normalität. Dementsprechend versuchten sich die unterschiedlichen Gesellschaften einzurichten. Selbst die Zentren der Ereignisse waren allerdings keineswegs nur durch andauernde Furcht oder gar Hysterie gekennzeichnet. Es überwogen vielmehr das Arrangement mit anscheinend nicht zu verändernden Tatsachen und die mehrheitliche Verdrängung der bedrückendsten Realitäten – jedenfalls so lange, bis diese nicht mehr zu ignorieren waren. Für die Zivilbevölkerung in den USA, die, anders als etwa die sowjetische im Zweiten Weltkrieg, keinerlei Bombardierungen ihrer Städte erlebt hatte, waren die Kriege des 20. Jahrhunderts zuvor etwas weit Entferntes geblieben. Allenfalls in den Medienberichten oder den Erzählungen zurückgekehrter Soldaten waren der Erste und Zweite Weltkrieg näher gerückt. Jetzt, unter der Bedrohung mit Atomraketen, traten auch die Amerikaner den Eskalationen auf internationaler Ebene mit einem Willen zur Erhaltung der eigenen Normalität entgegen, der allerdings hin und wieder von den Krisen des Kalten Krieges eingeholt wurde.

Die ersten Probleme, mit denen die Normalbürger in den USA schon 1945 konfrontiert wurden, standen in Zusammenhang mit dem aus Friedenszeiten gewohnten Konsum und der Wohnungsversorgung. Während diese «Reconversion» genannte Umstellung in den USA insgesamt sehr schnell vor sich ging, der private Konsum rasch wieder anstieg und wenig später die Vereinigten Staaten sogar als erste den Status einer Überflussgesellschaft erreichten, blieben die Befürchtungen zwar bestehen. Aber sogar die Bedrohung durch Atomwaffen versuchte die Mehrheit der Bevölkerung in den USA, wie ganz allgemein im Westen, aber auch im Ostblock, zu ignorieren. Alltag war auch in den USA schließlich ein Leben nahe den potenziellen Primärzielen für Atomwaffen, zumal schließlich fast jede größere Metropole zu einem solchen Ziel wurde. Aber auch außerhalb der Zentren war es kaum sicherer. Quer über die Vereinigten Staaten – über die Bundesstaaten Arizona, Montana, Wyoming, North und South Dakota, Kansas, Missouri und Arkansas – war seit den späten 1950er Jahren ein Netz von Hunderten von Silos für Interkontinentalraketen geplant und angelegt worden. In dieser Nachbarschaft blieb nur die Verdrängung der Gefahr oder der fatalistische Glaube an die Notwendigkeit.

Wie weit diese Normalität des Kalten Krieges bereits in den Alltag eingedrungen war, zeigte die Zeitschriftenwerbung. So warb die US-

Flugzeugindustrie in den 1950er Jahren um Vertrauen in atomare Trägersysteme («Die B-47 ist unser schnellster Bomber»), die Stahlindustrie
pries ihre Erzeugnisse für neue Raketengenerationen («Für die Anforderungen der Raketen von morgen») und der Baumaschinenhersteller Caterpillar warb vor dem Bild einer Atombombenexplosion für mehr Investitionen im Straßenbau («Der beste Grund für bessere Straßen»).[46] Auch
die Spielzeugindustrie produzierte, was gewünscht war: Ab 1958 machte
sie unter anderem Werbung für eine detailgenaue Atomic Annie, die erste
280mm-Atomkanone, im Miniformat. Auch in den Bündnisstaaten wie
beispielsweise in Westdeutschland hielt der Kalte Krieg mit Spielzeugraketen und Panzern Einzug in die Kinderzimmer.[47] Eine Normalität der
atomaren Waffen suggerierten nicht zuletzt beliebte Hits der 1940er und
1950er Jahre. So befand sich auf der B-Seite von Bill Haleys berühmter,
16 Millionen Mal verkaufter Single *Rock Around the Clock* ein anzüglicher
Titel über den Atomkrieg, der dreizehn Frauen, aber lediglich einen
Mann übrig lässt.[48] Doris Day sang *Tic, Tic, Tic (you give me a radioactive
kick)*, Fay Simmons fand *You Hit Me Baby Like An Atomic Bomb*, und wieder andere schwärmten von *Atom Bomb Baby (a million tons of* TNT*)*,
einer *Radioactive Mama (hold me tight / treat me right / we'll reach critical
mass tonight)* oder, wie George McKelvey, vom *Radiation Baby, My Teenage
Fallout Queen*. Die Grundidee aus Haleys bizarrem Titel – das Überleben
eines kleinen Kerns der menschlichen Gesellschaft nach einem Atomkrieg – fand sich einige Jahre später in der Schlussszene von Stanley Kubricks Atomkriegssatire *Dr Strangelove* wieder. Wer wissen wollte, wie
eine «Miss Atomic» oder «Miss Atomic Bomb» aussah, konnte sie schon
1946 bei einer der vielen Miss-Wahlen antreffen, die zum Teil auch in der
Nähe der Atomtestgebiete im US-Spielerparadies Las Vegas stattfanden.
Die Wüstenstadt selbst warb nachdrücklich mit dem benachbarten Atomtestgebiet (s. Abb. S. 26). Im selben Jahr, nur wenige Tage nach Beginn
der amerikanischen Kernversuche auf dem Bikini-Atoll im Pazifik, stellte
der Modedesigner Louis Réard in Frankreich einen damals gewagten
zweiteiligen Badeanzug mit dem Namen «Bikini» vor, der wie die Kreation «Atom» seines Konkurrenten Jacques Heim, der die gleiche Idee gehabt hatte, rasch eine unglaubliche Popularität auch im sich gewöhnlich
als prüde gebenden Amerika erreichte.[49]

Wie sich Normalitätsgefühl und Krisenbewusstsein zueinander verhielten, machte die erstmals 1947 auf dem Titelblatt des *Bulletin of the
Atomic Scientists* präsentierte sogenannte Doomsday Clock deutlich.[50]
Die Weltuntergangsuhr, die seitdem als Anzeige für die Wahrschein

lichkeit eines nuklearen Krieges und als Logo der Zeitschrift diente, sollte veranschaulichen, wie rasch die totale atomare Zerstörung die scheinbare Normalität des Alltags erreichen konnte. Später wurde sie in Krisen- oder Entspannungszeiten per Hand öffentlich vor- oder aber auch wieder zurückgestellt. 1947 stand die Uhr auf sieben Minuten vor zwölf Uhr Mitternacht oder – je nach Temperament – kurz vor High Noon. Mit der Zündung der ersten sowjetischen Atombombe rückte sie 1949 auf drei Minuten, mit der sowjetischen Wasserstoffbombe 1953 sogar auf zwei Minuten an den Weltuntergang. An diesen dramatischen Stand kam die Doomsday Clock niemals wieder heran. Am nächsten am prognostizierten Weltuntergang war sie noch einmal nach dem Amtsantritt des neuen US-Präsidenten Ronald Reagan: 1981 vier, 1984 drei Minuten vor zwölf.

Atomkraft als Katastrophe und Verheißung   Wie nah atomare Katastrophe und alltägliche Normalität tatsächlich zusammen liegen konnten, demonstrierte im März 1954 der außer Kontrolle geratene Test der bisher größten amerikanischen Wasserstoffbombe Mark-XVII. Er wurde während der Bravo-Testreihe auf der zu den Atollen um Bikini gehörenden Insel Nam gezündet. Die Bombe detonierte nicht nur mit dem Zweieinhalbfachen der eigentlich berechneten Sprengkraft, sondern setzte darüber hinaus auch weit mehr Radioaktivität auf größerer Fläche frei als angenommen. Die amerikanischen Stellen evakuierten zwar eiligst ihre eigenen Wetter- und Beobachtungsstationen außerhalb der eigentlichen Sicherheitszone und brachten nach zwei Tagen schließlich auch die 236 mittlerweile erheblich verstrahlten Bewohner von vier Atollen in Sicherheit. Keine Möglichkeit, dem sich unkontrolliert ausbreitenden hoch radioaktiv kontaminierten Niederschlag zu entkommen, hatte jedoch die Besatzung eines dann berühmt gewordenen japanischen Thunfischfängers. Ihr Schicksal wurde nicht zuletzt durch die zahlreichen literarischen Verarbeitungen weltweit zum Inbegriff der permanenten Bedrohung im Kalten Krieg, die ohne Vorwarnung in den Alltag einbrechen konnte. Mit eindeutigen Zeichen schwerer Strahlenkrankheit kehrten die Fischer der «Fukuryu Maru» (Glücklicher Drache) nach Japan zurück. Die amerikanische Atomic Energy Commission (AEC), die zunächst auf völlige Geheimhaltung setzte und zehn Tage später in einer Presseerklärung von nur fünf Zeilen ausdrücklich von einem «Routine-Test» sprach, sah sich nach der Rückkehr des Schiffs nach Japan wenige Tage später unter erheblichem öffentlichen Druck. Der Anblick der hochgradig verstrahlten Besatzung – später kamen noch Mannschaften anderer Kutter hinzu – war in Japan aus Hiroshima und Nagasaki nur allzu bekannt und hatte ganz und gar nichts mehr mit Normalität zu tun. Die Nachricht führte schließlich zum Zusammenbruch des japanischen Fischhandels und einer erheblichen Panik.[51] Im September 1954 starb der erste der Fischer an seinen schweren Strahlenschäden. Die anderen Besatzungsmitglieder litten dauerhaft an Leber- und Schilddrüsenkrankheiten. Auch die versprochene komplette Wiederbesiedelung der hastig geräumten Atolle erwies sich als unmöglich. Die Auswahl anderer Testgebiete legte zwar immer den Verdacht nahe, dass auch rassistische Gründe eine Rolle spielten. Diesmal aber war es wohl vor allem das individuell greifbare und überall nachvollziehbare Schicksal von einfachen Menschen, das global Reaktionen auslöste. Die Geschichte der japanischen Fischer schien unmissverständlich klar zu machen, dass nahezu jeder in seinem Alltag in eine solche Situation geraten konnte. Jedenfalls sah sich die amerikanische Atomenergiebehörde genötigt, ausführliche Stellungnahmen zu veröffentlichen. In Japan, das drei Jahre zuvor noch den Friedensvertrag mit den USA geschlossen hatte, zeigten sich in den Kommentaren deutlich antiamerikanische Tendenzen. Auch der indische Präsident Nehru, der sich im folgenden Jahr als einer der ersten der Blockfreienbewegung anschloss, protestierte unter ausdrücklichem Hinweis auf das Unglück der japanischen Fischer gegen die Atombombenversuche.

Dennoch bedeutete der Bravo-Test trotz aller Aufregung, die er auslöste, nicht den Beginn einer grundsätzlichen Kritik am Kalten Krieg oder gar an der Nutzung der Atomkraft in den USA. Insgesamt lagen auch die Versuche, selbst die Nukleartests als Normalität des Kalten Krieges und als Notwendigkeit für die eigene Sicherheit zu interpretieren, dem Zeitgeist näher. Nur wenige Monate vor dem Bravo-Test hatte Eisenhower im Dezember 1953 in einer zentralen Rede vor den Vereinten Nationen den Nutzen der Atomkraft zur Erreichung eines weltweiten Friedens hervorgehoben. «Atoms for Peace» hieß das Schlüsselwort, mit dem der US-Präsident die Atomkraft als Garant für die Sicherheit der Welt und den wirtschaftlichen Aufschwung, für die Lösung der Probleme der Entwicklungsländer und für ein friedliches Zusammenleben der Menschheit pries. «Die Vereinigten Staaten wissen», so Eisenhower in seiner pathosreichen Ansprache, «dass die furchtbarste aller zerstörerischen Kräfte, die Atomenergie, zu einer großen, dem Wohlergehen der gesamten Menschheit dienenden Gabe werden kann, wenn es gelingt, die erschreckende Tendenz zu einem immer weiteren Ausbau der Atomwaffen zum Halten und zur Umkehr zu bringen. Die Vereinigten Staaten wissen, dass es kein Zukunftstraum mehr ist, aus der Atomenergie Kräfte für friedliche Zwecke zu gewinnen. Die erwiesene Möglichkeit dazu besteht jetzt – hier – heute.»[52]

Von manchem Zeitgenossen wurde diese Rede, die intern unter dem Codenamen Operation «Offenheit» (Operation «Candor») lief, sogar als Beginn einer globalen Entspannungspolitik gewertet. Hin und wieder wurde sie auch als Neuauflage des alten Baruch-Plans von 1946/47 interpretiert. Eisenhower jedoch wollte das Unternehmen «Atome für den Frieden» viel breiter angelegt verstehen. Es war vor allem der Versuch, eine Normalität des «Atomzeitalters» herzustellen, die mehr sein sollte als «die Bombe». Atomare Energie bekam auf diese Weise seit Beginn der 1950er Jahre eine zweifache Bedeutung: Sie war einerseits Bedrohung, andererseits Verheißung – es gab sozusagen «gute» und «schlechte» Atome. In der Verheißung wurde sie als ein «unerschöpfliches Füllhorn» gepriesen.[53] Atomkraft, so die Vision, die in populären Darstellungen ausführlich ausgebreitet wurde, enthielt demnach eine bisher weitgehend ungenutzte Vielfalt von Zukunftsperspektiven: die Erschließung und Nutzung der Arktis, der Wüsten und der Weltmeere, den Straßen- und Kanalbau, Antrieb von Kraftfahrzeugen aller Art, einschließlich Schiffen, Flugzeugen, Hubschraubern, Autos und Lokomotiven. Aber nicht nur für technische oder entwicklungspolitische Probleme vor allem der Dritten Welt erschien die Atomkraft als Lösung, sondern auch in der Medizin. Nicht zuletzt waren es die Möglichkeiten in privaten Haushalten, die die Phantasie anregten. «Babyreaktoren» sollten auch hier unbegrenzt Energie zur Verfügung stellen. Edward Teller, neben Oppenheimer einer der verantwortlichen Leiter des Manhattan Project in Los Alamos und die treibende Kraft hinter der amerikanischen Wasserstoffbombe, rührte bis zu seinem Tod die Werbetrommel für den umfassenden Einsatz der Atomkraft. Um die Machbarkeit des Einsatzes von Nuklearexplosionen für Baumaßnahmen zu demonstrieren, wurde am 6. Juli 1962 auf dem Testgelände Frenchman Flat in Nevada sogar ein Atomsprengsatz von 110 Kilotonnen in einer Tiefe von 190 Metern gezündet. Er produzierte ein gigantisches Loch von 180 Metern Tiefe und 360 Metern Breite, dem man danach den Namen «Sedan-Krater» gab. Eingesetzt wurde die Technik im Westen dann allerdings doch nicht. Vorschläge gab es freilich genügend – unter anderem für Kanaldurchbrüche in Asien und Mittelamerika.

Auch für die zivile Nutzung der Atomkraft erwiesen sich die Vereinigten Staaten als Vorreiter. Vor dem Hintergrund einer riesigen Nuklearexplosion formulierte die amerikanische Werbeindustrie in den 1950er Jahren ihre positive Botschaft: «Even *this* cloud has a silver lining» – «Selbst *diese* Wolke bedeutet Hoffnung».[54] Nach den ersten militärischen Anlagen zur Herstellung der Bombe in den 1940er Jahren entstanden nun auch zivile Atomkraftwerke. 1957 konnte das bereits 1953 begonnene erste amerikanische Atomkraftwerk in Shippingport (Pennsylvania) angefahren werden. Es folgten 1959 und 1963 Siedewasserreaktoren bei Chicago (Dresden-1) und Oyster Creek in New Jersey. Erst nach dieser Versuchsphase begann im letzten Drittel der 1960er Jahre der eigentliche Siegeszug der zivilen Kernkraft, der in Teilen bis in die 1980er Jahre anhielt. Die Euphorie erhielt allerdings mit der Explosion des sowjetischen Kraftwerks Tschernobyl am 26. April 1986 den entscheidenden Dämpfer. Danach wurden sogar in den USA Reaktoren stillgelegt. Proteste hatte es auch dort bereits lange davor gegeben, und sie waren mit den bekannt gewordenen Störfällen immer mehr geworden. Größere Unfälle ereigneten sich unter anderem 1966 im Schnellen Brüter Enrico Fermi I bei Detroit und 1979 im US-Druckwasserreaktor Three Mile Island 2 bei Harrisburg. Hier passierte am 28. März einer der ersten lange Zeit für unmöglich gehaltenen «Ernsten Unfälle» (offiziell: «Accident with wider consequences») der Stufe 5 auf der INES-Skala.[55] Ein «Serious» oder «Major Accident», also ein Unfall der Stufe 6 oder 7, wie er 1957 im sowjetischen Kyschtym oder im britischen Sellafield (beide 6) sowie 1986 im ukrainischen Tschernobyl und 2011 im japanischen Fukushima eintrat (beide 7), blieb den USA bis heute erspart.

Angesichts der fehlenden öffentlichen Akzeptanz, aber auch der kostenintensiven Lagerung radioaktiver Abfälle ging zwar in den USA die Euphorie in der Politik, der Bevölkerung und nicht zuletzt der Energiewirtschaft bereits vor der Explosion von Tschernobyl zurück. Die militärische Verwendung von atomarer Antriebstechnik jedoch war davon ausgenommen. 1954 lief das erste amerikanische U-Boot «Nautilus» vom Stapel, und mit ihm entstand eine völlig neue Bedrohungslage. Wie leistungsfähig die Nautilus war, zeigte sich 1958, als sie zum ersten Mal das Polareis des Nordpols durchtauchte. Seit 1955 dachte man in Washington zudem über den Nuklearantrieb für Flugzeugträger nach. Fünf Jahre später konnte dies mit dem Stapellauf der «USS Enterprise» verwirklicht werden. Begonnen wurden 1957 außerdem Versuche, Atomreaktoren für Flugzeuge einzusetzen. Die Vision war, dass nuklear angetriebene Strategische Bomber wie U-Boote unbegrenzte Zeit im Einsatz bleiben konnten. Niemand, so die Kalkulation, würde es zudem wagen, ein solches

Flugzeug über dem eigenen Territorium abzuschießen. Das Projekt allerdings wurde 1961 nach geschätzten Kosten von etwa sieben Milliarden Dollar schließlich eingestellt. Übrig blieben zwei etwa sieben Meter hohe Strahltriebwerke auf dem Gelände des Idaho National Engineering Laboratory.

Kernwaffenschutz und «Shelter Debate» Auch der Umgang mit radioaktiven Stoffen auf den amerikanischen Proving Grounds von Yucca- oder Frenchman Flat war unbekümmert. Immerhin aber war militärischer und ziviler Kernwaffenschutz in den USA früher ein Thema als in anderen Staaten. Exakt in dem Monat, in dem der Koreakrieg im Juni 1950 begann, erschien in den Vereinigten Staaten bereits das erste offizielle, für die Öffentlichkeit bestimmte Handbuch über die Wirkung von und den Schutz vor Atomwaffen. Verfasst von Wissenschaftlern aus Los Alamos und anderen Einrichtungen, konnte *The Effects of Atomic Weapons* für einen Dollar und 25 Cents von jedermann erworben werden. Der Band wurde danach immer wieder aufgelegt und neuen Entwicklungen angepasst.[56] Die nach der massenhaften Einführung von Interkontinentalraketen auf beiden Seiten des Eisernen Vorhangs grundlegend revidierte und stark erweiterte Auflage vom April 1962 enthielt dann sogar einen «Nuclear Bomb Effects Computer» in Form eines einfachen Rechenschiebers. Mit ihm konnte jeder für sich ermitteln, wie weit entfernt er vom «Ground Zero» sein musste, um zu überleben.[57] Anhand der Größe des Feuerballs war auch zu berechnen, wie viele Megatonnen gerade eingeschlagen hatten: Ein Durchmesser von 3,4 Meilen verwies auf die Sprengkraft von einer Megatonne, 9,4 Meilen auf eine Detonation von zwanzig Megatonnen.

Die Publikationen standen aufgrund ihrer nicht unumstrittenen und eher positiv-technokratischen Sicht im Gegensatz zu kritischeren Darstellungen, die nur wenige Jahre zuvor in den USA noch panische Ängste ausgelöst hatten. David Bradley, 1946 einer der medizinischen Berater bei den Atombombenversuchen der Operation «Crossroads» auf Bikini, hatte 1948 einen Band mit dem programmatischen Titel *No Place to Hide* auf den Markt gebracht. Dem Erfolg dieses Buches versuchten die amerikanischen Behörden mit Zivilschutzbroschüren in Millionenauflage und einer atemberaubenden Verharmlosung der Gefährdung entgegenzuwirken. Die 1950 veröffentlichte erste Serie von offiziellen Broschüren mit dem Titel *Survival under Atomic Attack* empfahl einfachste Schutzmaßnahmen. Später folgten Kinderfilme wie *Duck and Cover,* in dem «Bert, die Schildkröte» demonstrierte, dass eine simple Schulbank einen akzeptablen Schutz bei einem atomaren Angriff bieten könne.[58] In ähnlicher Weise wurden auch die Soldaten systematisch im Unklaren gelassen. Rund 195 000 amerikanische GIs waren bereits in die verstrahlten Gebiete von Hiroshima und Nagasaki geschickt worden, ohne über die möglichen Folgen informiert zu werden. Schon 1946 war es zudem in den USA üblich, Soldaten nahe an die Nuklearexplosionen zu führen, damit sie sich an diesen Anblick gewöhnten. An der Operation Crossroads im Bikini-Atoll waren insgesamt 46 000 GIs beteiligt, die eigens mit Schiffen an den Ground Zero herangefahren wurden. Auch bei ihnen fanden sich nach einer 1985 durchgeführten Studie erhöhte Raten von Leukämie und Prostatakrebs, die jedoch nicht mehr zweifelsfrei auf die Teilnahme an Atomtests zurückgeführt werden konnten. «Ich war gerade siebzehn», sagte ein 1984 an Krebs verstorbener ehemaliger Matrose kurz vor seinem Tod aus, «und keiner von uns hatte die leiseste Ahnung, was ein Geigerzähler oder was Strahlung ist, das wurde uns nie erklärt. Alles was ich damals ... anhatte, waren Shorts und Tennisschuhe oder so was, und auf dem Kopf ein Matrosenkäppi ... Aus der Pilzwolke fiel nebliger Niederschlag auf das Deck, Sand, kleine Metallteilchen und Steine. Wir versuchten, so viel davon abzuwaschen, wie wir konnten. Die Pilzwolke blieb fast zwei Tage in der Luft ... Wegen der fürchterlichen Hitze im Inneren des Schiffs verbrachten wir so viel Zeit wie möglich an Deck ... Zum Abkühlen gingen wir in der Lagune schwimmen.»[59] Ähnliche gezielte Versuche mit Soldaten fanden unter der Bezeichnung Desert Rock zwischen 1951 und 1957 in den Atomtestgebieten in den USA statt und führten zu vergleichbaren Folgeschäden.[60] Als man 1996 in den USA nachrechnete, konnte man ermitteln, dass allein an den bis 1963 erlaubten atmosphärischen Tests rund 210 000 Menschen teilgenommen hatten.[61]

Die amerikanische Meinungsforschung machte schon in den 1950er Jahren deutlich, dass mit den Informationen, aber auch durch die regelmäßig veranstalteten Übungen für den Ernstfall eines Atomkriegs – die Eisenhower damals öffentlich tatsächlich als «War Games» bezeichne –, die Furcht in der Bevölkerung nicht gelindert, sondern verstärkt wurde.[62] Am 17. Januar 1954 wies Außenminister John Foster Dulles zudem öffentlich ausdrücklich darauf hin, dass die USA im Falle eines Angriffs mit allem zurückschlagen würden, was zur Verfügung stehe – eine Formulierung, die als «Massive Retaliation» bekannt wurde. Erst über zehn Jahre später entschied man sich, dieses starre Muster, das Washington in Krisen zu sehr einengte, durch eine Politik der Flexiblen Antwort («Flexible Response») zu ersetzen, die eine sowohl konventionelle als auch nukleare Antwort zuließ. Die Shelter Debate, die nach den Erfolgen der sowjetischen Kern-, aber vor allem der Raketentechnik Ende der 1950er Jahre begann und bis weit in die 1960er Jahre anhielt, war deshalb nicht nur eine Diskussion um den Zivilschutz, sondern auch um den Sinn eines Atomkriegs, nach dem es selbst Überlebenden unmöglich sein würde, zum Alltag zurückzukehren.

Eine zentrale Rolle in dieser Debatte fiel einem Wissenschaftler zu, der wie kaum ein anderer zum Inbegriff des emotionslos berechnenden Technokraten des Atomkriegs wurde: dem US-Futurologen Herman Kahn. Als *eine* Verkörperung des «Dr. Seltsam» setzte ihm Stanley Kubrick in dem 1963 gedrehten Streifen *Dr Strangelove or How I Learned to Stop Worrying and Love the Bomb* ein satirisches Denkmal. Es ist zwar nicht zwingend, ausschließlich Kahn als Vorbild für Kubricks Satire zu sehen. Daneben gehörten John von Neumann, der mit Hilfe der von ihm entwickelten Computer Kriegschancen und -verluste berechnete, Edward Teller, der bis zu seinem Tod an die Notwendigkeit der Atomwaffen glaubte, und viele andere zu einer neuen Kategorie von Wissenschaftlern, die ihre «exakten Berechnungen» auch als Grundlage für politische Entscheidungen zur Verfügung stellten. In der Sowjetunion wäre Kubrick selbstverständlich genauso fündig geworden. Doch Herman Kahn, der seit 1948 für wichtige Institutionen gearbeitet hatte, die die US-Regierung in Fragen der Verteidigungspolitik berieten – unter anderem für die berühmte RAND Corporation und im Center for International Studies in Princeton –, war insofern etwas Besonderes, als zumindest sein Name weithin bekannt war. Er selbst bezeichnete sich als «einen der zehn berühmtesten unbekannten Amerikaner».[63] Dies lag nicht nur an seiner enormen Körperfülle, die er unter anderem auch den Lesern des *Life Magazin* auf einem Photo präsentierte, sondern vor allem an seinen umstrittenen Werken, die manche Kritiker schlicht für unmoralisch hielten.[64]

Kahn hatte kurz vor dem Start des Kubrick-Films zwei seiner wichtigsten Arbeiten vorgelegt. Die Untersuchungen *On Thermonuclear War* (1960) und *Thinking About the Unthinkable* (1962) rechneten den Amerikanern zum einen vor, dass es falsch sei, den Nuklearkrieg von vornherein auszuschließen. Der Gegner müsse davon ausgehen, dass alles Verfügbare auch eingesetzt werde. Anhand von Modellrechnungen machte Kahn zum anderen deutlich, dass ein Atomkrieg bei der richtigen Vorbereitung keinesfalls das Ende der USA oder gar der Menschheit bedeuten müsse: Ein thermonuklearer Angriff auf 157 große Städte koste die Vereinigten Staaten maximal zwischen 85 und 160 Millionen Tote. Wenn man bereit sei, ein Zivilschutzprogramm aufzubauen, könne die Zahl der Opfer sogar verringert werden.[65] Für die Folgeschäden – Zerstörungen, Kontaminationen – eines weltweit geführten thermonuklearen Krieges berechnete Kahn, dass es sowohl für den Westen als auch für die Sowjetunion möglich sei, in einer «relativ kurzen Zeit» zum Lebensstandard vor dem Atomkrieg zurückzukehren. Kahns abstrakte Modellrechnungen und seine in späteren Arbeiten – so etwa in *The Year 2000*[66] – immer wieder präsentierte Annahme, dass es zu einem solchen Krieg mit großer Wahrscheinlichkeit kommen werde, weil die Verbreitung von Atomwaffen rasant fortschreite, erhöhten in den USA noch einmal die ohnehin starke Nachfrage nach Schutzräumen. Schon seit Beginn der 1950er Jahre hatte man dort, aber auch in anderen westlichen Staaten, den Bau von Schutzanlagen und Ausweichquartieren in Auftrag gegeben. So wurde unter anderem ein atomsicherer Bunker unter dem Weißen Haus angelegt, ebenso einer auf dem Gelände des Präsidenten-Landsitzes Camp David im Norden von Washington. Südlich der Hauptstadt entstand der ebenfalls ausschließlich der Regierung vorbehaltene Mont Weather Bunker in Bluemont im US-Bundesstaat Virginia. Im benachbarten West Virginia wurde in White Sulphur Springs zwischen 1959 und 1962 unter einem Hotel der Schutzraum Greenbrier angelegt – ein exklusiver Bunker nur für Mitglieder des Kongresses einschließlich ihrer Familien und Mitarbeiter. Der Bunker fasste etwa achthundert Menschen. Auch US-Ministerien bauten im Umkreis von einigen hundert Kilometern um die Hauptstadt nun insgesamt etwa einhundert Anlagen zur Auslagerung von Dokumenten. So entstand etwa in Raven Rock in Pennsylvania das Ausweichquartier des Pentagon. Stärker als in anderen Ländern entwickelte sich in den USA darüber hinaus eine eigene Industrie für den «Selbstschutz». So empfahl sich die in Chicago beheimatete Portland Cement Association schon 1955 in ihrer Werbung als Spezialist für die Errichtung von «atomschlagresistenten» Häusern («Blast-resistent Houses»). Solche Bauten konnten nach Firmenangaben die Druckwelle einer 20-Kilotonnen-Bombe in einem Kilometer Entfernung vom Ground Zero aushalten und durften damit «40 % dichter an einem Einschlag als konventionell gebaute Häuser» stehen, wie es in den Anzeigen hieß. Man habe, so wurde darüber hinaus nicht ohne Stolz vermerkt, dabei aus den Erfahrungen gelernt, die in «Hiroshima und Nagasaki und auf Eniwetok und Yucca Flats» gewonnen worden seien.[67]

Now you can protect precious lives with
An all-concrete blast-resistant house

Here's a house with all the advantages of any concrete house—PLUS protection from atomic blasts at minimum cost.

A firesafe, attractive, *low-annual-cost* house, it provides comfortable living—PLUS a refuge for your family in this atomic age.

The blast-resistant house design is based on principles learned at Hiroshima and Nagasaki and at Eniwetok and Yucca Flats. It has a reinforced concrete first floor and roof and reinforced concrete masonry walls. The walls, the floor and the roof are tied together securely with reinforcement to form a rigidly integrated house that the engineers calculate will resist blast pressures 40% closer to bursts than conventionally-built houses.

Anywhere in the concrete basement of the house would be much safer than above ground but a special shelter area has been provided in this basement to protect occupants from blast pressures expected at distances as close as 3,600 feet from ground zero of a bomb with an explosive force equivalent to 20,000 tons of TNT. This shelter area affords protection from radiation, fire and flying debris as well. And the same shelter area also can serve as a refuge from the lesser violence of tornadoes, hurricanes and earthquakes.

The safety features built into this blast-resistant house are estimated by the architect and engineer to raise the cost less than 10%.

Concrete always has been known for its remarkable strength and durability. That's why it can be used economically to build houses with a high degree of safety from atomic blasts.

Like all concrete structures, blast-resistant concrete houses are moderate in first cost, require little maintenance and give long years of service. The result is *low-annual-cost* shelter. Write for folder.

PORTLAND CEMENT ASSOCIATION
Dept. A6-9, 33 West Grand Avenue, Chicago 10, Illinois
A national organization to improve and extend the uses of portland cement and concrete through scientific research and engineering field work.

Interiors of a blast-resistant house have all the charm and livability of conventional houses.

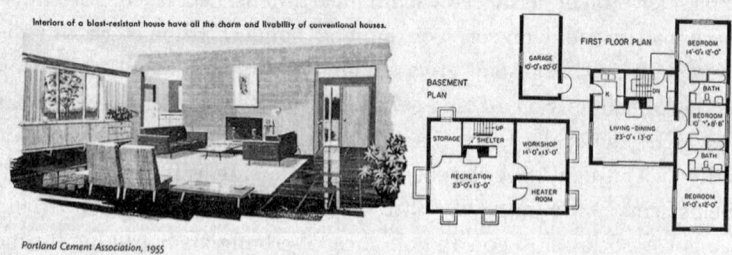

Portland Cement Association, 1955

Das Eigenheim für das Atomzeitalter   Werbung der Portland Cement Association für das atombombensichere Haus, 1955

Die USA und die Dritte Welt

Das Verhältnis der USA zu den weniger entwickelten Ländern der Welt hatte sich seit dem 19. Jahrhundert eher als Geschichte der Interventionen und Annexionen gezeigt. Für Washington waren in der Regel ökonomische und politisch-militärische Interessen ausschlaggebend gewesen. Dies betraf insbesondere Süd- und Mittelamerika einschließlich der Karibik als Raum der Monroe-Doktrin, der seit den 1820er Jahren als verfügbarer «Hinterhof der USA» verstanden wurde. Hier sah man sich zwischen 1946 und 1948 im Namen der nationalen Sicherheit sogar berechtigt, Menschenversuche an Indios durchzuführen – zum gleichen Zeitpunkt, als in den Nürnberger Prozessen wegen solcher Delikte gegen Kriegsverbrecher verhandelt wurde. Als ähnliche Verfügungsmasse, wenngleich außerhalb der Regeln der Monroe-Doktrin, verstand die US-Regierung den pazifischen Raum, wo sie zwar nach eigenem Verständnis ebenfalls keine Kolonisierung betrieb, aber ganze Inselgruppen als Interessengebiet beanspruchte und sich dort teilweise wie eine Kolonialmacht verhielt. Dies zeigte nicht zuletzt die rücksichtslose Nutzung von Mandatsgebieten für Nukleartests.

Dekolonisierung Das Verhältnis der USA zu den Entwicklungsländern – oder Ländern der Dritten Welt, wie sie sich selbst seit 1952 nannten – änderte sich seit dem Ende des Zweiten Weltkrieges vor allem mit der damals einsetzenden Debatte um die Dekolonisierung oder Rekolonisierung von europäischen Kolonialgebieten. Washington befürchtete ihr Abgleiten ins «kommunistische Lager». Truman hatte in seiner Ansprache zur Eindämmungspolitik am 12. März 1947 explizit darauf hingewiesen, insbesondere in dem berühmten «Vierten Punkt» (Point Four), der 1949 auch zum Titel des ersten amerikanischen Entwicklungshilfeprogramms wurde.[68] Die Antwort, die Stalins «Chefideologe» Andrej Schdanow im September 1947 in seiner «Zwei-Lager»-Rede gegeben hatte und in der von den zur Freiheit drängenden Kolonialstaaten als natürlichen Verbündeten gesprochen wurde, verstand man in Washington als Bestätigung. Aus dieser Sorge entsprang auch die Dominotheorie, die in den USA damals schon seit Jahren kursierte. Ihren offiziellen Namen bekam sie jedoch erst am 7. April 1954 in einer Rede Eisenhowers zur Sicherheitslage nach der französischen Niederlage in Indochina, die er vor der Konferenz in Genf (8. Mai–21. Juli) hielt. Es waren wieder die kriegerischen Erfahrungen mit den Deutschen, insbesondere aber auch die offensichtliche Nutzlosigkeit der schon in den 1930er Jahren vehement bekämpften Appeasement-Politik, die dabei Pate gestanden hatten.

Eine Gefährdung zeigte sich in den Augen der US-Regierung nach 1945 zunächst besonders drastisch in Süd- und Ostasien, wo die Franzosen in ihrem Kolonialgebiet Indochina (Vietnam, Laos, Kambodscha), die Niederländer in Niederländisch-Indien (Indonesien) und die Briten in Indien in unterschiedlicher Weise aktiv wurden. Während Franzosen und Niederländer vergeblich versuchten, mit militärischer Gewalt ihre im Zweiten Weltkrieg verlorengegangenen Kolonien zurückzuerobern, entließen die Briten 1947/48 ihre Kolonialgebiete in die Unabhängigkeit: Dazu gehörte der gesamte indische Subkontinent einschließlich Ceylons und Birmas sowie Gebiete auf der Malayischen Halbinsel, wobei die Teilung Britisch-Indiens in die beiden Staaten Pakistan und Indien besonders überstürzt verlief. Nachdem die Franzosen trotz massiver amerikanischer Unterstützung bei Diên Biên Phu 1954 eine bittere Niederlage hatten hinnehmen müssen, entwickelte sich zunächst Indochina zu einem kontinuierlichen Krisenherd, der vor allem das politisch instabile ehemalige Kolonialgebiet Britisch-Indien zu bedrohen schien. Wenn aber Indien fiele, wäre Asien verloren, so die allgemeine Meinung. In dieser Wahrnehmung spielte Maos erfolgreiche Revolution 1949, die zur Gründung der Volksrepublik China und damit auch zur Stärkung Moskaus geführt hatte, eine entscheidende Rolle. Dass der «sino-sowjetische Block» viel fragiler war, stellte man erst 1960 fest, als Peking sich im Streit von Moskau trennte. Dies änderte aber nichts an der Einschätzung der Bedrohung.

Die Entstehung der amerikanischen Entwicklungshilfe für die Dritte Welt war insbesondere dieser Furcht vor dem Abgleiten ganzer Regionen in den Kommunismus geschuldet. Sie blieb neben humanitärer Unterstützung vor allem ein politisches Instrument im Kalten Krieg. Ihre Gewährung hatte, unabhängig davon, dass sie sich in der Regel unübersichtlich in eine öffentliche, von staatlichen Stellen aufgebrachte Entwicklungshilfe (ODA) und verschiedene verdeckte Formen von Wirtschafts- und Militärhilfe unterteilte, immer auch den Charakter von Belohnung für politisches Wohlverhalten, ihre Entziehung den von politischer Bestrafung. Entsprechend großzügig wurde jeweils in den Teilen der Welt investiert, in denen die politische Situation noch offen erschien. Dies machte die UdSSR nicht anders. Für manche Länder, gerade auch jene, die sich seit 1955 der Blockfreienbewegung angeschlossen hatten, wirkte sich dies einerseits zeitweilig sehr positiv aus, wie das Beispiel Ägypten zeigte, das schließlich vom Westen und vom Ostblock profitierte. Auf der anderen Seite führte diese Praxis dazu, dass in besonders begehrten Regionen – so etwa in Angola oder dem Ogaden am Horn von Afrika – Auseinandersetzungen über Jahrzehnte anhielten.

Entwicklungs- und Militärhilfe Eigentlich jedoch war die Politik gegenüber den Entwicklungsländern, wie sie der verstorbene Roosevelt vorangetrieben hatte, eher als UNO-Projekt gedacht gewesen, obwohl am Ende des mörderischen Zweiten Weltkriegs, der das vormals reiche Europa faktisch bankrott hinterließ, kaum nennenswerte Sensibilität gegenüber der im Wesentlichen unter den Kolonialmächten aufgeteilten Dritten Welt aufkam. Die Konferenz im amerikanischen Bretton Woods 1944, die den goldgestützten Dollar als Leitwährung durchsetzte und feste Wechselkurse etablierte, behielt auch die Entwicklungsländer im Blick. Für deren wirtschaftliche Entwicklung wurden der 1945 geschaffene Internationale Währungsfonds (IWF) und die mit ihm verbundene Weltbank eingerichtet sowie 1947 das Welthandelsabkommen GATT abgeschlossen. Aber es war keine Überraschung, dass die Weltbank, die sich in den 1950er und 1960er Jahren stark in der Entwicklungshilfe engagierte, ebenso wie der IWF und das Welthandelsabkommen unter den Bedingungen des Kalten Krieges fast automatisch in den Ruf kamen, Einrichtungen der USA und ihrer Interessen zu sein. Weniger den Fronten des Kalten Krieges als vielmehr ausgeprägtem Konkurrenzdenken der Industrieländer fiel 1948 dagegen die von der Sowjetunion und den USA noch gemeinsam beschlossene Internationale Handelsorganisation der UNO zum Opfer. Die sogenannte ITO scheiterte, weil bereits damals eine zu starke Position einiger Entwicklungsländer befürchtet wurde. Zwanzig Jahre später bewahrheiteten sich manche dieser Befürchtungen, als die Textilindustrie in einigen Ländern der Dritten Welt zu einer echten Konkurrenz für die Industriestaaten heranwuchs, der auch in den USA ganze Produktionssparten zum Opfer fielen. Das wirkliche Ausmaß einer globalen Konkurrenz wurde jedoch erst nach 1991 deutlich, als sich das von den politischen Restriktionen des Kalten Krieges weitgehend befreite und zum Teil marktwirtschaftlich geöffnete China weltweit zu engagieren begann.

Als in den USA die Entwicklungshilfe mit der Regierungserklärung Trumans vom 20. Januar 1949 und dem danach gestarteten Point-Four-Programm in den Bereich offizieller Außenpolitik rückte, stand bereits fest, dass eine politische Eigenständigkeit nicht möglich war. Die Foreign Assistance, wie die offizielle Bezeichnung nun war, fiel in die Zuständigkeit mehrerer Ministerien, wobei bezeichnenderweise das Außenministerium die Richtlinienkompetenz behielt. Verschiedene weitere Ministerien, das Handels-, Landwirtschafts-, Finanz- und Verteidigungsministerium, konnten zeitweilig dennoch erhebliche Mitspracherechte reklamieren. So verwaltete etwa das Pentagon die Militär- und Sicherheitshilfen.[69] Erst unter Kennedy wurde 1961 eine eigene «Agentur für Internationale Entwicklung» (AID) eingerichtet, und im selben Jahr auch ein eigenes Auslandshilfegesetz (Foreign Assistance Act) verabschiedet. Im Verlauf des Kalten Krieges änderten sich zwar die Schwerpunkte für die Entwicklungshilfe. Kontinuierlich blieb allerdings Lateinamerika, der vielzitierte «Hinterhof der USA», das Hauptinteressengebiet, wie es 1948 auch die Gründungscharta der Organization of American States (OAS) und die im selben Jahr verabschiedete «Erklärung und Entschließung über die Erhaltung und Verteidigung der Demokratie in Amerika» deutlich gemacht hatten.[70]

Diese Bevorzugung spiegelte sich freilich nur zum Teil in den offiziellen Angaben zur Entwicklungshilfe wider, da geheime Zuwendungen nicht veröffentlicht wurden. So fand sich am Ende der ersten Hälfte des Kalten Krieges lediglich Kolumbien auf der Liste der zwölf wichtigsten Empfängerländer. Andere Staaten der Region erhielten vor allem verdeckte Militär- und Sicherheitshilfen. An Guatemala etwa, wo mit Hilfe der USA 1954 der Reformpolitiker Jacobo Arbenz Guzmán zugunsten des US-freundlichen Präsidenten Carlos Castillo Armas gestürzt worden war, was auch das US-Unternehmen United Fruit Company vor Enteignungen schützte,[71] floss danach eine bis zu 60 Prozent erhöhte Zuwendung, die ganz im Sinne der USA in erster Linie in den Krieg gegen linksgerichtete Guerillas investiert wurde.[72] Bis zum Ende des Kalten Krieges änderte sich diese Praxis nicht. Noch 1988/89 war Washington über geheime Militärhilfen an Kriegen in allein vier lateinamerikanischen Staaten beteiligt: in El Salvador, Guatemala, Costa Rica und Honduras.[73] Auch der Nahe Osten und insbesondere Süd- und Ostasien wurden von den USA schon seit den späten 1940er Jahren unterstützt. Auf den vorderen Plätzen im Nahen Osten lag am Ende des Kalten Krieges vor allem Israel, danach zudem das mit den Israelis in Friedensverhandlungen getretene Ägypten. Gleichzeitig flossen in diesem Raum ebenfalls erhebliche verdeckte Hilfen. Im Ersten Golfkrieg zwischen Iran und Irak in den Jahren 1980 bis 1988 profitierte davon unter anderem der irakische Diktator Saddam Hussein, gegen dessen imperiale Ambitionen die USA dann nach dem Ende des Ost-West-Konflikts in zwei Kriegen vorgingen, von denen sich insbesondere der letzte als extrem langwierig erwies.

In Südostasien setzten die USA Militärhilfe bereits massiv im Ersten (französischen) Indochinakrieg ein. Bis zur Niederlage der Franzosen bei Diên Biên Phu 1954 finanzierte Washington den Großteil des als antikommunistischer Kampf postulierten Kolonialkriegs.[74] Nach 1954 wurde das zum antikommunistischen Bollwerk ausgebaute Südvietnam nun erst recht großzügig unterstützt. Zwischen 1955 und 1961 investierte man rund zwei Milliarden Dollar Wirtschafts- und Militärhilfe. Bis zur Eroberung Südvietnams durch nordvietnamesische Truppen 1975 stellte ein eigenes «Importprogramm» (CIP) zusätzlich überdurchschnittlich hohe verdeckte Finanzhilfen zur Verfügung. Am Ende der ersten Hälfte des Kalten Krieges 1970/71 befanden sich zudem drei weitere ostasiatische Staaten oben auf den Listen der offenen amerikanischen Entwicklungshilfe für die Dritte Welt: Indien (13,9 Prozent), Indonesien (7,8 Prozent) und Pakistan (5,0 Prozent).[75] Paradoxerweise verhalf nicht zuletzt diese Unterstützung zunächst Indien, dann auch Pakistan zu eigenen Nuklearwaffen. Die Lieferung eines kanadischen Schwerwasserreaktors 1955 nutzte Indien zur Herstellung der 1974 gezündeten Atombombe, und Pakistan profitierte bei seinen ersten Schritten zur Bombe in den 1980er Jahren massiv von den geheimen Subventionen, die die USA zur Unterstützung der antisowjetischen Kämpfer in Afghanistan durch das Land schleusten.

Demgegenüber schien der afrikanische Kontinent lange Zeit Washington weniger zu interessieren. Erst am Ende der Amtszeit Eisenhowers entstand ein eigenes «Afrikanisches Büro» im Außenministerium, und erst seit Kennedy kam es zu einer aktiveren Afrikapolitik, allerdings zunächst auch nur, um dort den Einfluss des Ostblocks zurückzudrängen. Bis in die 1970er Jahre reagierte man in erster Linie auf angenommene oder tatsächliche sowjetische Aktionen.[76] Nach Carter, der in seiner Amtszeit versucht hatte, Auslandshilfen strenger nach entwicklungspolitischen Gesichtspunkten zu vergeben, konzentrierte sich die Unterstützung in den heißen letzten Jahren des Kalten Krieges unter Ronald Reagan dann wieder deutlicher auf strategische Kriterien. In Nordafrika hielt Ägypten 1980/81 mit 12,6 Millionen Dollar die erste Position vor Indien.[77] Ende der 1980er Jahre stand Ägypten mit 9,5 Millionen Dollar dann immerhin noch an zweiter Stelle. Auch Marokko und Tunesien wurden aus dem gleichen Grund in die Sicherheitshilfe einbezogen. Das erhebliche Engagement in Nordafrika sollte aber nicht nur den Kommunismus, sondern auch die islamistische Bedrohung zurückdrängen. Heute, im Jahr 2013, hält Washington diese Gefahr nach den Revolutionen in Ägypten und Libyen für kaum weniger gravierend als während des Kalten Krieges.

Zu einem dritten strategischen Schwerpunkt in Afrika entwickelte sich während des Kalten Krieges Somalia am Horn von Afrika. Auch die Nachbarländer Somalias, den Sudan und Kenia, bezog man in diese Unterstützung ein, da das zwischen diesen drei Ländern liegende Äthiopien kontinuierlich Einflussgebiet des Ostblocks blieb. Südlich des Sudan floss vor 1991 das meiste Geld in den Kongo (ab 1971–1997: Zaïre), den man sogar als vierten Schwerpunkt der US-Hilfen in Afrika bezeichnen kann. Hier ging es einerseits darum, das Überleben der seit 1965 amtierenden US-freundlichen Regierung von Mobutu Sese-Seko gegen die vom Ostblock unterstützten angolanischen Truppen und gegen Sambia abzusichern. Andererseits wurde von hier aus die westliche Hilfe nach Angola geschleust, wo sich vom Westen und vom Ostblock sowie China unterstützte Gruppen seit Anfang der 1960er Jahre einen fast dreißigjährigen Bürgerkrieg lieferten. Ein Gutteil der weiteren amerikanischen Hilfe wurde über halboffizielle Organisationen oder sichere Verbündete in die Wege geleitet. Dazu gehörten Frankreich, Belgien, Großbritannien, Westdeutschland und Taiwan.

Kriege in der Dritten Welt und die UNO Insgesamt zählte man während des Kalten Krieges rund 170 solcher «Kleinen Kriege», in denen etwa 22 Millionen Menschen ihr Leben verloren, die Mehrheit davon in Afrika, wo allein 47 Kriege mit circa sechs Millionen Toten stattfanden.[78] Nicht alle Auseinandersetzungen hatten etwas mit dem Kalten Krieg oder gar den USA direkt zu tun. Jeder einzelne von ihnen funktionierte allerdings nur – wenn er nicht sowieso über finanzielle und militärische Hilfen oder ein direktes Eingreifen gefördert wurde –, weil niemand an seiner Unterbindung Interesse hatte oder dafür zu schwach war. Als zu machtlos erwies sich in dieser Zeit häufig die UNO. Die Vereinten Nationen blieben immer nur so stark, wie ihre Mitglieder es wollten. Dies zeigte sich vor allem im sogenannten Sicherheitsrat, der laut UNO-Satzung die «Hauptverantwortung für die Wahrung des Weltfriedens und der internationalen Sicherheit» (Art. 24) tragen sollte.[79] Ihm gehörten schließlich fünf Großmächte (USA, Großbritannien, Frankreich, UdSSR und China) sowie sechs (ab 1965: 10) weitere, von der Generalversammlung mit Zwei-Drittel-Mehrheit gewählte nichtständige Mitglieder an. Wie in der sogenannten Jalta-Formel von 1945 vereinbart, zählte nur die gemeinsame Entscheidung der ständigen Mitglieder. Das hieß gleichzeitig auch, dass jedes Veto einer Großmacht eine gemeinsame Entscheidung blockierte. Die UNO, deren Generalversammlung seit 1953 in dem markanten Gebäude am New Yorker East River tagt, entwickelte sich daher zwangsläufig zu einem weiteren Schlachtfeld der Blöcke des Kalten Krieges, in der auch die USA ihr Veto politisch einsetzten. So scheiterte 1975 die Aufnahme des wiedervereinigten Vietnam am Einspruch Washingtons.

Der Vietnamkrieg Der für die USA langfristig wichtigste Konflikt in der Dritten Welt war zweifellos der Vietnamkrieg. Das zeigte sich nicht zuletzt darin, dass nach der amerikanischen Niederlage 1973 der jahrelang, teils mühsam gepflegte überparteiliche Konsens zwischen Demokraten und Republikanern in der Außenpolitik darüber zerbrach. Nach dem Scheitern der Franzosen 1954 war Vietnam geteilt worden und musste erst langsam wieder zusammenwachsen. Der Weg in den Zweiten Indochinakrieg, den amerikanischen Vietnamkrieg, war zwar nicht vorgezeichnet gewesen, doch hatten die USA nach dem Scheitern der Franzosen und der Teilung des Landes niemals einen Zweifel daran gelassen, dass sie die Region sicherheitpolitisch für äußerst wichtig hielten. Schon seit Maos Revolution 1949 und erst recht nach 1954 war der Einfluss der Viêt Minh, der 1941 gegründeten Liga für die Unabhängigkeit Vietnams (Viêt Nam Độc Lap Đồng Minh Hôi), zunehmend gewachsen. Entstanden als eine gegen die Franzosen gerichtete heterogene antikolonial-nationalistische Befreiungsorganisation, versammelten die Viêt Minh unter ihrem charismatischen Führer Hô Chí Minh zunächst vor allem Intellektuelle um sich, die Kommunismus nicht zuletzt deshalb als Befreiungsideologie verstanden, weil die europäischen Kolonialmächte eben antikommunistisch waren.[80] Hô, der zum zentralen Bezugspunkt aufstieg, orientierte sich bereits klar an Mao, was seit 1949 den Zulauf zu den Viêt Minh auf rund 700 000 Aktive geradezu explodieren und im Süden die Regierung unter Ngô Đinh Diêm in Sàigòn nahezu verzweifeln ließ.[81] Der Partisanenkrieg entbrannte ab 1958 in vollem Ausmaß.

Waren unter den Prämissen der Eindämmungspolitik und der Dominotheorie bis zur Genfer Konferenz schon rund sieben Milliarden Dollar – das waren bis zu 80 Prozent der gesamten Kosten des Ersten Indochinakriegs – von den USA übernommen worden,[82] machte die 1954 auf amerikanische Veranlassung gegründete SEATO deutlich, dass in der Region definitiv keine weitere Ausdehnung des kommunistischen Einflussbereichs akzeptiert werden würde. Neben der finanziellen Unterstützung wurden ab 1954/55 auch hier «Berater» eingesetzt. Unter den CIA-Agenten, die 1954 eintrafen, um den Verdeckten Krieg zu führen, war auch jener Edward Lansdale, der als *The Quiet American (Der stille Amerikaner)* in Graham Greenes 1955 veröffentlichtem Roman später zu einigem Ruhm kam. Seit 1957/58 setzte Washington verstärkt Sabotagetrupps im Norden ein und ließ zusätzlich in den Nachbarländern antikommunistische Partisanen ausbilden. Die Kommandounternehmen der CIA-eigenen Fluglinie Air America, die unter anderem die Verbindung zu den königstreuen Guerillas in Laos hielt und diese mit Waffen belieferte, wurden nach dem Ende des Kalten Krieges auch deshalb zum Skandal, weil bekannt wurde, dass die Operationen nicht zuletzt mit Drogengeschäften finanziert worden waren.

Schon für Truman und Eisenhower war so Südostasien neben Lateinamerika, wo die USA in Guatemala, Kuba, Panama, Nicaragua, Honduras, El Salvador, Puerto Rico, Chile, Bolivien, Brasilien, Argentinien, Peru und der Dominikanischen Republik aktiv wurden, zum wichtigsten Ort der Auseinandersetzung mit dem Kommunismus in der Dritten Welt geworden. Dem stimmte auch Eisenhowers Nachfolger, John F. Kennedy, zu.[83] Gerade er fühlte sich unter Entscheidungsdruck und befürchtete, in einer zusammenlaufenden «Berlin-Kuba-Vietnam-Krise» die Initiative völlig zu verlieren. Dies betonte er zumindest in der am 15. November 1961 tagenden Sitzung des Nationalen Sicherheitsrats, in der er gleichzeitig eine weitere Verstärkung der US-Streitkräfte anordnete. Für ihn waren es in erster Linie die Chinesen, die für die gezielte Destabilisierung des Raumes verantwortlich zeichneten, wie er sechs Jahre später in seiner zentralen außenpolitischen Grundsatzrede vom Juni 1960 darlegte. In Asien bedrohe Peking die Sicherheit der gesamten Region – «von den Grenzen Indiens und Südvietnams bis zu den Dschungeln von Laos, das seine … Unabhängigkeit mit aller Kraft zu schützen sucht».[84] Zwei Jahre später war die Zahl der amerikanischen Berater bereits auf etwa 16 500 gestiegen.[85] Sprunghaft erhöhten sich nun auch die ernsthaften Zusammenstöße zwischen den vom Westen unterstützten Süd- und den vom Ostblock und China unterstützten Nordvietnamesen, für die sich seit 1957 der Name Viêt Nam Cong San (Kommunisten Vietnams) – kurz Viêt Cong – einbürgerte. Allein 1957 waren etwa fünfhundert nicht kooperationswillige Dorfälteste und lokale Beamte im Südteil von ihnen getötet worden, 1959 waren es schon rund 1600 und ein Jahr später stieg die Zahl auf circa 4000.[86] Die von der Regierung in Sàigòn unter Ngô Đinh Diêm eingeleiteten Gegenmaßnahmen, die unter anderem großangelegte Umsiedlungen im Rahmen der von den Franzosen übernommenen Agroville-Strategie beinhalteten, verschärften die Situation im Süden nahezu täglich. Vor allem aber schufen sie einen ständigen Zulauf zu den Viêt Cong. Als sich die Regierung in Hànôi dann 1959 auf Bitten der im Südteil hart bedrängten Partisanen entschloss, aktivere Unterstützung zu leisten, und daraufhin umgehend einige Tausend zusätzliche Kämpfer über die Grenze schickte, verlor die Regierung Diêm innerhalb weniger Monate die Kontrolle über fast drei Viertel der ländlichen Gebiete Südvietnams. Hier dominierten nun die Anhänger der «Nationalen Front für die Befreiung Südvietnams» (kurz: FNL), die sich 1960 als politischer Arm der Kommunisten im Süden gebildet hatte.

Nach Kennedys Ermordung im November 1963 bekannte sich sein Nachfolger Lyndon B. Johnson ausdrücklich zum bereits eingeschlagenen Weg des Rollback in Südostasien. Unmittelbarer Anlass für die Ausweitung zu einem regulären Krieg war schließlich der bekannte und möglicherweise zum Teil inszenierte Zwischenfall im Golf von Tonkin, bei dem sich Anfang August 1964 amerikanische Kriegsschiffe von nordvietnamesischen Schnellbooten angegriffen fühlten. Johnson beantwortete die Attacke sofort mit Luftangriffen auf Häfen in Nordvietnam. Wichtiger als die genauen Umstände blieb allerdings, dass der Zwischenfall die Eintrittskarte für die am 7. August 1964 vom US-Kongress akzeptierte «Tonkin-Golf-Resolution» bedeutete. Damit war der Übergang in den Zweiten, den amerikanischen, Indochinakrieg vollzogen. Ab Februar 1965 begannen amerikanische und südvietnamesische Luftwaffe offiziell, Basen und Nachschubwege jenseits des 17. Breitengrads sowie an der Grenze zu Laos, später auch an der Grenze zu Kambodscha, zu bombardieren. Parallel dazu erhöhte sich nun die US-Truppenstärke rasant: 1965 waren etwa 75 000 amerikanische Soldaten in Südvietnam, zwei Jahre später schon 463 000.[87] 1968 schließlich erreichte die Zahl mit 540 000 ihren Höchststand.[88]

Man weiß heute, dass in militärischer Hinsicht der asymmetrisch geführte «Krieg ohne Fronten», in dem Freund und Feind häufig nicht mehr zu unterscheiden waren, die USA und nicht zuletzt ihre Bevölkerung überforderten.[89] Die sogenannte Têt-Offensive zu Beginn des vietnamesischen Jahrs des Affen (Tết Nguyên Đán), in der die Amerikaner nur mit Mühe verhindern konnten, dass Sàigòn von nordvietnamesischen

Truppen eingenommen wurde, zeigte 1968, wie fern ein militärischer Sieg der USA lag. Auch deswegen folgte unter Johnsons Nachfolger Richard Nixon 1969 die berüchtigte Ausdehnung des Konflikts auf Kambodscha, das Nachschubbasen für den Viêt Cong unterhielt, pro forma aber bis dahin als neutral galt. 1971 starteten die Amerikaner einen direkten Angriff auf Laos, durch das ein Teil des von den Nordvietnamesen genutzten «Hô-Chí-Minh-Pfads» nach Süden Richtung Kambodscha führte. Parallel dazu wurde der Umfang der amerikanischen Flächenbombardements kontinuierlich erhöht. Im selben Jahr begann allerdings auch bereits der allmähliche Abzug der amerikanischen Truppen, die aufgrund des massiven Protests in den USA ihre öffentliche Unterstützung seit Längerem verloren hatten. Für Washington ging es fortan um die «Vietnamisierung» des Konflikts, die Übergabe der Verantwortung an die Südvietnamesen. Bis Ende 1972 sank die Zahl der US-Truppen schon auf etwa 24 000 Soldaten. Mit dem Abschluss der noch von heftigen Luftangriffen begleiteten Pariser Friedensgespräche im Januar und dem am 29. März 1973 abgeschlossenen Abzug war der Krieg für die Amerikaner beendet.[90] Die ohne US-Unterstützung hilflose Regierung in Saigon kapitulierte am 30. April 1975. Was folgte, schien damals für viele wie eine Bestätigung der Dominotheorie. 1976 wurde die Sozialistische Republik Vietnam ausgerufen. Kurz vor der Kapitulation Südvietnams war überdies die ebenfalls von den USA gestützte kambodschanische Regierung unter General Lon Nol gestürzt worden. Sie machte Platz für das blutige Regime der Roten Khmer. Wenig später erhielt auch Laos als Demokratische Volksrepublik der Pathet Lao eine kommunistische Regierung. Übrig blieb in den USA ein traumatisches Vietnam-Debakel, das sich bis heute in einer Vielzahl von Filmen, aber auch in dem noch immer überall sichtbaren Gedenken an die Toten und Vermissten zeigt. Zwanzig Jahre nach dem Ende des Konflikts erklärte der ehemalige Verteidigungsminister, Robert McNamara, man habe sich mit dem Engagement in Vietnam überhaupt geirrt. Der Krieg sei gar nicht für die Sicherheit des Westens notwendig gewesen.[91]

Die von Nixon ab 1969 forcierte Ausdehnung des Kriegs auf die Nachbarländer Vietnams, insbesondere auf Kambodscha, ist insofern einen genaueren Blick wert, als sich hier einerseits exemplarisch zeigt, in welcher Weise die US-Politik selbst daran beteiligt war, dass die Dominotheorie wirkte, andererseits das politische Ergebnis des amerikanischen Rückzugs besonders dramatisch war. Dabei war der Stellenwert Kambodschas für die US-Kriegführung in Asien eigentlich marginal, wie der damals in Washington übliche Begriff der «Sideshow» (Nebensache) deutlich machte.[92] Die amerikanischen Bomber, die aus großer Höhe wahllos Wohngebiete, Reisfelder und historische Tempelanlagen ins Visier nahmen, brachten vor allem Zulauf für die von Nordvietnam unterstützten Partisanen der Roten Khmer. Mit jedem amerikanischen Bombenangriff wuchs, wie man heute weiß, der Zustrom verwaister Jugendlicher. Militärisch war aber in erster Linie der Einsatz nordvietnamesischer Truppen für die kommunistische Machtübernahme der Roten Khmer am 17. April 1975, also noch zwei Wochen vor dem Fall von Sàigòn, bedeutsam. In der insbesondere von China politisch, militärisch und wirtschaftlich gestützten Volksrepublik «Demokratisches Kampuchea» (DK) errichteten die Roten Khmer unter Pol Pot bis 1979 eines der mörderischsten kommunistischen Regime. Die wenigen außenpolitischen Beziehungen des nahezu isolierten Landes bewegten sich in den Grenzen, die der Kalte Krieg und der sowjetisch-chinesische Konflikt geschaffen hatten. Pol Pot hielt sich an Peking, wo er 1977 auch mit dem chinesischen Ministerpräsidenten Hua Kuo-feng zusammentraf, und an dessen engere Verbündete, so etwa den nordkoreanischen Diktator Kim Il-sung. Mit Moskau und dem Ostblock blieben die Kontakte nicht nur entsprechend spärlich, sondern hier wurden die Verbrechen der Roten Khmer sogar früh verurteilt. Pol Pots radikale Interpretation des Kommunismus – formal angelehnt an Maos seit 1958 verfolgte Politik des «Großen Sprungs», die auch in China bis zu 38 Millionen Menschenleben kostete – forderte unter den damals (1975) knapp sieben Millionen Kambodschanern mindestens 1 670 000, möglicherweise jedoch sogar bis zu drei Millionen Tote.[93]

Die Waffe der Dritten Welt: Erdöl Dass die Dritte Welt freilich nicht nur Opfer der USA war, sondern auch die Amerikaner unter Druck setzen konnte, zeigte sich in der Rohstofffrage. Vor allem die (Erste) Ölkrise 1973 unterstrich, wieviel Macht einzelne Entwicklungsländer ausspielen konnten. Der damals erst 31-jährige Muammar al-Gaddhafi hatte vier Jahre zuvor im Dezember 1969 nicht nur die prowestliche libysche Monarchie beseitigt, sondern war unmittelbar danach auf einen politischen Konfrontationskurs zu den USA gegangen, die auch am dortigen Ölgeschäft beteiligt waren. Als Gaddafi im Mai 1970 demonstrativ seinen Ölminister zu Gesprächen mit der sowjetischen Führung nach Moskau schickte und gleichzeitig den Druck auf die westlichen Firmen erhöhte, Libyen zu verlassen, schrillten in Washington die Alarmglocken.

Der ebenfalls von Gaddafi ausgehende Versuch, auf der Konferenz der ölproduzierenden Staaten (OPEC) 1971 den Rohölpreis um dreißig Prozent anzuheben, scheiterte zwar zunächst, hatte zwei Jahre später aber doch noch Erfolg. Nach dem vierten von den arabischen Staaten verlorenen Nahostkrieg, dem sogenannten Jom-Kippur-Krieg 1973, konnte sich die OAPEC (Organization of the Arab Petroleum Exporting Countries) mit ihrer Forderung durchsetzen, über das Öl ihren politischen Protest zu dokumentieren. Die Ölkrise 1973 machte nicht nur den USA, sondern dem Westen insgesamt schlagartig klar, dass erdölproduzierende Entwicklungsländer durchaus in der Lage waren, die Weltwirtschaft zu beschädigen. Dieser «Ölschock» führte einerseits dazu, noch größere «strategische Ölreserven» anzulegen, andererseits aber auch zu einem langsamen Umdenken, was die Folgen des Verbrauchs fossiler Brennstoffe anging. Es ist in den Vereinigten Staaten im Vergleich zu Europa allerdings bis heute nicht besonders ausgeprägt. Damals allerdings konnten die den USA nahestehenden arabischen Staaten schnell dazu gebracht werden, ihre Ölförderung zu erhöhen. Schon vor dem Sechstagekrieg 1967 hatten sie über 50 Prozent des Erdöls geliefert.[94] Welche Konsequenzen und politische Brisanz in dieser Abhängigkeit steckte, war allerdings die USA selbst nur allzu deutlich hervor. Unentwegt verwies Washington bereits seit dem Kalten Krieg auf die Notwendigkeit, die großen Erdölvorkommen am Persischen Golf zugänglich zu halten und, wenn nötig, mit Waffengewalt zu sichern. Bereits die nach der Suez-Krise verabschiedete «Eisenhower-Doktrin» sah 1957 grundsätzlich eine Militärintervention im Nahen Osten vor, falls «lebenswichtige amerikanische Interessen» bedroht seien.[95] Die über zwanzig Jahre später – nach der sowjetischen Invasion in Afghanistan – verkündete «Carter-Doktrin» bekräftigte dies im Januar 1980 noch. Die USA, so erklärte Präsident Carter, würden sofort militärisch eingreifen, falls eine andere Macht versuchen sollte, die Ölzufuhr vom Persischen Golf abzuschneiden.[96] Unmittelbar danach wurde zum ersten Mal in den USA eine eigens für den Wüstenkrieg trainierte Einheit aufgestellt. Anfang 2012 führte sogar die bloße Drohung der iranischen Regierung, die Meerenge von Hormus zu sperren, nicht nur zu einer Erhöhung des Rohölpreises, sondern zu scharfen Reaktionen aus Washington.

Bis über das Ende des Kalten Krieges hinaus blieb der Rohölpreis ein gravierendes wirtschaftliches Problem aller Industriestaaten. Aber auch für die Förderländer ergaben sich nicht nur Vorteile. Einerseits erwarben sie durch den Erdölbedarf der westlichen Industrienationen ungeheure

Reichtümer, so dass das Bruttosozialprodukt einiger arabischer Ölstaaten auf Werte stieg, die im Verhältnis zur Einwohnerzahl selbst die USA überrundeten. Eine Waffe gegen die Armut wurde das Erdöl andererseits jedoch nicht. Der Ölreichtum verstärkte schließlich sogar die Abhängigkeit vom Westen, da nur wenig Anlass bestand, produktive Bereiche etwa in der Landwirtschaft, in der Konsumgüterindustrie oder in der Technologieentwicklung auszubauen. Überdies blieb das Erdöl einer der Motoren für die Konflikte in der Dritten Welt. Im Vergleich zu Afrika jedoch zeigte sich die Region am Persischen Golf trotz der Golfkriege noch relativ stabil, da die USA hier bis heute keine großen politischen Verwerfungen zulassen.

Kosten und Nutzen des Kalten Krieges

Der Kalte Krieg war nach einhelliger Auffassung der amerikanischen Politik die grundsätzlichste und umfassendste Bedrohung, der sich der American Way of Life jemals ausgesetzt sah. Diese Überzeugung wurde mehrheitlich auch von den US-Bürgern geteilt. Aus diesem Blickwinkel war nur allzu klar, dass die USA den Konflikt keinesfalls verlieren durften, womit auch die Kosten keine wesentliche Rolle spielten. Die angenommene Bedrohungssituation setzte eine Rüstungsspirale in Gang, die in erheblichem Umfang die Atomwaffen, aber auch die konventionelle Bewaffnung betraf.[97] In den letzten Jahren des Kalten Krieges wurden allein für die Rüstung der USA einschließlich der NATO sowie des Warschauer Pakts jährlich rund 700 Milliarden Dollar ausgegeben.[98]

Gründe für die Rüstungsspirale Die rasante Dynamik des globalen Rüstungswettlaufs erklärte sich jedoch nicht nur aus den Bedrohungsszenarien des Kalten Krieges. Seit ihrer Einführung galten Nuklearwaffen als prestigeträchtig, was man in den USA anhand der Rivalitäten der einzelnen Waffengattungen beobachten konnte. Jede Teilstreitkraft beharrte von Anfang an darauf, eigene Atomwaffen zu besitzen. Als man nach dem Ende des Konflikts in den 1990er Jahren die Kosten für Entwicklung, Herstellung und Unterhaltung allein der amerikanischen Nuklearwaffen zwischen 1940 und 1996 berechnete, kam man auf die gigantische Summe von 5,8 Billionen Dollar.[99] In immer schneller werdenden

Rüstungsrunden wuchs nicht nur der Umfang der Ausrüstung, sondern vor allem die technische Komplexität.

Es war charakteristisch für den Kalten Krieg, dass selbst Entspannungsphasen der Aufrüstungsspirale kein Ende setzten. Die atomaren Kapazitäten wuchsen trotz der Verhandlungen und konzentrierten sich regelmäßig auf jene Waffensysteme, die von den Verträgen noch nicht erfasst wurden. Dahinter stand nicht nur das über Jahre gewachsene Misstrauen, sondern auch das beiderseitige Verständnis von Entspannungspolitik: Abrüstungsvereinbarungen durften die eigene Sicherheit nicht gefährden. Dass dennoch im letzten Drittel der 1960er Jahre der Wunsch wuchs, über Lippenbekenntnisse hinaus zu tatsächlicher Abrüstung zu kommen, hatte mit mehreren Faktoren zu tun. Für den Warschauer Pakt spielte vor allem die erreichte Parität bei den kostspieligen Interkontinentalraketen eine wichtige Rolle, zudem die Herausforderungen aus Peking. Im Westen war es ein ganzes Bündel von Motiven, das die reale Reduzierung der Rüstung ermöglichte: eine wachsende «Kriegsmüdigkeit» der Bevölkerung angesichts der ständigen Bedrohung, die hohen Kosten und nicht zuletzt der mangelnde Erfolg der bisherigen Politik der Stärke. In den USA begünstigten außerdem innenpolitische Probleme das Umdenken. Der Kalte Krieg fraß Ressourcen, während gleichzeitig soziale Probleme zunahmen. Namentlich Eisenhower hatte in seiner Abschiedsrede von den Gefahren gesprochen, die von einer ohne demokratische Kontrolle wirkenden «industriellen und militärischen Verteidigungsmaschinerie» ausgingen.[100] Lyndon B. Johnson sah sein großes Projekt der «Great Society» vor allem durch den Krieg in Vietnam gefährdet. Der Kalte Krieg kostete nicht nur Unsummen, was ab 1971 sogar zur Auflösung des Bretton-Wood-Systems führte, seit die USA nicht mehr in der Lage waren, wie dort gefordert, den Dollar in Gold einzulösen.[101] Er erwies sich vor allem auch als Problem für die innere Einheit der USA wie des Verteidigungsbündnisses, da er auch in den verbündeten Staaten – nicht zuletzt im «Frontstaat» Bundesrepublik Deutschland Proteste auslöste. Langfristig gewann die umfassendere Politisierung der Bevölkerung im Westen sogar besondere Bedeutung. So führte von der «1968er-Bewegung» eine direkte Linie zur Friedensbewegung der 1970er und 1980er Jahre, die sich auch in den USA gegen einen erneuten Rüstungswettlauf wandte und damit ihren Teil zum Ende des Kalten Krieges beitrug.

Unweltschäden und Unfälle im Kalten Krieg Erstaunlich wenig Interesse zeigten die Vereinigten Staaten wie auch andere Nationen allerdings an den verdeckten Kosten des Kalten Krieges, zu denen insbesondere die enormen Umweltschäden gehörten. In den nuklearen Produktionsstätten wanderten die Abfälle bis in die 1960er Jahre direkt in offene Gruben oder benachbarte Tümpel, die man damals als natürliche «Filter» betrachtete. Später bewahrte man Reste der nuklearen Produktion in mehr oder minder unsicheren Tanks auf. Das berüchtigte Sammelbecken «101SY» in Hanford stellte daher die gleiche Gefahr dar wie das sowjetische Atomlager bei Kyschtym, das 1957 in die Luft flog. Heute ist Hanford mit 1377 hoch belasteten Stellen der am stärksten radioaktiv verseuchte Ort der Vereinigten Staaten, dessen dringend notwendige Sanierung bereits in den 1990er Jahren mit fünfzig Milliarden Dollar veranschlagt wurde.[102]

Wenig beachtete Umweltschäden entstanden auch durch viele der Beinaheunfälle mit Atomwaffen. Die Sicherheitsphilosophie des Kalten Krieges setzte auf technische Perfektion und Präzision.[103] Wenn man die Sicherheit und schließlich die Entscheidung zum Nuklearkrieg ab einem gewissen Punkt den Maschinen überließ, mussten diese fehlerlos arbeiten. Sie taten es allerdings niemals. So ist es wohl mehr als ein Zufall, dass «Murphys Gesetz», der mittlerweile weltweit bekannte und heute häufig ironisch verwendete Grundsatz, dass etwas schiefgeht, wenn nur eine Möglichkeit dazu besteht, als Ergebnis einer Untersuchung zu militärischen Unfällen mit Raketen in den USA im Jahr 1947 entstand.[104] Auch aus diesem Grund drangen während des Kalten Krieges immer nur wenige Informationen über die immer wieder auftretenden Pannen an die Öffentlichkeit. Die Umweltorganisation Greenpeace schätzte im Jahr 2005, dass in den knapp 45 Jahren des Kalten Krieges rund 1200 schwere nukleare Unglücksfälle zu verzeichnen waren – Verluste von Sprengsätzen, Havarien jeglicher Art, Katastrophen mit Flugzeugen, Schiffen, U-Booten, Raketen, Satelliten und Atomanlagen.[105] Andere Quellen, wie das amerikanische *Bulletin of the Atomic Scientists*, gaben weitaus höhere Zahlen an.[106] Zur Kategorisierung solcher Zwischenfälle entwickelte das US-Militär nach 1945 sogar eine eigene Sprachregelung. Der Begriff «Broken Arrow» umschrieb einen unerwarteten nuklearen Vorfall, in dessen Folge kein Nuklearkrieg zu erwarten stand. «Bent Spear» wurde zum Kennwort für einen Unfall, der zu einem atomaren Schlagabtausch führen könnte. Die Begriffe «Faded Giant» und «Dull Sword» wurden für unkontrollierte Kernreaktionen

und sonstige Unfälle ohne die direkte Beteiligung von Atomwaffen verwendet. Jede einzelne dieser Kategorien wurde während des Kalten
Krieges immer wieder erreicht.

Bei den Amerikanern ereigneten sich die spektakulärsten militärischen Unfälle mit der SAC-Bomberflotte, die sich bis 1968 noch in
24-stündigem Dauereinsatz befand und ein entsprechend hohes Unfall-
risiko hatte. Hier kam es zu insgesamt sechs Zwischenfällen der Kategorie Broken Arrow, die bei Bekanntwerden manche an Szenen aus Stanley
Kubricks Atomkriegssatire *Dr Strangelove* erinnerten. Nachdem bereits
zwischen 1956 und 1961 regelmäßig und spektakulär amerikanische
Nuklearsprengsätze bei Einsätzen über den USA (Kirtland, Florence,
Goldsboro) und in einem Fall über Großbritannien (Lakenheath) ver-
lorengegangen waren und jeweils nur mit viel Glück eine atomare Katastrophe hatte verhindert werden können, ereigneten sich 1966 und 1968
zwei der gravierendsten Vorfälle. Im spanischen Ort Palomares kollidierte am 17. Januar 1966 einer der im Dauereinsatz befindlichen B-52-
Bomber beim Auftanken in der Luft mit dem begleitenden Tankflugzeug,
wobei drei an Bord befindliche Bomben auf die Erde schlugen, eine im
Mittelmeer versank. Über 1700 Tonnen radioaktiv verseuchtes Erdreich
mussten abgetragen und eine Bombe mit rund 1,45 Megatonnen Sprengkraft mit einem Spezialgerät aus 869 Meter Tiefe im Mittelmeer geborgen werden. In den Details ungeklärt blieb auch der Absturz einer weiteren B-52 zwei Jahre später. Am 21. Januar 1968 stürzte der Bomber
brennend auf die amerikanische Thule Air Force Base (Qaanaaq) auf
Grönland, eine der amerikanischen Frühwarnstationen. Was mit den
vier Wasserstoffbomben geschah, blieb diesmal ein Staatsgeheimnis,
zumal sich auf Grönland laut Absprache mit den Dänen überhaupt keine
Atomwaffen befinden durften. Offiziell galten alle vier H-Bomben als
durch Aufschlag und Brand zerstört. Erst die lange nach dem Ende des
Kalten Krieges im Jahr 2000 freigegebenen Mitteilungen der US-Luftwaffe an die Internationale Atomenergiebehörde räumten ein, dass eine
Bombe mit der Kennziffer 78 252 durch das Eis auf den Meeresboden
gedrückt worden war und nicht mehr geborgen werden konnte.[107] Auch
in diesem Fall wurden vor allem die Bergungstrupps verstrahlt. Der
Zwischenfall in Thule, der insgesamt der zehnte Unfall mit einem SAC-
Bomber in nur elf Jahren war, wurde allerdings zum Anfang vom Ende
der US-Strategie, eine kernwaffenbestückte Bomberflotte 24 Stunden
rund um die Uhr in der Luft zu halten. Notwendig war sie aufgrund der
Raketentechnik ohnehin nicht mehr. Doch auch in den 1980er Jahren

wurde noch etwa ein Viertel der SAC-Bomberflotte auf dem Boden in Alarmbereitschaft gehalten.

Nutzen des Kalten Krieges Neben den Kosten kann man indes auch den Nutzen des Kalten Krieges berechnen. Zwar lässt sich zu Recht bezweifeln, ob man zum Beispiel die Verbesserungen in der amerikanischen Sozialpolitik der 1950er Jahre der Systemkonkurrenz zuschreiben kann. Weder besaß die amerikanische Linke wirkliche Macht – die Gewerkschaften nicht und erst recht nicht die Kommunisten –, noch stand etwa eine massenhafte Abwanderung von Amerikanern in den Ostblock zu befürchten. Trotzdem entwickelte sich der «Wohlfahrtskapitalismus» weiter, in dessen Rahmen Großkonzerne wie General Motors sogar freiwillig die Löhne erhöhten. Auch Eisenhower, der sonst nicht müde wurde, vor dem Sozialismus zu warnen, entschied sich am Ende der ersten vier Jahre seiner Regierungsverantwortung dafür, den Wohlfahrtsstaat durch die Novellierung des zwanzig Jahre alten, aus der «Roten Dekade» amerikanischer Sozialpolitik stammenden Social Security Act weiter auszubauen. Es entstand ein eigenes Ministerium für Gesundheit, Erziehung und soziale Wohlfahrt, die Mindestlöhne wurden angehoben und die Leistungen der Renten- und Arbeitslosenversicherung verbessert. Auch in den folgenden Jahrzehnten wurde der Wohlfahrtskapitalismus zum Teil gegen massive konservative Widerstände weiter ausgebaut. Erst in den 1980er Jahren kam es unter der konservativen Reagan-Administration wieder zu gravierenden Einschränkungen.[108] Die Gründe für den Ausbau des Sozialstaats waren außer in einer Reihe nationaler Besonderheiten der USA tatsächlich in der indirekten Wirkung des Kalten Krieges zu suchen. Weil der globale Konflikt, insbesondere die Rüstung, unglaubliche finanzielle Ressourcen verschlang, während soziale Probleme unkontrollierbar wuchsen, wurde die Erhöhung der staatlichen Fürsorge als Notwendigkeit erachtet, um den innenpolitischen Konsens und den sozialen Frieden zu erhalten oder wiederherzustellen.

Deutlicher kann man den Nutzen des Kalten Krieges in den Vereinigten Staaten in Wirtschaft, Wissenschaft, Forschung und Bildung zeigen. Chruschtschows Wort von der Friedlichen Koexistenz, in deren Rahmen sich beide Mächte frei messen sollten, war von amerikanischer Seite unter anderem mit Kennedys berühmter «Strategie des Friedens» beantwortet worden. «Wir sind ... willens und in der Lage», so der US-Präsident in seiner bezeichnenderweise vor Akademikern gehaltenen öffentlichen Ansprache vom 10. Juni 1963, «mit jedem anderen System auf der Erde in einen friedlichen Wettstreit zu treten».[109] Diese Konkurrenz, aber auch die mögliche Kooperation in Technologie und Wirtschaft kann man anhand vieler Beispiele zeigen. Besonders deutlich wurde das beim amerikanisch-sowjetischen Wettlauf zum Mond. Spätestens seit dem 4. Oktober 1957, als der erste sowjetische «Sputnik» vom kasachischen «Kosmodrom Baikonur» (Tjuratam) aus seine Umlaufbahn erreichte, fand der Kalte Krieg auch im Weltraum statt. Die Sowjets hatten die Nase ebenfalls vorn, als es darum ging, die ersten Lebewesen ins All und vor allem lebend wieder zurück zu befördern. Während die von den Amerikanern verwendeten Rhesusaffen («Albert I» bis «Albert IV») ihre Mission nicht oder nur kurz überlebten, erreichte die von den Sowjets auf Weltraumreise geschickte Hündin Laika unbeschadet die Erde wieder.

Die USA waren 1957 umso tiefer betroffen, als ihre Antwort auf den Sputnik aufgrund der Hektik, die der Wettlauf zum Mond bereits angenommen hatte, gründlich misslang. Am 6. Dezember explodierte unter den entsetzten Blicken der eingeladenen Prominenz eine Vanguard-Rakete auf der Startrampe in einem riesigen orangefarbenen Feuerball. Der damalige Senator und spätere US-Präsident Lyndon B. Johnson vermerkte dazu, es sei der UdSSR tatsächlich gelungen, die USA in ihrem eigenen Spiel zu schlagen, und in der *New York Herald Tribune* hieß es: «Das ist der Triumph der Menschen über den Weltraum ... Als Ergebnis hiervon haben uns die Sowjets nicht nur auf dem Gebiete der Satelliten überflügelt. Sie haben uns auch im tödlichen Bereich der Ferngeschosse überflügelt ... Die [Weltuntergangs-]Uhr auf dem Umschlag der Monatsschrift ‹*Bulletin of the Atomic Scientists*› zeigt auf 2 Minuten vor 12. Es ist spät, sehr spät.»[110] Tatsächlich aber folgte die amerikanische Antwort dann doch relativ rasch. Im Januar 1958 schoss eine Redstone-Rakete den ersten US-Satelliten mit dem Namen Explorer in den Weltraum.

Der «Sputnik-Schock» war zugleich der Ausgangspunkt für eine Bildungsinitiative, die in den USA schon 1958 mit dem National Defense Education Act einsetzte. Sie zielte unter anderem auf die verstärkte Rekrutierung der wissenschaftlichen Intelligenz. Im selben Jahr wurde die NASA als zentrale Weltraumbehörde aus der Taufe gehoben, ein umfassendes Programm zur Förderung des wissenschaftlichen Nachwuchses in Gang gesetzt und das US-Haushaltsbudget um 50 Prozent aufgestockt. Als die Sowjets im April 1961 mit Gagarins Raumkapsel «Wostok» erneut schneller waren, versprach der gerade zum US-Präsidenten

Der letzte bemannte Flug zum Mond Am 13. Dezember 1972 landete die Apollo 17 auf dem Erdtrabanten. Astronaut Harrison H. Schmidt mit US-Flagge vor der Mondlandefähre «Challenger»

gewählte John F. Kennedy, es werde den Amerikanern trotz dieser Rückschläge noch vor dem Ende des Jahrzehnts gelingen, vor den Russen den Mond zu betreten.[111] Noch im selben Jahr konnte eine Rakete vom Typ Mercury-Redstone 3 den Astronauten Alan Shepard als ersten Amerikaner in den Weltraum bringen. Die Jahre zwischen 1961 und 1969, also zwischen dem Erfolg der Wostok und dem Jahr, in dem mit Neill Armstrong der erste Mensch tatsächlich den Mond betrat, waren ein fortgesetzter wissenschaftlich-technischer Schlagabtausch zwischen den beiden Supermächten. Lange Zeit sah es weiterhin so aus, als würde die UdSSR diesen Wettlauf gewinnen, zumal sich auch das eigentliche US-Mondlandungsprogramm «Apollo» zu Beginn keineswegs nach Plan entwickelte. Apollo 1 explodierte am 27. Januar 1967 noch auf der Startrampe und kostete nicht nur drei Astronauten das Leben, sondern bedeutete auch eine erhebliche Verzögerung. 1969 wurde dann zum amerikanischen Erfolgsjahr: Apollo 9 und 10 umrundeten den Mond, und am 20. Juli 1969 konnte mit Apollo 11 nicht nur die erste Mondlandung realisiert werden, sondern alle drei Astronauten, Neill Armstrong, Edwin E. Aldrin und Michael Collins, kehrten unversehrt zur Erde zurück. Diesmal war die Enttäuschung auf sowjetischer Seite unübersehbar, zumal sogar die Amerikaner befürchtet hatten, die sowjetische Luna 15 könnte ihnen auf dem Mond zuvorkommen und die gelandeten US-Astronauten würden bereits die rote Fahne der sowjetischen Kosmonauten auf dem Planeten vorfinden.

Kooperationen im Kalten Krieg Zwangsläufig verhinderte die globale Konfrontation weitgehend amerikanisch-sowjetische Kooperationen sowie den Austausch technischer Informationen. Die gemeinsame Apollo-Sojus-Mission am 17. Juli 1975, die nach jahrelangen Verhandlungen unternommen wurde, blieb die Ausnahme. Erst lange nach dem Ende des Kalten Krieges baute man ab 1998 eine gemeinsame russisch-amerikanische Weltraumstation, die ISS. Die Probleme ergaben sich schon daraus, dass Weltraumtechnik nicht nur extrem prestigeträchtig war, sondern geheime militärische Spitzentechnologie darstellte. In den USA war man schon kurz nach Beginn des Kalten Krieges und vor dem Hintergrund der mit Ausnahme der Atomtechnologie relativ freizügigen Übergabe rüstungsrelevanter Informationen im Zweiten Weltkrieg zu der Überzeugung gekommen, dass solche Daten nicht mehr freigegeben werden dürften. Der Ost-West-Handel war bereits vor dem Inkrafttreten des Marshall-Plans 1947 durch ein selektives Embargo eingeschränkt.[112] Im März 1948 wurden unter der Kontrolle des US-Handelsministeriums dann die ersten beiden Listen verbotener Waren verabschiedet. Die Liste I A war eine Aufstellung der grundsätzlich für den Export nach Osteuropa und in die Sowjetunion verbotenen Rüstungsgüter. Liste I B dagegen enthielt Materialien, die indirekt für die Rüstung verwendbar waren, deren Export nach Osteuropa aber nicht vollständig verhindert werden konnte. 1952 dehnte man das Embargo auch auf China aus. Zusätzlich wurden renitente Verbündete zum politischen Einlenken gebracht. Der Warenwert im Ost-West-Handel stieg entsprechend bedächtig: bis 1954 auf 91,5 und 1955 auf 113,8 Millionen Dollar.[113]

Zwischen Westeuropäern und Amerikanern kam es aufgrund der Auslegung von Embargovorschriften regelmäßig zu diplomatischen Zusammenstößen. Eine der schwersten Bündniskrisen entstand nach Reagans Amtsantritt, als die Westeuropäer gegen amerikanischen Widerstand versuchten, mit der Sowjetunion ein großangelegtes Kompensationsgeschäft durchzuführen. Dabei sollten sowjetische Erdgaslieferungen gegen in Westeuropa gefertigte Gasleitungen getauscht werden. Nach US-Interpretation lag in dem dann heiß diskutierten «Röhrengeschäft» jedoch ein unerwünschter Zugang der UdSSR zu westlicher Technologie. Anders als 1962, als sich die Regierung Adenauer einem Röhrenembargo der NATO noch gebeugt hatte, obwohl Italiener und Briten es zum gleichen Zeitpunkt schon fast prinzipiell missachteten, kam dieses Geschäft tatsächlich zustande. Bis Ende 1983 gelang es den USA dann aber doch noch, die westeuropäische Zusammenarbeit mit den Sowjets weitgehend zu kappen. Von

35 im Jahre 1979 bestehenden Kooperationsverträgen blieben danach nur noch sieben in Kraft.[114]

Langfristig gesehen zeichnete sich damit bereits in den frühen Jahren des Kalten Krieges ein Mechanismus ab, aus dem sich einige Schlüsse für die Endphase des Kalten Krieges ableiten lassen. Die enormen Herausforderungen, die der militärische und zivile Wettlauf bereithielt, verursachten für die USA ebenso wie für die UdSSR riesige Belastungen. Dennoch konnte die US-Wirtschaft damit, zumindest im Rückblick betrachtet, produktiver umgehen. Was für die Planwirtschaft eine dramatische und schließlich untragbare Belastung wurde und Restriktionen in anderen Bereichen erforderte, erwies sich für die Marktwirtschaft eher als produktive Herausforderung. Die rasante Entwicklung in der Computertechnik, in der der Ostblock nur mit Hilfe teils legaler, überwiegend aber illegaler Importe und Kopien mithalten konnte, war dafür ein beredtes Beispiel. Legal konnten bereits seit 1959 verschiedene Computer der britischen Firma Elliott, einer Tochter des US-Elektronikriesen General Electric, in die Sowjetunion geliefert werden. Illegal eingeführte IBM-Rechner waren die Grundlage für die seit 1968 produzierten und speziell für militärische Zwecke eingesetzten ESEVM- und RYAD-Systeme. Selbst der erste sowjetische Personalcomputer 1983, der AGATHA, war der Nachbau eines amerikanischen Apple-Rechners. Wesentliche Kapazitäten der Geheimdienste im Ostblock wurden schließlich für solche Beschaffungen eingesetzt. Auch der sowjetischen Raumfähre «Buran», von der immerhin sieben Exemplare gebaut wurden, sah man, wie schon zuvor vielen sowjetischen Jägern und Bombern, bereits von außen an, dass sie eine Kopie war. Die Buran-Konstrukteure hatten ganz offensichtlich das amerikanische «Space Shuttle» zum Vorbild genommen. Aber sogar in den USA wurden die technischen Probleme, die der hektische Wettlauf der Systeme mit sich brachte, unübersehbar. Dies zeigte 1986 insbesondere die Katastrophe der kurz nach dem Start explodierten Raumfähre «Challenger».

Ein amerikanischer Sieg?

Der Kalte Krieg endete 1991 mit dem Zerfall der Sowjetunion, jenes Staates, der sich seit 1922 den Kampf gegen die kapitalistischen Länder auf die Fahnen geschrieben hatte und den die USA als Gegensatz zu sämtlichen amerikanischen Idealen begriffen. Sechs Jahre zuvor war mit

Michail Gorbatschow ein neuer Generalsekretär in Moskau angetreten, der auch in Washington dem bisherigen Bild sowjetischer Führungspersönlichkeiten völlig widersprach. In der Außenpolitik bot er dem Westen sogleich einen Beweis für sein «Neues Denken». Einen Tag nach seinem Amtsantritt wurden am 12. März 1985 nicht nur überraschend die Rüstungskontrollgespräche wieder aufgenommen, sondern außerdem die seit Jahren besonders umstrittene Frage der Mittelstreckenraketen in die sogenannten START-Verhandlungen einbezogen. Auch in anderen Punkten kam Gorbatschow westlichen Forderungen nach. Im Dezember 1986 hob er die insbesondere von den USA wiederholt angeprangerte Verbannung des bekannten Regimekritikers Andrej Sacharow auf, der im Januar 1980, nicht zuletzt wegen seiner Kritik am Afghanistan-Einmarsch, im abgelegenen Gorki isoliert worden war. Andere Dissidenten wurden ebenfalls freigelassen. Dass der Preis für Gorbatschow und die UdSSR erheblich werden würde, war auch den Amerikanern nicht von vornherein klar. Gerade Regimekritiker wie Sacharow und andere Radikalreformer gaben sich ganz und gar nicht mit den von Gorbatschow vorgeschlagenen Änderungen zufrieden. Dass er zwar das Tableau der Möglichkeiten einer demokratischen Zivilgesellschaft aufzeigte, es aber nicht bis zur letzten Konsequenz verwirklichen wollte, erwies sich nur wenig später als der Sprengstoff, der die Sowjetunion zur Auflösung brachte.

Gorbatschow, die USA und der Westen So war es zunächst der Westen, der über seinen Schatten springen musste. Wie aktuell die traditionellen Feindbilder des Kalten Krieges dort waren, demonstrierte 1986 ein Interview des US-Blatts *Newsweek* mit Helmut Kohl. Der westdeutsche Kanzler galt insbesondere seit seinem auch in den USA äußerst umstrittenen Treffen mit US-Präsident Ronald Reagan am 5. Mai 1985 auf dem Kriegsgräberfriedhof Kolmeshöhe bei Bitburg als besonders verlässlicher Verbündeter der republikanischen Regierung in Washington. Kohl, den man aufgrund der zuvor demonstrierten Nähe der beiden Staatsmänner auch als Vertreter amerikanischer Vorstellungen verstand, lieferte in dem Interview den weltweit aufsehenerregenden Vergleich Gorbatschows mit dem NS-Propagandisten Joseph Goebbels.[115] Reagan wiederum weigerte sich prinzipiell, überhaupt auf Gorbatschow zuzugehen und etwa über Begrenzungen seines SDI-Programms zu diskutieren, wohl nicht zuletzt, weil die radikalen antikommunistischen Gruppen in den USA, die in den 1980er Jahren eine besondere Aufwertung erfahren

«Die Revolution von Reykjavik» Das Treffen zwischen Gorbatschow und Reagan auf Island am 11. und 12. Oktober 1986 wurde zu einem der entscheidenden Wendepunkte des Kalten Krieges.

hatten, auch gegen eine Annäherung an die neue sowjetische Führung waren.

Trotzdem begann der Vertrauensvorschuss allmählich Wirkung zu zeigen, weil auch Reagan sich schließlich gezwungen sah, auf den Druck der amerikanischen Öffentlichkeit zu reagieren, auch wenn der Kalte Krieg auf anderen Gebieten zunächst fortgesetzt wurde. Während in Mittelamerika die antikommunistischen Contras mit amerikanischer Unterstützung die von der Sowjetunion protegierte sandinistische Regierung in Nicaragua zu stürzen suchten, sagte Reagan Gorbatschow am 30. September 1986 seine Teilnahme an einem von Moskau vorgeschlagenen Treffen auf Island zu. In dieser «Revolution von Reykjavik», wie Henry Kissinger die Konferenz später nannte,[116] wurde nun auf einen Schlag unter anderem die Beseitigung aller Mittelstreckenraketen in Europa und die Reduzierung aller Strategischen Waffen um 50 Prozent vereinbart. Nachdem 1987 das INF-Abkommen unterschrieben worden war, konnten nicht nur alle Kurz- und Mittelstreckenraketen aus Europa abgezogen werden, um die zuvor erbittert gestritten worden war. Darüber hinaus brachten die Verhandlungen auch auf anderen Gebieten jahrelang festgefahrene Probleme des Kalten Krieges in Bewegung, so zum Beispiel den endgültigen Abzug der UdSSR aus Afghanistan, die Beendigung des Iran-Irak-Krieges und den Rückzug kubanischer und sowjetischer Truppen aus Angola.

Uneigennützig waren Gorbatschows Angebote freilich nicht, wie auch die US-Regierung vermutete. Seine Reformen sollten vor allem die gegenwärtigen Probleme der UdSSR vermindern und das Land, das unter dem Druck der dramatischen Haushaltsdefizite stand, in denen die Rüstungskosten besonders zu Buche schlugen, für die Zukunft stärken. Man hat errechnet, dass die Sowjetunion kurz vor dem Abschluss des INF-Vertrags 1987 kaum weniger Geld in die Rüstung investierte als die wirtschaftlich ungleich stärkeren USA. Umgerechnet 260 Milliarden Dollar investierte Moskau in das Militär, Washington gab im selben Jahr 290 Milliarden Dollar aus.[117] Auch der außenpolitische Rückzug, den Gorbatschow schließlich einleitete, war daher nicht zuletzt eine finanzpolitische Entlastungsmaßnahme. Die Begründung freilich lautete anders: Gorbatschows «Neues Denken» erklärte ihn zur Notwendigkeit, den Sozialismus weiterzuentwickeln. Er sei kein Zeichen der Schwäche, sondern ein Weg, das Ansehen der UdSSR zu steigern. Das «Neue Denken» beendete so vor allem auch das Konzept der «beschränkten Souveränität» der sozialistischen Staaten, der sogenannten Breschnew-Doktrin, die unter anderem zur Begründung des sowjetischen Einmarsches in der Tschechoslowakei 1968 und zur Ausrufung des Kriegsrechts in Polen 1981 gedient hatte. Dies war gleichzeitig eine der wichtigsten Forderungen der USA gewesen, die auch Reagan seit seinem Amtsantritt immer wieder betont hatte. Gorbatschow ersetzte sie durch eine Idee, die der Sprecher des sowjetischen Außenministeriums, Gennadij Gerassimow, 1989 im Rückblick ironisch als Sinatra-Doktrin («I did it my way») bezeichnete.[118] Jedes sozialistische Land habe, erklärte der sowjetische Generalsekretär seit April 1986 immer wieder, die Freiheit, seinen «eigenen Weg» zu gehen. Im Rückblick galt vielen, nicht nur in den USA, die Aufgabe der Breschnew-Doktrin als der eigentliche Anfang vom Ende des Ostblocks.

Für die Republikaner erschien alles dies als eine grandiose Bestätigung ihrer bisherigen harten Haltung im Kalten Krieg. Tatsächlich hatte Reagan, dem der nach dem Umsturz im Iran 1979 und der sowjetischen Invasion in Afghanistan im selben Jahr als gescheitert angesehene demokratische Entspannungspolitiker Carter den Weg zu einer Renaissance der Politik der Stärke geöffnet hatte, immer wieder auf die Streichung dieses außenpolitischen Grundsatzes gedrängt. Am deutlichsten war dies in seiner Rede zur Lage der Nation am 6. Februar 1985 geschehen, die später als «Reagan-Doktrin» bekannt wurde. In der Ansprache vor beiden Häusern des US-Kongresses zu Problemen der regionalen Sicherheit hieß es: «Zuerst müssen wir der arroganten sowjetischen Anmaßung, die als Breschnew-Doktrin bekannt ist, gegenübertreten: der Behauptung, dass sowjetische Gewinne unumkehrbar sind … Der zunehmende Reiz von Demokratie, der Wunsch aller Nationen nach wirklicher Unabhängigkeit, sind die hoffnungsvolle Basis für eine neue Welt von Frieden und Sicherheit in das nächste Jahrhundert hinein … Um diese Ziele zu fördern, besitzt Amerika eine Reihe von außenpolitischen Werkzeugen. Unsere Einmischung sollte immer klug und realistisch sein, aber wir sollten im Auge behalten, dass unsere Werkzeuge am besten arbeiten, wenn sie in einer kohärenten Strategie zusammengefasst und konsistent angewendet werden … Die zwei Werkzeuge der amerikanischen Politik, ohne die wenige amerikanische Interessen sicher sein werden, sind unsere eigene militärische Stärke und die Vitalität unserer Wirtschaft.»[119]

Eine der deutlichsten Herausforderungen der Sowjetunion vor Gorbatschow war bereits Reagans Ankündigung 1983, ein amerikanisches Raketenabwehrsystem aufzubauen. Der Vorschlag zu der sogenannten Strategischen Verteidigungsinitiative SDI stammte wahrscheinlich von Edward Teller, einem der «Väter» der amerikanischen H-Bombe, der seit dem Zweiten Weltkrieg häufig mit besonders radikalen Ansichten und als Gegenspieler J. R. Oppenheimers an die Öffentlichkeit getreten war. SDI setzte den Ostblock nicht nur deswegen unter erheblichen Zugzwang, weil damit alle eigenen strategischen Systeme schlagartig politisch-militärisch nutzlos geworden wären. Darüber hinaus erkannte man auch in Moskau rasch, dass eine Antwort auf diese wirtschaftlich-technische Herausforderung erneut mit tiefen Einschnitten in die ohnehin angespannten Lebensumstände der Sowjetbürger verbunden sein würde. Beides – Afghanistan wie SDI – wurde deshalb nach Ansicht der republikanischen US-Regierungen unter Reagan und seinem Nachfolger George Bush zum eigentlichen Grab für die UdSSR. Einige Autoren sind dieser Auffassung gefolgt, nach der die Sowjetunion seit der Präsidentschaft Reagans «totgerüstet» wurde.[120] Dies hat nicht zuletzt die Erinnerungspolitik wesentlich beeinflusst.[121] Man kann die Geschichte des Untergangs der Sowjetunion, die zuvor viele ihrer Verbündeten und von ihr abhängigen Staaten in die Unabhängigkeit entließ, freilich auch differenzierter darstellen. Durch Kostendruck in die Selbstauflösung getrieben wurden Diktaturen in der

Geschichte niemals. Das Beispiel Nordkorea zeigt bis heute deutlich, dass selbst eine bankrotte Diktatur weiterexistieren kann.

Die USA und die Vereinigung Deutschlands Für die Siegermächte des Zweiten Weltkriegs, so auch für die USA, die vom Fall der Berliner Mauer wie alle anderen überrascht wurden, war vor allem die Vereinigung Deutschlands trotz der Annäherung zwischen Ost und West ein besonderes Problem.[122] Die Teilung Deutschlands war nicht nur der sichtbarste Ausdruck des Kalten Krieges gewesen, sondern der durch Deutschland begonnene Zweite Weltkrieg war auch sein Ausgangspunkt. Insofern bedeutete bei aller Bemühung um Entspannung die Zustimmung der Siegermächte zur Vereinigung der Bundesrepublik und der DDR 1990 eher einen politischen Sprung als einen Schritt. Die Furcht vor einem «Vierten Reich», einem durch die Vereinigung nationalistisch aufgeladenen Deutschland, das möglicherweise Europa dominieren, aber auch destabilisieren könnte, war in London und Paris beträchtlich. Washington allerdings wollte unbedingt die von verschiedenen Seiten geforderte politische Neutralität eines vereinigten Deutschland verhindern. Blockfreiheit galt in den USA immer noch als politische Unzuverlässigkeit, wie Reagans Nachfolger George Bush am 24. Oktober 1989, drei Wochen vor der Öffnung der Berliner Mauer und über ein Jahr vor dem Ende der UdSSR, erklärte. So einigten sich die Westmächte und die Sowjetunion darauf, die beiden deutschen Staaten mit in die Verhandlungen einzubeziehen und diese nicht mehr exklusiv als Siegerkonferenzen zu führen. Der berühmt gewordene Begriff der «Zwei-Plus-Vier-Gespräche», der bereits sprachlich der Bundesrepublik und der DDR eine eigenständige Rolle einräumte, stammte bezeichnenderweise aus den USA.[123] Dahinter verschwand die von den Sowjets – von Gorbatschow ebenso wie von seinem Berater Anatoli Tschernajew – bevorzugte Formel der «Vier-Plus-Zwei-Verhandlungen», die die Bedeutung der Siegermächte des Zweiten Weltkriegs deutlicher unterstrich. Auch das war natürlich nicht nur Semantik, sondern warf ein bezeichnendes Licht auf die aktuellen politisch-psychologischen Konstellationen, in denen sich der Westen und insbesondere die Vereinigten Staaten immer deutlicher als Gewinner des Kalten Krieges präsentierten.

Der am 12. September unterzeichnete Zwei-Plus-Vier-Vertrag beurkundete dann, dass die bisherigen Außengrenzen der beiden deutschen Staaten die unveränderlichen Grenzen des vereinigten Deutschland darstellen sollten. Zudem legte er im Sinne Washingtons fest, dass das vereinigte Deutschland in der NATO verbleiben könne, bestimmte den stufenweisen Abbau der deutsch-deutschen Armee auf 345 000 Soldaten und bekräftigte erneut den Verzicht auf Herstellung, Besitz und Verfügung von ABC-Waffen. Artikel 7 formulierte die Souveränität: Die vier Siegermächte des Zweiten Weltkriegs «beenden hiermit ihre Rechte und Verantwortlichkeiten in Bezug auf Berlin und Deutschland als Ganzes».[124] Die Symbolik blieb auch im letzten Akt unübersehbar. Bei den Feierlichkeiten zur Unterzeichnung des Zwei-Plus-Vier-Vertrags am 12. September 1990 in Moskau saßen Lothar de Maizière für die DDR und Hans-Dietrich Genscher für die Bundesrepublik neben den Vertretern der Siegermächte. Der Zweite Weltkrieg war endgültig zu Ende.

Dass Image desjenigen, der durch seine Reformen die Früchte des sowjetischen Sieges im Zweiten Weltkrieg verschenkte, hatte für Gorbatschow dramatische innenpolitische Folgen. Den Putsch konservativer Hardliner im August 1991 konnte er nur mit Hilfe seines radikalreformerischen Widersachers Boris Jelzin überleben. Dies erzeugte in den USA freilich nur wenig Mitgefühl. Bush kommentierte später: «Er [Gorbatschow] kann es nicht verkraften, wenn er den Eindruck hat, dass wir auf dem Vormarsch sind, während er auf dem Rückzug ist.»[125] Wenige Tage später trat Gorbatschow am 24. August 1991 als Generalsekretär der KPdSU zurück. Kurz danach wurde der KPdSU wegen ihrer Verwicklung in den Putsch jede weitere politische Tätigkeit untersagt. Im Dezember schließlich endete auch die Sowjetunion – fast auf den Tag genau 69 Jahre nach ihrer Gründung.

Das Ende des Kalten Krieges war bereits seit Mitte 1990 immer wieder erklärt worden, so auf dem NATO-Gipfel in London, bei den Zwei-Plus-Vier-Gesprächen in Bonn im September des Jahres und auch während der Feierlichkeiten zur Unterzeichnung der «Charta von Paris» im November 1990. Es blieb auch in den USA die Frage, warum die UdSSR und mit ihr der gesamte Ostblock nach Jahrzehnten der wirtschaftlichen, politischen und ideologischen Auseinandersetzung – häufig genug am Rand des Atomkriegs – schließlich sang- und klanglos untergegangen waren. Die US-Regierung war sich ganz sicher: Präsident Bush erklärte vier Wochen nach der Auflösung der UdSSR in seiner Regierungserklärung vom 28. Januar 1992, der freie Westen habe im globalen Konflikt die Diktatur niedergerungen und damit auch den Sieg im Kalten Krieg davongetragen. Ähnlich sah es der Sicherheitsberater seiner Vorgänger, Zbigniew Brzeziński. Gorbatschow, der 1990 den Friedensnobelpreis erhalten hatte, beharrte demgegenüber darauf, dass keine

Seite gewonnen habe. Das Ende der Konfrontation sei der gemeinsame Sieg über den Kalten Krieg gewesen. Die unterschiedlichen Auslegungen waren bereits im Dezember 1989 während des sowjetisch-amerikanischen Gipfels auf der Mittelmeerinsel Malta Thema gewesen. Gorbatschow hatte sich dort ebenfalls über die als «provokativ» und «beleidigend» verstandenen Äußerungen beklagt, die im Westen über den «Triumph westlicher Werte» kursierten.[126] Man war schließlich übereingekommen, eine Kompromissformel zu verwenden, nach der sich in Ostmitteleuropa nicht westliche, sondern «demokratische Werte» durchgesetzt hätten.

Deutungen für das Ende des Kalten Krieges Versucht man die Erklärungen zu bündeln, die seitdem in Umlauf sind, so zeigen sich zwei Hauptrichtungen.[127] Nach der ersten waren vor allem interne Faktoren, die schon in der Gründungsphase der UdSSR angelegt worden seien, für den Zerfall verantwortlich. Die Sowjetunion war nach dieser Theorie aufgrund fehlender intellektueller und wirtschaftlicher Ressourcen nicht in der Lage gewesen, die Rolle als ideologischer Wegbereiter der «Weltrevolution» zu spielen, die ihr Lenin zugedacht hatte. Schon unter Stalin sei der Weg ideologischer Überzeugung zugunsten politisch-militärischen Drucks endgültig verlassen worden. Hieraus hätten sich auch die Widerstände gegen Moskau und den Kommunismus innerhalb des sowjetischen Machtbereichs – so unterschiedlich sie im Einzelnen auch begründet waren – entwickelt. Die zweite Erklärung, der «Cold War Triumphalism»,[128] sieht in externen Gründen die Hauptverantwortung für den Niedergang. Nach dieser Deutung habe der Westen durch sein offensives Vorgehen gegen den Kommunismus und schließlich vor allem auch durch die Ankündigung des SDI-Programms die Sowjetunion besiegt. Insbesondere die US-Präsidenten Reagan und Bush, so die Interpretation, hätten zur harten Haltung des Westens beigetragen, die den Ostblock schließlich gezwungen habe, nachzugeben. Man kann noch eine dritte Erklärung anbieten, die beide Auffassungen verknüpft, aber die Bedeutung der Entspannungspolitik als eine zahmere Version der Befreiungsidee, wie sie John F. Kennedys «Strategy of Peace» oder Egon Bahrs «Wandel durch Annäherung» letztendlich waren, stärker in den Vordergrund stellt. Beide Ideen beruhten auf der Magnettheorie als Teil der Liberation Policy, lehnten aber offensivere Formen der Befreiung vom Kommunismus strikt ab. Kennedy wie Bahr hatten zu Beginn der 1960er Jahre ausdrücklich eine gezielte Informations- und Handelspolitik sowie insbesondere menschliche Kontakte als Strategie vorgeschlagen, um zu einer Auflösung des Ostblocks zu kommen. Man kann nicht bestreiten, dass sich dies zumindest für Europa als erfolgreich erwies.

Letztendlich trifft die Verknüpfung aller drei Thesen wahrscheinlich am ehesten die historische Wahrheit: Die Sowjetunion stand in den 1980er Jahren innen- wie außenpolitisch vor enormen Herausforderungen. Gleichzeitig schien auf die bisherige Weise keine tragfähige Lösung mehr möglich. Verstärkt wurde die Krise noch durch das vom Westen angekündigte, immens teure SDI-Programm, das im Fall einer erfolgreichen Einführung die über Jahre angehäuften und modernisierten Nuklearwaffen auf einen Schlag nutzlos gemacht hätte. Hinzu traten schließlich die intensiver geäußerten Konsumansprüche der Bevölkerung im gesamten sowjetischen Machtbereich, die durch die elektronischen Medien des Westens erheblich forciert wurden. Mit ihnen verband sich die Forderung nach mehr persönlicher Freiheit und politischer Selbstbestimmung, der der Ostblock nach der Unterzeichnung der KSZE-Schlussakte von Helsinki nur wenig entgegenzusetzen hatte. Solche komplexen Erklärungen für das Ende des Kalten Krieges hat namentlich auch der ehemalige US-Außenminister Henry Kissinger angemahnt.[129]

Neben dieser differenzierten Argumentation zeigt sich die vom amerikanischen Neokonservativismus stark gemachte teleologische Erklärung als wenig überzeugend, wenngleich sie vor dem Hintergrund der amerikanischen Geschichte in den USA viele Freunde gewonnen hat. Besonders bekannt wurde Francis Fukuyamas Essay *The End of History and the Last Man (Das Ende der Geschichte)*, den er bereits 1989 in der konservativen US-Monatszeitschrift *National Interest* und dann noch einmal in erweiterter Ausgabe 1992 vorlegte. Fukuyama plädierte in der Tradition amerikanischer Theologen des 17. Jahrhunderts wie Increase und Cotton Mather und US-Historiker des 19. Jahrhunderts wie George Bancroft für ein heilsgeschichtliches Verständnis der Geschichte, die sich allein auf positive Endziele zubewege: globale Durchsetzung von Freiheit, Demokratie und offenem Weltmarkt.[130] Die UdSSR und das sowjetische System, so seine Schlussfolgerung, seien daher von Anfang an und zwangsläufig dem Untergang geweiht gewesen. Die intellektuell eher schlichte These stieß in den USA auf so große Zustimmung, dass sie Fukuyama zum Bestsellerautor machte, was gleichzeitig einen tiefen Einblick in die Wünsche vieler Amerikaner erlaubt.

Wenn man allerdings realistischerweise davon ausgeht, dass der risikobehaftete Weg der Reformen von der Sowjetunion nicht zwangsläufig

hätte beschritten werden müssen und die UdSSR und auch Teile des Ostblocks in irgendeiner Form hätten weiterbestehen können, so muss man
konstatieren, dass es wohl eher der «Ausnahmepolitiker» Gorbatschow
war, der die ausschlaggebende Rolle für das Ende des Kalten Krieges
spielte. Gorbatschow reformierte die Sowjetunion nicht, um sie abzuschaffen, sondern im Gegenteil, um sie für die weiteren Runden des Sys-
temkonflikts mit den USA und dem Westen zukunftsfähiger zu machen.
Seine historische Größe zeigte sich aber darin, dass er seine Politik sogar
fortsetzte, als sich herausstellte, dass das seit 1922 diktatorisch angelegte
sowjetische System nicht mit freiheitlich-demokratischen Elementen
existieren konnte. Zunächst gelang es Gorbatschow, den sowjetischen
Staats- und Parteiapparat zu überzeugen, dass mit den inneren Reformen
auch eine grundlegende Neubestimmung der sowjetischen Innen- und
Außenpolitik notwendig sei, wenn man die Auseinandersetzung mit dem
Westen erfolgreicher führen wollte. Seine Perestroika interpretierte dabei zum ersten Mal in der sowjetischen Geschichte den Rückzug von bereits erreichten außenpolitischen Positionen nicht als Niederlage, sondern
als Erfolg und als Notwendigkeit des sozialistischen Modells. Verbunden
war dies mit dem gleichzeitigen Abschied von der Überzeugung, jede
selbstständige Entscheidung in einem der «Bruderstaaten» müsse sank-
tioniert werden. Ähnliche Vorstellungen herrschten in Moskau auch über
die zukünftige Einflussnahme auf die Dritte Welt.

Der amerikanische Politologe Myron Rush hat aus der Tatsache, dass
Gorbatschow in der Reihe der sowjetischen Generalsekretäre der Nachkriegszeit sowohl aufgrund seines Alters als auch seiner Reformbe-
reitschaft die absolute Ausnahme bildete, den Schluss gezogen, bereits
dessen Einsetzung sei eher ein «Unfall» des sowjetischen Systems gewesen.[131] Folgt man dieser Auffassung, so war auch das Ende des Kalten
Krieges in erster Linie ein historischer Zufall. Für die These spricht
immerhin, dass tatsächlich viele der weiteren zentralen Ereignisse des
Umbruchs 1989 fast als Glücksfälle zu betrachten sind: Man denke nur
an die Umstände, die zur Öffnung der Berliner Mauer führten, oder an
die Tatsache, dass es – gemessen an der Dimension und dem politischen
Gewicht des Umbruchs – zu relativ wenig Blutvergießen kam. Der Westen musste eigentlich nur über seinen eigenen Schatten springen und
Gorbatschow als ehrlichen Verhandlungspartner anerkennen.

Gerade in dieser Phase zeigte der Konflikt noch einmal deutlich, was
der Kalte Krieg vor allem gewesen war: ein Krieg der absolut gesetzten
politischen Ideen, dessen Fronten durch klassische Machtansprüche, aber

insbesondere auch durch die gegenseitige Wahrnehmung, gebildet wurden. Die Fronten lösten sich in dem Maße, in dem die Perzeption sich wandelte. Mit Gorbatschow trat ein Politiker an, der im Westen das bisherige Bild sowjetischer Generalsekretäre völlig veränderte. Ihm wurde schließlich persönliche Integrität zugestanden. Insofern wurde der Kalte Krieg nicht durch die Konfrontation oder die Anhäufung von immer mehr und immer ausgereifteren Waffensystemen beendet, sondern letztendlich durch das vorsichtige Aufeinanderzugehen beider Blöcke. Aus diesem Blickwinkel trug tatsächlich die Entspannung erheblich mehr zur Beendigung des Konflikts bei, als ihr manche zugestehen möchten.[132] Paradoxerweise überlebte ausgerechnet Gorbatschow als derjenige, der konsequent auf die Entspannungspolitik gesetzt hatte, politisch das Ende der Auseinandersetzung nicht.

Unabhängig von diesen Deutungen ist in den USA noch eine ganz anders akzentuierte Antwort auf die Frage nach Sieg und Niederlage im Kalten Krieg gegeben worden. *We all lost the Cold War*: Wir haben alle den Kalten Krieg verloren, lautete die provokante These einer 1994 vorgelegten amerikanischen Untersuchung.[133] Sie stellte sich auf den Standpunkt, dass unabhängig davon, auf welche Strategien und sonstige Einflüsse der Ausgang des Kalten Krieges zurückführt werden könne, sein Verlauf die Lebensqualität aller beeinträchtigt habe. Im Umkehrschluss folgt daraus, dass die Beendigung des Kalten Krieges irgendwie alle zu Gewinnern machen musste. Dass dies allerdings bei Weitem nicht so war, sondern die Nachkriegszeit des globalen Konflikts auch in den USA erneut Gewinner und Verlierer, erwünschte wie unerwünschte Erbschaften und nicht zuletzt eine Bandbreite von weiteren Wirkungen hinterließ, die zum Teil erst längerfristig erkennbar wurden, liegt auf der Hand.

XI. Superculture

Überflussgesellschaft

1954, ein Jahr nachdem die USA aus dem Koreakrieg, diesem ersten heißen «Kleinen Krieg» des großen Kalten Krieges zwar unbefriedigend, aber doch ohne größeren Gesichtsverlust herausgekommen waren, erschien in den USA ein Buch mit dem Titel *People of Plenty*, in dem der Autor, der US-Historiker David Potter, die Überflussgesellschaft zum Inbegriff des amerikanischen Charakters erklärte.[1] Das Thema an sich war nicht neu. Weit verbreitete Publikumszeitschriften hatten es längst für sich entdeckt: «Niemals zuvor ist so viel für so viele verfügbar gewesen wie heute», schrieb *Life*.[2] Das was man später als Konsumgesellschaft bezeichnen sollte, also die Möglichkeit für die meisten Mitglieder einer Gesellschaft, über ihre Grundbedürfnisse hinaus zu kaufen und zu verbrauchen, hatte sich in den Vereinigten Staaten spätestens in den 1920er Jahren abgezeichnet und er war schließlich zum Teil des American Way of Life geworden.[3] Der «Babyboom» der Nachkriegszeit baute darauf, und auf diesen Lebensstil stellte sich die US-Wirtschaft ein. Der Binnenkonsum mit seinem «Shop-'til-you-drop»-Prinzip wurde anders als etwa in Europa sogar zur Grundvoraussetzung für das Florieren der Wirtschaft. Keine Überraschung ist es daher, dass auch das «Shopping-TV» in den USA erfunden wurde.

«People of Plenty» Dass sich der Massenkonsum überhaupt entwickeln konnte, setzte ausreichende Verfügbarkeit von Konsumgütern und ausreichendes Realeinkommen voraus. Die unverzichtbare Basis für die Massenproduktion bildete der natürliche Ressourcenreichtum des Landes sowie die etwa 1790 beginnende Erste und die 1865 einsetzende Zweite Industrielle Revolution. Gerade die kontinuierliche Versorgung der großen Industriezentren, die sich zunächst an der Ostküste bildeten, gelang nur, weil auch die Agrarwirtschaft schnell industrialisiert wurde. Die USA entwickelten sich so zum ersten Land der Welt, in dem eine kontinuierliche Überproduktion von Nahrungs-

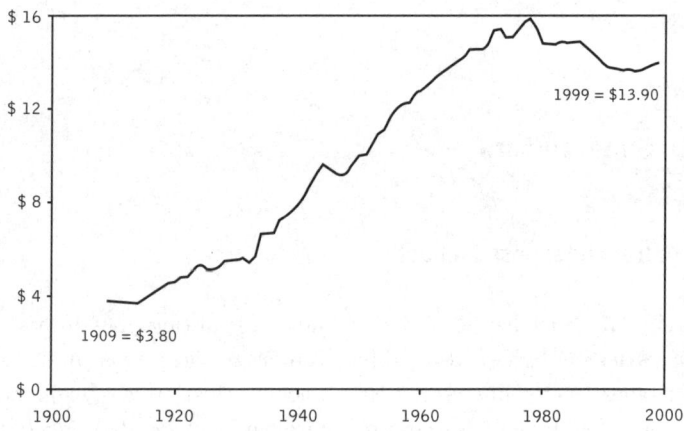

Einkommen 1900–2000 Durchschnittlicher Stundenlohn eines Industrie-arbeiters (in Kaufkraft 1999)[4]

mitteln erreicht wurde, was sich langfristig auch auf das Konsumver-halten auswirkte. Während in anderen Industrienationen Fleisch noch lange als Luxusgut galt, gehörte «Cheap Meat» seit der Entstehung der großen Fleischverarbeitungsbetriebe im Mittleren Westen, wie sie etwa Gustavus Swift aufbaute, im 19. Jahrhundert zum Lebensstan-dard. Zu den negativen Auswirkungen gehörte aber auch, dass rasch ein hemmungsloser Konsum stattfand. Dieses Problem beschäftigt die USA bis heute. Bei den letzten Veröffentlichungen der Zahlen 2012/2015 galten rund 75 Prozent der erwachsenen Amerikaner nach Anga-ben der US-Gesundheitsbehörde als übergewichtig, fast 28 Prozent als fettleibig.[5]

Für ausreichend hohe Realeinkommen sorgten Rationalisierung und Automatisierung, die eigentlich vom kontinuierlichen Mangel an qualifi-zierten Arbeitskräften ausgegangen waren. Sie eröffneten einen Arbeits-markt, in dem auch Ungebildete und Angelernte vergleichsweise gut ver-dienen konnten. Die durchschnittlichen Gehälter ließen daher bereits seit dem Beginn des 19. Jahrhunderts andere Länder weit hinter sich, darun-ter auch Großbritannien als das Geburtsland der Industrie. Amerikani-sche Unternehmer, die wie der Automobilhersteller Henry Ford über-durchschnittliche Löhne zahlten, förderten dies, weil sie auf diese Weise auch den eigenen Absatz und die Binnenkonjunktur ankurbeln konnten. Dass der Binnenkonsum auf diese Weise zum eigentlichen Motor der US-

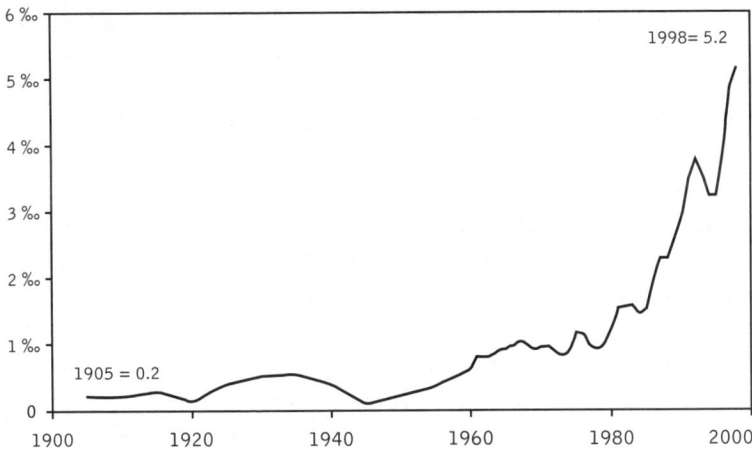

Insolvenzen pro tausend Einwohner 1900–2000[6]

Wirtschaft wurde, machte die gesamte Wirtschaft allerdings auch anfällig für Krisen, wie sich bis heute zeigt.

Außer auf einen niedrigen Preis setzten Unternehmer früh auf Konsumkredite, die selbst Amerikanern mit geringerem Einkommen erlaubten, teuerere Konsumgüter zu erwerben und nach und nach abzubezahlen. Während in den Jahrzehnten davor, insbesondere in den 1920er und 1930er Jahren sowie während des Zweiten Weltkriegs, eher das Prinzip der Sparsamkeit galt, gehörte seit den Fünfzigern der Ratenkauf – nicht nur für langlebige Produkte wie Autos und Immobilien – zum Standard. Daher war es auch kein Zufall, dass in den USA mit der 1949 eingeführten «Diners Card» die Kreditkarte schnell zum alltäglichen Zahlungsmittel wurde, ohne das man schließlich nicht einmal mehr ein Auto mieten konnte. Die Laufzeit der Abzahlungen orientierte sich in erster Linie am Wert der Gebrauchsgüter. In den USA werden Häuser auch heute noch in der Regel über dreißig Jahre lang abgezahlt, Autos bis zu sieben Jahre. Schon früh wiesen Untersuchungen über das Kaufverhalten in den USA darauf hin, dass US-Bürger selbst dann Kredite aufnehmen, wenn sie eigentlich in der Lage sind, bar zu bezahlen.[7] Dies wirkte sich vor allem seit 2007/08 in der großen Banken- und Immobilienkrise verheerend aus, denn Geldinstitute hatten sogar dann Ratenzahlungen eingeräumt, wenn absehbar war, dass die Haushalte bei steigenden Zinsen gar nicht in der Lage sein würden, die Kredite zurückzuzahlen.

Wirtschaftlicher Strukturwandel Die wohlhabendsten Regionen der USA befinden sich auch heute noch im Nordosten des Landes, wo mit New York und seiner Wallstreet auch der wichtigste Finanzplatz der USA liegt.[8] Zudem schafften Teile der Pazifikküste im 20. Jahrhundert einen gewaltigen Sprung nach vorn, nicht nur durch die seit den 1920er Jahren besonders boomende Filmindustrie, sondern vor allem durch den Zweiten Weltkrieg und den Kalten Krieg, als wichtige Teile der Rüstungsindustrie, insbesondere die Luftfahrt- und Nuklearindustrie, hier aufgebaut wurden. Im Mittleren Westen prosperierten die Industriegebiete südlich der Großen Seen, in den Bundesstaaten Illinois, Michigan, Indiana und Ohio. Obwohl selbst in diesen boomenden Regionen einige Gebiete auf der Strecke blieben – so Neu-England durch die weitgehende Abwanderung der Textilindustrie –, liegen bis heute die ökonomisch schwachen Landesteile der USA vor allem im Süden und Südwesten. Speziell im Deep South fehlen gut ausgebildete Fachkräfte, und auch Spannungen zwischen schwarzen und weißen Bevölkerungsgruppen wirken sich negativ aus. Zwar gingen ebenso im Nordosten durch die seit 1973 aufeinanderfolgenden Ölkrisen Arbeitsplätze verloren, doch dies wurde zum Teil durch eine höhere Erwerbsquote von Frauen aufgefangen. Diese Entwicklung kann man heute landesweit beobachten. Waren 1960 nur 37,7 Prozent aller Frauen erwerbstätig, so betrug die Quote 1980 schon 51,5 Prozent.[9] Bis Mitte der 1990er Jahre wuchs der Anteil der berufstätigen Frauen in den USA auf rund 59 Prozent. Während in diesem Zeitraum die Zahl der alleinstehenden Frauen, die einen Beruf ausübten, nur um etwa 8 Prozent stieg, verdoppelte sich nahezu der Anteil der verheirateten von 31,9 auf 60,7 Prozent.

Langfristige Profiteure des Strukturwandels waren zudem die Staaten im sogenannten Sunbelt, das heißt die Regionen im sonnenverwöhnten Süden und Westen der USA, allen voran Kalifornien, das schon 1963 New York als bevölkerungsreichsten Staat ablöste. Neben dem Niedergang der alten Industrien, vor allem der Montan- und Textilwirtschaft, und der Entstehung neuer Zweige, wie etwa der Computertechnologie, aber auch des Dienstleistungssektors, spielten dabei nicht zuletzt die unterschiedlichen Steuern in den einzelnen Staaten eine wichtige Rolle. Viel mehr als jemals zuvor fielen jedoch bei der Wohnortwahl Lebensqualität und Freizeitwert ins Gewicht, was später auch mit dem Begriff der «Californication» umschrieben wurde. Wohnorte wurden verstärkt nach günstigem Klima und Popularität ausgewählt, wovon die wärmeren südlichen US-Bundesstaaten profitierten. Florida etwa wurde zum sprichwörtlichen Rentnerparadies und hatte in den 1980er Jahren eine der höchsten Wachstumsraten. Sie lag doppelt so hoch wie der Durchschnitt der USA.[10] Diese sehr spezifische Migration zog wiederum besondere Dienstleistungen nach sich, insbesondere Krankenhäuser, aber auch Bildungs- und Freizeiteinrichtungen. Neben dem von Pensionären bevorzugten Florida und dem für seine Liberalität gerühmten Kalifornien waren nicht zuletzt auch Arizona und Texas Nutznießer dieser Umorientierung. Ganz nebenbei entstand daraus schließlich sogar im Old South vielerorts eine neue selbstbewusste und gutverdienende Mittelschicht. In den gesamten USA verschärften sich aber mit der Entwicklung zur postindustriellen Dienstleistungs- und Freizeitgesellschaft seit 1991 die Einkommensunterschiede weiter, zumal das Durchschnittsgehalt seit Mitte der 1980er Jahre nur wenig stieg und seit der Finanzkrise 2008 sogar teilweise so dramatisch sank, dass die Mittelschicht spürbar kleiner wurde. Gerade das hat bis heute eine neue heftige Debatte um Gerechtigkeit in der amerikanischen Gesellschaft ausgelöst. Bücher, die sich damit auseinandersetzen, werden regelmäßig zu Bestsellern.[11]

Konsum und Werbung Zu den erfolgreichen Kaufanreizen für amerikanische Konsumenten gehörten im 20. Jahrhundert neben technischen Neuerungen insbesondere dem Modegeschmack angepasste Versionen eines Produkts. Dies ließ zum Beispiel in den 1950er Jahren den Automobilen riesige Heckflügel wachsen. Produktvorstellungen wurden zum Medienevent – sei es auf speziellen Messen oder bei Einzelpräsentationen einer Firma, wie sie seit Jahren etwa beim Computerhersteller Apple üblich sind.[12] Die Warenwerbung als Konsumverstärker war zwar auch in den USA vielerorts bereits im 19. Jahrhundert gang und gäbe, aber erst seit den 1930er Jahren wurde sie zum alltäglichen Begleiter, der ganz eigene Formen kreierte. Dazu gehörten etwa die «Soap Opera» in Radio und Fernsehen, die Verkaufsshows der vielen Shopping-Kanäle oder die heute fast vergessene «Parade of Progress», eine Buskarawane aus von General Motors exklusiv produzierten «Futureliners», die in den 1940er und 1950er Jahre durch die USA fuhr und selbst in den entlegendsten Orten die aktuellen technischen Innovationen – etwa Stereoanlagen, Mikrowellenöfen oder Fernseher – vorführte. «Das haben wir eigentlich von Amerika gelernt, nicht auf die Suppe, sondern auf den Topf zu gucken. Früher fragte man, wie eine Medizin wirke, heute wie sie verpackt sei. Ein Königreich für einen Titel!», spottete Kurt Tucholsky schon 1914.[13]

Den Anfang einer ganzen Reihe von bekannten Seifenopern bildete 1932 die Familienserie *Betty und Bob* im Radio. In den 1940er Jahren sponserte die Industrie, insbesondere Waschmittelkonzerne wie Procter and Gamble, Dutzende solcher Formate, die ab 1947 auch im immer schneller und weiträumiger verbreiteten Fernsehen liefen. Am bekanntesten wurde *Guiding Light (Springfield Story)*, die 1937 im Radio startete, ab 1952 im Fernsehen fortgeführt und erst 2009 eingestellt wurde. Diese Dauerbrenner hätte es zweifellos nicht gegeben, wäre der Erfolg der Werbekampagnen nicht so gigantisch gewesen. Schon in den 1950er Jahren kauften die US-Bürger drei Viertel aller weltweit produzierten Technik.[14] Weit früher als in anderen Industrienationen waren die US-Bürger deshalb mit Haushaltstechnik ausgestattet, dabei lagen die Städte, insbesondere die Großstädte, weit vorn. Bereits vor dem Zweiten Weltkrieg besaß etwa die Hälfte aller amerikanischen Haushalte einen Staubsauger, Kühlschrank, Toaster, eine Waschmaschine, ein Bad mit Warmwasser, eine Innentoilette sowie eine Zentralheizung und nicht zuletzt ein Auto.[15] Auf diesen Stand kam man in Deutschland erst zwanzig Jahre nach dem Zweiten Weltkrieg.

Mediengesellschaft Dem Konsumbedürfnis kam entgegen, dass die industrialisierte US-Gesellschaft in ihrer Selbstwahrnehmung und -beschreibung, aber auch in der Außensicht auf Geschwindigkeit und Mobilität setzte. Dies betraf nach dem Zweiten Weltkrieg selbst den eigenen Haushalt. Zeitgewinn in den eigenen vier Wänden versprach vor allem die Automatierung der alltäglichen Arbeit, etwa mit Waschmaschinen oder Staubsaugern. Schnelligkeit in der Information ermöglichte neben dem Telefon insbesondere das Radio, dann das Fernsehen und schließlich das Internet. Das Radio war seit seiner offiziellen Einführung 1920 mit den großen Gesellschaften NBC (National Broadcasting Company) und CBS (Columbia Broadcasting System), ABC (American Broadcasting Company) und MBS (Mutual Broadcasting System) rasch zum Informationsmedium schlechthin avanciert, das schnell auch die US-Politik gezielt nutzte, wie Roosevelts «Fireside Chats» anschaulich belegen. Bis zur Verbreitung des Fernsehens wurden nicht nur Nachrichten und alle wichtigen Reden der US-Präsidenten einschließlich der Wahlkampfauftritte regelmäßig über den Rundfunk verbreitet, sondern auch Sportereignisse, die für viele Amerikaner einen noch größeren Stellenwert besaßen. Wie wirkungsmächtig das damals noch sehr junge Medium war, machte am Abend des 30. Oktober 1938 das von

CBS ausgestrahlte und von Orson Welles inszenierte Invasionsdrama *War of the Worlds* spürbar, das allzu realistisch geriet: Es versetzte die Bürger um New York in Angst und Schrecken.[16] Das Fernsehen, das in den 1950er Jahren allmählich das Radio im Haushalt ersetzte oder zumindest ergänzte, war zwar nicht unbedingt schneller, aber durch die Gleichzeitigkeit von Bild und Ton leichter und rascher zu konsumieren. Erstmals war es in den USA 1928 ausgestrahlt worden, seit den 1930er Jahren wurde es regelmäßig von verschiedenen Stationen aus gesendet – so unter anderem durch NBC aus dem Empire State Building. Als erster Präsident sprach Roosevelt 1939 über das Fernsehen. 1953 hatten zwei Drittel, zwölf Jahre später aber bereits 94 Prozent aller amerikanischen Haushalte zumindest einen Fernseher.[17] Das TV-Set wurde noch mehr als zuvor das Radio zum integralen Bestandteil des amerikanischen Durchschnittshaushalts, dem sich die Möblierung und – beim «TV Dinner» – sogar die Esskultur anpassten. Wenig überraschend ging parallel dazu die Beliebtheit der Printmedien, insbesondere von Büchern, kontinuierlich zurück. Für das Lesen schien jetzt keine Zeit mehr zu sein. Bezeichnenderweise blieb aber auch das Bildungsfernsehen, das 1952 mit dem National Education Television (NET) mit Geldern der Ford Foundation eingeführt worden war, ein Torso; es konnte sich gegen die kommerziellen Programme nicht behaupten. Der Faktor Zeit gewann nun auch innerhalb der Radio- und Fernsehanstalten an Bedeutung. Nachrichten im Schnelldurchlauf und eine begrenzte Gesprächszeit – nicht zuletzt, um den politischen Parteien denselben Raum zu geben – wurden zum Maß der Dinge.

Für die US-Bürger bedeutete das 20. Jahrhundert aber nicht nur eine Beschleunigung des Alltags, es stellte auch höhere Ansprüche an die Flexibilität und Mobilität. Bis heute sind Amerikaner – freiwillig oder gezwungenermaßen – im Vergleich etwa zu den Kontinentaleuropäern im Durchschnitt noch immer viel häufiger bereit, den Wohnort für einen neuen Arbeitsplatz zu wechseln.[18] Die Bereitschaft dazu verringert sich allerdings mit der Höhe des Einkommens. Dem Mobilitätsbedürfnis des Arbeitsmarkts, in dem im Vergleich zu anderen Industrienationen schneller und komplikationsfreier in einen neuen Job gewechselt werden kann, entsprach die Organisation des Wohnungsmarkts ebenso wie das System der Lebensmittelversorgung oder der Ausbau der Verkehrsinfrastruktur mit ihrem Ideal der autogerechten Stadt, aber auch der räumlichen Trennung von Arbeit und Freizeit. Dies alles wurde nach und nach auch global zum Inbegriff des «modernen Lebens».

Wohnen   Am Anfang der beispiellosen Wohnungsbaukampagne nach 1945 standen die Probleme der zurückkehrenden Soldaten, von denen rund 50 000 noch über längere Zeit in Armeeunterkünften oder sogar in ausgemusterten Bussen leben mussten.[19] Während 1944 nur knapp 114 000 Einfamilienhäuser neu gebaut worden waren, gab es zwei Jahre später bereits rund 937 000 Neubauten, 1948 etwa 1,1 Millionen und 1950 fast 1,7 Millionen. Mit dem Bauboom für günstigen Wohnraum ging der Trend einher, Hauseigentum zu erwerben. Zum Renner wurden Neubaugebiete mit normierten, vorgefertigten Haustypen nach dem Vorbild von Fords Model T, wie sie William «Bill» Levitt, einer der größten Immobilientycoons der Zeit, aus dem Boden stampfen ließ. Sein erstes Nachkriegsprojekt war die seit 1947 errichtete Vorstadt Levittown auf Long Island bei New York. Bis 1951 wurden hier etwa 17 000 Einfamilienhäuser zu einem Preis von 7990 Dollar für das Modell «Levitt Cape Cod» erstellt.[20] Auch geräumigere Nachfolgemodelle, deren Preis allerdings ebenfalls noch unter 10 000 Dollar blieb, konnten mit extrem niedrigen monatlichen Kreditraten abbezahlt werden. Der Erfolg war so immens, dass weitere Levittowns in New Jersey, Pennsylvania, Illinois und selbst in Puerto Rico entstanden. Neben viel Lob und natürlich geschäftlichem Erfolg erntete Levitt aber auch Kritik. Seine Häuser wurden zunächst nicht an Farbige verkauft, da Levittowns der weißen Mittelschicht vorbehalten sein und möglichst homogene Siedlungen bilden sollten. Zudem blieben die auf dem Reißbrett entstandenen Orte, in denen ein Haus wie das andere aussah, unpersönlich. Anonymität gehörte hier, anders als in den gewachsenen Kleinstädten, zur Normalität. Sie blieben aber nicht nur höchst eintönig, sondern sogar gesellschaftlich und politisch verdächtig. Es ist gemutmaßt worden, dass Science-Fiction- und Horrorfilme wie Don Siegels *The Invasion of the Body Snatchers* von 1956, die verklausuliert die Deindividualisierung der Welt zum Thema nahmen, von der Anonymität dieser Neubaugebiete zumindest inspiriert wurden. Auch in John Updikes *Rabbit*-Serie, die die Entwicklung der US-Gesellschaft von den 1950er bis in die 1990er Jahre nachzeichnete, symbolisierten im ersten Teil (*Rabbit Run*, 1960) Levittowns den Verlust der Individualität, aber auch der Gemeinsamkeit und damit nicht zuletzt des American Dream. Die Fortsetzungen beschrieben dann konsequent den Ausbruch in die Hippie-Welt der 1960er Jahre (*Rabbit Redux*, 1971), die Rückkehr in die Bürgerlichkeit (*Rabbit is Rich*, 1981) sowie den Herzinfarkt-Tod als logische Folge des atemlosen American Way of Life (*Rabbit at Rest*, 1991).

Eintönigkeit so weit das Auge reicht Eine der von William Levitt entworfenen Levittowns im Staat New York, Mai 1949

Der schnelle Weg zum Hauseigentum mit Hilfe von Leichtbau- und Fertighäusern, die allerdings in gefährdeten Gebieten häufig den Wirbelstürmen kaum standhalten konnten, setzte sich trotzdem durch – nicht zuletzt dank der seit den 1970er Jahren immer leichter erreichbaren Bankdarlehen. Erst die massive Finanzmarktkrise 2008, in deren Zentrum vor allem «faule Kredite» (Subprimes) standen, die an Gruppen mit niedrigen Einkommen vergeben worden waren, beendete diese atemlose Entwicklung zunächst. Für jene, deren Budget ohnehin nicht ausreichte oder die sozial bereits abgestiegen waren, setzte sich zur selben Zeit das sogenannte Mobile Home durch. Diese Leichtbauhäuser waren schließlich nur noch entfernt mit ihren ursprünglichen Vorbildern, den Wohnwagen, vergleichbar; häufig boten sie sogar den gleichen Raum wie die ungleich teureren, herkömmlichen Eigenheime. Vorgefertigt wurden sie auf Sattelschleppern an ihren Bestimmungsort, zum Teil auch in eigens geschaffene «Mobile Home Parks» gebracht, wo sie zum Kauf oder zur

Miete auf Dauer blieben. Rund 12,5 Millionen US-Bürger lebten im ausgehenden 20. Jahrhundert in solchen Unterkünften.[21]

Automobile Gesellschaft Ganz am Anfang der heutigen mobilen US-
Gesellschaft stand jedoch das für alle Bevölkerungsschichten erschwingliche Kraftfahrzeug. 1905 waren in den USA etwa 75 000 Personenwagen
und 4000 sonstige Kraftfahrzeuge zugelassen worden.[22] 1910, zwei Jahre
nach der Einführung von Fords Model T, wurden bereits mehr als doppelt so viele produziert und zugelassen (181 000). 1930 besaßen immerhin
schon 20 Prozent der Amerikaner ein Auto. Nach der aktuellsten Zählung des US-Zensus 2009 waren im Jahr 2006 rund 244 Millionen Autos
in den USA zugelassen, davon 134 Millionen Personenwagen. Damit besaßen etwa 90 Prozent aller Haushalte durchschnittlich mindestens ein
Kraftfahrzeug. In der Realität allerdings zeigte sich bereits seit den
1960er Jahren, dass viele Familien über mehrere Autos verfügten. Bis
zum Ende der 1960er Jahre hatten bereits 65 Prozent aller Haushalte ein
zweites Auto angeschafft. Das bedeutete allein eine Verdreifachung des
Bestandes innerhalb eines knappen Jahrzehnts.[23] Auf diese Veränderung
stellten sich nicht zuletzt sogar die Schulen ein, die nun in der Regel mit
einem großen Parkplatz ausgestattet wurden, weil auch Schüler häufig
ein eigenes Auto besitzen. In den USA wird der Führerschein mit dem
Erreichen des 17. Lebensjahrs vergeben. Heute gibt es in den USA rund
105 Millionen Parkplätze, deren Gesamtumfang mittlerweile die Größe
eines US-Staats wie Georgia erreicht hat.[24] Die höchste Kraftfahrzeug-
dichte wies 2006 mit rund 33,2 Millionen Fahrzeugen Kalifornien auf,
gefolgt von Texas mit 17,5 Millionen und Florida mit 16,4 Millionen zugelassenen Fahrzeugen. Mit 451 Autos pro 1000 Einwohner im Jahr
2008 waren die USA dennoch nicht Weltspitze, sondern nur gleichauf
mit Irland.[25] Weit davor lagen beispielsweise Luxemburg (673/1000),
Island (661/1000) und Italien (596/1000).

Die Zulassungszahlen zeigen daher auch nicht die ganze Entwicklung. Schon mit der Ersten Ölkrise 1973 fanden die «Straßenkreuzer»,
die in den 1950er und 1960er Jahren üblich gewesen waren und nicht nur
das Sozialprestige innerhalb der US-Gesellschaft, sondern auch das Bild
des Landes nach außen maßgeblich mitbestimmten, deutlich weniger
Käufer. Dagegen zeigten sich weniger durstige, vor allem japanische,
aber auch europäische Kleinwagen immer häufiger auf den Straßen. Die
bis weit in die 1980er Jahre reichende Wirtschaftskrise brachte zwar
nicht die großen Konzerne wie General Motors, Ford und Chrysler ins

Owners tell us that one of the most rewarding aspects of Cadillac ownership is the remarkable *friendliness* which they encounter at the wheel. Wherever they travel, they find that the "car of cars" introduces them in a very special manner—and seems to inspire the confidence and respect of those about them. This unique Cadillac virtue comes, of course, as something extra when you make your de-

cision for Cadillac. It comes in addition to the car's great beauty—its outstanding performance—and its marvelous comfort and handling ease. We suggest that you visit your dealer soon for a personal appraisal of this glorious list of Cadillac virtues—and to learn why this is such a wonderful season to make the move, both for delivery and economy. CADILLAC MOTOR CAR DIVISION · GENERAL MOTORS CORPORATION

Cadillac

Ikone des Aufstiegs in der automobilen Gesellschaft Cadillac-Werbung von 1957

Wanken, veränderte aber doch das Straßenbild Amerikas. Dass das gewünschte Lebensgefühl für die meisten US-Bürger indes eigentlich in der «Proud Decade» der 1950er Jahre stehengeblieben war, zeigte seit den 1990er Jahren noch einmal eine hitzige Debatte um die Vereinbarkeit von christlicher Moral und spritschluckender «Sport Utility Vehicles», die berüchtigten SUV. Trotz Fernsehspots mit provozierenden Fragen wie «What would Jesus drive?», die für ökologischere Alternativen werben wollten, schnellte der Verkauf der schweren Geländewagen, die freilich nur äußerst selten auf unwegsamem Gebiet gefahren wurden, hoch. Dazu trug nicht zuletzt die Steuerabschreibung für Geländewagen bei, die berüchtigte «Hummer Tax Reduction», die nach dem 1992 zunächst auf dem US-Markt präsentierten gleichnamigen, für zivile Zwecke umgebauten militärischen Geländewagen «Hummer H 1» von General Motors benannt war.[26] Die Automobilindustrie bot prompt eine Vielzahl von überdimensionierten, allradgetriebenen Fahrzeugen an und konnte in dieser Zeit dank der staatlichen Unterstützung ihre Absatzzahlen um bis zu 2500 Prozent steigern.

Kein anderes Jahrzehnt wurde aber durch Autokultur und das damit verbundene Lebensgefühl so geprägt wie die 1950er Jahre. Auf der einen Seite erfuhr der öffentliche Nah- und Fernverkehr, insbesondere das Straßenbahnsystem, eine massive Einschränkung; in einigen Städten wurden sogar mit tatkräftiger Unterstützung der Automobil-, Öl- und Reifenhersteller die Schienen abgebaut und die Waggons verschrottet. Auf der anderen Seite wuchs der Individualverkehr durch gezielte Infrastrukturmaßnahmen des Bundes und der Bundesstaaten deutlich. Nachdem bereits der 1907 gebaute Bronx River Parkway 1924 zur ersten Autobahn der Welt erklärt worden war und seit den 1930er Jahren verschiedene weitere Highways, Parkways, Freeways und Expressways gefolgt waren, kam 1956 der eigentliche Schub. Mit dem Federal-Aid Highway Act begann der großangelegte Ausbau des transkontinentalen Interstate Highway System (offiziell: Dwight D. Eisenhower National System of Interstate and Defense Highways). Bezeichnenderweise wurde mit Verteidigungsminister Charles Wilson ein ehemaliger Aufsichtsratsvorsitzender von General Motors nun auch mit dem bislang größten Ausbau des Individualverkehrs betraut.

Die Planungen zu diesen auch als militärische Einrichtungen für schnelle Truppenverlegungen oder als Behelfslandebahnen gedachten US-Bundesautobahnen, die deswegen bis heute Teil des sogenannten Strategic Highway Network sind, gingen ebenfalls auf die 1920er Jahre zurück. Mit enormen Kosten von rund 425 Milliarden Dollar wurde das Programm 1992 nach rund 75 000 km Streckenlänge, aber ironischerweise erst ein Jahr nach dem Ende des Kalten Krieges fertiggestellt. Die Interstate 70 im US-Bundesstaat Colorado ist offiziell das zuletzt beendete Teilstück des Ursprungsplans von 1955. Wie sehr sich die Amerikaner auf das Highway-System eingestellt haben und wie problematisch es sein kann, wenn wesentliche Teile auch nur für kurze Zeit ausfallen, zeigte 2011 die Sperrung des Highway 405 in Los Angeles, die die Medien in Anlehnung an Katastrophenfilme wie *Armageddon* als «Carmageddon» betitelten. Tatsächlich wurde die Schließung der am dichtesten befahrenen Autobahn der USA – die viel genutzte Verbindung zum Flughafen und ins geschäftige San Fernando Valley mit seinen berühmten Unternehmen wie CBS, NBC, ABC, Walt Disney oder Warner Brothers – ein gigantisches logistisches Problem. Touristenattraktionen wie das J. Paul Getty Museum schlossen damals gleich ganz.

Mobilität durch das Flugzeug Parallel zum großangelegten Ausbau des Individualverkehrs setzten die USA ebenfalls seit den 1950er Jahren verstärkt auf die Erweiterung des zivilen Flugverkehrs. Langfristig veränderte dies nicht nur den Fernverkehr auf mittleren und langen Strecken, sondern vor allem das Reiseverhalten der Amerikaner, das sich jetzt auf die schnellen Flugverbindungen konzentrierte. Das betraf den Eisenbahnverkehr ebenso wie die transkontinentale Passagierschifffahrt, die nach 1945 ihre bislang führende Position ebenfalls an das Flugzeug abgab.[27] Bereits seit 1939 war mit PanAm ein regelmäßiger transkontinentaler Linienverkehr zwischen Washington und Lissabon mit Flugbooten eingerichtet worden, der bei Kriegsende mit den American Export Airlines (American Overseas Airlines) eine durchgehende Transatlantikverbindung erhielt. Die Einführung bequemerer und schnellerer Flugzeuge wie der «Super Constellation» (seit 1950) oder des «Starliner» (seit 1956) – beide von Lockheed gefertigt – erlaubte nicht nur Flüge von Küste zu Küste in den USA, sondern auch im Interkontinentalverkehr. Als die Kolbenmotoren seit der Mitte der 1950er Jahre zunehmend von den Jettriebwerken abgelöst wurden und überdies die Preise sanken, nahmen die Passagierzahlen rasant zu. Dieser Trend verstärkte sich noch, als 1978 mit der sogenannten Airline Industry Deregulation der US-Flugverkehr für alle Anbieter freigegeben wurde. Spätestens zu diesem Zeitpunkt war das Fliegen auf mittleren und großen Distanzen für die Mehrheit der US-Bürger zur Normalität geworden.

Die amerikanische Luftfahrtindustrie gewann aber auch außergewöhnlich durch den Rüstungswettlauf des Kalten Krieges. Das erste serienmäßig hergestellte strahlgetriebene Passagierflugzeug, die Boeing

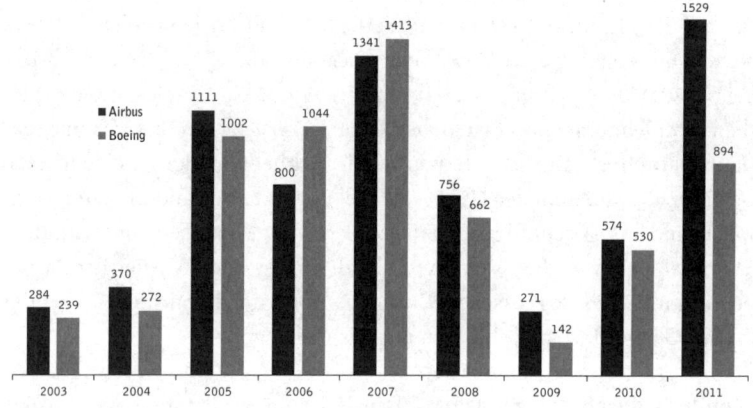

Bestellungen bei Boeing und Airbus 2003–2011[28]

707, ging aus der Entwicklung der Strategischen Bomber B-47 und B-52 hervor. Danach wurden die in der Zivilluftfahrt gewonnenen Erfahrungen umgekehrt auch wieder auf militärische Anwendungen übertragen. So profitierte das erste düsengetriebene Tankflugzeug in der Strategischen Bomberflotte, die Boeing KC-135, von der Boeing 707. Auch das über Jahrzehnte größte Passagierflugzeug der Welt, die Boeing 747 (erster Linienflug 1970), ging eigentlich aus einem Wettbewerb um einen Großraumtransporter für die US-Luftwaffe hervor. Die B-747 hatte bereits Raum für nahezu 500 Passagiere und konnte sich bis heute in unterschiedlichen Versionen halten, unter anderem als Präsidentenmaschine «Airforce One» und als Träger für das allerdings mittlerweile eingestellte «Space Shuttle»-Programm.

Die Dominanz der US-Unternehmen auf diesem Markt brach erst das gemeinsame europäische Airbus-Projekt, dessen erstes Modell, die A-300, ab 1972 flog. Aber erst nach der Jahrtausendwende wurden die Europäer zu einer echten Konkurrenz für die US-Luftfahrtindustrie. Der Wettbewerb verstärkte sich noch weiter, als das von den amerikanischen Gesellschaften Anfang der 1970er Jahre entwickelte Konzept der differenzierten Preis- und Komfortklassen wie First, Business und Economy von anderen Gesellschaften genauso übernommen wurde wie die gleichzeitig eingeführten Loyalitätsprogramme, die zum Beispiel «Frequent Flyer» hießen. Es dauerte allerdings fast zehn Jahre, bis die US-Gesellschaften sich von der Öffnung des Markts erholten. Einige überlebten nur mit Hilfe steuerlicher Vergünstigungen. Die 1980er Jahre wurden zur Geburtsstunde spezieller Low Cost Airlines, die in den nächsten Jahrzehnten mit Basisangeboten den Markt eroberten. Die nächste ernste Krise erreichte die amerikanischen Luftfahrtgesellschaften erst nach den Anschlägen vom 11. September 2001. Auf die Attentate, die die Airlines bis zu 30 Milliarden Dollar und Zehntausende von Arbeitsplätzen kosteten, reagierte die US-Regierung insbesondere mit neuen Sicherheitsgesetzen wie dem Air Transportation Safety and System Stabilization Act[29] sowie erheblichen staatlichen Hilfen. Durch sie konnte auch diese Krise überwunden werden.

Convenience-Kultur Die Entwicklung hin zum Individualverkehr bei gleichzeitiger Zurückdrängung des öffentlichen Verkehrs, für den heute in den gesamten USA nur noch spärliche 129 000 Fahrzeuge zur Verfügung stehen,[30] musste weitere langfristige Folgen für den Alltag und die Mentalität der US-Bürger mit sich bringen. Anfangs waren die ersten Automobilisten in den USA noch gezwungen, ihren Treibstoff in Apotheken, in Einzelhandelsgeschäften oder sogar beim örtlichen Schmied zu kaufen. Schon 1905 aber eröffnete die erste Filling- oder Gas-Station in St. Louis.[31] Auch die zweite Tankstelle in Seattle im Bundesstaat Washington an der Westküste lag noch nicht in einem der Zentren der USA. Schon 1930 aber gab es bereits rund 123 000, auf dem Höhepunkt 1970 216 000[32] Tankstellen in den USA, die nach und nach vor allem von den großen Ölgesellschaften wie Standard Oil, Gulf, Chevron oder Texaco betrieben wurden.

Früh begann auch die Standardisierung der neuen Verkaufsstellen, die durch eine besondere Gestaltung, vor allem jedoch durch ein unverwechselbares Logo zur Kundenbindung beitrug.[33] Zum Erfolg trug auch bei, dass sich weitere Dienstleistungsbetriebe neben den Tankstellen ansiedelten. Der Bau des «Interstate Highway System» seit 1956 brachte schließlich eine zentral geplante Infrastruktur an den Autobahnen, die auch Raststätten (Rest Areas) und Tourismusbüros (Welcome Centers) umfasste. Sie sollten, wie es der Interstate Highway Act of 1956 vorschrieb, im öffentlichen Besitz bleiben und waren daher ausdrücklich vom Verkauf an private Unternehmer ausgeschlossen. Ausnahmen bildeten allein Autobahnen, vor allem Freeways, die vor 1960 fertiggestellt worden waren und Bestandsschutz hatten. Kaum ein Amerikaner lebt heute mehr als einige Kilometer von der nächsten Tankstelle entfernt, die bereits weitgehend zu «Convenient Stores», zu Supermärkten, geworden sind.

Das Netz umfasst heute etwa 120 000 Tankstellen, davon über 90 000 mit angeschlossenem Supermarkt.[34] Aber auch die Flughäfen entwickelten sich nach und nach zu Einkaufszentren und öffentlichen Treffpunkten, die mit herkömmlichen Warenstädten und den vor den Toren der großen Städte immer häufiger eingerichteten «Shopping Malls» konkurrieren können.

Tatsächlich ist auch die Errichtung der großen Einkaufs- und Freizeitzentren nur in Verbindung mit der Automobilkultur zu verstehen. Gigantische Kaufhäuser in den amerikanischen Innenstädten hatte es schon am Ende des 19. Jahrhunderts gegeben. Sie unterschieden sich allerdings noch kaum von den Einkaufstempeln in den Hauptstädten Europas. Als erstes Einkaufszentrum, das gezielt für die Bedürfnisse von Kunden mit Kraftfahrzeugen entworfen worden war, entstand 1923 die noch offen errichtete «Country Club Plaza» in Kansas City (Missouri). Der Bau solcher nur mit Autos bequem erreichbarer Shopping Malls setzte sich nach dem Zweiten Weltkrieg in den nun immer zahlreicher entstehenden Vorstädten fort. Die erste dieser direkt für die Versorgung der Suburbs errichteten Malls war 1950 das Northgate Center bei Seattle im Bundesstaat Washington. Es löste einen gewaltigen Bauboom in anderen Teilen der USA aus. Als eigentlicher Durchbruch einer neuen Einkaufskultur, die sofort zahllose Nachahmer in den USA und schließlich weltweit fand, gilt aber die 1956 errichtete Southdale Mall in Edina nahe Minneapolis in Minnesota. Sie war das erste vollständig überdachte und klimatisierte Shopping Center in einer Vorstadt, das ganz auf die Bedürfnisse der automobilen Konsumkultur eingerichtet war. Bis heute hält Minneapolis mit der 1992 eröffneten gigantischen «Mall of America», die über fünfhundert Geschäfte und rund fünfzig Restaurants, aber auch Kinos, Nachtclubs und Sportanlagen unterhält, den Rekord als größtes Einkaufszentrum in den USA.

Die zeitsparende Convenience-Kultur betraf nach und nach viele weitere Alltags- und Freizeitaktivitäten. Als besonders «amerikanisch» gelten bis heute die Schnellrestaurants, insbesondere, wenn sie als Drive-Ins und Drive-Throughs (auch: Drive-Thru) eingerichtet sind. In Philadelphia begann 1902 mit Horn and Hardart, einem Automatenrestaurant, die Tradition der Fast Food Restaurants oder Quick Service Restaurants (QSR).[35] Das Prinzip war zuvor nur von Fliegenden Händler bekannt, die etwa Hot Dogs auf den Straßen anboten. Auch sogenannte Diners, also Restaurants mit eingeschränktem Angebot für eilige Reisende, aber auch für Arbeiter in der Mittagspause, hatten sich bereits nach dem Bürgerkrieg etabliert. Den Durchbruch erlebte diese neue Art des Essens, als zehn Jahre später ein Ableger von Horn and Hardart auf New Yorks angesehenem Broadway eröffnete. Das Essen, das sich bereits portioniert hinter kleinen Glastüren befand und vom Servicebereich aus immer wieder ergänzt wurde, konnte sowohl im Restaurant verspeist werden als auch als sogenanntes Take-Away zur Arbeitsstelle, nach Hause oder auf die Reise mitgenommen werden.

Fast Food Als erstes genuines Fast-Food-Lokal im heutigen Verständnis – der Begriff wurde erst in den 1950er Jahren allgemein üblich – wird das 1916 eröffnet White-Castle-Restaurant in Wichita im Bundesstaat Kansas angesehen. Erdölfunde machten die Stadt, die vorher nur durch den Chisholm Trail bekannt geworden war, kurzzeitig zu einer der wichtigen Boomtowns in den USA, wo die Arbeiter entsprechend versorgt werden wollten. White-Castle-Eigentümer Walter Anderson gilt mit seinen Hamburger-Schnellrestaurants gleichzeitig auch als Erfinder des Franchise-Prinzips und des Geschäftskettenmodells sowie der Normung, kontrollierten Herstellung und Präsentation von Produkten wie Verkaufsstellen. White-Castle-Restaurants zeigten sich als unverwechselbar, gerade auch, weil die kleinen weißen Burgen so wenig in die sie umgebende Stadtlandschaft passten. Auch anderes war revolutionär: Weil Anderson wusste, dass Hackfleisch traditionell ein schlechtes Image hatte, wurden seine Hamburger vor den Augen der Gäste zubereitet und eine ständige Qualitätssicherung eingeführt.

Die heute erfolgreichste Hamburger-Restaurantkette hatte aber erst 1940 ihre Geburtsstunde, als Richard und Maurice McDonald im kalifornischen San Bernardino ein erstes autogerechtes Barbecue eröffneten, dem 1948 auch Restaurants für die Laufkundschaft folgten. Die Parkplätze vor den Schnellrestaurants entwickelten sich schnell zu Treffpunkten der Jugendkultur. In Anlehnung an Fords Fließbandproduktion perfektionierten die McDonalds das System, indem sie sowohl die Herstellung der Hamburger durch standardisierte Zutaten und Zeitvorgaben als auch den Vertrieb sowie das Franchising weiter normierten. Der eigentliche Aufstieg zum Weltunternehmen begann indes erst, als 1954 der Produzent für Restauranteinrichtungen, «Ray» Kroc, an die Spitze von McDonald's rückte. Kroc setzte nicht nur auf Expansionskurs in anderen Bundesstaaten, sondern entwickelte zudem das Konzept der Corporate Identity konsequent weiter. Neben die genormten Mahlzeiten, etwa den «Big Mac», trat nun auch die Einheitlichkeit der gesamten Ausstat-

Ikone der Konsumgesellschaft und der Convenience-Kultur Das erste
McDonald's-Restaurant in den USA

tung, einschließlich der Kleidung der Angestellten. Das charakteristische
«M» – die «Golden Arches» – war zwar bereits 1953 aufgetaucht, aber
erst unter Kroc avancierte es zum global bekannten Logo. Die Firma
profitierte jetzt anders als die Konkurrenz massiv von der Kooperation
mit den Großen der amerikanischen Lebensmittelbranche, etwa der 1892
gegründeten und mittlerweile zu einer nationalen Ikone aufgestiegenen
Coca-Cola Company. Eine Zusammenarbeit gab es auch mit der Unterhaltungsindustrie. Allerdings konnte Kroc zunächst nicht Walt Disney
dafür gewinnen, in dessen Unterhaltungsparks, den Disneylands,
McDonald's-Restaurants zu etablieren. Als Kroc 1961 jedoch die Brüder
McDonalds auszahlte und damit seine McDonald's Corporation entstand, hatte er die Firma trotz harte Konkurrenz wie dem 1953/55 gestarteten Burger King längst zu einem der erfolgreichsten Modelle der
Systemgastronomie gemacht. Bis heute unterhält sie weltweit rund
32 500 Restaurants in mehr als einhundert Staaten, davon allein rund
14 000 in den USA.[36]
    Die Systemgastronomie erwies sich für die USA deshalb als zukunfts-
weisend, weil sie zeitökonomisch, autogerecht und nicht zuletzt bequem
– convenient – war und damit diesen Teil des American Dream perfekt

bediente. Zudem machte sie keine sozialen Unterschiede, was sie zu einem der wichtigsten Faktoren in der von den USA maßgeblich vorangetriebenen Globalisierung werden ließ. Auch das Drive-Thru-Konzept erwies sich in den 1950er Jahren als so wegweisend für die autogerechte Gesellschaft der USA, dass es nach und nach für andere Branchen ebenfalls unverzichtbar wurde. Kein Wunder, dass es schließlich sogar auf religiösem Gebiet Anwendung fand. In der Vergnügungshochburg Las Vegas entstand 1991 eine Drive-Thru-Kapelle für schnelle Eheschließungen und -scheidungen. Als weitere wichtige Einrichtung der autogerechten Gesellschaft erwies sich neben Malls und Schnellrestaurants das Autokino. So weit man es rekonstruieren kann, entstand das erste Drive-In Theater Ende der 1920er Jahre in New Jersey. Das amtliche Patent dafür wurde 1933 vergeben. Im selben Jahr gab es bereits Autokinos mit Mahlzeiten und Getränken, die sich ebenfalls zu Treffpunkten für Jugendliche entwickelten. Wie die gesamte automobile Kultur erlebten auch die Drive-In Theater in den 1950er und 1960er Jahren ihre Hoch-Zeit. Die tiefen Spuren in der Populärkultur sind bis heute in Spielfilmen wie *American Graffiti* (1973) zu sehen.

Freizeit Die rasant fortschreitende Autokultur hatte auf diese Weise ganz nebenbei auch die Freizeitgewohnheiten der Amerikaner massiv verändert. Anders, als es heute erscheinen mag, und früher als in anderen Industrienationen gehörte zum Überfluss der amerikanischen Gesellschaft nach dem Zweiten Weltkrieg die selbstbestimmte Freizeit, die viele auch aktiv gestalten wollten. So bürgerte sich seit den 1950er Jahren eine eher positive Verwendung des Begriffs «Freizeit» (Leisure) ein. Zuvor, insbesondere seit der 1899 erschienenen Streitschrift *The Theory of the Leisure Class (Theorie der feinen Leute)* des marxistischen US-Soziologen Thorstein Veblens, der Freizeit als «demonstrative[n] Müßiggang» verstand, war «Leisure» eher das Synonym für einen unproduktiven, den Reichen vorbehaltenen und letztendlich nicht gottgewollten Umgang mit der Zeit außerhalb der Erwerbsarbeit geworden, die doch eigentlich nur der «Erholung» (Recreation), das heißt der Wiederherstellung körperlicher Leistungsfähigkeit dienen sollte.[37]

Der Wandel trat mit der zunehmenden Verringerung der Arbeitszeit ein, wobei allerdings nicht nur gewerkschaftliche Forderungen, sondern auch der Mangel an Erwerbsarbeit in den Jahren der Depression zu vermehrter Freizeit führte. Schon das freie Wochenende, an dem zwei volle Tage zur Verfügung standen, war eine amerikanische Erfindung. Der öffentliche Dienst in den USA kannte bereits vor dem Zweiten Weltkrieg eine 35-Stunden-Woche, die seit den 1960er Jahren auch in der Privatwirtschaft zur Normalität wurde. Zwar blieb der jährliche Urlaub mit durchschnittlich zwei Wochen für Arbeitnehmer hinter dem in Kontinentaleuropa weit zurück. Doch boten viele gesetzliche Feiertage, die nach 1945 stetig mehr wurden, die Gelegenheit, zumindest «verlängerte Wochenenden» für Reisen zu nutzen. 1971 wurden unter Präsident Nixon deswegen die meisten Feiertage des Bundes bis auf die traditonellen Termine Neujahr (New Year's Day, 1. Januar), Unabhängigkeitstag (Independence Day, 4. Juli), Erntedankfest (Thanksgiving, 4. Donnerstag im November), Weihnachten (Christmas, 25. Dezember) und der Gedenktag für die Kriege und Kriegsopfer (Veterans' Day, 11. November) auf einen Montag verlegt. Dazu gehörten der Martin Luther King Day, Washington's Birthday, der Memorial Day, Labor Day und der Columbus Day. Hinzu kam eine Fülle von Feiertagen der einzelnen Bundesstaaten. Die Freizeitindustrie, die sich seit den 1950er Jahren rasant entwickelte, stellte sich schnell darauf ein. «Where in the world can you go on just 2 weeks' vacation?», hieß es in den Werbeanzeigen der US-Fluggesellschaft TWA von 1950, die versprachen, in zehn Stunden von der West- an die Ostküste und von dort in knapp 13 Stunden in Europa zu sein.[38] Wesentlich wichtiger als das Flugzeug war allerdings auch für die Freizeitgestaltung das Auto. Der Wohnwagen, der «Travel Trailer», und vor allem seine Weiterentwicklung, das Wohnmobil, das «Motorhome», das bezeichnenderweise auch «Recreational Vehicle» genannt wurde, verbreitete sich wohl auch deshalb so schnell, weil gerade diese Art des Reisens Vorstellungen von Unabhängigkeit und der Eroberung des Kontinents seit der Frontier-Zeit aufrief. Wohnwagen wurden zwar schon seit den 1920er Jahren angeboten, machten aber erst in den 1950er Jahren Karriere. Nun wurden auch gemeinsame Treffen zu gesellschaftlichen Ereignissen.[39]

Auch die übrigen Freizeitaktivitäten der US-Gesellschaft unterschieden sich in der Nachkriegszeit zum Teil noch erheblich von denjenigen Kontinentaleuropas, wenngleich man sich dort schnell dem als «modern» empfundenen amerikanischen Vorbild anpasste oder zumindest annäherte.[40] Typisch «amerikanisch» war aber vor allem der Wunsch nach gesellschaftlichem Engagement (Participation), insbesondere auch in Kirchen.[41] Die am Ende des 18. Jahrhunderts entstandenen Sonntagsschulen mit angeschlossenen karitativen Veranstaltungen blieben wie der sonntägliche Kirchenbesuch im ländlichen Raum eine bis heute von vielen US-Bürgern akzeptierte gesellschaftliche Pflicht, der sich nur wenige entziehen. Dies galt und gilt ebenso für Veranstaltungen, die von Schulen oder Universitäten getragen werden. Besonders populär blieb außerdem das gemeinsame Erlebnis von Sportereignissen – von Spielen der Schulmannschaft bis hin zu professionellen Ligaspielen. Die meisten Besucher zogen seit 1960 Pferderennen an, gefolgt von Baseball und American Football.[42] Für die vermögenderen US-Bürger hat sich seit Mitte des 20. Jahrhunderts das Golfen als Freizeitaktivität etabliert, vor allem in seiner gesellschaftlich eingebundenen Form auf Anlagen der sich zumeist exklusiv gebenden Country Clubs. Auch sie haben sich mittlerweile in vielen anderen Ländern durchgesetzt.

Einen wachsenden Anteil der freien Zeit nahm vor allem seit den 1950er Jahren der Medienkonsum ein. Dazu gehört in erster Linie das Fernsehen, seit den 1980er Jahren auch das Internet. Beide werden als Teil der Convenience-Kultur gesehen. Der daraus entstehende negative Einfluss auf Bildung und soziale Kontakte wurde bereits seit Mitte des 20. Jahrhunderts zum Dauerthema. Theodore Caplow, der mit seinen Untersuchungen zur amerikanischen Durchschnittsfamilie aus dem geradezu sprichwörtlich gewordenen «Middletown» (der Ort Muncie in Indiana) berühmt wurde,[43] konnte zeigen, dass nicht nur Eltern auf die Wirkungen des Konsums immer entsetzter reagierten. Die Untersuchungen zeigten, dass sich die Lesefähigkeiten der US-Bürger insgesamt erstaunlich wenig weiterentwickelten. Bereits in den 1980er Jahren galten rund 23 Millionen US-Bürger als funktionale Analphabeten, die selbst einfache Texte nicht mehr verstehen konnten.[44]

Sexualität Soziologen vermerkten zudem schon in der unmittelbaren Nachkriegszeit, dass sich die amerikanische Gesellschaft durch ihre Convenience- und Freizeitkultur auch in anderer Hinsicht veränderte. Hatte Max Weber noch den aus Bibel und inneren Werten entstandenen Willen zur eigenen Leistung und zum Wettbewerb als eher positive amerikanische Eigenart herausgehoben, so wurde nach 1945 in wissenschaftlichen Untersuchungen nun mehr und mehr eine allgemeine Furcht vor dem Nichtbestehen konstatiert. 1950 erschien dazu das bahnbrechende Werk des Soziologen David Riesman mit dem Titel *The Lonely Crowd (Die einsame Masse)*, das schnell ein Bestseller wurde. Riesman und seine Mitautoren argumentierten, dass die Amerikaner sich bereits seit der Industriellen Revolution zu außengeleiteten (Other-Directed) Individuen entwickelt hätten, wobei die inneren (Inner-Directed) und traditionellen (Tradition-Directed) Werte kontinuierlich zurückgefallen seien.[45] Der

US-Bürger sei nicht nur von der Kritik seiner Umgebung abhängiger geworden, sondern seine Suche nach Fremdbeurteilung habe ihn manipulierbarer gemacht. Mehr denn je wolle er vor allem von seiner Umgebung geliebt werden und orientiere sich an ihrer Bewertung. Gerade die Sexualität hielt Riesman vor diesem Hintergrund lange vor der eigentlichen «Sexwelle» der 1960er Jahre nur noch für eine Ware im Getriebe der Konsumgesellschaft. Damit stand er nicht allein. Wettbewerb, Leistungsprinzip und Rivalität als konstitutiver Teil der Gesellschaft, so hatten die sogenannten Neufreudianer schon in den 1930er Jahren postuliert, produziere geradezu gesetzmäßig neurotische Persönlichkeiten.[46] Es war daher kein Zufall, dass 1948 und 1953 zwei dann als bahnbrechend verstandene Untersuchungen erschienen, in denen der US-Biologe Alfred C. Kinsey das Sexualverhalten der Amerikaner und Amerikanerinnen zum ersten Mal systematisch-empirisch unter die Lupe nahm.[47] Die von der angesehenen Rockefeller-Stiftung geförderten *Kinsey Reports* wurden zu Bestsellern der sich vielfach noch immer puritanisch gebenden US-Gesellschaft. Sie zeigten tatsächlich einige überraschende Resultate, die durchaus mit den Ergebnissen von Riesman und anderen übereinstimmten. Dazu gehörte nicht zuletzt, dass auch voreheliche Sexualität ein selbstverständlicher Teil der Freizeit und des gesellschaftlichen Wettbewerbs in den USA geworden war – mehr jedenfalls, als sich die Amerikaner selbst eingestehen wollten. Die *Kinsey Reports* wurden zur Initialzündung für eine Fülle weiterer ähnlicher Untersuchungen in den folgenden Jahrzehnten. Sie belegten schließlich auch, dass das durchschnittliche Alter für das sogenannte Dating bei beiden Geschlechtern trotz puritanischer Grundwerte immer weiter sank und damals bereits bei etwa 14 Jahren lag. Im Mittel heirateten Frauen in den 1950er Jahren mit 20, Männer mit 23 Jahren.[48]

Der damalige Boom der Soziologie und noch mehr der Psychologie und Psychoanalyse war auch im Zusammenhang mit den neuen Herausforderungen und Unsicherheiten zu sehen, denen sich die USA nach dem Zweiten Weltkrieg als politisch-militärische Supermacht gegenübersahen. Schon in den 1950er Jahren wurde – angesichts der zunehmend erkennbaren praktischen Nutzlosigkeit der angehäuften Nuklearwaffen – der Psychologischen Kriegführung ein besonderer Wert zugemessen. Für den Kalten Krieg schien sie nun das einzige wirksame Instrument, das sich auf gegnerischem Territorium einsetzen ließ, ohne direkt Menschenleben zu gefährden, und das zudem nur schwer abgewehrt werden konnte. Eine Mehrheit der US-Amerikaner war seit dem Ende der 1940er Jahre davon überzeugt, dass ihr Ausbau zu einem Sieg im Kalten Krieg entscheidend beitragen werde.[49] Die Psychologie schien aber auch erklären zu können, warum man offensichtlich dem Konsumangebot so hilflos ausgeliefert war. Die 1957 publizierte Studie *The Hidden Persuaders (Die geheimen Verführer)* des Journalisten Vance Packard zeigte, wie raffiniert Strategen der Werbeindustrie die menschliche Psychologie gezielt nutzen, um zu höheren Verkaufszahlen und damit höherem Profit zu kommen.

Kritik an der Konsumgesellschaft Kritik an der Konsumgesellschaft gab es zwar nicht erst nach dem Zweiten Weltkrieg, aber sie nahm vor allem in den 1960er Jahren stark zu.[50] Bereits Veblen hatte in seiner *Theory of the Leisure Class* 1899 ausschweifenden Konsum als Privileg unproduktiver, parasitärer Reicher gesehen. Er stellte sich damit unter anderem gegen Simon Patten, der in seiner zehn Jahre zuvor erschienenen Schrift *The Consumption of Wealth* Konsum eher als den Königsweg zu allgemeinem Wohlstand beschrieben hatte. Konsum- als Kulturkritik war dann vor allem wieder in den Depressionsjahren der 1930er Jahre aufgetaucht. Die These, dass Konsum zur Zerstörung amerikanischer Kultur führe, vertraten auch Helen und Robert Lynd in ihren Middletown-Studien zwischen 1929 und 1937.[51] Zu den scharfen Abrechnungen gehörte überdies die 1944 erstmals als Hektographie in den USA gedruckte und 1947 auch in Europa vorgelegte *Dialektik der Aufklärung* von Theodor W. Adorno und Max Horkheimer aus der emigrierten Frankfurter Schule, in der die amerikanische «Kulturindustrie» radikal als «Massenbetrug» und Antiaufklärung deklariert wurde.[52] «Je fester die Positionen der Kulturindustrie werden», so das Fazit der beiden Emigranten, «um so summarischer kann sie mit dem Bedürfnis der Konsumenten verfahren, es produzieren, steuern, disziplinieren ...». Nicht zuletzt fand sich auch in der US-Protest- und Bürgerrechtsbewegung seit den 1950er Jahren massive Konsum- und Kulturkritik. Norman Mailers bissige Abrechnung mit der Scheinwelt Hollywoods in *The Deer Park* erschien bereits 1955. 1970 veröffentlichte der 2011 verstorbene Vordenker der Rap Music, Gil Scott Heron, sein berühmt gewordenes Gedicht *The Revolution Will Not Be Televised*.

Produktkritik hatte es ebenfalls bereits seit Beginn des 20. Jahrhunderts gegeben, wenn man einmal die frühen Anwälte des Verbraucherschutzes – man denke etwa an die Antikartellkämpfe der US-Regierungen unter Andrew Jackson oder Theodore Roosevelt – außer Acht lässt. Zu ihr gehörten beispielsweise die seit 1912 eingerichteten «Better Busi-

ness Bureaus», die sich als Wettbewerbshüter nicht scheuten, im Zweifelsfall auch große, mittlerweile nahezu als nationale Ikonen verstandene
Unternehmen wie Coca-Cola zu verklagen. Die 1936 gegründete Consu-
mers' Union führte sogar schon Warentests durch und vergab «Best-
Buy»-Wertungen. Der Durchbruch gelang allerdings erst seit den
1960er Jahren, als sich die Produktkritik mit der Konsumkritik zur Um-
weltkritik verband. Diese Jahre sind insbesondere mit dem Namen Ralph
Nader verknüpft, der 1965 mit seinem Buch *Unsafe at Any Speed. The De-
signed-In Dangers of the American Automobile* die noch weitgehend heile
amerikanische Automobil- und Konsumwelt auf den Kopf stellte und danach einerseits angefeindet, andererseits geradezu verehrt wurde. Nader
trat danach immer gezielter als Verbraucherschutzanwalt auf und gründete 1971 die Nichtregierungsorganisation Public Citizen, womit er auch
zum Spiritus Rector der 2001 ins Leben gerufenen, aber wenig erfolgreichen Green Party gilt. Tatsächlich kann Nader für sich heute in Anspruch nehmen, den Startschuss für eine wirkungsvollere amerikanische
Verbraucher- und Umweltschutzbewegung gegeben zu haben. Das zeigte
sich insbesondere, als sich andere politische Aktivisten wie der bereits
durch sein Engagement für Arbeiterinteressen bekannte Pete Seeger
1969 einschalteten. Seeger wurde Mitgründer der Umweltschutzorgani-
sation Clearwater, die sich unter anderem für den Hudson River engagierte. Dass in den 1970er Jahren gravierende Umweltprobleme wie die
illegale Entsorgung von Chemieabfällen im sogenannten Love Canal bei
Niagara Falls öffentlich gemacht wurden, war bereits Zeichen eines Be-
wusstseinswandels in der US-Gesellschaft. Auch die Kritik an der Ein-
weg- und der Fast-Comfort- oder auch Junk-Food-Kultur ging auf diesen
Bewusstseinswandel zurück. Ihren einstweiligen Höhepunkt fand diese
Bewegung mit dem 2004 uraufgeführten Dokumentarfilm *Supersize Me.*

Selbst die harscheste Kritik führte jedoch niemals dazu, dass bestimmte Ikonen der amerikanischen Konsumgesellschaft, so etwa die
autogerechte Gesellschaft, ernsthaft in Frage gestellt wurden. Nennenswerten Fahrradverkehr, wie er in europäischen Städten gang und gäbe
ist, gibt es in den USA bis heute nicht. Ebenso wenig ist bislang ernsthaft
über alternative Energien diskutiert worden. Daran haben auch die besonders gravierenden Nuklearunfälle im amerikanischen Harrisburg
1979, im sowjetischen Tschernobyl 1986 und im japanischen Fukushima
2011 kaum etwas geändert. Kritischer zeigten sich die Behörden häufig
im Kleinen: Nachdem bereits Städte an der Ostküste den Schnellrestaurants in den Innenstädten den Kampf angesagt hatten, weil sie das Stadt-

bild mit zu viel greller Werbung verschandelten, verbot Los Angeles im sozial auffälligen Stadtteil South Central aus medizinischen Erwägungen 2011 sogar die Neueröffnung von Schnellrestaurants.[53] Dieser Fall blieb allerdings die Ausnahme. Den Grund dafür sehen Untersuchungen in der Regel in einem noch immer eher ungebrochenen Fortschrittsoptimismus, der die USA seit der Kolonialzeit trotz aller Fragezeichen auszeichnet.[54] Erst nach der Finanzkrise seit 2007 und der drohenden Zahlungsunfähigkeit 2011 hat ein gewisses Umdenken begonnen.

Popkultur

Die Simplizität und das Anknüpfen an menschliche Bequemlichkeit, die die amerikanische Überflussgesellschaft auszeichneten, waren zweifellos auch das Geheimnis der weltweiten Durchsetzung der US-Kultur als Superculture.[55] Der weit früher auftretende Begriff der Massenkultur (Mass Culture) wurde bezeichnenderweise in den USA schon in den 1920er Jahren gebräuchlich, zur selben Zeit, als sich mit dem Automobil auch die Convenience-Kultur durchsetzte. Für viele galt sie als die logische Fortsetzung der seit dem 19. Jahrhundert deutlicher wahrgenommenen Populärkultur (Popular Culture). Ironischerweise aber sollte die Popkultur (Pop Culture), wie sie sich nach dem Zweiten Weltkrieg in den USA und dann insgesamt als westliche Jugendkultur entwickelte und rasch zu einem der wichtigsten Inhalte der amerikanisierten Superculture wurde, aber eigentlich etwas ganz anderes sein: nicht Massengeschmack, sondern elitär und vor allem kritisch gegenüber dem Establishment. Die konsumkritische Collage des britischen Aventgardekünstlers Richard Hamilton mit dem umständlichen Titel *Just What Is It that Makes Today's Homes So Different, So Appealing?* machte das 1956 unmissverständlich deutlich. Darin tauchten nicht nur alle gängigen Konsumartikel auf, sondern zum ersten Mal auch der Begriff Pop.[56]

Die Popkultur, wie sie sich ab den 1950er Jahren herausbildete und neben Bildender Kunst, Architektur, Mode, industriellem Design, Musik, Literatur auch das Sozialverhalten global beeinflusste und langfristig prägte, war auf diese Weise dezidiert als Subkultur oder Gegenkultur (Counterculture) konzipiert, der nichts Schlimmeres passieren konnte, als über den begrenzten Gruppenkonsens hinweg allgemein von der Gesellschaft akzeptiert und zum Mainstream oder gar zur Superculture zu

«Just what is it that makes today's homes so different, so appealing?» Die berühmte Collage Richard Hamiltons von 1956 vereinigte nicht nur die zentralen Konsumartikel, sondern machte auch «Pop» zum Begriff.

werden. Genau dies traf allerdings bis heute die unterschiedlichen Gegenkulturen, unabhängig davon, wie unangepasst sie ursprünglich aufgetreten waren. Anhand der Musik ist dies am deutlichsten nachzuvollziehen.

Rock 'n' Roll als Gegenkultur   Der Rock 'n' Roll der 1950er Jahre inszenierte sich zunächst vor allem als Bürgerschreck. Harte, laute Rhythmen mit den nun populär gewordenen E-Gitarren Leo Fenders, wilde, archaische Körperlichkeit, kaum verdeckte sexuelle Anspielungen, gewalttätiges, betont proletarisches Auftreten, Bands wie Zuhörer hin und wieder in Ledermontur und mit eigener (Motorrad-)Gang – all dies bildete zumindest formal das Gegenbild zu bürgerlich-konservativer Wohlanständigkeit, wie sie auch die amerikanische Mehrheitsgesellschaft erwartete. Entsprechend traten die ersten Idole wie Bill Haley, Jerry Lee Lewis, Elvis Presley oder auch der Filmschauspieler James Dean zunächst vor allem als Bürgerschreck auf, wenngleich nicht immer ganz freiwillig. Haley, dessen größter Hit *Rock around the Clock* zunächst als Titelmusik zum Jugendgewalt-Film von MGM, *Blackboard Jungle* (*Saat der Gewalt*, 1955), bekannt wurde, fühlte sich schließlich von seinem Image geradezu verfolgt. Bei der Europatournee 1958 zerstörten die deutschen Fans gleich zweimal die Konzertsäle, einschließlich der Bühne. Kein Wunder, dass der spanische Diktator Franco den Auftritt Haleys ganz untersagte. Elvis Presleys Bühnenshow mit damals als lasziv verstandenen Bewegungen, die ihn als Elvis the Pelvis («das Becken») berühmt und vielleicht auch ein bisschen berüchtigt machten, erschien noch skandalöser, nicht zuletzt wegen der als besonders schlüpfrig empfundenen Titel wie *Love Me Tender*. Auch Presley wurde schließlich genauso gezielt kommerziell verwertet, so etwa im 1957 uraufgeführten Kinofilm *Jailhouse Rock*.

Noch mehr als Presley hatte Jerry Lee Lewis, der sich selbst als «The (Lady-)Killer» vermarktete, mit dem verordneten, aber auch gelebten Image zu kämpfen. Lewis' Bühnenshow hielten viele ebenfalls für einen Skandal. Als noch anstößiger galten freilich seine Musiktitel, von denen *Great Balls of Fire* je nach Einstellung entweder als sexistisch oder blasphemisch interpretiert wurde. Den Höhepunkt bildete die 1958 geschlossene Ehe mit der damals erst 13-jährigen Myra Gale Brown, der zwei weitere Ehen mit ebenfalls sehr jungen Frauen folgten, die ihn dann allerdings für Jahre aus dem Geschäft katapultierten. Das Leben von James Dean war dagegen eher skandalfrei, bis er 1955 im Alter von nur 24 Jahren bei einem Autounfall in Kalifornien tödlich verunglückte. Dean bediente in seinen Filmen genauso gezielt das Rebellenimage, so vor allem in *East of Eden* (*Jenseits von Eden*; 1955) und *Rebel without a Cause* (*... denn sie wissen nicht, was sie tun*, 1955).

Im Gegensatz zu dem Image, das ihnen nicht zuletzt die Schallplatten- und Filmproduzenten verpassten, hatten die in der Regel aus der amerikanischen Provinz stammenden Stars der frühen Popkultur durchweg eher ein Faible für traditionelle amerikanische Country Music. Lewis wie Presley landeten in der Country Music große Hits, und Haley trat sogar in Cowboy Shows auf. Obwohl der Rock 'n' Roll vor allem schwarze Wurzeln hatte, waren seine ersten erfolgreichen Repräsentanten nicht nur weiß, sondern stammten sogar aus den Südstaaten. Presley kam aus Tennessee, Lewis aus Louisiana und Haleys Vater aus Kentucky, wenngleich er selbst in Michigan geboren war.

Schwarze Musiker wie Ray Charles oder Sam Cooke, die damals mit den ersten Soul-Hits aus säkularisiertem Gospel wie *What'd I Say* (1959) oder *Bring It On Home to Me* (1962) Erfolge feierten und für die die Motorcity, die Motown-Studios in Detroit standen (Motown/Detroit Sound, Motown Soul), kamen hingegen bis in die 1960er Jahre hinein nicht über Hitparaden des Rhythm and Blues – des R&B – hinaus, was allerdings nicht hieß, dass die Aufnahmen nur von Schwarzen gekauft wurden.[57] Ihr Durchbruch als schwarze Musiker gelang, als auch ethnisch gemischte Gruppen wie die berühmte «Experience» des afroamerikanisch-indianisch-irischen Gitarristen Jimi Hendrix unterschiedslos bei allen Bevölkerungsgruppen Erfolge feierten. Die Motown-Studios dominierten Mitte der 1960er Jahre schon mit über 50 Prozent die Top-100-Hitparade der USA und wurden zu Vorreitern der kommerziell viel erfolgreicheren Disco Music der 1970er, die bei allen ethnischen Gruppen Käufer fand.[58] Weiße Musiker dagegen schafften diesen Übergang schon seit den 1950er Jahren leichter, insbesondere, wenn sie wie Presley mit seinem 1955 eingespielten *Heartbreak Hotel* auch Zuhörer über die engere Bluesgemeinde hinaus ansprachen. Rock 'n' Roll war daher zwar schwarze Musik, aber gemacht vor allem von und für weiße Teenager, wie Musikkritiker nicht müde wurden zu betonen.

Das äußere Erscheinungsbild der Vertreter des weißen Rock 'n' Roll blieb im Gegensatz zu ihrem Image eher angepasst. Anzug und Krawatte, in der Regel noch militärisch kurze, teils aber auch aufwändig gestylte Haare signalisierten alles in allem immer noch die Bewahrung der traditionellen Konventionen der US-Gesellschaft. Damit gelang es ihnen, sich sogar langfristig in konservativen Kreisen Anerkennung zu verschaffen. Elvis Presleys Musik sei durchaus als ein amerikanisches «Geschütz im ‹Kalten Krieg›» zu verstehen, ließ 1958 sogar das damals republikanisch geführte US-Verteidigungsministerium verlautbaren, während der «King of Rock 'n' Roll» seinen Wehrdienst ableistete und damit eine der wichtigen patriotischen Pflichten erfüllte.[59] Sie führte ihn direkt an eine der wichtigsten Fronten des Kalten Krieges, nach Westdeutschland, wo «Elvis» gleichzeitig zu einem Symbol einer positiv verstandenen Amerikanisierung und zu einer Ikone der Superculture wurde. Dagegen konnten selbst Konservative nichts sagen. Auch der noch mehr als Rebell gegen die ehernen moralischen Konventionen der US-Gesellschaft vermarktete Haley konnte sich dem nicht verschließen. Auf der B-Seite seiner berühmten, 16 Millionen Mal verkauften Single *Rock Around the Clock* befand sich der erwähnte anzügliche, aber auch völlig unkritische Titel über den Atomkrieg, der dreizehn Frauen und nur einen Mann übrig lässt.[60] Eigentlich hatte er sogar auf der A-Seite erscheinen sollen.

Die Beat Generation Der eigentliche Durchbruch der Pop Culture, die nun nicht nur größere Teile der US-Gesellschaft erreichte, aber auch das Potenzial an Jugendprotest aufzeigte, gelang so erst in den 1960er Jahren. Dabei blieb die Musik eine der wichtigsten Ausdrucksformen. Zur «Beat Generation», wie sie Jack Kerouac 1948 in dem berühmten Interview mit seinem Schriftstellerkollegen John Clellon Holmes als Achterbahn zwischen «beaten down» (kaputt) und «on the beat» (euphorisch) beschrieb,[61] gehörte allerdings neben der Musik auch die Literatur und die Bildende Kunst, einschließlich des Films. Bis etwa 1960 sammelten sich die «Beatniks» in New Yorks berühmtem Stadtteil Greenwich Village, im Stadtteil North Beach in San Francisco oder am Venice Beach bei Los Angeles. Ihre Hauptvertreter beriefen sich zunächst auf die Arbeiten der ebenso hastig lebenden französischen Lyriker Arthur Rimbaud und Guillaume Apollinaire, aber auch auf André Breton, einen der Theoretiker des Surrealismus. Die radikale Ablehnung zentraler Inhalte des American Way of Life und eingefahrener moralischer Konventionen wurde genauso als Befreiung empfunden wie die Wirkung bewusstseinserweiternder halluzinogener Drogen. Als Teil der Bewegung sahen sich auch Bildende Künstler, die aus dem abstrakten Expressionismus, dem Surrealismus oder auch aus der sogenannten Aktionskunst, dem Happening, kamen. Sie alle wurden nun zur «Pop Art» gerechnet. Dazu zählten die frühen Collagen eines Richard Hamilton ebenso wie die berühmten *Love*-Arbeiten von Robert Indiana (eigentlich Robert Clark), die zu Ikonen der 1960er Jahre und der Hippie-Bewegung wurden. Noch deutlicher stellten Roy Lichtenstein und Andy Warhol das herkömmliche Kunstverständnis in Frage: der eine mit seinen Vergrößerungen von trivialen Comic-Strips, der andere mit den von ihm verewigten Show- und Politik-Größen Marilyn Monroe und Mao oder mit seiner zur Kunst erklärten Suppendose der bekannten US-Lebensmittelfirma Campbells. 1968 verkündete Andy Warhol, dass von nun an alles Kunst sei, aber auch jeder für 15 Minuten weltberühmt sein könne.[62]

In der Literatur steuerte John Clellon Holmes 1952 mit dem Titel *Go* sogar noch fünf Jahre vor Kerouacs bahnbrechendem und auf einer 37 Meter langen Papierrolle geschriebenem Roman *On the Road* (*Unterwegs*, 1959) eines der Grundlagenwerke der Beat Generation bei. Gleichwohl wurde mit Kerouac jemand zum Bezugspunkt, der sich in der Tradition der Hobos, der Wanderarbeiter des 19. Jahrhunderts, aus der eingefahrenen amerikanischen Gesellschaft am liebsten davonmachen wollte. Mit dem Satz «Ich träumte schon oft, nach Westen zu gehen, um das Land zu sehen, aber es war immer nur vages Planen, und niemals ging es los», ließ Kerouac seinen Aussteigerroman beginnen.[63] Das Davonmachen konnte real auf den Highways geschehen, allerdings auch im Alkohol- oder Drogenrausch.

Für den Drogenrausch entschied sich der 1937 in die USA ausgewanderte und auch hier viel gelesene britische Autor Aldous Huxley, der bereits 1932 mit *Brave New World* seinen Durchbruch erlebt hatte und 1954 mit *The Doors of Perception* einen ähnlich wirkungsmächtigen Band, diesmal zum bewusstseinserweiternden Effekt von Drogen, vorlegte. Huxleys Buch inspirierte 1965 vermutlich den damals erst 22-jährigen Musiker Jim Morrison dazu, seine Band «The Doors» zu nennen, mit der er schon 1967 das ebenso einschlägige wie erfolgreiche *Break on Through to the Other Side* einspielte. Fünf Jahre nach Huxley legte der ebenfalls drogenabhängige William S. Burroughs, ein anderer, aus eigener Erfahrung sprechender Autor der Beat Generation, seinen gleichzeitig eindringlichen wie abstoßenden Roman *Naked Lunch* vor, der in den 1980er Jahren eine wahre Renaissance erlebte. Musiker des sogenannten Underground wie Tom Waits und schließlich auch Stars der «Grunge-Szene» um den Musiker Kurt Cobain entdeckten ihn als Autor der Beat Generation wieder.

Zum Standard der Beatnik-Literatur gehörte zudem Allen Ginsberg, nicht zuletzt aufgrund seines konsumkritischen Gedichts *A Supermarket in California*, das in seinem 1956 vorgelegten Band *Howl* enthalten war. Weitaus bekannter, vielleicht sogar wirkungsmächtiger, in jedem Fall aber kommerziell erfolgreicher wurde der bereits fünf Jahre zuvor publizierte Außenseiterroman *The Catcher in the Rye (Der Fänger im Roggen)*. Autor war der damals 32-jährige Jerome David («J. D.») Salinger. Nach dem unvorhergesehenen Erfolg seines Debüts zelebrierte er geradezu das Leben eines zurückgezogenen Sonderlings – Jahrzehnte bevor der Typus des allerdings eher an Computern interessierten «Nerd» und «Geek» am Ende des 20. Jahrhunderts gesellschaftlich akzeptiert und honoriert wurde. Salingers Protagonist, der 16-jährige Holden Caulfield war nahezu als der Idealtypus eines Anti-Helden konzipiert, der die gesellschaftlichen Konventionen der US-Gesellschaft ignoriert. Solche literarischen Typen tauchten gerade an der Wende von den 1950er zu den 1960er Jahren nicht nur regelmäßig auf, sondern wurden vom Kulturbetrieb nun auch zunehmend wahrgenommen. Knapp zehn Jahre nach Salinger stellte Ken Kesey mit dem Psychiatrieroman *One Flew Over the Cuckoo's Nest (Einer flog über das Kuckucksnest)* eine ganze Gruppe von Außenseitern in den Mittelpunkt, unter ihnen mit der Figur des «Chief Bromden» einen amerikanischen Ureinwohner, der seinen Protest gegen die US-Gesellschaft mit vorgetäuschter Taubstummheit ausdrückt. Auch Kesey selbst entwickelte sich zum Prototyp eines Außenseiters. Nach der Veröffentlichung seines Romans gründete er eine Kommune bei San Francisco, die nicht zuletzt durch ihren öffentlichen, zur Kunst-Performance deklarierten Drogenkonsum bekannt wurde. Einige der damals

Das Ende des Amerikanischen Traums Der Film *Easy Rider* mit Dennis Hopper und Peter Fonda war nicht zuletzt ein Abgesang auf den Traum von Freiheit.

entstandenen besonders radikalen Abrechnungen mit dem American Dream wurden allerdings erst sehr spät gewürdigt. Zu ihnen gehört vor allem *A Confederacy of Dunces (Die Verschwörung der Idioten)* von John Kennedy Toole, eines Autors, der bereits 1969 Selbstmord verübte. Der Roman ging so rücksichtslos mit allem in der US-Gesellschaft ins Gericht, dass sich erst 1980 ein Verleger fand.

Als eine der zentralen filmischen Verarbeitungen der Beat Generation kam 1969 – im selben Jahr, in dem Kerouac nach jahrelangem schweren Alkoholismus ironischerweise in seinem Fernsehsessel starb – der Film *Easy Rider* in die Kinos. Dessen Schlussszene endet ebenso deprimierend wie die meisten Romane der Beat Generation: als Abgesang auf den Mythos USA als Land der Freiheit. Die auf dem Motorrad weitgehend ziellos durch das Land reisenden Protagonisten, die nicht zufällig in der Tradition von Outlaws des Old West auftreten, werden schlicht erschossen, weil sie nicht in die US-Gesellschaft zu passen scheinen. Insbesondere aber nahm der Western dieses Motiv nun verstärkt auf.

Musikalisch stand der Wandel der Pop Culture in den USA allerdings seit dem Beginn der 1960er Jahre und dem Niedergang des Rock'n Roll zunächst ganz im Zeichen der übermächtigen britischen Beatles, die mit ihren eingängigen Popsongs fast überall auf der Welt kommerziell erfolgreich waren. In den USA boomte mit ähnlich simplen Texten und Melodien vor allem die Surf Music, die nicht nur aus der Sicht der Beat Generation mit Hits wie *Fun, Fun, Fun* (1964) oder *California Girls* (1965) nun das Beliebige der amerikanischen Konsumwelt in den Mittelpunkt stellte. Gerade aus der akademischen Welt wurde jetzt die Kritik lauter. 1961 beklagte Hannah Arendts Essay *The Crisis in Culture* die häufig zu widerstandslose Akzeptanz der Mechanismen des Markts in der Kulturszene und hier insbesondere der Unterhaltungsindustrie.[64]

Protestbewegungen Die Unzufriedenheit mit der als Stillstand empfundenen konservativ-patriarchalischen Eisenhower-Zeit entwickelte sich schließlich zu einer breiten Gegenbewegung. Eisenhower selbst legte das Präsidentenamt mit einem «ausgesprochenen Gefühl der Enttäuschung» nieder.[65] Das Jahr 1960 brachte zunächst den politischen Wechsel. Mit dem aus der Demokratischen Partei stammenden John F. Kennedy verbanden sich von Beginn an enorme Hoffnungen auf eine Reform der Politik wie der US-Gesellschaft insgesamt. Dem entzog sich nach Kennedys Ermordung im November 1963 auch nicht sein Nachfolger Lyndon B. Johnson, dessen Idee der Great Society zumindest in Teilen verwirklicht wurde, bis sie durch die Erfordernisse des Vietnamkriegs in diesen Ansätzen steckenblieb. Sein republikanischer Nachfolger Richard Nixon, der ehemalige Vizepräsident Eisenhowers, der 1969 sein Amt antrat, wurde nicht nur aufgrund seiner radikaler werdenden Kriegführung in Südostasien von großen Teilen der akademischen Jugend und des linken Spektrums in der US-Gesellschaft abgelehnt. Sein schmachvoller Rücktritt nach der Watergate-Affäre, mit dem Nixon dem Impeachment, der Absetzung durch den Kongress, zuvorkam, hinterließ daher vor allem Erleichterung.

Ein kurzer Blick weiter zurück, zeigt, dass die Proteste gegen Fehlentwicklungen in der US-Politik und speziell gegen die Mechanismen des Kalten Krieges rasch nach dem Zweiten Weltkrieg begannen. Am 15. April 1949 erregte in Paris eine Aktion des ehemaligen US-Bomberpiloten Garry Davis einiges Aufsehen. «Wir rufen die Massen des Volkes auf», so verkündete der amerikanische «Weltbürger Nr. Eins», wie er sich selbst nannte, «sich aus freien Stücken für den Frieden zu mobilisieren, damit sie morgen nicht durch die Staaten für den Krieg mobilisiert werden können.»[66] Davis hatte bereits im Januar 1949 vor dem UNO-Gebäude in Paris kampiert und war schließlich dazu übergegangen, von einem Pariser Café aus «Weltbürger-Pässe» auszustellen. Tatsächlich konnte er erstaunliche Erfolge verbuchen, vor allem als er von Größen des amerikanischen Kulturlebens wie Yehudi Menuhin unterstützt wurde. Anders als der in den USA lebende Albert Einstein verweigerte sich Davis allerdings konsequent beiden Seiten des Kalten Krieges. Im April 1958 musste er jedoch angesichts des Drucks der französischen und amerikanischen Behörden dennoch aufgeben und kehrte in die USA zurück.

Der weltweite gesellschaftliche Protest, der in der Folgezeit aufkam und im Rückblick unter dem Signum von «1968» zusammengefasst wird, nahm seinen Ausgangspunkt an der Universität Berkeley in Kalifornien. Relativ rasch breitete er sich von dort über die gesamten USA und schließlich nach Übersee, vor allem nach Westeuropa, aus, was auch deshalb so gut funktionierte, weil man sich tendenziell mit den gleichen Zielen identifizieren konnte. Auch das war ein Teil der Amerikanisierung. Aber nicht nur die Inhalte der Proteste, sondern auch die hysterischen Reaktionen des «Establishments» wiederholten sich mit geradezu überraschender Übereinstimmung. Das eigentlich Erstaunliche an den Protesten der späten 1960er Jahre aber war, dass sie mit einer demonstrativ-provokativen Durchbrechung oder sogar Umkehrung der traditionellen Freund- und Feindbilder des Kalten Krieges einhergingen. So konnte der tschechische Autor Václav Havel – später einer der Köpfe der Dissidentengruppe Charta 77 und der «Sanften Revolution» in der ČSSR 1989 – im Frühsommer 1968, kurz bevor in der Tschechoslowakei von der sowjetischen Armee der Reformkommunismus niedergeschlagen wurde, sechs Wochen in New York verbringen, wo er unter anderem einen Preis der US-Zeitschrift *Village Voice* entgegennahm.[67] Drei Jahre zuvor war Allen Ginsberg als eine der zentralen Stimmen der Beat Generation durch die ČSSR gereist und vor allem in Prag begeistert begrüßt worden. Noch deutlicher war die politische Provokation, als die afroamerikanische Bürgerrechtsbewegung um die «Black-Power»-, «Black-Panther»- und «Black-Muslim»-Gruppen demonstrativ den Kontakt zu Fidel Castros Kuba und Maos China suchte. Stokely Carmichael, einer der führenden Köpfe der Black-Power-Bewegung hielt im August 1967 sogar auf der ersten lateinamerikanischen Solidaritätskonferenz in Havanna eine Ansprache. Robert Williams, sein Mit-

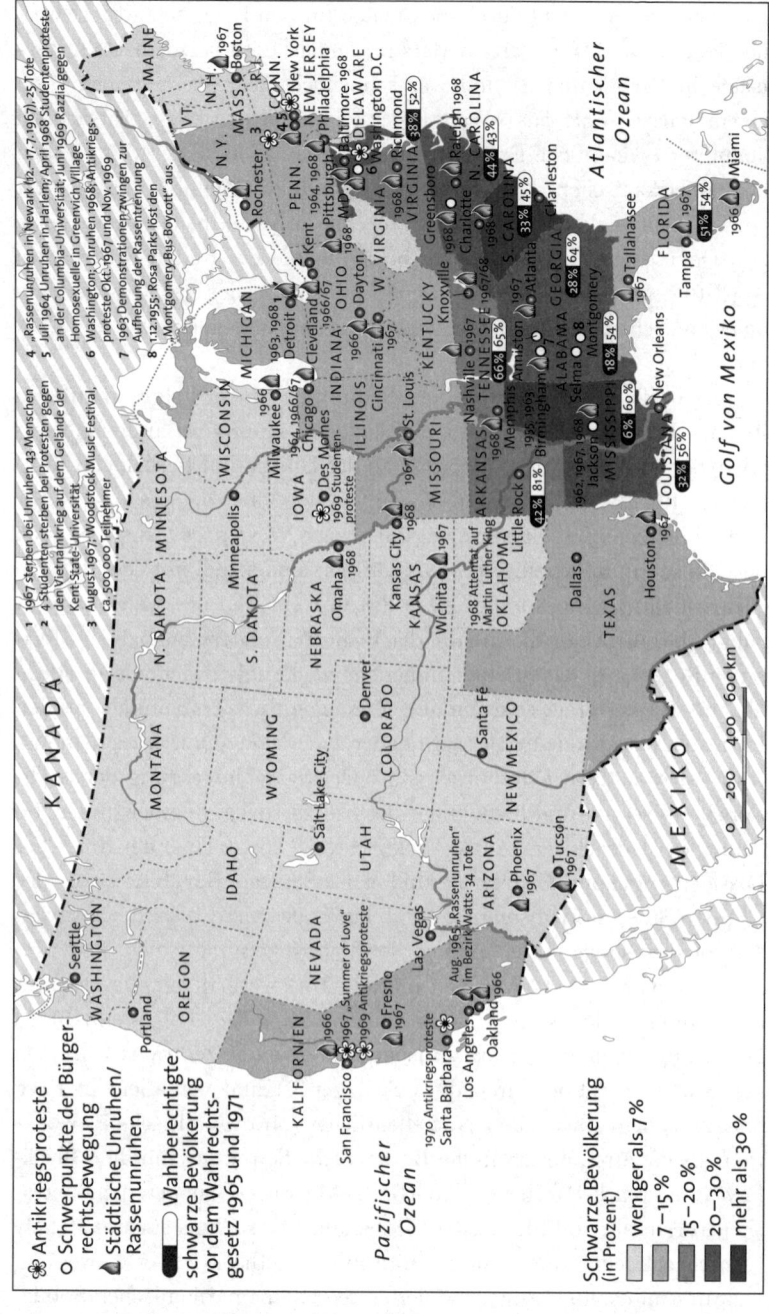

Protestdemonstrationen in den 1960er Jahren

kämpfer aus der Bürgerrechtsbewegung NAACP, reiste für längere Zeit nach China, das vor dem Hintergrund des Vietnamkriegs in den USA vielleicht sogar noch mehr Ängste auslöste. Ikonen der Protestbewegung waren neben Mao und dem 1967 in Bolivien getöteten kubanischen Revolutionär Ernesto «Che» Guevara der vom Ostblock hofierte palästinensische Guerillaführer Jasir Arafat, der einen ebenso blutigen wie erbitterten Untergrundkrieg gegen das von den USA unterstützte Israel führte. Guevara wiederum wurde von Washington deswegen für eine besondere Gefahr gehalten, weil er vor allem in Lateinamerika für die Revolution warb und zahlreiche marxistische und von den USA bekämpfte Befreiungsbewegungen in der Dritten Welt beeinflusste, so etwa die peruanische Gruppe Sendero Luminoso, später die Túpac Amaru in Uruguay oder die Sandinisten in Nicaragua. Sein Baskenmützen-Porträt war bei vielen US-Studenten ebenso zu finden wie auf Demonstrationen in amerikanischen und europäischen Großstädten.

Hippies In der Kultur- und Musikszene der USA sorgte das Aufleben der Gesellschaftskritik neben Demonstrationen, gegen die der Staat zum Teil brutal vorging, und einer Vielzahl teils neuer Protestformen wie «Sit-Ins», «Go-Ins» oder «Teach-Ins» vor allem für einen Boom von alternativen Entwürfen und Subkulturen. Insbesondere die Hippie-Bewegung wurde in der Öffentlichkeit als aufsehenerregender Ausdruck einer Gegenkultur wahrgenommen. Ihre Hoch-Zeit lag zwischen 1965 und den späten 1970er Jahren, wenngleich sie symbolisch bereits 1967 zu Grabe getragen wurde, als sie sich zu einer Breitenbewegung entwickelte.[68] Ironischerweise aber hatten gerade ihre prominenten Vertreter zur Kommerzialisierung selbst beigetragen. Der Begriff Hippie (auch: hippy) tauchte seit 1953 verstärkt in der Presse auf und darf wohl als Ableitung des seit der Jahrhundertwende kursierenden Adjektivs «hip» gelten, das etwas als besonders aktuell und modern bezeichnete. Die Jazzszene hatte im Zweiten Weltkrieg bereits das Substantiv «Hipster» hervorgebracht. Der Begriff «Hippie» setzte sich allerdings erst in der Mitte der 1960er Jahre durch, wo er zunächst die Vertreter der Beat Generation in San Francisco meinte. Zum Gegenbegriff wurde «square», was so viel wie altmodisch bedeuten sollte.[69]

Was «hip» auszeichnete, war der erneute Versuch, die als verstaubt angesehenen gesellschaftlichen Konventionen in den USA möglichst spektakulär zu brechen. Dazu gehörten eine betont pazifistisch-antiautoritäre Grundhaltung, vor allem gegen den aktuellen Krieg in Vietnam, die 1956 bereits Allen Ginsbergs Wort von der «Flower Power» ausdrücken wollte,[70] aber auch ein für die damalige amerikanische Öffentlichkeit ungewöhnliches, ja provokatives Äußeres. Lange Haare, möglichst zerschlissene Jeans, aber auch bunte, häufig weitgeschnittene Kleidung waren ein Muss. Hinzu kam der ausgeprägte Wille, alternative Lebensentwürfe jenseits der bürgerlichen Leistungsgesellschaft auszuprobieren. Nicht zufällig orientierte sich das unter anderem an der verfolgten und ausgegrenzten indigenen sowie an der lateinamerikanischen und der asiatischen, insbesondere auch der indischen Kultur. Dies verdeutlichten religiöse Bewegungen wie Hare Krishna oder auch der dann legendär gewordene «Hippie Trail» vor allem nach Süd- und Südoststasien.[71] Hermann Hesses Erzählung *Siddhartha*, die bereits 1922 erschienen war, wurde in diesen Jahren zum Bestseller, ebenso wie das 1967 uraufgeführte Musical *Hair*.

Damit verbunden war die demonstrative Überschreitung von gesellschaftlichen Konventionen, sei es etwa im Zusammenhang mit der Sexualität, in der programmatisch die «Freie Liebe» verkündet wurde, oder dem Gebrauch nicht legalisierter, «psychedelischer» Drogen. San Francisco wie das gesamte Kalifornien, das bereits im 19. Jahrhundert durch die verschiedenen Wellen des Goldrauschs, dann durch die Filmbranche zum Sehnsuchtsort geworden war, wurde nun auch das wesentliche Zentrum der Hippie-Bewegung, in dem sich zunehmend Aussteiger, weitere Subkulturen und Minderheiten, nicht zuletzt die Homosexuellenbewegung trafen. Der Song *Go West*, der erstmals in den 1970er Jahren als Musik des «Gay Movement» in den Charts auftauchte, war insbesondere eine Hymne auf die damals noch größere Liberalität an der US-Westküste: «We will love the beach / We will learn and teach / Change our pace of life / We will work and strive ... Life is peaceful there / In the open air / Baby you and me / This is our destiny.» Den gleichen Tenor fanden andere, rasch kommerziell erfolgreiche Musik-Hits der Hippiebewegung, so Albert Hammonds 1973 veröffentlichtes *It Never Rains In Southern California* mit der nicht weniger programmatisch verstandenen Textzeile: «Get on board a westbound seven-forty-seven, didn't think before deciding what to do.» Zur ultimativen Hymne der Bewegung wurde 1967 Scott McKenzies *San Francisco (Be Sure to Wear Some Flowers in Your Hair)*. Klassiker der von den Hippies maßgeblich mit beeinflussten Rockmusik der 1960er und 1970er Jahre wurden auch Gruppen wie Santana, deren Hits wie *Samba Pa Ti* und *Black Magic Woman* die lateinamerikanischen und afrikanischen Traditionen aufnahmen und damit einen eigenständigen «Latin Rock» kreierten.

Musikalischer Audruck dieser als Wende zu mehr Ehrlichkeit, aber ursprünglich auch zu weniger Kommerz verstandenen neuen Richtung war aber in erster Linie eine Renaissance des Protestsongs. Sie fand ihre Tradition nun vor allem in der Folkmusik der amerikanischen Arbeiterbewegung des späten 19. und des 20. Jahrhunderts. Nicht zufällig wurden die eingängigen Melodien und Texte des 1915 hingerichteten und dann insbesondere während der Depression und der «Roten Dekade» der 1930er Jahre populären Joe Hill zu Vorbildern. Peter «Pete» Seeger zitierte ihn deswegen auf dem berühmten Woodstock-Festival 1969 ausdrücklich als eines seiner Idole. Von Seegers Liedern wie etwa *We Shall Overcome* oder *Where Have All the Flowers Gone* profitierten wiederum die Protest-, Friedens- und Gewerkschaftsbewegungen weltweit. In den USA adaptierten auch Bob Dylan und Joan Baez, die ebenfalls zu Ikonen der Protestbewegung wurden, seine Songs. Seegers massive Angriffe auf Präsident Johnson mit *Beans in My Ears* von 1966 wurden legendär. Woody Guthries schon in den 1940er Jahren entstandenen Arbeiter- und Protestsongs wie *This Land Is Your Land* (1940/44) erlebten damals ebenso ihren Durchbruch. Der Verlauf des Kalten Krieges fügte fast von selbst weitere Themen hinzu, unter anderem die drohende Vernichtung durch die Atombombe. 1965 wurde Barry McGuires *Eve of Destruction* der erste kommerziell erfolgreiche Protestsong der Hippie-Bewegung.

Als die Hippies und mit ihnen die Traditionen der Linken den Protestsong eroberten, standen aber zunächst Titel wie Dylans *Blowin' in The Wind* (1962), *Talking World War III Blues* (1963), *Masters of War* (1963) oder *The Times They are A-Changin'* (1964) im Mittelpunkt. Der schnell an Prominenz gewinnende Dylan zeigte 1963 auch beim berühmten «March on Washington» Präsenz, unter anderen neben Martin Luther King aus der amerikanischen Bürgerrechtsbewegung. Auch Phil Ochs und Neil Young sowie viele andere Protestsänger erreichten damals unerwartete Berühmtheit. Für die Breitenwirkung der Protestbewegung indes wurde entscheidender, dass die Rockmusik, dann aber auch die Soul-, Funk- und selbst die Disco-Musik die Themen aufgriffen. Der Erfolg des Woodstock Music Festival 1969 zeigte dies wohl am markantesten. Die E-Gitarren-Version des *Star Spangled Banner* von Jimi Hendrix, garniert mit dem Heulton abgeworfener Bomben, wurde zum weiteren Ausdruck der Kritik, die sich nun gegen den brutalen Krieg in Vietnam, aber auch gegen viele andere Entscheidungen ihrer politischen Klasse wandte, welche sie als Verrat an den ursprünglichen amerikanischen Werten verstand.

Die Siebziger Die 1970er Jahre bedeuteten für die Politik nach dem verlorenen Krieg in Südostasien, dem durch den Watergate-Skandal verursachten Rücktritt Nixons, dem Verlust des Dollars als einzige globale Leitwährung sowie den Herausforderungen der Ersten Ölkrise eine Zeit der tiefen Resignation. Für die amerikanische Kultur waren sie dagegen äußerst produktiv. Nach dem Fortschrittsoptimismus der 1950er Jahre, der, wenngleich durch die «68er»-Bewegung teilweise gebrochen, noch bis in die 1960er Jahre anhielt, empfand man nun das Zeitalter der Selbstgewissheit endgültig als beendet. Auch der Begriff der Postmoderne, den 1979 der französische Philosoph Jean-François Lyotard entwickelte, traf dieses Gefühl. Die Siebziger wurden zum Jahrzehnt der kritischen Bilanzierung. In der Literatur resümierte John Irving 1978 in seinem Roman *The Word According to Garp (Garp und wie er die Welt sah)* über das Leben in der durch die Frauenrechtsbewegung und den Verlust der traditionellen Rollenbilder verunsicherten amerikanischen Männerwelt: Am Ende wird der Protagonist von einer Feministin ermordet. In der Geschichtswissenschaft stellte Howard Zinn 1980 mit seiner aus der Sicht der Verlierer geschriebenen *People's History of the United States* die bisherigen Meistererzählungen radikal in Frage. Zinns kommerziell erfolgreiche und wirkungsmächtige Interpretation verstand in Anlehnung an Mark Twains Bonmot, dass man Amerika am besten niemals gesucht hätte, bereits die Entdeckung der Americas durch Kolumbus als den Beginn von Unterdrückung bis hin zur Ausrottung. Musikalisch begleitet wurden die 1970er Jahre von Variationen und radikaleren Interpretationen der Musik der 1950er und 1960er Jahre, wie sie beispielsweise der Hard Rock, am Ende der 1970er aber auch der aus Großbritannien herüber schwappende Punk hervorbrachten. Letzterer hatte in den USA mit ihrem immer noch größeren Fortschrittsoptimismus wohl bezeichnenderweise niemals so großen Zulauf wie in Europa.

Vielleicht auch deswegen waren die USA damals hauptsächlich durch den kommerziellen Siegeszug der als unpolitisch wahrgenommenen Disco Music geprägt. Entstanden als urbane Gegenbewegung zum vorwiegend in den ländlichen Gebieten geschätzten Rock, war Disco wie viele andere musikalische Richtungen in den Vereinigten Staaten zunächst eine Subkultur der Ostküstenstädte. Erst nach und nach wurde sie bis zur Mitte des Jahrzehnts zum auch finanziell erfolgreichen Musikstil.

Saturday Night Fever John Travolta als «Tony» im wohl berühmtesten Disco-Film aller Zeiten, 1977, basierend auf der Reportage *Tribal Rites of the New Saturday Night* des *New York Magazine*

Seit Ende der 1960er Jahre hatte sich in New York vor allem in den afro-amerikanisch und hispanisch dominierten Arbeitergegenden sowie insbesondere in den homosexuellen Milieus allmählich eine neue Art von Tanzmusik etabliert, deren Wurzeln in der schwarzen Soul- und Funk-Musik, aber auch in der lateinamerikanischen Musik lagen. Wenngleich niemand im Rückblick sagen kann, wann Disco Music als Genre genau erfunden wurde, so geht sie doch wohl auf Musiker zurück, die – wie Barry White, Isaac Hayes oder Marvin Gaye – aus der Soul-Tradition stammen. So weit man das rekonstruieren kann, stand am Anfang der sogenannten Disco-Kultur die nur für einen exklusiven Mitgliederkreis geöffnete Bar «The Loft» des «Disc Jockey» David Mancuso.[72]

1973 wurde zum ersten Mal über Disco Music berichtet, ein Jahr später startete die erste entsprechende Radiosendung. Neben schwarzen Musikern wie White, Hayes, Gaye oder Donna Summer stiegen auch weiße, wie die aus Großbritannien stammenden Bee Gees, zu Stars der Disco-Szene auf. Ende 1977 kam dann mit *Saturday Night Fever* jener

Film in die Kinos, der nicht nur die Musik der Disco-Ära, sondern vor allem auch ihre sozialgeschichtliche Dimension einfing. Er basierte auf dem im Jahr zuvor im *New York Magazine* erschienenen Artikel *Tribal Rites of the New Saturday Night*. Disco wurde nicht nur als Musikrichtung präsentiert, sondern als Möglichkeit, dem tristen Alltag der proletarischen Arbeitswelt zu entfliehen und jenseits von Herkunft und Bildung den sozialen Aufstieg zu schaffen.[73]

Die Disco Music wurde auch der Ausgangspunkt für den Siegeszug der Hip Hop Music und des Rap, die sich als Teile einer neuen, wiederum amerikanischen Jugendsubkultur zunächst ebenfalls am Ende der 1960er Jahre in den Ghettos New Yorks herausgebildet hatten und heute ebenfalls die meisten Regionen der Welt erreicht haben.[74] Auch der Sprechgesang der Rapper fand seine Wurzeln in der afroamerikanischen Tradition, entwickelte sich aber erst in den Diskotheken zu einem eigenen Stil, der sich nach und nach von den zunächst ausschließlich politischen Inhalten löste, wie sie zu Beginn der 1970er Jahre noch üblich waren. Nun leichter konsumierbar, wurde *Rappers' Delight* der Sugarhill Gang zum ersten millionenschweren Erfolg. Danach war allerdings auch die Nischenkultur des Rap beendet, zumal jetzt zunehmend weiße Interpreten mit ganz anderen Themen auf den Markt drängten. Seit den 1980er Jahren wurde er dann weltweit erfolgreich.

Auch in anderen Bereichen bildeten eher die 1960er Jahre und 1970er Jahre zusammen den eigentlichen Einschnitt für die amerikanische Kultur. Mit der sexuellen Revolution seit der Einführung «der Pille» in den Sechzigern war ein gewachsenes Selbstbewusstsein der Amerikanerinnen sowie des radikalen Feminismus einhergegangen, was sich auch in der Öffentlichkeit zeigte. Betty Friedans Bestseller *The Feminine Mystique* war immerhin selbst außerhalb der Bewegung so erfolgreich, dass er den Weg für die sogenannte «zweite Welle des Feminismus» und zu mehr Gleichberechtigung ebnete.[75] Bereits Kennedy hatte einen Untersuchungsbericht zur Gleichberechtigung in Auftrag gegeben, den *Presidential Report on American Women*, der Geschlechtergleichheit einforderte. 1963 trat der Equal Pay Act in Kraft, gefolgt vom Women's Educational Equity Act (1972), dem Equal Credit Opportunity Act (1974) und dem Pregnancy Discrimination Act von 1978. Zu den weiteren einschneidenden Änderungen der Zeit gehörten das No-Fault-Divorce-Scheidungsrecht sowie die seit 1975 eröffnete Möglichkeit für die US-Armee, Frauen aufzunehmen. Die Liberalisierung hatte allerdings auch zur Folge, dass seit den 1970er Jahren die Zahl der unehelich geborenen Kinder massiv anstieg.

1981 wurde zum ersten Mal öffentlich im Mitteilungsblatt der amerikanischen Gesundheitsbehörde CDC, *Morbidity and Mortality Weekly Report*, die Immunschwächekrankheit Aids beschrieben, die in den USA zunächst unter homosexuellen Männern in Kalifornien festgestellt worden war und unter Haitianern, Bluterkranken und Drogenabhängigen gehäuft aufzutreten schien. Damit endete die Phase der eher unbekümmerten sexuellen Freizügigkeit. Als 1985 der prominente und überaus beliebte Schauspieler Rock Hudson an Aids starb, der seit den 1950er Jahren in den Hollywood-Streifen den Verführer, aber auch den treusorgenden Ehemann gegeben hatte, war die Krankheit schon in der Mitte der US-Gesellschaft angekommen.

Der amerikanische Traum und seine Orte:
Das Beispiel Hollywood

Hollywood wurde vor allem als der Ort berühmt, an dem der American Dream, der Traum vom sozialen Aufstieg, dem schnellen Ruhm und dem großen Geld wahr werden konnte. Weltweit erschien es als Inbegriff der aufwändigen, sprichwörtlich «amerikanischen» Filmproduktionen.[76] Der Beginn dieser Erfolgsstory lag im Jahr 1910, als der für monumentale Streifen bereits bekannte Regisseur David W. («D. W.») Griffith im Auftrag der Firma Biograph Company aus New York anreiste, um unter der fast täglich scheinenden Sonne Südkaliforniens einen 17-minütigen Stummfilm mit dem Titel *In Old California* zu drehen – ein Melodram aus der mexikanischen Zeit vor der amerikanischen Eroberung.[77] Nur etwa zwanzig Jahre zuvor waren die Filmkamera sowie die Kinetoscope genannte Filmvorführungsmaschine im Unternehmen von Thomas Edison erfunden worden. Etwa zeitgleich hatte die Firma von George Eastman den Celluloid-Rollfilm hergestellt, der die zusammenhängenden Filmerzählungen und damit den Aufstieg der Filmindustrie des 20. Jahrhunderts, einschließlich der Filmtheater erst möglich machte.[78] Als eine der ersten dieser dramatischen Inszenierungen kam 1903 der heute legendäre 12-minütige Western *The Great Train Robbery* von Edwin S. Porter in die «Nickelodeons». Solche Kinos, in denen man die von Musik begleiteten Stummfilme für «einen Nickel», also fünf Cents, ansehen durfte, entstanden seit 1896 überall in den USA. Auch die später im Filmgeschäft erfolgreichen Unternehmer wie Jack, Samuel, Harold und Albert

Warner, die 1918 mit eigener Filmproduktion starteten und fünf Jahre später die Warner-Brothers-Studios in Hollywood gründeten, hatten so ihre Karriere gestartet.

Aufstieg Hollywoods Mit dem Aufstieg des sonnenverwöhnten Kalifornien verlor das Filmgeschäft an der Ostküste, das Edison mit Hilfe seiner Patente dominiert und in Teilen auch behindert hatte, dramatisch an Bedeutung. Manche, wie die eigentlich schon in Hollywood ansässigen Paramount Studios, hielten in New York noch eine Zeitlang eine Dependance aufrecht. Andere, wie die Kaufman Astoria Studios, die im Stadtteil Queens in den 1920er und 1930er Jahren große Erfolge mit den Komödien der Marx Brothers – Chico, Groucho, Harpo, Gummo und Zeppo – feiern konnten, blieben, wenngleich ihre Stars schließlich auch nach Kalifornien wechselten, wo sie zunächst bei den von Griffith und Charlie Chaplin 1919 gegründeten United Artists und wenig später bei Samuel Goldwyn und Louis B. Mayer und ihren Metro-Goldwyn-Mayer Studios (MGM) unterkamen. Andere, wie der Komiker W. C. Fields, arbeiteten noch eine Zeitlang an beiden Standorten. Die in New York ansässigen Kaufman Astoria Studios konnten allerdings in der Folgezeit nur noch durch staatliche Aufträge überleben. Bei ihnen entstanden im Zweiten Weltkrieg unter anderem die noch heute bekannten Propagandafilme der noch jungen Psychologischen Kriegsführung. Die U.S. Army nutzte die Einrichtungen noch bis in die 1970er Jahre. Danach wurden in den Studios insbesondere Fernsehproduktionen wie die erfolgreiche Kindersendung *Sesame Street*, dann auch die neu entwickelten Videofilmformate des US-Musiksenders MTV gedreht.

Hollywood wuchs zur unbestrittenen Hochburg der amerikanischen Filmindustrie, wenngleich in Florida, auf Kuba und in Chicago noch eine Zeitlang eine Konkurrenz existierte. Seit 1910 entstand eine Reihe von zum Teil aufsehenerregenden und vor allem monumentalen Stummfilmen, so 1915 das rechtslastige und eindeutig rassistische Bürgerkriegsdrama *The Birth of a Nation*, in dem D. W. Griffith die Lost-Cause-Mentalität der ehemaligen Südstaaten feierte. 1916 folgte das hinsichtlich Technik und Ausstattung noch aufwändigere Monumentalepos *Intolerance*. Spätestens mit dem Bau der großen Studios und der Idee, das «Hollywood Sign» in den Santa Monica Mountains hoch über der Stadt zu installieren, war Hollywood zum Begriff und überregionalen Anziehungspunkt geworden.

Zur wichtigsten Konkurrenz des lange Zeit dominierenden MGM-Studios entwickelte sich die Firma Paramount unter dem ebenfalls zum

Filmmogul aufgestiegenen ungarischen Einwanderer Adolph Zukor. Hinzu kamen in der klassischen Hollywood-Ära zwischen Stumm- und Tonfilmzeit neben United Artists die 1912 von Carl Laemmle gegründeten Universal Studios, die Warner Brothers, die 1935 aus einem weiteren Zusammenschluss hervorgegangenen 20th Century Fox sowie die Radio-Keith-Orpheum Pictures (RKO). Allerdings brauchten die Studios, um Erfolg zu haben, auch große Schauspieler und Regisseure. 20th Century Fox landete 1939 den Coup, das bereits erfolgreiche Komikerduo Stan Laurel und Oliver Hardy vertraglich an sich zu binden. RKO konnte unter David O. Selznick so begnadete Regisseure nach Hollywood holen wie den Briten Alfred Hitchcock, der 1940 mit *Rebecca* seinen ersten amerikanischen Film drehte. Viele dieser Regisseure kamen nach dem Ersten Weltkrieg, aber insbesondere nach der Machtübernahme Hitlers, als ein wahrer Exodus nach Hollywood einsetzte. Die deutschen Regisseure Ernst Lubitsch und Fritz Lang kamen 1922 und 1936 in die Vereinigten Staaten, der französische Schauspieler Jean Renoir 1939. Mit ihnen erreichten nach und nach auch viele europäische Schauspieler Hollywood. Rudolpho Valentino, der Frauenschwarm der 1920er Jahre, drehte seine ersten Filme in Kalifornien bereits seit 1914. Marlene Dietrich, die 1930 nach ihrem Auftritt im *Blauen Engel* von Ernst Lubitsch zum Sexsymbol avancierte, immigrierte noch im selben Jahr in die USA.

Die Stummfilmära Hollywoods endete 1927, als mit dem Warner-Brothers-Tonfilm *The Jazz Singer* zum ersten Mal die Live-Musik der Nickelodeons überflüssig wurde. Die Katastrophe, die die Einführung des Tonfilms für die Stummfilmstars bedeutete, hat wohl kaum einer so eindringlich geschildert wie Billy Wilder in seinem 1950 uraufgeführten Film *Sunset Boulevard (Boulevard der Dämmerung)*, der in epischer Breite die Geschichte des Stummfilmstars Gloria Swanson nachzeichnet, die an der abrupten Veränderung ihrer Karriere und ihres Lebens zerbrach.

Die «klassische Zeit» Hollywoods Mit dem Tonfilm begann die große Zeit Hollywoods zwischen den 1930er und den 1950er Jahren, in der der Ruf als «Traumfabrik» nachhaltig gefestigt wurde. Damals entstanden weltweit bekannte epische Filmdramen wie etwa das von Selznick produzierte *Gone With The Wind* (1939), welches das traditionelle Lost-Cause-Thema einmal mehr aufnahm. Er gilt bis heute als der erfolgreichste Film aller Zeiten. Mit dem Tonfilm gewannen nicht nur die Stimmen der Schauspieler und die möglichst realistische Vertonung entscheidende

Bedeutung, sondern nun auch die Filmmusik. Sie konnte zusammen mit hervorragenden Schauspielern selbst schwache Inhalte wie im 1942 uraufgeführten Kriegsdrama *Casablanca* retten. Inhaltlich blieb Vieles beim Alten. Zu Publikumsmagneten wurden auch im Tonfilm patriotische Historiendramen, zu denen nun vermehrt auch monumentale Western zählten. Der Hollywood-Western, wie der von Howard Hawks produzierte Streifen *Red River* von 1948, wurde schließlich zu einer der am stärksten durch Ideologie – traditionelle amerikanische Werte ebenso wie klare Feindbilder – aufgeladenen Filmproduktionen. Neben solchen vergleichsweise ernsten Themen produzierten die Studios in Hollywood zur gleichen Zeit aber auch unvergessliche Komödien, die jedoch gerade in ihrer unpolitisch erscheinenden Simplizität genauso geeignet waren, politische Botschaften zu transportieren. Kaum jemand weiß heute noch, dass selbst das Komikerduo Laurel und Hardy mit Filmen wie *A Haunting We Will Go* (*Dick und Doof als Geheimagenten bei* FBI, 1942), *The Big Noise* (*Der große Knall*, 1944) oder *Atoll K* (*Dick und Doof erben eine Insel*, 1951) einschlägige Themen des Zweiten Weltkriegs und Kalten Krieges bedienten. Die Filme mit der seit 1948 ebenfalls vorwiegend in leichten Stücken auftretenden Doris Day präsentierten sich häufig als Beispiele für erwünschte gesellschaftspolitische Normen und Rollenbilder, die sich dann wie selbstverständlich auch in der Werbung fanden.

Dass Hollywood kein gesellschaftspolitisches Niemandsland war, belegte besonders deutlich die massive antikommunistische Hetzjagd der späten 1940er und der 1950er Jahre. Tatsächlich wurden durch die Unterstellung, Hollywood sei kommunistisch unterwandert, einige herausragende Schauspieler, Regisseure und Produzenten vertrieben. Als einer ihrer berühmtesten verließ 1952 Charlie Chaplin die USA. Besonders dramatisch für die eigentlich lebenslustig-liberale Welt Hollywoods wurde, dass sich tatkräftig ein Teil der Kollegen an der Vertreibung beteiligte, unter ihnen der bereits erwähnte Ronald Reagan – damals Vorsitzender der Schauspielergewerkschaft Screen Actors Guild –, Gary Cooper und Robert Taylor, aber auch der ausgerechnet mit den Marx-Brothers-Komödien berühmt gewordene Sam Wood. Die Einschüchterung hatte zur Folge, dass sich sogar Film- und Studiobosse wie Louis B. Mayer und Samuel Goldwyn im Dezember 1947 in Reaktion auf das Berufsverbot, das die berühmten «Hollywood Ten» getroffen hatte, im sogenannten Waldorf Statement verpflichteten, in Zukunft keinen Kommunisten mehr zu beschäftigen.[79] Allerdings riefen auf dem Höhepunkt der Kommunistenhysterie liberale Schauspieler wie Humphrey Bogart und seine Frau Lauren Bacall, Danny Kaye, Edward G. Robinson oder Gene Kelly im September 1947 nicht nur mit dem Committee for the First Amendment eine Verteidigungsinitiative ins Leben, sondern erschienen auch persönlich im US-Kongress, um für die Meinungsfreiheit zu demonstrieren.

Post-Classical: Das Neue Hollywood Eine neue Phase des amerikanischen Kinos, von einigen New Hollywood oder Post-Classical genannt, schloss sich in den 1960er Jahren an.[80] Dazu gehörten im Zuge der Bürgerrechtsbewegung, aber auch der Beat Generation und der allgemeinen Infragestellung von Werten Filme wie *The Graduate* (1967), in dem Dustin Hoffman einen orientierungslosen College-Absolventen spielte, der im Gegensatz zu seiner angepassten und zuversichtlich in die Zukunft blickenden Elterngeneration tiefgehende Zweifel am American Way of Life entwickelte. Zu den sozialkritischen Produktionen gehörten auch ein Film über das Gangsterpärchen *Bonny and Clyde* (1967), das sich durch die Weltwirtschaftskrise mordete, und nicht zuletzt der bereits in anderen Zusammenhängen erwähnte Film *Butch Cassidy and the Sundance Kid* von 1969. Beide Filme glorifizierten das Leben jenseits bürgerlicher Sicherheit und Normen in einer Weise, wie es zuvor allenfalls und moralisch distanzierter in Mafia-Filmen mit James Cagney oder Edward G. Robinson aufgetaucht war. Wohl gerade deshalb hielten sich kontinuierlich auch Mafia-Themen wie in Francis Ford Coppolas *The Godfather (Der Pate)* von 1969 in der Publikumsgunst.

Das Neue Hollywood durchbrach auch andere liebgewonnene Tabus der US-Gesellschaft. So tauchte die indigene Bevölkerung, die von den nach Westen ziehenden Amerikanern gnadenlos dezimiert und in Ghettos verfrachtet worden war, in den Hollywood-Streifen nun als ernst zu nehmende Minderheit mit eigenen Bräuchen und Verhaltensweisen auf, die sich manchmal gar nicht so sehr von den imperial auftretenden weißen Eroberern unterschieden. Es entstanden markante Produktionen wie *Soldier Blue (Das Wiegenlied vom Totschlag*, 1970), das die brutale Vorgehensweise gegen Frauen und Kinder in den Indianerkriegen ebenso zeigte wie das 1990 in dieser Tradition gedrehte Streifen *Dances with Wolves (Der mit dem Wolf tanzt)*. Erst der 2001 erschienene Inuit-Film *Atanarjuat (Die Legende vom schnellen Läufer)* jedoch galt auch in den Augen der indigenen Bevölkerung als authentisch.

Seit den 1970er Jahren begann Hollywood sich auch kritisch mit dem

Vietnamkrieg auseinanderzusetzen. Nachdem John Wayne 1968 in *The Green Berets (Die Grünen Teufel)* den amerikanischen Südostasienkrieg noch weitgehend gewonnen hatte, gelangte zehn Jahre später mit Michael Ciminos epischem Vietnamdrama *The Deer Hunter (Die durch die Hölle gehen)* das Grauen endgültig und weitgehend ungeschminkt auch in die US-Kinos. Die Darstellung brutaler Gewalt bestimmte nach den Indianerfilmen der 1960er Jahre nun auch den Kriegsfilm Hollywoods. Mit dem ein Jahr später in den Kinos anlaufenden Streifen *Apocalypse Now* von Francis Ford Coppola, für das selbst die internationalen Verleihfirmen bezeichnenderweise keinen anderen oder angemessen übersetzten Titel finden konnten, erreichte das Thema einen einsamen Höhepunkt. Niemals zuvor war die Sinnlosigkeit gnadenloser gezeigt worden. *Platoon* von Oliver Stone, uraufgeführt 1986, stellte konsequenterweise dann sogar den freiwilligen Kriegsdienst als patriotische Pflicht in Frage. Zwar wurden auch weiterhin patriotische Filme produziert, aber die einmal begonnene Infragestellung und Kritik des Militärs ging nicht einmal mit den Terroranschlägen 2001 zu Ende. Der 2005 uraufgeführte Spielfilm *Jarhead* über den Zweiten Golfkrieg im Irak war in der Tradition der Vietnamfilme eher ein Abgesang auf militärische Lösungen.

Trickfilm, Comic, Cartoon   Bereits seit den 1920er Jahren hatten sich überdies zwei weitere lukrative Geschäftsfelder für Hollywood aufgetan. Das erste war die Trickfilmproduktion, für die zunächst insbesondere der Name Walt Disney stand. Disney hatte 1923 mit seinem Bruder Roy in Los Angeles das Disney Brothers Cartoon Studio gegründet. Es erwies sich als so lukrativ, dass ab 1930 bereits Konkurrenten wie die Warner Brothers auf den Markt drängten. Das zweite Geschäftsfeld, das allerdings erst im Zuge der Sexuellen Revolution seit den 1960er Jahren zu einem kommerziellen Erfolg wurde, war die Produktion von pornographischen Filmen. Auch in diesem Bereich nahmen die kalifornischen Studios rasch global den ersten Platz ein, bevor sie schließlich ihre führende Position an Ostasien, insbesondere China, Südkorea und Japan, abgaben.

Dass die Trickfilme in den USA schon früh ein Erfolg wurden, hatte vor allem etwas mit der traditionellen amerikanischen Lesekultur zu tun, die im 19. Jahrhundert die Dime Novels und die Yellow Press groß gemacht hatte. Mit leichter Lektüre sowie Bildern, Karikaturen und Bildgeschichten waren Informationen für die breite Masse aufbereitet worden, was zwar als Beitrag zur Demokratisierung verstanden wurde, nichtsdestoweniger aber vor allem ihre Manipulation beförderte. Bereits in den 1890er Jahren fanden sich Comic Strips wie *The Yellow Kid* oder *Mutt and Jeff.* Dreißig Jahre später begannen Autoren, auch literarische Vorlagen auf diese Weise umzusetzen, so etwa *Tarzan Of The Apes,* einen Trivialroman von Edgar Rice Burroughs aus dem Jahr 1912. Comic Books waren so schon vor dem Zweiten Weltkrieg zum Renner geworden. Man geht davon aus, dass allein in den USA bis 1955 etwa sechzig Millionen Comic Books pro Monat erschienen, die keineswegs nur von Minderjährigen konsumiert wurden.[81] In dieser Gruppe blieb allerdings die Leserzahl besonders hoch: Zwischen 80 und 90 Prozent aller amerikanischen Kinder und Jugendlichen zwischen sechs und 17 Jahren lasen Comics.

Walt Disney hatte 1923 mit Stummfilmen wie *Alice's Wonderland* angefangen. Bereits 1928 waren Tonfilme mit dem neuen Comic-Star Mickey Mouse entstanden, zu dem in den folgenden Jahren die anderen Einwohner des Universums von «Duckburg» (Entenhausen) stießen.[82] Dazu gehörten unter anderen der vom Disney-Zeichner Arthur Harold Babitsky («Art Babbitt») geschaffene Goofy und viele andere. Babitsky zeichnete auch für den ersten kinogerechten Animationsfilm *Snow White and the Seven Dwarfs* (1937) verantwortlich, einen der größten Erfolge Disneys in der Vorkriegszeit. Die von Warner produzierten *Looney Tunes* hatten in Anlehnung an Disneys *Silly Symphonies* vor allem mit dem seit 1935 auftretenden Porky Pig (Schweinchen Dick) Erfolg, dem zwei und fünf Jahre später mit Daffy Duck und Bugs Bunny auch andere Charaktere folgten, so zum Beispiel 1953 der am hispanischen Bevölkerungsteil orientierte Speedy Gonzales. Während dessen positive Eigenschaften dafür sorgten, dass die lateinamerikanischen Fans die «schnellste Maus von Mexiko» trotz aller Kritik auf dem Bildschirm hielten, gingen schwarze Bürgerrechtler spätestens seit den 1960er Jahren gegen die früher bei Warner, Disney, Universal oder Fleischer produzierten, eindeutig rassistischen Comics auf die Barrikaden. Tatsächlich hatten damals Szenen mit leichtlebigen, dummen oder gar menschenfressenden Schwarzen mit riesigen Lippen und Nasenringen in vielen Trickfilmen noch zum Standard gehört. Der Säuberung der 1960er Jahre entgingen dann allerdings nur wenige. Zu den elf Comics dieser Art, die im Internet überlebten, gehören unter anderem eine rassistische Version von Schneewittchen *(Coal Black And De Sebben Dwarfs)* sowie zwei Bugs-Bunny-Episoden *(All This And Rabbit Stew / Uncle Tom's Bungalow).*

Als weitere Konkurrenz entstand ebenfalls während der Depression der 1930er Jahre eine Tradition von Comics, die sich in ihrer Aufmachung, aber auch im Inhalt deutlich mehr an Erwachsene richteten als die Disney- und Warner-Produktionen. Dazu zählten vor allem die Super-hero- und Action-Comic-Reihen-Erzählungen über unauffällige, in der Regel verkannte Durchschnittsmenschen, die übernatürliche Kräfte ent-wickeln und zentrale Probleme der US-Gesellschaft lösen. *Superman* er-schien auf dem Höhepunkt der Depressionszeit 1932, *Batman* zu Beginn des europäischen Krieges 1939 und *Captain America* im Jahr des japani-schen Angriffs auf Pearl Harbor 1941. Die ebenfalls gegen Nazis kämp-fende einzige weibliche Superheldin, *Wonder Woman*, betrat die Comic-Bühne im selben Jahr. Comic-Helden tauchten in den 1930er und 1940er Jahren zudem regelmäßig im Radio auf, wo etwa der Sender MBS noch bis 1951 die Serie *The Adventures of Superman* ausstrahlte. Neben dem Verlag DC Comics war es insbesondere der Marvel-Verlag, der mit die-sen Figuren für Jahrzehnte Standards setzte. Ab 1939 kämpfte *Captain Marvel* gegen Nazis und sonstige potenzielle Invasoren und konnte so sieben Jahre später unter Comic-Lesern sogar *Superman* in den Schatten stellen.

Aber auch die anderen Comic-Produzenten konnten und wollten sich den politischen Anforderungen nicht entziehen. Disney produzierte während des Zweiten Weltkriegs Propagandafilme wie *Why We Fight* (1942−45) oder *Know Your Enemies* (1943−45), in denen auch Mickey Mouse und der cholerische Donald Duck gegen Deutsche und Japaner kämpften. Der Film *Der Fuehrer's Face* von 1943, in dem Donald Duck versucht, im militärisch durchorganisierten NS-Deutschland, dem «Nutzi Land», zu leben, schlug in etwa in die gleiche Kerbe wie Charlie Chaplins drei Jahre zuvor uraufgeführte Spielfilmsatire *The Great Dic-tator.* Selbst der gutmütige Goofy wurde für den Kriegseinsatz vorge-sehen, und auch die beliebten Serien *Looney Tunes* und *Merrie Melodies* waren an den aktuellen politischen Fronten zu finden. Es gehört aller-dings auch zur amerikanischen Popkultur, dass sie in der Lage ist, sich immer wieder selbst zu karikieren. In diesem Zusammenhang sind Comic-Serien wie *The Simpsons* (seit 1987) oder *South Park* (seit 1997) ebenso zu erwähnen wie Satiren auf Kriegsfilme (*MASH*, auch: *M*A*S*H**, seit 1972).

Kalter Krieg in Comic und Spielfilm Nach 1945 bestimmte der Kalte Krieg die Themen mit. Carl Barks ließ 1947 in *Donald Duck's Atom Bomb* in Duckburg nicht nur sowjetische Spione auftreten, sondern schließlich sogar einen nuklearen Sprengsatz explodieren, bei dem die Einwohner

Politische Comics Donald Duck als Atombombenbastler zu Beginn des Kalten Krieges konnte 1947 nicht veröffentlicht werden.

ihre Haare verlieren und als dessen ultimativer Gag am Ende der Kapitalismus siegt, weil alle Haarwuchsmittel kaufen müssen. Captain Marvel schlug sich schon 1946 in Abenteuern wie *Captain Marvel Battles the Dread Atomic War* mit Nuklearwaffen und der Atomkriegsgefahr herum.[83] In den folgenden Jahren kämpfte er nicht nur gegen aggressive, korrupte und ignorante Politiker, sondern wurde auch nicht müde, kontinuierlich vor dem drohenden Atomkrieg und den Gefahren radioaktiver Strahlung zu warnen. Ähnliche atomkritische Stellungnahmen lieferten auch die Comic-Serien *Weird Fantasy* und *Weird Science*.

Viele Comic-Autoren fanden es allerdings viel interessanter, phantasiereich die Folgen der Nukleartechnik auszumalen. Seit 1946 bevölkerten durch Strahlung veränderte Supermenschen und vor allem monströse Tiere die amerikanische Comic-Welt. Auf dem nuklear verseuchten Testgelände in Nevada tummelten sich ins Gigantische vergrößerte Ameisen oder Spinnen. Auch die bei Marvel 1961 debütierenden *Fantastic Four* oder der ein Jahr später erscheinende Choleriker unter den Superhelden, der *Incredible Hulk*, verfügten nach einer ungesund hohen Dosis radioaktiver Strahlung über außergewöhnliche Fähigkeiten oder gigantisches Wachstum.[84] Die meisten Comic-Serien überstanden schon die Entspannungsphasen, vor allem aber das Ende des Kalten Krieges nicht.

In der amerikanischen Spielfilmproduktion markierte das Jahr der Ersten Berlin-Krise den Übergang zum Genre der Cold War Movies. 1948 kam mit *Berlin-Express* der letzte prosowjetische und mit *The Iron*

Curtain der erste deutlich antikommunistische Streifen in die Kinos. Danach wurden Dutzende solcher Filme produziert. *I Married a Communist* aus dem Jahr 1950 thematisierte paranoide Ängste vor Unterwanderung und Invasion. Auch in dem berühmten Film *The Day the Earth Stood Still* (1950) fanden sich gebündelt die traditionelle Furcht vor Invasion und technischer Überlegenheit sowie das Gefühl eines permanenten Belagerungszustands. Sein Inhalt allerdings – Außerirdische greifen die Erdbevölkerung an, um das atomare Wettrüsten zu beenden – löste selbst bei Wohlmeinenden Kopfschütteln aus. Über den Kalten Krieg hinaus blieb vor allem das Invasionsthema aktuell, wie 1996 etwa der Streifen *Independence Day* zeigte.

Zahlreiche Filme basierten auf zum Teil schon vorher erfolgreichen Büchern. Die berühmten «*James Bond-007*»-Filme wie *From Russia with Love* (1963) folgten weitgehend den seit 1953 publizierten Romanen des britischen Autors Ian Fleming. Sie reproduzierten ebenso kontinuierlich die Fronten des Kalten Krieges wie die ähnlich populären Filmvorlagen von John Le Carré (*The Spy who Came in from the Cold*, 1963/66), der sogar aus eigener Erfahrung schrieb: Carré (eigentlich David Cornwell) war unter anderem im britischen MI 6 tätig gewesen. Nicht zuletzt versuchten sich die großen Meister des Kinos am Thema. So spielte Alfred Hitchcocks Spionagethriller *Topaz* (1968) vor dem Hintergrund der Kubakrise 1962. Wie minutiös das Kino diese Zeit abbildete, ist nicht zuletzt daraus ersichtlich, dass selbst die Entspannungsphasen ihren Niederschlag fanden. 1977 spielte Charles Bronson im Thriller *Telefon* einen KGB-Offizier, der in die USA geschickt wird, um «Schläfer» auszuschalten, die im Ernstfall für Sabotageeinsätze hinter den feindlichen Linien aktiviert werden sollten, nachdem die Supermächte zur Verständigung übergegangen waren.

Früh wurde der Horror des Atomkriegs zum Thema. Nach amerikanischen B-Movies – etwa *The Day the World Ended* (1955) –, die sich noch an einschlägigen Comics orientierten, kam 1959 ein ernsthafterer Versuch in die Kinos. Das US-Drama *On the Beach* thematisierte eindrucksvoll die Schrecken des alltäglichen Lebens in einer zerstörten Welt nach der nuklearen Katastrophe. Die Zeit für solche Filme war allerdings noch nicht reif. Bei den Kritikern, vor allem aber in der Publikumsgunst fiel der Streifen durch. *Planet of the Apes* aus dem Jahr 1967 dagegen, der ebenfalls eine verwüstete Erde zeigte, auf der die Primaten die Führung übernommen haben, wurde in der Zeit, als sich für einige Zeit die Entspannungspolitik durchsetzte, zum Publikumsrenner und hatte vier Fortsetzungen. 1983 wurde die Sinnlosigkeit des Überlebens nach dem globalen Atomkrieg in *The Day After* erneut thematisiert. Vor dem Hintergrund der aktuellen amerikanisch-sowjetischen Konflikte um die Aufstellung neuer Atomraketen in Europa erhielt der Film jetzt weltweite Aufmerksamkeit. Parallel kamen nun auch Filme auf den Markt, die verstärkt die Gefahr eines Unfalls oder des Zufalls bei der Auslösung eines Atomkriegs thematisierten. Dazu gehörte bereits 1963 der Streifen *Fail Safe*, der zeigte, was passieren könnte, wenn die Automatik, die den Gegenschlag einleiten sollte, einmal versagen würde. 1967 erzählte *The Day the Fish Came Out* die Geschichte des berüchtigten Palomares-Zwischenfalls. Der US-Thriller *War Games* von 1982 beschrieb dagegen effektvoll die Geschichte eines Schülers, der durch Zufall den Computer der Landesverteidigung aktiviert und dadurch fast den globalen Atomkrieg auslöst. Die eher mäßig erfolgreichen Filme *Fail Safe* und *On the Beach* erlebten dann 1964 eine ganz besondere Neuauflage, als ihre Story für eine Atomkriegssatire ganz neuer Art Pate stand. In *Dr Strangelove*, der mit amerikanischen Schauspielern gedrehten britischen Satire, die gerade wegen ihres albtraumhaften Humors wohl der beste Beitrag zum Thema ist, erscheint der Kalte Krieg als eine männliche Sexualneurose. Zur Ausgestaltung der Charaktere machte US-Regisseur Stanley Kubrick ausgiebige Anleihen bei jenen Militärs, die aufgrund ihrer exzentrischen Meinungen bekannt waren. Als Vorbilder für General «Jack D. (= the) Ripper», der zu Beginn des Films «ein für allemal reinen Tisch machen will» und dafür seine B-52-Bomber zum Angriff auf die Sowjetunion schickt, dienten die ersten Kommandeure des Strategischen Luftkommandos der USA, Curtis LeMay und Thomas Power, aber wohl auch Generäle vom Schlage eines Douglas MacArthur, der im Koreakrieg den Einsatz von Nuklearwaffen gefordert hatte.

Tabubrüche Die wilden 1960er Jahre, als in der US-Literatur die Beat Generation und die Hippies dominierten, wurden auch zum Durchbruch für eine Sparte der Popkultur, die auf den ersten Blick scheinbar wenig mit der sich noch immer vielfach puritanisch gebenden amerikanischen Kultur zu tun zu haben schien. In der Underground-Comic-Welt betrat 1965 der drogenabhängige und sexuell äußerst aktive *Fritz the Cat* von Robert Crumb als Satire auf die amerikanische College-Welt die Bühne.[85] Einige Jahre zuvor hatte der bereits 1962 zum «Outsider of the Year» erklärte Charles Bukowski seine ersten Gedichte und Kurzgeschichten zu

Die Negation traditioneller amerikanischer Werte
Roberts Crumbs *Fritz the Cat* als Satire auf die College-Welt setzte Standards für den Underground Comic, der weit über die USA hinaus verbreitet war.

häufig ähnlichen Themen vorgelegt und wurde innerhalb weniger Jahre zu einem Bestsellerautor der Underground-Literatur.[86]

Pornographie war in den USA noch längst kein Thema, als in Europa in versteckten Etablissements bereits kleine Streifen präsentiert wurden, die den Geschlechtsakt abfilmten. Die amerikanische Distanz indes war von Beginn an nicht so ganz verständlich, hatten doch die Saloons, «Parlors» oder «Hurdy-Gurdy Houses» (Hurenhäuser) genannten Etablissements an der Frontier bereits käuflichen Sex offeriert. Die Namen der sogenannten Painted Ladies waren zum Teil weit über ihren engeren Geschäftsbereich hinaus bekannt: so Pearl de Vere aus Colorado, die noch in den 1890er Jahren im Geschäft war; Mary Elizabeth («Libby») Haley Thompson, genannt Squirrel Tooth Alice, eine Texanerin, die als Teenager einige Jahre bei den Komantschen gelebt und auch am Cattle Trail in Dodge City gearbeitet hatte; Dora DuFran (eigentlich Amy Helen Dorothea Bolshaw), die in den Blackhills als Bordellbesitzerin zu unvergesslichem Ruhm kam; Eleanore Dumont, die man wegen ihres Oberlippenbarts auch Madame Mustache nannte, oder Josephine Hensley, bekannt als Chicago Joe, die in Montana zu einiger Berühmtheit kam. Aber selbst an der puritanischen Ostküste waren käufliche Mädchen wie die von einem Freier ermordete Helen Jewett nicht unbekannt. Nicht nur in kalifornischen Städten betätigten sich häufig gerade Einwanderinnen aus Ostasien als Prostituierte. Im Süden waren es vor allem Orte wie das ohnehin verrufene «französische» New Orleans, die auch auf diesem speziellen Gebiet zu Legenden wurden.

Den weitgehenden Niedergang dieser gerade auch in den überschaubaren Towns nahe der Frontier im Alltag verankerten Kultur brachten bereits gegen Ende des 19. Jahrhunderts die «Kreuzzüge» gegen die Prostitution, die häufig zusammen mit Anti-Alkohol-Kampagnen von den Kirchen und der Frauenbewegung getragen wurden. Die Bedingungen, unter denen die Prostituierten arbeiteten, waren tatsächlich häufig erbärmlich, auch wenn längst nicht alle drogenabhängig wurden wie Madame Mustache. 1908 wurde durch das Bureau of Investigation (ab 1935: FBI) die Zwangsprostitution zum ersten Mal staatlicherseits verfolgt. Zwei Jahre später folgte mit dem White-Slave Traffic Act (Mann Act) ein Gesetz gegen die Förderung der Prostitution, das immer wieder Erweiterungen erfuhr. Nach ihm werden teilweise bis heute Urteile gefällt.[87] Vor Gericht standen infolge dieses Gesetzes sowohl der als Massenmörder verurteilte Charles Manson (1960, verurteilt) wie auch Charlie Chaplin (1944, freigesprochen) oder der Musiker Chuck Berry (1962, verurteilt). Sogar in den als besonders liberal geltenden 1960er Jahren blieb die Gesetzgebung gegen «Immoral Purposes» erhalten. Zu einer gewissen Ausnahme wurde der Staat Nevada, in dem ein Teil des Angebots sexueller Dienstleistungen ebenso wie das Glücksspiel in bestimmten Grenzen legal blieb. Wie überall in den USA heißt dies aber nur, dass sowohl Glücksspiel als auch Prostitution an anderen Orten nur umso verdeckter stattfinden.

In der Filmwirtschaft eröffnete diese doppelte Moral, wie sie bereits in der puritanischen Grundidee der US-Gesellschaft vorhanden war, zu Beginn des 20. Jahrhunderts mit dem pornographischen Film, dem Stag Film, ganz neue Geschäftsfelder. Nach Berechnungen des Fernsehsenders CBS werden in Kalifornien heute etwa 90 Prozent der sogenannten Adult-Movie-Produktion hergestellt.[88] Der offiziell registrierte Umsatz des gesamten Markts betrug 2007 bereits rund 10 Milliarden US-Dollar. Zu seiner Popularisierung trug aber zunächst nicht die offensive Darstellung von Sexualität bei, sondern eher der verschämte Umgang damit. Bis in die 1950er Jahre hinein konnte in amerikanischen Spielfilmen selbst ein schlichter Kuss noch als anrüchig gelten. Der damals 27-jährige Journalist Hugh Hefner profitierte 1953 davon, als er mit dem *Playboy* einen

«Ich war hungrig» Das berühmte Pin-Up-Photo von Marilyn Monroe 1953 auf dem *Playboy*. Mit ihm setzte Herausgeber Hugh Hefner nicht nur einen neuen Standard für freizügige Magazine im prüden Amerika, sondern gab einen weiteren Anstoß zur «Sexwelle» seit den 1960er Jahren.

Standard für sogenannte Stag Magazines (Herrenmagazine) setzte.[89] Von der ersten Ausgabe mit der noch züchtig bekleideten Marilyn Monroe auf dem Cover, die gerade durch Filme wie *Gentlemen Prefer Blondes (Blondinen bevorzugt)* und *How to Marry a Millionaire (Wie angelt man sich einen Millionär?)* bekannter geworden war, konnten sagenhafte 50 000 Exemplare abgesetzt werden. In den nächsten drei Jahren versechsfachte sich der Verkauf. Wirklich überraschend war aber selbst die nackte Marilyn nicht, hatte sie sich doch schon 1952 in einem Kalender präsentiert, von dem Hefner auch das Fotomaterial erworben hatte. Die Monroe kommentierte die aufgeregte Reaktion bei Twentieth Century Fox fast schon lapidar mit dem klassischen Satz: «Ich war hungrig.»[90]

Es war bezeichnend, dass Hefner bei der Zeitschriftengründung zu Recht auf so etwas wie einen Kinsey-Effekt in der puritanisch geprägten US-Gesellschaft spekulierte, war doch das als anrüchig verstandene Thema im selben Jahr durch den ersten *Kinsey Report* gleichsam wissenschaftlich geadelt worden. Aber auch Hefner wurde noch wiederholt unter den einschlägigen Paragraphen inhaftiert. So ging es auch jenen, die nach Hefners Erfolg mit ähnlichen Produkten auf den US-Markt drängten. Larry Flynt, der ab 1974 den auch politisch ungleich

offensiveren *Hustler* verlegte, wurde nicht nur mit Gerichtsverfahren
überzogen – aus denen er sich allerdings jeweils erfolgreich durch Berufung auf den Ersten Zusatzartikel der US-Verfassung herausarbeiten
konnte –, sondern vier Jahre später bei einem Attentat so schwer verletzt, dass er sein Leben seitdem im Rollstuhl verbringen muss. Den
Druck auf die Branche, in der seit Mitte der 1960er Jahre zunehmend
Großhändler wie Reuben Sturman, aber auch die Mafia erfolgreich mit-
spielten und der wachsende Einfluss auch harter Drogen alltäglich
wurde, erzählte 1997 im Rückblick der hochkarätig besetzte US-Film
Boogie Nights.

Hollywood als Trendsetter Trotz des starken Einbruchs in der Zuschau-
ergunst, den das Kino gegenüber dem Fernsehen nach 1945 zu verzeichnen
hatte – 1951 betrug er fast 40 Prozent –, hatte Hollywood die Seh- und
Hörgewohnheiten, aber auch die Verhaltensmuster der Amerikaner bis
dahin bereits so geprägt, dass selbst die Politik sich daran orientierte.[91]
Richard Nixon war einer derjenigen, die damit offensiv umgingen, und
bekam wie kaum ein anderer die Vor- und Nachteile zu spüren. Im Präsidentschaftswahlkampf 1952 revolutionierte «Tricky Dicky», wie er damals
schon von den Zeitungen genannt wurde, das Politische geradezu. Als
kalifornischer Senator und republikanischer Kandidat für das Vizepräsi-
dentenamt zeigte er in einer am 23. September gleichzeitig von Rundfunk
und Fernsehen übertragenen, für ihn wegen der Aufdeckung eines illegalen Fonds schwierigen Ansprache, dass emotional präsentierte familiäre
und moralische Werte, wenn man sie nur richtig einsetzte, den Erfolg,
auch den Wahlerfolg bringen konnten. Damals brachte speziell Nixons
Familienhund Checkers den Durchbruch. Hollywood hatte dafür spätestens seit 1943 mit der ersten Verfilmung der aus der *Saturday Evening Post*
bekannten rührseligen *Lassie*-Geschichten, die Vorlage geliefert. In dem
später als «Checkers Speech» berühmt gewordenen Auftritt versicherte
Nixon der Nation, dass das einzige Geschenk, das er jemals angenommen
habe, dieser Hund gewesen sei, dem seine Tochter Patricia den Namen gegeben habe. «Und Sie wissen», so Nixon damals weiter, «die Kinder, wie
alle Kinder, lieben den Hund, und ich möchte in diesem Moment sagen,
dass egal, was sie sagen, wir ihn behalten werden».[92] Auch «Tricky Dicky»
durfte bleiben und erhielt sogar die Vizepräsidentschaft 1952. Den noch
mehr vom Fernsehen dominierten Präsidentschaftswahlkampf 1960 verlor
Nixon allerdings gegen John F. Kennedy, der medial noch wesentlich ge-
schmeidiger wirkte und sich attraktiver präsentierte. Am 26. September

1960, also fast auf den Tag genau acht Jahre nach der Checkers-Rede, brachte eine berühmte Fernsehdebatte die Entscheidung gegen den an diesem Tag aggressiv und nicht zuletzt schlecht rasiert wirkenden Nixon.[93] Auf dem Höhepunkt des Watergate-Skandals 1974 spielte allerdings angesichts der nachgewiesenen gravierenden Vergehen des Präsidenten sein mediales Auftreten keine entscheidende Rolle mehr. Auf den politischen Einsatz eines Familienhundes allerdings wollte danach kaum ein Präsident mehr verzichten.

Hollywood wurde auch ansonsten stilbildend. Für die Dokumentation des «Good War» sandte die US-Regierung schon im Zweiten Weltkrieg bekannte Regisseure und Kameramänner aus der Filmschmiede an die wichtigen Schlachtorte. Der durch Hollywood-Kassenschlager wie *Früchte des Zorns* (1941) berühmt gewordene Regisseur und Oscarpreisträger John Ford dokumentierte im Regierungsauftrag die Schlacht bei Midway 1942 ebenso wie die im Sommer 1944 folgende Invasion in der Normandie. Vor allem jedoch bestimmen die von Hollywood präsentierten Sichtweisen bis heute zunehmend das Selbstbild vieler Amerikaner und speziell der Amerikanerinnen. Das Prinzip der Werbung, dass Präsentation entscheidender sei als der Inhalt, gewann nicht nur einen wachsenden Einfluss auf den politischen Diskurs, einschließlich der Wahlen, sondern auch auf das alltägliche Leben der US-Bürger.

Das betonte namentlich Neil Postman. Der seit 1959 an der New York University tätige Kommunikationswissenschaftler wurde 1985 insbesondere mit seinem Buch *Amusing Ourselves to Death (Wir amüsieren uns zu Tode)* zu einem der bekanntesten Kritiker der zunehmenden Dramatisierung und Emotionalisierung auch ernsthafter Themen in den Massenmedien. Dafür hatte sich bereits ab etwa 1980 in den USA der Begriff «Infotainment» eingebürgerte. Postman machte die trivialisierte Unterhaltung nicht nur für das schwindende Interesse an der Buchkultur und das wachsende Unverständnis der US-Bürger für politische Zusammenhänge (*Technopoly. The Surrender of Culture to Technology*, 1992) verantwortlich. Vor allem glaubte er, dass mit den in Hollywood entwickelten Kriterien einem wachsenden, auch sexuellen Exhibitionismus schon unter Jugendlichen Vorschub geleistet werde. Daraus leitete er auch seine These vom Verschwinden der Kindheit und der Erziehung (*The Disappearance of Childhood*, 1982; *The End of Education*, 1995) ab. Kinder würden immer früher mit den Abgründen der Erwachsenenwelt konfrontiert, die sie schließlich sogar für Normalität hielten. Überdies passe sich ihre Umwelt gleichzeitig zunehmend infantilen Verhaltensweisen an. Als Beweis sah er die empirisch nachweisbare Tatsache an, dass Kinder der Nachkriegszeit nicht nur tendenziell häufiger in schwere Kriminalität verwickelt waren, sondern auch immer früher in die Pubertät eintraten.[94] Dass tatsächlich das Verhalten ebenso wie die Mode und das Schönheitsideal von «Hollywood», den Schauspielern und den in Spielfilmen und im Fernsehen präsentierten Idealen beeinflusst, wenn nicht sogar vorgegeben wird, bestreitet heute niemand mehr. Im Gegenteil: Das Wort von der «Kalifornisierung», der «Californication» der amerikanischen Gesellschaft wie der von ihr maßgeblich beeinflussten globalen «Superculture» bezieht sich maßgeblich auf Hollywood.[95] Belege für Postmans These der Oberflächlichkeit und Infantilisierung fanden Kritiker, die zunehmend auch die globalen Wirkungen der US-Kultur in den Blick nahmen, immer wieder. Zur Ikone der US-Popkultur des beginnenden 21. Jahrhunderts wurde bezeichnenderweise Paris Hilton, die hauptberuflich als Tochter eines Hotelimperiums auftrat. Ihre hervorstechendsten Merkmale bestanden nach Meinung vieler Beobachter darin, keinerlei Eigenschaften, aber eine globale Medienpräsenz zu besitzen, die bezeichnenderweise nicht zuletzt durch scheinbar zufällig in die Öffentlichkeit gelangte pornographische Bilder und Filme erreicht worden war. 2005 wurde sie von einem Videofilmsender dann auch zu einem jener «It Girls» ernannt, die Hollywood schon viele Jahrzehnte zuvor erfunden hatte. Als erstes amerikanisches It-Girl, als «Mädchen mit dem gewissen Etwas», galt 1927 die Stummfilmdiva Clara Bow, die in einem Streifen mit dem Titel *It* mitgewirkt hatte und deren herausragende Eigenschaft es war, dass sie alles versuchte, in den Medien präsent zu bleiben, um ihre Karriere zu fördern.

Globalisierung und Amerikanisierung

Für die Amerikaner war die politisch-wirtschaftliche, kulturell-soziale und vor allem kommunikative Vernetzung der Welt, also das, was man seit etwa der Mitte des 20. Jahrhunderts mit dem Begriff der «Globalisierung» umschreibt, immer ein wesentlicher Teil ihrer eigenen Geschichte gewesen, dessen sie sich allerdings erst spät bewusst wurden. Die Begriffe «Amerikanisierung» und «Amerikanismus» hingegen umreißen seit dem 19. und vor allem seit dem Beginn des 20. Jahrhunderts eher die Sicht von außen.

Proto-Globalisierung – Globalität – Globalisierung Als die ersten englischen Kolonisten auf dem Gebiet der späteren USA ihre Siedlungen errichteten, war die «Proto-Globalisierung» bereits im vollen Gange, wie auch die Siedler merkten, wenn sie den damals schon weltweit operierenden Spaniern ins Gehege kamen.[96] Sie versuchten das so gut, wie es eben ging, zu vermeiden, ebenso wie sie sich lange Zeit bemühten, London keine Handhabe zu geben, gegen sie vorzugehen. Bezeichnenderweise schwand diese Sorge weitgehend, nachdem 1776 die endgültige Entscheidung zur Separation gefallen und ein größeres Selbstbewusstsein der «Amerikaner» entstanden war. Die siegreich geführten beiden großen Unabhängigkeitskriege mit dem Mutterland bis 1815 eröffneten zwar die Möglichkeit, Interessen auch global durchzusetzen. Aber weder die berüchtigten Barbareskenkriege zum Schutz amerikanischer Handelsschiffe noch die Interventionen in Lateinamerika noch die Inbesitznahme von scheinbar «herrenlosen» Inseln nach dem Guano Island Act und auch nicht die gewaltsame Öffnung japanischer Häfen wurden als «weltpolitisches» Handeln interpretiert. Diese Debatte begann erst in den 1890er Jahren.

Als 1893 der amerikanische Historiker Frederick Jackson Turner in seinem enorm wirkungsmächtigen Aufsatz über die Bedeutung der Frontier feststellte, dass die Zeit der Eroberung des nordamerikanischen Kontinents abgeschlossen und nun die Zeit für neue Aufgaben gekommen sei, fußte dies schon auf der Auffassung, dass amerikanische «Lokalgeschichte» (Local History) – womit er die Geschichte der USA meinte – nur verstanden werden könne, wenn man sie «im Licht der Weltgeschichte» sehe.[97] «Das eine», so Turner, «hängt vom anderen ab. Ideen, so der Warenverkehr, verweigern sich nationalen Bindungen. Alles ist unentwirrbar miteinander verbunden, so dass man das eine braucht, um das andere zu erklären. Dies trifft insbesondere für die moderne Welt mit ihren komplexen Handels- und Wissensbeziehungen zu.» Tatsächlich war spätestens mit der Weltwirtschaftskrise zu Beginn der 1870er Jahre offenkundig, dass selbst die mit Ressourcen so reich gesegneten USA verletzlich waren. Nicht nur die damals aufkommenden Verschwörungstheorien, sondern auch das zähe Festhalten am Isolationismus nach dem Ersten Weltkrieg machten deutlich, dass das Misstrauen der US-Bürger gegenüber diesen weltweiten Verflechtungen erheblich blieb. Auch deshalb wurde der Eintritt in den Zweiten Weltkrieg mit seinen globalen Anforderungen 1941 von vielen Amerikanern als besonders abrupt und mit vielen Unsicherheiten versehen empfunden. Dieses Gefühl verstärkte sich mit dem Beginn des Kalten Krieges ab 1945/47 und erst recht mit seinem Ende noch spürbar.

Wenngleich der Begriff «Globalization» erst 1983 durch die Arbeiten Theodore Levitts popularisiert wurde,[98] war «Globalität» auf diese Weise spätestens im Zweiten Weltkrieg zum entscheidenden Referenzrahmen geworden, der nun endgültig die Mentalitäten und Debatten bestimmte. Dies hatte zunächst nicht nur politisch-ökonomische, sondern auch kulturelle Gründe. Neben dem politisch-militärischen Aufstieg zur ersten atomar bewaffneten Supermacht zeigte auch die unvergleichlich große Wirtschaftskraft ihres Landes den Bürgern, welche Rolle die USA global spielen mussten. Vor allem US-Firmen waren die erfolgreichen «Global Players» des «kurzen 20. Jahrhunderts» zwischen 1918 und 1991, die sogar politische Entscheidungen maßgeblich mitbestimmen konnten. Nicht die Sowjetunion oder ihre Nachfolgestaaten, kein westlicher Konkurrent, einschließlich der asiatischen Tigerstaaten oder Indiens, und auch nicht China zeigten sich bislang in der Lage, auch nur das wirtschaftliche Innovationspotenzial der USA bei Zukunftstechnologien ernsthaft in Frage zu stellen. Das gleiche betrifft bis heute die amerikanische Interpretation von Konsum, aber vor allem ihre Popkultur. Alles zusammen konnte als Superculture den Globus nahezu bis in den letzten Winkel erobern. Konnte diese Seite noch das eigene Selbstbewusstsein fördern, so empfanden die meisten Amerikaner die technisch-militärischen Folgen der Globalisierung als besondere Gefahr. Über Jahrhunderte waren es die Ängste vor einer direkten Invasion gewesen. Nun sahen sich die USA aufgrund der Entwicklung von Interkontinentalraketen mit immer kürzeren Vorwarnzeiten als Ziel eines Angriffs, ohne dass auch nur ein einziger feindlicher Soldat seinen Fuß auf amerikanisches Territorium setzen musste. Schließlich wurde auch die weltweite Verbreitung des Internets, das seit den 1950er Jahren eigentlich als Schutzeinrichtung für einen möglichen globalen Atomkrieg entstanden war, seit den 1990er Jahren und der Entwicklung von Schadsoftware nicht mehr nur als Segen, sondern auch als Gefährdung verstanden.

«Amerika» als Faszinosum   Die beiden Weltkriege und der darauf folgende Kalte Krieg bildeten einerseits die Grundbedingung für die Globalisierung. Andererseits wurde das nun weltweite politisch-militärische Engagement der USA Grundlage für den globalen Siegeszug amerikanischer Waren, Dienstleistungen und darüber hinaus des Lebensstils. In Europa war der Begriff der «Amerikanisierung» bereits um die Jahrhundertwende geläufig, daneben trat nach dem Ersten Weltkrieg der Ausdruck «Amerikanismus».[99] Beides bezog sich aber auf die augenscheinlich übermächtige ökonomische, weniger auf die politische Präsenz der USA. Der britische Journalist William Thomas Stead, der zu den Kritikern dieser Entwicklung gehörte, schrieb in seiner 1901 vorgelegten Arbeit *The Americanisation of the World or the Trend of the 20th Century*, Amerikanisierung stehe vor allem für den Weg in die Massengesellschaft, in der der Mensch nur noch ein Rad im Getriebe der Wirtschaft sein könne. Genauso hatten es quer durch das 19. Jahrhundert schon Philosophen wie Nietzsche, Dichter wie Heine oder Politiker wie Tocqueville gesehen.[100]

Nach 1918 änderte sich das kritische Bild zumindest in den europäischen Staaten, die wie Deutschland wirtschaftlich am Boden lagen. Vor allem die US-Industrie galt jetzt geradezu als industrielle Leitkultur, wie das 1926 erschienene Werk *Das amerikanische Wirtschaftswunder* von Julius Hirsch deutlich macht. Dies blieb auch so, als im Januar 1933 Weimar vor der Diktatur kapitulierte.[101] Gigantische öffentliche Bauvorhaben wie der Hoover-Damm galten auch in Deutschland als Wundermittel gegen die Weltwirtschaftskrise. Dass Hitlers Pläne von Massenmotorisierung und -konsum deutlich von Ford und dem amerikanischen Vorbild inspiriert waren, ist bekannt. Gleichzeitig sorgten sich insbesondere seine Wirtschaftsexperten schon in der Vorkriegszeit darum, dass man «mit Radioapparaten, Staubsaugern und Küchengeräten … England niemals besiegen» könne.[102] Nicht anders sah es die sowjetische Diktatur, die in den 1930er Jahren schon Ford-Modelle in Lizenz nachbaute und während des Kalten Krieges davon träumte, die USA im Konsum zu überholen. Der Wohlstand der Sowjetmenschen, hatte der sowjetische Parteichef im Überschwang des Sputnik-Erfolgs 1957 orakelt, werde «die westliche Welt viel zuverlässiger zerstören als Panzer».[103]

Genauso war nun das kulturelle Europa überwiegend von «Amerika» fasziniert. Davon profitierte nicht zuletzt Hollywood. Der damalige Star der Western- und Abenteuerfilme, Tom Mix, der schon fast 280 Filme abgedreht hatte, ließ es sich im April 1925 nicht nehmen, in Berlin für seine Filme zu werben und sich dafür im Cowboy-Dress auf den Straßen der deutschen Hauptstadt ablichten zu lassen. Die berühmte aus den USA stammende Tänzerin Josephine Baker feierte in Europa größere Erfolge als in ihrem Geburtsland. Filme wie Fritz Langs 1927 aufgeführte expressionistische Vision *Metropolis* waren ganz eindeutig an den Wolkenkratzergebirgen vor allem New Yorks orientiert.

Früher Heldendarsteller in Hollywoods Western als Kulturbotschafter Tom Mix drehte vor allem Stummfilme. Hier ein für den FBI-Chef J. Edgar Hoover eigens signiertes Porträtphoto, um 1930

Das Faszinosum Amerika blieb auch nach 1933 bestehen, trotz aller antiamerikanischen Rhetorik. Nicht nur die von der Gestapo misstrauisch überwachte und verfolgte «Swing-Jugend» eiferte dem anglo-amerikanischen Vorbild nach und hörte, soweit es sich einrichten ließ, Jazz von Louis Armstrong und den Bigbandsound Duke Ellingtons oder Glenn Millers. Auch dass Hitler und Goebbels von einer Kulturindustrie der Ausmaße Hollywoods träumten, in der nicht nur monumentale Spielfilme, sondern nach dem Vorbild Walt Disneys Trickfilme produziert werden sollten, ist lange bekannt. Nicht zuletzt zogen es am Ende des Krieges kapitulierende deutsche Soldaten nicht nur aus Furcht vor der Rache der Sowjets, sondern vor allem aufgrund der gefühlten Nähe zu den Amerikanern vor, im Westen in Gefangenschaft zu gehen.

Die Nachkriegszeit war zwar nicht frei von Konflikten zwischen Deutschen und US-Besatzungstruppen – so kam es auch zu schweren Straftaten, einschließlich Vergewaltigungen durch amerikanische Soldaten, gegen die in bestimmten Teilen Bayerns sogar Bürgerwehren gefordert wurden[104] –, grundsätzlich aber arrangierten sich die Westdeutschen rasch mit der Besatzungsmacht, zumal offensichtlich wurde, dass das Bundesgebiet und vor allem Westberlin nur durch die USA zu sichern waren. Es überraschte daher nicht, dass die Zustimmung der Westdeutschen nach der erfolgreich überstandenen Ersten Berlinkrise 1948/49 einen ersten markanten Höhepunkt erreichte. Als 1949 die Nürnberger Firma Arnold das erste militärische Spielzeug nach dem Krieg auf den Markt brachte – einen Jeep vom Typ «Willy» –, wurde es, allen vorherigen Warnungen zum Trotz, ein Verkaufsschlager. Man erklärte sich das schließlich daraus, dass auch «der Jeep» die guten Erinnerungen an die Amerikaner symbolisiere.[105]

In anderen Teilen der Welt entwickelte sich dieses Verhältnis allerdings bei weitem nicht so positiv. So verhielt sich der zweite große Gegner der USA im Zweiten Weltkrieg, Japan, schon nach Kriegsende anders, und das Land wurde in der Folgezeit dann auch nicht so stark amerikanisiert wie Westdeutschland. Angesichts des fanatischen japanischen Widerstands rechneten die Amerikaner zunächst sogar damit, noch bis 1949 in Ostasien kämpfen zu müssen. Tatsächlich kapitulierte Japan erst unter dem Eindruck der beiden im August 1945 abgeworfenen Atombomben. Der Unterschied zwischen der US-Besatzungspolitik in Deutschland und der in Japan schien zwar auf den ersten Blick nicht sehr erheblich, und in beiden Gebieten waren die wesentlichen Maßnahmen der «Vier Ds», also Demilitarisierung, Denazifizierung, Dezentralisierung und Demokratisierung, bis etwa 1952, nicht zuletzt aufgrund des Koreakriegs, abgeschlossen. Während man sich in beiden Ländern in etwa an den gleichen Vorgaben orientierte – Bestrafung der Verantwortlichen für den Krieg, Abzug der Streitkräfte aus den besetzten Gebieten, Demilitarisierung und Demokratisierung der Gesellschaft sowie Umbau der Kriegswirtschaft mit partieller Demontage –, gab es in der Umsetzung, vor allem aber auch in der Wahrnehmung der Bevölkerung, erhebliche Unterschiede. Japan hatte zwar seit 1868, dem Jahr der Meiji-Revolution, westliche Produktionsformen übernommen und war damit zumindest aus der Sicht ausländischer Beobachter in gewissem Maße «verwestlicht» worden. Kulturell jedoch hatte das Land kaum solche Einflüsse zugelassen und wenn doch, dann waren es aus US-Sicht die falschen gewesen, wie die aus Deutschland übernommene Schulpolitik. Als besonders irritierend empfanden es bereits die Besatzungsbehörden, dass ihre Vorschläge nur scheinbar akzeptiert wurden.[106]

Während die US-Behörden in Japan fast noch stärker auf eine politisch-kulturelle Öffnung des Landes nach Westen sowie auf eine Einbindung in die Weltwirtschaft drängten, da beides auch hier als Sicherheitspolitik unverzichtbar erschien, zeigte sich im Land zunehmend starker, wenngleich eher hinhaltender Widerstand. So betonte speziell die Nihon-jinron-Literatur nach wie vor die Überlegenheit Japans und der japanischen Kultur, während eine Aufarbeitung des Krieges weitgehend fehlte. Der weiterbestehende Kult um den sogenannten Yasukuni-Schrein, in dem nach den für die Sache des Tenno gefallenen Toten der Bürgerkriege des 19. Jahrhunderts nun auch die Gefallenen der japanischen Eroberungskriege sowie die nach den Tokyo Trials hingerichteten Kriegsverbrecher verehrt wurden, machte darüber hinaus klar, dass per Verordnung nur schwer eine grundsätzliche Änderung kultureller Traditionen herbeizuführen war. Auch die von den Amerikanern durchgesetzten Vorstellungen von Arbeiter- und Gewerkschaftsrechten standen viel deutlicher in Konfrontation zur überlieferten japanischen Auffassung, dass sich der Mitarbeiter für den Betrieb zu opfern habe.[107]

Anders als in Deutschland, wo auch von der Zivilbevölkerung vor allem der Einmarsch der Sowjets gefürchtet worden war, während man bei den Westalliierten von wenig Übergriffen ausging, brachte in Japan die Eroberung der erbittert verteidigten Insel Okinawa massive Übergriffe durch US-Truppen. Die Berichte sprachen von Massenvergewaltigungen.[108] Bis heute bestimmen diese Ereignisse, aber auch aktuelle Übergriffe das Verhältnis zu den noch auf der Insel stationierten Amerikanern.[109] Schon einen Monat vor der Kapitulation im September 1945 richteten die japanischen Behörden sogar eigens für Amerikaner vorgesehene Bordelle ein, die noch bis 1946 weiterbestanden. Hintergrund war neben der Sorge vor Vergewaltigungen, von denen es 1945/46 etwa vierzig pro Tag gab und die nach der Schließung der Bordelle auf etwa 330 pro Tag angestiegen sein sollen, wohl auch die Tatsache, dass man japanisch-amerikanische Nachkommen verhindern wollte.[110] Gleichzeitig musste man aber auch die Erfahrung machen, dass selbst professionelle japanische Prostituierte zu diesem Zeitpunkt eher ungern Kontakt mit Amerikanern hatten. Darüber hinaus wurde das japanisch-amerikanische Verhältnis massiv durch die Bombardierungen, insbesondere durch die Atombombenabwürfe, belastet. Im kollektiven japanischen Bewusstsein war das Land zu einem Opfer amerikanischer Gewalt geworden, vor deren Hintergrund sogar die eigenen Verbrechen während des Krieges verblassten.[111] Die USA sahen es natürlich genau umgekehrt.

Geplante Amerikanisierung Die Vereinigten Staaten standen also geradezu vor einer Herkulesaufgabe, als es galt, mit dem beginnenden Kalten Krieg «ihr Lager» zu einigen und gleichzeitig das feindliche sowjetische Lager zu bekämpfen. Genutzt wurden die verschiedensten Kanäle und Werkzeuge, die das eigene Image positiv vermitteln sollten. Zu einem der wichtigsten entwickelte sich zwischen 1950 und 1967 der durch die CIA finanzierte Congress for Cultural Freedom (CCF), der nicht nur einige der bekanntesten Größen des westlichen Kulturlebens, etwa George Orwell, Arthur Koestler, Manés Sperber, Bertrand Russell oder Ignazio Silone, versammelte, sondern auch komplette Symphonieorchester um die Welt schickte, große Kongresse veranstaltete und international anerkannte Zeitschriften wie *Der Monat* oder den *Encounter* herausgab. Rund 170 Stiftungen, sogenannte Dummie Foundations, unterhielt der amerikanische Geheimdienst allein für den Zweck, die wahren Auftraggeber und die politisch-propagandistische Instrumentalisierung zu verschleiern. Mit dem Bekanntwerden der wahren Geldgeber starb 1967 allerdings auch der CCF.

Ebenso wichtig wurden die Radiostationen. Schon während des Krieges konnte die weltweit tätige Voice of America (VOA) einige Erfolge verzeichnen. Parallel dazu gab es seit 1942 mit dem American Forces Network (AFN, seit 1954: Armed Forces Radio and Television Service) den für die eigenen Truppen aufgebauten Rundfunk. In der Nachkriegszeit wurde er vor allem wegen seiner Musiksendungen insbesondere bei Jugendlichen beliebt. Nach und nach entstanden mit der Ausweitung des außenpolitischen Engagements in Europa, Asien und Lateinamerika weitere Stationen. Seit den 1990er Jahren eröffneten zusätzliche Sender etwa auf dem Balkan, in Kuwait, Saudi-Arabien und in Afghanistan. Sie alle wurden zu Vermittlern der Amerikanisierung.

Für wie entscheidend man in Washington die «Information Policy» hielt, zeigte sich 1953, als dafür eine eigene Behörde entstand. Das Gewicht der USIA (United States Information Agency) ließ sich nicht nur an ihrem hohen Budget belegen, sondern auch durch die Tatsache, dass ihr Direktor direkt vom US-Präsidenten ernannt wurde und ab 1955 sogar an den Sitzungen des Nationalen Sicherheitsrats teilnehmen durfte. Seit 1954 unterhielt die USIA dann ein eigenes Forschungsinstitut, das die jeweilige «Propagandalinie» des Gegners weltweit analysierte und daraus länderspezifische Programme, sogenannte Country Plans entwickelte. Neben den offiziellen Stationen der USIA entstanden seit Ende der 1940er Jahre dann auch halb-offizielle Sender, denen verdeckte Mittel der US-Regierung zukamen. Stationen wie Radio Free Europe, Radio Liberation und schließlich Radio Liberty, die von Westdeutschland aus sendeten, machten Programme für den Ostblock. Ähnliche Sender produzierten nach demselben Muster, zum Beispiel von Taiwan aus, für den ostasiatischen Raum. Unter der Kontrolle der USIA arbeitete zudem der für die DDR wichtigste westliche Sender, der bereits 1946 gegründete RIAS, der für viele andere solcher «Frontsender» zum Vorbild wurde und den die Machthaber im Ostblock sogar für den Aufstand in der DDR 1953 verantwortlich machten.

Ein weiteres Standbein der USIA waren die Amerikahäuser und U.S. Outposts. Bis zur erzwungenen Schließung des letzten «Außenpostens» hinter dem Eisernen Vorhang im Jahr 1951 hatte es nicht nur in Westeuropa, sondern auch in Bulgarien, der Tschechoslowakei, Ungarn, Polen, Rumänien, der UdSSR und Jugoslawien «Amerika-Häuser» gegeben. Gerade in Westeuropa, insbesondere in Westdeutschland, wurden sie in der ersten Nachkriegszeit mit ihren Bibliotheken und Kulturveranstaltungen zu Mittlern zwischen den Besiegten und den Siegern. Auch die USIA entsandte berühmte Musiker wie Dizzy Gillespie oder Louis Armstrong oder sogar ganze Broadway-Musicals wie *Porgy and Bess* als ihre Botschafter um den Globus. 1953 gab etwa die Hälfte des Publikums in der Bundesrepublik an, es habe durch diese Einrichtungen ihre Meinung über die USA positiv verändert.[112] Auch Ausstellungen, die «Amerika» in bestem Licht zeigen sollten, gehörten zum Programm, und selbst hinter dem «Eisernen Vorhang» war das Publikumsinteresse groß. Sogar während der brisanten Zweiten Berlin-Krise 1959 konnte eine American National Exhibition in Moskau stattfinden. Obwohl man sie in den USA als die «effektivste Form der Propaganda» feierte, musste man allerdings einräumen, dass diese Ausstellung moderner Kunst wohl «ein wenig zu fern für den Durchschnittsrussen» gelegen habe.[113]

Inwieweit die Amerikanisierung vorangeschritten war, ließ sich am besten an den Schnittstellen des Kalten Krieges erkennen, so in der geteilten Viermächtestadt Berlin. Bis zum Mauerbau diente in Westberlin zur Präsentation der (letztendlich amerikanischen) Moderne vor allem das ab 1957 entstandene sogenannte Hansaviertel. Aber auch ansonsten hatten die Amerikaner hier überdurchschnittlich investiert.[114] Selbstverständlich gab es ein obligatorisches Amerika-Haus am Bahnhof Zoologischer Garten nahe dem zentralen Kurfürstendamm, das später allerdings auch für die antiamerikanischen Demonstrationen zu einer Art Treffpunkt wurde. Darüber hinaus hatten die USA über private oder halbprivate Stiftungen in erheblichem Umfang weitere kulturelle Einrichtungen unterstützt. Dazu gehörte der Bau der gleichzeitig mit dem Hansaviertel entstandenen Kongresshalle im Bezirk Tiergarten (Fertigstellung 1958)

ebenso wie die 1954 als Geschenk der USA im Bezirk Kreuzberg eröffnete Amerika-Gedenkbibliothek. Generöse Zuwendungen flossen darüber hinaus in die neugegründete Freie Universität, aber zum Beispiel
auch in die neue Westberliner Oper.[115]

Die Amerikanisierung schritt auch in anderen Bereichen fort, ohne dass
die Strategen des Kalten Krieges aktiv werden mussten. In vielen Staaten
der Welt, die sich zum Westen bekannten, wurde das Militär nicht nur
finanziell unterstützt, sondern auch «amerikanisch» eingekleidet und ausgerüstet, nicht nur in Westdeutschland. «Y», der Anfangsbuchstabe auf den
Nummernschildern der ab 1957 auf den Straßen der Bundesrepublik auftauchenden neuen «Bundeswehr», wurde im Volksmund sogar zum «Ende
von Germany» verballhornt. Der sogenannte Stahlhelm M 56 war im Gegensatz zur DDR-Variante, die bereits von der Wehrmacht im Zweiten
Weltkrieg konzipiert worden war, eine deutliche Übernahme aus der US-
Armee. 1960 wurde auch die Uniform (der «Arbeitsanzug») dem US-Vor-
bild angepasst. Ähnlich verhielt es sich in anderen Staaten, die ebenfalls zu
den westlichen Bündnissen, vor allem der NATO und SEATO, gehörten
und mit amerikanischen Waffen ausgerüstet wurden. Automatisch folgten
der Einführung von Waffensystemen Lehrgänge, die zum Teil in den USA
absolviert werden mussten. Nicht zu vergessen ist, dass gerade die wirtschaftlichen Hilfen wichtige psychologische Siege für die Amerikanisierung bedeuteten. Geschickt lieferten sie neben der finanziellen Hilfe auch
das «richtige Bewusstsein» mit. So flossen nach dem Beginn des Marshall-
plans in Westdeutschland 1947 erhebliche Gelder in Werbekampagnen,
und Unternehmer wurden sogar direkt in die USA gebracht, um die Vorteile des amerikanischen Modells mit eigenen Augen zu überprüfen.[116]

«Amerikanisierung – en passant»   Besonders erfolgreich war die Amerikanisierung so immer dann, wenn sie nicht verordnet, sondern im Alltag und damit gleichsam beiläufig aufgenommen wurde.[117] Diese Phase
begann in Westdeutschland bereits nach der «Normalisierung» des Verhältnisses zur Besatzungsmacht ab Mitte der 1950er Jahre. Am einflussreichsten oder, wie ihre Kritiker betonten, am anfälligsten für die Amerikanisierung erwies sich die Sprache.[118] In der Bundesrepublik waren
schnell Amerikanismen wie Job, Comic, Fan oder Hobby üblich. Zeitschriften wie der 1946 gegründete *Spiegel*, für Jugendliche insbesondere
die seit 1956 erscheinende *Bravo*, bildeten wichtige Brücken. Sogar DDR-
Bürger adaptierten nach und nach Amerikanismen, wobei einige wie
Broiler oder Dispatcher sogar nur hier verwandt wurden. Allgemein war

auf beiden Seiten Deutschlands vieles von dem, was man für besonders fortschrittlich hielt, mit anglo-amerikanischen Begriffen belegt. Das wichtigste Einfallstor für die DDR führte jedoch über das Radio und schließlich das Fernsehen. Man kann mit Recht mutmaßen, dass dies der Weg war, über den schließlich das mehrheitliche Votum der Deutschen auf beiden Seiten für die amerikanische Superculture und mit ihr schließlich wohl auch für «den Westen» allgemein zustande kam.[119] Mit der Musik des «Klassenfeinds» kamen weitere Begriffe: Single, Song, Boogie-Woogie, Blues, Beat, Rock, Pop oder Disco. Trotz anfänglich heftigsten und auch später noch anhaltenden Widerstands der SED, speziell von Walter Ulbricht, konnte sich die DDR dieser schleichenden Amerikanisierung nicht entziehen.[120] In den späten 1960er Jahren nutzte Ostberlin dann allerdings sogar amerikanische Musik für seine Propaganda. Schallplatten der US-Protestbewegung gegen den Vietnamkrieg, etwa von Joan Baez, Pete Seeger oder Bob Dylan, konnten mit offiziellem Segen in der DDR erscheinen. Der seit 1959 in Ostdeutschland lebende kanadische Folkmusiker Perry Friedman bildete hier eine weitere wichtige Brücke, über die amerikanische Musik sogar in die offizielle SED-«Singebewegung» gelangte. Friedman wurde zu einem jener Vorzeige-Nordamerikaner, den man nicht nur in zentralen Propagandastreifen – so auch in dem Geheimdienstfilm *For Eyes Only* – einsetzte, sondern auch während der Ostermärsche in der Bundesrepublik. Das gleiche galt für den erst 1972 in die DDR übergesiedelten US-Musiker Dean Reed – den «roten Elvis» –, der als musikalischer Botschafter der DDR dann sogar wieder in die USA entsandt wurde.[121] Den politischen Wert solcher Aktionen schätzte die SED als so hoch ein, dass sie dafür sogar in Kauf nahm, dass damit eigentlich sogar die Amerikanisierung gefördert wurde. In den 1980er Jahren, als sich amerikanische Musik, aber auch Konsumwaren – so etwa Blue Jeans – bereits vollkommen unter DDR-Jugendlichen durchgesetzt hatten, war die Strategie, westliche Musik gezielt für die eigenen politischen Ziele einzusetzen, bereits politisches Tagesgeschäft der SED. Eines der erstaunlichsten Ereignisse vor dem Hintergrund der Fronten des Kalten Krieges wurde das Konzert des US-Rockstars Bruce Springsteen am 19. Juli 1988 in der DDR, bei dem Tausende der anwesenden Ostdeutschen den Hit *Born in the U.S.A.* mitsangen.

Erfolgsgeschichten: Coca-Cola und Levi's Jeans Warum die US-Kultur und vor allem ihre Pop Culture den Siegeszug um die Welt antrat, lag somit im Wesentlichen an zwei Komponenten: am Willen, die eigenen

«Sexy Coke»

Produkte weltweit und offensiv zu vertreiben, und an den sich durch das politisch-militärische Engagement vor allem seit 1917 gleichsam von selbst ergebenen oder auch aktiv erschlossenen Möglichkeiten. Ein Paradebeispiel von offensivem Unternehmertum und gezieltem Lobbying bleibt die globale Erfolgsgeschichte der kurz vor der Jahrhundertwende gegründeten Coca-Cola Company.[122] Im Rückblick war es wohl vor allem der 1943 vom damaligen Oberbefehlshaber der US-Truppen in Europa, Eisenhower, ausgegebene Befehl, dass seine Soldaten mit «Coke» aus der «Sexy Bottle» versorgt werden sollten.[123] Als dafür schließlich sogar Abfüllstationen in der Etappe gebaut wurden, verschaffte das dem Unternehmen einen bleibenden Vorsprung. «Sexy» blieb dann vor allem das Signum der Marke in der Nachkriegszeit.

Selbst im nationalsozialistischen Deutschland verstanden es die jeweiligen Manager der Firma aus Atlanta bis weit in den Zweiten Weltkrieg hinein und selbst noch nach der deutschen Kriegserklärung an die USA, die Produktion fortzusetzen. Nach dem Krieg war die Coca-Cola Company dadurch auf allen fünf Kontinenten vertreten. Nicht alles gelang allerdings: Beim Nürnberger Prozess gegen die deutschen Hauptkriegsverbrecher durfte trotz aller Bemühungen schließlich doch kein Coca-Cola-Automat aufgestellt werden. Solche Niederlagen musste die Zentrale in Atlanta bis heute nur noch in Nordkorea, Myanmar und Kuba verschmerzen, wo zumindest offiziell keine Coca-Cola verkauft werden darf. Die Welt, so suggerierte die Werbung bereits 1950, trinkt Coca-Cola, und vielleicht beherrscht sie sie auch ein wenig.[124]

Die interessantere Fragestellung ist allerdings, warum weltweit Menschen weitgehend freiwillig und gerne amerikanische Erzeugnisse kauften und noch immer kaufen. Was macht eigentlich den Kern der Attraktivität von Produkten aus den USA und amerikanischer Lebensart aus? Mehrere Komponenten wurden bereits genannt. Dazu gehört einerseits zweifellos die Entstehungsgeschichte der hybriden US-Kultur aus den Lebensformen der Neuen Welt, deren Eklektik den Einstieg einfach machte, ohne ihre Inhalte prinzipiell als Simplizität zu denunzieren. Zum anderen entscheidenden Aspekt wurde das mit dem Wachsen der Industriegesellschaften verstärkte Bedürfnis nach möglichst einfacher, schneller und gesicherter Versorgung, wie sie dann auch in der Fast-Food- und Convenience-Store-Branche immer umfassender verwirklicht wurde.

Der Erfolg der eigentlich bereits 1853 von Levi Strauss erfundenen Levi's Jeans als Blue Jeans seit den 1920er Jahren fußte auf einem anderen Mechanismus. Jeans waren als strapazierfähige Arbeiterkleidung entwickelt worden und sie blieben es zunächst. Die globale Erfolgsgeschichte begann erst, als am Ende des 19. Jahrhunderts eine romantische Verklärung des «Old West» zunächst in den USA einsetzte, der mit der boomenden Filmindustrie und ihren nach der Jahrhundertwende zu Hunderten produzierten Western allmählich weltweite Bekanntheit erlangte. In den USA erreichte diese Nostalgie mit der 1901 beginnenden Präsidentschaft Theodore Roosevelts ihren ersten Höhepunkt. Roosevelt hatte sich, wie er selbst nie müde wurde zu betonen und durch entsprechende Bilder zu belegen suchte, in den 1880er Jahren kurzzeitig auch als Cowboy auf einer Farm in North Dakota versucht.

Nach dem Ersten Weltkrieg, als die Amerikaner ohnehin erneut am Sinn ihrer Beteiligung an der internationalen Politik zweifelten, entstanden dann bereits die sogenannten Guest Farms vor allem für Männer von der Ostküste, die das Gefühl der Frontier jenseits des geschäftigen Lebens für sich entdecken wollten. Diese Neulinge des harten Landlebens auf den Urlaubsbauernhöfen wurden «Dude», «Tenderfoot» oder auch «Greenhorn» genannt, und schon 1926 fand sich eine Gruppe geschäftstüchtiger Farmer und Rancher im Westen zu einer Dude Ranchers Association zusammen. In den folgenden Jahrzehnten entwickelte sich diese Geschäftsidee zu einer umfassenden Industrie, an der nicht nur Bauernhöfe, sondern gleichermaßen Anbieter von Angel- und Jagdtouren und den entsprechenden Spezialausrüstungen beteiligt waren. Umgekehrt fand wiederum Hollywood in Komödien wie *Way Out West* (*Zwei ritten nach Texas*, 1937) mit dem Duo Oliver Hardy und Stan Laurel oder

City Slickers (*Die Großstadt-Helden*, 1991) bis heute Gefallen daran, Städter als ungeschickte Greenhorns vorzuführen. Für die amerikanische Bekleidungsindustrie wurde der Trend zu einer Goldgrube, insbesondere als die Farm-Touristen seit den 1930er Jahren verstärkt begannen, die als typisch erachteten Ausrüstungen zu kaufen.

Für die Firma Levis begann damit eine Erfolgsgeschichte, die sich in den 1950er Jahren fortsetzte, als zunächst die Jugend der städtischen Subkulturen die damals noch vorwiegend als Arbeitskleidung genutzten Jeans auch für sich entdeckte und demonstrativ zur Alltagstracht machte. Ihre Wirkung wurde noch dadurch erhöht, dass die US-Gesellschaft damals wie heute einen «Dress Code» vorschreibt. Die bekannte «Formal Wear», die den im Büro tätigen Männern fast ohne Ausnahme den Anzug (Suit), den Frauen Kleid, Rock oder Kostüm (Suit) aufzwingt und lediglich am «Casual Friday» (auch: Dress-down Friday, Casual Day) erlaubt, diese Regel ausnahmsweise und in sehr engen Grenzen zu durchbrechen, ließ Abweichungen von vornherein zur Dissidenz mit verdächtigen Ambitionen werden. Spielfilme mit dem 1955 verunglückten James Dean machten die Jeans bei Jugendlichen noch deutlicher zu einem unverkennbaren Merkmal rebellischer Opposition, als selbst Rock-'n'-Roll-Stars wie Bill Haley und Elvis Presley noch im Anzug auftraten. Mit den Hippies der 1960er Jahre gelang den Jeans dann der endgültige Durchbruch. Jeans waren nun Stoff gewordene Demokratisierung, in der Klassen nicht mehr erkennbar wurden.

Internet: Globalisierung als Amerikanisierung   Hatten bis zum Ende des Kalten Krieges 1991 Bücher, Filme, Zeitungen, Magazine, Radio und Fernsehen amerikanische Lebensart fast weltweit bekannt gemacht, so erledigte das seit den 1980er Jahren den Rest der Welt erreichende Internet nun das Übrige. Die Revolution der Industriegesellschaft durch Beschleunigung der Nachrichten und der Automatisierung, aus der wiederum die Informationsgesellschaft entstand, war von den USA ausgegangen oder von ihr zumindest entscheidend vorangetrieben worden, wobei das Militär zeitweise den entscheidenden Takt vorgab. Selbst der Begriff der Informationsgesellschaft und des Informationszeitalters stammte aus dem Bereich der militärischen Forschung. Als sein Erfinder gilt der US-Mathematiker Norbert Wiener, der mit seiner 1948 vorgelegten Arbeit *Cybernetics or Control and Communication in the Animal and the Machine* auch als Begründer der Kybernetik gilt.[125]

Die entscheidenden Schübe erhielt die über das Internet vernetzte Informationsgesellschaft in zwei Schritten. Der erste war die 1983 vollzogene Öffnung des militärischen Arpanet für die zivile Nutzung, die parallel zur Popularisierung des Personalcomputers in den USA verlief. Zu wichtigen Schrittmachern wurden neben den großen Konzernen wie IBM zunächst kleine «Garagenfirmen», wie sie Bill Gates und Paul Allen mit der Software-Firma Microsoft oder Steve Jobs mit der Konkurrenzfirma Apple aufbauten. Sowohl Microsoft als auch Apple wuchsen mit dem Ausbau des Internets und insbesondere durch die Verbesserung der Benutzerfreundlichkeit zu milliardenschweren und global aktiven Firmen. Mit dem Programm «Windows» war bereits der erste für den Normalbürger erschwingliche und bedienbare und daher auch kommerziell erfolgreiche Apple-Rechner Macintosh 1984 ausgestattet. Erst ein Jahr später folgte Gates mit dem auf IBM-Rechnern nutzbaren und nun erst Windows genannten Programm. Nun erübrigte sich auch das Erlernen kryptischer Programmiersprachen.

Aber erst mit dem zweiten Schritt, mit dem Verschwinden des Arpanet in der Endphase des Kalten Krieges 1990, begann das Internet seinen eigentlichen Siegeszug in den USA und in der Welt. Zu diesem Zeitpunkt trat auch der erste zivile kommerzielle Anbieter auf. Computer wurden nun weltweit immer erschwinglicher und vor allem durch Suchmaschinen (Browser) und Schreibprogramme einfacher zu bedienen. Ironischerweise war die US-Regierung, die nun bereits große Sorgen aufgrund der sicherheitspolitischen Probleme hatte, daran maßgeblich beteiligt. Heute (2013) sind rund zwei Millarden Menschen «vernetzt».[126] Ganz nebenbei revolutionierte sich damit auch erneut die ohnehin schon mobile und technikaffine US-Gesellschaft. Man konnte nun seinen gesamten Einkauf erledigen, ohne auch nur das Haus zu verlassen. Aber ohne Computer und Kreditkarte wurde nun selbst das Buchen von Reisen oder der Erwerb von Telefonkarten zum Problem. Auch der sogenannte E-Commerce eroberte danach den Globus. Nicht zuletzt wurde der Postverkehr so stark durch die Email revolutioniert, dass im Jahr 2011 der altehrwürdige U.S. Postal Service an den Rand des Bankrotts geriet. Viel zu wenige Amerikaner schicken heute noch herkömmliche Briefsendungen, die abfällig nur noch «Snail Mail» genannt werden. Bereits im Jahr 2010 summierten sich die weltweit versandten Emails auf rund 107 Billionen.[127] Allerdings verändern sich auch hier kontinuierlich die Gewohnheiten: Die Nutzung der Email in den USA wird heute bereits zunehmend uninteressanter. Gewinner sind im Augenblick die sogenannten Sozialen Netzwerke wie etwa die 2004 ursprünglich für Schüler und Studenten eingerichtete Plattform

Facebook, die sich ebenfalls zu einem globalen Erfolgsmodell entwickelt hat.[128] Aber auch der traditionelle Personalcomputer ist mitterweile auf dem Rückzug und wird bereits seit vielen Jahren durch mobile Einheiten wie den Laptop, das Netbook, den Tablet PC, vor allem aber durch internetfähige Smart Phones ersetzt.

Auch die virtuellen Welten treten bis heute amerikanisch auf. Wer sich hier zurecht finden will, ist bis heute in großen Teilen auf die englische Sprache, genauer das amerikanische Englisch angewiesen. Englisch hatte sich seit 1945 als globale Sprache der Wissenschaft, des Handels und – spätestens mit dem Internet – auch der Technik durchgesetzt. Auch bei der Einführung des allgemein zugänglichen weltweiten Netzes hatten die USA penibel darauf geachtet, dass die Router genannten Verteilstationen für das Internet ausschließlich in den USA standen. Dies hatte praktische, vor allem aber sicherheitspolitische Gründe. Zudem gelang es mit der 1998 eingeführten Google-Suchmaschine, einen amerikanischen Browser auf den Markt zu bringen, der im Jahre 2011 fast 80 Prozent aller Anfragen im Netz bediente. Dass die Nutzung des Internets zusätzlich amerikanisierte Verhaltensformen fördert, liegt auf der Hand. So ist es kein Zufall, dass gerade Diktaturen wie China oder der Iran das Internet radikal überwachen und zensieren und sogar mit dem Gedanken spielen, sich aus dem Netz ganz zu verabschieden.

Das Rätsel, warum die amerikanische Kultur ihren Siegeszug um die Welt antrat, lässt sich daher leicht zu lösen: Seit dem weltweiten US-Engagement war sie schlicht da, sie war überall leicht erhältlich und zugänglich und versprach manchmal sogar, revolutionär zu sein. Weltweit etablierten sich so selbst in den entlegensten Winkeln der Welt US-Produkte und mit ihnen nicht zuletzt die Grundideen des amerikanischen Lebensstils, die andere Traditionen nahezu lautlos in den Hintergrund geraten ließen. Globalisierung und Amerikanisierung, so zeigt sich, kann eben auch den Verlust von Vielfalt bedeuten.

Deshalb ist es nicht überraschend, dass all dies auch Anstöße für harsche Kritik bot, die bis zum klassischen Antiamerikanismus führen konnte. Zum primären Argument wurde der drohende Verlust nationaler Identität in einer angeblich von den USA dominierten Welt, zum zweiten die sicherlich in Teilen berechtigte Sorge vor einer Trivialisierung der Kultur insgesamt. Beide Argumente verbanden sich früh gegen die angebliche «Coca-Cola-Kultur» und bis heute gegen die Folgen der Globalisierung. So kämpfte man bereits in der Frühzeit der Bundesrepublik zeitweilig sogar an zwei Fronten, die sich im Nationalismus trafen. Man stritt einerseits gegen die Amerikanisierung, andererseits gegen den «Kulturbolschewismus» und verstand beides als Kampf gegen «die Auflösung der europäisch-abendländischen Kultur».[129] Eine ganz andere Wendung nahm die Kritik an der Amerikanisierung dort dann mit den «68ern». Die Kritik von Links an den USA betraf nun vor allem die globale Dominanz und die Hegemonialpolitik der Vereinigten Staaten. Die Heftigkeit der Angriffe ist häufig auch mit der Enttäuschung über das «wahre Gesicht Amerikas» erklärt worden, das sich viel weniger als das erhoffte Land der Emanzipation und des Liberalismus zeigte, als man erhofft hatte. Parallel dazu übernahmen gerade «die 68er» allerdings weit mehr amerikanische Verhaltensformen als andere und trugen so wohl am nachhaltigsten zur weiteren Amerikanisierung gerade auch der Universitäten bei.

Beides, Kritik an der politisch-kulturellen Dominanz der USA und Furcht vor dem Verlust der nationalen Identität, konnte man auch außerhalb Europas verfolgen, wo dem westlich-amerikanischen, aber auch östlich-sowjetischen Einfluss in den Regionen häufig allerdings ein Modell entgegengestellt wurde, das sich aus den jeweiligen nationalen und vor allem religiösen Traditionen bediente. Bezeichnenderweise richtete sich der häufig von religiösen Würdenträgern unterstützte Protest in diesen Staaten vor allem auch gegen die US-Kultureinrichtungen. Dies konnte man in Südvietnam ebenso beobachten wie etwa im Iran.[130]

XII. Die einzige Supermacht mit neuen Gegnern: Die USA seit 1991

Eine Neue Weltordnung

Das Ende des Kalten Krieges war für die Vereinigten Staaten aus mehreren Gründen ein tiefer Einschnitt. Zum einen war sein Ausgang Balsam für die durch den glücklosen Vietnamkrieg verunsicherten Amerikaner. Zum anderen schien es keinen ernsthaften Gegner mehr zu geben. Aus diesem Selbstverständnis heraus und vor dem Hintergrund eines lange gewachsenen Misstrauens gegenüber der UNO entwickelte sich die Überzeugung, dass unilaterales Vorgehen besser funktioniere als eine langwierige multilaterale Abstimmung mit Verbündeten und internationalen Organisationen.

Erinnerungskultur und Vergangenheitspolitik Ein nach außen präsentiertes Triumphgefühl kam aber in den USA ebenso wenig auf wie bei ihren westlichen Verbündeten. Es gab diesmal keinen «Victory Day», dafür aber gibt es eine bis heute allgemein verbreitete positive Erinnerung an den Kalten Krieg, wenngleich sie in keiner Weise mit der Erinnerungskultur des Zweiten Weltkriegs, des «Good War», konkurrieren kann. Veteranenverbänden, die nicht nur eine Würdigung ihres Einsatzes, sondern auch und teils vehement eine Erinnerungsstätte für den Sieg im Kalten Krieg forderten, kam man bereits 1991 durch die Einführung einer «Cold War Victory Medal» für Angehörige der amerikanischen Nationalgarde entgegen.

Tatsächlich erfreuen sich aber auch in der übrigen amerikanischen Öffentlichkeit die historischen Stätten des Kalten Krieges besonderer Beliebtheit. Ebenfalls schon 1991 reagierte Washington darauf mit einem Schutzprogramm für dessen Hinterlassenschaften, das sogenannte Legacy Resource Management Program. Dessen Aufgabe soll sein, «das fassbare ... Eigentum des Verteidigungsministeriums, das mit dem Kalten Krieg in Verbindung steht, zu inventarisieren, zu beschützen und zu erhalten».[1] Dafür wurden zunächst immerhin zehn, später fünfzig Millionen Dollar jährlich bereitgestellt. Ähnliche Erhaltungsmaßnahmen finanziert bis heute das US-Energieministerium, dem es um die Erhaltung jener Anlagen geht, die die ersten Nuklearwaffen herstellten. Angestrebt wird hier sogar die Aufnahme in die Liste des UNESCO-Weltkulturerbes. Mit dem Programm wurden gleichzeitig Raketensilos, Waffenparks und Bunker, teils auch in Privatinitiative, der Öffentlichkeit zugänglich gemacht. Allein durch den amerikanischen Westen verläuft außer den Trails, die im 19. Jahrhundert für die Erschließung des amerikanischen Westens unverzichtbar waren, eine fast fünftausend Kilometer lange «Cold War Route» (Werbung: «Where the Cold War was Won»). Hier können Interessierte unter anderem Stellungen der gigantischen Titan-Interkontinentalraketen, das verbunkerte, aber seit 2006 aufgegebene und nach El Paso County in Colorado auf die Peterson Air Force Base verlegte NORAD-Verteidigungszentrum oder auch die Atomforschungsanlagen von Los Alamos besuchen.[2] Neben der Pflege solcher «Historical Sites», die wie selbstverständlich neben anderen Erinnerungsorten etwa des Bürgerkriegs stehen, sind zudem eine ganze Reihe von Cold-War-Museen entstanden, davon ein sehr erfolgreiches in der Hauptstadt Washington, das sich allerdings fast ausschließlich mit dem Geheimdienstkrieg beschäftigt. Nicht zuletzt wurden in den USA zahlreiche Einrichtungen mit dem Namen Ronald Reagan versehen, jenes Präsidenten, der in den letzten beiden Phasen des Kalten Krieges in den 1980er Jahren die amerikanische Politik maßgeblich bestimmt hatte und der in seiner Rede vor dem Brandenburger Tor am 12. Juni 1987 «Mr. Gorbachev» aufgefordert hatte, «dieses Tor zu öffnen, … diese Mauer niederzureißen».[3] Umbenannt wurden auch der ehemalige National Airport in Washington D. C., ein 2003 in Dienst gestellter Flugzeugträger und diverse offizielle Gebäude in den USA.

Neuordnung der Welt Dass die USA dagegen seit 1991 sowohl unter dem republikanischen Präsidenten George Bush als auch unter Bill Clinton aus der Demokratischen Partei so zurückhaltend auf den unbestreitbaren Erfolg nach dem teils nah am Atomkrieg geführten Kalten Krieg reagierten, war insbesondere der unsicheren Situation in der UdSSR und ihren Nachfolgestaaten geschuldet. Zur Konkursmasse des sowjetischen Imperiums gehörten zum einen die traditionellen Zentren des Kalten Krieges.[4] Die in Ostmitteleuropa und auf dem Gebiet der ehemaligen UdSSR entstandenen neuen Nationalstaaten suchten neue Bindungen, wobei die Frage brisant wurde, in welche Bündnisstrukturen sie sich einordnen wollten. Am einfachsten war es für die ehemaligen ostmittel-europäischen Satellitenstaaten der UdSSR, die sich ohnehin traditionell Westeuropa verbunden fühlten. Polen, die ČSSR, Ungarn, Bulgarien, Rumänien, die Baltischen Staaten, schließlich auch Teile Jugoslawiens zielten unmittelbar nach Ende des Kalten Krieges auf die Aufnahme in die Europäische Gemeinschaft, die ab 1993 Europäische Union (EU) hieß. Für viele dieser Staaten war es einleuchtend, weil der Beginn des Kalten Krieges und die Blockbindung die Entwicklungshoffnungen nach dem Zweiten Weltkrieg jäh unterbrochen hatten. Dies betraf insbesondere jene Gebiete, die 1945 noch durch die US-Armee erreicht worden waren, so etwa die Tschechoslowakei. Vielfach waren solche Erwartungen auf «Befreiung» über Jahrzehnte im antikommunistischen Exil im Westen weiter gepflegt worden, wo sich auch in den USA, teilweise mit offizieller Unterstützung der Behörden, über die Jahrzehnte nationale «Widerstandsgruppen» gesammelt hatten.[5] Der Erweiterung der EU als Ergebnis der Beendigung des Kalten Krieges standen die Vereinigten Staaten ebenfalls nicht entgegen, im Gegenteil. In der Folgezeit übten sie sogar, wenn es um die Aufnahme als strategisch besonders wichtig erachteter neuer Verbündeter ging, einen gewissen Druck aus. Dies war nach der Jahrtausendwende im Fall des NATO-Partners Türkei zu beobachten, von dessen Aufnahme sich Washington positive Auswirkungen für den Nahen und Mittleren Osten versprach, dessen Beitritt aber auf absehbare Zeit nicht zustande kommen wird. Zunächst jedoch wurden 1995 drei bisher neutrale Staaten in die EU aufgenommen: Österreich, Finnland und Schweden. Bis 2007 folgten dann Ungarn, Polen, Tschechien, Estland, Slowenien, Lettland, Litauen, die Slowakei, Bulgarien und Rumänien, womit die EU auf 27 Staaten anwuchs. Dass damit gleichzeitig ein veritabler Konkurrent heranwuchs, der mit seinen rund fünfhundert Millionen Einwohnern sogar die Bevölkerungszahl der Vereinigten Staaten bei weitem übertrifft, entwickelte sich erst nach und nach zum Problem.

Militärische Neuorganisation Für die zweite zentrale Aufgabe nach dem Ende des Kalten Krieges hielt Washington die militärische Neuorganisation der nun überholten Blockstrukturen. Einen der größten gemeinsamen Erfolge für die NATO und den damals noch bestehenden Warschauer Pakt bildete die Abrüstung in Europa, die im 1990 geschlossenen KSE-Vertrag geregelt wurde. Allein hier waren rund 40 000 Großwaffensysteme zu vernichten und etwa 500 000 Soldaten abzuziehen. Vor allem die Abrüstung im vereinigten Deutschland ließ für viele zum ersten Mal die tatsächlichen militärischen Größenordnungen deutlich werden. Von den vorhandenen 7133 Kampfpanzern wurden 4166, von den 9598 gepanzerten Fahrzeugen sogar 6152 verschrottet oder in andere Länder verschenkt.[6] Noch drängender war die Frage, was mit den Atomwaffen passieren sollte. Schon während Gorbatschows Besuch in den USA am 1. Juni 1990 waren eine Verringerung strategischer Nuklearwaffen und ein Produktionsstopp chemischer Waffen vereinbart worden. Mit dem noch im Juli 1991 geschlossenen weiteren START-Vertrag wurden neue Rahmenbedingungen für die Zeit nach dem Kalten Krieg gesetzt. Die gemeinsam beschlossenen Obergrenzen von jeweils 8640 Sprengköpfen und das Verbot, Raketen mit mehr als zehn Sprengköpfen zu entwickeln, sollten das nukleare Gleichgewicht als Sicherheitskonzept bewahren, aber auf niedrigerem Niveau. 1992 verpflichteten sich Russland und die USA zu einer weiteren Reduzierung auf jeweils rund 3500 Gefechtsköpfe bis zum Jahr 2003. Eine vollständige Vernichtung der Atomwaffen war allerdings auch jetzt nicht geplant. Dagegen sprach ironischerweise unter anderem auch die immer rascher fortschreitende unkontrollierte Weiterverbreitung. Da während des Kalten Krieges allein von den Supermächten rund 1750 Tonnen hoch angereichertes Uran und etwa 230 Tonnen Plutonium hergestellt worden waren, lagerten allein in der GUS zu diesem Zeitpunkt bis zu 160 Tonnen Plutonium und etwa 900 Tonnen waffenfähiges Uran.[7]

Bereits Mitte 1994 tauchten zum ersten Mal geschmuggeltes Plutonium und Uran aus der ehemaligen sowjetischen Waffenproduktion in Deutschland auf. In der Regel war es von unterbezahlten oder arbeitslos gewordenen Angestellten der Institutionen verschoben worden. Diese «Hinterbliebenen des Kalten Krieges» zeigten sich als ein besonderes Problem, je mehr sich herausstellte, dass terroristische Gruppen und auch einige Staaten erhebliches Interesse an diesen Substanzen hatten. Allein Russland übernahm als einer der Nachfolgestaaten der UdSSR 920 Einrichtungen, die mit der Rüstungsforschung und der Entwicklung neuer Waffensysteme im Kalten Krieg beschäftigt gewesen waren. Bis 1995 wurden von diesen 270 geschlossen und mit ihnen rund 250 000 Personen entlassen.[8] Tatsächlich kursierten in den 1990er Jahren immer wieder Gerüchte, dass russische Techniker in Libyen, im Irak und Iran, in Pakistan und Nordkorea angeworben worden waren. Schon im November 1991 startete deshalb eine Gesetzesinitiative im US-Kongress, die schließlich in einem «Cooperative Nuclear Threat Reduction Program» mündete, das den arbeitslos gewordenen Waffenspezialisten des Kalten Krieges eine neue Perspektive anbieten wollte. Dies gelang, wie man in den folgenden Jahren sah, nur zum Teil. Einige Experten ließen sich etwa vom Iran oder wohl auch von Nordkorea anwerben. Beide sind heute zweifellos auf dem Weg zur Nuklearmacht.

Darüber hinaus bemühte man sich in den USA, ein Sicherheitskonzept zu entwickeln, das die gewissermaßen politisch orientierungslos gewordenen Staaten des ehemaligen Warschauer Pakts in Ostmitteleuropa auffangen, wenn möglich sogar als neue NATO-Mitglieder gewinnen, aber gleichzeitig Russland als politischen Nachfolger der Sowjetunion nicht brüskieren sollte. Dies war umso wichtiger, als man sichergehen wollte, die Nuklearwaffen der ehemaligen Sowjetunion unter Kontrolle zu halten. US-Präsident Clinton genehmigte deshalb bereits am 4. April 1993, ironischerweise zum Gründungsjubiläum der NATO 1949, ein Hilfspaket für Moskau. Die 1,6 Milliarden Dollar sollten die russische Wirtschaft stabilisieren, um damit gleichzeitig die demokratische Entwicklung zu fördern. Dies folgte, ohne dass es ausdrücklich thematisiert wurde, noch immer den traditionellen Prämissen, die US-Präsident Truman 1947 zur Grundlage der Containment Policy bestimmt hatte: Totalitäre Regime wachsen auf Armut und Hader und gedeihen immer dann besonders gut, wenn die Hoffnung auf ein besseres Leben erloschen ist. Die Deklaration, die anlässlich dieses Treffens von Clinton mit dem russischen Präsidenten Boris Jelzin in Vancouver abgegeben wurde, enthielt gleichzeitig die Vereinbarung einer amerikanisch-russischen Partnerschaft in der internationalen Politik und bei einer Kooperation bei Abrüstungsfragen.[9] Nur einen Monat später verzichteten die USA am 13. Mai 1993 auch auf das im Kalten Krieg so umstrittene, aber noch immer nur wenig funktionsfähige SDI-Programm zur Stationierung einer Raketenabwehr im Weltraum. Dies war umso wichtiger, als nach Gorbatschow sich nun auch Jelzin in Russland zunehmendem politischen Widerstand gegenübersah. 1996 konnte er nur mit viel Glück gegen den kommunistischen Herausforderer Gennadi A. Sjuganow bestehen, und 1998 musste Moskau in der schwersten Wirtschaftskrise nach 1991 sogar seine Zahlungsunfähigkeit einräumen.

In den USA aber stießen Teile der Abrüstungsvereinbarungen, insbesondere die Stornierung des Raketenabwehrsystems, auf zunehmenden Widerstand. Nachdem die im Senat seit 1994 dominierenden Republikaner bereits massiven Widerstand geleistet hatten, war es kaum überraschend, dass 2001, nur kurz nach der Wahl des republikanischen Nachfolgers von Clinton, George W. Bush, ein neues Programm für die Nationale Raketenabwehr (National Missile Defense, NMD) aufgelegt wurde. Es forderte vor allem Russland heraus, nicht zuletzt weil verschiedene ehemalige Mitglieder des aufgelösten Warschauer Pakts – unter anderem Polen – in das weltweite System eingebunden werden sollten. Trotz aller sonstigen innenpolitischen Querelen besteht in den USA bis heute parteiübergreifend der sicherheitspolitische Konsens, dass das Programm weiter verfolgt werden muss. Das machte auch die Entscheidung des auf Bush folgenden demokratischen Präsidenten Barack Obama im Jahr 2011 noch einmal deutlich, das NMD-System weiter auszubauen. Auch Clinton hatte trotz vereinbarter Partnerschaft mit Russland schon 1999 durchgesetzt, Ungarn, Polen und Tschechien in die NATO aufzunehmen. Im Jahr 2012 wurde das NMD betriebsbereit.

Zum selben Zeitpunkt erfolgte auf dem NATO-Gipfel in Washington die Verabschiedung des sogenannten Neuen Strategischen Konzepts, das nichts weniger war als die seit 1991 lange erwartete Neuorientierung der gesamten westlichen Sicherheitspolitik nach dem Kalten Krieg.[10] Es bestätigte einerseits die grundlegenden Werte und Aufgaben: «Das Bündnis», so hieß es in der offiziellen Presseerklärung, «verkörpert die transatlantische Bindung, die die Sicherheit Nordamerikas und die Sicherheit Europas auf Dauer verknüpft». Andererseits definierte es jedoch die militärischen Aufgaben sowie die Beziehungen zu den Staaten des ehemaligen Ostblocks grundsätzlich neu. Zu den neuen Aufgaben rechnete die US-Regierung nun auch Einsätze außerhalb des Bündnisgebietes. Schon zwischen März und Juni 1999 fand ein solcher Out-of-Area-Einsatz im Kosovo statt, wo die USA zusammen mit der NATO gegen das von Serbien geführte Rest-Jugoslawien antraten, das mit Gewalt versuchte, nicht nur das Staatsgebiet zusammenzuhalten, sondern gleichzeitig «alte Rechnungen» etwa mit den dortigen Muslimen und Albanern zu begleichen. Ein UNO-Mandat, wie es etwa für den Koreakrieg 1950 erreicht worden war, hatte man dafür nicht einmal mehr abgewartet, was als zusätzlicher Hinweis darauf zu verstehen war, wie wenig Interesse die Vereinigten Staaten noch an den Vereinten Nationen besaßen. Für sie zahlte Washington ohnehin kaum noch Beiträge. Für die kommenden Einsätze sollten aber dennoch die UNO und die OSZE-Kompetenzen genutzt werden. Internationale «Implementation Forces» (IFOR) und «Stabilisation Forces» (SFOR) wurden unter NATO-Kommando in den Kriegsgebieten auf dem Balkan eingesetzt.

Darüber hinaus bereiteten sich die USA zusammen mit ihren Verbündeten aber nun auch auf völlig neue Bedrohungsszenarien vor, die zwar grundsätzlich bekannt waren, aber erst nach der Jahrtausendwende deutlich sichtbar wurden. Bis heute ist in der Öffentlichkeit kaum bekannt, dass bereits im Sommer 2000, also noch im letzten Jahr der Clinton-Administration, ein Papier mit dem Titel *America's Military – Preparing for Tomorrow* veröffentlicht wurde, das die strategischen Planungen der USA für die nächsten zwanzig Jahre erläuterte. Darin wurden vor allem Maßnahmen zum Schutz vor den neuen «asymmetrischen» Bedrohungen – etwa durch den weltweiten Terrorismus und das Internet – vorgestellt, aber auch Überlegungen zur Fortführung der satellitengestützten Raketenabwehr.[11] Der Terrorismus, der schon aus der Zeit des Kalten Krieges bekannt war, hatte sich am 26. Februar 1993 mit dem Anschlag einer muslimischen Gruppe auf das World Trade Center in New York zurückgemeldet. Der sogenannte Cyber War, das heißt die Bedrohung der nationalen Sicherheit über Schadprogramme im Internet, war hingegen vor 1991 völlig unbekannt. 2010 nahm ihn die NATO schließlich ausdrücklich in die Liste der aktuellen Bedrohungen auf.[12]

Nuklearstrategie Am wichtigsten blieb jedoch eine unter den neuen Bedingungen handhabbare Nuklearstrategie, wie auch der amtierende Präsident Barack Obama seit 2009 wiederholt unterstrich. Seit den 1960er Jahren hatten die USA mit der Flexible Response eine Strategie verfolgt, die anders als die 1954 verkündete Massive Retaliation neben dem umfassenden Nuklearkrieg Varianten militärischer Antworten zuließ. Mit dem Verlust des alten Gegners Sowjetunion war auch sie obsolet geworden, wenngleich eine Nuklearstrategie mit Blick auf neue Gegner, die möglicherweise in Zukunft auch Atomwaffen zur Verfügung haben konnten, nicht überflüssig geworden war. Zwar existierten noch der 1968 mit Moskau ausgehandelte und 1970 in Kraft getretene Nichtverbreitungsvertrag (Treaty on the Non-Proliferation of Nuclear Weapons, NPT), bei dem es allein darum gegangen war, die Atomwaffen in einem exklusiven Kreis zu halten, um die Gefahr eines Nuklearkriegs zu begrenzen, was sich nach und nach als schier unlösbares Problem erwies.[13] Die Erstunterzeichner, USA, UdSSR und Großbritannien, waren allerdings mit ihrem Versuch, alle Länder – einerlei, ob sie nun überhaupt Nuklearwaffen besaßen oder nicht – zum Beitritt zu bewegen, rasch auf Widerstand gestoßen. Zwar traten bis zum Ende des Kalten Krieges über 140 Staaten bei. Gerade aber jene Länder, die auf nationaler Souveränität auch im Hinblick auf Atomwaffen beharrten und gleichzeitig fürchteten, ihr Beitritt würde eine zusätzliche Stärkung der großen Mächte bedeuten, verweigerten sich. Diese Widerstände waren schon vor 1991 quer zu den Fronten der Blöcke verlaufen. China und Frankreich traten erst 1991 und 1992 bei. Indien, das bei Abschluss des NPT kurz vor dem erfolgreichen Test einer eigenen Atombombe stand, verweigerte sich völlig und blieb – ebenso wie der Rivale Pakistan – dem Nichtverbreitungsvertrag auch nach dem Ende des Kalten Krieges fern. Israel, das seine Atomwaffen vor allem als legitimen Schutz gegen jene arabischen Staaten betrachtete, die sein Existenzrecht bestritten, lehnte ebenfalls den Beitritt ab. Die Kontrolle des NPT erwies sich überdies schon im Kalten Krieg als problematisch. Das zeigte sich insbesondere gegenüber Libyen, dem Iran, dem Irak, Südafrika und Nordkorea. Zwar fanden seit 1975 alle fünf Jahre Konferenzen dazu statt. In der Praxis jedoch konnte die Internationale Atomenergiebehörde nur registrieren, dass Staaten, die die Kontrolleure täuschten, in der Lage dazu waren, ihre Produktion fortzusetzen.

Die Antwort Washingtons nach dem Kalten Krieg bestand in der Neuauflage des schon bekannten Raketenabwehrschilds, die auch deshalb so kritisch außerhalb der Vereinigten Staaten aufgenommen wurde, weil der Plan bereits in den 1980er Jahren zu heftigen Diskussionen geführt hatte. Ein funktionierendes Abwehrsystem, das Raketen vielleicht schon im Anflug zerstören konnte, hätte die damals mühsam seit den 1970er Jahren aufgebaute Sicherheitsarchitektur aus den Angeln gehoben. Schließlich hatte der am 26. Mai 1972 geschlossene amerikanisch-sowjetische ABM-Vertrag ausdrücklich festgelegt, dass eine völlige Abwehr ausgeschlossen sein sollte, um die Abschreckung zu erhalten. Das von George W. Bush 2001 erneut angekündigte Antiraketenprogramm NMD, das gleichzeitig zur zentralen sicherheitspolitischen Initiative erklärt wurde, erforderte daher den Austritt aus dem ABM-Vertrag, der dann im September auch erfolgte. Als fast parallel dazu am 11. September 2001 muslimische Extremisten den berüchtigten Anschlag mit fast 3000 Toten verübten, rückten Nuklearstrategie und Strategie gegenüber dem Terrorismus geradezu automatisch zusammen, wie die ein Jahr später, am 17. September 2002, verkündete National Security Strategy zeigte.[14] Die auch als Bush-Doktrin bekannt gewordene Richtlinie sollte beides erreichen: Schutz vor Überraschungsangriffen von sogenannten Schurkenstaaten (Rogue States), die auch für den Angriff vom 11. September 2001 verantwortlich gemacht wurden, und vor jenen Staaten, die sich nicht in das NPT einbinden lassen wollten. Am 7. Dezember 2002 wurde der Aufbau der NMD offiziell bekanntgegeben, und fünf Jahre später waren schon über ein Dutzend Anlagen aufgebaut.

Dritte Welt und China Bushs Nationale Sicherheitstrategie vom September 2002 hatte angesichts des muslimischen Terrorismus ausdrücklich die Bedrohung der USA aus der Dritten Welt genannt. Das durch das Ende des Kalten Krieges hinterlassene Vakuum musste zweifellos Reaktionen auslösen. Weltweit gesehen wurden vor allem zwei Trends deutlich. Viel besorgniserregender als der Aufstieg Chinas, den die USA in den 1970er Jahren mit dem Shanghai-Kommuniqué noch selbst eingeleitet hatten, war zweifellos die Zunahme des radikalen Islamismus in der Dritten Welt. Bereits in den Jahren vor 1991 hatte sich gezeigt, dass die von den USA in diesem Teil der Welt zunächst als antikommunistische Kraft geförderten islamistischen Fundamentalisten sich zunehmend als Kämpfer für die Interessen der Dritten Welt zu etablieren suchten. Es war daher kein Zufall, dass mit dem Ende des antisowjetischen Dschihad in Afghanistan eine Art islamische Entwicklungshilfe einsetzte, und zwar nicht nur in islamischen Ländern an der ehemaligen Peripherie des Kalten Krieges wie etwa in Indonesien, sondern auch in Europa, wo sie auch in Albanien und Jugoslawien betrieben wurde. Neben Staaten tauchten nun zudem zahlreiche andere islamische Geldgeber auf. Dazu zählte nicht zuletzt das 1998 entstandene Netzwerk Al-Qaida, das auch für die Anschläge in New York am 11. September 2001 verantwortlich zeichnete.[15] Auch deshalb stieg sein Kopf, Osama Bin Laden, in Teilen der Dritten Welt zur politischen Ikone auf und wurde zeitweilig sogar wie ein Popstar gefeiert. Dem Islamismus war es gelungen, sich in Teilen der von den reichen Industrieländern alleingelassenen Dritten Welt erfolgreich als eine Art Integrationsideologie anzubieten. Der amerikanische Politologe und Berater des US-Außenministeriums Samuel P. Huntington leitete daraus schon 1993 und in seinem dann viel diskutierten Buch *The Clash of Civilizations* (1996) die These ab, ein neuer, ideologisch aufgeladener Kalter Krieg werde möglicherweise mit dem Islam, eventuell aber auch mit China geführt werden müssen.[16]

China war bis 1991 eine nuklear bewaffnete Großmacht des Kalten Krieges, aber im Schatten der Supermächte geblieben. Nur zeitweise war es ihm gelungen, einen aktiven politischen Part im großen Konflikt zu spielen. Auch als selbsternannter Vorreiter der Blockfreibewegung konnte Peking im Kalten Krieg nur wenige Erfolge erringen. Einer der größten war sicherlich die Ausbootung des «nationalchinesischen» Rivalen Taiwan. Mit Hilfe der USA, die China hier für die Zeit nach dem Ende des Vietnamkriegs als Ordnungsmacht etablieren wollten, durfte Peking 1971 Taiwans Sitz im UN-Sicherheitsrat einnehmen. Gleichzeitig wurden die Patrouillenfahrten der 7. US-Flotte in der Formosa-Straße eingestellt. Die «Anti-Hegemonie-Klausel» im Schlussmemorandum des amerikanisch-chinesischen Treffens von 1972, dem Shanghai-Kommuniqué, sollte aber vor allem auch die UdSSR in Ostasien eindämmen. Aus US-Sicht sollte die amerikanisch-chinesische Annäherung aber die Sowjets niemals ganz verschrecken. «Weltpolitik im Dreieck», die Aufnahme trilateraler Beziehungen (die sogenannten Linkages), wie sie US-Außenminister Kissinger verfolgte, hieß zwar weiterhin, gegenüber der anderen Seite im Kalten Krieg zu punkten, aber gleichzeitig die Situation nicht eskalieren zu lassen.[17]

Die Grenzen des Konsenses waren trotzdem erkennbar geblieben. Taiwans Integrität, so stellte das Kommuniqué auch klar, durfte nicht angetastet werden. Erst am 2. Januar 1979, lange nach dem Tod Maos, der immer wieder seinen ausdrücklichen Protest gegen die Annäherung an den Erzfeind USA angemeldet hatte, wurden offiziell diplomatische Beziehungen zwischen China und den USA aufgenommen. Dieser Kurs gegenüber Peking, der es allerdings immer vermied, China über Gebühr mit westlichem Know-how zu stärken, änderte sich erst unter Reagan wieder. Dennoch gelang es der Führung in Peking sogar nach der weltweit verurteilten blutigen Niederschlagung der Demokratiebewegung 1989, seinen Platz zu behaupten und sogar auszubauen. Nach dem Ende des Kalten Krieges gelang es China im Verlauf weniger Jahre, sich weiter für westliche Industrienationen zu empfehlen, vor allem aber, sich als Vormacht in Ostasien zu etablieren. Ironischerweise konnten sogar die antikommunistischen Frontstaaten, die mit amerikanischer Hilfe zunächst in der SEATO, dann in der ASEAN versammelt worden waren, als Wirtschaftspartner gewonnen werden. Gleichzeitig blieben jedoch die Rahmenbedingungen für einen möglichen Konflikt zwischen Peking und Washington vorgezeichnet. Insbesondere seine schier unaufhaltsam wachsende Stärke auf dem Weltmarkt bietet neben der Missachtung der Menschenrechte in China genügend Stoff, wie die diplomatischen Verwicklungen um den Bürgerrechtsaktivisten Chen Guang-cheng zeigten, der im Mai 2012 in die USA emigrieren durfte.

Weltpolizei

«Amerikas Schicksal ist», so die *Financial Times* 2003, «die Welt zu bewachen.»[18] Wie man die damit zusammenhängenden Konflikte führen könnte, präzisierte das Pentagon 2006 in einem dem US-Kongress vorgelegten Strategiepapier, das als zentralen Begriff den der «Langen Kriege» (Long Wars) einführte.[19] Vorbild blieb der erfolgreich geführte Kalte Krieg und hier insbesondere die 1953 etablierte integrative Containment-Liberation-Strategie. «Auf dem Höhepunkt des Kalten Krieges», so führte der damalige republikanische Mehrheitsführer im Senat, Trent Lott, in der Debatte zu dem von Präsident Clinton unterschriebenen Iraq Liberation Act, dem «Befreiungsgesetz für den Irak», am 7. Oktober 1998 aus, «unterstützten wir Freiheitskämpfer in Asien, Afrika und Lateinamerika, die willens waren, für eine demokratische Zukunft zu kämpfen und zu sterben. Wir können und sollten dasselbe nun im Irak tun … Ich glaube, Sie beginnen nun das strategische Argument zu verstehen, über Eindämmung [im Original: «Containment»] hinaus zu einer Politik der Zurückdrängung [im Original: «Policy of ‹Rollback›»] zu gelangen. Eindämmung allein genügt nicht.»[20]

Die Frage, ob Eindämmungspolitik ausreiche oder eine Befreiung anzustreben sei, hatte die USA bekanntlich bereits bei ihrer ersten Aufgabe als «Weltpolizist» im Koreakrieg ernsthaft beschäftigt. Angesichts der Tatsache, dass eine Befreiung Nordkoreas nur zum Preis eines (Atom-)Krieges mit China erreicht werden konnte, dem «falschen Krieg, zur falschen Zeit, gegen den falschen Gegner»,[21] wie General Omar Bradley als Chef der Joint Chiefs of Staff vermerkt hatte, war damals zugunsten der Eindämmung entschieden worden. Ein Atomkrieg durfte, falls überhaupt, allein mit dem Hauptgegner in Moskau geführt werden. «Kleine Kriege» an der Peripherie mussten konventionell ausgetragen werden. Dabei blieb es.

Wiedergefundener außenpolitischer Konsens Der Übergang von der Außenpolitik des Kalten Krieges zur Außenpolitik seiner Nachkriegszeit verlief also nicht nur deshalb so lautlos, weil zunächst die Republikanische Partei die Regierungspolitik weiter bestimmte oder weil während der 1980er Jahre sehr viel Mühe darauf verwandt worden war, die ideologische Begründung der Außenpolitik wieder stärker ins Bewusstsein zu rücken.[22] Auch der wiedergefundene Konsens durch das glückliche Ende des Kalten Krieges war nur ein Teil der Erklärung. Die wiedergefundene Basis der Übereinstimmung in der Außenpolitik zwischen Republikanern und Demokraten nach dem Desaster des Vietnamkriegs fand sich viel eher dort, wo die kollektive amerikanische Demütigung im Zuge der Geiselaffäre im Iran zwischen dem 4. November 1979 und dem 20. Januar 1981 so unübersehbar geworden war. Der Iran war aus Sicht beider Parteien schon damals ein klassischer «Schurkenstaat», wenngleich der Begriff damals noch nicht fiel. Zwar waren die außenpolitischen Interventionen der Reagan-Administration in den 1980er Jahren von teils heftiger Kritik der Demokraten begleitet – so in der berüchtigten Iran-Contra-Affäre –, doch bezog sich diese niemals auf grundsätzliche Fragen der Außenpolitik, unter die auch die «Polizeiaktionen» fielen. Die Operationen «Urgent Fury» in Grenada im Oktober 1983, «Golden Pheasant» in Honduras im März 1988 und wohl auch «Just Cause» in Panama im Dezember 1989 waren noch ausdrücklich zur Zurückdrängung kommunistischer Bedrohung im Bereich der Monroe-Doktrin geführt worden. So entschied sich Washington in Grenada, die Insel zu besetzen, nachdem zuvor der Premier Maurice Bishop ermordet worden war und ein linksgerichteter Militärrat die Macht übernommen hatte. Die Honduras-Operation wurde vor allem deshalb durchgeführt, weil zuvor aus dem benachbarten Nicaragua linksgerichtete Sandinisten auf honduranisches Gebiet vorgedrungen waren. Und Ende 1989 erschien es Reagans Nachfolger Bush wichtig, im strategisch überaus bedeutsamen Panama einzugreifen. Der zuvor geförderte Chef der Militärjunta, Manuel Noriega, war aufgrund seiner Weigerung, die gegen die Sandinisten in Nicaragua kämpfenden und aus Washington finanzierten Contras in seinem Land ausbilden zu lassen, in Ungnade gefallen. Allerdings hatte er bereits durch seine Annäherung an die Sowjets Verdacht erregt.

In der Rolle als Weltpolizist außerhalb ihres engeren Interessengebiets zeigten sich die USA dann in zwei zentralen Konflikten der 1990er Jahre:[23] im zerfallenden Jugoslawien 1992 und im Zweiten Golfkrieg 1990/91.

Jugoslawienkrieg In Jugoslawien hatte Tito seit seinem Bruch mit Moskau 1948/49 und seiner Entscheidung für die Blockfreiheit 1955/61 sehr erfolgreich zwischen den Blöcken balancieren und vor allem ein gutes Verhältnis zu den USA bewahren können.[24] Lange Zeit war man in Washington sogar fest davon überzeugt, dass sich Tito bewusst auf die Seite des Westens geschlagen habe, was allerdings seine später veröffentlichten Briefe an Stalin widerlegten. Sein Tod am 4. Mai 1980 hatte zunächst nur die Fragilität des zwischen den Nationalitäten ausgehandelten Gleichgewichts wieder deutlicher sichtbar gemacht. Als aber im Mai 1987 mit Slobodan Milošević ein dezidierter serbischer Nationalist die Präsidentschaft Jugoslawiens übernahm, eskalierte die Situation rasch. Im Sommer 1989 schließlich erreichte die nationalistische Mobilisierung

Serbiens bei der 600-Jahr-Feier der Schlacht gegen die Türken auf dem Amselfeld (Kosovo Polje) ihren einstweiligen Höhepunkt.

Die Infragestellung der von Tito zugesicherten Autonomie in den Provinzen Kosovo und Wojwodina wirkte sofort auf die Einzelrepubliken, was aber in den USA wie im gesamten Westen in seiner Tragweite zunächst nicht wirklich wahrgenommen wurde. Zu gebannt schaute man auf die UdSSR und ihre Satellitenstaaten. Jugoslawien schien kaum etwas mit dem von Gorbatschow begonnenen Umbruch in Ostmitteleuropa zu tun zu haben. Doch die sowjetischen Reformen hatten auch in Jugoslawien ihre Spuren im politischen Selbstbewusstsein der nicht-serbischen Republiken hinterlassen. So gewann die Krise rasch an Fahrt. Als Slowenien 1989 demonstrativ den besonders hart vom serbischen Nationalismus betroffenen Kosovo-Albanern seine Unterstützung anbot, verhängte Milošević sofort einen Handelsboykott, auf den die ökonomisch starke slowenische Teilrepublik wiederum mit einer Einstellung ihrer Zahlungen an die Bundeskasse in Belgrad reagierte. Die Staatskrise war in dem Moment perfekt, als die slowenischen Kommunisten im Februar 1990 auf dem Parteitag der jugoslawischen KP demonstrativ aus dem Bund austraten. Nach den ersten freien Wahlen im April 1990 erklärte sich Slowenien als erster Teil Jugoslawiens am 25. Juni 1991 für unabhängig. Noch am selben Tag folgte auch Kroatien.

Anders als man in Washington und im Westen allgemein gehofft hatte, war damit die verfahrene Situation nicht gelöst. Als im Dezember 1991 die von Serben bewohnten Gebiete im unabhängigen Kroatien ihren Anschluss an Serbien erklärten, entwickelte sich daraus ein blutiger Bürgerkrieg. Dieser hatte zwar nichts mehr mit den Fronten des Kalten Krieges zu tun, forderte aber letztendlich auch das Engagement Washingtons, weil die Europäer schon hier zu einer Lösung des Konflikts nicht allein in der Lage waren. Als UN-Sonderbeauftragter konnte der ehemalige US-Außenminister unter Präsident Carter, Cyrus Vance, am 2. Januar 1992 tatsächlich einen Friedensplan zwischen Kroatien und Serbien vermitteln sowie die Stationierung von Truppen der Vereinten Nationen (UNPROFOR) im umkämpften Gebiet erreichen. Der UN-Sicherheitsrat schickte sie bereits mit Beschluss vom 21. Februar auf den Weg und ihre Mission wurde bis 1995 immer wieder verlängert.

Das Mandat beschränkte sich allerdings weitgehend auf die Anwesenheit von UN-Truppen, nicht die Verhinderung von Gewalt. So konnten selbst in den sogenannten Schutzzonen Gewaltexzesse nicht unterbunden werden. Die Morde an Zivilisten, begangen von serbischen Truppen in den bosnischen Städten Srebrenica und Žepa im Juli 1995, führten im folgenden Monat schließlich zur Entscheidung Präsident Clintons, eigene Kampfflugzeuge an den NATO-Luftangriffen unter anderem auf die bosnische Stadt Sarajevo zu beteiligen, um die Belagerung durch die Serben zu beenden. Den Höhepunkt erreichte das außenpolitische Engagement mit dem am 21. November 1995 von Richard Holbrooke vorbereiteten Waffenstillstand zwischen Serben, Kroaten und Bosniern. Dem in Ohio ausgehandelten sogenannten Dayton-Abkommen folgte am 14. Dezember offiziell die Unterzeichnung eines Friedensabkommens in Paris.

Für die folgende Friedenssicherung stellte der US-Kongress sogar rund 20000 Soldaten zur Verfügung (Operation «Joint Endeavor»). Das erhoffte Ende des Konflikts war damit allerdings noch nicht erreicht. Während das im amerikanischen Dayton geschlossene Abkommen auf dem bosnischen Kriegsschauplatz scheinbar für Ruhe sorgte, kam es im Kosovo seit 1997 zu neuen Zusammenstößen zwischen serbischen Einheiten und der albanischen Befreiungsorganisation UÇK. Auch hier versuchte man zunächst, mit weiteren UN-Resolutionen (Res. 1160 vom 31. 3. 1998; Res. 1199 vom 23. 9. 1998), die erneut zunehmende Gewalt vor allem gegen die Zivilbevölkerung einzudämmen. Aber erst die von der NATO seit dem 24. März 1999 unter dem Befehl von US-General Wesley Clark im Rahmen der Operation «Allied Force» begonnenen Luftangriffe veranlassten das serbische Parlament am 3. Juni schließlich dazu, dem Friedensplan zuzustimmen und seine serbischen Truppen aus dem Kosovo abzuziehen. Am 21. Juni 1999 war die in erster Linie von amerikanischen Einheiten durchgeführte Operation abgeschlossen; drei Tage später war der Krieg zumindest offiziell beendet. Aber auch hier blieb ein ständiger Krisenherd erhalten.

Der Zweite Golfkrieg und seine Folgen Aus Sicht Washingtons war allerdings der ebenfalls noch vor dem Abschluss des Kalten Krieges beginnende Zweite Golfkrieg zwischen dem 17. Januar und 28. Februar 1991 bedeutender. Auch hier verstand Washington seine Initiative als Polizeiaktion. Sie wurde schließlich sogar zur größten militärischen Intervention der USA im Auftrag der UNO seit dem Koreakrieg, endete aber für die Amerikaner auch mindestens ebenso unbefriedigend. Ausgangspunkt war am 2. August 1990 der Einmarsch irakischer Truppen in Kuwait. Saddam Hussein, der Diktator in Bagdad, hatte die internationalen

Turbulenzen des ausgehenden Ost-West-Konflikts dafür nutzen wollen, einen alten Plan umzusetzen und das Nachbarland, das vom Irak traditionell lediglich als abtrünnige Provinz betrachtet wurde, zu besetzen. Die Voraussetzungen waren an sich nicht ungünstig. Nachdem 1979/81 über fünfzig amerikanische Diplomaten im Nachbarland Iran als Geisel gedemütigt worden waren und Bagdad 1980 einen acht Jahre dauernden blutigen Grenzkrieg mit dem 1979 installierten neuen islamistischen Regime um den Ajatollah Chomeini begonnen hatte, galt der Irak Saddams als ein gewisser Stabilitätsfaktor in der weltpolitisch überaus wichtigen Region. Warum die US-Regierung Saddam fallen ließ, nachdem sie ihn 1988 sogar noch gegen internationale Vorwürfe wegen eines Giftgaseinsatzes gegen Kurden im Nordirak in Schutz genommen hatte, ist ebenfalls nur vor dem Hintergrund der zu Ende gehenden Epoche des Kalten Krieges erklärbar.

Hinter der Entscheidung Washingtons, im Mittleren Osten einzugreifen, stand in erster Linie die Carter-Doktrin aus dem Jahr 1980, die eine amerikanische Intervention für den Fall ankündigte, dass die Erdölgebiete der Region und damit die Versorgungssicherheit der USA und der westlichen Welt bedroht würden. Bereits am 8. August 1990, nur wenige Tage nach dem irakischen Einmarsch, hatte die US-Regierung unter George Bush Truppen in das dem kleinen Emirat Kuwait benachbarte Saudi-Arabien auf den Weg gebracht (Operation «Desert Shield»). Nachdem am 29. November auch die entscheidende Resolution 678 den UNO-Sicherheitsrat passiert hatte, begann am 17. Januar 1991 der Angriff auf Kuwait, um es von irakischer Herrschaft zu befreien (Operation «Desert Storm»). In diesem sogenannten Zweiten Golfkrieg setzten die USA im Bündnis mit 33 Staaten neben rund 660 000 Soldaten – das waren mehr als im Vietnamkrieg – ihre erdrückende Materialüberlegenheit ein. Weitere Länder, so Deutschland und Japan, lieferten anderweitige Unterstützung, griffen aber nicht selbst ein.

Die militärischen Auseinandersetzungen verliefen deshalb auch ohne große Überraschungen. Nach massiven Luftangriffen mit Kampfflugzeugen und Marschflugkörpern hatte der Irak bereits kurz danach den Großteil seiner Luftabwehr bei nur kleinen Verlusten der Amerikaner verloren. Nach eigenen Angaben büßten die USA insgesamt dreißig Flugzeuge ein. Erst über einen Monat später, am 24. Februar, begann der eigentliche Einmarsch. Bereits drei Tage später war die Hauptstadt Kuwait City besetzt. Einen Tag später stellten die USA die Kampfhandlungen ein. Während der militärische Sieg problemlos gelang, wurde

der Zweite Irakkrieg ebenso wie der über zehn Jahre später folgende
Dritte Golfkrieg allerdings zu einer massiven Umweltkatastrophe.
Schon 1991 zündeten die abziehenden irakischen Truppen die Ölquellen
Kuwaits an.

Dass für die Polizeiaktion am Golf 1991 zwar die Carter-Doktrin
zentral war, aber ebenso die traditionelle Containment-Liberation-Strategie aus dem Jahr 1953, machte Präsident Bush sogar unter Berufung
auf Thomas Paine, einen der Gründerväter der USA, explizit deutlich:
Es gehe um einen rechtmäßigen Befreiungskrieg zur Eindämmung
eines Despoten.[25] Dennoch wurde vor allem gegenüber der Weltöffent-
lichkeit auch deutlich gemacht, dass die USA nur deswegen eingriffen,
weil sich im Augenblick für diese Aufgabe kein anderer finde.[26] Tatsächlich zeigte gerade der Zweite Golfkrieg, dass nach dem Kalten Krieg
nur noch die USA die militärischen Möglichkeiten besaßen, einen solchen Krieg zu führen. Daran hat sich bis heute nichts geändert. Dies
zeigte insbesondere der Bürgerkrieg in Libyen, in den trotz anfäng-
licher demonstrativer Zurückhaltung der USA seit dem 19. März 2011
schließlich wieder Washington eingebunden wurde, da sich in Europa
nur Großbritannien und Frankreich zur militärischen Unterstützung
der Opposition bereitfanden.

Selbstverständlich war auch der Befreiungskrieg für Kuwait in der
Form, wie er stattfand, nur in der Dritten Welt und auch nur am Ende
des Kalten Krieges denkbar. Er wurde von Anfang an als eine begrenzte
Operation mit dem klar umrissenen Ziel geplant, die legitime Regierung
Kuwaits wieder einzusetzen, und er sollte keinesfalls weitere Verwicklun-
gen nach sich ziehen. Tatsächlich griff die UdSSR, die zudem mit ihrem
Rückzug aus Osteuropa und Teilen der Dritten Welt beschäftigt war,
nicht ein. Es gab auch keine Waffenunterstützung für Bagdad mehr.
Internationale Parteinahmen wie etwa im Koreakrieg 1950, die nicht nur
einen langen Konflikt, sondern überdies einen für alle Seiten unbefriedigenden Ausgang nach sich zogen, standen nicht mehr zu befürchten.
Der Konflikt blieb begrenzt, und am Ende des Kalten Krieges war auch
Moskau gewillt, ihn als solchen zu lösen. So ging die Waffenruhe, um die
der irakische Machthaber Saddam Hussein schon am 22. Februar 1991
ersuchte, schließlich auf sowjetische Vermittlung zurück. Dass der Einsatz für Bush dennoch unbefriedigend endete, hing vor allem damit zusammen, dass die «Eindämmung» des irakischen Diktators zwar gelungen war, der Despot aber als regionaler Stabilitätsfaktor im Amt blieb.
Eine «Befreiung» hatte nur teilweise stattgefunden. Mittelfristig trug

dies dazu bei, dass sein Sohn, George W. Bush, 2003 seinen, den Dritten Golfkrieg gegen Saddam führte.

Der aus US-Sicht relativ leicht und mit 383 Toten vergleichsweise geringen eigenen Verlusten erreichte Sieg über den irakischen Diktator 1991 stärkte zum einen das politische Selbstbewusstsein der Amerikaner, auch weil es im Nahen und Mittleren Osten seit dem Desaster von Teheran 1979/81 kaum Erfolge gegeben hatte.[27] Nach und nach wurden allerdings auch mehr unangenehme Einzelheiten über den von der Regierung Bush geführten Zweiten Golfkrieg bekannt. Dazu gehörten insbesondere die von der US-Regierung gezielt manipulierten Informationen über die Kampfhandlungen, mit denen man die Fehler in der Öffentlichkeitsarbeit während des Vietnamkriegs zu vermeiden suchte, die damals für die Niederlage in Südostasien mitverantwortlich gemacht wurden. Presseinformationen waren gerade im Golfkrieg massiv durch das Militär zensiert worden und in der Regel nur an handverlesene Journalisten gegangen. Darüber hinaus waren Medienvertreter mit besonders wohlwollender Berichterstattung bevorzugt worden. Zu ihnen gehörte etwa der einschlägige konservative Sender Fox. Besonders CNN allerdings war von der Bush-Administration mit Informationen versorgt worden und hatte mit seinen Bildern von amerikanischen Angriffen auf Bagdad entsprechend hohe Einschaltquoten erreichen können. Als besonders perfide Art der Medienmanipulation wurden Falschinformationen empfunden, so etwa über angebliche Gräueltaten irakischer Truppen in kuwaitischen Krankenhäusern. Auch dies sollte sich während des Dritten Golfkriegs 2003 wiederholen.

Trotz des auf den ersten Blick eigentlich grandiosen militärischen Erfolgs über den Despoten in Bagdad hinterließ das unbefriedigende Ende für die USA zudem eine Reihe von neuen ungelösten Konflikten, die erst nach und nach in ihrer ganzen Tragweite erkennbar wurden. Der Ausgang des Krieges am Golf verärgerte vor allem die Hardliner in der Republikanischen Partei und in konservativen Lobbyorganisationen wie dem einschlägigen Project for the New American Century (PNAC). Um William Kristol, der in den 1970er und vor allem in den 1980er Jahren mit *Commentary* bereits eine wichtige meinungsbildende Zeitschrift des sich neu organisierenden Neokonservativismus herausgegeben hatte, sammelten sich bereits seit 1997 einschlägige Befürworter eines neuen Krieges gegen den Irak. In diesem Kreis waren nicht nur Politiker wie Donald Rumsfeld, der dann zwischen 2001 und 2006 amtierende Verteidigungsminister, vertreten. Hier trafen sich auch bedeutende Politikberater wie der schon an anderer Stelle erwähnte US-Politologe Francis Fukuyama, der 1989/92 mit *The End of History and the Last Man* eine bezeichnende Interpretation des Kalten Krieges als Sieg westlicher Werte vorgelegt hatte. Insbesondere das 1998 von der PNAC an den amtierenden demokratischen Präsidenten Bill Clinton gesandte Schreiben war Ausdruck dieser Unzufriedenheit. Weitere bekannte Neokonservative wie Robert Kagan, Paul Wolfowitz, Richard Perle, Robert Zoellick, Paula Dobriansky, John Bolton, Zalmay Khalizad und Richard Armitage hatten es unterzeichnet. Viele von ihnen rückten später auch in die 2001 gebildete republikanische Regierung George W. Bush ein. Sie forderten von Clinton, endlich die «Eindämmungspolitik» durch aktivere Maßnahmen – notfalls Krieg – zu ersetzen, um Saddam zu beseitigen.[28]

Bill Clinton hatte, wie sein Vorgänger George Bush, bis 1993 wie im Kalten Krieg einerseits auf die Förderung der Opposition gesetzt, wozu die Unterstützung der irakischen Emigration ebenso gehörte wie einschlägige Befreiungssender. Andererseits versuchte man, die von der UNO verhängten Wirtschaftssanktionen und Waffeninspektionen durchzusetzen, die verhindern sollten, dass der Irak ABC-Waffen herstellte. Nicht nur das grundsätzliche amerikanische Misstrauen gegenüber der UNO, sondern auch die Form der Kontrollen sorgten in den folgenden Jahren allerdings für erhebliche Kontroversen. Man weiß, dass bereits die Clinton-Administration die Prüfungen irakischer Anlagen auch zur geheimdienstlichen Aufklärung nutzte. Einen wirklichen Beweis, dass der Irak Saddam Husseins an Atomwaffen arbeitete, konnte allerdings niemals erbracht werden. Stattdessen fanden sich verschiedene Hinweise, dass Bagdad chemische Waffen herstellte und möglicherweise biologische Waffen zumindest vorbereitete. Im Kurdengebiet im Norden des Irak war jedenfalls bereits am 16. und 17. März 1988 beim berüchtigten Giftgasangriff irakischer Einheiten auf die Stadt Halabdscha eine unbekannte Anzahl von Menschen getötet worden.

Wohl auch deshalb wurden die ABC-Waffen in der sogenannten Cheney-Doktrin zum zentralen Argument der neuen Bush-Regierung, um einen weiteren Angriff auf den Irak zu begründen. Geoge W. Bushs mächtiger Vizepräsident Richard «Dick» Cheney hatte bereits im November 2001, also kurz nach dem Terroranschlag vom 11. September 2001, erklärt, dass in der Frage der Massenvernichtungswaffen selbst eine verschwindend kleine Wahrscheinlichkeit von nur einem Prozent genüge, um den Irak anzugreifen.[29] Das, was Cheney hier vorschlug, entsprach, um im Bild der Weltpolizei zu bleiben, in etwa der Vorstellung der sogenannten Vorbeugenden Verbrechensbekämpfung. Aus gutem Grund fehlen im Völkerrecht bis heute allerdings solche Präemptivkriege, die geführt werden, um eine erst aufkeimende Gefahr weit im Vorfeld zu beseitigen.

Die Überlegungen des Vizepräsidenten fußten auf der bereits angesprochenen Bush-Doktrin, also jenen Ausführungen, die George W. Bush vor dem Kongress am 20. September 2001 kurz nach den verheerenden Angriffen des «9/11» machte und in der er erstmals Gedanken zur Neuformulierung der amerikanischen Globalstrategie darlegte. Fast auf den Tag genau ein Jahr später, am 17. September 2002, wurden diese – ausformuliert als National Security Strategy – offiziell.[30] Wie schon in den Jahren zuvor seine Vorgänger Bill Clinton und George Bush berief sich auch George W. Bush auf die als erfolgreich angesehene Containment-Liberation-Strategie im Kalten Krieg. Rhetorisch waren aber vor allem Anklänge an die Truman-Doktrin von 1947 und Kennedys «Strategie des Friedens» von 1960/63 unübersehbar. Man kann dies als Hinweis verstehen, dass nicht nur der Schulterschluss mit der Demokratischen Partei gesucht wurde, sondern Außenpolitik wie im Kalten Krieg als überparteiliche Angelegenheit verstanden wurde. Dies hatte auch Clinton in seinem Irak-Befreiungsgesetz 1998 erkennen lassen. «Die großen Auseinandersetzungen des 20. Jahrhunderts zwischen Freiheit und Totalitarismus», so hieß es in der National Security Strategy, «endeten mit einem deutlichen Sieg für die freiheitlichen Kräfte und einem einzigen nachhaltigen Modell für nationalen Erfolg: Freiheit, Demokratie und freies Unternehmertum.» Die internationale Gemeinschaft habe seit dem 17. Jahrhundert «jetzt die beste Chance, eine Welt zu schaffen, in der die Großmächte in Frieden konkurrieren, statt sich fortwährend auf einen Krieg vorzubereiten. Die Großmächte der Welt befinden sich jetzt auf derselben Seite – geeint durch die gemeinsame Bedrohung durch terroristische Gewalt und Chaos ... Wir werden uns aktiv dafür einsetzen, die Hoffnung auf Demokratie, Entwicklung, freie Märkte und freien Handel in jeden Winkel der Erde zu tragen. Die Ereignisse am 11. September 2001 haben uns gelehrt, dass schwache Staaten wie Afghanistan eine ebenso große Gefahr für unsere nationalen Interessen darstellen können wie starke Staaten. Armut macht arme Menschen nicht zu Terroristen oder Mördern. Dennoch können Armut, schwache Institutionen und Korruption schwache Staaten anfällig für Terrornetzwerke und Drogenkartelle machen. Die Vereinigten Staaten werden jedem Land zur Seite stehen, das entschlossen ist, eine bessere Zukunft zu schaffen, indem es seinen Bürgern die Vorzüge der Freiheit gewährt. Freier Handel und freie Märkte haben bewiesen, dass sich ganze Gesellschaften durch sie aus der Armut befreien konnten. Die Vereinigten Staaten werden daher mit einzelnen Ländern, ganzen Regionen und allen handeltreibenden Staaten an einer Welt arbeiten, in der in Freiheit Handel betrieben wird und deren Wohlstand dadurch wächst.»[31]

Ironischerweise schuf der Zweite Golfkrieg 1991 nicht nur durch den für Washington unbefriedigenden Ausgang die Basis für den Dritten Golfkrieg. Aus Sicht der Täter des 11. September 2001 bildete die zur Befreiung Kuwaits in Saudi-Arabien zusammengezogene massive amerikanisch-westliche Streitmacht eine wesentliche Begründung für die Terroranschläge. «Ungläubige» in dem Land, das gleichzeitig die heiligsten Stätten des Islam in Mekka und Medina beherbergt, waren allerdings nicht nur für die radikalen Muslime ein Affront. Für die USA waren zwar die Saudis die sichersten Verbündeten in der Region. Schon seit langem, besonders seit der Islamischen Revolution im Iran 1978/79 und der fast zeitgleich beginnenden sowjetischen Invasion in Afghanistan hatte der saudische König Fahd eine immer stärkere Anlehnung an Washington gesucht. Schon damals und erst recht seit dem Ende des Kalten Krieges 1991 war aber die Kritik in Saudi-Arabien an der Anwesenheit der «Ungläubigen» nicht verstummt und dies sollte auch so bleiben. Heute weiß man, dass die radikalen Islamisten sich bereits seit dem Zweiten Golfkrieg 1991 auf Anschläge gegen den Westen und vor allem die USA konzentrierten. Das erste Attentat auf das World Trade Center im Jahr 1993, die Angriffe auf die US-Botschaften in Tansania und Kenia 1998 sowie auf den amerikanischen Zerstörer «USS Cole» im Jemen im Jahr 2000 waren jeweils bereits von Al-Qaida organisiert.

Rückkehr eines alten Feindes: Der 11. September 2001

Die problematischen Beziehungen der USA mit der islamischen Welt hatten eine lange Tradition. Besondere Bedeutung gewann dabei die Verpflichtung Washingtons ab 1948, die Existenz Israels zu sichern. Damit gerieten die USA in das Visier des arabischen Nationalismus und radikaler arabischer Gruppen. In der 1944/45 gegründeten Arabischen Liga, die schließlich in Afrika und im angrenzenden Nahen und Mittleren Osten sogar als kollektives Verteidigungs- und Wirtschaftsbündnis galt, spielte nicht nur der Antiamerikanismus, sondern auch der politische Islamismus bereits die Rolle einer Integrationsideologie.[32] Die Mechanismen des Kalten Krieges, in denen sich der Ostblock zeitweise ebenso kompromisslos auf die Seite der arabischen Welt stellte wie der Westen auf die Seite Israels, taten ein Übriges.

Entstehung des «modernen Terrorismus» Dies zeigte insbesondere das Beispiel der 1964 gegründeten radikalen palästinensischen Gruppe PLO, die in den USA wie im Westen als Terrorgruppe, im Ostblock dagegen als Befreiungsorganisation galt. Die verarmten und politisch radikalisierten Bewohner der Flüchtlingslager in Palästina bildeten dabei ein nahezu unerschöpfliches Rekrutierungsreservoir für arabische Gruppen, die sich der Bekämpfung Israels und ihrer Unterstützer, insbesondere der USA, verschrieben hatten. Unter diesen Vorzeichen sammelte sich mit der gleichen Zwangsläufigkeit der weitere antiamerikanische und antiwestliche Protest als pro-palästinensische Bewegung. Dies zeigte sich auch im linksradikalen Teil der westdeutschen Studentenbewegung und im Linksterrorismus, in dem seit den 1960er Jahren neben dem Vietnamkrieg der Antizionismus und die Palästinafrage zu zentralen Themen wurden.

Nicht aber die PLO, sondern eine ihrer sechs Einzelgruppen, die von der Fatah abgespaltene Volksfront zur Befreiung Palästinas (PFLP), begann ab 1968 mit gezielten internationalen Terroraktionen gegen Israel. Das war gleichzeitig der Beginn einer völlig neuen Strategie der arabischen Freischärler, die bislang nur Einrichtungen auf israelischem Staatsgebiet angegriffen hatten. Nun wurde zum ersten Mal gezielt ein internationaler Flug der staatlichen israelischen Luftfahrtgesellschaft El Al entführt, um Gruppenmitglieder aus der Haft freizupressen. Im Rückblick lag hier sogar der Beginn des «modernen Terrorismus», der bis heute vor allem auf öffentliche Wahrnehmung zielt.[33] Die meiste internationale Aufmerksamkeit erzielten indes die palästinensischen Anschläge während der Olympischen Spiele 1972 in München, bei denen elf israelische Sportler ermordet wurden. Hier zeigte sich zum ersten Mal öffentlich auch die internationale Vernetzung des antiamerikanisch-antiwestlichen Terrorismus im Kalten Krieg.

Trotz des letztendlich blutig gescheiterten Versuchs konnte die arabisch-palästinensische Bewegung daraus allerdings einen Erfolg ziehen. Man hat es als ein Ergebnis dieses Anschlags verstanden, dass PLO-Führer Jassir Arafat wenig später die Einladung erhielt, vor der UNO zu sprechen, und dass es ihm bis zum Ende der 1970er Jahre gelang, sich sogar in der internationalen Diplomatie zu etablieren. Die PLO unterhielt schließlich sogar mehr diplomatische Beziehungen zu anderen Staaten als ihr Hauptgegner Israel. Dennoch blieb ein eigener palästinensischer Staat während des Kalten Krieges unerreicht. Dass dieses größte politische Ziel scheiterte, bildete die Grundlage für eine neue Phase des palästinensischen Kampfes. Parallel zur sogenannten (Ersten) Intifada (ab 1987), einem Aufstand der Palästinenser im Gazastreifen und im Westjordanland, der Tausende von Toten kostete, begründete sich der antiisraelische Terrorismus nun zum ersten Mal explizit religiös. Jetzt gründete sich die Bewegung des islamischen Widerstands (Hamas), die nun begann, ihren Heiligen Krieg, den Dschihad, gegen Israel und seine Unterstützer, insbesondere auch die USA, zu führen.

Auf welcher Seite dieser Islamismus in den letzten Jahren des Kalten Krieges stand, war jedoch eigentlich nicht mehr so eindeutig zu bestimmen. Wie die Blockfreienbewegung hatten auch die Vertreter des politischen Islamismus längst gelernt, die Fronten des globalen Konflikts für sich zu nutzen. So gerieten die USA zwar im Iran durch die Unterstützung des ungeliebten Schah, der durch seinen Modernisierungskurs die muslimische Geistlichkeit des Landes gegen sich aufgebracht hatte, in das Visier der Islamisten. Dies verhinderte aber nicht die Annahme amerikanischer Waffenlieferungen im Kampf gegen die sowjetische Invasion in Afghanistan. So entstand seit Dezember 1979 die merkwürdige Situation, dass die USA zwar die antisowjetischen muslimischen Partisanen, die ihren «Heiligen Krieg» gegen die Sowjets führten, unterstützten, dies aber selbstverständlich nicht als Hilfe für den Islamismus oder gar den Terrorismus verstanden.[34] In derselben Weise interpretierten islamistische Gruppierungen wie Al-Qaida die Zusammenarbeit mit Washington nur als strategisch notwendig.

Unterstützung der Mudschaheddin im Afghanistankrieg Schon seit 1919 hatte Moskau das bis 1973 monarchisch regierte, islamische und traditionell in Stämmen organisierte Nachbarland Afghanistan mit Militär- und Entwicklungshilfe unterstützt, auch als es nach dem Zweiten Weltkrieg offiziell als blockfrei galt. Wie die Amerikaner im Iran förderte die UdSSR ausdrücklich die industrielle und gesellschaftliche Modernisierung und forcierte damit den nationalen Widerstand. Der entscheidende Schritt zum antisowjetischen Kampf und schließlich islamistischen Staat folgte nach der Beseitigung der Monarchie 1973 und der Einrichtung eines dezidiert sowjetischen Regimes unter Babrak Karmal 1979, was sofort den Widerstand der Stämme herausforderte. Die Entscheidung Moskaus, in Afghanistan einzumarschieren, war so auch von der Überlegung bestimmt, den Islam als politische Kraft zurückzudrängen. Generell befürchtete der Kreml, dass sich die Religionen zum Spaltpilz der Sowjetunion entwickeln könnten, und tatsächlich hatten die amerikanischen Strategien im Kalten Krieg zeitweilig darauf gezielt. Da 90 Prozent der Muslime in der Sowjetunion Sunniten waren, wurden die politischen Verwerfungen in angrenzenden muslimischen Ländern, wie gerade im ebenfalls mehrheitlich sunnitischen Afghanistan, immer auch als Problem für die Sicherheit der UdSSR begriffen.[35] Auch Breschnew und Andropow jedenfalls ließen sich wohl in ihrer Entscheidung für den Einmarsch erst durch dieses Argument überzeugen.[36]

In den Fronten des Kalten Krieges gesehen, konnte man den sowjetischen Einmarsch in Afghanistan aber auch als Ausdruck der amerikanischen Schwäche interpretieren. Trotz fünfmaliger Warnung aus Washington überquerten sowjetische Truppen am 24. Dezember 1979 die Grenze und besetzten wenige Tage später die Hauptstadt Kabul. Für das labile Gleichgewicht des Kalten Krieges war die Situation damit äußerst brisant: Im März war das 1960 gegründete prowestliche Bündnis CENTO, dem auch Afghanistan und die USA angehört hatten, zerbrochen, und der Iran hatte sofort begonnen, die afghanischen Mudschaheddin zu unterstützen. Zudem befürchtete man in Washington nun auch ein Eingreifen des islamischen, jedoch prowestlichen Pakistan im Nachbarland. Pakistan wiederum war nicht nur eng an Washington gebunden, sondern erhielt mehr oder minder offene Unterstützung aus China, das seit der Aufnahme offizieller Beziehungen zu den Vereinigten Staaten 1979 ausdrücklich seine Zusammenarbeit mit der US-Regierung und prowestlichen Staaten in der Region verstärkte. Einige Jahre lang erhielten die antisowjetischen Kämpfer in Afghanistan daher auch chinesische Ausrüstung.

Zum direkten Konflikt zwischen den USA und der UdSSR kam es gerade aufgrund der brisanten Situation in der Region zwar nicht. Carter reagierte auf den Einmarsch stattdessen auf andere Weise. Die offiziellen Proteste gipfelten noch 1980 im Boykott der Olympischen Spiele in Moskau, wofür sich die Sowjets vier Jahre später bei den Wettkämpfen in Los Angeles revanchierten. Die inoffizielle US-Reaktion in Afghanistan bestand in der geheimen Unterstützung der Mudschaheddin, die – wie man aus den Erinnerungen des Carter-Beraters Brzeziński und amerikanischer Diplomaten weiß – sogar schon vor der sowjetischen Invasion in Afghanistan begann.[37] Zunächst beschränkte sich die Hilfe, wie zuvor in Vietnam, wohl nur auf «Beratung» und Ausbildung.[38] Mit dem Übergang zu Reagan 1981 nahm sie jedoch schlagartig zu. Wie man heute rekonstruieren kann, lieferten schließlich nicht nur die USA und China Waffen und sonstige Ausrüstung, sondern auch muslimische Staaten, so etwa das NATO-Mitglied Türkei, das blockfreie Ägypten, der Iran und das eng mit den USA kooperierende Saudi-Arabien. Über Saudi-Arabien leitete man nicht nur die gigantischen Mengen an Waffen und sonstige Unterstützung in die pakistanischen Städte Karatschi und Rawalpindi weiter, von wo aus sie über die Grenze nach Afghanistan geschmuggelt wurden. Darüber hinaus verdoppelte das saudi-arabische Königshaus jeden amerikanischen Dollar Hilfeleistung, der in den antisowjetischen Widerstandskampf nach Afghanistan floss.

Die wohl entscheidendste militärische Unterstützung der Amerikaner bestand in den Stinger-Luftabwehrraketen, mit deren Hilfe sogar die erdrückende Luftüberlegenheit der Sowjets schließlich gebrochen werden konnte. Man weiß, dass sich Reagan die Videos sogar vorführen ließ. Treibende Kraft hinter dem Versuch, den Islam als antisowjetische Waffe stärker als bisher in den Kalten Krieg einzubinden, war aber der seit 1981 tätige CIA-Direktor William Casey. Er hielt auch den Kontakt zum Chef des pakistanischen Geheimdienstes ISI, General Akhtar, aufrecht, nicht zuletzt, um die Materialflut aus dem Westen über die «Afghanische Pipeline» halbwegs zu kontrollieren. Heute weiß man, dass das nicht gelang. Allein zwischen 1983 und 1987 stieg die jährliche Menge der Waffenlieferungen für den antisowjetischen Dschihad von etwa 10 000 auf 65 000 Tonnen an.[39] Schätzungen gehen davon aus, dass von den USA rund fünf Milliarden Dollar jährlich eingesetzt wurden, um den Guerillakrieg aufrechtzuerhalten. Dass diese Gelder, wie während des Vietnamkriegs, auch aus Schwarzen Fonds und Drogengeschäften stammten, war bereits damals ein offenes Geheimnis.

In den Konfliktlinien des Kalten Krieges war Washingtons hoher Einsatz erfolgreich. Trotz erheblicher Summen, die auch die Sowjetunion Jahr für Jahr nach Afghanistan pumpte – umgerechnet etwa sechs Milliarden Dollar jährlich –, blieben die Fortschritte aus. Nicht nur die Luftüberlegenheit schwand, während sich die Bodentruppen Moskaus im Partisanenkrieg aufrieben, sondern auch zwei Drittel der regulären afghanischen Armee liefen zu den Mudscheddin über. Unter UN-Vermittlung wurde am 14. April 1988 schließlich der Vertrag formuliert, der den sowjetischen Abzug aus Afghanistan offiziell besiegelte.

Der Beginn des «Heiligen Kriegs» gegen die USA Wie bei fast allen Konflikten, in denen die USA eine Seite unterstützten, endete mit dem Sieg der eigenen Sache auch die Hilfeleistung. Mit dem Abzug der Sowjets im Februar 1989 wurde sie nahezu schlagartig eingestellt und das Land sich selbst überlassen. Das Vakuum füllten die etwa dreißig unterschiedlichen Mudschaheddin-Gruppen, die schon 1989 so etwas wie eine Gegenregierung zur von den Sowjets zurückgelassenen offiziellen Regierung unter Mohammed Nadschibullah in Kabul bildeten. Allerdings waren sie keineswegs in der Frage einig, wie ein zukünftiger Staat aussehen könnte.[40] Für einen islamischen Einheitsstaat hatte die von den USA unterstützte radikale Hisb-i Islāmī (Partei des Islam) unter dem ehemaligen Kommunisten Gulbuddin Hekmatyar votiert, der 1993 tatsächlich zum Premierminister ernannt wurde. In die gleiche Richtung zielten konkurrierende Gruppen wie die Dschamīyat-i Islāmī (Islamische Gemeinschaft) unter der Führung des Tadschiken Ahmed Schah Massud und nicht zuletzt die ebenso radikale, aber von Saudi-Arabien unterstützte Gruppe Iittihād-i Islāmī (Islamische Einheit) unter Abdul Rasul Sayyaf. Eine weitere radikal-fundamentalistische Gruppe, die Hisb-i Wahdat (Partei der Einheit) wurde vom Iran finanziert. Auf die Wiederherstellung der afghanischen Monarchie zielten zwei andere Fraktionen, die schiitische Bewegung für die islamische Revolution (Harakat-i inqelāb-i Islāmī) unter Assef Mohseini und eine als gemäßigt geltende Nationale Befreiungsfront unter Sibghatullah Mudschaddedi. Da sie untereinander heillos zerstritten waren, konnte unter UN-Aufsicht zunächst eine Übergangsregierung unter dem als gemäßigt geltenden Mudschaddedi installiert werden, die allerdings nur bis 1992 hielt und das Land erneut in den Bürgerkrieg stürzte.

Als 1997 ein radikalislamischer «Gottesstaat» Afghanistan unter Kontrolle der radikalislamischen Taliban entstand, der sich jeglicher Kontrolle entzog, war dies nicht zuletzt auch ein diplomatischer Bankrott Washingtons.[41] Ironischerweise fanden die Taliban zur selben Zeit, als die USA ab 1991/92 eine neue außenpolitische Strategie für die Zeit nach dem Kalten Krieg entwickelten, nicht zuletzt mit Hilfe der finanziellen Polster, die ihnen Washington in den 1980er Jahren geliefert hatte, zu ihrer Strategie des globalen Dschihad. Sie wurde bereits am 26. Februar 1993 beim ersten Anschlag auf das World Trade Center in New York deutlich. Für das Attentat, bei dem sechs Menschen den Tod fanden, wurde später unter anderem der Ägypter Umar Abd al-Rahman als Kopf der Gruppe Al-Dschamaʿa al-Islamiyya (Islamische Gruppe) verurteilt. Darauf, dass gegen sie ein weltweiter «Heiliger Krieg» geführt werde, waren die USA allerdings trotz aller Anzeichen damals kaum eingestellt.[42] Auch dass der aus angesehener Familie Saudi-Arabiens stammende und zunächst erfolgreich mit den USA zusammenarbeitende Bauunternehmer Osama Bin Laden zum entscheidenden Faktor werden würde, ahnte niemand. Bin Laden hatte auf Seiten der Mudschaheddin an den Kämpfen in Afghanistan teilgenommen und wahrscheinlich auch Kontakte zu amerikanischen Militärberatern unterhalten, gleichzeitig aber während des Kriegs bereits einen glühenden Hass auf den «großen Satan», wie die Vereinigten Staaten seit Khomeini bei den Islamisten hießen, und den Westen im Allgemeinen entwickelt. Wann dieser Bruch eintrat, seit wann er sich in einem «Weltkrieg» mit dem Westen sah,[43] ist nicht mehr genau zu datieren, ebenso wenig seine tatsächlichen damaligen Gründe. Aus islamistischer Sicht brauchte man dafür allerdings nicht lange zu suchen: Die USA diskreditierten sich nach wie vor durch die Unterstützung Israels, des «kleinen Satans», wie das Land mittlerweile vor allem im Iran und in anderen islamischen Staaten genannt wurde, durch die Einmischung in innere arabische Angelegenheiten und natürlich durch die religiöse Frage. Bereits 1988, kurz vor dem endgültigen Abzug der Sowjets aus Afghanistan, gründete Bin Laden das Netzwerk Al-Qaida. Neben dem Angriff auf die New Yorker Twin Towers 1993 hält man Al-Qaida für weitere vereitelte und gelungene Anschlagsversuche in den USA oder auf US-Einrichtungen vor dem 11. September 2001 verantwortlich.[44] Dazu gehörten 1993 weitere, allerdings gescheiterte Anschlagsversuche in New York und Washington D. C., 1995 und 1996 die Attentate auf amerikanische Einrichtungen in Saudi-Arabien (26 Tote), 1998 die Anschläge auf US-Botschaften in Nairobi (Kenia) und Daressalam (Tansania) mit insgesamt 224 Toten, 1999 ein wiederum misslungener Anschlag auf den Flughafen Los Angeles und der bereits erwähnte Angriff auf den US-Zerstörer USS Cole im Hafen von Aden (Jemen) mit 17 Toten. Parallel dazu erfolgten weitere Angriffe auf von Amerikanern besuchte Touristengebiete, so etwa in Ägypten 1997 und auf den Philippinen im Jahr 2000, die ebenfalls zahlreiche Opfer forderten.

Der 11. September 2001 Die Anschläge am 11. September 2001 wurden zu den schwersten Angriffen auf die USA in Friedenszeiten. Ausgeführt mit vier gekaperten Verkehrsflugzeugen auf weltbekannte Symbole amerikanischer Politik und Kultur, standen sie ganz in der Tradition des modernen Terrorismus seit den 1970er Jahren und seiner Suche nach öffentlichen Effekten. Zwei Maschinen rasten zwischen 8.10 und 9.30 Uhr Ortszeit in die beiden Hochhäuser des World Trade Center in New York City, eines in das Pentagon in Washington D. C. Ein viertes entführtes Flugzeug stürzte wenig später, um 10.06 Uhr, in Pennsylvania nahe dem Ort Shanksville ab, nachdem es vermutlich zu Kämpfen zwischen den Passagieren und den Entführern gekommen war. Das Anschlagsziel blieb unbekannt, eventuell sollte es das Kongressgebäude oder das Weiße Haus in Washington sein, vielleicht aber auch der Landsitz des US-Präsidenten in Camp David in Maryland. Die wirkliche Opferzahl ist nicht mehr zu rekonstruieren; offiziell starben etwa 3000 Menschen.[45] 17 410 Personen konnten allerdings vor dem Kollaps der Türme evakuiert werden. 19 Personen wurden als direkte Haupttäter ausgemacht. Vorwiegend waren unauffällige arabische Studenten angeworben, ausgebildet und schließlich eingesetzt worden.

Das Krisenmanagement der erst Anfang 2001 ins Amt gelangten republikanischen US-Regierung unter George W. Bush war nicht nur im Rückblick problematisch. Bush jun., der Sohn des 1992 von den amerikanischen Wählern zugunsten des Demokraten Bill Clinton nach nur einer Amtszeit abgewählten George Bush, hatte zwar seit 1994 als Gouverneur von Texas eine politische Karriere durchlaufen und war 1998 sogar als bislang einziger Amtsinhaber in Texas wiedergewählt worden. Doch seine politische Erfahrung wurde allgemein als gering eingeschätzt. Sein knapper Wahlsieg zum 43. US-Präsidenten im Jahr 2000 gegen den ehemaligen Vizepräsidenten Clintons, Al Gore, war nur aufgrund der Besonderheiten des amerikanischen Elektorensystems und des vom Obersten US-Gericht ausgesprochenen Verbots (4 zu 5 Richterstimmen), die Stimmen neu auszuzählen, zustande gekommen. Zu seinem Sieg beigetragen hatten allerdings auch einige Skandale in der letzten Amtszeit Clintons. Nach den liberalen Clinton-Jahren wollte Bush wieder das tiefreligiös-konservative und nationalbewusste traditionelle Amerika des Bible Belt repräsentieren. Er selbst sah sich, nachdem er 1986 nach vielen ernsthaften persönlichen Problemen zur methodistischen Kirche übergetreten war, als Wiedergeborener Christ und damit in der Tradition der ursprünglichen Ideen der Neuen Welt seit der Kolonialzeit.

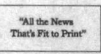

«Nine Eleven» Das brennende World Trade Center am 11. September 2001

Die Folgen des 11. September 2001 waren weitreichend, auch wenn sich nicht «alles», wie mancher Kommentator voreilig meinte, veränderte. Mit den Angriffen der islamistischen Terroristen begann kein neues Zeitalter. Aber die USA waren überraschend hart getroffen worden. Aus amerikanischer Perspektive war das Ereignis mindestens ebenso gravierend wie der japanische Überfall auf Pearl Harbor 1941 oder der überraschende deutsche U-Boot-Angriff Anfang 1942. Die Reaktion fiel auch deswegen so hart aus, weil ein vorher wenig überzeugender US-Präsident Bush nun gewillt war, nicht nur sein negatives Image in der Innenpolitik zu verbessern, sondern auch außenpolitische Stärke zu beweisen.

Innenpolitisch zeigte bereits die Rhetorik, mit der die US-Regierung auf tiefverwurzelte Invasionsängste, Feindbilder und nicht zuletzt den bekannten Manichäismus setzte, dass es hier um mehr ging als um einen terroristischen Anschlag auf die USA. «Jede Nation», so hatte Bush in seiner zentralen Rede am 20. September 2001 unter großem Applaus vor beiden Häusern des Kongresses betont, «muss nun eine Entscheidung treffen: Entweder sind sie auf unserer Seite oder auf der Seite der Terroristen.»[46] Dies sei ein Kampf der Zivilisierten gegen den Terror. In derselben Rede kündigte Bush bereits die Bildung eines neuen Department of Homeland Security (DHS) an, das unter der Leitung des republikanischen Gouverneurs von Pennsylvania, Tom Ridge, nun erstmals den gesamten Bereich der Inneren Sicherheit übernehmen sollte. FBI oder CIA wurden ihm allerdings dann entgegen vorheriger Planungen doch nicht unterstellt. Unter Ridge und seinen rasch wechselnden Nachfolgern, James M. Loy, Michael B. Chertoff und – nach dem Amtswechsel zu Präsident Obama – Janet Napolitano, wurde das Heimatschutz-Ministerium zur drittgrößten Bundesbehörde der USA. Seine Machtfülle wirkte sich in der ohnehin psychologisch angespannten Situation noch einmal verschärfend auf das innenpolitische Klima aus, was trotz aller Zustimmung zum Anti-Terror-Kampf unter den US-Bürgern rasch auch massive Kritik folgen ließ. Überall zogen die Sicherheitsvorkehrungen an, was im günstigsten Fall zu langen Warteschlangen in den Flughäfen, im schlechtesten Fall aber zur Unterbrechung des internationalen Austauschs führte, auf den die USA selbst in den Hoch-Zeiten des Kalten Krieges nicht verzichtet hatten. Wie nervös die Situation bis heute geblieben ist, zeigt sich regelmäßig etwa in hektischen Evakuierungsaktionen in Washington.[47]

Strategisch verschoben die Anschläge des «9/11», wie das Ereignis von nun an in den USA genannt wurde, die Optionen innerhalb der traditionellen Containment-Liberation-Strategie wieder mehr auf die Befreiungsoption. In einer Unterredung am Standort des Strategischen Luftkommandos in Nebraska sprach CIA-Chef George Tenet am Nachmittag des 11. September 2001 zum ersten Mal ausdrücklich davon, dass sich die Vereinigten Staaten in einem neuen globalen Krieg befänden.[48] Noch am selben Tag wurde vom Präsidenten ein offizieller «Kriegsrat» (War Council) eingerichtet. In der Auffassung, dass es sich um einen nicht provozierten militärischen Angriff auf die USA handele, veröffentlichte der UN-Sicherheitsrat mit der Resolution 1368 am folgenden Tag seine Erklärung, dass es sich bei den Terroranschlägen um eine Bedrohung des Weltfriedens und der internationalen Sicherheit handele, womit gleichzeitig das «naturgegebene Recht» verbunden sei, sich individuell und kollektiv dagegen zu verteidigen. Am 4. Oktober folgte die sich direkt daraus ergebene Erklärung der NATO, dass damit auch der Bündnisfall nach Artikel 5 eingetreten sei, der Anschlag auf die USA somit als Angriff auf alle NATO-Mitglieder zu werten sei.

Der Afghanistankrieg und das Ende Bin Ladens   Nur zehn Tage später war der Krieg gegen das von der islamistischen Diktatur der Taliban gelenkte Afghanistan eröffnet, das man zu Recht als einen zentralen Rückzugsraum der für die Terroranschläge verantwortlichen Organisation Al-Qaida betrachtete. Bereits drei Jahre zuvor waren nach den Anschlägen in Kenia und Tansania unter der Clinton-Administration Ausbildungslager in Afghanistan mit Raketen beschossen worden. Nun aber eröffnete ein massiver Angriff mit Marschflugkörpern am 30. September 2001 den Krieg gegen die Taliban und Al-Qaida, dem ein fast zweitägiges Bombardement folgte. Erst gegen Ende des Jahres 2001 wurden dann Taliban-Hochburgen wie Kunduz direkt besetzt. Man geht davon aus, dass in diesen Monaten und vor allem in der im Jahre 2002 folgenden Operation «Anaconda» mehrere Hundert Personen in Afghanistan getötet wurden, die sich ausdrücklich zum Netzwerk von Al-Qaida zählten. Der mutmaßliche Hauptverantwortliche, Osama Bin Laden, den man in Tora-Bora, dem weitgehend unzugänglichen afghanischen Höhlenkomplex, vermutete, der Mitte der 1980er Jahre, möglicherweise sogar in Zusammenarbeit von US-Geheimdienst und der saudischen Baufirma Bin-Ladens, in die Berge an der Grenze zu Pakistan getrieben worden war, gehörte allerdings nicht dazu. Zwar erhöhte Bushs Nachfolger Barack Obama kurz nach seinem Amtsantritt 2009 noch einmal die Truppenstärke um über 30 000 Soldaten, doch im Sommer 2011 begann bereits der allmähliche Abzug amerikanischer Soldaten, ohne dass es gelungen war, Afghanistan zu befrieden. Wann der Abzug wirklich abgeschlossen sein wird und zu welchem Termin die alleinige Verantwortung an die afghanische Regierung übergeben werden soll, ist bis heute offen.

Bin Laden konnte lange Zeit trotz aller Bemühungen der USA und eines 2007 vom US-Senat auf fünfzig Millionen US-Dollar erhöhten Kopfgeldes nicht gefasst werden, was schon damals darauf schließen ließ, dass er weitreichende Unterstützung in Afghanistan und im angrenzenden Pakistan erhielt. Das war nicht zuletzt deswegen von besonderer Brisanz, weil Pakistan als ein wichtiger Verbündeter Amerikas in der Region galt. Wie man heute weiß, gelang es Bin Laden vermutlich Anfang 2003, nach Pakistan zu entkommen.[49] Dass er im dortigen Abbottabad, einem Zentrum der pakistanischen Armee, ein Haus besaß, wurde schon 2005 gemutmaßt. Die Berichte fußten nicht zuletzt auf den allerdings durch Folter erpressten Aussagen von Häftlingen im umstrittenen US-Gefängnis Guantánamo. 2008 hatten sich diese Gerüchte dann so weit verdichtet, dass die Information sogar der bekannten damaligen CNN-Reporterin Christiane Amanpour zugetragen wurde.[50] 2009 schließlich wies der gerade ins Amt gewählte Barack Obama die CIA an, einen Plan zur Ergreifung Bin Ladens in Pakistan auszuarbeiten. Bei der am 2. Mai 2011 (Ortszeit Pakistan) von einer Spezialeinheit der Navy Seals durchgeführten Operation «Neptune's Spear» (auch: Operation «Geronimo») wurde der Al-Qaida-Chef schließlich getötet. Wie stark die US-Bevölkerung sich durch die Anschläge getroffen gefühlt hatte, wurde nicht zuletzt in dem großen Jubel deutlich, der ausbrach, als die Nachricht noch am 1. Mai um 22.45 Uhr Ortszeit Washington erreichte.

Der Dritte Golfkrieg Für US-Präsident George W. Bush wurden die militärisch nur mäßig erfolgreichen Operationen in Afghanistan aber schon bald zu einer Art Nebenkriegsschauplatz. Noch 2001 setzte er die Entscheidung durch, den Krieg gegen Al-Qaida mit der seit Jahren geplanten Neuordnung des Mittleren Ostens zu verbinden. Vorausgegangen waren die Versuche aus den Reihen der Republikanischen Partei und konservativer Lobbygruppen, die Clinton-Administration von einem neuen Krieg gegen den Irak zu überzeugen. Als nach dem Wahlsieg Bushs viele dieser Kriegsbefürworter in die Regierungsmannschaft aufstiegen, war der Angriff nur noch eine Frage der Zeit. Richard «Dick» Cheney wurde zum Vizepräsidenten berufen, Donald Rumsfeld zum Verteidigungsminister, Richard Armitage zum stellvertretenden Außenminister, und selbst öffentlich vorher unbekannte Personen wie Paula Dobriansky, die man zur Under Secretary of State for Democracy and Global Affairs machte, stiegen in höhere Positionen auf.

Kritiker wie der durch die Enttarnung der Watergate-Affäre bekannt gewordene Journalist der *Washington Post*, Bob Woodward, hatten deshalb bereits unmittelbar nach dem Angriff auf den Irak dem Präsidenten vorgeworfen, hier lediglich eine vermeintlich günstige Gelegenheit zu nutzen, um alte Rechnungen aus der Präsidentschaft seines Vaters zu begleichen und den unbefriedigend beendeten Zweiten Golfkrieg mit besseren Ergebnissen abzuschließen. Dies gilt heute als erwiesen. Weder Bush noch die öffentliche Meinung beeindruckten solche Argumente allerdings bereits damals. Heute weiß man, dass die offiziellen Kriegsgründe von Beginn an wenig stichhaltig waren. Dies betraf insbesondere die Behauptung, der Irak sei in die Anschläge vom 11. September 2001 verwickelt gewesen und auf dem Weg zu Massenvernichtungswaffen, wie sie auch der damalige US-Außenminister Colin Powell vor der UNO vertrat. Bushs Sicherheitsberaterin Condoleezza Rice sprach am 8. September 2002 sogar ausdrücklich von einer Nuklearwaffenproduktion im Irak. All dies erwies sich als unrichtig und wurde aller Wahrscheinlichkeit nach bereits damals von der US-Regierung nur als taktisches Argument gebraucht, um einen lange geplanten Präemptivkrieg einzuleiten. Aus heutiger Sicht erscheint es damit auch als nebensächlich, dass sich Washington auf Aussagen eines irakischen Informanten (Rafid Ahmed Alwan alias «Curveball») berief, der sich in Deutschland dem Bundesnachrichtendienst (BND) angeboten hatte und ausführlich über Massenvernichtungswaffen berichtete. Persönlich verhört hatten die Amerikaner die Quelle ohnehin niemals.

US-Außenminister Colin Powell überstand – nicht zuletzt wegen seiner danach geäußerten öffentlichen Kritik an Bush – keine weitere Amtszeit. Im November 2004, kurze Zeit nach Bushs zweitem Wahlerfolg, demissionierte er und überließ sein Amt Condoleezza Rice, die es im Januar 2005 übernahm. Abgesehen davon, dass mit Rice die erste Frau und überdies die erste Afroamerikanerin in der US-Geschichte das State Department führte, blieb so alles beim Alten. Auch sie war der bisherigen Linie konservativer Außenpolitik ausdrücklich verpflichtet. Unabhängig vom laxen Umgang mit der Wahrheit konnte sich aber die Bush-Administration auch bei der Vorbereitung des Dritten Irakkriegs 2003 darauf verlassen, dass die US-Bevölkerung wie in den Anfangsjahren des Kalten Krieges zunächst mehrheitlich hinter ihrer Regierung stand. Dies änderte sich erst im Lauf der Jahre, bis sich die Stimmung 2008 dann mehrheitlich gegen Bush wendete. Anders verhielt es sich mit den verbündeten oder befreundeten Staaten in Europa. Ihre Einstellung zum bevorstehenden Irakkrieg unterschied sich zum Teil ganz erheblich von der der US-Regierung. Während die britische Regierung traditionell bereitwillig den militärischen Einsatz im Irak mittrug, verweigerten sich wichtige Bündnispartner wie Deutschland und Frankreich. Neu war zudem, dass sie öffentlich die fehlenden Beweise ebenso einforderten wie die bislang ausgebliebene UN-Resolution. Wie tief der Graben ging, zeigte sich insbesondere im verbündeten Deutschland, wo die seit 1998 amtierende linksliberale Bundesregierung aus Sozialdemokraten und Grünen unter Bundeskanzler Gerhard Schröder unmittelbar nach den Anschlägen vom 11. September 2001 zwar «uneingeschränkte Solidarität» versprochen hatte, dies allerdings nur eingeschränkt umsetzen wollte.[51] Unverkennbar war allerdings die Sorge, dass die Nichtentdeckung der terroristischen «Hamburger Zelle» durch die deutschen Behörden die transatlantischen Beziehungen schon beschädigt habe.[52]

Die noch vorhandenen juristischen Bedenken gegen eine Beteiligung fielen spätestens am 1. Oktober, als offiziell der NATO-Bündnisfall erklärt wurde. Nicht beseitigt wurde zwar das bei vielen Deutschen noch vorhandene Misstrauen gegen solche Blankoschecks, dem auch Bundespräsident Rau am 14. September bei einer Rede vor dem Brandenburger Tor Ausdruck gab. Aber für den am 7. Oktober 2001 unter den UN-Resolutionen 1368 und 1373 beginnenden amerikanischen Krieg gegen Afghanistan stellten die Deutschen dann doch fast 4000 Soldaten zur Verfügung. Die Regierungskoalition blieb indes über die Frage, wie die versprochene «aktive Solidarität» im Detail aussehen sollte und wie die Grünen als Anti-Kriegs-Partei dies rechtfertigen konnten, so zerstritten, dass Schröder die Bundestagsabstimmung über den Kampfeinsatz sogar mit der Vertrauensfrage verband. Das hatte allerdings zur Folge, dass selbst konservative Oppositionsvertreter aus CDU und CSU nun dagegen stimmten und zahlreiche Abgeordnete persönliche Erklärungen abgaben. An den militärischen Operationen im Irakkrieg beteiligten sich die Deutschen dann nicht, und die deutsch-amerikanischen Animositäten fanden ihren vorläufigen Höhepunkt, als Bush Schröder 2002 nicht einmal mehr zur gewonnenen Bundestagswahl gratulierte – ein Novum in den deutsch-amerikanischen Beziehungen. Außenminister Fischer empfand dies allerdings «weniger als einen diplomatischen Eklat als vielmehr als einen Ausdruck von Ehrlichkeit ..., da man im Weißen Haus angesichts der Wiederwahl von Gerhard Schröder wohl ziemlich drastisch geflucht haben dürfte».[53] Öffentlich reagierte die US-Regierung auf die Vorbehalte vor allem der Deutschen, aber auch der Franzosen mit einem für manche europäische Beobachter überraschenden, aber tief im amerikanischen Selbstverständnis verankerten traditionellen Argument, das seit der Frühzeit des kolonialen Amerika bekannt war. In einem Interview, das ein niederländischer Journalist am 22. Januar 2003 mit Donald Rumsfeld führte, der schon einmal unter US-Präsident Gerald Ford das Verteidigungsressort innegehabt hatte und als ausgesprochener Hardliner bekannt war, äußerte dieser: «Ich glaube, das ist das alte Europa. Wenn Sie heute das gesamte NATO-Europa anschauen, verschiebt sich der Schwerpunkt nach Osten. Und dort sind viele neue Mitglieder. Und wenn Sie eine Liste aller NATO-Mitglieder nehmen, einschließlich jener, die gerade dazugekommen sind, wie viele haben Sie dann? 26 oder so? ... Deutschland ist ein Problem *gewesen* und Frankreich ist ein Problem *gewesen*.»[54] Auch der übliche Hinweis auf die Lehren und Strategien des Kalten Krieges verwies diesmal viel deutlicher auf die eigene Geschichte und hörte sich weitaus trotziger an. «Im Weltkrieg und im Kalten Krieg», hieß es am 19. November 2003 in einer weiteren zentralen Rede von George W. Bushs zum Krieg gegen den Terror, «haben wir gelernt, dass Idealismus ... nationale Stärke, moralischen Mut und Geduld für schwierige Aufgaben erzeugt. Und nun braucht unsere Generation diese Qualitäten.»[55] Entsprechend klang auch der im Jahr 2004 vorgelegte offizielle Bericht der Untersuchungskommission zum Anschlag vom 11. September 2001.[56] Eine andere Position vertrat allerdings selbst Saudi-Arabien, das sich dem neuen Krieg nicht nur verschloss, sondern sich jetzt sogar weigerte, den Angriff von seinem Territorium aus zu gestatten. Die amerikanischen Truppen sammelten sich stattdessen im Emirat Katar.

Der Dritte Golfkrieg begann am 20. März 2003 unter dem Namen Operation «Iraqi Freedom». In den Tagen zuvor hatte es allerdings bereits Verdeckte Operationen im Grenzgebiet gegeben. Offiziell beendet wurde der Krieg mit dem Untergang des Regimes um Saddam Hussein am 1. Mai. Wie im Zweiten Golfkrieg hatten sich die irakischen Truppen hoffnungslos unterlegen gezeigt, so dass schon in den ersten 48 Stunden über zweihundert Kilometer Geländegewinn verzeichnet werden konnte. Nach weiteren zwei Tagen standen die US-Truppen vor der Hauptstadt

Bagdad, die seit dem 4. April 2003 eingenommen wurde. Saddam Hussein, um dessen Ergreifung es US-Präsident Bush vor allem gegangen war, konnte erst am 13. Dezember 2003 durch US-Truppen aufgespürt und festgenommen werden. Als Kriegsgefangener in amerikanischer Haft wurde er am 30. Juni 2004 der irakischen Justiz übergeben und nach einem Prozess am 30. Dezember 2006 hingerichtet. Zu dieser Zeit war der Konflikt allerdings bereits in einen anhaltenden Guerillakrieg mit islamistischen Gruppen übergegangen, der bis heute trotz des endgültigen Abzugs der US-Truppen im Dezember 2011 anhält und in dem wie in Afghanistan kein wirkliches Ende absehbar ist.

Die Sicherung der verbliebenen US-Einrichtungen, vor allem der Botschaft, überließ man den im Jahr 2012 noch verbliebenen US-Soldaten. Langfristig ist aber auch hier geplant, dies jenen umstrittenen privaten Unternehmen zu überlassen, die bereits während des Krieges auch in Kampfeinsätze einbezogen worden waren. Dazu gehörte bis 2009 die zwölf Jahre zuvor gegründete und mehrere Zehntausend Söldner umfassende US-Firma Blackwater (heute: Xe Services LLC), die im Irak durch besondere Brutalität und Menschenrechtsverletzungen aufgefallen war. Trotz eines vom US-Kongress eingesetzten Untersuchungsausschusses, der sich dann auch sehr kritisch «über die Beschäftigung von gewinnorientierten Unternehmen in Kriegszonen» äußerte,[57] und trotz mehrerer, zum Teil noch laufender Verfahren gegen Mitarbeiter, blieb Blackwater bis zur Entziehung seiner Lizenz auf Druck der irakischen Regierung 2009 mit Aufträgen in Milliardenhöhe versorgt. Blackwater wurde als größter Anbieter zudem unter anderem auch in Somalia und Pakistan eingesetzt sowie – wohl ebenfalls im Auftrag der CIA – weltweit mit der Verfolgung einzelner Angehöriger von Al-Qaida beauftragt.[58]

Der Einsatz von privaten Militärunternehmen im offiziellen Auftrag war zwar nichts Neues. Schon für die Beschießung Nicaraguas im Jahre 1854 war eine Privatarmee angeheuert worden. Dennoch bedeutete das Ende des Kalten Krieges hier eine gewisse Zäsur, da nun verstärkt auf private Militärunternehmen gesetzt wurde. In den zehn Jahren zwischen 1992 und 2002 – parteiübergreifend von den Regierungen George Bush, Bill Clinton und George W. Bush – waren gigantische 300 Milliarden Dollar an solche Unternehmen geflossen.[59] Die Pläne reichten bis zu der unter Verteidigungsminister Rumsfeld vertretenen Auffassung, dass lediglich ein Kerngebiet in den Händen regulärer Truppen verbleiben solle. Diese Ansicht setzte sich letztendlich zwar nicht durch, wohl aber

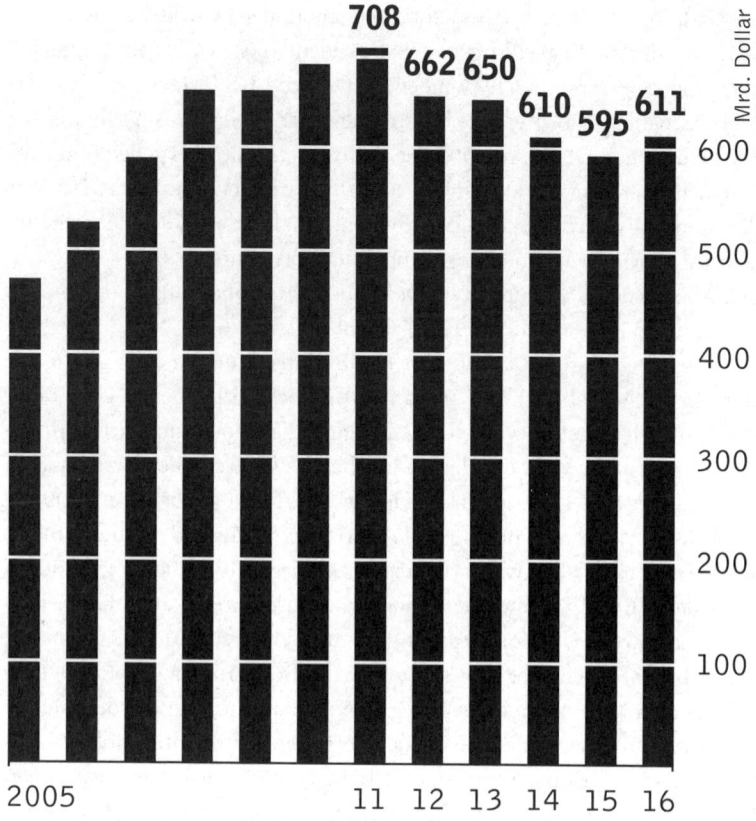

Rüstungsausgaben 2005–2016 (in Milliarden US-Dollar)[60]

die Tendenz, durch private Firmen zu verdecken, in welchen Regionen der Welt die USA militärisch aktiv wurden.

Dass überhaupt militärische und damit auch hoheitliche Aufgaben abgegeben wurden, ist einerseits auf den grundsätzlichen Trend zur Privatisierung seit den 1980er Jahren zurückzuführen. Seit den 1990er Jahren wurde aber zudem offensichtlich, dass die globalen Einsätze die USA als einzige verbliebene Supermacht auf Dauer finanziell überfordern würden. Deswegen war es dann eigentlich keine Überraschung mehr, dass die Amerikaner auch ihr Engagement im libyschen Bürgerkrieg 2011 zurückfuhren und den Einsatz im Sinne des bereits aus dem Kalten Krieg bekannten «Burden Sharing» vor allem der NATO überließen. Seit Anfang des Jahres 2012 wurde dann öffentlich auch die «Two-War Strategy» aufgegeben. Zwei parallele Kriege werden auf absehbare Zeit nicht mehr von den USA geführt werden. Eine noch für 2012 vorgesehene Kürzung der Verteidigungsausgaben gab es dennoch nicht, jedoch sank das Militärbudget in den folgenden Jahren kontinuierlich. Aus amerikanischer Sicht verbindet sich damit, dass in Zukunft die Verbündeten noch viel stärker in die Operationen als «Weltpolizei» eingebunden sein werden.

Innen- und Wirtschaftspolitik nach 1991

Während in der Außenpolitik so fast überparteiliche Einigkeit hergestellt werden konnte, zeigte sich in der Innen- und Wirtschaftspolitik nach 1991 eine schärfere Auseinandersetzung, die bis heute anhält. Bis weit über das Ende des Kalten Krieges hinaus hatte sich das Wirtschaftswachstum der USA trotz leichten Rückgangs insgesamt eher positiv entwickelt. Nach den Boomjahren der 1940er und dem «stolzen Jahrzehnt» der 1950er Jahre, die jeweils durchschnittlich etwa 4 Prozent Wirtschaftswachstum im Jahr gezeigt hatten, war es in den 1970er Jahren auf unter 3 Prozent zurückgefallen, um in den 1980er Jahren wieder ein wenig darüber anzusteigen.[61] Nach 1991 schien sich die Wirtschaftsentwicklung – losgelöst von den Zwängen des Kalten Krieges – zwar zunächst grundsätzlich positiver zu entwickeln. Sie ließ aber die Schere zwischen Arm und Reich sich noch weiter öffnen und endete ab 2007/08 in einer der tiefsten Wirtschaftskrisen seit der Großen Depression 1929.

Wirtschaftsentwicklung Die Gründe für das Auf und Ab der US-Wirtschaft waren vielfältig. Der Rüstungswettlauf des Kalten Krieges hatte sich durchaus positiv ausgewirkt. Die größten Probleme verursachte neben dem gescheiterten Engagement in Vietnam mit seinen extrem hohen Kosten die Anfang der 1970er Jahre beginnende Erste Ölkrise, die vor allem die Energiekosten seitdem dauerhaft auf hohem Niveau hielt. Auch die eigene Erdölförderung konnte dies auf Dauer nur wenig mildern, obwohl im Vergleich zu Europa die Energiekosten in den USA bis heute eher moderat blieben. Als ökonomisch ebenso katastrophal erwies sich zudem die Tatsache, dass ganze Wirtschaftszweige bereits seit den 1960er Jahren weitgehend weggebrochen waren. Die Leistung neuer, zum Teil von den USA selbst geförderter Konkurrenten aus Europa und insbesondere Asien drückte den amerikanischen Anteil am globalen Bruttosozialprodukt, der 1945 fast die Hälfte betragen hatte, bis Anfang der 1990er Jahre auf nur noch ein Drittel.

Der langfristige Einbruch bestimmter Industriezweige im Textil-, Montan- und Automobilbereich veränderte ganze Städte und Regionen. Die Autostadt Detroit – die als Motor City oder Motown zeitweilig geradezu kultische Verehrung genoss – verödete in ganzen Vierteln. Die Verluste ließen sich zum Teil allerdings durch die Schaffung neuer Arbeitsplätze im Dienstleistungssektor und vor allem in der boomenden Computerindustrie kompensieren, so dass in den rund zwanzig Jahren zwischen der Ersten Ölkrise und 1995 sagenhafte 43 Millionen neue Arbeitsplätze entstanden. Die Arbeitslosenquote konnte damit auf im Vergleich zu Europa extrem niedrigen 5 bis 7 Prozent gehalten werden.[62] Aber viele der neu geschaffenen Jobs waren für die Lebenshaltung nicht oder nur knapp ausreichend, so dass langfristig viele Amerikaner mehrere Beschäftigungen annehmen mussten, um über die Runden zu kommen. Auch das war ein Grund, warum sich die Schere zwischen Arm und Reich, insbesondere zwischen sehr Reich und sehr Arm, seit den «stolzen Fünfzigern» immer weiter öffnete.

«Reaganomics»   Verstärkt wurde das Auseinanderdriften der US-Gesellschaft in den 1980er Jahren noch einmal deutlich durch die von der konservativen Reagan-Administration begonnene neoliberale Wirtschaftspolitik, die als «Reaganomics» bekannt wurde. Sie gründete auf Vorstellungen der sogenannten Chicagoer Schule und insbesondere Reagans wichtigstem ökonomischen Berater im Economic Policy Advisory Board, Arthur Laffer. Einerseits sollten verringerte Steuern die Ausgangsbedingungen für Unternehmen verbessern, weshalb der Spitzensteuersatz eine konsequente Senkung von 70 auf 33 Prozent erfuhr. Andererseits wurde durch die Verlagerung von bislang staatlichen Ausgaben auf Privathaushalte die individuelle Leistungsfähigkeit der US-Bürger stärker gefordert und gleichzeitig wohlfahrtsstaatliche Aufgaben sowie allgemein der Einfluss von Gewerkschaften zurückgedrängt. Die Reaganomics waren auf diese Weise nichts weniger als eine Kampfansage an die von den Demokraten vertretene Wirtschaftspolitik seit Roosevelt. Die Ökonomie der Reagan-Zeit fußte dabei auf der Überzeugung, dass nur die individuelle Leistung zähle und der Markt sich letztendlich selbst regulieren werde. Waren die 1970er Jahre noch als das Jahrzehnt der

Individualisten gefeiert worden, so wurden die 1980er als Dekade des Egoismus betrachtet. Als charakteristisch sah man den jungen urbanen, auf schnellen finanziellen Erfolg zielenden, kinderlosen Menschen ohne tiefer gehende gesellschaftliche Rücksichtnahmen, den «Yuppie» (Young Urban Professional), der als Paar auftretend in den USA auch unter der Bezeichnung «Dink» (Double Income No Kids) bekannt wurde. Als gewissenloser Börsenspekulant oder gewinnmaximierender «Corporate Raider» wurden seine Prototypen nicht zuletzt von Hollywood in Streifen wie *Wall Street* (1987), *Pretty Woman* (1990) und *American Psycho* (2000) gefeiert, karikiert oder verdammt. Für die kulturelle Anziehungskraft der USA spricht, dass selbst diese Vertreter ihre Nachahmer auch in Europa fanden, wo etwa in Großbritannien der Thatcherism analoge Schwerpunkte setzte, aber auch ähnliche Folgen zeitigte.

Allerdings lag auf der Hand, dass bestimmte Entwicklungen nicht erst in den 1980er Jahren begonnen hatten. Sie fielen durch die einschneidenden Maßnahmen der Reaganomics nur besonders ins Auge. Tatsächlich boomten unter den staatlichen Anreizen Aktien- und Kapitalmarkt mit einem unverkennbaren Trend zu riskanten, aber besonders gewinnversprechenden Investmentideen.[63] Bis etwa 1981 waren Private-Equity- und Venture-Capital-Geschäfte eher von einer Minderheit getätigt worden. Finanzierungen aus dem privaten Kapitalmarkt hatten etwa beim Bau der Transkontinentalen Eisenbahn im 19. Jahrhundert eine bedeutende Rolle gespielt. Kapitalintensive Übernahmen von Firmen, wie etwa J. Pierpont Morgans Kauf der Carnegie-Werke 1901, oder die strategische Beteiligung an diversen Unternehmen waren vor allem das Geschäft weniger bekannter großer Namen gewesen.

Dies änderte sich erst 1946 mit der Gründung zweier Kapitalgesellschaften. Die von Georges Doriot, einem Professor der Harvard Business School, ins Leben gerufene American Research and Development Corporation und die von dem bereits erfahrenen Investor John Hay Whitney aufgebaute Firma J. H. Whitney and Company spezialisierten sich zum ersten Mal auf sogenannte Leveraged Buy-Outs (LBO). Bei diesen ganz oder teilweise durch zinsgünstiges Fremdkapital gestützten Geschäften wurden zwar auch ganze Unternehmen aufgekauft, zerlegt und in Teilen weiter veräußert, was später als Corporate Raid bekannt wurde. Seit dem Ende der 1950er Jahre, als der technologische Wettbewerb mit der Sowjetunion im Kalten Krieg 1957 in eine neue offensive Runde ging, investierten diese «Heuschrecken» jedoch auch verstärkt in neue Technologien. Durch Risikokapital gestützte IT-

Unternehmen wie Apple oder Compaq konnten dadurch langfristig zu Weltfirmen aufsteigen.

Zum vergleichbaren Geschäftsmodell gehören bis heute die sogenannten Hedgefonds, die ebenfalls Ende der 1940er Jahre zum ersten Mal aufgelegt wurden und als deren Erfinder Alfred Winslow Jones gilt. Zu einem ihrer erfolgreichsten und gleichzeitig umstrittensten Manager und zu einem Vorbild für das amerikanische und globale Wirtschafts- und Finanzsystem wurde jedoch George Soros, der in den 1990er Jahren mit Währungsspekulationen nicht nur ein Milliardenvermögen erwirtschaftete, sondern auch für das Ausmaß der Asienkrise 1997/98 verantwortlich zeichnete. In ihr gerieten insbesondere Währungen südostasiatischer Länder ins Visier, was zum Teil äußerst dramatische soziale Folgen hatte.[64] Soros' Buch *The Alchemy of Finance. Reading the Mind of the Market* von 1987, in dem er unter anderem das «mangelnde Verständnis» der meisten Menschen für die Abläufe in der Wirtschaft beklagte und seine «Theorie der Reflexivität» anbot, die in erster Linie dazu aufforderte, gängige Vorstellungen über das Gleichgewicht des Markts über Bord zu werfen und sich nur auf dessen Möglichkeiten zu konzentrieren, wurde damals als revolutionär verstanden und fand enorme Verbreitung.[65] Allerdings kam 2006 auch ans Licht, dass Soros einige seiner Geschäfte nur deshalb erfolgreich abschließen konnte, weil er von verbotenen Insiderinformationen profitieren konnte.[66]

Wachstumseuphorie und das Zerplatzen der Dotcom-Blase Die gute Stimmung in der Wirtschaft hatte sich mit dem Ende des Kalten Krieges 1991 enorm verstärkt. Nicht mehr nur Neokonservative vertraten die Auffassung, dass sich mit dem Untergang der Sowjetunion und des Ostblocks automatisch die Überlegenheit des Westens und ihres politisch-wirtschaftlichen Systems gezeigt habe und jetzt die ungestörten Möglichkeiten der Globalisierung zu einem weltweiten Aufschwung führen würden. Gerne glaubten viele Amerikaner, dass – wie Francis Fukuyama 1992 in *The End of History and the Last Man* erläuterte – Geschichte so schlicht und vor allem so teleologisch auf positive Ziele wie die globale Durchsetzung der Freiheit, der liberalen Demokratie und des für alle positiv wirkenden Markts gerichtet sei. Die Erfolge schienen dies zu bestätigen, nicht zuletzt weil der Nachholbedarf der früheren Ostblockgesellschaften, aber auch Chinas und vieler Schwellenländer erheblich war. Zudem boomte ab Mitte der 1990er Jahre zunächst ein besonderer Teil der globalen Wirtschaft, die New Economy des Internet- und Mobil-

Entwicklung und Zusammenbruch der Dotcom-Blase 2000 Kursverlauf des NASDAQ-Aktienindex 1994–2004[67]

funkmarkts. «Dotcom-Blase» nannte man später den rasch anwachsenden, zum Teil gigantischen Börsenwert von häufig sehr kleinen Firmen, die mit dem Kürzel ». com» für commercial im Internet kursierten. Die Erwartungshaltung sorgte dafür, dass gesunde Skepsis bei Anlegern häufig auf der Strecke blieb und börsennotierte Firmen überbewertet wurden. Im Jahr 2000 platzte die Dotcom-Euphorie und hinterließ nicht nur Tausende von finanziell Geschädigten, sondern auch Tausende von Arbeitslosen.[68]

Die gravierendste langfristige Folge der wirtschafts- und finanzpolitischen Euphorie war aber wohl, dass die US-Notenbank unter ihren damaligen Leitern Alan Greenspan (1987–2006) und Ben Bernanke (ab 2006) danach auf eine Politik extrem niedriger Zinsen setzte, um die Krise aufzufangen. Dies ermutigte noch mehr Amerikaner, jetzt auch jene mit niedrigem Einkommen, dazu, Hauseigentum zu erwerben. Die Vergabe von sogenannten Sub-prime Credits an Menschen, die unter regulären Bedingungen keinen Bankkredit bekommen hätten, führte – als die wie in den USA üblich mit variablem Zinssatz abgeschlossenen Kredite für sie unbezahlbar wurden – auch zum Platzen der Immobilienblase, der «Housing Bubble». Der enorme Umfang der angesammelten «faulen Kredite», die die Banken auch international weiter veräußert hatten und

Bankenkrise 2008 Wütende Proteste gegen die Finanzwelt im Kernland des Kapitalismus

die nun nicht mehr zurückgezahlt werden konnten, führte direkt in eine weltweite Bankenkrise, die ab 2007/08 mit voller Wucht losbrach.

Diese Krise bedeutete den schwersten Einbruch der Finanzmärkte seit dem «Schwarzen Freitag» 1929. Auch in den USA brachen Banken zusammen, mussten sich von Teilen ihres Geschäfts trennen oder konnten nur mit Bürgschaften der Regierung weiter bestehen. Bereits am 2. April 2007 scheiterte die vor allem mit Hypothekenfinanzierung arbeitende Bank New Century Financial. Im folgenden Jahr meldete das Bankhaus Lehman Brothers Konkurs an. Mit damals knapp 29 000 Mitarbeitern und etwa 59 Milliarden Dollar Umsatz bildete es ein Schwergewicht in der US-Bankenszene; kurz zuvor hatte es sich noch mit Archstone-Smith eine der größten Wohnungsgesellschaften der USA einverleibt.[69] Als Lehman am 15. September 2008 Insolvenz anmeldete und sofort nahezu alle Mitarbeiter entließ, folgte eine Kettenreaktion. Warum die Bank nicht von der Bush-Administration gerettet wurde, blieb unklar.

Heute geht man davon aus, dass die US-Regierung ein Exempel statuieren wollte und außerdem den entstehenden Schaden unterschätzte. Andere, wie die Citigroup, die damals zu den vier größten Banken der

USA gehörte, überlebten nur mit Staatshilfen in Höhe von 45 Milliarden Dollar und mussten ebenfalls Teile ihres Geschäfts, so etwa die deutschen Filialen, verkaufen.[70] Sogar das größte Finanzinstitut der USA überhaupt, die berühmte Bank of America, geriet in Schieflage. Mit in den Abgrund gezogen wurden viele Firmen der «Realwirtschaft». Einer der bekanntesten Verlierer wurde General Motors, der bis 2007 nach Absatzzahlen weltweit größte Automobilkonzern. Er ging am 1. Juni 2009 in die Insolvenz. Auch diese Firma konnte nur mit Staatskrediten überleben, ehe sie im November 2010 wieder börsennotiert war.

Viel härter traf die Bankenkrise den Arbeitsmarkt. Im Januar 2009, als der neue, aus der demokratischen Partei stammende US-Präsident Barack Obama sein Amt antrat, wurde mit 4,78 Millionen Arbeitslosen (oder 9,3 Prozent) die höchste Arbeitslosigkeit in den USA seit 1967 verzeichnet.[71] Diese Zahl stieg im Laufe des folgenden Jahres weiter an, konnte aber bis Ende 2012 auf immer noch sehr hohe 7,8 Prozent heruntergedrückt werden.[72] Vor der Krise hatte die Quote zwischen 4,0 (2000) und 5,1 Prozent (2005) gelegen, und selbst mitten in der Krise war sie 2008 nur auf 5,8 Prozent gewachsen, wenig mehr als am Ende des Kalten Krieges (1990: 5,6 Prozent).[73] Die Sorge vor einer Rezession blieb daher erhalten, zumal die Arbeitslosenrate sich negativ auf die Kauflaune der Amerikaner und damit auf den enorm wichtigen Binnenmarkt der USA auswirkte.

Verschärfung des innenpolitischen Klimas Die besondere Sensibilität der US-Bevölkerung auf wirtschaftspolitischem Gebiet, dort, wo es um ihr Geld ging, hatte sich unmittelbar nach 1991 bereits im Präsidentschaftswahlkampf gezeigt. George Bush war wider Erwarten 1992 nach nur einer Amtszeit abgewählt worden und hatte Bill Clinton das Amt überlassen müssen – eine Niederlage, die noch im Präsidentenwahlkampf 2012 nicht vergessen war. Mehrheitlich wird heute davon ausgegangen, dass vor allem der Bruch des Wahlversprechens von 1988, keine höheren Steuern zu erheben – Bush hatte damals vollmundig verkündet: «Read my lips: no new taxes» –, ihn den zweiten Wahlsieg kostete. Clinton punktete zudem mit der erfolgreich zur Schau gestellten Lässigkeit, die er aus den 1960er und 1970er Jahren herübergerettet hatte. Im selben Jahr, als 1974 Richard Nixon wegen der Watergate-Affäre endgültig seinen politischen Rückhalt verlor und zurücktrat, startete der damals 28-jährige Clinton seine politische Karriere für die Demokraten. Er scheiterte zwar knapp mit seiner Bewerbung für das Repräsentantenhaus, konnte sich aber stattdessen in den nächsten Jahren als Justizminister (1976) und dann sogar als Gouverneur von Arkansas (1978) durchsetzen.

Schon während des Wahlkampfs gegen Bush wurden Clintons Saxophonauftritte, die er auch während seiner Präsidentschaft selbst bei Staatsbesuchen beibehielt, legendär und festigten das Bild des jugendlich-unkonventionellen Politikers. Dazu gehörten außerdem die für den Wahlkampf demonstrativ genutzten Hits amerikanischer Pop-Ikonen wie Fleetwood Mac, deren Stück *Don't Stop* zu einer Art Erkennungshymne des Clinton-Wahlkampfs wurde. Clinton profitierte allerdings auch von der Erinnerung an das Image John F. Kennedys, das dieser im Wahlkampf 1960 bereits erfolgreich gegen Eisenhowers grimmigen Vizepräsidenten und einschlägigen antikommunistischen Hardliner, Richard Nixon, genutzt hatte. Als Clinton, der Vertreter der «68er»- und «Woodstock»-Generation, mit etwa 43 Prozent der Wählerstimmen nicht nur den Außenseiter Ross Perot (19 Prozent), sondern auch Bush sen. (mit knapp 38 Prozent) weit hinter sich ließ, begann eine bis heute anhaltende neue Phase harter innenpolitischer Auseinandersetzung der beiden großen Parteien. Deren Wirkungen bekommt bis heute auch Barack Obama zu spüren.[74]

In diesem Klima verschärften sich nicht nur der Ton im Allgemeinen und die Versuche der Republikaner, die innenpolitischen Pläne der Demokraten zu sabotieren. Ungewohnt waren nun vor allem die massiven Angriffe auf das Privatleben und die Persönlichkeit Clintons, wenngleich Skandalisierungen seit dem 19. Jahrhundert zum politischen Tagesgeschäft in den USA gehörten. Sie bezogen insbesondere auch seinen Vizepräsidenten Al Gore mit ein, der bis heute für sein Engagement in Umweltfragen außergewöhnlich hart attackiert wird. Dennoch gelang es dem Duo Clinton-Gore, 1996 die Präsidentschaftswahlen für die Demokraten zu entscheiden (49,7 Prozent).[75] Das republikanische Gegenkandidatenpaar Robert «Bob» Dole und Jack Kemp unterlag mit fast 9 Prozent Rückstand (40,7 Prozent). Die weiteren Kandidaten – erneut der Unternehmer Ross Perot aus der Reform Party und der Anwalt Ralph Nader aus der Green Party – landeten erwartungsgemäß mit weitem Abstand (8,4 bzw. 0,7 Prozent) dahinter.

Clinton erwies sich allerdings tatsächlich als angreifbar, nicht nur in seinem Privatleben. Er hatte im Wahlkampf 1992 viel versprochen, was sich nun angesichts der republikanischen Mehrheit im Kongress nicht oder zumindest nicht mehr vollständig durchsetzen ließ. Zum wesentlichen innenpolitischen Schwerpunkt wurden ab 1993 zudem soziale Fragen, die ohnehin auf starken Widerstand unter Republikanern stießen. Dazu gehörte der Umbau des nicht nur für Geringverdiener extrem ungerechten amerikanischen Gesundheitssystems, die Bekämpfung von Gewalt und Armut sowie von Krankheiten. An erster Stelle stand hier die sich seit den 1980er Jahren rasch ausbreitende Immunschwächekrankheit Aids, die damals längst die Hauptrisikogruppen der Homosexuellen und Drogenabhängigen hinter sich gelassen hatte. Darüber hinaus ging es aber auch um die Gleichstellung der Rassen und Ethnien sowie die Liberalisierung des Eherechts durch die Berücksichtigung gleichgeschlechtlicher Partnerschaften. Mit seinem Vizepräsidenten Gore zogen zudem umweltpolitische Themen in die Regierungspolitik ein. Mit Gores *Earth in Balance* wurde zum ersten Mal seit John F. Kennedys *Profiles in Courage* von 1956 wieder ein Buch eines aktiven US-Politikers zum Bestseller.

Reformstau Viele innenpolitische Projekte wurden durch die seit 1994 und fast bis zum Ende der Amtszeit Clintons bestehende republikanische Mehrheit in beiden Häusern des Kongresses blockiert oder verwässert. Dabei zeigte sich der Präsident, anders als zunächst vermutet, als gemäßigter und dem politischen Gegner gegenüber durchaus aufgeschlossener sogenannter New Democrat. Am Ende stand auf der eindeutig negativen Seite, dass die Versprechen, die Steuern für den Mittelstand zu senken und das Defizit zu halbieren, aber auch in der Außenpolitik mehr für die Menschenrechte zu tun, nicht gehalten werden konnten.[76] In der Sozialpolitik scheiterte Clinton ebenfalls mit seinem Versuch, eine Krankenversicherung für alle Amerikaner zu schaffen. Erst 2010 konnte der Plan unter Barack Obama gegen den immer noch starken Widerstand der Republikaner erneut angegangen werden. Bis 2014 soll er umgesetzt sein. Auch die moderate Änderung des Sozialhilfegesetzes 1996 war letztendlich nicht der große Wurf, den die Demokraten geplant hatten. Für die Betroffenen bedeutete es stattdessen eine deutliche Verschärfung, dass beim Fehlen eigener Initiativen nun die Sozialhilfe reduziert werden konnte.

Auch das eigentlich ebenfalls zur Novellierung vorgesehene Waffengesetz wurde nur moderat verschärft. Der Verkauf von halbautomatischen Waffen war zwar reglementiert, verboten war er allerdings nicht. Daran waren allerdings nicht nur Lobbyverbände schuld. Viele Normalbürger sahen es ebenfalls als einen ungerechtfertigten Eingriff in ihre traditionellen Rechte an. Daran änderten im Übrigen auch einige aufsehenerregende Amokläufe und Anschläge nichts, die die USA gerade in den 1990er Jahren trafen. Dazu gehörte 1995 der am 19. April verübte mörderische Bombenanschlag in Oklahoma City mit 168 Toten, der wahrscheinlich aus dem Kreis von rechtsradikalen Milizen kam. Da der Sprengsatz am zweiten Jahrestag der gewaltsamen Räumung des Hauptquartiers der schwerbewaffneten Adventisten-Sekte um David Koresh im texanischen Waco gezündet wurde, ging man davon aus, dass der Attentäter Timothy McVeigh auch dahin Verbindungen hatte.

Für einen noch größeren Schock in der Öffentlichkeit sorgte allerdings die noch in den nächsten Jahren anhaltenden tödlichen Schießereien an Schulen und Universitäten. Dazu zählten die Amokläufe an Schulen in Jonesboro (Arkansas) und Springfield (Oregon) im März und Mai 1998 sowie vor allem das berüchtigte Columbine-High-School-Massaker in Littleton im US-Bundesstaat Colorado am 20. April 1999. In allen drei Fällen waren Kinder oder Jugendliche an Waffen gelangt und hatten Mitschüler getötet. In Jonesboro waren die Täter nur 11 und 13 Jahre alt gewesen. In Littleton, wo ein 18- und ein 17-Jähriger zwölf Schüler und einen Lehrer mit automatischen Waffen geradezu hingerichtet hatten, bevor sie sich selbst erschossen, hatten die beiden Täter zuvor ein erhebliches Waffenlager angelegt, das sie sich über volljährige Freunde beschafft hatten. Das berüchtigte Columbine-Massaker gilt in den USA zwar nur als einer der großen Massenmorde an Bildungseinrichtungen (1927: Bath, Michigan: 45 Tote; 1966: Austin, Texas: 66 Tote; 2007: Blacksburg, Virginia: 33 Tote), aber es war der erste Anschlag, bei dem Minderjährige so viele Tote hinterlassen haben. Littleton wurde durch das große öffentliche Interesse – unter anderem entstand der Dokumentarfilm *Bowling for Columbine* des prominenten US-Regisseurs Michael Moore – zum Ausgangspunkt einer lebhaften Debatte über die Waffenkultur in den USA. Zu einem ernsthaften Umdenken in Bezug auf die liberale Waffenpolitik, in der Waffen und Munition zum Teil frei über Supermärkte erhältlich waren, kam es allerdings nicht. Neu entfacht wurde die Diskussion nach dem 14. Dezember 2012, als in Newtown (Connecticut) ein 20-Jähriger in einer Grundschule sogar 27 Menschen und sich selbst tötete. Doch auch allein in den zwei Wochen nach Newtown starben rund 400 weitere Personen durch Schusswaffen.[77] Bis heute zählt man jährlich rund 30 000 Tote durch Schusswaffen, davon 40 Prozent Tötungsdelikte und 60 Prozent Selbstmorde.

Als genauso kompliziert erwies sich das Vorhaben der Clinton-Administration, die hohen Rüstungsausgaben zurückzuführen. Auch hier wirkte der Widerstand von Republikanern und industriellen Lobbygruppen. Darüber hinaus ließen aber nicht zuletzt Rückschläge in der Tagespolitik die Mehrheit der Amerikaner daran zweifeln, ob Abrüstung überhaupt gerechtfertigt sei. Neben der grundsätzlichen Sorge, dass Abrüstung ebenso Arbeitsplätze koste wie internationale Handelsabkommen, was Clinton schon bei der Unterzeichnung der Freihandelsverträge NAFTA und GATT 1993 hautnah erfahren hatte, spielte das Sicherheitsargument eine immer wichtigere Rolle. Bereits knapp einen Monat nach Clintons Amtsantritt wurde der erste Bombenanschlag auf das World Trade Center in New York am 26. Februar 1993 verübt. Ende des Jahres konnten die Amerikaner das desaströse Finale ihrer UNO-Mission in Somalia miterleben, die noch unter Bush im April 1992 begonnen worden war. Die vor der Fernsehöffentlichkeit präsentierte Schändung toter US-Soldaten in den Straßen von Mogadischu weckte ungute Erinnerungen an die gescheiterte Befreiung von amerikanischen Geiseln aus der amerikanischen Botschaft in Teheran 1980. Damals waren ebenfalls Leichen von US-Bürgern vor der Weltpresse präsentiert worden und auch damals hatte die Supermacht hilflos ausgesehen. Vor dem Hintergrund des aus eigener Sicht gerade gewonnenen Kalten Krieges erschien das geradezu skandalös.

Clintons Initiativen zum Umweltschutz, an erster Stelle der Versuch, den Energiepreis stärker zu besteuern, gelangen ebenfalls nicht so wie angekündigt, konnten jedoch trotz massiver Anfeindungen allmählich an Boden gewinnen. Die Attacken betrafen in erster Linie die 1994 von Al Gore begonnene «GLOBE-Initiative» zur Umweltpolitik, die gleichzeitig eine umweltpolitisch ausgestaltete Wissenschafts- und Gesellschaftspolitik fördern sollte. Mit ihnen stand insbesondere Gore selbst häufig im Mittelpunkt der konservativen Kampagnen. Republikanische Kandidaten, aber auch einschlägige Medien wie die Zeitschrift *Politico* versuchten intensiv, gerade die Klimaschutzdebatte ins Lächerliche zu ziehen.[78] Gegen Gores Film *An Inconvenient Truth* gab es später entsprechende Initiativen. Außerhalb des parteipolitischen Geschäfts in Washington allerdings fanden seine Ideen durchaus Zustimmung, wie der 2006 verliehene Preis für anspruchsvolle Filmprojekte auf Robert Redfords Sundance-Film-Festival in Utah zeigte. Zwei Jahre später erhielt Gore für seine Umweltinitiativen sogar den Friedensnobelpreis, den er sich mit dem renommierten Intergovernmental Panel on Climate Change (IPCC) teilte.

Ähnlich langsam gewann die von Clinton auf die Agenda gesetzte Liberalisierung des Eherechts an Boden. Gleichgeschlechtliche Partnerschaften waren in einzelnen Bundesstaaten seit 1997, Ehen seit 2004 möglich. Die einzelnen Bundesstaaten zogen erst langsam nach. Erst 2011 wurden homosexuelle Ehen in New York möglich. Überhaupt gelangten einige von Clintons Vorhaben erst nach dem Abschluss seiner zweiten Amtszeit, die am 20. Januar 2001 endete, zum Erfolg. Die Preissenkungen für HIV-Medikamente für über einhundert ärmere Staaten traten beispielsweise erst 2004 in Kraft.

«Republican Revolution» Auch Clinton selbst war bereits kurz nach seinem Amtsantritt 1993 immer deutlicher zur Zielscheibe von öffentlichen Angriffen geworden. Für die christlich-fundamentalistische Richtung des amerikanischen Konservativismus, für die etwa der medial hoch präsente Fernsehprediger Jerry Falwell stand, aber auch für die republikanische Fraktion im Kongress mit ihrem von 1995 bis 1999 amtierenden Sprecher Newton (Newt) Gingrich wurde die Person des Präsidenten nahezu zu einer Obsession, wie Falwells wöchentliche Philippika gegen Bill Clinton – in die auch seine Frau Hillary eingeschlossen wurde – eindrucksvoll demonstrierte. Gingrich, gleichzeitig Leitfigur der «Republican Revolution», der auch im Vorwahlkampf 2012 noch einmal als Präsidentschaftskandidat antrat, war die treibende Kraft bei dem Versuch, Clinton durch Amtsenthebung zu stürzen. Sekundiert wurde er von den einschlägigen Medien, insbesondere dem Fernsehsender Fox. Der politische Sturz Gingrichs 1999 zeigte jedoch auch, dass die Demokraten durchaus in der Lage waren, mit schmutzigen Tricks zurückzuschlagen. Gingrich stürzte unter anderem über einen Werbespot seines Konkurrenten Tony Center von der Demokratischen Partei Georgias, der dem Konservativen unterstellte, er habe seine todkranke Ehefrau betrogen.[79]

Clinton selbst spielte bei der öffentlichen Hatz durch ungeschickte eigene Äußerungen eine nicht immer glückliche Rolle. Missverständlich äußerte er sich über seinen Drogenkonsum als Student, aber auch über seine Ehe mit Hillary Clinton. Am gravierendsten jedoch war wohl, dass er über seine außerehelichen Affären eindeutig die Unwahrheit sagte. Schon 1992, als er sich in den Umfragewerten und im Spendenaufkommen als höchst erfolgreicher Kandidat präsentieren konnte, ließ er die *New York Times* in einem Interview wissen, er habe früher in England «ein oder zwei Mal mit Marihuana experimentiert», aber «nicht inhaliert».[80] Die Aussage schadete ihm nicht wirklich, wie die gewonnene Präsidentschaftswahl 1992 zeigte. Sie wurde allerdings zu einem gerne verbreiteten Bonmot, das seitdem kontinuierlich in Late Night Shows und Sitcoms Verwendung findet. Neben der Verdächtigung wegen Steuerhinterziehung – zu nennen ist hier insbesondere die sogenannte Whitewater-Affäre aus seiner Gouverneurszeit – boten mehrere Ermittlungen

wegen sexueller Nötigung die Gelegenheit, Clinton öffentlich herabzu-
setzen und politisch zu beschädigen. Schließlich wurde die Whitewater-
Untersuchung mit den Ermittlungen zu Clintons Affäre mit seiner Praktikantin Monica Lewinsky verknüpft. Beide führte der «Unabhängige
Sonderermittler» Kenneth Starr, der als Mitarbeiter des ehemaligen republikanischen Justizministers William French Smith seine politischen
Meriten verdient hatte und sich alles andere als überparteilich zeigte. Er
legte 1998 seinen knapp 400-seitigen Bericht vor.[81] Seiner Empfehlung
zur Amtsenthebung folgte der US-Senat 1999 allerdings dennoch nicht.
Das öffentliche Klima war jedoch vergiftet. Wie weit das reichte, zeichnete unter anderem der bekannte Dokumentarfilm *The Hunting of the
President* von Susan McDougal nach.

So war es keine wirkliche Überraschung, dass nach der Präsidentschaftswahl 2000, in der George W. Bush weniger Stimmen erhielt als
sein demokratischer Gegenkandidat Al Gore und zum vierten Mal in
der US-Geschichte nur das besondere Elektorensystem den Ausschlag
gab, der innenpolitische Schlagabtausch anhielt. Im Vergleich zu den
Republikanern zuvor hielten sich allerdings die Demokraten deutlicher
zurück, zumal der überparteiliche Konsens nach den Anschlägen vom
11. September 2001 den Konflikt zwischen den großen Parteien ohnehin
abschwächte. Die Rolle der Kritiker übernahmen andere.

Im Mittelpunkt der innenpolitischen Maßnahmen der Bush-Regierung
standen nach den Attentaten nicht nur deutliche Einschränkungen der
Rechte amerikanischer Bürger, sondern vor allem drastische Verschärfungen der Sicherheitskontrollen an den Außengrenzen. Kritiker in den
USA, wie etwa der Filmemacher Michael Moore, argwöhnten, dass dies
nur eine gern wahrgenommene Gelegenheit für die Konservativen sei,
ohnehin ungeliebte Bürgerrechte zu beschneiden. Moores Film *Fahrenheit
9/11*, der 2004 im Vorfeld der dann erneut zugunsten der Republikaner
entschiedenen Präsidentschaftswahlen uraufgeführt wurde, fragte vor
allem nach den Hintergründen und verdeckten wirtschaftlichen Beziehungen der Familie Bush zu Saudi-Arabien und zur Familie Bin Laden.

Tatsächlich konnte die Bush-Administration auf der Woge der be-
rechtigten Empörung nach dem 11. September Notstandsgesetze auf den
Weg bringen, wie sie eigentlich nach dem Ende des Kalten Krieges undenkbar erschienen waren. Der unmittelbar nach den Anschlägen am
25. Oktober 2001 unter erheblichem Druck verabschiedete und in den folgenden Monaten und Jahren verschärfte Patriot Act,[82] war im Repräsentantenhaus mit 357 zu 66 Stimmen und vom Senat mit nur einer

Gegenstimme durchgereicht worden. Er schränkte nicht nur die Freizügigkeit von US-Bürgern ein, indem Telefonüberwachungen und Haus-
durchsuchungen sowie sonstige Überprüfungen, etwa von Bankverbin-
dungen, leichter möglich waren, ohne dass Verdachtsmomente vorliegen
mussten. Der Patriot Act begrenzte oder erschwerte zudem den Aufenthalt und die Besuche von Ausländern und stand damit gewollt oder ungewollt in der Tradition des Isolationismus der 1920er und 1930er sowie
der Fremdenhysterie der 1950er Jahre. Besucher der USA mussten von
nun an nicht nur mit erheblichen Beschränkungen der Visa-Regulierun-
gen rechnen, sondern waren auch bereits vor der Einreise zur Offenle-
gung ihrer persönlichen Daten verpflichtet, wenn sie eine amerikanische
Fluglinie nutzten. Kontrollen dauerten jetzt erheblich länger, was wohl
die meisten gerne für die Sicherheit in Kauf nahmen, verhinderten allerdings in bestimmten Fällen sogar die Einreise von Personal, das zum
Beispiel ausdrücklich von Unternehmen und Instituten angefordert worden war. Das mit dem Patriot Act im Oktober 2001 entstandene Department of Homeland Security errichtete vor allem an den Flughäfen ein
rigoroses Regiment, das selbst vielen Amerikanern häufig zu weit ging.
In den folgenden Jahren häuften sich zudem die auch in den US-Medien
publizierten Fälle, in denen aus den von der Transportation Security Administration (TSA) durchsuchten Koffern Wertsachen entwendet und
weiterveräußert worden waren.[83] Ausländer konnten nun bis zu sieben
Tage festgehalten werden, ohne dass ein konkreter Verstoß vorliegen
musste, und Verdächtige mussten damit rechnen, im Zweifelsfall sogar
im außerhalb des internationalen und des US-Rechts befindlichen Lager
Guantánamo auf Kuba interniert zu werden. Die Entscheidung, wer verdächtig war, blieb allein dem Justizministerium vorbehalten.

Der Argwohn richtete sich allerdings vor allem gegen die Muslime in
den USA. In jedem Fall erlebte das dichotomische Weltbild, die scharfe
Unterscheidung von Freund und Feind oder Gut und Böse, das seit der
Kolonialzeit tief in das amerikanische Selbstverständnis gedrungen war,
eine wahre Renaissance. Bezeichnenderweise wurden in dieser Bedro-
hungswahrnehmung und dem Gefühl eines inneren Belagerungszustan-
des erneut rechtsstaatliche Regeln außer Kraft gesetzt. Dazu gehörten
insbesondere die mit dem US-Rechtssystem und internationalen Abkommen nicht zu vereinbarende Überstellung von Gefangenen aus dem
«Krieg gegen den Terror» ins Lager Guantánamo auf Kuba und die
Erpressung von Geständnissen mittels Folter.[84] Auch die brutalen Ver-
hörmethoden in den US-Gefängnissen im afghanischen Bagram, die die

Washington Post als erste amerikanische Zeitung bereits 2002 bekannt machte, oder die Folterungen im irakischen Abu Ghraib seit 2003 waren offiziell abgesegnet. Präsident Bush erläuterte in seinen Memoiren, dass er persönlich für die Befragung von Chalid Scheich Mohammed, der neben Bin Laden als der eigentliche Kopf der Verschwörung vom 11. September 2001 gilt und den man 2003 im pakistanischen Rawalpindi fand, die Anwendung von Folter angeordnet habe.[85] Heute weiß man, dass Verdächtige sogar an die besonders brutale Geheimpolizei in Syrien und Libyen übergeben wurden, wobei die CIA die Fragenkataloge offensichtlich gleich mitlieferte.[86] All dies spricht dafür, dass der 2001 ausgerufene «War on Terror» die Bewertungsmaßstäbe ebenso veränderte, wie es zuvor der Kalte Krieg getan hatte.[87]

Erst Jahre später kamen auch den US-Behörden Zweifel. Aber obwohl der Supreme Court schon im Januar 2004 Teile des Patriot Act für verfassungswidrig erklärte, stimmten angesichts der nach wie vor aufgebrachten öffentlichen Meinung die Abgeordneten beider Parteien kontinuierlich seinen Bestimmungen zu. Selbst US-Präsident Obama genehmigte noch 2010 durch die National Security Presidential Directive 51 die Verlängerung des Gesetzes um weitere vier Jahre.

Die Themen von Bushs zweiter Amtszeit seit 2005 entsprachen ansonsten innen- wie außenpolitisch der ersten. Neben dem Krieg gegen den Terror wurde nun ein verstärkter Kampf gegen eine weitere Liberalisierung des Abtreibungs- und des Eherechts geführt. Juristischen Beistand gaben hier insbesondere gezielt platzierte Bundesrichter und Generalstaatsanwälte wie Alberto Gonzales. Als eigentlicher Kopf hinter den teilweise massiven Eingriffen in die Unabhängigkeit amerikanischer Gerichte galt allerdings bis zu seinem Rücktritt 2007 der Bush-Berater Karl Rove. Bushs Umfragewerte sanken bereits vor der Wahl im November 2008 mit 19 Prozent Zustimmung auf einen historischen Tiefpunkt.[88] Das war weniger, als selbst Richard Nixon erreicht hatte.

Am Ende seiner Amtszeit hatte Bush jenseits der Verschärfung des Anti-Terror-Kampfs tatsächlich nur wenig vorzuweisen. Die USA waren noch höher verschuldet, die Durchschnittsamerikaner verfügten über weniger Geld, die Arbeitslosigkeit war gestiegen, der Handelsüberschuss bei den wichtigen Technologiewerten war gefallen und ganz offensichtlich an die Chinesen übergegangen, und die US-Regierung hatte, anders als versprochen, sogar die Ausgaben für sich selbst enorm anwachsen lassen. Gleichzeitig hatte sich durch die einseitige Entlastung großer Vermögen die Schere zwischen Arm und Reich noch mehr vergrößert. Das

letzte Jahr der Bush-Administration fiel zudem mit der Weltwirtschaftskrise zusammen, und obwohl der Präsident bereits intensiv um die Zustimmung der Demokraten warb, scheiterte er trotzdem im September
2008 mit seinen Vorschlägen zur Bankenrettung.

Die innenpolitische Schlacht der Jahre zuvor, die schon polarisiert,
teilweise extrem unfair und kontinuierlich persönlich verletzend verlaufen war, setzte sich im Wahlkampf 2008 zwar ungebremst fort. Darüber
hinaus aber bot er einige Überraschungen und erschien vielen trotz der
schlechten republikanischen Umfragewerte doch als sehr offen. Mit
John McCain trat erneut ein Kandidat vom rechten Flügel der Republikaner an, der allerdings zum ersten Mal in der amerikanischen Geschichte eine Frau als künftige Vizepräsidentin nominierte. Die damalige Gouverneurin von Alaska, die 1964 in Idaho im Mittleren Westen
geborene Sarah Palin, vertrat klar die Positionen des christlich-fundamentalistischen Lagers der Republikanischen Partei. Als praktizierende
Evangelikale aus dem Pfingstlertum, die sich selbst gegenüber den
Lehren der Kreationisten offen zeigte und sie an den öffentlichen Schulen unterrichtet sehen wollte,[89] ließ sie zudem keinen Zweifel an ihrer
kritischen Position gegenüber gesellschaftlicher Liberalisierung, Um-
welt- und Artenschutz.

Der Wahlsieg Obamas   Der demokratische Gegenkandidat war allerdings bereits ebenso durch seine Persönlichkeit Programm. Barack
Obama stammte aus der Ehe einer weißen Amerikanerin mit einem Afrikaner, die 1961, als gemischtrassige Ehen in den Continental United States noch weitgehend verboten waren, in Hawaii geschlossen worden war.
Zeitweilig hatte er aufgrund der Scheidung der Eltern und einer zweiten
Ehe seiner Mutter im indonesischen Heimatland seines neuen Vaters die
Schule besucht. Politisch aktiv war er zum ersten Mal für Bill Clinton
geworden. 1996 konnte er mit der Wahl zum Senator in Illinois seinen
ersten eigenen politischen Erfolg verbuchen. Schon dort machte er sich
mit sozialpolitischen Themen einen Namen. Wie bei Clinton, der in dieser Frage gescheitert war, wurde die allgemein verpflichtende und für
alle Amerikaner zugängliche Krankenversicherung zum Kern seines
Programms, für das der Slogan «It's Time For Change» kreiert wurde.
Schnell geriet auch er in den Fokus seiner politischen Gegner. Bereits im
Mai 2007 musste er unter Personenschutz gestellt werden, drei Monate,
nachdem er am 10. Februar in Springfield (Illinois) seine Präsident-
schaftskandidatur bekanntgegeben hatte – an jenem Ort, an dem Abra-

ham Lincoln 1858 seine Absicht, die Sklaverei abzuschaffen, verkündet hatte. Niemals in der Geschichte der amerikanischen Präsidentschaftswahlkämpfe war ein Kandidat so früh als ernsthaft bedroht eingestuft worden. Obama wurde im November 2008 als erster Afroamerikaner ins Präsidentenamt gewählt. Seine starke Rivalin im Vorwahlkampf, Hillary Clinton, wurde zur US-Außenministerin berufen. Mit 52,9 Prozent der Stimmen hatte Obama seinen Gegenkandidaten McCain, für den lediglich 45,6 Prozent der Wähler votiert hatten, weit hinter sich gelassen.[90] Mit Obamas Amtsantritt im Januar 2009 erreichte der innenpolitische Schlagabtausch nun erst recht neue Höhepunkte. Mit der noch im selben Jahr von den Republikanern gegründeten «Tea Party», zu deren Galionsfiguren neben Sarah Palin und Newt Gingrich auch Moderatoren vom konservativen Fernsehsender Fox wie Glenn Beck gehörten, trat eine politische Bewegung an, die sich zwar demonstrativ auf die amerikanische Unabhängigkeitsbewegung gegen die Briten vor 1776 berief. In der Realität jedoch bildete sich hier nur eine Mobilisierungsplattform konservativen Protests gegen Obama ohne eigenes Programm. In den folgenden beiden Jahren gelang es der Tea Party aber dennoch relativ erfolgreich, die Unzufriedenen nicht zuletzt unter jenen zu sammeln, die traditionell jeder Regierung in Washington zutiefst misstrauen.

Neu war das Phänomen Tea Party nicht. Zuletzt hatten in den 1980er Jahren unter der republikanischen Präsidentschaft Reagans solche Gruppen einen enormen Schub erhalten. Bereits damals waren die konservativen Gruppen auf der religiösen Rechten, die sogenannte New Christian Right, wieder viel einflussreicher als in den 1960er und 1970er Jahren geworden. Die Lobbyorganisation des einflussreichen Fernsehpredigers Jerry Falwell, Moral Majority (danach: Moral Majority Coalition), war nicht nur für Reagans Wählermobilisierung nahezu unverzichtbar geworden. Falwell nutzte dies erfolgreich für Kampagnen gegen sexuelle Liberalisierung, nicht zuletzt gegen die Abtreibung, gegen die Gleichberechtigung der Geschlechter und Rassen sowie gegen den Umweltschutz, um nur einige seiner Feindbilder zu nennen. Auch in anderen Punkten gab es klare Übereinstimmungen mit dem rechten Flügel der Republikaner. Die Erkenntnisse zur globalen Erwärmung und zum Klimaschutz hielt Falwell noch 2007 für «Hokuspokus» und sogar für eine «satanische Verschwörung», die nur angezettelt werde, um den Menschen vom Christentum abzubringen.[91] Eine der erfolgreichsten Nachfolgeorganisationen, die ebenso auf Medienpräsenz und seit den 1990er Jahren immer deutlicher auch auf das Internet setzte,[92] wurde die 1989 gegründete Christian Coalition of America (CC oder CCA) unter Pat Robertson, einem weiteren Fernsehprediger. Sie wuchs nach Schätzungen allein zwischen 1995 und 2005 auf rund 350 000 Mitglieder.[93] Nach eigenen Angaben besitzt sie heute über eine Million eingeschriebene Anhänger und verschickt jedes Jahr Millionen von sogenannten Voters Guides. Im Wahljahr 2000 sollen es bereits siebzig Millionen gewesen sein.[94]

Die Tea-Party-Bewegung machte seit 2009 gegen zahlreiche Initiativen Obamas mobil, wobei die innenpolitischen Reformen, vor allem aber die Pflichtversicherung im Gesundheitswesen, im Mittelpunkt standen. Wie zuvor in den 1990er Jahren, als die Clintons für die konservativen Gruppen geradezu zum Hassobjekt wurden, gerieten nun Obama und andere demokratische Politiker in ihr Visier. «Don't Retreat, Reload!» – mit dieser martialischen Rhetorik, wie sie Palin am 23. März 2010 verwendete, mussten sie leben, und zudem wurden jetzt ihre Gesichter auf Palins Homepage sogar mit einem Fadenkreuz versehen. Den einstweiligen Höhepunkt erreichte diese neue Art besonders gehässiger Auseinandersetzung, die nun auch Obama wahlweise als neuen Hitler oder neuen Stalin denunzierte, am 8. Januar 2011, als die demokratische Abgeordnete Gabrielle Giffords bei einer Bürgersprechstunde in Tucson (Arizona) mit einem Kopfschuss niedergestreckt wurde und nur knapp überlebte.

Ende des American Dream? Das 21. Jahrhundert

In den ersten beiden Jahrzehnten des 21. Jahrhunderts scheint die vermeintlich so sichere Position der Weltmacht USA ins Wanken zu geraten. Als bei der Präsidentschaftswahl im November 2016 der für die Republikaner startende Immobilientycoon Donald Trump über die demokratische Kandidatin Hillary Clinton siegte, hatte sogar der American Dream enorm an Kraft verloren. Wer nach den Präsidentschaften von Bush und Obama 2016 Trump wählte, tat dies vor allem in der Hoffnung, Trump werde «Amerika wieder groß machen» und den Amerikanischen Traum von sozialem Aufstieg und Wohlstand wiederbeleben.[95] Trump siegte, weil er für 70 Prozent der Wähler diese Vision verkörperte.[96]

Hoffnungsträger Obama Ironischerweise war Barack Obama mit fast identischen Versprechungen in den siegreichen Wahlkampf 2008 gezogen. Auch er hatte auf den Wechsel («change») und auf die Wirkung des American Dream gesetzt. Seine Bücher, *Dreams from My Father: A Story of Race and Inheritance* (1995; dt. *Ein amerikanischer Traum. Die Geschichte meiner Familie*) und *The Audacity of Hope: Thoughts on Reclaiming the American Dream* (2006; dt. *Hoffnung wagen: Gedanken zur Rückbesinnung auf den American Dream*), spielten seit Mitte der Neunzigerjahre mit diesen Themen und wurden in den USA schnell zu Bestsellern. Die Erklärung für die erstaunliche Übereinstimmung war, dass sich die USA bereits seit vielen Jahren enormen neuen Herausforderungen ausgesetzt sahen, ohne dass in der Wahrnehmung der US-Bürger eine Lösung gefunden worden war. Außenpolitisch waren 2008 wie 2016 Terrorismus und Asymmetrische Kriege besondere Bedrohungen geblieben, wirtschaftspolitisch wurde ausgerechnet die Globalisierung, auf die die USA seit Jahrhunderten zentral gesetzt hatten, zum Problem, das sich besonders deutlich im Rückgang des Außenhandels zeigte, und innenpolitisch driftete die US-Gesellschaft sowohl sozial als auch politisch immer weiter auseinander.

Die verbreitete Erwartung, dass ein grundsätzlicher Wandel möglich sei, machte auch Obama 2008 zum Präsidenten. Verstärkt wurden die Hoffnungen auf einen Neuanfang der US-Politik durch die Entscheidung des Nobelpreiskomitees, ihm 2009 den Friedensnobelpreis zu verleihen. Zwei Drittel der US-Bürger hielten diese Entscheidung allerdings für voreilig, weil Obama im Gegensatz zu seinen ebenfalls mit dem Nobelpreis geehrten Vorgängern Theodore Roosevelt (1907) und Woodrow Wilson (1919) nicht einmal die Zeit gehabt hatte, seine Wahlversprechen – Abzug der US-Truppen aus Afghanistan und dem Irak sowie Entschärfung des Nahost-Konflikts – einzulösen.[97] Sogar der Geehrte selbst zeigte sich in seiner Dankesrede im Dezember 2009 sehr zurückhaltend gegenüber der Verklärung seiner Person.

Die Begründung des Nobelkomitees klang allerdings eher wie der Versuch, den vorzeitig Geehrten auf die Einhaltung seiner Versprechen zu verpflichten. «Barack Obama erhält den Friedensnobelpreis für seinen außergewöhnlichen Einsatz zur Stärkung der internationalen Diplomatie und der Zusammenarbeit zwischen den Völkern», hieß es in der Begründung im Oktober 2009. «Das Komitee hat besonderes Gewicht auf seine Vision und seinen Einsatz für eine Welt ohne Atomwaffen gelegt. Obama hat als Präsident ein neues Klima in der internationalen Politik geschaffen. Multilaterale Diplomatie steht wieder im Mittelpunkt, mit besonderem Gewicht auf der Rolle, die die Vereinten Nationen und andere internationale Organisationen spielen. Dialog und Verhandlungen sind hier die bevorzugten Mittel, um auch die schwierigsten internationalen Konflikte zu lösen. Die Vision einer atomwaffenfreien Welt hat auf kraftvolle Weise Verhandlungen um Abrüstung und Rüstungskontrolle neu belebt. Durch Obamas Initiativen spielen die USA jetzt eine konstruktivere Rolle bei der Bewältigung der enormen Klima-Herausforderungen, mit denen die Welt konfrontiert ist. Demokratie und Menschenrechte sollen gestärkt werden. Es geschieht selten, dass eine Person wie jetzt Obama die Aufmerksamkeit der Welt derart auf sich zieht und neue Hoffnungen auf eine bessere Zukunft entfacht ... Das Komitee will sich hinter Obamas Appell stellen: ‹Jetzt ist es an der Zeit, dass wir alle unseren Teil der Verantwortung für eine globale Antwort auf globale Herausforderungen übernehmen.›»[98]

Obama und die Traditionen der US-Außenpolitik

Anders als in der Öffentlichkeit wahrgenommen, knüpfte Obama allerdings die Einhaltung einiger seiner zentralen außenpolitischen Versprechen an ganz bestimmte Voraussetzungen. Bereits in seiner Dankesrede für die Verleihung des Nobelpreises in Oslo, in der er noch einmal seinen Willen deutlich machte, das Lager Guantánamo zu schließen sowie die USA zu verpflichten, die Genfer Konventionen einzuhalten und damit auch die Folterpraxis zu beenden, sprach er sich gleichzeitig überraschend deutlich dafür aus, in der Außenpolitik weiterhin auch auf das Militär zu setzen.[99] Dass er sich dabei auf in den USA überparteilich akzeptierte Inhalte wie den seit James Monroes Rede von 1823 zum zentralen amerikanischen Credo gewordenen Kampf gegen antidemokratische Kräfte bezog, war nur ein weiterer Hinweis darauf, dass auch Obama sich ganz den Traditionen der US-Außenpolitik verpflichtet sah. Dafür sprach zudem der in politischen Grundsatzreden in den USA fast schon obligatorische Hinweis auf eine Anti-Appeasement-Politik und die Vorbildfunktion des «Good War» zwischen 1941 und 1945, der zur Beseitigung Hitlers zwingend notwendig gewesen sei.

Nicht zuletzt berief sich auch Obama auf die US-Politik im Kalten Krieg und insbesondere auf die amerikanische «Kriegserklärung» an die sowjetische Diktatur in der Truman-Doktrin von 1947. «Ich sehe die Welt, wie sie ist», so begann er seine Rede, «und ich kann die Augen nicht vor den Bedrohungen für das amerikanische Volk verschließen. Es steht fest: Das Böse existiert in der Welt. Eine gewaltfreie Bewegung hätte Hitlers Truppen nicht aufhalten können. Verhandlungen können die Anführer der Al-Qaida nicht dazu bringen, ihre Waffen niederzulegen. Zu sagen, dass der Einsatz des Militärs manchmal nötig ist, ist kein Aufruf zum Zynismus. Es ist die Wahrnehmung der Geschichte, der Unzulänglichkeiten der Menschheit und der Begrenztheit der Vernunft ... Ein weiterer Punkt ist die Art des Friedens, den wir suchen. Denn Frieden ist nicht nur die Abwesenheit des sichtbaren Konflikts. Nur ein Frieden, der auf den unveräußerlichen Rechten und der Würde des Einzelnen beruht, kann ein wirklicher dauerhafter Frieden sein ... Ein gerechter Frieden beinhaltet nicht nur zivile und politische Rechte – er muss wirtschaftliche Sicherheit garantieren. Wahrer Frieden heißt nicht nur, frei von Angst zu sein, sondern frei von Mangel.»

Es fehlte eigentlich nur noch das bekannte Zitat aus der Truman-Rede vom 12. März 1947, wonach Diktaturen «auf dem üblen Boden von Armut» wüchsen und dann ihre volle Größe erreichten, wenn die Hoffnung auf ein besseres Leben erloschen sei. Und in diesem Tenor war auch der Hinweis Obamas zu verstehen, dass die USA sich wie damals selbst als «Fahnenträger» dieses Kampfes verstünden. Bezeichnenderweise hatte dies auch die sogenannte Bush-Doktrin vom 20. September 2002 bereits unterstrichen.

Tatsächlich verdeckten schlichte Parteizuordnungen und die Fronten innenpolitischer Kämpfe, dass Obama und die Mehrheit der Demokratischen Partei sich mit den Republikanern in dem Anspruch trafen, dass die USA ihre Stellung als einzige verbliebene Supermacht, die sie 1991 erreicht hatten, verteidigen müssten. Das konnte später auch Trump unterschreiben. Diese Republikaner und Demokraten verbindende Grundlinie war bereits bei der Verabschiedung des Iraq Liberation Act 1998 deutlich geworden. Daher war es kein Zufall, dass sich viele zentrale Formulierungen, die schon die Bush-Doktrin verwendete, bei Obama wiederfanden. Das war sogar während der heftigsten Streitigkeiten um den Weg der US-Außenpolitik nach 2001 erkennbar geblieben. Dass sich die USA spätestens seit «9/11» in einem mit dem Kalten Krieg vergleichbaren «Long War» mit antidemokratischen Kräften sahen, wie es das US-Verteidigungsministerium am 6. Februar 2006 in einem ausführlichen Strategiepapier formulierte, in dem mit ähnlicher Ausdauer, aber auch mit vergleichbaren Mitteln gekämpft werden sollte, hätte Obama genauso unterschreiben können wie zuvor Bush und danach Trump. Die Tatsache, dass der 2006 von Bush zum Nachfolger von Donald Rumsfeld bestimmte parteilose Verteidigungsminister Robert Gates noch bis zum

Juli 2011 unter Obama das Pentagon führte, erscheint zwar auf den ersten Blick nur wie eine beiläufige Personalie, ist aber ein wichtiger Beleg für die Kontinuität und den überparteilichen Konsens in der US-Außenpolitik.

Noch deutlicher wurden die Übereinstimmungen in grundsätzlichen sicherheitspolitischen Fragen durch die Formulierungen, die in Feindbildern und Strategien der Obama-Administration auftauchten. Obama verwendete zwar nicht die von Bush entwickelten Begriffe Rogue States («Schurkenstaaten») oder Axis of Evil («Achse des Bösen»), sein Feindbild war aber nicht grundsätzlich anders. Auch für ihn gehörte es zu den wichtigsten Aufgaben, nicht-vertrauenswürdige Länder und den von Al-Qaida entwickelten Terrorismus, der nicht oder kaum mehr an Staaten gebunden ist, zu bekämpfen. Dass die Kommandoaktion gegen Bin Laden von ihm persönlich geleitet wurde, zeigte die übergeordnete Bedeutung. Auch Obama kannte die nicht zuletzt innenpolitische Brisanz der Bedrohung durch Terroristen von Al-Qaida, durch die die USA zum ersten Mal seit dem Zweiten Weltkrieg wieder auf eigenem Territorium angegriffen worden waren. Unabhängig vom Tod des Terrorchefs 2011 verfolgt Washington bis heute Personen in unterschiedlichen Ländern, die dieser und anderen islamistischen Terrorgruppen zugeordnet werden. Im Fokus lagen zunächst vor allem Saudi-Arabien, Kuwait und Jemen,[100] bis zum Ende der Amtszeit Obamas wurden der Irak, Pakistan, Afghanistan, Libyen, Somalia und Syrien weitere Schwerpunkte.[101]

Obama und die Diktaturen   Grundsätzlich blieb aber, wie bei seinen Vorgängern, auch Obamas Verhältnis zu Diktaturen zwiespältig. Dies war im «Arabischen Frühling» ab 2010/11 besonders deutlich zu erkennen, als oppositionelle Gruppen im Nahen und Mittleren Ostens sowie in Nordafrika begannen, sich gegen ihre Regime aufzulehnen. Innerhalb weniger Monate stürzten mehrere Despoten: In Tunesien fiel die Regierung Ben Ali im Januar 2011, im folgenden Monat endete die Herrschaft Mubaraks in Ägypten. In Libyen verlor Gaddafi im Oktober 2011 die Macht, und im Jemen stürzte Salih im Januar 2012. In Syrien begann 2011 ein bis heute andauernder Bürgerkrieg, als die dortige Opposition versuchte, das Regime von Baschar al-Assad zu demokratischen Reformen zu veranlassen, und dieses mit verschärfter Verfolgung antwortete. Der Konflikt wandelte sich aufgrund der Bedeutung Syriens im Nahen Osten und der Zerstörung der bisherigen Machtverhältnisse im Mittleren Osten seit den Golfkriegen rasch zu einem unübersichtlichen Krieg unterschiedlichster Gruppierungen, in dem das ursprüngliche Ziel, das politische System zu verändern, keine wesentliche Rolle mehr spielte. Stattdessen entstand hier ein Stellvertreterkrieg, in dem sich die verschiedensten politischen und religiösen Interessen mischten. Das labile Sicherheitsarrangement, das die USA traditionell und trotz anderslautender Rhetorik mit ihnen nützlichen Diktatoren unterhielten, um eine Region in ihrem Sinne zu stabilisieren, setzte auch Obama fort, auch wenn die noch unter Bush übliche Auslieferung von Terrorverdächtigen an die Geheimpolizeien in Libyen und Syrien beendet wurde. Diktaturen wie Ägypten, wo seit 2014 der in den USA ausgebildete Präsident Abd al-Fattah as-Sisi hart gegen Islamisten – insbesondere gegen die Muslimbruderschaft – vorging, hielt auch Obama im Rahmen der Sicherheitspolitik für akzeptabel. Mit Kairo traf man sich bereits zuvor in weiteren Feindbildern. Mit dem 2011 gestürzten Mubarak war sich Obama, wie so viele US-Präsidenten zuvor, darüber einig, dass vor allem der Iran eine prinzipielle Gefährdung des gesamten Raums darstelle. Das wurde spätestens mit der Veröffentlichung der amerikanischen Botschaftsdepeschen durch WikiLeaks deutlich.[102] Seit dem Friedensvertrag zwischen Ägypten und Israel 1979 galt Kairo als unverzichtbarer Garant der Sicherheit Israels in einem von Hass gegen Juden und Amerikaner bestimmten Raum.

Washington revanchierte sich dafür jahrzehntelang mit milliardenschweren Hilfen, die in den ägyptischen Sicherheitsapparat, vorzugsweise in das Militär, flossen. An diesem Arrangement änderten in der Regierungszeit Obamas weder der Sturz Mubaraks 2011 noch die Einsetzung von diversen (Übergangs-) Regierungen, weder Notstandsgesetze noch der Versuch, Wahlergebnisse zu ignorieren, etwas Wesentliches. Obama ließ allerdings kurzzeitig die Hilfen einfrieren, als das Militär 2013 den demokratisch gewählten Präsidenten Mohammed Mursi stürzte. Nachfolger as-Sisi bemühte sich danach aber bezeichnenderweise besonders, den Erwartungen aus Washington an Ägypten wieder mehr gerecht zu werden. Unter anderem wurde 2015 wieder ein ägyptischer Botschafter nach Israel gesandt, nachdem zuvor drei aus Protest abgezogen worden waren. Im selben Jahr wurden die Lieferungen von Rüstungsmaterial wieder in vollem Umfang aufgenommen.

Dass die Obama-Administration aufgrund ihrer Bedenken wegen möglicher Folgen für die Stabilität der gesamten Region zunächst kritisch gegenüber dem Arabischen Frühling eingestellt war, hatte sich ebenfalls bereits 2011 auf der Münchener Sicherheitskonferenz gezeigt.

Dort warnte Obama vor einem überstürzten politischen Wechsel.[103] Eigentlich, so weiß man heute, hätte er lieber behutsame Reformen, eher Evolution als Revolution, gesehen. Wie sehr das Verhalten der USA in den nun von Aufständen erfassten arabischen Gebieten durch politische Vorentscheidungen bestimmt war, lässt der Umgang mit Libyen erkennen. Gaddafi galt in Washington aus vielerlei Gründen, spätestens aber seit der nachgewiesenen Mittäterschaft bei terroristischen Anschlägen auf Amerikaner, als einer der zentralen Feinde der USA. Als er im März 2011 begann, den Arabischen Frühling in Libyen niederzuschlagen, gehörte Obama mit zu den lautesten Kritikern. Es folgten – anders als etwa in Tunesien oder Ägypten – massive US- und NATO-Luftangriffe zur Unterstützung der Opposition, um das Regime Gaddafis zu schwächen und vor allem auch Massaker an der Zivilbevölkerung zu verhindern. Tatsächlich waren die Aufständischen zunächst siegreich und der verhasste Gaddafi wenige Tage später nicht mehr am Leben. Außenministerin Hillary Clinton feierte dies als ihren persönlichen Erfolg, wie ihre von WikiLeaks später veröffentlichten E-Mails zeigen.[104]

Dass Obama sich von ihr zum Eingreifen drängen ließ, unterstrich die Sonderstellung Gaddafis zusätzlich. Das Libyen Gaddafis ging seit seinem Beginn 1969 auf Konfrontationskurs gegenüber Washington, wobei es geschickt die Fronten des Kalten Krieges nutzte. Gaddafis Coup vom Mai 1970, seinen Ölminister demonstrativ zu Gesprächen nach Moskau zu schicken und gleichzeitig den Druck auf westliche Firmen zu erhöhen, Libyen zu verlassen, hatte das Verhältnis zu Washington bereits damals nachhaltig beschädigt. Später durften US-Firmen zwar wieder auf libyschen Ölfeldern tätig werden, aber die Beherbergung der PLO und die Unterstützung anderer Terrororganisationen sowie verschiedene Angriffe auf Amerikaner machten das 1977 zur Sozialistischen Volksrepublik umgewandelte Libyen zum Dauerfeind Washingtons. Seit Mitte der Achtzigerjahre eskalierten die Probleme, als 1985 ein US-Bürger auf dem Kreuzfahrtschiff «Achille Lauro» durch Palästinenser ermordet wurde. Die USA gingen daraufhin zwischen Januar und März 1986 gegen libysche Schiffe vor, was Gaddafi wiederum am 5. April mit einem Bombenanschlag auf die von US-Soldaten regelmäßig besuchte Berliner Diskothek «La Belle» beantwortete, bei dem zwei Amerikaner starben. Die Antwort Washingtons waren Bombenangriffe auf Bengasi und die Hauptstadt Tripolis, wofür sich Gaddafi am 21. Dezember 1988 rächte. Beim Bombenanschlag auf eine US-Verkehrsmaschine der PanAm, die über der schottischen Stadt Lockerbie abstürzte, fanden 270 Menschen den Tod.[105] Die sich anschließenden amerikanischen Sanktionen gegen Libyen zeigten allerdings nur wenig Wirkung, und auch der 2002 geführte Prozess um die Anschläge konnte die Vereinigten Staaten nicht beruhigen, zumal der verurteilte Haupttäter, Abdel Basit Ali al-Megrahi, schon bald danach wegen einer Krebserkrankung aus britischer Haft entlassen wurde. Dennoch hoben die Amerikaner die Sanktionen auf, nachdem Gaddafi eine Entschädigung von je etwa acht Millionen Dollar an die Familen der Opfer des PanAm-Anschlags gezahlt hatte.

Zum ersten Eklat kam es während der Präsidentschaft Obamas im September 2009, als die USA Gaddafi zum ersten Mal überhaupt gestatteten einzureisen, um eine Rede vor der UNO in New York zu halten. Die Ansprache geriet zu einem der typischen bizarren Auftritte des Libyers, bei dem er unter anderem eine mitgebrachte Kopie der UNO-Charta zerriss. Wie wenig es auch der Obama-Administration gelang, Gaddafi zu mäßigen, zeigten die 2010 von WikiLeaks veröffentlichten geheimen Dokumente, die deutlich machten, dass Gaddafi 2009 auch – wenngleich vergeblich – versuchte, die USA mit seinem Nuklearprogramm zu erpressen.

Im Rückblick auf diese Auseinandersetzungen erscheint es daher fast zwangsläufig, dass Obama in dem Moment, als sich im Februar 2011 während des Arabischen Frühlings auch die libysche Opposition gegen ihren Diktator erhob, nur allzu gern bereit war, diese zu unterstützen. Die USA zählten nicht nur zu den ersten, die die staatliche Gewalt gegen Demonstranten verurteilten, sondern auch am 25. Februar 2011 neue Sanktionen gegen Libyen verhängten. Dazu gehörte zunächst das Einfrieren von Auslandsguthaben. Im folgenden Monat versicherten die USA nicht nur, den Aufständischen Hilfe zu leisten, sondern setzten auch einen Sondergesandten, Chris Stevens, ein, der bereits kurz danach Gespräche mit Vertretern der libyschen Opposition in Paris führte. Am 17. März folgte die von den USA geforderte UNO-Entscheidung zur Flugverbotszone in Libyen, die im Rückblick gesehen die Regierungstruppen bis Ende Oktober 2011 endgültig zur Aufgabe zwang.

Eine dauerhafte Lösung der Konflikte konnte die US-Politik aber auch in Libyen nicht erreichen. Im Gegenteil: In allen Staaten, wo der Arabische Frühling die Opposition auf die Straße gebracht hatte und die Diktatoren vertrieben worden waren, entstanden chaotische Verhältnisse. Das hatte dramatische Folgen, die bis heute fortdauern. Zum einen nutzten erneut islamistische Gruppen die Situation. Einer der schwersten Anschläge traf 2012 – am Jahrestag des «9/11» – die amerikanische Botschaft in Bengasi, wo unter anderen der US-Botschafter getötet wurde. Hillary Clinton gestand später ein, dass nicht genügend Sicherheitsmaßnahmen ergriffen worden seien.[106] Die Kritik daran folgte ihr bis in den Präsidentschaftswahlkampf 2016.

Das Abgleiten der Staaten des Arabischen Frühlings ins Chaos führte darüber hinaus zu den größten Flüchtlingswellen der letzten Jahrzehnte. Sie begannen bereits 2013 und erreichten ihren einstweiligen Höhepunkt 2015/16, als Hunderttausende versuchten, über das Mittelmeer Europa zu erreichen.[107] Die meisten Migranten kamen aus Syrien, wo 2011 ein immer brutaler werdender Bürgerkrieg zwischen der politischen Opposition und der Regierung begann. Der Versuch einiger europäscher Länder, möglichst unbürokratisch humanitäre Hilfe zu leisten und viele Schutzsuchende aufzunehmen, wurde dann auch Thema im US-Wahlkampf 2016, da Überprüfungen der Einreisenden häufig unterblieben. Für Donald Trump, den republikanischen Herausforderer von Hillary Clinton, wurden die zum Teil von Migranten verübten Anschläge in Europa zu einem wichtigen Argument, einen Einreisestopp für Personen aus bestimmten islamisch geprägten Ländern zu verhängen.

Bürgerkrieg in Syrien In der zunehmend unübersichtlichen Auseinandersetzung in Syrien, die allerdings erst in der zweiten Amtszeit Obamas zu einem massiven außenpolitischen Problem wurde, engagierten sich aufgrund der Bedeutung der Region schnell die unterschiedlichsten Akteure. Auf Seiten der Regierung Assad standen der mit den USA seit Jahrzehnten verfeindete Iran und schließlich Russland, das sich in Konkurrenz zu den Amerikanern damit auch einen strategischen Zugang zum Mittelmeer sichern wollte. Auf der Gegenseite engagierten sich die USA mit einigen NATO-Bündnispartnern, so Großbritannien, Frankreich, Deutschland und der Türkei, sowie Saudi-Arabien. Anders als die Bush-Administration sah Obama Syriens Diktator nun ausschließlich als Gegner.

Wie außerordentlich kompliziert die Lage wurde, zeigten auch die oppositionellen Gruppen. Hauptgegner beider Allianzen wurde der von irakischen Sunniten nach dem Tod Saddam Husseins gegründete sogenannte Islamische Staat (IS). Zwar warfen die USA den Sowjets von Beginn an vor, nicht den IS, sondern vielmehr die Gegner Assads zu bombardieren, aber auch innerhalb der von den USA geführten Koalition blieben Freund und Feind alles andere als eindeutig. Dies konnte im Fall der Türkei beobachtet werden: Als NATO-Verbündeter bekämpfte Ankara zumindest zeitweise gleichzeitig die ebenfalls im Anti-Assad-Bündnis stehenden kurdischen Peschmerga-Verbände und unterstützte lange Zeit sogar den IS, weil dieser gegen die verhasste Regierung in Damaskus kämpfte. Da der Konflikt genügend Potential hatte, nicht nur das labile Gleichgewicht in der Region, sondern auch in der internationalen Politik zu stören, vermied es Obama allerdings, umfangreichere Bodentruppen zu schicken.

Iran als Dauerproblem Wenngleich in Syrien die Ansichten zwischen Obama und seinem Vorgänger Bush auseinandergingen, im Fall Iran blieben sie fast über die gesamte Amtszeit Obamas dieselben. Auch für Obama war die noch bis 2013 amtierende Staatsführung um Mahmud Ahmadinedschad, die nicht nur terroristische Gruppen wie die schiitischen Milizen im Irak bei ihren Anschlägen auf US-Truppen unterstützte, ein Gegner. Danach entspannte sich die Beziehung unter dem neuen Präsidenten Hassan Rohani etwas. Seit 2012 ging Obama auf der Basis von CIA-Berichten davon aus, dass das iranische Atomprogramm beendet wurde.[108] Zuvor hatte er ganz im Sinne seiner Vorgänger versucht, das Programm zu stoppen. Wie man heute weiß, befahl Obama noch 2010 direkt den höchst erfolgreichen Versuch der US-Geheimdienste, mithilfe des Computerschadprogramms «Stuxnet» (auch: RootkitTmphider) das iranische Nuklearprogramm zu stören.

Wie die von WikiLeaks veröffentlichten Berichte deutlich machten, schloss Obama bis 2012 sogar Militäroperationen nicht aus.[109] Eine präemptive Operation hatte die israelische Luftwaffe mit Rückendeckung Washingtons schon 1991 durchgeführt, als sie den iranischen Kernreaktor Osirak zerstörte. Obama rang dagegen Teheran am 14. Januar 2016 zusammen mit den UN-Vetomächten und Deutschland den vertraglichen Verzicht auf die Herstellung von Nuklearwaffen ab. Zwar verhängten die USA nach weiteren iranischen Raketenstarts und der Missachtung von UN-Resolutionen kurz danach neue Sanktionen, aber dies verhinderte nicht mehr die Abmachung und die Freilassung von im Iran festgehaltenen US-Bürgern.[110] Es handelte sich um fünf Personen, unter anderem um den Journalisten der *Washington Post* Jason Rezaian, der 2015 im Iran wegen Spionage und Propaganda zu einer Haftstrafe verurteilt worden war, und den christlichen Pastor Saeed Abedini, der schon 2012 verhaftet und wegen Subversion verurteilt worden war Im Gegenzug entließen die USA sieben Iraner.

Insgesamt gesehen hat sich allerdings das Verhältnis der USA zum Iran, wo nach wie vor die konservativ-antiwestlichen Vertreter führend sind, nicht wirklich normalisiert. Jedenfalls wird der weitere Ausbau des amerikanischen Raketenabwehrschirms NMS bis heute kontinuierlich auch mit der Gefährdung durch die Regierung in Teheran begründet. Wie die Äußerungen von Obamas Nachfolger Trump deutlich machen, werden die USA es auch in Zukunft nicht hinnehmen, dass von hier aus das labile Gleichgewicht im Mittleren Osten und damit die Energieversorgung der USA und des Westens gefährdet wird. Dass es dennoch gemeinsame Interessen zwischen Washington und Teheran gibt, bleibt dabei häufig im Hintergrund. In der Eindämmung des Drogenhandels, aber auch im Handelsverkehr haben beide durchaus übereinstimmende Wünsche.[111] Teheran schloss mit Boeing 2016 einen milliardenschweren Vertrag über den Kauf von achtzig Passagiermaschinen ab.[112]

Nebenschauplätze Abgesehen von diesen brisanten außenpolitischen Krisenregionen schienen in der Zeit der Obama-Administration bis Anfang 2017 die Probleme in anderen traditionellen Krisenherden überschaubar zu bleiben. Nordkorea, das seit 2006 kontinuierlich Nukleartests durchführt, ist auf dem Weg, dafür sogar gelenkte Trägerraketen mit Reichweiten bis zu den USA zu konstruieren. In der Regel sind die Starts von heftigen Drohungen vor allem gegen Washington begleitet. In der Amtszeit Obamas hielt man die Situation auf der Halbinsel zwar nach wie vor für gefährlich, aber einen realen Kriegswillen sah man in Washington selbst im März 2013 nicht, als Nordkorea den Waffenstillstand von 1953 aufkündigte. Bis heute fürchtet Washington aber Kurzschlussreaktionen unter Kim Jong-un, der mittlerweile selbst seine Schutzmacht China ignoriert. Ein Beleg dafür sind die Maßnahmen, die US-Präsident Trump nach seinem Amtsantritt 2017 sofort einleitete. Im März wurde begonnen, das «THAAD»-Raketenabwehrsystem in Südkorea aufzubauen sowie bewaffnete Drohnen zu stationieren, im April wurde ein Flottenverband vor die Koreanische Halbinsel geschickt. Die Ankündigung Trumps im April 2017, dass «das Nordkorea-Problem... gelöst» werden müsse, «zur Not mit Krieg», verschärfte die Lage dort sichtbar.[113] Anders als Obama hält Trump Nordkorea nicht mehr für einen Nebenschauplatz der Weltpolitik und damit einen «major conflict» für möglich.

Misstrauisch beobachten die USA zudem das muslimisch regierte Pakistan, obwohl das Land militärischer Verbündeter und vor allem eine zentrale Basis für den noch immer andauernden und seit dem Amtsantritt Trumps sogar verstärkten US-Einsatz in Afghanistan ist. Das Regime in Islamabad, das seit 1987 Nuklearwaffen besitzt und seit 1998

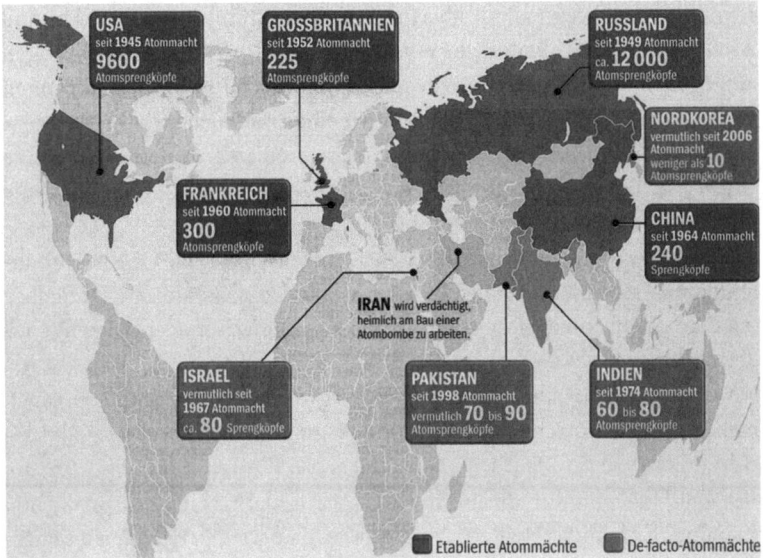

Atommächte 2017

mit bis zu neunzig Sprengköpfen auch offiziell als Atommacht gilt, war bereits im Kalten Krieg wegen seiner Feindschaft zum ebenfalls nuklear gerüsteten Indien ein brisanter Krisenherd. Anti-USA-Demonstrationen blieben dort bis heute so üblich wie in den benachbarten Ländern Iran und Afghanistan. Dass Obama 2011 die Regierung in Islamabad unter Asif Ali Zardari nicht über die Kommandoaktion gegen Bin Laden im pakistanischen Abbottabad informierte, war bereits ein deutliches Zeichen des tiefen Misstrauens. Das einstige Vertrauensverhältnis der US-Regierung gegenüber Afghanistans langjährigem Regierungschef Hamid Karzai war schon lange vor dessen Amtsende 2014 zerrüttet, wie die WikiLeaks-Dokumente belegen.[114] Auch der Nachfolger Karzais, Ashraf Ghani, galt schon bei seinem Amtsantritt in Washington als wenig vertrauenswürdig.

Kontinuität in der Nuklearstrategie Auch in der Nuklearstrategie blieb Obama weitgehend seinen Vorgängern treu. Der noch von George W. Bush initiierte und teils in Westeuropa sowie von Russland heftig kritisierte Raketenabwehrschirm, das NMD, wurde weiter ausgebaut. Zwar äußerte Obama noch während seines Amtsantritts 2009 die Absicht, die

Planungen noch einmal zu überprüfen. Feste Stützpunkte in Polen und Tschechien sollten möglicherweise zugunsten mobiler Einrichtungen aufgegeben werden, aber bereits seit 2010 wurden neue Erweiterungen vertraglich vereinbart. Seit Mai 2016 ist eine zusätzliche NMD-Raketen- und Radaranlage im rumänischen Deveselu offiziell in Betrieb und eine weitere in Polen bis 2018 vorbereitet. Die vollständige Inbetriebnahme aller Anlagen in Osteuropa soll bis 2022 abgeschlossen sein. Die Kontinuität in der Nuklearpolitik über 2017 hinaus hat auch Obamas Nachfolger unterstrichen. Trump kündigte allerdings bereits im Dezember 2016 an, nicht nur das gesamte Nukleararsenal zu modernisieren, sondern auch zu erweitern.[115]

Überraschend sind diese parteiübergreifenden Kontinuitäten auch hier freilich nicht. Schon im Jahr 2000 zeigte das noch unter der Clinton-Administration veröffentlichte Strategiepapier *America's Military – Preparing for Tomorrow* für die nächsten zwanzig Jahre eine entsprechende Planung. Es beinhaltete bereits alles, was als parteiübergreifende sicherheitspolitische Strategie seit 1991 diskutiert worden war: Fragen des konventionellen und des nuklearen Krieges, Asymmetrische Konflikte, einschließlich des Cyber War, und nicht zuletzt die Raketenabwehr.

Die neuen Gefahren: Der Cyber War Den Cyber War hielt bereits Obama für die Bedrohung, die neben dem islamistischen Terrorismus am wenigsten kalkulierbar war, aber massiven Schaden verursachen konnte. Der Cyber War betraf schon in seiner Amtszeit längst nicht mehr nur die ohnehin kaum zu kontrollierende Kommunikation zur Vorbereitung von terroristischen Anschlägen über das Internet. Die Kontrolle des sogenannten Darknet, verschlüsselter Messenger-Dienste, aber auch von Konsolen für Computerspiele stellt ein fast unlösbar erscheinendes Sicherheitsproblem dar. Über Spielekonsolen sprachen sich 2015 islamistische Attentäter in Frankreich ab. Gleichzeitig ist die über das Internet gesteuerte Infrastruktur, unter anderem die Energieversorgung, angreifbar. Für diese Sabotage muss der Gegner nicht einmal das eigene Staatsgebiet betreten.

Auch der Präsidentschaftswahlkampf 2016 blieb von Diskussionen darüber nicht unberührt. Im Dezember 2016 meldete der US-Fernsehsender NBC, dass es dem russischen Präsidenten Putin gelungen sei, die Wahlergebnisse mithilfe von Hackern verfälschen zu lassen, um dem mutmaßlich russlandfreundlicheren Trump zum Sieg zu verhelfen.[116] Nachweisbar ist, dass schon vor dem Amtsantritt Trumps Kontakte zum Kreml bestanden, was ihn bis in seine Präsidentschaft verfolgte. Obama antwortete mit scharfen Sanktionen. Unter anderem mussten fünfunddreißig russische Diplomaten die USA verlassen.[117] Obwohl die Wahlmanipulation aus Moskau bestritten wurde, hielten CIA, FBI und NSA die Beweislage für ausreichend, wie der vom Director of National Intelligence am 6. Januar 2017 vorgelegte Bericht zeigte.[118]

Attacken aus dem Internet, so stellte der unter Obama amtierende CIA-Chef Leon Panetta schon 2010 klar, würden die USA nur als eine andere Form des militärischen Angriffs begreifen.[119] Wie groß die Gefahr werden könnte, malte bereits 1983 der Hollywood-Streifen *Wargames* aus, in dem ein Schüler über das Internet in die wichtigsten Computer des Verteidigungsministeriums der USA eindringt und damit fast den Atomkrieg auslöst. Der Film kam auch deshalb bei Kritikern und Publikum gut an, weil die entstehende Hacker-Kultur zumindest für Außenstehende realistisch dargestellt wurde. Die Möglichkeit, seinen Heimcomputer über manipulierte Telefonnetze («Phreaking») und automatisiertes Wählen von Telefonnummern – was in Anlehnung an den Film später «Wardialing» genannt wurde – in fremde Rechner und selbst hochgeschützte Anlagen eindringen zu lassen («Cracking») – sei es nun der Schulcomputer oder das für die Landesverteidigung zuständige Rechenzentrum –, war wie andere dort gezeigte Techniken bis dahin nur eingeweihten Spezialisten bekannt. Für Sicherheitsexperten war das Problem allerdings seit Jahren ein Thema.

Auch deshalb hatten die USA lange zuvor dafür gesorgt, dass zentrale Großrechner, die weltweit für die Verwaltung der IP-Adressen zuständig sind und damit das Internet dominieren, sich auf eigenem Gebiet befinden. Dadurch bot sich die Möglichkeit, im Zweifelsfall ganze Staaten vom Internet auszuschließen. Diese Praxis, auf der die USA unverändert bestehen, wurde im November 2005 auf dem sogenannten Weltgipfel zur Informationsgesellschaft (WSIS) in Tunis noch einmal ausdrücklich bestätigt, wenngleich sie außerhalb der Vereinigten Staaten weiterhin harsch kritisiert wird.

Sicherheitspolitisch ebenso problematisch erschienen in Washington die sogenannten Wikis, also Internetseiten, die auf eine «kollektive Intelligenz» der Internetgemeinde setzen und von den Nutzern kontinuierlich verändert werden können. Die ersten und bekanntesten Sites entstanden in den USA, als in Kalifornien Studenten wie Rick Gates 1992 mit systematischen Internetrecherchen starteten, um offen verfügbare Informationen zusammenzuführen. Zum wirklich ernsthaften Problem wurden sie ab 2006, als die Internet-Plattform WikiLeaks begann, mithilfe von

Hackern und Informanten – den sogenannten Whistleblowers – auch geheime Dokumente ins Netz zu stellen. Der Gründer von WikiLeaks, der Australier Julian Assange, begann ebenfalls als Hacker.[120] WikiLeaks wurde durch die US-Stellen von Beginn an intensiv bekämpft. Assange avancierte zum Staatsfeind, den man sogar mit fragwürdigen Methoden unschädlich machen wollte. Nicht nur Depeschen aus US-Botschaften wurden veröffentlicht, sondern auch Informationen über das brutale Innenleben des Gefangenenlagers Guantánamo.[121] Obamas Vizepräsident Joe Biden sah Assange deswegen sogar als «Terroristen», wie er in einem NBC-Interview im Dezember 2010 erläuterte.[122] In dieser Einschätzung unterschied er sich selbst nicht von republikanischen Hardlinern wie Sarah Palin; in dieser Frage besteht ohnehin kein Dissens zwischen Demokraten und Republikanern.[123] Aus der «Tea Party»-Bewegung kamen allerdings sogar Forderungen, Assange hinzurichten.[124]

Seit 2010 baut die CIA eine eigene Whistleblower Task Force auf. Wie schwer es allerdings den USA fällt, die Macher von WikiLeaks anzuklagen, zeigte sich schnell. Hier musste im Zweifelsfall auf Sondergesetze aus den Weltkriegen oder dem Kalten Krieg zurückgegriffen werden, um eine Anklage gerichtsfest zu machen. Umso schärfer wurden bereits seit 2008 gefasste Informanten zur Rechenschaft gezogen. Zu ihnen gehörte der im Mai 2010 verhaftete US-Soldat Bradley Manning (heute: Chelsea Elizabeth Manning), der verdächtigt wurde, sowohl die für die US-Regierung peinlichen Botschaftsdepeschen als auch inkriminierende Videos aus dem Irakkrieg an WikiLeaks weitergegeben zu haben. Dazu zählten auch die mittlerweile weltweit bekannten Videos von Gezielten Tötungen irakischer Zivilisten und Journalisten durch einen amerikanischen Kampfhubschrauber am 12. Juli 2007 in Bagdad, die WikiLeaks unter dem Titel *Collateral Murder* veröffentlichte.

Im Jahr 2013 verurteilte ein US-Gericht Manning zu 35 Jahren Haft. Lange vor Beginn des Prozesses war allerdings klar, dass das eigentliche Sicherheitsproblem nicht etwa bei Personen wie Manning oder Assange lag, sondern eher in der traditionellen Technikgläubigkeit der US-Behörden sowie im Outsourcing von Aufträgen an private Firmen und Personen. Die enorme Ausweitung des Zugangs zu vertraulichen und geheimen Informationen war die eigentliche Sicherheitslücke. Erst dadurch konnte ein untergeordneter Dienstgrad überhaupt brisante Informationen erhalten und weitergeben. Da nach den Anschlägen der fehlende Informationsaustausch als wesentliche Ursache für die erfolgreiche Tarnung der Terroristen ausgemacht worden war, hatte sich die US-Regierung entschieden, den Zugang zu vertraulichen Daten so umfassend zu erweitern, dass schließlich mehr als zwei Millionen Menschen über Zugriffsdaten verfügten. Obama jedenfalls begnadigte Manning wohl auch deswegen kurz vor seinem Amtsende im Januar 2017.

Gegenmaßnahmen: Das Cyber Command Konzeptionell und institutionell befanden sich die möglichen Gegenmaßnahmen spätestens seit der Pentagon-Direktive *TS-3600.1* vom 21. Dezember 1992 auf dem Weg. Sie fußten vor allem auf den Erfahrungen mit der damals bereits über Jahrzehnte betriebenen Psychologischen und Elektronischen Kriegführung, der Informationspolitik und Gegenspionage. Das Strategiepapier behandelte im Besonderen die Sabotage an vernetzten Versorgungs- und Kommunikationssystemen.[125]

Im selben Jahr wurde das zu Beginn des Kalten Krieges 1947 gegründete Strategic Air Command zu einem Strategic Command (STRATCOM) aufgewertet, das 2002 neben seiner Befehlsgewalt über die Nuklearstreitkräfte auch die zentrale Zuständigkeit für den Cyber War erhielt. Parallel dazu hatte man 1993 ein eigenes «Information Warfare Center» des Pentagon, des FBI, der CIA und der NSA eröffnet. Unter Obama wurde diese Neuausrichtung 2010 mit der Gründung eines eigenen «Cyber Command» unter Führung der NSA im STRATCOM fortgesetzt. Seit 2015 treibt die CIA zudem den Ausbau eines Counterterrorism Center voran. «Mission Centers» unter anderem zur digitalen Überwachung des Nahen und Mittleren Ostens und Afrikas sowie eine CIA-Direktion für Digital Innovation entstehen dafür neu. Ein Open Source Center zur Überwachung der Sozialen Medien und Messenger-Dienste gehört ebenfalls zu dieser Neustrukturierung.[126]

Das Cyber Command kümmert sich um drei zentrale Tätigkeitsfelder: Erstens um die defensive Option, wobei Gefahren durch eine möglichst breit angelegte Sammlung von Informationen aus E-Mails und anderem Datenverkehr frühzeitig erkannt werden sollen. Die zweite, offensive Option versteht das Internet als Möglichkeit, nicht nur auf herkömmliche Art – etwa über ferngelenkte Drohnen – den Gegner anzugreifen, sondern ihn auch über eingeschleuste Computerviren, etwa Trojaner, zu schädigen. Die dritte Option sieht das Internet als Instrument althergebrachter Spionage, insbesondere der Wirtschaftsspionage, die gleichzeitig in der Lage ist, der eigenen Ökonomie einen Vorsprung gegenüber Konkurrenten zu sichern.

Zum ersten Aufgabenbereich, der Sammlung von Informationen aus E-Mails und anderem Datenverkehr, trägt in erster Linie die NSA bei, die außer in ihrem Hauptquartier in Fort Meade in Maryland unter anderem in einem fensterlosen New Yorker Wolkenkratzer untergebracht ist. Hier fließen weltweite Informationen aus verschiedenen, zum Teil noch aus dem Kalten Krieg stammenden, aber immer wieder modernisierten Einrichtungen wie Echelon zusammen. Die von der NSA in Kooperation mit britischen, kanadischen, australischen und neuseeländischen Diensten betriebenen Echelon-Abhörstationen waren zwar ursprünglich dafür eingerichtet worden, den weltweiten Datenverkehr der Sowjetunion und ihrer Verbündeten zu überwachen. Nachweislich war Echelon aber im Kalten Krieg auch an der Wirtschaftsspionage in Europa beteiligt, wo selbst NATO-Mitgliedsstaaten ausgespäht wurden.

Die ohnehin schon riesige Datenflut aus den NSA-Einrichtungen ergänzen heute private Suchmaschinen-Betreiber wie Google. Das Unternehmen entwickelte sich seit seiner Gründung 1998 zu einer gigantischen Überwachungsinstitution, die wie andere Anbieter von Internetdiensten durch den 2010 von Obama noch einmal um vier Jahre verlängerten Patriot Act veranlasst wurde, die gesammelten Daten an die US-Behörden zu übergeben. Dies wurde 2011 öffentlich bestätigt.[127] Den riesigen Datenpool füllen aber auch Telefon- und Fluggesellschaften sowie viele harmlose Firmen, die Computerzubehör vertreiben.[128] Dass Google dabei mittelbar von der NSA das Programm Keyhole (Schlüsselloch) erwarb, das heute als Google Maps weltweit auf unzähligen Privatrechnern läuft, war eine weitere Facette des nicht nur für Verschwörungstheoretiker verdächtigen Konzepts.

Darüber hinaus arbeiteten bereits in der Vergangenheit auch große Software-Firmen wie Microsoft der NSA zu, indem sie systematisch «Hintertüren» (Backdoors oder Root Accesses) in ihre Produkte einbauten. Das war nicht erst seit der Entdeckung des berüchtigten «NSAKey» in Windows 1999 ein Thema.[129] Erst Jahre später bestätigte Microsoft diese bei den weiteren Windows-Versionen fortgesetzte Zusammenarbeit mit der NSA. Insbesondere bei der Produktion von Windows Vista waren nun sogar Programmierer der NSA aktiv beteiligt.[130] Auch Apple und der Netzwerk-Entwickler Novell sollen bei dieser bedenklichen Zusammenarbeit mitgewirkt haben.[131] Schon über die 1999 von der CIA gegründete Firma In-Q-Tel gelang 2009 der Einstieg in das kleine Unternehmen Visible Technologies, durch das US-Geheimdienste etwa Twitter, YouTube, Blogs und andere Netzinhalte werden im Blick behalten können.[132]

Dahinter steht bei den US-Sicherheitsbehörden bis heute nicht nur der Ehrgeiz, grundsätzlich alles zu sammeln und erst später die möglicherweise relevanten Daten herauszufiltern, sondern auch ein schier unbegrenztes generelles Misstrauen gegenüber der Zivilgesellschaft. Aus Sicht der Befürworter einer totalen Kontrolle des Internets erweist sich immer wieder gerade das, was seine Vorgänger seit den 1950er Jahren zum Erfolgsmodell machte, als Fluch: Die Erfinder des Arpanets wollten eine dezentralisierte Informationssicherung, die selbst einen globalen Atomkrieg überleben konnte. Deswegen wurde Dezentralisierung lange Zeit weitaus wichtiger als Datensicherheit.

Heute weiß man, dass die völlige Überwachung verdächtiger Personen und Vorgänge – vor allem des Terrorismus – über das Internet nicht möglich ist und stattdessen häufig eher harmlose Zeitgenossen ins Visier geraten. Die Horrorvision des vernetzten Überwachungsstaats, in dem jeder ins Visier geraten kann und nur die völlige Abschottung Schutz vor dem Zugriff auf das eigene Leben bietet, präsentierte bereits 1998 der Hollywood-Streifen *Enemy of the State (Staatsfeind Nr. 1)*. Seitdem sind die Überwachungsmöglichkeiten allerdings noch einmal gigantisch angewachsen. Wie groß die Datenmenge ist, lässt sich auch daran ablesen, dass die NSA kontinuierlich gezwungen ist, neue große Flächen für den Bau von Rechenzentren zu erwerben, so 2011 in Texas und Utah.

Drohnenkrieg Das zweite, noch offensivere Tätigkeitsfeld der US-Cyberkrieger ist die bereits kurz angesprochene offensive Nutzung des Internets im direkten Konflikt mit anderen Staaten. Ferngesteuerte Drohnen (UAV) und Elektronische Kriegführung sind für die Streitkräfte der USA grundsätzlich kein Neuland, wenngleich unter der Obama-Administration die Gezielten Tötungen durch Drohnen enorm ausgeweitet wurden. Zwischen 2009 und 2014 wurden allein in Pakistan 2400 UAV-Angriffe auf tatsächliche oder vermeintliche Al-Qaida- und Taliban-Aktivisten geflogen.[133] Dabei starben unter anderem die «Nummer Drei» der Al-Qaida, Khalid Habib, und der Operationschef, Said al-Masri. Nahezu ein Viertel der bis dahin in 3888 UAV-Einsätzen Getöteten waren allerdings unbeteiligte Zivilisten. Gegenwärtig sind der Irak, der Jemen, Pakistan, Afghanistan, Libyen, Somalia und Syrien die Schwerpunkte.

UAV-Operationen werden bis heute in militärische, von der Air Force verantwortete, und geheimdienstliche Einsätze, für die die CIA zuständig ist, unterteilt. Die von der CIA verantworteten Drohnen-Operationen gelten, anders als die des Pentagon, grundsätzlich als Covert Activities, die weder bestätigt noch dementiert oder auch nur kommentiert werden. Die verwendeten Drohnen sind allerdings dieselben: US-Armee wie CIA nutzen die mit Raketen und MG bewaffnete General Atomics MQ-1 Predator und ihren Nachfolger, die MQ-9 Reaper. Die Agency richtete dafür in Langley die satellitengestützte «Ground Control Station» (GCS) ein, für die heute die im National Clandestine Service (NCS) untergebrachte Special Operations Group (SAG) innerhalb der Special Activities Division (SAD) verantwortlich ist.

Wirtschaftsspionage   Der dritte Aufgabenbereich, nämlich das Internet als Instrument althergebrachter Spionage insbesondere auch für die Wirtschaftsspionage zu nutzen, um der eigenen Ökonomie einen Vorsprung gegenüber Konkurrenten zu sichern, ist für die USA der diplomatisch heikelste, weil er auch Verbündete trifft. Dass schon das Echelon-Programm zur Wirtschaftsspionage eingesetzt wurde und wahrscheinlich nach wie vor wird, bestätigte der ehemalige CIA-Direktor James Woolsey schon im Jahr 2000 persönlich in einer aufsehenerregenden Presseerklärung. Sie führte vor allem in Europa zu heftigen Reaktionen, weil Woolsey das Vorgehen mit dem Satz gerechtfertigt hatte, Korruption sei in Europa so weit verbreitet, dass eine Überwachung notwendig sei.[134] Dass sogar die europäsche Telekommunikation mittlerweile durch US-Dienste eingesehen wird, ist seit Langem ein offenes Geheimnis. Dies veranlasste europäsche Unternehmen sogar, auf das von Microsoft gelieferte «Cloud Computing», das alle Daten auf Servern in den USA speicherte, zu verzichten. Zu gefährlich erschien die Möglichkeit, dass dort Unbefugte an Betriebsgeheimnisse gelangen könnten. Stattdessen setzte man auch in Deutschland auf eigene Cloud-Systeme. Seit den im März 2017 veröffentlichten WikiLeaks-Dokumenten ist bekannt, dass die Amerikaner in Deutschland vor allem Frankfurt am Main als Basis für ihre Hackerangriffe nutzen.[135]

US-Industriespionage nach dem Kalten Krieg richtete sich in der Vergangenheit etwa gegen das deutsche Windkraftunternehmen Enercon. Dessen Daten tauchten 1991 bei einer US-Firma für Windräder auf, die umgehend das weltweite Patent anmeldete und dafür sorgte, dass die deutschen Konkurrenten bis 2010 gar nicht mehr auf dem US-Markt vertreten sein durften. Vermutet wurde eine Echelon-Operation.[136] Eine ähnlich mysteriöse mit Echelon verbundene Spionagegeschichte entdeckte man beim europäschen Konkurrenten von Boeing, Airbus Industries. In diesem Fall ging der Spionage wiederum der Vorwurf voraus, dass die Europäer bei einem Geschäft mit Saudi-Arabien die dortigen Auftraggeber bestochen hätten, was die Echelon betreibende NSA offensichtlich für einen Freibrief hielt, die über Lauschangriffe gewonnenen Informationen an Boeing weiterzugeben. Statt zum Abschluss mit Airbus kam es 1994 zu einem milliardenschweren amerikanischen Geschäft mit Saudi-Arabien, was Deutsche, Franzosen und Briten gleichermaßen verärgerte.[137] Eine große Hilfe für Boeing war es trotzdem nicht. Wie schon zuvor lag Airbus auch am Ende des Jahres 2016 bei Bestellungen von Flugzeugen vor dem US-Konkurrenten aus Seattle (s. a. Graphik S. 538).[138]

Die Wirtschaftskonkurrenten Europa und China Anders als seine Vorgänger, die die traditionelle europäsche Uneinigkeit häufig als Wettbewerbsvorteil begriffen, zeigte sich Obama in seiner Regierungszeit darüber zunehmend beunruhigt. Dies hatte nicht nur sicherheitspolitische Gründe. Nach seiner Auffassung schwächte Europas Wirtschaft mit ihren Verpflichtungen gegenüber teils extrem schwachen Mitgliedsstaaten sowie der instabile Euro die durch gigantische Schulden belastete US-Ökonomie zusätzlich, wie sein Statement am 12. September 2011 zeigte.[139] Nicht zuletzt hielt er den europäischen Druck, Klimaschutzziele einzuhalten und zu erweitern, zumindest in seiner ersten Amtszeit für eine erhebliche Herausforderung an die USA, die sich nach der Wirtschaftskrise erst langsam erholte. Trotzdem unterschrieb Obama zur Überraschung der Öffentlichkeit 2016 das Pariser Klimaschutzabkommen, das sein Nachfolger Trump am 1. Juni 2017 allerdings kündigte. Trump outete sich seit seinem Amtsantritt konsequent als Gegner solcher Verträge.

Angesichts des zerstrittenen und gleichzeitig fordernden Europa geriet China zeitweilig in den Hintergrund, obwohl der Präsident sich schon 2010, als die europäische Krise noch nicht so bedrohlich erschien, auch über Peking besorgt gezeigt hatte.[140] Seit dem Schanghai-Kommuniqué 1972 entwickelte sich das Land zu einem der wichtigsten Konkurrenten im Welthandel, aber erst seit dem Ende des Kalten Krieges 1991 fielen die USA im Vergleich zu China rapide ab. Auch Obamas Vorgänger hatte dies bereits 2002 in seiner «Bush-Doktrin» besorgt erwähnt, und für Obamas Nachfolger Trump wurde dies geradezu zur Obsession. Obama war unmittelbar nach seinem Amtsantritt 2009 mit dem gesteigerten Selbstbewusstsein Chinas konfrontiert worden. Als der chinesische Premier Hu Jin-tao 2009 beim Klimagipfel in Kopenhagen mit Abgeordneten aus Entwicklungsländern konferierte, als deren Interessenvertreter sich Peking auch im Kalten Krieg verstand, stürmte der erzürnte Obama nach Presseberichten schließlich sogar in den Verhandlungsraum, nachdem man ihn vor der Tür hatte warten lassen.[141]

Aber auch Obama nutzte durchaus Möglichkeiten, Druck auf Peking auszuüben. Seine in der Tradition Carters fortgesetzte Menschenrechtspolitik verärgerte die chinesische Führung schon unmittelbar nach dem Regierungswechsel 2009. Einen der Höhepunkte erreichte die Konfrontation, als sich Obama mit dem bereits seit den 1950er Jahren zu einem der Lieblingsfeinde der chinesischen KP avancierten Dalai Lama offiziell traf. In dieser Frage ließ Obama sich auch nicht beirren: Viermal empfing er das religiöse Oberhaupt des von Peking besetzten und kolonisierten Tibet, zuletzt im Juni 2016.

Die Vereinigten Staaten blieben allerdings auch auf China angewiesen, wobei es Obama nicht nur um den Absatzmarkt für amerikanische Produkte ging, sondern auch um die chinesische Unterstützung bei der Eindämmung gefährlicher Staaten wie des Iran oder Nordkoreas und um die Stabilisierung der globalen sowie der US-Wirtschaft. China ist zudem bis heute einer der größten Gläubiger der USA, wodurch das Land allerdings gleichzeitig auch auf das Funktionieren der US-Wirtschaft angewiesen ist. Peking reagierte deshalb auf den 2011 eskalierenden Streit zwischen Demokraten und Republikanern um die Haushaltskonsolidierung besorgt, weil allein die damit einhergehende Abwertung des Dollar China Milliarden kostete. Die Verärgerung Chinas über die US-Regierung wuchs seit der Wahl Trumps noch einmal beträchtlich, da der neue Präsident gezielt den Erzfeind Taiwan diplomatisch aufwertete.

Schwerpunkt Innenpolitik Obamas politischer Schwerpunkt im Hinblick auf die Wahlen 2012 und 2016 blieb aber die Innenpolitik und hier insbesondere die Wirtschafts- und Arbeitsmarktpolitik. Die Gesamtverschuldung der USA lag beim Amtsantritt Obamas bei rund 10,72 Billionen Dollar.[142] Kurz vor dem Regierungswechsel zu Trump hatte sie 2016 sogar schon rund zwanzig Billionen erreicht.[143] Für Obama hatte dieser Anstieg im Wahlkampf 2012 zwar keine Folgen, obwohl bei seinem Amtsantritt 2009 erwartet worden war, dass er die von der Vorgängerregierung Bush maßgeblich verursachte Explosion der Verschuldung möglichst rasch zurückfahren würde. Auf den Wahlkampf 2016 wirkte er sich aber aus, wenngleich unbestritten war, dass die kostenintensiven außen- und innenpolitischen Verpflichtungen der USA weiterbestanden

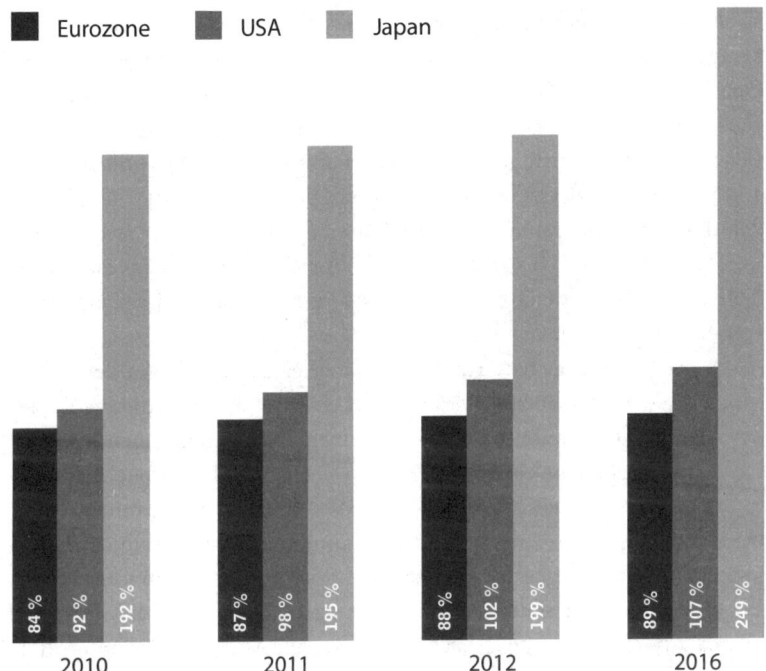

■ Eurozone ■ USA ■ Japan

	2010			2011			2012			2016	
84 %	92 %	192 %	87 %	98 %	195 %	88 %	102 %	199 %	89 %	107 %	249 %

Staatsverschuldung der USA im Vergleich zur Eurozone und zu Japan 2010–2016
(in Prozent des Bruttoinlandsprodukts)[144]

und die republikanische Opposition im Kongress Kompromisse boykottierte. Statistisch wuchs die Verschuldung der USA in den Obama-Jahren um knapp sieben Billionen Dollar und entsprach damit in etwa dem Zuwachs in den Bush-Jahren.[145]

Daneben blieb der beständige Rückgang des amerikanischen Anteils am Welthandel das grundsätzliche Problem. Bis 2015 fielen die USA bei den Exporten, gemessen am Bruttoinlandsprodukt, mit 12,6 Prozent Anteil weit hinter Konkurrenten wie Deutschland (46,9 Prozent), Kanada (31,5 Prozent), Indien (22,9 Prozent) oder China (22 Prozent) zurück.[146] Dies wirkte sich unmittelbar auf die Beschäftigung in den USA aus, womit die für amerikanische Verhältnisse enorm hohe Arbeitslosenquote zu Obamas innenpolitischem Hauptproblem seit seiner ersten Amtszeit wurde. Bis zu den Präsidentschaftswahlen im November 2012 sank sie zwar vom Höchststand 9,6 Prozent (2010) auf etwa 7,9 Prozent.[147] Dies verringerte allerdings nicht die Kritik der politischen Gegner.

Angesichts des anhaltend heftigen republikanischen Widerstands im Kongress, der viele seiner Vorhaben blockierte oder verzögerte, wurde Obama schon in seiner ersten Amtszeit nicht müde, das Zusammenrücken der Amerikaner in Krisenzeiten einzufordern, wie es so viele seiner Vorgänger auch getan hatten. Schon nach dem «Sputnik-Schock» 1957, so der Präsident in seiner Kongressrede im Januar 2011, sei es Ende der 1950er und dann in den 1960er Jahren gelungen, wieder aus dem Tal herauszukommen.[148] Tatsächlich fiel die Arbeitslosenquote bis zur Präsidentschaftswahl 2016 sogar auf rund 4,9 Prozent, was in etwa dem Stand von 2006 entsprach.[149]

In der Präsidentschaftswahl 2012 honorierten die US-Wähler, insbesondere jene aus den bevölkerungsreichen Staaten, noch diesen Erfolg der Demokraten, während er 2016 keinen durchschlagenden Einfluss mehr hatte. Obama siegte 2012 gegen seinen republikanischen Herausforderer Mitt Romney klar mit 51,1 zu 47,2 Prozent der Stimmen.[150] Zu dem eindeutigen Ergebnis – Obama lag am Ende mit rund fünf Millionen Wählerstimmen vorn – hatte allerdings Romney durch sein ungeschicktes öffentliches Auftreten selbst beigetragen. Den Ausschlag gab, wie Wahlanalysen zeigten, dass sich neben weißen Amerikanern unter dreißig Jahren aus den Ballungsgebieten – davon überproportional viele Frauen – vor allem ethnische Minderheiten wie die Hispanics für Obama entschieden hatten. Bezeichnenderweise waren das vor allem jene, die auf sein Versprechen einer gerechteren Union besonders zählten. Angesichts der durchwachsenen Gesamtbilanz der Regierungszeit Obamas gelang den Demokraten allerdings 2016 ein solcher Erfolg nicht mehr.

«Yes We Can»? Eine Bilanz   In der Bilanz seiner Präsidentschaft, die Barack Obama für die Medien nach acht Jahren zog, hielt er zwei Ergebnisse für besonders erwähnenswert. Als sein «wichtigstes politisches Erbe» bezeichnete er Ende 2016, «die Welt vor einem Absturz in eine tiefe Wirtschaftsdepression bewahrt zu haben», die bei seinem Amtsantritt durchaus möglich gewesen sei.[151] Tatsächlich half das von ihm eingeleitete, rund 800 Milliarden US-Dollar schwere Konjunkturprogramm, fast 15 Millionen neue Jobs zu schaffen.[152] Die Unterstützung der einheimischen Autoindustrie trug dazu bei, dort gefährdete Arbeitsplätze zumindest zum Teil zu erhalten.

Als seinen zweiten großen Erfolg sah Obama die Unterzeichnung des Pariser Klimaschutzabkommens, das am 4. November 2016, wenige Tage vor der Präsidentschaftswahl, in Kraft trat, nachdem es auch die größten

Verursacher von Treibhausgasen – neben den USA China, Brasilien und Indien – ratifiziert hatten. Tatsächlich unterstützte seine Regierung wie keine US-Führung zuvor eine globale Klimaschutzpolitik. Noch in den letzten Amtsmonaten versuchte er vieles, um gerade dies vor seinem Nachfolger Trump zu sichern. Dazu zählte die Festschreibung von neuen Naturschutzgebieten, um sie vor kommerzieller Ausbeutung, vor allem durch Ölbohrungen, zu schützen. Seit 2017 gehört allerdings gerade die Demontage der Umwelt- und Klimaschutzpolitik zu den Zielen, die die Regierung Trump mit als Erstes anging.

Insgesamt ist das Ergebnis von Obamas Präsidentschaft ernüchternd. In der Außenpolitik war er vor allem mit der Forderung angetreten, die Kriege in Afghanistan und im Irak zu beenden, die «Black Sites», insbesondere das berüchtigte Lager Guantánamo, zu schließen sowie die Genfer Konventionen im «Krieg gegen den Terror» einzuhalten. Keine dieser Ankündigungen wurde vollständig erfüllt. In Afghanistan sind nach wie vor mehrere Tausend US-Soldaten im Einsatz. Aus dem Irak wurden amerikanische Truppen zwar 2011 abgezogen, was allerdings zur Folge hatte, dass der IS seine Herrschaftsgebiete massiv ausdehnen konnte und bis heute (2017) Teile des Nahen und Mittleren Ostens unter seiner Kontrolle hält. Mit seinem effektiven Propagandanetzwerk, gegen das selbst die gut ausgestatteten amerikanischen Nachrichtendienste weitgehend machtlos sind, gelingt es dem IS, kontinuierlich Mitkämpfer zu rekrutieren, die auch in westlichen Staaten und in den USA Anschläge verüben.[153] Auch die Schließung des geradezu zur Chiffre für die Hilflosigkeit der USA gegenüber dem Terrorismus gewordenen Lagers Guantánamo gelang Obama nicht.

Unter Obama waren US-Soldaten allerdings in weniger Kriege verwickelt als zu Zeiten seines Vorgängers Bush. Den «Krieg gegen den Terror» ließ der Präsident vor allem als ferngelenkten Drohnenkrieg führen, was allerdings wegen der vielen zivilen Opfer zu erheblicher und berechtigter Kritik führte. Im syrischen Konflikt beschränkte sich der Einsatz auf Luftangriffe zugunsten der Opposition sowie auf Geheimdienstarbeit und auf die Entsendung kleiner Gruppen militärischer Berater. Insgesamt zeigte sich Obama aber gerade gegen Assad als wenig entscheidungsstark. Die mehrfache Androhung, bei Überschreiten «roter Linien», also vor allem bei Giftgaseinsatz, Bodentruppen zu entsenden, erwies sich als leere Drohung.[154] Trump revidierte daher die Syrienpolitik der USA auf seine ganz eigene Weise. Im März 2017 stellte sein Verteidigungsminister Rex Tillerson fest, dass die Absetzung Assads keine Priorität mehr habe. Stattdessen solle das syrische Volk selbst über seine Zukunft entscheiden.[155] Für Trump stellte sich Assad immer noch als das kleinere Übel gegenüber der Alternative dar, dem «nation-building», der Entstehung vieler neuer kleinerer Herrschaftsräume auf dem Gebiet von zerfallenden Staaten im Nahen und Mittleren Osten.[156] Auch Assad hatte sich direkt nach der Wahl Trumps bereits den USA angenähert und sich als «natürlichen Verbündeten der USA» empfohlen.[157] Dies hinderte Trump allerdings nicht, im April 2017 den ersten Luftangriff gegen syrische Regierungstruppen nach einem vermutlichen Giftgaseinsatz zu befehlen.

Obamas Entscheidungsschwäche in Syrien wurde im Wahlkampf 2016 zu einem entscheidenden Thema, zumal die Republikaner argwöhnten, sie habe den russischen Präsidenten Putin erst dazu ermutigt, Assad mit einer massiven Militärintervention zu unterstützen. Ob diese nicht ohnehin stattgefunden hätte, da der syrische Bürgerkrieg für Russland eine Gelegenheit bot, seinen Zugang zum Mittelmeer zu sichern, bleibt offen. Die diplomatischen Beziehungen zwischen den USA und Russland erreichten allerdings einen neuen Tiefpunkt. Dazu trugen die nach CIA-Informationen durch russische Hacker durchgeführten Angriffe auf amerikanische Einrichtungen 2016 (FBI-Jargon «Cozy Bear», «Grizzly Steppe» etc.) mit bei.

Mehr Erfolg verbuchte Obama mit der Annäherung an den Iran und Kuba, zwei der großen Erzfeinde aus der Zeit des Kalten Krieges. Getrübt war der Versuch der Normalisierung der Beziehung zu Teheran allerdings dadurch, dass die USA in Konflikt mit Israel gerieten. Das Zerwürfnis verstärkte sich 2016 noch dadurch, dass Obama zum ersten Mal in der Geschichte des UN-Sicherheitsrats Israel die Unterstützung versagte. Zuvor hatten die USA eine Verurteilung Israels wegen seines illegalen Siedlungsbaus im Westjordanland verhindert. Die von Obama zu Beginn seiner Präsidentschaft angekündigte Entspannung im israelisch-palästinensischen Konflikt gelang damit ebenfalls nicht.

Die Obama-Doktrin   Eher implizit wurden Obamas außenpolitische Grundsätze erkennbar, die dann inoffiziell «Obama-Doktrin» genannt wurden. Das neue zentrale Merkmal der US-Außenpolitik, so machte der Präsident im Mai 2014 in der traditionsreichen Militärakademie Westpoint deutlich,[158] sollte eine prinzipielle militärische Zurückhaltung sein. Die militärische Option habe in der Vergangenheit zu häufig Probleme eher vergrößert. Militärische Interventionen sollten nur erfolgen, wenn die USA oder ihre Verbündeten angegriffen würden oder aber eine UN-

Resolution einen Eingriff legitimiere. Fatalerweise lag jedoch den von Obama genehmigten amerikanischen Luftangriffen in Syrien keine solche Resolution zugrunde, und gerade der ausgeweitete Drohnenkrieg verstieß gegen das Kriegs- und Völkerrecht.

Die Obama-Doktrin fordert stattdessen ein stärkeres Engagement der in der jeweiligen Weltregion liegenden Staaten bei der Lösung von lokalen und regionalen Konflikten. Washington überließ es beispielsweise weitgehend der deutschen Regierung, in der Ukraine-Krise zu verhandeln. Dass dies für die betroffenen Staaten mit Kosten verbunden war, lag auf der Hand. Die Forderung nach höherer finanzieller Beteiligung der US-Alliierten, die Donald Trump öffentlichkeitswirksam im Wahlkampf 2016 erhob, war daher kein wirklicher Bruch mit Obamas Linie.

Innenpolitische Bilanz Auch innenpolitisch ist die Bilanz der Präsidentschaft Obamas zwiespältig. Zu seinen wichtigsten Themen gehörten neben der wirtschaftlichen Konsolidierung der Aufbau einer Krankenversicherung («Obamacare»), die für alle Amerikaner offenstehen sollte, aber auch ein restriktiveres Waffenrecht. Nimmt man die drastisch abgebaute Arbeitslosenquote zum Maßstab, die bis Ende 2016 auf 4,7 Prozent sank, konnte Obama hier einen bemerkenswerten Erfolg verbuchen, der nur dadurch geschmälert wurde, dass viele Jobs eben nach wie vor nicht zum Leben reichen.[159] Auch die mit der Verabschiedung des Patient Protection and Affordable Care Act 2010 begonnene Umstellung der Krankenversicherung, die ab 2014 die Versicherungspflicht für fast alle obligatorisch machte und den Versicherungsunternehmen verbot, Personen auszuschließen, die bereits an Erkrankungen litten, ist für sich gesehen ein großer Schritt zu mehr sozialer Sicherheit. Sie senkte die Zahl der Nichtversicherten im Jahr 2015 auf 9,1 Prozent.[160] Das waren zwar immer noch rund 29 Millionen Menschen, aber immerhin bereits rund vier Millionen (2014: 10,4 Prozent) weniger als ein Jahr zuvor. Allerdings wird die gegen republikanische Widerstände eingeführte Versicherung, an der Vorgänger wie bereits Harry S. Truman gescheitert waren, die Präsidentschaft Trumps in ihrer bisherigen Form nicht überstehen. Schon lange vor der Amtsübergabe am 20. Januar 2017 leitete der republikanisch dominierte Kongress die Abwicklung erheblicher Teile der Reform ein. Bislang ist die Umsetzung der «Reconciliation» allerdings gescheitert, weil sich die unterschiedlichen Flügel der Republikanischen Partei nicht einig darüber waren, ob die Versicherung ganz abgewickelt, teilweise beibehalten oder stark modifiziert werden soll.

Von Vornherein im Sande verlief dagegen Obamas Versuch, vor allem angesichts der zahlreichen Amokläufe in den USA den Waffenbesitz stärker zu reglementieren. Da der von den Republikanern dominierte US-Senat jegliche Änderungen blockierte, versuchte Obama erst kurz vor dem Ende seiner Amtszeit noch einmal eine Gesetzesinitiative. Von der am 5. Januar 2016 unterzeichneten Executive Order versprach er sich eine bessere Kontrolle des Schusswaffenhandels, was allerdings in der Realität ohne Folgen blieb. Während seiner Amtszeit stieg die Zahl der Tötungsdelikte durch Schusswaffen in einigen Regionen sogar so massiv an wie seit Langem nicht mehr. Chicago führte die traurige Bilanz mit 762 Morden im Jahr 2016 an, statistisch starben also dort durch Schusswaffen durchschnittlich zwei Menschen pro Tag.[161]

Besonders dramatisch erscheint angesichts der hochfliegenden Erwartungen das Scheitern des Versuchs, die US-Gesellschaft gerechter zu machen. Der Abstand zwischen Arm und Reich ist auch in seiner Präsidentschaft nicht geringer, sondern größer als jemals zuvor geworden. Die 400 reichsten Amerikaner hatten 2015 nach der *Forbes*-Liste so viel Vermögen wie rund 21 Millionen afro- und lateinamerikanische Haushalte in den USA zusammen.[162] Auch ethnische Konflikte und rassistische Vorfälle nahmen trotz der Wahl eines schwarzen Präsidenten zu. Bekannte Beispiele sind die tödlichen Polizeieinsätze gegen Farbige, das Massaker eines Weißen an neun Schwarzen in einer Kirche in Charleston am 15. Juni 2015 und die Ermordung von fünf Polizisten in Dallas am 7. Juli 2016 durch einen schwarzen Afghanistan-Veteranen, dessen Ziel vor allem Weiße gewesen waren. Allerdings kann Obama für sich verbuchen, einigen Minderheiten mehr Rechte und mehr Einfluss verschafft zu haben. So erhielten Homosexuelle zum ersten Mal in der amerikanischen Geschichte einen gesetzlich einklagbaren Weg in die formale Gleichberechtigung. Für die lateinamerikanische Community in den Vereinigten Staaten wurde die Ernennung der ersten hispanischen Richterin am Supreme Court ein Erfolg.

Rollback – die Präsidentschaftswahlen 2016 Angetreten war für die Demokratische Partei Obamas ehemalige Außenministerin Hillary Clinton gegen einen von den Republikanern zunächst eher halbherzig unterstützten politischen Außenseiter, den New Yorker Geschäftsmann Donald Trump. Clinton, die im Präsidentschaftswahlkampf 2008 gegen Obama gescheitert war, setzte sich in den Vorwahlen vor allem gegen den stärksten linken Konkurrenten, Bernard «Bernie» Sanders, durch, einen parteilosen («independent») Senator aus Vermont, der sich als «democratic socialist» insbesondere dem politischen Erbe Franklin D. Roosevelts verpflichtet fühlte und bis 2007 der Demokratischen Fraktion des US-Senats angehört hatte.[163] Donald Trump konnte sich überraschend sogar gegen die innerparteilichen Konkurrenten der rechtskonservativen «Tea Party»-Bewegung wie Ted Cruz, Rand Paul und Marco Rubio durchsetzen, obwohl er keinerlei politische Erfahrungen hatte. Die fehlende Zugehörigkeit zur politischen Klasse der USA erwies sich in diesen Wahlen sogar als Vorteil, der die Mehrheit der Amerikaner überzeugte. Seine dennoch große öffentliche Bekanntheit fußte vor allem auf seiner Rolle als Gastgeber und Jurymitglied der seit 2004 laufenden TV-Casting-Show «The Apprentice» (Der Lehrling), in der die Kandidaten einen Einjahresvertrag in einem Trump-Unternehmen gewinnen konnten und die Verlierer mit «You are fired» verabschiedet wurden.

Als Chef des auf dem Immobilienmarkt sowie in der Unterhaltungsbranche aktiven milliardenschweren Mischkonzerns «Trump Organization» verteilte Trump seine Wahlkampfspenden zuvor relativ gleichmäßig auf beide große Parteien und wechselte seit den Achtzigerjahren sogar immer wieder seine politischen Präferenzen.[164] Zunächst als Republikaner registriert, votierte er ab 2001 für die Demokraten und nach der Niederlage Hillary Clintons 2008 erneut für die Republikaner. In den späten 1990er Jahren engagierte er sich kurzzeitig auch für den milliardenschweren Unternehmer Ross Perot, der als unabhängiger Drittkandidat bei den Präsidentschaftswahlen 1992 durchaus Erfolge verzeichnet hatte, aber mit seiner «Reform Party» scheiterte.

Für die politische Ideenwelt Trumps, aber auch seine persönlichen Präferenzen in der Auswahl von Vorbildern und Beratern, ist diese Episode allerdings von besonderer Bedeutung. Zum einen war Perot ein erfolgreicher Unternehmer, mit dem sich Trump, der sich ebenfalls als «Selfmademan» sah, offensichtlich identifizieren konnte. Unmittelbar nach seinem Sieg im Präsidentschaftswahlkampf nominierte Trump für sein Kabinett eine illustre Reihe von Milliardären und Multimillionären. Zu seinem «Team of Billionaires», wie es im Januar 2017 das Magazin *Forbes* nannte,[165] zählten neben ihm, dessen Vermögen auf etwa 3,7 Milliarden Dollar geschätzt wird, unter anderen die auf rund 5,7 Milliarden Dollar taxierte Bildungsministerin Betsy DeVos und der 2,9 Milliarden Dollar schwere Wirtschaftsminister Wilbur Ross. Der ursprünglich wohl als Energieminister vorgesehene Harold Hamm, dessen Posten allerdings «Rick» Perry besetzte, wurde durch *Forbes* sogar auf 15,3 Milliarden Dol-

lar geschätzt.[166] Andere, so Außenministers Rex Tillerson oder Finanzminister Steve Mnuchin, sind immerhin noch Multimillionäre.

Trump vermerkte gegenüber der Kritik, er werbe ausdrücklich um
solche Kandidaten, weil er Erfolgreiche suche und «Menschen wolle, die
reich geworden sind». Sie hätten den Amerikanischen Traum verwirklicht.[167] Dies zeigt auch den wesentlichen Unterschied in der Interpretation des American Dream zwischen Trump und Obama: Während dieser
auf mehr soziale Gerechtigkeit in der Union setzte, ist für Trump der Erfolg, der soziale Aufstieg, der entscheidende Nenner des Amerikanischen
Traums. Trump geht es um die traditionelle Art des American Dream.
Erfolgreiche Geschäftsleute versteht er deswegen als Geistesverwandte
und natürliche Verbündete. Persönliche Loyalität ist allerdings für ihn
von ebenso großer Bedeutung, wie nicht zuletzt die Berufung von Fami-
lienangehörigen zeigt: Sein Schwiegersohn Jared Kushner war schon im
Wahlkampf einer seiner wichtigsten Berater, und dessen Ehefrau Ivanka,
Trumps Tochter, wurde zur offiziellen Präsidentenberaterin ernannt.

Dass Perots Agenda der Neunzigerjahre für Trump nach wie vor eine
wichtige politische Rolle spielte, begründete sich auch darin, dass dieser
in wesentlichen Teilen bereits damals forderte, was Trumps Wahlkampf-
programm 2016 beinhaltete: Protektionismus, der an den Isolationismus
in der Nachkriegszeit des Ersten Weltkriegs erinnert, darunter Einfuhrzölle für ausländische Produkte, Verhinderung oder Neuverhandlung von
Freihandelsabkommen wie etwa des NAFTA und des CAFTA, weniger
Engagement in den Vereinten Nationen und anderen internationalen
Organisationen sowie schärfere Einwanderungsgesetze. All dies waren
Forderungen, die nachweislich auch außerhalb der großen Zentren – insbesondere in den amerikanischen «Heartlands» – immer wieder geäußert
worden waren. Hier fand sich insbesondere auch das grundsätzliche Misstrauen gegenüber dem politischen «Ostküsten-Establishment», das vor
allem Hillary Clinton verkörperte und gegen das Trump vorzugehen versprach. Die Wahlen 2016 zeigten, dass die Strategie aufging.

Dass das Werben um «John Doe», den sprichwörtlichen «Kleinen
Mann auf der Straße», und die Berufung von außergewöhnlich reichen
Amerikanern in das Kabinett einen Widerspruch bildete, wie viele Kom-
mentatoren meinten, wurde von Trump von Anfang an vehement bestritten. Außer auf die Vorstellung, finanzieller Erfolg sei immer auch Ausweis
für berufliche Kompetenz, setzte er auf das Argument, dass Vermögen un-
bestechlich und politisch unabhängig mache. Zur Bekräftigung verzichtete
er schon als «President-Elect» auf sein Gehalt und limitierte es auf «einen

Dollar» im Jahr. Tatsächlich hatte es schon immer sehr wohlhabende Amerikaner in diesem Amt gegeben – beginnend beim ersten US-Präsidenten George Washington –, eben auch, weil Wahlkämpfe in den USA von jeher finanziell sehr aufwändig waren. Trumps Wähler ließen sich offensichtlich von diesem Argument überzeugen.

Sowohl die Vorwahlen als auch der Präsidentschaftswahlkampf 2016 schienen für viele Beobachter, insbesondere im Ausland, mit ihren scharfen persönlichen Angriffen, unsachlichen Argumenten und Skandalisierungen jegliche Grenzen bisheriger US-Abstimmungen zu überschreiten. Clinton geriet vor allem wegen des Bengasi-Anschlags und Nachlässigkeiten in der Amtsführung – ihr sorgloser Umgang mit E-Mails wurde ein Dauerthema –, aber auch grundsätzlich wegen ihrer Zugehörigkeit zum politischen Establishment in die Kritik. Obwohl er nicht mehr zur Wahl stand, wurde auch Obama zum Ziel massiver Attacken Trumps. Generell wurde seine Amtsführung kritisiert und grundsätzlich seine Integrität in Zweifel gezogen. Sogar seine amerikanische Staatsangehörigkeit und damit die Legitimität seiner Präsidentschaft wurden angezweifelt. Aber auch das Clinton-Team war wenig zurückhaltend. Die häufig mangelnde Sachkenntnis des republikanischen Kandidaten in politischen Fragen sowie seine abwertenden Äußerungen über Frauen, Minderheiten oder Ausländer wurden zur häufig genutzten Waffe im Wahlkampf der Demokraten.

Dass der Wahlkampf 2016 aber zum ersten Mal in der US-Geschichte Grenzen überschritt, war ein Missverständnis. Abstimmungen in den USA zeichnete häufig eine besondere Härte aus. Rufmordkampagnen und Skandalisierungen fanden sich von Beginn an. Klassische Beispiele fanden sich im Präsidentschaftswahlkampf 1800, in dessen Folge es 1804 sogar zu einem tödlichen Duell zwischen Aaron Burr und Alexander Hamilton kam, 1828, als die Gegner des als Ordnungspolitiker auftretenden Kandidaten Andrew Jackson versuchten, ihn über sein Privatleben zu diskreditieren, und 1884, als Grover Cleveland sexuelle Lasterhaftigkeit vorgeworfen wurde, weil er Vater eines unehelichen Kindes war. Die Liste ließe sich weiter fortsetzen.

Dass die Präsidentschaftswahlen 2016 trotzdem geradezu als Ausnahmeereignis diskutiert wurden, hing wohl eher mit der unvergleichlich größeren Rolle der Medien im 21. Jahrhundert zusammen, die die Kontroverse um den zweifellos polarisierenden Kandidaten noch verstärkten. Trump reagierte in seiner cholerisch-emotionalen Art eher wie Politiker des 19. und des frühen 20. Jahrhunderts, einer Zeit, als Präsident Theodore Roosevelt Journalisten als «Muckrakers» – Schmutzfinken – bezeichnete. Auch für Trump ist die «Vierte Gewalt» bis auf wenige Ausnahmen eher eine existentielle Bedrohung, wie er wiederholt deutlich gemacht hat. Für ihn ist sie insbesondere dann «der Feind», wenn seine Sicht der Dinge infrage gestellt wird. Damit liegt er, wie Umfragen zeigen, allerdings durchaus auf der Linie einer Mehrheit der Amerikaner, die «den Medien» als Teil des «Systems» misstrauen.[168] Gegen nachweisbare, unbequeme Wahrheiten in den Medien erfand seine Beraterin Kellyanne Conway den Begriff der «alternativen Fakten».[169] Zum unübersehbaren Zeichen des gestörten Verhältnisses gegenüber den Medien wurde, dass Trump im April 2017 demonstrativ dem traditionellen White House Correspondents Dinner fernblieb und sich stattdessen in der republikanischen Hochburg Harrisburg von Anhängern feiern ließ.

Tatsächlich zeigte sich mit dem überraschenden Sieg Trumps, wie genau der politische Außenseiter die Stimmung und insbesondere die massive Unzufriedenheit im Land eingeschätzt hatte. Insbesondere sein schon seit April 2016 beständig wiederholtes Argument, dass es jetzt (endlich) wieder um die US-Bürger gehen müsse – «America First» –, erhielt, wie Umfragen zeigten, große Zustimmung. Entsprechend stark wurde der Beifall, als Trump im Wahlkampf versprach, die Immigration vor allem aus Mittelamerika zurückzudrängen sowie Muslime an der Einreise zu hindern. Der am 27. Januar 2017 erlassenen (dann gerichtlich gestoppten) Executive Order Trumps, Muslime aus sieben Ländern nicht mehr in die USA zu lassen, stimmten nach repräsentativen Umfragen 49 Prozent der Amerikaner zu, nur 41 Prozent waren dagegen.[170]

Als Trump am 19. Dezember 2016 mit 304 Stimmen zum 45. Präsidenten der USA gewählt wurde, hatte er seine Gegenkandidatin Hillary Clinton (227 Wahlmännerstimmen) weit hinter sich gelassen. Trump konnte, wie die Auswertung zeigte, vor allem die jüngeren (bis 24 Jahre) männlichen Amerikaner (53 und 56 Prozent) aus ländlichen («fly-over-states») Gebieten (62 Prozent) mit geringerem formalem Bildungsabschluss (48 Prozent) überzeugen.[171] Dass Clinton dennoch mehr Stimmen und mehr Stimmenanteile erhielt (48,2 Prozent / 65,84 Mio.) als Trump, war den Besonderheiten des US-Wahlsystems geschuldet.

Renaissance des American Dream? Die Demontage der Obama-Jahre

Obama verabschiedete sich in seiner letzten Rede als Präsident am 10. Januar 2017 mit den Worten: «Die Zukunft ist in guten Händen.»[172] Mit Blick auf die ersten Monate der Präsidentschaft Donald Trumps steht jedoch eines fest: Der neue Präsident versucht, seine Wahlankündigungen fast minutiös umzusetzen und demontiert daher alles, was Obama als Erfolg seiner Präsidentschaft ansieht. In der Innenpolitik fielen sofort die Pläne zur Schusswaffen- und zur Bankenregulierung (Dodd-Frank-Act). Die Demontage von «Obamacare» wurde zwar nach erheblichem Widerstand sogar aus der eigenen Partei einstweilen zurückgestellt, ist aber nicht aufgehoben. Bei der Zerstörung der teils hohen Standards im Umweltschutz gab es weniger Widerstände, so dass unter anderem nun die zuvor umstrittene Ölpipeline zwischen Alaska und dem Golf von Mexiko genehmigt und zentrale Umwelt- und Klimaschutzbestimmungen abgebaut wurden.

In der Außen- und Wirtschaftspolitik, auf die Trumps Wahlkampfparole «America First» ebenfalls zielte, konnte man Ähnliches beobachten. Neben der schon im Wahlkampf vehement vertretenen Forderung, nicht nur die illegalen lateinamerikanischen Einwanderer aus den USA zu deportieren und eine unüberwindbare Mauer an der Grenze zu Mexiko zu errichten, sollen Verträge wie die Trans-Pazifische Partnerschaft (TPP) und das Nordamerikanische Freihandelsabkommen (NAFTA) aufgegeben oder zumindest neu verhandelt werden. Deutschland geriet in der Wirtschaftspolitik in besondere Kritik, weil sein Außenhandelsüberschuss 2016 mit 14,8 Milliarden Euro (Vorjahr: 13,2 Mrd.) erneut sehr groß ausgefallen war.[173] Der Staatsbesuch der deutschen Bundeskanzlerin Angela Merkel im März 2017 fiel im Vergleich zur freundschaftlichen Atmosphäre während der Obama-Präsidentschaft dadurch auf, dass Trump sogar den ansonsten üblichen öffentlichen Händedruck vor der Presse verweigerte. Zum Paukenschlag wurde der am 1. Juni 2017 von ihm verkündete Ausstieg der USA aus dem Pariser Klimaabkommen, insbesondere auch, weil der Präsident seine völlige Ahnungslosigkeit über das Thema demonstrativ zur Schau stellte. Davor war bereits das G 7-Treffen unter anderem an dieser Frage gescheitert.

Dennoch findet sich manches, was zumindest auf eine gewisse Kontinuität in der Außenpolitik hinweist: Die Kritik an der NATO schwächte sich ab, wenngleich die Bündnispartner nach wie vor energisch zu höheren Rüstungsausgaben aufgefordert wurden. In Osteuropa und in Südkorea wurde die Truppenpräsenz erhöht, und nicht zuletzt wurde eine Verstärkung des Kampfes im Nahen und Mittleren Osten angekündigt. Auch dabei wurde allerdings nicht auf besondere Paukenschläge verzichtet: In Südkorea drohte US-Verteidigungsminister Rex Tillerson während seines Staatsbesuchs in Südkorea im März 2017 der Regierung in Pjöngjang, auch militärische Optionen gegen Nordkorea lägen «auf dem

Tisch».[174] Vizepräsident Mike Pence sprach wenig später sogar vom Ende der «strategischen Geduld» gegenüber Nordkorea.[175] In Syrien befahl Trump wenige Tage nach einem mutmaßlichen Giftgaseinsatz der Regierungstruppen zum ersten Mal einen amerikanischen Angriff auf Assads Einheiten. Dabei wurden am 6. April 2017 mehrere Dutzend Marschflugkörper auf die Luftwaffenbasis Al-Scheirat abgefeuert.

Der im März 2017 veröffentlichte Entwurf des US-Haushaltsplans für 2018 machte die Zäsur zu Obama und die Demontage seiner politischen Hinterlassenschaft dann für alle augenfällig. Die höchsten Steigerungen erhalten das Pentagon und das Heimatschutzministerium, die größten Verluste verbuchen die Entwicklungshilfe und der Umweltschutz, die jeweils fast ein Drittel ihres Budgets einbüßen.

Planung für das Haushaltsjahr 2018[176]			
Ressort	2017 (in Mrd. US-Dollar)	Geplant 2018 (in Mrd. US-Dollar)	Differenz in Mrd. US-Dollar	Differenz in Prozent (gerundet)
Verteidigung	521,7	574,0	+ 52,3	+ 10
Heimatschutz	41,3	44,1	+ 2,8	+ 7
Veteranen	74,5	78,9	+ 4,4	+ 6
NASA	19,2	19,1	− 0,2	− 1
Finanzen	11,7	11,2	− 0,5	− 4
Energie	29,7	28,0	− 1,7	− 6
Wohnungsbau	36,0	31,7	− 4,3	− 12
Inneres	13,2	11,6	− 1,5	− 12
Verkehr	18,6	16,2	− 2,4	− 13
Bildung	68,2	59,0	− 9,2	− 14
Handel	9,2	7,8	− 1,5	− 16
Gesundheit	77,7	65,1	−12,6	− 16
Justiz	20,3	16,2	− 4,0	− 20
Arbeit	12,2	9,6	− 2,5	− 21
Landwirtschaft	22,6	17,9	− 4,7	− 21
Entwicklungshilfe	38,0	27,1	− 10,9	− 29
Umwelt	8,2	5,7	− 2,6	− 31

«I thought it would be easier.» Ob es angesichts der wachsenden öffentlichen Kritik bei dieser Demontage bleibt, ist ungewiss. Die Zustimmung der US-Bevölkerung sank unmittelbar nach der Veröffentlichung des Haushaltsplans von 45 auf 37 Prozent.[177] Allerdings zeigte sich nach den ersten einhundert Tagen der Präsidentschaft Trumps Ende April 2017 auch, dass letztendlich die Zustimmung derjenigen, die Trump gewählt hatten, unverändert geblieben war, ebenso allerdings die Ablehnung aus den Reihen seiner Gegner.[178] Wie die Gerichtsurteile gegen seine Einwanderungspolitik und der Widerstand seiner eigenen Partei gegen den Umbau von «Obamacare» deutlich machten, stößt aber auch ein Präsident Trump, der mit dem Ziel in den Wahlkampf gezogen war, endlich schnelle politische Entscheidungen zu schaffen und Politik nach Maßgabe eines Wirtschaftsunternehmens zu betreiben, an die Grenzen seines Amtes. Den einstweiligen Höhepunkt erreichte die Kritik im Mai 2017, als es sogar zu Rücktrittsforderungen aus der eigenen Partei kam. Ein Amtsenthebungsverfahren wegen Amtsvergehen («impeachment») war allerdings in der US-Geschichte gegen Präsidenten niemals erfolgreich, auch Richard Nixon trat in der Watergate-Affäre 1974 vorher zurück. Hintergrund der Angriffe war der bereits im Wahlkampf 2016 kursierende Vorwurf, Trump unterhalte zu Russland eine politisch inakzeptable Nähe und bereits der Wahlkampf sei aus Moskau zugunsten Trumps manipuliert worden. Nun kam der noch brisantere Vorwurf hinzu, der Präsident versuche, FBI-Ermittlungen gegen seinen ehemaligen Sicherheitsberater Michael Flynn zu verhindern, der im Zentrum der Russland-Affäre stand und den Trump deswegen schon im Februar 2017 auf öffentlichen Druck wieder verabschieden musste.

Die am 9. Mai 2017 erfolgte Entlassung des für die Ermittlungen zuständigen FBI-Chefs James Comey wurde von Demokraten, aber auch einzelnen Republikanern als Versuch der Strafvereitelung («obstruction of justice») gewertet. Dessen Verteidigung, er sei nur entlassen worden, weil er der Aufforderung des Präsidenten nicht nachkommen wollte, die Ermittlungen gegen Flynn einzustellen, wurde von Trump zwar vehement bestritten, doch Comey blieb bei dieser Version auch vor dem Geheimdienstausschuss des US-Senats am 8. Juni 2017. Hier bezichtigte er den Präsidenten sogar mehrfach der Lüge.[179] Danach wurde ein Ermittlungsverfahren auch gegen Trump eingeleitet. Im Vergleich dazu überraschte Trumps Weitergabe von exklusiven Geheimdienstinformationen an den russischen Außenminister Lawrow im Mai 2017 nur noch wenig.

Der Präsident hielt alles dies zwar für eine erneute «Hexenjagd», so wie er auch in den Monaten zuvor jegliche Kritik an der Amtsführung und seiner Person als ungerechtfertigt angesehen hatte.[180] Aber grundsätzlich registrierte er, dass die Macht eines amerikanischen Präsidenten doch nicht grenzenlos ist. «Ich dachte, es wäre einfacher», räumte Trump in einem Exklusivinterview mit der Nachrichtenagentur Reuters anlässlich seiner ersten einhundert Tage Präsidentschaft ein.[181]

Unberechenbar, wie viele argwöhnten und nach wie vor befürchten, sind die USA aber auch unter der Präsidentschaft Donald Trumps nicht geworden. Eher hat sich das Gegenteil gezeigt. Obwohl sein Wahlsieg überraschend war, ordnete er sich in den globalen Vormarsch populistischer, antiliberaler Bewegungen und Kandidaten ein. Insofern sind die Vereinigten Staaten keine Ausnahme. Vor allem aber versucht Trump wie kaum einer seiner Vorgänger, konsequent seine Ankündigungen aus dem Wahlkampf umzusetzen, was auf bestimmten Gebieten tatsächlich einen Bruch bedeutet, auf anderen – insbesondere der Sicherheitspolitik – aber durchaus parteiübergreifende Kontinuität zeigt. Und: Selbstverständlich bedeutet die Amtszeit Trumps auch nicht das Ende des Amerikanischen Traums. Dagegen sprechen nicht zuletzt die nach wie vor hohen Einwanderungszahlen und -wünsche aus aller Welt.

Anhang

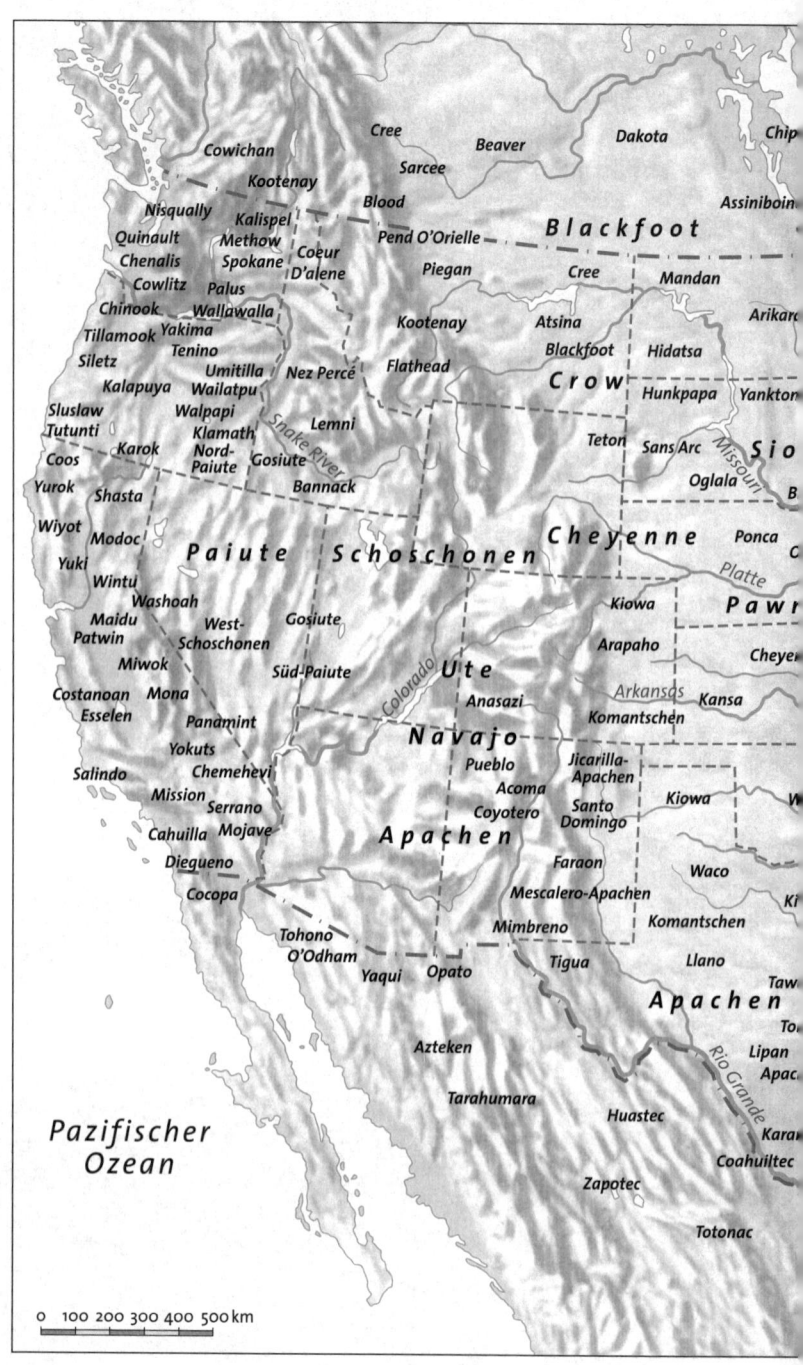

Siedlungsgebiete indigener Stämme

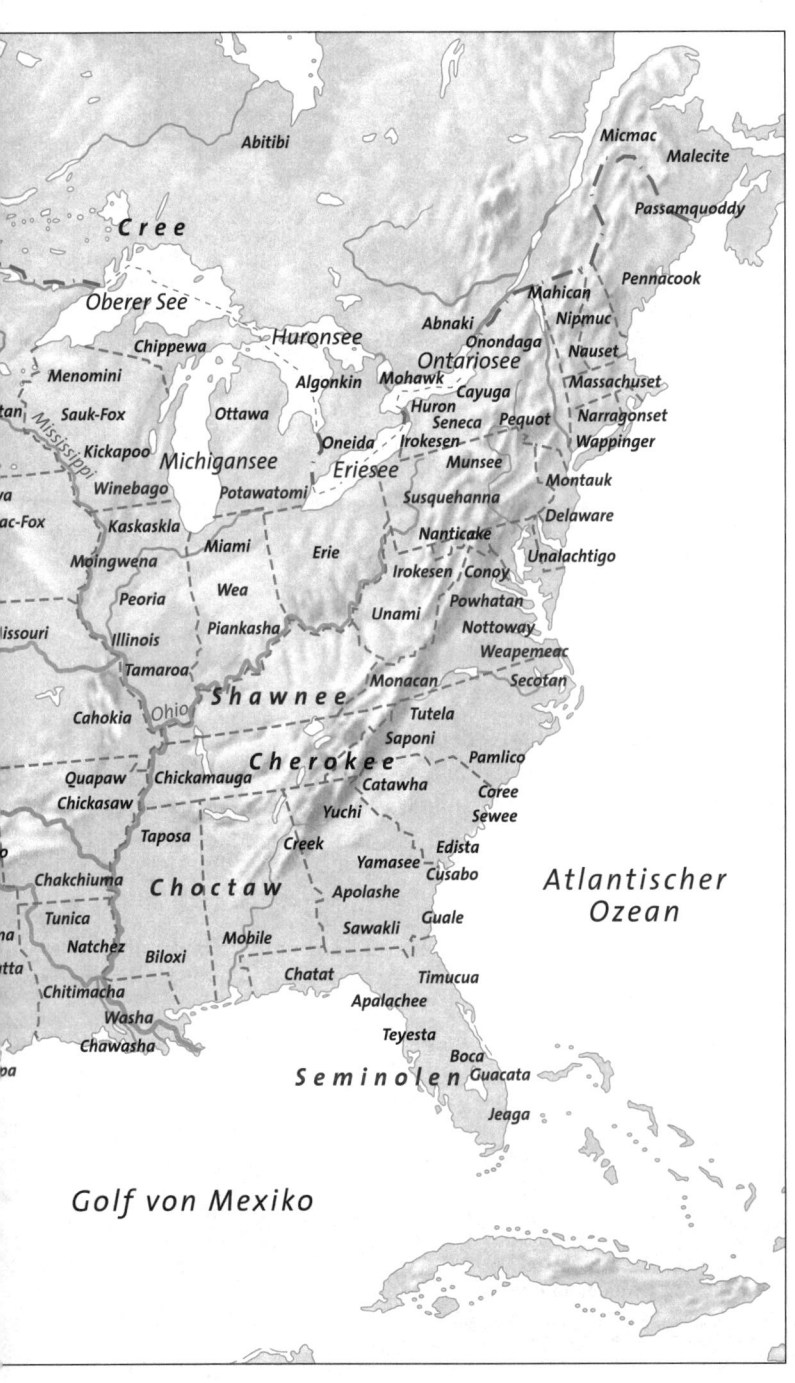

Abitibi

Micmac
Malecite
Passamquoddy

Cree

Oberer See

Pennacook

Chippewa

Huronsee

Mahican

Abnaki   Nipmuc

Menomini

Algonkin   Mohawk   Onondaga   Nauset

Ontariosee

Cayuga   Massachuset

tan

Sauk-Fox

Ottawa

Huron

Kickapoo

Oneida   Irokesen

Seneca   Pequot   Narragonset

Wappinger

va

Michigansee

Eriesee

Munsee

Montauk

Winebago

Potawatomi

Susquehanna

Delaware

ac-Fox

Kaskaskia

Nanticoke

Unalachtigo

Moingwena

Miami

Erie

Irokesen   Conoy

issouri

Peoria

Wea

Unami

Powhatan

Illinois

Piankasha

Nottoway

Weapemeac

Tamaroa

Shawnee

Monacan

Secotan

Cahokia   Ohio

Tutela

Quapaw   Chickamauga

Cherokee

Saponi

Pamlico

Chickasaw

Catawha

Coree

Taposa

Yuchi

Sewee

Creek

Edista

Chakchiuma

Choctaw

Yamasee

Cusabo

Apolashe

Tunica

Guale

Natchez   Biloxi

Mobile

Sawakli

Chitimacha

Chatat

Timucua

Washa

Apalachee

Chawasha

Teyesta

Boca

Seminolen   Guacata

Jeaga

*Atlantischer
Ozean*

Golf von Mexiko

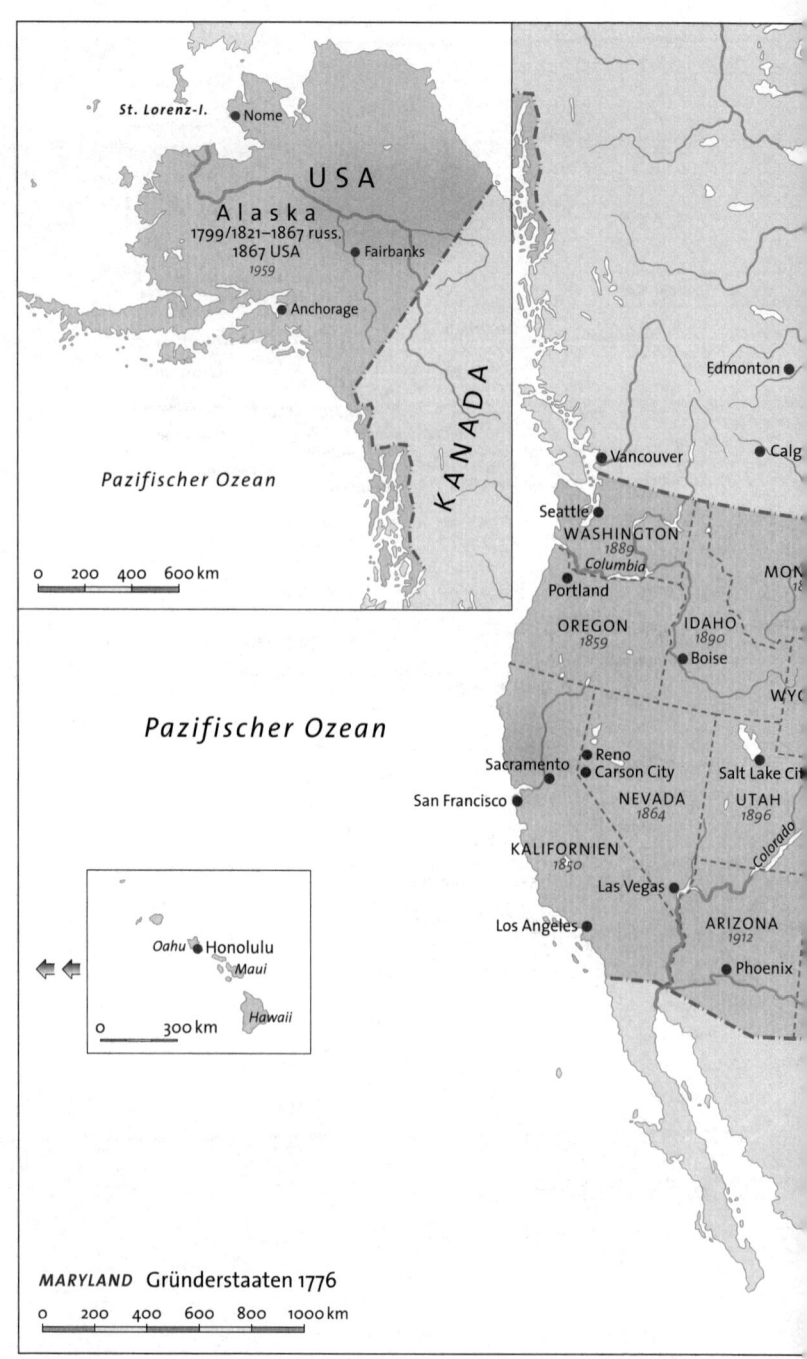

St. Lorenz-I.

Nome

USA

Alaska
1799/1821–1867 russ.
1867 USA
1959

Fairbanks

Anchorage

Pazifischer Ozean

KANADA

Edmonton

Vancouver

Calg

Seattle

WASHINGTON
1889
Columbia

Portland

OREGON
1859

IDAHO
1890

Boise

MON

WYC

0   200   400   600 km

Pazifischer Ozean

Sacramento

Reno
Carson City

Salt Lake Cit

San Francisco

NEVADA
1864

UTAH
1896

Colorado

KALIFORNIEN
1850

Las Vegas

Los Angeles

ARIZONA
1912

Phoenix

Oahu

Honolulu

Maui

Hawaii

0   300 km

MARYLAND Gründerstaaten 1776

0   200   400   600   800   1000 km

Die Bundesstaaten der USA

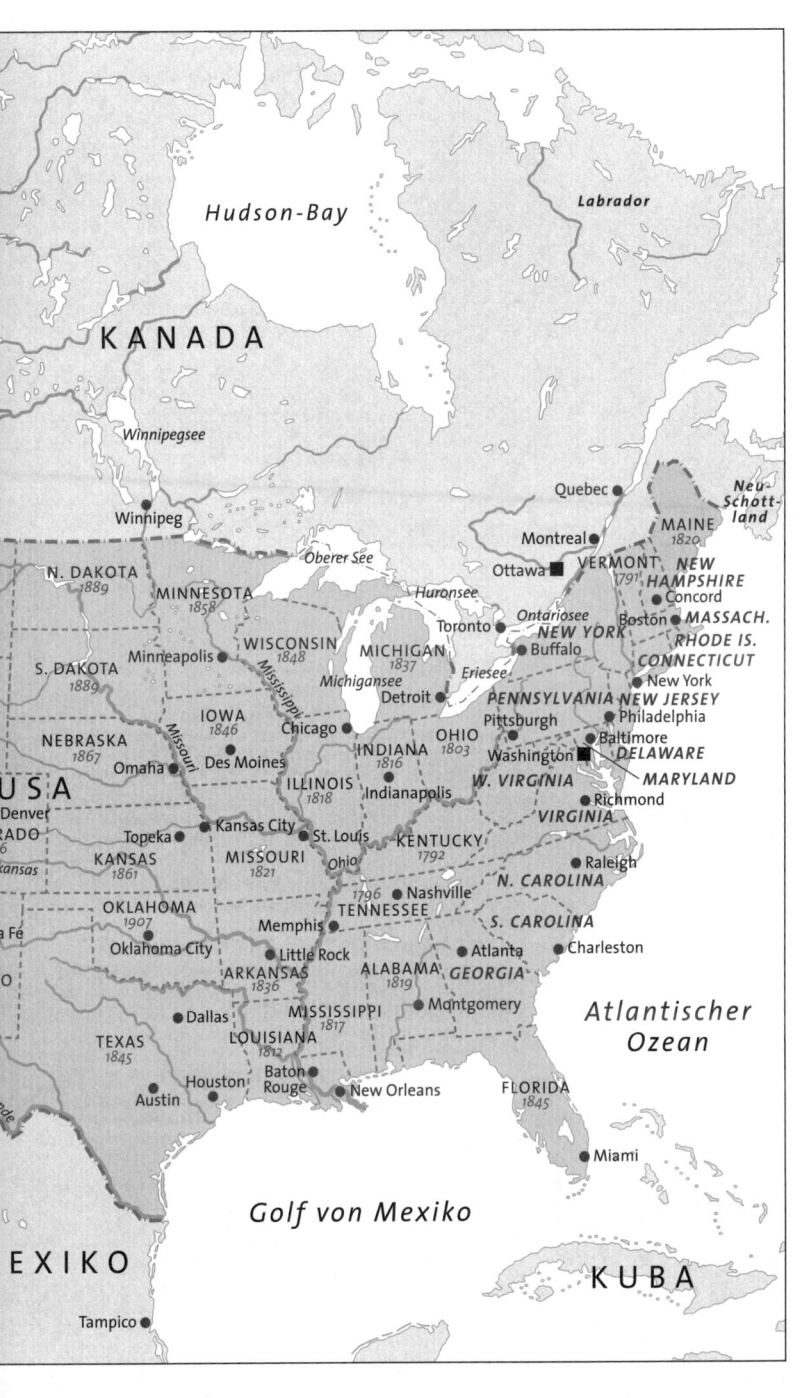

Hudson-Bay

Labrador

KANADA

Winnipegsee

Winnipeg

Quebec

Neu-
Schott-
land

Montreal

MAINE
1820

Ottawa

VERMONT
1791

NEW
HAMPSHIRE

Oberer See

Toronto

Ontariosee

Concord

Boston

MASSACH.

Huronsee

MINNESOTA
1858

WISCONSIN
1848

MICHIGAN
1837

Buffalo

NEW YORK

RHODE IS.
CONNECTICUT

N. DAKOTA
1889

Minneapolis

Michigansee

Eriesee

New York

Detroit

PENNSYLVANIA

NEW JERSEY

S. DAKOTA
1889

IOWA
1846

Chicago

Pittsburgh

Philadelphia

NEBRASKA
1867

Des Moines

INDIANA
1816

OHIO
1803

Baltimore

Washington

DELAWARE

Omaha

ILLINOIS
1818

Indianapolis

W. VIRGINIA

MARYLAND

USA

Denver

KANSAS
1861

Kansas City

St. Louis

Richmond

RADO

Topeka

Ohio

VIRGINIA

kansas

MISSOURI
1821

KENTUCKY
1792

Raleigh

OKLAHOMA
1907

1796

Nashville

N. CAROLINA

a Fé

Oklahoma City

Memphis

TENNESSEE

S. CAROLINA

O

Little Rock

Atlanta

Charleston

ARKANSAS
1836

ALABAMA
1819

GEORGIA

Dallas

MISSISSIPPI
1817

Montgomery

Atlantischer
Ozean

TEXAS
1845

LOUISIANA
1812

Austin

Houston

Baton
Rouge

New Orleans

FLORIDA
1845

rande

Golf von Mexiko

Miami

EXIKO

KUBA

Tampico

Abkürzungen

A	Atom
AAA	Agricultural Adjustment Act
ABC	American Broadcasting Company
ABC	Atomar – Biologisch – Chemisch
ABM	Anti-Ballistic Missile
ABN	Antibolshevik Bloc of Nations
ACLU	American Civil Liberties Union
ACS	American Colonization Society
ADC	Air Defense Command
AEC	Atomic Energy Commission
AEF	American Expeditionary Forces
AFB	Airforce Base
AFL	American Federation of Labor
AFN	American Forces Network (ab 1954: Radio and Television Service)
AID	Agency for International Development
AIDS	Acquired Immune Deficiency Syndrome
AMTRAK	National Railroad Passenger Corporation
ANZUS	Australia-Newzealand-USA-Pakt
APACL	Asian Peoples' Anti-Communist League
ASEAN	Association of South-East Asian Nations
BDJ	Bund Deutscher Jugend
BND	Bundesnachrichtendienst
CBO	Congressional Budget Office
CBS	Columbia Broadcasting System
CC/CCA	Christian Coalition of America
CCC	Civilian Conservation Corps
CCF	Congress for Cultural Freedom
CDC	Center for Desease Control and Prevention
CDU	Christlich-Demokratische Union
CENTO	Central Treaty Organization
CIA	Central Intelligence Agency
CIC	Counter Intelligence Corps
CIO	Congress of Industrial Organizations,
CIP	Commercial Import Program
CNN	Cable News Network
CPA	Communist Party of America

CPUSA	Communist Party of the United States of America
ČSSR	Ceskoslovenská Socialisticá Republika (Tschechoslowakische Sozialistische Republik)
CSU	Christlich-Soziale Union
CWA	Civil Works Administration
D. C.	District of Columbia
DDR	Deutsche Demokratische Republik
DEFA	Deutsche Film-AG
DHS	Department of Homeland Security
DIA	Defence Intelligence Agency
DK	Demokratisches Kampuchea
DoD	Department of Defense (Pentagon)
E	Elektro/Elektronisch
EAM	Ethnikó Apelevtherotikó Métopo (Griechische Nationale Befreiungsfront)
EDES	Ethnikós Diokratikós Ellinikós Stratosin (Griechische Nationale Befreiungsarmee)
ELAS	Ellinikós/Ethnikós Laikós Apelevtherotikós Stratós (Griechische Volksbefreiungsarmee)
ELINT	Electronic Intelligence
ERP	European Recovery Program
ESEVM	Edinnaja Sistema Elektronych Wytschislitelnych Maschin (Einheitliches System Elektronischer Rechenmaschinen)
EU	Europäische Union
EUFOR	European Union Force
FBI	Federal Bureau of Investigation
FHO	Fremde Heere Ost
FNL	Front National de Libération (Nationale Befreiungsfront)
GAS	Gorkowskij Awtomobilnyj Sawod (Automobilfabrik Gorki)
GATT	General Agreement on Tariffs and Trade
GMC	General Motors (Company)
GI	Government Issue
GLOBE	Global Learning and Observations to Benefit the Environment
GULag	Glawnoje Uprawlenije Isprawitelno-trudowych Lagerej (Hauptverwaltung der Besserungsarbeitslager)
H	Hydrogen (Wasserstoff)
H. R.	House Resolution
HAMAS	Harakat al-Muqawama al-Islamiya (Bewegung des Islamischen Widerstandes)
HCUA	House Committee on Un-American Activities
HIV	Humanes Immundefizienz-Virus
HMS	Her/His Majesty's Ship
HUAC	House Un-American Activities Committee
IAEA	International Atomic Energy Agency

IBM	International Business Machines
ICBM	Intercontinental Ballistic Missile
ICOC/IACCD	Inter-American Confederation of Continental Defense
IFOR	Implementation Force
IITC	International Indian Treaty Council
IMT	International Military Tribunal
IMTFE	International Military Tribunal for the Far East
INA	Immigration and Nationality Act
INES	International Nuclear Event Scale
INF	Intermediate-range Nuclear Forces
INS	United States Immigration und Naturalization Service
IPCC	Intergovernmental Panel on Climate Change
IS	Islamischer Staat
ISS	International Space Station
IT	Informationstechnologie
ITO	International Trade Organization
IWF	Internationaler Währungsfond
IWW	Industrial Workers of the World
JCS	Joint Chiefs of Staff
KGB	Komitet Gossudarstwennoi Besopasnosti (Komitee für Staatssicherheit)
KgU	Kampfgruppe gegen Unmenschlichkeit
KI	Kommunistische Internationale
KMT	Kuo-Min-Tang
Komintern	Kommunistische Internationale
KP	Kommunistische Partei
KPdSU	Kommunistische Partei der Sowjetunion
KSE	Konventionelle Streitkräfte Europa
KSZE	Konferenz für Sicherheit und Zusammenarbeit in Europa
LBO	Leveraged Buy-Outs
LGM	Launched Guided Missile
LLC	Limited Liability Company
LZ	Luftschiff Zeppelin
MBS	Mutual Broadcasting System
MGM	Metro-Goldwyn-Mayer
MI 6	Directorate of Military Intelligence, Section 6
MPLA	Movimento Popular de Libertação de Angola (Volksfront zur Befreiung Angolas)
MRP	Mouvement Républicain Populaire (Republikanische Volksbewegung)
MTV	Music Television
MX	Missile X
NAACP	National Association for the Advancement of Colored People
NAFTA	North American Free Trade Agreement

NASA	National Aeronautics and Space Administration
NASDAQ	National Association of Securities Dealers Automated Quotations
NATO	North Atlantic Treaty Organization
NBC	National Broadcasting Company
NCFE	National Committee for a Free Europe
NCR	National Cash Register
NCS	National Clandestine Service
NEPA	National Environmental Policy Act
NET	National Education Television
NHL	National Historic Landmarks
NKWD	Narodny Komissariat Wnutrennich Del (Volkskommissariat für Innere Angelegenheiten)
NMD	National Missile Defense
NORAD	North AmericanAir / Airospace Defense
NPT	Nuclear Non-Proliferation Treaty
NRA	National Recovery Administration
NRA	National Rifle Association
NRO	National Reconnaissance Office
NS	Nationalsozialismus, nationalsozialistisch
NSA	National Security Agency
NSC	National Security Council
NSDAP	Nationalsozialistische Deutsche Arbeiterpartei
OAPEC	Organization of the Arab Petroleum Exporting Countries
OAS	Organization of American States
ODA	Official Development Assistance
OMGUS	Office of Military Government US
OMI	Otdel Meshdunrodnoi Informacii (Abteilung für Internationale Information)
OPC	Office of Policy Coordination
OPEC	Organization of Petroleum Exporting Countries
OSS	Office of Strategic Services
OSZE	Organisation für Sicherheit und Zusammenarbeit in Europa
OUN	Organisation Ukrainischer Nationalisten
P. L.	Public Law
PanAm	Pan American World Airways
PCF	Parti communiste français (Kommunistische Partei Frankreichs)
PCI	Partito Comunista Italiano (Kommunistische Partei Italiens)
PFLP	Popular Front for the Liberation of Palestine
PLO	Palestine Liberation Organization
PNAC	Project for the New American Century
PPS	Policy Planning Staff
PSI	Partito Socialista Italiano (Sozialistische Partei Italiens)
PTBT	Partial Test Ban Treaty

QSR	Quick Service Restaurants
RAND	Research Association for National Defense
R&B	Rhythm and Blues
RCA	Radio Corporation of America
Res.	Resolution
RFA	Radio Free Asia
RFE	Radio Free Europe
RIAS	Radio im Amerikanischen Sektor
RKO	Radio-Keith-Orpheum Pictures
RL	Radio Liberation / Radio Liberty
SAC	Strategic Air Command
SAD	Special Activities Division
SAG	Special Operations Group
SBZ	Sowjetische Besatzungszone
SDI	Strategic Defense Initiative
SDS	Students for a Democratic Society
SEATO	South East Asia Treaty Organization
SED	Sozialistische Einheitspartei Deutschlands
SFIO	Section française de l'Internationale ouvrière (Französische Sektion der Arbeiter-Internationale)
SFOR	Stabilisation Forces
SHAEF	Supreme Headquarters, Allied Expeditionary Force
SIPRI	Stockholm International Peace Research Institute
SM	Standard Missile
SOPADE	Sozialdemokratische Partei Deutschlands (im Exil)
SPD	Sozialdemokratische Partei Deutschlands
SS	Schutzstaffel
START	Strategic Arms Reduction Talks
STRATCOM	U.S. Strategic Command
SUV	Sport Utility Vehicle
TAC	Tactical Air Command
THAAD	Terminal High Attitude Area Defense
TPP	Trans-Pacific Partnership
TSA	Transportation Security Administration
TVA	Tennessee Valley Authority
TWA	Trans World Airlines
UČK	Ushtria Çlirimtare e Kosovës (Befreiungsarmee des Kosovo)
UdSSR	Union der Sozialistischen Sowjetrepubliken
UN(O)	United Nations (Organisation)
UNCSTD	(UN) Commission on Science and Technology for Development
UNESCO	United Nations Educational, Scientific and Cultural Organization
UNITA	União para la Independância Total de Angola (Union für die völlige Unabhängigkeit Angolas)

UNPROFOR	United Nations Protection Force
UNWCC	United Nations War Crimes Commission
UPA	Ukrainische Aufständische Armee
US (U.S.)	United States
USA	United States of America
USCIS	U.S. Citizenship and Immigration Services
USIA	United States Information Agency
USS	United States Ship
V	Vergeltungswaffe
Vf.	Verfasser
VOA	Voice of America
WASP	White Anglo-Saxon Protestants
WSIS	World Summit on the Information Society
WTO	World Trade Organization

Präsidenten der USA

Präsident	Amtszeit	Partei
1. George Washington	1789–1797	Parteilos / Federalist
2. John Adams	1797–1801	Federalist
3. Thomas Jefferson	1801–1809	Democrat-Republican
4. James Madison	1809–1817	Democrat-Republican
5. James Monroe	1817–1825	Democrat-Republican
6. John Quincy Adams	1825–1829	National-Republican
7. Andrew Jackson	1829–1837	Democrat
8. Martin van Buren	1837–1841	Democrat
9. William Henry Harrison	1841 (im Amt verstorben)	Whig
10. John Tyler	1841–1845	Whig
11. James K. Polk	1845–1849	Democrat
12. Zachary Taylor	1849–1850 (im Amt verstorben)	Whig
13. Millard Fillmore	1850–1853	Whig
14. Franklin Pierce	1853–1857	Democrat
15. James Buchanan	1857–1861	Democrat
16. Abraham Lincoln	1861–1865 (im Amt ermordet)	Republican
17. Andrew Johnson	1865–1869	Republican
18. Ulysses S. Grant	1869–1877	Republican
19. Rutherford B. Hayes	1877–1881	Republican
20. James A. Garfield	1881 (im Amt ermordet)	Republican
21. Chester A. Arthur	1881–1885	Republican
22. Grover Cleveland	1885–1889	Democrat
23. Benjamin Harrison	1889–1893	Republican
24. Grover Cleveland	1893–1897	Democrat
25. William McKinley	1897–1901 (im Amt ermordet)	Republican
26. Theodore Roosevelt	1901–1909	Republican
27. William H. Taft	1909–1913	Republican
28. Woodrow Wilson	1913–1921	Democrat
29. Warren G. Harding	1921–1923 (im Amt verstorben)	Republican
30. Calvin Coolidge	1923–1929	Republican

31. Herbert C. Hoover	1929–1933	Republican
32. Franklin D. Roosevelt	1933–1945	
	(im Amt verstorben)	Democrat
33. Harry S. Truman	1945–1953	Democrat
34. Dwight D. Eisenhower	1953–1961	Republican
35. John F. Kennedy	1961–1963	
	(im Amt ermordet)	Democrat
36. Lyndon B. Johnson	1963–1969	Democrat
37. Richard M. Nixon	1969–1974	
	(Rücktritt)	Republican
38. Gerald R. Ford	1974–1977	Republican
39. James Earl «Jimmy» Carter	1977–1981	Democrat
40. Ronald Reagan	1981–1989	Republican
41. George H. W. Bush	1989–1993	Republican
42. William J. «Bill» Clinton	1993–2001	Democrat
43. George W. Bush	2001–2009	Republican
44. Barack H. Obama	2009–2017	Democrat
45. Donald J. Trump	seit 2017	Republican

US-Bundesstaaten nach Gründungsdatum

Staat	Abk.	Hauptstadt	Aufnahmedatum
1. Delaware	DE	Dover	7. 12. 1787
2. Pennsylvania	PA	Harrisburg	12. 12. 1787
3. New Jersey	NJ	Trenton	18. 12. 1787
4. Georgia	GA	Atlanta	2. 1. 1788
5. Connecticut	CT	Hartford	9. 1. 1788
6. Massachusetts	MA	Boston	6. 2. 1788
7. Maryland	MD	Annapolis	28. 4. 1788
8. South Carolina	SC	Columbia	23. 5. 1788
9. New Hampshire	NH	Concord	21. 6. 1788
10. Virginia	VA	Richmond	25. 6. 1788
11. New York	NY	Albany	26. 7. 1788
12. North Carolina	NC	Raleigh	21. 11. 1789
13. Rhode Island	RI	Providence	29. 5. 1790
14. Vermont	VT	Montpelier	4. 3. 1791
15. Kentucky	KY	Frankfort	1. 6. 1792
16. Tennessee	TN	Nashville	1. 6. 1796
17. Ohio	OH	Columbus	1. 3. 1803
18. Louisiana	LA	Baton Rouge	30. 4. 1812
19. Indiana	IN	Indianapolis	11. 12. 1816
20. Mississippi	MS	Jackson	10. 12. 1817
21. Illinois	IL	Springfield	3. 12. 1818
22. Alabama	AL	Montgomery	14. 12. 1819
23. Maine	ME	Augusta	15. 3. 1820
24. Missouri	MO	Jefferson City	10. 8. 1821
25. Arkansas	AR	Litte Rock	15. 6. 1836
26. Michigan	MI	Lansing	26. 1. 1837
27. Florida	FL	Tallahassee	3. 3. 1845
28. Texas	TX	Austin	29. 12. 1845
29. Iowa	IA	Des Moines	18. 12. 1846
30. Wisconsin	WI	Madison	29. 5. 1848
31. California	CA	Sacramento	9. 9. 1850
32. Minnesota	MN	St. Paul	11. 5. 1858
33. Oregon	OR	Salem	14. 2. 1859
34. Kansas	KS	Topeka	29. 1. 1861
35. West Virginia	WV	Charleston	20. 6. 1863
36. Nevada	NV	Carson City	31. 10. 1864

37. Nebraska	NE	Lincoln	1. 3. 1867
38. Colorado	CO	Denver	1. 8. 1876
39. North Dakota	ND	Bismarck	2. 11. 1889
40. South Dakota	SD	Pierre	2. 11. 1889
41. Montana	MT	Helena	8. 11. 1889
42. Washington	WA	Olympia	11. 11. 1889
43. Idaho	ID	Boise	3. 7. 1890
44. Wyoming	WY	Cheyenne	10. 7. 1890
45. Utah	UT	Salt Lake City	4. 1. 1896
46. Oklahoma	OK	Oklahoma City	16. 11. 1907
47. New Mexico	NM	Santa Fé	6. 1. 1912
48. Arizona	AZ	Phoenix	14. 2. 1912
49. Alaska	AK	Juneau	3. 1. 1959
50. Hawaii	HI	Honolulu	21. 8. 1959

Indianerkriege

Jahr	Bezeichnung	Motiv und Ergebnis
1607–1615	Tarrantiner-Krieg	Von den Franzosen geförderte Konkurrenz zwischen den Stämmen der Tarrantiner (oder Micmac) sowie den Maliseet auf der einen und den Penobscot auf der anderen Seite im Raum des heutigen US-Bundesstaats Maine und den nördlich davon liegenden kanadischen Gebieten.
1608–1614	1. Powhatan-Krieg	Konflikt zwischen englischen Siedlern in Jamestown/Virginia und dem selbstbewussten Häuptling Wahunsonacock, der von den Europäern Powhatan genannt wird.
1622–1646	2. Powhatan-Krieg	Einen ersten Höhepunkt der Streitigkeiten bildete das von Wahunsonacocks Sohn Opechancanough initiierte berüchtigte Jamestown-Massaker am 22. 3. 1622, bei dem ein Drittel der Siedler stirbt. Der 2. Powhatan-Krieg begann erst 1644 als letzter Versuch der Indianer, die englischen Siedler aus ihrer Kolonie Jamestown zu vertreiben. Der Angriff, bei dem noch einmal rund 500 Siedler getötet wurden, endet mit der weitgehenden Vernichtung der Powhatan.
1636–1638	Pequot-Krieg	Auch dem Pequot-Krieg in Neu-England waren zahlreiche Streitigkeiten vorausgegangen, bei denen auf beiden Seiten Opfer zu beklagen waren. 1637 erreicht der Konflikt seinen Höhepunkt im sogenannten Mystic-Massaker, bei dem am gleichnamigen Fluss ein Indianerdorf dem Erdboden gleichgemacht wird. Die verbliebenen Pequot werden als Sklaven behalten oder an verbündete Indianerstämme verkauft.
1641–1701	Franzosen- und Irokesenkriege	Die über sechzig Jahre dauernden, teils brutalen Konflikte zwischen den Irokesen (v. a. Mohawk) auf der einen und den mit den französischen Kolonisten verbündeten

		Stämmen entwickelten sich in erster Linie aus den bestehenden Konkurrenzen um den Fellhandel.
1675–1677	King-Philip's War	Krieg der Wampannoag und Narrangansett unter Metacamet (Metacomet) gegen die Siedler in Neu-England, der im Great Swamp Massacre vom 19. 12. 1675 durch die Verwüstung eines indianischen Forts in einem Sumpfgebiet bei Kingston auf Rhode Island einen grausamen Höhepunkt erreicht. In ihm sterben bis zu 600 Ureinwohner, die Hälfte von ihnen Frauen und Kinder.
1680–1692	Aufstand der Pueblos	Zurückdrängung der Spanier aus dem heutigen New Mexico, die aber 1692 das Gebiet wieder zurückerobern.
1754–1763	Franzosen- und Indianerkrieg	Teil des Siebenjährigen Krieges, an deren Ende die Franzosen ihr nördliches Kolonialgebiet an die Briten abtreten (Britisch-Kanada).
1812–1814	Tecumseh-Krieg	Die im Bündnis mit den Briten stehenden der Upper Creeks werden vernichtend geschlagen. Gleichzeitig ist das das Ende der britsch-indianischen Kooperation gegen die Amerikaner.
1817–1818	1. Seminolen-Krieg	Verfolgung der Creek durch US-Truppen unter Andrew Jackson nach dem Ende des 2. Unabhängigkeitskriegs 1815. 1819 tritt Spanien Florida endgültig an die USA ab.
1830–1832	Black-Hawk-Krieg	Die Heimkehr von Teilen der Creek-Stämme in die Vertreibungsgebiete in den heutigen Bundesstaaten Illinois und Wisconsin, bei der es Black Hawk gelingt, auch andere Stämme wie die Kickapoo und Winnebago zum Aufstand zu bewegen, beendet am 27. 8. 1832 ein massiver Militäreinsatz der Illinois-Miliz und der US-Armee. Der sogenannte Black-Hawk-Krieg ist gleichzeitig der letzte Indianerkrieg auf dem Gebiet der USA östlich des Mississippi.
1835–1842	2. Seminolen-Krieg	Der Versuch von Seminolen, zurückkehren, gipfelt in der Vertreibung und Tötung weißer Siedler. Nach dem Tod ihres Anführers Osceola Rückkehr ins Reservat.

1860–1890	Apachen-Kriege	Die verschiedenen Aufstände der Apachen unter ihren Häuptlingen Cochise, Mangas Coloradas, Victorio und Geronimo enden weitgehend, als auch Geronimo 1885 ins sogenannte Indianerterritorium nach Oklahoma verschleppt wird.
1862	Santee-Sioux-Aufstand	Hintergrund war wohl in erster Linie das Verhalten des Indianeragenten Thomas J. Galbraith, von dem sich die Dakota-Sioux (Santee) um ihre zugesagten Nahrungsmittelhilfen betrogen sahen.
1864–1868	Navajo-Krieg	Aufstand der Diné nach der Vertreibung in ein unfruchtbares Reservat.
1866–1868	Red-Clouds-Krieg	Red Cloud, einem Häuptling der Oglala-Sioux, gelingt es, den von Siedlern, aber insbesondere auch von Goldsuchern genutzten sogenannten Bozeman Trail durch Angriffe zu unterbrechen.
1874–1877	Der «Große Sioux-Krieg»	Den Höhepunkt bildet die Niederlage des US-Generals Custer gegen die vereinigten Stämme der Sioux am Little Bighorn.
1877–1878	Nez-Percé-Krieg (Nimipu War)	Ausgelöst durch die Weigerung der Nez Percé unter Chief Joseph, in ein Reservat zu ziehen. Den Nez Percé gelingt es, der US-Armee unter General Oliver Otis Howard mehrere Niederlagen zuzufügen, aber vor der kanadischen Grenze werden sie gestoppt und in die Reservation gezwungen.
1890	Massaker bei Wounded Knee	Mit der Niederlage der Sioux bei Wounded Knee endet sowohl die Phase der Indianerkriege als auch der Frontier.

Wichtige außenpolitische Interventionen der USA

Jahr	Bezeichnung	Motiv und Ergebnis
1801–1805	1. Barbareskenkrieg	Versuch, die Gefährdung der US-Handels- schifffahrt durch Marokko, Algier, Tunis und Tripolis zu beseitigen. Das Piratenproblem im Mittelmeer bleibt ungelöst.
1815	2. Barbareskenkrieg	Erfolgreiche Expedition einer US-Flotte ins Mittelmeer. Verträge mit den Barbaresken- staaten garantieren, dass US-Handelsschiffe nicht mehr überfallen werden.
1845–1848	Amerikanisch- Mexikanischer Krieg	Annexion von Texas, abgesichert mit dem Vertrag von Guadalupe Hidalgo 1848.
1853	Expedition der «Schwarzen Schiffe» nach Japan	Gewaltsame Öffnung japanischer Häfen durch eine Flotte unter Matthew Perry. Der Vertrag von Kanagawa (1854) sichert den Zugang für US-Schiffe zunächst zu den Häfen von Shimoda und Hakodate.
1854	Nicaragua- Expedition	Nach dem Unfall eines US-Schiffes, bei dem ein Einwohner Nicaraguas getötet wird, und der darauffolgenden Eskalation, in der auch der amerikanische Botschafter verletzt wird, beschließt US-Präsident Pierce die Bestra- fung des Landes, die allerdings durch eine private Kampftruppe durchgeführt wird. San Juan del Norte (Greytown) wird durch die Beschießung durch das US-Kriegsschiff «USS Cyane» und die folgende Einnahme weitgehend zerstört.
1898–1902	Spanisch-Ameri- kanischer Krieg	Ende des spanischen Kolonialreichs. Erobe- rung Kubas, Puerto Ricos, der Philippinen und Hawaiis. 1903 werden zwei Militärstütz- punkte auf Kuba eingerichtet, von denen Guantánamo Bay bis heute gehalten wird.
1903	Intervention in Honduras und Intervention in Panama	Sicherung der US-Botschaft und amerikani- scher Einrichtungen durch US-Truppen ge- gen Unruhen, die die US-Investitionen seit den 1880er Jahren gefährden. In Panama

		wird die sogenannte Kanalzone militärisch gesichert, um den Kanalbau voranzutreiben.
1905	1. Intervention in der Dominikanischen Republik	Chaotische innenpolitische Zustände veranlassen Washington zur Intervention (1907 fortgesetzt).
1906	Interventionen auf Kuba	Sicherung amerikanischer Wirtschaftsinteressen.
1907	2. Intervention in der Dominikanischen Republik sowie Intervention in Honduras	Sicherung der Kontrolle über das Land durch die am 8. 2. 1907 in Santo Domingo unterzeichnete Konvention. Auch in Honduras intervenieren die USA aufgrund chaotischer innenpolitischer Zustände, die US-Wirtschaftsinteressen gefährden (fortgesetzt 1909).
1909	Intervention in Honduras	Die fortgesetzte Gefährdung der Wirtschaftsinteressen, vor allem der United Fruit Company sowie der Standard Fruit and Steamship Company, die faktisch das Land beherrschen, veranlassen zu weiterem Eingreifen (bis 1924/25).
1911	Interventionen in Mexiko und Honduras	Sturz der Regierung Porfirio Díaz in Mexiko. In Honduras wird der Rücktritt des Präsidenten Miguel R. Dávila durchgesetzt, dem Francisco Bertrand folgt.
1912	Intervention auf Kuba	Eingreifen aufgrund innerer Unruhen.
1914–1917	Interventionen in Mexiko	Die US-Interventionen gipfeln 1916 in einer «Strafexpedition» gegen die mexikanische Revolution unter Pancho Villa, nachdem die Stadt Columbus in New Mexico angegriffen wurde.
1915–1934/47	Besetzung Haitis	Einrichtung eines Protektorats.
1916	Intervention in Nicaragua	Einrichtung von Militärstützpunkten.
1916–1924	Besetzung der Dominikanischen Republik	Die Dominikanische Republik wird faktisch Protektorat.
1917–1918	Teilnahme am 1. Weltkrieg	Aufgrund der Zimmermann-Depesche, die ein deutsch-mexikanisches Bündnis vermuten und alte Einkreisungsängste aufleben lässt, Eintritt auf Seiten der Entente. Besetzung von Teilen Deutschlands bis 1923.

1917–1919	Intervention auf Kuba	Eingreifen aufgrund innerer Unruhen.
1918–1920	Intervention im Russischen Bürgerkrieg	Eingreifen auf Seiten der Weißen Truppen gegen die Bolschewiki (American Expeditionary Force Siberia).
1919	Intervention in Honduras	Fortsetzung der Sicherung amerikanischer Wirtschaftsinteressen.
1924	Interventionen in Honduras und China	Sicherung von Wirtschaftsinteressen und US-Bürgern in Honduras sowie Sicherung von Ausländern bei Unruhen in Schanghai.
1926	Besetzung Nicaraguas	Sicherung von Wirtschaftsinteressen führt in einen Guerillakrieg.
1930	Amerikanisch gestützter Putsch in der Dominikanischen Republik	Rafael Leónidas Trujillo Molina wird mit Hilfe Washingtons Diktator (ermordet 1961).
1940	Amerikanisch gestützter Putsch auf Kuba	General Fulgencio Batista Zaldívar öffnet die Insel vollständig amerikanischen Interessen. Beseitigung Batistas 1959 durch die Kubanische Revolution Fidel Castros.
1941–1945	Eintritt in den 2. Weltkrieg	Der japanische Angriff auf den Flottenstützpunkt Pearl Harbor auf Hawaii führt zum größten militärischen Engagement der USA in ihrer Geschichte, an deren Ende die USA zur Supermacht aufsteigen.
1945–1949	Chinesischer Bürgerkrieg	Unterstützung der antikommunistischen Verbände Tschiang Kai-scheks, die sich 1949 auf die Insel Formosa (Taiwan) zurückziehen. In der Folge finanzieren die USA bis in die 1970er Jahre den Großteil des Staatshaushalts Taiwans.
1946	Amerikanisch gestützter Putsch in Bolivien	Ermordung des Präsidenten Gualberto Villarroel López.
1947	US-Hilfen für die Westzonen Deutschlands, für Italien, Griechenland und die Türkei	Zur Verhinderung kommunistischer Machtübernahmen leisten die USA massive Hilfe. Der Wahlkampf in Italien wird zur Geburtsstunde der CIA.
1948–1949	Berliner Luftbrücke	Um den Verlust der westlichen Besatzungszonen im Westteil Berlins zu verhindern, organisieren die USA die größte Luftbrücke aller Zeiten.

1950–1953	Eingreifen im Koreakrieg	Mit UNO-Mandat intervenieren die USA am 25. 6. 1950 gegen den Angriff des kommunistischen Nordkorea. Am 27. 7. 1953 endet der bislang blutigste «Kleine Krieg» des Kalten Krieges mit Millionen Toten wieder am 38. Breitengrad.
1953	Amerikanisch gestützter Putsch im Iran	Sturz des Premierministers Mohammed Mossadegh und Einsetzen des dem Westen verbundenen Schahs Mohammed Reza Pahlewi.
1954	Amerikanisch gestützter Putsch in Guatemala sowie Beginn des Verdeckten Kriegs in Südostasien	Sturz des Präsidenten Jacobo Arbenz Guzmán in Guatemala zum Schutz der United Fruit Company. In Südostasien Entsendung von «Beratern» zur Bekämpfung linker Guerillas.
1956	Verhinderung einer Eskalation in der Suezkrise	Die USA erzwingen den Rückzug der Briten und Franzosen vom Suezkanal, um eine Eskalation der durch den Ungarnaufstand aufgeheizten internationalen Lage zu vermeiden.
1958	Intervention im Libanon und vor Taiwan	Auf Hilfeersuchen des Staatspräsidenten Camille Chamoun entsenden die USA Truppen in den Libanon. Zum Schutz Taiwans vor der Volksrepublik China patrouilliert eine Flotteneinheit vor den Inseln Quemoy und Matsu.
1960	Amerikanisch gestützter Putsch im Kongo	Die USA verhelfen Joseph-Désiré Mobutu (Mobutu Sese-Seko) an die Macht. Der demokratisch gewählte Ministerpräsident Patrice E. Lumumba wird ermordet.
1961	Gescheiterter Umsturz auf Kuba	Eine noch unter Eisenhower geplante Invasion in der sogenannten Schweinebucht auf Kuba scheitert unter anderem an der fehlenden Luftunterstützung. Dem Versuch folgen zahlreiche Attentatsversuche auf Fidel Castro sowie ein umfassendes Embargo gegen Kuba. 1964 folgt der Ausschluss Kubas aus der OAS.
1963	Amerikanisch gestützter Putsch in der Dominikanischen Republik	Sturz der linksgerichteten Regierung um Juan Emilio Bosch Gaviño und Einsetzung einer Militärdiktatur. 1965/66 intervenieren die USA mit eigenen Truppen, um ein

		erneutes Abdriften nach Links zu verhindern.
1964	Amerikanisch gestützte Putsche in Brasilien und Bolivien	In Brasilien Sturz des linksgerichteten Präsidenten João Goulart und Einrichtung einer Militärdiktatur (bis 1982). In Bolivien Sturz der Mitte-Links-Regierung unter Paz Estenssoro und Stützung einer Militärdiktatur. Gleichzeitig verstärkte Militärhilfe gegen die von Kuba unterstützten Guerillas. 1967 wird in Bolivien der kubanische Revolutionär Che Guevara erschossen.
1965–1973	Vietnamkrieg (2. Indochinakrieg)	Nachdem bereits seit 1954/55 der Verdeckte Krieg vor allem in Laos und Vietnam, teilweise auch bereits in Kambodscha geführt wurde, beginnen im Februar 1965 Bombenangriffe auf Basen und Nachschubwege der Vietcong jenseits des 17. Breitengrads in Vietnam sowie an der Grenze zu Laos, im selben Jahr auch in Kambodscha. Parallel dazu erhöht sich die US-Truppenstärke rasant (1968: 540 000).
1965	Amerikanisch gestützter Putsch in Indonesien	Unterstützung der extrem blutig verlaufenden Machtübernahme General Hadji Mohamed Suhartos gegen den amtierenden Präsidenten Achmed Sukarno.
1970	Amerikanisch gestützter Putsch in Kambodscha	US-Hilfe beim Putsch General Lon Nols gegen den amtierenden Premier Prinz Norodom Sihanouk. Parallel dazu erfolgt die offizielle Ausweitung des Vietnamkriegs auf Kambodscha, was mittelbar 1975 zur Machtübernahme der Roten Khmer führt.
1973	Amerikanisch gestützter Putsch in Chile	Unterstützung des Militärputschs Augusto Pinochets Ugartes gegen den amtierenden linken Präsidenten Salvador Allende.
1975	Amerikanisch gestützter Putsch in Peru	US-Hilfe beim Militärputsch gegen den amtierenden Präsidenten Juan Velasco Alvarado, der sich unter anderem durch Landreformen verdächtig gemacht hatte.
1976	Amerikanisch gestützter Putsch in Argentinien und Beginn der Hilfe für Guerillas in Angola	Unterstützung für den Militärputsch General Jorge Rafael Videlas (bis 1983). In Angola wird die UNITA gegen die linksgerichtete Regierung der MPLA unterstützt.

1978–1989	Unterstützung der antisowjetischen Mudschaheddin in Afghanistan	Bereits vor dem Einmarsch der Sowjets in Afghanistan 1979 startet die geheime Unterstützung der Mudschaheddin, die unter US-Präsident Reagan ihren Höhepunkt erreicht (bis 1989). Langfristig ist dies aber auch die Grundlage für den Sieg der sogenannten Taliban 1997.
1981–1990	Bekämpfung der Sandinisten in Nicaragua	Unter US-Präsident Reagan Hilfen für die Parteigänger des 1979 gestürzten Diktators Anastasio Somoza Debayle und Bekämpfung der sandinistischen Regierung u. a. durch Aufbau und Unterstützung antisandinistischer Gruppen (Contras).
1983	Besetzung Grenadas	Besetzung nach der Ermordung des linken Premiers Maurice Bishop.
1986	Bombardierung Libyens	Nach einem Bombenanschlag auf eine von US-Soldaten regelmäßig besuchte Berliner Diskothek amerikanische Bombenangriffe auf Bengasi und Tripolis.
1989	Besetzung Panamas	Besetzung und Verhaftung des amtierenden Regierungschefs General Manuel Noriega, der sich vor allem durch seine Weigerung unbeliebt gemacht hatte, Contras auf seinem Gebiet ausbilden zu lassen. 1992 wird er wegen Drogenhandel und Geldwäsche zu vierzig Jahren Haft verurteilt.
1991	Zweiter Golfkrieg	Krieg gegen den Irak zur Befreiung Kuwaits.
1992	Krieg gegen Serbien und gescheiterte UN-Mission in Somalia	US-Flugzeuge nehmen im Rahmen von NATO-Operationen am Krieg gegen Serbien teil. Die mit UN-Mandat unternommene Militäroperation im somalischen Bürgerkrieg scheitert spektakulär (Abzug: 1994).
1994	Besetzung Haitis	Mit UN-Mandat sichern US-Truppen die Rückkehr des 1991 gestürzten Präsidenten Jean-Bertrand Aristide. Erneuter Sturz Aristides im März 2004. Danach Beteiligung der USA an einer neuen UN-Mission auf Haiti.
1999	Kosovo-Krieg	Beteiligung am Krieg gegen die Serben im Kosovo, wo schließlich eine UN-Schutzzone eingerichtet wird.
Seit 2001		Militärisches Engagement in Afghanistan. Nach den Anschlägen vom 11. September Versuch, den Drahtzieher Osama Bin Laden festzusetzen. Sturz des Taliban-Regimes,

		aber keine Befriedung. Tod Bin Ladens am 2. 5. 2011 in Abbottabad/Pakistan durch eine US-Kommandoeinheit.
2002	Amerikanisch gestützter Putsch in Venezuela	Der amtierende Präsident Hugo Chávez wird durch Militärs gestürzt, aber nach drei Tagen wieder ins Amt geholt.
2003–2011	Dritter Golfkrieg und Besetzung des Irak	Beseitigung Saddam Husseins und Versuch der Demokratisierung des Irak. Im Dezember 2011 Abzug der letzten US-Einheiten, die aber seit 2014 zur Bekämpfung des IS wieder stationiert werden.
2011	Beteiligung am Krieg gegen Gaddafi in Libyen	Luftangriffe zur Durchsetzung einer von der UN verhängten Flugverbotszone. Tod Gaddafis am 20. Oktober 2011 durch Aufständische.
2013	Antiterroreinsätze in Somalia und Libyen	Operationen gegen islamistische Gruppen (u. a. die Al-Shabaab-Miliz)
Seit 2014	Interventionen im Irak und in Syrien	Einsatz gegen den «Islamischen Staat» (u. a. Operation Inherent Resolve) sowie gegen syrische Regierungstruppen in Al-Scheirat (6. 4. 2017)

Anmerkungen

I. Der Amerikanische Traum

1 Gorer, G., Die Amerikaner. Eine völkerpsychologische Studie, Hamburg 1956, 28 ff. Zum Folgenden ebd., 27 f.

2 Hochgeschwender, M., Amerikanische Religion, Evangelikalismus, Pfingstlertum und Fundamentalismus, Frankfurt a. M. 2007, 12. Folgende Wiedergabe ebd.

3 Goethe, J. W. v., Den Vereinigten Staaten, in: Goethes Sämtliche Werke. 39. Band. Hrsg. v. Curt Noch, Berlin o. J., 106.

4 Huntington, S. P., Who are We. Die Krise der amerikanischen Identität, Hamburg 2004, 68.

5 Dazu der aufschlussreiche Vergleich von Bender, P., Weltmacht Amerika. Das Neue Rom, München 2005.

6 Twain, M., Pudd'nhead Wilson, New York 2004, 194 ([1]1894). Übersetzung v. Vf.

7 Reuters, 26. 9. 2011.

8 Sanger, R./Wenninger, G. (Hrsg.), Handwörterbuch Psychologie, Weinheim 1999, 35.

9 Hacke, Chr., Zur Weltmacht verdammt. Die amerikanische Außenpolitik von J. F. Kennedy bis G. W. Bush, München [2]2002.

10 www.siteresources.worldbank.org / DATASTATISTICS / Resources / GDP_PPP.pdf.

11 Zu den Interpretationsansätzen vgl. Grob, G. N./Billias, G. A. (Eds.), Interpretations of American History. Patterns and Perspectives, 2 Vol., New York [6]1992.

12 Adams, W. P./Lösche, P. (Hrsg.), Länderbericht USA. Geschichte, Politik, Geographie, Wirtschaft, Gesellschaft, Kultur, Bonn [3]1998, 3.

13 Zinn, H., A People's History of the United States. 1492– Present, New York [(5)]2001 ([1]1980).

14 Hamilton, R. M./Shields, D., The Dictionary of Canadian Quotations and Phrases: Literary and Historical, Toronto 1982, 484.

15 Adams, W. P., Die USA vor 1900, München 2000, 1.

16 U.S. Census Bureau (www.census.gov).

17 https://de.statista.com.

18 Ebd.

19 Angaben nach 2016 Census, U.S. Census Bureau (www.census.gov). Folgende Angaben nach ebd.

20 U.S. Census Bureau: Immigrants by Country of Birth 1981–2001 (www. census.gov/prod/2004pubs/03statab/pop.pdf).

21 U.S. Census Bureau: Self-Described Religious Identification of Adult Population 1990 to 2008 (www.census.gov/compendia/statab/2011/tables/ 11s0075.pdf).

22 Dazu: Adams, W. P. u. a. (Hrsg.), Länderbericht USA, Bd. 1: Geographie, Geschichte, Politische Kultur, Politisches System, Wirtschaft, Bonn [2]1991, 3 ff.

23 Stewart, G. R., Names on the Land. A Historical Account of Placenaming in the United States, San Francisco [4]1982, 137.

24 Stöver, B., CIA. Geschichte, Organisation, Skandale, München 2017, 106 f.

II. The City upon a Hill:
Die Suche nach einer Neuen Welt 1585–1763

1 Zur indigenen Bevölkerung Nordamerikas vor 1492: Fagan, B. M., Das frühe Nordamerika. Archäologie eines Kontinents, München 1993, 65 ff.

2 Trigger, B. G./Washburn, W. E. (Eds.), The Cambridge History of the Native Peoples of the Americas, Vol. 1: North America, Part 1, New York 1996, 130 ff.

3 Als Überblick: Bitterli, U., Die Entdeckung Amerikas. Von Kolumbus bis Alexander von Humboldt, München 1999, 149 ff.

4 Milanich, J. T., Florida Indians and the Invasion from Europe, Gainesville 1995, 155 ff.

5 Zitiert nach: Faust, A. B., The German element in the United States, Bd. 1, New York 1927, 63 f. Sammlung von ähnlichen Zeugnissen für das 19. Jh.: Maidl, P., «Hier ißt man anstadt Kardofln und Schwarzbrodt Pasteten ...». Die deutsche Überseewanderung des 19. Jahrhunderts in Zeitzeugnissen, Augsburg 2000.

6 Bade, K. J. (Hrsg.), Deutsche im Ausland – Fremde in Deutschland. Migration in Geschichte und Gegenwart, München 1992, 135–148 (Beitrag A. Bretting); hier: 137.

7 Mittelberger, G., Reise nach Pennsylvanien im Jahr 1750 und Rückreise nach Deutschland im Jahr 1754, hrsg. v. J. Charnitzky, Sigmaringen 1997, 76 ff.

8 Wokeck, M. S., A Tide of Alien Tongues. The Flow and Ebb of German Immigration to Pennsylvania, 1683–1776, Ph. D. Temple University, Philadelphia 1983, 111.

9 Zum Folgenden: Bitterli, Die Entdeckung (s. Kap. II./Anm. 3), 167 ff. Zur Gründung von Roanoke vgl. Wende, P., Das Britische Empire. Geschichte eines Weltreichs, München 2012, 32 ff.

10 Havard, G./Vídal, C., Histoire de l'Amérique française, Paris 2003, 53 ff.

11 Zur unterschiedlichen Rezeption vgl. Marx, L., The Machine in the Garden. Technology and the Pastoral Idea in America, Oxford 1994 ([1]1972).

Speziell zur puritanischen Rezeption in den nordöstlichen Kolonien: Nash, R., Wilderness and the American Mind, New Haven [4]1982. Speziell zur Rezeption in den Südstaaten: Luraghi, R., The Rise and Fall of the Plantation South, New York 1978, insbes. 44 ff. u. 64 ff.

12 Hoobler, D./Hoobler, Th., Captain John Smith. Jamestown and the Birth of the American Dream, Hoboken 2006, insbes. 117 ff.

13 Crosby, A. W., The Columbian Exchange. Biological and Cultural Consequences of 1492, Westport 2003 ([1]1972).

14 Trigger/Washburn, Native Peoples (s. Kap. II./Anm. 2), 363.

15 Überblick: Schulze, W. (Hrsg.), Europäische Bauernrevolten der frühen Neuzeit, Frankfurt a. M. 1982, insbes. 129–170 (Beitrag H. Kamen), 244–275 (Beitrag C. S. L. Davies).

16 Hochgeschwender, Amerikanische Religion (s. Kap. I./Anm. 2), 32 ff.

17 Weber, M., Die protestantische Ethik und der Geist des Kapitalismus, Vollständige Ausgabe, hrsg. u. eingel. von D. Kaesler, München [2]2006 ([1]1904/05), 73 f.

18 Die Zahlen zu den Auswanderern werden in der Literatur unterschiedlich angegeben. Vgl. Raeithel, G., Geschichte der nordamerikanischen Kultur, Bd. 1: Vom Puritanismus zum Bürgerkrieg 1600–1860, Frankfurt a. M. [3]1997; hier: 15.

19 Zum Begriff des «Erinnerungsortes», der in Anlehnung an die Definition von Pierre Nora identitätsstiftende geographische Orte, Mythen, Personen, zentrale Ereignisse, Kunstwerke etc. umfasst, vgl. Nora, P., Zwischen Geschichte und Gedächtnis, Frankfurt a. M. 1998; Assmann, A., Erinnerungsräume. Formen und Wandlungen des kulturellen Gedächtnisses, München 1999.

20 Raeithel, Geschichte I, (s. Kap. II./Anm. 18), 15.

21 Calvin, J., Unterricht in der christlichen Religion, nach der letzten Ausgabe von 1559, übersetzt und bearbeitet von O. Weber, neu hrsg. von M. Freudenberg, Wuppertal 2008.

22 Morton, Th., New English Canaan or New Canaan. Containing an abstract of New England, composed in three bookes. The first booke setting forth the originall of the natives, their manners and customes, together with their tractable nature and love towards the English. The second booke setting forth the naturall indowments of the country, and what staple commodities it yealdeth. The third booke setting forth, what people are planted there, their prosperity, what remarkable accidents have happened since the first planting of it, together with their tenents and practise of their church. Written by Thomas Morton of Cliffords Inn gent, upon tenne yeares knowledge and experiment of the country, Ann Arbor 1999 ([1]1637). Dazu: Connors, D. F., Thomas Morton, New York 1969.

23 Heideking, J./Mauch, Chr., Geschichte der USA, Tübingen [6]2008, 10.

24 Zitiert nach der 1630 zum ersten Mal veröffentlichten King James Bibel. Dazu auch: Heimert, A./Delbanco, A. (Eds.), The Puritans in America. A Narrative Anthology, Cambridge 1985, 89 ff.

25 Siehe dazu etwa die Rede J. F. Kennedys *The City Upon a Hill* vor der Massachusetts State Legislature am 9. 1. 1961. Abgedruckt in: Sorensen, Th. C. (Ed.), «Let The Word Go Forth». The Speeches, Statements, and Writings of John F. Kennedy, New York 1988, 56–58.

26 Zur Rezeptionsgeschichte: Baker, D. Z., America's Gothic Fiction. The Legacy of Magnalia Christi Americana, Columbus 2007, 1 ff.

27 Abgedruckt in: Bosco, R. A. (Ed.), The Poems of Michael Wigglesworth, Lanham 1989, 5–86. Dazu: Fessenden, T. u. a. (Eds.), The Puritan Origins of American Sex. Religion, Sexuality and National Identity in American Literature, New York 2000, 41–55 (Beitrag N. F. Radel).

28 Martschukat, J., Geschichte der Todesstrafe in Nordamerika, von der Kolonialzeit bis zur Gegenwart, München 2002, 17.

29 Raeithel, Geschichte I (s. Kap. II./Anm. 18), 61.

30 Siehe z. B. den Artikel «Gnadenloses Amerika», den *Die Zeit* 1999 veröffentlichte (Nr. 47/1999).

31 Raeithel, Geschichte I (s. Kap. II./Anm. 18), 118.

32 Connors, Thomas Morton (s. Kap. II./Anm. 22), 90 ff.

33 Dazu etwa Laband, D. N./Heinbuch D. H., Blue Laws. The History, Economics, and Politics of Sunday-Closing Laws, Lexington 1987, 8 ff.

34 Erikson, K., Wayward Puritans. A Study in the Sociology of Diviance, New York 1966, 163 ff.

35 Liste der Exekutionen 1608–2002 (Espy File; www.deathpenaltyinfo.org/documents/ESPYyear.pdf).

36 Erikson, Puritans (s. Kap. II./Anm. 34), 107 ff. Zur europäischen Strafpraxis: Dülmen, R. van, Theater des Schreckens. Gerichtspraxis und Strafrituale in der frühen Neuzeit, München ²1988, 69.

37 Zum Verlauf: Erikson, Puritans (s. Kap. II./Anm. 34), 137 ff.

38 Zusammenfassend: Bitterli, U., Die «Wilden» und die «Zivilisierten». Grundzüge einer Geistes- und Kulturgeschichte der europäisch-überseeischen Begegnung, München 2004.

39 Adams, Länderbericht I, (s. Kap. I./Anm. 22), 53.

40 Trigger/Washburn, Native Peoples (s. Kap. II./Anm. 2), 363. Folgende Zahlenangaben ebd., 362 f.

41 Die Zeit, Welt- und Kulturgeschichte, Epochen, Fakten, Hintergründe in 20 Bänden, Bd. 8, Hamburg 2006, 499.

42 Ebd., 501 f. Folgende Angabe ebd., 502, sowie Arens, W./Braun, H.-M., Die Indianer Nordamerikas. Geschichte, Kultur, Religion, München ²2008, 87 ff.

43 Raeithel, Geschichte I (s. Kap. II./Anm. 18), 67.

44 Arens/Braun, Indianer (s. Kap. II./Anm. 42), 63 f.

45 Tocqueville, A. de, Über die Demokratie in Amerika, Erster Teil von 1835, Zürich 1987, 494.

46 Ebd., 486 f.

47 Zitiert nach: Ceram, C. W., Der erste Amerikaner. Das Rätsel der vor-kolumbianischen Indianer, Stuttgart 1972, 23.

48 Waechter, M., Die Erfindung des Amerikanischen Westens. Die Geschichte der Frontier-Debatte, Freiburg i. Br. 1996, 28 ff.

49 Nichols, R. L., Geschichte der Indianer in den Vereinigten Staaten und Kanada, Essen 2002, 78 f.

50 Ebd., 86 ff.

51 Siehe Karte S. 44.

52 Raeithel, Geschichte I (s. Kap. II./Anm. 18), 67.

53 In gleicher Weise wurden auch in England «edle Wilde» aus anderen Teilen der Welt geradezu verehrt. Der von James Cooks zweiter Reise mitgebrachte Polynesier Omai war die Sensation der Londoner Gesellschaft.

54 Zitiert nach Arens/Braun, Indianer (s. Kap. II./Anm. 42), 87.

55 Zitiert nach Myers, A. C. (Ed.), William Penn's Own Account of the Lenni Lenape or Delaware Indians, Somerset 1970, 32. Übersetzung v. Vf.

56 Mancall, P. C., Deadly Medicine. Indians and Alcohol in Early America, New York 1997, 178.

57 Tocqueville, Demokratie I (s. Kap. II./Anm. 45), 491 f.

58 Konvention über die Verhütung und Bestrafung des Völkermords, 9. 12. 1948, Art. 2, in: Wetzal, L. (Red.), Menschenrechte. Dokumente und Deklarationen, Bonn ⁴2004, 296–299; hier: 297.

59 Für das Folgende: Franklin, J. H./Moss A. A., Von der Sklaverei zur Freiheit. Die Geschichte der Schwarzen in den USA, Berlin 1998, 51 ff.

60 Ebd., 68.

61 Meissner, J. u. a. (Hrsg.), Schwarzes Amerika. Eine Geschichte der Sklaverei, Bonn 2008, 48.

62 Tocqueville, Demokratie I (s. Kap. II./Anm. 45), 506 ff.

63 Meissner, Schwarzes Amerika (s. Kap. II./Anm. 61), 34 ff.

64 Franklin/Moss, Sklaverei (s. Kap. II./Anm. 59), 70.

65 Zahl nach: Berlin, I., Generations of Captivity. A History of African-American Slaves, Cambridge 2003, Tab. 1, 272 ff. Andere Zahlen (500 000) bei Raeithel, Geschichte I (s. Kap. II./Anm. 18), 156. Vgl. zudem Tabelle, S. 204 f.

66 Meissner, Schwarzes Amerika (s. Kap. II./Anm. 61), 83.

67 Bernstein, R. B., Thomas Jefferson, Oxford 2003, 196.

68 Tocqueville, Demokratie I (s. Kap. II./Anm. 45), 527 ff.

69 Erikson, Puritans (s. Kap. II./Anm. 34), 79 ff.

70 Ebd., 105 f.

71 Dokumente zur Staatsgründung und zum Selbstbild der Kolonie abgedruckt bei: Soderlund, J. R. (Ed.), William Penn and the Founding of Pennsylvania. A Documentary History, Philadelphia 1983.

72 Diagramm aus: Heickling/Mauch, Geschichte (s. Kap. II./Anm. 23), 19.

73 Bade, Deutsche (s. Kap. II./Anm. 6), 157–170 (Beitrag Chr. Hartzig).

74 Diese und folgende Wiedergaben Heideking/Mauch, Geschichte (s. Kap. II./Anm. 23), 16, 19.

75 Ebd., 23. Folgende Wiedergabe ebd.

76 Zum Folgenden: Ebd., 20 ff., sowie Greene, J. P., Pursuits of Happiness. The Social Development of Early Modern British Colonies and the Formation of American Culture, Chapel Hill 1988, 28 ff.

77 Landes, D., Die Macht der Familie. Wirtschaftsdynastien in der Weltgeschichte, Berlin 2006, insbes. 179 ff. u. 311 ff.

78 Zahlen nach Heideking / Mauch, Geschichte (s. Kap. II./ Anm. 23), 21.

79 Bullock, St. C., Revolutionary Brotherhood. Freemasonry and the Transformation of the American Social Order, 1730–1840, Chapel Hill 1996, 50 ff. Zur Entstehung der Freimaurerei generell: Binder, D. A., Die Freimaurer. Geschichte, Mythos und Symbole, Wiesbaden [2]2010, 9 ff.

80 Vgl. Heideking / Mauch, Geschichte (s. Kap. II./ Anm. 23), 22.

81 Mauch, Chr. (Hrsg.), Die amerikanischen Präsidenten. 44 historische Portraits von George Washington bis Barack Obama, München [5]2009, 49–64 (Beitrag J. Heideking); hier: 51.

III. Das Experiment:
Die Gründung der Vereinigten Staaten 1763–1815

1 Zahlen nach Heideking / Mauch, Geschichte (s. Kap. II./ Anm. 23), 26. Überblick zur Amerikanischen Revolution: Hochgeschwender, M., Die Amerikanische Revolution. Geburt einer Nation 1763–1815, München 2016.

2 Eintrag vom 17. 12. 1773, in: Butterfield, L. H. (Ed.), Diary and Autobiography of John Adams, Vol. 2: 1771–1781, Cambridge 1962, 85–87; hier: 86. Übersetzung v. Vf. Zur Bedeutung der Operation vgl. auch Carp, B. L., Defiance of the Patriots. The Boston Tea Party and the Making of America, New Haven 2010, 117 ff.

3 Heideking / Mauch, Geschichte (s. Kap. II./ Anm. 23), 31.

4 Eintrag vom 17. 12. 1773, in: Butterfield, Diary (s. Kap. II./ Anm. 2), 86. Übersetzung v. Vf.

5 Heideking / Mauch, Geschichte (s. Kap. II./ Anm. 23), 35.

6 Schätzung Alexander Hamiltons, 1790, in: Kroos, P. A. (Ed.), Documentary History of Banking and Currency in the United States, Vol. 1, New York 1969, 157 f.

7 Ebd., 89.

8 Zahlen nach Heideking / Mauch, Geschichte (s. Kap. II./ Anm. 23), 46. Folgende Zahlen ebd.

9 Dazu das Stichwort «Guerilla Warfare» in: Chambers, J. W. (Ed.), The Oxford Guide to American Military History, Oxford 1999, 306 f.

10 Zahl nach: Kapp, F., Der Soldatenhandel deutscher Fürsten nach Amerika. Ein Beitrag zur Kulturgeschichte des achtzehnten Jahrhunderts, Berlin [2]1874 (Nachdruck [2006]), 210.

11 Bade, Deutsche (s. Kap. II./ Anm. 6), 146. Folgende Zahlen ebd.

12 Kapp, Soldatenhandel (s. Kap. II./ Anm. 10), 210 (korrigierte Daten).

13 Seume, J. G., Mein Leben, Stuttgart 1991, 54 f. ([1]1813, posthum).

14 Ebd., 58.

15 Zitiert nach Cronau, R., Drei Jahrhunderte deutschen Lebens in Amerika. Eine Geschichte der Deutschen in den Vereinigten Staaten, Berlin [2]1924, 214.

16 Zahl nach Kapp, Soldatenhandel (s. Kap. III./Anm. 10), 209 f.

17 Ketchum, R. H., Saratoga. Turning Point of America's Revolutionary War, London 1999, 350 ff.

18 Zahl nach: Adams, W. P./Lösche, P. (Hrsg.), Länderbericht USA. Geschichte, Politik, Geographie, Wirtschaft, Gesellschaft, Kultur, Bonn [3]1998, 26.

19 Schambeck, H. u. a. (Hrsg.), Dokumente zur Geschichte der Vereinigten Staaten von Amerika, Berlin 1993, 166–192; hier: 184.

20 Montesquieu, Ch. de, Vom Geist der Gesetze, Stuttgart 1989.

21 Zahlen nach: Mauch, Präsidenten (s. Kap. II./Anm. 81), 75.

22 Zur amerikanischen Adaption vgl. Whiffen, M./Koeper, F., Amerikanische Architektur 1607–1976, Luzern 2008, 78 ff.

23 Dazu: Geulen, Chr., Geschichte des Rassismus, Bonn 2007, 32 ff.; Osterhammel, J., Die Verwandlung der Welt. Eine Geschichte des 19. Jahrhunderts, München [4]2009, 1214 ff., sowie Bitterli, Die «Wilden» (s. Kap. II./Anm. 9), 339 ff.

24 Einsehbar im Internet unter: avalon.law.yale.edu/18th_century/jeffsumm.asp.

25 Unabhängigkeitserklärung nach der deutschen Fassung des *Pennsylvanischen Staatsboten*, abgedruckt in: Schambeck, Dokumente (s. Kap. III./Anm. 19), 113–118; hier 114. Folgende Wiedergabe ebd., 118.

26 Siehe zum Beispiel: Concord Town Meeting demands a Constitutional Convention, 21. 10. 1776, in: Morison, S. E. (Ed.), Sources und Documents illustrating the American Revolution 1764–1788 and the formation of the Federal Constitution, New York [2]1979 (Reprint der Auflage [2]1929), 176 f.; hier: 177.

27 Rutland, R. A. (Ed.), The Papers of George Mason 1725–1792, Vol. 1: 1749–1778, Chapel Hill 1970, 274–310.

28 Heideking/Mauch, Geschichte (s. Kap. II./Anm. 23), 39 f.

29 Adams/Lösche, Länderbericht USA (s. Kap. I./Anm. 12), 31.

30 Heideking/Mauch, Geschichte (s. Kap. II./Anm. 23), 51.

31 Zitat nach ebd., 52.

32 Zum Verlauf und zur Bedeutung der Rebellion: Boyd, St. R. (Ed.), The Whiskey Rebellion. Past and Present Perspectives, Westport 1985.

33 Zitiert nach: Adams, Länderbericht USA I (s. Kap. I./Anm. 22), 84.

34 Ebd.

35 Auswahl: Lewis, M./Clark, W., Tagebuch der ersten Expedition zu den Quellen des Missouri, sodann über die Rocky Mountains zur Mündung des Columbia in den Pazifik und zurück, vollbracht in den Jahren 1804–1806, Frankfurt a. M. 2003. Vollständig: Moulton, G. E. (Ed.), The Journals of the Lewis and Clark Expedition, 13 Bde., Lincoln 2002. Dazu: Wasser, H.,

Die große Vision. Thomas Jefferson und der amerikanische Westen, Wiesbaden 2004.

IV. Land der unbegrenzten Möglichkeiten: Die Erschließung des Kontinents 1815–1890

1 Dowd, G. E., A Spirited Resistance. The North American Indian Struggle for Unity, 1745–1815, Baltimore 1992, 167 ff.

2 Zitiert nach Brown, D., Begrabt mein Herz an der Biegung des Flusses, Hamburg [7]1970, 15.

3 Tocqueville, Demokratie I (s. Kap. II./Anm. 45), 497.

4 Clayton, L. A. u. a. (Eds.), The De Soto Chronicles. The Expedition of Hernando De Soto to North America in 1539–1543, Vol. I u. II, Tuscaloosa 1995.

5 Ebd., Vol. I, 412 f.

6 Zitiert nach: Maurois, A., Die Geschichte Amerikas, Zürich 1947, 42.

7 Arens/Braun, Indianer (s. Kap. II./Anm. 42), 89. Dazu auch: Wende, Empire (s. Kap. II./Anm. 9), 43.

8 Zinn, H., A People's History of the United States, New York 2005, 14 f.

9 Weslager, C. A., The Delaware Indians. A History, New Brunswick 1972, 113 ff.

10 Schultz, E. B./Tougias, M. J., King Philip's War. The History and Legacy of America's Forgotten Conflict, Woodstock 2000, 264. Folgende Zahlenangabe ebd., 244 ff., passim.

11 Missall, J./Missall, M. L., The Seminole Wars. America's Longest Indian Conflict, Gainesville 2004, 32 ff.

12 Trenk, M., Weiße Indianer. Die Grenzgänger zwischen den Kulturen in Nordamerika, Wismar 2009; 135–162 (Beitrag M. H. Lindner). Schmitt, E./Beck, Th. (Hrsg.), Das Leben in den Kolonien, Wiesbaden 2003, insbes. 104–110 (Beitrag M. Trenk); Gottowik, V. u. a. (Hrsg.), Zwischen Aneignung und Verfremdung. Ethnologische Gratwanderungen, Frankfurt a. M. 2009, insbes. 99–114 (Beitrag M. Trenk).

13 Trenk, Weiße Indianer (s. Kap. IV./Anm. 12), 169–177 (Beitrag J. Geißler).

14 Ebd., 178–184 (Beitrag J. Geißler).

15 Ebd., 33 ff. u. 43 ff.

16 Ebd., 153–162 (Beitrag M. H. Lindner).

17 Ebd., 185 ff.

18 Act of May 28, 1830, ch. 148, 4 Stat. 411 f.

19 Brown, Herz (s. Kap. IV./Anm. 2), 19.

20 Siehe Kap. II./Anm. 58.

21 Arens/Braun, Indianer (s. Kap. II./Anm. 42), 104.

22 Foreman, G., Indian Removal. The Emigration of the Five Civilized Tribes of Indians, Norman [9]1982, 44 ff.

23 Tocqueville, Demokratie I (s. Kap. II./Anm. 45), 490.

24 Ebd., 491.

25 Kiefer, B. u. a. (Hrsg.), Western, Stuttgart 2003, 345 ff.

26 Autobiography of Ma-ka-tai-me-she-kia-kiak, or Black Hawk. His Surrender, and Travels Through the United States, Rock Island 1882. Online veröffentlicht unter www.gutenberg. org/etext/7097.

27 Zum Folgenden Arens/Braun, Indianer (s. Kap. II./Anm. 42), 106 ff.

28 Zahlen nach ebd.

29 Beck, P. N., The First Sioux War. The Grattan Fight and Blue Water Creek, Lanham 2004, 39 ff.

30 Anderson, G. C./Woolworth, A. R. (Eds.), Through Dakota Eyes. Narrative Accounts of the Minnesota Indian War of 1862, St. Paul 1988, 19 ff.

31 Arens/Braun, Indianer (s. Kap. II./Anm. 42), 110. Dazu: Josephy, A. M., The Civil War in the American West, New York 1991, 99 ff.

32 Zitiert nach: Anderson, G. A., Myrick's Insult. A fresh look at myth and reality, in: Minnesota History 48, No. 5, 198–206; hier: 205.

33 Brown, Herz (s. Kap. IV./Anm. 12), 427.

34 Mooney, J., The Ghost-Dance Religion and the Sioux Outbreak of 1890, Lincoln 1991, 915 ff. (^{1}1896).

35 Sweeney, E. R., Mangas Coloradas. Chief of the Chiricahua Apaches, Norman 1998; ders., Cochise. Chiricahua Apache Chief, Norman 1995; Debo, A., Geronimo. The Man, His Time, His Place, Norman 2005.

36 Speziell zur Rezeption des Westens als unberührtes Land: Smith, H. N., Virgin Land. The American West as Symbol and Myth, Cambridge 1974, 123 ff.

37 Zahlen nach: Mauch, Chr., Die 101 wichtigsten Fragen. Amerikanische Geschichte, München 2008, 32. Folgende Wiedergabe ebd.

38 Ebd., 32.

39 Ebd., 31.

40 Calhoun, F. S., The Lawmen. United States Marshals and their Deputies, 1789–1989, Harmondsworth 1989, 11 ff.

41 Adams, Länderbericht USA I (s. Kap. I./Anm. 22), 92.

42 Hine, R. V./Faracher, J. M., The American West. A new interpretive history, New Haven 2000, 12 ff.

43 Zusammengestellt nach: U.S. Census Bureau, Statistical Abstract of the United States: 2003, 8, u. U.S. Census Bureau, Population Distribution and Change: 2000 to 2010, 2010 Census Briefs (March 2011), 2 (www.census.gov).

44 Nachdruck des 1894 erschienenen Aufsatzes von Turner, F. J., The Significance of the Frontier in American History in: ders., The Frontier in American History, New York 1920, 1–38. Zu Turner: Waechter, Erfindung (s. Kap. II./Anm. 48), 77 ff.

45 Adams, Länderbericht USA I (s. Kap. I./Anm. 22), 91.

46 Zu den «Ghost Towns» gibt es eine interessante Website: www.ghosttowngallery. com.

47 Zahlenangaben nach: Starr, K./Orsi, R. J. (Eds.), Rooted in Barbarous Soil.

People, Culture, and Community in Gold Rush California, Berkeley 2000, 25–43 (Beitrag M. Rohrbough); hier: 25. Auch: Hine/Faracher, American West (s. Kap. IV./Anm. 42), 236 ff.

48 Emerson, K., Doo-Dah! Stephen Foster and the Rise of American Popular Culture, New York 1998, 127 ff.

49 Hine/Faracher, American West (s. Kap. IV./Anm. 42), 245.

50 Hurtado, A. L., Indian Survival on the California Frontier, New Haven 1988, 211 ff.

51 Als Zeitzeugenbericht: Adney, E., The Klondike Stampede, Vancouver 1995 ([1]1899).

52 O'Neal, B., Gunfighter. Alle Revolvermänner des Wilden Westens. Eine Enzyklopädie, Zürich [7]2004, 21.

53 Ebd., 312 f.

54 Ebd., 153 ff.

55 Ebd., 118 ff.

56 Zusammenfassend: Tefertiller, C., Wyatt Earp. The Life Behind the Legend, New York 1997.

57 O'Neal, Gunfighter (s. Kap. IV./Anm. 52), 164 f.

58 Folgende Angaben nach ebd., 218 ff.; Garrett, P. F., The Authentic Life of Billy, The Kid. The Noted Desperado of the Southwest, whose Deeds of Daring and Blood made his Name a Terror in New Mexico, Arizona, and Northern Mexico by Pat Garrett Sheriff of Lincoln Co., N. M., by whom he was finally hunted down and captured by killing him. A Faithful and Interesting Narrative, Norman 1954 ([1]1882); Otero, M. A., The Real Billy the Kid. With New Light on the Lincoln County War, Houston 1998 ([1]1936).

59 Breihan, C. W., Ride the Razor's Edge. The Younger Brothers Story, Gretna 1992, 172.

60 O'Neal, Gunfighters (s. Kap. IV./Anm. 52), 188. Dazu: Settle, W. E., Jesse James Was His Name. Or, Fact and Fiction Concerning the Careers of the Notorious James Brothers of Missouri, Lincoln 1977, 38 ff.

61 The Story of Cole Younger by Himself. Being an Autobiography of the Missouri Guerrilla Captain and Outlaw, his Capture and Prison Life, and the Only Authentic Account of the Northfield Raid Ever Published, St. Paul 2000 ([1]1903). Dazu auch: Huntington, G., Robber and Hero. The Story of the Northfield Bank Raid, St. Paul 1986 ([1]1895), insbes. 79 ff.

62 O'Neal, Gunfighters (s. Kap. IV./Anm. 52), 271–274.

63 Ebd., 203–207.

64 Ebd., 195 f.

65 Ebd., 210–212.

66 Zum Folgenden: Adams, Länderbericht USA I (s. Kap. I./Anm. 22), 95 ff.

67 Doubek, K., Blue Jeans. Levi Strauss und die Geschichte einer Legende, München 2003.

68 Für das Folgende: Heideking/Mauch, Geschichte (s. Kap. II./Anm. 23), 95 ff.

69 Zahlen nach: Berlin, Generations (s. Kap. II./Anm. 65), Tabellenanhang, o. S. (274).

70 Eyth, M., Baumwollfelder unterm Dampfpflug. Als Ingenieur in den Südstaaten Amerikas 1866–1868, Leiningen 2006 (^{1}1871).

71 Swift, L. F. u. a., The Yankee of the Yards. The Biography of Gustavus Franklin Swift, Chicago 1927.

72 Zahlen nach Adams, Länderbericht USA I (s. Kap. I./Anm. 22), 91, u. Heideking/Mauch, Geschichte (s. Kap. II./Anm. 23), 95.

73 Adams, Länderbericht USA I (s. Kap. I./Anm. 22), 93. Folgende Zahlen nach ebd., 94.

74 Heideking/Mauch, Geschichte (s. Kap. II./Anm. 23), 97.

75 Adams, Länderbericht USA I (s. Kap. II./Anm. 22), 95. Folgende Wiedergaben ebd., 95 ff.

76 Zusammenfassend: Middleton, W. D. u. a. (Eds.), Encyclopedia of North American Railroads, Bloomington 2007, 1 ff.

77 Johnson, H. A., Gibbons v. Ogden. John Marshall, Steamboats, and the Commerce Clause, Lawrence 2010, 104 ff.

78 Hochgeschwender, M., Der Amerikanische Bürgerkrieg, München 2010, 16. Folgende Wiedergaben ebd.

79 Zu Five Points: Anbinder, T., Five Points. The 19th-Century New York City Neighborhood That Invented Tap Dance, Stole Elections, and Became the World's Most Notorious Slum, New York 2001, 43.

80 Ebd., 7 ff. u. 314 ff.

81 Dickens, Ch., American Notes for General Circulation, Bedford 1850, 75. Übersetzung v. Vf.

82 Zitiert nach: Turner, Significance (s. Kap. IV./Anm. 44), 1. Übersetzung v. Vf.

83 Denning, M., Mechanic Accents. Dime Novels and Working-Class Culture in America, London 1998, 11.

84 Kiefer, Western (s. Kap. IV./Anm. 25), 12.

85 Autobiographie u. d. T.: Calamity Jane, Leben und Abenteuer der Calamity Jane, von ihr selbst erzählt, in: Kiderlen, E. (Hrsg.), Calamity Jane. Briefe an meine Tochter, Zürich 1996, 86–94.

86 Biographien: Monaghan, J., The Great Rascal. The Life and Adventures of Ned Buntline, Boston 1951, 258; Pond, F. E., Life and Adventures of Ned Buntline, New York 1919.

87 Monoghan, Rascal (s. Kap. IV./Anm. 86), 157 ff.

88 Cliff, N., The Shakespeare Riots. Revenge, Drama, and Death in Nineteenth-Century America, New York 2007, 216 ff.

89 Emerson, Doo-Dah (s. Kap. IV./Anm. 48), 299.

90 Monaghan, Rascal (s. Kap. IV./Anm. 87), 137 ff.

91 Sein Leben behandeln etwa die Filme *The Naked Civil Servant* (1974) und *An Englishman in New York* (2009).

92 Autobiographien Codys: Cody, W. F., The Life of Hon. William F. Cody. Known as Buffalo Bill the Famous Hunter, Scout and Guide. An Autobiography, Hartford (Conn.), 1879 (Nachdruck o. O. 1980), u. Cody, W. F., The Adventures of Buffalo Bill to which is appended a short Scetch of his Life, New York 1905.

93 Zapf, H. (Hrsg.), Amerikanische Literaturgeschichte, Stuttgart ³2010, 77 ff.

94 Zitiert nach der Etext-Sammlung der University of Virginia (http://etext. virginia.edu/railton/projects/rissetto/offense.html.

95 Mankin Kornhauser, E. u. a. (Hrsg.), Neue Welt: Die Erfindung der amerikanischen Malerei, München 2007; Prown, J. D., Amerikanische Malerei. Von der Kolonialzeit bis zur Gegenwart, Genf 1969.

96 Hendricks, G., Albert Bierstadt, Painter of the American West, New York 1988.

97 Curtis Graybill, F. u. a., Ein Denkmal für die Indianer. Edward Sheriff Curtis und sein photographisches Werk über die Indianer Nordamerikas 1907–1930, München 1979.

V. Katastrophe und nationale Sammlung: Bürgerkrieg und Nachkrieg 1861–1917

1 Zitat Sheridans nach Weighley, R. F., The American Way of War. A History of United States Military Strategy and Policy, New York 1973, 153. Übersetzung vom Vf.

2 Zitat: «Die richtige Strategie besteht darin, der Armee des Feinds so viele wirkungsvolle Schläge wie möglich zuzufügen und die Einwohner so viel leiden zu lassen, dass sie nach Frieden schreien und die Regierung zwingen, ihn zu schließen. Den Leuten darf nichts anderes bleiben als ihre Augen, um über den Krieg zu weinen.» Zitiert nach Howard, M., The Franco-Prussian War. The German Invasion of France, 1870–1871, New York 1961, 380. Übersetzung vom Vf.

3 Dazu: Chivers, C. J., The Gun. The Story of the AK-47, New York 2010, 25 ff.

4 Zitiert nach Brown, Herz (s. Kap. IV./Anm. 2), 172.

5 Dazu: Schivelbusch, W., Die Kultur der Niederlage. Der amerikanische Süden 1865, Frankreich 1871, Deutschland 1918, Frankfurt a. M. 2003, 55 ff.

6 Adams, Länderbericht USA I (s. Kap. I./Anm. 22), 106.

7 Tocqueville, Demokratie I (s. Kap. II./Anm. 45), 559 f. Dazu: Taylor, W. R., Cavalier and Yankee. The Old South and American National Character, Cambridge 1993.

8 Dazu den Erlebnisbericht von Kemble, F. A., Journal of a Residence on a Georgian Plantation in 1838–1839, ed. by J. A. Scott, Athens 1996. Zum Begriff des «White Trash»: Wray, M./Newitz, A. (Eds.), White Trash: Race and Class in America, New York 1997, 1 ff.

9 Schlesinger, A. M., Age of Jackson, Boston 1971, 190.

10 Dixon, W. H., New America, Vol II., Leipzig 1867, 260 f. Folgende Wiedergaben ebd., 261. Übersetzung vom Vf.

11 Martschukat, Todesstrafe (s. Kap. II./Anm. 28), 67.

12 Ebd., 77 ff.

13 Schambeck, Dokumente (s. Kap. III./Anm. 19), 363–366; hier: 365.

14 Zitiert nach Schivelbusch, Kultur (s. Kap. V./Anm. 5), 59.

15 Abgedruckt in: Schambeck, Dokumente (s. Kap. III./Anm. 19), 268–270; Zitat: 268.

16 Berlin, Generations (s. Kap. II./Anm. 65), Tab. 1, 272 ff. Folgende Wiedergaben ebd.

17 Ebd., 272 ff.

18 Foner, Ph. S. (Ed.), The Complete Writings of Thomas Paine, New York 1945, XI f. Darin auch: *Rights of Man* (241–458) u. *Age of Reason* (463–604).

19 Zahlen nach: Adams, Länderbericht USA I (s. Kap. I./Anm. 22), 104.

20 Stowe, Ch. E., Harriet Beecher Stowe. The Story of Her Life, Cambridge 1911, 203.

21 Text in: Silber, I./Silverman, J. (Eds.), Songs of the Civil War, London 1960, 203.

22 Zitiert nach Adams, Länderbericht USA I (s. Kap. I./Anm. 22), 104. Dazu: Foner, E., Free Soil, Free Labor, Free Men. The Ideology of the Republican Party Before the Civil War, London 1970, 9.

23 Zur Biographie Lincolns: Nagler, J., Abraham Lincoln. Amerikas großer Präsident, München 2011.

24 Abgedruckt in: Schambeck, Dokumente (s. Kap. III./Anm. 19), 363–366.

25 Abgedruckt in: ebd., 372–374.

26 Leslie, E. E., The Devil Knows How to Ride. The true Story of William Clarke Quantrill and His Confederate Raiders, New York 1996, 237.

27 Siehe dazu die Einzelergebnisse: http://uselectionatlas.org.

28 Clarke, J. W., American Assassins. The Darker Side of Politics, Princeton 1982, 18 ff.

29 McPherson, J. M., Für die Freiheit sterben. Die Geschichte des amerikanischen Bürgerkriegs, München 1988, 840.

30 Finzsch, N./Martschukat, J. (Eds.), Different Restorations. Reconstruction and «Wiederaufbau» in Germany and the United States 1865–1945–1989, Providence 1996, 316.

31 Schivelbusch, Kultur (s. Kap. V./Anm. 5), 53.

32 Ebd.

33 Hochgeschwender, Bürgerkrieg (s. Kap. IV./Anm. 78), 108.

34 Für das Folgende: Heideking/Mauch, Geschichte (s. Kap. II./Anm. 23), 149 ff.

35 Für das Folgende: Franklin/Moss, Sklaverei (s. Kap. II./Anm. 59), 322 ff.

36 Vgl. Meissner, Schwarzes Amerika (s. Kap. II./Anm. 61), 264; Kolchin, P., American Slavery, 1619–1877, New York 1993, 212 f.

37 Force Act of 1870 (41st Congress, Sess. 2, ch. 114, 16 Stat. 140, enacted May 31, 1870, effective 1871).

38 Zum Folgenden: Chalmers, D. M., Hooded Americanism. The History of the Ku Klux Klan. Durham ³1987, 8 ff.; Trelease, A. W., White Terror. The

Ku Klux Klan Conspiracy and Southern Reconstruction, Baton Rouge 1999, 189 ff.

39 Meissner, Schwarzes Amerika (s. Kap. II./Anm. 61), 267.

40 Vgl. Davis, Inhuman bondage. The rise and fall of slavery in the New World, New York 2006, 29. Artikel der New York Times v. 2. 1. 1893 unter http://query.nytimes.com/gst/abstract.html?res=9F01E5DE103BEF33 A25751C0A9649C94629ED7CF.

41 Allen, J. u. a., Without Sanctuary. Lynching Photography in America, Santa Fe 2000, 174 f. (Bilder 25 f.). Dazu auch: Martschukat, Todesstrafe (s. Kap. II./Anm. 28), 75 f.

42 Lewis, D. L., Biography of Race 1898–1919, New York 1993.

43 Zitiert nach Heideking/Mauch, Präsidenten (s. Kap. II./Anm. 81), 207. Folgende Zahlen ebd.

44 Coski, J. M., The Confederate Battle Flag, America's Most Embattled Emblem, Cambridge 2005, 45 ff.

45 Maddex, J. P., The Reconstruction of Edward A. Pollard. A Rebel's Conversion to Postbellum Unionism, Chapel Hill 1974, 62 ff.

46 Pollard, E. A., The Lost Cause, New York 1866, 750 ff. Übersetzung v. Vf. Siehe dazu auch Schivelbusch, Kultur (s. Kap. V./Anm. 5), 76.

47 Schivelbusch, Kultur (s. Kap. V./Anm. 5), 77.

48 Ebd. 82 ff. mit Beispielen.

49 Buenker, John D. u. a. (Eds.), Encyclopedia of the Gilded Age and Progressive Era, Armonk 2005; Adams, Länderbericht USA I (s. Kap. I./Anm. 22), 143.

50 Raeithel, G., Geschichte der nordamerikanischen Kultur, Bd. 2: Vom Bürgerkrieg bis zum New Deal 1860–1930, Frankfurt a. M. ³1997, 46.

51 Hershkowitz, L., Tweed's New York. Another Look, Garden City 1977.

52 Ebd., 271.

53 Cooper, E. S., William Worth Belknap. An American Disgrace, Cranbury 2003, 29 ff.

54 Raeithel, Geschichte II (s. Kap. V./Anm. 50), 45.

55 Zahlen nach ebd., 52.

56 Zahlen nach ebd., 46.

57 Weiner, R., Das Amerikabild von Karl Marx, Bonn 1982, 13.

58 Zahlen nach Mauch, Fragen (s. Kap. III./Anm. 37), 62.

59 Parrington, V. L., Main Currents of American Thought, Bd. III, New York 1930, 18, 23.

60 Twain, M., The Adventures of Tom Sawyer & The Adventures of Huckleberry Finn, Hertfordshire 1992, 244.

61 Für das Folgende: Fenske, H. u. a., Geschichte der politischen Ideen. Von Homer bis zur Gegenwart, Frankfurt a. M. 1987, 486 f.

62 Parkinson, G., Charles Darwin's Influence on Religion and Politics of the Present Day, Chicago 1942.

63 Clark, C. A., God – or Gorilla. Images of Evolution in the Jazz Age, Baltimore 2008, 162 ff.

64 Scopes, J. T./Presley, J., Center of the Storm. Memoirs of John T. Scopes, New York 1967, 243 ff. Zu seiner Darstellung des Dayton-Prozesses siehe ebd., 77 ff.

65 Vertrag zur Regulierung der Einwanderung aus China, 17. 11. 1880, in: Schambeck, Dokumente (s. Kap. III./Anm. 19), 396–398; hier: 397.

66 Zur Definition der amerikanischen Überflussgesellschaft: Potter, D., People of Plenty, Chicago 1968.

67 Siehe auch die deutsche Übersetzung von Carnegies *Das Evangelium des Reichtums* (Leipzig 1905).

68 Zahlen nach: Der Große Ploetz. Die Enzyklopädie der Weltgeschichte, Göttingen ^{35}2008, 1293.

69 Zum Folgenden: Guérin, D., Die amerikanische Arbeiterbewegung 1867–1967, Frankfurt a. M. 1970, 12 ff.

70 Verfassung der Knights of Labor abgedruckt in: Schambeck, Dokumente (s. Kap. III./Anm. 19), 393–396.

71 Zahl nach Guérin, Arbeiterbewegung (s. Kap. V./Anm. 69), 15.

72 Heideking/Mauch, Geschichte (s. Kap. II./Anm. 23), 186, u. Guérin, Arbeiterbewegung (s. Kap. V./Anm. 69), 61.

73 Bock, G., Die andere Arbeiterbewegung in den USA von 1909–1922. Die I W W – The Industrial Workers of the World, München 1976.

VI. Außenpolitik der begrenzten Möglichkeiten 1783–1918

1 Abgedruckt in: Schambeck, Dokumente (s. Kap. III./Anm. 19), 127–129.

2 Isaacson, W., Benjamin Franklin. An American Life, New York 2003; Lemay, J. A. L. (Ed.): The Autobiography of Benjamin Franklin, A Genetic Text, Knoxville 1981.

3 Stahr, W., John Jay. Founding Father, London 2005, 321 ff.

4 DeConde, A., The Quasi-War. The Politics and Diplomacy of the Undeclared War with France 1797–1801, New York 1966, v. a. 46 ff. u. 74 ff.

5 Lambert, F., The Barbary Wars: American Independence in the Atlantic World, New York 2005, 61 f.

6 Faulkner, H. U., Geschichte der amerikanischen Wirtschaft, Düsseldorf 1957, 227.

7 Ebd., 231 f.

8 Heideking/Mauch, Geschichte (s. Kap. II./Anm. 23), 93.

9 Die Rede Monroes ist abgedruckt in: 18th Congress, 1st Session, Message from the President of the United States to both Houses of Congress at the Commencement of the First Session to the Eighteenth Congress, December, 2, 1823, Washington 1823, 3–15. Zu den näheren Umständen der Ansprache vgl. May, E. R., The Making of the Monroe Doctrine, Cambridge 1975.

10 Findling, J. E., Dictionary of American Diplomatic History, New York ^{2}1989, 356.

11 Zitiert nach: Krakau, K., Missionsbewusstsein und Völkerrechtsdoktrin in den Vereinigten Staaten von Amerika, Frankfurt a. M. 1967, 129. Übersetzung v. Vf. Zur Wirkungsgeschichte: Brown, Ch. H., Agents of Manifest Destiny. The Lives and Times of the Filibusters, Chapel Hill 1980.

12 Brown, Agents (s. Kap. VI./Anm. 11), 174 ff., 314 ff., 337 ff.

13 Guano Island Act in: 48 U.S.C. ch. 8, §§ 1411–1419.

14 Reverby, S. M., «Normal Exposure» and Inoculation Syphilis: A PHS «Tuskegee» Doctor in Guatemala, 1946–1948 (http://www.wellesley.edu/WomenSt/Reverby,%20Normal,%20JPH.pdf).

15 Überblick: Kahn, H. W., Vergessene Interventionen, Ein chronologischer Abriss, in: Blätter für deutsche und internationale Politik 25 (1980), 290–307 u. 413–434.

16 Schoultz, L., Beneath the United States: A History of U.S. Policy toward Latin America, Cambridge 1998, 48.

17 Mauch, Präsidenten (s. Kap. II./Anm. 81), 245.

18 Rickover, H. G., How the Battleship Maine Was Destroyed, Annapolis 1994, 91.

19 Spencer, D. R. The Yellow Journalism: The Press and America's Emergence as a World Power, Evanston 2007, 123 ff.; Milton, J., The Yellow Kids. Foreign Correspondents in the Heyday of Yellow Journalism, New York 1989, 193 ff.; Auxier, G. W., Middle Western Newspapers and the Spanish American War. New York 1940.

20 Zusammenfassend: Smith, J., The Spanish-American War. Conflict in the Caribbean and the Pacific, 1895–1902, London 1994; Balfour, S., The End of the Spanish Empire, 1898–1923, Oxford 1997.

21 Raeithel, Geschichte II (s. Kap. V./Anm. 50), 249.

22 Mahan, A. T., The Influence of Sea Power upon History 1660–1783, New York 2004, 83 (^{1}1890). Dazu: Proksch, R., Alfred Thayer Mahan. Seine Thesen und sein Einfluss auf die Außen- und Sicherheitspolitik der USA, Frankfurt a. M. 2002, 55 ff.

23 Brief Roosevelts an Henry L. Sprague, 26. 1. 1900 (Library of Congress, Manuscript Division, lcweb. loc. gov/exhibits/treasures/trm139. html). Übersetzung v. Vf.

24 Abgedruckt in: Schambeck, Dokumente (s. Kap. III./Anm. 19), 417–419; hier: 418. Zur Vorgeschichte, insbesondere auch der Rolle der deutschen Politik vgl. Lammersdorf, R., Anfänge einer Weltmacht, Theodore Roosevelt und die transatlantischen Beziehungen der USA 1901–1909, Berlin 1994, 54 ff. Zur «Roosevelt Corollary» 1904 vgl. auch Krakau, Missionsbewusstsein (s. Kap. VI./Anm. 11), 143 f.

25 Vgl. Tucker, R. W., The Just War, A Study in Contemporary American Doctrine, Baltimore 1960.

26 Ebd., 248.

27 Beisner, R. L., Twelve Against Empire. The Anti-Imperialists 1898–1900, New York 1968; Tompkins, E. B., Anti-Imperialism in the United States:

The Great Debate 1890–1920, Philadelphia 1970, v. a. 290 ff. Folgendes Zitat: Twain an Abner Goodell, 31. 12. 1900, in: Zwick, J. (Ed.), Mark Twain's Weapons of Satire. Anti-Imperialists on the Philippine-American War, Syracuse 1992, 19. Ähnlich: North American Review, Febr. 1901 (s. Tompkins, Anti-Imperialism, 243).

28 Wiebe, R. H., The Search for Order, 1877–1920, New York [13]1992, 247.

29 Zitiert nach: Mauch, Fragen (s. Kap. IV./Anm. 37), 73.

30 Zahlen nach: Bade, Deutsche (s. Kap. II./Anm. 6), 170–179 (Beitrag M. Blaschke), hier: 176.

31 Bailey, Th. A./Ryan, P. B., The Lusitania Disaster. An Episode in Modern Warfare and Diplomacy, New York 1975, 96 ff.

32 Mauch, Fragen (s. Kap. IV./Anm. 37), 72.

33 Zitiert nach: Nassua, M., «Gemeinsame Kriegführung. Gemeinsamer Friedensschluss.» Das Zimmermann-Telegramm vom 13. Januar 1917 und der Eintritt der USA in den 1. Weltkrieg, Frankfurt a. M. 1992, 16. Dazu auch: Tuchmann, B. W., Die Zimmermann-Depesche, Bergisch Gladbach 1982.

34 Zitiert nach: Link, A. S. (Ed.), The Papers of Woodrow Wilson, Vol. 41, Princeton 1983, 519–527; hier: 521. Übersetzung v. Vf.

35 Folgende Wiedergaben nach: Address to the Congress, 4. 12. 1917, abgedruckt in: Heckscher, A. (Ed.), The Politics of Woodrow Wilson, Selections from His Speeches and Writings, Freeport 1956, 289–295; hier: 289 u. 293. Übersetzung v. Vf.

36 Address to the Congress, 8. 1. 1918, in: Heckscher, Politics (s. Kap. VI./Anm. 35), 299–313.

37 Krakau, Missionsbewusstsein (s. Kap. VI./Anm. 11), 144.

38 Swope, H. B., Inside The German Empire: In The Third Year Of The War, London 1917.

39 Swanberg, W. A., Pulitzer, New York 1967, 415 f.

40 The St. Louis Globe-Democrat, 5. 4. 1918. Dazu: Schwarz, E. A., The Lynching of Robert Prager, the United Mine Workers, and the problems of patriotism in 1918, in: Journal of the Illinois State Historical Society 95 (2002), 414–437.

41 Creel, G., Rebel at Large. Recollections of Fifty Crowded Years, New York 1947, 158. Zu den Filmen vgl. Creel, G., How We Advertised America. The First Telling of the Amazing Story of the Committee on Public Information That Carried the Gospel of Americanism to Every Corner of the Globe, New York 1920, 117 ff. Dazu auch: Blakey, George T., Historians on the Homefront. American Propagandists for the Great War, Lexington 1970.

42 Andrew, Chr., For the President's Eyes Only. Secret Intelligence and the American Presidency from Washington to Bush, New York 1995, 30 ff.

43 Muck, P., Karl Muck. Ein Dirigentenleben in Briefen und Dokumenten, Tutzing 2003, 110 ff.

44 Angabe nach: Der Große Ploetz (s. Kap. V./Anm. 68), 1296.

45 Zahlen nach ebd.

46 Johnson, N. P. A. S. / Mueller, J., Updating the Accounts: Global Mortality of the 1918–1920 «Spanish» Influenza Pandemic, in: Bulletin of the History of Medicine 76 (2002), 105–115.

47 Zum militärischen Verlauf siehe: Chambers, Military History (s. Kap. III. / Anm. 9), 810 ff.

48 Address before the Peace Conference, 25. 1. 1919, in: Heckscher, Politics (s. Kap. VI. / Anm. 35), 335–339; hier: 338 f. Übersetzung v. Vf.

VII. Melting Pot: Kulturen der Neuen Welt

1 Vgl. U.S. Census Data 2010: http://2010. census.gov/2010census/data/index.php.

2 Fuchs, L. H., The American Kaleidoscope. Race, Ethnicity, and the Civic Culture, Hanover 1990.

3 Zur indianischen Sicht auf die Europäer: Behrend, H. (Hrsg.), Geist, Bild und Narr. Zu einer Ethnologie kultureller Konversionen, Berlin 2001, 57–76 (Beitrag M. Trenk). Zum Alkoholkonsum und -missbrauch: Trenk, M., Die Milch des Weißen Mannes. Die Indianer Nordamerikas und der Alkohol, Berlin 2001, 77 ff.

4 Für das Folgende: Raeithel, Geschichte I (s. Kap. II. / Anm. 18), 107. Überblick: The American Heritage Dictionary of the English Language, Boston [+]2006; Campbell, L., American Indian Languages. The Historical Linguistics of Native America, Oxford 1997.

5 Zahlen zu 1890 aufgrund der offiziellen Steuerschätzung nach: Department of the Interior, Census Office, Report On Indians Taxed and Not Taxed in the United States (Except Alaska) At The Eleventh Census 1890, Washington 1894, 5. Zur gegenwärtigen Zahl der indigenen Bevölkerung einschließlich Alaskas: U.S. Census Bureau: www.2010.census.gov/2010census/data/index.php. Die Reservatsadministrationen fordern in der Regel 25 Prozent «indianisches Blut». Dazu Arens/Braun, Indianer (s. Kap. II. / Anm. 42), 117.

6 Zitiert nach Arens/Braun, Indianer (s. Kap. II. / Anm. 42), 119.

7 Gutierrez, D. G. (Ed.), The Columbia History of Latinos in the United States since 1960, New York 2004, IX.

8 Nach U.S. Census Bureau (s. Kap. VII. / Anm. 1). 2016: 17,6 % (s. ebd.).

9 U.S. Census Bureau, Volkszählung 2000; Tab. QT-P16 (www.census.gov).

10 Ebd.

11 U.S. Census Bureau, Data Set: 2005 American Community Survey (www.census.gov).

12 Zum Folgenden: The German-American Tricentennial. Three Hundred Years of German Immigration to America 1683–1983. Final Report of the Presidential Commission for the German-American Tricentennial to the

President and the Congress of the United States. (www.usa.usembassy. de/etexts/ga-tricentennialreport.htm).

13 Angaben nach 2010 Census, U.S. Census Bureau (s. Kap. VII./Anm. 1).

14 Zum Folgenden: Chang, I., The Chinese in America. A Narrative History, New York 2003. Zu den chinesischen Kommunen in den USA speziell: Lai, H. M., Becoming Chinese American. A History of Communities and Institutions, Walnut Creek 2004, 39 ff.

15 Hahn, St., A Nation Under Our Feet. Black Political Struggles in the Rural South from Slavery to the Great Migration, Cambridge 2003, 465 ff.

16 Für das Folgende: Chase, G., America's Music. From the Pilgrims to the Present, Urbana [3]1987, 3 ff.

17 Mather, C., Manuductio ad Ministerium, Boston 1726, 57, zitiert nach: Chase, America's Music (s. Kap. VII./Anm. 16), 4. Übersetzung v. Vf.

18 Chase, America's Music (s. Kap. VII./Anm. 16), 79.

19 Zapf, Amerikanische Literaturgeschichte (s. Kap. IV./Anm. 93), 7 ff.

20 Halsey, M. (Ed.), Diary of Samuel Sewall, 1674–1729, 2 Bde., New York 1973.

21 The Journal of Madam Knight, New York 1935 ([1]1825).

22 Zur Malerei der Kolonialzeit: Walker, J. u. a., Amerikanische Malerei. Von der Kolonialzeit bis zur Gegenwart, Genf 1969, 13 ff.

23 Ross, J. F., War on the Run. The Epic Story of Robert Rogers and the Conquest of America's First Frontier, New York 2009.

24 Dazu: Zapf, Amerikanische Literaturgeschichte (s. Kap. IV./Anm. 93), 85 ff.; Chase, America's Music (s. Kap. VII./Anm. 16), 266 ff.

25 Chase, America's Music (s. Kap. VII./Anm. 16), 213 ff.

26 Für das Folgende ebd., 395 ff. u. 354 f.

27 Zum Folgenden: Zapf, Amerikansiche Literaturgeschichte (s. Kap. IV./ Anm. 93), 171 ff.

28 Zur Ausstellung ausführlich: Walker, Amerikanische Malerei (s. Kap. VII./ Anm. 22), 127.

29 Zitat Roosevelts und die folgenden nach: Lepenies, W., Wie die schönen Franzosen Amerika eroberten, in: Die Welt, 29. 5. 2007.

30 Hochgeschwender, Amerikanische Religion (s. Kap. I./Anm. 2), 11 f.

31 Bellamy, E., Looking Backward, London o. J., 65 f.

32 Überblick: Goodman, R. B. (Ed.), Pragmatism. Critical Concepts in Philosophy, 4 Bde., London 2005.

33 N. N., Minnesota, seine Hülfsquellen und sein Wachstum, seine Schönheit, Gesundheit und Fruchtbarkeit und seine Vorzüge und Vortheile als Heimath für Einwanderer, Minnesota 1872, 4, zitiert nach: Adams, USA vor 1900 (s. Kap. I./Anm. 15), 124.

34 Catlin, G., Letters and Notes on the Manners, Customs, and Conditions of the North American Indians; Written During Eight Years' Travel Amongst the Wildest, Memphis 2010 ([1]1857), passim.

35 Zitiert nach: Radkau, J., Die Ära der Ökologie. Eine Weltgeschichte, München 2011, 135. Public Law (P. L.) 91–190, 83 Stat. 852 (1969).

36 König, W. (Hrsg.), Propyläen Technikgeschichte, 5 Bde.; hier: Bd. 4, Berlin 1997, 486. Folgende Angabe ebd., 482.

37 Folgende Zahlen nach: Adams, USA vor 1900 (s. Kap. I./Anm. 15), 103.

38 König, Propyläen Technikgeschichte 4 (s. Kap. VII./Anm. 36), 470.

39 Website: www.nps.gov/nr.

40 Graphik aus: König, Propyläen Technikgeschichte 4 (s. Kap. VII./Anm. 36), 270.

41 Zum Folgenden: ebd., 265 ff.

42 Colten, C. E./Skinner, P. N., The Road to Love Canal. Managing Industrial Waste before EPA, Austin 1996, 151 ff.

43 Zum Folgenden: Whiffen/Koeper, Architektur (s. Kap. III./Anm. 22), 17 ff.

44 Snell, B. C., American Ground Transport. A Proposal for Restructuring the Automobile, Truck, Bus, and Rail Industries, Washington 1974, 32.

45 Zum Folgenden: König, Propyläen Technikgeschichte 4 (s. Kap. VII./Anm. 36), 449 ff.

46 Angaben nach: ebd., 455.

47 Ebd., 469. Folgende Angaben ebd.

48 Graphik aus: ebd., 454.

49 Ebd. (s. Kap. VII./Anm. 36), 469.

50 Snell, American Ground Transport (s. Kap. VII./Anm. 44), 17 ff.

51 Ford, H., My Life and Work, Garden City 1923, 72.

52 Heideking/Mauch, Geschichte (s. Kap. II./Anm. 23), 233.

53 Angabe zum Jahr 2007 nach: www.flife.de/demo/profile/US3704421052_balance.html.

54 Zusammenfassend: Randall, St. J., United States Foreign Oil Policy Since World War I. For Profits and Security, Montreal ²2005.

55 Dazu: Seifert, Th./Werner, K., Schwarzbuch Öl. Eine Geschichte von Gier, Krieg, Macht und Geld, Bonn 2006, 209 ff.

56 uselectionatlas.org.;fec.gov/pages/htmlto5.htm;census.gov/hhes/www/socdemo/voting; elections.gmu.edu/Turnout_2008G.html.

57 Zahlen nach CNN, 8.11.2012.

58 Der Große Ploetz (s. Kap. V./Anm. 68), 1286.

59 Mauch, Präsidenten (s. Kap. II./Anm. 81), 121.

60 Benson, L., The Concept of Jacksonian Democracy. New York as a Test Case, Princeton 1961; Pessen, E., Jacksonian America. Society, Personality, and Politics, Revised Edition, Urbana 1985, 101 ff., 122 ff., 149 ff., 171 ff.

61 Cole, D. B., Martin Van Buren and The American Political System, Princeton 1984, 407 ff.

62 Ebd., 185 ff.

63 Der Spiegel, 20.6.2011.

64 Siehe dazu die «Veto Message» vom 10.7.1832, in: Taylor, G. R. (Ed.), Jackson Versus Biddle. The Struggle over the Second Bank of the United States, Boston 1949, 7–20.

65 Für das Folgende: Raeithel, Geschichte II (s. Kap. V./Anm. 50), 95 ff.

66 Ebd., 96 u. 99.

67 Spencer, Yellow Journalism (s. Kap. VI./Anm. 19), 19 ff.; Milton, Yellow Kids (s. Kap. VI./Anm. 19).

68 Burkhardt, St., Medienskandal. Zur moralischen Sprengkraft öffentlicher Diskurse, Köln 2006, 381 ff.

69 Zum Folgenden: Clarke, Assassins (s. Kap. V./Anm. 28),18 ff., 198 ff., 39 ff., 107 ff.

70 Dazu ausführlich: Wright, St. A., Patriots, Politics, and the Oklahoma City Bombing, New York 2007.

71 Zur Motivation siehe sein 1995 veröffentlichtes Manifest: cyber.eserver. org/unabom.txt. Der Begriff «Una» erklärt sich aus den Hauptzielen Kaczynskis als «university and airline bomber».

72 The World, 17. 2. 1898.

73 Zitiert nach: McCullough, D., Brave Companions. Portraits in History, New York 1991, 80.

74 Ergebnis nach: Adams, USA vor 1900 (s. Kap. I./Anm. 15), 119. Überblick: Goodwyn, L., The Populist Moment: A Short History of the Agrarian Revolt in America, Oxford 1978.

75 Siehe dazu den *Atlas of U.S. Presidential Elections* in: uselectionatlas. org.

76 Rorabaugh, W. J., The Alcoholic Republic. An American Tradition, New York 1979.

77 Graphik aus: ebd., 8 f.

78 Folgende Zitate: Tocqueville, Demokratie I (s. Kap. II./Anm. 45), 137 f.

79 Weber, Ethik (s. Kap. II./Anm. 17), 73.

80 Siehe Einführung in: ebd., 19 ff.

81 Ebd., 75. Folgende Wiedergabe ebd., 78.

82 Tocqueville, A. de, Über die Demokratie in Amerika, Zweiter Teil von 1840, Zürich 1987, 235. Folgendes Zitat ebd., 237 u. 239.

83 Zur Biographie: Chernow, R., John D. Rockefeller. Die Karriere eines Wirtschaftstitanen, Rosenheim 2005, 13 ff.

84 Zur Biographie: Nasaw, D., Andrew Carnegie, New York 2006, 24 ff.

85 Zur Biographie: Stiles, T. J., The First Tycoon. The Epic Life of Cornelius Vanderbilt, New York 2009, 11 u. 21.

86 Ebd., 237.

87 Chernow, Rockefeller (s. Kap. VII./Anm. 83).

88 Carnegie, A., The Gospel of Wealth and Other Timely Essays, New York 1901 ([1]1900 bzw. 1886/89), 6. Folgendes Zitat ebd., 19.

89 Graphik aus: Caplow, Th. u. a., The First Measured Century. An Illustrated Guide to Trends in America, 1900–2000, Washington 2001, 169.

90 Zapf, Amerikanische Literaturgeschichte (s. Kap. IV./Anm. 93), 191 ff.

91 Zum Folgenden: Raeithel, Geschichte I (s. Kap. II./Anm. 18), 58 ff.; Raeithel, Geschichte II (s. Kap. V./Anm. 50), 81 ff.

92 Marling, K. A., Norman Rockwell 1894–1974. Amerikas populärster Maler, Köln 2005, 12 f.

93 Meldung UPI, 10. 8. 2010.

94 Gallup, G. H., The Gallup Poll. Public Opinion 1935–1971, Bd. 1, New York 1972, 632 f. (Umfragen: 30. 8.–4. 9. 1946).

95 Spiegel Online, 22. 8. 2008.

96 Lennig, W., Edgar Allan Poe in Selbstzeugnissen und Bilddokumenten, Reinbek ⁹1980, 56 f.

97 Überblick zum Bildungssystem: Urban, W. J./Wagoner, J. L., American education. A History, Boston ³2004; Cremin, L. A., American education, 3 Bde., New York 1970–1988.

98 Der Spiegel, 21. 7. 2003. Überblick: Adams/Lösche, Länderbericht USA 1998 (s. Kap. I./Anm. 12), 632 ff.

99 Die Zeit, 1. 6. 2011.

100 Spiegel Online, 28. 3. 2012.

101 Folgende Wiedergaben nach Adams, W. P. u. a. (Hrsg.), Länderbericht USA, Bd. II: Außenpolitik, Gesellschaft, Kultur – Religion – Erziehung, Bonn ²1992, 310, 370 f.

102 Warner, W. L., Yankee City, New Haven ⁶1975, v. a. 157 ff.

103 Franklin/Moss, Sklaverei (s. Kap. II./Anm. 59), 113. Folgendes Zitat ebd., 114.

104 Castel, A., The Fort Pillow Massacre. A Fresh Examination of the Evidence, in: Civil War History 4 (1958), 37–50, sowie allgemein McPherson, Freiheit (s. Kap. V./Anm. 29), 737.

105 Franklin/Moss, Sklaverei (s. Kap. II./Anm. 59), 624 f. Zum folgenden Fall Charles Young ebd., 485.

106 Süddeutsche Zeitung, 30. 7. 2003.

107 Ogawa, D. M., From Japs to Japanese: An Evolution of Japanese-American Stereotypes, Berkeley 1971, 9 ff.

108 Hayashi, B. M., Democratizing the Enemy. The Japanese American Internment, Princeton 2004, 77. Folgendes Zitat ebd.

109 Ebd., 105, Ogawa, Japs to Japanese (s. Kap. VII./Anm. 107), III.

110 Adams, Länderbericht II (s. Kap. VII./Anm. 101), 364.

111 Carrigan, W. D./Webb, C., The Lynching of Persons of Mexican Origin or Descent in the United States, 1848 to 1928, in: Journal of Social History 37 (2003), 411–438; hier: 430.

112 Zahlen nach: Gutiérrez, D. G. (Ed.), Between two worlds. Mexican immigrants in the United States, Wilmington 1996, 45–85 (Beitrag M. García y Griego); hier: 49 f.

113 García, J. R., Operation Wetback. The Mass Deportation of Mexican Undocumented Workers in 1954, Westport 1980, 227.

114 Die Zeit,12. 10. 2006.

115 Dazu insgesamt: McGarry, M./Wasserman, F., Becoming Visible. An Illustrated History of Lesbian and Gay Life in Twentieth-Century America, New York 1998, 47 ff., 59 ff.

116 Ebd., 3 ff.

117 Nach Daten des «Espy File», zusammengestellt von M. Watt Espy und John

Ortiz Smylka, und des U.S. Department of Justice's Bureau of Justice Statistics (http://en.wikipedia.org/wiki/File:Executions_in_the_United_States_from_1608_%28new%29.png).

118 Zusammenfassend: Burns, R. P., The Death of the American Trial, Chicago 2009. Zur Praxis: Kadri, S., The Trial: A History from Socrates to O. J. Simpson, London 2005, 286 ff.

119 Zum Folgenden: Adams, Länderbericht USA I (s. Kap. I./Anm. 22), 519 ff.

120 Zahlen nach dem «Espy File» (http://www.deathpenaltyinfo.org/executions-us-1608–2002-espy-file), u. deathpenaltyinfo.org/executions-yea. Andere Angaben viel höher: Martschukat, Todesstrafe (s. Kap. II./Anm. 28), 9, gibt 19 000 Hinrichtungen an.

121 Criminal Victimization in the United States, 2008, Statistical Tables, Table 1 (bjs.ojp.usdoj.gov/content/pub/pdf/cvus08.pdf). Folgende Angaben ebd.

122 Siehe: fbi.gov/about-us/cjis/ucr/crime-in-the-u.s/2010/preliminary-annual-ucr-jan-dec-2010.

123 Süddeutsche Zeitung 29. 2. 2008. Folgende Angaben ebd.

124 https://de.statista.com.

125 Martschukat, Todesstrafe (s. Kap. II./Anm. 28), 126.

126 Süddeutsche Zeitung, 22. 5. 2012. Die Studie *«Exonerations in the United States, 1989–2012. Report by the National Registry of Exonerations»* vom Mai 2012 findet sich auf: www.law.umich.edu.

VIII. Imperium wider Willen:
Der Beginn des amerikanischen Jahrhunderts 1919–1941

1 Folgende Wiedergaben nach Address to the Congress, 2. 4. 1917, abgedruckt in: Heckscher, Politics (s. Kap. VI./Anm. 35), 273–279; hier: 277 f. Übersetzung v. Vf.

2 Krüger, P., Versailles. Deutsche Außenpolitik zwischen Revisionismus und Friedenssicherung, München 1986, 100.

3 Hankel, G., Die Leipziger Prozesse. Deutsche Kriegsverbrechen und ihre strafrechtliche Verfolgung nach dem Ersten Weltkrieg, Hamburg 2003, 23 ff. Folgende Zitate ebd., 26.

4 Abgedruckt in: Lott, D. N. (Ed.), The Inaugural Address of the American Presidents, From Washington to Kennedy, New York 1961, 207.

5 Zum Folgenden: Welskopp, Th., Die große Ernüchterung. Eine Kulturgeschichte der Prohibition, Paderborn 2010, 125 ff.; Kobler, J., Ardent Spirits. The Rise and Fall of Prohibition, London 1973.

6 Durden Smith, J., Mafia. Die wahre Geschichte des organisierten Verbrechens, Münster 2007, 65.

7 Zu den Biographien folgender Personen siehe: Hendley, N., American Gangsters. Then and Now. An Encyclopedia, Santa Barbara 2010.

8 Zitiert nach: Trommler, F. (Hrsg.), Amerika und die Deutschen. Die Beziehungen im 20. Jahrhundert, Sonderausgabe, Opladen 1986, 15.

9 Nolte, E., Deutschland und der Kalte Krieg, Stuttgart ²1985, 74 ff.

10 Foglesong, D. S., America's Secret War against Bolshevism. U.S. Intervention in the Russian Civil War 1917–1920, Chapel Hill 1995, 118 ff.

11 Memorandum abgedruckt in: Hanhimäki, J./Westad, O. A. (Eds.), The Cold War. A History in Documents and Eyewitness Accounts, Oxford 2003, 8–10; hier: 9. Übersetzung v. Vf.

12 Root, E., Presidential Address at the Fifteenth Annual Meeting of the American Society of International Law, April 27, 1921, in: International Conciliation No. 165 (August 1921), 11. Siehe auch: Krakau, Missionsbewusstsein (s. Kap. VI./Anm. 11), 197.

13 Zusammenfassend: Breuer, C., Die «Russische Sektion» in Riga. Amerikanische diplomatische Berichterstattung über die Sowjetunion, 1922–1933/40, Stuttgart 1995.

14 Abgedruckt in deutscher Übersetzung in: Kennan, G., Memoiren eines Diplomaten. Memoirs 1925–1950, Stuttgart ⁴1968, 501–534; hier: 516 u. 520.

15 Zitiert nach: Loth, W., Die Teilung der Welt. Geschichte des Kalten Krieges 1941–1955, München ²1982,120.

16 Russlands internationale Stellung am Ende des Krieges gegen Deutschland, Mai 1945, in: Kennan, Memoiren (s. Kap. VIII./Anm. 14), 535–552; hier: 538.

17 Stalins Rede zur internationalen Situation und den Aufgaben der kommunistischen Parteien, März 1925, abgedruckt in: Hanhimäki/Westad, Cold War (s. Kap. VIII./Anm. 11), 10–13.

18 Zitiert nach: Dülffer, J., Jalta. 4. Februar 1945. Der Zweite Weltkrieg und die Entstehung der bipolaren Welt, München ²1999, 142.

19 Zahlen nach: Heideking/Mauch, Geschichte (s. Kap. II./Anm. 23), 232.

20 Zahlen nach: Der Große Ploetz (s. Kap. V./Anm. 68), 1298.

21 Ebd.

22 Dazu: Radkau, Ära (s. Kap. VI./Anm. 35), 90.

23 Zahlen nach: Der Große Ploetz (s. Kap. V./Anm. 68), 1298.

24 Zum Folgenden: Adams, Länderbericht USA I (s. Kap. I./Anm. 22), 164 ff.

25 Für das Folgende vgl. U.S. Bureau of Census. Historical Statistics of the United States. Colonial Times to 1957, Washington ²1961, 116, 139, 414, 73, sowie Faulkner, Geschichte (s. Kap. VI./Anm. 6), 666. Zur «Großen Depression» in den USA speziell: Rothbard, M. N., America's Great Depression, Kansas City ³2000, 186 ff.

26 Der Große Ploetz (s. Kap. V./Anm. 68), 1298.

27 Findling, Dictionary (s. Kap. VI./Anm. 10), 491. Dazu: Current, R. N., The Stimson Doctrine and the Hoover Doctrine, in: American Historical Review 59 (1954), 513–542.

28 Zur Biographie: Mauch, Präsidenten, 308–322 (Beitrag D. Junker).

29 Zur Geschichte des «New Deal»: Faulkner, Geschichte (s. Kap. VI./Anm. 6),

676 ff., sowie Badger, A. J., The New Deal. The Depression Years, 1933–1940, New York 1995.

30 Paper, L., Brandeis, Englewood Cliffs 1983.

31 Zitiert nach Raeithel, Geschichte der nordamerikanischen Kultur, Bd. 3: Vom New Deal bis zur Gegenwart 1930–1995, Frankfurt a. M. ³1997, 41.

32 Wolfskill, G., The Revolt of the Conservatives. A History of the American Liberty League, 1934–1940, Boston 1962.

33 Caplow, Century (s. Kap. VII./Anm. 89), 47.

34 Schivelbusch, W., Entfernte Verwandtschaften. Faschismus, Nationalsozialismus, New Deal 1933–1939, München 2005.

35 Washington Post, 28. 6. 2012.

36 Zahlen nach: Mauch, Präsidenten (s. Kap. II./Anm. 81), 316.

37 Graphik aus: Caplow, Century (s. Kap. VII./Anm. 89), 47.

38 Zahlen nach: Mauch, Präsidenten (s. Kap. II./Anm. 81), 313.

39 Inaugurationsrede, 4. 3. 1933, in: Schambeck, Dokumente (s. Kap. III./Anm. 19), 451–457; hier: 452. Dazu: Houck, D. W., FDR and Fear itself. The First Inaugural Address, College Station 2002, 9 ff.

40 Inaugurationsrede, 4. 3. 1933, in: Schambeck, Dokumente (s. Kap. III./Anm. 19), 451–457; hier: 456.

41 Argote-Freyre, F., Fulgencio Batista. From Revolutionary to Strongman, New Brunswick 2006, 230 ff.

42 Thorne, Chr., The Limits of Foreign Policy. The West, the League and the Far Eastern Crisis of 1931–1933, New York 1973, 202 ff.

43 Abgedruckt in: Schambeck, Dokumente (s. Kap. III./Anm. 19), 460–465.

44 Dazu: Hertzberg, R. E., Roosevelt & Hitler, Prelude to War, New York 1989.

45 Trommler, Amerika (s. Kap. VIII./Anm. 8), 29.

46 Band 1: The International Jew: The World's Foremost Problem (1920); Band 2: Jewish Activities in the United States (1921); Band 3: Jewish Influence in American Life (1921); Band 4: Aspects of Jewish Power in the United States (1922).

47 Zur NS-Bewegung und zum Antisemitismus in den USA der dreißiger Jahre siehe als komprimierte Zusammenfassung: Raeithel, Geschichte III (s. Kap. VIII./Anm. 31), 138 ff. Zum Weiteren, insbesondere dem German-American Bund: MacDonnell, F., Insidious Foes. The Axis Fifth Column and the American Home Front, New York 1995, 29 ff. u. 123 ff.; Diamond, S., The Nazi Movement in the United States, 1924–1941, Ithaca 1974; Bell, L. V., In Hitler's Shadow. The Anatomy of American Nazism, Port Washington 1973.

48 Bis 1969 unter diesem Namen, dann als House Committee on Internal Security, schließlich seit 1975 House Judicary Committee. Siehe: Schmidt, R., Red Scare. FBI and the Origins of Anticommunism in the United States, 1919–1943, Copenhagen 2000, 349 ff.

49 Weinstein, A./Vassiliev, A., The Haunted Wood. Soviet Espionage in America – The Stalin Era, New York 2000, 140 ff.

50 Gallup, Gallup Poll I (s. Kap. VII./Anm. 94), 13–39; hier: 39.

51 Rolfe, E., The Lincoln Battalion. The Story of the Americans Who Fought in Spain in the International Brigades, New York 1974 (^{1}1939).

52 Abdruck der Rede bei Rosenman, S. J. (Ed.), The Public Papers and Addresses of Franklin Delano Roosevelt, Vol. 1937: The Constitution Prevails, New York 1941, 406–411; hier: 410. Folgende Wiedergaben ebd., 411. Zur Bedeutung der Rede vgl. Jacobs, T. B., Roosevelt's «Quarantine Speech», in: Historian 24 (1962), 483–502.

53 Junker, D., Der unteilbare Weltmarkt. Das ökonomische Interesse in der Außenpolitik der USA 1933–1941, Stuttgart 1975, 282 f.; Kimball, W. F., The Juggler. Franklin D. Roosevelt as Wartime Statesman, Princeton 1994, 13.

54 Junker, Weltmarkt (s. Kap. VIII./Anm. 53), 100 ff.

55 Gruchmann, L., Totaler Krieg. Vom Blitzkrieg zur bedingungslosen Kapitulation, München 1991, 131.

56 Churchill, W. S., The Second World War. Their Finest Hour, Boston 1949, 404. Zur Frage der verletzten Neutralitätspflichten durch die USA vor Dezember 1941 siehe auch Gruchmann, L., Völkerrecht und Moral. Ein Beitrag zur Problematik der amerikanischen Neutralitätspolitik 1939–1941, in: VfZ 8 (1960), 384–418.

57 Mau, H.-J./Stapfer, H.-H., Unter rotem Stern. Lend-Lease-Flugzeuge für die Sowjetunion 1941–1945, Berlin 1991, 63.

58 Gruchmann, Völkerrecht (s. Kap. VIII./Anm. 56), 395.

59 Diagramm aus: Der Große Ploetz (s. Kap. V./Anm. 68), 1288.

60 Abgedruckt in: LeMay, M./Barkan, E. R. (Eds.), U.S. Immigration and Naturalization Laws and Issues. A Documentary History, Westport 1999, 133–135.

61 Abgedruckt in: Schambeck, Dokumente (s. Kap. III./Anm. 19), 443–447. Folgende Zahlenangaben ebd., 445 f.

62 LeMay/Barkan, U.S. Immigration (s. Kap. VIII./Anm. 60), 130.

63 U.S. Department of Commerce/Bureau of the Census, Historical Statistics of the United States 1789–1945. A Supplement to the Statistical Abstracts of the United States, Washington 1949, 33. Dazu: Daniels, R., Coming to America. A History of Immigration and Ethnicity in American Life, New York 1991, 287 ff.

64 Abgedruckt in LeMay/Barkan, U.S. Immigration (s. Kap. VIII./Anm. 60), 257–261.

65 Siehe: The Foreign-Born Population 2000, Chapter 17 (census. gov).

66 Statistical Abstract of the United States, Washington 1929, 100.

67 Zolberg, A. R., A Nation by Design. Immigration Policy in the Fashioning of America, New York 2006.

68 Zu den besonders scharfen antijapanischen Vorbehalten: Daniels, R., The Politics of Prejudice. The Anti-Japanese Movement in California and the Struggle for Japanese Exclusion, Berkeley 1977, 58 ff. u. 877 ff.

69 Statutes At Large, First Congress, Session II, 103.

70 Zu den Zahlen: Bade, Deutsche (s. Kap. II./Anm. 6), 179–185 (Beitrag K. Schniedewind); hier: 180.

71 Zu den Zahlen: Angenendt, St. (Hrsg.), Migration und Flucht. Aufgaben und Strategien für Deutschland, Europa und die internationale Gemeinschaft, Bonn 1997, 190–199 (Beitrag O. Stark), 190.

72 Zahlen nach: Population Reference Bureau (www.prb.org/Publications/PopulationBulletins/2010/immigrationupdate1.aspx.

73 Zahlen nach: Krohn, C.-D. u. a. (Hrsg.), Handbuch der deutschsprachigen Emigration, Darmstadt 1998. Zahlen zur jüdischen Emigration bei Bade, Deutsche (s. Kap. II./Anm. 6), 345–353 (Beitrag W. Röder); hier: 348.

74 Warren, D., Radio Priest. Charles Coughlin, the Father of Hate Radio, New York 1996, 129 ff.

75 Feingold, H. L., A Time for Searching. Entering the Mainstream 1920–1945, Baltimore ²1992, 251. Folgende Angabe ebd.

76 Wyman, D. S., The Abandonment of the Jews. America and the Holocaust, 1941–1945, New York 1984, 5; Lipstadt, D. E., Beyond Belief. The American Press and the Coming of the Holocaust 1933–1945, New York 1993, 240 ff.

77 Lipstadt, Beyond Belief (s. Kap. VIII./Anm. 76), 245 ff.

78 Angabe nach LeMay/Barkan, U.S. Immigration (s. Kap. VIII./Anm. 60), 132. Gesetz abgedruckt ebd., 210–213.

79 Folgende Zahlen nach: Krohn, Handbuch (s. Kap. VIII./Anm. 73), 454 ff.

80 Abgedruckt in: Schambeck, Dokumente (s. Kap. III./Anm. 19), 470–472.

81 Stöver, B., Volksgemeinschaft im Dritten Reich. Die Konsensbereitschaft der Deutschen aus der Sicht sozialistischer Exilberichte, Düsseldorf 1993, 86 f.

82 Söllner, A. (Hrsg.), Zur Archäologie der Demokratie in Deutschland. Analysen politischer Emigranten im amerikanischen Geheimdienst, Bd. 1: 1943–1945, Frankfurt a. M. 1982.

83 Stöver, B., Die Befreiung vom Kommunismus. Amerikanische Liberation Policy im Kalten Krieg 1947–1991, Köln 2002, 283 ff.

84 Anderson, S. u. a., Inside the League. The Shocking Exposé of how Terrorists, Nazis, and Latin American Death Squads have Infiltrated the World Anti-Communist League, New York 1986.

85 United States Statutes at Large, 64 Stat. 993.

86 Zahlen nach: LeMay/Barkan, U.S. Immigration (s. Kap. VIII./Anm. 60), 245. Gesetz vom 25. 7. 1958 ebd., 245 f.

87 Ebd., 263 f.

88 Ebd., 267–269.

89 Williams, M. E., Immigration, San Diego 2004, 82.

90 U.S. Census Bureau, Statistical Abstract of the United States 2003, 11 (www.census.gov).

IX. Geburt einer Supermacht:
Die USA im Zweiten Weltkrieg 1941–1945

1 Zum Folgenden: Weinberg, G. L., Eine Welt in Waffen. Die globale Geschichte des Zweiten Weltkriegs, Stuttgart 1995.

2 Henke, K. D., Die amerikanische Besetzung Deutschlands. München 1995, 742 ff.

3 Weinberg, Welt (s. Kap. IX./Anm. 1), 436 f.

4 Ebd., 277.

5 Rede abgedruckt in: Schambeck, Dokumente (s. Kap. III./Anm. 19), 472–477.

6 Abgedruckt in: Marling, Norman Rockwell (s. Kap. VII./Anm. 92), 30, 36 f., 39. Dazu auch: Wright, T., The Depression and World War II. American Art and Artists, New York, 122 ff.

7 Abgedruckt in: Schambeck, Dokumente (s. Kap. III./Anm. 19), 479–481.

8 Stöver, Volksgemeinschaft (s. Kap. VIII./Anm. 81), 223.

9 Überblick: Dull, P. S., A Battle History of the Imperial Japanese Navy (1941–1945), Annapolis 2007.

10 Darstellung folgt: Chambers, Military History (s. Kap. III./Anm. 9), 538 f., sowie Prange, G. W., At Dawn We Slept. The Untold Story of Pearl Harbor, New York 1981, 89 ff.; ders. u. a., December 7, 1941. The Day the Japanese Attacked Pearl Harbor, New York 1988, 3 ff.

11 Beach, E. L., Scapegoats. A Defense of Kimmel and Short at Pearl Harbor, Annapolis 1995, 154 ff.

12 Chambers, Military History (s. Kap. III./Anm. 9), 539.

13 Zahlen nach ebd., 538. Folgende Angaben ebd., 538 f.

14 Address to the Congress, 8. 12. 1941, in: Rosenman, S. I. (Ed.), The Public Papers and Address of Franklin D. Roosevelt, Vol. 1941: The Call to Battle Stations, New York 1950, 514–516; hier: 514. Folgende Wiedergabe ebd., 516. Übersetzung v. Vf.

15 Ogawa, Japs to Japanese (s. Kap. VIII./Anm. 101), III (110 000 Personen); Hayashi, Democratizing (s. Kap. VII./Anm. 108), 105 (101 766 Personen). Prozentangabe bei Hayashi, Democratizing (s. Kap. VII./Anm. 108), 61.

16 Weinberg, Welt (s. Kap. IX./Anm. 1), 906.

17 Coulmas, F., Hiroshima. Geschichte und Nachgeschichte, München 2010, 22.

18 Siehe für 1940: uselectionatlas.org/RESULTS.

19 Annual Message to the Congress, 4. 1. 1939, in: Rosenman, S. I. (Ed.), The Public Papers and Addresses of Franklin D. Roosevelt, Vol. 1939: War – And Neutrality, New York 1941, 1–12; hier: 3. Übersetzung v. Vf.

20 Mitteilung des sowjetischen Botschafters Maisky an Außenminister Molotow, 5. 12. 1941, in: Kynin, G. P./Laufer, J. P. (Hrsg.), Die UdSSR und die deutsche Frage 1941–1948. Dokumente aus dem Archiv für Außenpolitik der Russischen Föderation, Bd. 1, Berlin 2004, 16–18; hier: 17.

21 Hoopes, T./Brinkley, D., FDR and the Creation of the U. N., New Haven 1997, 45 ff.

22 Terkel, St., The Good War. An Oral History of World War Two, New York 1984.

23 Abgedruckt in: mhric. org/fdr/chat16. html.

24 Zahlen nach: Herring, G. C., Aid to Russia, 1941–1946. Strategy, Diplomacy, and the Origins of the Cold War, New York 1973, 46 u. 296.

25 Hildermeier, M., Geschichte der Sowjetunion 1917–1991. Entstehung und Niedergang des ersten sozialistischen Staates, München 1998, 506.

26 Schlauch, W., Rüstungshilfe der USA 1939–1945. Von der «wohlwollenden Neutralität» zum Leih- und Pachtgesetz und zur entscheidenden Hilfe für Großbritannien und die Sowjetunion, Koblenz [2]1985, 152–157 (Tabelle 7–12). Speziell zu den Flugzeuglieferungen: Mau/Stapfer, Stern (s. Kap. VIII./Anm. 57), 63.

27 Schlauch, Rüstungshilfe (s. Kap. IX./Anm. 26), 155.

28 Folgende Zahlen nach: Adams, Länderbericht USA I (s. Kap. I./Anm. 22), 164–185 (Beitrag D. Junker); hier: 173.

29 Ebd., 174.

30 Ebd., 175.

31 Dazu: Schwartz, St. I. (Ed.), Atomic Audit. The Costs and Consequences of U.S. Nuclear Weapons since 1940, Washington 1998.

32 Zum Folgenden: Rhodes, R., The Making of the Atomic Bomb, New York 1986, 424 ff. Dazu die Erinnerung von Groves: Now it can be told. The Story of the Manhattan Project, New York 1962.

33 Sibley, K. A. S., Red Spies in America. Stolen Secrets and the Dawn of the Cold War, Lawrence 2004, 133 ff.

34 Gannon, M., Operation Paukenschlag. Der deutsche U-Boot-Krieg gegen die USA, Neuausgabe, Berlin 2010, 439.

35 Zum Folgenden: Boog, H. u. a., Das Deutsche Reich und der Zweite Weltkrieg, 10 Bde., Bd. 7: Das Deutsche Reich in der Defensive. Strategischer Luftkrieg in Europa, Krieg im Westen und in Ostasien 1943–1944/45, Stuttgart 2001, 46 ff.

36 Durden Smith, Mafia (s. Kap. VIII./Anm. 6), 91 ff.

37 Weingartner, J., Massacre at Biscari. Patton and An American War Crime, The Historian 52 (1989), 24–39.

38 Zitiert nach: Fox, J. P., Der Fall Katyn und die Propaganda des NS-Regimes, in: VfZ 30 (1982), 462–499; hier: 492.

39 Bericht abgedruckt bei: Schambeck, Dokumente (s. Kap. III./Anm. 19), 485–493.

40 Rönnefarth, H. K. G. (Bearb.), Vertrags-Ploetz, Teil II, Bd. 4 A: Neueste Zeit 1914–1959, Würzburg 1959, 277–280.

41 Abgedruckt bei: Steininger, R., Deutsche Geschichte seit 1945. Darstellung und Dokumente in vier Bänden, Bd. 1: 1945–1947, Frankfurt a. M. 1996, 29.

42 Schreiben Molotow an Gusew, 24. 3. 1945, in: Kynin/Laufer, Die UdSSR und die deutsche Frage, 1 (s. Kap. IX./Anm. 20), 555.

43 Abgedruckt in: Schambeck, Dokumente (s. Kap. III./Anm. 19), 489–491.

44 Truman, H. S., Memoirs of Harry S. Truman, Vol. I: Years of Decisions, Garden City 1955, 416.

45 Deane, J. R., The Strange Alliance. The Story of Our Efforts at Wartime Co-Operation with Russia, New York 1947, 107 ff.

46 Mark, E., Revolution by Degrees. Stalin's National-Front Strategy for Europe 1941–1947, Washington 2001 (= CWIHP-Working Paper 31).

47 Zitiert nach: Kimball, Juggler (s. Kap. VIII./Anm. 53), 169. Folgendes Zitat ebd.

48 Grose, P., Gentlemen Spy. The Life of Allen Dulles, New York 1994, 239. Folgende Wiedergaben ebd.

49 Zitiert nach: Stehle, H., Deutsche Friedensfühler bei den Westmächten im Februar/März 1945, in: VfZ 30 (1982), 538–555; hier: 550 f. u. 555.

50 Zusammenfassend: Poidevin, R. (Hrsg.), Die Deutschlandpolitik Frankreichs und die Französische Zone 1945–1949, Wiesbaden 1983.

51 Aufzeichnung, 26. 5. 1945, in: Deuerlein, E. (Hrsg.), Potsdam 1945. Quellen zur Konferenz der «Großen Drei», München 1963, 102–107; hier: 103.

52 Abgedruckt ebd., 136–143.

53 Zitiert nach: Buhite, R. D., Soviet-American Relations and the Repatriation of Prisoners of War, 1945, in: The Historian 35 (1973), 384–398; hier: 386. Auch: Elliott, M. R., Pawns of Yalta. Soviet Refugees and America's Role in Their Repatriation, Urbana 1982, 80 ff.

54 Zahlen nach: Tolstoy, N., Die Verratenen von Jalta. Englands Schuld vor der Geschichte, München 1977, 573.

55 Stöver, Befreiung (s. Kap. VIII./Anm. 83), 283 ff.

56 Zitiert nach: Churchill, W. S., Der Zweite Weltkrieg, Bern ²1995, 1080.

57 Zitiert nach: Bohlen, Ch. E., Witness to History 1929–1969, London 1973, 175.

58 Zusammenfassend: Woodhouse, Chr. M., The Struggle for Greece 1941–1949, London 1976.

59 Woller, H. (Hrsg.), Italien und die Großmächte 1943–1949, München 1988, 69–94 (Beitrag H. Woller); ders., Geschichte Italiens im 20. Jahrhundert, München 2010, 213 ff.

60 Zusammenfassend: Rémond, R., Frankreich im 20. Jahrhundert, Erster Teil: 1918–1958, Stuttgart 1994, 390 ff., insbes. 466 ff.

61 Zum Folgenden: Stöver, B., Der Kalte Krieg. Geschichte eines radikalen Zeitalters 1947–1991, München 2011, 48 ff.

62 Eckert, A. M., Kampf um die Akten. Die Westalliierten und die Rückgabe von deutschem Archivgut nach dem Zweiten Weltkrieg, Stuttgart 2004, 45.

63 Groves, Now it can be told (s. Kap. IX./Anm. 32), 243 f.

64 Walker, M., Selbstreflektionen deutscher Atomphysiker. Die Farm-Hall-Protokolle und die Entstehung neuer Legenden um die «deutsche Atombombe», in: VfZ 41 (1993), 519–542.

65 Karlsch, R., Hitlers Bombe. Die geheime Geschichte der deutschen Kernwaffenversuche, München 2005.

66 Henke, K.–D., Die amerikanische Besetzung Deutschlands, München 1995, S. 742 ff.; Weinberg, Welt (s. Kap. IX./Anm. 1), 436 f.

67 Lasby, C. G., Project Paperclip. German Scientists and the Cold War, New York 1971.

68 Henke, Besetzung (s. Kap. IX./Anm. 66), 745.

69 Winter, F. H., Rockets into Space, Cambridge 1990, 52.

70 Simpson, Chr., Der amerikanische Bumerang. NS-Kriegsverbrecher im Sold der USA, Wien 1988, 45 ff. u. 88.

71 Gallup, Gallup Poll I (s. Kap. VII./Anm. 94), 618 (Umfragen: 13.–18. 12. 946).

72 Ebd., 1521 (Umfragen: 10.–15. 10. 1957).

73 Eisfeld, R., Mondsüchtig. Wernher von Braun und die Geburt der Raumfahrt aus dem Geist der Barbarei, Reinbek 1996, 161 u. 178 f.

74 Simpson, Bumerang (s. Kap. IX./Anm. 70), 76.

75 Zusammenfassend zur OUN/UPA: Bilinsky, Y., The Second Soviet Republic: The Ukraine after World War II, New Brunswick 1964, 122 ff.

76 Kleßmann, Chr., Die doppelte Staatsgründung. Deutsche Geschichte 1945–1955, Bonn ⁵1991, 177 ff.

77 Zitiert nach: Steininger, Deutsche Geschichte (s. Kap. IX./Anm. 41), 108.

78 Für das Folgende: Smith, B. F., Der Jahrhundert-Prozess. Die Motive der Richter von Nürnberg – Anatomie einer Urteilsfindung, Frankfurt a. M. 1977, 32 ff.

79 Greiner, B., Die Morgenthau-Legende. Zur Geschichte eines umstrittenen Plans, Hamburg 1995. Zur Wirkung in Deutschland: Stöver, Volksgemeinschaft (s. Kap. VIII./Anm. 81), 220 ff.

80 Der Prozess gegen die Hauptkriegsverbrecher vor dem Internationalen Militärgerichtshof. Nürnberg, 14. November 1945– 1. Oktober 1946, Nürnberg 1947 (Nachdruck o. O. o. J. [Köln 1994]), Bde. 1–2, 7–9 u. 10–18.

81 Ebd., Bd. 1, 11 f.

82 Maga, T. P., Judgment at Tokyo. The Japanese War Crimes Trials, Lexington 2001, 134.

83 Ueberschär, G. R. (Hrsg.), Der Nationalsozialismus vor Gericht. Die alliierten Prozesse gegen Kriegsverbrecher und Soldaten 1943–1952, Frankfurt a. M. 1999, 73 ff. (Beiträge v. W. U. Eckart u. a.).

84 Abgedruckt bei: Vollnhals, C. (Hrsg.), Entnazifizierung. Politische Säuberung und Rehabililitation in den vier Besatzungszonen 1945–1949, München 1991, 98–100; hier: 98 f.

85 Niethammer, L., Die Mitläuferfabrik. Die Entnazifizierung am Beispiel Bayerns, Bonn 1982.

86 Zahlen nach: Vollnhals, Entnazifizierung (s. Kap. IX./Anm. 84), 23.

87 Überblick bei: Meissl, S. u. a. (Hrsg.), Verdrängte Schuld, verfehlte Sühne. Entnazifizierung in Österreich 1945–1955, München 1986, 28–36 (Beitrag D. Stiefel).

88 Debatten bei Leffler, M. P., A Preponderance of Power. National Security. The Truman Administration, and the Cold War, Stanford 1993, 123 ff.

89 Kuniholm, B. R., The Origins of the Cold War in the Near East, Great Power Conflict and Diplomacy in Iran, Turkey, and Greece, Princeton 1980, 130 ff.

90 Truman, Memoirs (s. Kap. IX./Anm. 44), 551.

91 Überblick: Rucker, L., Moscow's Surprise: The Soviet-Israeli Alliance of 1947–1949, Washington 2005 (= CWIHP Working Paper 66).

92 Zusammenfassend: Gallicchio, M. S., The Cold War Begins in Asia. American East-Asian Policy and the Fall of the Japanese Empire, New York 1988. Zum Beispiel Korea: Stöver, B., Geschichte des Koreakriegs. Schlachtfeld der Supermächte und ungelöster Konflikt, München ³2015, S. 36 ff.

93 Stalin's Correspondence with Churchill, Attlee, Roosevelt and Truman 1941–45, Part 2, London 1958, 267 f.

94 Greiner, B. u. a. (Hrsg.), Heiße Kriege im Kalten Krieg, Hamburg 2006.

X. Am Rande des Abgrunds:
Der Kalte Krieg 1945/47–1991

1 Zum Folgenden: Stöver, Der Kalte Krieg (s. Kap. IX./Anm. 61), 11 ff.

2 Abgedruckt in: Schambeck, Dokumente (s. Kap. III./Anm. 19), 502–506.

3 Baruch, B. M., Public Years, New York 1960, 388.

4 Jessup, P. C., Should International Law Recognize an Intermediate Status between Peace and War, in: American Journal of International Law 48 (1954), 98–103; hier: 101 ff. Zu den zeitgenössischen juristischen Debatten auch: Grob, F., The Relativity of War and Peace. A Study in Law, History, and Politics, London 1949.

5 Abgedruckt bei Deuerlein, E., Potsdam 1945. Quellen zur Konferenz der «Großen Drei», München 1963, 375–381; hier: 375.

6 Life, 29. 10. 1945.

7 Masters, D./Way, Y. (Eds.), One World or None, New York 1946.

8 Zitiert nach: Caloprice, A. (Hrsg.), Einstein sagt. Zitate, Einfälle, Gedanken, München 1997, 239.

9 Zur Biographie: Pais, A., J. Robert Oppenheimer. A Life, Oxford 2006.

10 Zitiert nach: Holloway, D., Stalin and the Bomb. The Soviet Union and the Atomic Energy, 1939–1956, New Haven 1994, 164.

11 Zitiert nach: Baruch, Public Years (s. Kap. X./Anm. 3), 374.

12 Ebd., 388.

13 Zitiert nach: Schwarz, J. A., The Speculator. Bernard M. Baruch in Washington, 1917–1965, Chapel Hill 1981, 508.

14 Lippmann, W., The Cold War. A Study in U.S. Foreign Policy, New York 1947.

15 Ebd., 25 f. Folgende Wiedergaben ebd.

16 Zusammenfassend: Stöver, Der Kalte Krieg (s. Kap. IX./Anm. 61), 188 ff. Zum amerikanischen Bunkerprogramm: Rose, K. D., One Nation Underground. The Fallout Shelter in American Culture, New York 2001.

17 Heydte, F. A. v., Kalter Krieg, in: Staatslexikon, Bd. 4, Freiburg i. Br. [6]1959, Sp. 750–753; hier: Sp. 752 f.

18 Abgedruckt in: Schambeck, Dokumente (s. Kap. III./Anm. 19), 506–513; hier: 511.

19 Wiedergegeben in der dpa-Meldung v. 10. 12. 2009.

20 Abgedruckt in: Kennan, Memoiren (s. Kap. VIII./Anm. 14), 553–570; hier: 566.

21 The Sources of Soviet Conduct, in: Foreign Affairs 25 (1946/47), 566–582.

22 Siehe dazu Stöver, Befreiung (s. Kap. VIII./Anm. 83), 500 ff.

23 Binder, D., '56 East Europe Plan of C. I. A. is described, in: New York Times, 30. 11. 1976, 13; Stöver, Befreiung (s. Kap. VIII./Anm. 83), 517.

24 Siehe Stöver, Befreiung (s. Kap. VIII./Anm. 83), 217 ff. Zur Geschichte der CIA: Stöver, CIA (s. Kap. I/Anm. 24).

25 Überblick: Richelson, J. T., The U.S. Intelligence Community, Boulder [7]2016.

26 Überblick über die Luftwaffen des Kalten Krieges: Angelucci, E., The Illustrated Encyclopedia of Military Aircraft 1914 to the Present, Edison 2001, 394 ff.

27 Zahlen nach: Peacock, L. T., Strategic Air Command, London 1988, 44.

28 NSC 68 abgedruckt in: Etzold, Th. H./Gaddis, J. L. (Eds.), Containment: Documents on American Policy and Strategy, 1945–1950, New York 1978, 385–442.

29 Zitiert nach: Hacke, Zur Weltmacht verdammt. Die amerikanische Außenpolitik von J. F. Kennedy bis G. W. Bush, München [2]2001, 226.

30 Burnham, J., The Struggle for the World, New York, o. J. [1947], 1. Folgendes Zitat ebd., 11.

31 Zitiert nach: Stöver, Befreiung (s. Kap. VIII./Anm. 83), 851.

32 McCurdy, H. E., Space and the American Imagination, Washington 1997, 72 ff.

33 United States Committee On Public Information, The Creel Report. Complete Report of the Chairman on Public Information, 1917:1918:1919, New York 1972 ([1]1920).

34 Fariello, G., Red Scare. Memories of the American Inquisition, New York 1995, 27. Dazu: Ford, J. W., The McCarthy Years inside the Department of State, in: Foreign Service Journal 60 (1980), 12–16.

35 Zum Hiss-Fall, der zu großen Teilen charakteristisch für die Kommunistenjagd dieser Jahre ist, siehe u. a. Weinstein, A., Perjury, New York 1978; Theoharis, A. G. (Ed.), Beyond the Hiss Case, Philadelphia 1982. Hiss selbst hat 1988 seine Memoiren unter dem Titel *Recollections of a Life* (New York 1988) vorgelegt.

36 Simpson, Bumerang (s. Kap. IX./Anm. 70), 285.

37 Jungk, R., Heller als tausend Sonnen. Das Schicksal der Atomforscher, Stuttgart 1956, 320.

38 Belknap, M. R., Cold War Political Justice. The Smith Act, the Communist Party, and American Civil Liberties, Westport 1977, 136 ff.

39 Zusammenfassend: Hoffman, B., Terrorismus. Der unerklärte Krieg. Neue Gefahren politischer Gewalt, Frankfurt a. M. 2001, 13 ff.

40 Stöver, Befreiung (s. Kap. VIII./Anm. 83), 274 ff.

41 Zusammenfassend: Ganser, D., NATO's Secret Armies. Operation Gladio and Terrorism in Western Europe, London 2005.

42 Überblick: Anderson, S./Anderson, J. L., Inside the League. The Shocking Exposé of how Terrorists, Nazis, and Latin American Death Squads have Infiltrated the World Anti-Communist League, New York 1986.

43 Zusammenfassend: Napoleoni, L., Die Ökonomie des Terrors. Auf den Spuren der Dollars hinter dem Terrorismus, München 2004.

44 McCoy, A. W., Foltern und foltern lassen. 50 Jahre Folter-Forschung und -praxis von CIA und US-Militär, Frankfurt a. M. 2006, 36 ff.; Streatfeild, D., Gehirnwäsche. Die geheime Geschichte der Gedankenkontrolle, Frankfurt a. M. 2008, 21 ff.

45 Washington Post, 22. 9. 2004.

46 Alle Zitate nach: Heimann, J. (Ed.), The Golden Age of Advertising – the 50s, Köln 2005, 54 ff.

47 Zahlreiche Beispiele in: Schäfer, H. (Hrsg.), SpielZeitGeist. Spiel und Spielzeug im Wandel, New York 1994, 53 ff.

48 Weitere Beispiele auf der CD: Atomic Platters. Cold War Music. From the Golden Age of Homeland Security, Bear Family Records (2005).

49 Alac, P., Der Bikini. Geschichte, Mode und Skandal, New York 2002, 21 u. 28.

50 Homepage des Bulletin of the Atomic Scientists (www.thebulletin.org).

51 Lapp, R. E., Die Reise des Glücklichen Drachen. Eine moderne Odyssee, Düsseldorf 1958, 104 ff.

52 Abgedruckt in: Public Papers of the Presidents of the United States. Dwight D. Eisenhower 1953, Washington 1960, 813–822; hier: 820.

53 Zum Folgenden: Radkau, J., Aufstieg und Krise der deutschen Atomwirtschaft 1945–1976. Verdrängte Alternativen in der Kerntechnik und der Ursprung der nuklearen Kontroverse, Reinbek 1983, 78 ff.; Clarfield, G. H./Wiecek, W. M., Nuclear America. Military and Civilian Nuclear Power in the United States 1940–1980, New York 1984, 177 ff.; Boyer, P. S., By the Bomb's Early Light. American Thought and Culture at the Dawn of the Atomic Age, Chapel Hill 1994.

54 Heimann, Advertising (s. Kap. X./Anm. 46), 60 f.

55 International Nuclear and Radiological Event Scale (INES).

56 Glasstone, S. (Ed.), The Effects of Atomic Weapons, Washington 1950.

57 Glasstone, S. (Ed.), The Effects of Nuclear Weapons, Revised Edition, Washington 1962.

58 Veröffentlicht z. B. unter dem Titel *Nuclear Scare Stories of the Cold War* (DVD 2004). Weitere Beispiele in dem Dokumentarfilm *The Atomic Cafe. Amerikanische Atompropaganda der 40er und 50er Jahre* (USA 1982).

59 Aussage des Matrosen J. Smitherman, 1983, in: Hall, J., Lebenszeit, Halbwertszeit. Reportagen aus einer Zeitenwende: Vom Atomzeitalter ins Zeitalter des Atommülls, Frankfurt a. M. 1998, 119.

60 Einzelheiten bei: May, Das Greenpeace-Handbuch des Atomzeitalters. Daten – Fakten – Katastrophen, München 1989, 115 ff.

61 Zahlen nach Schwartz, Atomic Audit (s. Kap. IX./Anm. 31), 404 f.

62 Weart, S. R., Nuclear Fear. A History of Images, Cambridge 1988, 132 ff. Dazu auch: Greiner, B., u. a. (Hrsg.), Angst im Kalten Krieg, Hamburg 2009, 7 ff.

63 Die besten Photos aus Life, o. O. ^{5}1981, 239.

64 Goldstein, W./Miller, S. M., Herman Kahn: Ideologist of Military Strategy, in: Dissent 10 (1963), 75–85; hier: 81.

65 Kahn, H., On Thermonuclear War, Princeton 1960, 113, Tab. 25. Folgende Wiedergaben ebd., 71.

66 Kahn, H./Wiener, A. J., The Year 2000. A Framework for Speculation on the Next Thirty-Three Years, London 1967, 316 ff.

67 Heimann, Advertising (s. Kap. X./Anm. 46), 69.

68 Das «Point Four»-Programm ist abgedruckt bei: Schambeck, Dokumente (s. Kap. III./Anm. 19), 525–528.

69 Tabelle in: Adams, Länderbericht II (s. Kap. VII./Anm. 101), 71.

70 Abgedruckt in Czempiel, E.-O./Schweitzer, C.-Chr. (Hrsg.), Weltpolitik der USA nach 1945. Einführung und Dokumente, Bonn 1989, 62.

71 Bucheli, M., Bananas and Business. The United Fruit Company in Colombia, 1899–2000, New York 2005, 58 ff.

72 Gleijeses, P., Shattered Hope. The United States and the Guatemalan Revolution, 1944–1954, Oxford 1991, 383.

73 Tabelle in Adams, Länderbericht II (s. Kap. VII./Anm. 101), 69. Folgende Wiedergaben ebd.

74 Zahlen nach: Frey, M., Geschichte des Vietnamkriegs. Die Tragödie in Asien und das Ende des amerikanischen Traums, München ^{6}2002, 26 ff. Folgende Angaben ebd., 55.

75 Tabelle in Adams, Länderbericht II (s. Kap. VII./Anm. 101), 69.

76 Zusammenfassend: Leimgruber, W., Kalter Krieg um Afrika. Die amerikanische Afrikapolitik unter Präsident Kennedy, Stuttgart 1990.

77 Adams, Länderbericht II (s. Kap. VII./Anm. 101), 69. Folgende Angabe ebd.

78 Gantzel, K. J./Schwinghammer, T., Die Kriege nach dem Zweiten Weltkrieg 1945–1992. Daten und Tendenzen, Münster 1995, 58 ff. u. R-215 ff; Greiner, Heiße Kriege (s. Kap. IX./Anm. 94).

79 Charta der Vereinten Nationen vom 26. 4. 1945, in: Opitz, P. J./Rittberger, V. (Hrsg.), Forum der Welt. 40 Jahre Vereinte Nationen, Bonn 1986, 318–334; hier: 322.

80 Zusammenfassend: Dommen, A. J., The Indochinese Experience of the French and the Americans. Nationalism and Communism in Cambodia,

Laos, and Vietnam, Bloomington 2001, 113 ff. Zu Hô: Großheim, M., Ho Chi Minh. Der geheimnisvolle Revolutionär, München 2011, 139 ff.

81 Frey, Geschichte des Vietnamkriegs (s. Kap. X./Anm. 74), 17.

82 Horlemann, J./Gaeng, P., Vietnam. Genesis eines Konflikts, Frankfurt a. M. ³1967, 71, u. Frey, Geschichte des Vietnamkriegs (s. Kap. X./Anm. 74), 28.

83 Biermann, H., John F. Kennedy und der Kalte Krieg. Die Außenpolitik der USA und die Grenzen der Glaubwürdigkeit, Paderborn 1997, 34 f.

84 Schoenthal, K. (Hrsg.), Der neue Kurs. Amerikas Außenpolitik unter Kennedy 1961–1963, München 1964, 31–41; hier: 35.

85 Frey, Geschichte des Vietnamkriegs (s. Kap. X./Anm. 74), 87.

86 Zahlen nach: Horlemann/Gaeng, Vietnam, 111 (s. Kap. X./Anm. 82).

87 Zahlen nach: Czempiel/Schweitzer, Weltpolitik (s. Kap. X./Anm. 70), 259.

88 Angermann, E., Die Vereinigten Staaten von Amerika seit 1917, München ⁸1987, 402.

89 Greiner, B., Krieg ohne Fronten. Die USA in Vietnam, Bonn 2007.

90 Zu den Zahlen: Frey, Geschichte des Vietnamkriegs (s. Kap. X./Anm. 74), 198 ff.

91 McNamara, R., Vietnam. Das Trauma einer Weltmacht, Hamburg 1995, 425.

92 Shawcross, W., Sideshow. Kissinger, Nixon and the Destruction of Cambodia, London 1993. Zum Folgenden: Stöver, B., Geschichte Kambodschas. Von Angkor bis zur Gegenwart, München 2015, S. 127 ff.

93 Kiernan, B., The Pol Pot Regime. Race, Power, and Genocide in Cambodia under the Khmer Rouge, 1975–79, Chiang Mai 1999, 458. Zahlen zum Großen Sprung in China bei: Chang, J./Halliday, J., Mao. Das Leben eines Mannes, das Schicksal eines Volkes, München 2005, 574, u. Stöver, Geschichte Kambodschas (s. Kap. X, Anm. 92), S. 173.

94 Mejcher, H., Sinai, 5. Juni 1967. Krisenherd Naher und Mittlerer Osten, München ²1999,159 u. 179.

95 Abgedruckt in: Schambeck, Dokumente (s. Kap. III./Anm. 19), 539 f.

96 Abgedruckt in: Czempiel/Schweitzer, Weltpolitik (s. Kap. X./Anm. 70), 377–381.

97 Überblick zu Rüstung und Atomwaffen: Yenne, B., Secret Weapons of the Cold War. From the H-Bomb to SDI, New York 2005; Hutchinson, R., Weapons of Mass Destruction, London 2003; Miller, D., The Cold War. A Military History, New York 1998; Conway's All The World's Fighting Ships, 1947–1995, London 1995.

98 Angaben nach: Kaiser, K./Schwarz, H.-P. (Hrsg.), Die neue Weltpolitik, Bonn 1995, 147–156 (Beitrag J. Krause); hier: 148.

99 Schwartz, Atomic Audit (s. Kap. IX./Anm. 31), Figure 1, o. S.

100 Abgedruckt in: Schambeck, Dokumente (s. Kap. III./Anm. 19), 541–546; hier: 544.

101 James, H., Rambouillet, 15. November 1975. Die Globalisierung der Wirtschaft, München 1997,133 f.

102 Hall, Lebenszeit (s. Kap. X./Anm. 59), 30.

103 Überblick: Mackenzie, D., Inventing Accuracy. A Sociology of Nuclear Missile Guidance, Cambridge ⁴2001.

104 Dazu May, Greenpeace-Handbuch (s. Kap. X./Anm. 60), 11 f. Hier findet sich auch die detaillierteste Auflistung von Nuklearunfällen im Kalten Krieg.

105 Siehe die Greenpeace-Homepage (www.greenpeace.de).

106 Zusammenfassung: Hansen, Ch., The Oops List (www.thebulletin.org).

107 Schwartz, Atomic Audit (s. Kap. IX./Anm. 31), 395 ff.

108 Zusammenfassend: Raeithel, Geschichte III (s. Kap. VIII./Anm. 31), 409 ff.; Adams, Länderbericht II USA (s. Kap. VII./Anm. 101), 415–438 (Beitrag A. Murswieck); hier: 422 ff.

109 Abgedruckt in: Bundesministerium für Innerdeutsche Beziehungen (Hrsg.), Dokumente zur Deutschlandpolitik (DD), IV. Reihe, Bd. 9, Frankfurt a. M. 1978, 382–388; hier: 386.

110 Zitiert nach: Kraushaar, W., Die Protest-Chronik 1949–1959. Eine illustrierte Geschichte von Bewegung, Widerstand und Utopie, Hamburg 1996, 1723.

111 Pressekonferenz, 21. 4. 1961, in: The Kennedy Presidential Press Conferences, New York 1978, 84–92; hier: 87.

112 Zum Folgenden: Stöver, Befreiung (s. Kap. VIII./Anm. 83), 466 ff.

113 Ebd., 475.

114 Ebd., 862.

115 Zitiert nach: Der Spiegel, 10. 11. 1986.

116 Washington Post, 18. 11. 1998.

117 SIPRI Yearbook 1987. World Armaments und Disarmament, Oxford 1987, 124.

118 Zitiert nach: Beschloss, M. R./Talbott, St., Auf höchster Ebene. Das Ende des Kalten Krieges und die Geheimdiplomatie der Supermächte 1989–1991, Düsseldorf 1993, 176.

119 Abgedruckt in: Czempiel/Schweitzer, Weltpolitik (s. Kap. X./Anm. 70), 434–441; hier: 437.

120 Als Beispiel: Ploetz, M., Wie die Sowjetunion den Kalten Krieg verlor. Von der Nachrüstung zum Mauerfall, Berlin 2000.

121 Siehe z. B. auch die Forderungen deutscher Politiker, öffentliche Orte in Berlin nach Reagan zu benennen. Vgl. u. a. Die Welt, 22. 12. 2010.

122 Henke, K.-D. (Hrsg.), Revolution und Vereinigung 1989/90. Als in Deutschland die Realität die Phantasie überholte, München 2009, 473–483 (Beitrag B. Stöver).

123 Plato, A. v., Die Vereinigung Deutschlands – ein weltpolitisches Macht-spiel, Bonn ²2003, 220 ff.

124 Vertrag abgedruckt in: Münch, I. v. (Hrsg.), Dokumente zur Wiedervereini-gung Deutschlands, Stuttgart 1991, 372–377; hier: 377.

125 Zitiert nach: Beschloss/Talbott, Auf höchster Ebene (s. Kap. X./Anm. 118), 220.

126 Ebd., 213.

Anhang

Summy, R./Salla, M. E. (Eds.), Why the Cold War ended. A Range of Interpretations, Westport 1995; Schild, G., Wer gewann den Kalten Krieg? Reflexionen in der amerikanischen Literatur, in: ZfG 43 (1995), 149–158.
128 Schrecker, E. (Ed.), Cold War Triumphalism. The Misuse of History after the Fall of Communism, New York 2004.
129 Kissinger, H., Diplomacy, New York 1994, 762 ff.
130 Fukuyama, F., The End of History and the Last Man, New York 1992.
131 Rush, M., Fortune and Fate, in: The National Interest 31 (1991), 19–25.
132 Zur Forschungskontroverse: Westad, O. A. (Ed.), Reviewing the Cold War. Approaches, Interpretations, Theory, London 2000, 326–342 (Beitrag J. M. Hanhimäki).
133 Lebow, R. N./Stein, J. G., We All Lost the Cold War, Princeton 1994.

XI. Superculture

1 Potter, D. M., People of Plenty. Economic Abundance and the American Character, Chicago 1954.
2 Zitiert nach: Halberstam, D., The Fifties, New York 1993, 496.
3 Dazu: König, W., Geschichte der Konsumgesellschaft, Stuttgart 2000, 109 ff.; Caplow, Century (s. Kap. VII./Anm. 89). Zu den kontinuierlichen Umfragen siehe auch den seit etwa 70 Jahren durchgeführten Gallup Poll (www.gallup.com/poll/101905/gallup-poll.aspx).
4 Graphik aus: Caplow, Century (s. Kap. VII./Anm. 89), 161.
5 Frankfurter Rundschau, 20. 1. 2012; Tagesspiegel, 26. 1. 2015.
6 Graphik aus: Caplow, Century (s. Kap. VII./Anm. 89), 171
7 Katona, G., Der Massenkonsum, Wien 1965, 287. Dazu: Adams, Länderbericht II (s. Kap. VII./Anm. 101), 489.
8 Zur Einkommensverteilung nach dem Zweiten Weltkrieg vgl. Adams, Länderbericht II (s. Kap. VII./Anm. 101), 440. Folgende Angaben ebd.
9 Tabelle ebd., 634. Folgende Angaben ebd.
10 Ebd., 444.
11 Siehe zum Beispiel: Hacker, J. S./Pierson, P., Winner-Takes-All Politics. How Washington Made the Rich Richer – And Turns Its Back on the Middle-Class, New York 2010.
12 Überblick zum Design der 1950er und 1960er Jahre: Hine, Th., Populuxe: The Look and Life of America in the '50s and '60s, from Tailfins and TV Dinners to Barbie Dolls and Fallout Shelters, New York 1986.
13 Tucholsky, K., Gesammelte Werke 10 Bde., Bd. 1 (1907–1918), Reinbek 1989, 182 f.; hier: 182.
14 Heimann, Advertising (s. Kap. X./Anm. 46), 7.
15 König, Konsumgesellschaft (s. Kap. XI./Anm. 3), 240. Folgende Wiedergaben ebd., 233.
16 Zur Reaktion: Gosling, J., Waging The War of the Worlds. A History of

the 1938 Radio Broadcast and Resulting Panic, Including the Original Script, Jefferson 2009, 49 ff.

17 Raeithel, Geschichte III (s. Kap. VIII./Anm. 31), 322.

18 U.S. Census Bureau, Mobility Status of the Population by Selected Characteristics: 1981–2010 (www.census.gov/compendia/statab/2012/tables/12s0030.pdf). Folgende Wiedergabe: Dass., Mobility Status by Households by Households Income: 2010 (http://www.census.gov/compendia/statab/2012/tables/12s0032.pdf).

19 Halberstam, The Fifties (s. Kap. XI./Anm. 2), 134. Folgende Angaben ebd.

20 Ebd., 135. Dazu: Kelly, B. M., Expanding the American Dream. Building and Rebuilding Levittown, Albany 1993, 21 ff.

21 König, Konsumgesellschaft (s. Kap. XI./Anm. 3), 241.

22 Die folgenden Angaben nach US-Zensus (www.census.gov/newsroom/releases/pdf/cb08-ffse04.pdf) sowie Lutz, C./Lutz Fernandez, A., Carjacked. The Culture of the Automobile and its Effect on Our Lives, London 2010, 3 ff.

23 Lutz/Lutz Fernandez, Carjacked (s. Kap. XI./Anm. 22), 3.

24 Ebd., 5.

25 Daten Statistisches Bundesamt Deutschland (www.destatis.de/jetspeed/portal/cms/Sites/destatis/*Internet*/DE/Content/Statistiken/Internationales/InternationaleStatistik/Thema/Tabellen/Basistabelle__Pkw,templateId=renderPrint.psml).

26 Lutz/Lutz Fernandes, Carjacked (s. Kap. XI./Anm. 22), 3. Folgende Angabe ebd.

27 Für das Folgende: König, Propyläen Technikgeschichte 5 (s. Kap. VII./Anm. 36), 441 ff.

28 Graphik zusammengestellt nach: de.statista.com; www.finanznachrichten.de, 10. 5. 2012, und www.airliners.de/airbus-ziel-auslieferung-flugzeugen/40479. Vgl. auch Kap. XII./Anm. 44.

29 Public Law 107–42.

30 Lutz/Lutz Fernandes, Carjacked (s. Kap. XI./Anm. 22), 5.

31 Zum Folgenden: Jakle, J. A./Sculle, K. A., The Gas Station in America, Baltimore, 1994, 48 ff.

32 Ebd., 58, Tabelle 3.1.

33 Ebd., 130 ff. u. 163 ff.

34 Zahl nach: Economic Census 2002 (www.census.gov/econ/census02/data/us/US000_44.HTM#N447).

35 Zum Folgenden: Hogan, D. G., Selling 'em by the Sack. White Castle and the Creation of American Food, New York 1997, 6 ff.; Kroc, R., Grinding It Out. The Making of McDonald's, Chicago 1977; Levenstein, H., Paradox of Plenty. A Social History of Eating in Modern America, Berkeley 2003.

36 McDonald's Corporation, Annual Report 2009, 22. (www.aboutmcdonalds.com/etc/medialib/aboutMcDonalds/investor_relations0.Par.17264.File.dat/2009%20AR%20Report%20-%20Print.pdf).

37 Veblen, Th., Theorie der feinen Leute. Eine ökonomische Untersuchung der Institutionen, Köln o. J., 51. Zum Wandel des Begriffs vgl. auch Kaplan, M., Leisure in America. A Social Inquiry, New York 1960. Insgesamt zum Folgenden: Adams, Länderbericht USA II (s. Kap. VII./Anm. 101), 491 ff.

38 Heimann, Advertising (s. Kap. X./Anm. 46), 326 f.

39 Burkhart, B./Hunt, D., Airstream. The History of the Land Yacht, San Francisco 2000.

40 Caplow, Th. u. a., Recent Social Trends in the United States, 1960–1990, Frankfurt a. M. 1991, 454 ff.

41 Ebd., 279 ff.

42 Ebd., 466.

43 Caplow, Th., Middletown Families. Fifty Years of Change and Continuity, Minneapolis 1982.

44 Adams, Länderbericht II (s. Kap. VII./Anm. 101), 494.

45 Riesman, D. u. a., The Lonely Crowd. A Study of the Changing American Character, Garden City 1953, 19 ff. ([1]1950).

46 Horney, K., The Neurotic Personality in Our Time, New York 1937.

47 Kinsey, A. C. u. a., Sexual Behavior in the Human Male, Philadelphia 1948; dies., Sexual Behavior in the Human Female, Philadelphia 1953.

48 Raeithel, Geschichte III (s. Kap. VIII./Anm. 31), 253.

49 Gallup, Gallup Poll I (s. Kap. VII./Anm. 94), z. B. 929 u. 937 (1950), 1309 (1955). Dazu: Stöver, Befreiung (s. Kap. VIII./Anm. 83), 413 ff.

50 Zum Folgenden: König, Konsumgesellschaft (s. Kap. XI./Anm. 3), 439 ff.

51 Lynd, H./Lynd, R., Middletown. A Study in American Culture, New York 1929; dies., Middletown in Transition. A Study in Cultural Conflicts, New York 1937.

52 Horkheimer, M./Adorno, Th. W., Dialektik der Aufklärung. Philosophische Fragmente, Amsterdam 1947, 144. Folgendes Zitat: Ebd., 171.

53 Die Zeit, 7. 2. 2011.

54 Adams, Länderbericht, USA II (s. Kap. VII./Anm. 101), 507.

55 Zum Begriff der Superculture vgl. Bigsby, Chr./Banham, R., Superculture. American Popular Culture and Europe, London 1975.

56 Pierre, J., DuMont's kleines Lexikon der Pop Art, Köln 1975, 16, sowie Francis, M., Pop, New York 2005, 89. Als Überblick zur Diskursgeschichte: Hecken, Th., Pop. Geschichte eines Konzepts 1955–2009, Bielefeld 2009.

57 Nicholls, D. (Ed.), The Cambridge History of American Music, New York 1998, 352.

58 Monteith, Sh., American Culture of the 1960s, Edinburgh 2008, 66.

59 Zitiert nach: Rauhut, M., Rock in der DDR 1964 bis 1989, Bonn 2002, 7.

60 Weitere Beispiele auf der CD: Atomic Platters (s. Kap. X./Anm. 48).

61 Charters, A./Charters, S., Brother-Souls. John Clellon Holmes, Jack Kerouac, and the Beat Generation, Jackson 2010, 100, 267 f.

62 Zitiert nach Kaplan, J. (Ed.), Bartlett's Familiar Quotations. A Collection of passages, phrases, and proverbs traced to their sources, in ancient and modern literature, Boston [16]1992, 758.

63 Kerouac, J., On The Road, New York 1972, 7 ([1]1957). Übersetzung v. Vf.

64 Arendt, H., The Crisis in Culture: Its Social and Its Political Significance, in: Between Past and Future. Six Exercises in Political Thought, New York 1961, 197–226.

65 Abschiedsrede, 17. 1. 1961, in: Schambeck, Dokumente (s. Kap. III./Anm. 19), 541–546; hier: 545.

66 Zitiert nach: Kraushaar, Protest-Chronik (s. Kap. X./Anm. 110), 55.

67 Zur Geschichte von «1968» im Ostblock: Berman, P., Zappa meets Havel. 1968 und die Folgen – Eine politische Reise, Hamburg 1998.

68 Zum Begriff und der Bewegung: Ayto, J./Simpson, J., The Oxford Dictionary of Modern Slang, Oxford 1992, 101. Zur Bewegung: Miles, B., Hippies, München 2005; Booth, M., Cannabis. A History, London 2004.

69 Ayto/Simpson, Oxford Dictionary (s. Kap. XI./Anm. 68), 239.

70 Ginsberg, A., Demonstration or Spectacle as Example, as Communication, or How to Make a March/Spectacle (Berkeley Barb, 19. 11. 1965), abgedruckt in: Charters, A. (Ed.), The Portable Sixties Reader, New York 2003, 208–212.

71 Dazu z. B. die Sammlung von Tomory, D., A Season in Heaven. True Tales from the Road to Kathmandu, Melbourne 1998.

72 Zusammenfassend: Lawrence, T., Love Saves the Day. A History of American Dance Music Culture, 1970–1979, Durham 2003.

73 Nicholls, American Music (s. Kap. XI./Anm. 57), 372.

74 Rose, T., Black Noise. Rap Music and Black Culture in Contemporary America, Hanover 1994.

75 Roth, B., Separate Roads to Feminism. Black, Chicana, and White Feminist Movements in America's Second Wave, Cambridge 2004, 1 ff.

76 Zusammenfassend: Anger, K., Hollywood Babylon, Frankfurt a. M. 1985.

77 Schickel, R., D. W. Griffith. An American Life, New York 1984, 149 f.

78 Nasaw, D., Going Out. The Rise and Fall of Public Amusement, New York 1993, 174 ff.

79 Die «Hollywood Ten» waren: Alvah Bessie, Herbert Biberman, Lester Cole, Edward Dmytryk, Ring Lardner Jr., John Howard Lawson, Albert Maltz, Samuel Ornitz, Adrian Scott und Dalton Trumbo.

80 King, G., New Hollywood Cinema. An Introduction, New York 2002, 1 ff.; Monaco, P., History of American Cinema, Vol. 8: The Sixties: 1960–1969, New York 2001, 179 ff.

81 Savage, W. W., Comic Books and America, 1945–1954, Norman 1990, VI.

82 Zu Disney: Platthaus, A., Von Mann und Maus. Die Welt des Walt Disney, Berlin 2001.

83 Stöver, Der Kalte Krieg (s. Kap. IX./Anm. 61), 264.

84 Zusammenfassend: Wright, B. W., Comic Book Nation. The Transformation of Youth Culture im America, Baltimore 2001, 180 ff.

85 Crumb, R/Poplaski, P., The R. Crumb Handbook, London 2005.

86 Zitiert nach: Kindlers Neues Literaturlexikon, Bd. 3, München 1998, 338; zur Biographie auch: Miles, B., Charles Bukowski, London 2010.

87 Langum, D. J., Crossing over the line. Legislating Morality and the Mann Act. Chicago 1994. Abdruck des Mann Act vom 25. 6. 1910 ebd., 261–264.

88 Leung, R., Porn in the U.S.A., CBS News, 5. 12. 2007. Dazu: Schlosser, E., Reefer Madness: Sex, Drugs, and Cheap Labor in the American Black Market, New York 2004, 111 ff.

89 Halberstam, The Fifties (s. Kap. XI./Anm. 2), 571. Zum Folgenden, ebd. 571 ff.

90 Zitiert nach: ebd., 570.

91 Raeithel, Geschichte III (s. Kap. VIII./Anm. 31), 322.

92 Wortlaut der Rede: http://watergate.info/nixon/checkers-speech.shtml

93 Hellweg, S. A. u. a., Televised Presidential Debates. Advocacy in Contemporary America, New York 1992, 71.

94 Postman, N., Das Verschwinden der Kindheit, Frankfurt a. M. 2009, 152 f. u. 138.

95 Siehe dazu etwa den von den «Red Hot Chili Peppers» 1999 aufgenommenen Titel *Californication*, der die wichtigsten der damit verbundenen Stereotypen auflistet.

96 Zur Begriffsdebatte vgl. z. B. Grandner, M. u. a. (Hrsg.), Globalisierung und Globalgeschichte, Wien 2005.

97 Turner, F. J., The Significance of History, in: ders., History, Frontier, and Section. Three Essays, Albuquerque 1993 ([1]1891), 30–58; hier: 50. Folgende Wiedergaben ebd.

98 New York Times, 6. u. 11. 7. 2006. Als zentraler Artikel, der Levitt in den Medien zeitweilig sogar zum Erfinder des Begriffs Globalization aufsteigen ließ, wurde *The Globalization of Markets* (Harvard Business Review, Mai-Juni 1983).

99 Zum Folgenden: Trommler, Amerika (s. Kap. VIII./Anm. 8), 276–286 (Beitrag F. Trommler); Becker, F./Reinhardt-Becker, E. (Hrsg.), Mythos USA. «Amerikanisierung» in Deutschland seit 1900, Frankfurt a. M. 2006, 19–47 (Beitrag F. Becker).

100 Trommler, Amerika (s. Kap. VIII./Anm. 8), 276.

101 Prinz, M./Zitelmann R. (Hrsg.), Nationalsozialismus und Modernisierung, Darmstadt 1991, 199–215 (Beitrag H. D. Schäfer).

102 Zitiert nach: Mason, T., Sozialpolitik im Dritten Reich. Arbeiterklasse und Volksgemeinschaft, Opladen [2]1978, 232.

103 Zitiert nach: Grinevskij, O., Tauwetter, Entspannung, Krisen und neue Eiszeit, Berlin 1996, 153.

104 Müller, Chr. Th., US-Truppen und Sowjetarmee in Deutschland. Erfahrungen, Beziehungen, Konflikte im Vergleich, Paderborn 2011, 245 ff.

105 Schäfer, SpielZeitGeist (s. Kap. X./Anm. 47), 55.

106 Morgan, Th. B., Unter den Anti-Amerikanern, Düsseldorf 1968, 69 f.

107 Flath, D., The Japanese Economy, Oxford ²2005.
108 Tanaka, Y., Japan's Comfort Women. Sexual Slavery and prostitution during World War II and the US occupation, London 2002, 110 ff.; Takemae, E., Inside GHQ. The Allied Occupation of Japan and Its Legacy, New York 2003, 67.
109 Der Spiegel, 20. 2. 2008.
110 Dower, J. W., Embracing Defeat. Japan in the Wake of World War II, New York 1999, 579, Fußnote 16. Folgende Angabe ebd., 123 ff.
111 Coulmas, Hiroshima (s. Kap. IX./Anm. 17), 106.
112 Junker, D. (Hrsg.), Die USA und Deutschland im Zeitalter des Kalten Krieges 1945–1990. Ein Handbuch, 2 Bde., Stuttgart 2001, Bd. I, 612–622 (Beitrag J. Gienow-Hecht); hier: 620.
113 Zitiert nach Krenn, M. L., Fall-Out Shelters for the Human Spirit. American Art and the Cold War, Chapel Hill 2005, 167 u. 147.
114 Rudder, St. de, Der Architekt Hugh Stubbins. Amerikanische Moderne der Fünfziger Jahre in Berlin, Berlin 2007.
115 Berghahn, V. R., America and the Intellectual Cold Wars in Europe. Shepard Stone between Philanthropy, Academy, and Diplomacy, Princeton 2001, 143 ff.
116 Vgl. dazu den Dokumentarfilm von Christoph Weber und Beate Schlanstein *Marktwirtschaft für Anfänger* (WDR 2008). Zur Wirtschaft auch: Fink, H., Amerikanisierung in der deutschen Wirtschaft: Sprache, Handel, Güter und Dienstleistungen, Frankfurt a. M. 1995.
117 Linke, A./Tanner, J. (Hrsg.), Attraktion und Abwehr. Die Amerikanisierung der Alltagskultur in Europa, Köln 2006.
118 Polenz, P. v., Geschichte der deutschen Sprache, Berlin (W) 1978, 173 ff.; Schmitz, H.-G., Die Amerikanisierung und Internationalisierung der deutschen Sprache nach dem Zweiten Weltkrieg, Starnberg 1999.
119 Bigsby/Banham, Superculture (s. Kap. XI./Anm. 55).
120 Zur Sprache: Junker, USA und Deutschland II, 496–506 (Beitrag H. Kämper). Zur Musik: Rauhut, M., Rock in der DDR 1964 bis 1989, Bonn 2002.
121 Ernsting, St., Der rote Elvis. Das kuriose Leben eines US-Rockstars in der DDR, Berlin 2004.
122 Zum Folgenden: Pendergrast, M., For God, Country and Coca-Cola. The Definitive History of the Great American Soft Drink and the Company that Makes it, New York 2000, 195 ff.; Biedermann, U., Ein amerikanischer Traum. Coca-Cola: die unglaubliche Geschichte eines 100jährigen Erfolges, Hamburg 1985.
123 Telegramm Eisenhowers, wiedergegeben in: Biedermann, Traum (s. Kap. XI./Anm. 122), 98.
124 Vgl. die Abbildung in: Biedermann, Traum (s. Kap. XI./Anm. 122), 160.
125 Conway, F./Siegelman, J., Dark Hero of the Information Age. In Search of Norbert Wiener, the Father of Cybernetics, New York 2005.
126 Zahlen zu 2010: 1,97 Mrd. (Der Spiegel, 18. 1. 2011).
127 Der Spiegel, 18. 1. 2011.

128 www.comscore.com/Press_Events/Presentations_Whitepapers/2011/2010_US_Digital_Year_in_Review.

129 Zitiert nach: Jarausch, K./Siegrist, H. (Hrsg.), Amerikanisierung und Sowjetisierung in Deutschland 1945–1970, Frankfurt a. M. 1997, 17.

130 Stöver, Der Kalte Krieg (s. Kap. IX./Anm. 61), 247 ff.

XII. Die einzige Supermacht mit neuen Gegnern: Die USA seit 1991

1 Zitiert nach: Schmidt, L./Preuschen, H. v., Auf beiden Seiten der Mauer. Denkmalpflege an Objekten aus der Zeit des Kalten Krieges, Berlin 2005, 53–60 (Beitrag K. Allen); hier: 54.

2 Dokumentiert in: www.cnn.com/Specials/cold.war/experience/the.bomb/.

3 Zitiert nach Heideking/Mauch, Geschichte (s. Kap. II./Anm. 23), 378.

4 Zum Folgenden: Stöver, Der Kalte Krieg (s. Kap. IX./Anm. 61), 471 ff.

5 Stöver, Befreiung (s. Kap. VIII./Anm. 83), 217 ff. u. 283 ff.

6 Angaben nach: Buchbender, O. u. a. (Hrsg.), Sicherheit und Frieden. Handbuch der weltweiten sicherheitspolitischen Verflechtungen, Militärbündnisse, Rüstungen, Strategien. Analysen zu den globalen und regionalen Bedingungen unserer Sicherheit, Herford [3]1987, 131.

7 Angaben nach Albright, D. u. a., World Inventories of Plutonium and Highly Enriched Uranium, Oxford 1993, 39 u. 57 ff.

8 Zahlen nach: Urban, K., Das heiße Erbe des Kalten Krieges: Hinterlassenschaften und Hinterbliebene, München 2000, 129 f.

9 U.S. Department of State Dispatch, 12. 4. 1993.

10 www.nato.int/cps/en/natolive/official_texts_27433. Übersetzung v. Verf. Folgende Wiedergaben ebd.

11 Joint Vision 2000. America's Military – Preparing for Tomorrow, Documentation, Summer 2000, 71 (www.dtic.mil/doctrine/jel/jfq_pubs/1225.pdf).

12 www.nato.int/lisbon2010/strategic-concept-2010-eng.pdf.

13 NPT, 1. 7. 1968, abgedruckt in: Cirincione, J., Deadly Arsenals. Tracking Weapons of Mass Destruction, Washington 2002, 371–376; hier: 371.

14 Abgedruckt in: Schambeck, Dokumente (s. Kap. III./Anm. 19), 770–794.

15 Brisard, J.-Ch./Dasquié, G., Die verbotene Wahrheit. Die Verstrickung der USA mit Osama bin Laden, Zürich [5]2002, 113 ff.

16 Huntington, S. P., Der Kampf der Kulturen. The Clash of Civilizations. Die Neugestaltung der Weltpolitik im 21. Jahrhundert, München 1996, 334 ff. u. 355 ff.

17 Kissinger, H. A., Memoiren 1968–1973, München 1979, 182.

18 Boot, M., America's Destiny Is to Police the World, in: Financial Times, 19. 2. 2003.

19 Quadrennial Defense Review, 6. 2. 2006, 9.

20 Establishing a Program to Support a Transition to Democracy in Iraq (Senate-Oct. 7, 1998), 11811.

21 Besson, W., Von Roosevelt bis Kennedy. Grundzüge der amerikanischen Außenpolitik 1933–1963, Frankfurt a. M. 1964, 165.

22 Davis, A. (Ed.), For Better or Worse, Westport 1981, 119–131 (Beitrag E. Ahmad).

23 Smith, W., The U.S. and South America: Beyond the Monroe Doctrine, in: Current History 90, No. 553, 49–88, sowie Maehling, Ch., Washington's Illegal Invasion, in: Foreign Policy 75 (Spring 1990), Sp. 113–131, passim.

24 Zum Folgenden: Stöver, Der Kalte Krieg (s. Kap. IX./Anm. 61), 442 ff.

25 Rede an die amerikanische Nation, 17. 1. 1991, abgedruckt in: Krell, G./Kubbig, B. W. (Hrsg.), Krieg und Frieden am Golf. Ursachen und Perspektiven, Frankfurt a. M. 1991, 209–212; hier: 211.

26 Für das Folgende: Krell, Krieg (s. Kap. XII./Anm. 25), 86–97 (Beitrag B. W. Kubbig); hier: 88.

27 Zahlen nach: Powell, C., Mein Weg, München 1997, 551.

28 Abgedruckt in: www.newamericancentury.org/iraqclintonletter.htm.

29 Suskind, R., The One Percent Doctrine. Deep Inside America's Pursuit of Its Enemies Since 9/11, New York 2007, 65. Dazu: Nichols, J., Dick. The Man Who Is President, New York 2004, 197 ff. Dazu auch: Mayer, J., The Dark Side. The Inside Story of How the War on Terror Turned into a War on American Ideals, New York 2008.

30 Abgedruckt in: Schambeck, Dokumente (s. Kap. III./Anm. 19), 742–751 u. 770–794.

31 National Security Strategy, 17. 9. 2002, in: Schambeck, Dokumente (s. Kap. III./Anm. 19), 770–794; hier: 773 u. 775 f.

32 Überblick in Mejcher, H., Sinai, 5. Juni 1967. Krisenherd Naher und Mittlerer Osten, München ²1999, 31 ff.

33 Hoffmann, B., Terrorismus. Der unerklärte Krieg. Neue Gefahren politischer Gewalt, Frankfurt a. M. 2001, 85 ff.

34 Zusammenfassend: Braun, D./Ziem, K., Afghanistan. Sowjetische Machtpolitik – islamische Selbstbestimmung, Baden-Baden 1988.

35 Zahlen nach: Bütow, H. G. (Hrsg.), Länderbericht Sowjetunion, Bonn 1986, 508–518 (Beitrag G. Simon); hier: 517. Überblick: Ende, W./Steinbach, U. (Hrsg.), Der Islam in der Gegenwart, Bonn ⁵2005, 277–318 (Beitrag R. Freitag-Wirminghaus).

36 Mitrokhin, V., The KGB in Afghanistan, Washington 2002 (= CWIHP Working Paper 31), 6.

37 Brzeziński, Z., Power and Principle. Memoirs of the National Security Adviser 1977–1981, New York 1983, 429.

38 Amstutz, B., The First Five Years of Soviet Occupation, Washington 1986, 202,; Hubel, H., Das Ende des Kalten Krieges im Orient, München 1995, 69.

39 Napoleoni, L., Die Ökonomie des Terrors. Auf den Spuren der Dollars hinter dem Terrorismus, München 2004, 143 f. Folgende Zahlen ebd.

40 Zusammenfassend: Ende/Steinbach, Islam (s. Kap. XII./Anm. 35), 264–277 (Beitrag A. Poya); hier: 270 ff.

41 Zusammenfassend: Rashid, A., Taliban. Afghanistans Gotteskrieger und der Dschihad, München 2001.

42 The 9/11 Commission Report. Final Reports of the National Commission on Terrorist Attacks Upon the United States, New York 2004, 71 ff.

43 Heine, P., Terror in Allahs Namen. Extremistische Kräfte im Islam, Freiburg 2001, 152.

44 The 9/11 Commission Report (s. Kap. XII./Anm. 42), 71 ff.

45 Überblick bei Greiner, B., 9/11. Der Tag, die Angst, die Folgen, München 2011.

46 Abgedruckt in: Schambeck, Dokumente (s. Kap. III./Anm. 19), 742–751; hier. 747 f.

47 Etwa: Pilotenfehler löst Terroralarm im Weißen Haus aus (dpa-Meldung, 24. 4. 2009), Pilotenfehler: Kapitol in Washington evakuiert (dapd-Meldung, 1. 1. 2011).

48 Zitiert nach: The 9/11 Commission Report (s. Kap. XII./Anm. 42), 326.

49 Der Spiegel, 7. 5. 2011.

50 ABC News, 3. 5. 2011. Zur Tötung Bin Ladens vgl. Bergen, P.L., Die Jagd auf Osama Bin Laden. Eine Enthüllungsgeschichte, München 2012.

51 Fischer, J., «I am not convinced.» Der Irak-Krieg und die rot-grünen Jahre, Köln 2011, 15.

52 Ebd., 13. Folgendes Zitat 44.

53 Ebd., 175.

54 U.S. Department of Defense, Office of the Assistant Secretary of Defense (Public Affairs), News Transcript, 22. 1. 2003 (www.defense.gov/transcripts/transcript.aspx?transcriptid=1330). Hervorh. im Original.

55 Veröffentlicht in: www.whitehouse. gov/news/releases/2003/11. html.

56 The 9/11 Commission Report (s. Kap. XII./Anm. 42), 377.

57 Zitiert nach: Handelsblatt, 29. 9. 2007.

58 Hamburger Abendblatt, 4. 1. 2010.

59 Heck, D., Grenzen der Privatisierung militärischer Aufgaben. Eine Untersuchung staatlicher Beauftragung privater Militärunternehmen anhand der Verfassungsordnungen Deutschlands und der Vereinigten Staaten von Amerika sowie des Völkerrechts, Baden-Baden 2010, 141. Zum Thema auch: Singer, P. W., Die Kriegs-AGs – Über den Aufstieg der privaten Militärfirmen, Frankfurt a. M. 2006.

60 Graphik nach: Der Spiegel, 2011 und Angaben des US-Verteidigungsministeriums. 2016 wurden 611 Milliarden Dollar aufgewandt (vgl. https://statista.com).

61 Heideking/Mauch, Geschichte (s. Kap. II./Anm. 23), 362. Folgende Zahlen ebd.

62 Caplow, Century (s. Kap. VII./Anm. 89), 46 f.

63 Zum Folgenden: Ante, Sp. E., Creative Capital. Georges Doriot and the Birth of Venture Capital. Cambridge 2008, 241 ff.; Gladstone, D. J., Venture Capital Handbook. Englewood Cliffs 1988; Burrough, B./Helyar, J., Die Nabisco-Story. Ein Unternehmen wird geplündert, New York 1991.

64 Allein die Selbstmordrate stieg damals um rund ein Drittel. Zu Soros: Horowitz, D./Poe, R., The Shadow Party. How George Soros, Hillary Clinton, and Sixties Radicals Seized Control of the Democratic Party, Nashville 2006; Morris, Ch. R., The Sages. Warren Buffett, George Soros, Paul Volcker and The Maelstrom of Markets, New York 2009.

65 Soros, G., The Alchemy of Finance. Reading the Mind of the Market, New York 1987, 31 ff. u. 41 ff.

66 Spiegel Online, 14. 6. 2006.

67 Graphik aus: http://news.bbc.co.uk/2/hi/business/8558257.stm.

68 Lowenstein, R., Origins of the Crash. The Great Bubble and Its Undoing, New York 2004.

69 McDonald, L. G./Robinson, P., A Colossal Failure of Common Sense. The Inside Story of the Collapse of Lehman Brothers, New York 2009.

70 Joint Statement by Treasury, Federal Reserve and the FDIC on Citigroup (www.federalreserve.gov/newsevents/press/bcreg/20081123a.htm).

71 Meldung AP, 29. 1. 2009, sowie U.S. Census (www.census.gov/compendia/statab/2011/tables/11s1366.pdf).

72 Bureau of Labour Statistics, Jan. 2013.

73 www.census.gov/compendia/statab/2008/tables/08s1328.xls-2008-10-10 (Civilian Labor Force, Employment, and Unemployment, by Country: 1970 to 2006) u. www.census.gov/compendia/statab/2011/tables/11s0625.pdf (Unemployment Rates 2000–2009).

74 Zahlen nach www.uselectionatlas. org/RESULTS/index.html.

75 Zahlen nach ebd.

76 Clinton, B., Mein Leben, Berlin ³2004, 704.

77 Zahlenangabe nach www.slate.com, wo tagesaktuelle Zahlen veröffentlicht werden. Folgende Angaben nach den FBI-Berichten *Crime in the U.S. 2010* und *2011* (www.fbi.gov). Zum Vorfall in Littleton: Larkin, R. W., Comprehending Columbine, Philadelphia 2007.

78 Politico, 25. 11. 2008.

79 AP, 8. März 2007.

80 New York Times, 29. 3. 1992.

81 Zusammenfassung abgedruckt in: Schambeck, Dokumente (s. Kap. III./Anm. 19), 724 f.

82 USA PATRIOT Act (Uniting and Strengthening America by Providing Appropriate Tools Required to Intercept and Obstruct Terrorism Act of 2001). Abgedruckt in: Schambeck, Dokumente (s. Kap. III./Anm. 19), 756–758.

83 Vgl. z. B. Bericht *CBS* Evening News, 13. 9. 2004; examiner.com, 18. 5. 2011.

84 McCoy, Foltern (s. Kap. X./Anm. 44), 114. Folgende Wiedergaben ebd., 111 ff.

85 Bush, G. W., Decision Points, New York 2010, 170.

86 Die Presse, 3. 9. 2011.

87 Greenberg, K. J./Dratel, J. L. (Eds.), The Torture Papers: The Road to Abu Ghraib, Cambridge 2005; Greenberg, K. J. (Ed.), The Torture Debate in America, Cambridge 2005.

88 Zahlen nach Heideking/Mauch, Geschichte (s. Kap. II./Anm. 23), 455.

89 Los Angeles Times, 28. 9. 2008.

90 Zahlen nach www.uselectionatlas.org/RESULTS/index.html.

91 The Guardian, 17. Mai 2007.

92 Stöver, Befreiung (s. Kap. VIII./Anm. 83), 246 ff. u. 851 ff.

93 Heideking/Mauch, Geschichte (s. Kap. II./Anm. 23), 364.

94 www.cc.org/about_us.

95 Zu den Zielen Trumps insbesondere seine «Presidential Anouncement Speech» (Juni 2015), «America First Foreign Policy Speech» (April 2016), «Acceptance Speech» (Nov. 2016), «Inaugural Address» (Jan. 2017) und seine erste Kongressrede (Febr. 2017).

96 Ausführliche Wahlanalyse in: FAZ, 9. 11. 2016.

97 Handelsblatt, 9. 12. 2009.

98 Zitiert nach der dpa-Meldung vom 9. 10. 2010.

99 Folgende Wiedergaben nach der deutschen dpa-Übersetzung v. 10. 12. 2009. Abgedruckt in: Die Presse, 10. 12. 2009. Dazu auch: Woodward, B., Obamas Wars, London 2010.

100 Die enthüllte Supermacht. Amerikas Geheim-Depeschen, Spiegel Spezial, Dez. 2010, 108–110 (Beitrag J. v. Mittelstaedt); hier 110.

101 Stöver, CIA (s. Kap. I/Anm. 24), 112.

102 Die enthüllte Supermacht (s. Kap. XII/Anm. 100), 82–84 (Beitrag M. v. Rohr); hier: 83.

103 Der Spiegel, 6. 2. 2011.

104 Tick Tock on Libya, 2. 9. 2011 (wikileaks.org/clinton-emails/emailid/23898).

105 www.gov.uk/government/news/lockerbie-remembered

106 Die Zeit, 22. 10. 2015.

107 Daten: http://data2.unhcr.org/en/situations/mediterranean.

108 Die Zeit, 25. 2. 2012. Dazu: Stöver, CIA (s. Kap. I, Anm. 24), sowie Lüders, M., Der falsche Krieg. Wie der Westen seine Zukunft verspielt, München 2012, 81 ff. Zum Folgenden: New York Times, 1. 6. 2012, u. Sanger, D. E., Confront and Conceal. Obama's Secret Wars and Surprising Use of American Power, New York 2012.

109 Enthüllte Supermacht (s. Kap. XII./Anm. 100), 70–77 (Beitrag J. v. Mittelstaedt); hier: 71. Dazu: Spiegel Online, 2. 3. 2012.

110 Spiegel Online, 16. u. 17. 1. 2016.

111 Ebd., 78 f. (Beitrag B. Zand); hier: 79.

112 FAZ, 11. 12. 2016.

113 Zitiert nach ntv-Nachrichten, 27. 4. 2017.

114 Enthüllte Supermacht (s. Kap. XII./Anm. 100), 112–115 (Beitrag M. Gebauer/M. Rosenbach).

115 Handelsblatt, 23. 12. 2016.

116 Handelsblatt, 15. 12. 2016.

117 Spiegel online, 30. 12. 2016.

118 Bericht veröffentlich unter: www.dni.gov/files/documents/ICA_2017_01.pdf.

119 golem.de, 27. 4. 2010.
120 Der Spiegel, 24. 1. 2011.
121 Der Spiegel, 2. 5. 2011 u. 29. 11. 2011.
122 The Guardian, 19. 10. 2010.
123 Die Welt, 2. 12. 2010.
124 Der Spiegel, 23. 12. 2010. Dazu auch die entsprechende Seite von WikiLeaks: www.peopleokwithmurderingassange.com.
125 Zum Folgenden: Clarke, R., World Wide War. Angriff aus dem Internet, Hamburg 2011, 62 ff.
126 Stöver, CIA (s. Kap. I/Anm. 24), 112.
127 Der Standard, 16. 9. 2011.
128 The Nation, 20. 3. 2006.
129 BBC News, 3. 9. 1999.
130 Die Welt, 10. 1. 2007.
131 Deutschlandfunk, 20. 1. 2007.
132 Wirtschaftswoche, 10. 8. 2011.
133 Stöver, CIA (s. Kap. I, Anm. 24), 111. Folgende Angabe ebd.,112. Das im August 2016 veröffentlichte «Top Secret»-Handbuch zum Drohneneinsatz findet sich unter: www.aclu.org.
134 Veröffentlicht unter: cryptome.org/echelon-cia.htm.
135 https://wikileaks.org/ciav7p1/cms/index.html.
136 Die Zeit, 17. 9. 1998.
137 BBC News, 5. 7. 2000.
138 www.wiwo.de/unternehmen/dienstleister/flugzeug-hersteller-airbus-haengt-boeing-ab/12820214.html; www.flugrevue.de/zivilluftfahrt/flugzeuge/airbus-2016-neuer-lieferrekord/710540; www.airliners.de/airbus-ziel-auslieferung-flugzeugen/40479.
139 Handelsblatt, 13. 9. 2011. Folgende Wiedergabe nach: Süddeutsche Zeitung, 15. 9. 2011.
140 Der Spiegel, 13. 12. 10.
141 Stern, 19. 12. 2009.
142 https://de.statista.com/statistik/daten/studie/1975/umfrage/staatsverschuldung-der-usa/
143 Zahlen nach statista.com (https://de.statista.com/statistik/daten/studie/187893/umfrage/staatsverschuldung-der-usa-monatswerte; https://de.statista.com/statistik/daten/studie/165786/umfrage/staatsverschuldung-der-usa-in-relation-zum-bruttoinlandsprodukt-bip).
144 Graphik nach Daten von Eurostat und statista.com.
145 Zahlen nach stastista.com (https://de.statista.com/statistik/daten/studie/1975/umfrage/staatsverschuldung-der-usa).
146 U. S. Bureau of Economic Analysis; http://bdi.eu/artikel/news/die-usa-in-der-weltwirtschaft/
147 Zahlen nach statista.com (https://de.statista.com/statistik/daten/studie/17332/umfrage/arbeitslosenquote-in-den-usa/).

148 Focus, 26. 1. 2011.

149 Zahlen nach statista.com (https://de.statista.com/statistik/daten/studie/ 17332/umfrage/arbeitslosenquote-in-den-usa/).

150 http://elections.nbcnews.com/ns/politics/2012/all/president/

151 Zitiert nach Der Spiegel, 19. 11. 2016.

152 Spiegel online, 8. 11. 2016.

153 Stöver, CIA (s. Kap. I, Anm. 24), 98.

154 Washington Post, 4. 10. 2016.

155 edition.cnn.com/2017/03/30/politics/tillerson-haley-syria-assad-turkey/

156 www.theguardian.com/us-news/2015/oct/13/donald-trump-foreign-policy-doctrine-nation-building

157 Spiegel online, 16. 11. 2016.

158 Der Spiegel, 28. 5. 2014.

159 Bureau of Labor Statistics (www.bls.gov/cps/cps_htgm.htm).

160 United States Census Bureau, Health Insurance Coverage in the United States, 2015, Report Number P60–257, 13. 09. 2016 (www.census.gov/library/publications/2016/demo/p60-257.html). Folgende Wiedergaben ebd.

161 CNN, 2.1.2017 (edition.cnn.com/2017/01/01/us/chicago-murders-2016).

162 http://inequality.org/wealth-inequality/

163 Time, 19. 11. 2015.

164 Politico, 16. 11. 2015.

165 Forbes Magazine, 8. 1. 2017.

166 Zahlen nach Politico, 24. 11. 2016.

167 Zitiert nach ebd., 8.12.2016.

168 www.gallup.com/poll/185927/americans-trust-media-remains-historical-low.aspx.

169 Washington Post, 22. 1. 2017.

170 Washington Post, 2. 2. 2017.

171 Statista.com. Folgende Wiedergabe ebd.

172 Spiegel online, 11. 1. 2017.

173 Manager Magazin, 10. 3. 2017.

174 www.nbcnews.com, 18. 3. 2017.

175 Spiegel online, 17. 4. 2017.

176 America First. A Budget Blueprint to Make America Great Again, Office of Management and Budget, März 2017 (www.whitehouse.gov/sites/whitehouse.gov/files/omb/budget/fy2018/2018_blueprint.pdf). Zusammenstellung nach Die Zeit, 16. 3. 2017.

177 Zahlen nach Gallup Daily (www.gallup.com/poll/201617/gallup-daily-trump-job-approval.aspx).

178 ABC News, 23. 4. 2017

179 New York Times, 16. 5. 2017; The New Yorker, 9. 5. 2017. Das *Statement for the Record* Comeys findet sich unter: www.intelligence.senate.gov.

180 New York Times, 19. 5. 2017.

181 www.reuters.com, 28. 4. 2017.

Bildnachweis

Seite 10: Postkarte, National Archives and Records Administration, Washington D. C. | **11:** Library of Congress, Prints and Photographs Division | **15:** Aus: J. Heimann (Hg.), The Golden Age of Advertising – the 50s, Köln 2005, 159 | **26:** Aus: ebd., 347 | **33:** Aus: R. V. Hine/J. M. Faracher, The American West. A new interpretive history, New Haven 2000, 10 | **41:** Aus: Die Zeit-, Welt- und Kulturgeschichte, Epochen, Fakten, Hintergründe in 20 Bänden. Bd. 10: Zeitalter der Revolutionen, Hamburg 2006, 479 | **59:** Aus: B. L. Carp, Defiance of the Patriots. The Boston Tea Party and the Making of America, New Haven 2010, 151 | **67:** Aus: P. C. Mancall, Deadly Medicine. Indians and Alcohol in Early America, New York 1997, 178 | **83:** © akg-images | **87:** Th. V. DiBacco u. a., History of the United States, Boston 1991, 83 | **101:** © akg-images | **109:** Aus: Ph. Wheatley, Poems on Various Subjects, Religious and Moral, London 1773, Frontispiz | **118:** © ullstein bild – The Granger Collection | **132:** Aus: M. Trenk, Weiße Indianer. Die Grenzgänger zwischen den Kulturen in Nordamerika, Wismar 2009, 142 | **147:** Burton Historical Collection, Detroit Public Library | **148:** © ullstein bild – The Granger Collection | **150:** Aus: Hine, R. V./Faracher, J. M., The American West. A new interpretive history, New Haven, 293 | **152:** Bibliothèque nationale de France, Paris | **160:** Aus: R. V. Hine/J. M. Faracher, The American West. A new interpretive history, New Haven 2000, 242 | **163:** Library of Congress, Washington D. C., Prints and Photographs Division | **178:** Aus: Th. V.. DiBacco u. a., History of the United States, Boston 1991, 287 | **183:** Aus: T. Anbinder, Five Points. The 19th-Century New York City Neighborhood That Invented Tap Dance, Stole Elections, and Became the World's Most Notorious Slum, New York 2001, 90 | **185:** Aus: E. Kiderlen (Hg.), Calamity Jane. Briefe an meine Tochter, Zürich 1996, 111 | **187:** Aus: Th. V. DiBacco u. a., History of the United States, Boston 1991, 323 | **193:** Library of Congress, Washington D. C., Prints and Photographs Division | **200:** National Register Nomination, Shirley Plantation, Charles City County | **211:** © akg-images | **218:** © akg-images | **222:** National Archives and Records Administration, Washington D. C. | **225:** Aus: J. Allen u. a., Without Sanctuary. Lynching Photography in America, Santa Fe 2000, 25 f. | **227:** © akg-images/Peter Weiss | **240:** © akg-images | **267:** Aus: J. Zwick (Hg.), Mark Twain's Weapons of Satire. Anti-Imperialists on the Philippine-American War, Syracuse 1992, 91 | **269:** Library of Congress, Washington D. C., Chicago Daily News negatives collection | **272:** Library of Congress, Washington D. C., Prints and Photographs Division | **276:** Aus: K. J. Bade (Hg.), Deutsche im Ausland – Fremde in Deutschland. Migration in Geschichte und Gegenwart, München 1992, 178 | **292:** Aus: J. Walker u. a., Amerikanische Malerei. Von der

Kolonialzeit bis zur Gegenwart, Genf 1969, 22 | **295:** © akg-images | **297:** Aus:
B. W. Dippie, The Frederic Remington Art Museum collection, New York 2001,
217 | **298:** Aus: F. Curtis Graybill u. a., Ein Denkmal für die Indianer. Edward
Sheriff Curtis und sein photographisches Werk über die Indianer Nordamerikas
1907–1930, München 1979, o. S. | **304:** © akg-images | **306:** Library of Congress,
Washington D. C., Prints and Photographs Division | **309:** Aus: W. König (Hg.),
Propyläen Technikgeschichte, Bd. 4, Berlin 1997, 367 | **313:** Aus: M. Whif-
fen/F. Koeper, Amerikanische Architektur 1607–1976, Luzern 2008, 27 | **314:**
Library of Congress, Washington D. C., Prints and Photographs Division | **316:**
Aus: König, W. (Hg.), Propyläen Technikgeschichte, Bd. 4, Berlin 1997, 503 |
317: Aus: Los Angeles Times, 19. 3. 1956 | **321:** Aus: W. König (Hg.), Propyläen
Technikgeschichte, Bd. 4, Berlin 1997, 440 | **337:** Aus: G. Raeithel, Geschichte
der nordamerikanischen Kultur, Bd. 2: Vom Bürgerkrieg bis zum New Deal
(1860–1930), Frankfurt a. M. ^{3}1997, 76 | **350:** © ullstein bild – The Granger
Collection | **368:** © akg-images/Electa | **370:** © ullstein bild/Heritage Images |
378: © ullstein bild – The Granger Collection | **381:** Library of Congress, Wash-
ington D. C., Prints and Photographs Division | **394:** © ullstein bild – Heritage
Images/Keystone Archives | **401:** © akg-images | **416:** © ullstein bild – The
Granger Collection | **421:** Aus: C. Schaeffner (Hg.), Weltgeschichte in Bildern,
Bd. 24, Lausanne 1970, 98 | **431:** Postkarte, National Archives and Records Ad-
ministration, Washington D. C. | **436:** Naval Historical Center | **437:** © picture
alliance/dpa | **492:** Aus: J. Heimann. (Hg.), The Golden Age of Advertising – the
50s, Köln 2005, 222 | **511:** © akg-images/NASA | **515:** © ullstein bild – Camera
Press Ltd. | **533:** © akg-images | **535:** Aus: J. Heimann (Hg.), The Golden Age of
Advertising – the 50s, Köln 2005, 100 | **542:** Aus: D. Halberstam, The Fifties,
New York 1993, o. S. | **550:** © akg-images | **555:** © akg-images/Columbia Pictu-
res/Album | **563:** © akg-images/Paramount Pictures/Album | **573:** Aus: Carl
Barks Library, Nr. 6 (Mai), Stuttgart 1995, 35 | **576:** © ullstein bild – Brill | **578:**
© picture alliance/The Advertising Archives | **585:** © akg-images | **592:** Aus:
U. Biedermann, Ein amerikanischer Traum. Coca-Cola: die unglaubliche Ge-
schichte eines 100-jährigen Erfolges, Hamburg 1985, 102 | **626:** Aus: The New
York Times. A Nation Challenged. A Visual History of 9/11 and its Aftermath,
New York 2002, 12 | **640:** Aus: Der Spiegel, 23. 12. 2011, 63 | **663:** Grafik aus:
Enthüllte Supermacht (s. Kap. XII./Anm. 100), 80 (nach SIPRI)

Karten: © Peter Palm, Berlin

Personenregister

Abd ar-Rahman, Umar 624

Abedini, Saeed 661

Adams, Brooks 237

Adams, James T. 9

Adams, John 22, 81, 89, 93, 104, 110, 114–117, 119 f., 243–245, 247, 255, 292, 324 f., 328, 338

Adams, John Quincy 114, 117, 251, 255, 324–326

Adams, Samuel 87, 89–91, 93

Adenauer, Konrad 512

Adorno, Theodor W. 406, 547

Ahmadinedschad, Mahmud 661

Akhtar, Abdur Rahman 622

Albee, Edward 9

Aldrin, Edwin E. 511

Alexander I., russ. Zar 256, 374

Alexander II., russ. Zar 373

Alger, Horatio 344

Allen, Paul 595

Alwan, Rafid Ahmed («Curveball») 630

Amanpour, Christiane 629

Ames, Adelbert 170

Anderson, Gilbert M. 194

Anderson, Walter 541

Andropow, Juri 621

Angleton, James 470

Anza, Juan Bautista de 119

Apollinaire, Guillaume 553

Arafat, Jasir 559, 619

Arbenz Guzmán, Jacobo 496

Arendt, Hannah 406, 556

Armitage, Richard 616, 629

Armstrong, Louis 585, 589

Armstrong, Neill 511

Arndt, Ernst Moritz 100

Arthur, Timothy Shay 159

Assad, Baschar al- 656, 660 f., 675 f., 684

Assange, Julian 666

Attlee, Clement 445

Atzerodt, George 216

Babitsky, Arthur H. («Art») 571

Bacall, Lauren 569

Bacon, Nathaniel 69

Badger, Daniel 312

Badoglio, Pietro 435

Baez, Joan 561, 591

Bahr, Egon 520

Baker, Frank 168

Baker, Josephine (Freda Josephine McDonald) 227 f., 584

Baker, Ray Stannard 331

Baker, Theodore 298

Bancroft, George 366, 521

Bandera, Stepan 454

Barks, Carl 572

Barrow, Clyde Chestnut (Bonnie and Clyde) 381

Bartholdi, Frédéric-Auguste 114

Baruch, Bernard 277, 463–466, 486

Batista Zaldívar, Fulgencio 389

Beal, C. C. 431

Beaumarchais, Pierre-Augustin Cardon de 98

Beck, Glenn 651

Beecher Stowe, Harriet 207 f., 291

Belknap, William 233

Bellamy, Edward 300

Ben Ali, Zine el-Abidine 656

Benz, Carl 318

Berija, Lawrentij 465
Berkeley, William 69
Bernanke, Ben 639
Bernstein, Carl 331
Berry, Chuck 577
Bessie, Alvah 721
Bettelheim, Bruno 405
Bevin, Ernest 445
Biden, Joseph Robinette («Joe») 666
Bierce, Ambrose 266
Bierstadt, Albert 193
Big Foot (Spotted Elk, Si Tanka) 25, 149
Billy the Kid (McCarty, Henry) 25, 153, 157, 168
Bin Laden, Osama 481, 607, 624, 628 f., 647, 656, 663
Bishop, Maurice 610
Black Hawk (Makataimeshekiakiak) 141 f.
Black Jack Ketchum (Thomas Edward Ketchum) 172
Block, Adriaen 38
Blumenthal, Michael 407
Boeing, William Edward 287
Bogardus, James 312
Bogart, Humphrey 569
Bohlen, Charles 448
Bolshaw, Amy Helen Dorothea (DuFran, Dora) 576
Bolton, John 616
Bonnie and Clyde 380 f.
Boone, Daniel 191
Booth, John Wilkes 216, 330
Borkenau, Franz 428
Bow, Clara 581
Boyle, Tom C. (T. C.) 9, 357
Bradley, David 488
Bradley, Omar 609
Brandeis, Louis 383
Brando, Marlon 194
Braun, Wernher von 408, 451 f.
Brecht, Bertolt 406
Breckenridge, John C. 324

Breschnew, Leonid Iljitsch 516 f., 621
Breton, André 553
Brewster, William 47
Bronson, Charles 574
Brown, John 207–209
Brown, Myra Gale 551
Brown, William Hill 294
Brûlé, Étienne 133
Brzeziński, Zbigniew 428, 519, 622
Buchanan, James 324
Buck, Pearl S. 287
Buffalo Bill (Cody, William F.) 148, 188–191, 298
Bufford, John 89
Bukowski, Charles 575
Buntline, Ned (Edward Judson) 188–191
Bunyan, John 235
Buren, Martin van 324, 326 f., 329
Burgess, John 266
Burgoyne, Lord John 101
Burke, Edmund 78
Burke, Martha (Calamity Jane) 185, 188
Burnham, James 476
Burr, Aaron 117, 681
Burroughs, Edgar Rice R. 571
Burroughs, William S. 554
Bush, George 517–520, 600, 610, 613–617, 625, 633, 641 f., 645
Bush, George W. 53, 237, 325, 604, 606 f., 615–617, 625–633, 647, 649 f., 652, 655–657, 661, 663, 671 f., 675
Bush, Vannewar 432
Butch Cassidy (Robert Leroy Parker) 25, 168, 170–172, 569
Butler, Benjamin 170
Butler, Pierce Mason 138
Byrnes, James 444, 460

Cabot, John (Giovanni Caboto) 31, 40
Cagney, James 569

Calamity Jane (Martha Burke) 185, 188
Calvin, Johannes 47, 49, 60, 238, 337
Caplow, Theodore 545
Capone, Al (Alphonse) 368 f.
Carmichael, Stokely 557
Carnegie, Andrew 238, 241, 266, 339–344, 637
Carranza, Venustiano 268
Carson, Christopher H. (Kit) 138
Carter, James E. («Jimmy«) 346, 361, 407, 475, 497, 504, 516, 611, 613 f., 621 f., 672
Carter, Rubin «Hurricane» 361
Carver, William «News» (Will Carver) 170
Casey, William 622
Cass, Gilbert 314
Cass, Lewis 209
Castillo Armas, Carlos 496
Castro, Fidel 389, 557, 741 f.
Catlin, George 67, 302
Celler, Emanuel 403
Center, Tony 646
Céspedes, Carlos Manuel de 259
Chalid Scheich Mohammed 649
Chamberlain, Arthur Neville 414
Chan, Jackie (Chéng Lóng) 288
Chang, Iris 288
Chaplin, Charlie 159, 304, 381, 479, 566, 568, 572, 577
Charles, Ray 551
Cheney, Richard («Dick») 616 f., 629
Chéng Lóng (Chan, Jackie) 288
Chennault, Claire L. 411
Chertoff, Michael B. 627
Chicago Joe (Hensley, Josephine) 576
Chisholm, Jesse 165
Chisum, John 157, 168
Chomeini, Ruhollah Musavi Ajatollah 613, 624
Christiaensen, Hendrick 38
Chrysler, Walter 322
Chua, Amy 345

Churchill, Winston 396, 415, 417, 426, 438–440, 445, 447 f.
Cimino, Michael 570
Clark, Wesley 612
Clark, William 24, 118, 130, 138, 156, 305
Clay, Henry 208 f., 324, 328, 338
Clay, Lucius D. 458
Clemenceau, Georges 364
Cleveland, Grover 232, 260, 266, 325, 327, 332, 681
Clinton, Henry 102
Clinton, Hillary Diane Rodham 646, 651 f., 658, 660, 678–682
Clinton, William J. («Bill») 330, 348, 600, 603–605, 609, 612, 616 f., 625, 628 f., 633, 641–647, 650–652, 661
Cobain, Kurt 554
Cochise, Häuptling 150
Cody, William F. (Buffalo Bill) 148, 188–191, 298
Cole, Thomas 295
Collins, Michael 511
Colm, Gerhard 407
Colvin, Claudette 226, 349
Comey, James B. 685
Conant, John 51
Conway, Kellyanne E. 682
Cook, James 62, 685
Cooke, Jay 182
Cooke, Sam 551
Coolidge, Calvin 368, 371, 373
Coolidge, Rita 285
Cooper, Gary 568
Cooper, James Fenimore 66, 189, 191 f., 294
Copley, John Singleton 292
Coppola, Francis Ford 569 f.
Cornwallis, Lord Charles 102
Cornwell, David (Le Carré, John) 574
Cosmato, George Pan 167
Cotton, John 51, 73, 291
Coughlin, Charles 403

Cowley, Malcolm 274
Cox, James M. 365
Crane, Stephen 344
Crazy Horse, Häuptling 25, 141, 144, 148
Creel, George 274 f.
Crisp, Quentin 190
Crockett, David 134, 157
Crumb, Robert 575 f.
Cruz, Rafael E. («Ted») 679
Cumming, J. W. 336
Cummings, Edward 274
Curtis, Edward S. 194, 298
Cushing, Frank Hamilton H. 133
Custer, George 25, 141, 144, 147 f., 188, 193
Czolgosz, Leon 330

Dalai Lama 672
Dana, Charles A. 329
Dandridge Custis, Martha 106
Dare, Eleanore 41
Dare, Virginia 41
Darwin, Charles 236
Davis, Benjamin 353
Davis, Garry 556 f.
Davis, Jefferson 210, 216
Davis, Troy 361
Dawes, Charles G. 371 f.
Day, Doris 483, 568
De Gasperi, Alcide 449
Dean, James 550 f., 594
Deane, John 441
Deane, Silas 243 f.
Defoe, Daniel 69
Dewey, John 274, 301
DeVos, Elizabeth («Betsy») 679
Dewey, Thomas 369
Dickens, Charles 184
Dickinson, John 93
Dickstein, Samuel 393
Diebner, Kurt 450
Dies, Martin 393
Dietrich, Marlene 406, 567

Dillinger, John 381
Dimitrow, Georgi 441
Disney, Roy 570
Disney, Walt 542, 570–572, 585
Dixon, William Hepworth 199 f.
Dobriansky, Paula 616, 630
Doc Holliday (Holliday, John Henry) 25, 167
Doihora, Kenji 457
Dole, Robert 642
Doriot, Georges 637
Dornberger, Walter 452 f.
Douglas, Stephen A. 209, 324
Drake, Edwin 323
Drake, Francis 33
Dreiser, Theodore 365
DuBois, William E. B. 227
Duchamp, Marcel 300
DuFran, Dora (Bolshaw, Amy Helen Dorothea) 576
Dulles, Allan 275
Dulles, John Foster 469, 489
Dumont, Eleanore («Madame Mustache») 576
Dylan, Bob 361, 561, 591

Earp, Wyatt 25, 159, 166 f., 336
Eastman, George 565
Eastman, Mary Henderson 207
Eaton, John H. 326, 329
Eden, Anthony 445, 454
Edison, Thomas 308 f., 565 f.
Edwards, John N. 186
Einstein, Albert 21, 287, 406, 426, 432, 464, 557
Eisenhower, Dwight D. 226, 279, 287, 384, 435, 469, 474, 478 f., 485 f., 489, 493, 497, 500, 506, 509, 556, 592, 642
Eliot, John 60, 63
Elisabeth I., engl. Königin 40, 47
Ellicott, Andrew 116
Ellington, Duke 585
Emerson, Ralph W. 295

Endecott, John 127 f.
Evans, Jesse 168

Fahd, saudi-arab. König 618
Falwell, Jerry 646, 651
Farwell, Arthur 298
Fender, Leo 550
Ferguson, John H. 223
Fermi, Enrico 432
Ferry, Gabriel 66
Feuchtwanger, Lion 406
Fields, W. C. 566
Fillmore, Millard 249
Firestone, Harvey Samuel 287, 317
Fischer, Joseph M. («Joschka») 631
Fitzhugh, George 203, 207
Flegenheimer, Arthur («Dutch Schultz») 368 f.
Fleming, Ian 574
Fletcher, Diane 132
Flipper, Henry O. 352 f.
Floyd, Charles 305
Flynn, Michael T. 685
Flynt, Larry 330, 578 f.
Fonda, Peter 555
Ford, Gerald 330, 407, 632
Ford, Henry 173, 237, 303 f., 308, 318–323, 377, 392, 404, 526, 534, 541, 584
Ford, John 167, 194, 580
Forrest, Nathan B. 223
Foster, John 275, 279
Foster, Stephen 161, 190
Fox, George 56
Franco, Francisco 395, 550
Frank, Karl (Paul Hagen) 407
Franklin, Benjamin 57, 80 f., 88, 104, 243–245, 290, 338 f.
Franz I., franz. König 32
Friedan, Betty 564
Friedman, Perry 591
Friedrich II., Landgraf von Hessen-Kassel 100

Friedrich II., preuß. König 100
Friedrich, Carl Joachim 428
Fuchs, Klaus 433
Fukuyama, Francis 521, 616, 638
Fuller, Henry B. 299
Fulton, Robert 182
Furnas, Robert 138

Gaddafi, Muammar al- 503, 656, 658 f.
Gagarin, Juri 510
Galbraith, Thomas J. 138, 144
Galloway, Joseph 93
Gallup, George 345, 395
Garfield, James 232, 330
Garrett, Pat 168
Garrick, Edward 89
Gates, Rick 665
Gates, Robert 655
Gates, Thomas 126
Gates, William H. «Bill» 339, 595
Gatling, Richard 197
Gaulle, Charles de 449
Gaye, Marvin 563
Gehlen, Reinhard 453 f.
Genscher, Hans-Dietrich 519
Georg III., engl. König 84, 95
Gerassimow, Gennadij 516
Gerlach, Walter 450 f.
Geronimo 150 f., 195
Gershwin, George 296
Gerstäcker, Friedrich 65, 153, 192
Ghani, Ashraf 663
Gibbons, Thomas 181
Giffords, Gabrielle 652
Gilbert, Henry 296
Gilbert, Humphrey 40
Gillespie, Dizzy 589
Gingrich, Newton («Newt») 646, 651
Ginsberg, Allen 554, 557, 560
Gist, George (Sequoya) 282
Goebbels, Joseph 436, 514, 585
Goethe, Johann Wolfgang von 12
Goldfinch, John 89

Goldwyn, Samuel 566, 568
Gomez, Máximo 259
Gompers, Samuel 370
Gonzales, Alberto 649
Gorbatschow, Michail 475 f.,
    513–523, 600, 602 f., 611
Gore, Albert A. («Al») 325, 625,
    642 f., 645, 647
Gorer, Geoffrey 13
Göring, Hermann 392, 407
Goulart, João B. M. 742
Grant, Madison 400
Grant, Ulysses S. 197, 216, 228, 231,
    233, 301
Grasse, François Joseph Paul
    Comte de 102
Grattan, John L. 143 f.
Greene, Graham 500
Greenspan, Alan 639
Grenville, George 88
Grenville, William W. 245
Griffith, David W. («D. W.») 565 f.
Gropius, Walter 305, 406
Groves, Leslie R. 432, 450
Guevara, Ernesto («Che») 559
Guiteau, Charles J. 330
Guthrie, Woodrow Wilson
    («Woody») 561

Habib, Khalid 669
Hahn, Otto 432, 450
Halder, Franz 453
Haley Thompson, Mary Elizabeth
    («Libby», «Squirrel Tooth Alice»)
    576
Haley, William J. C. («Bill») 483,
    550–552, 594
Hall, Charles M. 309
Hamilton, Alexander 97, 117, 245 f.,
    324, 681
Hamilton, Richard 549 f., 553
Hamm, Harold 679
Hammond, Albert 560
Hancock, John 90

Hand, Dora 167
Happersett, Reese 336
Harding, Warren G. 365–368, 373,
    380
Hardy, Oliver 567 f., 593
Harney, William 144
Harriman, Averell 374, 448
Harriman, Edward H. 181
Harrison, Benjamin 232, 266, 325
Harrison, William H. 141, 327
Havel, Václav 557
Hawkins, Benjamin 131, 138
Hawks, Howard 194, 568
Hawthorne, Nathaniel 295
Hayes, Isaac 563
Hayes, Rutherford 229, 325
Hearst, William 260, 329, 332, 392,
    397
Hefner, Hugh 577 f.
Heim, Jacques 483
Heine, Heinrich 584
Heinrich VIII., engl. König 47
Heinz, Henry J. 287
Heisenberg, Werner 450
Hekmatyar, Gulbuddin 623
Hemings, Sally 72
Hemingway, Ernest 274, 365, 383,
    395
Hendrix, James M. («Jimi») 552, 561
Hensley, Josephine («Chicago Joe»)
    576
Henson, Josiah 207
Herder, Johann Gottfried 100
Herold, David 216
Heron, Gil Scott 547
Herz, Hans 407
Hesse, Hermann 560
Hewitt, James 293
Heym, Stefan 406
Hickok, James Butler («Wild Bill»)
    166, 188, 190
Hidalgos y Costilla, Miguel 252
Hill, Joe 240, 361, 561
Hilton, Paris 581

Himmler, Heinrich 437
Hine, Lewis 299
Hirohito, japan. Kaiser 390, 418,
    457
Hirota, Kōki 457
Hirsch, Julius 584
Hiss, Alger 478
Hitchcock, Alfred 567, 574
Hitler, Adolf 392, 411, 424, 426−428,
    436−439, 443 f., 450, 567, 584 f.,
    652, 654 f.
Hô Chí Minh 499
Hoffman, Dustin 569
Holbrooke, Richard 612
Hollerith, Herman 303
Holliday, John Henry («Doc Holli-
    day») 25, 167
Holmes, John Clellon 553
Hoover, Herbert C. 368, 373,
    380−383
Hoover, J. Edgar 585
Hopkins, Harry L. 428, 445
Hopper, Dennis 555
Hopper, Edward 299
Horkheimer, Max 406, 547
Horse Rider (Laforge, Thomas)
    133
Howe, William 97, 101 f.
Howell, William Dean 299
Hoxie, Robert 305
Hu Jin-tao 671
Hua Kuo-feng 503
Hudson, Henry 37 f., 42
Hudson, Rock 565
Huerta, Victoriano 268
Hugo, Victor 208
Hull, Cordell 418, 420, 454
Huntington, Samuel P. 607
Hutchinson, Anne 73 f.
Huxley, Aldous 304, 553 f.

Ibn Saud, saudi-arab. König 459
Indiana, Robert (Robert Clark) 553
Irving, John 562

Irving, Washington 294
Itagaki, Seishirō 457

Jackson, Andrew 72, 117, 122, 131,
    134 f., 177, 255, 324−330, 337, 340,
    547, 681
Jackson, Rachel 325 f., 329
Jackson, Robert 456
Jackson, William Henry 194, 298
James I., engl. König 41
James, Daniel 353
James, Frank 168−170
James, Jesse 168−170, 186, 214
James, William 301
Jay, John 104, 115, 244−247
Jefferson, Thomas 13, 22, 25, 43, 61,
    72, 93, 105−108, 110 f., 114−120,
    207, 246−251, 290, 311, 324 f., 343
Jelzin, Boris 519, 603
Jenney, William LeBaron 312
Jewitt, Helen 577
Joaquín de Herrera, José 255
Jobs, Steve 595
Johnson, Andrew 216, 219−221, 228
Johnson, Jamie 347
Johnson, Lyndon B. 348, 474, 501 f.,
    506, 510, 556, 561
Jolliett, Louis 65
Jones, Alfred Winslow 638
Jones, James L. 669
Judson, Edward (Buntline, Ned)
    188−191

Kaczynski, Theodore J. 330
Kagan, Robert 616
Kahn, Herman 490 f.
Kammler, Hans 450
Kappe, Walter 393
Karl I., engl. König 50, 99
Karmal, Babrak 621
Karzai, Hamid 663
Katz, Rudolf 407
Kaye, Danny 569
Kelly, Colin P. 415

Kelly, Gene 569
Kemp, Jack 642
Kempner, Robert 407
Kendall, George 55
Kennan, George 374, 391, 448, 453, 468–470
Kennedy, John F. 177, 330, 384, 474, 479, 496 f., 500 f., 510, 520, 556, 564, 579, 617, 642 f.
Kennedy, Robert F. 330
Kerouac, Jack 552 f., 555
Kesey, Ken 554
Ketchum, Thomas Edward («Black Jack Ketchum») 172
Key, Francis Scott 122, 293
Keynes, John Maynard 382
Khalilzad, Zalmay 616
Kid Curry (Harvey Logan) 170 f.
Kilpatrick, Ben («Tall Texan») 170
Kim Il-sung 503
Kim Jong-un 662
Kimmel, Husband 419 f.
Kimura, Heitarō 457
King, Ben E. 285
King, Martin Luther 9, 213, 226 f., 330, 544, 561
King, Rodney 353
Kinsey, Alfred C. 546, 578
Kirchheimer, Otto 407
Kissinger, Henry (Heinz Alfred Kissinger) 287, 407, 515, 521, 608
Kit Carson (Christopher Houston Carson) 138
Klopstock, Friedrich Gottlieb 100
Knight, Sarah Kemble 291
Knox, Frank 397, 420
Koestler, Arthur 588
Kohl, Helmut 514
Kolumbus 31, 544, 562
Koresh, David 644
Kortner, Fritz 406
Kossuth, Lajos 255
Kracauer, Siegfried 406
Kristol, William 615

Kroc, Raymond A. («Ray») 541 f.
Kubrick, Stanley 483, 490, 508, 575
Kuhn, Fritz Julius 393 f.
Kurtschatow, Igor V. 451
Kurz, Rudolph Friedrich 133
Kushner, Jared C. 680

L'Enfant, Pierre 116
La Salle, René Robert Cavelier de 24, 65
Laemmle, Carl 567
Lafayette, Marie-Joseph Motier Marquis de 97 f., 243 f.
Laffer, Arthur 636
Laforge, Thomas («Horse Rider») 133
LaGuardia, Fiorello 369
Lang, Fritz 287, 406, 567, 584
Lange, Dorothea 381
Lansdale, Edward 500
Lansing, Robert 275
Laue, Max von 450
Laurel, Stan 567 f., 593
Laurens, Henry 244 f.
Lawrow, Sergej W. 685
Lawson, John H. 721
Le Carré, John (David Cornwell) 574
Le Moyne de Morgue, Jacques 32, 291
Leacock, John 293
Lean, David 412
Lebed, Mikola 453
Lee, Bruce (Lǐ Xiāo-lóng) 288
Lee, Richard Henry 104–106
Lee, Robert E. 208, 216, 230
Lehmann, Hermann (Montechema) 132
LeMay, Curtis 575
Lenin, Wladimir Iljitsch 373, 476, 520
Lennon, John 330, 480
Leone, Sergio 181, 194
Leslie, Frank 183

Lessing, Gotthold Ephraim 100
Leutze, Emanuel Gottlieb 101, 287
Levitt, Theodore 583, 721
Levitt, William («Bill») 532 f.
Lewinsky, Monica 647
Lewis, Jerry Lee 550 f.
Lewis, Meriwether 118, 130, 156, 305
Lewis, Sinclair 365
Leyden, Jan van 47
Lǐ Xiao-lóng (Lee, Bruce) 288
Lichtenstein, Roy 553
Lincoln, Abraham 25, 145, 169, 179, 208, 210 f., 213 f., 216, 219 f., 228, 324, 327, 330, 333, 650 f.
Lindbergh, Charles 392, 404
Lippmann, Walter 274, 466
Lloyd George, David 364
Locke, John 72, 235
Lodge, Henry Cabot 258
Logan, Harvey («Kid Curry») 170 f.
Lon Nol 502, 743
London, Jack 159, 184, 236, 316, 344
Long, Breckinridge 404
Longabaugh, Harry A. («Sundance Kid») 25, 168, 170–172, 569
Longstreet, James 230 f.
López de Santa Anna, Antonio 253
Lott, Trent 609
Louis, Meriwether 24
Love, William T. 308 f.
Lovecraft, Howard Phillips («H. P.») 56
Loy, James M. 627
Lubitsch, Ernst 567
Luce, Henry 392
Luciano, Charles («Lucky», eigentl. Salvatore Lucania) 369
Ludwig XVI., franz. König 98, 114
Ludwig, Emil 406
Lynd, Helen 547
Lynd, Robert 547
Lyotard, Jean-François 562

MacArthur, Douglas 419, 457, 575
MacDowell, Edward 296
Maceo, Antonio 259
Madison, James 72, 106, 115, 120, 207, 246, 250 f., 325
Mahan, Alfred Thayer 16, 249, 260 f., 264 f.
Mailer, Norman 547
Maisky, Iwan M. 438
Maizière, Lothar de 519
Malcolm X (eigentl. Malcolm Little) 227
Malcolm, John 87
Malthus, Thomas 235
Mancuso, David 563
Mangas Coloradas, Häuptling 150, 737
Mann, Thomas 406 f.
Manning, Bradley (heute: Chelsea Elizabeth Manning) 666
Manson, Charles 577
Manstein, Erich von 453
Mao Tse-tung 411, 439, 461, 494, 499, 503, 553, 557, 559, 608
Marcuse, Herbert 406
Marcy, William L. 259
Marin, John 299
Marquette, Jacques 65
Martí, José 259
Marx Brothers 566, 568
Marx, Chico 566, 568
Marx, Groucho 566, 568
Marx, Gummo 566, 568
Marx, Harpo 566, 568
Marx, Karl 234
Marx, Zeppo 566, 568
Mason, George 110
Masri, Said al- 669
Massasoit, Häuptling 127
Massud, Ahmed Schah 623
Masterson, William («Bat») 167
Mather, Cotton 51–53, 56, 289 f., 337, 521
Mather, Increase 53, 64, 290, 521

Matsui, Takurō 457
Maximilian I., mexikan. Kaiser 14, 253
May, Karl 65 f., 192 f.
Mayer, Louis B. 566, 568
Mayhew, Jonathan 88
Mayo, George E. 305
McCain, John 324, 650 f., 653
McCall, Jack 166
McCarran, Patrick 409, 480
McCarthy, Joseph 56 f., 477–480, 648
McCarty, Henry («Billy the Kid») 25, 153, 157, 168
McClellan, George Brinton 214
McCloy, John J. 456
McCormack, John W. 393
McDaniels, James 168
McDonald, Freda Josephine (Baker, Josephine) 227 f., 584
McDonald, Maurice 541 f.
McDonald, Richard 541 f.
McDougal, Susan 647
McGuire, Barry 561
McKelvey, George 483
McKenzie, Scott 560
McKinley, William 260, 265, 330, 332
McNamara, Robert 502
McVeigh, Timothy 330, 644
Megrahi, Abdel Basit Ali al- 659
Mellon, Richard Beatty 343
Melville, Herman 295 f.
Menéndez de Avilés, Pedro 31, 33
Menuhin, Yehudi 557
Merkel, Angela D. 683
Metacamet (Metacomet) 63 f.
Mies van der Rohe, Ludwig 305, 406
Mikołajczyk, Stanislaw 443
Miller, Arthur 56
Miller, Glenn 585
Milošević, Slobodan 610 f.
Minor, Virginia 336
Minuit, Peter 39, 287

Mirabeau, Gabriel de Riqueti Comte de 100
Mitchell, Margaret 202
Mix, Tom 166, 194, 584 f.
Mnuchin, Steven T. («Steve») 680
Mobutu, Sese-Seko (Mobuto, Joseph-Désiré) 498
Mohseini, Assef 623
Molotow, Wjatscheslaw M. 375, 440, 445, 447, 454
Monroe, James 72, 101, 115, 135, 246, 250–252, 254–256, 325, 374 f., 427, 469, 493, 610, 654
Monroe, Marilyn 553, 578
Montesquieu, Charles de 105, 111
Montechema (Lehmann, Hermann) 132
Montez, Lola 297
Moore, Michael 644, 647
Moran, George («Bugs») 369
Moran, Thomas 194
Morgan, Charles 340
Morgan, John Pierpont 234, 341, 637
Morgan, Thomas 284
Morgenthau, Henry 455
Morrison, Jim 554
Morton, Thomas 50, 54, 73, 133
Morton, William 168
Moscone, George 330
Mubarak, Hosni 656 f.
Muck, Karl 276
Mudd, Samuel 217
Mudschaddedi, Sibghatullah 623
Murphy, Philip D. 327
Mursi, Mohammed 657
Mussolini, Benito 424, 427 f., 435
Mutō, Akira 457
Myrick, Andrew 145

Nader, Ralph 548, 642
Nadschibullah, Mohammed 623
Napoleon I., franz. Kaiser 43, 112, 117 f., 120, 251

Napoleon III., franz. Kaiser 253
Napolitano, Janet 627
Nast, Thomas 233
Nehru, Jawaharlal 485
Neumann, Franz 407
Neumann, John von 490
Ngô Đinh Diém 499, 501
Niebuhr, Reinhold 407
Nietzsche, Friedrich 584
Nishina, Yoshio 432
Nixon, Richard 115, 302, 332, 407,
    474, 478, 480, 502, 544, 556, 562,
    579 f., 641 f., 649, 685
Noe, Joe 368

O'Sullivan, John 254
Obama, Barack 12, 27, 324, 327, 348,
    354, 384, 468, 604 f., 627–629,
    641–643, 649–668, 671–678,
    681–683
Ochs, Phil 561
Ogden, Aaron 181
Omai 685
Onís, Luis de 251
Opechacasnough 63, 126 f., 735
Oppenheimer, J. Robert 287, 432,
    464, 478 f., 486, 517
Ord, Edward 221
Orwell, George 588, 666
Osachi, Hamaguchi 390
Otis, James 88

Packard, Vance 547
Pahlewi, Mohammed Reza 459
Paine, Thomas 113, 206, 247, 293,
    323 f., 614
Palin, Sarah 650–652, 666
Panetta, Leon 665
Papandreou, Georgios 449
Paredes, Mariano 255
Parker, Bonnie Elizabeth («Bonnie»)
    381
Parker, Cyntia Ann (Quannah Parker)
    132

Parker, Robert Leroy («Butch
    Cassidy») 25, 168, 170–172, 569
Parks, Rosa 226
Parrington, Vernon L. 366
Parris, Samuel 56
Patten, Simon 547
Patton, George 435
Paul, Randal H. («Rand») 679
Peirce, Charles S. 301
Pelham, Henry 89
Pelley, William 392
Pence, Michael R. («Mike») 684
Penn, Arthur 194
Penn, William 56, 66, 74
Perle, Richard 616
Perot, Ross 642, 679 f.
Perry, James Richard («Rick») 679
Pershing, John J. 277
Pétain, Henri Philippe 412
Phillips, David Graham 331
Pierce, Franklin 209
Pigeon's Egg Head (Wi-jún-jon) 67
Pinkerton, Allan 169, 172
Place, Etta 171
Platt, Orville H. 261
Plessy, Homer A. 223
Pocahontas 43, 66, 126, 188
Poe, Edgar Allan 296, 346
Pol Pot 503
Polk, James K. 161, 255, 258
Pollard, Edward A. 229 f.
Ponce de León, Juan 31
Pope, John 221
Porter, Edwin S. 565
Postl, Karl Anton (Sealsfield, Charles)
    192
Postman, Neil 580 f.
Potter, David 525
Powell, Colin 353 f., 630
Powell, Lewis 216
Power, Thomas 575
Powhatan, Häuptling (Wahunsona-
    cock) 58, 63, 126
Prager, Robert 274

Presley, Elvis 322, 550–552, 594
Pulaski, Casimir (Kazimierz Pulaski) 244
Pulitzer, Joseph 260, 273, 329, 332
Pullman, George 241
Putin, Wladimir W. 664, 676

Qavam, Ahmad 459
Quanah Parker (Cyntia Ann Parker) 132
Quantrill Raiders 168, 214
Quantrill, William Clark 214

Raleigh, Walter 40, 49, 62
Ratcliff, John 126
Rau, Johannes 631
Reagan, Ronald 237, 330, 475 f., 479, 484, 497, 509, 512, 514–518, 520, 568, 600, 610, 622, 636 f., 651
Réard, Louis 483
Red Cloud, Häuptling 145
Redford, Robert 645
Reed, Dean 591
Remarque, Erich Maria 406
Remington, Frederic 194, 297, 328, 332
Renoir, Jean 567
Revels, Hiram R. 222
Revere, Paul 89
Ribbentrop, Joachim von 444
Rice, Condoleezza 630
Ridge, Tom 627
Riesman, David 545 f.
Riis, Jacob A. 299
Rimbaud, Arthur 553
Robert Clark (Indiana, Robert) 553
Robertson, Pat 652
Robinson, Edward G. 569
Rockefeller, John D. 234, 238, 287, 339 f., 343
Rockwell, Norman 415 f.
Roebling, Johann (John) August 287
Rogers, Robert 294
Rohani, Hassan 661

Rolfe, John 43, 66, 126
Romney, Willard Mitt 348, 674
Roosevelt, Franklin D. 16, 19, 112, 277, 348, 353 f., 365 f., 373, 377, 382–392, 394–397, 403, 405–407, 411, 413–415, 419 f., 422, 424–428, 430, 432, 436, 438–441, 443–445, 455, 459, 468, 495, 530 f., 636, 679
Roosevelt, Theodore 25, 260, 264–266, 268, 300, 330–333, 547, 593, 653, 681
Root, Elihu 343, 373
Rosenthal, Joe 431
Ross, Wilbur L. 679
Rousseau, Jean-Jacques 65
Rove, Karl 649
Rubio, Marco A. 679
Rumsfeld, Donald 615, 629, 632 f., 655
Rush, Benjamin 346
Rush, Myron 522
Russell, Bertrand 588
Russell, Charles Marion 118, 193 f., 297
Russell, Walter 415

Sacco, Ferdinando «Nicolo» 361
Sacharow, Andrej 514
Sachs, Alexander 426
Saddam Hussein 496, 612–616, 632 f., 660
Saffin, John 291
Saint-Castin, Bernard-Anselme d'Abbadie Baron de 133
Salih, Ali Abdullah 656
Salinger, Jerome David 554
Samjatin, Jewgenij 304
Sanders, Bernard («Bernie») 679
Sassacus, Häuptling 128
Sayyaf, Abdul Rasul 623
Schdanow, Andrej 468, 493
Schiller, Friedrich 100
Schmidt, Harrison H. 511
Schofield, John 221
Schönberg, Arnold 287

Schröder, Gerhard 631 f.
Schultz, Dutch (Arthur Flegenheimer) 368 f.
Schurman, Jacob G. 371
Scopes, John Thomas 236 f.
Scott, Walter 294
Scripps, Edward 329
Sealsfield, Charles (Karl Anton Postl) 192
Seeger, Pete 548, 561, 591
Selznick, David O. 567
Sequoya (George Gist) 282
Seume, Gottfried 99 f.
Sewall, Samuel 207, 290 f.
Seward, William H. 216
Seymour, Horatio 228
Shakespeare, William 293
Shay, Daniel 112
Sheets, John W. 169
Shepard, Alan 511
Sheridan, Philip 197 f., 214, 221, 231
Sherman, William T. 197, 213 f., 231
Short, Walter 419 f.
Sisi, Abd al-Fattah as- 657
Si Tanka (Big Foot, Spotted Elk), Häuptling 25, 149
Sickles, Daniel E. 221
Siegel, Don 532
Silone, Ignazio 588
Simmons, Fay 483
Sinclair, Upton 165, 331, 383
Singer, Isaac Merrit 287, 306, 314
Sitting Bull (Tatanka Iyotake), Häuptling 25, 124, 127, 141, 148 f., 191, 298
Sjuganow, Gennadi A. 603
Skolbetsin, Dimitri 465
Slater, Samuel 346
Sloan, Alfred 322
Smibert, John 292
Smith, Adam 108, 235
Smith, Jedediah 191
Smith, John 43, 48, 291
Smith, John Stafford 122, 293

Smith, Robert 250
Smith, Tom («Bear River») 166
Smith, William French 647
Sombart, Werner 338
Soros, George 638
Soto, Hernando de 66, 124 f.
Soulé, Pierre 259
Souza, John Philip 293
Spanknöbel, Frank 393
Spencer, Herbert 235 f., 341
Sperber, Manès 588
Spock, Benjamin 345
Spotted Elk, Häuptling (Big Foot, Si Tanka) 25, 149
Springsteen, Bruce 591
Squirrel Tooth Alice (Haley Thompson, Mary Elizabeth, «Libby») 576
St. Clair, Arthur 123
St. John, Henry Viscount Bolingbroke 82
Stalin, Josef 375, 428, 434 f., 438–445, 447, 451, 453, 456, 459–461, 465, 468, 474, 493, 520, 610, 652
Stampfer, Friedrich 407
Stark, Harold R. 420
Starr, Kenneth 647
Stead, William Thomas 584
Steinbeck, John 287
Steinway, Henry E. 287
Stettinius, Edward 443
Steuben, Friedrich Wilhelm Baron von 97, 243
Stevens, Cat (Yusuf Islam) 481
Stevens, Chris 659
Stimson, Henry Lewis 420
Stone, Oliver 570
Strassmann, Fritz 432
Strauss, Levi 174, 287
Strong, Josiah 266
Studebaker, Henry 287
Sturman, Reuben 579
Stuyvesant, Peter (Petrus) 39 f., 129
Summer, Donna 563

Sundance Kid (Harry Alonzo s.
    Longabaugh, Harry Alonzo) 25,
    168, 170–172, 569
Surrat, Mary 216
Swanson, Gloria 567
Swift, Gustavus Franklin 175, 526
Swope, Herbert 273 f.
Szilárd, Leó 432

Taft, William 268
Tall Texan (Kilpatrick, Ben) 170
Taylor, Frederick W. 303–305
Taylor, Robert 568
Taylor, Telford 456
Tecumseh, Häuptling 121, 123, 131
Teller, Edward 432, 479, 486, 490,
    517
Teller, Henry M. 260
Tenet, George 628
Texas Jack Omuhundro 189 f.
Thatcher, Margaret H. 637
Thayer, Charles 478
Thorez, Maurice 449
Thorton, William 83
Tibbets, Paul 442
Tilden, Samuel 325
Tillerson, Rex W. 675, 680, 683
Tillich, Paul 407
Tito, Josip Broz 449, 610 f.
Tocqueville, Alexis de 13, 60 f., 67,
    71 f., 124, 137 f., 198, 337–339, 584
Togliatti, Palmiro 449
Tōjō, Hideki 424, 457
Toole, John Kennedy 555
Travolta, John 563
Trotzki, Leo 373
Truman, Harry S. 277, 353, 369, 395,
    436, 439, 441, 444–448, 458,
    460 f., 464–466, 468 f., 473 f., 478,
    493, 495, 500, 603, 617, 654 f.
Trumbull, John 293
Trump, Donald J. 652, 655, 660, 662,
    664, 671 f., 675–686
Trump, Ivanka Marie 680

Tschernajew, Anatoli 518
Tschiang Kai-schek 411, 439, 461,
    470
Tsuyoshi, Inukai 390
Tucholsky, Kurt 529
Tunstall, John 168
Turner, Frederick Jackson 157, 258,
    582
Twain, Mark 12, 18, 191 f., 231, 234 f.,
    266 f., 296, 299, 562
Tweed, William 232 f.

U'Ren, William Simon 333
Updike, John 532

Valentino, Rudolpho 358, 567
Vance, Cyrus 611
Vanderbilt, Cornelius 181, 234 f., 238,
    339 f.
Vanzetti, Bartolomeo 361
Veblen, Thorstein 543, 547
Velesco Alvarado, Juan 743
Vere, Pearl de 576
Vergennes, Charles Gravier Comte de
    244
Verhulst, Willem 38
Verrazano, Giovanni da 32, 34
Villa, Pancho 262, 740
Vizcaíno, Sebastián 34
Voltaire 244

Wahunsonacock, Häuptling (Powha-
    tan) 58, 63, 126, 735
Waits, Tom 554
Wallace, George 330
Walter, Francis 409
Ward Howe, Julia 208
Warhol, Andy 553
Warlimont, Walter 453
Warner, Albert 565–567, 570–572
Warner, Charles Dudley 231, 234
Warner, Harold 565–567, 570–572
Warner, Jack 565 f.
Warner, Samuel 565–567, 570–572

Warner, William Lloyd 351
Washington, George 22, 25, 72,
    80–83, 90, 95, 97 f., 100, 105 f.,
    112–116, 120, 155, 243, 245, 247,
    275, 324 f., 394
Washington, Jesse 224 f.
Wayne, John 157, 167, 194, 570
Weber, Max 47, 199, 327, 338 f., 545
Webster, Daniel 324
Weir, John Ferguson 299
Weir, Julian Alden 299
Weizsäcker, Carl Friedrich von 450
Wells, Ida B. 201
Westinghouse, George 308 f.
Weyler, Valeriano 260, 332
Wheatley, Phillis 108 f.
White, Barry 563
White, John 33, 40 f., 292
Whitman, Walt 295
Whitney, Eli 173, 303
Whitney, John Hay 637
Whittier, John Greenleaf 290
Wiener, Norbert 594
Wigglesworth, Michael 52, 290
Wi-jún-jon, Häuptling (Pigeon's Egg
    Head) 67
Wild Bill Hickok (Hickok, James
    Butler) 166, 188, 190
Wilder, Billy 287, 369, 406, 567
Wilhelm II., dt. Kaiser 265, 364,
    427
Wilkie, Wendell 425
Williams, Robert 557
Williams, Roger 73
Williams, William Carlos 133

Wilson, Charles 536
Wilson, Woodrow 268–274,
    277–279, 353, 363–365, 367,
    372–374, 376, 382, 395 f., 415, 430,
    463, 653
Winthrop, John d. Ä. 50–53, 66, 74,
    128, 236, 337
Wisner, Frank 471
Wolff, Karl 437
Wolfowitz, Paul 616
Wong Kim Ark 400
Wood, Grant 299
Wood, Sam 568
Woodhull, Victoria Claflin Martin
    336
Woodward, Bob 331, 630
Woolley, Edgar Montillion (Monty
    Woolley) 358
Woolsey, James 670
Woolworth, Frank W. 312, 314

Yellow Hair, Häuptling 188
Young, Charles 353
Young, Neil 561
Young, Owen D. 372
Younger, Thomas Coleman («Cole»)
    168 f., 214

Zapata, Emiliano 269
Zardari, Asif Ali 663
Zimmermann, Arthur 271
Zinn, Howard 562
Zoellick, Robert 616
Zuckmayer, Carl 406
Zukor, Adolph 567